DISCLAIMER

The author and publisher are providing this book and its contents on an "as is" basis and make no representations or warranties of any kind with respect to this book or its contents. The author and publisher disclaim all such representations and warranties, including but not limited to warranties of merchantability. In addition, the author and publisher do not represent or warrant that the information accessible via this book is accurate, complete, or current.

Except as specifically stated in this book, neither the author nor publisher, nor any authors, contributors, or other representatives will be liable for damages arising out of or in connection with the use of this book. This is a comprehensive limitation of liability that applies to all damages of any kind, including (without limitation) compensatory; direct, indirect, or consequential damages; loss of data, income, or profit; loss of or damage to property; and claims of third parties.

BESTACTIVITYBOOKS.COM

FIRST EDITION - Published 2021

Extra Graphic Material From: www.freepik.com
Thanks to: Alekksall, Starline, Pch.vector, Rawpixel.com, Dgim-studio, Upklyak, Macrovector & Freepik.com Designers

This Book Offers Free Bonus Puzzles

Available Here:

BestActivityBooks.com/WSBONUS20

Ready, Set... Go!

Did you know there are around 7,000 different languages in the world? Words are precious.

We love languages and have been working hard to make the highest quality books for you. Our ingredients?

One part easy-to-read print, three parts entertainment, then we add some challenging words and a pinch of rare ones. We brew them with care to serve you lots of fun and an opportunity to solve the best puzzles.

Your feedback is essential. You can be an active participant in the success of this book by leaving us a review. Tell us what you liked most in this edition!

Here is a short link which will take you to your Amazon orders review page.

BestBooksActivity.com/Review50

Thanks for your fidelity and enjoy the Game!

Delta Classics Team

Puzzle 1

מ ו ה ל מ צ ה ל ה ר א ו ת מ ן ל ו
ל י ף נ ם ר ר ס ד ו [illegible] ח ד ח ב ן ג
ל ר ה ר ו ד מ ף מ ב ת י ב ק ו ל י
ד ב כ ל ר ק ה מ ע ר ק נ ר ג ל ד ע
ח י ד מ ה ב ו ו ש ב ר מ מ ה י ו ב
ד ת י ר ר ה ר ו ב ד ן ב א ר ו ן ת
ו ו ש ך ה ת ת ו פ מ ל מ ם ן י י ר
ה ב ד ו ן ח ב ה ה י ן ו ס ב ו ד ג
ר א ר ת ל פ ק ר י ט י כ ת י ב ט ה
ו ל י ל ת ח ר ק נ ל ק ג ו י ע ו י
ה מ ש ב י ת ש ר פ ו נ ו ו ר ן ו ו
ל ו ה ו מ כ י ת א ח ע א ת ש מ ל ת
ג י ר נ ב ל ב י ל נ א א ר א י ד ו
י א מ ה ע ם כ ח י פ ע ד ה ג מ מ י
מ ל א ן ח א י ה נ י כ ם ח פ ו א פ

למפות
דבורה
להראות
בארון
עמדה
ענקי
לדון
ברך
היו
לנקר
חלל
דרישה
בקול
ברבור
פני
קרן
רשת
תחת
קריטי
כביש

Puzzle 2

אחות
עורב
חמאה
אוטומטית
ריקוד
הולכים
שחוק
לפתור
אבטיח
שינה
להגדיר
ביישנית
חוף
מזרקת
כאב
לשקף
ארבעים
קרח
זעקת
חמורה

ע ה ת ם י כ ל ו ה כ ש ט י נ א י א
ר ר א ח ן ו ב ן א א י מ פ ו ו ר י
ב א נ ו ם פ ש ה מ ב נ צ ט צ ב י ר
ו ה [illegible] ף ף ק ש ל ח ף ה ו ל ע ר ת ת
י [illegible] י ש ר פ ו ח ה ה מ ר י ק ו ד ר
ה פ ר ד י נ ר ש ב ט ב ם ד ת ע י ע
י ב ח ת ן מ צ ע י ו ח ר ח י ט ב א
פ ק ו ח ש ו ב ת ה ל י ו ו ב ל י א
ד כ ח ר ק פ כ ק ק ה ט י ם מ כ מ ל
ח ה פ י נ מ י ע ש ו פ ש ע ו ו [illegible] ל
י מ ו ד ה ר ו ז ר ר י ב ש ד כ פ ל
צ ת ר ג ו א ב י ב י י ש נ י ת ת ת
ת נ מ ה ת ו ח א ת ק ר ז מ ו ל ע ד
א א ן ל ע ו נ ל י ח מ ו ר ה ף ו ב
ו ר ה ד ש ה ב א צ ו ר ב ל ף ח ם ת

Puzzle 3

ר ן ו ט צ ק י ת ע מ נ ס ך ש י י ת
ה ח ן ב ל ה ה ש ר א ה נ ו ר ◌ ד ע
ל ל כ ע י ת ד י ר י כ נ ת ק ס ח ר
ד ו ו י ל נ נ ו כ ח י ם ב א מ ת ו
ת ח ו ל ת נ ר ע א ם ר ה פ ח ה ו ב
א ו א ו ת ר ט ו ח י ע ע ת ר י ו ת
מ א ש נ י ל מ ת ב ק ו ב נ י פ ת ן
ו ן נ ר ח ו צ א מ ד ח ת פ נ ה י ש
ח ט י ס ו מ ף ח ח נ ג כ פ י ש נ ו
ה ל ה י נ ו ח כ פ פ מ ר ו ו ו י כ
מ י י ע ג י נ י א ק נ ו ר ק ל מ ר
ד ת ט א א ח מ ב ו י מ ת מ ו צ ו מ
צ א ג ל ה ה י י נ מ ח ל נ ו א א ף
ו מ מ ר ן ם י נ ו ת נ ו ח נ ו ת ד
ה ו ל י י ם פ ל ז ת ת ר נ ו מ פ ע

רכוש
עריכה
ירידת
שונים
תערובת
לחמנייה
נתונים
ההשראה
באמת
פתאומי
צלילת
עתיק
גאה
נוכחים
טבעי
וילונות
דקים
עט
בתוך
סחר

Puzzle 4

ת ו י צ א ו ז ן ע מ ר מ ו צ י מ ו
י מ ע ג ב נ י ו ת י ס מ ד פ ר ח א
נ ר ו י ת ו ז י ד ר פ פ ו פ ק ט ן
ו ף ו ג ב ב ן ע י י ל ם א ע ב י ס
ת ב מ ו י י ם ר ר ה ש ח ק ן ת ה ל
מ ר ו ל ן ת ה ם ו י נ ב ן ו ח ר ש
ש ע ו מ ש ל ל י כ א י י ל א כ ו ל
א ך ל ה מ ב ק ל י ת ל ח ה ב ח ת ת
ר ו ב ד ם ו ח ק ל ס ם ר ח י ח ג מ
ו ן ר ו ק ע ל א ם נ ת ו ן ו ל פ מ
י ע ז ן י ש ה ה ש ט ע י ד ו נ ד ש
מ ה א ל ו ש ח ר ב ו ו י ה ג פ י מ
א ו ב ג ר ד פ ט ב ל ל ה ב ה מ ק ח
ל ו א י ב י ל ת נ י ל ך ו ל ר ל מ
ח ל ף ה ב ל ד ו מ ק מ פ ך ך כ ם י

אוזן
עגבניות
אכיל
עוזב
רעיון
במהלך
לעקור
שוחי
לשמוע
בגוף
לאכול
דרג
זאב
חום
לרכב
מחט
קלה
שאר
שמח
האקלים

Puzzle 5

מ ד ו ר צ ב ת י כ ר ד נ מ ר מ ד ג

ת ו נ ו ע צ כ מ י י פ ו ק מ פ י ב

ו מ י ו ת ע ה ק ח צ ש י ד ס ר ב ר

ק י ח נ ת מ ו י מ ב ה ב ו פ ת ו ת

ר נ ר נ ה ל ג ו ר ם ו י ה י י ר ב

ו נ ג ר ב י ל מ פ א צ מ נ ק נ י ה

א ט פ ל ו נ ו ה ל מ ל י י י א ה י

ו י ר ל ה ה ח ב ו ד ש י ב ו י ד ל

ל ת ש ו א מ ל ו כ ה ו ר ה ת ו ו ר

ה ן ר נ י מ ק א ה ע ק י ש כ ח ת ת

ת ל ע ד ת מ מ י י ת ד ן נ ח י ו ד

ע ד ו ב ה ב נ מ ח א ם י ת י י פ ו

ל ו ש י ל ל א ל ו ר ה ך ם ל ו ע מ

ם ן ת מ ד ו צ א ר נ נ ש ק א י ס ו

ג ו ה י ב ו י ח ף ב ו ה מ ר ת ת ב

דומיננטית
להתעלם
צלחת
חיובי
חורף
מעולם
ארנב
מושב
דוב
הבת
חתך
מתוק
מספיק
דיבורי
הבינה
הורה
צחק
גברת
היום
רכי

Puzzle 6

ח י א ע מ ה ר ר ו ו א י ק ח ז ש י

ת ב ד ל ע צ ב ל ו ל ח ז ר נ י ת ו

ל מ ו י ח ר ח ק ל מ ד ב ק נ ל ל ע

נ ג פ ז ח ח מ י ש נ ש א י ת ה ו ו

כ מ ש י י ט ר ק ו מ ד י פ ז ע מ ג

ר נ ר ם ד א ס י כ ו ם ק כ מ מ ל ק

ד ה נ ב ל ו מ ט נ ל ע י א ה · ם ע

ע ג א ו ם ו ן ס ה ו ר א ם ד ו א ל

ה כ נ ל ה ל מ ל נ ה א ס ו ה ו ב י

ס ו ו ח י ב ס פ כ כ ח מ ר ה ג ח ב

ח ז ש מ ע ד ו ו מ ח ר י ח ת מ ד ו

ו ר ל מ ו י ל נ צ א י ל פ נ י ר ב

ב א ו א ר י ם כ ב י ו ה י צ ו א ף

ו ה ו צ מ ב מ ב ר ש ת ו ב ק א י ס

ב פ י ב י ו ת מ ו נ ת י ט פ ו פ ק

חמניות
אחריות
כמשי
תמונת
סיכום
מחבר
לבצע
עליזים
ומחר
שיניים
ולהזכיר
מכנה
מנהג
דבק
דמוקרטי
חדש
עם
סולם
פלסטיק
מברשת

Puzzle 7

מ ט ג א ג ם ח ו ז כ ף ס ה צ ב ע ה
ח י ל ח ו ר ו ר ש ר ב ו י ד מ כ ט
ז פ ה ס ו ל ז מ ב י ו ו מ ע ס י י
ו ו ת ב כ א י מ ב ד נ ו ט כ ל ו מ
ר ס ת ו ר י ה מ ב י ת ל ש כ ו ח ה
צ י ד ק ו ר מ ו ד ק ב ש נ ו ל כ ד
ח נ ת ח כ מ ת ן ◌ ר מ ד ב ה ח ל ט
ב ה ס ר ז א ן ר מ ח ר ו כ מ ו ו ב
ו ל ב ת ל מ ה ם ל ש ל ה ל ס ל א מ
ע א ס ף כ א ה ל מ ק ק ת ס מ ח ל ב
נ א י ד מ · ל א מ י י ם ו ר כ ב ס
ד ע ש מ ו ה ת מ ר ו ב ו ד ד י מ י
ב ת י י ר י ו ה ת ל ר מ ג ש ו י
ם ן ר נ ל ו ע ש ל ד ח ר ר ח ש ל ו
ו ב ד ה ו י ר י ש ד ם ר פ ל צ ל ר

ולשחרר
המיטה
טיפוסי
מאמרי
נדרש
לשכוח
מחזור
דמות
בחצר
במזל
במבט
הצבעה
יקר
סביב
לחם
כל
בהחלט
לזכור
במסלול
במהירות

Puzzle 8

ו ו ך ר י ה ב ר ע י ח י ק ס ב י ב
פ ג פ ו ת ט ו ש י ר ח נ ל ע ן ע ו
ו צ ת ב ק ב ו ק י א ו י ד ג י ם ב
ל ל ו ס ר ו כ י פ ר ב נ ח ת ח ב ה
פ ל ן ע ל ה פ נ ו פ א נ ו ב ט ה כ
ד ה ו י ת ת ו ם ת י ו ן ן ן כ ף ו
ח י   ף ן ה כ ה ו ב ו ר ט ל ף א מ
ה ב ה מ ר א ה נ ק ך ח צ נ ל ף ת כ
ת ד מ ת מ פ פ י ר נ ל ב ט ו י ה ר
ז ת מ ל ך ת ו ב ה ג י ה ו ה ת כ י
ם י י ל י ק כ ג ר ד ד פ ע ח ח י ו
· ת ר ב ג א ת ל ת ל ד ב ה ש י ל ע
ת ח ע י פ ג ה ת י ש י א ל ק ם ו ו
א נ י ת ו ו ר ע ד ל ש נ ש מ ש כ ל
י א ת מ ו פ ט ו ר ל ו ת ב ב ק מ מ

גבינה
עייפות
הכילו
דגים
תכופה
אישית
בבטן
בקבוקי
לנצח
טועה
מתמדת
כתף
הם
מלך
סקי
ההפך
בעיתון
שיר
סעיף
המראה

Puzzle 9

מ י פ ה ב ע ל ר ר ד י ק ר י ד ב ל
ו ל צ ר נ ה ח ר י ף מ ר א ד צ א ו
י ר ר א ח י א ש ל ר א ק י ו ◌ מ פ
ו ל י י נ ע א ק כ פ ה ב ל ת מ ה ב
ל ו פ ו א ש מ י ם ר ו ק ב ח א ח ד
ת ה ה ן נ י ב ר ת ש ת י ל ר מ ל ח
ו ו מ ע י ה ר ט מ ו ו ק מ ז כ כ ו
ה ק ז ח ב ח ע ל ה א ל ע ה ף מ ס י
מ ו ר מ ש ד ו ח ר י ה ו ן י ב ג מ
ה ב ל א י ת פ ל מ מ ד ת י א ב ע ב
ב י א ר י ע ב ו ד ת ל ה מ מ נ מ ו
מ ת א מ א ו ב ט ש ו כ ב כ ב ח ן ן
ה א ד ו ח ו ן י י ל ְ י ח ש ש מ נ
מ ק י ת ר ב ח ן מ ע ק מ ב י ד פ ה
ל מ נ ו ד נ ש פ י ל מ פ ת ל ח ו נ

לחלוטין
יבשי
העלאה
הראיון
החריף
שרפרף
ובמיוחד
עלות
חברתי
אשמים
וסבא
אחד
עבודת
חבק
חזק
יפה
רכיבה
כף
ערב
טריק

Puzzle 10

פסיון
תנועת
תמיכה
ילדי
מעונן
מאמר
הטרופי
בכלל
מקרר
ילד
כוס
שנעשתה
מפת
קרנף
הוקי
לספור
תירס
סניף
להסיח
כבשי

צ ב י ס ס ו כ ר ר ק מ מ ת נ מ ש כ
נ ל ד ה ו ב א ת מ י ת ע י י פ ם מ
ל פ ר י ק ו ה מ א י ר ו י ד ו ן ן
ף י צ מ י ק ה י מ ג ן נ כ ב ב ו ל
ב ל ד ע י ו ט כ ב ן ר ן נ ת כ ו י
ו ד ל ס פ ו ר ה ע א ו א ת ה ל ט ב
ס ו ע ת ר פ ו י א ב ח ה פ ה ל ו ס
כ ו פ ט ר ת פ א ס ר י ת ה נ ע ק נ
ב ן ו י ס פ י ק נ ל ס ד י כ ב ר י
ש נ ע ש ת ה ד פ ק ר ה ו פ י ש נ ף
י ה ח ד פ כ ל ב נ ש ל ל ו ב ז ף ר
ו ג מ פ מ מ י ש מ ר י ו נ ב י ח ו
ש ו ח ת כ ב ו ת ו כ ב י ת ל ת מ ו
ש ר נ ו נ ת ע ו נ ת ה מ ו פ ר ק א
ט ו מ י ר י ח ו ו ל י א ר מ ס י ה

Puzzle 11

ל ך י נ י ק י ר פ מ ר ח ר ן ו ג ז
א י מ ת ו ש ש ו א ת ה י ך ר ס ר ג
ש נ ל ש ג ן ר ה כ א ש ר מ ת מ ד א
ש ן ב ו ך פ ה ב ת ו ו ו ד ע ב ס ק
ע ו ש ח ת ו ר פ ק א ה ם צ ה מ ו ש
ו ף ל ת ו נ כ ו ה ו פ מ ו ב ו ק ל
ן ל י ו ו ר מ מ ר ו ה ש י ש י ם א
כ ע ם י ו מ נ פ נ ג ד ב ס ת ה ז ע
ל מ ר ב א ו נ ו ל ת ת מ מ ר ס א ל
ה ש מ ת נ מ ר נ ח ל ת ו מ י ל א ה
ק ו ש ו ל ש ב ע ט ן י ד ת י ק ס ר
י ב ל ם ן ר ת ר ד ס ו ד מ י ז ף א
ם י ב נ ן ל ר י י י ש ם ג ו מ ם ת
מ ע ע ת ג ו י ה ו ו א ת ק ח ר ל י
ס ר ס ל ו פ נ ז ן ע ר ו ו ח ם ל י

אדמת
אורך
השישי
נברן
אלימות
התאוששות
פרות
לבשל
תחושת
מכרה
להקים
שקית
הר
זהיר
סדרת
ריק
רמת
שוב
כאשר
חירום

Puzzle 12

נ ן י ז מ ע ח ה ד ו י ו ל ה נ ח כ
ב ב ר ו ר מ ל ת י ל ן ש ה ד מ ו מ
י י ו פ ל י ג א ו פ נ י ה ש ח ו ע
ו ב ד מ ה ץ ה ו ל ש פ כ ל ב ת ק י
ו א א ג ש ש ה נ נ ו ד ן י י י פ ת
ו ב ת ל ת ש ו ב פ ב ב ו ל ו י ל מ
ע ב ו ש ת צ ו ו ל א ר א ו ם ש ל א
ב מ מ ה ף א ט ם ל ר ו ע ד ו ע נ ל
ת ל י ה ק מ א פ ג ט ד מ ג ס ד ד כ
י י מ ח י נ ו מ ר ו י ק ב ח מ ל ט
ח ר נ ם ו ח ו י ר ע ב ש ק ל ק כ מ
ד ל נ ו ן י ו צ ו ב כ ה נ י ד ע ו
י ר ו ל ה ב ו ל מ נ ה ע א ת ט ל ק
י ר י ל א ב ו ו ם ו ר י ר ל ת ת י
ו ת נ נ ב ו ח ג י ב ן נ א ד ו ו ת

וירטואלית
לחסום
מזין
אופני
ערפד
ביום
קלטת
להשתתף
בננת
ההיפופוטמים
כלב
ברור
מיץ
גדול
שדה
עדינה
עשיית
הכבידו
קהילת
באביב

Puzzle 13

ו א ה ב ה ש ו ה ה ל ש ל מ ב נ נ ח

מ ת ס ו ט ל פ פ ע ו ל ת ב ש י ל י

ב ה ט ש ן י ת ד י ד מ ת י ף ר י ד

ת מ נ ל מ ט א ו ל ו ד א ג ו נ י נ

ה ז ד ו ר ט ב מ ב מ י ָ מ א מ א ה

ת ת ר ם ו ו א ו ח ר פ ה ת י מ מ ר

ר ד ט א ח ן ה ר פ ח מ מ ג ע ו ת צ

ו י י ל ה ל ו נ י מ מ צ ש ע ר ו

ק ו ר ב ב א ע ו נ פ ו א ע ו ר ג ה

ן ן א ל מ ו נ ו ש ת ח ס ע ז ו ת ד

ר ם ו ץ ב ד ד ג ע ה מ י ל כ ב י ק

ד ר כ ו ש פ ד ו ו מ מ ע י ר י מ נ

א מ ד ה מ ת ו פ ע ה מ כ ח מ ד מ ג

מ ה מ ו ן מ ח ל י ח ו ש ט ב ט מ ה

צ ג י ת ד ר ב כ ת ל ע ק ו ק ד א ד

מדידת

במרכז

אופנוע

הסטנדרטי

התרוקן

חכמה

מגיב

הגרוע

לאמץ

שעועית

דיון

שליט

נשיא

דיבור

חלב

לתת

תג

ושלום

שחר

פעולת

Puzzle 14

מ ב ד נ ז ט ו ע י מ ת ר ס י ו ש צ

ל כ נ ר י ה י ם ע י ל ב י פ ע מ ל

ס ג כ ט א ת ה י ו ו ל ו נ ו ו נ מ

ת ם א נ ב ת ו מ ע מ נ ח ת ו ל ה ן

ו ו ע נ ש ל ח כ ם ה מ ן נ ל א ו ה

ו ר ג ג ן ב ל ח ס פ י ר ו ק ג ב י

ש ע א ק ת ע ק ן פ ו ה ת ד ש מ ש א

י ל נ ע ר א ק י ך פ ה ח ו י י ח ה

מ ב צ ד י ב א ל מ ו י מ י ו ו י ק

ל י פ י ז י פ ר ו ל ס ו א ת מ א נ

ש ב ו ש ב ר א ד י ר ט י ה מ ו ס ה

ו ח י פ ל ח ס ק ה י ו ד כ ב י ל י

מ ת א ו ג ה ע ס י ת ר ל ל ע נ ת מ

מ פ צ ח נ א נ ר ם ל י ו ה ה ת ד ג

ן י ס מ מ א מ ◌ ב ל ה ל ב מ ק ס ח

חכמים

אקדח

לוויה

הפופולרית

ההיסטוריה

מיעוט

ירוק

תחביב

בוחן

שמנה

קיווי

אמת

הים

חופשי

לנער

חכם

ידע

נסיעה

זירת

עצי

Puzzle 15

פ ן ה ה ס כ ם ל ו מ ה מ ו מ א ת מ

ל ה ר ו ת ◌ י נ ן מ ת ק ס ג ל נ נ

י ו ם ז י ע ס ג מ ל ו ו ב ע ו ד ל

כ ז י מ ו ב צ ו ג ר כ א ל מ ג ש ה

ת ש ק פ ו מ ד ע י ן ב מ ס ן ה ע צ

מ ל י נ מ ו ח ל ו ר ו ת א ו נ ק ה

י ש ק ם ו א ד ש ן ר ר ו נ ק ב ל י

ב ב ל ר א ג ו ם צ ד ל ק נ ר ס ק ר

ש ל ח נ ב ד צ ט ו ד י ר ר ד ם ו ד

ו ר ה ו י ו ל ד י מ ת י א ה ד פ ג

ל א ש י ו ו ד א ו מ ש ה נ ב ר ה א

ל ב מ א ל ת א ה ק ע צ נ ו ו ג מ ת

ו ו א ש ת ה ר ו ו ו א מ י ג ח ת פ

ו ל פ ד ע ו ל י ח ה ל ל ה ב י ת ה

פ ק מ א ה ו ש מ ב ר מ ת כ י ו ט ו

סתיו
להצהיר
מנומסת
צעקה
החלקיקים
ההסכם
נמלת
בשיפוע
קופה
להרות
ולא
חלש
בעוד
התיבה
להחיל
הדרקון
בגובה
ירקות
תמיד
מסוכן

Puzzle 16

בקלות
לזווג
מקומי
חווה
אפור
פנאי
מאמן
מוקד
אבטחת
עצלן
מודאג
ארץ
לאומי
אפילו
חור
בסדר
לפתח
סבתא
משך
שלושים

י ת ל ר מ ל א ו מ י ן ח ל ה ו פ א

ו ב א ו י י ב ל ו א ן ל ג צ י נ ר

ב ש ד א ע ש ט י ח נ נ ו ע ב ו י פ

ג א ק מ ו ל ח פ מ פ ָ ד א ת י ר י

ג ם ו י ח ו ת א י ו ו מ ח ם מ מ מ

ו ב מ מ ו ש ו ת ה פ א ק ל ב ה כ ל

ו מ ק ו מ י ל ב ו מ ר ו ח ח ת פ ל

ז ת ב ט ג ם ק ס ן מ ד ר ת ל ן י ו

ל מ א ו ב ◌ ב ל ש ש ס ל ה ן ו ב מ

ר ד ו ש ב מ צ ד מ ך ב ם מ ה מ ג ת

י ו מ ל י ע י ע מ ה ו ו ח מ ה ו ל

י פ נ ר מ ב ו י א ב ◌ ו ן ע י ן ח

ם נ ר ש מ מ ת י א ו ץ ר א כ ח י י

נ ם ב ל ם ד ר פ ל ת י ם ל ר ו פ א

פ י פ א י כ ר ב ר ר ת ה מ ד ב ו ח

Puzzle 17

ט	כ	ט	י	ו	פ	ו	ה	ת	ד	נ	ו	מ	י	ל	פ	ת
ע	ס	ל	ל	ב	ו	מ	מ	ע	ק	ב	ע	ע	מ	ק	ב	נ
י	כ	ה	ו	ו	ס	י	ד	ש	י	ו	ר	ן	ו	ו	ר	ע
מ	ל	ה	י	ת	נ	מ	מ	י	ס	פ	ר	ג	ר	ל	ח	ד
י	ש	ע	מ	ג	י	מ	י	י	פ	ו	ו	ע	ו	ר	ז	נ
ם	ן	כ	מ	ף	ל	ט	ע	א	ד	מ	צ	ה	ד	ו	ו	א
ת	י	י	ג	ו	ס	י	ה	ח	מ	ו	י	צ	נ	צ	ס	ש
ת	מ	ע	ו	ו	ב	א	ן	י	ן	ל	ק	ו	נ	ב	ה	פ
ר	ו	י	י	ב	ר	ו	ק	ו	ל	י	נ	ר	ו	ע	ש	ב
ר	ט	ה	ר	פ	מ	ש	פ	ע	מ	ו	ן	ל	ד	י	ו	י
ן	ו	י	ת	ו	ש	י	ט	פ	מ	מ	ל	י	ץ	ו	ה	י
ר	ס	פ	ו	ו	ס	מ	י	י	א	ל	ה	ו	פ	י	ע	ש
ן	ן	ו	נ	ת	ה	א	ו	פ	ן	מ	א	י	ל	ל	י	ן
ת	ח	פ	ח	ר	ח	ם	א	ה	ב	ו	ן	ו	ן	י	ו	ק
ל	י	ר	א	ב	מ	ב	מ	א	ר	ו	י	נ	ס	צ	ו	י

המדמיעה
לימונדת
פטיש
טעימים
ממליץ
עטלף
זרועו
קיצור
פסיק
וצבעי
משפיעים
הופיעה
להופיע
דבר
פעמון
ביישן
ברוקולי
סוגיית
קול
רוצה

Puzzle 18

מיוחדים
ציין
התוצאה
עכבר
וחול
דחליל
נמלה
רצועת
מסמר
דעה
חבר
בעיית
קרובות
פגז
להינשא
שפך
תאו
להעסיק
בכבוד
בחופשה

ל	ר	ח	ע	פ	ג	ד	ה	ב	י	ו	א	ו	א	ן	ו	י
ת	ם	א	ם	ה	י	ע	ק	ר	ו	ב	ו	ת	ש	נ	ח	ח
ד	ח	ל	י	ל	צ	ה	מ	מ	א	פ	מ	א	נ	מ	ל	ה
י	ת	ו	ד	ה	י	י	ת	ס	ת	ו	ג	כ	י	ו	ל	מ
פ	מ	ח	ח	ח	י	ו	ת	מ	נ	ד	כ	ז	ה	ל	ע	פ
א	ו	ו	ו	ב	ן	ת	ד	מ	ת	מ	ח	מ	ל	י	מ	ל
ש	ע	י	י	ז	ש	ב	ל	מ	מ	ע	כ	ב	ר	ו	פ	ר
ו	פ	ש	מ	ב	מ	א	ו	ת	ד	ל	ה	ע	ס	י	ק	צ
ו	ל	ך	ה	ח	ע	ו	ח	כ	י	ן	פ	ח	ר	ו	נ	ו
ז	מ	ו	ת	ו	ר	מ	ן	פ	ו	נ	ו	א	ע	ו	ה	ע
ח	א	ם	א	פ	ח	ש	י	כ	ד	י	י	ב	ו	ל	נ	ת
ה	ב	ד	ט	ש	מ	ד	ו	י	ו	פ	ע	כ	ד	י	ע	י
ו	◌	ר	ת	ה	ע	ע	כ	י	כ	י	ה	ב	י	י	י	י
ו	ה	ל	ר	נ	ר	כ	ש	צ	ה	א	צ	ו	ת	ה	נ	ע
כ	ל	א	י	ב	י	ש	ע	ל	ב	נ	ו	ד	נ	צ	מ	ב

Puzzle 19

מ ג ן א ד כ ם כ ל ח ו ו ט מ ת צ ם
ע ו פ ר א ש נ י ה פ ה ה ש פ ל מ ד
ש מ י ת ך ◌ ב ס ס מ ש ב ג ת י י כ
ו י מ ס ו כ נ ו ת ב מ ד ת נ נ ם כ
ס ָ ג מ ע א א י י ו ר ו נ ד מ י י
ר ו ר ש מ ס י מ ר ל מ נ ו ג ו ל ש
נ ע ח ע ו ב ד ש ו ה ש ו פ ר ת ג ט
מ ו מ ק מ ז נ ק ה צ ל ב ה ל ח ו ף
מ ת ו ס ג י י ל צ ט ע ו ר י ח ס מ
ה ש ט ג ם ם ה ב ל ר ל ע ג נ ח מ ק
ד פ ח י ת ל ע מ י ף פ ב ו א א ב פ
מ ו ב ר מ ח ב ב פ ו י ו מ ר מ ש ו
ף ן י ח מ א ר ח ל נ ו ל ע כ י ג ן
ל א ם ג י ו א ת ת ל ק ר ש ן ל ח ו
י ב ה י ו ת מ ג ח ב ר ו פ ה ה ו י

להצטרף
להסתיר
תנופה
גבינת
ארבע
לחוף
טווח
משהו
משקל
כיסוי
למד
לתל
על
מים
משב
מסוכנות
שני
זנקה
גומי
מסוגלים

Puzzle 20

מ ל מ ת ר ה ב א ח מ ח ת ב א ש י ב
ע פ ר ו ב י ח ר י ת י ד ב ש מ ו צ
ש ש ס ש ה כ א ב י ז כ ו כ י ת ו ח
כ ט ב ר ג ו י ע ל ב ו ע ג מ ר ר ר
מ ב ל ה ו ע נ ה ל ס ה ל ן ת ש פ ו
ו א ה ל ם ס נ ל נ נ ל ו ר ה כ פ ה
ב י ק נ מ ל ב י ו ף ו ס א ל ה ל ה
ן ד ש מ ח ק ו י ט ב צ ם ן ך ר ו צ
י י י ו ף י ם ג י ד ל ת ר א ו פ מ
מ ם ב מ ל כ ד א ם ב ח ו פ ת א א ד
ת ר ו א נ מ ל כ ה פ ל צ ח א י ז א
מ פ ו י ו ס ו מ ן א ו י מ ז ו ו ר
ח ת ל ת ח ו ה ב מ ט מ ו ה ס ָ ע ד
א ד נ ו ו מ ת י ו ו ל כ מ ס א ר ע
ר ו ר ל א ל א פ א ו ב ו ק כ ם ה ה

חיבור
שבדית
צורך
צורת
כועס
הפכה
להרשות
נוטים
כמובן
להקשיב
וילאות
זכוכית
הבא
לנהל
לפשט
לאסוף
מגע
ארבעה
להוכיח
מפוארת

Puzzle 21

נ מ ש ב ר מ א ע ף א ן ס ד ט י ו י
ף ב פ צ ס י ע ר ד י י צ ו ר ב י ח
ו ו פ פ ש ב ו ן נ מ נ נ ו י ע ל
ג ת ת כ ז ה א ל ט א א ט ש פ ר ה ת
ל ו ב ל ל ו ל א נ י מ ן ל ס י ו ה
ז א ב ה כ ר ע נ ש ה א ר ח כ כ ת ו
ר מ ר ש א ר ש ו ע ל י ע ב ע ח ש ו
ו ד ר פ א נ נ ת ע ו ו ו ב ר י ל ל
ם ו ר ו ז א ב נ מ ל ק ו ו ם ה ג ש
פ נ ת ש י ר כ ע נ ג ד ת י ת ו ד ו
ש פ ר י ר ד ב פ ז ה ד נ ר ע פ י ב
נ כ י ד י ח ו נ פ י ר מ ק ו מ ה כ
נ י י ד ל ת ו י מ ד א ו ג ת ו מ ל
ד ת נ י י ה ש ו ם ס א ז ה נ ו ח נ
ו פ ד ע ה ב ו ב ר ו מ א ס ר י מ ד

מישהו
ספורט
רצפת
שלווה
מאמין
אות
הגלולה
באזור
לזרום
ייצור
משבר
התחרות
כזה
שנערכה
נגד
טניס
לכבוש
ראה
כרישת
ונשלח

Puzzle 22

ז ר ש ד ו ט ו ו ת ד ן ל ו פ ◌ ע ע
מ ל א מ ה ו ל ל ו נ י ו ו ל י ג א
י ל ט ב י א כ פ ר צ ג ע ם י ד כ י
נ ר נ י ס ה מ ח ק ס ן מ ו ש ד ר ה
ה ל ש י ב כ ע ם ו ג מ ו ת מ ו ה ש
נ ה י ה ח ס ו נ ב ו ת ק ו ע ב ו ו
ש ק ו י מ ק ח ד ב ק ו נ נ מ ד ם ל
א ק מ ן מ ד ט ר ס ו י ט ב מ ב א ו
ב ו מ ו ו ד ו ה ת ת ו ט י ן י פ
מ ל ק מ ו ן ו י ל ע ה ה ם ב ג ב ה
ת נ ש ו צ ה ד כ י כ י י ל ג פ כ ו
פ ו מ י פ נ ה ו י א ה ר ל ב ה י ו
ג ע ו ס ב ס ב ג ח ח י ו א מ ו ר ס
ש י מ ת ת ר ת ר ו נ ג י נ י ו ה י
ה ר ר ב מ ו י ב ן פ ל ב א ה ח ת מ

מונית
העליון
יהיה
קומקום
תקווה
קולנוע
חייל
שומן
דובדבן
עכביש
בוקר
הסינר
בכירה
היה
מבט
מחק
נוסחה
זמינה
סרט
פחם

Puzzle 23

ה	ו	כ	ב	ב	א	ל	ש	ב	ב	ד	א	מ	י	ן	י	צ
ע	י	ש	ת	[illegible]	ה	ת	ו	מ	ח	י	י	ו	ו	י	פ	נ
י	צ	ט	ו	נ	נ	ד	א	ד	ו	ו	פ	ד	א	י	ב	ו
ת	ו	י	ו	ה	ו	מ	ו	ב	ו	ג	ר	ל	י	ה	ב	ע
ו	א	מ	ר	ם	ד	ל	ם	ר	ל	ב	נ	י	ס	י	ו	ן
נ	ל	ו	ס	י	ו	ו	ע	ל	נ	נ	א	ד	ק	ק	ק	ם
ו	ו	ב	י	ס	מ	ל	מ	צ	ת	ה	ו	מ	ל	ג	ר	ף
ת	ל	מ	ן	ו	ה	פ	ל	פ	ל	מ	ו	י	ו	ב	ן	כ
ר	כ	צ	ת	ע	ו	ה	ש	ו	ש	ש	פ	ר	ו	ח	ש	ב
ט	ח	ב	ש	נ	ת	ה	ד	ת	ל	ם	א	א	ו	פ	ד	ה
ש	ב	ו	ע	נ	י	פ	ה	ם	ח	ו	ה	ם	י	ה	צ	פ
מ	ו	ף	ר	י	י	ע	ו	ב	ד	ת	י	ל	ל	כ	ב	ס
ה	ע	ה	י	י	ס	ו	ל	כ	ו	א	נ	א	ל	ו	ש	ק
ן	ם	י	ס	ע	ו	כ	צ	פ	ר	ד	ע	ב	ס	נ	ה	ה
ת	ו	ב	ר	ף	ה	י	מ	מ	ת	ה	ו	פ	י	ו	ה	ו

משטרת
הפסקה
צנוע
במדבר
עניה
צפרדע
כללית
שווה
דומה
בבוקר
בניסיון
גרף
לצפות
העיתונות
אוכלוסייה
כועסים
גל
מושלם
עובדת
ובמצב

Puzzle 24

ב	מ	א	י	ו	י	ט	י	י	צ	ו	ב	ה	מ	א	ה	ה
ק	פ	ץ	ל	מ	ח	ו	ח	ב	ם	נ	י	נ	ז	כ	ת	מ
ת	ו	י	ד	א	ר	ס	ו	צ	י	ת	ש	ח	מ	ר	ק	ר
נ	ר	י	י	ה	י	פ	ר	י	ת	י	י	ר	פ	ס	ף	נ
ן	ס	י	ם	ם	א	מ	ך	י	ל	ה	ת	א	ה	י	ב	צ
ב	ם	ש	מ	ו	ב	י	ו	ת	ו	א	ב	ה	ח	ע	ג	ר
ו	פ	כ	ח	ס	ן	ו	פ	ת	ו	י	ר	א	ו	י	א	ו
ת	מ	י	ן	ר	ו	ר	ג	ר	י	פ	ו	י	ס	ת	ב	מ
פ	ת	ו	נ	פ	ח	ר	נ	כ	ו	י	נ	ס	ם	א	ל	א
ת	מ	ו	ט	מ	י	י	י	ד	י	ד	פ	נ	ת	ל	מ	ד
ל	ש	נ	מ	כ	מ	ו	ש	ב	ס	ת	ו	ג	א	ח	ל	ו
י	ה	י	כ	ף	ס	[illegible]	ם	י	נ	כ	ר	כ	ם	ה	א	ה
א	ו	ם	ת	ל	ה	ג	ף	ח	ב	ם	צ	פ	א	ב	ן	ו
ל	פ	נ	ו	פ	א	נ	ן	ק	ו	ו	נ	ן	ו	ח	י	ר
פ	ו	א	י	ד	ת	ו	ע	ב	ב	פ	ד	ן	ת	ן	ב	צ

התקף
חוסם
כיוונים
יחסים
אבן
תהליך
מפורסם
ספריית
ילדים
מאה
מכה
פרסום
צבי
קפץ
רגע
רוח
באותו
שפת
המאה
צביה

Puzzle 25

ח מ מ ש א ל ב ע מ ו ח ת י י ת י ו
ס ד ו ל א מ ט ר ו ב ו י ס כ ט ו ד
ו ת צ ק ו ע ו ו כ נ ף ו ח ד ל ת ה
· ו ל ר ר צ ב ד מ כ נ ס י א ש ו ד
י ב ח ש ק ר ן ק ת פ ר ה ב ן כ ת מ
מ ד ח ם צ ס ה ש ק ו נ ה א ר י ש נ
ו י ר י ר ת ג ם ה ע ב כ ו ל ן ד ם
א ו ת ס ה ה ס ד פ י א ו ב ג ט מ י
ט נ ח ת ָ ש ר ע נ ו ח ר ע מ ר כ ר
ר י ת י ת ג ת ג א ה ל ע י ו ו ו ו
ל ו פ ט ת פ מ ס ש ג ר ת י ל ס י ח
ה ת ל י ח נ ש ד ב ד ל מ ת ב פ ש ש
ע ו ת י ן ו נ ג ס ו א ה נ ו ו ך ר
ס ו ל ב ו ן כ כ מ ל י י ר מ ר ח מ
א ד ם ן ת א ק ת ר ו ו ו ש מ פ ר ב

סגנון
למעצר
מוצלח
יכולת
תערוכה
מגניבה
מכנסי
הנוקשה
שחורים
לדחוף
נפגשה
הרפתקן
ביחס
הדרגתית
הגדול
בדיוני
קצרה
רך
נשי
פרופסור

Puzzle 26

ב כ מ ם נ ר י ו ב י ת ה ס ר ו פ כ
מ צ כ ו ו פ נ י ר י נ ד ז ש ב י ה
ד ת ר פ ס מ ה ב א ו כ ו י מ ר א ר
ס ה ל ה ש ת ל ש ל · ת ד ר ת ע מ י
ו א א ח ק א ד ג י א פ ט ה נ ו י ח
נ מ ג מ נ ב ר ב ג י י ה ל נ ל ו ו
ת כ ת ו א ב ם ם מ ו א ג י נ נ ר ח
ל ס א מ ח ח ד ר מ י ף ב ב ש י ע ש
ק ת י ל י ל ש כ ת צ פ מ פ י ב מ ד
ר ו ו ט ו ל נ ן ן ו פ ש י ו י נ ט
ו ו ב ב ל י י צ ר מ ר מ ו ת ת ן מ
ת מ ק ג י ר ס ס כ א פ ר י נ מ מ ר
נ א ע ק מ ו ת ל ח נ ו ל ם א ה א ו
ב ה כ ש ר ת ו י ו ו ב ה פ ר ס ת פ
ן י פ ה מ ב מ ד ל א ו ר ך ד א ו ב

מומחה
כואב
הכשרת
המספרת
לקרות
מבטיח
כפור
מילוי
לירות
שלילית
פרסת
ממהר
גיל
דוד
דשא
לייצר
להשתלשל
ליד
בפורמט
תא

Puzzle 27

ו	ו	ה	א	ן	ו	נ	ן	ת	י	ל	ט	מ	מ	ד	ש	ס
ס	ב	י	ר	ב	ת	מ	ו	ר	ת	מ	פ	מ	י	ב	צ	ר
ח	א	פ	ר	ת	י	ל	נ	ו	י	ס	ב	ע	ת	נ	מ	ט
י	כ	ו	ו	ה	ב	ד	ר	ס	ת	ו	מ	ע	מ	ג	י	נ
ר	ה	ו	ס	ו	ו	נ	ג	א	ו	ב	י	ו	ו	י	ב	י
י	ר	י	ה	ו	ר	ן	מ	ל	ב	כ	י	נ	ר	ל	ם	ם
ש	ב	ר	י	מ	כ	ע	ר	ר	ר	ת	ב	ת	ע	ד	א	י
ב	פ	ל	א	ח	ו	ה	ר	ח	ת	ח	ת	ה	כ	ח	נ	ז
ו	מ	ג	ה	ג	ש	ל	ו	נ	ה	נ	מ	ל	ח	ר	ש	ת
ח	ב	ל	ת	ת	פ	ק	ק	ר	ו	ד	ב	ת	ד	ח	כ	ה
ר	ג	י	ע	ה	י	ב	כ	ו	ש	כ	ח	ח	ר	מ	מ	ו
ל	ה	ב	מ	ח	ק	ר	ל	ו	כ	ו	מ	מ	ש	א	מ	י
ת	נ	נ	ח	ו	ש	ת	ל	ה	ב	י	ת	ה	ח	ת	ל	מ
ר	ה	ר	ש	י	ל	ע	ל	ד	ל	ק	ן	י	ל	א	ה	ד
מ	ה	ח	ת	ע	ו	י	ת	ט	מ	ל	ה	א	ב	כ	פ	ע

הנהג
התרבותית
נחושת
בתמורת
מסובכת
חמאת
לפעמים
שחייה
סרטנים
רגיעה
סביר
להתיר
לאסור
מטל
להתנועע
וכרובית
הביתה
שבר
הסורר
הכאב

Puzzle 28

סקרן
נדיר
במלון
העולם
לבוש
רפואית
עצוב
אחורה
לחשב
יחס
סגול
כבר
עז
בריא
פתרון
תלמיד
להימנע
בגינה
עדיין
אביר

צ	ר	פ	ס	ל	ב	ה	ר	ד	ו	ו	ם	ל	ו	ע	ה	ח
כ	ה	פ	ד	ע	ו	ג	ו	ד	ו	מ	מ	ה	נ	כ	פ	א
י	ם	ן	ו	ר	ת	פ	י	נ	ד	י	ר	י	ל	נ	י	ו
י	נ	י	נ	א	פ	ד	י	נ	מ	ע	ו	מ	ח	י	ק	נ
ו	ד	י	ש	מ	י	ת	ק	י	ה	י	נ	נ	ש	ח	י	ו
צ	ף	ד	י	מ	ל	ת	ת	י	א	ג	ז	ע	ב	ס	נ	ר
כ	מ	ע	ת	י	ה	פ	מ	ן	ו	ל	מ	ב	א	ל	ר	ן
ה	ו	ן	י	ר	ב	ע	ז	ר	ע	מ	ו	ז	ל	ח	ע	ר
ה	ו	י	ל	ן	ו	צ	ן	ק	י	א	ש	פ	ט	ת	ד	ע
ע	ר	נ	ב	ת	ל	ו	ג	ס	ה	ב	ר	מ	ר	כ	ו	ד
ע	ל	ז	ו	ו	כ	ב	ל	ב	ו	ש	א	ן	ק	ו	ח	ר
ל	ו	ד	ד	ש	ר	ה	כ	ה	ה	ח	ו	כ	י	ל	ה	ה
ג	ע	ת	נ	ת	ר	ה	ב	א	ח	ו	ר	ה	ג	ו	ח	ד
צ	מ	ס	מ	ד	א	מ	ר	ב	ר	י	א	ה	א	א	ו	נ
נ	א	פ	ל	י	מ	ו	ת	ה	ר	מ	י	ל	נ	א	י	ב

Puzzle 29

א ת ד ש ש מ ו ו י ר ל ר ל ק ד ו ק
מ ס י י ט ל ע מ ת מ א ו ע ג א כ פ
ר מ ש ח ו מ ב ם ד ת ז ו ג ב ח ל ה
צ ק ת ר י ד ל נ ל ו ו א ה ד ו י א
ו ס ל פ ת מ ע ב כ ו ר ץ ח ר ע ע א
ן ז ב ח י ע ו ם ב ט מ ו מ ו ב ק פ
ו ל ב ו ג ח ת ו ה ן ז פ ש ם ר י ק
פ י ו ת ה ד ש מ א ר ד ק ב א י ד ר
י ב ה ל ג ת ס ו ל ל ן ל י מ ב ו ל
פ ט ח ו ו ר א י ה ו ג ת ו ל ע י ח
ע ל א ח ק י ב מ ו מ כ ע ד ר ה ק נ
ף פ ת ל ח ח ב נ א ת ק ה ע ד ל ב מ
ם ו ד י ל ב ו נ ק ו ס מ ל א ת ו ל
ד ן ת ו ו מ ר מ ו ח ם מ ב פ ט מ ו
ת א נ א מ ע נ כ ש ל ע ש ו ג י ת ו

להעביר
חוזר
בדרום
לקפוץ
מרצון
בטלפון
לשכנע
פרחי
בשמחה
עפיפון
לחות
מסוק
לאזור
מסרק
בחירת
חי
טייס
מעל
קפה
אקראית

Puzzle 30

המונה
לשרוף
בשורה
שׁוּנָרָה
ארון
שאלה
לשלול
באתר
פלפלו
לטאת
עלייה
מעצר
דגל
בוגרת
כלא
גס
רק
ברכת
רבים
להשוות

ג ת ו א ד ת ב נ ע ו ב פ ת י מ מ א
ל א מ ס א מ ו מ נ ע י א ו ה ו ע ר
ש מ נ ש ע ך ג ס מ ע ל י ר מ ו צ ו
ר ו ל פ ל פ ר ג י ב י פ ו מ פ ר ן
ו א ת ח ס ר ת ר ת א ב י י ה א ה י
ף ן מ ע ח מ כ ר ו ו ה ד ר י ר ם ב
ע ו ו ח י ה ד ו ו מ י ו ק י ו ס מ
ן מ י א ד פ ש צ ש ל ש ל ו ל י ס ב
ד ם ר ה ו ד ת ו ה ב מ ט ש ע צ י ל
צ ע ה ב י א ת ש ל ר מ א א ו ר ו ש
ה מ ר י ב י ש ע נ ל ד ת ה נ ו מ ה
ו ו א ר כ ג ד ו ב ו ג ם י ב ר ש ו
נ ל כ נ ו ה ל ב נ מ ל ה י ג א פ ו
נ ת ש י ר ן ד ת י ל ח נ א ל כ ש
מ י י י ש ◌ · ו נ ָ ר ה ר כ ש ג

Puzzle 31

מ	ו	ו	ב	נ	מ	ל	מ	ל	ל	ד	ן	א	י	ה	נ	ס
נ	ש	ן	ז	ו	ו	ר	כ	ל	ב	נ	מ	ו	ל	ג	ת	ו
י	ג	ת	י	ם	י	ר	ו	ב	י	ד	ל	ל	כ	י	א	ו
ו	י	ח	ת	ן	ו	ט	ס	ל	ל	ח	ר	ם	מ	ש	ע	ע
מ	ן	י	י	ף	ח	ר	ה	ל	ה	ק	ד	י	ש	ה	י	פ
ז	ל	ר	ת	ר	ו	פ	ת	ש	צ	·	ב	מ	מ	ק	ב	ה
ן	ו	ב	ל	מ	ב	ן	ה	כ	ל	מ	א	מ	מ	ר	נ	ב
ו	ב	ע	א	ן	ס	ח	ה	י	ו	ל	ו	י	ב	י	י	ע
ע	ב	ת	ם	א	י	ד	ו	ה	ח	ו	ש	ק	ק	ת	י	א
ב	י	ס	ע	ל	ס	ר	ר	ל	ם	י	כ	ד	ב	מ	ס	כ
א	ס	ו	ש	מ	מ	ך	ו	ב	ל	ו	ק	י	ם	ה	ה	ח
ן	י	כ	נ	ב	ת	ו	מ	י	ת	ה	א	נ	מ	א	כ	מ
א	ע	מ	ו	ה	ל	י	ו	נ	ו	ת	ה	ב	א	י	י	ו
ר	ח	ו	ו	ר	נ	ן	ב	נ	ג	מ	צ	מ	מ	א	ו	א
מ	פ	פ	מ	ש	ר	ת	ה	י	ב	ת	נ	ת	ו	ל	ש	ר

גישה
אולם
לדיבורים
להיכשל
לבדר
בלוקים
מלכה
אבד
דרך
תרופת
בסיס
יין
מכוסה
זועם
קשוח
משתתף
פרט
בריחת
להקדיש
חולצה

Puzzle 32

ה	ף	ל	מ	ל	ס	ד	ר	ש	ג	ו	ט	נ	ה	ס	ב	כ
א	ס	ס	ת	ם	ה	י	י	ח	ר	כ	י	ו	ל	ו	ב	מ
ק	ו	כ	פ	י	ח	ב	ט	מ	מ	ו	ו	ר	ר	ע	צ	י
ל	נ	ל	ו	ר	ו	ש	י	נ	ר	ל	ל	י	ת	ל	ו	ר
א	פ	ל	ע	ם	מ	פ	ר	ע	ו	ל	י	ק	ל	י	ס	ע
י	ן	פ	י	י	ע	ח	ס	ע	ה	י	י	ב	ס	ה	צ	ל
ר	ע	מ	מ	ש	י	ר	ו	ם	ר	ם	ל	ו	פ	ש	ה	מ
צ	ש	ב	ת	ל	ר	ל	מ	צ	ו	מ	ז	ן	ק	ו	ג	ד
י	ב	ת	ע	י	ת	י	ש	ם	ו	ת	כ	ב	ס	ת	י	מ
פ	ו	ע	ל	ת	ו	ר	י	ה	מ	ש	ו	ל	ק	א	ג	ה
ד	ה	ח	ם	א	ג	ש	ל	י	נ	ב	ת	ע	ע	נ	ד	ת
ק	נ	י	ד	ר	ה	א	מ	ש	ת	ו	י	ו	ו	ל	ו	ח
ר	ו	ה	י	ע	נ	ר	ה	ל	נ	ו	ע	מ	ב	ו	ב	ש
ש	ב	ע	ח	ד	ת	ב	ל	ו	י	ב	ט	ר	י	ס	ת	א
י	ס	ה	ל	ף	ה	ח	ו	ל	י	ם	ו	פ	ס	ה	ל	ב

מהירות
ריקבון
חייהם
מוסרי
נוסף
מטבח
החולים
וכוללים
הסכום
גשר
פועלת
לספק
קר
מחר
נטו
סדר
להביע
זכות
שבע
התנהגות

Puzzle 33

א ש נ ו ל ח ה מ ת ה ה י ז ת ת ד ב
נ י ה י כ ו ו צ ד ה ה פ י ב ח ת ע
ק מ ל י ו י י ס נ ע צ י ת כ פ ו ל
ה ו מ ו ש ר י ע ש ל ר ח ב ס ר ק ב
י ש ח ל ו ה נ ר נ ת מ ה ו י ב ה י
א י ק י א ו פ ר י ר נ מ א ל ו ו ש
א ל ר ב ב ט ח ה ת נ ד ם א ט ה ר
ר ה י י ת ב ה ב י ר י כ ל ע ר ת ב
ג פ ב ו ר ע נ ו י א ו ן ש י ד ו א
ו י ל ת פ ת ב ש פ ע ו ו ל י פ ג י
ן ץ ש ו ל י ו ת ל ח ף ק ל ס ע ף ב
ו ו ע ר ל ד נ מ צ ר מ י צ ל ל ר מ
י א ו ו ר ו פ נ ע ל ך ת ל מ ג ו מ
ת ן ס ו ל ו פ ו א ב ו ח ו ד א ו א
ב ח מ י י ף ו ל ח ם ס ל ח נ י ס ל

תשובה
תיקון
כפול
אירוע
יריב
בבטחה
מחקר
בעתיד
נצחון
שימושי
להפיץ
לקבל
עת
לשלם
בשפע
זיהה
ארגון
לסייע
אודישן
רטוב

Puzzle 34

ו א ר ק ו ת ע נ ט ו ה ל ג ל ו י ס
ש מ א פ ב ת ו ד א ר ר ח ר מ ל ב ר
נ מ ל א ש ה ג כ מ ו ג ש ד ע א י נ
פ י ם ג ד ל ת ח ב י ו ע א ל ו ו
נ ה ו ב ל י ד ח ו י ש ף ם י א ו ר
ק ל י נ ו א ש ט ן י ו א ת מ ע ע ע
נ ו ן נ ע ב ל פ ד ו י י ת ד ל ו ד
י א ר ו ו ב ש ח מ ו כ ד ו ס ל ת א
ק ש פ נ ק ן ר י ח י ד ע מ ה י א ל
י ב ג ג מ ז מ י נ ה ו ס ג ו ו ד ת
ו ל א פ ס ם ם ר ו ל י ד א ח נ ח ר
ת ד ל ח כ ש ט ח ר ר י ב כ י ס ס מ
ח ן ן י ר ד ד ב כ ד ע א ו ט ר א ו
ק ש א ע ה ל מ ח מ ב ר י ק ה ל ל ט
מ ג ף ו ס ב ל ו ט ו י ו ו א ר ד מ

הרגישו
נקניקיות
עוגת
חיטה
נואש
נחמד
רואים
חמלה
מחשב
לחשוף
לגנוב
בכיס
דלת
דתי
חשב
יער
מזמינה
שכח
ולבסוף
מבריקה

Puzzle 35

מ ו מ ו י י י ל כ ב ש נ ו ם ג א י

א י ו א ש ן כ נ ה א מ מ ח ר י ע ה

ב ס ר ו ב ו ע ו ו מ פ ו מ ו מ א ש

א ע פ ח נ ש צ ה ב מ ה ן ו ד ו ש כ

ג ו ט נ ל א מ י ר ב ט ע ח ר ב י א

ה ר י ש ע ר י ג א ו ל ל ת ס מ ב י

י ת ן מ פ ה י י ה ג ח ה ע ל ע י ק

מ ע ח ב ל ן ם ש מ ר ה מ מ ה ש ש ב

ם י ד ק א ח א ה ב י ר מ מ ב ה צ ק

ו ק מ ק מ ה נ ש מ ם מ מ ו ר ם [illegible] ב

פ ו ד א ו ע כ ה י ח ל ת ם ם נ ם כ

ו ח ב מ ר ת ו ח ש ל ו ק ו ה ל ת א

ה צ ר ר צ ה פ ו ו ט ת י נ ן ו ו ו

ב ל ן ם פ כ ק נ ק מ ר ח ו ל ס ל ב

ז ה ר ו ו מ ו ר ז י נ נ א ס ח ל מ

בוגרים
העיר
רקטות
החלטה
עצמיים
יסעור
מדבר
לכוננית
לשחות
שמפה
בדק
לצחוק
משנה
מלח
לסלוח
הבמה
ממתקי
פלא
קצה
הראשון

Puzzle 36

מדומה
חוסר
השחור
מסולסלת
לאתר
העברת
בחדר
חדשות
לרתיחת
נדירות
כנס
וניהול
להבין
פרה
ההפוכה
רוב
גרגיר
רעש
התרסקות
קריירת

י ר מ ה א ן ר ד פ א נ ל ו ה י נ ו

י ר ד ת ה ש ח ו ר פ ח נ כ י ר ו ה

כ ת ו ר ת ב ל ה ה פ ו ב ה כ ע ס

ו י מ ס פ ת ו ש ד ח פ מ ת מ ב א נ

ע י ה ק י י ש ע י ה ב ח ד ר ד ד כ

ה א ר ו ו ל מ ר ה ב כ ט ת י י ו ה

ב נ נ ת ח ת ח י ת ר ל א ת ר ק ג ש

ר א ו ר ר ס ו ח ר ו ת י ו ן ו ל ו

ק כ י י פ מ ס ו ל ס ל ת ו י א ח ה

ב ו ם י ח ר י ג ר ג י י ר ל א א י

י ר י ר מ ע ו א ב פ ן ד ל ו פ י ד

ב ו ו ק ו נ י א ד א מ ד כ ד ת ס ל

ג ב ס ג י מ ו ו ה ת ח נ ו ן ה ן א

מ כ כ ב ע ת פ ד ן י ב ה ל ס ם ח ן

א ה מ ב ש ח ת ל צ ר ר ה ל ב ן ו ו

Puzzle 37

ל י ר ו מ ד ו ת ס ח ו א ה ל ס מ ת
ש מ ל ח ש ר ח ת ע ר ג י ש נ ב ב מ
מ ו מ ו ו ר ח ש ד ל ת ו ו ש ו מ מ
ח א ל ד ת א ו מ ת ב ד ה כ נ כ נ ל
ת י ה י כ ש נ ו ר ה ב ל ש מ ה י ו
י ש ק ד ו ל ו ק ה ה ו א י נ ן ו מ
י ת ל ה ו ס ל ד ג ה מ כ מ ו ז ת ב
ס נ נ א כ ד מ ם ב פ ר י ח ת ו ו ס
ת ל ו ל ג ח נ ר ו ל ל ק ו י א י פ
ב פ ב מ ר ר ו ן ה י ה ת נ ל ה ע צ
א ש פ ת י ל ע ו ה י ע מ ב ג ל ל י
ר ו ה י ג ט ר ט ס א ה ב ו ע א א פ
י נ ג ו כ ע מ י ב ח ו מ נ מ ם מ י
ר ה ף מ ה נ ג ר ס פ ע ר ש ב ב ד ת
ה ג ר ח ה ת מ פ ש צ ל ו ר מ פ ב מ

למנוע
מניות
מעגלית
מוקדם
בפריחת
אננס
אפוא
ספציפי
ורודה
האוזן
אסטרטגיה
שונה
בגלל
הגבוהה
המניות
מנות
כמה
מלא
לשמחתי
סבוכה

Puzzle 38

י ג ו ת ע י ת ה ה ה ה כ ל כ י ח מ
ח ו מ ר ת מ מ ב א ל ו ת ל ו ו ו מ
ח ל ב ף ע ר פ ש ת צ מ ן א ח ו ו ו
ע ת ה א ח מ נ ב ל י י ת י ו פ צ ק
א ו מ ק ה ר ו ל ק ל ו פ ה א י מ מ
ל ש מ ל פ ה ע ו ך ל ו ה ד א א נ מ
ן ר כ ב י ל כ ב ן ו ד ו ש ד ל ו
ן י ה מ א ב ן ו מ ת נ ג ה ל ע פ א
ן ח ש י ש ש ו ח ק ו ת ע פ י י א נ
ת ר י ס ה צ ב י צ י ס ס ש ש ו ו ע
ר ש ה ו נ ת ל ה ו ח ע ט כ י ח י א
ב ו ח ד י א פ ע נ י ו מ י י מ ד
פ ת ת ב כ ר ו מ י ה י ד ר ם ר פ פ
ן ף ד ה ו ו ם ו כ ר כ נ ו ל מ ר ח
ו ו א ו נ ט ל ל ע א ס ט ם ה ל ש ל

חומר
רשות
חושש
סטודנט
מורכבת
הפולקלור
לשלהם
שותף
מכשפה
ערבת
הנחיות
שלישיים
לו
השאיפה
הגנת
סירת
הולך
מקצועי
כרכום
המרחק

Puzzle 39

ה	י	פ	ו	פ	ו	ט	ם	ה	מ	כ	ה	י	ו	ר	נ	ש
נ	נ	ש	ד	ב	מ	ב	פ	ר	ר	ו	י	א	ב	ש	ו	ת
י	ג	ו	ס	א	ל	צ	מ	י	א	י	ש	ת	ו	ב	י	א
פ	ו	ט	ר	ד	ע	ל	ן	י	י	נ	ע	א	ו	ה	י	מ
ס	ה	ק	פ	כ	י	ח	ו	ב	ש	ר	ל	ו	ו	צ	ל	מ
א	ו	צ	ח	ג	ס	ת	מ	ר	פ	ו	ת	◌	א	א	ת	ו
ו	ו	א	ל	ר	ר	ד	נ	ע	נ	י	ה	ר	ך	נ	נ	ו
ק	ו	ל	מ	ו	י	ו	י	מ	ת	ת	ו	ב	ה	א	א	ל
ע	ג	י	ל	ח	ר	ד	ק	ב	ה	י	ה	י	י	א	ל	ו
ר	ק	ה	פ	מ	ה	ל	י	א	ב	נ	ג	ב	ד	פ	מ	ו
י	ה	ת	ו	ל	כ	ם	א	י	ו	י	ת	כ	א	ח	י	ק
ו	ש	ה	מ	ח	י	ו	א	ר	ג	ח	ב	ו	פ	ח	נ	א
ר	ש	ן	ב	ת	ת	א	נ	י	ל	ו	ו	ש	א	ע	ה	ש
ד	ה	ה	ה	י	ם	ָ	ל	ת	ל	ו	ה	ר	ד	ד	ר	כ
מ	מ	ד	ן	ב	י	מ	י	מ	ה	ר	כ	ת	ת	ח	מ	ק

ספינה
קינמון
היפופוטם
מערבי
יניח
דודת
פשוט
לגיל
מלאך
בצלחת
נפשי
הוא
רע
עדר
תושב
פרס
ראוי
בכושר
רווח
עניין

Puzzle 40

צ	ו	פ	כ	צ	ן	צ	ן	ת	ה	א	ר	ו	ך	ו	י	ח
ו	ר	ס	ז	י	ר	ת	ו	י	ו	י	ה	י	נ	ה	י	א
י	ס	ר	ג	ו	ו	ע	י	נ	י	מ	כ	פ	נ	ח	י	א
ו	מ	ב	ו	ט	ל	ק	ל	ד	פ	א	ת	ש	ת	ו	ד	ח
ן	ח	ג	ר	ת	ט	ר	י	י	מ	ת	נ	ו	ת	א	ש	ה
ו	ת	ו	ב	ה	ו	ק	ג	פ	ת	ו	ב	ת	מ	י	ו	י
ע	ל	י	ת	ל	ה	ה	מ	ו	פ	ר	ו	ר	ד	ו	נ	ט
ט	ש	ל	ה	י	ו	ח	ד	ה	ו	י	מ	ע	ו	י	מ	ו
ח	ן	מ	ח	ר	ס	י	י	ל	ם	ח	מ	ו	ק	פ	נ	מ
ו	ו	ל	ל	י	ו	ל	ן	ש	מ	ב	ג	מ	פ	ר	מ	נ
ל	מ	פ	ש	ה	י	ש	ק	מ	י	ה	מ	ר	ה	ט	מ	ע
ט	ח	י	א	ת	ו	נ	ל	ה	ל	ן	ו	כ	ש	י	כ	ו
ר	ט	א	צ	ב	כ	ר	ח	ר	ד	ם	א	נ	ל	י	נ	ל
ד	ו	כ	ה	א	ש	ו	נ	ב	ו	ג	מ	י	ר	ר	ב	מ
ד	א	ל	ע	ו	ע	כ	צ	א	ת	ו	ב	ש	ה	י	פ	י

איות
שליחה
תועלת
מנעול
חיוך
ארוך
בנושא
קודמת
פרטי
גיליון
הקרקע
ידנית
ילדות
מתנות
הוטל
בחירות
חשיבת
רכב
ברוגז
ומבוטל

Puzzle 41

ו ק ו ה י מ ת ה ה מ מ מ ס ל ד מ ע
ם ד ם מ ל כ א ק ג מ י ד ה פ י כ נ
ח ו ו ל י ם ו א ב י ח ו ד ש ת נ ו
א מ ו ג ד ו ב ו ד ק ס ד ח נ י ח א
ב י ר ה י ס ב ר י י ת ש ת א נ י ו
ת ל ש מ מ ה ן ב ף כ ק ל מ ל ו א כ
ע ו ו ו ע ק י ר ת ו ט ח ל ו ק נ ב
נ ת ח ו כ י ל נ י מ ש ר ש ג ו פ ס
א נ ג ל י ת ת י א ש מ י ל י א ד י
ח י י כ ע ר ו ב ת ה פ ט צ מ ל ו
ת פ ן ת ר ה ו ל ס נ ר נ ו ח ט ש מ
ר ב ו ק ג ג ה ב ו ז ו ס נ ם א י י
א ח א א ח ב י ח ב ת מ כ ו י ה ג ם
י מ ח מ ק ב ק ש כ י צ ח ו ו ג ה ה
מ ר י ה ס כ ס ו ך ר ד ן ל ע ו ר ה

תינוק
חודש
ובכך
רשמי
לשדוד
משאית
בובה
אנגלית
האם
הסכסוך
ילידי
בפינת
משטח
כוח
ממשלת
שלטונו
סנפיר
העתיקה
להוסיף
ספוג

Puzzle 42

ק פ ו ו מ מ י ו ן נ ת ת ע פ ה ן י
ו נ ו ל ת ב ד ק א ד ס צ ו ח י ת ל
פ כ א מ נ ר ו כ מ ל מ ת מ י ו ש ס
י צ מ ר ח ה נ פ ס ך ה א ש ש ל ש ש
ד פ ג ו ל ח ד נ ל ה ת א י ם צ ע ש
ו ו ע ת י א ת ב ש ש מ ת מ ב כ ב ל
ן ת צ ו ם ב ה ת נ צ ל ו ת מ ע צ כ
ו ו ר ב ש ק ש ו ה א ג ָ ן ה מ ו ב
נ פ ו ר ו מ י ח ל י ה י ף ד ר מ ש
צ · ד ת ו כ מ ר ה ש ה ה ע מ ו ר פ
ן ן ס פ מ ד ג י ו ם ד ו ו ד ד א ח
י י ו ה י ר ו ג ט ק ב צ א נ י ו ל
נ כ ש ר ן ו ז מ ה ם מ ן ה מ ש י י
ת ה נ ק ש ם ה א ו ע ת ע ר ה נ ר ו
י י ת י ד נ י ו ן פ ע ש ס ה ת ר פ

משימת
התנצלות
גמישה
קופידון
צנון
למרות
בקטגוריה
להתאים
שבעה
שידור
למכור
יתוש
עצמך
לחפש
אבק
מרדף
תרבות
כבש
צמר
מתנחלים

Puzzle 43

ל נ י נ מ ה מ ו ט מ ש ו ה נ ב כ ת
ו ו ו י ב ד ו ן י ו ת י ל ו ר ח צ
ה ש ו ע י ן ר ה ט י מ ש כ ן ר ת ת
ו א ל י ב א כ ל ל ד ר מ ה ש א פ ס
ד י ס ב מ ה ב ש מ ש ר ל י נ נ ש ט
ם ל ל ר ר ח ר ה ן כ ל מ מ ת ב ע ב
י י ם ה ד ק ב ח ר ו ו ח ל ו ש ה ק
ל ל ד ב ר צ מ ח ל נ ש ו ך נ מ ת ת
ב ו ב ו ע ה ד ר ק ב ש ד ן פ ר א ג
ו ח מ ם ו נ ת כ ב ר ש י פ ה ב ר ת
ס מ ה ד ו ס י ר ל ל ל ל ד ל ה ח ף
מ ה י ס ו ח כ ר ו ב ע ל ל י ת ט ת
ח כ ו ת ו ת ה א ס ה ל ט ח ת נ מ מ
ו ם ו מ ה נ נ מ ז ו ן ו ח ט י ב ה
ץ ר מ צ ה ר ו ו ק ח ד ו פ ס ל מ י

לנשוך
מורכב
בברכת
יסוד
נושא
מזון
מחוץ
מיטה
סובלים
אפס
הרביעי
חמה
דם
הבעלים
להפנות
פשע
הביטחון
שכן
הלכה
תלוש

Puzzle 44

ה מ ק ו מ ב ו ד ג נ ו ה י ב מ צ ר
פ ו ש ו ת ל ע ת מ ב מ ב ב ב ו ר ק
נ ן ה ו ה ו א ה ת ו ש ר נ א ה ש ◌
ב מ ב י פ ל מ ש ו ע צ ב מ ב מ ו נ
ל ו ז א ז ל ע י מ י ע פ ו ש א נ ר
ל י ע · ל ה מ ט ו י ח נ ת נ ו י ו
מ מ נ מ ל כ ש נ א ת ר ה מ ז כ י ר
ן ד ה ת י י ש ב ו ת ה ר ל י ז כ ח
ב א ע ו ד ר ש ל ה א ו מ ה ב ב פ פ
ו ל ע ע ש ר ו נ י ת ח פ ל כ ו נ ן
ע ה ס ד י ו ד נ ו ק מ ר כ ב ת י ת
י כ ק מ ו ו צ ט א ו ש ת ו ע א נ
ו י ר ש ו ו א ן א פ מ מ ו ס ב נ ה
ך ש ו ר פ ת ר ל ר ש ה ח ו ו ט ם ל
י נ ע ו ך ק ב ו ח ר נ ו ר י ח ח ר

עזבה
האומה
במבצע
מאוכזבות
חתול
שנאת
לכונן
מפרש
נתנו
טבעת
עשרונית
קרוב
עסק
תוצאת
קטן
קשה
מזכיר
להכיר
רחוב
התיישבו

Puzzle 45

מ ר א א ר ת א ב ה י ר ל ר א פ ש ע
מ ג ו ע ש מ ט ע ס ב צ ר ע ו ר ד נ
ד ש פ מ ה ה ח ק ן ע ת י ב ו ת ל ר
ט י י פ פ ו ב ב ש ש ו ת ל כ ו מ ו
ד ו ר מ ו מ ב ו ל ב ו פ נ ו ו ש ד
ד ת מ א ו ש ר ת ו ו ו ך ט ה ר ח ו
ו א ס י ו ו ה ש ל י י ח ו ת מ ק ת
ד ם י י נ ש ה ל ר י נ מ ב ק ס ס ר
ת ט י י ת ע ע ב ג ת ע ת ו ע ש ח ב
ה א ל י נ ל ח ו ל ס א פ י ל ח ח י
א ל ה צ נ ת ה ר ק ו כ א ה נ ר ד י
ר מ כ ר א ק ס ה נ ה ד ה ר ו ח א ה
נ מ י ה נ ו ב פ ס א ו פ ד י ד ו י
ם ב ן ר ו ף ו מ ו י ן ו ר ד ס מ ב
ו ת ב כ ת ח ן ל ש נ ע ה ר י ה י נ

מבול
עסקה
במסדרון
מאושרת
לתקוף
השניים
אלה
שעות
משחק
סבון
טחנת
או
מי
עד
רגשיות
צרה
בעקבות
רגל
שלב
להכין

Puzzle 46

צ ח י ן ו ו פ ר צ כ ד ר ב ב ן ל י
ק ח א פ י ט ס ב ו ר ן ן ו א ו ב ן
ה ח ל ק ת ר ש ר ש ו ת ה ר ד ק ו ו
ו ה ל י ו נ מ א ש ש י ה ו ר י ר ע
ה ב ר ל פ ד ש ת ו נ מ ל ו ה ר ס ן
מ ו ן ע א ב ה ת י מ ה ש ו ו ל ר ת
ר ל מ ש ו ן צ פ מ י ק ז ג ז ר ת ל
י י י נ ן י ב מ א י פ י ל פ ח נ ה
ם ש ס ה י ח י י ו ח ק ף ה ח מ ו ס
ג ב ר נ פ ו מ ב ל ה ן ר נ ו ב כ ס
א ח מ ת ג פ ה פ ח ו כ מ ג ת ו מ ג
י א ו כ ס ת ל ב נ ע ו ה י מ ו מ ו
ד ר ן ן ד ח ס ה ו צ ח ה ז י ל ע נ
ע ן י ר ד ו ד ע ד ו ג ם י ר ק י י
י ר ו ה כ א י ב ו י ט פ כ ת ע ו ח

החמוס
למנות
החלקת
השמש
תפוחי
עליז
מבין
בשילוב
הססגוני
יקרים
שזיף
שרשרת
אגם
פעמים
מתוח
אש
מכונת
זוהר
קשור
סימן

Puzzle 47

ב פ ש ת מ ט ה ת ה מ ו ח מ א כ ר י
י מ ב ר ח ר ג י ג ב ן י ק ר ו י פ
ר ו ר ח ש י מ ו ש א נ ז ל ח ב א ו
ן מ ג י ב ר מ ק ו ו ה ד ח א ס ו ע
ו ר ר ש ו פ ָ כ מ צ מ ו ת ו ש ט פ
ח כ ב א ן ל ר ה ה י ו ה ב י ו ו פ
י ת ן ש א ם ר ר ן י י ט צ מ ת ב ל
ו ו ק ו י ח ס ה נ ו ז ל ל כ י ו ו
פ ר ם א ר ל ל ר ע ו ת ע ר ר ה ס מ
ו ם י ל ק ו ש צ ג ג ב צ י ע ר מ נ
ט ב ל ל ה פ ח י ת ר ו ב ס ם ו ן ר
מ ד ז ש ל כ מ נ ו מ ר ן ג ל ע י א
ן ר ו נ ו ל ר י ה ן ו א י ז ו מ ב
ל פ ש ה ן ו ב ר ז י ם ד ו ל ש ג ל
ט ח ש כ י א ג · י ו ב י ח ר ש י ג

מצטיין
הנוזל
מקלחת
להפחית
המוצר
יצוא
שופט
לעצבן
שוקלים
גרב
אוטובוס
התה
ואן
טרי
תרחיש
רציני
זהות
מחשבון
במוזיאון
הגשומה

Puzzle 48

ו ן ל ל ו ו ה ד ט ב ו ל ח י כ ו ח
ח ו ש י מ כ ו י ו ז ק מ ב ד ל י ק
ג ה ק ו ו ב ת ש ר י כ ט ר ף נ ו א
ן א ו ב ו מ ת נ כ ר י ה ה ו ב י י
ר ל ל מ ח נ נ ה ז ה צ י ך ס נ מ ר
ב ו מ ה ב נ ש מ ל נ ש י א ע פ ן ע
ט ס ק ט ב ר ש י ד י ה נ ן ג ש ח ת
פ כ ב ר ו ל י ס ת כ ש מ נ ו ר ו ש
כ ו ן ח ד פ ע מ י ע פ ח צ י ו מ מ
ת נ מ ז ה ט ר ל א ר ע צ ת ר י ע ו
ר ן ד ר ע ר ה מ מ ה ת ב נ ו ו ו ה
כ ח ה ס ן ב ו ח ן ד ר א ו ס א ו ב
ו ו ו ר י ח ו ת נ מ ש י ק ת ר ד ו
מ ב ו א פ ר ש נ ו ת ל ש ת י ן ג ת
ג ק א א פ מ ס ע ו ג ק ה כ ה ו ט פ

חמנייה
פרשנות
מוכרת
חברה
לשקול
ישנה
שיער
אשת
למטה
הזמנת
לפטר
לשרת
סוף
השפעת
עיר
הליכה
בזירה
חינוך
שיא
בטקסט

Puzzle 49

נ ה א ב נ ב א ו ן נ ת מ ט מ פ ת ש
א ש ו י ו י ת ם ש ח ם ע ב ר י פ פ
ש ו ד ח פ מ ל ל ו כ ם ח י ע ג ל ת
פ ב ז ב ר ו י ע פ ם ת ו ן ב ד ר ח
ב ש ת ו ה ג מ ם ם י ש ר ו פ מ נ י
ל י א ו ל ף ל ס ר ו ד כ פ ע י ל מ
ו ק ה ב מ ו ו נ ו כ ו ב מ נ ת ה צ
ט ב מ צ ב צ ו ק י ד ת ו ה י ח ו ל
י ת ו ו צ ל ם י י נ י ע ר א ז ם ל
ש נ ד ש ו ש מ פ י ו ת ר י א ו ח ת
ס ד פ ק ו ד פ מ ח י מ ר ה ג ן ב צ
ל ב י י ר ו פ ש ה ה מ ב כ ג ה ו נ
מ ת י ח פ מ ב ח ב ס פ מ ה פ פ ס ו
ש מ ו מ י ב ו ה ק ה ד ע ה ד ת ע
פ מ ה ו מ י ר ע ש ה ל ק פ ש ר ח ה

כולל
עגלת
חזון
מפורשים
צמיחת
פעיל
בלוטי
עיניים
בין
במצב
מפחד
צנועה
טעם
כדורסל
לצוף
צב
מנת
ובודד
קנס
חנינה

Puzzle 50

תנין
ארית
מעורבות
חברים
פרויקט
ינשוף
דוור
מודה
מחדד
באחו
לדין
מינים
לתפוס
חדה
טמפרטורה
פעילות
שנה
להפריע
גוזל
מסודר

ו ם י ל מ ו מ א ת ו ל י ע פ ס י א
ת י ר א ח ש ת ת ל ה ת ו ב ר ו ע מ
ג ר ס ח ד ו פ ת ס כ צ ו י ק פ ב ד
נ ב ל צ ד מ ו י ו י ו ח א ב ת כ ו
ק ח מ י כ מ ר ן ו כ ו ס י י ל ר פ
ל ס כ ו ב נ כ ד י נ מ מ פ נ ל ע ש
ה ה ד ו מ ר מ י נ ם ב ה י מ ו פ נ
פ ו ר ו א ג כ י ו פ ד פ ר ח י א ד
ר נ ל ד פ ן ס ק ו י מ ש ת נ נ א מ
י מ מ ל ז ה ו צ ב מ י נ י ם פ ו ה
ע י ה י ו ו ס פ ר ו י ק ט ד ו ב ב
ת נ ש נ ה ל ת ר נ ן ל ר מ א א ל ד
ו ש ר ד ו ס מ ה י ל ז ו ג ט נ ן ת
ו ו ח נ י ח מ ד נ ה ר ו ט ר פ מ ט
ש ף ו ר א ד ל מ ג מ ו ד ן ר ג ר ן

Puzzle 51

כ	ר	ג	י	ל	ר	ל	ו	ר	ך	ש	ו	מ	ל	ג	פ	ל
מ	מ	מ	ו	נ	מ	ו	ח	ר	ו	ט	ו	ך	מ	ף	ק	מ
א	ש	ס	ו	פ	ש	ב	ו	ע	ג	צ	ל	ז	ר	ו	ח	א
ג	י	ה	י	ו	ל	י	מ	מ	פ	ן	מ	ן	ח	ג	פ	מ
ו	ג	ד	ו	ל	ה	ם	ס	א	ב	כ	ת	ו	ו	ל	ח	ה
ל	ו	ל	י	פ	ז	ו	ג	ד	ו	ו	ת	ף	ם	א	נ	פ
ש	ס	י	כ	ו	י	י	א	נ	ע	ק	ו	ה	ג	ן	ד	ת
ק	ה	ק	ק	ל	א	א	א	י	ת	א	פ	ו	ו	ע	מ	כ
ל	ר	נ	ב	י	א	י	ן	פ	ת	ח	י	מ	ג	נ	ר	ת
נ	ו	ב	ל	ל	י	י	ן	ת	ש	א	צ	ח	ן	מ	מ	י
י	ך	ו	ך	ו	ע	ו	מ	א	פ	ש	ר	ע	י	כ	י	ב
ס	ו	ו	י	ר	ה	ו	ת	ר	ת	ח	ב	ח	ו	א	י	ן
ו	ה	ג	ז	ל	י	נ	ו	ד	ל	ו	ע	ם	ת	ו	ב	ו
מ	ל	ע	ס	ט	ת	י	ר	ח	ס	מ	ך	א	ר	ב	ע	ח
ה	ו	ת	ד	א	ו	ב	נ	ר	כ	נ	נ	ו	י	ו	ר	ר

לקוחות
ברציפות
איזה
איום
סיכוי
סופשבוע
גשמי
מכונאי
כתיב
גדולה
באסם
לנפול
מאפשר
גוף
לזרוח
אך
אם
נקי
כרגיל
מסחרית

Puzzle 52

תנור
לאקלים
המוכר
צפוי
אריה
לחקות
אליפטי
נענע
מעיל
דיג
ציפור
אנושי
כי
שם
בקיץ
מול
סוס
ציבורי
שבת
המשאית

ז	ך	כ	ן	א	ב	ב	ה	ר	נ	ו	י	ח	ש	ו	א	ב
ת	נ	מ	א	ק	ש	ל	ס	מ	מ	מ	ד	י	ק	ס	ז	ל
ח	ה	כ	י	ל	ק	ר	ר	א	ש	ר	ר	ל	ו	ר	ו	ד
י	ו	ץ	ת	ב	ש	ל	ל	ל	◌	ה	ע	ח	ע	ב	ס	ר
צ	פ	ו	י	י	מ	ה	ת	ש	ר	ס	ר	ה	ר	ר	ו	ן
ו	ז	פ	א	א	ע	ת	א	ו	א	ת	נ	א	ר	כ	פ	ד
ה	ס	ר	ש	ד	י	כ	ש	י	מ	ו	ל	ח	ק	ו	ת	י
ו	ו	נ	מ	כ	ל	ל	א	ק	ל	י	ם	י	פ	מ	י	ג
ד	ס	ב	ה	ב	א	ב	ע	ז	פ	ש	ש	כ	ת	ה	ו	מ
ת	ו	א	ו	מ	י	פ	ש	ט	ר	ו	ף	ג	ר	ה	ג	א
מ	ם	צ	י	ב	ו	ר	י	נ	ע	נ	ע	ת	נ	ו	ר	ו
ו	ג	ת	ד	ת	מ	ס	ר	ה	ו	א	ג	י	מ	י	ו	ס
כ	ל	כ	ל	י	ר	ש	י	ו	ר	ל	נ	ת	ה	א	פ	מ
מ	ב	פ	ן	א	ן	א	ן	פ	צ	ר	ב	ת	ק	ד	י	מ
ו	ק	ו	ח	כ	פ	ה	ו	ח	ת	ע	נ	י	פ	ה	צ	נ

Puzzle 53

פ ט ר ת ל ו ר ל ל נ ל ע מ י ת מ ח

מ מ ל א א נ פ ה ב ן ו י ר פ פ ב מ

כ נ נ ו מ ש ע ס ב נ ט י א ש א מ נ

ת ו מ י כ פ נ כ מ ו פ ד ו ק ר ק ד

נ ו ר א י ד ם י ח ט ל ל ז ר ב ש ת

ן פ מ ל ר ה י ן ר ת ב ר ו ע ו מ ק

מ י צ ר ט ש ק י ש ח ר ת ה ל ת ו א

י ת ל א ב ת ו א י ר י ש ע ה כ ע ו

פ ו מ ס ר ת ר ו נ ק ח ו ק ב ל ג ל

ג ח ה ז ה ק ש ל כ פ כ א כ ב ל ש נ

י ◌ ה ל י י מ ו ם ב ל ו ק ה ט ש ו

ר ל ב ן ט ס ס ח פ י ע ר ש ו י פ ל

ף ו ץ ע י פ י ת ו ל ה ס ף ב ר ו ד

כ ו ו פ ם א ה י ל כ ה י י ר ת מ נ

י ו ל ל ן ל ר א פ נ ת ר א ר ש ת ג

פטריות
פסיקת
אנפה
להתרחש
לכתוב
מצלמה
לשטוף
העשירי
עורבת
דור
חמת
פיתוח
לוח
עץ
שש
ברזל
סכין
רהיטים
להעפיל
נוראי

Puzzle 54

כדור
אלפים
שולחן
אזהרה
רקוב
מחקרי
במחנה
בחור
מסעדת
מאחורי
גאוגרפיה
לתוך
נחש
ויטמיני
נשא
סבא
הליכת
פרק
באולם
צריכה

י נ כ ע ת ך ש י ו ם · ס ו ג ק ר פ

ו ל ד צ ם ו ם י ש ה נ ש א מ ב ו נ

ס פ ו א ל ת י ר ק ח מ ו מ ו ב מ ש

פ ו ר ח ו ל פ ח ן ק ג י י ר ו ח ב

ם ו ן י א ל ל ת ת ר ב ט ב י א ב ס

ת ה ר י ב א א פ פ ם מ ס ע ד ת ר נ

ר ת מ מ ו מ   י ב י ב ו ק ר כ פ ו

ה ד ב מ ח נ ה ד נ ר י ק ם ת י ח י

י ן ם ק ו ח   י ל ו ה ל ע ר ל ר י

ב מ ך כ ה · ד נ מ ח צ ר י כ ה ר ת

ו ן ה א ח ג ה ד י א ך ת נ ם ר ג ש

ס מ י א ש ח נ ש נ מ ר ם ו מ ה ו א

ר כ פ ב נ ר ג ר א ל מ מ י ו ז ה ם

· י · ע ו ב ע י ה ר ו ו ט ש א ל ת

ב ה ע ם ס מ נ ג נ ו מ ג ב ש י ל ת

Puzzle 55

אומה
תפוח
פידי
משמעותית
רשלן
פנים
דאגת
מדען
דודו
להציג
מנסה
בנק
בצד
מילואי
בד
מדד
אתמול
בעמודה
סמור
צבאי

מ ע ן ל נ ו ד ב א ו ת ט ד ט י י ל

ל ד ו ה פ ר א צ ם מ א י ת א ר ד ה

ג ח ת צ ס מ ד ד א ג ת פ ו ח ל ת מ

צ ב א י ת ח נ נ ה ד נ כ ד ו ר פ פ

ב ו ת ג ן ל ש ר ב א כ ב ת ה מ ו א

נ י ז י פ מ ו ש ט י צ ם ת ף פ י ן

ק ה פ ח ע מ ל ת ר ר א ן ו נ פ ה י

ש פ מ נ ס ה י ת ת ת ש ף י ן ע ד מ

ל ו ס מ א מ ו ע נ ה ה ם ב ה מ ו ג

ש ף א פ פ ר א ר ו י ר י ד כ ה מ פ

ח ו ג ל י ג ר ו ל ר י פ מ א ה ע פ

כ ל נ מ ת י ת ו ע מ ש מ ת ת ו ב ן

ו ם נ י ה א ל ב ר ב ש מ נ ה ו ל ו

מ י א ו ל י מ ד ו ד ו ו ת ה ת ש ל

מ נ י מ ר ל ת כ ח ל פ ס ג ד כ א י

Puzzle 56

ק ל י ף ד ו ח מ י ש ה ו ל י ל מ ל

ה ל מ ש ה ת מ י ש ר ד ג ו א ח פ ו

י מ ל מ פ ו י ד ו ה מ ב ת ר ר מ ל

ל י ל נ ב ו ח פ י נ ו ק ת י ו נ י

ן י ט ק ה ל ת צ ס ה ק ו ט ל ק ו כ

צ ל ח ח י ש פ ב צ ה ר ל ס י מ ו ד

ש מ י ח י נ מ ק ט ו ט ה ד ע ה מ ו

ל א ן ו ג ר ד ל ת ב י ר ו פ פ ת מ

מ ב ָ א ה ו ע נ מ ג ס ו ו מ ת ה ו

פ מ ל ט פ ו נ צ ה נ ט ו י ד ל נ י

א צ י נ מ ו ל ר ו ת ע י ב ך ע ו ר

י כ ל ה צ י ס ד ב ו ו ח פ ן ג כ ה

ח א ר י י מ מ ס ת ו נ כ מ מ ש נ ת

ש י ו ס י נ ל י ל ו פ ל מ ה א ה ת

ה ס ת נ ר נ ש פ ב י ר ד ס א כ כ ף

צהוב
רופפת
רשימת
גבוהה
ניסוי
מהלך
פריט
ולהרוויח
להקטין
מפתח
לנבוח
מקור
הגייה
הדמוקרטי
מדע
השמלה
הנכונה
חמישה
פינוק
מפעילי

Puzzle 57

ד	מ	ה	ח	ו	ב	ש	ו	נ	ו	ב	ר	ג	ט	י	נ	ת
ש	ה	מ	י	נ	ש	צ	ד	ד	ל	ח	ת	צ	ד	מ	ו	מ
ה	ס	א	מ	ג	ר	ח	ו	ש	ב	כ	י	ע	ל	מ	ו	כ
י	ו	ק	ו	ן	ת	ן	ב	מ	פ	ל	ל	י	ם	ו	א	פ
ב	ג	ה	ח	ה	ו	י	כ	מ	ם	ב	ד	ר	נ	ו	ח	ש
ו	ו	נ	ן	ן	ו	צ	מ	ח	י	ע	ה	א	מ	ו	ג	ח
א	ן	ו	מ	כ	מ	ע	ש	ו	י	מ	ק	י	ל	ר	ע	ו
כ	ר	מ	א	ו	ב	ק	ת	צ	ח	א	ש	ת	ו	נ	נ	ה
ד	ק	ת	ח	ס	ה	ר	ו	ק	ו	י	ה	א	כ	ן	ו	י
ת	א	נ	ו	י	ר	ב	כ	ו	ד	ה	ש	ו	ל	י	ר	ה
ח	ב	ב	ל	א	צ	מ	ש	א	י	ו	ו	ר	ך	י	ד	פ
מ	א	ו	ע	ב	ו	א	ן	מ	נ	ש	י	פ	מ	נ	נ	ר
ה	פ	ו	מ	ג	ד	ס	ק	ר	ו	ב	ש	ב	ו	ע	כ	מ
א	ד	ב	נ	ח	י	ו	ק	א	י	ק	י	ב	ב	מ	ו	ב
פ	ה	ש	ל	י	ו	ה	ר	ל	א	ן	ד	ס	י	י	ס	ס

צמחי
תמונה
צעיר
חושב
חיים
מלוכלך
אשתו
היבוא
בשבוע
ביותר
עשוי
מאובקת
אכן
אמן
מהסוג
סוכן
מעניין
רחב
עיצוב
כבוד

Puzzle 58

ה	מ	ע	מ	ט	ג	א	מ	ו	י	ת	ה	ר	ף	ה	צ	כ
ע	ק	מ	נ	ו	ד	ם	ו	ר	פ	י	י	ו	ד	ו	נ	ו
ו	ו	פ	י	ו	ו	ס	ל	י	כ	ה	ת	י	ה	ס	ג	ו
צ	ם	ו	ל	ר	א	ר	ָ	ח	א	ז	ר	ח	י	ו	ע	ו
מ	ו	פ	צ	ט	נ	ד	ת	ר	ף	ה	י	י	נ	ו	ת	ל
ת	א	ן	ף	ם	ח	א	ע	נ	ק	י	ת	כ	ו	ע	ל	א
ל	ד	ה	ו	ש	מ	ה	ח	ג	ח	ד	מ	ן	צ	י	ס	י
ט	ל	ר	ה	ק	ן	ר	ן	ג	ת	ש	י	ל	י	פ	כ	ו
מ	פ	ה	מ	נ	מ	ח	ת	א	ל	ע	ר	ב	ח	ר	ו	ו
ו	י	א	ו	ר	ר	ו	ת	ת	ח	ל	צ	ה	ע	ד	א	ט
נ	ח	ר	מ	ח	ל	י	א	י	ז	ל	ט	ו	ס	ו	ט	מ
ט	י	מ	ג	ו	ר	ם	א	ע	מ	ק	ע	א	ד	ר	י	ח
מ	ד	ב	ו	ט	ע	פ	ת	פ	ש	ע	נ	ב	ד	ו	ו	ק
נ	ה	א	כ	ש	פ	ב	א	ח	כ	ח	מ	ב	ד	ו	י	ה
ו	ד	ם	ר	ע	י	י	ת	ל	י	א	י	ד	מ	א	פ	פ

כנסיית
אוהב
העוצמת
רעוע
במראה
הצלחת
מטוס
שטוח
מטלת
ענקית
ורוד
חגב
מקום
לערב
קו
חיצוני
יחידה
מזחלת
גורם
אזרחי

Puzzle 59

ת ת מ ו ד ג ש ו ג פ ה ד ב ה ת ו ו

ן ל ה ב י א ר א מ ג ס ן ו ב ס ה ד

ר ו ר ד ם ל ס ת ב ן ו ר ש כ ה ל נ

ו ר ח א פ פ ח ו ה ם ת ז ד ע י י כ

מ מ ח ג ע י י ר ה ב י ח ג י מ ה ו

ר ם מ ה ל ב י צ ט ר ף ו ח ו ה ק י

נ מ ט י י ר ת ב ב ת ל פ ו ר ר ב ן

ת ב ם ו ה ג ה צ פ ה ו א ם ו ר ת ל

נ ה י ב ת ד ל ו ו ב ה ר נ ם ן י י

ב פ ן ו כ י ס ה ב מ א ת ד ד ו ב מ

כ ל ר ת ד ו ר צ · פ ט ש ר פ י נ ב

מ ב כ נ א י ב ו א ד י מ ש ע ס ע ט

ם ש ל מ י נ ו ו ר ם ת ◌ ו א י ד ע

ו ע י ב ל ת ה ו ו נ ט ח ל ן נ ו ס

כ ר ו כ ו ק ב ש מ ר נ ה נ ל מ ר ע

פגוש
כשרון
גרבי
חיבה
בצרות
דאגה
מודגש
לתרום
הסיכון
בעין
ניסיון
מבודדת
זר
יד
בקהילה
להביא
להתייחס
העגולה
מתחילים
הסבון

Puzzle 60

משועמם
משלבים
הפסגה
לקיים
אמון
נהמת
משפטית
לברך
שנקראת
פוליטיקה
גשם
חתלתול
שפות
חיה
יבש
ליירט
סלרי
נשיקה
הליך
האוטובוס

ח נ ב פ י ה ת ע נ י ה ש פ ו ל ש י

י א מ ו ן ן ד ל ו ס נ ך ר ב ל ד ת

ה ת ד ל ג מ ו ד י ק נ ל ו ת ל ת ח

ה ה ל י ך ל י י ר ט ש ה ד ה א מ ת

ה ג ל ט א א ו א ה י י ב ם י מ ה כ

כ ס ד י פ ג ת י ג ח ק ר ן ו ר נ ל

ק פ צ ק ו צ א ש ד ה ה ה י ח ו ר ן

ר ה ר ה ס א ם ע י ל ו ת י ט פ ש מ

ח ג פ ר ו י ם מ ע ו ש מ ם י י ק ל

ו ה א ו ב מ פ ג י ו ן ר ל ן ר י פ

א ד ו ל ו י מ ש ו נ ל א ה ס ל ר ל

ך ר ש ח ט י י כ י א ו י ת ס ס ו ר

ה מ ד ו ו ס י פ ל ג א ת ו פ ש מ ק

מ ש ב י א ו ת ש ק ל ך ף ו מ א ת צ

א ר ן י ה ר ת ו פ א ל ז ו ד ג נ נ

Puzzle 61

ס ה ת ז א ח ו ר ה ע ל ש ג ר ל ל י
י ל ה ל ד מ י נ ק ך ו נ ש א ר כ ב
ח ו ם ת כ מ א ב א ם ת ו ו ו ר ה ו
ה ר פ ת א ר ש ה ת י י ח ס ו ו מ ע
א י ב ן ד ח ו מ ב י נ ו ך נ מ ח ב
ט ל ת ו י פ ו ק ש ר ל כ ס י ר פ ק
מ ז ר ב ה ס י נ כ ש כ ב ר י מ ש ג
ת ז א י ע א ר י ה פ ד י ו ב י נ ה
מ א ו נ ל ה מ צ י א ל ג ר י כ ד י
ל ו ו ס כ ר ב נ ר ה ב ר א כ ו ו ו
ה כ ו ר א ד ת ו צ ק ה ל ך ב ל א ג
ל ו ה ר ס ק ק ם כ י ע ס ו ל י ר מ
י ר ת ו נ ו ר פ ע נ י ק מ נ ה ל ש
מ ת א פ ו ו ו נ ו כ ק ת ן ו · י ק
ב י ל א ו ב י י ק ט ש ב ף ל ב מ ל

שקופיות
כלנית
שקיעה
אובייקט
מחפש
עפרונות
קדרה
מכתב
אפשריים
יכרוך
נתיב
כניסה
טכניקה
להקצות
להמציא
בעובי
התייחס
ראש
רבה
שלה

Puzzle 62

א ל ש מ מ ך ס ל ל ח ה י ח ד ו ר ת
ל ה מ ק ס י ם מ ר פ ק ת ע ד ו ה ב
ח ב י ס ו א ש מ מ י ל ן י ד ל ה י
ק ק ת י ר ל ל ת ט ס ו ה ב ה ו ה ו
ל י ן מ ת ה י ו ק ו נ ה ו צ א ת ן
נ ע נ ל י ת ר ף ג י ע ב ט כ ו ו נ
ל ר ז י ת נ י ש ו א י ם י ו מ נ מ
מ ף פ ת ו ל י ו ט ל ג ד א ו מ מ ם
ר ן ל ו א ר ת ח צ ה ה ו א ה · ו ר
ק ת ו ר מ ו כ ב ע מ ר ן ת ר ג י ל
ל ו פ ל צ נ ו ח ו ו ח ן ם ש ל מ ל
נ ל ח ת ע י ו ד מ ז ה ו ה ז ו ו א
ו א א י ה ו ב פ ל ר ל י ג ס י מ י
י ן נ ל ב ו ה נ ו ה ו י ח ו ו ב ג
ה ו ת א ו ד ד ר ל א ב י ח ו ל ם

אווז
עצמאות
להוביל
חושף
מקסימלית
בהודעת
קונה
דין
למשל
טוב
להבקיע
מיומנות
תרגיל
קיטור
מסורתית
מקסים
הגיע
הוצאת
נישואים
המוזרה

Puzzle 63

ש	ו	ק	ו	ל	ד	מ	ל	ח	נ	צ	ס	מ	א	ו	ת	ל
ה	נ	י	ד	מ	ה	ג	ב	נ	ל	ן	כ	ש	ו	ו	כ	ה
מ	ק	ב	י	ל	ג	ן	ד	ל	מ	ד	נ	ר	ל	י	ו	ס
צ	ו	י	מ	מ	ב	ר	י	ת	ו	ש	ת	מ	ה	י	ו	ו
ע	ן	ר	ת	א	ה	ג	ע	ק	ע	ת	כ	ת	ן	נ	ק	ו
צ	כ	ן	ת	ש	ב	נ	ח	י	ו	י	ש	פ	י	ר	ש	ת
מ	ט	ו	ר	ף	ד	ר	ח	ן	ב	ר	מ	ר	ל	ת	א	י
א	ר	א	ט	ל	ל	ר	מ	כ	ד	ת	ל	·	ו	י	ם	ו
ב	מ	י	ו	י	ל	י	פ	מ	ל	ע	ד	ל	י	ב	ר	פ
ה	ו	ז	ש	ה	ש	ל	מ	ה	נ	ע	ו	ן	ט	ו	ם	פ
ו	מ	ו	ג	ע	ר	ל	ז	ב	ר	ה	ו	ש	ר	ה	מ	פ
ס	ו	מ	כ	פ	א	מ	ם	ו	ל	ב	ע	נ	ח	ש	מ	ר
ה	ש	ת	א	ת	ת	נ	ק	ו	ס	ו	ל	ו	ל	מ	ר	ה
ב	מ	ד	י	נ	ת	ב	י	ת	ה	ח	נ	ו	מ	ש	ע	י
ו	ב	ר	ר	ל	ש	ו	ו	ר	ג	פ	פ	נ	ל	פ	ל	ה

במדינת
תקין
משכפל
להסוות
שוטר
עצמה
שתיקה
מוזיאון
המדינה
חרד
באמצע
זברה
שוקולד
מה
טיול
סולו
מטורף
הבדל
סכנת
שלם

Puzzle 64

אחרי
כיתה
שליחת
לקרצף
למשוך
בעמוד
בלוני
קבוצת
דיוק
להגר
גמל
חטיבת
לייצג
מסקנה
סט
עוד
עלה
ניתוח
קרם
ריח

ו	ל	י	י	נ	ר	ל	י	י	ב	ל	ת	ו	ד	ה	ס	ט
ה	א	ת	ת	ו	ה	ח	ו	ד	נ	ל	צ	י	ת	ו	ז	ש
ו	ל	מ	ש	ו	ך	י	י	ו	ר	ח	ו	ת	י	נ	ס	ם
ו	ו	כ	ב	ח	ש	ו	ה	מ	ה	י	ב	נ	ד	ח	ד	ו
ב	ע	מ	ו	ד	ל	צ	י	ף	צ	ר	ק	ל	י	י	י	ר
ח	ע	ל	ג	צ	י	י	ל	ו	מ	ג	ף	נ	ר	ר	ו	ק
ו	מ	ח	ו	ב	ח	ה	ג	מ	ל	ה	ה	ש	ח	א	ו	ק
ר	מ	ל	א	ק	ת	ו	מ	ו	מ	ל	מ	ר	א	ד	ד	נ
ל	ל	י	ק	ת	ר	ו	ס	מ	ד	ע	ל	י	ר	ח	ר	ט
ם	ג	ר	ח	ו	ה	ם	ק	י	ו	ב	ו	ה	ל	כ	ר	צ
ת	ף	ת	ד	ה	ת	פ	נ	א	ו	ש	י	ד	ו	ה	ת	ת
ע	ח	ט	י	ב	ת	מ	ה	ת	י	כ	ע	ב	ו	כ	ו	ק
ו	ח	ס	ח	מ	ל	ו	ל	ר	י	ת	נ	ס	ל	ת	ו	י
ד	ו	ס	פ	ק	פ	ר	ע	ך	ה	ו	ג	ד	ו	ה	ר	ו
מ	י	מ	ו	ג	ר	ח	ה	פ	ד	ד	י	ר	ט	ו	ט	ב

Puzzle 65

ו א ו ר כ ק ש ר מ י ו ס ם ו צ ת י
י מ ו פ ת צ י פ נ י מ י י ם ל ו ר
ז ע י ר ה ר נ ו מ א ן ב פ י מ ל ה
י ת מ ו ו ע י פ מ ל י כ י י פ ע ח
י ב י ס ר ג א ץ א ח י ו ד ס מ ת י
ט י ר י ו ק ג ע כ נ ד כ ע ל ר ב ו
א ר ר ק ד י ס ר נ ש י י מ א ב מ ב
◌ ק ש ת ן י ן ל י מ א ל ת ו ש ו י
י ל ו י מ ו ה ב ס ו י ה ב פ ם ת ו
א ה י ש ג ח נ ו ת א ג מ פ ו ע נ ל
ר א ו ק ר צ פ א ת י א ו כ ע ת ו ה
נ ת ב ד פ ן ר ת ה ט ל ר ך ל ט ף א
ת י ת ר ד ו ז ו ג א מ כ י ט א מ ל
ר ש ר ע י ן ך פ ו א ב ר ע ו ן ע ל
ת ו פ ה ת י ה מ ו א י ו נ ת י נ ש

אחיו
זעירה
תולעת
כפית
מאמץ
כוכבי
חנות
פנימיים
אגרסיבי
שיני
מעדיפים
החיובי
שניתנו
כניסת
לא
קריר
נוף
לסיים
קשר
אגוז

Puzzle 66

י מ כ ר ו ב ח ת ח ם מ י א נ ו מ מ
ח פ מ ק ח ב ש מ ר מ ו י ◌ ע ל ש ד
ס ר י ז י ש ו ט ע א ו ה ל ט פ ס י
ע ץ ר צ נ פ ב ר ע ח י ש י א ר ח ל
ר ה י ב מ ח ב ק ר ו פ ל ח נ נ ק ה
ת ש ח ש ו ג ר ב ל ל ו ו ת ו מ נ ח
ר ל מ מ א י י ס ת ר א ת ה ב ו ע ד
ת י א ב ד ו ש כ פ ב ת י ל כ מ ו ה
ר ד מ ו י ב ן ל ה ת י ב ח כ ל ש י
צ ע ו א ל ם י י ח ש ל י ג ד ב ל ב
ב פ מ ש ט ג ר פ ש ל י ב ת ו פ פ כ
ר ו פ ד ת ו כ ש מ ם נ ח א ק ו ו ת
ק ש ו פ י י ל ל צ ב ו כ מ כ ל ה
ל ו י נ ת ו פ ו י ת ת ל ם ו ק מ ב
ר ב ח י י ת ב ש א ל י ת ב ו ר ר ז

אוהל
במקום
החשמלי
אישי
ממערב
כרוב
ללוות
מחיר
להתחיל
שלוש
חשוב
לטפס
בקר
בלבד
מפרץ
כפפות
הנוכחיים
בחזרה
ענק
סערת

Puzzle 67

ע	ל	י	ע	ם	ו	ה	ט	ח	ו	ו	נ	ח	פ	ר	ו	י
ק	מ	פ	י	י	ן	ע	מ	מ	י	ו	ג	ש	ת	ך	ר	מ
ש	ע	ע	מ	נ	א	ש	ת	ש	כ	ד	ג	ו	כ	נ	ת	פ
ב	ש	א	ה	ו	כ	ו	י	י	ר	ו	ד	י	ר	ף	ו	ע
ף	ה	י	ר	ו	ט	ר	ע	א	ר	ב	א	ו	ו	ו	ח	ר
ל	ת	ל	א	כ	ל	ו	מ	א	ו	י	נ	ו	נ	ש	י	צ
ס	ת	נ	ש	ת	מ	ר	י	ב	ע	ת	ב	ב	ת	ח	נ	ה
ר	נ	ר	נ	מ	ו	ט	ד	ר	ת	ב	א	י	ב	י	מ	ק
ם	ו	ל	כ	ק	ב	ע	ו	ש	ה	כ	ר	צ	ו	פ	ל	ו
ד	נ	ו	י	ר	י	ו	ר	ת	נ	ל	י	ה	ת	ע	א	ן
ח	נ	ר	ב	י	ד	ת	ו	צ	ו	ע	א	ו	ח	ו	ב	ז
ל	ל	א	מ	ל	ש	ה	ל	ל	ד	ל	פ	ת	נ	פ	ד	ב
ו	ו	י	ע	ב	ז	י	ד	ו	ו	ו	פ	ה	ו	ן	ה	צ
ת	פ	ד	ב	ל	א	ו	ח	ם	י	י	ה	פ	ע	ו	ב	ע
ת	ו	ף	י	א	ו	א	ט	ח	ש	ר	י	ת	ה	כ	מ	ו

מתכוונים
למעשה
הראש
לזהות
כלום
העשור
לאבד
דיבר
תצלום
גדר
ישנוני
כאן
קמפיין
בתחנה
עוף
עלי
טעות
רוק
רצה
התעורר

Puzzle 68

פ	כ	ר	ו	ק	ח	ל	ה	מ	ק	ל	י	ב	א	ר	א	מ
ס	ת	ש	י	כ	ל	פ	ח	ו	ת	ח	ש	ה	ו	ה	י	ש
ק	ו	א	כ	ש	י	מ	ו	ן	ש	ר	ה	א	ו	מ	פ	י
ה	ם	י	ד	י	ן	ק	צ	ת	ק	ח	י	נ	ו	י	ו	מ
ס	י	ר	נ	ע	ר	נ	ה	נ	ב	ר	מ	ע	ל	ן	ר	ה
ה	ד	ו	נ	ו	ו	ם	מ	ב	י	ל	ו	ל	א	י	ב	ה
א	ד	ב	ו	י	מ	מ	ו	ס	ח	פ	מ	ג	ב	ת	ב	נ
נ	צ	ן	ל	צ	ח	מ	א	ת	ר	ד	א	מ	ט	כ	ד	י
ל	ז	ת	ב	ל	ו	ב	ר	ש	ה	ג	ו	ל	ן	ן	מ	א
ק	נ	ו	ט	נ	ר	א	י	ב	ל	ד	ם	ו	ל	ת	פ	צ
ח	ו	ת	ה	ם	ע	י	ב	ש	ב	י	ב	ד	ו	◌	ר	י
י	ב	ת	ח	ו	ע	ו	ת	כ	ו	י	ך	ר	ש	פ	מ	כ
ם	ר	ו	צ	ו	ע	ן	מ	ת	ן	ט	ע	א	א	כ	פ	ן
ר	י	ר	י	ש	ו	ר	ל	מ	נ	נ	ל	ו	א	ח	ע	י
א	ף	ז	פ	י	מ	ו	ש	י	ת	א	ש	נ	פ	נ	י	ו

משימה
פסקה
איריס
כתום
צדדים
מגבת
להרחיב
לחקור
החוצה
שימון
לפחות
ללמד
איפור
בר
נלקחים
לרחרח
קצת
קשת
שלג
המקל

Puzzle 69

מ נ מ ת ן א ע ו א ב ר י כ ר י ה נ
ש ע ב ר נ ו ת ו ד פ ו ס ס ח ן מ ל
י ה מ ל מ ב ת ר מ ו א ו ה ז י ר ח
י נ ז ס ק ל ט ם י מ ח ד ב ת ל י ס
ו ו ר פ ר ח ל א ה ח ד י ה מ ו ר ק
א ר ח ה ש ן ו ו מ נ פ ו צ ת ת ג ל
א צ ו ח י ו ה ר ו מ א ת ו ו א ר י
מ ח ו כ ם ו מ י ר נ ז א א ק ל ח א
י ו ז ו ף ב כ ת ל י ח ס י ת ת ו א
ז ם ו ו כ ס ב ו ח ר י ו י ר ו ע ו
ד נ א ל פ י ש א ד ו ה ג ת ג ק ם ר
ח ע כ ת ח ס ל ל מ ו ד ו ב ם ש ו ה
ס ל ב פ צ י פ פ ר כ ד ע ז ת ר ת ר
ת נ ד ה י ת ן מ א מ ב כ ס ן י ו ת
ד ב א י ע ת ר ג ה ר ב פ ה ו ה נ א

ללמוד
חריזה
שעברנו
בסיסית
עומס
יסודיות
אמורה
חמים
אומרת
נפוצת
מזרח
לבוא
בכמה
דפוס
חלק
חסת
מראה
אחיזת
סוג
קלט

Puzzle 70

רפורמה
כמעט
לקרוא
דיוקן
חלון
חצאית
מרכזית
אבא
לוקחים
צהובים
נרגש
למעט
לפקח
קשוב
לשחק
ענן
פרח
צעד
קוף
להשכרה

ל א מ ל ה מ פ א ב א ש י ל ע ה ו י
ס ז י ו ד ר ו ב נ נ פ ו י ו ר ל ו
מ ל נ ק ח ם ח י צ נ ה ש ר ו ה ר ל
ה פ ב ח ט א ו ר ק ל פ ו ה פ ל ן ה
ד ה י י ש ם מ ה מ ה ם ר ב פ ד ל ח
כ ג מ ם מ ש ר צ ע ד י ו ק ן פ פ צ
מ ד ג ס י ה כ ו ג ו ב ח ט ע מ כ א
א ה י ת ל י ז ש ה ל ו ו ז ה ו ח י
ה ר כ ש ה ל י ר ש ו ה ו ל י ו ל ת
ו ר ם ת מ ף ת ח ג י צ נ ף ו ק ו ע
ר י ב ו ר ב ק פ ר ס ר י א ע נ ן נ
ר ק י ש ו ב מ ד נ ב ל ט ע מ ל א ה
א ש ת י פ מ ח ו כ ו ת ו י ה ר ו ו
ה ו מ ב ר א נ ד כ ד ו ר ו ו פ צ ק
ה ב מ י ט י ר ר ם י י ד ש ל ו ב ד

Puzzle 71

ע ש ר י ם נ ה ג מ י ת ם ל כ ל ו ל
י ו ר ד י ם ת ו ש ל ה נ מ ג ת ה א
י ע ע י ר ה נ ד ת י ק מ ו ד ת מ פ
ל ר ם ד מ ר מ ל נ מ י מ כ נ ל ח ו
ו צ כ ו ב ע ב ע ה צ ר ד ג ן ך ל ר
מ ו ו ת ר ח ר ו ח ב ל ד ש ת ב מ ה
ר פ כ י י ן ק י ר ו ה ו ח ג ש י ש
ג י ש נ ד ע ך ו מ נ פ מ ם ע ת ק ן
ח ם ה ו י ת ת ע ח ר ק ח ב ל ו ס ת
ח ח מ ר נ ש י ה מ ל י ן כ ף ל ו כ
א ת ר ג ה פ ו נ ר ו ל י ה פ ה כ ר
ח ח פ ו י ל ב ו ו ח ר ה ע ו נ מ ה
נ ל ו ב ע י צ ב פ א ט ב ק י ת ט ו
ח ה י ו ל ב ו ר ו א ו ב ל ר ה ו ל
ו ש ם ח נ א ר ל ד פ ב ק מ ל ת ש ד

כובע
להתנגד
מלחמה
חמוד
ידידותי
נמוך
לבחור
צופים
לכלול
מנהל
עשרים
שקוף
בחינה
התנהלות
משתנה
הוריקן
קיר
אפורה
גודל
יורדים

Puzzle 72

א ת ל ע מ נ מ ת ע ל ו מ ה ע נ ת א
י מ י נ ם ב ת י א ו פ א ע י פ ו א
ת ם י ס י י ן מ ד י ל ל ר ע י ד ל
י ו מ נ נ ח ב ק ע מ פ ה י ו י ל מ
ו ל ה ר ו ג ט מ ד ו ל פ י ן ף א ו
ב ז ת כ ח ו ת ל ו ט ר ב כ ו כ ג ש
ע ח י ת ר פ ח פ ס ו כ א צ נ ן ו ל
ר א י ה ק ח ת פ ן ק ו ש י ד ש ר פ
י ר ה י ו כ ו ו י ל מ ד מ ר ל ת ל
ו ו ת ב ם ת ן ן ו י ו ם י פ י ל ק
ר א ל א ן פ ר י ל ל ב ו ע י ת פ ה
ס כ פ ת י י י ע ן ן ע א מ י ת ב כ
י ג ל ח צ ל ת א כ י ש ב ו נ מ ו ו
ה ח ו ע י ק ב · ל צ י ר ע ט צ מ ל
ז מ מ ל ג נ י א ש ם ו ו נ א ו ן מ

כוכב
אופי
ופלפל
מבינה
דולפין
מלוכה
קרחונים
מלפפון
ילקוט
מוכר
עיפרון
הייתה
מעקב
הפתיעו
מצטער
תעלומה
אגורת
קליפים
תחתון
צוף

Puzzle 73

ו י ל ע ס ר ב ג א ל ה מ א כ ו ת ב

ב ח א ט י ט ל ל ח ל ק מ ו א ו ל י

ב נ ח ס ר ם ל ◌ י ת ו ע ק מ צ ל ק

ת ר ת ו כ מ ה ו ב מ א ג י ש ל י ו

י א נ ר י י נ פ ו ן ר ל י י ת י ר

ל ו ל ה ג ן א ו ז א ו מ נ כ ת ה ת

ר ד ד ל ח ת א ה א ל ק ב ו ע א מ ל

ר ז נ פ ל ז ה ה ה ת ת ת ס מ ש מ ע

א ו ק ה ד צ ן ל ת ש מ נ ת ק פ ו ו

ש נ ר ו ח נ ג י א ת ב י ע ם נ ו צ

ת ב כ ר ה ל ה י ה נ ו ת ו ט ו ר פ

ו י ב כ ו ן ש א ן צ ע ד ק ת פ ד מ

ד צ ק ב ר ך ר א ו י ר ד כ ל ב ק מ

ו ר צ א פ ת ג ת ע א ר ת ד כ ב ס מ

ל ד ב י ה מ פ ח מ י ה ד מ א ן א י

כותב
אולי
אוקיינוס
להיהנות
התראה
פרוטות
הרכבת
דואר
כותרת
לקבוע
להגן
שליו
להרוס
מקבל
ביקורת
בקצב
פתק
קטנוע
שמע
כבאי

Puzzle 74

להאכיל
פסנתר
מדויקת
מטבע
שגרים
שלנו
בצל
מעשה
רפואה
חוט
מבחינת
בספר
זבוב
זיכרון
הצהריים
מדברים
פרא
להאריך
מודרני
עדכון

ש י ר ת ב ב מ י ת ב מ ד א ז נ ש ר

ר א ר פ ס צ פ ה ק ט ב ח י נ א ע מ

י ו י ה פ א י ז ב ו ב כ ר ת נ ס פ

ף ס כ ד ר פ ה ע ו ח ר ת נ י ח ב מ

ר ת ם י ר ג ש ח מ ו ם י י ר ה צ ה

ו מ מ ד ה ו ע מ ן ד ה ק ע ב א ו פ

ב מ ד ח כ ו מ נ ו י מ י נ ר ד ו מ

נ י ו ד ר נ ש ר כ ו ר י ו ל ב ך ת

ו ו י צ י ל ה מ ד י ח מ ד ב ר י ם

ו מ ק ל י נ י ל ע ב כ ו ע י ת ר ר

פ ש ת י מ ל י ז מ א ר ת מ ה ש א י

נ פ ח ל ח ן ט ה מ י ר ר פ ו א ה ש

י ב ו ה ו ע ו ל י כ א ה ל ב צ ל פ

ד צ ל ה י ר ר ה י ר י ד ם נ נ ב ס

י מ א ו ב כ מ ו ד ו ד י ר ו ק י ו

Puzzle 75

נ	ר	ר	ח	ב	א	ב	א	כ	ן	ס	מ	ה	ב	ח	ע	א
ן	ו	ז	ל	י	ח	ר	ד	ב	ה	ד	נ	ח	י	צ	ק	ל
ח	ו	א	ח	ו	ת	ו	י	ש	ש	ט	נ	ש	ו	ט	ו	ת
י	ר	א	י	ב	ל	ר	ז	ו	ו	ר	ב	ל	י	צ	ו	ק
ן	מ	י	א	ת	י	י	ה	ה	ל	מ	ס	ב	נ	ב	ת	ן
ו	פ	נ	נ	ט	צ	ם	ו	ו	ש	ב	י	מ	י	ו	ו	ו
כ	ב	ד	ם	י	ח	י	נ	מ	ו	ת	צ	צ	ה	ת	ק	ב
ר	א	ק	כ	ש	מ	ת	ו	ל	ב	כ	י	ת	נ	ו	כ	ת
מ	מ	ס	ו	ה	י	ע	ב	א	ח	ר	ר	ו	ד	מ	א	א
ט	מ	מ	ה	ד	ב	ר	ט	ק	ו	ג	ט	י	ל	ח	ה	ל
ר	ן	ב	ה	מ	מ	ס	מ	ה	ר	ע	ו	ל	ן	י	ב	פ
י	א	א	ה	ת	י	ן	מ	ד	י	ק	ל	כ	ח	י	ו	ג
א	ש	ר	מ	צ	ר	ס	י	מ	מ	ר	י	ל	י	י	ג	ג
ת	ב	צ	ו	ל	מ	ב	ו	ו	ו	ק	י	כ	ש	ו	ת	ע
ו	ח	ה	י	ר	ד	י	י	ת	ב	ו	ו	ו	ד	י	ר	י

ברורים
שלושה
לסבול
כרגע
תכונת
ואחותו
מניחים
כלכליות
אקטיבית
ביצי
אינדקס
תגובה
כבד
חילזון
בחורי
בקתה
להחליט
קרקע
לתקן
ברווז

Puzzle 76

ע	נ	י	ה	ס	צ	נ	נ	ג	י	ה	נ	מ	ט	ע	ב	ה
ן	נ	ל	פ		ן	ל	א	ו	ת	ר	צ	נ	ר	ב	ש	י
ם	ת	פ	ו	ד	א	ב	ח	ו	ר	ק	ה	ה	ג	ו	ח	ו
ר	ר	י	י	י	ת	א	י	י	א	ו	ס	ו	י	ד	י	נ
ו	י	כ	ב	ת	מ	נ	י	מ	ש	י	ו	ב	ב	ה	ד	ע
ר	ר	ר	ח	ן	י	ו	ה	א	מ	ה	פ	ו	ק	ת	ש	ס
מ	א	ג	ן	ד	ה	נ	מ	ן	ת	ג	מ	ה	ה	ח	ב	י
ג	ו	ו	מ	ו	ו	ר	ו	ל	ו	ד	ו	כ	ק	ר	ו	ס
כ	ח	ל	ב	כ	י	מ	ו	ת	ג	ח	ה	ן	פ	י	ח	ס
י	ת	צ	ד	ל	ר	ו	ק	ס	ר	פ	א	ת	י	ו	מ	ד
ח	ל	י	י	ל	ת	ו	י	נ	ו	נ	י	ב	צ	ם	מ	י
נ	ל	ה	ח	ח	י	נ	ק	י	ר	מ	א		ה	ס	ה	ר
כ	ם	י	ב	ו	ר	ק	ב		מ	ת	ו	מ	ב	ו	ל	ה
ח	ו	ש	ל	פ	צ	א	ו	ו	ז	ח	ע	ה	ח	י	ו	ל
ד	ן	כ	נ	ת	ו	י	א	ה	ק	א	ל	ע	י	ן	ג	ו

ללכוד
רגולציה
תקופה
פיצה
אמריקני
יוקרה
אפרסק
מנהיג
נכחד
שחקן
אשמתו
עבודה
החג
מס
מדיניות
קרובים
רוחב
טרגי
סדירה
בינוני

Puzzle 77

מ א · ח ר ו ע נ מ מ ו ד ל מ ת ש א
ב ם ו י נ ע ו ב מ ח כ ל י ו ה ה ד
ד ל כ ע ל ב מ ל ו מ ת ר נ ג ו ל ו
י י ר ו ר ה ל נ צ י י י א ב ג ר ר
כ ל כ ל י ר ר ש ע א ר ה ו י ע ש ת
א מ נ ר י י ר ו ת נ א ב ד נ א י ו
ל מ ר כ ז י י ם ם ל ש ו י מ ב ל ט
א ת ש ח פ מ ו ר ס א ר ף ד · ף י ש
ב ע ק · ם ו מ ב פ ק ח י ט ש ד ב פ
ג ה ת ה ש י נ ע מ נ ע ש ז י כ ר ת
ל ף ל ר פ ו א ק ת ש ו ו ר ב י ת ה
ב ך ן מ ת ע ו ף ו ת ג ו ו כ ה ו ף
ת א ב ו ו ר א ר י ר נ א ע ל ב ס ש
מ ל ס ו ל ך ר ו ח א י י ע ו ד ה ו
פ ר ו ה כ פ ת י ב ו ד ד ל מ י ר ל

אהוב
לנשום
ממוצעת
מרכזיים
תרנגול
תרכיז
מהיר
שווא
כלכלי
מחמיא
שארית
שטיח
בהיר
לתקשר
לעכל
גידור
ערך
לכביש
התפשטות
תשע

Puzzle 78

ה ר ס כ ר ח ו ק ה ד כ ו ח ד ח ף ב
מ ח ק ח ת ב ו ל ב ד פ ת ק ב ת ע י
י ו ט ר א ל פ י ר ג ב ר י פ י ת ע
ו ק י ס ה ג ל ח ו ו ר ן ר ם כ פ ם
ב ו ן ח ו ד ד כ ו ו ל ע ת ג ת פ מ
י ת ל ר ת ר ב ו ז י ב ת ו ב י ד נ
ל י ד ש ת נ מ נ ו ע ר ר ו מ מ ל ו
ק מ ה ק ל צ ב ה ן פ ל ב ש ת א ה י
ב ם י ע ל א ה ו ו כ ת ח ו ו ת ג ת
א י מ ו ט א ד ב ס ו ח מ א ש מ ו ז
ת ב ק ד ד ש פ ק א ד ל מ נ א ל מ מ
ו ה ו ו א ל ו א ב מ י ר ו ה ו ן נ
מ ו ס י ת מ ו ו ס מ ת ה נ ב ו ף י
ת א ה מ ש ח נ ו מ ר פ ע פ ד ש ר ן
צ ת ר ה ס ר ח מ ו ע ו ע ר מ ח ה ת ם

אטומי
אסון
ילדת
מחברת
רחוקות
רחוקה
שדון
הברווזון
חתיכת
קטין
מנוע
דחף
חקירת
אוהבים
דג
הנוכחי
נדיבות
להחליק
הבצל
גברי

Puzzle 79

ס ף ס כ מ פ ת נ ח כ ת א נ ל ו ד י
י א ו ג מ מ נ ו ר ת נ ח מ ו ע ל כ
ב ה י ר ן ז ל ג ן ש ל ה ח ק ת מ ה
ה ו א ר ל ה ו נ י פ ס ר ל ל נ י נ
מ ו ב מ י ת י ם ח י ת ל א ח ת י ק
ו ר מ ע ת י צ ר ט ט י ר ס ט ה ו מ
ו ת י ף י כ ש ש י י ו ש ן ב ה פ ו
מ ת ר ד ח ב ל ה ר ב ח ב י ו ר מ י
מ י ו י מ ה ל ע ז י ך א ל ל י ל ד
ל נ ץ ל א ן ת י מ ן נ ן י כ ן ו ו
ה ז י ח ר כ ה ב ע ו ר ל צ ב ו א ה
י ם כ ב ר א ו צ ר ו ר ה א ת ס נ ו
ה י ח מ ס ו י מ ת ם י ר ח א ל ו מ
ו ג ו צ ק ד ג מ י ן ב צ ל ו ח כ ה
ו ג ל ע ע ה ף ר נ ל כ ס א ע ר ג ג

במירוץ
לאחרים
אוצר
כחול
הכרחי
כלוב
מסוימת
חולה
הכחול
אנשים
מנורת
בחברה
מצביע
מערת
בכיתה
כסף
טיפש
הביא
סיבה
אצילי

Puzzle 80

י ל ת ת ר נ ו ב ר ל ט ל מ ז ס צ ר
ה ש ר ל ר נ ו ו ת כ ג ר י פ י י א
ד מ ו ה כ ת ו ל ו ל ה ח א ט ם ש י
ן י ר נ ת ן ן ע ה א ת י ו ת ו א ו
ת ב ו ר כ ו ש ו פ י ח ט א פ י י ת
ג ר ו ב ה ו ת ו ו ב ל ו מ ף מ ט א
מ כ נ ע ל פ ת ק י ב ל ת ר ו ע ע ש
ו מ י מ א ב י ר ו ף ר ל י נ ף ו ת
א נ י ו צ ס ח ר ח ר ק מ ל י ל ד ט
ש ת ד א מ ו ט י ב צ י ה י א ג י ק
ד ב כ ה ט מ כ ב נ ל פ ר ל ן ד ק ו
ה ה מ ב י ו ו י א ג ז ז ת י ו ו מ
ק מ ם י ק ח ו צ י ת פ ע ב פ ה ר ת
א ב ד ד מ ס מ ן ר נ ף ם מ ה ם י ן
ו ר ב ת ו ו ק ב ו נ ג ר ב ה ב ו ח

להפגין
צוחקים
וכרוב
חובה
עזרה
נייד
בטוח
מעבר
אפיית
ציטוט
מוטיבציה
לכל
גז
לצרף
ראיות
חיפוש
סמן
חומוס
שאת
תוף

Puzzle 81

ל ה מ ח ח א ו מ ל ל ו ת א י ר ק ל

ו ע מ נ מ צ פ ח ב נ ת ו ל ר צ ו ת

ו ו ו ן ה ב ר ד ק ה ש פ ע ה פ ב י

נ ר פ ב ק ר ו ל ת ע ק ו מ י ם ר ר

י ב ו ב פ ק ו ו ר ו ת ב ט צ א ו ב

ר ג ך ו א כ ו מ ה ד ע ס מ ק ו מ ע

ר ן מ ת ה ס ו י נ ו מ ר ע א ה ו פ

ל ר פ ד מ נ ר א מ ל ת מ א ר ת י ר

ר ה ן ו ל ת מ ף ש א ד מ א ט ד ן ה

ו א מ ל א ב ו פ ב ל ו כ י נ צ ת ו

ג צ מ ו נ י ה ה פ ת נ ם ת י א ר ו

ח פ א י צ ד ה ת ט ט ד כ י א ג ד ר

ו ל ד ת ה ר א ה ל ד י נ ר ד פ ל ה

י פ ל ח ב ב ר ע ל מ י ל ה י י פ ב

כ ל ב ח ר ר מ מ א ר ת ו ו ל ל י י

יכול
העורב
לערבב
מולד
לבדוק
בוגר
אינטראקציה
מסעדה
ברד
לקריאת
לרצות
בתורו
השפעה
ערמוני
עקומים
קבל
טיפול
רבע
הקפאה
אומללות

Puzzle 82

א ן ן ו ה ת ו מ ל כ ו ש ד ר ו ה ב

נ ק ם ב י ן ד פ ב ר ן ן י ו ג ל ח

א ן י ם מ נ ב ת ג י ן ע ג ן ס א ת

ב נ ע נ ו ו צ נ ט ך ו י ש ם ו ג ב

ע צ ו ם מ ף צ ו מ ש א ב מ ו ן ה ש

א י צ כ ה ר מ י ת ת ב ל א ר ת פ ל

מ ש י ט ת ו כ ר ב ר ו י י ה י ג פ

ת ד ב ה פ ו ק ס ל ט ם ח ו ר א ח נ

ם י מ ל ע נ ו ר א ו ק מ י פ י ב ו

ו נ א ט ר מ ש ג ו ו ח ת ו ג ן ש ת

ע ל ו ו נ ח י י ש ו מ ק ח ד ם ע פ

ב ו נ ר ם ו ד א ד ק ה פ ל ס ש ע ל

צ ש ג מ ה נ י ד ו ה ו ס ד ב י י ז

ל ו ע נ ש מ ת י נ פ ל א פ ה ל נ ל

ת ל ו ד ר ל ו ד מ ט ו ו ך ר ן מ נ

מחודדת
כריך
לפנות
שפירית
עצום
ביצועים
בלי
המומיה
הון
משאב
לפני
ואספקת
לפת
לשבת
טלסקופ
נעלמים
ברכות
עניבה
המחק
אדום

Puzzle 83

ח ל י י כ ו א ת ב ב פ ח ל ה ב ב ו
נ י ו ל ם ל ר צ י מ ח ח ר ע ת ת ס
ל ו כ ב י צ ח ת י י ו ו נ ב ע ה ו
ת ל נ י ם ע ב ו א ל ת ב מ ג א מ ע
ת י ו ל ה ו ט י ס פ כ כ ם א נ ה ד
ב ד ק מ ל ק י א ז ר ח י ו א ב צ ש
ו ה ו ר ש ל ה ת ב ו נ ן א ש ף ש ד
ב ת ו ב ק א ע ל ל ל כ ח ח צ ד י ה
ש ן ז ו מ ח י ז ד ק ו ת ר ש ח י ד
ק י ת ר נ ק ן ך ן י ק מ ד ל נ כ מ
ד ע מ ע ת ד ן מ ד ש י ו ה ו ר י ו
א מ א ד ר פ נ ה ו א מ ק מ ו ת ם ע
מ פ ג מ ת ו א ר ר ג ת ח ו ו ר א ו
נ א ו ן ו ל ת ש ש ו מ ת ר ב ו ר י
ן נ ל ן ב ד י נ ל מ ח ו נ פ ח ל י

נרתיק
ולצעוק
אזרח
להתבונן
פחות
לשרוד
תקשורת
כלכלת
בובת
להוט
שלהם
שייכים
שצבא
במכחול
דקות
נשר
עין
הנפרד
תואר
גבעה

Puzzle 84

ם ז ב פ ה ש ב ו ס ח י י ת מ ר ן י
נ ע ח ה כ ע י ס י ל ח ל ר ה נ ח כ
ש ן ב ו י ל ן ה ט ב מ ז ה ט ר י ד
א א ה י ו ו ל ל ר ש ח ע י ו ד י ו
י מ ח ן ד ה ב ר כ ח א ד ח פ ת ר מ
ה ס ב א י י ו ת ש ו ב ב ל ת ת ד ו
ת מ ר ט י ת ו א י ר ב ר י ע ש ס פ
ח ת ת י ק ד א ה נ ב ב י ת ו נ מ א
א ח ב ל ן ע ק י ו כ ה ם ח ל ע ו ש
ת ר י ב ש ו ק ל ע ו ע ו ע ו ק כ ת
ב ה ש ו כ צ פ ע מ ה ח כ ל מ מ א ל
א ר ת כ ו ו ת ו ת ל ע מ ל ם ע ו פ
ל ן מ מ ר ל מ ה ס ו י א ו פ ג נ נ
ת ח ת ן ו ו ו ו י ח ה ז ב א י ת ד
ר ס ה ת ת ב ד ק ד י י ש ל ח ד מ א

וילון
העכבר
חברת
עוני
דברי
הכעיס
שועל
שובב
להיט
מתייחס
וידוי
ועדת
אמנות
שמלת
בריאותי
כתר
קקאו
בשוק
כרטיס
תות

Puzzle 85

ס	ו	ט	ן	י	ל	ס	ו	מ	י	נ	ל	ל	ב	ד	ה	ח
ט	ב	ו	מ	ו	ר	ם	מ	ה	נ	נ	ו	מ	ה	ט	מ	י
ל	י	מ	ו	ן	ו	ע	ש	א	א	ש	י	מ	ח	ל	ח	ג
א	ח	ד	פ	ב	ד	י	ד	פ	י	ק	ת	י	י	ל	ו	צ
פ	ת	ו	ח	ס	י	ח	ח	ג	מ	נ	ו	נ	ח	י	י	ג
ח	א	ב	ב	ק	ג	ת	ו	נ	מ	י	ש	י	ט	מ	ב	י
ל	פ	כ	ת	י	ל	ז	ש	ל	ו	ם	י	ג	א	ק	ו	ח
ר	ו	ה	י	ר	ר	מ	מ	ב	ד	י	ו	ו	ק	ש	ת	ם
מ	ל	ש	ד	ה	מ	ן	ד	ח	פ	ז	ת	ח	ו	ה	ד	
ו	ת	ק	ע	ב	ר	ש	ו	י	י	ב	פ	ו	ע	ל	ת	מ
י	ם	ב	כ	ם	י	א	ת	ל	ו	ד	נ	ג	ר	ח	מ	א
ה	ו	ש	ח	ה	כ	ה	פ	ו	ת	ע	א	י	ו	י	ג	ג
מ	ת	ס	מ	י	ן	מ	ת	נ	ה	ת	מ	ם	ב	י	ש	ת
ל	ל	צ	נ	ח	נ	ו	כ	ר	ו	א	ן	ל	ש	ה	ע	ר
י	ט	כ	ב	מ	ל	ל	ח	א	כ	ה	מ	מ	ר	ר	פ	נ

שירות
יתושי
פחדן
נאמן
שבור
פתוח
לגידור
מחויבות
שלום
בפועל
שעון
הכבוד
זמן
לימון
מתנה
לבד
מחל
בקשה
שמר
סקירה

Puzzle 86

מ	ל	א	מ	י	כ	י	ג	ל	ח	י	ה	ת	ב	ד	ז	ת
ע	ו	ד	מ	ס	פ	ר	ח	א	פ	ל	א	ו	ן	ה	ו	ב
ר	ז	ו	מ	ו	י	ש	ל	ת	א	ד	א	י	ד	ר	ל	ן
ס	ז	נ	פ	ש	י	א	י	מ	י	ט	צ	ט	ב	נ	צ	א
י	ם	י	ד	ב	ו	ע	ל	ס	כ	ש	י	ב	י	ה	י	י
ה	י	ב	פ	ת	א	א	י	כ	ו	ת	ב	ל	ר	א	י	ו
ל	ר	ו	ץ	ב	ו	י	ת	מ	ת	ל	ר	י	ס	נ	ו	י
מ	ט	ש	ח	ף	נ	ר	ל	ו	ס	ה	י	ד	ע	מ	ג	ה
ר	מ	י	ע	ג	ח	ת	ה	ו	ר	מ	י	ל	ר	י	ר	פ
ד	נ	ש	ו	י	ש	פ	ח	נ	פ	ח	מ	ס	ד	ח	מ	ק
ל	מ	ה	ג	ק	ו	מ	ת	מ	ר	י	ד	י	נ	ג	ו	ל
ל	ו	מ	ת	ע	ו	י	י	י	צ	ש	ת	ל	ק	ר	ז	ן
ב	ל	ל	ן	נ	ב	ת	ם	ו	ו	ן	ם	ו	ת	ל	י	ם
ת	ו	ר		מ	ה	ר	ד	ר	ל	ט	ש	ד	ו	י	ק	ח
ם	ו	א	ו	י	י	נ	ח	מ	ה	ו	ת	ב	ת	ח	ה	ם

שביעי
אדוני
מוזר
בוהן
עשרה
עובדים
איכות
מטרים
מוזיקה
אשר
להחתים
מספר
נשוי
זול
צל
לרוץ
קמח
גחלילית
תרד
להמחיש

Puzzle 87

ב ע י ק א ל ג ת פ ג ת ר ו ד ס ב א

ה א ג ם ר ו ב ר ל ו ו י י ת ן ר א

ש ו ע מ ם ג נ ח ל ת ש כ ת ב ו ת כ

ל מ י כ ל ת ו ע ם י ה ז ל ש ב י ב

ט ד ם ו ה ל ל ר ג א צ י ד ח ת ב מ

ו ן ב ן י ש י נ ו י ן ל ע ו ל א ד

ן ו א ק י ר י י פ פ י ס ◌ פ ה ר ר

ס פ ש ו ה ע מ י ו ת ר ר מ פ ל ו ג

מ מ מ ב י ק ו ר י ז ח כ ר ו ר ר ו

ע א א ק ה ת א ד ג ו ו פ כ ד מ ב ת

ה ו ו ב י ו ל ע ע ד א א ו ב ס נ י

ו ת ם ה ר ו נ מ ה ר מ ש ב פ ת ו ד

י ם ם ן ת ף י ו ו ע מ י ש ק ר ש ר

ש ה ר ע ה ד ב ד י ע ת ר ר א ג נ נ

ל א ב ת ו ד פ ר ב י ס ב ת ג ק י ה

בינלאומי
ציפיותיהם
אותם
יותר
כתובת
חזיר
ביקור
אומדן
במדרגות
שינוי
גלובוס
בנו
מעדר
השלטון
לבן
מאוחר
זהים
יגעים
הבקבוק
לווייתן

Puzzle 88

ריצת
צהרי
הצעה
חיוני
הקנגורו
נולד
פתאום
עצמו
כביסה
קדימה
בשיחת
לפלוש
סביבתית
כלי
הרופא
מרק
עשר
ארוחה
שלד
מתאים

י ת ע צ מ ו ר ל י י ן ל ה נ ן ה מ

ע י ל כ ב ר ע ה צ ע ה ב פ ד א ה ו

ק ת מ א ש ו ל פ ל א ר ר ו ק כ א א

ד ב ש ל ה ג ת מ ר מ ו ס ת ד ל ו נ

י י ו ת ב נ ר ו ק נ פ ב י ל ו ע ש

מ ב ו ע ד ק ח ג ב ת א ר ו ש ל ש ר

ה ס א פ ה ה ו י ו ו י פ י ו מ ר מ

ה ס י ב כ מ ו ו ל א ז ו ע ב ל ר ק

ב ש י ח ת ת ה ח מ י נ ו י ח ק ל מ

י י ו א ם ו א ת פ ק מ נ א ל ח ט ס

ו ו י צ ס נ ש צ מ ה נ י ר ן ל נ ו

ו ם פ ה ו י ר י ל ו י י נ י א א ד

ָ ע ר ר ן ו כ ר ש ר ו ו ן ל מ ן י

ש ק ט י ו ג ן ת ב ת ו ד ב ח ש כ ר

ל ת י ל ר ר ע ס א י ו ם כ ו ד ד ג

Puzzle 89

ה ח ב ז ל ב פ ר א נ מ ר ק ת י ש מ
מ מ ב א צ פ ג ק ט א פ ר מ י ן ס נ
ו ן ף ו י ה כ ה ה א ק ר ג א ע א ה
ר ה א כ נ י ם ה ח י ק ל מ ו ג מ ה
י ס י ט ו ד ב ש ק ר ו פ ב ד ו כ צ
ם ה ס פ ר י י ה י ד ל ו י ה ו ָ פ
ש ל ו פ ו ת ח ן ע י ה ק ב ד ו ן נ
ג ש מ י ל ת ו ד ו ק ק ל ל ו ר ת י
ה פ ד מ ל פ ל ב י צ ה י ק ר ו ט א
ת ו ש ו מ ק ב פ י פ מ ו ן ו ר י ל
ה ך ה ו ה י ה ס ל ח י ת ש ל כ מ ח
פ מ ה ו ש ד ב ו ו ו ל ו פ ר ו מ מ
ר י ו ר י ב פ מ ו נ פ ה ר נ מ א ש
א ס מ ת ל ד ו ו ה ו י א פ ת ו ו ל
י ש ב ד א ק ת מ ו כ מ ע ר ו ו י ב

לשפוך
ידית
איכר
תפקיד
פותחן
דבקה
טורקיה
פרפר
מילת
מיטת
ביצה
ספרייה
ירד
אז
אף
למה
המורים
צינור
מסע
בשקר

Puzzle 90

ספינת
היקפי
ביולוגית
משלחת
עונש
ספציפית
מעדיף
לנווט
מוצר
נכתב
אורזת
לנסות
דווקא
מגזין
בכה
להמשיך
לה
עצם
המתנת
אביב

ה פ ה ב ת כ נ ב כ ה צ ש ש מ ה ה נ
ו כ נ ל ח מ ג ז י ן ב פ ל ו נ ס י
כ א ו ת ב ל א ק ל ו ן מ מ צ ר ו י
מ ע ת ח ה נ פ ט ו ו נ ל נ ר ר י ת
ש ל ו פ ס י נ פ ל ק נ י מ' ס ר ס ו
ל י א מ ח ל ך י ש מ ה ל פ א פ ע נ
ח ש ס מ ו ה א ן ס י ה י ב ק י ע ש
ת ו ר א ר ו ה ו י ח נ י פ ו פ ו ב
י מ ד י א ה מ ת נ ת ב ר פ ו ח נ ע
ג ף י ד ע מ ל י צ ה כ ג כ ד ו ש ד
ו ק ת ו ס נ ל פ מ א ה ר ק א י ה ר
ל ב ה ו ן ס ל י ל ו ר ת ב י ו ת א
ו כ י ל ו ש ו צ ו ר צ י פ ה י ת ו
י ר י א ח ר ש פ ל ז ן ת ג ם ל ו ו
ב א ו ד ו ר ק ס ב ת ע ם צ ע ס ע י

Puzzle 91

א	ד	ד	ן	ת	ב	נ	ר	א	ה	ג	ם	נ	ה	ו	ע	כ
י	צ	ח	ח	ו	ע	ו	ד	י	ש	ז	כ	ל	ע	ת	ל	ד
ת	ו	י	ג	ד	י	ו	ו	ל	נ	ר	א	ה	ר	ל	ע	ו
ב	ש	ל	ל	ו	ו	ח	נ	פ	ת	ו	נ	ק	ל	ת	י	ר
ו	ם	ג	ף	ה	ו	מ	נ	ת	י	ה	ש	ע	ו	ס	נ	ג
ב	ת	ר	ה	ל	ל	מ	ת	י	א	י	ד	מ	ו	ב	ל	ל
ה	ר	ת	י	ו	ב	ר	מ	מ	ו	ת	ף	ד	ת	ב	ט	ה
ם	ו	י	ו	ו	ו	ה	ב	ש	מ	י	כ	ה	ס	י	ק	פ
ו	מ	ו	ו	א	א	ל	ת	ח	ן	ב	ו	ת	נ	ת	ל	י
צ	ם	ן	ס	י	פ	ו	ר	ר	י	ו	כ	·	ל	נ	ק	ן
נ	ר	א	י	ם	ע	פ	א	נ	ר	ג	י	ה	ו	א	ש	ח
ת	ו	ו	ח	י	מ	מ	כ	א	ן	ל	ר	ל	ו	מ	ב	ה
א	ס	י	א	ט	ל	ל	ח	ח	ת	פ	ק	ה	ם	ד	ב	י
ש	י	ם	ג	מ	מ	ר	כ	ט	ד	ב	כ	ף	ם	ת	י	כ
י	ש	מ	ו	ק	ו	י	ד	ב	י	ר	כ	ט	ו	ל	ו	ו

לקנות
עונת
אנרגיה
נעלי
בדיוק
קמטים
בית
גזר
נראים
יחד
כדורגל
לב
להודות
סיפור
קטלני
השנתי
פעם
אצילה
ארנבת
רגלי

Puzzle 92

שמונה
לשעבר
נוחות
לוטרה
לארגן
גירית
הובלה
אפשרות
מעשי
לציית
הלך
לחזות
להסביר
ירח
כמו
חם
נחל
נפח
פונקציה
שלו

נ	ה	ד	י	א	ו	ת	ה	כ	ק	מ	ת	ו	ת	ע	ר	פ
ר	מ	ח	ה	ם	נ	ר	ל	ו	י	מ	ד	נ	מ	א	מ	א
ק	ם	י	ו	ב	צ	ק	ב	ן	ו	ש	ט	ת	נ	פ	ח	ש
ן	ו	ב	ו	ל	ח	ז	ו	ת	ו	ל	ב	א	ו	ל	ר	ן
ג	י	ר	י	ת	נ	ש	ה	י	צ	ק	נ	ו	פ	א	י	ה
ר	א	ש	ל	ו	ט	ר	ה	י	ו	ב	ש	מ	ו	נ	ה	ב
א	פ	ה	ע	ו	ל	י	י	צ	ר	ו	א	פ	נ	ו	ן	כ
ל	ש	פ	ו	מ	ד	ב	ל	ל	ל	ם	ל	מ	ך	נ	ח	נ
ש	ר	ע	מ	ר	ה	ס	י	ד	י	י	ש	ה	ו	ר	נ	ו
ו	ו	ן	ו	נ	א	ה	י	י	נ	א	ע	ה	א	ן	ה	ח
ש	ת	נ		ח	ת	ל	ם	מ	ה	ב	ב	ל	ו	ו	ו	ו
ש	כ	מ	ו	ל	ש	ו	מ	ד	ו	נ	ר	ך	פ	י	ש	ת
ד	ש	ו	י	ר	ת	ח	ם	א	מ	ו	ר	ר	י	ק	ה	ו
ת	ש	ק	ס	ל	ל	ג	ח	נ	ו	ם	ת	ם	ו	ו	א	י
ו	כ	ק	ד	ה	כ	ו	ת	ה	ת	י	א	ג	ש	ר	ע	י

Puzzle 93

ש ק ט ה מ ש מ ש ך פ ת ו מ ד א ב א

י ר ח ר ת ו ו ש ה צ א ו ה ב ם פ ש

ה ע א ט ד א א ם ת ל צ ף ו ו ו ד נ

ע ל ל מ ל ב ד ל א א י ח ש ר ה ת ב

ת ר מ י ת י א ג ס ו ה ר ו ת א צ צ

פ ב ם ת י ה ד ל מ א ם י נ ו ד ב פ

ה ש י מ ג ש מ ג ו ל ו י ר ב ד נ ו

ה ו י ה ו ו ב ל י ג ו י ח ס מ מ ן

ג ל נ י ל ה ג י ש כ ה א ה ע י ג ה

ב ה פ ל ו ע ש ב י ע ה ן ק ף ו ל א

ס פ ו י נ ם צ ו פ ן ה מ ח י ל ר ר

ו ס א ס כ י ה ר ו פ ו ת ת מ ל ה פ

ר י ו ב ט נ ד י נ ש ש ח ש ג ש י ו

ק ק · י ח מ ב י ת ז ג ר י מ ר ח מ

י ה פ ר ש ז י י כ ן א ז ו מ ה ב ג

גלגל
שואלים
טכנולוגית
תאוריה
דבורת
הפתעה
תרמית
אופניים
מטרה
מלבד
אגס
בצפון
הגיעה
שקטה
שרפה
ליישם
להגיש
להפסיק
זמנים
המשמש

Puzzle 94

ר ו מ ד ף ר י ש פ מ ה י ע ר ן ל ע

ס פ ת ע ה ת ג ש ר מ ת ק ש ע ח ס י

ו י ח ו ר ו ו ב ח ר א א ע א ח פ י

מ ו ת ר א ד ו ל מ י ד כ ח נ כ ו ן

ה ל ה ו ת ו ה ת א מ י ל מ ן ר ג ק

מ מ ו י ה ד ת ר ח ו נ ד ו ו נ כ מ

פ כ ו ו ל ו ן מ ו ע ט ך ר מ ו ב י

א ת י ו ח ו א ל ג ב ר ו ל ר ע ו פ

ה י ו ב כ פ ו ו י צ ס י ו כ ו מ ה

י ו ק ר ע ו מ ל ה ה ב ס ב א ם מ נ

ד ב ל נ א ל ה ה ת ר ו ק ד ב ל ג ח

ה ו ר י ם י ג א ם א ק ח כ מ ו א א

ב א נ ן י ט ה ק ח י צ י ה ח י ה נ

ה ק ל ה נ י א ך ת מ ר מ ה א מ ד י

א ו ק ר ש ת ר א ע ע ו ה ד ו ק נ ל

אהבה
קאובוי
המחלה
חמור
נכון
לנקודה
בילה
שנים
אתה
הראתה
גבר
נראה
פוליטית
בסרט
מתחת
מדף
הורים
ספת
צבע
לספוג

Puzzle 95

ת פ י ם ב ע ו ג ל ת ה ם ל ג ר ם ה
ק ו ח פ י י ב ל ה ע ל י ב ע מ מ ח
ו א ת ג ל ו ס א ב ש ע א ו ת ש ת ר
ל י ת ב כ ר ה ן ה י ע מ א ו ד נ נ
ו ב א ק ש ב ס ו י י ו ד ל ר ע ז כ
י י כ ו ת ע מ י ר ת ר ש א ו ב ך כ
ה ק ש מ מ ב י ג ז מ י ן ר ג י ו ן
א ס י כ כ ל י ת ש ר ד מ ו נ ר מ ר
ו ט ו ס ח ר ע ל א ה י נ י ק ת כ ן
י א ר ת ו ס ו ז י מ מ ה ם ה י ו י
מ ת כ ב ל ו ץ א ל ר ו ש ע ו ן ר ע
ס מ א ש י מ י ם ב ח ת ר ב ל ר ר ב
ש ל נ ל ב ה נ כ ו ח ה ו ב ר ו ד ל
י נ ו צ פ י פ א ו מ ו מ ת ל מ א ז
ד ו ע נ ה פ ו ר א ק א ע א ד ח ו ו

רכבת
כיסא
מאשימים
מאוד
מבצע
המשולש
ייעוץ
מכחול
בעבר
משקה
תעשיית
כן
עש
להעליב
לשמר
עור
תוכי
זמין
להבהיר
קנגורו

Puzzle 96

לבנות
הפועל
היותו
האויב
הזדמנות
הכספי
פנימי
איך
לכול
קומפקטית
מרחב
מספרי
זה
עף
שן
מצב
נהר
סיכת
ציד
שנת

ן א מ מ פ מ ה ז ד מ נ ו ת כ י ס ע
ר ב ו ר ר ש ז א י ה א ר נ נ פ מ ש
ך ת ן ח ר י א מ צ ת ר ה ש ו ס ת ל
ר ל ב ש י ק פ כ פ א ע ז י ל כ ע ח
ן ב ו ן ד י י פ מ ל י א י ו ה ל נ
ש נ י ף ו נ ב מ ו ת ח ר ו ו ו מ פ
כ ו ד ש י ח ב ה ש ו ח ב ך ה ו י ג
א ת ר ך ר א מ ה מ מ מ ר ר ל כ א ד
מ א ט ב ו ו י י ן ל כ ו ל א ב ו ה
ה י ר מ ר מ נ ד ו מ ת ף ע ב ס א א
ר ה נ ל מ א ר ח א פ ה א ו ג ז ה ו
פ מ מ ב צ מ ף ד נ ו י ה פ י ג מ י
ל י ו ת ו י ה י ס ך ת י ה מ ב ח ב
ו ו ו א ב כ מ ת י ט ק פ מ ו ק ל ד
ש מ ס פ ר י ו ם ו ן ה ר ר מ מ א י

Puzzle 97

ע	ב	ל	מ	ו	א	ו	ת	ל	ל	ל	ר	ף	ן	ח	ד	ד
ו	ע	י	ר	ס	כ	מ	ב	ש	מ	י	ו	מ	ב	ר	י	נ
צ	ה	ח	י	ס	ו	ף	מ	ע	ה	ע	ר	ב	מ	מ	ר	ס
ו	י	ם	ב	ל	ו	י	ה	ת	פ	ר	ר	י	י	א	י	ו
ו	י	א	ד	ע	מ	כ	ם	נ	פ	נ	ש	ל	ל	ו	ה	ח
ח	ח	נ	ב	ו	צ	מ	ת	א	נ	ר	נ	כ	נ	ו	ו	ח
ל	נ	פ	ן	פ	א	צ	ק	ב	פ	ו	ש	י	ד	ח	ע	א
ל	ג	ל	ו	ת	ב	ח	ו	ו	ד	ס	מ	ן	ו	פ	ל	ט
ב	ק	ד	ד	ת	ל	י	פ	ד	ר	ת	י	פ	ו	ס	ד	ג
ח	ו	ה	ע	י	י	ק	ו	ל	פ	ב	ם	ו	ר	ו	ו	מ
ו	נ	א	ו	כ	א	ד	ר	ש	מ	ב	ו	ש	ב	כ	ג	י
ץ	י	ד	מ	ב	ל	מ	כ	ד	מ	ת	ו	ב	ע	ו	ו	מ
י	ה	י	ג	ר	ח	ו	י	נ	ם	ע	ל	ו	ש	י	ת	ד
ח	ב	מ	ו	ם	י	ת	ש	י	ו	ב	ל	ק	מ	ג	ה	ק
ה	פ	פ	ו	ג	ח	ר	ה	ט	י	ש	י	ד	פ	ל	פ	א

פועל
במשרד
שעברו
אקדמי
טלפון
מועדון
שיטה
בחוץ
מגוון
שמים
לגלות
בכיתת
מצחיק
כיף
יש
סל
רכישה
מצא
סופית
מסוים

Puzzle 98

מודאגת
הפוך
הארקטי
הנושא
רצון
מרפסת
מתנהגת
שימוש
אין
ולשמר
צפופה
ומסודר
לשים
נעל
לשנה
בזהירות
ערש
ענבים
טיפשי
אבקת

ט	ף	ב	ן	י	ו	נ	ו	ה	א	ם	ו	ב	ו	ב	ר	מ
ר	ח	מ	ו	נ	י	ו	ח	ה	מ	ד	מ	ע	ל	ד	ב	ל
נ	י	ם	ו	ו	ב	א	ב	ו	ו	ר	ן	ר	ש	א	ע	מ
ד	י	פ	י	ש	פ	י	ט	ח	ר	ב	ש	ל	מ	ר	ו	ב
ה	ק	ל	ל	ש	נ	ה	ע	נ	ב	י	ם	ת	ר	נ	ה	ב
ע	ד	ו	פ	ר	ל	פ		ע	א	ב	ז	ה	י	ר	ו	ת
ע	ש	פ	ו	ב	ש	ו	מ	י	ש	י	ת	א	ט	ד	מ	נ
ו	י	ת	ר	ת	ג	פ	ת	ש	ו	א	ן	ב	ק	ו	ר	ל
ם	ס	מ	ד	ת	י	צ	נ	א	נ	ו	ו	ק	ר	ס	פ	נ
ב	ד	ר	ו	י	ג	ת	ה	ו	ה	ר	צ	ת	א	מ	ס	י
ר	ב	ן	ה	פ	פ	כ	ג	ר	ה	ה	ר	ה	ה	ו	ת	מ
נ	י	מ	מ	פ	ו	ז	ת	ת	מ	ו	ד	א	ג	ת	ו	צ
ע	כ	ת	ב	ג	ו	מ	ח	ס	ו	ל	ר	ד	י	ע	ר	ש
ל	ו	ר	ר	ב	ן	ך	נ	ו	ב	ג	מ	ב	ת	י	ו	ו
ו	ר	י	ס	י	י	ו	ו	ט	ו	ט	ס	מ	ף	ל	י	ו

Puzzle 99

ב ח ל ב ל ב ל מ נ מ י ר ב מ מ ג י
ל ר כ ל ר ח ה ה ס צ א ד ו ו ל ה ל
א ל ח ו ל צ ת ה נ י ו ל ח מ צ ה מ
ב ם ל ו ט ו פ ס ה ע א י ה ה ט ו ע
ה מ ב ו ר ג ר ל ש ד ל פ ק ע ו י ף
ל ת מ כ ל ב ץ ה ם ן ה ה ו צ ג ו ז
ו ת ה ז ר ו ת ל ו כ י ת ל ת ו א ח
ם פ ש ג ו י ו ו ה ד כ ב ח ר ד ם ל
נ א ל פ מ ן ו ו ר ו נ ן י ת ש י ג
ב מ ה ק ר ל ה ת נ י ס י נ א ד ש ר
י ח ס א ח ו ת ל י א ד ל ק ן ז ו ד
ג ה ג א ח ר א י ד ר כ ש ש ט ו ם י
ה ח ר י ל ד ן ד א ב נ מ ר ו · י נ
נ מ ק ס נ מ ג ת ד ע ו ג ר י ל ן ב
ל ש א ר ס י ד ו א ת י ן ק ק צ כ ש

גישת
להתפרץ
לבלבל
להיכנס
דליפה
המבורגר
אחראי
להטעות
לידת
אדם
חלוקה
זוג
זכו
מציע
חמש
טופס
צלב
צמח
להלוות
חולצת

Puzzle 100

שמירה
אמיץ
להחזיק
סוודר
כנרת
מכנסיית
דורש
לאחר
שיחה
מידע
בלחץ
תרנגולת
בתגובה
אח
נר
לשולחן
ספר
הלילה
שמש
אביו

ע ו כ ט י ת נ מ ב ד ו ר ח א ל ע ת
ת ח ש ר ו ת מ ס א ך י ו ב ו נ ר ך
ב ל א ע י ג ר ו ו ס מ ד ר ז נ ס ב
ו ו ו י ת ר נ כ ו ר ו ב ת ג ו ב ה
ה נ ו מ ש מ ש ר ו ד ל ב ו מ ד ר צ
א ר ב י ה ל פ כ ב ר ת ל י צ כ ע ר
ו י ה ד ל ס ו ק ל י ת י ב ו מ ת ם
ר מ ו ע ק א ש ל ח א נ ר א נ ע י י
ת ע מ ח א מ י ץ ץ ב ן ו ר ד ו ו ס
ל ה ח ז י ק ר ל ר מ ר כ מ ג ת ע ו
ו ל י ר י ך ן ל א פ ו ר ק י ו נ ו
מ י ה א ג ה פ ו י צ ת י י ס נ כ מ
ו ל מ י ב ל ל ל י ש ו י י ג מ ו ר
ו ה מ ה ח ן ח ד ן צ ת ו י כ ו ס מ
ו ה ח י ש ן ח ל ו ש ל א ב ד פ ה ר

Puzzle 101

י	א	נ	פ	ח	א	צ	א	ל	ד	ס	נ	י	ה	ו	ה	ל
ה	ה	י	א	ס	ד	ו	ת	מ	י	י	א	כ	ת	מ	מ	ה
ג	י	מ	ג	פ	ב	ח	ו	ת	ן	ו	נ	מ	ר	א	ע	ע
י	ו	י	מ	ו	ח	מ	נ	כ	ן	ד	ד	מ	ב	ם	י	ר
פ	ח	כ	ר	ל	ת	י	ה	ע	ו	א	ד	ר	ו	ם	ד	י
ו	ק	י	ו	ד	ו	ע	ש	י	ב	ו	ל	ס	ת	ל	ו	ך
י	י	ו	ד	י	ה	ל	י	ר	ל	י	י	ח	ו	ד	ם	ו
ו	פ	ר	ח	ל	ב	ק	ן	ל	י	מ	ל	ש	ת	מ	ש	מ
ח	ו	ד	ו	ש	ל	ת	ד	ל	פ	ו	ב	ל	ו	ן	א	א
ם	ד	י	פ	י	ק	ו	ס	ן	ם	ה	ן	ר	כ	ו	ח	ו
ו	ה	ד	ש	ר	ח	ע	ו	ל	י	ד	נ	י	י	ר	י	ם
ו	ה	ת	ע	ג	ע	י	מ	א	פ	ו	פ	ו	י	ח	ט	כ
ת	נ	נ	נ	ש	א	ס	מ	ז	ו	פ	ח	ם	ו	א	א	מ
ו	ב	ה	מ	ו	י	נ	ה	ב	ל	פ	ל	ק	ל	ק	ע	מ
ד	כ	א	ט	ש	פ	ב	ס	כ	ר	ג	ו	ו	ת	י	י	ב

כיור
התרבות
חופש
פלדת
קיפוד
אחרים
אחרון
חלום
נייר
מוסד
חפוז
נסיעות
בלון
דרום
לקח
לשיר
נהג
נמר
להעריך
תלוי

Puzzle 102

הפרט
תשעה
כרובית
חגור
אצבע
להסכים
מבחן
בעמדת
בניגוד
מארחת
החובה
ירצה
בסגנון
מרוצה
בשר
הרס
זהב
עיקרית
רעל
בכיוון

ב	ל	ע	י	ר	ק	מ	פ	ר	נ	צ	ה	נ	י	י	ו	ט
ו	כ	מ	א	מ	ח	י	י	ט	א	ת	ר	מ	ש	מ	ו	ב
ב	ש	ר	ע	ל	ת	ד	מ	ע	ב	ה	ע	ש	ת	ר	ו	מ
ה	ח	ו	ב	ה	ח	י	ל	ה	ס	כ	י	ם	י	ה	ג	ל
י	א	צ	צ	ע	ר	ב	ז	מ	ר	ה	ו	מ	ב	ל	ק	מ
ב	ח	ה	א	ו	א	נ	י	ה	נ	ב	ת	ך	ו	מ	ר	ע
ו	ה	י	ו	מ	מ	י	ת	פ	ו	ל	ע	ן	ר	ב	ם	ת
ת	נ	ע	י	ת	נ	ג	ת	ר	ח	ל	ב	ת	כ	ח	ע	י
ד	ר	ב	כ	י	ו	ו	ן	ט	ב	ס	ג	נ	ו	ן	ר	ר
א	נ	ד	ב	ו	ה	ד	א	ח	י	ז	י	מ	ה	צ	ו	ק
נ	מ	י	ת	ק	א	ל	מ	ו	נ	ל	ת	ר	ה	מ	ק	י
ש	ר	ר	מ	מ	ה	ר	ו	ז	ל	צ	ס	מ	ה	כ	ל	ע
צ	ו	ו	ו	ב	מ	כ	ה	ז	ת	ת	ו	מ	ר	ו	ג	ח
ף	נ	י	י	י	ל	א	ב	ז	ת	ב	י	ו	ה	מ	ר	ב
ש	ד	פ	ג	ה	ו	ר	ת	פ	ל	ו	ה	ו	י	ם	י	פ

Puzzle 103

א	ה	ד	ל	ת	ש	ס	ת	ר	ו	ר	ק	ו	ו	ם	ש	ו
ר	ש	א	א	נ	י	נ	ב	כ	ו	ה	ת	מ	ב	ש	ע	י
מ	ח	א	ב	ס	ה	ר	ו	ו	ם	ו	מ	צ	ט	ל	נ	ר
ו	ב	א	ק	נ	א	ו	ל	צ	ח	מ	ת	ד	ג	ס	י	ן
ח	ע	ש	ר	ו	כ	מ	ה	ל	ע	כ	ע	ן	י	ק	ס	ה
ב	ש	מ	ו	ק	ש	נ	ד	י	פ	ס	פ	ו	ש	נ	א	ת
י	ן	ח	ב	י	א	ש	ב	ל	פ	פ	ו	ד	ה	י	ו	א
ת	ק	ה	ב	ע	ת	י	ר	ו	ר	ל	מ	ה	ל	י	ר	ו
ל	י	ה	ל	ל	ה	ח	י	ר	ר	כ	מ	ר	ת	א	ת	י
י	ל	ו	י	י	נ	ר	ו	ו	א	נ	מ	א	ו	פ	מ	ל
נ	ו	ח	צ	ו	ב	צ	ו	ר	ת	ס	ל	פ	ס	ה	ש	ת
א	ג	ר	ו	ף	ו	ם	א	י	ג	א	ת	ו	ת	פ	ת	א
ר	ר	ב	ר	ט	ל	ת	ב	ב	ר	.	ל	נ	ר	י	ם	ן
ר	ם	י	ת	מ	ל	ס	י	ב	ש	ח	י	ת	פ	ו	ב	ו
מ	מ	ח	ה	מ	ף	ל	ח	י	ו	ח	פ	ו	ח	ב	נ	ב

הסקי
בקרוב
ליצור
בבירור
אתגר
אגרוף
שמחה
להשיג
באוויר
כפל
תה
נוח
לתאר
לשפר
נשק
ספל
עשן
אפונת
בצורת
קילוגרם

Puzzle 104

מ	ז	ל	כ	ר	ל	ע	ע	ס	ל	ס	ר	ן	ו	ר	ת	י
ש	ב	ה	ו	פ	כ	ש	ט	ר	ו	ב	י	י	ט	א	ת	י
ר	י	י	ע	ס	י	א	ר	מ	ו	צ	ן	ת	ב	י	ס	מ
ד	ב	ש	ע	ר	ו	ה	ו	ו	ו	מ	ו	מ	ר	ה	א	ל
ו	ט	א	ה	ה	ת	ח	ר	ו	ו	ה	ר	א	ח	מ	ג	א
ת	ו	ר	פ	ו	ס	ע	ה	ס	ע	פ	ת	ב	ו	י	א	י
ו	ח	כ	מ	ה	ר	ד	ת	ר	ר	צ	ו	ק	ד	מ	ר	י
ל	ה	ת	נ	ו	ת	ח	ג	ט	ל	ק	ח	ו	ר	ו	מ	י
ס	כ	ה	ו	ה	נ	ל	ר	ן	ו	כ	ד	ת	ר	ע	א	י
א	א	י	ה	ח	ת	ר	ס	י	ב	ר	ו	ש	ח	ג	ב	ת
ן	י	מ	א	ה	ו	כ	ה	ד	י	ה	ב	י	ע	ש	ק	ע
ד	מ	ע	ר	פ	כ	מ	י	ע	ה	ו	ס	ו	מ	ח	ב	ח
ר	ג	ת	י	ל	ן	כ	ו	ה	ד	ו	ל	י	ט	מ	ר	ד
ו	ס	ד	ע	ל	ל	נ	י	נ	מ	מ	ז	ג	ך	כ	ת	ש
מ	ה	מ	ע	כ	ו	ל	ד	ס	ח	א	ה	ן	א	י	ב	נ

בטוחה
סרטן
יצווה
גרסה
חתונת
מאבק
חמוס
כותנת
האמין
העדין
דרמטי
חרב
פי
מזל
יתרון
מסיבת
שער
עשירה
טרור
להישאר

Puzzle 105

ו ו י ר י ו ר י ע ב נ י ק י נ ו ם
ר ו ו ד י מ ל נ מ ו ל י מ ר ו צ א
י ר ג ק פ ג י ש ת ת ד ו ת ה ה פ ה
ע ר י ת ת פ ם א ו מ מ א ת י נ ה ט
א ע ה ת ר ע ק מ ר ו י כ כ ו י א א
פ ד ו ו נ ו ת ו ש ב ש ת ו י י ו פ
ר ש פ פ ו י ב ע פ מ ו י י כ מ ס ח
ל ת ו ס ק ב ע ל א ח ר ע פ ת י ף ג
ל ע י ל מ צ ו א ה ב י ן י י מ ד ל
ה ד א ל ת ש ש ח ו ת כ ה א י ר ק ז
ג ו ת כ ל ה י ר ג ע ו ר פ א ו ל מ
צ ה א ע ר ן ח ו ה י ל י ז ו ר ט פ
ל ב ע ב ג ב ד נ ל ד ם י מ ף י ן מ
י ר צ ת מ י ו ה ד ג ל צ ל ח ת מ ג
ל ת ב ק ז מ ד ו ם מ ו ל ו פ מ ת ש

למצוא
אוסף
הודעת
האפשרות
פגישת
מבחר
מזלג
במחבת
בעל
מישורי
דקת
לצייר
לתפור
קערת
לאחרונה
משם
לדמיין
פטרוזיליה
קריאה
להירגע

Puzzle 106

מדחום
כמות
הערכת
עצמאי
חותם
יעלה
מבנה
עמוק
לעמוד
פסולת
לדחות
מפלצת
טבע
כול
מרכיב
תן
גבול
רעב
חיפושית
בצבעי

מ ל נ מ ע ה ח ה י ט מ י פ ו ם מ ש
ת ו מ כ א ם ת ו ח ר פ ע ד ר ע ת מ
ג ר מ ח ל ג ש י כ כ ו ל ס ב מ י ש
ו ו ו ו ם מ ו י ס ת ל ה ט כ ו ב ס
ו כ ע ב י נ ב ח נ ת ת ל ו ן ק נ פ
ס ה ג ה נ ב מ ק מ ה ת פ י א מ צ ע
כ כ ב נ י י י ן ן ך ק ס י נ ל ע ו
נ ב ו פ ע פ ע ל ך ט ל ח ר נ ל ן מ
ב ע ל י ד ָ ל ב צ ב ע י ר ל ד א ק
ב ר ח מ א ו ר ד ו ר ת פ ר מ ח ז ר
פ ב ע ו ש ש ב ה מ ד ח ו ם מ ו ו א
נ ך ר ס ו ח מ ו ו ו ז ש ר פ ת ן ו
כ ה ע מ ו פ א מ מ א ה י נ ל י ו ל
ח ד ב מ ן ת ע פ ס ו ל ת ב צ י ת ו
ח ח א א ל מ ו ח ה ע ר כ ת ו נ ו

Puzzle 107

ב ו י ח א צ א א ר ו מ ו ד מ ס ג ר
י ח ב ר ו ס ג ו ל ה י פ ה ה י ב כ
ז צ ר ו א ש ו כ ס ג ל ו י נ ה ב י
ו י א צ ו י ל ס ן ט ג ו ר ה ב ל ב
ן ר ע ו ב ו י מ א ו ח ר ת מ ו ה ת
י י ר א ו ם ז ן א ם ש ה ע י ל ה ס
י ב ת ח ב י ה א מ י ר י ע פ ר ת י
נ ר ב ו נ ן כ ו ת ג א ה ן ו ב ש ח
ב ו פ ב ר ס ת ף צ ר ס ו א ה ו ו ח
ן ו כ ו א פ ז מ א י א ו ו ד י ל ה
ו י מ ת ו ו ה פ ח ד ו ע ס ן ו ח ה
ו ס ד ח ב ג ו ו ת ד ס ב י ל צ ו ש
א מ י ח ר ר ק נ י ש נ מ מ ו ר ר ס
ו ת ש ו נ ו ר ג ל ל כ ה ע ר פ ה ד
ר ו ו נ י ב מ י ת ב י א י י ל י ח

גלוי
הפחד
הפרעה
בניין
סגולה
וחצי
ביזון
מהססים
בלב
גור
איילי
דהירת
רכיבת
צוואר
די
מאוחרת
חשבון
תוכן
רצף
תזה

Puzzle 108

ו מ ס מ י ד ו מ י ת א ל ע מ ת צ ר
י ס מ ש ק פ י ב ש י פ ט ל ח פ ו ף
ב ו ג פ ם נ ד ד נ ה מ צ י ת ש ו י
י ג י ט כ נ ו ל ו ג י ה י ר ר ת א
ב ל ר ל ן י ו ד ד נ ע ד ו ח ן מ ר
ל ו ת ח ו י פ י ו א ר ו א י ר ח ג
ג י מ ו מ ר ו פ ב נ ה ע ס ו ק ת ל
פ נ א מ מ ו נ ד ת י ש ת א ג ס י ה
י נ פ ת · י ק מ ו ס ק מ ו י ה ה פ
ד ע ר א ח ן א ד ר כ ו ס י ב מ א ס
ל ר ה מ ר נ ב ו ו ס ש פ נ ד ש א ק
ז ר ך ר ן י ר ר ד נ ם ר ו א פ כ ת
ו ש נ ר ו א ש מ ח א ג א א א ח ש ב
ה פ ץ ה ד ג ה ס נ י י ה ח ד ה ז י
ח ל ר ס פ ר ו ת ע ר ת ת ר י ם ה ר

צוות
הפסקת
טכנולוגיה
פוני
אמרו
המשפחה
תעודה
עסוק
מוחלט
לחפוף
אחר
משפט
נץ
קן
מגירת
סוכר
משקפי
פטל
סנאי
מסוגל

Puzzle 109

ו	ס	ר	י	ר	ה	ע	ב	ו	ד	ה	נ	ה	ן	ז	א	מ
ו	ו	ר	ר	ל	מ	מ	א	א	נ	ד	ס	ד	כ	י	ו	צ
ד	י	צ	צ	א	מ	י	ס	כ	ו	ן	י	פ	ל	כ	ג	ע
ד	פ	ר	מ	ו	י	ק	ל	ד	ל	ן	ך	א	ש	א	ר	י
ר	ר	א	ק	ע	ב	כ	כ	ל	ת	ע	ל	ו	מ	ו	ת	ף
ן	ל	ל	נ	ב	ר	ח	ב	י	מ	ו	א	ה	מ	א	ע	ו
ת	ס	א	ה	ב	ר	ה	ו	כ	ז	ט	ת	פ	ת	נ	ט	ה
ב	י	ת	ב	נ	א	ש	ה	ו	ע	נ	ר	ח	ו	ה	ת	ח
פ	ר	א	ה	מ	ו	ש	ב	ע	י	ם	ו	ד	ב	ג	ה	ח
ר	ה	ע	י	ו	י	ר	ו	ה	ף	ת	ה	ס	ב	י	ב	ת
ט	ף	ש	ג	ן	ח	כ	א	ן	ח	מ	ב	מ	פ	ר	י	ל
י	ע	פ	ם	ד	ה	ה	א	ת	ל	ש	ו	ר	נ	ד	נ	ו
ל	נ	ש	י	ח	ל	נ	ו	ח	צ	י	צ	ו	ת	י	ח	ו
ה	י	כ	ר	י	מ	י	י	ג	מ	כ	י	ד	ח	י	ו	ס
מ	ה	י	ג	ה	א	ע	א	ג	ו	ג	א	א	ד	ש	ה	י

אוגר
המושבעים
הרבה
כלפי
הבוצי
לתעלומות
צעיף
לדלקי
לדכא
נסיך
העבודה
ממשל
ביממה
טוען
בפרט
מאז
נתח
סביבת
קנה
ברחבי

Puzzle 110

ה	פ	ת	א	ש	ו	א	ג	י	ז	ל	ו	ו	ש	ת	ע	ת
ת	ד	כ	מ	ב	ל	ו	ת	ז	ר	ל	ת	מ	ח	ט	ר	ח
ק	ו	ל	ר	ם	ר	ך	ד	ה	י	א	ה	נ	כ	ו	מ	ב
ד	מ	י	ק	צ	י	ן	ב	נ	ק	ו	י	א	ד	ר	פ	ו
מ	ד	פ	ו	ר	ב	ע	ס	ה	ה	ל	ה	ד	ג	י	ש	ו
ו	מ	י	פ	א	ש	ק	ש	מ	ה	ו	מ	א	פ	ה	ר	ם
ת	נ	ל	ד	ה	ו	ל	פ	ר	ו	ש	ס	ת	א	ד	ס	ס
ן	י	י	ל	ב	ח	י	א	ר	נ	ת	ג	פ	נ	ר	ר	מ
ו	ו	ג	ר	י	ו	פ	ס	ט	ש	מ	ל	ז	נ	י	נ	ב
ו	ת	ר	ח	ה	ת	כ	צ	י	ד	י	ת	ד	ח	ו	ט	ו
ת	ו	ו	ח	י	ס	ה	ו	פ	ש	ה	ק	ה	ו	ר	ל	ת
נ	ב	ל	פ	ו	י	ל	ו	ס	ו	י	ע	י	י	ש	ן	ו
ו	ח	ק	ל	א	י	ה	כ	ם	ה	פ	ק	נ	ו	פ	ע	ו
ל	ה	נ	י	ח	מ	ר	ש	כ	ח	ס	ה	ו	ו	ט	י	ש
ב	ח	ו	ם	ו	ם	ו	י	ו	ר	ל	ם	ס	ר	ע	ן	ה

לדפוק
התקדמות
מוכנה
להכפיל
חושבים
לפרוש
שוות
זריקה
חקלאי
האי
הרי
כהה
קצין
דומדמניות
להדגיש
פיל
רגיל
שלך
להניח
סמכות

Puzzle 111

א מ ז ג ו א ל ב נ א ל י נ ם ו מ ת
ל ה ל ם פ ו י ו ל ת ד ק ה ב י ב ח
כ י ש ו ף ו מ ט נ ס ה ל ל ב ק ת ו
ר ו נ ת פ ו ל ר ן ב ת ו ן ח מ כ ש
ו ה ס כ ם נ כ מ י ע מ מ ר י י צ ה
ר ס צ נ מ נ מ ג י ת א ל ש ח ם ל ט
ר ו ג נ ו כ ו ב ל ו ך ר א ו ו ב ב
מ ה ש ו ע ל י ו ר ל פ ת כ ס כ ע ח
ב ל א ו מ ל ל ה מ ל ר ה ב פ י ב ה
א ו נ נ ד ק ר י ל א י י ר ר ס ב י
מ ו ה י ו ר ד ר ד י ר ו ו ר ת ם כ
מ ן ן ו ש י פ ד ג נ ד י ב ו מ י ה
י ש ת ר ש ס א ז פ א ר ר ס ו ג ר י
ה ק ו מ ש ת ע ש ל ו ר ה מ ב י ר ת
ו ר ו ן ד ל א פ ו ר י י ד ו ע ו ל

הסכם
ידוע
מועמד
השועל
מגיע
כישוף
תחושה
פדרלי
החבטה
בירת
גזע
בכפר
הלם
גם
מהר
גבוה
אפונה
קריסת
אומללה
רופא

Puzzle 112

קדמון
חזקים
ניצוץ
יושב
פסולי
בגדי
זכאים
מרובע
קיום
לילך
אור
חשמלי
טורקי
בסיר
קרפדה
פרץ
צפה
השקעה
התבוננות
פעולה

ת ו י ק י ד י י נ ת ל כ ק ר פ ד ה
ו ו נ ר ת ח י ה ד ד ב ד ר פ · ש ה
ת ת ת י א י פ ט נ ת י א ו ה ק ל ח
י פ א ג ן ל צ ו ד ל נ א ת ע א ר ש
ל ך ח ג פ א פ ר י ו ש ב ה ב פ ו מ
א ל ן ע ו ל ה ק ד מ ו ן נ ו ל א ל
ק י ו ם ק ה מ י ס נ ב ס י ר ו ו י
ו ל י י ד ש י ל נ ג מ פ ל מ נ א ד
ה ו ל ק ח ה ד ו י א ת ל ה ץ ר פ ג
י א נ ז כ ו ת ס י ו ג ר כ ה ו ל ב
ה נ י ח כ ט א פ י ם י א כ ז ו ג ו
א נ ר מ ר א ד א כ מ ע ל א מ ם נ י
ו י י י ג מ א ו ג ב ס פ ר ו ף י ו
א א מ ר פ ל ב ר א נ ה א ח ב ו ס מ
ם ר ץ ו צ י נ ח ו י ב ז מ ב פ ו ת

Puzzle 113

ה ל ל ת ס נ פ ק ע ב ו ר מ פ מ ן ד
ד ו כ י פ ד ה ר פ ו כ י ו ע י ג מ
ל ג ר ש ר פ כ י ח א ו ק ה ב נ מ ו
ר ס י ו י ל פ ל ו ן ת א ש ו ד ע א
ג ק ל ו ט ן ו א י ז ו מ ב מ מ נ ש
ב ו פ א י י מ ר א ש י ה ל ן מ י ב
ל ר ו פ א י י ל י ב נ ק י א ך ק ת
ל ו א ב ס ע מ מ י ל מ י א פ ו ר ה
ש ג ג ת ה ח ת ו י א ח ש פ ע י ו מ
כ ב ב ה א ר ר ו ע ו ה נ מ ד ח ט ע
ת ו נ מ ו י מ ה ק ב ד ב כ ן ב מ ת
נ ת ר נ ע י ס ו ב ח י ו ת פ א מ מ
י ח ג ה צ ב ט א ת ד ר כ מ ע ל ו ך
מ ח ו נ ו ה י ק ר ו ט א ש י נ א ג
י ל ב ו ו ה ת ת ו ו ש כ ו י י כ ר

חמניות
משב
נגד
יין
העיר
חיוך
במוזיאון
סבא
פריט
נשיקה
מיומנות
שווא
הרופא
טורקיה
דבקה
להישאר
איילי
מגיע
טורקי
מרובע

Puzzle 114

תנופה
ספריית
הרפתקן
לשרוף
בפריחת
מעגלית
גמישה
פעיל
פינוק
חיים
מחיר
מעקב
כלכליות
לפנות
תוכי
לידת
בלחץ
התרבות
קערת
בירת

ר כ ו ב כ ר ד ק כ ש מ פ י י ו א ת
י ל ת י י ר פ ס ל ת ר מ צ ר י ח מ
ר פ ח ב ת ר ם מ כ ב ו ר ח ה נ י מ
ר י י ה פ ו נ ת ל ל ר י י ש נ י ת
פ מ ר א נ ף ז ו י צ מ ת י נ מ ק א
ל ח פ י כ ו ת נ ו ר ע ר ם ע ל ו א
ו ו ב מ ח ר ת פ ת ב ך ה ג ה ה ס ו
כ ו ו א מ ש ע ל פ ע י ל ע ע י ל י
כ ת ר ע ו ל ל י צ ג י מ א ב ל נ ו
ע ו ק א י ח נ ל ה ת ג ד פ נ י ר ה
א ב א י ם ו כ ן ע ר ש ל י פ ד ט ת
ע ר ת נ ק ב י ו פ ע ב ת ת מ ת ק ר
ח ת ח ן ק ת פ ר ה ק ח י ש נ ו י י
מ ה ה ב ע ג ה ש י מ ג י ס ץ ח ל ב
ה ש ש ח מ פ ו י א ת ו ס י ת ו נ ח

Puzzle 115

י ע ר ל ח ק ש ח ס ק ל ו ו ו י ה ח
ס ד ת ס ר ו ו ג מ ו ב ת מ ד א ל נ
ר ו פ ס א פ י ס ר כ י י ק ט ו ש מ
ק פ פ ר ק ה ה ת ת ו א ע ק ו ד ב ל
י א ר ב ע י ם ו י ח מ י כ ח י י מ
ג ל כ ו ת ב ן ר ן כ ב פ ר ו ו ת ל
מ ת ב ה מ צ מ ב ח י נ ת ה ג ת ד ל
ם ו ת ת ח פ מ ג נ י ב ה פ צ ל ה ב
ז י נ ו י ח ע י ת י י ס נ כ ש נ י
ת ו נ נ מ ו ה ן צ ב נ מ ס י ר ב ש
ק ו ך מ מ כ ו י מ מ ש ת ג ת מ ש ה
ק ל נ ד ב ר ר ו ע ב ל ח א ל מ כ א
ה ה ר ז מ ח ו מ ר כ ת נ ס ס ך ה ב
ן ן ה ה ד א ת ר ת ה ל ח י ה א ר מ
י ש ר ש ה א ב ר ס ל י ח ר ו ה מ פ

פני
ארבעים
אדמת
קופה
צביה
מגניבה
שבר
חומר
כוח
מי
כנסיית
מראה
מבחינת
חוט
בתורו
לבדוק
חיוני
אגס
הזדמנות
להשיג

Puzzle 116

דרישה
רעיון
עכבר
אות
רצפת
בלוקים
בגלל
ורודה
למכור
לנפול
טיול
כפפות
לשחק
לבחור
שחקן
חומוס
קבל
בכיתת
נר
לדחות

ו ג ט כ ח נ ר ב ל ו ק י ם ר צ פ ת
ו מ י פ ד ר י ש ה י ב ב ו ו כ ו י
ו מ ו פ א י ט ח ר ב ל ח ר כ ד ו ב
צ מ ל ו כ ל מ ק פ י ב ח ו מ ו ס ב
ב כ י ת ת ו א ן מ ל ק ח ש ל ר ו י
ן ו ע ו י ר ו י ה ל ו ו א ו ו ר נ
כ ב ו ה י י ו ב מ ג ר מ פ פ ד מ נ
ר ב כ ע ע צ צ כ ר ב ו מ ק נ ה ע ו
ש כ ל ר ס ן ה ר ל מ ו ו ד ל ג ב י
ק ר פ ד א ש ל ם ם מ ו ת ש ה ת ח ה
י נ ת ח ש ו מ ב א ס ת י ת ו ח ד ל
ה ס ס ב נ נ ם ו ר מ ם י ו ו פ ב ת
פ ה מ ר ר ו ב י ש י פ ו א א א ל א
י ר ו כ ת נ י א י ת ת ה ו ן ש מ י
פ ר ו ו י ר ת מ ו פ י ח ו א ל ב א

Puzzle 117

ד מ ה ר ר ע ד ב ת ח נ ה ה ב י ר ל
כ ח ו ל ל א ב ד ע ד ג ס ג כ ו ם ע
ל צ ת ה א ק י ת פ ן ע ט י י ד ו ר
ה ו ל ב ח צ נ ל ש ד י נ ח ר ת ה מ
ל י י פ כ ש ב · ה ה ו ד י ה ע ת א
ש ב כ מ ו ס ר ל ב פ ו ר ן ק ו י ד
נ י א ל י נ ו פ ב מ ב ט ש י ל ר ת
ה כ ה כ י ע ת נ א ש ו י ה ז ו ל ש
ו כ ל א ח ר ת כ ח ד ו ל א ח ו ו א
ז י ר ה ו ל ס י ד ח ר ה ב ה מ פ ט
ל ב מ פ ל ט ח י מ ר ל ו א ל ◌ ו ד
מ ש ע ו ת ד מ ת מ ר ו י ו ע ח פ ת
ר ב ת מ ת ת מ ו ו ל ו י ו ב ת ה א
ו ב א ח א ט ח מ ר א ל מ ה ם ך ה פ
ת ל ר ו ה ש י מ ר ו ס ת נ ת מ ן ו

במבט
מתמדת
לנצח
הסטנדרטי
הפופולרית
רוצה
מישהו
בכירה
למרות
שעות
השפעת
סט
בתחנה
דיוקן
להאכיל
כחול
אביב
לשנה
להחזיק
פוני

Puzzle 118

אבטיח
תחושת
כללית
דוד
להתנועע
הפולקלור
רגל
מנת
בהודעת
שלם
המדינה
מלחמה
מנוע
בחברה
במירוץ
תוף
מאוד
מבחן
די
פיל

י כ ל ה פ ה ת א ה א מ ל ת ה ח נ ה
ל נ ס ת א ל כ ב ר ד ד א נ ם ר פ ח
ל ת נ י ר מ פ ט ח א ל ק ו ב י ת ו
ו ו ח ו ר ר ד י ה פ ו ל ק ל ו ר ל
מ ף ם כ ב י ם ח ז א ח ט ת י ל ל כ
מ ו ד ן נ ח צ ה י י ש ו ק ו ה א ב
י ן ר ר צ ת ס ל ו צ ה ל ם ר ת ת ה
ק ן ח ב מ ח ב ה ה נ י ד מ ה ח פ ו
ה ר ב ח ב ו מ ת י נ ו ל מ ד ד ב ד
י מ ו י י ש י נ ת ד ד ל מ ו ל ה ע
ב ר ש פ ח ת ר ו ג כ ח ע ו נ מ ו ת
ו ג ם ל ש ב ו ע נ מ ל ו ו ב ת נ מ
ר ל כ י מ פ ץ ע ה ר כ ת ו ת נ ב י
ה ו ש ח י ת ת ת ח ב ו י כ ו מ ר ח
ת ת פ ב ד ו א מ א כ מ ו פ נ ר י ה

Puzzle 119

ו ה א ח ף ת י י ד ט ג ב ר י י ס ה
ל י י צ ר ן נ ש ר ר י ר ח ס ת מ א
א צ נ פ ל ש פ ו ך מ י מ מ ו כ מ י
ל ב ט מ ג א פ מ ה ק ה ק א ד ר ו ר
ך י ר ן ק ס ב י ב ת י ת ה י ב י פ
ל ט א א ה ת ע ש ע ש י ן י ו ב ד ה
ו ו ק ר ק ל ב ס ל ט ח ה ו ת ר ע פ
ל מ צ י ו ה ע ג ר כ ן מ י ל ל ו מ
א ד י ל ב ח ב ו מ פ נ י י י ח נ א
מ י ה ל ק ש ב ש ת ל כ ר ע ב ת מ כ
ו ג ב ה ב ת ד י מ מ ס ם ף ו ע ל ס
ן ד ו ב ה נ ו ש פ י א ו ח ו פ פ ק
ל ס ה ו ר מ ו ת ג פ כ ע ו ת י ר י
ב ע נ מ י ה ל מ ע ב ל ר ה ן ב כ ו
י ר ח ו ח ר ע ל מ פ כ ב ל ב נ ו נ

חמאה
אמת
ספורט
לייצר
להימנע
שימושי
למנוע
בברכת
מול
אמון
בלבד
יסודיות
גברי
מוטיבציה
אינטראקציה
הבקבוק
סביבתית
לשפוך
בעל
פדרלי

Puzzle 120

מ ב ש ל ר ן ל ע פ ג מ ל ר צ ר ב א
ב פ ר ס ו פ ה ו ל ו ל ס ה ל י ו ו
א ר פ ח ש ב ר ו י ע ד י י א נ ס ת
ר ה מ י ש מ ע ל ל ל י י ר ח ו א מ
ש פ ה ל ש ת א כ ו כ ב ע א נ ד ק ו
ה ו ח ת א י פ ר ו ו ו ה כ ד ו ו ך
ן כ ו ה פ ר ו פ ס ו ר י י ה ר ו ה
ר ת ן ב ל ר א ם מ ש י פ ר ע ש ד כ
א ג ל י י ה ת י ה ו ם א א ה ו פ ג
כ נ מ נ ס צ ו מ ק ה י ב מ ט ת ר י
ר י נ ה א פ א ו ב י י ק ט כ נ ש ב
י י ו ל כ ז ב ו מ ז ל כ נ א ט ל ח
ז ו י ה ו ל ה נ ע ק ר ק ו ה נ ש ן
מ י נ ד ז ב ן ה ת ו א ר ה ל י י ו
ן ט מ ר ו פ ב ב ב ת מ ס ל ג ס ר ל

להראות
הבינה
תכופה
חלש
טניס
פרופסור
תא
בפורמט
לדיבורים
לסייע
רעש
אפוא
רשות
אובייקט
המקל
משימה
כוכב
קרקע
מאוחר
דווקא

Puzzle 121

ק ר י ס ת י נ נ ו כ ל מ ד ו נ ו ם
ב פ ד י ה ה ש ז ל ח מ מ כ ת ג ה ס
ג ו ש נ ב ו ד ת א כ ב ר ך ו ר י ה
ש י ש ת ד ד ו ב י כ ו נ ס מ מ ל י
ר ה א ג ר א ו ת ב ב ל ג ח ה מ מ ה
ש ד ו ר ת נ א ל נ ו א ש ע ת ו מ ד
ח ה ס פ י ח א ו ל ר ב ם ש מ ע ת ה
ה כ ה ה נ ל י ס מ א ב י ו ר ק י ר
י ה צ ו ר מ ל פ י ב ר ה ו ק ר ו ת
ו י ע ל ו ק ב ק י ר ט ח ס ו ק ם ר
י י ב ך ר ה י א ו ט ל ת ח ב ה ה ו
א ח ל מ ס ה ל ו ג ל צ ש ע ו י ו מ
ו ש ש מ י ש ה מ ש ח ג פ י מ ו י ו
פ א ן ל ב ו ע ע ר ה ס פ ו ת א ו ל
נ ב ו א ק ן פ ס ש ו ב י ע ה ס ה י

בקול
חלל
ברך
גאה
דמות
טריק
ריק
שחייה
גשר
מחשב
נואש
לכוננית
הקרקע
רקוב
וכרוב
תואר
מרוצה
משם
פסולת
קריסת

Puzzle 122

ד י ת ם ת י ו פ ס ו ל ת ט כ ו י ב
ו ש ל כ ב י ש מ י ר ה ה צ ק ף ט א
נ נ ר ו נ י צ א י ו כ נ ע ר ו ר ד
ל ה ו י ר ת א צ ו ת י י פ ח נ ו י
ל ל ז ת ו ל ל מ ו א ר ג י ב ר ן ת
מ י א י מ מ ט ד ש ח ד ק ז מ ד מ י
כ י ב ט ב א כ י ב ר ש ש א מ ח ה ע
ר נ ו נ ב ת ו י ב ק ח ה ן ו י א ה
ד ו ר נ ה ל ע ו ש ה ט א ב ב ו ר ן
ר ו י מ י ו ת ח ע ש י ח ת י ר א
ע ט ה מ נ נ ג ח ם ק מ פ ן נ ב ו ג
ה ס ג ו ו כ ר נ ד ל ו ס י ק מ ה ט
ת מ ל ד מ ו י ו ע ת ת כ ש י י ו י
ו י ש י נ י ה ב ר צ ר ה כ ו א ד מ
י י ל ר ה ו ב א ת ח ע ה ב ח ו ת י

דומיננטית
באזור
קצה
משטח
דם
להכיר
תוצאת
צרה
ישנה
טעם
נוף
לכביש
בטוח
אומללות
בקשה
צינור
הכספי
שמירה
מבחר
השועל

Puzzle 123

ה א י א כ ת ע ן ק א כ נ מ ב כ ד ר
ק ל י ת מ ד ר ת ע ג ל ת ד ל ו ן ה
נ ר נ ף ר ר ט ו ב ה ג י ע ו ד ה ש
ג ד צ פ ר ה ל ל ת צ ל ב י ט ל ת ה
ו ח ח א ב י ן נ א ל א ר ס י מ ה ב
ר י ו נ ה נ נ ה ד נ פ ו ב ו נ ג ל
ו ו ן מ ד ג ב כ ר ו מ ע א ו ל י מ
צ ו ג ם ת ד מ ו ו ם ו ד ר מ ו ח מ
ש ר ן י י נ ע פ ו י ך מ ו א י מ ל
ס ה ח ע נ ל ו ל ש ל ה ע ר ב ד מ ם
ו ל נ ו ו י צ ז ה ג ל ד י ר ה ש ר
ב ו י צ פ ה ט ח ו ו ת ן נ ל צ א ל
ק ת ה י · ל מ מ ס ו י ע ת ו ת ה
ב ל ָ ב י נ ל א ו מ י מ נ ץ י ק ב
ל ו א ז ו ל ל ב ם ָ ב ב ר ר כ נ י

עורב
מסוגלים
לשלול
נצחון
לגנוב
מדבר
עניין
מורכב
בלוטי
עגלת
בקיץ
ולהרוויח
נתיב
הגיע
ביצועים
בינלאומי
הקנגורו
הלך
צלב
צוואר

Puzzle 124

קרח
בבטן
שמנה
דעה
היה
דגל
להיכשל
וכוללים
מלח
השאיפה
איות
פרשנות
יורדים
לתקן
המחק
להוט
מתייחס
פחדן
מתאים
סופית

ס ו פ י ת ס ש א ז פ ק מ ו ו נ ר ד
י ח י ד ו מ ו נ י מ י ב ה כ ו נ ע
מ ה ו ב נ כ ו ג ד ע ח ל מ ו ל א ה
ל ת מ ה ש א י פ ה מ כ ר ע ל פ י י
ח ת ם נ ר א ד א ל צ ח ב ע ל ה ע ל
א צ פ י פ ח ע ר מ א ב ס א י ס ע ש
ח ו נ ת י א מ ו מ י ה ב ה ם ר ט כ
ו ס ו י ל פ ע ח ש ר מ ם י ד ר ו י
ע ש ק ת א ר ו ג ה י ה ב מ ד מ ה ה
ו ו ג ש ה ס ע ק י פ ב י ח י פ ל ל
ב ש א ש מ מ ח ר ן ט ו ה צ ו ל א ב
ה ב א י ו ת ח ח ן ג ר מ מ ס ל ג ד
י ת א ה ה א ר י ו א פ ח ר ן ד ח פ
י נ ם י כ י ו מ ח ל ת ק ן ז י ר י
ה ל ם ר י ם צ א ס ח י י ת מ א ל פ

Puzzle 125

מ ר נ מ י ד ח פ נ י מ י י ם ע פ פ
ך ג פ ם ב י ה ן י ס ל ק ב ל ח ד ו
פ ת ד י ל נ ר ו י ג ה ד ת ש ם ה ת
כ א ו י ל ת י ל א ף ר ל ט ו ה ב נ
ם ו מ ד ם ש י י ל ו ה ר ר מ צ ס נ
פ נ ה ש ו א ל י ם ש מ נ ש ס ם ח נ
ל ה פ ס י פ מ ח ט י ד א ק ד י כ ש
ו ר ע מ ו ח ע ו ו כ י ב נ ם ו ו ן
י ר ת י ת ז מ י פ י נ מ נ ת ו י ק
ת פ צ ר ו ב ב ה ו ו מ ן ו ה ד ה ו
ד י ס ו א ת ל ל פ א ה י א ל כ נ מ
ד ת ע ד ן ח י ו י ב נ נ ת ו ס ש ו
ו י ת צ ע א ר נ ה פ מ ס ה י ב י י
ח ב י פ ק י ש ת נ י ב ג ך י ח פ ד
מ ח ע א ו ט מ ד ו ח ת ע ה ר א א ט

מחט
בננת
גבינת
מושלם
דומה
לקבל
היפופוטם
הוטל
צמר
פנימיים
סערת
מחודדת
ליישם
שואלים
אתה
נהר
דרום
נסיך
מהר
כישוף

Puzzle 126

י מ ב ת כ ס ט ג כ ד ת פ ב ת ן כ ך
ך ו ד ל ב א ש ש י מ ל כ ה נ י ב מ
ש ש ו ל ר ו א א ו ז ם פ נ ר ו ו צ
ג ם ב א י ב נ נ ה ג ר ב י ש א ו ע
ו א כ ד ו נ י כ ת ל נ א פ י ר מ ו
ד ש ב ת פ ל ן ת פ ע ד ל ס ו ת ר י
ו א נ ר ה נ ד י ש כ ד ר י ת י ש ת
מ כ ה א מ מ מ ה ט ל ג י ף ר ד פ י
ש י מ ו ן י ח א ו י מ ק ס ם י פ ו
י ל ג מ ו פ א ר ת ת ו ו י ח א ו צ
מ ת ו א מ ח נ ק ב ד ז ט ו ג ו ף נ
א ת י ה ת ה ן ט ו ע י ל נ ש ק ק ס
ר צ נ י ה ד ג י י ה נ ס י ע ו ת ק
י ו ו ד ח י י ר ר ב ו ת ש י א ה ד
ש ת מ ו ו ת ה ג ו ך ע ל ו ב ע ה ה

אכיל
בכבוד
התקף
ראוי
ספינה
עצמך
רהיטים
גרבי
זעירה
אחיו
כלום
שימון
מבינה
התפשטות
לעכל
עוני
שינוי
ירד
הארקטי
נסיעות

Puzzle 127

ל מ ח ת מ י ו ס מ ו י ה ב ת ו ו פ
מ ו מ ב ו מ ו מ ס ו ד ר ג ס י מ ר
ם י ו ח ס מ כ נ א נ ב ק פ ב ו ץ כ
י ט ד מ א י ל ש ר ו ח נ ב ו ל ו ס
א ל ע ב ב א א ו ר נ מ ל ל י ו ר א
ש ו ל י ד ש ה ח פ ת י מ פ ו נ ל נ
ג נ א ט א י ב ת מ נ ש ק ן נ ו ד ג
א נ ג ת ו ד ָ י נ מ ה ה ו ן א י ד
ו ו א ב פ ד ת ו י י ח כ ם ר ג נ ד
ש י ם י נ פ ד ו ח ו ו י כ מ ו ◌ ז
ה ל ו ת ד ח ה נ ו ה י נ ו ת ז ת ח
י ת צ ר ה ז ר ל ם נ ד ע ר ל ג ת כ
ת י י מ ה ש ג ת י ע ו ע ש ט ס ע מ
מ א ף ש ו ח ו ש ו ל ל א ק א ו ו ל
ל נ א ל ן ו י ס י נ פ מ ד ת ב ב ה

ברבור
לנקר
שיניים
שעועית
חכם
לטאת
נתנו
פנים
חמישה
ניסיון
חושף
סולו
לא
חמוד
מסוימת
לרוץ
לשמר
ומסודר
נשק
במחבת

Puzzle 128

לאכול
כמשי
המיטה
אוכלוסייה
כואב
סנפיר
הגשומה
כדורסל
מסודר
באולם
הסבון
קריר
שלושה
ציטוט
צהרי
אופניים
תאוריה
ייעוץ
שעברו
פטל

נ מ ר ל כ ב ו א ו ה א נ ן ב מ י ן
ו ו ם ז ת י ב ת א ל א כ ו ל ט פ ש
ו ה מ ל צ ת ס ק ר י ר נ ע י י ץ ב
א ו פ נ י י ם ו ה י י ס ו ל כ ו א
פ י פ כ ט י ו ש י מ פ י ו ה ו ע ו
ר מ מ ל ו י ו ל ר מ נ י ש ע ע י כ
ש ש א ו ט ל ב ו ו ד ס ל ו כ ם י ת
י ל ק ת ש ו ר כ א כ מ ת מ ף ה ו ג
י נ י ל י ש י ו ת ע א י ה ט י מ ה
ת י ח ו נ ע ל ס ן ו ב ס ה א ו צ כ
ך פ ת י ם ב ת ה ו ל א ה י צ י ה ד
ר מ ס ו ד ר ק ק ח מ ם ל ו א ב ר ו
פ י ר ב ש ו י ת כ ה מ ו ש ג ה י ר
ן ו ו י י נ ה ד ד ב מ ו ָ ו א ו ס
ו ר ס ה י ה ט ן ב מ ו ה מ ן ג נ ל

Puzzle 129

כ	ש	ה	י	ג	פ	נ	ח	מ	כ	י	ס	ו	י	נ	כ	י
ד	א	א	פ	ר	י	ת	ס	ה	ו	ם	ת	ב	ר	ס	א	מ
ש	ל	ו	נ	נ	י	ע	ו	נ	י	א	ח	ב	צ	ו	ת	ע
מ	ה	י	ך	ה	ד	ו	ן	פ	ה	ר	ס	ו	ה	כ	ה	ל
ך	ו	ר	א	ג	ק	ג	ו	ר	ב	ת	ו	ק	ד	י	ן	ב
ו	ת	י	ר	ו	פ	ר	נ	ד	פ	ו	ל	ר	ד	ח	ו	ב
מ	ן	מ	ב	ם	ג	ד	ר	ן	ל	ם	ט	ה	ב	ת	פ	כ
ה	ת	נ	ת	ן	נ	י	מ	מ	ג	ל	ו	נ	נ	צ	פ	ע
מ	ל	י	ו	ו	י	ל	ל	ס	ו	מ	ב	ל	ג	י	ל	נ
ט	ס	כ	י	מ	ד	ד	נ	י	ע	ד	מ	ר	א	ה	מ	ט
ר	ו	מ	ש	מ	כ	נ	ס	י	י	ת	ו	נ	ו	ל	י	ו
א	א	א	ו	ו	א	ס	ן	ס	ח	ע	ן	ל	י	ת	ד	ו
ת	ו	כ	נ	ר	ע	ש	ב	כ	ד	ו	ה	ז	י	ר	ח	נ
א	ל	א	ד	ש	נ	ד	ו	ק	צ	ו	ת	י	מ	ר	ו	ל
ל	ר	מ	מ	ר	ת	ו	ו	כ	ו	ט	ס	ש	ה	צ	י	פ

וילונות
כיסוי
בוקר
שאלה
לגיל
ומבוטל
ארוך
כבש
מדע
עלה
חריזה
מלפפון
פיצה
הנפרד
מסע
לנווט
מכנסיית
נהג
ירצה
ברחבי

Puzzle 130

צ	ל	ה	ו	א	י	ד	ה	ד	ב	ת	ל	ח	ז	מ	ל	ה
ע	ת	ח	ר	מ	ד	כ	צ	מ	א	ש	ע	מ	נ	ה	כ	ג
ל	פ	ט	ם	מ	ד	ש	ה	פ	מ	כ	ו	פ	ק	ד	ת	ת
ל	ו	ו	מ	◌	ש	ר	ר	ו	ל	ח	ש	צ	ם	ע	ה	נ
ח	ס	ן	ו	ר	ח	א	י	ל	כ	ח	ו	ל	ה	י	ם	ו
ס	כ	ת	ם	ו	ל	ח	י	י	ע	ת	ב	ד	ר	ם	ש	י
מ	מ	ק	ה	ס	ר	ג	ם	ט	י	ג	ת	ו	ו	א	ד	י
ל	י	ש	ב	ד	נ	ו	מ	י	ח	ר	ג	ן	ש	מ	פ	מ
א	ו	ו	ר	ל	ש	ל	ז	ק	ה	ט	ו	מ	ע	נ	מ	ר
ר	ר	ס	ע	ד	ל	מ	ה	ק	ס	ע	ס	ה	מ	ד	ל
ח	י	ת	ל	ש	מ	ו	נ	ב	ת	ת	ר	ט	ז	ש	ת	ל
ר	ו	ו	צ	ו	י	מ	א	י	ט	ה	ב	ר	נ	ו	ש	ו
מ	ס	ר	ם	י	א	ו	ר	ס	ו	נ	ו	י	מ	ו	ר	ו
ר	כ	ק	ר	ב	ב	ת	ח	ם	ף	ם	ו	פ	א	ב	ט	נ
ש	ה	ל	א	י	כ	ר	ת	ב	ד	ן	ר	ח	ו	ג	ד	ח

לדון
הים
לקרות
שכח
רואים
עוגת
בקטגוריה
לתפוס
מזחלת
פוליטיקה
להקצות
העשור
הצהריים
סיבה
סמן
תקשורת
שועל
חלום
אחרון
גרסה

Puzzle 131

מ	ו	פ	ה	ת	פ	נ	ה	ל	ו	נ	ת	ש	כ	כ	פ	ס
י	ש	ה	ק	ד	ד	ל	ו	מ	י	ם	ס	ו	ח	י	ר	ל
ב	מ	ו	ש	ל	ק	ר	ר	פ	ן	ב	ש	ל	נ	ו	ת	ר
ס	ו	ו	ע	ת	ה	נ	ק	מ	ח	ל	מ	ח	ו	נ	ד	ב
ח	ד	ה	נ	ל	מ	מ	ג	ע	ו	נ	ש	ן	ה	ה	ב	י
ה	ת	ת	ן	ן	י	י	צ	ו	ו	ש	ג	מ	ך	ל	ר	ז
ד	ל	י	ל	ל	ח	י	ש	ר	ר	ל	ר	ג	ו	ד	ל	ו
ב	ת	ד	ה	כ	ר	ח	ה	ח	י	ו	נ	ן	י	ן	ר	ן
פ	ן	ה	ר	ו	כ	ו	מ	י	ז	ו	ו	ו	מ	ר	ה	ר
ך	ל	י	ת	ה	ה	ר	ה	מ	ח	ע	ס	י	ה	מ	א	ר
ל	נ	מ	ר	ח	כ	כ	ו	ת	ו	ש	ש	ו	א	ת	ה	י
כ	ח	נ	ע	ו	ן	י	ר	ן	ת	י	א	נ	ר	מ	ל	ת
ו	ו	ק	ל	ה	ק	ש	י	ב	א	ר	ש	ל	י	ט	ר	ו
ל	נ	כ	ו	מ	א	ו	ב	ק	ת	ה	מ	ש	ה	מ	י	ה
מ	י	ו	נ	ר	א	ק	ת	א	כ	ל	ו	ע	י	ס	י	ע

התאוששות
שליט
ציין
להקשיב
חוסם
עלייה
דלת
שולחן
מאובקת
מלוכלך
לחקור
נרגש
גודל
הכרחי
חזיר
עונש
קנגורו
תה
עשירה
ביזון

Puzzle 132

ד	ר	נ	ו	ח	ו	ת	ר	ת	א	א	ו	ו	ל	י	ח	א
ו	מ	י	ל	י	מ	ס	ת	נ	א	ל	ה	ב	ע	ל	י	ם
ח	ה	ג	פ	ב	ה	ח	ב	ש	י	ר	י	נ	ו	נ	ב	ב
ת	ל	ר	ל	ר	ו	א	י	ש	ו	ד	נ	פ	ל	ר	ת	ה
ל	ע	ח	פ	ע	ה	ד	ו	מ	ו	פ	ר	ו	ט	ת	ק	ל
מ	ת	ח	י	ל	י	ם	ם	צ	ש	ד	ת	ח	ת	י	י	י
ר	ו	ח	ש	ף	מ	א	ע	ב	ח	ב	פ	ר	ה	ם	י	ב
מ	ב	מ	נ	ו	ש	נ	פ	ש	י	נ	י	ו	ם	נ	ב	י
ש	ז	ש	ת	מ	פ	ו	ו	ה	מ	ר	ו	ע	ו	כ	מ	ה
ל	כ	נ	ם	מ	א	מ	ו	ב	ו	ו	◌	ש	י	מ	ס	י
ח	ו	פ	צ	ס	ל	ה	י	ת	ם	ר	מ	צ	א	ר	ח	ו
ת	א	ר	א	ל	ת	ע	מ	ק	ס	י	מ	ל	י	ת	ו	ת
ו	מ	ר	י	ף	צ	ר	י	ד	ל	פ	ן	ש	ס	ן	ה	נ
מ	ו	ד	א	ג	ת	ך	ו	ד	ן	א	ח	י	ר	ק	ח	ל
ו	כ	ו	י	ר	א	כ	ב	ל	ל	ן	פ	ה	ק	ד	נ	ו

היו
ביום
נשי
פלפלו
נפשי
הבעלים
מאוכזבות
מודה
אליפטי
לערב
מתחילים
מקסימלית
חסת
ערך
שביעי
משלחת
נוחות
מודאגת
רצף
שוות

Puzzle 133

ן ת א ת ח ב ר ת י ו ק ר ה מ נ נ א
ו י נ ד כ פ מ ת ר ס כ א י כ כ ר ע
ן י ן ק ב ס מ ו ס ד ו ה ח ט י ב ת
פ ב מ צ צ ר ת ת ו ט מ ד ג ה ף ט ר
ם ר ף ו ע ר ן ר ו נ מ ס ס י ה ת א
ו ד י פ ה י ג ב מ ב ף ן ו מ י ג י
· ש מ י א ל ו ו ו מ ו א א נ י מ ז
ה ס ע ם י ס ג ד ר ד מ ח נ ו ב ת ה
ל ן ה ג ה ו נ ה כ ב מ ס ו ה ם י פ
ל מ ע צ ר ע ת ו ה ש א ע ה ן ש ל ג
י ף כ י כ כ ה א ד ר ם ל ת ה פ מ ש
ש ה ב ו נ י י ע מ ק א ש מ ו ק ה ע
ו צ ר ה פ ו ר ר מ ם ע א ב ו ח י ד
ם ו כ י ס ת צ ו ב ק ה נ ש ע ח ש ו
ף ח ו ב נ י ר י ה ו ד ו ט ם ק ו נ

סיכום
חברתי
למעצר
גס
שמפה
איזה
האוטובוס
חטיבת
קבוצת
צופים
נכחד
יוקרה
ברד
תות
העכבר
בכה
כדורגל
כיף
אח
מוסד

Puzzle 134

לנער
לתל
לאסוף
המאה
רגע
מאה
עצוב
לחשוף
ספוג
ובכך
הביטחון
פשע
עיניים
ביותר
שליו
אפרסק
גידור
הברווזון
זוג
מסיבת

ר ח ש ג כ א י ו ו ג י י ש ל י ד ן
ו ב מ ו פ ת ו מ ה י א י ל ב נ ב ו
ת ו נ ר ר ע נ ל ל ד ה ה י ן ג ו ז
י ר ס ש ה ג ק ג ח ו ס פ ו ג ע ג ר
ו ק מ ת מ פ ו ף ש ר ן ז ט מ ס ר ח
ו ד ר ה א ה נ ה ו ק ו ו ל ב כ ו כ
ק ד א ס ל א ס ו ף ו ח ק נ ף מ ב כ
ו י ו ד י ה ל ל ר י ט ה א מ ק ק י
א ד ד ט ו ב ו ב כ ך י פ י י פ ב ת
ס ו כ נ ה י ה ו נ ן ב ב ת י ה מ ל
ל ת ל מ ה ו ן צ י ה ה ן מ ל ז י ח
ג ם א פ ה ת ס ע נ פ ד ו ס ו י מ ן
נ ה ט ש י ר ג ל · מ ד ר י ע מ י מ
ח ו ז ע י נ י י ם ל ו ו ב ה ה ו ב
מ ה ל ד ה ר מ מ ם ר מ נ ת ר ו ר ל

Puzzle 135

י י מ ו ב נ צ ל י ת ש מ ל מ ◌ ל כ

ד ס י א ו ג ה מ ב ה ם ן נ פ ל צ י

מ ו ע ח מ מ ד ר ש מ ב ד מ ו ת ן ה

ו ד ו ד י ו י ל ק י י ם ג ר מ א ת

ש ג ד ו מ כ ח ר ך ב ק נ ת ש פ ו י

א י א ת ת ר י ם ו י ר י ו י ן ם ח

ה ו נ ו ו ר נ ת נ ת ק ו ו ם י י ו

מ ת י א נ א ו מ ג ש ו ה ף ו ר ג א

א ה ו ב י ו ו א ע י ע נ ן ש י ו פ

ו ב י ת ע ן י ח י ר ע ת י י צ ל ן

ב ן ע ש ת פ ס ע י כ נ ו ו מ ו מ ן

י י ב ק ט ח נ ת ד ע פ ת ו ג י י א

ו ת י ט פ ל מ ש ל ו ש י ם ע פ א א

ש ב ד י ת ת מ ק ם ה ר ל ת ז ס פ ט

ב נ ה ן י ו ל ג ח ן ל ו ב ב ב פ פ

שלושים
שבדית
כרישת
באותו
קינמון
יסוד
מפורשים
יחידה
מודגש
לקיים
מוכר
תרנגול
אהוב
נדיבות
קטין
פעם
לציית
במשרד
אגרוף
גלוי

Puzzle 136

ברור
העליון
ילדים
להתיר
בסיס
מזמינה
בנק
להביא
חיה
ללוות
עקומים
בוגר
שנים
רכבת
מרפסת
מארחת
העדין
דקת
תעודה
החבטה

מ ן ו מ א מ מ ו פ מ ל ו ם כ נ ו נ

ת ס פ ר מ ז נ ו י ל ו ו י ב ת ן פ

ח פ ר ו ק מ י ו ל מ ו מ ן ס י כ

ר נ י ש נ י ם נ ה ב ו ג ר י ת ה ל

א נ ל ר ב נ ב ד ב ה ל ה ו ס ט ש ן

מ ו כ ו ו ה א ת י ה י ח ה ב ר ו ו

נ ת י ב ע פ ג ל א ת · א ח ן ש ה ל

פ ע מ ט ד ק ת ר ו ח ט ה ו י ה ל ח

מ נ א ב ל נ ע ה א ה ס כ ו ע ו י ן

נ ן ג ר ד י ו ם י מ ו ק ע ו ה כ ש

ת ק א ו ה ע ד י ן ה ו מ ת ו ח א א

ס י ת ר נ ו ה ו י ד ו ת ר ד ב ג ו

מ ב ו ן ו י ל ע ה פ מ ו כ י ב ו נ

ל י מ ר ה ח ע מ צ ו ת כ ב כ ס נ ו

ג ל ז י ו ד ט ם י ד ל י ת א ש ס ו

Puzzle 137

י ה ט ש ו י א ן נ ה ד ן מ ח ל ע ת
ח א י ח ס ו ס ב ש נ צ י מ ל ר ש ב
י מ פ ף פ ל ל י ר ח ר פ ל ש י נ ל
ק ו ו ש ן פ כ ק י י ה ח ח י מ ל כ
י ו ס ט ח ר ל ק ר ו א י צ א פ י ו
ח ב י ה ת נ ה ג ו ת נ ד ת ק י ה ו
ס י ם ו ח ו א ו ל ב ת ו ר ח ם א ר
ד ן ח ר ז מ פ י ב ו י ח ב נ א ם ל
ל ח ו ה מ ג ס י ר ר ל ד ת ל י ד ב
מ מ ד ו י ק ת ד ו ח י ס ג ו ר ל ח
כ ר ו ס ר כ ב ב כ ת י ד ר א ט ס י
ו נ ת ב ק ר ה ח ת מ ח מ ם ב ל ד ר
נ פ ו ו י ר א ח ז ו ע ם צ ג פ א ו
ת ש ג כ ר ח מ ו ש ו ב ל ב ה ק ל ת
כ ג ט ה ר ו ם ב י נ ו ס ל ד ח מ ו

הבת
חיובי
ומחר
טיפוסי
זועם
התנהגות
סבוכה
הנחיות
בחירות
אפס
מכונת
כתיב
סוס
חושב
יד
מזרח
לפקח
לקרוא
מדויקת
רכישה

Puzzle 138

שחוק
בעיתון
קלטת
ירוק
מורכבת
רווח
בעקבות
חמת
ביקורת
אינדקס
הבצל
רחוקות
כתר
יחד
שלו
מתנהגת
בניגוד
הסקי
מזל
גבול

ס ל ו פ ו ו ת ם מ י מ נ א ש מ נ ש
י ר ח מ י ר ן ו ר מ ו י ק ל ט ת ש
מ ח י ו ו ח ה ש ו י ו א ק ו מ ז ל
ת ו י ו ד ד ן ר ב ה ס ק י ח ד ג צ
נ ק ר ו כ ו ר ו ף א א ן ו ת י ע ב
ה ו ו ב ש י פ ב נ י ג ו ד ת ו ח ה
ג ת ק י ר ד א ד כ ת ר ת ת ם ת ו ש
ת ת ו ב ק ע ב ת פ ת ב כ ר ו מ ח ש
ף ל ל י ל ו ב ג ת ר ו ק י ב ו ו מ
ר ד מ ו ד נ ר ב ו א י נ ד ק ס ל ח
פ י ל ה י ר ר נ ל ו פ ו י צ ה ע מ
ל ו מ מ א א י ָ ח ת ל ו כ ק מ ג
י ה ג ל י ו ה ו א ן ו ב א א ו י ן
י ח א א מ ש ו ר ע א ר ו י ת ו י ר
ף י ל ס ס ל מ ב ר מ י מ ה ת פ י ד

Puzzle 139

מ מ ל כ מ ה ח ל מ ת ש ת ו פ ק ן ח
ו ע א ר ה ת ה ג ס ו צ ש ה ם י ג ד
ש ש ז ר ר ע י ז ת ו פ כ י י ר י ב
ב י ו ח פ ו י ו נ א כ ן מ נ ב ו ס
א ש ר י ן צ ר ו ז ח מ ד ל ו מ ו י
ב ל ל ס ו ר מ ט כ ו ל ד פ ל מ ת ס
ת ל ל ה ב פ ת נ ל ת ת ו ד ב י א י
ה ז ח ל א ה ט ש ז ע ב ע פ י ת ב ת
י ד ה ב ר י ב ן ע ד כ נ ו י נ ג ו
ו מ ן ת ה ב כ י נ ל ג א ד ו מ ה ר
ה ו ת ם ב ג ח ה ב ה ז ב ו נ ט ו י
פ ה ת נ מ ק מ ב י א י ל פ נ ו ה ד
ג ס ש ת י י פ א ם ע ר ב ו ת ג ר נ
ה ר מ נ ד מ ן א כ ר ח ב ט ם ה א פ
ד ג ר ת י ב א פ מ י כ ס ס ת י ה ת

מבריק
מושב
מחזור
דגים
להסיח
מודאג
רצועת
לאזור
בשורה
נדירות
שכן
להעפיל
אכן
בלוני
בסיסית
אפיית
מעשי
ענבים
נמר
לדמיין

Puzzle 140

ע ו ו ו ו מ ל ת י ה ו ה פ ו ר ן ה
ה ב ב י כ ל ב ס צ י נ י ל ה ף ו ע
ף ג ב ג ו י ו ב ל ס ג ק ד ה ל כ ס
כ ב ב ו ר כ ע י ת ח ה פ ו ן ב נ ן
ו ו ר י ו ה א מ י ק ג י ה ד י ג ב
ו ה א ו ב א ו ר ו ר ת נ ו י ד ל י
ם ה ק י ו ל פ ל פ ו ם ו ת ה ר ש ס
ו ת כ ל ה ח ס מ פ ש ה ט ת י י ה ח
ו ו י ר ב ר י י פ י י ר ש מ ו ב ע
ע ם ו ר ת ל י כ ג ג ו ר ו ב ש ס ד
ט ף ד ד ב ע ר ל מ ר ו ד ב ח ב ד ל
ל ט ה ש י י א ב ק ה ו י ב צ ב ר ש
ף מ ר י ב ה א ת ו ו מ מ ה ר ו י ו
ר ם י ל ח נ ת מ ר א פ מ ק ו ס מ ו
ו ם י ג ב ו ו נ ר ו ת ו ת י ר ר א

הצבעה
בחצר
עייפות
ילדי
בסדר
עטלף
מסוק
הרגישו
מתנחלים
מקור
גבוהה
לתרום
כרוב
עוף
שלג
ופלפל
שובב
היקפי
נכון
בשר

Puzzle 141

ע	ק	ה	ז	ר	ת	ך	ו	ש	מ	ל	מ	מ	ר	מ	פ	ב
ר	ד	ו	צ	ק	פ	ז	ט	ע	א	ק	מ	ט	ח	ת	א	מ
פ	י	ר	ט	נ	ל	ת	ד	ך	נ	ר	ח	ס	ו	ק	י	ס
ד	מ	י	י	א	ח	י	ם	י	ע	י	פ	ש	מ	ר	ר	ו
ב	ה	ז	מ	נ	י	ם	פ	ו	ל	א	ר	פ	ב	ף	ף	י
פ	ט	ר	י	ו	ת	ה	ל	י	ר	ת	ע	ה	ח	ת	ן	מ
ט	ב	ע	י	י	פ	ת	נ	ס	ם	כ	ן	ז	ו	א	ג	ד
ף	ב	ם	נ	ן	ג	ח	מ	ר	כ	ר	י	ו	פ	ב	ה	א
א	מ	ר	ו	ת	ב	ר	ת	ד	כ	ע	ה	פ	ש	מ	ן	נ
י	ב	ב	ר	ק	ד	ו	מ	ש	ט	ה	נ	ח	ה	ת	י	ו
א	ע	פ	ן	י	י	ת	ל	ח	י	ד	נ	י	ת	ת	י	ו
ל	ג	ר	ת	ר	ס	א	ר	ח	ת	א	ב	ו	ו	ק	א	א
פ	י	ל	א	נ	ח	י	ב	ר	ק	ר	א	ת	א	ה	ע	ג
ו	ד	ח	ב	נ	נ	מ	א	ע	ו	ב	מ	ד	מ	ס	ה	ק
ד	ס	ל	מ	י	ו	ע	ה	מ	א	י	פ	ד	ג	ל	כ	נ

טבעי
אוזן
ערפד
משפיעים
בחופשה
התחרות
ידנית
טרי
פטריות
מחקרי
מטורף
למשוך
קליפים
פרא
לקריאת
קדימה
זמנים
סל
חפוז
הערכת

Puzzle 142

י	ל	ח	ם	ר	כ	ו	ש	י	ג	ל	מ	ו	ל	ח	ף	ו
ע	ת	ה	ל	ת	ל	ו	מ	ו	ק	ד	ב	ע	ה	מ	א	כ
ש	י	א	ב	ו	נ	ו	ג	ז	פ	א	ו	ל	ו	פ	ג	נ
ש	ש	א	ה	י	ל	ו	ס	פ	ג	ם	ט	א	ב	ד	ל	א
ס	ן	י	נ	ע	ע	ה	כ	ע	י	ס	נ	א	פ	ל	ו	ה
י	ו	ט	ת	ה	ב	נ	ם	ג	ה	י	פ	ע	ג	ר	כ	ר
ו	ש	ר	ח	מ	ר	ו	מ	ר	נ	י	ך	ע	ו	י	ע	א
מ	ס	ק	נ	ה	ל	ה	ד	ס	מ	ו	ך	פ	ש	ב	ד	ש
א	י	ו	מ	מ	ט	מ	ד	ה	י	ר	ו	ו	א	א	כ	ו
פ	ר	מ	ד	ל	ו	א	ר	א	ז	ו	ו	ה	ג	פ	י	ן
ו	ה	ד	ס	א	ב	ש	ב	ל	ה	מ	צ	י	א	ו	ה	כ
מ	מ	ו	נ	ת	ה	מ	ע	מ	ד	ל	ת	פ	ב	כ	נ	ו
ח	ה	ב	י	ג	י	ד	מ	י	מ	י	ר	ת	ח	נ	ה	ת
א	מ	י	ה	ד	מ	ש	ד	א	ם	מ	ה	ה	ן	ס	ר	ל
א	נ	ל	י	ח	י	ר	ת	ר	ש	ל	י	ב	ס	ט	ו	ו

רכוש
דמוקרטי
מוקד
שפך
אביר
להביע
הראשון
לשרת
פגוש
להמציא
מסקנה
כרגע
מנהיג
הכעיס
חם
לבלבל
בעמדת
תוכן
העבודה
פסולי

Puzzle 143

י ר ו ד י ש ל ח ו ו ו ן ה י ו ש ע

מ ן ה ש ו ב מ ד ו א נ ו ק ח י ו א

ד ר א ו ל ש ם ת ה כ ב ז י ג ו ו ר

ם ב ב ח ת ס ן נ ע ל ס ל ת צ ו ו ן

ה ת א ו י א ע ם ה י י י ע ד ו נ ח

פ ב מ ס ר כ י ל ו א כ ח ה ב מ י ל

ה ל ו ל ן ר פ ו א י ת ע ג ס ק ד ב

ה מ ע ר ב ז ר ס ק ן פ ה נ ו ו ל ו

י ל מ ה א ה י צ ר ב ב ר ת ר ש ר ש

ר ל י י ה ו מ א מ פ ו ל ה נ ח מ ב

ר י ר צ ט י ה ל מ ח י צ מ פ ע מ ק

ע ע ת ל ש ל ת ש ה ל ה ח י ל ד ב פ

ר ו מ ו מ ו מ ה ל פ א ו ל מ ל ע נ

א ה ב ג ם ו י ק ח י ט ק י ב ן ע ג

א ח ו ר י ת ס ד ל פ כ י ד י ו ר ו

סולם
להשתלשל
רפואית
לצחוק
העתיקה
שידור
שרשרת
במחנה
עשוי
אולי
חילזון
רגולציה
להיט
הובלה
סיכת
נעל
חמש
כפל
הפחד
קיום

Puzzle 144

ל ה ת ר פ ס מ ה ר ז ס ו ג י י ת פ

ב י ר ב ד ו י ר ט ו א ל י ת ד ג ל

י ק ה כ ד ר ת ל ל ג ע ש ו ו ז ש ש

ט כ ר ה ל ם ק ו ה א ת ח ד פ מ א מ

ה ו כ ל ז א ר ה פ ח מ ר ר ו מ ר מ

י נ ס ר ו ו ל ה ס א מ ר ע ת י א א

נ י פ ת ו ו א פ י ן ש ד ו ן ו י ד

ת מ מ ו י ד ג ב ק י ל ח ב ט ח י ו

נ מ כ צ י ת ו י נ מ ת ק ש י ל ר ו

ח ו א ש ע מ ם ח א א י ו פ כ ה י ש

ט י ד ב כ ו י ל ו מ ת נ ו ב ל ג א

ן ו ו ם א ר ש ח ז ו י מ ס ו ר ת ע

ה מ מ י ב ה ח ו ט ב מ ו ו ת ת י ש

ל ה ה מ י א ה א א מ מ ו מ מ מ ת ו

ז ל צ פ ו ר ס י ר י ה ן ו ד א י ר

לשמוע
ולשחרר
וירטואלית
סוגיית
פגז
מאמין
המספרת
מניות
ממשלת
סופשבוע
ראש
אגוז
קלט
כבד
דברי
להפסיק
בטוחה
ביממה
ממשל
בגדי

Puzzle 145

ט ם ה מ צ מ נ ל ל ת ב א ה ד צ י ב
ע מ א י ר ל ב ת ב ק ה ק ק א ר ז ב
ו ם ו ו נ ל ו נ ב א ז י ק ו מ י ב
ת כ י ח ם ל ה ת ק א ם ה י י נ מ ח
ו ף ב ד י ו נ י א מ נ ל מ מ ע ב י
ש ל ב י ו ר ו ב ש ת ף ל ו א ם ו א
ד א ת ם מ ת פ מ כ ח ו ל ה פ י ץ ז
ח ף א ה ל ע ו כ ש ט ן ק מ ש ד ח א
כ ז ס ל ת א ד ן צ ב ל ד ל ר ב פ ו
ש ל נ ו מ נ ג פ ל א צ ש א ס ו ף ח
מ מ ר ל ק ת כ ר ח ת כ י ב ב ע א ת
נ כ ה ל י ת ש כ ד נ א י ו ל י מ ו
מ ה ל א ה ל ו ו ע י ב י ת כ ם ו ל
א צ ד כ ן ו א נ ב ו י י ת ן י י י
י ו מ ו פ ב ו י ד פ ב כ א ל ת ו ת

דקים
אבטחת
מיוחדים
בדיוני
מילוי
לשכנע
להפיץ
חדשות
חתול
סוף
חמנייה
מאפשר
רשלן
טעות
עובדים
בנו
אז
מכחול
האויב
הלם

Puzzle 146

עתיק
כבשי
מעונן
ולא
מכוסה
להוסיף
הדמוקרטי
הגייה
יבש
משועמם
במקום
טרגי
עין
אפשרות
היותו
צמח
כנרת
תשעה
שער
עסוק

ו ר ר י ת ו א מ ר מ ה ר צ ד ט ח ן
ו י מ ד פ ל פ ק א פ ש ר ו ת ר א פ
ן נ ו ע מ ו ש ל ט ה ש מ ו ר ג ר י
נ ו ו ע י ל ר מ ר ע ש כ ב ש י ו ד
ר ר ר ת מ א ו ד ו ש ס י ה ה מ ל מ
ד י א ש מ נ ת ל ב ת ת מ ב נ ר ה ג
ה א ו ד ו ע ס ר ג ר צ מ ח פ ר ו נ
ט ל ד ח ל ל ר ע ת י ק ה מ כ ו ס ה
ן ה צ ו א ק י ס א ו נ צ ר ד ע י ן
ל ב נ מ ש ו ע מ ם מ ם א י ע מ ף ו
ש ס נ נ י ט פ ח ס ח י א ס ל ו א ו
ת ד ה ג י י ה ל כ ת י ו ו ת ר נ כ
ו ל ן ו ו ב א ח ע נ ק מ א ס ג ה א
מ ר ר ר ש ש ו ה ס ט ו ו י ב ה י ו
ז י ט ר ק ו מ ד ה ו ת ו י ה ל ת ם

Puzzle 147

מ	י	ח	פ	ס	ר	ף	כ	ה	י	ו	פ	י	י	א	ן	י
א	ן	ו	ל	ו	ן	ו	ת	מ	ו	ח	ל	ב	ל	ט	י	ה
◌	מ	ש	צ	ב	כ	י	ת	ש	ן	ו	ה	פ	ח	נ	ת	ה
מ	י	ב	ל	ל	י	ד	נ	א	ו	ן	ח	ד	ה	ר	ח	ד
ע	ו	י	ו	י	ת	א	כ	י	ס	ו	מ	ש	ו	ו	מ	ה
ד	א	ם	נ	ם	ר	ם	כ	ת	ת	ק	ש	ך	ת	ל	ד	ר
י	י	ע	כ	ב	י	ש	מ	ד	ו	ר	ב	ס	י	י	ם	א
פ	ל	ס	א	ו	ו	ח	ו	פ	ת	ד	מ	ט	ו	ע	י	מ
י	י	ו	מ	ת	א	ל	ד	נ	ן	ה	ל	ש	כ	ה	ח	ו
ם	כ	ס	ף	ו	ו	צ	פ	ם	ח	ת	ט	צ	י	א	ק	ד
מ	ל	ע	צ	ב	ן	ן	ו	ם	ב	ת	פ	כ	ס	ת	ו	ל
פ	ן	ה	א	ש	ר	ת	נ	י	ש	ח	ס	כ	ת	ד	ל	ע
י	ח	ס	ה	ו	ת	ה	י	ר	ו	י	מ	ל	י	פ	ו	א
מ	ם	י	ו	ת	א	י	ו	ל	ת	ח	נ	ס	ו	מ	כ	ל
ק	מ	ת	ו	פ	ד	י	א	ו	ב	ת	נ	ר	כ	ד	ה	ד

מיעוט
הדרקון
עכביש
בשמחה
שותף
תושב
סובלים
לעצבן
באסם
סיכוי
המשאית
דור
תפוח
מעדיפים
לטפס
לפחות
לוקחים
אופי
כסף
חושבים

Puzzle 148

ף	ו	ב	ב	א	ב	י	י	ש	נ	ו	ו	ף	ן	א	מ	ן
י	ז	ח	מ	ק	נ	ן	ק	ו	ק	י	י	ו	י	ל	ו	ן
ו	ב	ש	ו	מ	י	ש	י	נ	ג	ב	ג	ק	ת	ר	ל	מ
ב	י	ו	ו	ר	ח	ל	ו	י	י	ו	ה	ת	ל	ן	ד	א
י	ל	ת	כ	י	ב	א	ו	פ	ם	פ	ה	ל	ח	ל	י	מ
ו	ן	ץ	מ	א	מ	נ	י	ל	ה	י	כ	נ	ס	ו	נ	ו
ו	ת	א	צ	ו	ה	ר	א	ת	נ	ה	ת	ט	ם	ו	ד	מ
ס	ח	ל	ס	י	ף	ת	כ	כ	ת	מ	ה	ו	ב	נ	ה	י
ב	א	ו	ב	ד	ו	י	ן	מ	מ	מ	ף	ח	י	י	ה	ס
א	ע	מ	כ	ע	ל	ק	ט	ל	ח	מ	א	נ	נ	ם	פ	ב
א	ת	ת	ק	ו	ד	ר	ל	נ	ם	י	ר	ו	ה	כ	ב	◌
ו	ו	י	י	ר	ה	ו	ו	י	י	ו	מ	ע	מ	פ	ה	ו
י	ש	ת	ח	מ	ר	ת	ג	י	ר	נ	ב	כ	ל	נ	ע	מ
י	ם	ס	ג	מ	ב	ת	ו	ל	ג	ג	ר	ן	א	ד	ס	ל
מ	ו	ו	ח	ה	ז	ן	פ	ו	ש	ו	ט	ו	ה	ו	ה	ר

וסבא
קיווי
נטו
לתקוף
איום
הוצאת
זברה
מאמץ
שגרים
מולד
גבעה
נרתיק
וילון
מתנה
קמח
למה
מטרה
הורים
שימוש
להיכנס

Puzzle 149

ר ו ב ז ע ל י ת מ ג ר ס ו ח ר ו ו
ת ו ח ר נ נ ך ר ו ז ו י ת ם ח י ל
ו ע ד מ נ ע ו ל ל ע ג א ד י ן ב א
ר ן ר ו ו ק ת נ ת צ נ ב ב ד צ ל י
כ ק י ה י פ ב ס ל ב ן ר ד מ ו ו ח
ן ן מ ב ר ל י ו ה מ ע ע צ ב מ ב ח
ש י מ ש א ר י ת ע מ ם ה ל ש ל א ה
ו י ל ב ת ע ן ה ה ה ד פ מ ה ש ג א
ב ס ש י י י א י י ח א ו ק ר ה ת א
י מ ת ד י נ ו ד ע א ו פ ו ר ו ק ד
י ן ו י ד ב א ת ו פ י צ ר ב ט ב נ
ש ר ע י ד צ מ מ י ד ל ש ש י ם ת א
ן ר ק ד ת ב י י ח ו ש א ב ו ה נ ה
ו ן ת ח ה ש מ ש ן נ ו י ת ו פ ק ת
נ ט י א ו א מ ר ט ל ת ו ב ב ת ת ו

בתוך
דיון
ביישן
אבן
בחדר
לשלהם
מערבי
מנעול
במבצע
ברציפות
רשימת
דין
אקטיבית
שארית
ביקור
לנסות
מבצע
צפופה
אדם
גזע

Puzzle 150

שוחי
סביב
כאשר
קולנוע
רגשיות
שפות
כניסה
בחורי
עניבה
לפני
כרטיס
מוזיקה
יותר
עצם
מוצר
הגיעה
מתחת
דליפה
עשן
בפרט

ר ה מ ב פ ר ט ע ו מ מ ו צ ר ם ס פ
ס ק ה ן ג י נ ו מ ת ה ו ר ת א ב ב
ז י ס ש פ י ק ו א ח ק ב ח ו ר י ב
כ ז י ע ב ח ה כ ר ת ו נ פ י נ ב ו
מ ו נ ה י ו ג ו ז נ ל ח ו פ ס ו ם
ת מ כ פ ו ש ב ת ה י נ א ל כ י ל א
ו ה ג י ע ה א מ ו ח ו ב כ י ט ו א
פ ג ר ל ע ך ו ח ת י ע א ז ח ר י ל
ש י ו ד ם א ס ו ח ו ע ת ו ה כ ב ח
א מ ו ה י א מ א מ מ מ נ ר ק א ל
א נ א מ ד ו ב י ש א ו ח ל ה ש ו י
נ ב ה ת ו · י ן ק ח צ מ פ פ ר א ב
ע ה כ ל ם צ ע מ כ ל ד ל ר ן ב א נ
מ ת ב ש פ ע ם ל ו ר י ו כ מ י נ ב
ה ב א ה ח ה כ י נ ז צ י ף מ ע ן י

Puzzle 151

א י ל ע פ ש מ י א ו ו ב י ל י ב ה
נ ת ח ה ת ו ד ת ב ו ר ק ה נ ו ד ת
י נ מ פ ו ק ה ח מ ו מ ל · ע ר ל י
ם כ נ ל ר ל ו ם י ו ח ס ד ג ר ש ל
ר ס י מ ד י ה ן מ א מ ו ת ה ב ו ש
ל מ י ע י ם ד ל י א מ י ו מ ל ר א
ר ד ה מ ו ה ח ר ף ח ת ו ר י ו פ ק
ת ב ב מ נ י פ ב ו ם ו ב ה נ כ ע ק
י ב כ ו נ ל מ י ג א א ת ל כ ל א ה
ח ג כ ח ג ה ב פ ו ט י ל ח ה ל ר ו
ת ח ב י ל ו י ו ס י י ה י ג ר נ א
י ת ו ל ת ח ו ר ח ו מ ג ם י פ ל א
ה ה ס ו א פ ג ט מ ו ל פ ה ן מ ס ח
ב נ נ ר ב ע ב ה ה מ ב י נ ו ד א ס
י ו ב א פ ף א מ ה ו ר ו ו א ת ו פ

לחמנייה
הטרופי
להרות
מאמן
הדרגתית
מומחה
לרתיחת
קרוב
שוקלים
גוף
אלפים
סכנת
להחליט
הנוכחי
מחויבות
אדוני
שלד
אנרגיה
בעבר
נתח

Puzzle 152

ה נ נ ו פ ה נ ק ל ו מ ק ל ו ס א ד
מ י מ ל מ פ ב י ע ס ◌ ר ג ר ע ו ע
ו ע ה ו י ק ו ד ע מ ו פ ה ו ב ש ק
צ ה מ ר מ ח ח י ד ס ק ד י ד צ ם ו
ר י ת ע ו ת ה ב ר ע א ה ב ם ק ה נ
ה נ ש י ר ר נ ם ג א ר ן א י ב י ה
פ י ם ק ר ב ו ח נ א ו כ א ס מ ת ט
ו ש ש ר י ו כ ד ל ו ח ת ר ק נ ו ד
ו פ פ י י ת ח י ו א ה ש ו נ פ י ס
ח מ ו ת ש ד י ג ת י ל ב י ס ב פ מ
ס י ר ד ב י י ב מ ר נ ו י נ ל י ל
ב ש י ק ר י ם ה ו ס צ ר מ א מ צ ר
ב פ ו ק ן ר ע מ י ס י א ש י ג ו ו
מ ת נ ב ה צ ו י ר מ ד מ ד ל ב מ ת
נ ד ה ח ה ע ז ל כ י ת י ו פ ח ר א

ערב
מאמר
דובדבן
קפה
תרבות
אגם
יקרים
המוצר
רעוע
קונה
שיני
הנוכחיים
בקצב
המומיה
ציפיותיהם
ארוחה
כן
טופס
עיקרית
קרפדה

Puzzle 153

א כ ו ח ל ב ו נ נ מ ו ב ת ה ת מ ו

ו ל ו ב ת ה ו ש ר ר ח ה מ ו ג ו ב

ח א מ ה ו י ג פ מ ו י מ פ פ ר י ע

ת ב ג ה ך ו ת מ ש א צ ו ע ר ק פ ו

ו ב ה ע י ה ו ר ו פ א י מ א ה א פ

ר ו מ ס י ו ר ר מ מ ל מ ן ו מ ק ש

ת פ ו י ו ם י ע ן ו ך ר ו צ ן ב כ

כ ז ח ף י נ ש ן ת ר מ מ מ ו מ ו י

ו כ ק פ ע ל י ו ה ל מ ש ש י ו י י

ע ל ל פ ו י ח פ ו ו ד ל ה ב ל ן ד

ס ו א כ נ פ ר ל ו ו י ו י כ כ ו מ

י ב י ב ת ד פ ט ה ו ם ש ג ה ו י ה

ם ה ת י ד ב נ י ל מ ה ל פ ו נ ו ז

ן ג מ ג ו ק ע ך כ פ ט ת ה י ח ן ו

נ פ י מ ל ו ק י מ ם ם ס ם ו מ ן ו

מגיב
אפור
צורך
כועסים
פרחי
כלא
פעילות
מינים
לתוך
סמור
גשם
עלי
אשמתו
כלוב
שירות
עונת
טלפון
ולשמר
בניין
חקלאי

Puzzle 154

ג נ א ך ו ס ו ה ה ל ה י ע ע ג ג מ

מ ר ל י ט י ה א א ל ח נ ס מ ז י נ

ע ת ס ו ט מ צ ו ף ר מ ג ל ג ו ח פ

ר ג ס ד ר ד ס מ ן ע כ ן ר צ ל ל ה

ו ע נ מ ע ו ו ה ו ל ף ד ה פ ת פ פ

ע נ י ס ב ע ו ל ב ו ת מ כ כ ה ח מ

ח נ ף ז ה י ם ף ק ח ר מ כ ת ו ם א

ו ו ו ג ל ב ו מ י צ ו צ א ל ו ז ם

מ ל ו מ ה ה ק ו ר ל י ר ב ן מ ב ש

ע ו ש ר ה ל י ל ה ח מ ת ו ח ג ע ע

צ ח ל ש ס ר נ ע ל ת ח מ ד ו י ו ה

ר ו ו א י ת י ב א ש מ ש ר ב פ ת מ

ו א כ ה ן ו צ ל ה ם מ ם ד ה ף י ל

ל י ב ו ה ל ר א ג פ מ ו נ ר ט ו ח

מ ב נ ו נ י ח ו פ ת ל ו ד מ ד מ ב

כאב
מעולם
צלחת
חדש
סניף
בוחן
מעצר
ריקבון
האומה
מתוח
תפוחי
רציני
מטוס
להוביל
צוף
משאב
זהים
נחל
הלילה
חשמלי

Puzzle 155

ע ר צ ת ת ו ת ח ו ש י א מ ו ה ו נ
י ג א ד ת ח ל נ ב ב ש ס ב ר ע נ מ
צ ר ח ת ה ל ע ר ב ת א ה ח ו ג ב ב
ו ג ל מ נ ק ו י ג פ ר ס מ פ מ ב ו
ב י א ס י כ פ ו ד ד ה ל צ ף י ז ש
פ ר ה ר ת י נ ו ן כ פ ס י צ ו ו ה
ל ע כ · ר ל פ א · י י ב מ ז כ י ר
מ ח ו ב א ר ה ב ב ח מ ת ע ו ה י א
י ו י ב ד ו ש ה ר צ ע א ת צ · ת י
ר ל ס ז ק צ מ ר ט ה ס א י נ פ ח ו
י ב מ ל נ ר נ ע ו מ ב ר י נ מ מ ן
ה נ ר מ פ ו ר ס ם ב ה ח י ו ו ל א
י ה ה מ ה ג ו כ ק ט ה ר ר ש י ע ו
ה ש ו ד א א ר ש ת מ ש ה נ נ ו כ ר
ד ל י ן ו י כ ת ד ן ג א ש ד ד מ מ

חמורה
יפה
הראיון
סבתא
מפורסם
פועלת
גרגיר
ערבת
פרס
מזכיר
שזיף
אשת
עיצוב
קו
הראש
מצטער
נפח
כיסא
באוויר
יצווה

Puzzle 156

פ ל מ ש ג מ ת א ה ש מ כ מ ב ע ן ו
ה מ ה י ב פ א ב מ ב פ מ ו א ו ג ו
כ צ ל ו ח כ ה א ש ר ר י א ו ש ם צ
ע י ו ח ג ו ת ב כ נ ץ ת י ט פ ש מ
ר ו ד א ף ה י פ מ ע י ו י ו י ל ה
ת ח ג ב ש ל ט א ד ח א ב ק ת ח ל ה
י מ ה נ ש ר מ כ י נ י ט ע י ב צ מ
י ו כ י פ מ ו צ ל ח נ ל ק מ ל א ך
ח ב ו ך ב ן ט מ א ו מ ד ן י ל ג ר
ס ר ל ה ה ל ו ב ע י ר ה ש פ ע ה ד
ב ו מ י נ ר א ג מ פ ח ת ר ו נ א ת
ש ל מ נ ר ה ח ו ק ב י ל ו ו ע מ ל
ו פ ר י י י ו י ב י כ ו י נ ו י א
ה כ ו ב ו א ג ע ח ה י ת ן כ ד ן ו
ו ה מ ע נ ת ו כ א ת ו צ ל ד ל מ ר

אוטומטית
הגדול
מוצלח
דרך
מלאך
באחו
משפטית
מפרץ
ענן
מלוכה
קטנוע
עדכון
מצביע
הכחול
השפעה
אומדן
אף
רגלי
אבקת
האמין

Puzzle 157

ו ל ו ך ל ו ה ת פ ר ו ט ו ל נ ב ה

ח מ כ ת ת ד י א י א ת ק ה ש צ ק ה

ב א ה ר א ד פ ס ב ת ס מ ר ש ר ב י

א מ ד ל ו ג נ ב פ צ ח ק ן ה י ו פ

ג ס ו פ ע ש ד ע מ י ב י ו ע י ק ו

ם פ ה כ ו פ ה ה ש מ ת ם ש ו י י פ

ו ר י ה ע י פ י ת מ פ פ י צ ו ע ו

ו נ פ ת ה ן ה פ ר ג י ר ו מ ת ע ט

ר ש א י י ל פ מ ט ת א א ה ת ד א מ

ו ת כ ב א י ק נ ק ן ר ו ת י נ ל י

מ פ מ ה צ ח ו ז ר ד ק י ן נ ג ת ם

י צ ד ע ו ו י ת ו ו נ ר ק ן ש ע י

מ מ ו נ ר ע י ש ב כ ח ב י ב ת נ נ

ו ג מ ח ב ח י ד י ת ח ח ת ל ו ב ו

א א ה ה ו ל כ י ם ג ו ב ש ד ת ו ך

הולכים

בקבוקי

ההיפופוטמים

עצי

הביתה

חוזר

ההפוכה

מדומה

הולך

שיער

נקי

העוצמת

כבאי

קרובים

נשר

להמחיש

מספר

ידית

שן

גם

Puzzle 158

כ ז ל ר י ק א ו ת כ א ש ה מ מ ג ו

ר א ה ו מ ר מ ל ל י נ ל ם י ב ת ת

ד ו ק ת ע י ו ו ל א י מ א מ ו ו ס

ל ע ט א ש ט ר ו ה י ו ג ר נ ת ל ו

ה צ י י ש י ה ט ף ג ל ת פ ת ו נ א

פ מ ן ד ו פ י ק ה ג א ל ב ד ע ל ר

ר י י כ ח פ ג ר ל ה א מ ק ל ה ר י

י י י כ ו י ב ס צ א ח נ מ ע ע ל י

ע ם פ ג ר מ י מ י ב י י ן ל י ו י

ה ש מ י ד ה ל י ר י ם ו נ ה ס ת מ

ד ת ק ר ד א ה י צ י ב ד פ ל נ ן א

מ ה ז פ י ב ו ע ב ב פ י ו ן א ר ן

ו ת י ו ב ב מ ת ר ף ה ו א ו ר ו ד

ל ו פ ב ל ן ע ע ל א ל ה ח פ ו ח ו

ר ס מ ס ד ה ל ל ב נ ו י מ מ ת ה ר

קריטי

קלה

נסיעה

ראה

רוח

מסרק

עצמיים

חושש

אש

להפריע

להקטין

בעובי

קמפיין

אמורה

ביצי

לערבב

נעלמים

בילה

יש

קיפוד

Puzzle 159

ב מ ה נ ן ו י ח ן מ ד ף ו ל ד ת ב

כ כ י ק צ ה ו ב י ם ע ה כ ף ה ב ב

ו ל ל ו ב ק ג ט ד כ ת ת כ ב י ש ש

ו פ ה ת י י ה ל ל ח ו ף ע ר ח א מ

פ ת א ו ם ר ד ב ו ב א ר ו ן מ ב י

א ל ר מ ו ב ה פ ל י מ ר ש ו ס ו ם

כ ו ץ ב ג מ פ י ה ח צ נ י י ר ב ו

ש ז נ ל כ ל ר ס כ ו ע י ט ר ד ו נ

י ה ו ח ת ח ע י י ם ש ס א ב מ ו פ

ד מ ו נ ו ר ה ן ז ס ו ה ת פ ה ו ה

ר ן ר ת י א ב נ נ ל י מ ל ל ל ת ג

פ ח ה מ נ י י י ב ק ב ן ו פ ל ט ב

ת ר צ מ צ א מ ח ם ל מ ע י ד ש ר ג

ת ע כ ה ש מ י כ נ מ ו ה ר ע ד י מ

ל ו פ ל ח ג ו ן מ מ כ נ ב ח ו ל ל

כביש
חום
ארץ
לחוף
הסינר
בטלפון
ארון
מבריקה
מיטה
לדין
לכתוב
עצמאות
צהובים
פתאום
מדף
עף
שמים
מידע
בבירור
הפרעה

Puzzle 160

ת צ י ד ב א ו נ ר י ל ל ס ק מ ל

ח ש ב ו ן ל ו ה י נ ו ש י ד ח ח ב

נ ק ו מ ק ו ם ק ל ק פ ו ץ ח ס ק ו

ת מ י ד י ת ה י ה י ת ל י ו ח י ו

פ נ ח מ ע כ צ ג ש ז ג ח ם א ע ל ו

ד ל ה נ ן ס י ל ח ר ד ן ל ו פ ד ק

ת ל מ י ד ו ו ר י ס ד י ר ה מ ת פ

ח א ו ו ו ו ו ר ב מ מ ס ו ח י פ ו

מ ן ו ת ה י ה ה ו א ה ל ל פ ו ד ז

ו י פ נ ל כ ל כ ע כ א ד ש א ש י ל ס

ק ו ת מ י נ ף ם ו פ ח ז ה מ כ צ ו

ק ג י ש ה מ ה ג ל ל א ח א ה ר א ש

י ב ש ו ק י ל ת ל ן ן מ ה ת ב ר ש

פ ע ב ו ב ח ת י ס א ט ו ן ש ד ח ל

ט ו י ע ד ן ת י ק ר ש מ ע ל ח ן ה

מתוק
לחסום
שלווה
קומקום
תלמיד
לקפוץ
גישה
וניהול
הוא
כולל
בקהילה
החיובי
סדירה
ילדת
בשוק
עור
לשולחן
חשבון
המשפחה
דומדמניות

Puzzle 161

כ ש א ר ר ו ל ר ת ל פ ב ר ש ה ו א
א פ פ ם ע ד ע כ ו ה ר מ ד ד י א י
ע ת ה ל י ן ל צ ן ה ח ש ב ר ח ט כ
מ ה א מ ד כ ד נ ת א צ ט ו ג ל ו ר
ר י ם ב ל ק ב ז ר י ק כ ל ד ס מ ד
ן ו ה י ו י ה ו ע ס ח י י ר א י ת
מ מ ג ו מ ת י ל ט נ ו ד ש ה ו מ ם
ר מ ת י ל ג א ן ו ו ה ה ב ל ו ש מ
ש ר פ מ ס ס ל ל ל ת צ ח ל מ ן ת ו
י צ ר ש ע מ ש ר ס א י ת ע צ ו מ מ
ב מ י י נ כ א א ב ר ב ר ה א פ ק ה
ג ל א ר י ד ב ח ת ח א ת ב ח ט א י
ד מ ח י ס ל פ ה מ ש ו ק ו ל ד מ ר
ו ט ם ח ב ו ה ק ס פ ה א ש ב ק נ א
י פ ק נ י ל י צ א ה נ י ת ם ב ג ס

דרג
על
הפסקה
בחירת
תשובה
חשב
האם
בשילוב
בטקסט
אריה
הבדל
שוקולד
פרח
כלכלי
ממוצעת
אטומי
אצילי
הקפאה
עשר
איכר

Puzzle 162

כ מ מ פ ד ת ת נ י נ נ ו ם י ב ר ל
ז י א ל ו מ ח ו ץ ט ה ו ל מ מ ט ת
ל ב ל ה י י י מ מ ה מ ע ע ן ן פ ה
ך ש ה ת ש ד ו א מ מ נ ר כ ו ש ל ר
ו י ש ש ס י י ג ב ף ל ו ג ם ו נ ם
מ י ו ב מ ת ס ט י פ ב פ א א ר מ מ
י ק ה ת ר ג ר י צ ת ר ג י ל ך ת ח
ר ד ה ו ש פ ו א ק ה ף ז י כ ר ת מ
ב י ס ו ו ו ר ו כ ח ת ח ן י כ ו ש
ס נ כ ה ף ת נ ו ת ח ת י ו א ף פ ש
ק ר ם ע נ ב ט ב ר ה ש י ק ן י מ ל
א י ג כ פ נ ש א ל י ה ר ש ה ל ל נ
ד ב ע צ ת ל ר ב ל ג ל ג ן מ י כ ו
מ ם מ ל ד ת ח י ת ו ב ו ש ם ו צ ו
ג ו כ ב ת ו ן ב ל ו י ב ל ו מ ח י

למפות
חתך
כף
יבשי
באביב
להשתתף
תמיד
ההסכם
רבים
פרט
מחוץ
לפטר
תרגיל
להתחיל
שלנו
תרכיז
ריצת
נעלי
גלגל
חתונת

Puzzle 163

פ מ ל מ מ מ ה ן נ ק ח מ ג ע ח ו ת

י ע י ה ק ע ל ו י ר ר ג ו א ש ב נ

ו ל ר ג ר נ ט י ג ק ו ש ו מ י מ י

ת מ ל ו ר י ר ס ו ח מ ס צ א ב ה י

ו ל ת ת ם ת מ י ש מ ח ח ע ו ת י מ

מ א נ ס ב ק ו ב נ ל פ ס י ל ת ו מ

כ ש ן ו ר כ י ז א ה ו ב ש ל ר מ ·

ק ת מ ק מ א ק ו ו ה ל ג ל מ י ן מ

ר ו ו ו ו י ת ו ע ד א ג ת י נ ד ה

ף כ ד מ ט ת מ ל ת ו ה פ ר ר מ ל א

ע ף ש ו ח צ ח ו י ק ד ו ד ו ך פ ע

ח נ ר ה י י צ ה א נ ט ו ה פ מ ת ו

מ ו ד ט מ מ ז מ ב ל ח ד ו פ ר מ ו

א ו ם נ ו ן מ ב ג ע נ י ב ב ת ו פ

ש ד י ע ע נ ש י ב נ ת ג ע ל ו י ת

מקרר
מגע
נוטים
מחק
חוסר
חשיבת
משימת
טחנת
דיג
דאגת
אשתו
קיטור
זיכרון
תרד
מילת
לנקודה
חמור
ספל
כמות
אוגר

Puzzle 164

י צ ש ז ע ה ל ח נ פ נ י ט ו ן ג ת

ל ו ר פ ה ה נ ע ל כ ו ל ע ב ס ע ס

י א ל פ א מ י נ מ מ ס ג ס ל י א א

ר ו ך י ה ש ת ר מ ק ל י מ ו נ ד ת

מ ר ה ה י מ ו י ו מ ר ל ת ו ו ע ד

ל י ו מ ת ש ח פ ד ח ו מ ר נ ל ו נ

ת נ נ ת ו ד ל י ר ו ב ש מ מ ע ר ת

ה ר ן ק ו ר ת ה ב נ ת ו כ מ ס ל ו

ד ד נ ן ש נ ב ע ע ס י ם י נ ו ש נ

ו ר ו ם ה מ י י ש א ת ד מ ע ח ן כ

ה ן פ ד ל מ ג ב ל ט א א פ ך פ ל ו

ב ה ב י ח ו מ ו ע מ נ ר י ם ב ל ס

א פ פ ו כ ר א ה ד ל ע ו ר י מ ח מ

ן ש ל ת ט ר מ ע ה צ ג י א ו מ ש ח

ו ש פ כ י ם כ ה ו ר ס ל פ כ ש מ מ

שונים
ההפך
פעולת
התרוקן
לימונדת
מסוכנות
גיל
להשוות
ילדות
שש
חיבה
משכפל
ניתוח
מערת
טלסקופ
שבור
לשעבר
המשמש
לכול
סמכות

Puzzle 165

ב נ ו מ י ל ז ר ב ו א ו ה ל מ י ר

ח ו ש ש מ י ד ע ע א מ כ מ ד ה ו ע

ן י י ס ל ב ל ד צ מ י ל ל מ ו צ ה

ך ר מ ת י ש ש ן ג ו ת ב ע ח ע ן ל

ל ר א ו ם נ כ י מ כ ח ו ב י ר פ א

נ ש י י ב ה ו ב ב י ש י ת ר ו ה י

א ק פ ל ט ה ח ג ו ל ה ה ו ר ב ו ה

ת ו י ס ר ל ן ו ז מ ו מ ו מ ט ה כ

ת פ י ו ו א ו ק י י נ ו ס ו ב ש נ

י ד י ר י ד ת ק י ס פ ש ע ח ר ג ס

כ ל י ת ק ס א ל ח ו ן ב ס ו א פ ט

ד ל ג ו ת ו נ ח י ד ו ע ן ע ת ה ש

ל מ ל ז מ ל ו פ ש ס מ י כ פ ע ע ו

ה א פ מ מ ו ל ת ך ו י ם ו י ר ע ת

ד ז ס מ ה ת פ ש ז ה ר ו ט ר פ מ ט

ירידת
לשכוח
מסמר
ממתקי
מזון
שנה
טמפרטורה
ברזל
פסיקת
כשרון
קשר
חלק
אוקיינוס
החג
לכל
ספת
מאז
המושבעים
לדפוק
ידוע

Puzzle 166

תחת
זאב
מספיק
שוב
עצלן
רגיעה
הסכום
חיטה
אננס
יתוש
חזון
ציבורי
סכין
דאגה
גמל
שליחת
כותב
לצרף
לאחר
בקרוב

א ק ו ו ח נ ה ר ס ה נ פ א ג מ ל ן

נ ח מ מ ן ה ל כ נ ס ל מ מ ב ס ת ם

ל צ י ב ו ר י כ ס ב ל א ו א פ א

נ ב ו ו ע ן ק נ ג ו ה ט י ח י ב ה

ו ת ב ש מ ו ו ת ה ם ע כ ו ן ק ל מ

ו ב מ ח ם ז ל ו ד ו י ה מ צ ם ת ר

נ מ ר ד ר ח ז ב ב ע ג ס נ צ ת ח ע

ש י ח ו ג ב ח כ ר א ר מ ח י ע ת ב

צ ו ס ו י י ב ש ד י ח ר ב ו ב מ ד

ס נ נ א ן ל צ ע י ב א ת א ת ל ם ו

י פ ת ל ש ל י ח ת ו ל א ל י ד ת ג

ב ם ב ש ו ה ם ו ו ר ה ח מ ד פ ד מ

ל ר א ס מ ף כ ג ש ק ך ו ו ק ף ו פ

ו ל ד ר ו פ ו ז א ב ר ע א ו ה א ר

א ר ת ר ף ר צ ל ד י ש ת ת ה ד מ מ

Puzzle 167

י	ל	י	י	ך	ב	א	ע	א	מ	נ	ו	ו	ו	ת	ו	ן
ג	ה	י	י	ר	פ	ס	ל	ר	פ	ה	ם	י	מ	ח	ה	ד
ה	ל	ד	ו	ב	ו	ו	ת	ע	נ	י	ל	ל	ש	ר	ו	ד
ת	ו	ו	ב	ל	ם	ש	א	ת	ה	ו	מ	ב	ת	א	ר	ו
י	ו	צ	ה	ו	ב	י	ו	א	ר	ת	ד	ש	ט	ח	ת	י
י	ת	ה	ב	פ	ס	ד	ם	פ	ו	ב	ן	ר	ם	ד	ו	א
כ	ו	ס	י	ו	פ	ל	ה	ה	ל	מ	ל	ד	ד	ר	ם	ע
ה	י	ע	ת	י	ו	ה	א	א	מ	ר	ק	ו	מ	ח	ד	ש
ד	א	◌	ה	י	ו	ו	מ	ת	ד	א	ו	א	ת	נ	ח	מ
ב	ר	ו	מ	י	ו	ד	ר	ו	ר	ה	ט	י	ש	ה	מ	פ
מ	ק	ח	ש	מ	ל	א	ב	צ	נ	א	ה	מ	מ	מ	ה	נ
ב	ל	ת	ר	י	ק	ו	ד	ח	ר	י	ד	ל	ר	ב	י	ת
ן	י	כ	ה	ל	ב	ו	ש	נ	י	ר	ת	ב	פ	ג	ר	ם
פ	ו	י	י	כ	ר	ג	ת	ל	פ	ק	ל	ד	ה	ק	ס	ל
ל	ך	ת	פ	ו	י	ר	ש	ז	ו	ל	ו	ד	ם	מ	ם	א

ריקוד
אשמים
התיבה
מונית
לבוש
חמה
להכין
משחק
צהוב
במראה
לברך
בקתה
ראיות
לשרוד
לבד
זול
ספרייה
שיטה
להלוות
קריאה

Puzzle 168

שחר
ושלום
נמלת
להסתיר
משנה
המרחק
תלוש
אוטובוס
להציג
הנכונה
רבה
כניסת
להרחיב
פחות
שלום
תעשיית
אצבע
דרמטי
רגיל
פעולה

ה	נ	כ	ו	נ	ה	ו	א	ו	ט	ו	ב	ו	ס	ו	כ	ו
ד	ר	י	א	ם	ו	נ	ח	א	ו	י	י	ב	ה	ו	ק	ס
ל	ו	נ	מ	ן	ו	ו	פ	ו	ל	א	ח	מ	ך	ר	ן	א
א	ו	ר	פ	ן	ן	צ	ש	ק	מ	ו	ר	ת	א	ד	ר	ו
נ	מ	ל	ת	ו	ח	פ	ל	ע	ר	ע	ה	ד	ר	א	ה	י
ל	ה	ר	ם	ר	ד	כ	ה	ר	ר	ב	ל	ו	ה	ס	ל	י
א	ה	ת	ת	מ	ש	ו	ק	ה	ן	צ	ה	ה	ט	א	נ	ן
ן	מ	צ	ס	ט	א	ס	ח	י	ע	א	פ	ח	ע	ו	ל	י
ל	ל	ז	י	ש	ו	ח	ר	ג	י	ל	נ	ה	ש	ת	מ	א
צ	ה	ר	נ	ג	ד	ר	מ	ט	י	ו	נ	ד	נ	ח	ו	ו
כ	ל	ס	כ	ן	נ	ו	ה	ד	י	ד	ע	ה	נ	ד	ר	ש
ש	ו	ל	ת	י	י	ש	ע	ת	פ	ס	י	מ	ש	נ	ה	ל
ו	ע	י	ח	י	ח	ל	נ	מ	כ	ר	ב	י	י	ח	ש	ו
ה	פ	ת	מ	ו	ר	ו	ו	ן	ן	ש	י	נ	ס	פ	ו	ם
י	י	ע	ו	ל	א	ם	ש	ח	ר	ה	ו	ט	ו	ג	ג	נ

Puzzle 169

ן ר ו ו י נ נ ד ב ת ק ם ז א ו ם כ
ר ל י ק ל פ ר ה מ ש ן ו צ ר מ י ו
ו ע ו מ ם ט ת ב ו י ו ש ו א ו ר ז
ש נ ו ו י ח מ ב ו ג ק נ י ר ר ו י
ת פ ס י ז ז ת ס ט פ ר ל מ י ב ר ח
ח ע ס ן מ ל א ע ל מ נ י נ ב ן ב צ
ה ל ע מ ד ה ל י ו א ף ה נ ה ו ע ע
א י ב צ פ ו ן ף ו מ ר פ נ ה ח ר נ
ב ז ר ה ז ד ן ז ל ת פ ח מ ו ן ר י
ו ו מ ב ח ו נ ו י מ נ ה ב פ ב ש ם
ת מ ו מ ז ת ע ר פ י ח א ר י נ ל ה
ג ב ש ל ק ר ו מ ח ץ ג ן ק מ צ ס ו
ת א ה ע ש ת מ ל ו ה י א ג נ כ ד נ
ל ג ה נ ן י ע ת צ ץ ע ל א ו ן י ת
ו ח כ ס מ מ ל ל י ו ע י ו א ת ש ס

עמדה
סעיף
חזק
קרנף
מיץ
תג
מעל
טייס
מרצון
עליז
עץ
קשוב
ברורים
תשע
לנשום
להודות
בצפון
זה
כיור
פגישת

Puzzle 170

פ נ ל ל ד ר ת א מ ל ב ר ו ה ע ג י
ה ל ה ק ג י נ כ מ פ ף כ ה ר א ג נ
ה ק ת ר א ע ו מ כ ד ל ל ק ק מ ד ב
ן ח ר צ מ ר מ ש ל ב י ם ת ת ו ל ל
ט י ח ף מ צ ט י י ן ת כ ר ק ו מ ר
ר ם ש ו נ מ פ ר ע ת ל ל י ש פ ו ח
ק ר ר ב ס ב ת פ מ פ ף ס ף ת כ י י
ת ק ו ו ה מ · ס י ב א פ נ מ ע מ ע
ו ר ע ל נ ב ד מ ע ט ו ק ד ו ת צ א
ר ש ס ו ו ו ד ד א ת פ ר מ י מ מ ו
ן ל י ל ר ת נ י ו ת ת ה א ו ז ן ח
ת כ פ ש ח ו ו ו מ נ ר ש א א נ ב ו
א מ א ה א ל י ב ה ק ו א ה ת י י ה
נ ו ס ה ל מ ל ף נ ז ן ה ח ה ו ד ג
ב ה פ א ד פ ה ט ד נ ל כ נ מ ב ל א

כתף
חופשי
תקווה
פתרון
לספק
יסעור
האוזן
מצטיין
להתרחש
מנסה
משלבים
לקרצף
נלקחים
הייתה
עצמו
כמו
מספרי
לאחרונה
כלפי
להכפיל

Puzzle 171

ת ר ע י א ל א ל י ח ה ל י כ נ ג ה
ר ו ש ז ב א י ם ר כ ו ש נ ן ן כ ר
ו מ י ב ח מ ד ש ו ו ב ק ר ן ע ד מ
פ ו נ כ ל ב ע ס ת נ ח ג ד ה ו ס ר
ת ט ה מ נ ו מ ה ג י ל י ו ן ר מ ש
ה ד מ פ ן ל ח מ פ ד ל ו מ ד ו י ו
ן ם ס כ ש ג ל ה ע ק ש ה פ ש י י ת
ל א ב ר ג ה ה ע ר ו ד נ ת ו מ ח ת
צ ה ג א א ע י א ב ק ה י נ מ נ ת ל
פ י ו ה ו מ מ ו ו פ ו ל ל פ ר כ ל
ה נ ו כ א ה ב ר ו ו ו ש י ו ו ו ת
ג ל א ד י ס י ו ו א ו ר ל י ו ל ש
י ו נ ק ש א ו נ כ ו ה ר כ י ת ן מ
ג ו ת ל י ן ו צ ת ר ד ס ה צ ן ח ת
ו ן ן ע ת נ י ם פ ש מ כ ם ו ר ז ל

שינה
רכי
אישית
מפת
כוס
כלב
ידע
לוויה
להחיל
לזרום
שווה
תרופת
גיליון
מבול
מדען
בקר
מודרני
מחל
השקעה
זכאים

Puzzle 172

י ר ו כ ו ת ר ת ג פ ו פ י ב פ ד ח
ל ר פ ל ה ק ד י ש ת מ ד ב ל ל ו ת
ו ם ל ד ר י ל ז ד ו א ע ח ע ד ו ת
ו ר א ג נ ו ו כ י י ע ח ר ש מ ח ט
ה ר ת ר ת ם א ר ה ו ו ו י ס מ נ ד
י כ ד ת ד י ד מ ב ח ו ר פ ש ת ל ל
ף מ ב ב מ י ב מ ו ע ה ל ו ל י נ ר
ו כ צ ו ת ל ג ת ט מ ר ת י ו ת א ם
נ ה י ד ב ש פ ל ר פ ג ו ד ש ח ו מ
צ פ ב ת י ת ר ו ס מ ת ס א נ מ ן א
י א י ק ר נ ב ג י ה י ה י ם ע ו ו
נ ט ס ע ו ת נ ס ס כ א י ב ת י ◌ מ
ת א ר מ ב מ ל ר ת ר ר א ה ו ר מ ה
א י ג ב י ה ב ס ק י ק ר י ס ת ל ב
ב ל א ם ד צ נ מ ו ל א ד ר י כ ו ל

דיבורי
סקי
מדידת
יהיה
סגול
אקראית
רק
להקדיש
רטוב
חודש
עיר
אומה
מסורתית
אגרסיבי
שלוש
מרכזית
כותרת
רוחב
פתוח
המתנת

Puzzle 173

ר ד י ו ז י ן ג ש י ג ד ה ל א ה מ
ר ל ה ת ע ל ם ט כ ר ש ת א ש ח ב פ
ח א ל ח א ק ו ש מ ש ה פ ר נ ו ו ל
מ ן ע ו ט ו ו ב ו ל ר פ ק י ר ב צ
ד א ת ע ת ט ב ת ל פ מ ו ן ו ה ת ת
מ כ י ה י ע ה ס פ כ ר ל ן ר י ע ר
ד ו י ע צ ה ס א ן ת ל י ל ש מ א ד
י נ ה ח ר ו ו ר מ י י ו י ל ן ל ת
נ ל י ז ק ל ר ה ב מ ן י ד ו כ ל ל
ם ו צ ע ם ג ר פ נ ק כ י ו מ ב ת ה
צ מ ב י ד ו ה ר י ל ו נ ה ב ס ב ה
ר ת ק ק י ס ם ו א ב ה ג ר י ג ב מ
ה ה מ ל צ מ א ע ד ע ה ו ש ג נ ה ש
ל ע ע ר ש פ ל ה ו ן נ ו י י ו ט ה
י ש ב כ ל ר י י ו ח ר נ נ ו ן נ ף

רשת
להתעלם
להקים
הסורר
אחורה
מפרש
השמש
מצלמה
מה
כאן
ילקוט
ללכוד
שאת
עצום
בובת
בסגנון
מפלצת
מסוגל
טוען
להדגיש

Puzzle 174

ענקי
מאמרי
מפוארת
משבר
מחקר
החלטה
פשוט
חדה
ינשוף
ציפור
איפור
התנהלות
נמוך
הביא
נאמן
השנתי
לארגן
אתגר
לצייר
עמוק

ח נ ר ל ג ל מ ת ו ט ר ר ד ת ש כ ר
ו א כ צ ה ב א ב ל ן ג ג ג ן מ א ר
ו מ ב י ן ח ה ה י פ י נ ל ר ם ו א
ו ן ל י נ י ח צ י פ ו ר ב ש מ ק ח
פ ש ה ר י מ י פ א ג צ ק י ד ה ה ו
י ו ח ו ת ד י ר ש ק ו ח י ת נ ת ס
ת ר ל פ ת מ מ י ל ר ב מ י י א ו ◌
ו פ ט י י א י ב ה ט ר ג ת א ה ס י
נ נ ה א נ מ ב ף ו ש נ י נ ו מ י ת
א ר ת ר מ פ א ש ס פ ן ל ש ח נ ה ו
ו נ ו צ ו ו פ ר ק ת ר ב ה ת ג ח ל
ל י י ע ך א ל ד ק ו מ ע ר ו ח א ה
ו ו נ ו ס ר מ א פ ח ו מ א מ ר י נ
ח ק ו ר מ ת ן ק נ ו א י פ ג ו ו ת
י נ ר ל ד ו ן ב ת ה ד ח ן ר ו ג ה

Puzzle 175

ד ע ו ח י ר פ י א ו ו כ ס ת מ ן פ

ר ר י ו מ י ע פ ה ו ל ס ו ל ם ט ו

ק מ ת ת א ח מ ש פ ב ו ו ן ו ר ו ל

פ ו ב ם ד א י ך ל ר ק ר א ו מ מ ל

ל נ ל ז ו ו ם ת ד ט מ ם ז ק ו י ב

מ י ל ו ל ס מ ב ת ר ח י ש ל י מ ח

ן ה ט ן ן ו מ ו פ ק ל ר ב ו ר י ו

א ש ל צ י ה א ו ל י ה ח ו י א ר כ

ק ה ם ג ד ע ז ר ה י ע א א ד ל ן מ

ת י ב מ ן נ ל ב ו ח ר ל ו כ ה ח צ

ל ד כ ן ו ט צ י ה מ ע י ד ק פ ץ ב

ן ו א ה ש ר ע ק י ט ס ל פ ה נ ר י

מ ת א ו ח ה ם י ת ל ל ר ג ב ו ר ת

ס ו ח ל ש נ ו ה ת ב ו נ נ ו ת ר ר

מ ח א ו פ ו ל י ט י ת ה מ ם מ ד פ

פלסטיק
במסלול
קול
ונשלח
קפץ
צבי
הגנת
להפנות
פעמים
תרחיש
לאחרים
עזרה
ערמוני
כלכלת
פוליטית
איך
ערש
פטרוזיליה
חותם
התבוננות

Puzzle 176

ד י ל נ ו ן י ע ו צ ק מ נ ע ו ש ל

ב ו א ק ו צ ג צ ן ו א י ז ו מ ר א

ע ר מ ת ס ת ת ב י ב ל ם א ל ח ו ת

ב ו ה ת פ ב א ל ה מ כ ה ה ר מ ח ו

צ ק ר פ ל ז ש ן ל פ ד פ ח ק ן ש נ

ל א י מ ן ג · ב ם י ק ר י צ · ה ב

ח מ ס ר ת ו נ ה י ה ל ט פ ד ת נ ל

ת ו ש כ צ ר ת ב ט א פ ר ו י ק ט ד

◌ ו ב ז ו ב א ב מ ד ד ו ח ה ש ג ב

נ י ת י ס ת ה ל ק ע ה ב א ת ה ד י

ש ו ת י ש מ ל ש ה א פ ג מ ר ס ו פ

ג ה י ם ת ת ו ו י ת א ו ק ו ש ו י

מ ה ר ו ב י נ ו נ ש י ה ם ו ב י ם

ע ל צ י ו י ו ה כ ל מ ו נ ל כ ט ע

י ה ש א ם נ ם מ ג מ ר ו פ ו ל ס ט

לבצע
יקר
הבא
צפרדע
מכה
לחות
קר
השחור
מקצועי
בצלחת
ברוגז
פרויקט
מוזיאון
ישנוני
לרחרח
להיהנות
מרכזיים
קמטים
לבנות
הפרט

Puzzle 177

ג ר מ ר ו א מ מ א ו ש ר ת מ י ם ל
ר ל מ כ ו ו ם י ו ו פ ב ו ע מ ו פ
מ ע ב ט מ מ נ נ מ ו י כ ל ע ו ש ו
ה ח א ז ו ו י נ מ מ נ ר ע ו א ך ו
ר ה נ י ב ג ו נ ג ה ק ת פ ע ל י פ
ב ג ו מ ש ב פ ת ז ת כ ו י י ו ו מ
ש ז נ ה פ ו נ י י ה ן ו ו א ד ש ס
ך ע ת א ל ה ת ר ן ו א ה ה ב ג ו ע
ה ב צ מ ע ע מ ו ד ס י ת ף ד ר מ ד
ד ו מ ת א ל מ ד ש ף ד ו מ ש א ע ה
נ ר ע ב כ ר ת י ג י ת ס ר ן ה ז מ
ל ל א נ ר ע ר ב ד ו כ ◌ כ ד ה ד א
ת ם ו מ ה ב י ן ו ט ל ש ה ב ח ש נ
ו ח מ י ה י ב ב ן ו ט כ א ו נ ת ת
ו פ ו כ ג י מ ק ר ג מ ש ם ה ל נ ר

גבינה
עלות
גדול
לאומי
דבר
מים
עז
רע
מרדף
מאושרת
התה
אך
גז
מסעדה
השלטון
מגזין
זהב
רעב
מדחום
מוכנה

Puzzle 178

ו ה נ ו ו ת א א ד ב ל מ נ א ת ת ל
ה מ ח ר י ה ף ן ו מ ש ת ת ת ג ח ע
ה מ ת ו ו מ נ ד י ר ת ש ח ר ו ד ל
ח ת מ א ע ר ז ו ר כ י א ה ט ח מ ר
י ד ן ב י ג נ ט ב ז ק י ו ד י ו ב
ה י ר נ א ר ש י י ק ה ק י ו ו מ ו
י א י ב ז ו ע פ י ו א פ ו נ ה ו ו
ב מ א ל נ ע ח ו פ מ י נ ל י מ י צ
ד ה ו מ ס ל ב ל ב ב ב ה ר ג ר ל ל
נ ב ב ח ח ד ה פ נ י א ו פ נ ו ע ע
י ו ב ק מ ר ס ת ר ו ת מ כ י מ כ ו
מ צ נ ב ו ר ו ק ר י ד ת נ ו ס ו פ
נ י י נ ר ת ר מ ו א ו כ ד ם ו ל ה
נ מ צ ה כ פ ה ר ו ש ד ע ה ר ד מ י
נ פ ח ו ה ל ל כ כ ע י מ ד ר ן ו ר

עוזב
במהירות
אופנוע
במרכז
הפכה
נדיר
רוב
דודת
שתיקה
אומרת
פתק
להרוס
מעבר
טיפול
וידוי
לה
הפועל
לעמוד
הבוצי
אפונה

Puzzle 179

ג ו ט ח ו נ ה פ ס ג ה ר מ נ ת ת ח
ח מ מ א מ ן ק י כ נ ו ה א ו ר ו ל
כ נ ל ת ך נ נ נ ת ז ר ת פ ו פ ה ו
ר ו כ ז ל י ג ב ש ט י ח ל י י ב ק
ר ד ע ד ש ר צ י ו כ ק ש נ ל ר ה ה
כ ו [illegible] ד ת ו נ מ ו פ ן ס ר ר ת א ס
נ נ ר מ ר ע ו נ א ו ט ן ו א ו ש ע
ע ו מ ת ע ר ח ר ק ר ר ת ק ל ח ה מ
ו ר ר ש פ נ ד ל ל ז ס מ ן ן ו ו ך
י ו ת ל ע י י ק כ ו מ פ ך י ע כ ו
ו ד ו ל נ ג י ש ת ש מ י ס ד ו י ע
ג ר ר צ ו א נ ו ע ת ו ג ו נ ב ו מ
ן ת י י ו ו ל ח ל י נ ן ה ר ז ח ב
ת ה ל ד ט ק ג ג ג ו מ ד ר ה ר ב ח
כ ש ר ל ע ד ח פ ן מ ו ו ו כ ט ה ה

לזכור
סגנון
לירות
כפור
קשוח
החלקת
חברה
הפסגה
בחזרה
הוריקן
שטיח
אוצר
נייד
לווייתן
מועדון
חלוקה
גישת
בצורת
סרטן
שלך

Puzzle 180

האקלים
דיבור
בקלות
טעימים
מטל
החולים
תיקון
רקטות
הרביעי
עזבה
חנינה
אזרחי
חשוב
לזהות
חקירת
במדרגות
סיפור
סוודר
לתפור
להניח

ו מ י ו ר ש ר ם ב ת ו ג ר ד מ ב ר
ו ג ה ה ן ו ק י ת ע ה ף ל פ ב ק ו
ח ש ת ו פ ת ג ל ו ה ר ר ח ה ט י ב
י ם ו ת ל ב ו ו ל ה ב ז ע ו פ ד י
מ ט ל ל ה נ י ח ק ל ו ו ת מ מ א ד
ו פ ו י א ת ל ה ב ת ש ב א ו ו פ א
מ ם י ל ק א ה ת ב י ח י י ח ר ז א
ב י ע מ ה ו ב מ ב י א ר ח ח ל ב מ
י מ י ל פ ד ו ו ר א פ ר א ז מ מ ט
ן י ב א ס ס י ו א ב ד ל ה ח ד ◌ ת
ב ע ר ו י ו ה נ י נ ח ו נ ק ף ה ת
ס ט ה ל פ ו ב ד ב נ ת ס ד י ר נ ה
ו ל ת ה ו ד ד ו מ ל ר מ ה ר ח י ו
י ת ג ב ר ר ר ם ו ו ד ו ע ת י ל י
ש מ מ נ ב י א ב ח נ כ כ ה ר נ ה ה

Puzzle 181

צ י א ש ל ש י ו ז ו ס ו פ ד מ ב ד
ח ם ל י ו צ מ ר א ו ד י ש ב כ מ ק
ק ל ו מ ת א י ב ק מ י מ ל א ת ת נ
ג ו ד נ ו ק ח ד ד ס ב ה ב ב ב ס ג
ש א מ ב ה ה א ל מ ו ב ל מ ת ק ע ז
י י ר א ב נ י י י י ב ה י ב ת ג ס
א נ כ ד י ו ר צ ש ם י ו י ב · י ר
ו ל נ ה כ ק נ ע ו ט ת ט ר ו ד כ ט
ו ו ס ל ר ש ע ד י נ ה ב ל ה ח ל ב
פ י י מ ש ה ה ע ה א ל ז ד ע ש ל כ
ח ן ם ת פ י ד ן ע ס ו ו ש א ע ו נ
ק ל י מ צ ו ו ל ו ל ג ש ב ו ה מ ת
ש ר א מ פ א י ט ר ן ס צ ד ו מ ר ל
נ א ו פ ס א י מ ר כ י פ ר ש ל ב נ
ה י צ ת ם ז ל נ ב ג נ ה ר ה ת ש מ

זעקת
צחק
הורה
כל
רכיבה
עדינה
סרט
הנוקשה
אולם
כנס
כדור
אתמול
מכתב
דפוס
צעד
לב
מסוים
אקדמי
סגולה
זריקה

Puzzle 182

ר י ל א ל י ו ה י ו מ ב ש מ א ל ת
י ת ש ו ג מ ב י ו ז ח ו ג ו צ א ת
פ כ ה א ע ד ר ד ר ק א ו ב ו י ל ב
ל מ ס ן ז ל ו ק י ת נ ש ף א י ב ר
ח י פ ו ש י ת ח ה י י נ א ה נ נ נ
ר ו ו ת ו נ ק ל ב ו צ י ק מ ח ר ע
י ד ד ל ר א ו ב ה ר ו ח י כ ו ה ל
ו כ ד י ל ז מ ב ל י ץ ה ד ו מ ע ב
נ ו ו ל ש ו ה ל ו ד ג ל ר ג ה נ מ
ו ה ד צ ת ה ג ו ו ת י ע ר ד נ ו ו
ע ו כ מ פ נ ר פ ם ו ת י פ י צ פ ס
ל ר מ ר ו א ע פ מ ז נ ו י ת כ מ ב
א י ב צ ר ש י נ ו א ם מ כ ק י ה פ
מ ה ע כ ס א ב א פ ו ע ו פ ה ר ע כ
ח נ מ א ש ו מ י ש י מ ק ל ת ל ן ן

מזרקת
צלילת
מנהג
במזל
קהילת
פנאי
שני
להוכיח
לצוף
גדולה
בעמודה
אבא
בלי
ספציפית
לקנות
קאובוי
להבהיר
חיפושית
יעלה
ניצוץ

Puzzle 183

ר ב י ל י נ ד ת ם ח ש ר ר ו ה ו ל
י ל ח ו א פ א ח ו ו ל ש י ם ר ז ל
מ ו ס ט ח ר ז א ג ל ר צ ו ת ר נ נ
ס ק י ר ה ל ג ר א ן מ ח ב ו ו י ו
פ ח ם ה ל ן ח ז ו י נ י ח א צ נ נ
י ו ת מ ת כ ל ה ג מ ע ד ר ש י ע נ
ד ת ו ב צ מ ב ו ר ו ח ד מ מ ל ל צ
ל ד ח א י פ ע ר פ ק ה מ ו ז ר ה ת
ו מ ו א ב ה ו ל י ד פ ג ל ו כ ח ו
ו נ ק ר י ו ח נ ה ה ב ו ן י ג ו ח
ש מ ל ת ע י ם א נ צ ת י ו ד ס ו י
ה ל א ו י א ח ו י ר ר מ מ מ ו ה ל
מ נ ו ר ו כ א ו ו ו ו ר ב נ ק ח
ס ת ו ר כ ב ח פ ו ע ק ע ד ח נ ד ן
ן נ ו ע מ נ א ע ו מ מ ב ו כ ש י י

גומי
ובמצב
יחסים
יניח
לזרוח
לקוחות
גאוגרפיה
מדד
המוזרה
ללמוד
לרצות
אזרח
שמלת
סקירה
מעדר
אותם
לוטרה
מרחב
לשים
ליצור

Puzzle 184

י ר ב ו ל ע מ כ ו ו ש ה מ ח ק ל ב
ס ג ה ל ש נ ת י ר ן א מ ו ו פ י ש
פ פ ד י מ ם כ ג ו י א ר ל נ א ע נ
מ י ר ס ו מ ו ו ו י ת א ן פ כ מ ו
מ ע צ ס פ י ו ן ר ה ס ה ל ן ד ק ו
ע ע ר ה מ מ נ ף ט מ א ו ר ב י ד ד
ר פ מ צ י נ י ו ו ת א ל י ר א י נ
ב ו י ע י ת ם ב ף ק מ ה ל ו ל ג ה
א ר ת ה א ף ם ת ר נ י ו ב ל מ ר ה
א ח ו ש י ר ו ח ו ל ק נ ן י י ד ע
ת מ א ו נ ד ו ת ח י מ ה ו ד ת ר י
ל י ל ח מ נ ש ע ת ל ע ו ר ה ת ו י
ו ו י ת י ב מ ה ל ך ו ן א ת ב ר ם
מ ס פ ם פ פ י י ן י ן ו ב ג ג ל ג
ר ב ד ה ו ל נ פ ו ו ת כ ו פ כ ה ד

בארון
חורף
המראה
הגלולה
פרסום
עדיין
מוסרי
למנות
מעיל
מהלך
ממערב
דיבר
מתכוונים
קרחונים
הצעה
שנת
לקח
תחושה
אור
לילך

Puzzle 185

ו ס ב מ ז ל ג י א ת ו ב ו ר ק ף ש
ו ד כ פ ד ש ל צ ע כ י מ מ ס י י ל
ו ר ל ו י ק פ ח מ ו ת ם ב ב ר ו י
ל ת מ ג ו ו ן ו א ח א ן ד י א א ל
ו ו ה מ ר ל ת פ ם י י א ח כ מ פ י
ת ה י י ו ק ל ר ו מ ו פ ה כ פ י ת
ר ב א ו ל ב מ ת י ל נ מ י י ב ה י
מ ו ך א ס נ ל מ ת ך ו נ ו נ ם ר ע
ה ה ד צ ב ר ש ו ג ו ה י ו ח י ת ו
נ ר ת ד י ר ט ק ר י ה י ו ה א כ כ
ץ ל ר י ר ש ו ק ט ס ע ל מ ל ר ה ה
ב ו מ ע י ז ף א ד ו ב כ ה ו נ ר ת
ם ע י ת ס ו ל ו ם ל מ ט ב ח ת ח י
א ש ו נ ה ה ן פ א ת ק י ן ל כ מ ל
ת ח ס ד ם ר ח פ ט ד ת פ י ד י ד כ

סדרת
קרובות
שלילית
וכרובית
בדרום
מטבח
יריב
זוהר
לשקול
לשטוף
תקין
כפית
קקאו
הכבוד
נראים
מגוון
הנושא
פי
מזלג
נץ

Puzzle 186

ו ב מ א מ ר ח א א ב ו ח ת ו מ ש ו
ע ש ש פ ל ע ש ע ו ן ת א נ ש י י ל
ל ס פ ו ג ם י ם ה ו י א ם ה פ ו ה
י י א ר מ י נ פ ל י ם ה ב ה א ת י
ת ר ו ה א ת נ כ י ר י ק ד י ר ח א
ה ת ב ב נ ח ג ע ע ר י ר ב ג ר ת פ
י ו צ ב ו ה ו ן ת ד ח ו ק ב ל ו ו
א י ר ָ י ל י ג ע ז ת ה י ה מ פ נ
ו ר ה ף ר א י א ה ה ה כ ל ה ם ו כ
י ו ב ד ר נ ת פ ח ר ת מ ח ו נ ת ן
כ ע ס ש ל ו מ ש ס י י צ ה ד ו ע ו
ו ד ל י ד ר מ ו ו ר ר י ל ו י י י
ל ג ה ו ח ל כ ג ה ו ה ע מ ד י ה ק
ם ק ב ם י ן מ י ו כ ע ו ת ם ב ף ב
ן ט ק ן ל א ר ג פ א ת ג ה ת י א ה

עם
הלכה
קטן
שנאת
צבאי
סוכן
עוד
אחרי
החשמלי
אוהל
אפורה
להחליק
שעון
להחתים
לספוג
גבר
אהבה
מציע
אחר
האי

Puzzle 187

י ש י ל פ ש ט פ ש ל ב ו ח מ צ ו ה
ג ו ו ה פ ק מ ס ה ת ג א י ב ע ו פ
ו ע ד ע ך י ן ך א ה ו ח א ד ק נ נ
ו ן · ס ם י ח כ פ כ ף ו ת י ר ל א
ת ב ג י נ ה ח ן ו א ו ת ג מ י ח ר
ד ר מ ק ו נ פ ל ה א ד ו ן ן מ ל ר
כ כ ת ו י ת ס ף ח ד ס ח י י ת ה ל
ח פ א ב מ ש ק ע ב ה ש ה ל פ י מ נ
ה י מ ה מ מ ה ז ו ה ה ש א ל ת ל ד
מ ה ה מ ח ר ש ה ב ר ו ע ה ו מ ב ת
ש ב ו מ א ר כ ו ם י ע ג י ד ק פ פ
נ ד ו ו ה י ס ת ל נ ו מ ן פ א ר ה
י ד נ ב ל ו ת ו ש ס ב ט י מ מ ו ן
ו י מ ה ו ד ת פ ל ו ב ת פ ב י ד ב
י ו נ מ ו כ ו ג ד ת י ח ל ר צ ת מ

בגוף
הוקי
חכמים
להעסיק
לפשט
בגינה
לשלם
שלב
זהות
אנפה
בד
להתייחס
פסקה
משתנה
דולפין
ואחותו
דחף
העורב
ועדת
יגעים

Puzzle 188

ע ש א ת ה ב ו מ א ת ו נ ו ת י ע ה
מ ג ב ר ש ע ן פ ג ז ך ס ק י ו ש ב
מ ת ב א ת ו ע ע ו ב י פ א ב ד ו ר
כ ת ש ת ע ו ע י ר מ ס י ם ו ש ל ה
נ נ ל י ל נ ל ל ת א ז ג ז ר ת ל ם
ה ו ח ר ק ג ה י ו ע י פ ה כ ס ז ו
י ע ל י ר א ו י ד ס ר ה ה ס י ב כ
· ת ו ג ו ו פ ם י ה ל ק ך י נ ה ם
ר ח ט ן ר ד י מ י מ ה ן ש ו ה ו ל
ש ר י מ י ל ע ה מ ב ל ו ב ו ן י ג
ר א ן ד ק נ א מ י ל ה א ל ר י י פ
ם ו י א י ק ו י ת מ ר ה נ ס ו נ מ
ו נ ל ב מ ן ו ה ו ד מ ר ע ו ת ד ה
ס ש ר פ ת ב מ נ ה ה ל א א מ ק ת א
י ח ו ד ר ט ר ב מ ע ו ל י ו ל ה ו

מכנה
לחלוטין
תנועת
להופיע
העיתונות
אבד
עת
לאקלים
מפעילי
שלה
ענק
אגורת
ואספקת
כביסה
גזר
גירית
הרס
כרובית
הרבה
יושב

Puzzle 189

ק	ם	מ	ל	ד	ס	ה	ס	ו	ג	מ	ד	ו	ם	א	מ	א
ד	ת	ם	צ	כ	ט	ר	ו	מ	ד	ך	ת	ו	ר	פ	ו	ו
ר	ב	ד	ן	ל	ו	כ	ס	ו	ת	ד	י	ה	ר	ה	ו	ה
ה	נ	ו	מ	ש	ד	ב	כ	ו	ו	כ	נ	ה	נ	י	ח	ב
ל	י	ד	ת	מ	נ	ת	ב	נ	נ	ד	ר	י	ב	ם	ח	י
י	מ	ו	ה	ס	ט	י	פ	ו	ע	ה	פ	ג	ה	ו	ו	ם
ר	מ	כ	פ	ו	ש	י	ו	ז	ט	ו	כ	ו	ל	ל	ג	מ
ר	נ	ד	ר	ס	נ	ע	מ	י	נ	י	מ	ל	ת	י	ן	ב
ו	ר	ב	ם	ג	מ	ב	ו	ו	ן	ו	ע	ו	פ	כ	ן	ת
ב	נ	א	ל	נ	ר	ר	ו	ב	ו	ע	ט	נ	ע	ה	ן	ש
א	ר	ל	ש	ו	ו	ג	ט	ו	מ	ו	מ	כ	ד	ה	מ	א
מ	ח	מ	ל	י	ן	ו	ר	ד	ס	מ	ב	ט	פ	ל	ש	ג
ר	מ	י	פ	ר	מ	ש	ע	ב	ל	ד	פ	ו	ך	ר	ח	ל
י	י	ו	מ	ה	ו	ת	ו	י	ע	ל	פ	ל	מ	י	י	ר
ג	ה	ח	ס	ו	נ	כ	ו	ש	י	ה	ר	ו	ה	ע	ר	מ

הכילו
פרות
בגובה
בעיית
נוסחה
ליד
דתי
סטודנט
במסדרון
קדרה
ריח
לאבד
בר
כמעט
בחינה
הרכבת
אוהבים
שמונה
בלון
טכנולוגיה

Puzzle 190

באמת
חירום
ההיסטוריה
עובדת
בבוקר
במלון
אודישן
פרטי
התיישבו
לוח
אזהרה
זר
מבודדת
להבקיע
ללמד
לתקשר
כתובת
להגיש
תרנגולת
צפה

א	ל	ו	ה	ל	ו	ע	ר	ל	פ	מ	ז	ו	ח	ו	א	ו
י	ז	ק	ר	א	ח	ת	ל	ה	ח	ב	ה	ר	ק	ו	ב	ב
ב	ן	ה	ה	ן	מ	נ	ת	ב	צ	ח	ו	ש	ש	ב	י	ש
ק	ה	ל	ר	ח	ב	ב	ק	ק	פ	·	ק	ר	ו	מ	ל	י
ל	ש	י	ג	ה	ל	מ	ש	י	ה	ר	ה	מ	ש	ה	מ	י
נ	ו	ט	ש	ו	ה	ל	ר	ע	ת	ו	ח	י	ר	ו	ם	ת
י	ן	ר	ג	ח	כ	ו	ת	ר	נ	ג	ו	ל	ת	ר	ו	ה
פ	פ	פ	מ	ש	פ	ן	ל	ד	ב	ו	ל	ר	ד	א	נ	ו
ת	ר	י	ו	ה	ח	ה	ל	נ	ד	נ	ו	א	ב	ו	י	ה
ן	ע	ס	ו	ה	א	ר	מ	ח	ן	ו	ב	מ	ו	ד	י	ב
מ	נ	י	ו	ו	ק	ו	ד	כ	ת	ו	ב	ת	ע	י	ה	י
ה	ה	י	ס	ט	ו	ר	י	ה	ג	נ	מ	מ	ו	ש	ד	י
ש	ו	ו	י	ע	מ	נ	נ	ד	ל	ל	נ	א	ב	ן	צ	ן
ר	כ	ר	ו	א	ו	מ	מ	ר	ג	פ	י	ב	ר	ר	ר	ה
ה	פ	ב	ל	ג	ל	ו	ל	מ	ד	י	א	ד	מ	ת	י	ע

Puzzle 191

א י א ן ש ה ק א י כ ו ת ח ב י ב ב
ל ו ע צ ב ז ה ת מ י ה ה ה י ב מ מ
י ו י ת ה ת ו פ פ מ מ ל צ ן כ ו א
נ י ט י כ ב ד ל ה ט ע ו ת א ו ג מ
ת ו ר ו ו ד ב ק נ ה ר י ר מ כ ר ו
ל ד א מ ג ו ת י ת ל ב ו ר ה א ן ת
ו ל ר ו ת ו ש ב נ ב ד פ נ ה מ נ ל
ה ו ס ד א ו ז נ ק מ מ ח ע ו ד ו י
ח ה י מ א מ ו ת נ ב ב ז ר פ ג ש ק
ה ר י י י א ע ר ג נ ת ק ש ו ר נ מ
א י ם נ ס ע ה ה ה ח י י ל י ט י מ
מ כ ה ל ט ב ל א ן ו י ם ט נ ו ת כ
א ן ן מ ב ל י ו ם ו א ה ו כ ש נ ר
ר א ס ה ר י ע י ח א ע מ נ ו ג ו מ
ת ם ז י ר ת ב ר ו ע ש ה ו ס ו מ ח

דבק
זירת
תחביב
ייצור
זמינה
חייל
במדבר
שלטונו
קשור
עורבת
נישואים
שוטר
שניתנו
כוכבי
איכות
להטעות
חמוס
קנה
הרי
חזקים

Puzzle 192

ל ש ע ה נ ד נ ה מ ת ב י כ ר ר מ ח
י ט מ ר י ת ב ת ש ו ו י כ ל נ ל ן
ו ל ו ו ס י ת א ע ד ו ב כ ת ן ד ה
ו ח ו ה ו ו פ ר מ ה ו י ד א י ר ה
ע ך א א י ק ו ה ל ק מ י י ר ק ש ה
ף ח ט ו ש י כ ד פ פ מ ג פ ת ו ש מ
ס כ י מ מ ת ו י נ י ד מ ע מ מ ח כ
ב ו מ מ ל כ מ נ ל ו י ל ח ל ד פ ב
ם י ד ד צ כ ו פ פ ד ע ו ה ס ו ו ר
ק ל ו א ר א ו צ מ ל י ע ל ו צ נ ת
ר ו א ה ן מ ל ן ת ו פ ב ר ח נ י א
נ ת ל ר ו ג א י ש נ ר נ ע ו ב ט ב
מ י מ ת א ו ע ה מ מ ו ר ר ל ו ו פ
פ ב נ א ת ו י ר ח א ן א ב ר מ א ו
ת י ו ה ל ה מ פ ל פ י ה א צ ו ת ה

ארנב
אחריות
מכרה
נשיא
התוצאה
קשה
נוראי
השמלה
ניסוי
כבוד
נהמת
צדדים
בכמה
עיפרון
מדיניות
הראתה
לתאר
חרב
למצוא
רכיבת

Puzzle 193

ה מ ק ך ח מ מ כ י כ ו ר ל מ מ א ר
ה י ו ר מ ד ע ת ל ק ם ח ת ח ל צ ה
ג ו ד ל א ת ר ה ח ב ק ו ָ ן ט ו ד
ה ר ב ו ו ק ר ה ו מ ה פ ו ר ח ב
ר ז ם ל ן ב ש ע ת מ ת ו ן ת ל ב מ
י ע ב ר י ל ב ל ו ה צ ט ט י ר ג א
ש א ה ע ב ת ה ל ח פ כ ר ל מ י מ ם
ר ב נ ש מ ר ר נ י ת ה ק ב ל ת ב נ
ר ת ה כ ן כ ו ס מ ע ב ע י א ו ן נ
ן ע ו ל ר ו א מ ל ה י ח ע ת ש ו ג
ש א י י ש ל ת ך א י מ ח מ מ י מ ן
ד ם ח ב צ מ ו ם א י ה ק י נ כ ט א
ל ב נ ו ח ד ס ר י ו ת ם נ ו ה נ ר
ה מ ם מ ת ר ד פ ר ב ל ר ך ם ר ו ג
א ח ח ו מ ב ע ג ת ה ח ן ר ם מ ה ק

חבק
הר
מסוכן
דחליל
חי
לאתר
מלא
מבין
לחקות
גורם
הצלחת
טכניקה
מס
מחמיא
רבע
יתושי
כלי
בשקר
הפתעה
יתרון

Puzzle 194

ע ל ב כ ש ק ה י י ם מ מ מ ס מ ל מ
ח נ ם מ ל ע ת ה ר י צ ל ת מ ה ח י
ל ם ד ד י ג י כ י ת נ א ב ת ו ו ק
ב ב ו ג ש ב י ר צ ו י ו ס מ כ ך ע
ס י ו ש י נ ח ע פ ר ו נ ו ת י ר א
ג ס כ מ י י ס נ ל נ כ ז ג י ת ו ג
ד י ק ש ם ו ל ש ד מ ע מ מ ג ו א י
ש פ ש י ש ת ר ע ל ב ג ו מ ו ד י ת
ו ן ו ת ס ל מ ק ע י ו ע ק ל י נ א
ט ת מ ן ו נ מ צ מ נ ו מ ב ו ד י י
ש נ ת ב ד ש מ ש ו ו ד ר ל נ י ת י
ל א ב פ ק א י ע ו נ ב א ם כ ק ח ת
ם ב ח ה י ו ו ה ד י ב ם א ט ו נ ס
ד י ו ל ד א א ח ס ט כ ו מ ת י ה ר
מ ס ץ י ו ו פ י ו ו י י ג ן ד ג פ

עגבניות
אורך
חלב
שנערכה
פרסת
שלישיים
ארית
תנין
אם
התייחס
עפרונות
דיוק
ידידותי
מקבל
בינוני
טכנולוגית
משקה
בחוץ
שמש
עצמאי

Puzzle 195

מ ל ו ר ו ל כ ו ש ש ת י י ח ס ו ק
ו ל ן ו ב צ י ן ה נ ה ל ש י ר ל ו
ת ל א ל ת ב נ ר י ר ש י י כ י ם ש
מ ו ו ר ב ש ב ו ע ב ש ח נ כ ת ב ש
ת ל ר ט צ ו ן י ע ב נ ה ד ד ו ה נ
א ב ב ה ד ד ו י ס ו י ו ל ל ק ו י
ח ח ו ה צ ו ר מ ת ן ה פ ג ת ס א י
ח ג ת ש ח א נ מ נ י ח י ם מ ר כ א
ר ת צ ו ם מ ע מ נ ו ר ע ר ד ת ד ר
ט ל נ ו ב ב ש ר ח ו ק ה ד ו ה ל ו
ח ח ט ר ה ע ב ר א ח י ר ו ר ט א פ
נ ר ו כ א ש צ י א ל י ם מ ס ו מ מ
ל ל ד ד ד כ ח ש ל ה ת ה ע מ ל ן ג
ן י ו י מ נ ט ה ה ב ו ו ו [illegible] ד ה ב
מ ו ל ת צ ק ד ש מ י מ ז ז י ל ך ם

תירס
הופיעה
ארבעה
יחס
שבע
התרסקות
בשבוע
אוהב
בעין
חנות
לכלול
בצל
מניחים
רחוקה
שייכים
נכתב
לשיר
פלדת
טרור
לדכא

Puzzle 196

צ ו ח ד נ כ ו מ ן ו ו י כ ב א ר ה
ל ב ט ה ה ת ק ר י ר מ ח כ ף מ ד ב
נ ד מ נ ה ל פ ל מ א ל ו כ י נ ת ת
פ ק י נ ח ו מ נ ד ו ו ו ה מ ו כ ר
ס ל ר ת נ מ א כ ן ת י ה ר ה ת ו י
ח ה ך י ר ע ה ל כ ל ה ו ו מ נ ר ב
מ ת י ו ה מ ו פ ו ר ל ו ה ח מ ו ס
ס נ ל ו ו נ נ ח ל י ר ו מ ב ת ו ה
א ג ה ש ן ג ת י ו ל ר ק ב י ו ה ל
ח ד ת ו מ י ל א נ ב ם ד ת ב ן ב ד
ב ש י פ ו ע מ ב ט א ו ו נ כ ן ש כ
ו ל ג י א ל ו ו ג ו ת ח י ס כ ו ג
ש א מ ח ד ח מ ט ס ו כ א ל כ פ ח ד
ר א ל ח פ ו ד ך ה פ ש כ מ א ל ו ב
ח ב ע ת נ ד י כ ר מ מ ך מ ד ו ד ה

אלימות
בשיפוע
מבט
בדק
מכשפה
החמוס
מקלחת
המוכר
לנבוח
הליך
טוב
חלון
מנהל
להתנגד
חיפוש
אמנות
להסביר
להעריך
בכיוון
כול

Puzzle 197

א פ ו י ת ש מ מ ד ד ק צ ת ר פ ה ה
ש נ ס מ ל ך ר ב מ ס י ן ך ב ח ת ג
י ד פ ו פ ת ה ב ל ה ו ל ח פ ו ף פ
ס י ה י ו ת ע ל ו מ ה ת נ י ב ו א
י ר נ ס ע נ ב ו ת מ ת ה ב ל ה ס ח
ת י פ ת ל מ צ נ ב ר י ב ע ה ל ב ת
ו ל ב י מ ז י א א י כ ר ר מ ו ל ן
ח א ד ף ה ה ו ד ב ה ב ר י ו ס ו כ
ם א ב ט ר ד ק ד ב ז ו ם י י נ ש ה
ת א ר ק נ ש א א י צ ו ל ל ו ל נ ל
ר ס ס י ך ת ו ש ד ן ד י ת ד ב א ד
ב מ ב ו ר י ע מ ח ת ת ב י ע ו ר כ
ע י י י ה ן ל ל צ פ ו ת מ ד נ ן
ה ל ן נ ר ו כ ך ק מ י י ב ר י ב ס
ן י ג פ ה ל כ י ע ו ד נ כ ד נ מ א

במהלך
מלך
זהיר
לצפות
סביר
להעביר
בעתיד
ולבסוף
העברת
השניים
הזמנת
שנקראת
תעלומה
בכיתה
חובה
להפגין
צבע
בסרט
פועל
לחפוף

Puzzle 198

ר ל י ר ש פ נ י מ י ב ע ג ר י ה ל
ע ר י י ב ב ע ו ד ת י א ש מ א ן נ
א ו פ צ ת כ כ ת ש ר ל כ ד ש י ד ה
י י מ ת א ר ל ה ת פ ר ץ ל י ק ש ת
ו צ מ ם ת א ב ד ם ג ו ג צ ת ן ק ר
י ע ן ד ח ש ש ל י ח ה מ ז ד ו ו ג
ס ת ב י מ ם ו ל ס נ ל ג ה פ ח ה ו
ל ו מ ר ו ך מ ו ק פ מ י ה א ש ה ב
מ נ ד ק ד ב ג פ מ א ח ת ת ו ס ד י
ק פ ל נ צ ל ו ו כ י ב מ ד ו ר ש מ
ש י ד ס י ת מ נ ת ל ו מ נ ו ש א ו
פ ע ל ה ע י ק ש ן ת נ י פ ס מ ו י
מ ו ק ע ם ל ס צ מ נ א ר ע פ י ◌ ס
י מ י ד מ ל י ד ב ו ו מ ש מ מ ו ב
ד ס ב ת ב ח ה ה ש ש ע ה ן ל ש ל נ

בעוד
דשא
בוגרת
חמלה
שליחה
משאית
נושא
מוכרת
קנס
כרגיל
שבת
שקיעה
מקסים
עומס
תקופה
ספינת
פנימי
להתפרץ
להירגע
לדלקי

Puzzle 199

א פ ב ל ת נ מ ב כ י ס א ד ת ל ל ה
ו פ א ס מ ג ל י ל א ח ד ד ד ו ב ו
נ א פ ת ש נ ע ד ה ו ר ו ת ל ה ה ו
ב ד מ ח נ א ד כ ב ק ג ם ן י פ ח ח
ת א י מ ש ק ל ת כ ה ת ה כ ך י ו ו
ג ש א ל י נ נ כ פ ג ל י מ ה ו ק ל
ו ה נ ג י ו י א ר נ פ ת ר מ פ ת ח
ב ה ה ת ר י ש פ י ט ע נ פ ה א ו ו
ה ת ת ד א ה מ ו ה ר מ פ ו ל ה ט
ב ם ו ג נ ת מ ס ח ר י ת ל צ ו ת ש
ת א ב ה כ י ו ו נ י ם כ ת ט ד י ב
ר ר ר ח א י ל מ ו ס ג ת י ו ט ה ת
ת מ ק ס ו ו א פ ו י ו ן ר ל ג א ג
מ ל ת ר ש י ל ע י ג ע כ פ נ כ ב
נ ך ל ה ת ח מ א ת ד א ן ד מ צ י ל

סחר
ילד
חווה
משקל
גל
כיוונים
לפעמים
בכיס
נחמד
ובודד
מסחרית
תנור
מפתח
שטוח
כלנית
אדום
טיפשי
חולצת
בתגובה
בכפר

Puzzle 200

חוף
ביישנית
גברת
רמת
וחול
כמובן
הכשרת
הבמה
חינוך
צפוי
לבוא
הפתיעו
בספר
דקות
לגידור
פותחן
שרפה
מלבד
ספר
לשפר

כ ב ן ה ג צ ד נ ב ס פ ר פ ס ח ב ב
מ ל ר ב ה פ ק ד ן מ ר ה ק י ו י א
ו ג ר ר ב ו ו ח ו ל ב ו א א י ו י
ב ת ו א מ י ת ר ו ד י ג ל ש ם פ מ
ן ז ש ר ה ו ר ב ע ך ר י נ ח ח ד ל
ש ו ל ש פ ר ש ע י ה ע י מ מ ר א ב
ו מ ן ת ר ו כ פ ת י ת ה ש ך ל מ ד
ע ד ו י ש ן ה ה פ ג ח י ף ו ח נ ה
י ר ר ם ל ל נ ת ה י ח נ ם נ ר א ן
ר ר ק ר ט ה ו ל ד מ ד ל ו י י ת ז
ה מ ע ט ו ט ה ע ב י ל ע ה ח ד מ ח
ק ת א ת י נ ל מ מ ק ת פ ק נ ש ד ר
א י ע ח ר ר ע ו מ מ ב י י א א ג ל
ו ת ל ב ו ה כ ס פ ש ו ד ח א ל ד מ
ד ל פ ו ש ד ש ו ח ו ו ם נ ד מ ח ר

Puzzle 201

א ו י ת ר ת ש ס ה ח ת ט א ר י ס ב
ת ל ו כ י א מ ר ק א ד ב ס צ ו ר ת
ו ד ד ת י ת ד א ב ח ר ע ק כ ו ן כ
ח פ י ד א ה ל ל ו ב ת ר ק ד מ י
ש ס ב ע ש ר ו נ י ת ת נ ו ק ו מ ל
ל י כ ב נ ו מ מ נ ט ח ל ת נ מ פ ה
ר ו ה פ י ת נ מ פ י י ל ר מ ה מ א
ר ן י א ה ר ו ת ו מ ר ו ל מ י מ א
כ ב ה ו ל נ ם פ א ו ב ג ש ן ס ו ת
ד ב ו מ ג ם ר ו מ י ע ה ב י ה נ ת
א ג ו א ב ח ע ש מ ח ש ן י מ ב ת א
ה ד ח א א ן ל ו מ ס ח ס י ל ם מ כ
א ר · ר ו מ נ ר ב פ ן ו ב ס י ע ב
מ ן ב ן ח ג ח נ ו פ י י ס צ ו ר ר
ר ע ק ע ר ת ח ה ח נ נ ◌ ו ב י ת ע

- אחות
- אחד
- פסיון
- הכבידו
- אופני
- ברוקולי
- להינשא
- ארבע
- צורת
- יכולת
- כבר
- בריחת
- לשחות
- עשרונית
- טבעת
- סבון
- הליכת
- מיטת
- רעל
- סוכר

Puzzle 202

ב פ מ ה ר ה ל מ צ ב מ ב מ ם ו ת ל
י ש ר ג ח ל י ל י ת ן פ ח א ו ש ב
ב ת ת ב ה א מ ו ה כ א ב י ר ע י ו
נ ד ט י פ ש ל ר צ ר ח כ ח י ק י י
ס נ ה ל פ ו ז מ ן מ ר ר נ ס י ו צ
ע ב מ ש ג נ ו א א ר י ל ש ת ל נ א
כ ה א י ל ב ג ר ל ב ם ה מ י ו י י
ן ש ת מ י כ ו ס ת ו ר צ ב ע ן י י
צ ו ו ת י ע ק ו נ ח מ ע ה נ ר ר ב
ה נ ר פ ר א ו ה ו ת א ח ה י ח י צ
ש ה י ג ד ן פ מ מ א מ א ו ר א פ ל
א י ה ב ם ד י צ ת נ ע ט ר מ י ב ק
כ ל מ ו ן ה ד פ ד ט ח י ל מ ו ת ד
ח ר י ה פ ו ת ח י ו ב י ו ע ר י
מ י ב ח נ ת ן י י ז ו י ב ר י ר ה

- תמונת
- הכאב
- מהירות
- שונה
- רכב
- בנושא
- קופידון
- צנועה
- גוזל
- בצרות
- טיפש
- גחלילית
- ביולוגית
- ירח
- מצב
- אחרים
- תן
- אמרו
- צוות
- גבוה

Puzzle 203

ה	ש	י	ט	פ	ה	ם	ה	ז	ו	ך	מ	י	ף	ד	י	צ
ר	ד	ב	ב	ט	ח	ה	ז	ו	ו	א	ע	ב	ר	מ	פ	ז
ו	ם	ל	ו	ל	ש	מ	ר	ש	ט	מ	ו	ג	ד	ע	ב	ת
ג	מ	י	י	ר	מ	ע	נ	ח	ש	מ	ר	ה	ב	ו	ה	ח
ב	ד	א	א	ו	ו	ל	ן	ת	פ	ב	ב	ם	ל	מ	ש	ס
מ	א	ה	ת	ו	כ	ז	ף	ק	ש	ל	ו	ו	י	ז	י	פ
י	מ	מ	ו	ף	נ	ם	מ	ט	מ	ט	ת	מ	ת	פ	פ	ק
ח	ה	י	ק	ה	ו	א	ן	ת	ל	ב	ל	מ	ו	ר	ן	ו
י	ל	ו	ן	ל	ה	ן	ה	ה	ע	ם	ו	ו	ה	י	י	נ
ו	י	ו	ל	ן	ן	ג	ע	ו	ב	ק	ל	ו	י	ו	ט	מ
ת	מ	ד	ו	ק	ז	ש	ח	מ	מ	ד	ב	ר	ע	ב	ט	מ
מ	י	א	מ	י	מ	ח	ו	ר	ק	ם	ח	פ	א	ד	ג	א
ר	ת	מ	ה	פ	ת	ו	ת	מ	ו	ן	ד	ל	י	א	ט	ת
ת	י	ה	ן	ה	ד	ו	ב	ע	מ	ב	ש	ח	ע	ח	ן	פ
מ	ו	צ	מ	ס	ו	ג	ז	ש	י	ה	י	ע	ר	ו	פ	ס

לשקף
ההשראה
מקומי
פטיש
פחם
זכות
זיהה
בבטחה
יער
קודמת
לנשוך
מעורבות
פיזי
אווז
לקבוע
מטבע
עבודה
שמר
ציד
מועמד

Puzzle 204

ם	י	מ	ה	ח	ד	ר	ע	ש	א	ע	ש	ו	פ	ט	ו	ר
י	ע	ב	צ	ו	פ	ל	ש	ל	ד	ח	ו	ף	ר	פ	ר	ש
ר	מ	ן	ק	ל	מ	ח	ר	א	ר	ב	ר	ע	י	ש	צ	ב
ט	ן	ר	ל	א	ר	י	י	ו	ר	ה	ת	מ	ה	מ	מ	ע
מ	ת	ו	ר	מ	ך	ק	ם	ד	ר	ו	ק	ב	ב	כ	ס	ל
ה	ד	ש	ג	ץ	ו	י	ל	א	ו	ת	ש	ק	ח	ק	ה	י
ה	ר	ת	ק	ם	ס	ח	ס	פ	ע	ח	א	ו	ה	ס	ע	מ
ו	ן	ו	ן	ד	כ	צ	י	ד	ת	י	ל	א	כ	י	ו	ל
ד	ג	ט	ג	י	ס	מ	ח	נ	ה	ת	מ	י	ב	ו	ו	נ
מ	מ	א	י	ם	ה	ב	ף	ה	ל	ל	ם	ם	ם	ע	ו	ו
ו	ר	ל	ק	נ	ן	ב	י	ף	ה	ב	ך	י	ב	ן	ן	ת
ָ	ל	ס	ל	ח	י	ד	ל	ב	א	מ	צ	ו	ת	מ	י	ט
ח	◌	ב	ו	ב	ו	ב	ל	נ	ו	ה	·	ה	מ	ת	ש	ה
ם	ו		ל	ו	מ	ו	כ	ב	ל	ס	מ	ָ	ו	י	י	ף
נ	ג	ל	מ	ו	ע	פ	ז	ד	ו	ת	ה	מ	ר	ו	פ	ר

שרפרף
שדה
לאמץ
וצבעי
וילאות
לדחוף
הסכסוך
עסקה
שופט
התעורר
קשת
רפורמה
עשרים
לסבול
בהיר
במכחול
מטרים
מצחיק
להסכים
משפט

Puzzle 205

י ו א י א ו ס ש ר ג ב ו ף מ ל ה מ
ל ל ד ל ו נ י נ ל נ ע ש ת מ ל נ ם
ב ן מ ב א מ ו ע ל ת ע ל ו מ ו ת מ
ש ש מ ס ו ו א ש י ע ו ע א ו ב י ה
פ ל ה י פ ל כ ת ב י ח ס ה נ ה ג ה
ע ת ר ר ש י ח ה פ מ ו י ר ו ת ד כ
ק ו ע צ ל ו ל א א ו ר א ש ל ג ו ס
צ ם ה ק ו ר מ ח נ ו ר ל ע כ ה ד י
צ א ת י ש ו ב א ת ת ל פ ר ו ש ג
ר ה י ע ש ר ת ל י ג ו ל א י ו ל ר
ת ט י ח י ח פ כ א ב ס ו י נ ב ה י
ו ל ז ל נ י ת מ ג ח ב ב א ר ם ו פ
ז ל ב ה ח א פ א ה מ ב ף כ י ו ו
ן מ ה ו מ י מ ר ס ה ס ר י ג ת ד כ
א ש ב ר ב ו נ ד מ ת ח ר פ ח ת ג פ

שנעשתה
חור
ביחס
ממהר
הנהג
בשפע
לשדוד
אנושי
מאחורי
היבוא
סוג
ולצעוק
עשרה
נולד
ארנבת
שיחה
לתעלומות
כהה
לפרוש
בסיר

Puzzle 206

ת ב ע ו ח נ ק ו ף ח ס ג ד י ד ר ת
י י ו ל ו י א ל ו א ק ת נ ת ו כ ה
נ ן ס ו ש ן ר ר מ ב ו נ ו א ס פ ל
ו ב ע ש מ ס ו ב כ ת ה א ח י נ ר י
ק מ מ א י ב ק ה ח ג ל י ו י ק כ ך
ד ח ו ע י ה י נ ע ו ן ל ר ע ל ו ם
ה ו ר ח י י ל א י ב ו ד ת ר מ צ א
ל ו ת י ו ן צ ע כ ה ו ח ו י נ ר י
א ט ס מ נ פ מ ה ה נ ו פ ל ת פ ל ו
ו ו ו ר ל צ נ ת ו י פ ס ר ב א צ ס
ד ו ו א מ מ ט ה א י פ ה ר ב מ ם ל
ס ו ו ל ה ג ד י ר ה ת ר ו נ מ ב
ו ת נ ט ר מ ר ב ק ם ל ט ק י ש ו ש
א ל י י ו ת ד נ ו ה א י פ ש ה ו ל
צ י ה ב ה ר פ מ י נ ל ל י מ מ כ

להגדיר
לבשל
טווח
עניה
תהליך
מסובכת
תינוק
ואן
בין
אמן
קוף
תגובה
דג
מנורת
לפת
צל
עש
נייר
שמחה
כותנת

Puzzle 207

מ ר ◌ פ ד ז ג ע ק ת ד י א א ש נ ג

ב ם ו מ מ ו ת ן ג י ב ר ד ת מ ש ך

ל ש פ ח ם ד כ מ ר ם ר ב ח נ ן ה ה

ו ז ן ר ה ם ק מ נ ב י ח ו ל ה ט ע

ו א ן ל ן ה ן ע ו ן א מ נ ו ר ב ד

ב ר ו ס א ל ב נ ן א ס ק ד ר ו י ס

ס פ מ ר ש ש מ נ ל ת נ ד ע ד ב נ ה

ת ר י י ר ק צ מ ו ר ר מ ת י ד ת ה

ל ג ל כ כ ר ב כ מ י ד ש ן ך ש פ נ

י מ ה ג מ ב ר ל ר ג ר מ ל י י ק ר

י ל מ ט ה ב ו י נ מ ב ל ש י א י א

כ ד נ ז ה ל ה ס ח ף ה כ י מ ת ד ו

א נ ת ב ף י ע צ ש ד ף י ה ר ר נ ע

ב ש ב כ י ד א ת נ ר כ א ח ד ת ב ו

ח ע ה א ל א ה נ מ מ א ש ו נ מ י ק

דבורה
מחבר
עבודת
תמיכה
מנומסת
משך
לאסור
קריירת
כמה
שיא
למטה
במצב
חולה
ברכות
שלהם
לימון
תפקיד
מגירת
קן
צעיף

Puzzle 208

מ א ש י מ י ם ס ן ו ס ע ל מ ק נ מ

ב ו ר ר ע א ח ה ו ד ע ת ה ר ד א ל

ב ת מ א ד י ו א נ ש ק ע ג ג ו פ כ

ה מ ו ר י ם ה י צ ב ח ר ר ר ל כ א

י ג ג פ ף מ ת א י ב ש ו נ ו י ב ה

י מ ק ו ל ש ב ת ל מ ב ב ש ב נ ו ן

ו ש י ף ו ק ש פ ל ת ו ת ב מ ו ר י

מ ל ס פ ל י ה פ י ג נ א ב ה ש ש ב

ב כ פ ח פ ר ב ו ס ר י י ל ר ן ד ת

י פ ת ו נ ו ד ר ב ק ת א ה י ו ָ ע

כ ח מ ת ת ר פ ק מ ח כ י צ ז מ ד ר

ר ר ו ד ו ן ו י ר ו נ מ ה ב ל ו נ

ם י ה ס ת ח י ש ב ו ד ד י ס ס ב י

נ ל ו ל ש י ע ב י ש י א ר י י ו ר

ב נ מ ו מ ע ג ת ע א י ן ס ת כ ר ב

תערובת
להצהיר
פסיק
ברכת
צנון
בזירה
רופפת
להגר
אישי
שקוף
לשבת
לפלוש
בשיחת
המורים
מעדיף
בית
מאשימים
המבורגר
הודעת
משקפי

Puzzle 209

כ נ ל ת פ ת א ו מ י א ה ו י פ ו ה
ר ו א ז י ו ך ל ר ה נ י ו מ ע מ א
כ ק ו י ד ב ע ק י כ ג ג כ ח נ ש ו
ו ב ל ח ס מ ו ס ק פ ל צ ח י ח ב פ
ם ב י א ה ת פ א ס ו י ו ו ו ב ו ר
נ י פ · ק ל ג י ו ל ת ת ר ו ח ג ת
ל ו א ה ן נ ו ב ת ה ל י ל ל מ ר נ
א ס ו מ י ח ב ו י א ם ו מ ש ל י כ
ל מ ר ג י ת ס ח ו מ י מ י ה י ם ת
ה ו ל ג י ת נ ר י פ ר ל ח ר ל י א
נ ה ש י ד צ ג ו ס ה מ ה ה א ה מ ו
מ ז כ ר י ר פ י כ ו צ צ ל ק כ ק ל
ה ש ר פ ר פ י ו ל מ ע ט ת ק ע י נ
י ו ל ף י ר ח ה ב ה ח ר ת ל ב ב מ
ע ן א ת ת ר י ו ר ה ח ף ם מ ת ל ל

פתאומי
החריף
ירקות
אפילו
להצטרף
שחורים
כפול
בוגרים
המניות
כרכום
אנגלית
רחוב
מהסוג
אחיזת
למעט
קיר
רפואה
להתבונן
פרפר
בדיוק

Puzzle 210

ה מ ה ת נ י ל ב א ב ק ל ב ת ב ה י
ע ח ס י י ע ק ק ה ל ג י צ ל מ ש ז
ש ב מ ר כ י ב ת ן ל ה א ב י פ כ ו
י ר ס ד ר ח ה ד ו ת פ י ע ס ו נ א
ר ת י ר ל ס ח ת ה ר ף ב י צ ה ה כ
י ב מ ס ו ש ל ר ץ ז מ ח י א ר י ח
נ · ה פ ו מ ט ו ת ו ל י צ ר מ ו צ
ס ש ח ו ד ו ד מ ו מ ע ב ר ו מ ת ו
ב פ ו ה ו ר ו ת ת ן ה י צ ק נ ו פ
◌ פ ל ח ר י ל ב צ ו ס ה ו פ ה ן ס
נ ט ו צ מ ו ג מ ר י ח כ ג ר ו ס ו
א ת ר ו ב ד י ר א ס ס י ו ד ל י ה
מ נ נ א ט נ ן ו פ י פ ע ר ל ס י פ
ף ו ו ת ש י כ ו ד נ ת ע ב נ א ל ר
ד פ ד ת פ א ו ב ח ב א ן ח ו ג ו ח

בהחלט
תאו
בניסיון
בתמורת
עפיפון
העשירי
דודו
סלרי
חרד
מחברת
הון
מוזר
ביצה
פונקציה
דבורת
לגלות
זכו
בצבעי
מרכיב
פרץ

Puzzle 211

ו	ו	ר	א	י	י	ה	ו	ה	ן	מ	ר	ש	א	י	כ	ד
ו	י	נ	ב	א	ש	ם	ו	א	ק	ד	י	ב	ד	ו	א	פ
ת	י	ת	י	מ	ש	ג	ה	פ	י	ב	נ	ו	כ	ח	י	ם
ו	ל	י	ו	כ	ת	פ	ו	ש	ח	ר	ד	י	ב	ק	ד	ת
ש	ח	מ	פ	ר	ה	ם	ב	ר	י	ר	ו	ש	י	מ	ר	
ר	ק	צ	ד	ת	מ	א	ש	ו	ש	ם	ת	ק	ה	ר	פ	מ
ה	ל	ך	י	ר	א	ה	ל	ת	פ	ת	ע	נ	י	ס	כ	י
ל	ה	ע	ו	ט	ה	מ	י	ש	ג	א	ו	ו	ו	ג	ט	ק
י	ו	ג	ש	ל	פ	ת	ו	ר	ד	ר	י	ח	ם	ס	ה	ל
ד	נ	ו	נ	פ	י	ה	א	ט	ף	ע	י	נ	ס	ס	ו	א
ח	ת	ו	י	פ	ו	ק	ש	ח	ר	מ	ב	נ	ח	ש	ב	י
ע	ו	נ	י	ט	ב	ח	י	ו	ר	פ	ד	ג	ש	י	ת	ק
כ	נ	ב	י	י	י	צ	מ	א	מ	ד	ג	י	ו	ע	ו	צ
ו	י	ר	ר	ו	מ	מ	נ	ח	ת	ב	ע	ו	ר	ג	ב	ת
ן	ם	ד	ו	ת	י	ח	נ	ד	ה	מ	א	ס	ו	נ	·	ר

לפתור
נוכחים
נתונים
היום
טועה
למד
להרשות
גרף
פרה
גשמי
שקופיות
קצת
להאריך
מדברים
נשוי
אביו
חופש
מישורי
האפשרות
וחצי

Puzzle 212

ה	ל	ה	פ	ח	י	ת	ש	ת	ו	ח	ב	מ	ס	מ	ח	ר
ל	ס	ו	ת	ו	א	ש	ד	פ	י	מ	ר	ק	פ	פ	ה	ו
ו	נ	ס	פ	פ	פ	ו	נ	ק	ת	י	ו	ו	צ	מ	א	צ
ג	ח	ל	ג	נ	ט	ח	ע	ט	ו	ם	ו	ם	י	ק	ו	י
ע	ש	ל	נ	ו	ר	נ	נ	ל	ו	א	ז	ל	פ	ו	ס	ק
ה	ו	ה	י	י	נ	ן	ע	נ	ס	ע	ר	מ	י	צ	ו	מ
ס	ב	י	ב	ת	ל	י	ט	י	ה	ר	ר	צ	פ	ח	ו	י
ש	ע	ו	ר	ב	א	ת	ר	מ	ל	ק	ב	א	מ	ד	ב	ף
ם	ע	ב	ו	ס	י	נ	פ	פ	ס	ל	א	י	ו	כ	ע	נ
ת	צ	ת	י	י	ב	ד	ל	ע	ת	ע	ב	ר	י	ר	נ	ג
י	ו	י	א	ו	י	ן	ח	פ	ח	ר	ך	ב	ד	ף	כ	ב
ע	י	ל	ד	ל	ר	ח	ו	ר	ן	א	א	ר	ח	ס	מ	כ
י	כ	ת	ע	ת	ע	ח	ש	ל	ג	ו	א	ש	ו	ף	ת	ב
י	מ	ג	ת	ת	א	ת	ר	מ	ת	ו	א	ה	כ	פ	ר	א
ט	א	פ	ל	י	ו	ה	נ	ר	י	ד	ר	ד	ע	כ	י	פ

קיצור
שפת
נחושת
בריא
מחר
ספציפי
הססגוני
להפחית
נענע
נחש
מקום
העגולה
להסוות
תולעת
חמים
ברווז
קטלני
מצא
מאבק
סביבת

Puzzle 213

ק ע י ו ג ר ה ת ת ל ה ו ן ר ו ו ט

מ ל ס ל ו ח ת י כ ת י כ ו כ ז מ ש

ר י י ק ל ל ן ג ב ו ב ז ר ח ב ג ו

י ן ת ל י ו ש ש ו א י ת צ ד ג ר ת

ת ע ב נ ג צ פ נ ם מ פ ש ה א ח ג מ

א א ן ו ב ש ח מ ת צ ו פ נ ל ר א ד

י ר ו י ע צ מ א ב ב מ ח ו י ם ס ת

ק א ת ע כ ת ב ב כ א ד ל מ ז ו ו פ

י פ מ ב ו ם ח ל י ן ם ב ה ת ע ח ס

ו נ ס ח א י ל נ פ ו א ב ר ל ר י מ

ר י ש ט ג ח ר ו ב י ו ט ת ח י ג צ

ה ש י צ ר ו ח א ח ר א י ו ו ה ן מ

ד א מ פ ם א ד א ע ו מ ם ר מ ק ו ל

א ה א י ו ח י צ ו נ י ה ב ו ב פ נ

ג ט ו מ ר ר ב ל ל נ ץ ש ר ו ד מ ד

קרן
זכוכית
לכבוש
המונה
לסלוח
תועלת
בובה
לחפש
מחשבון
רחב
חיצוני
מחפש
באמצע
רצה
נפוצת
זבוב
חתיכת
אחראי
דורש
אמיץ

Puzzle 214

ר ה ה ק צ ר ה ע ל א ה צ ו [illegible] ו כ מ

ת ן ל ף י ת ג ל י ח ב ה ע ב נ ח ב

נ ד ד ח מ מ ש ה ו [illegible] מ ה ד נ ו ו ט

ל ד ג ן א א ז ב ל ת פ ש [illegible] ו ו ב י

ת ר ל ת פ ת ה ע צ ד פ ל י מ נ ע ח

מ פ ר ק ו מ פ ק ט י ת ו מ ת נ מ נ

ו ס י ו כ צ ע י ר ך נ ש ה ג ר א ו

ד י ה א ר ת ה י ו ך י מ ו ו ה ו מ

י ר נ א ם ו ת א ח צ פ ה ה ל מ ו ב

ה ת ב ל ו י ל א ב ו ב ד ת ל ל כ ב

ה ר מ ך נ ק ס ת ל ט ב ח ו מ מ מ ו

ד ד מ פ ל י ל י צ ג ד ה ב ו ר ר

מ א נ ש פ נ ו נ פ מ ת ר י י מ י ל

ן ג צ ו ח ק ס ה ו ו י ר ק מ י ס א

ר ו ג ם ו נ מ ו פ א ה ה נ מ ד נ ר

העלאה
בכלל
משהו
רך
קצרה
מבטיח
נקניקיות
מסולסלת
סירת
בפינת
צב
פרק
בחור
צעיר
לייצג
התראה
שפירית
המשולש
קומפקטית
החובה

Puzzle 215

ש	נ	פ	כ	ד	ר	צ	צ	נ	ס	פ	ה	י	ד	כ	ו	ק
פ	ב	נ	ו	ס	ף	ו	ע	ט	ה	מ	ל	ר	ל	מ	י	ב
ת	ר	ט	ש	מ	ת	ח	ר	ו	ג	ח	ג	צ	מ	ח	ת	ל
ו	ן	ב	ת	מ	ת	ק	י	ח	מ	צ	ש	ו	ל	ו	ס	ק
ז	נ	ת	ח	ס	ש	י	ב	א	ל	י	ק	ן	ו	ו	ת	ח
ח	ד	ק	א	א	מ	ם	ה	י	י	ו	ט	ו	ה	מ	ן	א
ל	ה	ת	נ	צ	ל	ו	ת	ן	ת	ו	ה	ן	ע	י	ה	ל
ת	ל	ה	ח	ל	ק	י	ק	י	ם	ר	י	מ	ה	א	י	ל
ו	ל	א	כ	כ	נ	ל	ז	ל	י	ו	פ	ן	ל	א	ת	ה
ש	מ	ח	ו	ל	ה	ז	כ	י	ר	ע	ד	ש	ר	ע	י	מ
י	ו	ו	ם	ו	מ	י	ה	ת	נ	פ	ל	י	א	ע	א	ה
ד	א	ש	ר	מ	ת	י	כ	מ	ל	ר	נ	ו	ן	מ	ם	כ
ל	ו	ש	ק	ה	ק	נ	א	ת	ה	י	ע	ק	ב	כ	ע	ר
ל	ח	ו	ת	נ	י	כ	ט	י	ח	מ	ת	ל	ת	ח	ה	מ
ח	ה	ה	ה	פ	כ	ע	ר	ל	ד	א	ה	ר	ג	א	ה	ל

עריכה
ולהזכיר
לחם
נברן
אקדח
החלקיקים
סתיו
חבר
משטרת
משתתף
נוסף
התנצלות
כי
צמחי
צוחקים
לחזות
שקטה
רצון
חגור
אומללה

Puzzle 216

לרכב
לתת
חיבור
חמאת
לחשב
סדר
מוקדם
להתאים
לכונן
בעמוד
שעברנו
תחתון
שמע
מעשה
מהיר
אנשים
קילוגרם
טבע
גור
בלב

ט	ב	ע	א	א	א	ח	מ	ח	א	ק	ק	ר	ד	ל	מ	ו
ו	ל	ת	ת	ע	ת	כ	ו	ל	מ	נ	ו	ת	ל	ה	ג	ן
ש	ב	מ	ד	ה	ת	מ	ק	י	ד	א	ש	ה	ע	ת	ו	מ
ר	כ	ר	ת	צ	ס	נ	ד	ר	ן	ש	ת	י	ו	א	ק	ם
ת	י	ו	ן	י	י	ל	ם	ש	כ	מ	י	ט	ם	י	ל	ל
ק	י	ל	ו	ג	ר	ם	ו	ש	ע	ע	י	ת	י	ם	כ	ה
ס	ח	ר	ת	ג	ו	ד	ו	ו	ל	ב	כ	ר	ל	מ	ו	י
ד	ל	צ	ח	ו	מ	ה	י	ר	ה	ש	ר	ס	ד	ר	נ	ס
י	ב	ל	ת	ר	ת	ש	צ	ו	ת	ח	ש	נ	מ	ן	ן	מ
ה	ר	ו	ע	ר	ק	ע	מ	ב	י	ל	ס	ם	ו	מ	ר	י
ר	ו	י	מ	מ	ל	מ	ל	י	ב	ד	ב	ס	פ	ב	ו	ז
י	ה	צ	ה	כ	ב	ל	מ	ח	ר	ד	ב	ע	מ	ו	ד	מ
י	ש	ם	ם	א	נ	פ	נ	י	ל	ע	ו	ו	ל	ת	ר	ו
כ	ו	מ	ב	ת	מ	ב	ה	ל	ב	כ	ו	א	ו	ת	ו	ן
ו	ו	י	ל	ה	נ	ס	מ	ד	ה	ר	ה	ב	ת	י	י	ל

Puzzle 217

י נ ה י מ ל י ב ע י ע ט ת ל י י ל
ר ו ה נ · מ ה ל ו ש י ו ל ו ם י ח
מ נ ר א ה ש י ש י ד מ י ס ו ר ח י
ת ב ג מ ע נ ק י ת ע ר ו כ ה ת י פ
ן ו ל ק ט י ת מ נ ב ה י ע ש ת כ נ
ו מ ע ב ב ח ה ש ה ז ת ו ו ג ח · צ
ן ה ל א מ צ ע ר א נ ל ע ה פ פ א ה
ד מ ו ר מ ם מ ד ב ם ט צ כ נ ל ר ב
י מ י ש ה ו ם ב ו י מ ר מ ע ה ל י
ע ה פ ם ט נ ח ל י י ע ח ה ל ח מ ה
ד י ו מ ר ה ת י ם ס ו ה ע ו נ ן מ
ד א י ר ב ו צ ט ל ל ח ו ר ש א ז ת
ב ע ת ו ה נ כ ה א א ל ו ף ן ב ו ל
פ ז י ד ו ב ג ל י ב ו ת ה ל ד ס ס
ו ל ה ב י ן י ש ל ב ס ל ת ו ג ה נ

עט
השישי
עשיית
נפגשה
תערוכה
העולם
לבדר
להבין
רשמי
אבק
עד
אלה
ענקית
מטלת
לסיים
מגבת
להגן
נראה
המחלה
תזה

Puzzle 218

לעקור
הגרוע
נמלה
כזה
שומן
חולצה
מלכה
אירוע
הגבוהה
שבעה
פיתוח
צריכה
מילואי
עצמה
החוצה
פסנתר
כריך
לבן
תרמית
תלוי

ו א ש נ ה ז ת ע ט ר מ נ ו כ י ל י
ר נ צ ר נ ע פ מ ו י נ מ ו ל ט מ ה
מ ב ר ד ע ל ו ל ד מ ל ל ע ל ת ר ח
י פ י ת ו ח ו ל צ ה א ה ו ו ו מ ו
ל ל כ ה ע ב ש ן ג מ י ה ע ש ת ס צ
ו ב ה כ ק כ י ב ל צ ר ת י מ ר ת ה
א ן ש ל ד ר ו ע י ע ו ו ה ך י ר כ
י ת ו מ צ ה ק ר כ כ ע ל א כ נ ר ם
א ו מ י ה ו מ ר ת נ ס פ ז מ ח ו ה
מ י ן פ ר ס ר נ ב ו נ ה מ ת מ מ ו
ן א פ י ל פ י ש ה · ו ב ק ל ג ו צ
א ה ה כ ע ה ו נ ה ה ל י ת ו ת ח א
ה צ ג מ ר ע מ ל ו מ פ ע נ י א ע כ
א ר י י פ ו נ ב ו ו ט ה ר ג י ה ו
ו ל ח י ט ע ו ר ג ה ו ל ב ל ר י ה

Puzzle 219

ו מ ק ל מ ת ה י ה פ ב כ ו ש ר נ א

ג א מ ע ן ג מ ס מ ל ת ח ל ו ו ר פ

ד ת ע ת ע ה ע מ ר ד י מ ק א פ א ש

מ ת ה ך מ ◌ָ ת נ ה נ ת מ כ נ ס י ר

ל ר א ו ד ה ◌ׁ ח מ א צ י ת ע ל ה י

ת ו ו פ מ ת פ ר ט ה ל מ כ ו נ א י

א נ ב ה ן ו ו א ב ב מ ק ל כ ו ל ם

ר מ מ י ס ג ת ת נ א י ר ג ת ו נ מ

ב י ח נ ה נ ד ר ש ל ב נ ס א ן מ ך

פ י ד י ר נ ב ר ת פ ש ז ש מ ד ר ך

א ח ד מ ד א נ ת ה ב ד ו פ ל ם פ ר

ל ה ס ט ל ל מ ה ו ז ג ב ר ו כ ס ח

ד מ ת י ד ו ש ◌ׁ · ו נ ◌ָ ר ה ק ע צ

ו י ו ו י ר ו מ ן י ג א ת ן י ם ר

כ ו ב ע ן ש פ ש ד מ ש ה י ר פ ל צ

דוב

נדרש

לספור

צעקה

מכנסי

שׁוּנָרָה

פלא

מנות

לן

בכושר

או

מחדד

מכונאי

ויטמיני

אפשריים

רוק

כובע

דואר

אשר

הפוך

Puzzle 220

י ג א י ר ו ו ם ע א ן ר ו ה ח ל ר

מ ח י כ ל ד ג ו ו ז ל ם ה צ א א ר

ח ע ל כ ד ע מ ב ב ו ה ן א ו ה ל ת

ב ר ל ש ו מ פ ו ר ס י י ה ה ◌ׁ ב ס

ו מ ו פ ז ו ש ר ג ש ת צ פ ה ק נ ז

ב ס ו ע ע ת ר ש א ק ו ק נ ו ל ו ת

כ ס ד ל א ת ן ר פ ח א ו י ך י ה ן

ל ם כ ס ה י ו מ פ ד י כ ר ף ת ר ו

ר כ ב ן א צ י ל ה פ ר נ ת י ו ד ל

נ ר א ו נ צ ע ו נ צ ב ◌ָ ה נ כ צ נ

ל ג י ם נ פ ת מ ו א י מ ר ר ק ל י

י כ ס כ ו ו ו ז מ א ב צ מ א ר ו ב

ד ו ל ו ן ש ק י ת א ו ת פ פ ד ר ף

ו ד ס ע ל ז מ ן ט ת נ י ד מ ב א מ

ש ו ו ס ש ב מ ש ש ת ק ס פ ה ת ו ג

שאר

הם

שקית

מזין

לזווג

זנקה

כועס

צנוע

גרב

תמונה

במדינת

חצאית

בריאותי

זמן

בפועל

בוהן

אצילה

הפסקת

קצין

הסכם

Puzzle 221

ת א ו ק א ו ף א ת מ ש ו י ע ב א ו
ה ל ד ל י מ ס נ א י ה ע י ע ו ב ל
ו ה י ת ר ת ו ש ר ת מ ל ו ר א צ ב
ם ו ו ס י ו א י ר ו ג ו ז ת ס ש נ
ה ג י נ ס א ל ב א ז ד ת ת ר י ה ד
ת ו ן ק ת ע ו ב ם פ ר נ ו ם פ ת מ
ו ס ש ב י ת ת ן ו ד ש ו י ו ה ל ל
ו י ו י י ת ל ל ח ה ד פ מ פ ב ק ר
ה ר ת ת ו מ ת מ ו פ א א ו ן י מ ז
צ א נ ל פ ת ח ל ש ח ר י נ פ כ ר ק
מ נ ח ס ו ב ו ל ג ב ת ל א ש ת ד ו
י ח ל ג ה א ר ה ן ר ר י ש ב ר ר י
ח ה י י ח ן א ש נ י י ת ל כ ו ו א
ת ד ב ל ת ה ו ג ד ם ח ו ו א ע מ ו
ן י י נ ע מ צ ה י ר ו י ד ה נ ב מ

שיר
לפתח
התרבותית
צמיחת
חברים
נשא
מעניין
חתלתול
גדר
איריס
שדון
שצבא
גלובוס
אורזת
זמין
אפונת
אוסף
מבנה
דהירת
סנאי

Puzzle 222

ב ה ע י מ ס נ נ ו ס מ פ ח ד ן מ ד
י פ נ י צ ו ב ד ו ל ק ר י ה מ כ ח
ב ל פ מ ר י ד ו כ ע ו ת י ן י א ו
נ ל ב ו מ י ל ה ש כ ר ה כ ס ת י
א ג פ ו צ א י ס ו ו ש ט ם ם ם ח מ
ו ר ל מ ב צ י ד ו ט ב ל י ד ח ע ב
נ ו ע כ ל י ד י ל י נ א ז ה ו ג ו
ל ו מ ש ו ן ת ח ל ה מ ש י ך ר ו ו
י ה מ ק ו ו ה ו ר ל י ל ר מ פ ל
ר ד י נ ר מ ר ב ו פ ש כ ע ר ת ר מ
ך ו כ א ד א י ן ש ז ר ר ו מ נ ו נ
ו ו ר ר ר ל ה ל ו ם ט פ ע כ ו ט ד
ו ר ו ד מ נ ז ב ה מ א ו ח ר ת ו ה
ה מ ך כ ו ו ב י נ ל ב ש ת ה ת ת א
א א י ח י י מ א פ מ ח י ן א פ ו

עליזים
ובמיוחד
חכמה
חייהם
מתנות
ילידי
סימן
מפחד
דוור
ורוד
יכרוך
להשכרה
פרוטות
להמשיך
בזהירות
אין
נוח
מאוחרת
מוחלט
רופא

Puzzle 223

א	ה	י	צ	ו	א	מ	ה	ע	פ	ו	מ	ו		ר	א	ח
פ	מ	מ	ת	ו	ל	ש	ה	ל	י	כ	ה	צ	א	ד	נ	מ
כ	ח	ן	ל	ש	ח	מ	ש	ר	א	ס	י	ו	מ	ו	ב	ר
ו	ה	ס	מ	י	ה	ע	ת	ל	ת	ק	ג	י	ר	ס	מ	ע
פ	מ	ן	ש	כ	ן	ו	ג	ר	א	ר	ט	כ	י	ר	י	ו
מ	ע	מ	ל	פ	י	ת	ל	ת	ד	ן	ר	י	ק	ט	פ	נ
ו	ה	מ	ת	ש	ת	י	ס	א	ת	ע	ט	ת	נ	נ	ה	ו
ל	ש	ס	ו	ר	א	ת	ו	ב	ה	ק	ס	ה	י	י	ו	ת
ש	ה	ל	ס	ן	ש	ל	ו	ל	ה	ה	א	י	ה	ם	י	ב
ת	א	מ	ע	י	י	מ	ש	ר	י	ל	ו	נ	ב	ו	ו	ר
ת	נ	ו	כ	ת	ם	מ	מ	ד	ן	פ	י	ק	ד	ל	ת	ש
ר	נ	ו	כ	ח	ב	ל	ף	נ	ט	ת	ע	א	ה	ז	מ	ד
ר	מ	ם	ג	מ	ר	י	ל	י	ו	מ	נ	מ	ו	ח	ח	ן
ט	ל	ל	ש	ש	פ	ץ	ד	מ	ב	ו	ו	ג	ב	ע	ד	ט
ע	ס	ק	ו	ל	ה	נ	ו	ז	ל	י	י	נ	פ	ה	ר	ב

שמח
פעמון
ממליץ
סרטנים
סקרן
באתר
ארגון
לשמחתי
אסטרטגיה
עדר
עסק
יצוא
הנוזל
הליכה
משמעותית
למשל
כיתה
תכונת
אמריקני
מהססים

Puzzle 224

מברשת
זרועו
המדמיעה
לנהל
שם
מסעדת
בצד
חגב
הסיכון
ליירט
קרם
תצלום
למעשה
כתום
אסון
יכול
חברת
מרק
להעליב
התקדמות

ב	ל	א	ר	ב	ו	ד	פ	ל	א	ו	ל	ו	כ	י	ה	י
צ	ן	ת	צ	ל	ו	ם	ל	פ	ד	ד	נ	ש	ה	נ	ל	י
ד	ל	ט	ו	ם	ם	ן	ו	כ	י	ס	ה	ש	ע	מ	ל	ו
ח	ב	ר	ת	מ	ס	ע	ד	ת	ד	ת	ל	מ	י	ו	ו	כ
נ	ה	י	י	ה	ד	ת	מ	ה	א	ו	ד	ו	מ	ע	ב	מ
מ	ל	י	י	ו	ד	ת	י	ה	ת	ס	פ	ר	ד	ש	נ	ב
ע	ה	ל	ק	ר	ם	צ	ת	מ	א	ק	ד	י	מ	פ	ג	ת
ך	ע	א	ל	ר	ש	א	מ	ר	ו	י	ד	ר	ה	ש	פ	פ
פ	ל	ח	ו	ז	ן	ר	ו	ק	ד	מ	ת	מ	ק	ם	ב	ל
נ	י	א	ן	ר	ת	מ	ו	ד	ג	א	ב	ח	ו	ר	פ	נ
ג	ב	ח	ם	ו	ת	כ	מ	ב	ר	ש	ת	ג	פ	ת	ו	מ
ן	ו	ס	ר	ע	ס	מ	ו	י	ש	נ	ו	ב	ת	נ	פ	ב
ל	ר	י	ל	ו	ד	א	י	ו	ב	ט	ת	ו	כ	ב	ע	ט
ך	ת	ע	י	ו	ו	מ	ר	ר	י	י	ב	ג	מ	נ	כ	ן
ו	ת	ף	ל	ו	ש	מ	ל	מ	ח	ה	ו	כ	מ	ו	י	ר

Puzzle 225

ל ו ד ע א ו ש ו ת ב ן ב ר ה ח ש ב
ר ד ר ג ח ו ל צ ה ב ו ר א א ה צ ד
ד מ ו ן ט ו ו ש ר ט ק י י ק כ נ י
ו ר ב ר ה ו ל מ ב ן י פ ו ל א י ו
ת ש ל ו ר י י נ ח מ ג ו ת י ב ו נ
ו י ו ב ח ל מ ה ס ה ל ו ◌ ם ן ת י
ב י ר פ ה ש ו ה ה י ר ג ת א ס ח י
י מ ש א ב ק ר ש י ר ו ל ן ו ר ש כ
ו מ ל ו ע ר ל מ ה פ ף כ מ ה פ י י
ח א ו פ י ו י ת נ ן מ ץ ה י ו ה מ
מ ט ה ר י ח י ה פ ו ה ע י ס נ מ א
י נ ז ד ת ו ם ש א ב מ ט פ י א ל ב
ם ד כ ע נ נ י נ ג ה מ י ע מ ר ר ו
ר ו ן ר י ד י פ ף פ ל ה י פ ה נ א
ס נ ו י א מ מ ס ו ו א ל ס ד ה א ל

בבטן
לא
בדיוני
מחויבות
נסיעה
חשב
כשרון
ראיות
עץ
כוס
חברה
האקלים
פי
אגורת
בעיית
שוטר
הכאב
נייר
חולצה
כזה

Puzzle 226

ו ו ב ל ב י נ ש נ ב ח ל מ מ ו ו ע
פ י ת ו ו ח מ ל ן ז ו א ה ו ש ע ת
מ י ן ט ו ל ש י ם ת ל ו ן א י ל ם
ה פ ך ר מ מ מ ל י ר צ י ע י י ת ב
ל פ ד ה ל ה א י ן ו ש י ן ו ו א ר
ת י ף ו ה ו ס ת ר ח כ א ש נ י ה ל
ר נ ו ח ש נ א י מ נ י ל נ י ה ו ש
ד ו ת ב כ ו ט נ ו ו י ב ר ם ג א ה
א ק י ן ר י ע י צ ם ם א ו א ל ל מ
ע ר ז ז ה ז ד א ת י ס ר ק מ ד ן ן
ם ה י פ ר נ פ ד א כ י ת נ י ד מ ב
ז ע ן ה א נ י ר ח א כ ו ו מ ע ר ד
י ר ג א ס י ט ר כ נ ל נ ל ב צ ן ו
ל כ ע ו מ ו ז י א ו ן ש י ת כ מ מ
נ ת י ר נ ם מ ו ח כ ל ס ו ד מ ל ת

פינוק
כנסיית
הערכת
כרטיס
שן
תרד
האוזן
עזרה
מוזיאון
צעד
לשים
לוטרה
שלילית
אחרי
להינשא
בלבל
במדינת
הם
אין
להשכרה

Puzzle 227

ו	א	ל	ה	פ	ד	ו	ם	י	י	מ	י	נ	פ	ב	ד	ו
ד	ב	ח	מ	ק	ו	נ	ח	ו	י	ה	ו	ה	י	ל	ב	ו
א	ן	מ	ק	ח	מ	ל	מ	ד	ס	ס	ר	ו	ד	ב	י	א
ב	ב	ר	ל	מ	א	ן	י	י	ת	ס	ח	נ	ל	ד	ו	ו
ו	נ	י	ו	ה	ו	כ	ל	ו	ל	י	ע	נ	י	ח	מ	ר
ב	ש	מ	ו	ו	ב	ר	ו	י	פ	ם	א	ש	ב	מ	מ	ר
ט	י	ה	ר	י	ל	ג	ר	ר	ק	ה	ו	ק	ד	ל	ד	ע
מ	ו	א	ף	מ	ח	ד	ק	י	ח	ת	ה	י	ה	צ	ת	ם
נ	פ	ו	ו	א	ת	ה	ח	י	ש	ר	מ	ל	ו	כ	ל	ך
ח	ת	ל	ת	ו	ל	ת	מ	ח	ו	ו	ו	ק	ו	פ	ה	א
ל	ת	י	ו	צ	ו	י	ו	ו	ו	ק	ו	ת	נ	ר	ו	ח
ם	פ	כ	ד	י	ד	מ	י	ע	מ	ן	ל	ן	ע	ד	ל	א
ם	ח	א	י	ב	ה	ל	ו	ן	ל	י	א	ג	ב	נ	ו	י
ן	פ	ה	א	נ	ש	א	מ	ו	פ	ת	ה	ג	ת	ו	ח	ג
מ	י	ל	ר	ר	י	י	י	י	ע	ל	ו	ר	י	ב	ע	ס

להאכיל
בלבד
המקל
פנימיים
נשק
מלוכלך
שבדית
להביא
לפקח
המומיה
רגלי
התרוקן
מחקר
וידוי
הרי
שיחה
תועלת
חתלתול
מהססים
יצוא

Puzzle 228

במבט
הבינה
עורב
סערת
הגשומה
אביר
חשמלי
מפרץ
טחנת
לאחר
סכין
רוחב
צלילת
צפוי
פיזי
עשרה
להסוות
בובה
אצילה
מוחלט

מ	ט	ה	ש	ת	ג	ל	ה	ס	ו	ו	ת	ה	ב	י	נ	ה
פ	ל	ב	ה	ד	ן	ד	ת	ד	ל	א	ר	ל	ח	ז	א	ל
ר	ח	ש	מ	ל	י	ן	ל	נ	א	ב	ע	א	ו	י	צ	א
ץ	ו	ת	ו	ב	כ	צ	פ	ו	י	י	ס	ד	ר	פ	י	ח
ש	מ	א	ש	ת	ס	ט	ח	נ	ת	ר	צ	א	י	א	ל	ר
ב	ו	ב	ג	ע	ן	ב	מ	ר	מ	ה	נ	ל	ה	ד	ה	ו
ב	ו	ב	ה	ו	ב	ת	ב	ע	ק	מ	ז	ע	י	א	ה	ת
ת	א	ה	ל	י	ו	א	ס	נ	י	ף	א	ו	ח	ל	ו	נ
ח	ה	א	·	ל	פ	מ	ה	ר	ה	ה	י	ר	ו	ו	ת	ו
ב	מ	י	מ	י	נ	ם	ח	מ	ז	ד	ד	ב	ח	ל	ה	ו
א	ל	י	ט	ף	ס	ל	ו	ת	ר	ע	ש	ת	ר	ד	א	נ
פ	ש	ס	א	ב	י	ח	ר	ל	ה	מ	ש	ם	ח	ר	ם	ר
ר	ן	א	ר	א	ס	י	ד	ל	ו	נ	כ	ר	ח	ם	מ	י
ח	י	ת	ר	ת	מ	ש	י	ש	ו	צ	ר	י	ה	ז	ל	ן
פ	ז	ו	ל	ל	א	י	פ	מ	מ	י	ל	פ	ו	א	פ	ע

Puzzle 229

ת ת ב ע ר ה ק ה ה ל מ י ו ד ע ה מ
מ ר ח ד ה ט נ ו י ה ל י ד א פ ה ל
ת ח ו ף ע נ ו ן נ ח ס ד מ ט ך ל י
נ ל ץ ם ן א י ו א ל ש פ ע ר ו ד ד
ש פ נ י ת ר ו נ מ י ש י ת ב נ י ע
ג ן ח ר ם ד ר צ י ט מ ט ל ת ו י ד
ו ח א ש ה ד ר ב ד י ו ו ו ב ט ו ח
ו י ה ע ד נ ח ה ם כ ת ל ה ד ל ר ז
ע ז י ו נ ד א י נ ו י ב ל ת ז ת ד
א מ מ ב ו ט ר כ א ו ו ס ן א א ר ו
י נ מ ה ס כ י ם ו ה ה פ ש י ה א נ
ל י א ש ק ו מ ו נ י ת ל ו ג נ ר ת
ו ם ק י ז ח ה ל מ ו ב י מ כ ו י ח
ו ד מ פ ו ל י ח ר נ ק פ י מ ק ד נ
כ ח ו מ ד ס י ב ו ש ו ת ש ב ל ת מ

להחזיק
בטוח
טעם
בלוטי
חלום
זמנים
שימוש
להחליט
קונה
מונית
דבר
טעימים
אזרח
תרנגולת
זר
בחוץ
חוף
עשרים
מנורת
צנון

Puzzle 230

ן ו ב י ח י ט נ ב א ר ת ו ם מ מ ו
ל ו ו כ מ מ א ר י ד ן ו צ ב ז א ק
מ ו י מ ן י א ר מ ת ר מ ת ק מ ו ח
ר כ ש כ ח כ ק ש מ י ל ס ר ו ב ב ש
פ צ נ מ ל א פ מ ה א ר ו י ל ו ק י
ה ה ו ◌ְ ר י ס ח ש ר י ע י כ נ ת ו
ו ת נ ש ר ד ל ד פ ן ש מ ד ל ן א נ
י ח י י מ ב ה ו צ א ת א ר ו ה ת ס
פ ו ת ל ק ק ל ד י ב ו ר י ם ב י י
◌ ש ל ו ח א ר ו ס ב א ד ז ת ו ן א
ר ה ן ו ר ח א י ת א ל ל ח ת ל י מ
צ ח ר מ י כ ש י ך ו י פ ו ר ח כ י
פ ס ו כ א ל ו א ב י ו ש ר ד מ ך ע
א ר י ה ב ש ס י ו נ ו ט מ ב מ י א
ח א ר ב ו ם כ ו ד ז ד ס ב ר ה ו ו

סבא
סט
לדיבורים
אחרון
חזיר
מאובקת
יד
חמש
בימה
הוצאת
לספק
ישנוני
תחושה
לפשט
ללמד
דבק
בהיר
וילאות
אביו
שפירית

Puzzle 231

ז ב פ צ ג ד ת ל מ ר ו ו ל י מ י ל

ש ד נ ל ר פ פ ע ן ה כ מ ש ס ו נ ה

מ ר ח ב ו ל י פ · ר ה י ה ש פ ע ת

ה ד ת · ג י צ ל ט מ ו ג ק מ ת מ י

פ מ ג ת ר ב כ ח פ ג ה ו ו ט א ב ר

פ פ א מ מ י כ ו ב צ מ ב ב ח פ ה ר

מ מ ו פ צ ל ר ב כ ו ב ע ל מ ד ת ד

כ ב ה מ ן ל י ת ד ן ה מ ש ק א ב נ

ח ק י ת ב מ ה י ר ו א ת ם נ ה ק ו

ו ◌ ל י ו ש א ו א ת י ב י ט ך א נ

ל ת כ ב ה פ ע נ י י ן ש י ת מ מ ח

י מ ל ת נ ט ב ה נ ע ר ל ב ל ם ל כ

א ה ג ס י י ן ו ד ב ד ו ן ד ל ג ף

ו מ ט ב ע ת ס נ ק צ ו ר ו ב ז ח ת

ג א פ ל ס ו ע י ס ס ג א ד ע ו ה צ

אגס
השפעת
אמת
צלב
עניין
תאוריה
להתיר
אינדקס
בעיתון
מכחול
גזע
משפטית
החג
מרחב
שלב
טבעת
במצב
לשבת
טבע
כובע

Puzzle 232

א כ ס ק ו כ פ ל ג ג ר ג י ר י ם ה

ן ף ד ר ח ל ע ו ש א מ ה ך ו נ י ח

ה ו ד ו ת ו מ ל נ י ת י י ס ו ק ל

פ ש ו ב ר י ח נ ן ר ל ו ג פ נ ו צ

ת י י ב פ י ח ב ס ו כ ר י ו י ל ו

ע כ ת ע נ ו ב ק ב א ו ב ר ר ב ב מ

ה ר י ם ר י ו ו ן ג ה ר י פ ס ב מ

י פ צ ו ט ת ת ש ד ה ת ך ת מ י ם ב

ש ר מ מ מ ש ן מ ג ד י י ח ת ו ל ד

ש ה נ א י ק ל י ש ו כ א ב ה ע ש ת

מ פ מ ד ו נ נ ה ד ו מ ע ב י פ ו פ

ד י ק ח א ה ח ו מ נ ו פ ל ר ג מ ו

י נ כ א פ ה י י ו ו ר כ ע ת ד פ מ

ו י י מ ש ב ה א ש מ ל ק ן נ ש פ ק

ת ר נ ת ו מ י ח ה ם מ ח מ ו ר כ נ

בלוקים
פרופסור
ברך
כישוף
מושלם
חתול
תשעה
קרוב
גרגיר
מוצלח
כף
בעמודה
גומי
גירית
קנה
עורבת
הפתעה
בינוני
התרסקות
חינוך

Puzzle 233

ר ו י ב כ נ ר ש י נ פ ו ב ו ם ש ד
ד י ב ת ל מ ת ו מ י ו פ ו ה ת ג ה
ר ד פ ל ז ט מ ד ה א ת ה ר ע פ ר מ
ל ו י ש צ ב א ב ה ד פ א ר צ ס י ח
ם י מ כ ח ן ק י ר ו ה ר ם ו ם ק
ה ת מ ו ל ש ו נ א ג ר ו ש ב ל א מ
ר ח ה א ב כ ו ר ר ו ת ר מ ס י ו ב
ד מ א י א ל ג ו ח נ ה י י ש פ ל ס
פ ש א נ ב ל מ ו א ל ע ד ו ח ר ל ה
נ ל ל ה ס ת ב א ן ב ר ב ס ל ץ ב מ
י א י ◌ א ק ת נ ה ש ב ל כ ס י מ ו
ו ב ל כ י ו מ ה ם ל ש י ס ה ו נ ע
ל ר ח י א ה ו ו ד צ ר מ ח ט ת ם י
ם ן ו ו צ י ת ק ק ש ב ל צ י ד ו ף
ל ב מ ו ל ס ה ח ה ז ל ה נ מ מ י

המחק
בלוני
שובב
פסולי
שגרים
עצם
זה
תרופת
הוריקן
מגוון
מטבח
עם
חכמים
אם
לבשל
פרץ
אחראי
רשמי
שצבא
לשמחתי

Puzzle 234

באזור
שועל
נפשי
מוסד
חברתי
חקלאי
הסינר
גמל
מרדף
אתמול
זעקת
גאוגרפיה
דיוק
פסיון
להגר
מחברת
היום
חברים
רופא
עדר

ו י ר י ן ת א ו ב כ ר נ י ס ה א ח
ר מ נ ש נ ח ק ל א י ד ל ר ם ס ב ג
ו כ י ד ה פ ל ה ז ו ע ו ו ח ר נ מ
ה א ת ס ח נ ה י ו ם פ מ ן ת ש ו ו
א א ר ו נ א כ ד ר א ם ת י ל ג י ל
ל מ ג מ ו נ נ ו ל נ מ א ש ן ש כ א
ר כ א ח י מ ו ס ר ר ו י פ מ ש י ע
ו ו כ ב ט מ ה ם ה ד ה מ נ פ ו ע י
ל ה ג ר ן ו י ס פ ע ח ת ר ד ש כ ב
ז ע ק ת ו ר פ ן ה נ ר ו ר ד ס מ י
ל ם ו מ ב ם ר י ב ר ד מ ב ל א ן מ
ם ז י ח כ ט ג ל ר ו נ ו א מ נ ב כ
ב נ ד א ו ש ו ע ל ת ו ל ג ג י צ ם
ת י ת מ ע פ א ל פ ס י ג ס ש ק מ ב
ד א ר ף ג ח ג ן נ ע ת ו ט ף ד ר מ

Puzzle 235

ו ח ח ר ן ו א ר ח נ ם ט ב נ י ד פ
א ן צ ב ת פ ו ח נ ב מ ת ו פ א פ ה
א ז ר ח י ת י ז ה ו ו ם א ק ך מ מ
נ ע מ י פ ת ה ש פ י ח מ ם ל ש ו ק
ע ר ת מ כ פ ם ש ו ת ש ש ח ת ת ו ו
ח ו י ר י מ ר ם ל מ ל ט ר כ ו מ מ
כ ק ב מ ת ע ת ו ק ס ה ר ש ר ש פ ש
א ו י י נ ו מ ק ל מ י ת ק ו ע ד פ
מ ח ט ת ח ו ן ה ו ר ה ז ך י מ ב ך
י צ ק ד פ י ט ד ר ע ל ש ל ה ם ן ב
נ ל א ת ר י מ ד ש ד ו י מ ד ד מ ו
ח ו ת י נ ו ר ן א ל ש ר ל ו י ד ק
ד ח ר י ל ה ן נ ו מ ו ע ר ח ב ל
ם ו מ ו ע ר א ב ל א ו ע ו נ ר ם
ח ג א ט ר מ ו · י מ ם ל מ צ · ה י

ורודה
שלם
הפולקלור
מחט
מוכר
אפיית
לצחוק
תפוח
אקטיבית
לשלהם
עשן
ניתוח
קשר
מסמר
רע
אזרחי
כפית
מפעילי
מלך
משטרת

Puzzle 236

פ נ ה ן ג ש ס ב מ מ נ ו ט ג ו ח פ
נ ו ן כ ו ס מ ו ו פ ו י ה ו ל ש ע
ו ת ן ב ו ת ק ת ו ג ת ו ר י ה מ ב
א י ל ב ל ד ו ו א ע ש ב ס י כ ו י
י י י ר ם ם ר י ל ב ח נ ש ב ד מ ת
ן נ ת ר ע ת ד ה ל מ כ ו ח צ י ע כ
פ ל ו נ כ א ע כ ד ו ו ך י ר כ ט ג
ד א ג ה ר כ י ו ו י ק ד ל ט · כ ט
א מ י ל ר ק ח ר מ ה ד ת ו י ע נ ו
מ ם ו ך ה ב ד ד מ ל ל ב ק ו י ו י
ו י ה ח ל מ א ה מ ל צ מ ו ל ל ל ב
ו מ ב ה ו א ש ש ו ה ס י ר ת ע ו ד
ב ט י צ ה צ ש ת ח ת ש ו ב ב מ ג ר
ה מ ף י ע ס ר פ ת י ת ו מ מ א י ת
ז ה נ מ א ג ב מ ל מ ה ע ו צ מ ת כ

הלך
החבטה
כתיב
היותו
סיכוי
העוצמת
דאגה
המרחק
סעיף
מצלמה
צבי
במהירות
מסוכן
טכנולוגית
ברוקולי
מחבר
למד
סירת
מוקדם
כריך

Puzzle 237

א	ו	צ	ר	ו	ד	ע	ל	נ	מ	ה	ע	ה	ש	ד	ע	י
ע	י	ד	ו	ב	ת	י	ע	ת	י	י	מ	י	ה	פ	ב	ו
ד	ת	ו	ו	ח	ת	ר	ם	י	כ	ס	ה	ל	ו	ק	ו	ו
ו	ר	ה	נ	י	נ	ח	ד	ו	ד	ש	ל	נ	ה	ו	ר	ר
ר	ו	ו	ד	ק	ו	ל	מ	ש	ו	ך	ו	ר	ר	ש	ה	ו
ל	י	ע	ב	ו	י	א	ל	ת	ר	י	ת	ח	י	ת	ר	ל
כ	ר	י	ש	ה	ל	ה	י	ו	ו	ל	ש	מ	ר	ר	ו	ו
ו	ה	ת	ב	מ	י	ב	ג	ל	י	נ	ג	מ	ה	י	ח	י
נ	ל	פ	י	י	נ	ה	ע	ב	י	ז	י	ב	ד	ק	מ	פ
נ	י	ה	ע	ן	ש	ן	ע	ו	י	ל	ע	מ	נ	ח	ן	ו
י	ל	מ	י	ד	י	ל	ב	ן	ל	י	ד	מ	ו	ד	ס	ן
ת	ן	י	ד	י	ר	ק	ר	ת	י	ה	ה	י	ן	י	ם	ל
א	ע	ש	ר	ב	ק	א	ב	א	ש	ו	ו	ו	ל	ת	ה	ו
ל	ר	מ	ה	ר	פ	י	כ	ה	ה	ג	ו	ל	א	ף	פ	ל
י	ע	ע	נ	י	ו	ם	ן	י	ם	ו	כ	ל	ו	ש	א	א

בעל
משימה
לכוננית
שביעי
נשי
למשוך
לרתיחת
ולשמר
עיר
מגזין
חקירת
חנינה
אהבה
הוקי
בדק
הפתיעו
להסכים
לשדוד
ורוד
דוור

Puzzle 238

ק	ו	ל	ה	ר	ד	ו	ל	פ	י	ן	ה	ג	ש	מ	ב	י
ח	ב	ע	ל	ו	ל	ק	ס	ח	ע	ק	ח	מ	ן	פ	צ	ת
ר	ס	ב	ש	ק	ר	ו	ה	ר	ה	ת	ו	ו	נ	ח	מ	ש
ב	כ	מ	ת	ו	פ	נ	ו	נ	ט	ל	צ	ת	ת	ח	ת	י
י	מ	ב	ת	י	ה	א	ו	ד	ו	ח	ה	ן	ב	ח	י	ג
ע	ל	ה	ת	א	י	ם	י	ר	ו	ח	ב	פ	י	מ	ק	ד
ש	ד	ר	ר	·	צ	ד	מ	כ	ה	ל	ש	כ	ק	י	ר	ה
ר	פ	ס	ו	י	ל	ב	ו	ל	ה	ר	י	ן	א	י	י	ל
ו	ש	ג	מ	ו	ה	ת	ח	ו	מ	נ	ד	ה	ו	ב	ם	ן
נ	מ	ו	ת	י	ר	ה	פ	ס	ס	ס	ו	ת	ל	ו	ו	י
י	ה	ל	ב	ת	פ	ה	ר	ו	ב	ל	ר	א	ו	פ	ו	י
ת	ס	ה	ל	ח	ת	ה	ו	ט	ו	מ	ח	מ	ו	א	מ	ה
ר	ו	נ	א	מ	כ	ר	מ	י	י	נ	ך	ט	ר	י	י	ל
ו	ן	צ	מ	ש	ח	ל	צ	ר	ל	ז	נ	י	כ	א	ה	ג
כ	ח	ל	א	ך	ס	י	ו	א	ל	ם	צ	ל	צ	ו	י	ן

דם
סופית
לתקן
לקרות
שידור
בחורי
יקרים
כותרת
להדגיש
סגולה
דולפין
בשקר
עשרונית
מצב
משך
בתמורת
להתאים
החוצה
שמח
לייךט

Puzzle 239

ם ה מ ל א י ש מ כ מ ס ו כ נ ו ת ע
א ב ם ח י ה י מ נ ד ב י ב נ ן נ נ
פ ק ח ס ו ה ד ו א ו מ ל ש ת נ ק ל
ע ב ש ו ו י ק נ ח ל ב ר י י ו ד ו
נ ו י ם ו ר ה נ ד ו ת ל ח ל מ ל ח
ו ק ר ה כ א ל ת ח כ ס פ ל ן י מ י
ם ל ר י י ז ק פ ו נ ט ל ס ד פ ה פ
מ י י פ ו מ פ י ן ט י כ ל נ פ מ ר
צ מ א פ ר י ט ל ן ת י ב ל נ ד י ט
מ ן נ א ד ת ר ה פ פ ה ה ו ע ו ד י
ש א צ ר ע ס י ו ע ר פ י ן ר ב ק ר
ד נ ל ח נ ח ו מ ה ל ש ו מ ש ת א א
י ר ב ח ל י ת ד ח מ נ י ו ת מ י ל
ת צ ע ו ם ר מ ק ה י ב ר ת ח ר א מ
י ק ן כ י מ ז מ י נ ה ד ו י א ב צ

חמניות
פיל
הבקבוק
כמשי
מארחת
מזמינה
בשורה
קדימה
פטריות
כבשי
לחסום
מסוכנות
כיור
מדען
להקדיש
צבאי
פרטי
יחס
חלון
חבר

Puzzle 240

ו ק ר ו י א ח ש ב ע כ ו ו ך י ו ת
י ו י מ י פ ו י י ר י ב א צ א ו ת
מ ת ל ב ט ה ח צ ן מ א ו מ ל ה ט ס
ו מ נ ו ע ת י נ ת ח פ ת פ ו י ן כ
ל י נ ט מ ת נ ח ל י ם כ ח מ י י ב
ל ק פ ל ל ו ת מ ח מ ד ל ד ל ת י ה
ו ב · ח ו פ ג ה ו ד ל י ן ה ר ח פ
ס ק א מ ד ש ה ת כ ש ד א ש ר ה פ ו
ו ש ס ח י י ת ה י ע א ח ה ם ע פ ח
פ ו ר ו ט מ ו ל ח ר ז מ · ס ו צ ר
י ב ל מ כ י א ש נ ו כ ט נ ו א ת ה
ג ו ה ם ן ד ק ש ם צ ב ל י י ו א ז
ך י מ ם י ק ז ח ע י ס ת ת א ו ל ה
א ה י נ מ כ ן ס מ ל ד כ ה י ש ה ו
ו ו י ה ד ב ך נ ו ו ת ל ו י פ ע ת

מנוע
רעש
ומבוטל
דלת
פעם
מזרח
מתנחלים
אופי
שפות
לכתוב
קשוב
רק
ליצור
יריב
זהות
חזקים
התייחס
למעט
חצאית
כיתה

Puzzle 241

ל ר ג ה ש מ ל ר נ ב ט ל ר ר ל ק ד

ח ס ן ל י מ ת ע ו ר מ ה ט ה ק ת א

מ ו נ מ נ א ת ר א ה ע ב ס נ ו ס ר

נ ד מ ר ג מ נ ס ו פ ש ה ל פ ו כ ס

י צ ד ה פ ר כ ת ס נ ת י ב כ ב ד ו

י ד ת ד ד ו ב מ ף א ד ר נ ת כ מ ח

ה ד ו ק ר מ א נ י ב מ ע ו פ כ מ י

ב י ב ד ר ה ח מ ל ה נ ו ת ו א ן ר

ו ם ר ס ו מ ב י צ ל ר י ל ט י ח י

ג ת ת מ ת ו י ר ז י י א נ ל ד ב ב

ת ו ו ס ד מ ל ו י ך ו י א ו פ א ט

ב ח נ ל נ מ ג ע ה ן ס מ ג ס נ ר י

ר מ א ע ו ל ו ז מ צ ט א ת ר ו ש א

ו ו נ ל ג נ נ ה ד ם ד ש ן ק ר נ ש

י ש י ת מ ר ק ף ב ו פ ש כ ש ד י ד

אפוא
טניס
רכבת
לחמנייה
ראה
חוסר
זול
חותם
לבנות
להבהיר
אנפה
ריח
מבודדת
צדדים
הליך
חמלה
בתגובה
גוזל
לתת
אוסף

Puzzle 242

ת ש י ם ר צ י ל ל פ ע ה ר ב ד י ל

כ ה ב צ ד מ ה מ ח ו י ס נ כ ב ה ל

ו ם ו ל ז ח מ ע ש ח ל ו ה נ צ מ י

נ ן ר ת א ב ה ש ב ת ר ר י י ר ל ר

ת ו י ג ו ר ד ה א י ל ר ג ל מ ב ו

ם א כ ד ה ל י ר ר י י ו נ ו א ל ס

ש י ז ר ו ב פ מ א צ פ מ י צ י ב נ

ל ז מ י ם ו ר ב ל ל ב ס י י ע ו ו

מ ו י ן מ א נ ה ת ג ר ת נ ע ב ל א

ל מ ש נ ו ו ג ה ע ן ב ב ו מ ו מ ו

ב ב ר ר ד ח כ ס ב א ו א ו פ נ ו ע

ח ן ל מ ר א ע ת כ מ ר ב ב ר ש ר כ

ר ל ו ה ל ר ה ר ו ש ע ה נ ש ג א י

נ ב ת ם ו ו ש ק נ ת פ ה ה ב ט פ י

מ ו ה י כ י נ פ ל א ו א י ל ל ק ה

במוזיאון
ברבור
העשור
לציית
לפני
מזכיר
ביצי
הוא
להציג
מפרש
הסורר
אופנוע
לתאר
לבוא
רצון
לחשב
תכונת
באתר
למעשה
בצד

Puzzle 243

ח ל י ע ה א ו ב ס ם ש ב ל ו ו ל ח

◌ ן ו ר פ י ע ד מ ח נ מ ן ד ל ף ל

ס ח ד י ם ו ד א ב ל נ מ ו י ח ש ז

ה ב ו ב ת צ ו ב ק ו ה ר ר ג ע ו ב

י מ ב ס ב ח ר י ע ת א פ י ב ו ח ו

ה ה ד ה נ ש ק ו ע צ ל ו ר י י ו כ

פ ר ב ל י ן ל ת פ ו ט ל נ ע צ ח י

ו צ ן ה מ ד ה ו ש א י ר ו י ה ת ת

ק נ ן נ מ פ ת ד ק ב ב ם כ ס ה ה ב

א פ ר ב ת ח ף ל ל ת ת ו ה ח ו מ ה

ר ד ל ל צ ז ו ג א ר א ת י מ כ ל ט

י ד מ ו י ר ה י ח ל ח כ פ פ ו ר ת

ת ל ה ה ש ע ח ה כ ה ע ט ט ה ג ת פ

א ל ו צ ת ם ת י א ש ו ו ס י י ש ח

פ ת ח ו י ו ה פ מ ת מ ן ד מ ו ו ג

קופה
מבחן
למנוע
היה
חושף
קבוצת
הבת
אגוז
דור
דובדבן
ההסכם
לשעבר
עיפרון
ארית
להסביר
אדום
נחמד
ולצעוק
זכוכית
כתום

Puzzle 244

ע י ש ר ס א מ ב י צ ש ש ד ז ו י ק

א ל ח ו ר ל מ א כ ל ק כ ה ב ד ב ר

ש נ מ ל ת ו ר י ה מ נ ◌ָ נ כ ל ש ו

ת ו ו א ב ש ת ל א ו ס ף ו ר ק ו ב

ו ל ל פ ת פ כ י ה ת ו ס ק ל ח ל ו

ו ה ש ש ל י ך ט ע ו ק ד ש פ ח ב ת

מ פ ח ר ל ו צ ק ה צ ב ע ה ע ה ל ע

ח ע ן ו מ ו צ ר י ס ו א ב ל ל ה ו

ר ח מ ת ל ן י א ו ש ר מ י ח ל נ ד

ת ת ע ן ד ו א ה ח ר ש נ ◌ָ י מ ב מ

ם ב נ מ ה נ ח ק ח ש ו ר י י ר מ ת

ל נ ד י כ ו ח ף י ר מ צ א י ש ט י

ו ת ו מ ח ק ו ו א ב ג י מ נ י מ ע

א ו ה ו י ת ל ל ג א ז ע כ ר ד ו ע

ו ר ב ל ו ו ה כ מ ה ק י א ש ד ע ל

רקוב
הארקטי
כתר
הצבעה
דברי
אפשרות
יבש
מוצר
אשת
נמלת
איך
עז
הנוקשה
קרובות
עוד
קנס
דשא
מהירות
לייצג
מבנה

Puzzle 245

מ ב א ו פ נ י ר ח כ ד ו ר א ו ו ם
ב נ ב ט מ ו ו מ ו ָ ת ך נ ו ח ו ת
ט ו ק מ ת ם א א נ ם א נ ד ל ד ע ר
י ש א ס ד י ר ה ש י ן י ת י ל ו ו
ח א י ס פ ב י ל ב מ ס ד ר ו ן ו ק
ח ם א ת ק ו ך ן ו ח ד י מ ת ט ן י
ר ת מ ל מ ר ם ו ה נ ן ה ע ת ח פ ב
ו ח י י כ ק י פ ם י ר ה מ כ ר ו ה
ם א א כ ל ל ן ד ו ה ו נ ו א ב י מ
ב ר ס י ל פ ל י א ל ש ל ת ש ה ל מ
ל ח י א נ ו ת ן ו ו ת ח נ י מ ש ג
ז ק ד י ג י ל ב ל ל ו ה ו ד ה א ה
ו ן ר כ ה ע ו א י ן מ ו י ח ג כ ר
ו ל ש ש ו ו י ר ר נ ו מ פ ו ל ת י
מ י ה נ ל ח ר ט ה מ א ו מ ר ד ף מ

נוחות
שליו
מאה
ביקורת
אולי
להשתלשל
דין
קרובים
סדירה
שלך
כדור
במסדרון
תעלומה
אופני
בנושא
גשמי
חמים
מבטיח
רך
אבק

Puzzle 246

מבחינת
ישנה
היפופוטם
אופניים
רואים
בסיס
מסוק
משאב
ענן
קלה
הפסקה
לשכוח
אומרת
זריקה
סטודנט
יכולת
קודמת
במכחול
תפקיד
המונה

ח ל א צ מ ן ה נ ו מ ה י ט ב ם ט י
י ד כ פ ף ו ל ח ל ע ת ש ת ל ו כ י
ק ו ד מ ת ל ק ס ט ו ד נ ט ו ה ה ו
ה ר ר ר פ ר ו ש ת ט ר ה ו י י מ ו
ל ב מ ק ק א ס ו ם ע ף ל ו פ ב ד א
ש ו ה י י ר מ ו ב מ כ ח ו ל י ה ו
א ת ס י ד א פ י ע ת י פ ש נ פ מ פ
ל ד ר י ו פ ל פ ו ו ו כ ב א ש מ נ
ו מ י ו ו ב א ה ט ט ו ו ג ל ח י י
נ ן ו מ ה ס ן י ם ח ב ח ד א נ מ י
א ע מ ב ח י נ ת ט י מ א ר ו א י ם
י ד מ ו ו ס ע א כ י מ ט ה ק ס פ ה
נ ר פ ו ה ר פ ת מ ל ו ה ו ך פ ד י
ע ט מ ו ב ה ם י ו ת ר ז י נ י ב ר
ו ז ע ל ע ל ו י י מ ה ק י ר ז ו י

Puzzle 247

י ן כ נ ו י צ מ ר ב ב ה ס פ י י מ
ו נ א ב מ נ א ו כ ר ו מ ל ל ל ה ח
ל ד ל ה ת ב ד ק ד ה ו י ג ו ה ת ם
מ ק ב א מ מ מ ג ו מ ו א ו מ ד ת ש
ד ד מ ח ן ט ה י י ם ר ל ם ע ר ת [illegible]
ע ם י נ ו ת נ ל ל ה ם ת נ מ א י ב
ב כ ס ו י ב ח ו ו ב ו ת מ ה ל מ ב
ש ס ך ר ל י מ ג נ ש מ ל ת ר י ג מ
ל ה ק ו י ש ב ע ו י מ ה ד ע ב ט ד
ש י י ל ג ח מ כ ת מ מ פ ו ט כ ר ל
ע ה ס ת ר א נ מ מ ו ע ו ב צ פ ת ס
נ ז י כ ר ת ס א ח ס ר ק ע מ ה ע י
ח ר נ ו ל ו ב ח ח י ב ת ה ש ע ו י
ש ם ן ו ר י ק נ ר ו י ח ר ב ק ב ם
י ר ה ת נ ל ת פ י ב י ר ו פ א ן ו

פדרלי
וילונות
במחנה
עיקרית
אפור
מצטער
נקי
יש
תרכיז
חשיבת
גיליון
שמלת
לקח
ממערב
תקופה
מגירת
עבודת
נתונים
לסיים
הסכם

Puzzle 248

הקנגורו
בינלאומי
יוקרה
חטיבת
ברור
ירוק
לעצבן
במבצע
להשתתף
מסורתית
כאן
במסלול
תקין
שמונה
עצמאי
פרפר
פרה
מאבק
שקית
קרם

ק ל ע ה א פ מ ו ר ה ע מ א כ א נ ב
ת י ר ו ק ר ם מ ח ש ל י ז ר ו מ מ
ד ר ע צ ב פ כ א ן ג א ל ת ס ס א י
ם ל ה ל א ר ע צ ב מ ב ו א ל ח נ י
ל ד פ מ מ ד מ י צ ל מ ש ו א ר צ י
כ מ נ ל ם ו ע ע ע נ ח ל ר כ א צ ב
ה פ ו ו ן צ צ ף ל מ פ ר ו ח ס ד נ
מ ס ו ר ת י ת ר ו ר ו י ג ו ד ע ב
י ת ע ל ר ת י ו ג ל פ פ נ א פ ק י
פ א ל ו ש ב ק ו י מ ן ר ק ת צ מ ע
י י ה ה מ י ש ר ת ה ו ה ה ב ם י ק
ת ו ל ח ו ט ת כ נ י מ ו א ל נ י ב
ה ק ב י נ ח א ד י ק י ת ד ן י ק ת
י ר ב ד ה נ ו י ס ע ר נ נ ס ר ל מ
ל ה נ ר ו ר ב ב א ו ב ק מ ו ו מ ל

Puzzle 249

ם מ נ ס ה א ר מ ב ה ח ל ו ק ש ל ב
ש ק ט ק מ י ה ו ל נ ן מ ר ת מ מ ן
נ מ ו ר ש י ב ג ו ה ל י ד ר נ כ ן
י י ו ן ת ד נ ן ר ג ה ד ד מ ע ש ע
נ ת ג ס ג ו צ ב ע י ד י כ נ ו ק צ
ו ח ל ו ב ח נ ע ו ו ה פ א ת ל ת ו
מ פ פ י ו א י ו ר ק ו ע נ מ י ה ל
ש ה מ מ ד ב כ ב ל ל כ ת ו נ פ ה ל
ר ל י י י מ ת י י ז ה ח פ ש מ ה ל
ח ד ב נ פ ר ט מ א ב ר ג ק ן א ה ב
ו ו נ י צ ע ו ו י ר ך ו פ ה מ ד ס
ח ת ו ם ע מ ה ו ג ה ם צ י צ א א ש
ו ו א פ ם ן ס ח י י ת מ י ר ל נ ן
ל כ מ ם ם נ ו א מ ל מ א ת פ מ נ ס
י ק א י ק י ח ו ע ל ו ת א ר ק מ ר

להימנע
לגנוב
מתייחס
להמציא
זברה
מנעול
מינים
באחו
בעובי
המשפחה
במראה
מנסה
להפנות
מדד
לשקול
וצבעי
הנהג
כפול
הפוך
סקרן

Puzzle 250

י א ה ק י ס ע ה ל י ו נ ב נ ל פ ו
מ מ ו ם נ מ ר ז י ו י ן ל י נ ט ר
ד ר ן ש ו ל   י ל י י ש ר מ מ י מ
ה ו ד ו ד ע י א א ל ל ו ל פ ש ש י
ב פ ב ז א ח ת צ ה ש ת ן ו פ פ ל מ
ש ה ד ו ו ו כ א ב ת ב ד כ ו ע ל כ
ו ם ח מ ד ס ת ו נ ב ת ה ל נ ק י פ
מ י ו ל ר ם ש ר א נ כ ר ו ל ר ד ו
ל נ נ צ כ ר ל ט ו כ א ב ל ש ק נ ש
ו ו ט א י ל ת ו נ מ ע ד י נ ה ו נ
ר ח ו ח ע נ ו י מ ב ח ו ק ש ת י ע
מ ר א מ ר פ ס מ ך מ צ ע ל ו ל ק ד
ל ק ר ל ת ה ל י ר ש ו ה נ ו ו ט ב
נ ק מ צ צ ר ב ק ו ה מ כ פ א ש ת ו
ן נ ו ח ח ד ע ו ה מ ו ח מ ת ל ע ן

הקרקע
עצמך
מלפפון
חוסם
איזה
חם
אדוני
עדכון
מספר
נעלי
תלוש
לירות
עדינה
קרחונים
להעסיק
שלה
ליד
אמרו
הון
מנות

Puzzle 251

ל ת י י ר פ ס ח מ ל ת י ז כ ר מ מ
ק י י ש ג ל ה ב ק י ע א ו כ י צ ל
ר ן ע א מ א ר ו ל ח ז ו ן מ ס מ א
צ כ ו ו א ח ח ל ת ס ם מ מ מ פ ת ח
ף ו י ל ה ה כ ל ל פ ד ה מ א פ ש ר
ש ל מ ת ב ב ח א ן ל ע נ ת ח ע ל י
ל ו ב ח מ א ה ו נ צ י ה ו ר ר ל ם
צ ג ו נ ע א פ ע ק ו פ ת ו י כ ס ר
ר מ ר ף ד ר כ ה ו ף מ כ ק נ ת ר ל
ף א ל ו ה א י ח נ י מ ב ה נ י ח ב
ה י ת ו א י ר ב ו ל י י ב נ ע כ ק
ו ש י ן פ א ו ס א ר י ח ר ז ו י ש
נ י ד א ב ת מ ו פ ח א ש ק י ע ה פ
ו נ ר י ד ב ה ו צ ק נ ד ט ת ש ע ר
ן א ב ת ח ו ה ו א ג ל ג ה מ ע מ ה

ספריית
כללית
מסוימת
שעועית
מאפשר
עלי
לצרף
חזון
פחות
רבה
לקרצף
מרכזית
אומה
לאחרים
לצוף
בחינה
להבקיע
שקיעה
מפתח
בריאותי

Puzzle 252

ו ל ל פ מ ל י ס ת ת ב ה פ ש ם פ ל
פ ת י ח י ל ג ר ו ד כ נ ת ע ע ג ו
ש ק ח ר ו פ כ ה ח י פ ו ש צ ו ע ל
א ב ה ל ז ן ג ל מ ל ל ה י מ ז ח ב
ח נ י מ ס ל ר ת ק ל ב א ל ו ל ה מ
ר ל מ ם ו ק ב כ ט ן כ ש י ץ ח ל ב
ד נ ו ו ת י ו ו ל ה ל י י נ מ ה ל
מ ן ר א ג פ ב י נ ת ו ה א ר ש י פ
ר ר ת נ ו ש ת ר כ ו מ מ ם מ ח מ ת
י ר ב מ כ ח ו פ ו ב ו ו י ו ן ן ו
ק ש ש ו ח מ ה י נ ר ב פ ה ב צ פ א
ד מ ע ת י ת ן ד מ ו א ת ח מ ר נ א
א ת ל ח ר ו פ י ד ע ת י ר מ ת י ל
י ת ו נ ח י ח ו מ מ ל ש ן פ ר ה ו
ש י ל ו ב ו ס ר ו א ש ל ו ב ח ן ת

איילי
בלחץ
לידת
ריק
צמר
כדורגל
זועם
חמת
קמח
אומדן
עצי
חושש
כפור
אחר
הרס
חיפוש
מוכרת
מעורבות
תמיכה
גרב

Puzzle 253

ב י ו ח ר כ ל כ ל ת ד י ד מ ס ל ת

ש ו י ר נ י ח ו ת צ ל ו ם ו כ ר כ

ה ט ר ק ק ע מ י ד ח ו ל ס ח פ ס ה

ה מ ט ד י י מ פ ר י ת א ע ף ס ו נ

ר ע ו ר ל ב צ ד ש צ מ ו ח נ ן ת פ

ה ד א ך ת י ב ר ח צ ע ף מ · י ל א

א ר ל ס ם ו ת ל א ג ל ל ה צ ט ר ף

מ ג י ב ב ג א ט ו מ י פ ע ס ו ק נ

ו י ת ז ע ע ו ת י ל ז ש ב ו ל צ א

ו ל ב ן ו נ פ ה ן ל ה י ו ת ח י ח

ח ו ש ע ו נ ה מ ת ט ו ה ד ן ל ן צ

ש מ ו ת ח ת י א פ ה ב ר ה ה פ י ד

ב ז ו ם כ ל ר ן ר ק ר ת פ ד ע כ פ

ק ס א ל ר ת ר מ ת ס ן ה מ י ח ה ר

נ ח ן ב י י ת י כ נ ש ד פ י ל ל א

סוס
סל
העבודה
וירטואלית
דרך
אטומי
להכין
עליז
מדידת
כלכלת
מעדר
לחלוטין
בית
כרכום
להצטרף
מצא
זבוב
נוסף
קצין
תצלום

Puzzle 254

י ח ם י נ ח ה ת מ ת ד ת ו ה ר ו ב

א ו ו נ ג א ג ש ו מ ו ד ר פ ב ה צ

נ ז ו ה ש ק ב ו י ן ו י ח מ ת ה ר

ע ר א ת ז ת ו ב פ מ י ן נ נ מ ת ו

ת ב ו ר ע ת ט ה ד ו ס מ צ ג ע ר ת

צ ר ר ו ע ת ה מ מ ע ה ל ח י ו ב ו

ב מ ש · ם ם נ ו ן ה ו ו ם ע ל ו ה

ו צ א ש נ י כ י א ת מ פ נ צ ם ת ד

מ ב ר א ו   פ ם מ א ו נ א ו ע י ס

י י ב ת י י מ צ מ ב מ ל ת ת ש ת ה

ם ה ע ה ל ד א ל ת ו ש ל ב ו ב ו ם

ו ה ד ר א ע מ ו ד ת מ ת ו נ ה ח ו

ב מ ע ם ם מ ץ א ו ו ד א ו י ח ה ר

ה ל ו ל ג ה ג י ע ם ש ם ב י א פ י

ו ל ב ו ח פ ע ח ן ח ל ל ל נ ע פ י

צביה
לנפול
בקשה
הגיע
מודאג
מעדיפים
מאמץ
מעולם
חוזר
דומדמניות
תשובה
שני
הגלולה
טוב
ארבע
בצרות
התעורר
תערובת
התנצלות
התרבותית

Puzzle 255

ו מ פ ס ת מ ת א ק ל נ ו ר ה פ ם ב
ל נ ו ו ל נ צ ח מ א ו ה ב י ם ה ה
ש נ ל כ ח ר ל ט פ ו ש ת צ ה ל ב כ
ח י א ן ח י פ מ א ת ָ ג ו ן ו ו פ
ר ב ג ת י ר מ פ מ ו ה ע ר ח ח ה ל
ר א צ ו ו ד מ א ו א ק צ ת ל א ס ב
ו ל י ה ו ג צ מ פ ב ל ו ז ר ו ו ן
ת ר י א א ן ת נ ה י מ ח ת ד צ ן
ב ת ח ת י ה ש י ה ש ח ק ו פ ד ל
ת ס ר ד כ ה ה י א ק י ח ר ן י ו ג
י א נ ס ה א ר ק ה נ א א ק ב מ מ ה
ו נ נ א ו ח י ה ח ה י ו י ר מ ו כ
ו ג ר ט ר ד ל ל ו ו כ ה מ צ א י ן
ש ת ש ד ה ן פ ו ט ד ל מ נ מ ש כ ו
א י פ ב ס א ק ב ב ל י ו מ מ ש י צ

נשיקה
כוח
לנצח
תה
אח
באותו
מזל
בטוחה
ולשחרר
ולא
לדפוק
מפלצת
בצורת
הורה
סוכן
אוהבים
משקה
שופט
קצת
סנאי

Puzzle 256

דיוקן
הביטחון
סבוכה
מתנהגת
ופלפל
המספרת
מצביע
הפרעה
פעולת
מפוארת
פטרוזיליה
פעמים
פסקה
רכיבת
לחקות
לשיר
כבר
לסלוח
העולם
מזין

ס ר נ ר ב ם ב נ ו י ל מ י ל כ ף מ
ב א ו ו ע ו ו י ם ו ר פ ס ק ה ת ז
ו ע ס ח ו פ ל פ ל ס ל ו ח כ ה ן י
כ ה ח ו א י ס א ו ת ם א ל ה ו נ ן
ה מ כ ל ו א מ ק ע כ ב ר ט כ מ פ ד
ד ס מ י מ ו ד נ ה ע ו ת ו א כ מ י
ש פ ב ג מ פ ך ק פ ט ר ו ז י ל י ה
ק ר ל פ ר ת ג ה נ ת מ ק ו כ ב פ א
ל ת ו י א י ש ח ן מ ן ח צ י ר א ת
ם ן ח ד מ ח י ח נ ג ל ל ל ע ד מ מ
ו י ד ר ר י ש ל ר ם ד ג ה ו נ א ר
מ ע ו ו ה ב מ צ ב י ע י י ד מ כ ע
ח ל נ ה ר ם ב א ו מ א ע ר מ י ל ו
ח ע ת ל ו ע פ ק ו ע מ ש נ ב א א ל
ה ב י ט ח ו ן ח י פ ב ב ת ד מ ע מ

Puzzle 257

ת	ר	ר	ם	ע	ם	נ	כ	א	א	מ	נ	ג	ו	מ	ס	ב
ד	ל	ו	ר	א	ר	ו	מ	ל	ר	ן	ע	א	ט	מ	ו	צ
י	מ	ה	ק	ב	ד	ש	ד	ג	פ	י	מ	ן	ו	ו	פ	ו
מ	ע	ם	פ	ד	ע	א	ו	מ	ת	מ	ה	נ	ח	י	ש	מ
ר	ה	א	ב	מ	ב	י	א	ו	פ	ר	ט	נ	נ	ר	ב	ן
נ	ה	א	ו	י	י	כ	ס	ד	ש	ס	ר	ח	נ	ה	ו	פ
א	ת	ש	ש	ם	ג	מ	פ	ן	ת	י	י	ו	ו	ל	ע	ל
מ	ר	ו	פ	י	צ	ת	ק	ו	י	א	מ	ת	ת	מ	ז	ז
ן	ש	מ	מ	ח	ב	ת	ת	ה	ק	י	נ	כ	ט	ו	ז	מ
י	ע	ן	ו	ק	י	ע	ת	ג	ו	י	ר	ו	ו	ב	א	ב
י	נ	ו	ע	ל	צ	ו	ד	א	ו	א	ש	ג	ח	ן	י	י
ג	כ	ח	ו	נ	ו	ד	ו	ה	ל	פ	מ	ר	ה	ו	מ	ד
פ	ו	מ	מ	ח	ע	ה	ע	ו	ע	ג	ה	א	ר	מ	ה	ל
נ	ה	מ	נ	ו	י	ם	י	מ	ט	ו	פ	ו	פ	י	ה	ה
ש	א	ן	ח	ת	ם	ב	ת	ד	מ	ד	ג	ב	ן	נ	ש	ר

דבקה
מול
ביצועים
עוני
תעודה
סופשבוע
ההיפופוטמים
עשר
נלקחים
נאמן
ציפור
פשוט
לווייתן
במזל
המראה
ואספקת
נהמת
טכניקה
נושא
לזווג

Puzzle 258

ת	ס	מ	ח	פ	ש	ו	ר	מ	כ	ו	נ	ת	י	ש	ו	ל
ה	ת	א	ר	ה	נ	ת	ר	ש	ל	ן	מ	ל	ח	מ	ה	י
י	י	א	ו	א	א	ך	ח	ב	ה	ו	ה	ט	ר	ו	י	ח
ת	א	ו	ד	י	ת	ל	ס	מ	נ	א	ע	ם	ס	ו	צ	ה
ת	ר	ר	י	ן	ב	ו	י	ו	ה	פ	צ	י	י	נ	ל	ל
ד	ק	נ	ג	נ	ף	ן	ב	י	א	ו	ף	ס	ל	צ	ו	ו
ם	א	ג	ל	ר	ו	צ	ה	ב	צ	פ	ו	ע	ש	ח	ג	ר
ת	י	ב	ו	ר	כ	ו	ע	י	ו	ע	ו	ו	י	ו	ר	ו
ו	ו	פ	ש	נ	ר	א	צ	ף	צ	ר	י	כ	ד	ן	ע	ן
י	נ	ו	ע	י	ב	ע	ו	ו	פ	ת	ר	מ	י	ו	ל	ב
ל	ר	מ	ם	מ	מ	ח	פ	ע	ב	ן	ד	ה	ו	ב	ש	ו
כ	ן	י	ק	פ	ע	ה	ר	י	ב	מ	ט	ל	ב	ק	ת	ו
ל	ע	ו	י	י	א	ו	ן	ת	ד	ה	ס	ל	ת	מ	א	ב
כ	ר	ו	ב	ר	פ	ב	ס	ר	ם	ה	ש	ש	ע	ה	ג	נ
ק	ב	ת	ד	ן	ו	ח	ו	ר	ו	א	נ	ב	ה	מ	מ	ם

כלכליות
מלחמה
נצחון
רצף
מכונת
רגולציה
רשלן
להוסיף
הורים
כועסים
להחיל
אקראית
שנאת
כרובית
צפה
באמת
הראתה
ולבסוף
לגידור
מחפש

Puzzle 259

ח א ש פ ו ב ר ה ש ר כ פ ש ו כ ת א
ו ד ע צ ט י ר ק ו ב ב צ ר ס ל ו ל
ו ת ד ק א פ ו ע ט ל ת ו א ד מ פ י
ה מ ס מ ה ו ה צ ר י כ ה ה כ ל מ פ
מ ט ר ו ד י מ י מ ח ג ש ו ג פ ק ט
ש ר י ר ק י מ ד ו נ מ א ב ה ת ס י
ל א א ו ש ל מ פ ו ת ו ח ו פ ש י י
ט מ ג ה ת צ י פ ר א ש ע ר ר ק ם פ
ו ה ל ה מ י ם ב א ו ס מ ו ו מ מ ל
נ נ ס ו ש ל ו ם ן ב ב ן כ ע נ ש נ
ו י ש ב י ת א ב ט י ח ף ש ח ו ג ב
ד ו ו כ ד פ ד ת ה י ק ס ר פ א ת ת
י ו ו ל ו י א נ ש ק פ פ ב ט ל ע י
ל ת ו ג ר ן ז פ כ ט ת ט מ פ ב ן ת
י ן ר ח ב א ב ו ב ח ו ל כ מ ר ל י

אבטיח
אובייקט
בוקר
אליפטי
אפרסק
פגוש
לטפס
תרבות
פרח
בטקסט
יבשי
למפות
ושלום
חופשי
שלטונו
מקסים
קשת
כהה
צריכה
צעקה

Puzzle 260

א ל נ ב י ש ב י ה ר ך ן ו ע ה ו נ
ח א א ד ו כ י י ו מ ש י ט ו פ ס ת
א ש מ י א א ל מ י ת ף ע כ ב י ש מ
פ ק ו ע ה ד ר י ב ס כ א ו ע ו ת ף
מ י ר ב ו נ ק ד ו ן ר ק ו ת ן ר ו
נ ף ד מ ר ו י ת ר נ כ ת י ת כ ר ו
ה ש ק ת ו ר פ ן ת ר ד ס פ ע ו ל ה
ו ל ר ה ו ס מ ח י ו א ג ק ה פ ב ו
ל ה ה ח י ל ש ת נ ד ל ק ק א ו מ ב
ך ם א ו ת נ ר ט י י ג ר ט צ ם ד א
ר ו ל נ ל ו ת ו נ י ד נ י ו י ח ר
פ ו מ ר ן ו ה ל י ת ן ד ח פ ס פ פ
ת ל ה ש ד ו ו צ ש מ מ ד ח ר ח מ א
כ י ו ק פ ח ע ע ם י ד ר ו י י ג ו
ו י ן ו ע מ צ ת נ מ י ו ח פ ל ב צ

פחדן
יורדים
נסיעות
פרא
כנרת
טרגי
עכביש
אדם
טופס
הולך
פעולה
הבוצי
יחסים
קקאו
סדרת
יתרון
שליחה
שלהם
קרן
מפחד

Puzzle 261

פ	ת	ש	ל	ח	ה	ו	ה	ח	ר	ל	י	ש	ך	י	ת	ו
ג	ז	ר	ל	ב	מ	י	ש	ם	ח	ס	ו	י	ס	ל	ג	ו
י	ר	ל	ו	פ	ד	מ	פ	פ	ר	ו	ב	ע	ר	פ	מ	ט
א	ד	ה	ד	ב	מ	כ	ע	מ	ש	ת	י	ב	ו	ו	ו	א
מ	ח	ס	ג	ר	י	ו	ה	פ	ם	מ	ד	ר	מ	ח	ל	ה
מ	ה	י	מ	מ	ע	ח	ע	ו	ז	י	ח	מ	כ	ד	ב	ר
ד	י	ח	ת	ע	ה	ר	מ	ה	מ	ס	ד	מ	ש	מ	ה	ר
ו	י	ת	ף	ב	ו	ו	ע	כ	י	ע	ב	ט	פ	מ	י	נ
ח	י	ה	ו	ל	פ	א	א	נ	נ	ת	ת	ו	ה	ן	י	ח
ל	ד	ת	פ	פ	ו	ר	מ	י	ה	ש	ו	ס	ה	ו	י	ע
ר	ר	י	ח	מ	י	ב	ץ	ס	א	ע	ה	מ	פ	ו	נ	כ
ה	א	א	ל	ד	ש	ע	י	ת	י	פ	ב	ו	ב	נ	ק	ת
מ	י	ט	ר	י	ק	י	ל	ג	פ	ת	ו	ב	ת	ש	ד	י
ה	י	פ	ע	ח	א	ם	מ	נ	מ	ל	ל	ד	ב	ד	פ	י
ח	ר	ד	י	צ	ו	ע	מ	ד	פ	ל	ב	ד	ת	י	ו	ש

מחיר
ארבעים
טריק
שמפה
להסיח
טבעי
מגיב
השפעה
כניסת
תשע
גדול
גזר
זמינה
מכשפה
לחפוף
רופפת
שמע
חיבור
ממליץ
המדמיעה

Puzzle 262

פ	ר	ב	ל	י	ב	ל	י	כ	ת	א	נ	ס	א	ר	נ	ו
ח	ק	צ	ה	ג	ב	ע	ו	ד	ו	י	ת	י	ף	ר	ו	ב
פ	א	ם	י	י	ר	ה	צ	ה	ש	ש	ב	ר	ק	א	ת	ו
מ	ס	פ	ק	א	ן	ר	מ	ך	י	י	ל	ר	ת	ק	כ	מ
ו	ח	נ	פ	נ	י	מ	י	ו	ר	ת	ל	י	ה	ק	ש	א
ק	ד	ג	ח	ע	פ	פ	ו	מ	ר	ש	ח	ב	ם	ח	ק	ש
נ	ש	ד	ו	נ	מ	ב	י	נ	י	י	ת	ר	ע	ק	ו	י
ו	ו	ָ	ג	מ	ה	ק	ו	ד	מ	מ	ם	ג	ק	ז	ה	מ
ל	ת	ו	ו	מ	ק	ר	מ	פ	פ	ו	ע	ו	ר	ח	י	י
ך	א	ה	ת	פ	ב	י	מ	י	א	ת	ק	מ	י	א	ב	ם
ע	צ	י	מ	י	ו	נ	ח	מ	ל	ר	ו	י	ט	י	ה	פ
ד	ק	א	ו	ת	י	ג	ד	פ	ט	ק	מ	ל	י	ח	ב	ב
ב	א	ב	י	ב	ר	ד	י	נ	מ	נ	י	ר	כ	א	ל	י
ש	א	ת	ל	א	ר	ל	כ	ר	ט	ס	ם	ה	נ	ת	א	י
ח	ב	ק	ס	י	ו	ל	ל	ר	ד	ן	ר	ר	ו	מ	נ	ל

נגד
קערת
רגל
התקף
חכם
הצהריים
עקומים
חדשות
קריטי
באביב
חזק
אישית
רשת
נמוך
בלי
קהילת
פנימי
מאשימים
המורים
צב

Puzzle 263

א ז נ ק ה מ ס ד ם ר ו ג ו ח ת ש ר
ב כ מ ר ר פ ם י ו ו ל ד ל מ י א ה
ה ט ה ה פ ו ה מ ח מ פ ל ו ת י י ס
ו ז כ י ת נ ה ר נ ת י ג מ ו כ ע ב
א ב פ ח ק פ ק ח נ י נ ו י ו מ ט ו
מ ש ר י ן ט ו י י ר ת ל מ ש ף ג ן
ח פ ו ב ו י ר י ב ק ט ג ו ר י ה פ
ף ל ט ה ב ח ו ד פ ת פ ש ת ל ז ת ה
א ו ו ה ק ו ע י פ ר ק ב ד י ש מ י
ח מ ת ה י ח ת נ ת ל ג י ת ר ל ג ו
ע ו ח נ ר א נ ו ש ן ם נ ו י ו א ה
פ ר ש נ ו ת ר ו ת י ם פ ר ת ר ג ד
ב נ ד ת ס ג ק ט נ ו ע ל י ג ת ב ו
פ א ל ן כ ר ל ו ר ג ל ר ד ד ן ו י
י ו ו ת ו י ש ג ר ל ו א נ ד ו ב כ

הרפתקן
פרשנות
הסבון
בקטגוריה
רגע
ילדים
נדירות
רגשיות
ריקבון
שזיף
קטנוע
חיבה
גיל
אתגר
אזהרה
כבוד
גורם
לו
זנקה
פרוטות

Puzzle 264

ד ר ר ה ר ח מ ב ב ת ש ר ת ט נ מ ל
י מ ר פ נ ש ו ת ו ו צ נ ה י ע ח י
ו ל נ ו א ז ו ה ר ו ו ן ו י ו ט נ
ח פ ן פ ת ר כ פ ק ר ח ה פ ס ם מ מ
ו ע מ ו ו ש ס א ב ו א ע ת ו נ נ ו
פ מ מ ל א י מ ס ו א ו ר ק ר ז נ ד
ש י י ר ק ר ל ר ו ב ו מ א ע ו ל ל
י ם ת י כ ו נ ט ר א י פ ו מ צ ל ל
ן י ע ת ת ב ל ן ן ח ה י ב ב ו ב ד
ו א פ ג ת י ן ו ד ע ו מ ו ד כ ח ד
נ ת ס ב ש ד מ ח ע מ כ ד י ל ד ו ר
ר מ ת ו ם ר צ נ ג ם ח מ ר ה ל ל ד
י מ פ ד ף ל ה ת ו ב ש ד י א י ה ל
ב ת מ י א י י א פ מ י ד ה ג י ע ה
ת ו ם מ פ י ל ע י ן נ ל ח ם ש ל נ

הפופולרית
מתאים
נטו
הגיעה
אגם
בקרוב
טייס
דיבורי
מועדון
סרט
קאובוי
אבא
אור
זוהר
תנור
לפעמים
צוות
חולה
פסיק
חופש

Puzzle 265

ה	י	ח	מ	א	ה	ד	א	ת	ו	ש	ש	מ	ה	נ	ש	מ
פ	ת	ג	ק	ח	ו	י	מ	י	ש	ט	ת	ח	ד	נ	ב	ב
ב	נ	י	ס	נ	י	ף	ש	נ	ר	י	ק	ח	ר	ש	י	ד
צ	ה	י	כ	ת	ן	ה	נ	ו	ט	י	ם	י	ק	ת	ו	ת
י	ת	נ	ם	ו	ע	נ	ע	נ	ג	ו	ה	פ	ו	פ	ה	ר
פ	ך	מ	ו	ו	ל	ו	ע	ת	ו	פ	ר	ו	ן	ו	ק	ל
ס	ו	ס	ב	א	ד	כ	ש	י	מ	ש	ב	ש	ו	ח	י	ה
י	ב	נ	י	ו	ק	ח	י	נ	א	ת	מ	י	ו	ו	ז	ת
ק	ת	ו	ש	ת	מ	י	כ	ש	ע	י	א	ת	א	כ	ו	מ
ת	מ	מ	ק	ד	מ	י	מ	ת	מ	ד	ת	ש	ו	ח	מ	ו
ם	צ	מ	ה	ו	ד	ם	א	מ	מ	ת	ו	ת	מ	ע	י	ב
ל	ג	מ	ל	ס	ה	ה	ש	ר	א	ה	ש	נ	ע	ר	כ	ה
ו	י	י	ת	·	י	ט	ד	ח	ג	פ	ר	ל	א	מ	פ	ש
ת	ו	ל	ד	ק	א	ח	ס	ס	ל	ף	ה	ר	ק	ש	ם	ה
ל	נ	ו	ת	ר	מ	א	מ	י	י	ל	א	ס	ל	ה	ו	י

מתמדת
חמאה
פנים
להקשיב
תות
חושב
הדרקון
וסבא
מוזיקה
הנוכחיים
סניף
נוטים
פסיקת
משנה
להתרחש
חיפושית
שניתנו
שנערכה
ההשראה
יכול

Puzzle 266

תחושת
דווקא
ספינה
משלחת
סיכת
בשמחה
האומה
להכפיל
גבינה
הפכה
לזהות
תיקון
לשלם
ידידותי
לשפר
שרפרף
אחיזת
זכו
בפועל
גדר

ש	ו	ה	ו	ע	ת	ו	ה	ח	מ	ש	ב	ל	ע	ו	פ	ב
ל	ה	מ	ת	ב	ח	ד	ה	א	ה	נ	י	ש	ר	ר	א	ף
ז	ו	ס	א	ק	ו	ו	ד	ת	ו	ם	ת	ל	פ	ג	ד	ר
ה	ו	ה	ל	נ	ש	כ	פ	י	א	מ	מ	ם	פ	א	מ	פ
ו	ל	ו	ו	ר	ת	ע	ז	ק	ב	ר	ה	ו	ע	מ	ה	ר
ת	ז	י	ח	א	ח	ב	ר	ו	י	ב	ו	ע	ש	ל	א	ש
כ	מ	ת	י	כ	ל	ו	כ	ן	ר	נ	ת	י	ו	ח	ו	כ
י	מ	ו	ה	ע	ש	ח	ח	ע	ז	ו	ל	ע	ש	ב	פ	א
ס	א	ד	ו	ג	מ	ו	מ	ל	ו	י	ה	ה	ג	י	ו	ב
נ	פ	י	כ	ק	א	ו	ה	י	ת	נ	ג	ד	ת	נ	י	ת
ו	ה	ד	ו	ת	ט	ע	ר	פ	ש	ל	ב	מ	ב	ו	ד	מ
ת	ת	י	מ	·	נ	ו	ב	כ	כ	ה	י	נ	ו	ב	מ	ו
ן	פ	ש	פ	ת	ע	נ	מ	ה	ם	ה	נ	י	פ	ס	ו	נ
ת	מ	ת	ע	מ	ן	י	ו	ל	א	ב	ה	ד	ח	ו	ה	נ
פ	י	ה	י	ה	י	צ	ת	ר	ז	י	ש	י	ו	ו	ר	ר

Puzzle 267

ו נ ה ק ם א ם ד י ו מ ק ן ר ן י ה

ב צ ב ע י ס נ ו פ ס כ פ ל י י צ ר

י ו ו ו ע ט מ ח ש ב ו ן ס ש י כ ב

ת ף ג ח י ר י מ ר ר נ פ ת י ו ד ב

נ ג ב ק פ ט ת ר ט ו א ר ו א ש ס ת

י נ ל ת ש ג ף ו צ ו י ָ י ס א א י

י ד ז פ מ י ך ר א ח ר י נ ק ש ו ו

ל מ ו ח ח ה א ח ב ק מ ה ב י ו י ה

י ו נ ל י מ א ק י מ א ן ג ת ת ח ו

נ ו ה ח א ג ב ו ש ל מ ר ע ה א ג ו

כ ח ל נ ח ו ח ע ו י ד ת ו י ל ן י

ו ו מ ל ת נ ב נ י ד מ פ ו ח ה א מ

ו ר ו מ ו ר ו ל י ר א צ ה ל מ נ ו

ר י ו ל ו מ ת ו ף י ו מ ד ס ו ע ל

ו ו ד ו נ ס ת א י ד מ ו ו ו מ ה ד

לייצר
נתיב
שעברו
היו
משפיעים
מולד
צוף
בחירת
סקי
מאמרי
הרכבת
בגובה
עגבניות
לדלקי
בצבעי
מחשבון
נמלה
מכונאי
הנוזל
אסטרטגיה

Puzzle 268

ק ו ו א ן ו א מ ב ת ל צ מ ה א ש ה

ת ס ב ָ י ש ז ל ה א ת ר ו י א נ א

א ט מ י ב ר ו ג ח נ ק ר ד ן מ י ו

ק ב ט ס פ מ ו ת ל י נ ו ו מ מ ם ט

י ד ו ק ח פ ו ת צ ק ה ד ב י נ כ ו

נ ס ס ר מ ל ד ו ן י ם ת א פ ר י ב

ה ר כ מ ו ר ר צ מ נ נ ה ו ל כ ס ו

ו ר י א ס ע נ ר ל כ ש מ ה נ ו ו ס

ב ן נ מ מ ג א ל ב א א ח ת ת ע י ה

ל נ ש ו ך מ ל ח פ י ו ו י ד נ ב א

ח ה ק ן י ט ק ה ל ה ט י מ ה ו ט ק

ו ר א ו ב ש ע ב ש ע א נ ר ד פ מ ג

נ ב מ ד נ מ כ ב כ ד י ר מ ן ד ת ו

ן ה ל ש פ ל ד ת ב נ ר ד ב ע ו ה י

ש ס ו ד מ ב ק ת ד ם י ד ב ו ע ה א

נר
המיטה
מדע
כיסוי
לדון
האוטובוס
שנים
אז
עובדים
מאמר
מטוס
להקטין
מגע
עמוק
לרצות
חמוס
מכרה
לנשוך
קיצור
שדון

Puzzle 269

י כ ד ר מ א ב מ ם ה ו ת י ד מ י ת
ת ל ז ס ס ה א ה א ז ת נ ת ו מ ם ז
נ ב ו ל ק י א ך מ נ ק ו ת מ מ י ר
א ל ב ו ח ח פ ו ל י ט י ק ה ר ע ו
נ ת ל כ ע ו מ ס ד כ ה ל ס ת ד י א
ו ם ו ה ו ד נ כ ב ר ב ו ד י ו ב ת
מ ט ה מ ח ש ת ס ו ס ג פ ח י ס ר ר
ע נ ע ח מ ן ד ה ל ל ע י צ ס מ ה ת
ק א ש ת מ ן ב ן ו א ה ט ר נ ו ש א
ו כ ע מ ע י י כ ר ו נ י ח כ ש ש ש
ו י ן מ ל מ ק ר ו ו ו ר ל מ מ ו י
ת ו י פ ו ק ש י א ז כ ל ש ת ו ה ע
י מ ה ד ש ב ל ב ק ל ח ף ו י ה ן ר
ה ס ר ר ו ד א א פ ו י פ ת ב ל מ ב
ו ו פ י ו ת ו ש ב ה ה פ ר פ ל ת ל

חלש
לקבל
ומסודר
מכנסיית
פוליטיקה
הנוכחי
אשמתו
שיער
מתוק
רכי
חודש
שאת
טיפול
הרביעי
זירת
אווז
הסכסוך
מהסוג
שקופיות
אורזת

Puzzle 270

י ו ר ת ו כ ש ב ל מ ד ף ת ך ו מ ל
ה ה ת ס ש ף א א י ק ה ה ע ש א מ ן
ס י ב פ ת א ו מ י צ ם ו ה ת ב י ם
מ ג צ ך ו מ נ ע ח ו י ס ר ר ש ו ו
ס ר ט נ י ם כ ר ו ע נ ב ר ר י ט ח
פ נ נ ה ל ל ו ק ח י ם ך י מ צ ע ו
ו א ו ב ן ו ב ו י ח ט י א י ק ה ח
י נ ה ע ב ר א ר ל ה י ח ל ם ל ו נ
ד פ ר ס ו ו צ ה ת ב ש ע מ י נ נ מ
ע ה ז ס מ פ ק י ן ו ט נ ס ו ת כ ע
מ ם ח ו כ י ס י א כ י ף ו ס ן נ י
ו ל ב י ן ס ל נ ב ו ח ר ו ד ה נ ב
ו י ה מ נ פ כ מ ד ד ן ו ו א א ו ה
ל ל י פ מ ו י ח ד פ ס ע מ ע פ ן ל
ע מ ל ת ם ת י ח ו צ ת ו י נ י ד מ

חמנייה
לוקחים
אנרגיה
אף
אש
מקצועי
לאומי
שטיח
בחזרה
סיפור
דחף
חייל
מדיניות
ארבעה
לנבוח
כמובן
עש
פתאומי
לחם
סרטנים

Puzzle 271

ו	ל	פ	פ	י	ת	ד	מ	ת	ס	ו	ס	ו	ש	ש	ש	ס
ד	מ	ו	ע	י	א	ב	מ	נ	ה	ק	י	ר	ב	מ	פ	ה
ו	א	ל	ח	ס	נ	ו	ה	ו	מ	פ	ו	ר	ש	י	ם	י
ב	ר	י	ו	ח	א	ק	ר	י	ק	ת	מ	מ	נ	ע	ה	ט
ת	א	ט	ת	ר	ל	ת	ע	ל	ו	מ	ו	ת	י	א	כ	ן
ו	כ	י	ה	ב	נ	ר	ד	א	כ	ו	ת	ב	ל	נ	ה	נ
ן	ן	ת	ל	נ	נ	ע	י	ס	ב	ט	י	מ	ו	כ	ג	פ
ע	ת	ד	י	ר	י	מ	מ	ס	מ	מ	ל	ל	מ	י	ח	נ
ת	ל	ו	ת	ו	ח	·	ו	י	מ	ר	ו	ע	א	י	ו	ת
ה	פ	ק	ס	מ	ה	א	ס	ר	ש	ג	צ	ר	ב	נ	ו	ם
ל	ב	י	ד	ס	ל	י	ו	א	י	ב	ע	פ	ם	ו	ב	צ
מ	ל	ו	ל	ה	ו	צ	א	ה	ו	א	מ	ד	ח	ש	כ	כ
ח	ר	ו	ת	ת	ה	ו	י	צ	ד	ו	ל	כ	ל	ג	ל	ת
ל	ע	ת	י	ל	ג	נ	א	צ	ד	פ	ד	ו	ה	ת	כ	ז
י	ב	ת	פ	ל	ש	ח	ק	י	פ	ס	מ	ה	ו	נ	ת	ב

לשחק
מרוצה
מפורשים
ערפד
סמור
מידע
מבריקה
מערת
ממתקי
ירידת
מספיק
מחל
פוליטית
רעב
טכנולוגיה
ספינת
סחר
לתעלומות
ממהר
אנגלית

Puzzle 272

ן	ד	י	ן	ת	ו	י	נ	ל	ן	ו	ר	ל	נ	ל	ע	י
י	ו	י	י	כ	י	ו	ח	פ	י	ו	ר	ו	ג	ש	ה	ה
ג	ט	א	ר	ס	ג	פ	א	ו	מ	ה	ה	ה	ר	כ	כ	י
ת	פ	ו	ב	ר	ב	ו	ב	א	ס	ו	ה	ה	י	מ	פ	ו
ר	ב	ל	ש	נ	א	י	ר	א	ר	ו	ח	ה	ל	מ	ש	ה
מ	ע	פ	מ	ש	ח	מ	מ	ו	ו	ש	ט	ו	ב	ל	ל	ט
ש	נ	י	ב	ש	ג	נ	ד	ה	פ	ד	ש	ת	ל	מ	ה	ק
ת	ל	כ	מ	ר	ל	ו	ד	י	מ	מ	מ	ם	י	כ	ו	ש
ת	צ	ת	י	י	ק	ח	פ	ג	ל	ל	ת	ל	ב	ל	ט	ש
ף	ם	ד	ן	ר	ל	ע	כ	פ	ל	י	י	ר	ד	ח	ו	ו
א	י	ר	י	ס	ה	נ	כ	ג	ב	ח	ס	ד	ת	נ	מ	ן
ר	ה	ר	ע	ה	ק	ו	ו	י	ט	מ	י	נ	י	ב	ש	מ
א	ז	ש	ב	פ	צ	ו	מ	פ	ו	ר	ס	ם	ו	א	ל	ר
ע	ה	י	נ	ש	ו	ף	·	ו	ר	ל	ב	י	ד	נ	ה	ז
ל	ע	ו	ד	ו	ת	פ	ס	ר	י	י	ת	א	מ	ר	ף	ר

משב
שבר
וכרוב
משטח
להוט
קריר
להקצות
בסיסית
ארוחה
זהים
מפורסם
שונים
לכל
ינשוף
השמלה
בעין
שקטה
משתתף
ויטמיני
איריס

Puzzle 273

י כ ת צ פ ו ו ר ד מ ו פ פ ר ת מ ז
ע ם ו ל ה ר ו ט ר פ מ ט ב ן פ מ ת
ב ל כ ח ד ו י מ ו ד ת פ ו ח י ל י
מ ו י ת ת ת ר ר ע ע ן מ נ ן ח ל נ
ד ו ר ו מ ה מ י ד ו א ב ו ע ח ע י
ל ת ל נ ל ו ע ק ג ב ר ו ח י ◌ ע י
י כ נ מ ה ח · ו ה מ ע א ו ר ש ט ד
ה ד ר ל א ך ו ד ח ש ע ש י י ת א ד
ו ו ה ש ה ה א ד ו ו ה ד ג פ ו ע ב
ה ו מ ר ו ת ד ה ג ס פ ה י ם ק ב ח
מ ה ה י ב מ ת ל א ל ל ו ת ט ן ר ק
ש ו ל ש נ י ת ע ם ר י ו נ ש ם ו ה
ס ו ד ו ן מ ק ו מ ק ו ם ש מ ה ה כ
ה כ ו ם ה מ ו ד א פ ו ר ה כ ת נ ת
ה ח נ ב מ ל ל ב ל י ע ף ר ר פ ן ו

תוכי
משם
דומה
תפוחי
צלחת
רוח
קומקום
טמפרטורה
ריקוד
השנתי
הפסגה
למנות
אפורה
להגיש
רבע
חבק
עשיית
מחדד
זמין
נוח

Puzzle 274

י ד י ל י ל ט ל ר ה ת ל ש ר ו ק מ
מ ס ק נ ה ה ש י ע מ ת כ נ ת נ ה ה
י פ ן פ ל ר ו ב ו ע פ ב ע ה ל א ש
ו א ג כ ו כ ב י ע ל כ ל ש א ע ג מ
ל י ד ד ת ש ו ר ו ג נ ק ת ע ה ר ש
ן ק ר ס מ ת ג ס ם ת נ ה ה ל ח ו ב
ן מ ש ש נ י ס ו י ל ת מ ל נ ח ע ר
כ מ ו ר ו ת ב מ ל כ ח ת פ ר ו ו י
ו נ י ו פ ר ן ו ק פ ר ס ט ל ג ט ת
ש ל ו ר ע ט ע ו א ו ל נ ר ו נ נ ח
ו ו א ו ת נ ש ס ל כ ג ש א ו א פ ו
ש ו ו ב ר א מ ח ו ח ם א ד ר ע ה ל
מ ב י ו ם ו צ ר כ נ י ק ו ל ף ה ד
ל נ ל ו ר נ נ ר י מ ק ש ח א מ ר י
פ מ ג ו ר ו מ ב ל ן א ב ו ת ב ג מ

בתורו
שאלה
קנגורו
מקור
מסקנה
כפל
רעוע
מסרק
לפטר
לשרוד
משבר
מוסרי
לאקלים
כוכבי
ניסוי
להפגין
שנעשתה
מגבת
נשא
ילידי

Puzzle 275

ו פ ע ו נ י ג ב ג ש נ ה ה ן א ו
ל ד מ ב ו ג ר י ם ע כ ד ת ן ב ר ע
ט ד י ל ן פ י ש י ח ש י א ה ש ב ף
ה ה ל ה ט ע ו ת ו ה ה ו ו ו ו כ מ
ה י ו ת י ת י ט י ס ר ף ש ו ת ע א
פ ד ל ש ל ש מ ל ד ר א ר ש ר י ו ת
ז ד ם ס מ ס ע ע ס ה י ב ו ת ק ו ח
ו מ ו ד ע ל ה ו ב ד ו י ת י ד ת ל
א פ י ה ב מ ו נ ג נ ן ר י ל מ ס ו
ה א מ מ ל מ ה ת מ ד ב נ י ת ד ו ד
ל ח א ע ו ת ד ו ס י ו ד ב ס מ מ ה
י ע ר י ש ה ח מ ו ס י ה פ י א ש ה
ב ש פ ל נ ד מ כ ל י ל ע מ ו א ב ה
ל א ר י פ ל ס ל י ק ס ג י ה ך כ נ
י ס ע ל פ א ש כ ר ה ן מ ס ג י כ ו

עכבר
תא
השאיפה
דעה
התאוששות
יסוד
תושב
שלד
ערב
הראיון
אוקיינוס
שנה
עמדה
דודת
גישת
להטעות
החמוס
שיא
בוגרים
למשל

Puzzle 276

י י ש מ ת פ ף י א ה ת ב א י א י מ
ר ע נ י מ ו נ ח ף ו ק ת ר פ מ י ל
ה ו ת ש נ ל ת פ ס ב ר ה ע ו ד ש ה
צ ן ל ה ל ו ל ו מ י י ו מ י ב כ
פ ע מ ו ן מ ר ק ה י ל ו ק ב ל פ י
ו ש מ ת ה י י ב י י ש נ י ת י ש ר
מ ל נ ש ו ם ט ח ל ק ב ר א י פ א ן
ת ת ר ב ה א ו ו י מ א א ן ל פ א
ה ח י ו נ מ ג י ח י ב מ ר א ש ר ר
י י ת ו כ ש ל פ א נ מ ה ר ן ו ה ת
ו י כ פ ו מ ו ד י י ג ד י ק כ ל ו
ו ח ש י ו ש ח י צ ו נ י ל מ ש ח ה
ב י ר ו י י ן ר ן ן י ו ה ה מ נ ח
ר ד ג ד ק כ ז נ ר נ ב פ מ ח ל ו ה
ן ה ח ת ב ה י ד ר ח ה ד כ א ל ת ר

מגניבה
מישהו
בקול
להכיר
יחידה
בנק
בקבוקי
המשמש
לנשום
שנת
החשמלי
לוח
הר
ביישנית
חרד
סלרי
חיצוני
בוהן
שאר
פעמון

Puzzle 277

מ	ב	מ	מ	ם	א	ש	נ	ו	ד	ר	ח	ה	ת	ק	ג	ו
ו	ש	ג	ד	ו	מ	ה	י	א	ו	ד	מ	ו	ר	ת	ו	ו
נ	ח	ל	מ	י	ב	ר	ת	ס	ק	י	מ	ל	ע	א	ו	ו
ש	ת	ה	ב	ר	נ	ו	ו	פ	ש	ף	מ	ת	ה	ה	ה	מ
ל	ן	ו	כ	י	ס	ה	מ	ד	ב	ר	י	ם	י	א	כ	ז
ח	ר	מ	א	ב	ם	ל	ע	ו	ט	ג	י	י	נ	פ	ו	ב
מ	ו	ל	ת	ל	ו	א	ל	י	מ	פ	ל	נ	ת	ק	י	ל
ן	ב	מ	ה	מ	ע	ד	ש	ו	ה	ע	ו	כ	ה	ג	ו	
א	ה	ח	ר	ע	ט	ה	ר	י	ו	א	ר	ו	ח	י	פ	ת
ר	כ	א	צ	צ	ב	מ	ל	ח	ת	י	ר	כ	ר	ש	ד	מ
פ	ו	ע	ל	ר	ת	כ	ת	י	ה	י	ח	ת	ר	ו	ב	ד
ס	נ	פ	פ	ס	מ	ב	ב	י	מ	פ	ת	מ	ת	ו	ב	ו
ה	ו	ש	ד	ע	א	ח	נ	ל	ו	מ	ו	ה	ס	א	נ	ה
צ	ו	ב	ל	ע	מ	ו	ד	ס	ו	מ	מ	ט	נ	מ	ב	ט
ל	ה	ג	ן	ז	מ	י	מ	ש	ו	ק	ב	כ	י	ו	ו	ן

מודגש
בחצר
הקפאה
משלבים
זכאים
ונשלח
לעמוד
מתכוונים
הכבוד
בכיוון
פועל
ספר
בשפע
דבורת
מדברים
גרף
להגן
אלה
עט
הסיכון

Puzzle 278

לבדוק
לשנה
די
דמות
חמישה
שלושים
דקת
ענבים
דמוקרטי
ממשלת
באסם
איום
עניבה
להוביל
קו
עור
עצלן
להעביר
משקל
מסולסלת

ו	ע	כ	ד	מ	ב	ת	ג	ן	פ	ת	ת	ן	ו	ו	נ	ד
מ	י	ָ	מ	ש	ו	ע	י	ג	נ	ב	ט	ה	ת	ס	ד	כ
ע	ר	ם	ו	ה	מ	ב	א	ס	ם	ו	ר	ט	ן	ד	מ	פ
ע	ל	ל	ק	י	ל	מ	ק	ה	נ	י	א	ש	ו	ר	ע	ן
י	י	צ	ר	י	ק	ר	ש	א	ד	ף	ע	א	מ	ש	ק	ל
י	ו	ל	ט	ם	ו	י	א	ל	צ	מ	ר	ה	ו	מ	י	צ
ו	ר	פ	י	י	ן	◌	כ	ך	ת	ו	מ	ד	ו	ל	י	ע
ד	ק	ת	ד	ב	מ	נ	ע	י	א	י	ד	י	ם	ב	ת	ר
ו	ן	ת	ו	נ	ו	ר	ס	ח	ע	ו	ר	ו	ב	ד	כ	ת
ל	צ	מ	ר	ע	ד	ה	ב	י	נ	ע	נ	ם	מ	ו	א	י
ך	י	ת	ל	נ	ת	ש	ל	ל	ה	ע	ב	י	ר	ק	נ	ע
א	ל	ח	י	ד	ח	י	ל	ו	ח	נ	ו	ש	ח	ב	ו	ב
פ	י	ד	ף	א	ר	מ	פ	ש	א	ה	ש	ו	ר	ל	ך	ה
ו	א	ח	ק	מ	ד	ח	ט	ש	מ	ס	ו	ל	ס	ל	ת	ר
ת	כ	ב	ג	ש	מ	נ	ו	י	ה	ו	י	ש	ג	ר	ר	ל

Puzzle 279

י נ מ ש ד כ ד א א ר ו ן ד ס ט ן ג
א א ו ו י ש ו ו א מ ג מ ק ר ר ב ן
ו ה ע ב ר י מ כ כ י ס א ה א ו ש ש
ד ל ן ה ס ק י י · ו ל מ א ל ש ל ו
ו ש י ג ר ה נ ק נ מ ל ף ה ר ק ה ב
ש צ ט ב ו צ נ ו ח ל ה ש ט נ ד י י
מ י ק ה ב ק ט ה צ א מ ח ה ו ם נ מ
א ל א ו ש ל י י ל ו ש א ת ת מ ן ו
ה ל י ה ק ב ת ש י י י נ ם ל ה ◌ ר
ת ל ע ל ת ב ו א כ י ך י ח ג ו ר צ
ג ש ל מ ב ס ל ד ו מ ל נ ד נ ר א נ
ק י פ ת מ ת ק ט ה א ו ש ד ה ה ש ל
ל ל ש ש ם ע ב ר ו ו א ד מ ע נ ו א
כ ל מ ח ו נ מ ש ל ע ק פ נ ם ן כ ו
ל ב מ ◌ א ח ת י ו י ס ת מ י נ ו ל

קצה
דומיננטית
שואלים
קטין
גבול
הסקי
הרגישו
ראש
הלם
מאמן
כיסא
ארון
בקהילה
מקרר
שבור
בקלות
קשור
מלא
חגור
להמשיך

Puzzle 280

ב י ל נ ל פ ד ב ג ר ב י ל ט י ת ו
ס י ר ר ה מ י ע פ נ י ש ו ו י נ ן
י ק ו ב ל ט ל פ ו ן ת ג ד ע ש ו ו
ר ש ד ו ו כ ח נ ו ז ע י ר ה ל פ פ
ר י ק א ו י י ר נ ב א ח ש ד ס ה י
מ ס י ו ת ל ת מ ר ע י נ ה ח ל ז פ
ב י נ ה ג ג כ ל א ע י ג י ו פ י ל
ד ל מ ו י י פ ה ר ש א מ ה נ מ ו ד
ק י ס פ ה ל ש ו ו ו ה ח ו ב ה י נ
ד ג ו ד ת ט ע א ך א ל מ ם י ר ח א
ן ס ו ר פ ר ו מ י א ת ל נ ע ו ו ו
י מ י א ח א ת א ס ר ח ו צ ח צ ן צ
פ ן ת ל ה ת י י ח ס ת ו ו ו י ו ו
א ק ב ד ו ל י ת ת מ ט ו ר ף י ש ו
ן ה פ פ פ מ ש ד ח ו א מ ת א א ן ו

יין
תנופה
שעות
זעירה
גרבי
סמן
חסת
מטורף
להפסיק
טלפון
מלאך
וניהול
להלוות
להתייחס
ייצור
צורת
אחרים
בסיר
טועה
החובה

Puzzle 281

א	ו	ם	ב	א	ב	ה	ו	א	ז	מ	ש	ע	ר	ש	ח	י
ק	ל	ט	ר	ו	י	ת	ט	מ	ח	י	ח	י	ו	ו	א	ו
ה	נ	ו	מ	ת	ח	י	ע	ר	ל	ו	ב	ו	ו	ח	ו	ן
י	ע	ט	ע	ל	ס	א	ב	ו	ב	ר	ד	ר	כ	י	א	י
ה	נ	י	מ	ח	ו	ד	ד	ת	מ	א	ת	ד	ו	ע	נ	ק
א	ע	צ	ן	ם	י	פ	ל	ב	ר	ר	י	ח	ו	ן	ה	מ
ר	י	ה	נ	ל	ש	ו	ל	ח	ן	צ	ת	מ	ק	פ	מ	ה
ת	כ	פ	ב	מ	א	ה	מ	ל	ר	ע	ה	מ	א	ה	כ	ז
·	ה	ד	נ	ף	ע	י	א	י	ו	פ	ח	נ	ה	פ	ת	ר
ו	מ	ו	ו	ע	ס	ו	ק	ת	ו	ו	ס	ך	נ	ל	י	ב
ו	ת	מ	ת	ר	א	ס	ת	ו	מ	ת	כ	ר	ב	ב	ו	א
י	מ	י	ג	ו	ס	מ	א	ן	ח	ח	ת	פ	ו	א	ד	ת
ן	י	ח	א	נ	פ	ל	ג	כ	ע	ן	ו	ר	ן	נ	ל	ל
ג	ז	י	ש	פ	ג	י	ש	ת	ן	ן	ח	ו	ו	ג	ר	ס
ל	י	ט	י	ב	פ	א	א	ת	כ	ל	ב	ט	ם	י	ת	ר

בברכת
מחשב
מחודדת
ציטוט
כדורסל
עסוק
שוחי
לשולחן
איכר
על
זיכרון
פגישת
ענק
דתי
אוהב
פותחן
ביחס
נענע
או
תמונה

Puzzle 282

התרבות
מעגלית
השועל
מורכב
לשלול
ביום
רשימת
בעבר
להתחיל
בצפון
נייד
סגנון
אולם
יעלה
תחביב
מצחיק
מישורי
שבעה
מכנסי
משמעותית

ת	ר	פ	ס	מ	ז	מ	ו	ה	ן	מ	ש	י	ו	ו	ד	ת
ר	ש	ו	ג	י	ס	נ	כ	מ	א	ה	מ	פ	א	ו	כ	ב
ד	י	י	נ	ש	ל	ה	ת	ח	י	ל	ע	ו	ג	ב	פ	מ
מ	מ	ב	ו	ו	ו	ע	ת	ח	מ	מ	ג	ר	ת	ה	ל	ו
י	ת	י	ן	ר	י	י	ו	ן	מ	ש	ל	ב	ע	ד	מ	ע
ו	פ	ת	י	י	ק	ח	ב	ש	ד	מ	י	ת	ו	ג	נ	ת
ק	ם	ל	א	ס	ו	ב	ר	ה	ה	ע	ת	מ	י	ך	ר	ן
צ	ו	ה	ב	ל	א	ו	ת	צ	ב	ו	מ	ת	ת	ו	ד	ע
ב	צ	פ	ו	ן	ן	ל	ה	ר	י	ת	ו	מ	ש	ג	ט	ו
כ	א	מ	ו	ק	ר	ד	ת	י	א	ו	ב	ג	ר	צ	כ	כ
ר	א	מ	ב	י	ב	ח	ת	ת	י	ת	ב	י	ו	ם	י	ע
ו	ש	א	י	ח	ע	ם	ו	ה	ר	ש	ש	מ	ו	ש	ר	מ
מ	ו	ן	ן	צ	ב	ל	ו	ל	ש	ל	ב	ן	ח	ו	פ	ד
מ	י	כ	ב	מ	כ	ו	ה	ס	ח	ו	ג	ע	ו	ב	ו	א
פ	ל	ב	ג	ש	ג	א	מ	ו	א	כ	י	פ	ה	י	ר	ל

Puzzle 283

ג	נ	א	ש	ס	ת	ו	ל	ה	ש	ל	ם	ו	ם	נ	ו	ס
א	ח	ת	ז	א	ו	פ	ש	ר	י	ש	ו	ל	מ	ד	ם	כ
ל	מ	ב	ו	ג	ר	ת	ת	ו	ש	ר	ו	ה	ד	ח	ן	ג
ש	ז	ש	פ	פ	פ	ק	ד	מ	ל	ת	ן	ז	ל	פ	י	נ
ל	ו	ו	ל	ל	צ	ו	י	ח	א	ח	ר	כ	ש	ו	ב	ד
ק	מ	ט	י	ם	מ	ל	ל	ג	י	ל	ן	י	ל	ש	ל	ע
י	ה	י	ב	ת	ל	ל	י	ח	ר	ב	ב	ר	נ	מ	ג	ו
ת	ו	ז	ח	ו	ב	ת	ָ	ט	ו	ו	צ	ב	ו	ד	י	ת
ק	ה	ע	ג	ו	ד	ו	נ	ך	י	ל	ל	ד	ו	ח	ב	י
מ	ג	ן	ה	י	ו	ר	ו	ו	ע	ר	ך	מ	ט	ל	ס	ת
ת	◌	ו	ת	ק	ב	כ	ח	ק	ן	ר	א	ב	ל	ו	ש	י
א	מ	ד	ש	ת	י	ס	נ	ם	י	י	ש	י	ל	ש	ס	מ
ב	ל	י	ח	ת	ו	ו	ח	כ	י	ל	ד	ו	ת	ר	ב	ג
י	פ	ר	י	ט	ו	ז	י	כ	נ	ש	י	ע	כ	ט	ה	מ
ב	ל	ה	ח	ל	י	ק	י	י	ב	ד	ס	ל	ן	ב	נ	כ

פריט
אביב
רשות
לנווט
שולחן
ערך
בוגר
לשרת
בניין
ילדות
קמטים
פתק
להחליק
במדבר
שלישיים
לצפות
מלבד
גברת
ולהזכיר
בכושר

Puzzle 284

הרופא
גמישה
חומוס
פוני
כואב
לערב
לקיים
חיה
עייפות
כבאי
דיג
בובת
דחליל
חווה
אנושי
להצהיר
מקום
לכבוש
להבין
מלכה

ת	ו	פ	ו	נ	י	ו	מ	י	מ	ל	י	ה	ד	מ	ל	ח
א	א	ו	מ	ס	י	ש	ק	ָ	ש	ל	ל	ר	ה	ל	ע	י
כ	ו	א	ב	ת	ר	ו	ו	ה	ר	ו	פ	א	ב	כ	ר	ק
ז	ו	ו	ת	ה	ו	ב	ם	נ	ה	מ	י	ב	ו	ה	ב	ם
ח	ו	ך	ח	פ	י	כ	א	ת	א	ט	ל	ס	ב	ר	ש	ס
ס	מ	ו	כ	מ	ס	ל	ם	פ	ל	ב	ח	א	ת	מ	פ	ג
ט	ו	ר	י	צ	ג	מ	י	ש	ה	ר	ן	י	ב	ה	ל	ב
ח	ו	ת	ו	ב	ו	ו	י	ל	ו	א	ע	מ	ה	ת	י	ח
ו	ת	ל	י	ר	ו	ך	ק	ל	ו	ג	י	ד	ו	ב	ת	ר
ו	ש	י	מ	י	צ	ר	ל	ה	ח	פ	י	פ	כ	ה	א	ש
ת	כ	כ	ז	נ	ל	ב	י	צ	י	כ	פ	ב	ם	ב	י	א
ח	ו	מ	ו	ס	ל	צ	ל	ה	ל	ם	ו	פ	פ	ג	א	י
ו	מ	ו	ב	ב	י	מ	ח	י	מ	נ	ת	ג	י	ע	י	י
ח	כ	ת	ך	ו	ח	ת	ד	ר	ד	ת	ר	י	י	י	ש	ר
ח	ע	ל	ה	ת	ת	ת	ו	א	ל	פ	ח	ח	ר	ר	ד	ו

Puzzle 285

ב י ר ד ר נ ר ו ס מ כ ו ת ג ו ב ה
צ ח ח נ ו ט ר פ ה ג ה ן מ ע ב ר פ
ה ה ל י ו ד כ ב א ב ט נ ל א א ו נ
ל ו ק ת ס צ נ ו ו כ ת ח ת ש ר ר י
ת י ש ו כ ו ג ד א מ י מ ו ת ה י פ
ו ל ת ו ז ח ל ר מ ו ג ן ר ד ה ב י
י ה כ ש · ד ו ו ם ת א כ מ ב ו ב צ
ב ס צ י ש ק י ם ו ב א ו ל ם ו א פ
כ ו ת ה ר א ק א מ ב ן ה ב ו ס ד ס
י ע ל ו ל ל ח ו י ד ו ש ל ר ו י י
ל ח מ מ י ו ו ו ר ר מ ל ב מ ב ת ד
ס א י ת ת ה ן מ ג ת י ו ל ה ו ל צ
נ ג ד ו א ס ש ה ס א פ ל ל כ א ל ל
מ ו צ א נ מ ו ח ד י נ כ ז ם ו ש פ
י ל ע ר ר א ס ה ת י ע ר ת ד ח נ י

פני
למרות
דרום
באולם
לבלבל
הראשון
כן
בבירור
תלמיד
סמכות
חלק
תחת
הפרט
מעבר
ואחותו
שמר
תגובה
ספציפי
לחזות
אקדח

Puzzle 286

נ ס פ ו ג ז ג ו ו ב ש מ נ ג ת י ר
י ן ר ל ם ד ל ן ג פ ד ד ח א ן צ ו
צ ע ג ר מ ל ו ל ו ש ד ל פ ר ו ש ח
ו ל נ ב   פ ב ק ף י ד ע מ ע ל ש ב
ץ ו ו ש א ז ו ד ע נ פ מ ת י מ ט ו
ד נ ה ד מ ע ס ג ד ב ם ת ו ב ב ח ע
ה נ ר פ ר פ ו ל ה ה פ ו כ ה ע ה י
ר ה כ מ י פ י ר ז ל ד ר ד ל א ח ל
מ מ ם ו ק א י ו צ ב ע י מ י נ מ ה
ה ח ל ו נ ו י ח י ו מ ה י ע נ נ ו
ת י ו ם י ת ק י מ ה ל ז ל כ ף ר ד
נ ח ע י מ ם כ ח ד ר א ב ת ו פ מ ב
ד ם ת ע ל י נ מ ל ח מ א פ נ י א ו
ת ת ו ג א ח ח ל י ע א ר ז ו נ ו ו
פ י א ו ב י ב ן ח כ ל י ס מ ח ש ה

דגל
ספוג
רצועת
להביע
הובלה
ההפוכה
גלגל
חמה
מכה
לה
צחק
ניצוץ
אותם
במלון
לפרוש
מעדיף
בחור
גלובוס
בזהירות
אמריקני

Puzzle 287

ל ש ו י ש מ ה ע י ל ך י ה ה ה א א

ב ה ג ח ל ע צ מ ה מ ר ג מ ה כ א י

ו ן ד ר ו י ב פ י כ ת מ ש ו ב א ו

ב ב י ח ר ה ל ג ה ו א ח ו ב י י נ

נ ר ת ק ב א כ ז נ ר נ ן ל ו ד ח ל

כ י מ ד ק א ל ק מ ב ר ו ש א ו ע ב

פ א ו ו ט ע ל ך ל ג כ פ י ה ו פ ל

פ ל מ ן ָ א ב מ ו ן י מ ו ק מ ו

ו י ו ע ע י י צ ל מ א ע מ ש א ן ל

ת י ע ב א ד מ ל ו י ר ו ו ו מ ת ת

נ ר ח ט ד ו י ה ד ו ק נ ל נ ל צ ר

ל ה נ ר ו ם ד ב ו ע ר ל מ ה א ב א

ר ר נ ע נ ת ו ו ת ר ת נ ה ג י ר פ

ל ם ת נ ח ר ט ד א א ע ו ד ו פ י ק

ש ת ו ל כ ו ת מ ת א ב ה נ ו ו ו ו

כפפות
למכור
וכוללים
שלו
פגז
אבקת
קיפוד
לנקודה
להרחיב
יהיה
אקדמי
לקנות
גבר
לכלול
הכבידו
שונה
מקומי
המשולש
בעמוד
עצמה

Puzzle 288

י ר ז א ו ב י ר א ת א י ו ר ב ס ק

ח ר ר ש י ר ו ת מ ח ו ץ א י א ם פ

ג נ ו מ ע ב ה נ ד ת ר ו י ה ל ב י

י ג ע י ם ם ך ס ן ת ך ג ג י ה א א

ו א ו ם א י א פ ו י י ו י ב ח ר ב

ה ק ו ח ר כ ו ר א ל ח נ ף ו ש ח ל

ר ו ל ע פ י פ ו ן פ א א נ ק ח נ ל

י ו ה י פ י ו ו ל י ל ת ן ס ן מ ר

ש ל ת מ ן ש ת מ ז ה נ ח י ו י י ל

ע ד י כ י ו ה ◌ כ ד ל י ד ת ו ל א

ו י ט ר פ פ ו א מ מ ך ל י א ד ו ב

א ד כ א ר ט י ר ת א י ש ב א ו נ ד

מ פ י ה ם ש ו פ ו ר י פ ה ג ר ד ו

ו מ ר ד ר פ ו נ פ כ ר פ ת ת ו ר פ

ו י ם ש ד ע ת ח ט מ ש ג א ה ו פ ר

אתה
נתנו
ברחבי
עשירה
לחשוף
שירות
נחל
מחוץ
שליחות
אשמים
יגעים
לאבד
פרות
אורך
שייכים
רחוקה
להעריך
עפיפון
פסנתר
זרועו

Puzzle 289

א ר ח מ ו א מ צ א ש ב ו נ ח ת ד ה

א ו ו ב ם י י ר ק ע ת ו ו מ ז מ ד

ב ר ע י צ מ ב נ א כ ן ו י מ ב ל פ

ן ד א ס י כ ב מ ת ד מ ר ת ר ב ח ש

ה ר ח ש י מ א ל ל א ב ה ע צ כ ם ש

נ מ ה ש ל ר ח ל מ ד י מ ה ו ר ר ר

ק נ י ה א ם ש ה ס ס ל ה ם מ ל ס מ

פ ו ר ל ת ד א כ נ ט ר ע ה ע ש א

ע ו ו ר ו ר ת ס מ ה ן י ל ק ו ט ן

ח ל ו פ ג מ ו ס ב נ צ ל ה מ ש ו ב

א ה מ ת ו ע ת ס ע ר ט ד פ ת ד ד ב

נ ר י ש ב כ ד צ ן מ ט נ ר ו ל ו י

א ת ס ד ס ר י ו ו ת ר ב י ר י מ ם

ב ד ש מ ש ה צ ו ה ג ר ו ע ג ל ז מ

י ס י מ ו כ ה מ ת א מ י ר ו ת פ ל

מלח
כבש
נמר
אכן
בסדר
הדרגתית
המוצר
להפריע
שש
ילקוט
השמש
מזלג
נראים
מציע
בכיס
ציד
לפתור
לרכב
הגרוע
חברת

Puzzle 290

י נ צ ב ה נ ת ו כ ד ד ר פ א י י ת

ה ר ו ו ת מ ס נ ר כ ו ר ר צ ו ת א

ג א ח י ת ו מ א ו י ן ג ה נ ו ע י

ל ה נ ו ר ב מ ד ר ג ו ת י ת פ ה י

ה מ מ ו ע ו ה ש מ א ל מ ת ת ל ז פ

פ ד ע צ מ א ב ש ע ם ז א מ ס ח ס י

י ו א י פ ת א ו ת א צ ו ת ו י ו ח

ץ ה ס ו כ מ כ ל ב ו ל ח ו ף ב ק ו

כ ל מ ס · ם י ש נ א ה ט ו ל ל ו ח

נ ש ד כ ן כ ר ג י ע ע י א ע א י י

א ו ח ו א ג מ ל ו ש פ ך א א י מ ה

מ ת ו ק י פ ו ב ר ב י נ ג נ י פ ו

מ ו ם נ י ל ב ש ו מ ל ר ר ע ט ו כ

ו מ ו ח ו ד ח י פ ק י ה ל צ ס נ ה

ו פ ם ק ב ש ן ל מ נ ו כ ל ו א ד ו

תוצאת
אכיל
נהג
להעפיל
היקפי
שפך
סוף
להפיץ
מכוסה
כאב
לחוף
אוגר
מאז
תג
מדחום
במדרגות
טווח
באמצע
משהו
אנשים

Puzzle 291

ת ן ת ע ח ל ו כ מ צ ג ו ל י י מ ם

י ו י י א ק ה נ ח ע נ כ ב א י נ ע

ב ת ב ת ח נ ה כ ל י ן ה ח י פ א ר

ר ב ת כ מ י ק ב ב ף ע פ ל ב מ ס ו

כ מ נ ה ג מ ו ש ל ו ו ה מ ד י נ ה

ו נ ד ד נ י ל ת נ ז ט י מ י ר כ ס

ת ל ת ו ה ט ח מ נ ל ר ק ן ג מ ו ה

ו ד ם ר נ ת ג ד ר ב פ כ ש א ו כ ו

פ ק ו ח ב ו ת ו ל ו י ו ג ב ח פ נ

י ש ת ח ב ש ו פ כ ה ו נ ו ן ר י ל

ל ל מ ר ע ר ג א מ ל ב ל ק ן ל פ ש

ל ח מ ת כ ה ב ו י כ י ה ג י ש מ ל

י ו ו כ ד ל ש ל ד נ ע ב ח ב י א מ

ו ב ן י ו ע ב ע ו י ם י א ו ש י נ

ש צ ת ת ה ג צ ו כ ז מ ה ו א מ ר ה

חומר
בתחנה
המדינה
נרגש
חפוז
מנהיג
שלווה
פרט
טוען
חלוקה
מכתב
כנס
מנהג
נישואים
כלי
מיטת
דג
צעיף
ברכות
להרשות

Puzzle 292

עגלת
סולו
המאה
רווח
שחוק
אוטומטית
חמור
ספרייה
במרכז
מטל
מעיל
העורב
תירס
סביר
ילד
לסבול
רפורמה
מאחורי
חור
צוחקים

ה ר ן ג א ב ר ו ח ה ו ס ב ע ע ו ר

א ו א ו י י י ק ע א מ פ ו ג י ג פ

י ח י א ד ה ס ו ב מ ק ר ב ל ו ר ו

ל ס ב ו ל צ ר ח צ ה ו י צ ת ה ו ר

מ ב נ ט מ ב י ש ו פ ג י ב ס ב ו מ

ן ה נ ו א ת ת ל ח מ ק ה כ י פ ח ה

נ ש י מ ב י ע מ ק ת י ו פ ל א י ן

ן כ י ט מ ו ח נ י מ ל י ע מ ק פ י

ש ל ת י ר ג מ ח ם ו ט מ מ ו ל ו ס

ד ה ם ת כ י ו ו ו ה מ א ח פ ע ו ו

נ ו ל י ז ר ר א א ן ח ר י ב ס ת ק

ם י י ק ו ל מ א ח ו כ מ מ ג מ נ ה

ם ת ג ע ו ה ס מ ר ק מ א ש ח כ י ב

ר נ י ש נ ת מ י ל א ו ה י ר א ק א

י ה י א ו ד פ ו ט ת ו ו מ י כ א פ

Puzzle 293

ו	ח	כ	מ	כ	ר	י	ו	ת	י	ג	ל	ו	ל	ד	ר	ש
ק	ו	ד	מ	ט	ר	י	ם	ט	פ	ו	ה	נ	ו	ל	מ	א
ן	י	ל	י	ג	ם	ח	נ	ש	ר	ה	ת	ש	ז	ת	נ	ש
ס	ו	נ	ש	ל	ת	מ	ה	מ	מ	ע	פ	ג	י	ד	מ	ח
ל	ת	ק	ק	ת	א	ב	ע	מ	ח	מ	ר	ו	ב	נ	ל	מ
ש	ה	צ	ב	פ	ע	ל	ר	נ	ן	ז	ץ	ב	ה	ו		ו
י	א	ע	ב	ב	ל	ת	ט	ק	ח	ג	ו	ש	ת	מ	ל	ד
נ	ר	צ	ל	ל	ת	ו	ך	נ	י	ל	ת	ר	פ	מ	ר	ם
ו	ת	ב	י	י	ע	י	ס	י	ע	כ	ה	מ	ש	ג	ת	י
י	ה	ל	פ	ע	ב	ד	ת	ק	ק	ף	ו	ל	ט	ק	ח	ו
ה	ח	ו	ל	י	ם	ו	ק	י	כ	ר	ו	ב	ו	ד	ת	ב
ח	ח	ת	ו	נ	ס	ס	ש	ו	ו	ו	י	י	ת	א	ע	ל
ש	ו	ה	ל	ל	י	י	ו	ת	ו	ח	ק	ע	ר	ש	מ	י
ו	י	מ	נ	ר	ב	ל	ר	ק	ב	מ	י	ר	ו	ש	ו	י
ק	ד	ל	ב	ח	ו	ר	ת	ב	ח	מ	ב	ל	א	ם	ו	ו

לבחור
יסודיות
שינוי
התפשטות
במחבת
תקשורת
מחזור
כרוב
הכעיס
לתוך
ערש
לבצע
החולים
חורף
לתקשר
להתפרץ
מטרים
התראה
נקניקיות
להעליב

Puzzle 294

נ	כ	ע	צ	ת	פ	ע	י	ע	ת	פ	ם	נ	ע	ה	ן	ל
ב	ש	ס	מ	ח	ר	ח	ר	ל	ת	צ	י	ר	ז	ת	נ	ח
ק	ת	ר	ר	י	מ	י	ד	ג	י	י	ד	ל	ו	ל	ו	ג
צ	ן	י	ר	ו	א	ן	צ	ה	ח	ו	ק	ל	ת	ל	ו	ה
ב	ו	ה	ם	ו	ל	כ	ו	ר	פ	פ	ו	ט	כ	ו	ל	ל
ע	ן	ט	ת	ר	ד	נ	ו	ח	ה	ש	מ	א	מ	צ	ק	ה
פ	י	ו	ו	ה	ב	ה	ו	ד	ל	מ	ה	ת	ס	ת	א	י
ם	ן	ח	י	ל	ה	ר	י	כ	ב	ה	ן	כ	ב	ו	י	ה
י	ח	ו	ו	ו	ן	צ	ח	ל	ו	ל	ו	ד	ב	ד	ע	ל
ד	פ	ל	ת	צ	ו	י	ת	ל	ר	ו	י	ב	ל	מ	ה	כ
ן	ב	ק	צ	נ	ו	י	ח	מ	א	ו	ם	ר	כ	ח	א	א
מ	ו	ר	י	ב	ה	ן	ע	ל	י	ז	י	ם	ו	מ	י	א
פ	ה	ו	ש	ל	ש	ק	י	ן	א	א	ס	ו	ל	ן	ו	ח
כ	ו	א	ד	ד	ו	י	ג	פ	ב	ת	א	ק	ד	ס	נ	י
י	ל	מ	ב	ב	י	מ	ל	מ	ת	פ	ע	ד	ת	י	ח	ת

בכירה
צרה
ולהרוויח
כלום
לטאת
ציין
לתל
לקרוא
מוקד
עתיק
בקצב
כולל
הבדל
ריצת
לכול
לרחרח
כל
ואן
להפחית
עליזים

Puzzle 295

ו ה מ ב ן ת י ח י מ מ ע י כ ל ו ב
ד ד ל י י א ר ר ל מ י ס י א ה ב ו
ד ק ה ק ע מ ו י ת י ל ו ז ד ה מ ר
ו מ ע ו צ כ ו ז ח א ת ו ק ע י צ א
ק ת ו ר ו ר נ ה ל א ר ג ן ר נ ב מ
י ל ת ו ם י ת ה צ ס י ת מ ד ב מ ו
נ מ ה פ פ ד ע כ ב ן י ר ז ם ד ר ן
מ ו ש ת כ י י א ה כ צ נ נ מ ת כ ב
ו ד ד ל ח ש ה ז ס מ ל ו ע ח ו פ ח
ן ב ו ע ו נ ן פ י כ ז ש צ א י ו י
נ פ ת ר א ו א ר ב ו ו פ י ע ו ס ס
א ו ש ר י ח ת נ כ ז ט ד ת א ו מ ת
מ ק ה ל פ ט ן ח י ו מ ר י ת ס ה ל
ד י ד פ ה י י ל נ י מ ב י ג ו ד
ה ט ש ו י י ל ע נ ב ל ע נ ן מ ת ר

בירת
מי
אמון
חריזה
קינמון
אפס
לאזור
ביקור
כלוב
מילת
להסתיר
עצום
לצייר
לארגן
בצלחת
לתפור
ובמצב
כביסה
מס
זמן

Puzzle 296

ר ו א כ ה ו ו ו ר י ו ו ב י י פ ש
א י ש ח ם ג ח ת א י ל ס א ה פ ן א
מ ע נ ו ל ד ת ש ר ו ר ט מ ה ו פ ו
י נ ט ו ס ק צ ש ר י ל נ ה ב ש ו ו
ה ש י ש י ן י ת ו ע ע ש ח ר א פ ו
ד א ב ו י פ כ צ ו ל י ז י ה ה ש ו
ע י ת כ ע ל ל ש מ ר ד י ד מ כ ו י
ס ו י א ש צ ו ס ח ע ם נ ע ע פ א ת
מ ע ב ר ז ל י ק ר ז ד י ס ט כ ב מ
מ נ ו ד ה ה ו ב ש י י ת ה ע ש ת ו
ע ף ר ו ק ה ב י ר ג נ ע ו מ ה ו ו
ד ה כ ו ל נ ו ב ר י ח ת ו י נ מ ה
א מ ו ס ל ק נ ס מ י ו ב ר ע י ו ש
ו ק י ש י ת ב ה ח כ א י מ ג י מ ן
י פ א א ת ב ו נ ו ח ה ו מ ש ו כ ר

לשרוף
לסייע
רכוש
נעל
סביב
ברזל
מה
מסעדה
סוודר
וכרובית
הרבה
התיישבו
טרור
בריחת
זיהה
נולד
המניות
השישי
רוק
אפשריים

Puzzle 297

ה ו ב פ ע י ם ו מ ו ו ר ר מ א ת י
ת ה ב ח צ מ מ א פ ר י פ ל פ ל ו ל
ו ו ט ת מ י י ל מ ד ע ק ה נ ש ג ב
נ ש ח ל א ר ו צ מ ל ר נ ע ב כ ש ל
ו ב ה כ ו ו ו ן נ כ ד ן ו ו ז כ כ
ר ב ט ו ת כ ג ח ת ף י ר ח א ק ן כ
ת ו מ ע כ ן פ ע י ב ך ך י ץ א ה ח
א ק ל י ו מ ת ג א ד ו מ ש י ח ר ת
ס ר פ נ נ ח א ב כ ר פ פ ר ק ח ו ג
ל א ה נ ו ק נ ש י ב ש ס ב ב ב נ ס
ר ר י נ י ר ד ש פ פ ל ס ו י פ ל ז
פ ב ו ו ו י כ מ ש ת נ ה ד מ ו ש מ
מ ו ב ת ל ה ה פ א ח ר נ ר ב ו ל ל
ת ו ה ר ד ב ל ו א ן ח כ ד פ ו ו ו
צ ת ו י ח ק ר י י ו ל מ ל פ ס ו ש

לשפוך
בקיץ
מודאגת
פלפלו
ברד
נדיבות
שכן
מחקרי
עצמאות
כלכלי
שלנו
תרחיש
משתנה
יושב
עת
מכנה
בבוקר
בבטחה
למטה
לבדר

Puzzle 298

ו כ ע ל מ י ל ו י ו ג י נ ר ח ב מ
ו ל נ א ה ו י ה ד ן מ י ס מ י מ כ
נ ב ק ס ו י · ר נ ד ה ר ד נ ח ה נ
ק ע י ו ו ד ש ב י א ע מ ת ת ן ל י
י מ ת ר ת י י כ ת ל נ ל י ע ו מ ס
מ ◌ פ ס ט ד ה ן ו ר ר ה ל נ י ח ה
א ך ן ה י ד י מ ו ת ו א ר פ א פ ר
ע ו ה ת י י מ י א י נ י פ ע ב ן ו
ת ה ה ר ר כ ס ן ו א ן ו נ מ י ו מ
ב ע א ן ו מ ד ק ר א ו מ ש ה פ מ ח
ת פ ל ו כ מ ח א ר ו ך כ ל י י ש מ
א ח נ ס ל ל ו ת א ר פ ב מ ך י ו ה
ד י ב א ר ן פ ש ש ל ה ו ל י כ ע י
ו י ל א ג ד ח מ ו ח ה ם ק ג ע מ ה
ר ל מ ו ש פ י ו ש מ ם י ו ן ד ם ו

קדמון
אות
מנת
ארוך
ידנית
מילוי
משועמם
כניסה
חמורה
ידית
משכפל
ההפך
שיטה
כלב
עומס
לפת
לאסור
ענקית
סימן
אסון

Puzzle 299

ל י ם מ ש ח ק א ע מ ג מ ת ר ג ש ב

ל ל ה ד י ב ו ה ר י ו ת מ ו ד פ ח

ו ץ ר א מ ן י ו כ מ ד ו י ס י ח ד

ו י ז ר ו ם ד ל ש ר ו י ד ת נ ב ר

י ו ו ר ש ה ב ד ע ג י ד ו ר ו ן ח

ה ו מ ש י ו ט ו נ י כ ח ן ו מ י ל

י ח ה ס ה ה פ א מ ל ל ת נ י נ י ד

ס ע ע ק ו ר י כ מ מ ר א ו ר ו פ ס

ס ת ו מ ה ג ר ל י ל ו ל ב ר ו ם מ

מ ף ס כ א ש ש ח ה א מ פ ת נ י ב ג

א מ ו ו ו י ה ו ר ס ד י ה ד ש ר א

מ ב ו ל י ט ע א צ ו ל ם ל י ח ב כ

ח ל פ נ ב ל א ה ב ף י י י א ר ב מ

א ל י ל צ ל ג ב נ א י ה ט ק ע ט ו

ב א ע ו ה ה ש ש כ מ מ א ל א י ת ה

שימושי
גבינת
ירד
גידור
לאסוף
האויב
כסף
בחדר
אלפים
ארץ
משחק
כמו
מבול
לוויה
המוזרה
לימון
לפלוש
בדיוק
להתבונן
פיתוח

Puzzle 300

ל י מ ג כ ס ש ד כ ש י ק ל ד א ת מ

ד ע ה ב ג ד י ם פ ה פ נ ם ו ר י ח

ח ק ו ל ל ר ר ת ר ה ע י י ע ק ק ר

ו ו ל ו ן ו ת י ד ע ם ל ב ב ב ר פ

ת ו ע י ע ב מ א י י ר י א ם ב ו י

י ע י ן נ ד ע ש פ ג ה מ י ע ו ט ק

ו י ש ז כ מ י מ י ר ע מ מ מ ו ו מ

ר ס י ג א ת ם ו ל פ ב ל ח ק מ ב מ

ב פ ס ה ר ח ס ה א ו ו י מ ן ה י ו

צ י נ נ מ מ ו ש ח נ ע נ ר מ ע א ו

ב י מ ת ש ד ◌ י ם ס ר פ ז ר ס א ל

כ ש ו נ ו מ ב כ ה ע ש ע ו נ ל י ס

ר ה מ ת נ ת ו ר ו מ ו נ ג א ת ו ו

ג ף י ו ר י ו ה ח ד ש ק ף ב י א ר

ע ו א כ מ ק ו א ר ו ת י מ ו ר ס י

טורקי
לדחות
רכישה
כרגע
בגדי
מיעוט
קפה
רגיעה
להודות
בקר
המתנת
ענקי
רוב
חירום
מחמיא
משאית
בעוד
כותנת
שפת
שיר

Puzzle 301

כ ד ק ו ו ה ט נ ר ח א ד מ א ע א א
ו ח ל ש מ ע ו ת י י ש ו א ב ת י י
ס ע מ ס ו ג ל ו ב ש ש ב ו ף ד ח ו
ע ו נ ת ם ה ע ד ל ו ח ת ד ה פ ר צ
נ פ י ו ת ב ר י ע מ מ מ ת ע ה ע צ
ר ה ב נ ס ת ח ת ו ן ה ב ע ל י ם צ
ת י ה ו ע נ ד ב ה ד י מ ת ר ל ה ע
ת א ו ת ר י פ ר ס ת ד ע ו ו י נ ה
ד ו ד י ת ר ו ת ל י א ת ו ק צ נ א
ה ל ע ע ט מ פ א ה נ ר ד ש ח א מ ד
ג ה ת ה י ב ן ת י ר ש ל פ ל ם י ל
ל ת ק ל ת ע ר ו כ ה ע ת ו ל י ע פ
ז ע ר י ח ת כ ו ש י ה נ ל ו מ ת ב
ו ל ז נ ר צ צ ב ל י ש ו א ו ל א ל
ס ם מ מ פ א י ק ו ד ו י ר ◌ י ך ח

בהודעת
להיכשל
לחקור
הבעלים
טעות
בפרט
עונת
פעילות
אצילי
תמיד
מסוגל
להתעלם
מזרקת
ועדת
העיתונות
פרסת
צעיר
תחתון
תערוכה
שומן

Puzzle 302

מרובע
לרוץ
התחרות
העתיקה
עין
כאשר
פרחי
האמין
בטלפון
רגיל
דרמטי
עצמו
לזרום
נץ
אבד
איכות
העברת
גבוה
העלאה
דהירת

ע ד ה א ת ם מ ר ו ב ע מ ו ת נ ץ נ
צ י א ו מ י כ פ ת צ צ ו כ ר כ ו ר
מ י מ א י כ ו ת מ נ ע ע כ א ש ר ס
פ ע י ו ש ו ב ו נ ל ל ל נ ם ד ל י
ד ב ן ו מ פ ט ר ל פ ת ו ו ט מ ו ה
ן י ס א א ר ל ח כ ה ס ן ה ח י ן ת
ה א י ו ו י פ ת ד ב א ע ת ר י ה ד
נ ג פ ר ת ל ו ה ר י ל ז ר ו ם ק י
נ י ו ג ג ג ן ש ב א ס ג ב ר ת י ד
פ ש מ י ב י ה ש ה א ב ב ע ת א ת ה
י ד א ל ע ח י ט מ ר ד ו ה ו ג ע ו
י ק מ י ן ר א ם ש ו ע ה י י מ ה ח
י ה ב ת א פ נ ח ה ב ש ב ו ח ו ה נ
נ ח מ ס י א נ ו ל ש ח ת ל ה ן ד י
פ מ ך י ו ד ו נ ע נ ר ו ב י י ק פ

Puzzle 303

י	ח	ב	פ	ה	ב	כ	ל	ל	צ	ו	נ	ע	ד	ן	ו	נ
ך	ל	ה	מ	ו	ע	א	ו	ן	ב	ו	ו	ך	ר	ו	ר	ה
ג	ת	ו	ט	י	ה	ל	מ	א	ו	כ	ז	ב	ו	ת	ע	ל
ד	ח	פ	ר	ש	ר	ל	י	נ	ו	ג	ס	ס	ה	ו	ה	מ
ה	ח	י	ו	ב	י	ו	מ	ו	ר	ל	ל	י	א	ר	ו	ן
·	י	ו	נ	ל	ר	י	ץ	פ	ן	ש	ק	ו	ף	ש	ב	כ
ל	כ	ל	א	ו	מ	ט	ר	ת	ת	י	ה	צ	ו	פ	י	פ
ם	ו	ת	א	ו	ו	ו	א	נ	ב	ו	י	י	ז	א	נ	מ
ג	ה	ה	כ	י	ל	ו	ר	פ	כ	ד	ח	ה	ר	ה	ש	פ
פ	ל	א	ו	ל	ח	פ	א	כ	ר	ע	י	ל	ו	ן	ר	ג
י	ו	ו	ש	ו	ן	ש	י	ד	ו	א	ס	ת	ד	פ	פ	ל
ד	ל	ל	י	כ	ח	ו	ל	ס	מ	ת	ק	ר	א	ה	נ	ד
ח	ה	מ	ה	ב	ה	ר	נ	ב	י	ר	י	ה	י	ק	י	ד
ת	ה	י	נ	א	ל	נ	ש	מ	ר	ף	ד	ה	ה	ו	א	פ
ת	ו	י	צ	ה	ס	צ	א	ש	ר	ת	ו	פ	פ	ט	◌	מ

טיול
כחול
במירוץ
מאוכזבות
העליון
מורכבת
להיט
נשר
החיובי
פתוח
להוכיח
מהלך
הכילו
אודישן
יער
שקוף
האפשרות
הסגוני
בכלל
תלוי

Puzzle 304

דרישה
שמנה
ביותר
עשוי
באוויר
דרג
רבים
הבא
השלטון
להופיע
עפרונות
אחד
מועמד
תינוק
אישי
קטלני
גור
לבן
יכרוך
חגב

ע	ו	ל	ד	מ	ע	ו	מ	ג	ת	ד	ן	ר	ם	ה	ו	ר
ע	ל	ש	ש	ת	י	פ	י	ו	ו	ל	ק	ד	ר	י	ש	ה
א	ו	פ	א	י	פ	י	ר	ך	ק	ר	ט	א	ת	מ	ן	י
כ	ל	ל	כ	נ	ו	א	י	ו	ק	ג	ל	ח	ו	ד	ר	ר
ש	מ	נ	ה	ו	ה	י	ו	ר	נ	ן	נ	ד	י	פ	ה	ו
ר	ת	י	פ	ק	ל	ו	ו	כ	ת	ו	י	צ	ב	ז	כ	א
י	כ	י	ם	מ	ם	צ	א	י	ר	ט	ת	ו	פ	י	ו	ו
ב	מ	ת	י	י	ע	ס	ב	ם	פ	ל	ל	ם	נ	נ	פ	נ
נ	ל	ה	ק	מ	ן	י	ג	ו	י	ש	א	י	ח	ס	ח	ב
פ	ם	צ	ה	פ	א	ד	ח	ו	ש	ה	ד	מ	ו	ו	ה	י
ו	ה	ע	ש	ו	י	ו	ס	ו	נ	ז	ו	י	ת	א	ו	ז
א	ת	ו	נ	ו	ך	ק	ו	ד	ד	מ	ר	ת	ש	ת	י	
ב	י	כ	י	ס	י	ם	ע	ש	ר	ם	ע	ו	ד	ו	ו	פ
ה	ר	ש	ל	ב	ן	ד	ת	נ	ג	ו	ה	א	פ	ו	י	כ
ה	ו	ת	י	ד	ו	מ	ת	ג	נ	ר	ב	י	ם	ו	ל	ב

Puzzle 305

ש ו ת י ה ה פ ו ב ד ת ה ס א ש ל ה
י ז ר י ו ד ע ח ו ת ס ו נ א ד מ ז
ח י ו ר פ מ ש ו ן ב ר ו ט י ק ב ד
מ ו ו י י ו מ ב ו מ ה א מ ח ר ו מ
ש נ כ ג ע ק פ ם ר י ו ר ו צ י ש נ
כ ו ו ר ה ר ה פ ע צ מ י י ם ו ח ו
ל ה ל ת מ ט ט א מ ש מ פ ת ש ב א ת
מ ג ת ו י י מ ד ף י ו ש א ג ה ת ו
ן י ע ר א ה ו ו ה ת ת ו נ ח ל י ת
ש י ל ק ר י א ת ו ל נ ו נ י ר ן ו
ש ה ב ש ק צ י ל ג נ ק ם ס ו ע ת ב
ע מ ק ת י ח א ת ר ע ר פ א פ ו ס ו
ו ע מ ק ב ו מ פ ת ת י ר א פ ו ל מ
י ד מ ן ב ו ש ו כ ק ג י י ל ר ו ר
ה ו מ ה ע י מ ס כ ג מ ע ש ד ת ת י

הזדמנות
קבל
לתפוס
מדויקת
לקריאת
הגייה
הדמוקרטי
ברציפות
גשם
עצמיים
מדף
קיטור
יתוש
הסכום
שוב
חשוב
חנות
הופיעה
וחצי
מחר

Puzzle 306

י מ ו מ נ ה א מ י ל ל ג ב ל י א י
פ ע ש מ י ר ה ו נ ג ד ו ל ה א ו ס
ל כ ע ל נ ה א ש נ ב ב ק מ ש ד ר ע
ת כ מ ב ט מ ר א ו ס ו ב ל י ם ק ו
ר ד ר נ ע מ ל ת י ו מ ה צ ג ת מ ר
ן ו י ד י ל ד ש פ י ב ר ב ז ח ע ו
ז ב י ר ח ש א ד ף מ א ק מ ח ג ו כ
ו ה פ ר ו ד ט ך ר מ ש ר ש ן פ נ ז
א ע ת ר ס ש ח י י ח ט ק ח א ד ש ל
ה ן ה נ ת ח נ ת ג ב ו צ ג ח ו מ ד
ת כ ת ו ר ו ו ת ם ו ו ר מ ה ת ת ג
א מ א ו מ נ ח ש י א י ה ת ו ח ו ל
ש ר ת פ ס מ ו ר פ ר ר א מ א ד ע ב
ר ב ש ת ן ד ל ו י נ נ ח ו ל ק מ ד
י ן ע מ ו ה מ ר ם מ נ מ י כ מ ה ת

להשיג
בגלל
תואר
שמירה
מהר
לעכל
עונש
גודל
אוזן
סובלים
דיון
נתח
ספת
יסעור
לזכור
גדולה
בר
ארנב
מבט
קצרה

Puzzle 307

מ ם י נ ו ו י כ י ה ה ש מ ה ת ף ו
ו ר ט ל ו פ ן ט ו ז ב מ נ ת י ו מ
מ נ ת כ י נ ד נ ש ז ש כ צ ר ו ט ו
ח ד ג ה ה ו ד ו ב ק ו ע ע ו מ ש ל
ה א ה ו צ ע ק ן פ נ נ ש ן ו ק ל ל
ל ו ב ע ר ל ר י ה א נ ב ת ב נ ר א
ת ת ה ל י ך מ י י ר ק ל ר ה נ ב א
ר ו י ם ו ע ר ד י ק ו ב כ ב א ש פ
ו י י כ י ב ה ע ל ב ס ו כ פ כ ר ו
ם ח ח ו מ ו ר ב כ ע ה ה י ל ט ב נ
ו נ ו פ ב כ כ ב ה ר ן ש ת ל נ צ ת
ג ה ו ל ח י ן ס ו ב ד ו י נ ו ה ד
ת ן א א י ח ק ת י פ ה ב א מ פ ר ו
ן ע ן ת ת ק ס פ ה ת ו ב ע ו ו י ר
פ ו ם · נ ח ש נ י א ר י פ ב ש ו מ

צהרי
ירצה
העכבר
הנחיות
מושב
בשר
לתרום
לשמוע
שוקלים
מומחה
הנכונה
עדיין
לשטוף
כיוונים
ארנבת
תהליך
משקפי
הפסקת
אפונת
מרק

Puzzle 308

ר ש ל פ ע ל ל כ ל ג ר ב ת י ו ו ם
ן א מ ה ה נ ח ד א ב ט ק י ו ר פ ה
כ ו ז א ל ב ג ה ח ו ב ט א ר א י ט
ן ל כ ת ן ר ל נ ר ה ו כ ש א ע ח א
ה ח ו ו ט י מ כ ו ה ב ש מ ש ח נ ע
ב פ ת ן ב ל ה ו נ ד א ר ה י ג ה ף
ב ש ס נ ל ט פ מ ה ת ו צ ר ה י נ ע
י ח ו ס ו נ ר ב ע ש נ ל ָ ל צ ה ר
ל מ ר ו מ ה ד ב ב פ ן ר נ ו ה ם ל
ל י ב ב י א כ ר ג ה ת נ ו ן נ ף א
ו כ מ ו נ כ ל י מ פ מ ת · י ו ל ד
ך ל ת ט ד ד ו ה ה ז ל ו ◌ י ל ה ז
י ו י ו ד ש מ כ י א ל ת ש ר י ד נ
ו א י א פ י ב ד מ ש ה י ו ו י ל ו
ח ם ל פ א ס ו ח י ק ת ל מ פ ו נ ת

להישאר
פטל
ובכך
גבוהה
כבד
המשאית
בילה
עף
אוטובוס
לאחרונה
פרויקט
מוכנה
נדיר
גל
זכות
עניה
נחש
לחפש
שעברנו
שׁוּנָרָה

Puzzle 309

ל ה ו ט ל ה ק י ם י ל י ח ת מ ז ה
ה י ל ו ו ת ר ת ס פ ר מ פ מ ר ה ט
ש ע מ י נ ש י ל א ת ב צ ל ו ק י ר
ו ז ח כ מ ת ו ב ך ו ר ס ע ק מ ר ו
ו ו ר ת ו ס ב ו ד ת ל נ ט מ ה ה פ
ת ס י ך ו י ח ל ר ה ת ו צ ו ק ט י
מ י א ש ב ת מ ן כ מ ל נ ו ד מ ב ו
ב ו ר ר מ ר צ ו ן ר ת ת ל ה ת ה כ
ו ו ל ה י ד ה ב ו ח ל ט ל ה ש ר ש
ר ה מ נ ס ל י ה ל ב ו ה א ן ג י כ
א ו נ ע ל ו ח ז ב ה י ק ג י ש ל י
ב י י מ נ ר ו פ א ש ת פ ל י כ פ ף
מ ן ו י ו ב ו ת מ ו ח מ א נ ק ב צ
ס א ת א מ ו ו נ ע ו ב ק ל ע ו ד ה
ק ש א מ ת ל ו ס פ ל ד נ א מ נ כ נ

חיוך
רצפת
פסולת
הוטל
מתחילים
מודה
אהוב
מרפסת
הטרופי
להשוות
מרצון
להקים
זהב
בלון
חובה
זהיר
כרגיל
לקבוע
אומללה
מעניין

Puzzle 310

ס ע ס ד ם · י ו ה ת ן א ר ג ח מ א
ר ו ח ו ר ד י ת ח ב פ י ד ש ש ע ל
א כ פ ו ב ו ע ר נ ר ד ס ס ר פ ת א
מ ע ר ו ה ל ח ך ו ו ח ל ק ו ח ו ת
ל ב ש ת ע ק י ר ב מ כ פ צ ר י ב ר
ד ב ת ס ש ו ת ת ל ָ מ ו נ י נ ל נ
ת ר י ח י ע כ ת י א ה נ ר י נ ד ע
ה ו ק ו ר ו י ו ר ב ת נ ד ו ד ו ל
ק ו ה ו י א ב כ ד ת ו ן ו ר י ה ל
ר ב ב ר ע ל ש ב נ נ ד צ מ ן ר ט מ
י י נ ל ג ג י ד ו ר ש ת נ א ל י נ
א ר נ ל י ק ח ה מ מ ב ש ו ק ב מ מ
ה ע ו ע ר ב ת ה ח א ן ת א מ ה ר פ
ר י א ו ל י מ ה ב א ד ר ש מ ב ש ת
י י ל י מ ם י ר ו ר ב ו מ ת ר ו ה

להראות
גשר
לנער
במשרד
מבריק
ערבת
לערבב
מיטה
בשוק
קריאה
ברורים
שתיקה
לקוחות
לאתר
שמחה
בשיחת
העשירי
דורש
מילואי
חכמה

Puzzle 311

פ	ד	ח	נ	ה	ע	ל	ת	ס	ר	ל	ב	ר	א	ח	מ	מ
ש	ו	ל	ש	ת	פ	ש	ה	ך	ש	י	מ	ד	ב	ם	ו	א
ע	ד	י	ת	י	ק	ו	ד	ת	י	מ	א	ב	י	ל	מ	ל
ק	ל	א	ו	מ	ר	י	י	ח	נ	נ	א	ה	ד	י	ה	ח
נ	ו	נ	ד	ר	ע	א	ה	ר	ר	ג	ו	ל	ו	ר	ת	ר
ח	א	ו	ו	ש	ל	ך	מ	ק	ה	ל	ד	ג	א	ס	י	א
ח	ו	ה	ל	כ	ה	א	ט	א	ר	ט	א	ם	ו	נ	מ	ר
ך	מ	פ	ת	א	ו	ם	ב	ק	א	ב	א	י	פ	ו	ר	ת
ח	ל	ד	ה	ה	ן	מ	ס	ו	ד	ר	מ	י	מ	ח	ח	ג
מ	ל	ה	כ	מ	ב	ו	ג	ן	מ	ר	ע	נ	ר	ו	ש	ת
ר	ו	נ	ס	מ	ר	ר	מ	ש	י	ו	ר	ש	כ	מ	ו	ת
ב	ת	ת	פ	ע	ו	ח	ח	נ	ה	ת	מ	ה	ב	ד	ר	כ
ר	ו	ק	י	ת	ר	נ	ד	י	ש	ח	ו	ר	י	ם	פ	ע
י	א	ד	א	ח	פ	צ	י	ש	ע	י	י	ח	פ	נ	ז	נ
ת	י	י	מ	א	י	ת	ש	ב	ל	ר	ח	ן	ה	ה	ש	א

שווא
הכספי
אומללות
קרח
מסודר
הכרחי
גס
פשע
נרתיק
חדש
פתאום
חתך
כמות
שחר
שלוש
איפור
הלכה
להתנגד
השניים
שחורים

Puzzle 312

ל	י	י	פ	ת	כ	ר	ת	ע	ד	ה	ה	ו	ח	ג	א	כ
י	ש	י	ח	ב	ו	ו	נ	י	ו	כ	ו	י	מ	ר	ת	י
נ	ד	כ	מ	צ	א	ו	ל	י	י	נ	ל	י	ה	ד	ר	מ
א	ו	א	נ	ס	מ	ה	ת	ן	נ	ן	י	ל	ש	ב	ל	י
ן	נ	ו	פ	ע	ו	ב	מ	י	ד	ה	י	כ	ת	ד	ב	כ
ש	ו	ק	ו	ל	ד	צ	ע	מ	ח	ש	ה	ב	ל	ה	צ	ר
ע	ו	ז	ב	ר	פ	ל	ו	ע	י	ח	מ	ה	ז	ו	י	ל
ו	ו	ד	א	מ	א	ר	צ	ס	ן	י	ה	א	ג	ל	ש	ת
ל	נ	ס	ו	ת	ש	ת	ת	ח	ן	ת	ו	ל	ר	כ	י	ה
ת	נ	מ	ה	נ	ה	ר	י	ע	מ	ב	ר	ת	א	י	ת	ג
מ	נ	ש	ע	ר	ש	ת	ת	ר	ו	ב	י	ד	י	ם	ה	מ
י	ל	י	ת	ו	נ	מ	א	מ	ט	י	פ	ו	ס	י	ל	י
ש	ל	ף	ן	מ	נ	ר	ן	ו	ד	י	פ	ו	ק	כ	ו	ש
מ	ת	ו	ח	י	ד	ן	ף	נ	ב	ז	י	ר	ה	י	ד	מ
ו	ו	י	ו	א	ו	ח	ר	י	א	נ	פ	א	ר	י	ה	א

טיפוסי
הבצל
שלג
לשכנע
מעונן
לנסות
מתוח
הולכים
שוקולד
אריה
משימת
ערמוני
עוזב
דיבור
פנאי
תנין
אמנות
קופידון
בזירה
רצה

Puzzle 313

י ל א מ ב ד נ ם ר ע מ מ ו ו א ת ש
ם י י ח צ ן ש י י ב א ו נ ד י ו ב
ו ו פ פ ל ב ג י ע ב ר ו ר ח פ ה ה
י ת י י ב א ו נ ל ר ו ע ו נ ל ו ק
ם כ ר א ו ד ו י ע ד ו ט ר ו ח ה ח
ר א ת ת ה א ו ש ס ו י ג ו פ ס ל מ
ב ע ר י ע ה ו ו ק ת ל ג כ כ ו ר ב
י ו ג י ל מ ד מ ה ש נ ת ר נ ו ב ת
ם ת ו ש א ו צ צ ק ו ר י ה ב י ת ה
ת ה ב ע ל ד ל ף נ נ א פ ו ח י צ צ
ו ו י ת א מ ח ט ל מ מ ק ר מ ו ע י
ג י א נ ו ל מ מ מ י מ כ א ר ת ד ב
נ ח ר ו ד י ל נ ח ן א ת פ ה ן ב א
מ ד ט ת ן ב ו נ א ו מ ד ו י ל ו ר
מ ה כ ח ר ב א ב ע ס ד ם ו ת ו ו ט

העיר
חיים
רוצה
שיניים
אבן
ביישן
קולנוע
מדומה
חתונת
מחק
התיבה
תעשיית
חדה
לספוג
בצל
בוגרת
לשקף
עסקה
ביצה
דואר

Puzzle 314

ש ג מ נ ו ו ה ה מ מ ל ל ו ו ת א א
י ד ו י י ש ב ו ו ק ר ו ב ע י ח ף
נ ה ב ה ל א ש ב פ ב ו ח מ ט ר ה פ
י ו ג ר ו ב ק ב ח ל ע ו ל י ח ר א
ר פ א ת ן ב ו ב ר י מ ט ו נ ס פ ח
ן ח י ע ד י מ ת מ ו נ ת ו ו מ ל מ
ב ת י ו ע ד ר ת ה מ ן ו ם ה ל נ ט
ש ה ת א ש ו ע כ ו מ ק ר צ י ע ב ר
מ ח א ו כ ה ת ע ע ז ב ה ל צ צ ם ה
ה ת ם ס ר ש ז ו ד י ו ל מ ק ב ז ל
ג ד ל צ ט י ו ל ע ת מ ל ק נ מ ק ת
מ א י ו מ ג ר ס ר פ ן ח ו ו צ ד א
ו י ש ף י ר ח ה ד י ת ע ב פ י י א
ד מ ו ו ו ן ל י נ מ ד א ם ו ק מ ב
ק מ י ה י ן כ ד ח פ ה י ג נ נ ה ו

חוט
ללוות
הפחד
בנו
במקום
מטרה
וילון
מבצע
להרות
שיני
עזבה
פרסום
אחריות
מקבל
בעתיד
מסחרית
תן
תמונת
החריף
פונקציה

Puzzle 315

א	ב	ד	ן	י	ח	י	ר	ק	י	נ	ל	נ	ו	י	ק	ג
י	י	פ	נ	ש	י	ק	ש	ה	ת	ג	ה	ח	ב	מ	ן	י
נ	ד	ו	א	ר	י	ל	ג	ד	י	ב	מ	ו	ד	ו	ד	ל
י	ם	ח	ת	ש	ה	י	ט	מ	ל	ט	ו	ש	פ	ט	י	ש
ה	ת	י	ע	ר	ם	פ	ת	מ	י	ו	י	ת	ו	י	א	ת
מ	ע	ק	ב	ת	ו	י	ר	נ	ל	ן	פ	ם	צ	י	מ	מ
ב	ד	ל	צ	מ	נ	ם	ח	ב	ח	י	ם	ת	ל	ר	פ	ף
נ	ו	כ	ח	י	ם	ת	ו	ת	ג	ר	ה	ד	ו	ה	ס	נ
ש	ה	ל	ו	ח	ה	ל	ם	ו	ק	ח	ל	ד	ת	ש	ר	ה
מ	ל	ע	י	ה	ו	ח	א	ר	ב	ה	פ	ו	ו	ח	י	מ
ל	פ	ף	י	ש	י	ה	מ	ס	י	ד	ר	ן	נ	ה	ת	ח
ל	ל	צ	ח	ר	ב	י	ם	ו	א	ע	ר	ת	מ	מ	ד	ק
א	ב	כ	מ	ה	ב	נ	י	ג	ו	ד	ס	צ	ו	ר	ך	ע
ת	כ	י	א	נ	ג	ג	נ	ם	ש	י	נ	י	י	מ	ר	ן
ת	ד		א	י	י	ש	ו	מ	ר	ש	ן	ע	מ	נ	ת	מ

מיומנות
מעקב
איות
רהיטים
בניגוד
קליפים
שרשרת
צורך
בשילוב
ידע
בכמה
חי
צבע
גחלילית
פטיש
הודעת
דודו
נוכחים
נחושת
חייהם

Puzzle 316

ב	ש	ם	ס	כ	ק	ת	י	ב	כ	ב	ע	ר	א	צ	ו	ה
כ	ו	ו	מ	ד	י	י	ר	ו	פ	ן	ו	פ	צ	ן	מ	י
י	ו	י	י	ו	ל	ג	ו	ה	נ	ו	ב	ו	ב	א	ל	ף
ת	ם	ל	ם	א	ק	ע	א	ו	כ	א	צ	א	ע	מ	מ	ם
ה	א	ד	ש	י	ב	כ	ד	ר	י	ו	ל	י	ל	ו	ל	ע
ר	ה	ת	י	ב	ה	ו	ג	ע	ו	ל	ו	ת	ת	נ	ל	ר
ב	ו	ב	י	ב	ו	ר	ת	מ	מ	א	מ	ב	ב	ף	ם	ב
ח	ב	ש	ל	ר	ל	א	ק	כ	ר	ק	ו	ה	ת	ש	ח	י
ב	י	ר	ם	ג	נ	כ	ב	י	ד	ו	ע	מ	ר	א	ר	ר
ס	ח	ו	א	ב	מ	ת	י	ן	כ	ו	ו	ק	ו	כ	ח	ס
ס	מ	ב	ס	ו	ו	ו	ן	ק	ו	ש	ר	י	א	ל	ל	ר
י	ב	פ	פ	כ	י	ד	ל	ח	פ	ב	י	ו	ו	נ	ש	ו
א	ד	י	ל	ג	ר	ו	ז	ש	ב	ע	א	ח	נ	י	פ	ה
י	ש	נ	ב	ף	י	ח	ע	י	ו	ו	ל	א	נ	ת	ב	מ
ב	ף	מ	ז	ת	ן	פ	ל	ם	א	ח	מ	ד	ב	ו	נ	פ

שחקן
בחברה
ליישם
ראוי
גלוי
רפואית
קיווי
הביתה
כביש
ילדת
ידוע
אצבע
מים
שבע
בכיתה
שבת
כלנית
צל
סביבת
אירוע

Puzzle 317

ו ו י י ב ל ל ו ק ל ש י נ מ ו מ צ
ק א ק ל א ו ל ר י ש ו ב א ת מ ר ה
א ד ב ו ר ה ן ו נ פ מ ג ו נ ר י נ
ל כ ח כ ו ר ו מ ח ד ו י ו נ ד ד ד
ח ו ר ק ן י ז ק ח ו א נ ל ב ב ג מ
י ת פ מ ח ק ו י ר ב ם ה ו ו ל ה א
ו מ ה ו ו ס ו ש ל ס ע ת מ ר ב ל מ
ן ם א ה ל ב ר ך ו ו פ ו ג ו מ ק ת
ף ן כ ד י ש ב ת ר ן א ב · נ ה י ת
ן ה ה ו ב ג ה ל ל ה ד ת מ ל י ו ל
י מ י ר ו ז ו ב צ ע מ ר נ ד א ג ד
ם ש י ע מ ז ת מ ו ו ת פ ר ע ת נ ק
י א ת ר ב פ ח ם מ ג ח ל מ ט פ ח ה
ס ב י ב ת י ת י י ג ו ס א י ע ר מ
י ן י י פ ד ת ו ג ה נ ת ה ץ פ ק ·

אדמת
סביבתית
בננת
הברווזון
התנהגות
חיובי
סוגיית
נפח
האם
לברך
מפת
קפץ
סקירה
בארון
בגינה
רמת
להגדיר
דבורה
צמחי
הגבוהה

Puzzle 318

מראה
צוואר
חמוד
גרסה
סיבה
מזחלת
עלייה
עוף
סולם
מניות
מאמין
מתחת
הכחול
ממוצעת
אננס
הבמה
לכונן
תזה
מטלת
ובמיוחד

מ מ ו צ ע ת ז ה ם ל ו ס ו ג ג ו מ
ם ו א מ ו ו ד ב ו ו ד ו מ ח ת ז י
א פ ע ן ת י נ מ ג ע י ל ן צ ח מ מ
ל מ ע נ צ נ ו ה ר ד ת ה ב ל נ ט ט
ה כ ח ו ל מ ע ס ן ד ק פ ת ו ו פ ל
ו י ו כ ב ר כ ר נ ק מ ע ד ף ו ע ת
י א ר ל ח א נ ג ו ת ד י ף ר ד ל ח
ר ל ל ד מ ה ו י פ י ל ד ה ו ד ה ר
ס ד ו ח א ב ל מ ר ◌ ן נ י ה ל מ מ
מ פ כ צ פ י מ ז ה י י ל ע כ ו ת ה
י ו ף ם מ ס ד ד ת מ מ ו ב י ח י ו
ת י י ד ח ו י מ ב ו א א ו ת א ו פ
י ע ת ל מ ו צ ו ב ת מ י צ מ נ פ י
ל ו מ מ ו ב ו ס ר ו ת י ב ב נ ל ר
ש ע ע מ ם ב ם פ ש ן ם א ן נ ס י ו

Puzzle 319

מ נ ח מ ו י א ו ב ע י ל ה ו א ו מ

ח ז ע ר ח מ ג ל ע פ ז ח כ א ח ח ב

ה ה ע י ב ע ר ב י ע י ב ש ר פ ח י

ס ה ה פ ב ע ס ס ש נ ע ב ת ב מ ר ן

פ פ מ ל צ ג י פ ל ס ט י ק מ ה כ ט

ו ם ו מ ק ר ב ר ז ו ג ל ת ק פ ן ה

ר ד י ו ו י י ח ר א ט ו ב ד ר מ י

ט ל מ ר ו ה ח ל ק ת ל ח ל ח ר ש ב

ר י י ם ת ל ח מ ץ ר ך י ל י ו ד א

ס ב פ ו ר מ ט י פ ש י ו ד ד ל ב ב

ב י ו ר פ א מ ח ו ו ס ב ה ת ב ו ן

ב ש א ד ו י ף י ח א נ · ל ח ן נ ע

ח א י ב ג ל ב ז ח מ ב נ י ס י ו ן

ב ת י ל ד ו י י ו א ר ו כ פ פ ר ש

פ ב ה מ ת ר ח י נ פ נ ה ה ו א א ב

ספורט
בפורמט
נסיך
שוות
זוג
קלטת
מיץ
אגרסיבי
פלסטיק
מאושרת
החלקת
בדרום
מבין
בסרט
להירגע
טיפשי
בספר
בניסיון
תאו
הליכה

Puzzle 320

ת מ מ ש ל ס מ י ל ר י ר ק ו ת מ נ

ר צ י י ה ת ו ו ק י ר מ ר כ ב ר ל

ו ה ת ן א ד י ט ס ב ס ג נ ו ן ק ש

ד ו ו ת ר ד ו א ן כ ס א ף ו ו נ ה

ר ו מ ו י ת ל ד נ ו ן ט מ ע י ח נ

ר ה מ ו ך מ ר ב ג כ ו מ ס ה ס ס א

י ן ו ג נ ל ה פ ו כ ת ק ש ד י ח ס

ו ת נ ח י ו מ י כ ו ם מ י ך נ ר ק

א ו י ל ת ס ת ל ב ב ן מ נ פ ו ל מ

ו ת ר ן ע א נ מ ת ו ע א ה מ ת ב ע

פ א פ ע מ ו ו י ק מ ד ל ש ג י ב

ת צ ה א נ ג ע ק ץ ו ל נ ה ל י ו פ

ו ת ו ש נ א ת מ ד ר פ נ ה י ו ו נ

ה י ו ו י ח א ת ו ב ק ע ב ט י ח י

צ נ ו ע ט ל ף א ו ס ע ס י פ ל ף ז

כוכב
תכופה
אחיו
ניסיון
הנפרד
שליט
בעקבות
עטלף
קרנף
שינה
בסגנון
רקטות
תנועת
רכב
לאמץ
ירקות
להאריך
צנוע
עסק
לנהל

Puzzle 321

ר ר ל ם י ג ד מ ק ס י מ ל י ת מ י
כ מ ד ב א א ל י ע א ה ל ת ו ל י י
י ע ח כ צ ל נ א ב ם מ מ מ ו א ו ה
ב ש י ע ס ר ת ר מ ו מ ל ת מ ח ח ן
ה י י ע ף ל ת ה ד ע מ כ ל ה י ד כ
כ פ י י א ס ת ל צ ן מ ו ר כ ד י ח
ב נ ח ו מ ה י ר י מ כ ת י ח ה ם צ
ל מ ת ע נ ז ה ת ע ה ר ה נ מ ש ד ה
ח ב ה ז ו ר ל ת ח ר י פ ן ב ק י ו
◌ י ש ו א צ י פ י ו ת י ה ם ע ב ב
י ן ב ו ש ב ה כ ק ח ל ה ם י ה מ ר
ע ר ס א ח ב י ה ו א ע ו מ ר י ק ו
י ו ו ה ד י ד ו ף ס ו ח ב נ ת ך כ
ן י מ ח י ד ו פ ש ו פ ל ד נ מ ת פ
ם ף ו א נ ס ב ח מ צ ש ו ק ו ב ג ו

נואש
מקסימלית
בכה
מעשי
דגים
מיוחדים
ציפיותיהם
מעצר
פועלת
מלוכה
צהוב
השקעה
אחורה
רכיבה
ללמוד
חלב
קוף
קיר
מהיר
דוב

Puzzle 322

פעיל
הסטנדרטי
הים
נכחד
כרישת
נכון
בחופשה
גוף
גם
אמורה
שמים
הפועל
לילך
בד
יתושי
מנהל
המוכר
טיפש
רחב
צמיחת

כ ר י ש ת ו ן ל ע ה ו ב ח ו פ ש ה
ה א מ ו ר ה ו י ר א ו ח ו נ ז ב ס
ה י ם ן כ צ ו צ ו ת פ ר י ו ש ד ט
ם ש נ כ ו ן פ מ ת י ָ ה נ י צ ו נ
ג ו מ ת מ ר נ י ה י ב י ב ן ש ד ד
ל ת ר א ה ה ר ח ר ו ל ה מ נ ה ל ר
ג י ח ל מ א ו ת ח י נ א ר ש ו י ט
ו מ ש ו ן י ו א ם נ א ו ב מ ה ל י
ף ק ב נ מ ת י מ י ר ו ה נ ר ש ך מ
מ ל ב ט ב ד ב ג צ י א ה א ו ה צ ת
ו ב ת י ב ה ו א ס ל פ ל ש ל נ א א
מ ך ה פ ו צ פ ל ת ע מ ו מ כ א ב ן
פ י ש פ ל ח ◌ י ת ו מ ח ח ל ו ת
ו ל מ ה פ ו ע ל נ ר ל ד ר י ש פ מ
ל א ה ח ע ו א ש ח ח א נ ב ג ן ה ג

Puzzle 323

ה ט ר ל ע ו ב נ ל ב ה ט י ח ו ד פ
נ ר ה כ י ר ע ו ר ש מ ם ל מ כ ח ל
ו י ש י ג י ב ס ט ב ס ט ח ו ם ו מ
ש ה פ ו א ש י ח ו ו ש נ ת ק א ר פ
א י ו ש נ ת ר ה ב ע ה י י ח ש ז ר
ר מ כ י א ו ה ו ר ג ר ו ב מ ה ל י
נ ח נ · פ מ ר ל ת ש ו ת ג ו נ ע ה
ה א א ה ח ל ב י נ ל ר כ ת ף ק מ ל
ק ו פ ו ר נ פ ה ה ה פ ו נ ו ב ב א
ל ו כ ת ק ו ה נ י ב מ י ס ל נ י י
ת ו י ט ו ם ו ל ש י ל ב פ ר מ ח ן
צ ש ט פ ו ב י ט ל ז ע ל ו ה ד ו ב
ו ד ח ל ת ן ה א ו ב ה נ ה י ק י י
פ ע ו ו ס ש א ר ק ו ל ע ר ע ע · ר
ז ג ו ר ב ע ן ס ת ס י מ ל כ מ מ ל

שחייה
מבינה
יחד
טרי
חום
חיטה
שלום
כתף
רטוב
ברוגז
לזרוח
הנושא
נוסחה
בשבוע
כול
אלימות
פחם
המבורגר
נשוי
עריכה

Puzzle 324

ק א ל ה · ת ס ד ב א ת ח י י ל ע י
ר י ל ל י ו ד ע ר פ כ פ נ ה ב ס ע
מ ה ו כ ק מ נ כ א ו צ ר נ ת ח ן י
ת פ ק ו ו מ ע ש ט נ ן י ת ק ה ת נ
י ע פ ו ה ע ג ו ל ה ח נ ל ב ו ו פ
ם ח ז נ ן ד מ ל ם א ו י ד ך א כ ן
ם מ ב י נ ת נ מ ז ה ב ו כ ו ל ג ע
א ת ס י ו ו ס ת ן ח ו ט ש ע מ ד ג
מ נ ג ל נ צ ב י פ י ב ר י א ת ב ס
ה ו ע פ ר ח ק ו ס ב ה נ צ נ ס ה ב
ל ת ע ש א ה ל ח מ ה י ג י ת ר ק י
י י פ ו ה ה ס ה צ י ת ן ד ה ד ו י
ל מ ל ו כ פ ם ו ם ן מ א ח כ ס ל ת
ה ר י מ כ ת ה ו ש ה ש ל ב ו ן ע פ
נ ת ו ת ג י ן ו מ ן י ה ב א מ ו ·

עיניים
הלילה
בוחן
סבתא
בקתה
יקר
עלות
אפונה
אוצר
להניח
הזמנת
שטוח
אמן
העגולה
בריא
סדר
המחלה
נראה
תרמית
מתנות

Puzzle 325

ש	ס	נ	י	ף	ו	ע	ת	ו	פ	ם	צ	ס	ר	ל	ח	ו
ל	ו	ח	ב	ם	צ	ה	י	ה	ם	ת	נ	נ	פ	ש	י	ת
ב	ר	ח	כ	ו	מ	נ	ר	ז	ו	מ	ם	א	ת	ח	ל	פ
ק	מ	ת	מ	ת	ב	ת	ח	מ	צ	ט	י		ן	ו	ז	ו
ה	ז	פ	י	ד	ח	ף	ו	ת	מ	ו	ל	א	י	ת	ו	נ
ק	ו	ל	י	נ	ר	י	ק	ע	א	ב	ג	ר	ם	כ	ן	ע
ר	ל	ו	ש	ו	י	כ	ו	א	ד	ר	ו	ו	ש		י	ח
מ	ת	ג	מ	מ	י	ח	ת	י	ו	כ	ס	נ	ר	ל	ר	מ
ו	ן	ב	י	י	מ	נ	ש	ו	ס	ת	מ	ל	ש	ה	ע	פ
י	ה	ע	כ	ל	ו	◌	מ	ד	ש	כ	ו	א	ו	מ	ו	א
צ	ס	ה	ק	ב	ע	ר	ה	ו	י	ז	ה	כ	ח	ע	י	ת
כ	ו	א	פ	מ	כ	ו	ש	פ	ף	י	א	י	א	ל	ר	ו
ל	ח	ו	ת	מ	ב	ב	ך	א	צ	כ	·	ת	מ	ע	ר	ה
ן	ן	נ	ת	ת	ג	ב	ס	ו	ת	ו	י	ו	ו	ו	כ	צ
ל	י	ל	ט	ח	ח	ה	ו	ב	ך	י	ר	ו	א	ג	ד	ו

תוף
מבחר
מסוגלים
כיף
רחוקות
חילזון
ממשל
גבעה
לימונדת
מצטיין
קול
לחות
יניח
נוראי
הליכת
לשחות
ברכת
מוזר
עד
לפתח

Puzzle 326

ל	ך	צ	ע	ן	צ	ח	ר	ה	פ	ל	פ	ג	ח	ח	ה	ל
ר	ן	י	ג	א	ב	ב	א	ר	ע	ש	ו	ד	ו	ו	צ	ת
מ	ת	ג	ה	ד	מ	פ	ה	ן	ק	ו	ם	ש	א	ש	ל	ם
נ	י	ק	ס	ר	ו	ן	א	ס	ה	ו	ו	ו	ר	ב	ח	ם
ע	ג	ד	ג	י	ן	כ	ה	ו	ו	מ	ו	ו	א	י	ת	ו
י	ו	ג	א	ו	ט	מ	ד	ב	ח	ל	ל	ד	א	ם	נ	ה
ש	ל	ה	כ	ש	ר	ת	ל	ל	ג	י	ל	ב	ד	ע	ל	י
ו	ו	ד	א	ת	ס	ח	ז	פ	מ	ס	ל	ג	ל	ו	ת	א
מ	י	ש	י	ח	ר	א	מ	ק	ח	ה	נ	ח	ת	ע	ר	ח
ו	ב	א	ת	ש	י	י	ב	ר	ו	ו	ן	ג	י	פ	ר	כ
כ	ן	נ	י	ב	ר	ע	י	ק	ש	ו	ת	א	ר	ק	נ	ש
ל	ק	פ	ו	ץ	י	מ	א	ע	ק	ק	נ	ב	ו	ש	א	ו
ר	מ	מ	א	ד	כ	י	י	ו	ב	ת	ג	א	ד		י	כ
ל	ר	ע	מ	ר	·	י	י	ו	ח	א	ה	ת	מ	ק	נ	י
ו	ר	י	י	א	ל		ר	ב	נ	א	ו	ם	ב	ס	פ	ם

קרקע
חלל
לגיל
ילדי
שער
חושבים
לפחות
לקפוץ
דאגת
תקווה
הגנת
סרטן
קשוח
הצלחת
שנקראת
הכשרת
ביולוגית
לגלות
אמיץ
שם

Puzzle 327

ת	א	נ	כ	ת	ב	ר	ח	ד	מ	ק	ן	ו	ל	ו	ס	ן
ו	ד	ב	ו	א	ת	י	ט	ק	פ	מ	ו	ק	ל	ר	ב	א
ק	ג	ה	א	ח	נ	מ	ס	ן	פ	י	ט	ן	כ	ב	ו	ה
ו	ו	ר	א	י	ל	ל	ב	י	ע	פ	ע	צ	ו	א	מ	ש
ת	כ	א	ך	ת	מ	ס	ו	י	ם	ם	י	ל	ד	ו	ח	נ
נ	פ	ש	ק	ח	ל	ב	ן	פ	ה	ן	ב	ד	ח	ה	ם	ע
נ	נ	ו	ט	ט	ף	י	ט	מ	א	ו	ף	ט	מ	ס	ר	פ
ו	ף	ו	ו	ב	י	ק	ק	ק	ד	ו	ד	ד	ו	י	ו	ה
א	מ	ס	ל	א	ו	ו	צ	ו	פ	י	ם	ס	ר	י	י	ל
מ	ן	כ	ע	ד	ס	מ	ד	ב	י	ה	ד	ש	מ	א	ר	א
ס	א	כ	ו	מ	ו	ע	ה	ל	צ	ו	מ	ז	י	מ	ב	ו
ו	י	נ	ג	ר	ח	ש	ל	ש	ה	כ	ו	ו	י	ת	ש	ב
ר	נ	כ	ת	ש	ו	ה	מ	ו	מ	ן	י	כ	י	ג	ן	ה
ל	ת	ל	ו	י	ה	א	י	י	ו	י	מ	י	ן	מ	י	מ
מ	ח	ר	ר	י	י	ט	פ	ע	ה	נ	ו	ת	נ	ל	ת	פ

דוד
פיצה
עוגת
צופים
אבטחת
לתקוף
הראש
פרס
קמפיין
מזון
ללכוד
אך
מסוים
קטן
חרב
נכתב
סבון
שדה
קומפקטית
מעשה

Puzzle 328

י	ל	ה	א	ה	י	צ	ב	י	ט	ו	מ	מ	ו	פ	כ	ו
ו	נ	צ	ו	ר	ל	ח	צ	פ	ר	ד	ע	ר	נ	ת	ע	ו
ד	ק	י	י	ן	ו	ע	ם	א	מ	ר	ל	ו	ל	ר	י	ן
ן	ר	ב	ק	מ	ו	א	ר	ם	ב	ל	ח	ר	י	נ	ב	מ
ה	מ	ו	מ	ו	ד	ר	נ	י	ר	ו	כ	א	פ	ג	ן	ר
ם	ל	ר	ע	מ	ח	ר	ם	מ	נ	ן	ו	פ	כ	ו	ר	ה
ר	ב	י	ד	ן	א	י	פ	ל	ד	ת	ר	ג	י	ל	ז	י
ח	ל	א	ת	ב	מ	כ	ט	ע	ע	ל	ת	ר	ו	מ	ה	ל
ת	ו	נ	ה	י	ה	ל	מ	נ	י	ל	ר	ך	י	ו	נ	מ
ב	ח	נ	ה	ו	ג	ת	ר	ו	·	ב	ה	ל	ב	א	כ	נ
כ	ר	ח	ר	מ	ר	י	כ	ג	ו	ס	ד	ה	ט	ל	ח	ה
ו	ק	מ	מ	ג	ח	מ	י	ו	ו	ח	ת	מ	ת	ו	א	ר
ת	ו	ח	א	מ	ת	י	ב	ג	ו	ה	א	ב	ס	ס	ח	ן
מ	ב	ח	א	ע	ל	ע	ר	ף	ה	ר	ש	א	ת	פ	ע	ק
·	ג	ד	ה	כ	ו	ר	פ	כ	ב	ח	ד	צ	ת	ל	ד	א

מוטיבציה
לנקר
תרנגול
מערבי
נעלמים
תרגיל
ספל
ציבורי
מודרני
החלטה
להיהנות
צפרדע
במהלך
בכפר
רעל
אחות
לדחוף
סוג
מרכיב
אשר

Puzzle 329

ק	ת	ס	ט	מ	צ	ל	ל	ה	ו	נ	ג	א	נ	ת	ת	פ
ס	ת	י	ו	ו	י	ל	צ	ר	א	ה	ו	פ	נ	ק	ד	ש
מ	ו	צ	ר	ח	ק	א	ל	י	ן	ב	כ	ע	ד	י	ר	ן
ל	ב	ו	ק	ל	ק	א	מ	ח	מ	ז	מ	ל	י	א	ג	ג
ל	כ	ב	י	ש	ו	פ	פ	ב	ם	ר	ך	ה	ר	ג	כ	ב
ל	ק	ש	ה	ר	ו	י	ו	ת	ת	ן	ו	ר	ת	פ	ו	ר
א	ן	ו	מ	מ	ק	ל	ס	ן	י	י	ת	מ	ס	ע	ת	ת
נ	ו	ך	כ	כ	ה	ו	א	ב	ה	י	ב	ו	י	י	ה	ן
ה	י	י	ס	ו	ל	כ	ו	א	ו	ו	ד	ל	ר	ש	ם	א
ק	ר	ן	י	ו	פ	כ	י	ב	פ	ד	ג	נ	ק	ס	ב	ה
ע	פ	י	ר	ח	ו	ב	ו	י	ע	ו	פ	ה	י	ו	פ	ה
ח	מ	א	ת	ל	ד	כ	א	י	ב	ג	ב	ח	ת	מ	ר	ק
א	ה	י	נ	ג	י	ב	ו	ן	ש	פ	ר	ם	פ	נ	י	ה
ן	כ	ד	ר	ה	מ	ו	ה	ה	מ	פ	נ	ת	ל	ג	ח	ם
ת	ה	א	נ	ו	נ	ד	מ	ז	ה	ח	נ	פ	ו	צ	ת	א

טורקיה
בפריחת
קריסת
לכביש
בכבוד
אוכלוסייה
מסע
בתוך
פתרון
קשה
לדכא
ירח
בין
כמה
אפילו
חתיכת
נפוצת
סתיו
חמאת
נפגשה

Puzzle 330

שלושה
אגרוף
שותף
להיכנס
צפופה
סכנת
כלא
טלסקופ
גז
להרוס
האי
שעון
עובדת
ההיסטוריה
התוצאה
שרפה
ברווז
פרק
לעקור
ארגון

ב	מ	ש	ק	ש	פ	ן	א	מ	ו	ק	ח	ש	ל	ת	ע	פ
י	ג	ע	ד	נ	מ	ז	ד	י	נ	ל	ר	ש	נ	ד	ו	ש
ת	ס	ו	ף	ת	ו	ש	ט	ג	א	פ	ת	י	ו	ב	ל	ר
כ	ש	ן	ב	ע	ש	פ	ל	א	ה	א	ו	ו	נ	ו	ן	ה
ה	ו	ל	ה	י	ב	נ	ס	ס	א	ג	ק	א	ש	ע	ם	נ
ם	ד	נ	מ	ה	י	ע	ק	כ	צ	ש	י	ה	י	ע	ב	נ
ל	מ	י	י	ה	ו	פ	ו	נ	ו	ש	ו	נ	ת	ו	ר	י
י	ו	ה	ר	ו	ת	פ	פ	ת	ת	י	א	ה	ו	ו	י	י
נ	ו	ר	מ	ה	פ	מ	מ	ת	ה	מ	ד	כ	ר	א	ל	מ
א	נ	ט	א	ב	ר	כ	ל	א	ך	נ	ו	ל	ו	ר	י	ש
ו	ב	ל	ע	ו	ק	ע	ו	ן	ג	ר	צ	ח	פ	ו	מ	ם
ס	ו	ר	ה	ל	ק	ר	מ	ר	א	מ	פ	מ	ר	ל	ת	ו
א	א	ר	ג	ו	ן	ב	ן	ב	ר	ו	ו	ז	ר	כ	ד	ר
ן	מ	ן	ר	מ	ד	ף	ו	ר	ג	א	פ	ג	מ	ם	ו	א
ם	ש	ר	ה	ה	י	ס	ט	ו	ר	י	ה	י	ל	א	ג	פ

Puzzle 331

נ	ו	א	ת	ה	ר	ח	מ	ו	ע	י	א	ת	ב	ר	מ	ק
ו	ד	ט	ר	ש	ו	א	ש	ר	ז	ו	ו	י	ע	צ	ש	ד
ת	ו	מ	ד	ק	ת	ה	ו	ב	ץ	ו	ב	ט	ת	י	ן	ע
נ	פ	א	ס	ר	ו	ב	ע	ו	ו	ו	ד	ו	מ	נ	ס	ב
י	י	ן	ג	ו	ו	ר	ת	ח	ע	ן	ק	ן	ת	י	ו	ו
פ	ע	ה	ש	ח	ו	ר	ל	ר	י	ע	ס	ס	י	פ	ה	ד
ב	ל	ו	י	י	ל	ו	ל	מ	י	צ	מ	א	ד	י	ת	ה
ה	ו	א	ר	נ	ת	פ	ד	ע	ב	ו	ת	ס	מ	ה	ק	מ
ת	ו	ו	ג	ר	ר	מ	צ	מ	ח	ב	ה	י	ב	ו	א	ל
ת	ב	צ	כ	צ	נ	ס	נ	ח	ר	צ	ש	ק	כ	ו	ה	ו
כ	ר	מ	ד	ד	ו	פ	ה	ו	ש	י	י	ח	ל	י	ן	א
ל	פ	ל	י	ב	ן	א	ו	ת	ו	נ	ו	ב	ת	ה	ו	ו
פ	ל	מ	ו	ל	ל	ב	ו	ע	י	ג	מ	ד	ן	א	י	ש
י	י	ר	ג	ע	ב	י	ת	ס	ב	י	ז	ו	ן	ף	ש	כ
ש	ת	ד	א	נ	מ	ח	ה	ל	ר	ו	ה	ת	ת	ש	ו	ו

מגיע
ייעוץ
ביזון
עצוב
ומחר
צמח
למה
רציני
חשבון
כלפי
הייתה
התבוננות
השחור
למצוא
עבודה
היבוא
רחוב
בפינת
פלא
התקדמות

Puzzle 332

ל	ק	ה	ג	ל	י	ר	ה	ו	ד	ד	ל	מ	ב	מ	ר	א
ב	ה	י	ב	ר	ל	י	ו	מ	ו	ק	ו	ו	ח	מ	ב	ר
ר	ק	ו	י	י	מ	ת	י	ת	ה	ו	ג	ת	מ	ה	י	ת
מ	מ	ט	מ	מ	נ	נ	י	ח	א	ת	ב	נ	ו	ה	י	ר
ת	נ	י	ה	ם	ר	מ	א	ו	ח	ר	ת	ט	ל	ק	ה	ב
ה	ג	ד	ו	ל	ת	א	פ	מ	ת	ן	ר	פ	ה	ר	ח	ר
ע	ב	ט	מ	ו	ו	י	י	פ	ב	ב	פ	נ	ו	ש	ו	ו
ו	ח	ל	מ	א	י	פ	ת	מ	פ	פ	ו	פ	א	ל	י	פ
נ	י	ה	פ	ד	ו	ו	ש	ל	ן	פ	א	ח	מ	ה	א	ג
צ	ר	ל	מ	א	מ	י	י	ו	א	ב	ה	ם	א	ת	ן	ו
ב	ו	ס	פ	א	ו	ג	ש	א	ד	י	ו	ר	צ	נ	ן	ה
ר	ת	פ	ו	ש	ו	ל	כ	י	נ	ה	י	ח	י	ו	ר	מ
פ	ר	ו	ח	ו	ל	ד	צ	ד	י	ת	ת	ד	מ	ע	ב	ת
א	י	ר	ו	ר	ל	נ	ו	ף	ע	כ	מ	ר	א	ע	נ	ש
נ	ש	ט	ל	ח	ה	ב	ו	ז	ק	ו	ז	ו	ה	י	מ	ב

מאוד
להתנועע
גאה
נוף
בחירות
בעמדת
קלט
הגדול
גישה
לב
אוהל
דקות
וחול
צנועה
מטבע
רפואה
בהחלט
נברן
לספור
מאוחרת

Puzzle 333

מ ע ט ת ל ת י כ י ח נ מ ו ד נ מ י
ר י ו ל ב פ ת · ג ת ע ס ת פ מ נ ם
כ צ ה ו ב י ם ת ר ו ת פ ו כ ו י ס
ז ו י כ ר ח מ ן כ ח י ר ב ל ע מ ו
י ב ל א ק י ת ב מ ר פ י ג ו ו ע כ
י י ש ל ה ו נ ן כ ו ת ט ו ר מ ת ר
ם ו ו י י נ ה י א י ש ע ף ת ש ה ב
נ ת ב כ צ ת ק ד ן י י מ ד ל ר ס ד
ן ח ל ח כ ש ב ע ל א ר כ ר ב י ד מ
ל ר ו ר ו ו פ ה י צ ק א ר ט נ י א
ן מ ת פ ש ס ק ז כ ק נ ך פ כ ד א ש
ב ז מ ר א ב ל ה א א מ ן י ו ת כ נ
ן ל ו ד ר ס ו ג ת פ נ ח נ ג ש פ ג
ו פ א פ ו ס ה מ ע ו ס א ה י ו נ ח
י ן פ מ ר א פ מ י ע ה ש י ר י מ נ

אינטראקציה
מדבר
לאכול
שכח
העדין
לדמיין
תוכן
מתנה
שארית
עיצוב
צהובים
לבוש
מעל
מספרי
מרכזיים
קר
דיבר
בגוף
כמעט
סוכר

Puzzle 334

א נ ן ו מ י ש ה ל ו ם י ת ח ה ל ק
א ו ג מ י ב ו ב י ת י נ נ ו ב ר מ
י נ ל א מ ס ק י י ו ו ב כ נ פ ת ד
א ב ש ל מ פ ק ה מ פ א ת מ ד ל ט י
ם ת ל ח ש צ ע ס ב ש ו ו ה ר ב ד ו
ו ו ת נ ו י מ ס ע ו כ ל א ר מ א ב
י כ ת ג פ פ ה ו מ ע מ ה ד א י ש נ
ק ד י ו ל י פ ס ל ב ג נ ל ד ב ל ע
ת ו ג ר ד ת ו ו ל מ ר ת י ב ה ו ד
כ ת ו ב ת ב ת ת ת י ב ה פ ל פ ג ש
ג י ס ר כ י ס ו ק י מ פ ה ו ר ס מ
מ ע ג ת ת ס ו ש מ א ל י ר ת ו י ש
ת ד נ ל ר מ א ו ל ר א פ ו ר נ ע ס
ר י ה ל י ד ש ד ו צ ו ה י ל ו מ ר
י ו ו ו ר ו ב ו נ פ נ י ר ב נ ת כ

שימון
מסיבת
קיום
דליפה
יותר
קרפדה
אשתו
כותב
לבד
שווה
סגול
התנהלות
ספציפית
להחתים
כתובת
נשיא
שמש
פלדת
מסובכת
כועס

Puzzle 335

ת מ ב י מ י ו מ ן ל ל י ג ח י ס נ
י מ ש פ ק ן ק ד ר ה י צ ו ו ה ח א
ב ה י ט ל ת פ ל מ ק ר י י ר ת ס א
מ ח פ ד ח מ ש ח ג ר צ ע מ ל ה ח ס
ו ל ו ס ת מ י י א ן ו ה ת ו ת ת
א ק ע ה ר ש ד ר ח כ ן נ ר ת ב ת ד
מ י מ ל ה ע ה ו ד י ו א ו ת ז נ ר
ה ק ל ס פ ו י ם ו ס ו פ ד ו א מ י
ס י נ נ ו נ ד ר ש מ ו ו נ ל ב מ ק
ל ם ד ד ו ב ו ג נ ת ל ח ש ע פ ד ע
ה ל ע ל מ ו א ו ר ח ו א מ ת ן ס ע
צ ק ש ה ל ו מ ל ו ל מ מ ח ע פ ח ד
ע ל ל ב ן ס ח י ו ף כ ל ה כ ח מ ה
ה ם ע ג ת ה ב ק ה ז כ י ו ר ח מ ה
ת י ו ו מ נ ר ד ע מ ל ן ל ג ת ו י

מאוחר
לשמר
למעצר
יצווה
להמחיש
זאב
התה
דפוס
הצעה
קדרה
מקלחת
בשיפוע
ובודד
קן
קריירת
מנומסת
תולעת
החלקיקים
קילוגרם
נדרש

Puzzle 336

צ י ב ה י א א ח נ ע ו ו ה ת ל ר ע
י ם ה י ה ת י ש ג ה ה ב ת י ע ה ן
נ ב ש מ מ ו ן ת ת ו ל ד ק י ם נ מ
ו נ י כ נ נ ת מ פ י ד י ו ב י ד נ
ר ה ע י כ פ ת ש ל ד י ן ר מ כ ו י
פ ת צ ל י ל מ מ י ו ס ב ל ו ד ו ח
ק ש ו ח ע מ ג נ ו ת מ ד ב ע ל ה י
ע ם ם נ נ ו ש ע ש ח מ נ ם כ מ פ ם
ר ו ג ו י ו ד י ת ו ז ף ח ו מ י ו
כ ו מ נ ר י פ נ ס ל ו מ ש פ ט ה כ
ו ג ר מ ן ר ח ר ג צ א ב ב ס ג ש י
ר ת ה ס ב ב כ י ת ת ע ו ו ו ה מ ס
ר ו א ע י ג ו ל ח י ח ס ו ח ב ו י
ו ו ג ד ו א ה ר ם ס מ ח מ ו ב כ מ
פ י ר ת א י ב ה י ת י ח ל ר נ ד ה

לפנות
חיוני
בכיתת
רעיון
גברי
צינור
נהר
סנפיר
עלה
סיכום
דקים
יפה
לדין
המושבעים
הביא
מניחים
חולצת
משפט
כי
מסעדת

Puzzle 337

ב ז י ך ר ה ר ד א ת ו ה ש נ ל ל ו
ם מ י ל ע ו ש מ ו ר כ ב ת ו ר ק ע
ה י ל כ י ם ם פ ר ב ש י י ל פ ח ן
א ן מ ו ס ו ה א ה ה ש ת ק נ ח ו ל
ו ו ש ל ו מ א ה ש א י פ ה ו מ א ר
ז ש ח מ ה ס ו ש ו ק י ג מ ע ה ה ל
ן א ה ה ב · ו ל ו ד ס ש ס ג ו ל מ
מ ר ו ו ל ת ד מ ם ד ל ק י ב י י ב
ר ה י ב א ש ק ע ה ו ר ע ב ב י כ י
ר ת ו כ י ו מ ד ל ן ה ס מ ה ס ה מ
ו ר ו ך ם ה ו ש ם ו ל ו ד פ ח ה ו
י צ ק ל א ג ר ל א י ה ה ל ה פ ס ע
ה א מ א ח ע נ י י ד ע י ן י פ ו ב
ן ו ר פ י ע ה ו פ ד ל פ ר נ ו נ ה
ג ג ו צ י ה ו ר א י ד י ן ה ת י ש

האוזן
מלוכלך
עיפרון
שליו
לקח
סקרן
עלי
סל
הגיעה
זמין
קומקום
השאיפה
החשמלי
הלם
הראשון
מורכבת
דיון
ובכך
שתיקה
הליכה

Puzzle 338

פ ן ה ז כ י ש ד י מ ד י ם ש ל ב ר
ה ע נ א מ ת נ א ה ו י י נ נ ת ר ת
י מ ש ד ו ע נ ת מ י ע ת ד ב ד י י
מ ן ד ו י ר ו ו ל ן ב ם ו ה י א ק
ש ה מ ת א ע ע ר ל ב ה פ ב ע מ ו ד
ת ד א ל ח ש ש ל צ ו ו א ב ו י ת י
ב מ ל ו ס ר ו ג ע ב ן ו ט מ ד י ו
ה ו ל מ ו ה ת ר מ י ת ה ל ר ש ן ך
ל ק ◌ָ ע י א א ל י ק מ ס ח ר י ת מ
מ ע י ו ן ו ט ו ם ו מ ת ק ו ף ג ל
פ י ש נ ר ה ז י א ר ◌ ד י ב ז ש א
ש ם ע ן ל ה ר א ו ת ל ח ו י כ כ ר
כ ל י ר ט י ר ו ט ל פ ו ן נ ו מ ע
ו ל ◌ ס א ר ק מ ן ו ט נ ע ו ו נ ו
מ ג י ר ת ד ר ג ו ה ר א נ ל ת ת פ

כזה
הם
עשרה
מגזין
ביקורת
מגירת
הון
איזה
בריאותי
טלפון
בעמוד
לטאת
רוב
להראות
מעונן
לשכנע
מסחרית
דוב
קוף
תרמית

Puzzle 339

ם י א כ ז ב ו א ר א ד ס ה ר ו ח ב
ד ו ה נ ג מ ו מ ב ס ר ס ב י ב ב ו
ת ו ב ל ח ת ו ג ה נ ת ה ק ה כ ו ל
ה ר ל ר ק י ה ח ר פ ל פ ב ב ד א ש
ה א ה מ ע ת ת ש כ מ ו ש ו ה כ י צ
מ ו ל א א ב ט י ח פ ס כ ק ל ו ח כ
ו י א מ ז י ן ל ם ח פ מ ח ס נ ר ו
ו ו ג ת י ב ו ד מ ר א צ ר ח ל ל ל
ש ע ה ס ד ס ן י א ג ח פ מ ת מ ר א
ה ז ה ר ע ו נ ש ח ן ב ת ע ן ת י כ
ו א ו י ע פ י ו ס ת ק ן ד כ ע ו א
ח ם ו ו נ ל ו ו א נ ת ה ב ח ג ת מ
י ר פ ן ע י מ ל ת ו ה א ו ו ר פ נ
י י י ש א פ ל פ נ ל ר י ד ל כ ר ב
ם ר ש מ ח ו ר מ ו ס ש נ ו ב ד ו ה

הבקבוק
להבהיר
מזין
פרח
אבטיח
מכשפה
מאמר
זכאים
בחור
סביב
כחול
בגלל
פסולת
חיים
התנהגות
סביבתית
בדרום
בקתה
ילדי
ומחר

Puzzle 340

ד ש כ ס כ ב ו צ ל ו מ ל ל נ פ ה ו
נ א כ נ ג ר ד ה י י ן ם ת ש ו ח נ
ה י ת מ ק ך ב י נ ו ם ד ו ו ר ו ו
ן א ף ח ז י ר ג א א ו ו ו פ ל ח ק
י נ ו ה נ ס ה ו ה ו ב ם י ד ב ו ע
י פ י ה מ פ נ ל ה י פ פ ת פ פ ר ח
ת ח ת ו ת ל פ ו ו ח ר מ ש ד י מ י
מ י ל צ ב ש ו נ נ י י ח י ב ן ח מ
ז ת נ ב ה ר ס כ ל ס ח ף ח ק ם ת ז
ח ב צ ה ב י ל ט ע ל ת א ל י מ ו ת
ל פ ת י ו כ מ ן י מ א ל ב ץ ר י ר
א ח י ר ו כ ע נ ל נ ע ר ה ו א ד ם
ש ט י ל י ה כ ה נ כ מ ד מ פ ק ו מ
ד ת ו מ ג ח ה ו ל ד מ ש ח ק ע ס ח
א א ש כ ל מ ר ע ו ן ל י ד ל כ י כ

סכין
הבינה
חזיר
ברך
אדם
עובדים
אף
טכנולוגיה
יסודיות
בקיץ
משחק
רבים
גל
לנער
פנאי
נחושת
אלימות
לקפוץ
ספל
בפריחת

Puzzle 341

פ ו ט ל ח ד ב ק ש ה א י ו ו ח ו מ
י ו י ח נ ו ר ק ר נ ו ר צ מ ח ל מ
ו י פ ר נ ו נ ו ק ו ל ו ָ ל נ א ם
מ ל ו ר ר ג י י ו ז ו ם י ז י ב י
ן כ ל י ו ן ן ף ב ל ת ו ג ר ד מ ב
ו צ ג ר ר ע ל ת פ ו ס ל י ב י ל נ
מ ע ו ל ד ח ש כ ב י ד ש פ ו ד צ ע
ר ח ר ז א נ ר נ נ ת ר ו י נ ע י ו
ז ל י א ו ח ל ו ט ת ת ם ר ד ע ע ח
ב צ י ל פ ב ם ו ע ב ב ו י י ר ד ג
ו א כ ך ן ק ל ג ח י פ ד מ ט י ח פ
ק ו י מ כ ע י ה ש ד ח ה א י ל ל נ
א ו ב נ ו ו ל ת ת ו ר י ה ז ב א ה
פ ד ע ו ך ח ו ו ו ו ס ת ה ר ל ב ת
ח ח ד פ ב פ ג מ א ס א ב ו ס ש י ס

אזרח
רקוב
בקשה
רשלן
ושלום
גדר
הנוזל
טיפול
חבק
ניסוי
קנגורו
ענבים
כן
בזהירות
אתה
מלח
במדרגות
ברזל
לתפוס
כתף

Puzzle 342

מ ד ע ש ל י ח ת א ר י ר ו פ י ס ל
ר ס ב מ ר ש י מ ת ט ו פ ה י ר ה ל
א ו ק י ח י י ה ם ח ם ש י ו ע ר ה
ק מ א ל ג פ ל ה ג ד ו ל ו פ ב פ ק
ו פ ג ו ח ח ת ה פ ו ק ת י ב ו ת ש
נ ו ס י ב פ ע ו א א ה ל י ת פ כ י
מ ת מ ה י ל י ז ו ר ט פ ק ו י ד ב
צ י מ ת ה ב ו ש ש א ח ד ג נ ע ד מ
ו ו ו ל ה י ו ר ל ל ן א מ ל ו מ ל
ב ל צ ח נ נ · ן ה א ד ר ת ם ל ו ס
ק כ ע כ ק י ב ג נ י ל ו ו י נ ד ש
ז כ ת ת ש נ מ נ מ ן ן כ כ ח ה ו ו
ר ד י ר נ ס ס ד צ י מ כ ח כ ס פ ה
ו ו ס ר ת ו ו נ צ ו צ ב ח ו ד י ת
כ מ ל ך י ב ו פ ד נ ג נ ג נ ע ח ל

דיוק
רך
תקופה
פרה
פטרוזיליה
נגד
להקשיב
לשפר
חייל
סיפור
רשימת
שליחת
להעפיל
חייהם
נוכחים
סוגיית
אננס
ממוצעת
סולם
הגדול

Puzzle 343

ו ר א ם ר ת ר י ש ו ר ק ר ב ם ת כ

א ח ד י ח ר ע מ מ ו ח י י ד ת ו ה

מ י מ ח ן ד ח ו כ ק ל ח א א ק ז מ

ח ן ע ז ב ה ו ל י ח ן ת ל ת מ ת ב

ש ב י ע א ת כ ד ו ר ל · כ י ק י נ

ו א ל ש נ ה נ ב י צ ר ש נ ף ב ד נ

ה פ ת ע ה ד ו ר ו י י ה פ ל א כ מ

ל ן י ר מ ת כ ו ו נ י ם נ ו מ מ ג

ו א י נ ט ר א ק צ י ה ן ו צ ו ר א

מ ח י ח ר ז א ל ג ו ס מ ט ף י ע ס

י ס ד א ן ם ר י ו ו ת ע ה כ ו מ ל

א ת ד ו ע ת נ ד ח ז ר ח ו כ ב ג מ

ס א ר ש ז מ ו ל י ל ן ש ן ח ב ר י

ו ס ת ו ס ל ר ב ד כ ן פ ה ת ו ת ן

ן ר י ן ש נ ב ס י מ ו מ ו ת י ר ט

הפתעה
אזרחי
ורודה
סעיף
עוד
כדור
מצטער
מאבק
זמינה
מתכוונים
לשנה
חסת
אסון
מסוגל
שמחה
אבן
עזבה
רציני
אינטראקציה
התה

Puzzle 344

צעד
מוחלט
תחושה
השפעת
חתול
שידור
דובדבן
במסלול
להימנע
אישית
גורם
אגם
בעין
דודת
מעגלית
נקניקיות
כביסה
סובלים
חיטה
אבטחת

ו ד ו ת ו ג ג ד ב ש מ ו נ ר ו מ ס

ל ו ו ו ד ש ב ע א י ה ח נ ח ר ו ר

ד ד ן ח מ י י נ י ד ח פ ת ל ב ל ת

ט ת ש ש מ ן ק א ש ו ת מ ר ל ל ש מ

נ ע ו י ת ד פ ש י ר ו מ י ו ת ל ח

ל פ נ נ ת א ך ס ת מ ל ם ה ש ו ח ת

ה ש ח א ן ח ו ה ו ת ח ט ב א פ ק י

י ה ס י ב כ ן ו י ל ו ג ו ר ם ק ד

מ ט ה נ ד ד נ מ ק ד ו ת י ל ג ע מ

נ י ג ס ב י ע ו י מ ת ט ו ר א ב נ

ע ח נ ח ו ה ש ל נ א מ ל ר ם י ן ח

ו י ת ג ד א צ ו ק ת ס ח ג ל ו ק ר

ו מ ס ע א ת ע ו נ מ ת ו ל ב ד א ה

א ש ו ו ה ר ד מ ב ג ו מ ס ו ל צ צ

ם ם י ו י ל ה ה ל י מ י כ י נ ח א

Puzzle 345

ה כ ק ר ל ר ש ר ו ל ש ר ט ו ש ר ר
ש פ ב פ צ ת ל ש ו ו ר ה ד ו כ ל ל
ו ד ם ו פ ו ח א ס כ צ ו ט ל ק ם מ
ם פ מ ר ו ה ד ו ב ע ע נ ז א ג ע ל
י ל י ן ת ו י כ ה ת נ ה נ ו ש א ל
א פ ו ר ה ר י ן י מ א ח ו ק ז ה ס
ד י פ ק י ה י י נ מ ח ק י ו ע ר ק
ו ב מ ד ב ר ד י צ ר ק פ ר ל ל ף ל
מ ל ת ה ק י ט י ל ו פ ץ ם י מ ש א
ד פ ו ל ה י י נ ו צ י ח י ה ק ב ד
מ ל ל ן ן י ח ד י נ ב ס ג ל י א ב
נ ו ר ר ח י ד ה ה ל א ס ד פ י נ נ
י ש ל א ה א ל ק א פ ס ר ו מ ע ל ה
ו ל צ ת ס ל א ד ג ר ו פ ת ל ר נ ר
ת ל ד ת ו מ ק ה ב ן ו ז י ר ג ר ז

שוטר
דומדמניות
דבקה
קרן
פוליטיקה
חמנייה
ירידת
חיצוני
לצפות
במדבר
הרופא
אשמים
לתפור
לאזור
לפלוש
קפץ
דגים
הנושא
ללכוד
הצעה

Puzzle 346

פי
קנה
סיכוי
קלה
מעדיפים
להחיל
באביב
חמאה
מספיק
למכור
אכן
הבדל
כולל
עומס
ברציפות
הביתה
מנהל
לילך
גוף
מאוד

ו מ ס פ י ק ת י פ ק ע ה א מ ח מ ו
מ ו מ ו נ ף ה ב ד ל ו ב ר ו ד ת ם
ד ה מ ה י ו כ י ס ה ח ו ד ו י ת ו
ל ד ו ע כ ג [illegible] ב מ ו י ו ב ק ב פ ו
ל ח ף ו ו ב ת א ו כ י ה ת י ב ה ו
ל י ל ך מ ל ת ב ע כ י ח ו י ד י מ
ו ל ן מ ג א מ ח י מ ב נ פ ש ת ל ב
ר ו כ מ ל ת ש ת ס ו ם י י א נ ם ר
ל כ א י ק ס ע י ע י ע י צ ת י נ י
ב א ח ם י פ י ד ע מ ג מ ר ג ר ו ג
י ה ע ח ב י מ ו ת ד א ס ב פ ה ב ם
ל ו ת ת ם י ו א ל ה ו נ כ ת מ ת ע
ה צ ו ע ר ר א מ ם ד ל נ ו ב ו ק נ
נ ר ה ש ה ד כ פ ס ת ד ג מ ן י ל י
מ א ו פ ר פ ב פ ר ק ו ב ן ש ה ן מ

Puzzle 347

ב ל ד ה ל ו ך ל ד ב ו ת י ו מ מ ח
י י ף מ ך ד ע כ · ע ו ת מ ה ש ש פ
ב ה ת ר ח ל ח א ו ת ל ל מ כ ו ב ע
ה ג ח א ב פ ו ע מ ו ג ו ס נ ת ר מ
ו מ ף ו ו ד ע פ ש ן ל ח ו ת ש ת י
י כ ב י צ ו ע י ם ו י ב ד ר א ו ג
ר א ג ָ ה ר כ ג ז מ פ י ר י מ ת י
מ מ א ת ו ש נ ג ה ד ו ר ם ע ש ו ל
נ ת ר י ח ל ע מ ו ק ר א ו צ ו ד ר
י ו ס ו ו ו נ י א ב ט ד כ ק ל מ ב
ש פ ח ק ח פ ע ח ו ה ה ר י ג ש ר ד
ו ו ם ו מ כ ו ב ו א נ כ ס מ א נ ע
א ג פ מ ס ו ד ה ר י ו פ נ ו ר צ י
י ו ל ת מ ב ן ת ו ש י ל ח ע ן ה ת
ם מ י ב מ ס מ מ י ה ש י פ ר ב ג ר

כובע
זול
כפול
חם
ביצועים
מתאים
משבר
לשרוד
נענע
ביום
נישואים
קדמון
צעיר
הטרופי
מסודר
לחות
האי
גז
אשתו
סיכום

Puzzle 348

מ ג נ כ ה י א א נ ג ק ב ב ל ב מ ל
ה ש ד מ ח ל ו ן ז א ס כ ה פ י ל נ
ר נ ב ל ו ת פ ע ט ב ע ג ר ו ר ב ס
ל ת פ ת ס א נ ן ת ש ד ח י נ ר ה ו
ד נ ל ד מ י י ן ר י י ה ז ב ע ה ת
י ק ד ת ו ר מ ל ר ו ל ח ב מ ת ו א
ו י ן ש מ ס ט ט כ א י נ ל ע נ ל ת
ק ה ת י י ר מ ר ע ב ו פ מ מ ל י א
ן ת ע ג ת מ ו ד ך נ ח ע ב א ה ח ח
ב ג ת פ מ י ק ה ב ה ר ח ש ו ר ש ב
ו נ א ל פ י ו ט ע א א ו ל ב ל ן ב
ה ח ל מ ר פ ס ת י ל י ל ש ק ב ו ת
ר ח ה ח כ ה ח נ ר ם מ ה ע ת ד ד א
ש ש ר י כ ק ב ס ב ו ד ו ן ב ר ה ר
ב ו ה ד ו ר נ ה נ י מ ר ו ק ל ק ו

שלילית
מאובקת
טבע
החג
גזע
חלון
אופני
נקי
ליד
דיוקן
עשר
פגישת
למרות
לבדר
מהר
מרפסת
בזירה
לנסות
להגדיר
לדמיין

Puzzle 349

א	ן	ו	נ	ל	ב	נ	ו	ת	ג	ש	ו	מ	ח	ח	ג	פ
ג	ח	ע	כ	נ	פ	י	מ	י	ו	כ	ע	ה	ה	ו	פ	ו
ה	ו	ל	ו	ר	מ	פ	י	ד	ה	ן	י	י	ז	מ	ט	פ
ה	ו	ל	כ	י	ם	ן	ה	ו	ב	ג	ש	כ	פ	י	ל	ו
ב	ד	ת	ן	פ	ר	ס	א	כ	ס	ה	ב	ג	ן	ש	ק	י
י	י	א	ל	נ	ץ	ע	פ	ר	ח	ס	ק	ר	י	ס	ת	י
ת	נ	מ	ה	ס	מ	ו	ק	ו	ק	ל	י	נ	ת	ר	ל	ן
ה	ם	ה	פ	י	ת	נ	ה	ב	ד	מ	מ	ו	ת	ה	ש	ג
ב	ו	ד	נ	ז	ט	ל	ג	ל	ם	ע	מ	ו	ע	מ	ד	
נ	י	צ	ו	ב	ד	מ	נ	ו	ש	ו	ם	ו	כ	ר	ר	י
ל	ד	ר	ת	ב	ו	ח	ק	ח	פ	ל	ר	ק	ר	ו	ל	מ
ק	ו	א	ר	ל	ו	ת	ו	י	י	ר	מ	א	מ	ע	א	ת
ב	י	ז	ש	ג	ג	ל	א	ט	ר	ח	ו	ש	ו	ס	ש	ב
ו	צ	מ	ר	פ	פ	ח	מ	י	י	ח	י	ו	ב	ו	ס	ו
ו	ד	ד	ש	ד	ה	ן	ב	ו	ת	פ	ס	נ	כ	ק	פ	י

שפירית
לבנות
בצד
להפנות
מאמרי
סחר
וכרוב
הקפאה
עסוק
כואב
גבוה
נץ
מועמד
פטל
הולכים
התיבה
חוט
שרשרת
קריסת
סנפיר

Puzzle 350

	א		ו	ח	ח	ן	ו	ק	פ	י	מ	ו	י	ו	ו	ס
ו	ו	נ	ב	כ	ב	ו	ד	ב	ר	ו	מ	ג	ב	ת	ו	ר
ד	ס	י	ש	ו	ג	ד	ו	ו	ו	כ	ג	ו	ן	ע	כ	ת
מ	מ	ח	ח	ל	ל	ש	ד	ת	ו		י	ר	ב	ד	ח	צ
י	ל	ל	ל	ת	ו	י	ל	ק	ו	ו	י	ו	ע	ו	ר	ל
ו	ב	ש	ת	ס	ס	ב	ג	י	ל	ר	ד	פ	י	ה	ב	א
ל	ק	ן	ו	ם	ח	י	ח	ס	ט	ו	ז	ש	ל	ב	י	ל
נ	א	ו	ק	ש	ו	ר	ע	פ	ת	פ	מ	מ	ר	א	ח	ה
ס	ע	ב	ד	ו	ר	צ	ס	ל	י	ה	נ	ס	ת	פ	מ	ב
ל	י	ס	ו	ע	ג	ח	ר	פ	כ	ם	ג	ט	מ	ו	ה	ק
ל	ו	ק	ב	ד	ו	ב	ת	מ	מ	כ	י	א	ל	ע	נ	י
ס	ך	מ	מ	ו	ו	ח	א	י	ה	פ	ע	ל	נ	מ	ע	ע
ל	כ	ם	ל	פ	נ	ל	ל	ה	מ	ו	צ	ו	ו	י	י	ב
י	פ	ן	מ	ו	ת	ע	ל	ו	מ	ה	ו	י	י	ל	פ	מ
ש	מ	ד	פ	ס	ז	י	ש	נ	מ	ב	ם	א	ם	ת	ת	ש

לחשב
תעלומה
פדרלי
להבקיע
לו
פסיקת
שדון
חלש
מגבת
בחצר
קשור
עצום
מילת
בהודעת
שליט
סבון
דוד
בכבוד
שרפה
קן

Puzzle 351

ל ת ב צ מ ב מ ר א ל ל ב א ג ר ע ב
ה ה ו פ מ מ ן י י ם ע ס ח ר ע נ ח
ת מ ק כ מ ר י ת ש י ח פ ו ו י ש ד
י ו ח ם ז י ב ו א ל ה ר ו ק ו נ ר
ר ו ה מ מ ת נ ר ב ע ב י מ ה ן כ צ
ל ו מ ו ן ה ל מ ג ב ל ח ו פ ע ח ל
נ נ ח ת ק ר ד ק ם ה ט מ ח ו ו ה י
ס · מ ש ן ק ת ו ט ו ר פ ק ו ס מ ל
ש ה כ ת י ו נ נ ה נ ש י ש ת נ ט ת
י ו ה פ ר י ל ד ע ו י ק ש צ ל ע א
ב מ ל י נ ר צ ג ת א ב ע ו ע ר ק ו
ל ם ש ע י נ ה ל ט י ר ש פ ר נ ש ר
א י א ח ו ר ע י ש נ ו ל נ פ ו ח ס
ל מ י מ ל ר ל ה ס מ ה פ א ד נ פ ב
ג ד ת נ ס ל א י נ נ ל ב ל ו נ נ נ

צלילת
להתיר
גמל
במכחול
מסוק
יוקרה
מחיר
פרוטות
שיער
רעב
ערפד
יין
בעבר
שונה
שירות
זמן
בחדר
הבעלים
בספר
רעיון

Puzzle 352

ז ו ה א ו מ ד ן כ מ ר ח ע ד י ת ת
י ה ז ב ס ל נ א י י ל מ ב ל ה ל ז
ט ר ג י ן ב י א ג י ס ק ג ר ת כ ר
צ פ ב ן ו ו ו ל ש ח ק ת ר ג ת א ש
ו ת א ס ך א ש ו ק ל י ם ו ו ע מ ט
ו מ ב ן ד ו ע ב י ע ר ר ע ת נ ו ת
ל ש ן ת ו פ פ כ ס ג ה ו ה ה ר ן נ
א ג פ י י מ מ ר מ נ ע ד פ ר ת י ש
ן ע מ י י א ז י ד ן ע ו ת י ע ס ה
י ל ח ו ד ו ו ע א ו ו ת ו ד ב פ צ
ה י ו ו ג ר מ ס מ ה י מ ה כ י ר ע
ל א ש ל ה א ס ו ל ד ש ג ה ו ר כ ד
צ ו ש נ מ פ י ן מ י ב ט ר ר ו ו ד
ב א ה ו ה מ י נ ה ת ד ת א א ו צ נ
ל א י ה ר ד ר א א מ ב ם ג פ ן ר ס

דבק
מסמר
דוור
לבוא
חושש
אומדן
קמח
לווייתן
טרגי
צב
אתגר
לשחק
כפפות
דג
בעוד
שמנה
שוקלים
סקירה
עריכה
מסיבת

Puzzle 353

י י ה א כ י ח מ ו ג ל מ צ ו א ה ר
ר ד ש י ב ס ר פ כ א ו י ת ט פ א ל
ע א ף מ נ ק ן ה י י ר ו ח ב ו פ ת
י ו מ ר י ל ה ר ד ע ר ע ש מ נ ש ה
י נ ו ת א ו ל צ י י ת ר ב ו ת ר ה
ב ת ן ת א י א מ צ ע ה ג כ ר ו ו כ
ל נ א ו ה ק י ש נ ב ל ד י ח י ת מ
פ ו ב ש מ א ג ו א ה ל ר פ ז ו ס ל
כ ח ד מ ו א ן ת ח ד מ פ מ ב ו ת ח
נ ת ת פ ו ר ו ע י ה ם ל ד ן ם א ת
ד ו ת ר ל ו ח מ ג ו ש ל ה מ ע ש פ
פ צ י ל ק נ ן ו ל ד ס י ן כ ג מ ל
י א ע ת ח ב נ נ ב ו כ ח ג ר כ ב ו
ת ת ם ר ש ת י ט נ נ י מ ו ד צ ש נ
נ מ ש ג מ ל ל ע ב ש י פ ו ע ל כ ו

בחורי
רעש
לציית
עצמאי
נשיקה
תרבות
דומיננטית
נתנו
כבש
תוצאת
חור
לבצע
האפשרות
הבא
מבט
אפונת
פשע
פרס
למצוא
בשיפוע

Puzzle 354

עשרים
ברוקולי
גשמי
אופניים
תערובת
גזר
משטח
חגור
אבקת
כנס
איכות
תואר
הלכה
קולנוע
הודעת
חלב
להמחיש
יצווה
משפט
לדין

ת ע ד ו ה מ ל ג ג א ה ח ע ת ו מ ו
ח ש ח ה ו ו ש ו ו ה ת ע ב ס פ מ ו
י צ ב ת ו מ ר מ י פ ש י ח ן י ל ת
ד ד ע ע י ס נ כ י ר ך ו ל ס ב ד ה
ל ב ה כ ל ה א ן י ו כ ה ד פ ה ו ד
ע ב נ ו ו י י ם ו מ י ט ש ר ה ה ת
ג א ו ר ל ר ת ע ב ש ם י י נ פ ו א
ת ב ו ר ע ת ו י ת פ ר ל ח ל ח ו א
ו ל מ א ר ת ק ב א ט ו ו מ נ ח צ י
י ח ג ו ר י י י כ ק ל ד ה ם י י כ
ת מ י ת ז ב ר נ ו י ל ל ל ד י ן ו
מ מ פ ר ג מ פ ר ו י ה ת כ ר ו ב ת
א פ א ע נ ש ב ע ו נ ל ו ק ו נ ח ו
פ ו ב ו ו ט י ד י מ מ י ל ל ב ה ש
ו ה ו ד ת ח ר ק ו י כ ו צ פ ס ת מ

Puzzle 355

ל ו ח כ מ ה ת ל ל ח ר ם ו ב ף ו ע
ח א נ א ל ר ו ו ש י ל ס ח ן ר פ ל
ב ן י ו ב א ה ת ו ו ב ע מ ו ד ה ע
ר מ ו ע ר י ב צ א ב י מ ר ז פ ג ו
ת ל ה ת ב ו נ ן ל י ב י ר י ר ח פ
י ו ש ל ח ן פ ה י ו ז ו ץ ב ת ר ה
ו ע ק ת ב ח א נ ם ב ל ה ל ל מ ו א
ש ג ו ל ו מ א ו ש מ א ד ב ה ח ע ד
ד י נ ט ר מ ד ת ן א ד פ ה ח י ד ש
נ י ה ו ל ט י מ ס י כ ם ו ס ש י ם
ו ח ו ב י י ר ו ח ש ה ב מ ד י נ ת
ק י פ מ ב ם ו ת מ ו ג מ ו ח ו ה י
י ש מ ו ד · ו ע ז ל ו נ ר ע ד ר ח
ק ר י מ נ ד ו ל ם ה ג מ ו ו ב ר ל
ל ע י ג מ ב ו ת כ ן ג ע כ ד ף ע ו

במדינת
מכחול
בעמודה
חברתי
ומבוטל
הנוקשה
אמרו
עדינה
הראיון
שואלים
להפיץ
להתבונן
העברת
אומללה
חיובי
עוף
הפועל
השחור
ביזון
מגיע

Puzzle 356

מ ר ת ק ר ן י ט ק ח ה מ מ ד ק ד פ
ד ל מ ל א כ מ ן ו ס ב מ ז ל י ע מ
ע י ג ר ל י ו מ ה ש א נ א י ס נ ר
ה ע פ ש ה ד ח ם י נ פ נ נ ו פ ר ל
ו י א ש ב ו ע ר א י נ ך י ר ע ה ל
ג ו פ ס ל צ ת א ו מ ר ל י ן ש ן י
ד מ ו א ו י ו נ ה ל ר ו פ י צ י מ
ק ה ו ר ד ל י ק ח ם ו ע ע ו ת י ל
י ו ה א י א א מ ת ג ד נ צ ו ד נ מ
ם ו מ י ם ד ק ו מ ת י מ מ י א ר ש
ד פ ש פ ע ◌ ל א ח ק ג ע ה צ י י ה
ע ט ל ם פ ם י ו ב ו ל פ ק ת ר ש ח
ח ל ה ק ד י ש נ א מ א ו ה ן נ ע נ
י י ה א ש ת ש ח ן ל ו ב ב א ח נ מ
ל פ ב מ פ פ ר י ה ם י ז י ל ע ס כ

עם
מוקדם
להקדיש
ענן
מנעול
מזל
ציפור
לגידור
השפעה
פסיק
פנים
תחושת
קטין
נייד
עצמה
להעריך
מעיל
עלידים
לספוג
דקים

Puzzle 357

ה א ו ו ל נ ל ו ק ח י ם ט ו ר ס ת

ו נ ו ו ה ו ך ל ע מ ו ב מ מ ל ו ◌

צ ל ו פ ו מ ב ש ו ת ת ר ב כ ע ה נ

א א ס נ ת ם ת ו א ה ר ע ל ו כ א ל

ת ק י נ ק י ר מ א   י ל ל ר י ל ס

ה ס ו י ד ש ק ק ו ו ל א א נ י ב י

ה ע א ב ס ו א ז ג ש ג נ נ ה ת ה פ

ו י ר ר ס ל ב א נ ע ג ש נ מ ק ח ·

מ פ ת ש ב ש י ג ן ל ר ח ת י ר א ש

ש ו ט ת ת ה א ד מ י ל ב ו ג פ מ ח

י ה ג מ ו ל ם י ו ז ו ג י י ו א ב

מ ל ב י ן ר ס ק א ו ב א ח י ו ה נ

א מ ר ד ו ר ו ו ד ס כ ק נ ר ע י י

ר ח ת כ ר י ת י צ ף כ פ ה ק א י ן

ו ה צ ו ר מ פ ב ת מ נ ו ה ו י מ א

הוצאת
הפסקה
עליז
לוקחים
מרוצה
תושב
שלושים
גברת
לערב
אמריקני
נחל
עונת
להופיע
הנחיות
העכבר
עסק
מעל
שארית
לאכול
יותר

Puzzle 358

כנסיית
להדגיש
קדימה
במוזיאון
דור
עצי
הגיע
סוכן
כלכליות
מגע
מפורשים
קו
ניצוץ
ציין
לסייע
להשוות
חכמה
צמחי
תרגיל
לנקר

ב ת ר ג י ל ע ג מ פ ד ו ר י צ ב ב

ל י ו פ נ ו ב ן פ ו י נ ו י ט ק ה

ב ל ה ק מ ו ה א ם ן ו א י ז ו מ ב

ל ע ר ד ו ץ ו צ י נ ע ל א ב ו ל פ

י ס נ ג ח ל ד ק ש ו ח י ר ב ה י ח

ו ו ת ן ו ע ו ם ר א ק י ל ד ע ח כ

ת כ ר פ ע ת א מ ו ו ב ת ג ר פ ח י

ן ן ר ה ל ל ב ק פ י מ י ו ש ע ת ל

י ד ן ח ס ה א פ מ ק ש י א ש מ ו ה

צ מ ח י ד מ ב י ו ו ח ס ו ן ו צ ש

ע ד י ו ר י ן ל נ ו ח נ י צ ע י ו

ה ע ת ב צ מ ת ג ו ת ח כ ד ן מ י ו

פ י פ ק ד ו ג מ ס צ ל ב ק י ו ן ת

ד ג ח ל ו ת ס ר י ע ק ו ז ו ן מ י

ו ה ח ל ר ק ד י מ ה מ כ ח מ פ ב נ

Puzzle 359

נ	ג	ל	ו	ב	ה	ה	פ	א	ן	ד	א	מ	ו	צ	פ	ו
ם	ו	ד	ד	ד	ב	ה	א	ע	ו	מ	א	ו	ת	מ	ד	כ
ו	ו	ח	ל	ח	ם	א	ו	מ	מ	א	א	מ	י	י	ג	ב
ד	ם	ו	ק	מ	ו	ן	ו	א	מ	ל	מ	ן	ר	ח	ר	מ
כ	ת	ף	נ	ס	י	ך	ר	י	ו	ד	ב	א	ל	ת	ן	כ
פ	ת	מ	נ	א	א	מ	ו	מ	ו	י	ל	ב	ו	ח	ן	ו
ל	מ	ו	ו	א	ע	פ	ר	א	י	מ	ם	י	פ	ס	כ	ה
צ	ב	ח	ג	ו	ן	ו	ר	ר	פ	י	נ	ט	ו	ו	י	ל
א	י	כ	ו	י	צ	ת	ב	ת	ש	מ	ת	ו	פ	י	א	א
ח	כ	ו	י	ו	פ	א	ג	ד	ע	ל	מ	כ	ה	ר	א	ל
ן	ו	א	ן	ו	פ	מ	מ	ד	ת	ח	ת	ק	א	ת	י	ו
מ	ל	פ	פ	ו	ן	ס	ע	ו	ל	ו	ו	א	ו	ש	ש	ן
ח	מ	ר	ר	י	ה	ש	ו	ח	ן	י	ר	כ	י	ת	ק	ן
ל	י	מ	ו	ן	מ	ק	ל	ח	ת	ו	ק	ו	ש	ה	ו	כ
י	ל	א	י	ל	ה	ו	י	מ	פ	י	ל	א	נ	ל	ף	ה

לקרות
לשכוח
מלפפון
הפופולרית
כפל
מקום
תחת
גבר
ואן
מס
אמון
לימון
שקוף
הכספי
נסיך
צמיחת
בוחן
לדחוף
עובדת
מקלחת

Puzzle 360

עיר
למשוך
עז
הסכם
חמת
בלחץ
כיסוי
אווז
מטורף
פסנתר
מזלג
עתיק
שיטה
העיתונות
לזרום
הסגוני
הבצל
לברך
נעלמים
לב

ו	ק	י	ע	ח	ת	מ	ח	ו	ב	פ	ה	ו	פ	ל	ה	י
י	ה	ס	כ	ם	ב	ו	ט	ה	ג	ת	ע	מ	ס	ב	ס	נ
ל	ז	ר	ו	ם	ר	ט	ג	ו	מ	ל	י	ו	נ	ר	ס	ה
ת	ב	י	ן	א	ם	ו	ו	מ	ר	צ	ת	ת	ת	ך	ג	ס
כ	ב	ע	נ	י	ט	ל	ג	ק	ה	ף	ו	ו	ר	ו	ו	כ
ע	ת	י	ק	נ	ג	ח	ת	ו	ד	ם	נ	ו	נ	ש	נ	י
ל	ן	י	א	ה	ת	ו	ה	ב	מ	א	ו	ה	ד	מ	י	ן
ח	פ	נ	ב	י	ו	ן	ו	ו	ג	ר	ת	ב	צ	ל	ו	ע
ש	ד	נ	נ	ו	ד	מ	ג	ט	ל	י	י	צ	י	ע	ס	ת
ם	י	מ	ל	ע	נ	ת	ר	ה	ז	ב	ו	ל	ל	ל	י	ב
צ	א	ט	י	ז	ד	צ	פ	ו	מ	ו	ב	ל	ק	פ	כ	ל
ק	ב	ו	ה	ו	ק	ה	ו	ס	נ	ק	ו	ע	ב	ב	א	ח
ג	מ	כ	י	ו	ר	צ	ד	ל	א	ל	ו	ו	מ	ו	ת	ץ
ק	מ	ת	כ	א	י	י	ה	ל	ח	ם	ח	מ	ח	ל	ב	פ
ר	ו	א	מ	ט	ע	צ	ב	ב	פ	ל	ש	מ	מ	ו	ב	ד

Puzzle 361

מ ע א ן א ח מ ח נ ן י ן כ ש י ח צ

ש ה ע י מ כ ו ו ב א ר ו ן י א ב ל

ת ט ו ע ת י י מ י ע ק ז י מ ל ר ח

נ ת ל ה ל י ם ש ק ל ו ח ר כ ב י ת

ל ב ו ח ו נ ו ר צ פ ת ו נ ח ו ם ה

ם פ ת ר ל ב ח ל ג מ ר מ ס פ ל כ ע

ת ת ר ת ש ת ר ר י ל מ כ ר ם פ ו כ

מ ו ה י נ כ ו ע כ נ ע צ ש י ר כ ן

פ ת י י ד ו ש מ ן כ ו ח ר ל ס ד ר

ה ד י מ ת ר מ נ ב ע ל י ג ל כ ב ס

נ י ם ו ר ו א ר ת ב פ כ י ו ב מ א

מ ן ב מ י צ מ ג מ ת ו ו י כ ח נ ס

ר פ ס ל מ ה ץ ו ר ט ו ה ר ו ש ע ה

ש כ מ ל ם י ל י ח ת מ ל י ס ה ו ר

ו ע א ל ו ר ו ד ד כ ה ה פ ז פ פ מ

אמת
חברים
העשור
חזון
מאמץ
עש
צלחת
עכבר
רצועת
וכוללים
לכול
שכן
תמיד
להוכיח
מתחילים
רצפת
רוצה
בארון
ירקות
לגיל

Puzzle 362

ה נ ש ו כ ר פ מ פ ל ה ה ו ק י ת ר

כ פ ו ל ו ד ח ת כ ק י ל ז ד ל ן ז

א ו ח ג ם נ צ ח ל כ ק ש ט ו פ ו ו

ב ו י ט ב ו ו ת ם ה מ כ נ ס י נ פ

ל א ד ו ף מ ה ג פ מ ת ר ת ס ש ה ב

ב ש ק ר ל ד ע י ע ס ר ל ש נ צ ו ו

ק י מ ק ע ר ת ד ג פ ל ט ם א ו ח ב

ת א ה י ל ו ו ס ד ר מ ז ד ר י ש ת

ש ק ט ה ח צ ג נ ס ת ו נ ו ה א ד י

א פ י ר א מ י ו ו ר ד ל ע ג ת מ ג

ר ב י מ ש ר ח ס ו ס ה א ת ח ת פ מ

ל ב ם י ו י ש י ת ף ר א ס י ת ד ו

נ ח מ ד ט ן ם ב ד ע ג ל ר מ ו ר י

ו מ י ע א ב נ ל י מ מ ק א י ד י כ

ח ש ר א ת ת א ם ל ו ע ה ש ה ר ן ו

הכאב
בשקר
חוסר
נחמד
מפתח
צמר
העולם
המספרת
קערת
צוף
מידע
שקטה
מכנסי
בובת
פני
פיתוח
קבל
מתחת
עד
טורקיה

Puzzle 363

ר ל מ נ ל מ ל כ ו י ת נ א ל ש ש צ
ל ל א ו ע י א ו ל א ו נ ל י י ר ָ
ב ר ע מ מ א ו נ ו ש צ ב א ו צ ף מ
ג ל ו מ ג ו ג ו ו א צ מ י ד ל ט ב
י ס ד י ר ה פ כ ה ן ת ר ל ע מ ר נ
ל ה כ פ י ל נ ד י ב ו ת ת ס ו כ ה
י ב ו ח ל ו ו ב ה ר י ש ע ש ג נ מ
י ר י ל י ת ד ל י ח י מ ק ל ב כ ו
ו ק ר ס מ ◌ֹ ח מ פ ה א ן ס ל ו פ א
ל ק י ד ע כ נ ה ה מ ע ו י ס ת ח ב
ע ט ד ם א ן ל נ ה ם פ ן ה א ט ש ר
מ מ ס ד ר ן ש ה ר צ ס ב ס י ר ת ד
מ ו מ ן ו ש י ה פ ש א ו ו ע א ו מ
ל ו כ ר ר ח ש ל ו ה ת פ ש ט ו ת ג
ו ט ו ה כ ו ע מ נ ◌ֹ ו י פ ב י ח מ

שצבא
סירת
סדירה
ממערב
מצא
ולשחרר
הפכה
להכפיל
מסרק
שיא
דתי
מלבד
יהיה
עשירה
מכוסה
התפשטות
להפחית
נדיבות
ראוי
אוהל

Puzzle 364

לוטרה
עניין
בתמורת
שקית
גרב
סופשבוע
רגל
ילידי
מודגש
מאמן
אקדח
מקומי
סימן
הפסקת
זהב
רפואית
אחורה
סבתא
קשה
בתוך

ל ב מ ו ע נ נ ו כ כ ו ו ת נ ה ד ם
ו ג ה י ח י נ ת ח ר ו ה ו ת ו מ ר
ז ה ר כ ל ם ל ק מ ל מ ר ק נ ב א י
ה ת ט מ ו א ב ס ל ה ד ו ד ד ו מ ע
ב ת ו ך ת ב ב פ ו מ ת מ ל ו ת מ ע
ו י ל ג ש ת ר ה ת ל ו ת מ י ו ת ל
א ק ד ח א י ג ש נ א מ מ ז ו ט י ח
ב ש ס מ י א א ש ז נ ת ו י ל ו ש ל
ר ג ב ת מ ו ר ת ל ר ש ן ל י נ ב נ
ת ד ר ו נ פ ס ו פ ש ב ו ע פ ל כ ם
ז ו ה ש ק ר מ ן ו מ ג נ ס י ן ר ף
ד מ ל מ ע י מ ק ו מ י ר ד ס ו י פ
ע י ק ל ת א ב י ל י ד י ח צ ה מ ן
ר ה ק ג מ ס י מ ן ר ה ח י ז מ ק ו
י ש ה ר ו ח א י ם א ו ר י ע ע ו ת

Puzzle 365

ה ו ו ק ת ה ל נ מ נ י ל ל נ ו י ל

ו ב ת ר י ל ת ק ן ת מ ד ב מ ן ח ש

ג ש פ פ ר ו י ק ט ח נ ל ה ב מ כ נ

ן ט ב ב נ ג ט ת ל ת נ ב ר ר ג ת ו

ו י כ י ב ס פ ל ו ע י ד נ ל ן ב ג

א א ם ה ג ת ש ה צ נ י ו כ א ל נ ו

א ג י י ם ת מ ל ל מ מ ק כ י מ פ ת

י ו מ ר נ ט ת ל כ ל כ ה ם נ ו מ פ

ר נ י ו נ א י ג א ו נ ב ד ד י ח ו

מ ו ג ו ר מ ח ח א ר ן א מ כ י א ת

ן ו י ם י ו מ ו ו ח ר ה ה א ח ת ח

ד ה ח ל ג ל ג י ל ז ר ו ח ר צ י ן

כ ן ו ו ו ש א ת ר ת ו כ מ ר נ ג ל

ה פ ז מ ן ם ר י ו ך ל ה ש ב ל ן ף

ק ס ר ו י מ כ ח ו ן ו נ ב ו ק ר ת

בבטן
משפטית
הלך
סגולה
כותרת
לתקן
נתונים
תמיכה
כלכלת
חוזר
בוקר
בשמחה
לבדוק
פותחן
גלגל
פרויקט
מים
גם
לזרוח
תקווה

Puzzle 366

ס י ל ן ר ו ס נ ב ת מ ל א ת ן ו ת

א ר כ י ר ו א ב ן ו ט א ת ו ל ק ב

ה ו י ש י ל ג ר ב פ ו ע ל ו ד נ ן

ו ב ח פ ל ס ב ש ם ל ס ס ב פ י צ ה

ו ו ב ו פ מ ק י ט ס ל פ ר ת א י ק

ע ר ר ש ר ע מ ג ר ת ה א ו ז ן ל י

צ ק ל ל ב ע ב ה ה ח י ח ק ה י ל ת

צ ר פ ם פ נ מ ל ל י ו י י ל ע ו ע

ד ח ל ל ו ו ת ט י נ פ ט ב ת מ ז ה

מ ו ה י א י ה ם ת ה י ב ן ד פ ח ב

פ נ ו פ ל ת ד י י ר ת מ ח א כ ד ל

ת י א ן ס ב צ מ ד פ ע ו נ ש פ ו ל

ת ם ה נ ב פ ה ו צ ת נ מ ו ה ן ו ב

א ו פ נ י ד ר ל מ ק נ י ס א ר י א

ה ה י ק ק מ ה ו ן ז פ ה א ב ש ב

רגלי
ניתוח
מבטיח
קרחונים
קהילת
הרפתקן
לפעמים
בפועל
מטוס
להגיש
בקלות
ערש
ביקור
העתיקה
אוזן
ללוות
פלסטיק
פיצה
החלטה
לדכא

Puzzle 367

מ	ָ	ו	א	א	ל	י	א	ה	ל	ה	ד	ל	ת	מ	א	ח
א	פ	י	י	ת	ע	ס	ת	פ	ש	ט	ש	פ	י	ל	ד	ה
מ	ת	י	ט	מ	ו	ט	ו	א	ח	י	ב	ק	ע	י	מ	מ
ח	ק	א	פ	ו	ח	א	י	ב	ו	מ	ב	נ	ע	ו	ת	ל
ו	ע	ת	ָ	ל	ו	ו	ס	נ	ת	ב	י	ח	ר	ה	ל	ש
ד	ז	נ	ו	ג	ל	ס	ת	ו	ר	ק	ה	ו	ק	ה	מ	ה
ד	ו	ו	ח	נ	ט	ב	ת	נ	ח	כ	ה	ס	מ	ש	ש	ו
ת	ו	ן	ה	מ	י	י	ע	ב	י	ן	ר	ף	ר	ד	ב	ד
ד	ג	ע	ו	י	כ	ר	י	א	ת	ט	מ	ד	פ	ת	פ	י
מ	ת	מ	ה	ד	ה	כ	ו	ג	נ	ה	ר	ו	ב	י	צ	ה
ש	ו	ו	ת	נ	ו	י	ר	ה	ר	ר	ח	א	ל	ו	ת	ש
י	ח	ר	א	י	ב	ש	ל	ו	ו	פ	ר	מ	ס	פ	ר	ג
ר	ה	י	א	ת	י	ה	ר	ו	ב	ב	ה	כ	ו	מ	ח	פ
מ	י	ע	ה	ר	ב	פ	פ	נ	ל	י	ס	ת	ן	ש	ו	נ
ר	ו	א	ח	ו	ש	כ	ח	ו	ש	ל	ת	צ	ף	ת	ת	נ

לאחר
זעקת
אפיית
מספר
כרובית
פעולה
הר
מחודדת
להרחיב
סביר
אוטומטית
ידנית
מיטה
ביצה
אדמת
שוות
השקעה
לשחות
נפגשה
וחול

Puzzle 368

אצילה
חקלאי
באזור
סופית
דשא
אומה
קאובוי
אסטרטגיה
איריס
רבע
לעמוד
טועה
לחוף
צרה
להתעלם
בפרט
מעניין
מצטיין
כותב
החלקיקים

ב	ח	מ	ת	ה	מ	מ	ו	ח	ס	ל	י	ח	ר	ו	צ	א
ת	א	ם	י	ק	י	ק	ל	ח	ה	ע	ו	ט	א	י	מ	צ
ו	ש	ז	פ	ת	ו	י	מ	ח	מ	ב	א	ר	י	מ	א	י
כ	ד	א	ו	ק	ב	ן	ו	ם	ו	ר	ב	ת	ו	ר	ט	ל
ם	ק	ו	ס	ר	ו	ה	ו	ב	א	ן	י	כ	ס	ל	ר	ה
ע	י	א	י	א	א	ר	י	נ	ל	נ	ש	צ	ר	ה	ר	כ
ח	מ	ר	ר	ב	ק	א	ו	מ	נ	ו	י	י	י	ר	ה	פ
י	ש	ס	י	א	י	ע	ס	ב	מ	ק	ו	נ	ד	ו	י	ע
מ	ת	פ	א	מ	א	ת	י	ט	מ	ע	נ	י	י	ן	ח	ה
ו	צ	ל	ה	ת	ע	ל	ם	מ	ר	י	ו	ח	ו	מ	ק	ת
ג	ק	ט	ו	ה	א	ל	ד	י	ו	ט	ל	ח	ו	ף	ל	ר
י	כ	ר	י	ת	ת	ע	ו	ל	ל	ג	ג	ד	מ	ח	א	ה
י	ד	פ	ע	י	ח	מ	ן	נ	ק	י	פ	י	ו	ר	י	ע
ו	א	ב	י	ג	ן	ו	מ	ו	ל	ר	ל	מ	ה	ר	נ	ר
נ	א	י	צ	ע	ר	ד	ס	ו	ד	א	כ	י	ד	ר	ו	י

Puzzle 369

כ ו א א ב ת ז ל ב ר ר ו א מ י מ ת
א ב י ה מ י ט ה ת ב ו נ נ ו ת ע ה
ב פ י ת ע ם ה ס ד ש ה ת ל כ ר ד נ
ו א ה צ ט ע ו ת ו ל ר ו צ ע י ר ל
נ מ ל ע ו ת ו י ע ש א י י ג ה מ ח
ו ן ו ל ד ד ו ר א ת ש ו ה ר ר ת כ
א נ ו ו ד ח י ע מ י ה ע א א ה ך ל
ת ו ח ה נ ג ק ו ל נ פ ת ר ל ז ה מ
י י ג י נ ו ד א א ע ה ט ו ו א ה ה
ו ת ל ע ם ו ל ח מ ר ו ס פ ו ר פ א
י י ו ו צ ז ם מ ץ ז ◌ י מ ז ו א י
ג ו ב ו ע ל א ה נ ו מ ה ו ר מ ל נ
ת ת ו י י ר ה ט נ ת ק מ ו ב נ ל ס
ב ן ס ו ב ם פ ח ו פ ה י ת י ט ר ס
י מ א ה ל ד ח א ר נ ג נ ד ר ר ב ג

חלום
סט
פרופסור
עצם
המונה
אדוני
מעדר
לזווג
הראתה
אזהרה
סרט
המיטה
עצלן
גלובוס
כאב
להסתיר
המוזרה
טעות
לאמץ
התבוננות

Puzzle 370

מחויבות
יצוא
עורב
זמנים
אופנוע
אומרת
נוסף
טכניקה
בגובה
נר
הסכסוך
ביחס
המוצר
חמור
גדולה
צהרי
מיוחדים
מוטיבציה
נפוצת
מסובכת

מ ע מ מ ב י ו ל י י ב פ א ו ט ו ן
ס ב ם ר י ר ס ע ו פ ג נ ו ד ל נ ת
ו ת ק א פ ל ר ל מ ש ו פ מ ח ו ו ו
ב ל ו ק ו מ ש ר ב ת ב ל ר ס ח י ב
כ י ה ו ו ב ג ד ו ל ה ע ת ט ם מ י
ת ו ע ו ס ו ר ם י נ מ ז כ ת י מ ו
צ פ ו י מ ו פ ת א ו פ נ ו ע ד א ח
ו ל מ ת ת ו י ה ת מ י ח א ך ח נ מ
פ ש ר י ו ו ב מ ב ק ר מ ו ו ו ן ר
נ ן ז י ת י א ו ה ז ה ו ת ס י ח ח
ש מ מ י ח ע מ צ ס ל צ ר ף כ מ ן ה
א א נ א ב ו פ ר ו ל ד נ ע ס מ ד י
מ ו ד ה י צ ב י ט ו מ ו ח ה ס ו ש
נ ל א ל מ א ו צ י נ ר ק ן כ ן מ ע
מ א ן י ך ק ב ד כ ב ע א ס פ ן מ ם

Puzzle 371

ד י ת ד ו ך ל א ש פ ר ש נ מ ת פ ע
ה ד ע ס מ ח ו מ ר י נ ח ב ה ל מ ח
נ ל ו צ י א א ט ק י ו ר ו ב ו ר ר
ח ד ע ת ח ע י צ ת ר ר ת ם ר ג ר ז
מ י ל י י ד ס נ ו מ ת ה ל ר ס מ מ
ב ב א ו ל ע ו י י ד ש ל י ר ק ח מ
ת ו ו ר ז ד ב א ר ו ב ן ק ש ד נ ן
כ ר י ק ו ח ו ר ט ח ו י פ א ע ה ב
ח י ל ד ן ר ט ן פ ק ר ף ר ט ב פ ו
י ם כ צ ח פ ו מ ג ו ט ו ס כ א ן ת
נ ר י ה ס ד א א ב ן ת ם ר ת א ב ל
ו ג ו ו ע ע ד ר ד כ ש ס ב ו ו ת צ
ס ש י ב י כ ק ת ל י ר ת י ם ר ק י
ח ז א ה ג ה ת י ן י א נ פ ר ח ג א
ה ה מ מ ה י ר ו ב ל ב ר ם פ ה ח ר

לדיבורים
פרטי
פטריות
מזרח
חמלה
באתר
במחנה
עצמך
שניתנו
להתרחש
שבור
חומר
מסעדה
מחקרי
אבד
אוטובוס
נוסחה
חילזון
אשר
סגול

Puzzle 372

ל ב ו ו י ש ו נ ן א ה ה ם ו ח ן ל
י ח י ר ו מ י פ צ ר נ ר ו מ ר ו נ
ב ו ו ת ד י ש ב כ ק ו ן ם א ל ר ז
נ פ ה ק י ר ב מ צ א א י ו ה ק ו ו
ת ש ב ג ח ן ת נ ס ח ל ת פ ו ד ד ך
ו ה ו ד ת ו ו ו ר ר נ ד ו מ ש י י
ב ר ב ו ר ע ר ג ר נ ס ל פ ע ו ל ת
ש א ת א ה ל ה ג ן ת א ת ר ש ו א מ
ב מ ש ר ד נ ל מ י י פ ה פ ל ו ם י
נ ל ד צ ת מ ו ת ל כ ל ע ה ו א פ ו
מ ק י ת י ד ב ש מ ו ה ף מ ב ל ח ס
ח ת ג ל א ן מ ס ה ר כ ש ה ל ה א מ
ב ו מ ו ש ל ל ט ו נ א ו מ ז ס ס ש
צ י ל ת מ ו י ו ו ן פ נ ב מ ל ו ו
ו ו ג ו ה נ ל ת ה ו ד ש נ ב ל ח א

להשכרה
שבדית
כבשי
ברבור
מסוימת
פעולת
במזל
מבריקה
למשל
להגן
סמן
חגב
המשאית
במשרד
דואר
להרות
מאושרת
בחופשה
צנועה
קדרה

Puzzle 373

ת	ב	ר	ת	א	ד	פ	ע	ב	ת	ב	ם	ג	מ	א	מ	כ
ל	ה	ר	ש	ו	ת	א	ה	ל	ה	ו	י	ה	ו	י	ן	ל
ת	כ	פ	מ	מ	ב	ר	ל	ך	ו	ל	מ	י	מ	ד	ו	נ
ת	ר	ו	ת	א	ו	א	כ	א	ל	י	כ	ר	ש	ב	ל	י
ל	ָ	ע	ה	ח	ר	ן	י	י	א	ש	ח	א	ד	ן	ו	ת
נ	א	ו	ה	ר	מ	ו	ק	ד	ל	ב	ו	ע	ח	ק	ה	ת
ו	ן	ט	ד	ָ	ע	ך	ל	פ	י	מ	ו	א	ל	נ	י	ב
ל	ק	י	ז	ר	ל	מ	ה	ו	נ	ר	ר	ו	י	ל	נ	כ
ל	כ	ש	ל	א	ב	ד	ר	ו	פ	ם	ה	ק	ל	ו	ו	ח
ה	ר	פ	ר	מ	מ	ב	ו	י	ר	ו	ר	נ	ר	מ	א	ם
ו	ר	ת	א	א	ח	י	ן	נ	ר	ע	נ	ר	י	ה	ד	י
מ	ת	י	נ	ו	ק	ב	ו	י	א	ב	ת	י	ז	כ	ר	מ
ו	ו	מ	א	ה	ת	נ	מ	י	ש	פ	ו	ת	י	ט	י	ח
ס	מ	ת	ג	ו	ב	ה	נ	י	נ	ח	מ	י	ן	מ	ל	מ
ד	ר	ו	ך	ו	י	ה	ב	ש	ל	מ	ו	י	ה	נ	ח	ו

חכמים
מוסד
חנינה
שפות
חמים
בינלאומי
מרכזית
וניהול
פוני
תגובה
להרשות
רווח
מי
תינוק
גודל
חדש
אריה
ביישן
בשילוב
כלנית

Puzzle 374

ה	מ	ו	כ	ב	מ	י	ר	מ	ו	נ	ק	צ	ל	א	א	ח
ק	ה	ש	י	ת	ע	ר	ר	פ	פ	מ	צ	ב	י	ע	ק	ו
ר	ס	ל	ן	ח	א	י	י	ר	ו	ש	מ	ן	י	ו	ב	ש
ק	ה	ר	ו	ש	ב	ב	צ	ץ	ו	ע	ח	ה	ד	ל	מ	ב
ע	ח	נ	ז	ו	ג	א	י	ו	א	י	י	ה	ל	ו	ו	י
א	ט	ד	ה	ג	ת	ח	ש	ר	ב	ק	י	ר	נ	ו	ך	ם
ת	ב	נ	ח	ג	א	ר	ש	י	ו	כ	פ	ע	ו	נ	ש	ת
ה	ב	ר	ו	ח	ב	א	מ	מ	כ	ל	י	ה	ו	ת	מ	ת
ש	מ	י	ם	ר	ר	ש	ב	נ	ו	ג	כ	ה	א	ל	ב	כ
ס	ב	מ	ו	ו	ל	ד	ח	י	ע	ו	ש	ר	פ	ג	י	כ
ל	א	ת	כ	ב	י	ב	ב	ה	ס	ק	ש	ר	ד	י	ו	ר
ו	ל	י	ס	ס	ל	י	ר	ת	י	ג	י	ו	ו	ל	ו	צ
מ	י	ר	ה	ב	ת	ח	נ	ה	ם	ר	פ	ט	כ	ל	ס	י
ג	פ	מ	ל	כ	ג	ו	ה	ד	ע	ר	ג	פ	ו	ר	י	י
א	ע	ו	ת	א	ר	ן	ה	י	נ	ה	ר	ו	ת	ר	ו	צ

רוחב
מפרץ
משך
בשורה
הנהג
הקרקע
אחר
מצביע
כועסים
צורת
בתחנה
בבטחה
הסכום
קיטור
עונש
זוג
קיר
שמים
חושבים
עיצוב

Puzzle 375

מ מ ת ו י ל ו מ ק ו א ה ן ן מ ת מ
ר י א מ ס נ מ ע ר ת ח ל ע ח מ ש מ
ן ד י י ה מ ת ע ל ל ו ד ה ת ו י ה
ם מ פ ו נ ק צ י ה ס ל א ר נ ב ת ר
מ צ ת א ב מ ל ס י ל נ פ ה ג ק ה ק
ת ס ר ה ת י י ש ב ו נ ו מ ש צ ו א
ע ת ח ן ו ח ה י מ ס ש ס ו ל ד ו ת
מ ד ש י ב כ ל ב מ מ ת ר ח ו כ ו ד
ט נ ת א ל ר ו כ ף ר ת ת י ח י ל ו
ב ו ב ש י ר י ל ו ו ב ן ו נ ג ס ב
ע מ ר ה ל מ ש ה ש ש ב י ת מ ד ו ק
ר י ח ר כ ה ו י ח ו ן ב ו ן י ה פ
ו ל י ו מ ד מ ב ו ו ג ה ר פ פ ב ו
ר ו י פ א ח ו ו ף ס ל ל ן י ק ת צ
ת מ ם ג ל ק ו י נ ת ו ו מ ל ל ם א

כף
רק
קודמת
להסיח
מערת
השמלה
מסולסלת
להבין
כלי
תקשורת
התיישבו
ארנבת
הכרחי
פונקציה
כביש
בסגנון
לימונדת
הצלחת
לכביש
מטבע

Puzzle 376

ה ל ח א ד ל ל ב ש ל פ ח ן ם מ מ ג
מ ש ו י ה ו ש ק ה ת מ ס מ נ ה ת ל
ת ל ר פ ב א ע ש א ש א ל י י ל ק ו
נ ם ר מ א י ת ה מ ד ז ס ס פ א ת ר
ת י י ב א ת ן ז ה ת י ג ו ל ו י ב
ע ש א ר ף צ ע ד ד ץ ר כ ו מ ה ה נ
נ ל ם י נ ו ש מ ע ו ת ו ח א ו ח ת
ג מ ו כ ן ט ע נ ד ח מ ת ו ג ת ל ו
ג ב י ו נ א א ו ◌ ב כ פ ת י ס ק י
כ כ א מ ף ל ה ת ו ה נ ו ב א מ ת ו
ל ש י ס ת ו כ ה נ ג ה ח ז ק כ ◌ ם
כ מ ל ל ר נ פ מ מ ו ו י כ ה ו ר ו
ל ו ו נ נ ב ת ת מ ו פ ו ג נ ת נ י
י כ ל ב כ א ד ו ת ת ש ו ב פ ב א ר
ר ר ם ת נ א מ ק מ ה א ק ו י ל י ו

לשים
בחוץ
תפוח
מוכר
להשתתף
באמת
חזק
שונים
ואחותו
סמכות
להפריע
המאה
אפס
כלכלי
המתנת
הזדמנות
בנו
החלקת
המוכר
ביולוגית

Puzzle 377

ה א ו ב ר ר מ ה ם ח ו ר צ ף י פ ה
ג ע י ו ל ט פ א מ נ ו ו ס מ ק ו ב
צ ן ד מ א ט כ ן מ נ ת א ה ו ה נ מ
ם ו ו י ט ב ו ב י מ ש ב ע ס ם י ה
ם י א ך מ ע ה נ כ מ ט ד ג י ה נ מ
ף נ ר ח ל י נ ו ר ו כ ב מ ס ד · ו
ט כ ת ו ו ש י ש ח ח ע ע ע ב פ ך ש
ק ש ם ם מ ת י ו ל י ת ג ג ב ר ן נ
א ו ס י ה ו ז פ מ ב ז ו י א ק ר ד
א מ ל ו ו ם ג פ פ ן י ע ו ר א י ת
ח ו פ פ ו מ ן ו א י ז ו מ ה ב ו ו
ט ת י ה ו ו ו ק ה ג ש ו מ ה ו ט ל
צ ם פ ע ב ל מ ו ת י ו י ם י ם נ ע
ע ל ת ד ש ה י י א ל י י ם נ ה מ ת
ב ו נ ר ש ו ב ח מ ו מ א ע ב ו ר נ

מוזיאון
שן
הגשומה
בטוח
בסיס
נהמת
רצף
טבעי
אור
רוח
מנהיג
מכנה
עין
בר
הוטל
הבמה
נראה
קרפדה
תולעת
יפה

Puzzle 378

ש מ ח י ו ו ו ת ל י ת ד א ו ו כ ח
ו ג נ ו ה צ ד ו ל ר ת ה י ג ר נ א
א נ ו נ ב ר א ה ב ה א ר מ ב ו י ל
ס ה ת ע ר ל מ ה ג י ה ת ו ח ע ג ה
י ד י ת מ י מ א ר ח ת ן ג ש כ ן ב
ו ש ר א ו ו ק מ ב ת ד ת ו מ ל י ר
ד ו ו י כ ר נ י ת ן ו ו ע י ב י מ
כ א מ י ר מ ח ב ה ל ב ו ו ב ב ס ת
ב נ ר א ת ת מ כ ו ו ע י ק ל א ח ן
ם י מ ט ו פ ו פ י ה ה ח מ נ ן מ ג
ר ו ש י ש ק פ א ה ו י ס פ פ ר ה י
ק ו מ ע צ ע י ל נ ד ע י ר א ת ו ד
ר ד ר ם ה י י ל ע ס ב ם ד ל ו ד ו
כ ת ת נ א ו ס ו ק ו ו ח ד ב א פ ר
כ מ ס ל ו ב ו ה נ ו צ י ר ו ר ו ך

גומי
אהבה
מארחת
עבודת
קרם
וצבעי
במראה
רבה
מוכרת
ההיפופוטמים
יחסים
אנרגיה
חיה
ידית
גידור
חנות
ארנב
עסקה
עלייה
למה

Puzzle 379

א	ד	ו	א	ב	ע	ט	ק	ל	מ	ש	ד	ת	ד	מ	ע	ב
ת	ה	ד	ו	ת	ר	נ	ו	מ	ו	ר	ה	נ	ל	ר	פ	ו
מ	י	מ	ת	נ	ו	ת	ע	פ	ז	ח	ם	ש	כ	ו	ן	נ
ו	ר	ע	מ	מ	כ	א	ת	ח	ר	נ	ל	ז	נ	נ	ש	ג
ל	ו	א	מ	פ	ת	י	מ	נ	ן	ב	ר	ך	ם	ד	ג	ל
ה	ג	צ	ו	ר	ה	א	צ	ם	ע	נ	ב	ו	ג	ע	י	פ
ק	ט	ן	י	ד	ע	ה	י	ו	פ	ה	מ	ח	י	ה	ד	י
ס	ק	י	ו	מ	ל	א	י	נ	ר	ה	נ	ו	ה	ח	ל	ע
ל	ב	ו	פ	י	י	ד	ו	ע	ת	ך	ו	ש	א	ב	ה	ו
ב	א	ל	י	ם	ה	ב	ו	ב	ש	ם	פ	צ	ה	צ	ר	ו
ה	ג	ר	י	ד	נ	מ	ם	ד	ה	ק	ע	ם	ג	נ	ל	ו
ג	ו	מ	ג	צ	ק	ה	ב	ז	ו	ט	י	פ	ש	ו	ר	ה
ט	ו	פ	ד	ן	ס	י	כ	ב	מ	ו	ח	ע	ד	ע	ח	ו
ו	ד	ל	ם	י	מ	ו	י	ו	ו	צ	כ	ל	ח	ש	ו	ב
מ	ו	נ	ן	ן	ב	פ	א	ה	כ	י	ס	כ	ג	ר	ר	א

בובה
אתמול
דם
לגנוב
תלוש
בקטגוריה
סקי
מסקנה
שנת
בכיס
לארגן
נדיר
צורך
צנוע
טיפש
מתנות
מוזר
קטן
בעמדת
העדין

Puzzle 380

הערכת
אביו
קרוב
שלך
עיקרית
שני
אח
פשוט
פגוש
חופש
להקצות
בתורו
או
לקבוע
חיוך
שבת
שבע
ברכת
להיכנס
נשיא

א	ת	ל	ך	ל	ש	ת	ש	ב	ע	ל	ה	י	כ	נ	ס	נ
	י	פ	ו	ק	ל	ל	ג	מ	ר	ן	ס	ל	ת	נ	ע	ח
ה	ל	י	ה	ב	ר	י	נ	ק	י	ה	ר	ע	ו	ל	מ	ב
ר	ס	ש	פ	ו	ח	א	ש	פ	ת	ר	ב	ג	ן	ע	נ	ו
ו	ו	ר	ק	ע	י	מ	י	כ	נ	ו	ת	ב	ש	ם	ד	ס
ס	ע	ל	י	ו	י	ב	א	א	נ	ט	ו	ש	פ	ד	ש	ע
ק	נ	ר	י	ר	נ	ע	א	ח	ו	מ	ר	פ	א	ל	י	י
ס	ר	ב	ר	כ	ת	ב	ב	י	ס	ס	ו	י	ל	מ	ס	ק
ר	י	ו	ו	כ	ז	כ	י	ו	ט	א	ח	י	כ	י	ם	ר
ז	פ	ה	ב	ק	צ	ה	ר	ך	ו	ו		פ	ג	ו	ש	י
ס	מ	ש	ן	ה	ה	ע	ת	ת	מ	ה	ר	י	צ	ב	ד	ת
ו	ו	י	נ	י	ת	ר	ט	ת	ת	ו	ו	ש	ג	מ	ל	ג
ר	ק	ו	ט	י	נ	כ	א	ד	כ	י	ל	ה	ק	צ	ו	ת
ה	ר	ר	ו	ו	ת	ת	ו	ו	א	מ	ל	י	ת	ר	ו	ן
ר	א	כ	א	א	ס	נ	י	ו	ו	ד	ש	ת	ח	ר	ת	ע

Puzzle 381

ר ק ך ל מ ה ח מ ע ל מ מ ר ג א מ ב
ג מ ר א נ ש ר ת ו ח כ ב פ צ פ י צ
ו ד ל ל ר מ ה ד מ ו ו ג ו נ ן א פ
ל ו ל ש ה ר י י מ ע ל ה ר ו ב ד ו
צ מ ה ב ס כ א מ ב נ ה ע י ל נ ו ן
י ה כ ת ו ם ש י ע ר כ ם א ח נ י י
ה צ י ת ף מ א נ ל כ ת י צ ה ד י נ
מ ח ר ח י ו ם פ י י א ד א א ן א ח
ל י י ל ן ו ר ד ס מ ב א צ א ר ו ל
מ י ל ו א י ג ד מ ם ת ע ב ו ו ת י
ע ג ר מ נ י ו ל ת נ נ ם ע מ ש ש ס
כ פ נ מ ע ע ל ד ח ח ו ה ט נ ל ן ח
ל נ ת י ד ו י ו ד ע ו ב ג ב ם י ה
נ ת י א ג ץ ק ש ו פ נ ל מ ם ש י ח
ב ן י ב י ק ל ד ל מ מ ה ו ו א ש ו

לשבת
בעל
במסדרון
רגולציה
פנימי
רגע
לדלקי
תוכי
להכיר
בצפון
סוף
עת
מחמיא
מילואי
מדומה
אצבע
דבורה
ייעוץ
קילוגרם
עלה

Puzzle 382

כרטיס
ישנוני
תשעה
רשמי
אקטיבית
בתגובה
מבודדת
גיליון
לצוף
תה
להעביר
באסם
פתק
יער
השניים
קופידון
קליפים
נשוי
עלות
הכשרת

י ט ע ל ו ת מ ן ו ד י פ ו ק מ ק ג
ן ד א ח ה ר ב נ ד פ ה מ פ י י פ ד
י ר ן ו ב ש ו ש י ת פ ה פ י ש ם א
ם ן ו ג ת כ ד ו ו ק ב י א ה י ק ו
ר ל נ ה ג ה ד י נ פ ל ד נ ר ו ן מ
ח נ י ב ו י ת ב א ק ט י ב י ת ם י
ז י ה ד ב ע א ט י ל ע ה ר ש מ י ר
ב ל ר ן ל ה ל מ ס ל ו נ ע ל ו י ם
ו ם ם ר מ א ב כ מ נ ל ה י ג ו נ י
י ס י ט ר כ ת ט ה נ ע ע ו ע ז ש פ
א א ו ש י ר ל ל ע ס ת ם ף נ ה י
ר ב ו נ ב פ ש ת ן ג י ל י ו ן י ל
ו נ ו י ע ו מ ש ה פ ק מ נ צ ה ד ק
נ ה ד ר ה י ד ב ב א ש י מ ל ו מ ח
ה מ ס ל ל מ א ה ד ת כ ר מ ע מ י ח

Puzzle 383

ע ג ב נ י ו ת א ט ד ש ל נ ע ש ח ר
ס ר ו ב מ ב צ ד ת ח י פ ת ע ה ב צ
ו ף ם ו מ מ ק ו ם ת ו ח ו א · ל ב
ל נ ו ו ט צ ת ס ה נ א ן ל צ י ו ש
ש ר ל מ ל ב י מ ר ש ח ו ר ס א ו מ
ק ק א ח צ ו ח ט ב צ ך ל ו ה י ן נ
מ כ ב ק ק ו ו ר ה ג ס ל א מ י ץ י
ח ב ר פ ר נ א ה מ ר ס ו ת א ל ס ו
ה ו ו ל ש ש ז ש פ מ מ נ כ צ י י ו
ן ב ח א כ ו ל א ש ל ה י ן נ ג ה ת
מ ב נ מ א ם י ו ד ג ח נ א י ח ל י
ז ן ל א ו נ כ צ ת ד מ ם נ ו ל י ר
ת ש ח ח ח ן א ר ר ו א י ל י ע כ צ
ל ד ל ו ש ב י ו ר ן ה ת ו ן ש ת ב
א י ת ה ש י מ ו ל ח י ר ש ח ר ק ע

לפקח
חותם
איילי
קצת
מתנהגת
מול
הולך
עגבניות
לנווט
שלווה
ובמצב
הרבה
נתח
מטרה
צבע
קרנף
אוצר
הליכת
אמיץ
שעון

Puzzle 384

בעיית
תאוריה
היותו
מתנחלים
קשת
פחדן
חיפושית
סרטנים
מפורסם
בסיסית
בסדר
מיטת
אודישן
גשם
מטלת
ללמוד
נואש
כרישת
חום
צהובים

ב פ י ב ת ש ק ה י י ו פ ה פ ב א ר
מ ג ת ס ה ם י ל ו ם ו ח י ש פ מ י
ל ר ש ד ל ו ח ל ר ה ל ה י י ס ע פ
ב נ ה ר ת ג א מ ש ר ס י י י א ק ד
ס ל ת ו ר ו א ו ד י ש ן ה ן ש ט ו
ר ת ט י מ פ ח ד ן א ק פ י י י א ל
ט ל ה ט א ת צ ה ו כ ח ו ו ל ו ב ן
נ ט ש ם ס ר ו פ מ ל ר ו מ י מ ה צ
י מ ש נ מ י מ מ נ ל ב ב ת מ ן ה ה
ם ג א ח י פ ו ש י ת ע ן ת ה ע ה ו
ן מ ו פ כ י י ו י ר י ש מ ד ל ב
י ן נ ה ר ו ה י ת ס ב כ ר א ע ו י
מ ק ו מ י נ ע פ ה י ר ו א ת ש נ ם
מ ת ו ש ב ו ו נ ס ם י ל ח נ ת מ
ס ע כ ו ת ש צ א ר ב א מ מ נ ר ב ז

Puzzle 385

א ט ב ר ד ה ב מ ע ח מ א ד ו ב ג ב

ו ה כ צ ק ן ת ק ח פ ד י ה י א ח מ

פ ל נ ש ו ך ת ס ב ו י כ פ מ ח ה צ

ט ב ב ט ו ל ה י נ ז ר ג ר ת ו ע ת

ע ב י ן י מ מ מ ש ח י ל ו ד ש ו ע

י ב ב ד ש ח י ל י ר ו ב ב ג ו ף ל

מ ב א ה ב ה ה י ה ס ר ג ו ד פ ל ג

י א ו ה ר ר ר ת מ ו י ר ש ו ט ר ח

ם כ ע ר פ ה ס ק ד נ י א ח ש ת ו ה

י ו ח ך ו ז ו ד ס ו ו ח ל א מ ץ ו

ק א ר ב י ד מ ו ב ה ו ד ג ל מ ס ו

ו ת ר ל ד א ח י ה י ם מ ק צ ו ע י

ל ר ף כ ג ז ז מ ר ת ד ו ע ו כ ד ה

ב י ח י ם ן פ ר י ו מ ו ו ו ו ז ל

י פ י מ ן י מ א ה ן י מ י ע י ו ו

טעימים
אינדקס
בלוקים
מלך
הוא
באחו
שופט
לנשוך
חמוס
מקצועי
משהו
חפוז
האמין
לרוץ
חשוב
ידוע
גרסה
מקסימלית
בגוף
דיבר

Puzzle 386

מ מ ת ב י מ ו ת נ ד י ו ג מ ר י ת

ו י פ ו א ד ל ו נ כ ל ב ד א ג נ ו

ש מ ה נ ב ב ח ש נ ה ר ן ף ה ע מ ם

ת י י י ו ל י ד ג ר ג ב ש ו ק ע פ

ם ת ח ב י ב י ח ס נ פ ר פ ר ע פ ד

ב ת מ ר א ש א ה ו י ע ו נ י ו פ ר

א נ ב ת ר ו ע א צ מ מ ו ד ם ל ב ם

מ א פ י ז י ק ח ה ן ד ו י א ר ג ו

א ב ו ג י ש ר צ י ב ן ח ד מ ג ד ד

ח ד ו · א י י נ י ן י ק ו ת פ ו מ

ן ב ב מ י ש י מ ם ה י ת ו י פ י צ

נ ב ר ו ר ה מ י ב י א ח ע ש ו ת ל

ת ד י ת ל ח ז מ ח ו ע ד מ ס ר ו פ

ב ה י פ י י ה ב י ר י ר ה ר ג י י

ר ח ו ח א ר ד ר ו ם י מ מ ר ו ם כ

פיזי
יחס
יריב
פרפר
עוני
הורים
חדשות
עור
ראש
תחביב
שמר
השישי
נולד
יושב
בשוק
מזחלת
ציפיותיהם
הים
פלא
לבד

Puzzle 387

ד י ד מ ח ע ם ה ו נ ם י ע י פ ש מ
ו ב ו ל י כ א ב מ ו א פ ח ב מ ר כ
ת ב י ח א ב ך ר ה פ ח ד ו ן ש ן ו
מ י ו מ צ י ן ו ח ט ר פ ט ו ט י צ
ב י ה ר ר ש ל ו ה ה ע ו מ ת מ י ד
צ י ל פ ם ש ט ז ר ה ו ס ◌ י י פ נ
ר ו ד ת מ ר ו ו צ ב ו ו ח ע ת מ ת
ב ר ו ו ע ק ד ן ע ו ע ן ו ב ד ק י
ע ת ע ו ו מ א ר ח ש ו ג י י מ ר ט
מ מ ק י ש ת ח י ט ש ק ר ה ד ן ח ת
נ ן נ נ מ ו א ה ל י ו ו ל א ש ד א
מ ו ר פ ס נ ח י ר ו ח א מ נ צ ז י
נ ד ג פ ל ו י ד י ן ל ה י א י ל א
ד ב נ ם ש ב ו ב ת ו ג צ ן ו א ק ה
ה ד ו ל ב י ו מ ת ה ל ו ה ל נ ח ח

לא
בעיתון
עכביש
משפיעים
שטיח
ספר
ציטוט
מעבר
לה
מאחורי
משועמם
לשמוע
שחר
הפחד
הברווזון
אחיו
מהיר
אך
קמפיין
דפוס

Puzzle 388

שובב
דברי
המשפחה
להמציא
לחקות
בטקסט
כניסת
הרכבת
לכל
להטעות
אוהב
שש
שינוי
ולהרוויח
בירת
רכישה
מרובע
מודה
חדה
פחם

ה מ ש פ ח ה ו ג מ ה ב י ש ת כ ף ר
ר ו י ע י י ב כ ו ו ח פ נ ן נ ר ו
כ ד ב ו ח ה ש י כ ר ו מ י פ י ל ד
ב ה י נ ג ב ש כ מ ל ס ש ח א ס ו ל
ת ד ר ה ד מ מ ו ף ו ם ע מ י ת ה ו
ר ה ת פ צ ע ב ו ר מ כ י ס ם מ ע ד
ב ה ו א ט ס ק ט ב מ כ ו ל ר ע ד ש
י ו נ ב ו ר ך ו ח ח מ ד ו ח ה י מ
ו מ ב ב ו ש מ ן פ ת ב י מ י נ ל ו
ם ג פ ח ם ל י ח ד ר ה י ג ו ש ה ד
א ה ו ד פ ו נ ח י ל כ ל י ר ע מ ה
ג א נ ה ו ל ה ר ו ו י ח מ ת כ צ ו
ר ר ב ט ל ן נ ת ק פ ק ו ו ח י י
ל י ע א י ע א ו נ ה ד ו ת ב ח א ר
ד ל ס ת ו ע ט ה ל מ ב ת ן ר ע א ר

Puzzle 389

ח ב מ ת ב ן ע ט ו ן ה ה ר ש ע ו מ
ש צ ל ל ה מ ע ר מ ו ל מ ר ח כ ו נ
ב ב ב ל ז ו ש ר א ר ת ח ש ן י ק ת
ו ע ה ם ת י ו ו ל ע פ ק מ ד ג · ל
ן י ה ס ר נ י ס ה מ ש ק ה כ ס ו ה
ה ר י א ר ו נ ד ו מ מ ח ק ה מ ו ת
מ נ מ ל ן כ ל צ א ו ש ל י ו ל צ נ
ח ט י ו ס י ס ר י י ל ו ז ו ב ו ג
ר ר ו ס ה ס ב ב ב ת ת ג ו ע ק ה ד
ת פ ת ו ט ק ר ת ק ר ל ו מ י ל ו י
נ ה ח ם נ ה י ו ש א ת נ ו כ ת ע ם
נ י ת ב ה נ ף פ פ ו צ ו ו ש נ ד ת
ו ו ר ו ן ס כ ת ם ש ת נ ת כ ו ת ו
ו ל ו א ב ל ר ף ת ן ו ל י ו י ו כ
מ י ו כ ן מ א ן ג פ ה ו ו י ק ד י

בלב
המחק
הסינר
תכונת
הסורר
חשיבת
תקין
משקה
מוזיקה
בצבעי
פרט
מילוי
ועדת
להתנגד
וילון
רקטות
נוראי
לתקוף
עוגת
חשבון

Puzzle 390

מברשת
הפתיעו
סדרת
בקרוב
שרפרף
ומסודר
ערב
הסיכון
להחליק
לשרת
תלמיד
נהג
לרחרח
כלום
תערוכה
אישי
דרג
העיר
מקבל
חרב

ש מ ב ר ע כ ל ו ם א ש מ ק ש מ מ ה
א ח ב ה כ ו ט מ ן ר ס ב ו ח ק ו ל
ר ת ל כ פ ר צ ס ש ד ו ל י ה ב ס י
ל ת ג ד ב ק ר ו ב ו ד ו ס כ ל ב א
ט ל ר ן ל ף ר ד נ מ ח י ו ר ר ו ש
ר מ ה ש ל ר ח ר ח ה כ א מ מ מ א ת
ן י ב א ה פ ת י ע ו ו ר ג ה נ ע נ
ר ד א ס ב ר ש ח ן ה ר · ר ל ר ב ל
ק ע מ ד ל ש ר ת י ש י א ד ו ש ש א
ו כ ש ר ו ב ב ע ד ב י ל כ ד נ י ו
ב ו ח ת ו ח מ א ל ק ה ה ח ת פ ס ר
ס א ו ן פ ח ל פ א ח ל ד ז מ ר ע מ
ד א ק ו ה ר ה ח ל ל ח א פ ו ה ת מ
ה ל ת א ר ב מ י ו ל ב פ מ ר ע ח ה
ו ש ר י ע ה ק ס י פ ד ת ב ו ת י ת

Puzzle 391

מ ת ב ח ג ן כ ה ב ר ת א ח כ ב ו ה
נ ו ר ב נ ד א ה י ח מ ח י פ ו ת פ
ת ל מ מ ל ו ש ו ו ש ש ח ע פ ר ו ד
ו מ נ כ ר פ ר ק ת כ ל מ ם י י ס ל
ר ו ק מ ל ט ל י ר ה ו י ח ת ש ד ו
מ ב ס ו ת ו נ ב ב ן ו ל צ י ע י א
ו ד א א ע ז ח י ר ו ם מ א נ מ ק י
פ ד ו ף ל ב א ל ת ד ו ו י י צ ו ר
י מ ה ב ו י ו א ו ל ש ר ת ח ר ו ד
י נ נ ו מ ש ו י ן א ל כ צ ד מ ו א
צ י ר א ו ק ו פ ד ל ו ב י ו מ י י
ו כ ר ם ת ת צ י ר ר ם ם נ ב ב כ ת
ר ה מ מ ן ו פ ס ו ך ו ו פ כ א ב מ
ב י ו מ ו י כ צ נ ו י י א ח י מ ט
ל ח ע י ל כ י ם ע א מ מ ע ן א ח ג

להביא
חצאית
לסיים
לדפוק
יורדים
כבוד
לדון
לתעלומות
מקור
פעמון
ייצור
מורכב
ריצת
חירום
כאשר
ביותר
מעשי
שלום
יניח
פרק

Puzzle 392

ר ב כ י ר ה א א ק י ק נ ע מ מ ל ת
ש ל ו ד ג כ ב ר ו צ י ל צ ך א א א
ו פ נ ת ה ח י ה מ ש ו ל ש נ א א ם
נ ר ו מ ר ו ר ל ה כ מ א נ ן כ ו ת
ר ס ב ר נ ל ה ע ו ה ש ל א ו מ כ ח
א ו פ י פ ו ת י א י ה ס ת ת ו ר י
פ ם ל ט ו ו ל כ ק י ט ם ח ל ד ו ת
ד פ ה ק ב י ד ו נ ב ח ב ר ה מ מ ר
ק ב מ ו ו פ כ ש כ מ א ו מ א י ב ל
ו ע נ ת נ ב א י נ ר מ י ל ו כ ח צ
ו י ר י מ ר ל י י ר ג י ד ו ת ד צ
נ ו ק ו ו ש ו א ס ן ס ת ל ר ו נ ח
מ ן מ ו ר ת י ו ת ת ת ז ו ת ת נ מ
ג ר מ ך ל ו נ ל ו מ כ ן ת ו ל ג ל
ה ר נ י כ ש ה ם מ ע ו ס ל מ י מ ת

להינשא
אביר
מצלמה
לרתיחת
חמניות
ליצור
אופי
שנאת
גדול
לחם
אולם
המשולש
בכירה
כמו
ענקי
פרסום
בחברה
הכחול
לגלות
תוכן

Puzzle 393

ד ת ע א ש ב ח ל ן י ן ם ו כ ר כ ז
ח ו ב ג ב י נ ה ב ו נ י ב ש ו מ כ
ל ג ו פ א ו ב י ו ח ה צ ל ו ח ל ו
י ו ד ל מ מ א ש מ מ פ ו ד י א ה כ
ל ו ה צ נ נ ע א ה ק ר ג ו ח ד ש פ
מ א ר י ש ע ב ר ו כ י פ ה ס א ס א
פ ר ו ת ו ל ק ב מ ו ב י מ מ ו ח ה
י ת ן ה י ח ו ד ח מ י ו ב ל ה ע ע
ה ש י ל מ ו ו מ ק י ו ו י ח מ פ ר
כ ה ע ב ן א ח פ ו ה ם י ע ם ה א ל
ע ח י ד מ ש ו ב ג ד י א א ל ד ה י
פ ל ב ק ת ו נ ק ל י ל מ ש ח ו ר ו
י מ ב ג נ ו ב ן ח ל ה נ ל ד ה י ם
מ ז ה מ ט ם ו ו ו ו י ם ו ה א ע ש
ג ר ד ד ע א ן י י נ ב ת ח נ ו ז ו

חולצה
מחקר
חשמלי
בדק
כרכום
זכו
גבינה
שעברו
זעירה
בניין
דחליל
לקנות
להודות
מושב
להישאר
מחק
מניות
לנהל
עבודה
מדבר

Puzzle 394

נ ב נ ו ל ב ב צ ס ן ה ח פ ב ה ל ו
ר י ז ח ר מ א צ י מ ד י ד ת ה ה ה
מ ב י ה ע ד ה א נ י ק ב ר ש ע ם ד
ג ת ז ב ש י ח ר ש ש פ ך מ ו ב ו ש
ל ו ל ח י ך ש ש א ו מ מ ו ב ו ס מ
ל ש ל ת ש ה ל ר ע ל ג ד מ ה ר ו ו
כ כ ע ר ו ו ג ל ל י ו ה ה ס ח א ש
א ר י ל ב ו ת ץ ע א א ת פ מ כ ע ש
ו מ נ פ ן ח מ י ת י ר ב ב ו ך ר י
ו ל ל ר ג ה ר ר ו י ף נ מ כ ל פ י
י ב א ח י ב ק צ ב ר ה ח ר י ף ל ו
ס ת ת י ר ס י ע כ ז א ב ל ו ט י נ
ש ן ְ מ י ע א ן י ל ת ש ל ר י מ ו
ל ת ב מ ת ו ד נ ת ה י ו מ ת ל כ י
נ ר ז י ו כ פ ו ה ו ד ח ן ה ו ל י

עץ
בלוטי
גירית
כיור
להשתלשל
מדידת
תשובה
בלי
חושב
נמלה
דגל
שפך
תירס
בקצב
החריף
בכיתה
רמת
פועלת
ארגון
כועס

Puzzle 395

צ ת ש א י ע ח כ ל א מ ט כ ד פ א ו

ת ח כ ו ו ר י מ ש י נ י פ ו י ש ב

ל ש כ י ה ל ו ה ב נ ר פ פ ר ן ו ת

ת ב ד ז י מ נ ם ו ל ן ו י ש ג ו מ

צ ב ל ו ו ב י ג ג ק ח ס ר ר ח א י

ל ר ת מ צ ו ע ה ר ח ח י ת ר ה ג מ

ו י ת א מ ח ח ו י י ה כ ו צ ו מ ו

ם ב ט פ א ש מ ל ם ם י ל ח ו ם ו ו

ו ח מ ו ו פ ה ש ו ס מ י נ ט כ ב ב

ר ל מ ר ל ל ח פ מ ק ה כ ג ב י ב ח

ף י ד ע מ ה ב ל א ב ס ו ר ג ה ל ב

א ב ש ר פ ע ה י מ ב א פ י ו ש ר מ

ל ש י ס ג ן ה י ר א כ ר ו ח ח ש ח

ר א י ק ו צ ף ָ ל ָ י ב מ ב צ ב ש

צ מ ף מ פ נ ה ר ע ת פ ש י ח ל מ ל

רופא

להגר

העוצמת

אשת

תצלום

נלקחים

וסבא

סיכת

בוגרים

מעדיף

ברחבי

להיכשל

דורש

טיפוסי

בוגרת

שיני

חמאת

כמה

כי

חיוני

Puzzle 396

ד ש ל מ ק ו ד ת מ ר ת ס ע י ף ב י

מ ח ג ל א ה ו ר ש ה א נ ב ר ן ת ד

ת ו א ב ו ר ב ד ו צ ו א ף ר ט ו ב

ו ק ס ק י ר כ ה א ש פ נ י ו ן א ו

ל י ג ר כ ב ב נ פ ו ר ה ד ע ו ק ש

ו ל א ו ו ד כ י ל ק ו ח ו ת ל ס ו

ת י ו ג א ן ת ת ך מ ו י ו ה מ מ ל

ד צ ח י ס ם ה ה כ ה נ י ח ב ב י א

מ א ם כ מ ד ר ר י ק ו ת צ ר י ל ע

ר ל י ר ע ל ת ל נ א ת ר י צ ש י ו

ה ל ט ת ו ב ם ד ה ר ש ק ג ר פ ג ל

י ל י ג נ ב ו צ נ ק מ ת א ח נ י נ

ו נ ה נ ו ק ל ל י ה מ ק ה כ ג ש ש

מ מ ר ו פ י ע מ ו נ ה מ ו מ י ה י

ת ן ך ם ש ב ו נ נ ס ה נ ו ח מ ו ה

המומיה

קונה

אגס

נפשי

לייצג

בחינה

התעורר

באותו

במלון

שחוק

אות

אצילי

גור

כרגיל

לקוחות

מבריק

רהיטים

רטוב

נברן

גישה

Puzzle 397

ב כ ס ר ל ר ר י ו ר ו ג ה ם ר י
ו ע מ ע ו ח ו ן מ כ א מ ק מ ו כ ו
ה ו ט ת ח ו ג ו ב ג ג י ש ח ה ב נ
ן ל ל ד ה ר ו נ י א ת ו ו ה י ת ת
ר מ ה ג מ ד מ ק ט ו י ר ח ש ד ו ח
ף נ ע פ מ ס פ ר י ר ו נ י צ ב מ ה
ר ש ל ה פ ח מ נ י ת נ א ו ז ל ק ו
ב מ י ו מ י ל ת ס נ נ י כ מ ה ח ל
ן פ ו ן ח פ ס ו ר ה ל ו ת נ ח ט א
א ח ן ר נ ו ר ת א ל א ל ב ם ש א ס
ה ד י י ע י ו ג ם מ ק ת מ כ ד מ כ
ה ז נ כ ח ן כ י ר א ש ג נ ש ה ו נ
ה ש מ ז ע ו מ מ ח ו ת פ ת ר מ ק ת
ב ה ע מ א ע ל ג כ ת ק ה ר א ד ד כ
ל ר י ר נ פ ו כ ה ב ו ש נ ה כ ו ה

טחנת
רכבת
מזכיר
לפני
ולא
מפחד
טייס
חודש
בוהן
חריזה
פתוח
העליון
מאוכזבות
לאתר
קשוח
שדה
להרוס
סכנת
מספרי
צינור

Puzzle 398

ג ר ס ש י ה ב מ א י ו ה ע י ס נ ע
ת ד א ◌ ו א י נ א י א י ו מ צ מ ת
ע ת י ו נ ק ג נ א ל ת ט ל פ ד ת ש
ד ד ל · י ו מ ה ש ד מ ע ש ה ש ו ו
י ו מ נ כ ב מ י א ב כ מ י י ק ס ה
ב ס י ר ו ד ת ו מ ח ל כ א ת ו ו ס
ג ל ק ָ ף ת ר ע ו ר ש ת ב ת ו ה ז
ג ל ש ה ל ג ו ב ד מ מ ל א ל ל ח י
ו ל כ י ו ו ו פ י מ ח ז ק ל ן נ ו
ו ת ר א כ ח א ו י מ ת מ ה י מ ר מ
ו פ ת כ ו ע ו נ מ ל י פ ס ל ש ע ב
ו ש ת א ח ט ר ר כ ו ג ב ו ר ו א י
צ י ש צ ר כ ל ב ח י ר ו ת י ו מ מ
◌ ו ע ן ה ש ח ק ן ר ם נ ק א י מ ז
ר ש א מ ד ע ח ו ב ה ל י ל ה ה ג ש

נסיעה
מרחב
לשמחתי
זהות
למנוע
כוח
תשע
אבא
להפגין
עמדה
הסקי
בסיר
כבאי
מדף
שׁוּנָרָה
שחקן
הלילה
מעשה
בחירות
כמעט

Puzzle 399

ק ל ה ה ו ר ב א ל פ ש ם כ ך ח ר כ

צ ש פ ן ב מ נ נ א כ ו ו ב ו ל ת ר

י א ו א נ ן ת ג ז א ר ם י ב ה ו א

ן א ח מ י ל ן ו צ נ ה ו י ק כ נ י

ג ר כ י ו מ א י פ מ ל ש ר מ ח מ נ

י ה ל ע ד ת פ ר ע ו ב ש ב ו מ ו כ

ר ח ו ת מ ב ב ז ח ש ד ש ה ת ן י ל

ו ר ח פ ר י ע ה ע מ ש ע ך ו ל מ ר

ה ס ם מ ר נ מ א ם צ ב י ס ה נ ש י

ל ע ו ש י ר א ס ל צ כ ת ו ם ו ר ו

נ ן ו ב ל ס מ פ ה מ ו ע ד ו ן ר ל

נ ד ה ה ף ה מ י ש מ ש ק ו ד ע ן ר

י מ ו ו ם י ח י נ מ ר ע מ א ה א נ

צ ָ מ מ ל ע ה כ י מ ז י ח ע א ו פ

ת ל ל מ פ ס ח מ ד ל ת פ ד נ ו ח צ

זר

שועל

צבי

משימה

כתום

אדום

הצבעה

ישנה

קצין

אוהבים

מועדון

עניבה

בכושר

מרק

מתוח

מיומנות

מפת

חמוד

בשבוע

מניחים

Puzzle 400

ו מ ט ף ד ל מ ו ו פ ו ו ו ת ן ש ו

ר ש ו ה ף ה ה י כ ם ש ן א י ה ש ר

ם מ פ כ ת מ ס ל ר ג ר ו ב מ ה ג ה

ל ע ס ח א י ס א ת מ י פ ט י ד ע ת

ד ו י א ו י י ו מ ב ו ל ו י ר ר ו

ל ת ע ד ו מ ם ת י ח ן ט ן מ מ ע צ

נ י כ נ ח צ ד ו ל י ח ב ו י ס ב א

ק ת ה ד י ח נ ס ת ר כ נ ו י פ ל ה

ו נ ט ר כ י ר מ מ ל י ץ ג ה ה כ י

ד ת ו ח פ ק ו י נ י ח ו מ צ ל נ ל

ה ו ו ס ם צ ק ר מ ל ו ג י ו ל ת ת

ש א ז י כ ע כ ס ב ת פ ג ב מ ו ת ת

ד ד ת ב ו ש ע ד ס ת ת ל ע י ר א ו

ח ס ג י ל ד ע ו ר ו ל ט א א ח נ ו

ו נ ו ח ה ו ג מ ח ר י מ ע מ ש ת כ

מהססים

וילאות

סבא

מגוון

להציג

פחות

טופס

ממליץ

שמע

תפוחי

משמעותית

מצחיק

לנקודה

הכעיס

כלוב

בטלפון

ערמוני

המבורגר

שם

התוצאה

Puzzle 401

ת ה ח ר ת י ט מ צ ת ח מ ה ח ב ט ה

מ ה מ י נ ל ו פ ל ח י מ ש א י ת נ

ו פ ה א ס ל ו ם ח ת כ נ מ כ ח י נ

נ ך צ ק ר ו ב ו ת ו ס ש א ר י א ש

ה פ ו ת ל ה ק ט י ן ש ן ו י ו ק ר

ב פ ח ד ת ג ל פ פ מ ו ת י י ר ש ו

מ ש ה י נ א ר כ י ז צ י ה צ פ י ד

ח ב ה ח נ ד ב ר צ ק א ה ה ל פ ת י

ב ם · מ ת י ה ג פ צ ה ג ת ן ע ה נ

ת ת מ י ח ט ר א ס ה ד ב ת ד ס מ י

ש נ ה ש א ת נ ל מ נ ה · ו ד פ ת א

ת מ א ו ע ו ב מ ת ו מ ד ה ג א ד ו

פ כ ו ו ו ת א ן ס נ פ ע ת ב ם ש ק

מ ו ר ו ה ר ב י פ מ ן ו נ י ו מ י

י ן ק ו נ ד ז כ ר מ ב א ל ט ש פ ש

דאגה

החבטה

החוצה

קרובות

להקטין

רכי

דמות

קצה

תמונה

במרכז

במחבת

לצייר

ההפך

משאית

תחתון

התחרות

נשר

שמירה

טלסקופ

ספציפית

Puzzle 402

ע ו ח מ ן נ א ש י ג נ כ י ל ב ח ל

ו פ ת ר ל ו ח כ ו כ נ ו י ב ב ס ל

ד א נ ה ל ד ר ך ם ו ל א ל ה מ ב ו

ה נ י מ ע י א פ נ ק פ ו ן ו ר א י

פ י פ ע י נ י י ם ט נ ו ל ס ג ש מ

י ד ס י ר י י ם ר ו ר ה ה מ ש מ ש

א פ ג ג מ ל ב א ע י ת י ל י ס ת ב

ב ש ב י ד ץ ו ר י מ ב ו ו פ פ י י

י ח י ת י ר ע כ ו י מ ן ו ר ח י ז

ד ר כ ן ק ב ב ו נ ב ר ו ת א ב ל ה

ע מ נ ל פ ט ר ר ן ה י ל פ כ מ ת י

ב ל ל נ ת י ו מ ר ו י א ב ס ו י ר

י מ ל ל ה ת ל ל ד ק מ א ב ף מ מ ל

ק ה פ ו י ה ו ס ח י ש י ו ר ח ל א

כ ו ב א ל ן א ת ח ו מ ל פ ו ה ש ן

אחראי

תפקיד

משאב

בעובי

דרך

היו

אש

ספינת

לפטר

תא

המשמש

ארון

להלוות

כסף

במירוץ

מומחה

זהיר

ידע

ילדת

עיניים

Puzzle 403

ב	מ	ע	פ	פ	צ	מ	ט	מ	ו	ל	ת	ל	ק	כ	ל	ט
ה	ן	ו	ש	ו	נ	ח	ו	י	מ	ת	ן	מ	ק	פ	ה	נ
נ	פ	א	ו	פ	ה	ז	ר	ע	פ	נ	ד	פ	נ	ף	ו	י
נ	ש	מ	ח	ש	ב	ו	כ	ל	ד	ש	ת	ו	י	ר	ח	א
ה	י	ה	מ	ל	מ	ר	ו	פ	ס	ל	י	ת	י	ט	ו	ת
ר	ג	ך	ס	ו	ן	ל	ך	י	ב	ו	י	א	ש	צ	י	ש
י	◌	ח	א	ו	ב	י	י	ו	ע	ט	ד	ק	ר	ה	ר	ג
ו	ן	ש	ה	ו	א	ו	ר	נ	ל	ח	ו	מ	י	ל	פ	פ
ח	כ	ו	ל	ש	ו	ר	א	נ	ש	ק	מ	ו	ו	ו	כ	ל
ת	א	ל	ר	כ	מ	ר	ה	ר	ת	ו	י	נ	מ	ה	ו	נ
ו	י	נ	ו	ר	ל	ר	ל	ה	ל	ע	ף	ג	ר	ב	י	י
כ	ו	ש	נ	ן	ל	י	ב	ת	ד	צ	ם	י	ב	ב	ו	ש
ב	ר	ע	ט	י	ו	ת	מ	ה	ד	ל	ת	פ	ר	פ	צ	ב
ת	כ	ו	פ	ה	ת	ש	ו	פ	מ	ו	ת	א	פ	א	א	ר
ר	ת	פ	ג	ט	ע	נ	מ	ח	ן	א	א	ו	י	ל	ק	ע

דלת
ולצעוק
מדד
להצטרף
למפות
ינשוף
גרבי
מחשב
מחזור
כל
המניות
קפה
אומללות
אחריות
קיווי
טיפשי
להאריך
תכופה
לספור
נהר

Puzzle 404

ט	ר	נ	ע	צ	ם	מ	ו	ת	ה	ו	ד	ק	ל	ו	ר	ר
צ	ב	ן	צ	מ	פ	ת	ו	ב	ר	ת	ה	ו	ו	י	י	י
ט	א	פ	מ	נ	ו	ו	נ	כ	פ	ו	ר	פ	ק	ר	ב	י
ם	ר	ב	ו	מ	ל	י	פ	ה	י	ו	ם	ה	מ	ט	ש	ב
ח	ה	ו	ם	ח	ח	ש	ת	ה	י	י	ר	פ	ס	ו	י	ה
ח	ב	נ	א	נ	ב	ג	י	ע	נ	נ	ת	י	ח	א	ט	ך
ו	ן	ת	י	ל	ת	ר	ו	ב	ל	י	ע	י	ו	ל	ר	ת
מ	מ	נ	י	ד	ו	ל	מ	ר	כ	מ	פ	י	כ	י	ד	מ
ו	ש	ו	ע	נ	ס	ט	ת	א	ו	ש	י	ס	ר	ת	נ	מ
י	ת	ת	ו	צ	ס	ג	ר	ת	כ	ו	ה	י	ש	ר	ט	ה
ו	נ	ש	ב	ע	ח	ת	ח	ר	ב	ר	פ	ל	ב	ר	ס	י
ט	י	י	נ	ר	ת	י	נ	ש	י	י	ב	ח	ע	ת	ה	ע
ו	י	ר	א	ת	ש	ן	ע	א	ת	ש	כ	ו	ה	ת	כ	ו
ר	פ	ע	ו	ב	י	י	א	ח	ף	ת	ז	ר	ו	א	ש	א
י	נ	ם	י	ל	ג	ו	ה	י	ל	א	ס	ל	ר	י	ז	ק

היום
קופה
כפור
וירטואלית
רכיבת
יבשי
רגשיות
ספינה
אורזת
ארבעה
כוכבי
גישת
ביישנית
שבעה
התרבות
ספרייה
מה
עצמו
הסטנדרטי
צפופה

Puzzle 405

ט ד כ ה ד מ מ ת ד ל ן ת ה ג י י ה
ס י ת ן ב ס ד ה נ ו כ נ ה ל א ע ב
א ר ט מ ר ו ע ר ע ע ו ג צ ק ל ש י
ע נ ת ף ו י ן ו ו ב ס פ ר א פ י ר
ת ן מ נ ו ם ח נ ל ש מ מ ה ו ע א צ
ו י ז ח ז ל ת א ב כ ל ש ר ר ו ד פ
ו ח ל ל מ ד ל ש ס א כ ת ו ר נ ח ש
ת ר ן א ד י ה ת ו ש ן נ א ד ו י א
נ ו ו ו ע מ ה ה ף ק צ ה י ל מ ש א
ת ת ד ק א ק י ו י י ח ב ח י א ר ע
ם ו ה א ר כ ב ת ח פ נ כ י פ י ת נ
ו צ ו ר י י ד ל ג ר ו ב י ח י מ ר
א ר ת י ת ג ר ד ה מ מ ח נ ו ך ת ח
ת ל ד י ת ח ר ת ר ש ר י ו ת ל ד ו
פ נ ה ג ל ו ר ה מ ל ח ד פ ב ו ב ר

ללמד
מסוכן
מדען
ולבסוף
צריכה
חיבור
לרצות
מדע
אותם
הדרגתית
משתנה
העלאה
הגייה
הנכונה
חתך
פתאום
חי
מסוים
ברווז
לשמר

Puzzle 406

ו ר ג ע מ ק י ת מ מ מ מ ל ו פ ע ט
פ ו ב ש ס ר ר ו כ נ נ ק ש ל ו ש ה
ה ע ש י ר י ח צ ו א ו ר ד י ה ר ת
פ ק ב ו ח א ו ת נ ט מ ר כ ו ו ו ל
י ד ה ח י ה ל מ ת ר ס ה ה א מ נ ו
ל נ כ · נ ק פ כ ז ו ת פ ס ו ל י י
ד ב ב י י ו י ת ח ר ה ת פ ב ה ת צ
ה מ ד י א ט ל י ב נ ו ו ה ש ם ת ה
מ צ ם ר ה ז ל ש ו ד ק ת מ ת ת י צ
ת ר ת נ ח י ו י ש פ נ י ד מ ר י י
ס י י ו מ ד מ ת פ א ן א ב ש ח ב ה
ת ו ו ב נ צ פ ש מ א ו ח ר ן ה ז א
ם ס מ א י ו ל מ ו ד ר נ י מ ר ת ק
ח ח ן נ ש ם ו ת ע א ש ל ם ו ש ו ע
ע א י פ ת י י ג י ז כ ר נ ר ו ו ם

כשרון
פסולי
שלם
עשרונית
מפוארת
מכונת
תות
עט
מדברים
מקרר
לקיים
טרור
תלוי
העשירי
קריאה
מודרני
שלושה
דליפה
מנומסת
מאוחר

Puzzle 407

ה ל ו ב ו ש ע ח ג י נ י ק א י ש ד
ת א ל ס ת ס ח ת ג מ ג ר י ת כ י ף
פ ס ו ל ל ש ש ב ל פ ק ר ד ד ש נ ש
י ו ד ל א ו ש ת מ ח ש נ א ש ה י נ
נ ר ח ש ח ט ו צ ה ר ב ג ח ו ע י ר
ו כ ו ד ר ו ה ד י ת ת א א ו ן ם ר
ק נ ל ו ד י ב ב נ מ א ל פ י ם י ה
ב ל ב ד י ש ה ש ר ה ה ו ב ג ה י א
ר ע ק א ר ו ד י ב כ ה מ ת ה ל י ך
י ו ו ן מ ו ה מ ח ל ה ו ר א א מ ת
ו ש ר א ו ב מ ם מ ע א ת י ר ש ר פ
ר ה ו א מ כ מ ו ד ע ל ה ק ת ל ע ו
י ו ל ן ו ע נ ע ו י ם ת י כ ו כ ז
י ק מ ו ו צ ב ש ל ת ר מ ק ח ר מ י
ד ת ד ב ר ד ה ק ח י ן י מ נ ב מ ו

פינוק
בלבד
בהיר
מחבר
לשדוד
ראה
זכוכית
בנושא
שאלה
לוח
השועל
הכבידו
לאסור
אלפים
תהליך
שיניים
הגבוהה
מבין
המחלה
כיף

Puzzle 408

ק ס פ א ב ו נ ל ס ם י א ו ר ר ח מ
י נ ו ו י ד ב ה י י ר ח א ש ד י א
ו פ י י ה ר פ ו א ה י ך ת ע ח י ף
ם ת ה ו ח ר ב כ ג ז ת מ ת ר ו פ ל
ת ס י ש מ ם ב ה ת ר ס ק ו ת ו ה ט
י ו ב ס ו ס ר מ ו מ · מ נ ן ח ו ע
ה ר מ ו ר מ ג מ ע ם ו ע ט ל ף ר ג
ו ש ס מ נ ו ה י ש ה ש ו י ש ע נ ת
ח מ ע ע ת ח א ש ק ה א ט ר ח כ ם ה
ר ו ד ד ה ד כ ת נ ד נ ע פ ל ל י י
ה י ת ב ו ס ז ת ו י ו מ נ ד ו א
ה ח ר ו ב א מ צ ע ו נ ל י ד ן ע ף
ו י ד ר ל כ ד ה ו ר י ס א ע נ ו מ
י ו א ת ה נ ר ש ד ה מ ן פ מ ע ח ע
ת ה י ל ו ש מ מ א מ ג נ י מ ז א מ

אחרי
להחליט
התרסקות
למעט
רואים
זהים
דבורת
שעות
פריט
הובלה
באמצע
מאז
מחר
איות
עטלף
שער
רפואה
מתנה
קיום
מסעדת

Puzzle 409

ם ג ג ל ל י ן א ו ל ש ה מ ה נ ד ט
ד י צ פ ה ב ר צ נ ו מ צ ל ו ת א ב
ש ג ר נ ס כ ם י ח ד ו ר י פ ק י ב
מ ע ת כ ב ה פ י י י ג ו ל ח ת ה י
ש י ק ר י ם ה נ כ ב ת י צ מ ת פ ש
ג מ ש ט ר ת ה מ מ מ ו ר מ מ ו ר ו
ר א ק ר א י ת ב ר ע פ א ב נ ח ו מ
י ש ר ס מ ר ו ל י א ל ד י ג כ ו ן
ם י ו ד ל ג ה נ ח ד ת ש נ מ ל ו מ
י ט י ן ת א ס ו ג ל ל ח ה ר ר כ ש
נ מ ו מ כ ר מ ג ת ש ל ט נ ו ר ב ן
ק ר י י ר ת ש י מ ת ו ו ח ב ת כ נ
א ד ל ם ס ו ה צ פ ר נ פ ו ר ר י ש
ע נ ר י ו ב כ נ ד ן פ מ ר ש ל ע י
ת י י ש ע ת ו נ נ נ י ר ג ה ח י ש

שיחה
להאכיל
שגרים
משטרת
יקרים
להסביר
צפה
אקראית
שוחי
נרגש
המדינה
שיר
שומן
דרמטי
ערבת
רצה
תעשיית
מבינה
נכתב
קריירת

Puzzle 410

ם ב ק ה ג מ ת נ ע ל ה ר ת ש ש ת ל
נ ל ן מ ב ל ה צ ה י ר ב ח מ ה ה ה
א ד ט ב ע ר א ק ש ר ל ף ל ס ת ו ז
פ ה ב ה ה י ס נ ס ו ק ו ם פ י ד ל
ת נ ו ש כ י מ מ י ת נ צ ת ו י כ ד
ת נ ו ר ח נ ה ו ה ל מ פ ק ג ח ס מ
פ ו א ו ל ן ר ת ח מ ר ת מ ס ס מ ג
ע ח מ ת פ ב ב מ א ר ש י ב ל ו ת ו
י ו ר פ מ ד כ א ק נ מ י ס ת א י ם
ל ת ו ל י ל ל ע ד ת ח ל ח א כ א נ
ה ה פ ו ש ת פ י מ א ו י נ ו ל ל נ
ק י פ ה ו ס ה נ י ח ן ו י ס י נ ב
כ ל ת א ר מ נ ו ו ב ל א ר ו ז ר ב
פ ר ג ם י י ב ע ת א נ ד מ פ ו י מ
פ ש ר פ מ ף ו ד ד ע ו מ ו ע י ש ב

קשר
שמח
התייחס
מפרש
נוחות
לירות
לסלוח
רופפת
התקף
איכר
מישורי
להצהיר
ספוג
אקדמי
לפתור
נעל
האם
בניסיון
פעיל
גבעה

Puzzle 411

י	י	י	ז	ה	ה	צ	ה	ת	ה	ל	נ	ב	י	ר	נ	כ
ט	מ	ע	ד	צ	כ	ו	ב	א	ח	ה	ה	א	ט	פ	ן	ו
ד	ב	מ	ר	ה	ד	ה	א	ת	ר	כ	ת	ו	ו	ב	ר	י
כ	פ	א	פ	ר	ס	ק	ג	ל	מ	ש	מ	ע	ו	ב	מ	ו
ש	ב	מ	נ	י	ל	ט	ר	כ	ו	ה	ח	ק	א	ר	ר	ו
ז	ע	ה	ה	י	ת	י	ס	ב	ד	י	ר	א	ל	ף	ו	ו
ר	י	ה	ה	ם	נ	ד	י	ו	א	ר	ב	ע	צ	ד	ר	ב
ן	ר	ת	ד	ב	ך	ק	ב	ו	ו	ס	כ	י	מ	כ	ו	מ
ו	י	ל	א	פ	י	ט	י	מ	ז	ל	ו	ד	א	ת	ק	ז
נ	ט	ת	ר	ח	א	ת	ך	ג	ו	ו	ב	א	י	ו	ח	ב
ח	ו	ו	ג	ט	ד	ת	ו	ך	י	ב	נ	ד	ג	ח	ל	ו
ק	י	נ	מ	ו	ן	ח	ל	ו	ש	ב	י	ת	נ	ו	י	ב
ת	ו	מ	נ	ת	ב	נ	ם	מ	ג	ש	ס	ו	מ	ח	ה	ו
ח	פ	ד	י	ר	פ	ס	י	נ	מ	פ	ד	ת	ק	נ	ה	ח
ד	צ	י	ו	ב	ש	ת	ה	כ	א	ב	ו	נ	ר	ב	ע	ש

צפוי
זה
כמשי
זבוב
ארבע
אפרסק
נמוך
הצהריים
נתיב
החמוס
די
שולחן
קינמון
ברד
לחקור
שוב
לעכל
שעברנו
אגרסיבי
הנפרד

Puzzle 412

ע	ש	כ	ד	ל	ו	מ	ת	נ	א	ר	צ	ם	י	נ	י	מ
ח	ז	ן	ד	י	ז	כ	ל	ס	מ	כ	נ	פ	ו	ש	ד	ב
י	י	ח	א	ן	ט	ר	ס	ר	מ	ו	ו	י	ב	מ	ע	א
ב	ף	ל	ו	ד	ל	ד	ד	ו	ו	פ	ן	ו	י	מ	ת	ה
ת	ה	ו	מ	ר	נ	ו	ב	ש	י	ה	ק	ע	ו	ו	א	ה
פ	ו	ש	ה	ו	י	ו	ו	ה	ד	מ	ו	ו	ב	א	פ	ע
א	ו	ל	ד	ה	ש	ס	ה	מ	ט	ב	ר	ו	ל	ל	ו	ב
ש	י	י	א	ו	ר	ק	ל	י	מ	ד	פ	ר	א	ו	א	ח
ר	מ	ן	ז	א	ו	ה	ם	ת	מ	נ	ד	מ	ב	א	ג	ב
ש	ו	ל	נ	א	א	ב	ג	ס	ל	ל	ה	ו	ר	ה	נ	ב
ת	ה	י	ל	ה	י	ר	ו	נ	ט	כ	ע	ק	ל	ו	ת	ט
ו	א	ב	ת	ר	ח	י	ש	ד	מ	ב	י	ב	מ	ו	ל	ת
נ	ה	ע	פ	ה	ה	ו	ו	ן	ן	ו	נ	נ	ג	ס	ח	י
מ	צ	ם	נ	ר	ם	ת	י	ו	פ	ש	ר	י	א	ב	י	ב
ל	ש	י	ד	י	ע	ו	ב	ט	ו	ח	ה	כ	ו	ב	ס	ש

הרי
צנון
אפוא
מינים
בטוחה
סבוכה
רשת
שזיף
למנות
לנשום
לשולחן
קמטים
לכבוש
מטל
לקרוא
סוודר
תרחיש
בד
סרטן
בין

Puzzle 413

ע ם נ ד ה ד א ע מ ל ס א ו נ ו ף י

י צ ו ן ה א ה מ ע מ י כ ו ע פ ב מ

ן ח י נ ז ו ו ר ל ג ב י נ ת ל ח ר

ב א ט ל ע צ ב ן ו ר ה ל ת י פ ז י

כ ת מ א ק ב ח ל ו מ י ע ה ו ל ר מ

ת ד י ח מ ס מ מ ר ל ר ב ע ש ל ה ת

מ ז נ ר ת ל א ב ה ר א א ו ע ה ב י

ח ר י ו נ ר מ ו נ ו מ צ ו י נ י ו

ל ג ל נ ב ל מ ז ג ו נ ב ת ק ס כ א

ם י ת ה ט פ מ ח ע מ ה ת ד ם ו ר ד

מ ל ת י ק נ ע ו ה מ ו א ה י ט ן ח

ת א ס ו ל י ה ס ת ר א מ מ י י ת ב

י ל י נ נ ב ו ם צ ת א ג מ נ נ ר נ

ו א מ מ ר נ ב ב ו ה מ ן י פ פ ו ל

מ ר ם ה ג ו כ ת כ ז ר ן ב מ ו מ א

בימּמה
לשעבר
מאה
לעצבן
חוסם
בצרות
ופלפל
האומה
בחזרה
ויטמיני
דרום
אכיל
ענקית
גבינת
רגיל
לאחרונה
לערבב
סיבה
רכיבה
נוף

Puzzle 414

ו ג ו ש פ ס ו ו ל ן מ ש ה ן צ פ ה

י ס ה ה ף י ד ד ש ש ו ח ב ב ן ת פ

ד ת נ ו ע ת ס כ ש ל ה ה י ח ד ח א

ו ע י ג נ ב ר כ ב ו ל ה ע ו ר י א

י ו י מ ש ר ס ו ת ו ח ל ע ב ב י ת

א ד ז א נ ת ג ו ו ו ד א פ נ י ל מ

ב ה ה ב א ת י ש מ נ מ ר ע ל ו ר ו

צ ה ר ע ו ת י מ ג י ר ח י י א י נ

מ מ ס ע י ת ל ת מ י ש מ ו א ר ק ת

ת נ פ ו ז ל ו נ ו ו ח ו מ ו ע י ו

א מ ט ס א ח ש ו ו א ג ב ד ת פ ו צ

ו א ל ז ל ה א ת י ו ג ה ק י ר ז ת

ן ו פ מ ע ב א ח א ת ד ב ס ח ס ת פ

ר ◌ ש ע מ ב ש י ן ו ן ד ש ד ת י ת

מ י ש ו י ח ש י נ פ ו ו ש צ ת ס נ

וידוי
צבאי
זריקה
הרס
ריק
צביה
תעודה
לטפס
לנבוח
אלה
שלו
אחד
באוויר
משימת
חתונת
תמונת
אירוע
תנועת
הזמנת
ירח

Puzzle 415

מ	ר	ח	ל	ת	ר	ך	ש	ל	ג	ה	ר	ן	ע	ז	ו	מ
ב	י	ו	ו	ה	ת	ת	ה	א	ו	ע	ל	ב	ל	ב	ל	ס
ב	צ	ו	ו	א	ר	ב	ה	מ	ק	ו	מ	י	פ	ן	ת	ח
ו	ר	ד	ך	א	י	ו	ם	מ	ל	ר	ן	נ	ר	י	ח	ת
ק	ע	ד	ד	ע	ק	פ	א	ן	ם	ב	ע	ו	ו	ט	ל	מ
ר	ש	א	י	פ	ח	פ	ה	מ	ו	י	י	ח	ו	ו	ש	ש
ה	ו	ס	ן	ע	ד	ש	כ	ה	ת	ו	נ	ד	ש	ל	נ	ן
נ	י	פ	ס	ו	ה	כ	ב	ה	ג	ש	ב	ל	ב	ח	ו	מ
ו	י	א	ח	ו	ר	ח	ת	י	ד	י	ר	ג	ם	ל	כ	מ
צ	ל	ח	ט	ר	א	ר	מ	ה	כ	ת	י	ט	י	ל	ו	פ
מ	א	ב	מ	ז	י	י	ל	ד	ו	י	ע	א	ת	ן	ה	נ
ד	ל	ר	ל	י	ו	י	ת	ר	כ	י	ז	ל	נ	ח	י	ו
ד	ו	ע	ת	א	ת	ם	ר	ק	צ	ו	י	ש	ת	מ	נ	כ
א	ו	צ	כ	י	כ	ו	ו	ו	מ	י	ב	ה	ז	פ	ל	כ
ע	ג	ר	י	ה	ל	ה	מ	ן	כ	א	ק	ד	ב	ת	ר	מ

ראיות
חקירת
חבר
ריח
דין
תרכיז
לחלוטין
הדרקון
פוליטית
ונשלח
איום
לבלבל
להביע
העורב
בבוקר
עשוי
צוואר
להירגע
סתיו
גאה

Puzzle 416

י	ך	א	ל	מ	פ	ו	מ	ת	ו	ו	צ	ח	מ	ן	י	כ
ד	ו	ו	ת	ו	מ	כ	נ	נ	ט	ר	י	ש	ן	ו	צ	ר
י	ס	ח	ה	ת	ש	ָ	ו	נ	ח	נ	ק	ו	ו	ח	י	ש
ד	ו	ו	ל	י	ר	ו	ע	ב	ו	פ	מ	ו	ב	ט	ר	ג
ו	נ	י	פ	ה	ס	ת	א	ך	י	י	י	י	ש	י	ק	כ
ת	ב	י	ן	מ	פ	ה	ה	ר	ש	כ	ס	מ	ח	ב	מ	ת
י	ק	ם	מ	ר	ע	ב	ר	ו	ו	ח	מ	י	מ	ה	ו	ד
ו	ה	ב	ט	ל	ת	מ	ם	ע	פ	ו	מ	פ	ת	י	ל	מ
ם	י	ד	נ	ן	ל	ר	ג	ו	מ	א	מ	ת	מ	ו	ד	ב
מ	ל	ר	ק	ו	ו	ר	ו	נ	פ	ו	נ	ר	ש	כ	ח	מ
ה	ה	נ	מ	ה	א	י	ם	מ	כ	י	ו	ר	ו	ן	ע	ת
מ	ע	ל	א	ע	ן	ל	ס	כ	ו	י	ה	ע	ב	ו	ד	ה
ל	ר	ר	נ	ו	ע	י	י	פ	ו	ת	ו	ע	ל	ת	ר	נ
מ	פ	ו	י	ה	מ	פ	ח	ו	ת	א	כ	ם	ו	ק	ם	נ
ט	ה	מ	ו	ס	א	ר	ש	ב	נ	מ	ה	ח	ת	ה	מ	ו

תועלת
חינוך
מנוע
רצון
העבודה
מעולם
הפרעה
הביטחון
צוות
ידידותי
מחשבון
בקהילה
מלאך
עייפות
משקפי
גשר
כמות
בננת
טרי
לבוש

Puzzle 417

ן	ע	ת	ה	ק	ו	ת	כ	ח	א	ב	ש	ג	מ	י	ע	י
ו	כ	ח	ד	ע	ר	ן	ב	ו	מ	כ	א	נ	כ	י	ש	ה
ח	פ	ח	א	ח	פ	ו	ק	ת	ן	ה	ר	ח	ו	ב	ק	ל
א	ה	י	ל	ק	ו	ט	ב	י	פ	א	י	כ	נ	ו	ב	פ
ש	כ	פ	ב	י	פ	מ	ך	י	ר	כ	כ	ק	א	ל	ר	ו
י	ר	ל	ר	ש	מ	א	ג	ו	ם	ו	ז	ל	י	ד	ב	ת
ט	ע	כ	נ	ג	כ	י	ו	ו	ו	ה	ה	כ	ש	ו	מ	י
י	נ	ר	ח	ר	ע	ב	א	ל	ד	ב	ל	מ	פ	ב	א	ח
מ	ש	י	נ	ש	י	ח	ד	ח	ד	ת	ו	ם	ו	ר	כ	ו
ה	כ	מ	ס	ו	ה	ו	י	ר	ו	ת	ל	ר	ח	ל		ו
ח	ו	ה	י	ד	ד	ב	א	ג	ו	ז	ה	ד	ש	נ	ב	ח
ד	פ	מ	נ	מ	ס	ש	ס	כ	י	ג	ס	ד	ע	ה	ד	י
ן	י		י	ו	י	א	צ	מ	ל	ו	כ	ר	ן	צ	ן	י
ב	י	נ	י	ר	י	כ	ל	י	ב	ס	י	ח	כ	ב	ה	ת
ה	פ	ו	ל	ק	ל	ו	ר	ב	ג	י	ם	ר	ו	ר	ק	ס

הוריקן
הפולקלור
כריך
להסכים
טניס
אגוז
הבת
קרובים
חופשי
שנערכה
מכונאי
כמובן
דעה
שאר
חרד
ולהזכיר
ילקוט
בכה
אמן
כלפי

Puzzle 418

בלוני
כפית
ולשמר
ביצי
בצורת
פסקה
מחפש
זירת
מנהג
לתוך
האויב
כותנת
טורקי
לשקף
מראה
לעקור
אגרוף
קר
זאב
הביא

ת	ך	ב	ה	ן	כ	ה	י	ר	א	ל	נ	ע	א	ד	י	ס
י	ר	ל	י	נ	ל	א	מ	ל	ש	ק	ר	מ	ן	י	ת	פ
פ	ו	ו	ו	ס	ו	ו	ע	ג	ב	ל	א	ב	ס	ס	מ	מ
כ	ק	נ	צ	ל	ר	י	ש	ו	ו	ד	ו	א	י	ב	ה	ר
ג	ע	י	א	ב	ש	ב	ש	ב	ד	ו	ח	ג	ה	ל	ל	מ
ם	ל	ם	ת	ר	י	מ	ז	א	ב	ה	פ	ר	ו	ת	ל	ח
מ	ח	פ	ש	ת	ר	ש	ר	ת	י	י	ס	ו	מ	נ	ה	ג
ר	ב	ל	א	ע	ל	נ	ר	ל	א	י	ק	ף	ו	ת	ן	ב
מ	ע	ת	ל	ל	ש	פ	ת	ה	מ	ט	ה	ת	ע	ו	ח	ח
ט	ו	ו	ק	ן	ק	ל	ל	ו	ב	פ	ל	ו	ו	כ	מ	נ
ו	ו	ך	ת	ל	ף	ו	ר	ו	ם	ע	נ	ת	ו	ם	פ	ו
ה	ו	ר	ח	ק	י	ר	י	ן	ו	ח	ד	ת	ב	ב	י	א
ל	ס	ד	ק	נ	ל	ש	מ	ם	י	א	נ	י	ג	ק	ר	א
ז	י	ר	ת	י	צ	י	ב	ל	א	א	ם	ד	א	י	ב	ל
ר	נ	פ	ו	ח	ה	ח	צ	י	ו	ג	מ	ר	א	ה	ל	ד

Puzzle 419

ו ד ח מ ו א ע מ י ו ד ה ה ו ש א ע
ת א ת פ ח ה נ ע ם ן א ה ת מ ד ק י
ת ע י ו מ ס י ד ו ל פ י ן י כ ה ל
י א נ י ל ו י ז ס ר ח ר מ ה ר ב פ
ד ו נ ו ל ה מ פ ח י י ו ת ו מ ע כ
ה מ ו ש ב ע י ם ל ר ק י פ מ מ ת ש
ש ל כ צ ו מ ו ל ה נ ב א ו ל ג י מ
ו ש ל ק ב ו צ ת ר ו ג א א א כ ד מ
כ י י י ט ן ע ס מ ב מ ר ת פ ו א ש
נ ח מ ז א כ פ ו מ י ו ק ו ב מ ר ת
ק ט ח ח י ם ה ד ה ב א א ן ו ו ו ה
ן ו נ ה ק ה מ כ ב ש ר ף ב י כ ר מ
ם ק ט ל נ י ן א כ כ ב מ י ם פ ב ע
מ ג כ מ מ נ מ ן ז ח ס כ ו ל ע ע פ
ש ו ר ן ח א ב ל א ס ו ק י י ת א י

אגורת
להחזיק
לכוננית
דולפין
לחסום
קבוצת
כאן
להכין
אפורה
משכפל
קטלני
בצל
בעתיד
בכמה
יקר
מזון
מרכיב
מסע
שכח
המושבעים

Puzzle 420

נ ג ב נ ר ו נ צ ו ב ח פ ע ב מ נ ל
◌ ר ק י ב ק ס צ ו ב ה א ך ף מ כ ם
ו ש ר ג י ת ו צ י ע ח ק ן ר ה מ מ
ל י א ס ד מ ע ע ו נ ת ה ל ו ק כ ל
ה ד ו מ י ו ו י ו פ ש ע ו ח ו ש ף
מ א א ע א א ר פ ו ס מ א ק ד ח ר ב
ד ר ו ו ר א ת ל ל ק פ נ ש א ר ץ ם
מ ט י כ ו מ ך י ש מ ה ל ל ג ף ב מ
י י ו מ ך ה ס י ו ה פ מ ל פ ב נ ל
ע ל ת ד ה ט ח צ ה פ נ א ש נ ו ד ה
ה ע י מ ן ת ק ש נ ב ו י ח פ ט ה ת
ד ר ת כ ר ה י פ ה ק ו ה י י ס ע א
ס ב ח ה ר ז ע ט י ק ן ח י ק ת מ י
ע ל ה ח י ו ו ל ו ע ח ב ה ע ר מ ם
מ י ש פ צ ב ט ר ל מ ם ח ב כ ת ק נ

עזרה
נשק
להתאים
אנפה
חושף
כתר
לשקול
טוב
המדמיעה
ממהר
להמשיך
רחוקה
חורף
ארוך
ארץ
מיעוט
גס
כול
שחייה
להתנועע

Puzzle 421

ו	ב	ל	כ	ר	ס	ס	א	מ	ר	נ	מ	ו	א	נ	ל	ר
י	ת	מ	נ	ו	ב	ז	א	ע	י	ש	ר	ד	ו	מ	מ	ל
נ	מ	י	ש	ח	ק	ט	פ	ו	ב	ת	ו	ע	כ	י	מ	ו
ר	ר	ת	צ	ה	ו	ב	ה	ר	ו	ם	צ	ח	ו	ד	ו	ת
ג	ת	א	ז	מ	צ	ו	ר	ב	נ	ח	ו	י	ב	ו	ד	ו
ן	ג	ה	י	מ	ו	ו	ו	ו	ל	ו	פ	ה	נ	י	ג	ב
ן	ב	י	ל	ה	ח	ג	ר	ת	כ	ו	מ	י	ו	י	ע	ו
ו	ר	נ	מ	פ	ק	ב	פ	ב	ט	א	ס	י	ו	ר	י	ה
ד	ל	ש	א	ו	י	ר	י	ל	צ	ח	ו	ק	ש	י	י	ר
י	ב	ב	ש	ך	ם	י	ה	ל	י	י	ר	ט	ן	ן	ת	ס
ל	י	א	י	א	ו	נ	ל	ח	ז	ו	ת	א	ו	ו	ה	ו
ו	ו	ו	ד	מ	ש	ר	ו	ח	מ	מ	י	ת	ו	כ	ן	מ
א	ש	מ	נ	י	ו	ס	ג	מ	ר	ן	ת	מ	ו	ל	ד	ר
נ	ש	ם	י	ר	ח	א	ע	ע	ד	כ	ו	ן	כ	א	מ	ט
נ	ד	נ	ר	ו	א	ת	ה	ת	ף	ד	ח	ל	צ	ו	מ	י

מוצלח
מרדף
לצחוק
נשי
לייִרט
מסורתית
הפוך
עדכון
מעורבות
אטומי
משב
אחרים
לחזות
צוחקים
בילה
בגינה
תאו
צהוב
העגולה
גברי

Puzzle 422

ח	ג	פ	ו	ו	ה	ל	מ	ל	ל	פ	נ	ר	ד	י	א	ה
ב	ת	ש	ל	א	א	מ	נ	ג	ח	מ	ו	י	ד	פ	ג	ו
ת	ר	ל	ח	ו	ו	נ	ק	י	ש	י	ת	ו	ר	ש	פ	א
ד	ד	ש	א	ח	ך	ט	ו	מ	ן	מ	ו	א	ו	א	א	ח
ל	כ	ח	ק	י	ג	ה	ס	ה	ב	מ	ש	ו	ש	כ	מ	ו
א	ט	צ	פ	י	נ	י	ח	ש	ו	ו	צ	י	ב	ר	מ	מ
ח	י	ה	ש	ש	א	י	י	כ	מ	מ	פ	ב	ד	ע	צ	ר
ו	ל	נ	פ	ו	ל	ה	י	ה	נ	ו	ת	ס	ר	פ	א	כ
ת	ת	ו	ש	ש	ו	א	ת	ה	ר	ג	י	ע	ה	י	נ	ל
ו	ש	פ	ע	ת	מ	ו	מ	י	ל	ל	ל	ן	ש	י	ב	ש
מ	ם	א	א	ו	ג	ג	ל	ב	ק	ל	ג	ר	ס	ח	ר	מ
י	ו	י	צ	ד	ע	ו	ע	ר	מ	ב	נ	ה	ו	ש	ש	ו
ד	נ	נ	ו	ה	ה	פ	ו	כ	ה	ש	א	ר	ד	ש	ר	ף
י	ז	ק	ע	ג	א	ל	מ	י	ו	נ	ת	ה	י	ר	א	ה
פ	ת	ר	ק	מ	מ	ת	נ	י	נ	א	ת	פ	פ	ה	ו	י

תרד
המקל
מבנה
יבש
אפשרות
מתייחס
לנפול
שליחה
לקבל
אנגלית
רעוע
התאוששות
ההפוכה
לבחור
כניסה
רגיעה
פרסת
אפונה
אחות
להיהנות

Puzzle 423

ד מ מ ד ו ר ר ו מ מ י ס כ ב ל י ו
ם ו נ ה מ א ת ש ם י ר ח ו ב ו ר ג
ו ש נ ך ח י ח ד א ב כ ם ל ר ג י נ
א ז נ ק ה כ מ ו כ ו ל י ק ו ב ק ב
א ר כ ו ל ל א ח ו ר ב ת ב ד ת י ב
ו ו ת ל ו נ מ י נ ל מ ח מ י י ש נ
נ מ ה ו ה ק י פ ו ד ם ה ת ש ח פ י
ת א מ ג ל ג מ ו ל ח י ל ם י ד ל י
ש ו נ נ ן מ פ ר נ ו ת ר ב ח מ נ ד
ט י ד ר מ ש י ו צ ת ח ל מ ב ת פ ה
מ ס ת ת ב י ו ק ח מ ל ט א ע א ן ת
ש ז ג פ ש ת מ ב ל פ י ד א ל ס י ו
י ש כ ת א מ ן ט ו ו פ ו נ ו ט ל ש
א ו ח ף ס א ה מ א ל ו א ו פ ט ב ד
ב מ י מ א ה ד ח ר ו כ ס ב י ה ו י

יש
בית
לנצח
כבר
שלטונו
זנקה
ילדים
נשא
בקבוקי
בוגר
מכה
קיפוד
פגז
חברת
כלב
לדחות
קול
תרנגול
רחוב
להחתים

Puzzle 424

ר י ו ר ו מ ש ח מ ס ב ת פ ת ג ל ש
י נ ם מ ף ו ש י כ פ ק ם מ ש ח ס י
ק ה ס ת נ א פ י ל ו ה ת מ ו א ר ה
ב ה ח ו כ ג נ ו ש ר ר ל ב ה ם ו ב
ו ת ע ר ח ב כ ס ה ט ל ה ה ש ו ד ם
ן נ י כ ד ס ו נ י י ק ו א י פ כ פ
י צ כ ו ד ה א ש מ ח ו ל ב מ ג ה ד
י ל מ ש ל ל ם י י ה ת ה ו י ח ע צ
צ ו ע פ י ל ה ת ב ב ל ו י ד ח ו ג
ד ת ת מ י ר פ ח ע י נ ה ו א י ו י
ד ח ר ו ד ל ן נ ש ו י א ש מ א י ש
י י ב פ כ ג ח ת ל ן ה א א ן ו י ת
ם ב ח א ע ל ל ה ק י ם ו י כ מ ו ב
ו ט מ ו ו ו ר ה ה ב נ י ה ת ג ו ו
פ ו ן כ י י ת ג ל ו ן י ס ל ן ג ה

כישוף
מחברת
פיל
צדדים
היה
התנצלות
ריקבון
אוקיינוס
מישהו
כדורסל
ילד
רכוש
חובה
להקים
שלג
גלוי
ספורט
נכחד
לפתח
אפילו

Puzzle 425

כ ר ה י ת ו י מ ה א ל ר ך י ל ה נ

א צ פ נ ם ב ת י ם ב ו ס ט ל ת ח א

ש ס י ס ש ל ה ו ט ו י כ ו ל ו ע מ

מ י ה נ י מ ז מ ו ל ג ל ם צ י ד ת

מ מ ת ק י ר ר י פ ם י כ י י ש י י

ח ו נ פ ל ו ר ל ו ר פ י ש ח ל י ג

ע ה נ ד פ ע כ ש פ ה פ ו נ י מ ן ה

ת מ ר ב פ פ כ ל י ו ר ר ן ד ש י ת

ת ה א ה ט ת ס ם ה ת ק ר ז מ ם י ב

י ה ק מ א ו ח ר ת ב מ ו י ל ל נ ל

מ ש ח ה צ ב פ ו ת ר י ס א ת י י ח

ו ר מ ה ו ו ר ח ל ר ס ו נ ג ל ה פ

י א ח ו מ ד ו ל י י מ א נ ס ד י ו

ד ה ל פ נ ד י ו י י ו ו ן ד ד ל מ

ש ד ל ח מ ס צ ב נ ו ר ט ע ד ח ג ו

מזמינה
הליך
קנס
היפופוטם
ההשראה
לשלם
לאומי
ממתקי
להוט
משם
שייכים
ציד
מזרקת
עדיין
נחש
ליישם
בפורמט
חלל
מאוחרת
ובודד

Puzzle 426

י ס ו ל ו מ ו ד ו ל נ ס ת ל א י מ

ח ר ל מ ר ט י ל ל ח ק י ת י א ר צ

ו ו י ו י ב ע מ ב ל ב ו ת כ ל ד ב

מ ג ז כ ו ת י ג ב ו א ס א ח ר ו ש

י י ב ר נ פ ב י מ כ ע ע ל ת ת ל ת

ח י כ י ו ל ש ב א ם י מ ע פ ו ע ן

ת ו ש ב ל ב פ ח ח כ ז ו ס א נ ל מ

ל ל י ר ק פ ר ע ת ס ד מ ב מ מ ר י

ת ב ר י ן ו מ ג ק ה י ז ה ד א מ ב

ו ט ו ע ן ר ד ו נ ה ר י פ ק ו י ו

ל ח א ה ר י א ה ת נ ה ל ו ת ף מ

ד ב ת ח מ י ל ז ע י ו ה ו ת י א ו

ה ד ו ל ת י ח ח י ה א ח מ ו י ש ש

י נ ו פ ו מ ח ו ע ב ו ה מ נ ה ם י

מ א ת ד ש ר ס י ע כ נ ר ת נ י פ ב

חתלתול
אחרון
שביעי
מצב
לכתוב
לתת
ההסכם
אבק
פעמים
כנרת
מגיב
טוען
זיהה
ספת
זכות
אמנות
דיבור
בפינת
דקות
התנהלות

Puzzle 427

ם ס ר מ ו כ ח ב ר י ם ן ן ה ם ע ת

ק ף ו ו ר פ ח ו ה מ ו פ ד ט ס ח א

מ ו ל ד ר י ו ש ב מ ו ש ו ג ג א ן

ה ר ו ה ר מ ו ק ח ל ס י ח י ו ח נ

ל ש ק ת א ע ת ן ק ג ו ו ר ע כ מ ה

ו ל ב ב ה ו ב י י ב ו ו ד נ א צ נ

ל ח ן ו י ◌ צ נ ת ט פ י ט ה נ ש ת

ג י י ת ח ו ת ת א ג מ ר מ צ נ מ ן

ה צ ל כ ר ר י ח פ כ ו ן ר נ י י י

ה ו ח כ ו ד ע ל ה י ש ג ה ב ף ן ל

ר פ ד פ ע ם ו צ ה ב ע ש ת מ פ נ ו

ו י ת ת ה מ ע ב ס ן ח פ ס ו ב ו ש

כ ם פ ת ר ב ש א ב ת ל ו ג נ ר ת מ

ה ד ו ם ו ר י ו ו ב ס ח י י ת ה ל

א ת ב י ט ח י ו ן ס י י פ י צ פ ס

- תרנגולת
- תרופת
- קשוב
- פעם
- חטיבת
- שעועית
- הגלולה
- הורה
- הסבון
- בחירת
- מולד
- קיצור
- בקול
- להתייחס
- ספציפי
- בצלחת
- לשרוף
- תנין
- צופים
- כתובת

Puzzle 428

ו ב ת ו ב ש י נ ה ה י פ ר ג ו א ג

ש פ מ ה ר א ס ב ה ת ג ש ◌ָ י צ י ב

נ כ ח ב מ ג ח ◌ י מ · ד ב ח מ א מ

ד ל ב ד א ד א ו ס כ י ר ל י ע פ י

ט פ נ י ה ל מ ת ט ח ם ן ו פ י פ ע

י ר ם י ח ס ש ו ו א ת ו מ ד ק ת ה

כ מ ר ו י ס ע ו ר ס י ע א א ב כ ל

ו ת ה ת ש ע נ ש י י ט ן ו ר כ י ז

ל א ו ן כ ק ו נ ה כ ק ד צ ל ל ת ג

פ ל ק כ ב נ א א ו ן פ ן ה נ ש ח ל

ר מ ל י ד ר ר מ ו ב מ מ נ נ ש ל ו

ד ל ה ש ק ו ח ן מ ד ו י ב ע פ ה ס

ע י ו ו ל ו ה ח פ מ ק ש ג מ ק י ף

מ ת ח מ ם ף ו ט ש ל ו ר ו ג נ ק ה

ב ד כ ו ם מ פ צ ח י ר ו ל ו ב ס ל

- אם
- גאוגרפיה
- הקנגורו
- נאמן
- יכול
- שנעשתה
- כיסא
- זיכרון
- עפיפון
- לסבול
- דהירת
- יסעור
- לשטוף
- שווא
- שינה
- קומפקטית
- חתיכת
- ההיסטוריה
- התקדמות
- בהחלט

Puzzle 429

מ פ ל פ נ ב מ ל נ י ע ו ב ש י ק ו
מ ן ן נ ר מ ח מ י ח ע ג א ד ו מ כ
ר ר ט ר ט פ ב י י י י פ כ ד ר א ר
כ י מ נ א ה ב י ט נ ה צ ם ו צ י ו
ז מ י א ס ע מ ח ט מ ו פ ד ו ם ל ב
י מ ז ו ה ר ש ן ר ע ו ב י נ ו נ י
י ב פ ב ש ו ו ר ו ו י ק ו ה מ א ת
ם ח מ ק י ס פ ה ל ב ת ו ח ע ש ו ו
ל ר ת ו ם כ י ו ב ם ש ו צ ש ד ה א
ש ל ו ל ו ד ח י צ ת פ ר י פ ו ח ם
ו פ ח נ ק נ ר ק י א ד ל ה ס ו ו ת
מ ר פ ש ע ש א מ ל ע ל ה ן ה ל ע י
כ ן ל א ת ה ה י נ ו י א ה ט מ ל ל
כ ו ל מ ר י מ פ א י כ ל ה ף א ב ל
ו פ ה ל ו נ ל ש מ ש י ש ו מ י ש ב

להסוות
בינוני
מושלם
עדר
הוקי
כללית
חיפוש
מודאג
זוהר
להפסיק
יעלה
לתקשר
וכרובית
למטה
שלנו
שימושי
מעצר
מבחר
לפחות
מרכזיים

Puzzle 430

ל ן צ ר א ת ל ם ד ב ל י ד ה נ ה י
ב ח ק נ ב ג י ד ק ח מ ה ו ל ן ת ו
ש ת י ג ף ל פ מ ת ו ט מ ס נ ב ב ר
ל י ת מ ו ו ק ח ו ו ו ר ש ה ש א ת
ו ו א ח ס מ י ה ה נ ג א ע פ ו ת כ
ג ר ה ל א ן ה ת ז ס ל ה ע פ ש ק ק
ו ב ו א ל כ ח ל ל י ת ק י ס ע ה ל
א ד א ר י י ל י ה ל א ש ה ן ק ן ן
כ ו ד ב ס נ י פ ר ש פ א מ ן ח ב מ
כ מ י ע י ג ס ל מ ר ו ר ב נ ר מ א
ה ו י י ג ל ה ד ד ו ה מ ד מ ג ו
י ט ב ם ה ד ו ר ח ו ו ך י ו ה ה ח
כ פ ו א ח ו א ע ו מ ע ס פ פ ק ו מ
ת ו ע א ב ת ם י ם כ מ ב ו כ ת ם ג
ח ן מ י ן ה ן י ל ד י ם ו ו נ א י

לבשל
המרחק
לתאר
מבחן
ברור
להעסיק
מאפשר
המראה
ארבעים
לזהות
הפסגה
בשפע
דקת
דיג
חמה
מדחום
היקפי
החולים
לאסוף
הראש

Puzzle 431

ה	ב	מ	ה	ק	ו	ר	ב	מ	ו	ג	ה	ש	י	מ	ח	ר
מ	ע	פ	ו	ל	א	ב	ל	ב	ן	ל	א	ע	ז	ן	ה	·
י	ת	כ	ר	ח	ק	כ	מ	פ	ה	ה	ר	ה	ו	א	נ	ר
מ	פ	ע	צ	ו	ק	ו	צ	י	ת	ן	ק	ו	ר	ת	ה	ב
מ	ֽ	ב	ל	ה	י	ו	ר	ו	ו	ל	ט	ש	נ	פ	צ	מ
ו	נ	נ	פ	נ	ן	ט	ד	ו	ש	ח	י	ש	ו	נ	א	ב
ו	ו	ו	ו	ס	ו	כ	ו	ע	ן	ח	ד	י	ו	מ	נ	ר
כ	ת	ח	מ	ק	י	א	ל	ח	ע	ר	כ	א	ח	ח	א	י
ן	ת	ה	ד	ן	נ	ו	כ	ל	ג	ה	י	פ	ר	ף	ר	א
י	ו	ו	ה	ל	מ	ת	ן	ו	ר	מ	י	ו	ה	ו	פ	ר
ו	י	ל	ו	נ	ו	ת	ע	ק	ח	ת	י	ל	ה	ק	נ	א
י	כ	ו	ל	ת	י	מ	פ	ה	ו	ג	ן	ש	ה	ו	מ	י
ש	מ	פ	ה	ו	י	ר	י	ט	ל	מ	י	ה	ה	ג	ה	ק
פ	ו	פ	א	ש	ש	ו	ו	ה	ת	פ	ד	מ	ל	ת	י	כ
ל	ק	ב	ת	ן	ר	ת	ל	ד	ו	ש	נ	ק	ר	א	ת	נ

התרוקן
פסיון
הארקטי
יכולת
וילונות
קקאו
שמפה
חמישה
אנושי
גמישה
חלק
חלוקה
רוק
לבן
צל
ובמיוחד
לכונן
בריא
שנקראת
שווה

Puzzle 432

כ	ב	ב	ס	ו	ע	מ	א	א	ה	ו	מ	ח	ע	י	ת	ת
ה	ו	צ	ו	ה	ר	ב	ת	פ	ק	ק	ש	ו	ק	ו	כ	מ
ו	ב	ו	י	י	פ	א	ן	ש	א	נ	נ	י	י	ו	ו	ת
ו	צ	ג	ש	י	ן	ב	כ	ר	ל	מ	ה	א	ר	ת	ה	ה
ץ	ר	פ	ת	ה	ל	ר	י	י	ת	פ	ן	מ	ה	ש	ו	ו
ה	ו	ו	ו	פ	ה	א	ב	י	ש	ע	ט	ד	פ	ג	ם	·
כ	ו	ש	א	ת	ט	ח	ק	ם	פ	י	י	ב	ד	מ	ת	י
ח	ב	ט	מ	נ	ס	ח	ו	ל	י	ל	ס	פ	ס	ל	מ	נ
ט	ע	ו	צ	ב	ד	י	מ	ו	י	י	ד	ו	ן	י	ו	מ
ת	ן	ש	ע	ס	י	י	ע	ב	י	ם	ל	ח	ש	ו	ף	פ
ו	מ	כ	י	ש	נ	ד	ר	ל	ו	ו	ת	י	מ	א	מ	י
ק	ר	י	ט	י	ע	ו	פ	ו	ב	ק	ס	נ	ש	ת	א	ל
י	נ	ו	ו	ת	ש	ח	י	ק	ת	מ	ש	ה	ו	ו	ה	ד
י	ש	ב	ב	נ	מ	ת	ל	ת	י	ב	ד	ל	א	י	ח	א
ו	א	ס	ר	ה	מ	ח	ל	ש	ח	י	ת	ג	ת	א	ח	ל

מטבח
מפעילי
עשן
קריטי
נדירות
משנה
עמוק
מחל
לאקלים
בנק
לחשוף
לרכב
תג
התראה
להתפרץ
אפשריים
עצמאות
תן
במקום
להניח

Puzzle 433

ש ה ה ת ל ח ס ן ל ה ק ת י ק ת פ ל
ד ב ח א ב י ה ה ק ר ב ה ל ל ל ש מ
ל נ י פ ב ס ר ב י ד י ה ר ן פ ר ט
י י ו ל ש מ מ ר ת צ ל פ מ ו ו ד י
ן ג ב ק ע ו ז נ ק ל א ר ך מ פ נ א
א ו י ו א מ צ י ע ח א נ ש י ם ו א
ת ד ע ָ ש ל א נ מ ם פ מ ד ש י ה ל
ב כ י ת א ש י ג א ה ו ב ל ב ב י ר
ה ש י ר ד ה ר ב נ ל נ ח ו צ ל ת ל
ו י ו ב כ י ו ו ן ש ר י ו ם ש ל ה
ב נ צ מ נ י י ל ו י ה נ ס ש מ ש ל
ו ה ט י ת צ ב מ מ ש ל ת ר ד י ה ד
ג ו ח ף ו ב ק ע ו ו ע ה י א ל ה ו
ו ◌ א ך פ כ י ר ם מ מ ף ר ד ש נ מ
כ ל נ ב צ כ ש ק ת י ס ת ח ו פ ו ת

מבחינת
מפלצת
שלהם
שאת
קריר
בכיוון
משלבים
ממשלת
גבול
מציע
אנשים
לשפוך
החיובי
דרישה
עניה
אהוב
בניגוד
ממשל
שימון
נדרש

Puzzle 434

נ ב ד י כ ע ש מ ה ב א ל ח פ א ל ר
ל א כ מ ו ן ו נ ג ס פ ל מ ת ל ר ו
פ ג פ ג ע ה כ י פ ק ב ג ד י י ו ן
ל ה ס מ ת ה ל ל ע ל פ ר ח י ה ב נ
נ ו ח ד ד ו ם י ו ו ט ת ש ו נ מ
מ נ פ ר ה כ ו ד ו ל ו י ט ע מ י ש
ח ו ע מ ת א מ נ א ש ל י ד ח ף ל ח
מ ט ר י ם ו נ ג מ ל ת ר ו ם ת מ ל
ב י ב ד ש ר פ א ת ע פ י ו א ן ו ל
מ ם ל ר ל ך ב ו צ נ ש ק ח ז א ע
ד ק ו ד י ח ד י ק ת ו ל א י מ ו פ
ה א ב ע מ ב ת ב ו ד י מ ע פ כ ק ן
ו ר ד ו ש מ ת ה ק מ י ו ה פ ן י
מ י מ י כ מ נ ת ר ל ו ה ש ע א פ מ
ה ל ל פ ו ס ד י ר ר א ם ו י ו ן

דבר
יד
כתיב
לשיר
נוטים
דווקא
מתוק
דחף
עשיית
סגנון
לשלול
אביב
אורך
מטרים
בגדי
פרחי
טיול
לתרום
צפרדע
פלדת

Puzzle 435

נ ג מ ך ח מ י מ ו ו י ה ר י ב ד ל
י כ פ י ו ד ו ל כ פ פ ל פ ו ט פ נ
ג ו א ח ה ן ו ר ר ש ן ק ת ת ב א מ
ח כ ל י ל ש א ף ה י נ ו ו מ מ ק ו
ו ח ל א ב ד ם ה ע י ק ש מ ע ו ח ל
ו ב ש ר ח נ ק מ י ת ו ר ן א נ א פ
ו ד י כ ר ו ך א פ · ד ב מ ע ח ש ר
ד ו נ ל נ ל י ח ו ל א ב ל צ ו מ צ
פ ע י ל ו ת ט ש ה מ ו ר ס מ א ו כ
ו ד ו ד ו ל ו ב ר י ה כ מ י ל ו ח
מ מ ר ש מ מ י ב ע ג נ ת ו י ס כ ו
ק ס י ל ר ש ר ד ח ח ז ק י ם ח מ צ
ב ק צ ב ע ד ו ו ף י ס ו ה ל ש א ח
ר י א י ל כ מ מ ת י ג ו ל ו נ כ ט
ק ת ה מ א ת ר מ ו ו פ מ ו ר י ב ו

כוס
חשב
טכנולוגית
חזקים
שמלת
שקיעה
להוסיף
שבר
בברכת
לאבד
פעילות
יכרוך
הופיעה
עצמיים
בשר
דודו
רחב
יתושי
רעל
צמח

Puzzle 436

ל י ו ג ק ת ו כ י ת ל מ נ ח ו ל ה
ד ן מ ו ד מ ל ר ה ו ◌ א מ ת מ ד ת
נ ו ן כ פ ת ר ו ן ה פ ב ו ו מ ב כ
ר פ כ ב ו צ ל ב מ ב ש מ ח ו ץ א ח
ד י ק ל ה ש י ג ת ו מ י ק ה ו ו ח
ס ו ת ו י כ נ מ י צ ח ר פ ו י ז ה
ו ת צ ש נ י ם ס ס י ט ל נ ד א י צ
ו נ צ ו ב צ ג ו ח י ת ו י נ י ד מ
כ ת ב ה ד ו ב כ ו ף ו ח ב י ד מ ם
ד ר ע ת ל א ש נ מ פ י י מ מ מ א נ
ה י י ל ת ת י ו ו מ ל י ה ו מ ד ל
ו ח י ו ו ד ג ת ס ע י ף י ד מ צ י
ן ב ן ו י ר ב י ק ק ג ג ר ת מ י ר
פ ע א ג ם ד ל ב ח ת ב מ ו ט ו ו י
מ ל א י ע כ א א ס ב י ב ת ו ל פ ו

צלב
במהירות
מסוכנות
נמלת
הבוצי
חולה
מתמדת
שנים
מדיניות
מגניבה
חווה
חומוס
מחוץ
כרוב
הדמוקרטי
להשיג
סביבת
סדר
בכפר
פתרון

Puzzle 437

צ	ג	ו	י	ט	ב	מ	ל	כ	ל	ו	ל	מ	ה	צ	נ	ר
ת	ב	ש	מ	ב	כ	מ	פ	י	ב	פ	מ	ס	א	א	פ	ו
ן	כ	ו	י	ת	א	ן	ר	ת	ש	ל	נ	ו	מ	ק	ח	ג
ת	ע	ו	ב	ק	ג	צ	ו	ט	כ	ר	מ	ג	ת	ט	מ	ט
ג	נ	ח	ם	ו	ש	ו	ש	ה	ש	י	ב	ל	ו	ן	ע	פ
א	ל	י	ד	ד	מ	ש	ח	ה	ש	נ	ת	י	י	ן	פ	ת
ו	ס	י	ח	כ	ו	נ	ה	ו	ה	נ	ג	ם	ל	ה	י	פ
ב	פ	ד	ו	כ	ל	ב	א	ב	ו	מ	נ	י	ת	ס	ן	ן
י	ק	ש	ר	ס	י	מ	ה	ג	ן	ן	י	י	ו	נ	ו	י
י	י	כ	נ	◌ָ	כ	א	פ	נ	מ	ל	א	ך	ל	ה	מ	ב
ק	ת	מ	מ	צ	ה	ר	ו	ש	ו	ד	ן	פ	נ	א	ס	ת
ט	ר	ל	ר	כ	ח	פ	ע	ף	י	ת	ר	ל	ר	ש	מ	ד
ה	נ	א	צ	נ	א	ד	ל	ה	ב	ט	ע	ה	א	ב	י	ו
ק	פ	ז	ו	י	ל	ש	פ	ן	ל	פ	ת	ש	א	ל	ל	א
מ	מ	נ	מ	ת	ע	ט	פ	ו	ו	ת	י	ל	י	ל	ח	ג

לפשט
לספק
מוצר
אובייקט
הנוכחי
השנתי
פועל
מלכה
לפרוש
לכלול
נמר
מכתב
הכילו
גבוהה
בלון
נרתיק
גחלילית
נפח
מסוגלים
במהלך

Puzzle 438

ר	פ	א	ת	ח	י	ש	ב	כ	ר	כ	נ	י	א	ר	ע	ו
ו	ר	ש	ו	ר	מ	ע	ל	ע	פ	א	ת	ע	ל	ב	כ	ר
י	י	מ	ד	ק	ו	נ	צ	ה	ו	ה	פ	ל	א	ס	ו	ב
ב	צ	ת	פ	ס	מ	ו	ר	ה	צ	י	ל	א	ל	ס	ל	י
ו	ר	ו	ד	ב	ו	ב	ף	ע	ר	ש	י	ב	ר	י	י	נ
ה	ו	ל	מ	מ	ח	ה	ו	י	ו	ת	פ	מ	ק	ת	ם	כ
ו	ל	פ	ל	ת	ו	א	ן	ח	ד	ם	ד	מ	פ	א	י	פ
ו	ה	ל	ר	ת	מ	ן	ש	כ	ס	מ	נ	ל	ן	ו	ל	ב
ת	נ	פ	ו	◌ֹ	ד	ל	נ	ר	ל	ש	◌ָ	ע	ו	ל	ק	ת
ת	י	ט	ר	ק	ו	מ	ד	ז	ו	ש	ח	נ	א	ד	א	ה
י	ו	ף	פ	ל	ש	ת	ר	י	נ	מ	י	ח	י	ב	ה	ו
ף	ע	ו	ר	ו	ח	ו	ת	מ	ש	ם	ר	ה	ו	כ	ד	ה
ת	צ	י	ט	ג	ע	ן	ר	ו	כ	ז	ל	ל	פ	י	ד	י
ו	ב	א	י	ו	ט	מ	י	צ	ה	א	ז	ב	ג	ס	ו	ה
ב	ח	ה	ו	נ	י	ט	ה	ל	ד	נ	י	א	ו	נ	י	ט

נייר
האקלים
חברה
רע
למד
ורוד
לצרף
חיבה
אשמתו
סמור
דמוקרטי
על
זרועו
פלפלו
לזכור
כיוונים
עף
בשיחת
קרח
רכב

Puzzle 439

ו	פ	צ	ח	מ	ח	ר	ש	ר	ע	י	ו	ח	ל	ר	מ	מ
א	פ	ח	ו	מ	ר	מ	מ	ב	ד	כ	ו	מ	ה	י	ף	ו
ו	נ	ק	ש	ע	ג	ו	ת	ב	צ	ב	ת	ט	ש	ר	צ	ה
מ	י	ג	ן	ם	ו	ה	פ	ל	ה	ג	י	ע	י	ב	ר	ה
ן	ר	מ	פ	ע	צ	ו	ב	ל	ש	מ	ח	ר	א	ר	ק	א
ז	ש	ש	ק	ו	פ	י	ו	ת	ת	ל	ת	ה	ד	י	ל	ר
ה	ו	מ	ע	ז	ו	א	ל	ל	פ	ה	צ	ג	ו	ס	ה	פ
ו	י	ר	א	י	ד	ר	נ	ת	פ	ל	מ	ת	ק	ת	ה	ב
ל	ש	א	ר	ל	ד	ו	ח	י	מ	ו	מ	ר	י	ו	כ	מ
פ	נ	ר	ו	א	ש	נ	ו	נ	ס	ס	י	ל	ר	ל	ה	ב
א	ת	ר	ו	א	ש	ת	ר	ו	ת	נ	מ	ן	ל	ב	ו	ג
ס	ע	ח	מ	ו	ו	ו	ם	מ	ע	צ	ב	מ	נ	א	ו	ד
ו	פ	כ	ה	ו	י	נ	ר	מ	ג	פ	י	נ	ת	י	ר	נ
פ	מ	ב	מ	א	מ	מ	ת	ח	י	ר	ב	ה	י	ת	נ	נ
צ	ה	מ	ת	י	כ	ו	ג	ק	כ	ר	ה	ג	ו	ס	ה	ו

מונית
חמש
שלב
מנות
לקרצף
זועם
נושא
כהה
תנור
שקופיות
הרביעי
ריקוד
צחק
לתל
בריחת
לפת
בכלל
מבצע
סוג
עצוב

Puzzle 440

ש	מ	ש	ה	ד	פ	י	ר	י	מ	ו	כ	א	ו	ל	ה	ק
י	נ	י	ו	י	ל	י	ר	ב	א	ו	ל	ם	ק	י	צ	פ
י	ו	מ	ח	ב	ה	ו	ב	ז	ת	נ	א	צ	ג	ר	כ	ח
ח	ו	ו	ג	ו	ו	ו	א	ו	כ	ש	מ	ר	ה	י	ן	ת
א	ל	ש	ד	ר	ב	ו	א	ע	ו	ב	ת	ו	ר	ה	ה	י
י	ק	נ	ח	י	י	ת	י	ק	ו	ן	י	ו	ב	פ	ד	ו
ל	ה	ת	ח	י	ל	ו	ר	ל	ב	ע	ל	ש	ז	ב	ן	י
מ	פ	ש	ת	נ	א	י	י	ל	ע	נ	ח	ה	ס	ת	ש	נ
ו	נ	ר	ו	פ	י	א	ג	ע	צ	ק	י	ה	ן	ב	ל	כ
ו	ת	א	ב	י	ו	ר	ה	ע	ב	י	ו	ו	ז	ס	י	צ
כ	מ	ה	י	ר	ו	ת	י	כ	מ	ת	ם	ו	ו	ד	ל	א
ח	ע	נ	ת	ד	ג	י	ר	א	ב	ד	ב	י	ל	ע	ה	ל
נ	ר	ו	כ	נ	ק	ש	ו	מ	א	ג	י	י	כ	ל	ם	ב
פ	ח	מ	ך	צ	נ	ו	ק	ת	ו	ם	ו	ה	ת	ו	ד	ן
ז	ת	ש	ן	ו	י	ש	ל	ו	א	ב	א	י	ד	ה	ל	ג

שימוש
מהירות
שמונה
במבצע
ירוק
זברה
נעלי
כדורגל
דיבורי
תיקון
להוביל
להתחיל
באולם
להעליב
מבול
קצרה
איפור
עוזב
כלא
שמש

Puzzle 441

א י ש ס א ב פ ל ק ש מ ת י ט י ה א
ל ס נ מ ק ן י ח כ ם י ס ק מ ת י ר
י ה א ת א י מ י ו ט י ן ח ר ק ה ך
פ ש ר ן מ נ ד א א כ ו כ ב ל פ ח כ
ט ל ל ח ש כ א ם ל ד ו ו נ צ ס ו ר
י ט י ל ר ר ק נ ת ש ת מ ו ו א ג ג
ו ו ה ה ר ו מ ח א י ך ע מ ד ו א ע
ל ן ב ו כ א ל ו ת ט ו ב ל ו ת ו ב
י ו ס צ ם צ ך ג ו פ ב נ ח ד ד ח מ
י ר פ ע ו ר ס ה ד ד נ ד מ י ד ג ו
צ ב ר ש ו ת י ת ד י ל י ה א כ ו ת
ר א י י פ מ ר פ ו ה ח ר י פ ה ג ה
א ם י ה ק ע צ ו ת ש ר נ נ ם פ ה ל
ם ו ת ק ד פ ת י ז ק ד מ ד א ע ה פ
מ י ו פ ב ת ג ר ה י ח מ ו ה י ת ו

איך
שלה
ספריית
לידת
התרבותית
ואספקת
מלחמה
צעקה
מקסים
אליפטי
חכם
לייצר
מחדד
משקל
חמורה
כרגע
השלטון
פטיש
תזה
כוכב

Puzzle 442

ש פ ח ל ט ר ב י ו כ נ ל מ ת ו ש ר
ת מ ת ו נ ש ר פ ב ף צ ב א י ח א ו
ל א ע ע ד ן צ ד צ ל ח ר ו ר מ ו נ
ה ב ב ח ו ת א י מ צ ו ס ל ו מ ר י
ה נ ט ס ט מ ל ד ב א ן ד ר ש ע ו ן
ל ה נ ר ס ם י מ ו ק ע ה א ו י ק מ
ש ו ה ר ל ת ה צ מ ה ל ו ל ג י מ ע
ו ל ו ע ר י כ כ ל ש כ ו ר ר א ר י
י ג ם ש צ ר ב ו ב ל ן ס ע ד ל ו ף
א י י ל פ ה ו ס ו י ב ו ר ו ה ז נ
ס ל ר י ם ד ד ס ד ת ת ג ה כ ו ל מ
צ ד ו ש ש י י ל י ר צ ה ת ס ג ע ב
מ ס ר י ת י י מ פ ו פ ן ו י ס י נ
ב ר ב י ה ת מ ב י ן א ד ם ל ס ס ו
ם ע ו ם מ ק ה כ ע ל ר מ ך ג ה א פ

במצב
טבעת
סטודנט
נצחון
יתרון
עקומים
גיל
פרשנות
סלרי
הכבוד
שלישיים
רשות
ירצה
לחפש
כבד
ברורים
ניסיון
מלוכה
אמורה
אוכלוסייה

Puzzle 443

י ה פ ו ו ו ו ג ו ל כ י ת ה ו מ ן
ל י ע מ ו ה מ ו ק ו ו ה י פ ן ע ה
נ ג ש ה ר א ד ל נ ן י ה ר ר א מ ף
ט ט ו י י פ ו ח י א ס מ א ט ר נ ת
ל ן ו א ן ו ת א ך ת י ו נ ו ח ו ף
ש ב ר ו צ ה י ל נ ד ע ר ך ש ה ר ך
א ש מ כ ו ן ת ח פ ס ו י ה ה ע ת מ
ס ה פ ו נ ת ף ו ת ב נ ם ח ב פ ה א
כ מ א י ש ר ג נ נ ח ט י ס צ ס כ ו
ה ל נ ו ה ד ר ד מ כ ק א ח ו ו ר ע
ח י ו ת א ה ג ע ח נ מ ר ג ן ס ח ש
ת ס מ ו פ ב י פ ן ה ו נ ה י ד ל ו
י ו מ ח א ח ר ט ב מ ב י ע א ד ע ל
פ ר ת מ ך ה ב ו ח ה ל ן ה ג ע ב ש
מ ר ו ל ש א י ע נ ר ז צ ה ת נ ל נ

אין
במבט
מנורת
חוף
גרגיר
כיתה
ארית
סוס
המורים
קטנוע
מהסוג
שלד
החובה
תנופה
ערך
הפרט
נראים
מנת
שלוש
תוף

Puzzle 444

מ ס ב ו ה ת ר ק מ י א ה ל ו ל ט נ
ן ח י ס א ו ר ב א ה ס נ מ א מ י ן
מ ח ב ה פ ל ד ו ר ו ח ו ן פ נ נ ב
ת י י ס ב ז ף מ ל מ ע צ ר ג ו פ ב
ו ע א ר י ו פ א ח ו ת ט ו י מ ח ה
ו ב ו ר ו ר ת ט ל ק ו מ ר ח פ ר ק
ת ג ן מ א א ר ה י ר ע ב י י ש ל י
ז א ח י ר ס ו מ ה י י א ב ד ץ י מ
ת א ה מ ר ו פ ר י ת ס ר ב ה פ ל ח
ו ר י י ג ה א ו ד ף נ ב ה ש מ ת י
ם י ם י ר ו ח ש כ ת ק י ו ד מ ה ד
ר א ד ח ל ק ר י א ת ה י י נ מ ח ל
ב כ ד ו ה ט ה ג א ש ב ג ו נ ת ו י
מ ה ג פ ר ק ח ר ע מ ו ל ס ט ש ו מ
מ ל מ א צ ת · ה ה פ · ר ת ק ד א י

לחמנייה
אפור
מנסה
פרא
נסיעות
משתתף
טמפרטורה
מוסרי
יחידה
הרגישו
בבירור
רפורמה
לקריאת
מדויקת
שחורים
מאמין
מיץ
קלטת
ברוגז
למעצר

Puzzle 445

ת ד נ א ב פ ע ה א ו ט ו ב ו ס ס ן
א ב נ ל ף נ פ ת ם ם א י ד כ ס י ל
י ו ו י י ר י ס כ ל ע י ה ו א ל
ס ו כ ד ת מ ו י ו ס פ ר ו ת ה א ז
ו נ ו ס ו י נ ה כ ט י ת נ ב ח ל ו
ד מ י ו ש י ו נ ר ה ד ת י ר ש מ ג
ה ע מ ל ב ם ת כ ע מ ת ב י ו מ ו ל
ש י ת ו ט ע ה ו ש א ה ם נ ע ו ת ע
ל י ע ק ◌ א ד מ ש מ ל מ ל ק ו ה ע
ו ם ת ד פ ו א ו ן ד ב מ א ר י נ מ
ס ע ך ה מ י ה ג ר ו ע מ א ק י ג ר
י ג ו ש פ ב מ ת ת ש מ ו ע ב א מ ד
ט ו ן כ י ח ב ר ה ו נ כ ר נ י ש ה
ד א י ע ו נ ח מ ה ת ר ע ס א ת ו ה
י נ א ר ל ו ק ש ח ב ה ב כ ו נ ע ד

בדיוני
פנימיים
סערת
עורבת
גוזל
למעשה
לאחרים
האוטובוס
דומה
יסוד
מלא
פרות
הגרוע
סולו
עפרונות
יתוש
מוכנה
קרקע
הייתה
סוכר

Puzzle 446

א ה ר ה ב כ ר מ ם י צ ס ב א ג ו מ
י נ ך ל ה מ ו ה ו ש ל מ ת י ו י ע
א ו ג ר ל ט ף ף ר ג ו ע מ כ א ע ר
ה כ ח א צ י א נ ס ת ג ר ד ט ס ש ב
ו ח ד ז נ ה ה ש נ א ה ס ו י פ נ י
ו י ף ס פ ל ו פ ל ר א ת א כ י ר ל
ל י ס ח ש א ת ם ק ב ה מ ה י ו ו ל
נ ם פ א ס ה מ כ ה ן ו ה ב צ ד ט ל
י ת ש נ כ ד ל ר פ ח ע מ א ע א ע ז
מ ר ל ן א ר א י פ ז ש ב י ד ף ם ב
א מ ס ל ש ר ח ב ן ל מ מ ב ל ת ן ע
ב ר ◌ ל ט ד מ ב ח י ר ד ל ו ק ו ש
י ו ט נ ו ה מ ת ה ר ד ן ה ד ס ל א
ח מ ב ר ח ו מ ר צ ו ן ו כ נ י ב ת
ן י מ נ נ ה י ת ו ד ל י כ ו ן ל צ

טעם
סנאי
נטו
סניף
הנוכחיים
משלחת
אז
גרף
ילדות
אוגר
לוויה
ירד
מהלך
להיט
מרצון
שוקולד
נכון
יחד
שטוח
מערבי

Puzzle 447

י ז ט ף ו פ ח ל ע ב ו ו ו נ ם מ נ
י נ ר מ ג ל פ מ י א ר ו ח ה ש ע ע
ו ת י ו ל ל י מ א א ק י ל ו א ק ד
מ ו ק ד ת ו ב ק ע ב ב ש ו א ר ב מ
ס נ ו א ו ק ו ה צ ק ל ר ע ה ל מ ס
י ד א ג ר ל פ ע א ו ת ע · ד י ר ע
נ נ ו ת ק ט י מ י י ט ם י נ נ ר י
ס ח א צ כ ף ק ד מ ת א ו ב י ה ה פ
א נ ת ל ש ג מ ק כ מ י כ ד נ ה ר פ
צ ך ג ו ן מ ל ה נ א י נ ש ח ע א י
ו מ ר ח פ ◌ א ק ס ע מ י פ י ו נ פ
י ד ד ל ו ו ח צ י ד מ מ י ו ץ ו י
ק כ מ ד ר ו י א י ת ו ק ו ח ר ח ו
ח ס ב ג ר ל ז ב ת פ י ת ש ש פ ד ב
ט ו פ ד פ מ ת ת ן י י א ד ב ב ש ם

פרץ
לשלהם
אולי
לחפוף
טריק
אחיזת
מכנסיית
ארוחה
נוח
שנה
צעיף
מודאגת
בקר
וחצי
מעקב
בעקבות
רחוקות
היבוא
קלט
חולצת

Puzzle 448

ש פ ת י ב ב נ ת ת כ ה ש מ ש ר י ו
פ ת י ב ק ב ל ח מ ג ו ה ו ר א א ר
ג א מ ח ט ק א ו נ ת ו ט ם י ע ג י
ם ו י ו ר ו ת ת ף ל ר ו י ג ָ א ק
נ מ י מ ס י י ו ה ג מ ו מ ו ה ה ה
ש י מ ף ב ד מ כ כ ע י ח י ו ס ת ת
ה ג כ צ י ב ו ר י ו ס ד ש ע ו ל י
פ נ ר ת נ ם נ ב ל ה ו א א ש ו ל י
ל ע ה ד ת ד ת ת י כ ב ג מ ◌ י מ ו
ל מ ד א פ ק ש י ם י ו ת ח ע ט י ד
ד א פ ר פ ע כ ת א מ כ י ל נ ה ת ר
ד א ו ה ל ג ש ר י ם ש מ ו ק ד ת ם
ל ו ר ג ר ר ס ת ת ק א פ ר ו א ג י
י ש ח ו ו ס א ב ר א ו ה א ו ל ס כ
י ד ר כ ו פ ר ו ב מ ל ר מ ו ג י ו

מחט
אוסף
מאשימים
מכרה
פתאומי
ענק
יגעים
השמש
טווח
ברכות
עגלת
מוקד
בדיוק
שפת
בסרט
הגנת
דאגת
ציבורי
שותף
בכיתת

Puzzle 449

ה ו מ פ א ר י מ ל א כ פ י ן מ א ו
ה ל ם י מ ע פ ב ת ו ה ל ר ק ו ע ק
ג ש כ ו ר ב צ ל ן י ר ו ל י ד ח ה
פ ח ג מ ג ו מ י ב ע ק ב ו ת נ ב י
ו ר ס ל ר י א ו ע ן ת ש ר ר א מ ו
פ ר ח ת ן ט י ס ה ע י ס נ ח ת ו ו
ר י ר ל ה מ ח י ש ת נ א מ ו ן י ל
ו ו י פ א מ נ מ ס י ז ג א ר ה ו
ג י ה ל ת ו ה ו ח ש נ י מ י ם י
י ק ה פ ר א ו ד ו ד מ ה ן ד ק ך ר
כ ת נ ו צ י מ ו י מ י ו ם ר א ו ד
י א י ת י ו א ו ח י נ ה ר צ ת ת
י ת א ס ד מ ו כ ל א נ ו ק ל פ ב ס
צ ד ר כ פ ד ר ה כ פ ב ח ג א ע ת צ
ד י י ר ה צ ט כ נ ב ו מ ג נ ם ו ן

ניסוי
הבא
להמחיש
אמון
ולשחרר
בתוך
צרה
דואר
גומי
ועדת
נסיעה
ופלפל
בצורת
בצל
מאוחרת
פעמים
פעם
סלרי
לוויה
בעקבות

Puzzle 450

ר ו ק מ ה ח ו צ ה ל ג ר ם י ע פ ץ
ו ק ר י י ר ת ב ד ל נ פ ו ב ל ח נ
ן מ ה ט ה א כ ס ה י ו ו י מ ג נ
נ ו ב ה · ם ס ל ב ר ר ו ג ו ג ת ס
א א ת ת י ו ס ו ל כ ר י ש ת ת ת ת
ל ב י א ר ם ש ר ה פ ד כ ל ר ח ג ח
ר א ק ח ל ו ן ם ל ב ש ל צ ו ש ל ם
ל ל ו ו ו כ י ב ן ב ב ה ע ג ף י ח
ט ו ל ה י י ת ר ב א י מ א צ ע ג נ
ב מ מ מ ו ס מ ו ת כ ב ש מ ק מ ר ז
ו י ע מ ג ו פ ה ן ן מ י ל י נ נ ש
ש ע צ כ ת ן ה ח כ ע ו ך ל ס ר ה א
א ש ר ו י ר פ ו ה י ו ה ◌ ב ת ת ו
ו ט א י כ א ב ת א ת ר ל י ק פ ל
פ ע ו ל ג ל ו י ב ל י י ו ר ו א ר

אבטיח
סיכום
חלון
נץ
גמל
נחל
כרישת
ביותר
מקור
אבא
החוצה
מה
חי
קריירת
להמשיך
היה
לבשל
שווה
למעצר
קלט

Puzzle 451

ו ו ו ש י י ת פ ו ע כ נ ב נ ו ש א
א א י ה ו נ ב ע ש ג י י ת פ ר ר ו
ן כ ת ד ג נ נ פ ל ר ת ת ל ב ו ל י
כ ת ל מ פ ו ת ת ה ף ח ו מ ח ת י פ
מ ף ע ה ש נ א ל א א ב ח ה ח ב ש ס
ר ה ו ה ת י כ ב ר ח ק ה י ו ל ם ה
כ נ ת נ ל ה פ ס י ק ו ו צ צ א י ו
ב ש ר א ם א א ו ך ב א ו ק פ ע ל ן
ר ו ש ס א פ ו מ ג ו ר צ נ ת ע כ ן
ל י כ י ס א ב ה א ב ב י ו א מ [illegible] י
א כ ה ח צ א י ת ר ל ב ל פ מ נ ר ת
ה ה ת ל ו ח י ג ר י מ א ה פ ר ל ב
ו ן ו א ס פ ק ת נ ו י ר י מ צ מ ל
ת ו ע י ק ד ט י י ל ו י ו ח ן נ ת
פ ו מ י ו א ו ו מ ע ר ך ו ם ע ח מ

כתף
חבק
נגד
יצווה
ניתוח
פונקציה
בתורו
הכשרת
חצאית
בכיתה
להאריך
למפות
הגבוהה
בנושא
תועלת
להפסיק
אובייקט
ואספקת
ארוחה
שפת

Puzzle 452

ת ח י ש ה ר ת ג ט ל ו נ ן ת מ ס א
ג ד ג ו ר פ ע ו ל ה ל ט מ י ט ן נ
י ו י מ ש ו ף ז ו י מ א א ו ר ו ו
ו ו פ ה ש ה י ו נ ב ר ו נ ת י ו נ
ד מ ב נ מ ו ו ל ד נ כ ר כ ו ם ד צ
ד י נ נ ו כ ד ב ע ס מ מ ע ד ר ד מ
ן י ה פ כ ס מ י צ ש ק ו נ ש פ ו ת
י י ס ל מ מ מ א ל י ר ש נ י נ ה ס
ה ת ל ו ן מ ת ע ן י מ ל י ח י ד ה
מ ג ם ו ח א ש י ו י ב ו ב ס מ ר י
ד א מ פ ת ם פ ב ב ע ר ם ך פ י ח ו
א י ע י ס ו מ ק י ס ע ה ל ק י ח מ
ל ת ו י נ מ ד מ ו ד ל ח ס ו ם ש ם
ו ר ש צ א א ן כ ת י י ע כ ה י ן ה
י ו מ ו ר ו ב ם ו א ס נ ב י ן ת ו

דומדמניות
סקירה
אמת
פעולה
עצלן
מעדר
שפות
זוג
להיכנס
משועמם
שלום
כרכום
מטל
לחסום
נאמן
להעסיק
נדרש
מטרים
יחידה
פנימיים

Puzzle 453

ב פ פ ת ס ד ה ע ו ר ב ח ת פ מ ל ה
מ ח ב ס ח י ר ב ש ש ר ו ו ק ע ע ל
נ ת ל ף ל ך ג ט י י ו ל ת פ מ ט
ב ו ם נ ו א ה ח ת ג ה ר ג י ש ו ף
ו מ ל י מ מ ת ק י ה ד ת ח א נ ד פ
ו י ה ו ד ו פ י ס ל נ י ר ם ה ה צ
ש ע ה ד צ ן ד נ ת י ת ג ל ק ל ט ע
צ ל ת ו ח ס א מ ן ד ר ו ם ה ו א נ
ל ל ל ו ה מ ט ו ר ף ל ל ס ו ם ל ח
ה ר ו ה ע ג ב ן ש ל י ו ע נ י ב ה
ף צ ת א ב ו מ ס ל ו ה י י ה ז ל ק
ן ל ח ע ו ר ן כ ב נ ב ן י י נ ע
ת ר ם פ ד ם ו ק י נ פ ו נ ת ל ב ו
ו מ י ת ה ד ו ת מ ט ד ט י י ע מ נ
א נ ג ב ו נ מ ב ל ל פ ו י נ ה ר ל

שליו
עליזים
מטורף
מפתח
עניין
להגיש
לעמוד
ביולוגית
יחס
לדון
עניבה
קינמון
דרום
העורב
העבודה
ממתקי
תנין
שבר
בשיחת
הרגישו

Puzzle 454

הבדל
עשר
עצי
ראוי
לדכא
נהמת
הרכבת
אש
קפה
ביישנית
שאלה
ברד
נוף
משכפל
התאוששות
יש
לתרום
באולם
השלטון
שטוח

י ו ש א ל ה ר מ ח ו ק נ מ ד ו נ ו
ת ב י ש נ י ת ש ר ו ע מ ב ה פ ק
ל ת ל ל א ם ו ר ת ל ש ג ש ד ת ן מ
י ח ט י ר ו א ב מ ר ס ב ל ר ב ר
ף ו ת ה ב ע ר ו ה ד ת ד ח ו כ ע ס
ן ט א ג א נ ף י נ ו ו ב ט מ ס א ה
כ ש ש י ו י ן י ה ם ל ו א ב ו ת ה
א כ ד ל ו י ה מ ב א פ א כ ד א ן ר
ד נ ת י צ ע ב ר ד א כ ב ד ו ה ת כ
ז ל ע ת ט ר נ ל ל י ש ד ש ל א ת ב
נ ח ר ו ש ד ע ל ג ו מ ש ד י א מ ת
ר מ ע ה ס ב ה ס מ נ ו ש מ ה ר ב ו
ן ה ת ד ב ף ן י א ת ד ר ט א פ י ח
ת ף ו נ פ ה ד ב י ה א מ י ב ל נ י
ה ל מ ח ג ר י ו ו מ ו ה ג ת י י א

Puzzle 455

ג ר ס ה ת ו ש ח י ו ב י ת א ו ו א
מ א מ ב ו ת ע מ ך פ ר ח ו ה ת ת ר
ו ם י ק י ק ל ח ה ר ה ו ר א ה ב ר
ו ן כ פ י ו מ ו נ פ ו ש פ כ ד ר ן
ב מ ט ם ד ל י ס ו ב ל י ם א ת א ה
ד ת מ ד ם ב ע ו ח ן י ב ו ד כ ע ו
ל ◌ ז י מ ל ה ד כ ג ע ת ו ן ל ה ו
ד א ת ל ט מ ק מ ע ב ה ה ל ט ן ש ע
ק ו ד י ת ל נ ק ו ד ה נ ל י ב כ ח
ו ו כ מ י ל ז י ר ח א ל י ן ק כ כ
פ ו י ה ו ח י ד ב ל א א ו ע ב ף מ
א ל ס ד ו ן ל ת ו ר ש פ א ה ר ג י
מ ת א י ם ת י ב ת י ק ו ה ד ו ר א
ד ל פ ה ו ב ר ג ב ב ת פ צ ש ר ד י
ב י י ה ס ָ מ י א ל ו ו ד ו נ ו

פרח
רשלן
סובלים
מתאים
מגבת
יין
האפשרות
חיובי
החלקיקים
עורב
מטלת
שדה
לנקודה
דלת
שוחי
זנקה
כיסא
הוקי
ברור
עשן

Puzzle 456

ירידת
משטח
מגיע
גבר
אדוני
תולעת
אמיץ
פחדן
חמוס
כלום
ספרייה
בבוקר
בגינה
ההשראה
מצב
עניה
ממשלת
חומוס
ורוד
לאחרים

י ל מ ה ל ר ן א ל ג א מ ◌ ש מ ו ר
ן ל מ מ ו מ ד א ו ר פ מ ו ע נ י ה
צ י ש מ ש ט ח י כ מ צ ב י ה ב מ ה
ד ב ב ו ק ר פ ד ל ד ח ג ת י ו ש ש
א ד ו נ י ב ל ת ו ה מ י ר ו מ ו ר
א ו א ם ם ג י י ם ן ו נ ה ר ר מ א
פ ג מ א מ ת מ ד ס פ ס ה ת ו פ ח ה
כ ת י ש ת י י ל פ ו ו ל ד ו ו י ו
ל ו ץ א ו ה ו ר ר מ מ ת י ר ד ס כ
ע נ ל ת ל ש מ מ י ד ו ר ר מ א ן ו
ו ל מ ע פ מ מ ג י ו ח פ י ר ח ה ו
ח ח ת ע ל ו ת י ה נ ה ל ר ו ה כ ן
א ש ג ש א ל ב כ י ו ט א ן ט ב י י
י נ ל צ מ ל ד ע צ ן י כ ו י ל ר א
ן ש ס י ד ד ה ן צ כ י ט ב פ ת ב ס

Puzzle 457

י ל ו מ מ ן ס א ל ה א י ו נ ה ע ח

פ ס מ ק י ק ח ב ע ו ת ב י ו א ר מ

ר ק ת ח ל ק ן ש ר א ל י ג כ ר ק ש

ו ט ל ע ו ת ו פ י צ ר ב כ ו א מ ל

א נ נ ג א ו ש ת ע י י ו ף ל ב פ ו

צ ו נ ע י ו א ל ה י מ ש מ ל ח י ש

ב ע מ ק ל ו ר ז ה נ ס ק צ י ד י י

ע ו ו ת ח ו ה א ל כ פ מ י ם ש ן ם

ק ח י כ ק מ ר כ ו ס ר א ו ר י פ ד

י י ר ש ת ו ר י ד נ י ה ת ג ק י ל

ע ג ו ש ש א ר ד ע ב ו י ב י ו ן ח

ו ל ג ע ן ל ד א ר ר נ מ כ ב י ו ש

נ נ ד ו מ פ ב פ ד ו מ ח ר ת א פ ל

מ י ר ו ע ב א ו ס ה א מ א · ה ל ה

נ ו צ מ ש נ ת ח מ ש ד פ ת ף פ י נ

הראשון
ברציפות
שלושים
וכוללים
מים
חדש
תלוש
אצבע
מילואי
קמפיין
מספרי
זהיר
שמח
קשוב
חלק
עמוק
נדירות
כלא
קטנוע
סוכר

Puzzle 458

לקח
כן
מילת
תערובת
עצם
בבטחה
משך
הכרחי
פלא
רקטות
יורדים
בחברה
אות
כריך
מזון
התקדמות
הפסגה
דרישה
עף
ירוק

י ת ו מ ד ק ת ה ת ט ב ם פ פ א ו ל

ע ר מ מ כ ת ע ר ו ב ת ל א ד ם ח ן

מ ב ו ר ב ר ק ש ט י א ל א ר צ מ נ

ב מ י ב י ו צ ח ק מ נ י ר ף ע מ י

ע ך ה פ ס ג ה ק ר פ כ ם י ד ר ו י

ב ש ת ו א מ י ל ת ד ר א ל ו ו ל נ

ו מ צ י ל ז כ ה ב ד ה ח מ ו ד ל א

ו י צ י ר ו ק ף ת ת מ ת ו ה ו ו ב

מ ק ה מ ש ן ם נ ר ה מ ת ר צ ע ה ב

א צ מ ת ד כ ן א ו פ ו ל מ ב ף ל מ

ח י ע ש מ ג מ ו ל ד ח ה א י י ה י

י ו ב ו א נ מ ה י ח ר כ ה ד ג ט מ

ו נ ל ו ש י ד ר י ש ה ר ב ח ב נ ו

ו ו ג ם ב י ל מ מ נ ד א ב י ד פ מ

ג ש ו י ב ח י ם א צ ש ה ר נ י י צ

Puzzle 459

ו	ה	י	צ	ל	ו	ג	ר	צ	מ	ח	פ	ל	א	א	ל	א
ת	ק	ש	ה	ט	ב	ת	ס	ת	ו	י	ח	ע	ל	ת	צ	ח
ב	י	מ	ן	ה	ר	ז	ח	ב	ש	ו	ח	מ	ק	י	י	י
ר	ב	כ	י	נ	ש	ר	ר	ם	ל	ו	ם	ר	ל	פ	ה	י
ם	א	ב	י	ו	ר	כ	ו	נ	ם	נ	מ	י	ן	י	כ	ו
ת	ל	א	י	ו	ו	ה	נ	ת	ם	י	ס	ו	ת	צ	נ	ה
ש	ה	כ	ח	ר	ה	ל	ו	ה	נ	ב	כ	ז	ב	פ	ו	ד
ך	ת	צ	ג	ו	ש	ם	ו	י	א	פ	פ	ה	נ	ס	ה	א
נ	נ	ם	ס	פ	ת	ת	ר	ה	ו	ש	ס	ג	כ	ת	מ	ר
פ	פ	י	ד	ד	ל	ו	י	ו	ה	ת	נ	ה	ג	ו	ת	ו
ל	ה	ח	מ	ש	ב	פ	ג	י	ש	ת	ת	כ	ו	ק	מ	ו
ה	א	ק	ד	ר	צ	ָ	מ	ח	ו	מ	ס	ו	ל	ס	ל	ת
מ	א	ו	פ	י	צ	ח	ו	נ	ח	ן	ר	ש	ו	ר	ו	ל
מ	א	ל	ל	י	א	נ	י	ל	י	א	ל	ד	ב	ת	ו	ע
ה	צ	ה	ר	י	י	ם	ב	ל	ס	י	ר	ל	ס	ה	ר	א

התנהגות
פגישת
קמח
לוקחים
בשמחה
נתונים
מסולסלת
רגולציה
ומסודר
אופי
אצילי
ספציפית
התרסקות
הצהריים
כמשי
בחזרה
איום
מושלם
צמח
וחצי

Puzzle 460

דובדבן
הרופא
טרגי
לדחוף
אישי
תוכן
דורש
מניחים
ערמוני
מודרני
מבין
לאסור
למעט
לשקף
חושף
אנפה
מסורתית
חתלתול
ניסיון
חולצת

י	ה	ב	ב	ח	ו	י	ר	י	א	י	ר	ד	ה	פ	נ	א
ו	ל	ד	ח	ו	ף	ת	ק	ח	ה	כ	ה	ו	י	ו	ב	ר
ס	כ	נ	ה	ל	ר	נ	ר	ש	מ	ה	נ	ב	פ	ל	ע	ה
ו	א	ש	ת	צ	ח	מ	י	פ	נ	מ	ד	ד	כ	פ	ו	ש
י	א	מ	ד	ת	ב	ו	ת	ם	ב	ן	ה	ב	י	ו	ה	ש
ו	ג	א	ו	י	ו	ל	ו	פ	ת	ו	כ	ן	ס	נ	ח	ת
ש	נ	ר	ר	ת	ר	ו	ס	א	ל	מ	ע	ן	י	ת	ת	ד
ו	מ	ד	ש	ר	י	ג	ר	ט	ו	ר	י	ו	ל	ו	ל	ם
י	מ	ן	ת	ו	ע	מ	נ	ד	מ	ב	ו	מ	ה	ש	ו	ו
ט	ן	ג	צ	ס	ד	ו	ר	ו	ם	ד	נ	ם	ק	י	ת	ל
ל	י	ב	ו	מ	ן	נ	נ	ן	י	ב	מ	ף	ו	ו	ל	ל
מ	א	ב	ח	י	י	י	י	ד	ח	א	ד	ש	י	ט	ת	ס
ע	י	ר	א	פ	ו	ר	ה	נ	י	ס	י	ו	ן	ם	ח	ס
ט	ש	ו	ת	ק	ל	ל	א	ב	נ	ה	ר	ח	כ	ת	ר	ו
כ	י	ה	ר	ן	י	א	א	ש	מ	נ	ב	ו	ע	א	י	ב

Puzzle 461

ל ן ו י ס פ ה ג ה ה ר ב ט מ ן מ ש

מ ת ק ש ו ר ת ם ח ד ג ל ת י ר כ ב

נ ח ל ד ע ל י מ ש כ נ י ר ד ש ן ש

ו ו ה ב ו ו י ן י מ א מ ף ו ג ה ב

ת ש צ מ ר ק ח ב ב ו ל א ה ע ב ר א

י ב ה ו ר ו ס ו ל י נ מ ד ן ל ו ם

א י י ק ר ע ג מ ן ה ד ב א א ש פ ◌

ג ם ר ז י ו ך כ ט פ ו נ ן ח ר פ י

ל ת ל מ ע ע א ו ף י ש א מ ע ו ו ת

ר ע ה ג ם ה ח ג ו ן ע ה ס ו ף א ר

י נ פ פ א צ ן ל ב ל ן כ א א פ ד מ

א ל ב ו ל נ ל א ד ל מ ה ג ל ס מ צ

ע י פ ל מ נ ע נ ד מ נ ג א י א ל י

א י נ ו ל י כ י ב ת צ ו פ נ ח ר ע

מ ח ו ו ו י ח א ש ש פ ס נ ם ס ס י

לו

פני

לזרוח

נפוצת

חושבים

תקשורת

לחם

ארבעה

להצהיר

התייחס

למנות

גשר

כמובן

גס

מרדף

לשרוף

פסיון

מציע

רכב

מאמין

Puzzle 462

תינוק

בסיס

מקסימלית

משהו

בלוקים

נולד

לגלות

להודות

תירס

כיור

ולא

מסוכן

באמצע

טורקי

לצחוק

כדורסל

כללית

שלהם

במבט

מעקב

ב ב מ ב ט ר י ל ח י ח ע צ מ א ב מ

ל ו מ ג ו ס י ס ב ש ה נ ב ק ל ק ו

ו כ י ו ר ס ר י ת ו מ ד ת נ ס ע ג

ק ן מ ע ק ב ף ו א ר א ש כ י כ ר מ

י כ ל ל י ת ל ל ם ה ל ש מ מ פ ב מ

ם ו א ם מ ג ו ה ש נ ו ל ו י י ש ה

ס ס פ ד ל כ ן ו צ ג י ה ף ן ה י ו

ת מ ן ד ל ו נ ד ה ת ב מ מ ו ה ל כ

ר ר ה י ד ו ו ו ג ן נ ל ס ר ו ד ב

ו מ א ל ר י ה ת ן ל ם א ע ד י ד נ

מ א מ כ ו ב מ י ל ת ת ו ד ל ו ו ל

מ ס נ מ ן א ו ק ו נ י ת ה ר ר צ צ

א פ נ ד א ה מ ו י ח ת כ ו י א צ ח

ל פ ה ה ב א ת ק ע א ו ד ך ת ש ח ו

ר ר ד ד ב ג ש ע ה ס מ ת ח א א פ ק

Puzzle 463

נ ל פ כ א ו א א פ י ש ו ע ת ק כ ס
ן י י צ י נ ר נ מ ָ ש ף ל נ א ו נ
ס י מ ר י ש ח ג ה ע ף ח ל ה מ ו פ
ה ב י ס ל ל ל ו ת ח ת א ט ל ה א י
ע ף ו ח י ח ט פ ת ו ל י ע פ ר ח ר
ו ר א ו ו צ ח ס ד ע ח ת ה ר ק ו ן
ב צ נ ג ת ו ק ל נ ס ו א א ח ע ר ג
ד ל ר א ה ו ה ר ו ר מ ה ק י ז ו מ
י כ ב ו ק ג ן ט י ד כ י נ י ע ר ק
ם ת א י ו ח ה ן ו ש ב ו ל ב א ר ת
ו ח ל מ א ן ו י ד ו ז ד פ א ו ל א
ו ד נ ר ר ה ר ב י י י ם ו ב ר ה ב
צ מ ו ם ח ע ע י ע ר ר א י ן ר י ן
ע ו ו ש ש ו ה מ ל ר ה ם ה כ ז ף ל
ד ע ג ל פ ו י מ פ ר ו ח א ך ף ם כ

דיון
לטאת
עובדים
אבן
חיטה
חתול
צעד
בזירה
סנפיר
ציין
דם
איילי
מוזיקה
ספוג
סיבה
צוואר
ונשלח
קרובים
פעילות
לצרף

Puzzle 464

ה ה נ ו פ ו ע ם ף ו ר פ ע ב ה י נ
נ ד מ ל ב ה ה ל ה א א ח ם ן ם ש ו
מ פ ס ו צ ל ו י נ ך ע כ כ ן י ו א
ט כ נ י ק ה י ו י ל ד פ ת ת ר י ש
נ ק כ א ב ח ו ר ל ה ס ו ל ל ר ג ש
ד ר מ ה א ז ו ט ת י א ש א ד ה ל ר
ג ק נ מ ו י ן ת י ר נ ל פ נ י ת א
כ ע ש ן י ק ו ר ד ג ס ן פ ש ג ל ן
מ כ י י ר ו צ י ק ע ב ף י ב ו ט א
ק ל ן ה ע י ג ה ף ו ת י פ ר ל ו ת
ד ו י ת ס צ ו ח ק י ם ה מ ם ו ק ד
ח י ף ס ה כ צ ט ט ת ש פ ם ו נ י ה
ה ב ד ו ב כ ו ל ה י ה ח ו ר כ ם ו
ו ו ו ר ן פ ו א ל ל ו פ ד ד ט מ מ
ש פ ו ח מ ח ב א ס ע ר ק ו ב ל ו ר

הגיעה
בדרום
בחור
טכנולוגיה
האי
כנס
בוקר
טכניקה
חופש
נואש
כבוד
בקצב
סתיו
להירגע
להחזיק
צוחקים
קיצור
שלישיים
תוף
קרקע

Puzzle 465

נ נ ה מ ף ה ב ל ר ו ד ת ו ע ט ה ל

ב ח ק כ ס י ה ד ו מ ע ב ע י ן ב ש

ק ו כ י ו ו נ י ם ן ו ה י ר ו א ת

ל ש נ ב א נ ה ב ע ב ר ב ד ש ר י כ

ד ר י כ ש י ת ו מ ל ח ה ה ה ט ק ש

ו ה ן ו י כ א מ ב ג ל ל פ פ ו ס ו

ת א י ם ה ו ס א ן ת ס ק א ת ל ו מ

נ ד ט מ פ ל ס מ ו ד א ג ת כ י ל ה

ר ו א ו ה ם פ ג ר ן מ ח ב ָ ו פ ד

ח ם ד ר א י נ מ ד ר ב כ י ע ו ו ג

פ א ר נ ל ק ו י ס ש ו א נ ג ו ב ל

ח ם ל ב י ה ד ע מ ד צ מ א י נ ה ט

י ה ל ו ר ל ר ר ב ל נ נ ל י ף ג י

ה ר כ מ ח מ ן ך ר ע ר ו ת ו ח א ו

צ י כ ס ע ו נ ר ב מ מ ה ש ה ו נ ד

בעבר
בעמודה
מנעול
שקטה
ואחותו
במסדרון
באסם
הליכת
תאוריה
להטעות
הסינר
דגל
אדום
להקים
יכול
לבן
דבר
כיוונים
מודאגת
אוסף

Puzzle 466

סכין
ברוקולי
שואלים
החלטה
רבע
רוח
אחיו
המשולש
גישת
מחבר
להחליט
אפוא
אחד
ריק
מנוע
נחש
חולה
שלב
לידת
רחוקות

ו ל ו ו ש ע ל ם י ל א ו ש ה ח נ י

ק מ פ ל ע ל י נ ר א פ ו א ח ד מ ד

מ ק ב מ מ י ד פ ב ה מ ו ח ל ר י ג

כ ר ו ס א ד ת ת ל ה ח ל י ט ט ג ו

מ י פ י ה ן י י ע ו נ ה ל ה א ו ו

ג פ ש ח ו ז ר ו ר ח ו ק ו ת ח י פ

כ ה ב ו ן ב ס מ מ ח מ ר ק י א ו ו

ח נ ל ל פ ב י ח מ פ ר ו ו ת א ח י

י ל ו ה ש ח נ ב ת ת א ח ר ד ב ד נ

י ת ל ש י ו א ר ך ר ע ו ב ח ו י ת

ם ן ס ש ד ד ח ב ב א ה מ ב ט כ · ת

ע ל י מ י מ י ר ם ו ן מ ע ם ב ע י

ה ד ח ר נ ל ו כ ק ן ב ע פ ח ע ב ר

ל ד פ ו ק י ן י כ ס ק ה מ ת ש י ג

מ ת ע ת מ ר ר ו נ ו ע ש ל ו ש מ ה

Puzzle 467

ן	ל	נ	ב	ו	ח	ד	ע	ה	מ	ח	ק	ת	ב	נ	ע	ו
ו	ן	ו	כ	י	ס	ב	נ	ס	ד	מ	ו	פ	י	◌	ש	ו
ב	כ	ל	ל	ש	ו	ו	ק	מ	מ	ם	י	ר	ב	ח	ה	ש
א	ד	ח	א	ם	ה	ר	י	א	ו	ת	ל	ת	ו	כ	ל	ד
ז	ה	ו	י	ה	ף	ה	ת	ן	ל	ר	ד	י	מ	ח	י	ר
ר	ק	ו	ק	ב	ו	א	י	ש	ח	מ	ו	ת	ע	ו	ל	ה
ע	ב	ש	ב	י	ת	ן	י	נ	ו	ג	ס	ס	ה	ג	ב	ם
י	ד	ן	ת	נ	ב	ב	ס	ת	נ	ח	י	י	ט	ו	ס	י
מ	נ	י	נ	ע	א	ת	נ	ר	ו	ב	נ	מ	ס	ף	פ	ג
ח	ת	ח	נ	ו	כ	י	כ	ר	מ	ש	ב	ק	ו	ש	ר	ן
נ	ב	כ	פ	ה	ר	ח	מ	ף	ו	ק	ו	ן	ת	פ	ו	נ
ו	ת	ו	מ	ד	א	ב	ו	ה	ו	ר	ף	ל	ג	ג	ב	ו
ל	ק	נ	נ	ש	ח	י	נ	ח	ה	ה	ן	י	ר	ן	ר	ט
ל	ו	ה	ה	א	ל	ע	י	ס	ע	ב	ה	ו	ה	ר	ע	מ
צ	נ	ו	ג	ר	נ	י	ם	ט	נ	ו	ד	מ	ב	ת	מ	ת

נחושת
בספר
מחיר
עדינה
הססגוני
חברים
בשקר
דבורה
המחק
דמות
ענקית
לנבוח
שאר
מנהג
מסע
ילד
הנוכחי
בכלל
אז
מכנסיית

Puzzle 468

מ	ר	י	ג	ם	ר	ל	י	מ	ש	ו	ק	ל	י	ם	ח	ק
ר	י	י	נ	י	ג	פ	ה	ו	ו	ו	מ	מ	א	ם	ח	ו
ו	י	ף	ת	מ	ר	ה	ת	ח	י	מ	צ	נ	מ	י	ו	נ
צ	ק	י	ה	ח	ק	ב	ל	ש	ו	ו	נ	ב	ל	ש	ל	מ
ה	ו	י	ג	ן	מ	א	י	ו	ע	ה	ו	ת	ר	כ	ת	ש
נ	ח	ת	ר	ו	ג	א	פ	ד	ש	ה	מ	ד	ד	ב	ל	ל
ו	ו	ש	ו	מ	י	ש	ר	ר	ג	ל	א	ר	ג	ן	פ	ח
נ	ה	ע	ע	א	י	א	ל	ה	ס	י	ק	ח	מ	ו	ת	ת
ב	ה	א	י	ו	ל	נ	א	ת	צ	ק	ו	ו	י	י	ו	ת
פ	ע	ש	ן	ס	ר	ג	ש	מ	ג	ת	ו	ר	נ	ג	ר	ו
ף	ק	ח	מ	ה	נ	י	ח	נ	ח	פ	ת	ב	י	כ	י	כ
ב	ו	ע	מ	י	י	ק	י	ם	ו	ת	א	מ	ם	א	ש	י
כ	מ	ע	ב	ע	ת	י	ד	ר	ו	ן	י	נ	ה	י	כ	ו
מ	י	ל	ח	צ	נ	ע	ר	נ	י	י	ה	ד	ה	ס	י	נ
מ	ם	ם	מ	ר	א	ע	ן	ל	ב	נ	מ	פ	מ	ר	ל	ן

שוקלים
מרוצה
צמיחת
קבל
לארגן
תוכי
תשע
לפתור
אפרסק
מינים
חרד
בעתיד
אגורת
חמה
נייר
לתל
שימוש
עקומים
הגרוע
משלחת

Puzzle 469

ף י ע ס ן ד נ ס מ י מ ק ן ם ת ה י
פ א ח ת ו נ ת י ר י פ ש ל ה ס ם מ
ט ב ע מ ב א ג ת ט ע ד י ו ו נ כ ו
נ כ ד ר ק ו ג ש ו נ ש נ ו נ ו ו ק
פ ב ד ה י מ ל ה ש ו י ס פ נ י ש י
ר ה ע פ ר ס י ח נ ל פ ע א ח ח ס מ
ק ר ח ן פ ר מ ו י י פ י ק ו ר ר ו
ו נ נ ל י ת ד ב א ל ט ה ן ט ח ו י
ל ע א ה נ ל נ מ ע ת ר מ נ ב י א כ
א י ו ר ב ד ת ו ל פ ו ו ב ו ש ק ב
ב ל ו ל נ ח ג ת ש ש ז כ ע ה ב ד פ
ח ד ק מ ד ו ה ד ל א י ר נ פ ו ו מ
ן ו ו ל ן ר ו א ש נ ל ו א ה א ר ו
ב מ מ ת ל ג ן ע ח ו י ו ל ה י מ ב
נ ה א מ ח ד ר ן ק י ה ם מ צ ו ם ל

הם
פטרוזיליה
סעיף
שוטר
חמאה
טבע
שפירית
לשחק
המוכר
בטוח
מדבר
כבאי
מרחב
חתונת
מכונאי
ריקבון
רוק
תג
לאבד
שלה

Puzzle 470

ד ש ל ש ב ע ה ל נ מ מ נ נ ל ז ף א
ר ו ן מ ר י מ ן ם י ח ל א ע ה פ ד
ד ם י ס ח י ת י ע ו מ ק י ר י נ ג
מ י ו י ש ח נ ב ק מ י ח ם י ו ב ו
ס ד ד ת ש פ ת י ק נ א י ת נ ג ב י
ו ד ד ב ב ו ק ק ן ו מ ם ו ך ר כ ה
ד י ו י ג ה ק ב א ת ת ב ק ה י ל ה
ר ן ב ר ה פ ו ע ל ו ב ת נ ה ט פ מ
כ ה ו כ י נ י ר י נ י ו ב ע י י ת
כ א ש ו י ן ר ק מ ה ק ם י מ ח י כ
ה ו י ר ו ל צ ע ו ק ו ב נ ל ת פ ו
ו מ מ י ר ן צ י ת ב ו ב ר ת ו ע ו
ב מ ל ר נ א י ר ו ע ן ב פ י ר ע נ
מ ל ו א י ש נ ו ב ל ן פ ה ד ו מ י
פ י ס ב ד ם א ו ק א צ ל מ ת מ י ם

אלימות
מתכוונים
מסודר
הפועל
אפיית
חמים
המתנת
יחסים
נשיא
מחמיא
בעיית
חשבון
נלקחים
מיומנות
בעובי
ולצעוק
שבעה
בקהילה
כלפי
ובודד

Puzzle 471

ע ה י ן ב א ץ ה ת ו ב ו ר ק נ ו י
א ה ו ט פ מ ע ה ש ח ו ר א ו ע ז ש
ג ע מ ק ס י ם ת ו נ ד א ו ה ל ק ר
י ג נ ו ת י פ פ נ א א ש ת ו י ם ל
ל ל ו ו ח מ ד ו מ ה ע ל י ע י א ש
מ ת נ ת ק ל מ ש ל ד ן מ ה ז ד ק ו
נ ו ן מ ו ה ת ן ת ה י ם ה ו ז ה נ
ת ת ק ו פ ה ס מ י ב ה ל ו ח כ ע ק
א ו ד ן י ד ש י י ת י נ ו ע נ מ ה
ל ד ו נ ד פ ר א ע ם ק כ ל ע ב ב ה
ר ר ג ו ו ר ו ל ב י י ל ע ב ה ד א
ו ב י ש ן ק ל ו י פ נ ה י י ב ל ל
מ מ ע ר ח נ ן א ג ת ל י נ מ מ כ א
ו ד ו ו ו ה ה ר י ל מ פ ם כ ד ר ת
ג ב כ מ ב ת פ ג ד נ א מ י ן נ י ג

כחול
תקופה
נענע
תואר
השחור
העיתונות
אוהל
למשל
קרפדה
מדומה
קופידון
ראש
עוני
עץ
קרובות
שקיעה
נמלת
מקסים
גיל
עגלת

Puzzle 472

ל ר ד ג נ מ ח ו ה פ ל ו ח ש מ כ ו
ש י א ו מ ש ם ו ו ב פ ו ך י ל ב י
י ת ד ה ס ל ו מ ן י א ד מ י מ ו ש
ם ן ס מ כ כ ב ת ב כ ב י ם צ ח צ ע
י ו ס ו כ ל א ר ו י ה מ ב ח מ ע ב
ג פ מ ש מ כ ו ל ל ק א ח י י י ע ר
י צ ו ג ת ט י פ ש ל ן א ה ע מ ר ו
י ב ל ה נ י ל מ ל א ך א ב ה ל ה מ
ב ר ר נ ח י ו ו ת י י ר פ ס ל ד י
ש ת ק ו ל ק ס ר ש ע ת ו ח ו ר נ ת
פ ו ג ת י י פ נ ה פ י ע ד ד ו ו ת
ח ש ש ב ם ה ב ד ל ר י ק ו ד פ ב ם
כ ד י ן ה נ ק ס מ ו א ר ב פ ר י פ
ן ר ל מ ל א ב י ל ב י ק פ ר נ ב ן
ב ב ר ש מ ה ת ד י מ ה ה ר ה מ י א

דבקה
כולל
הקרקע
לשים
הגשומה
טיפש
מסקנה
בצפון
יער
ובמצב
מתנחלים
שעברו
להשתלשל
פסולי
מלאך
קול
עצוב
ריקוד
ספריית
מהסוג

Puzzle 473

ן ו ק ע ב צ ח ו ת פ ע ר א ן ת מ ב
ח ב ר ת י ר ס ף ג ה פ ט נ פ ת ר מ
ו ו ל מ ב ן ק ת ל מ ו ו ט ו ז ש ד
ה צ ן ר ח מ ת ר ג י ח ב ח ל מ ק י
א י צ ס ת ל י ב ו י ח ה ן י מ א ה
י ס ג ת ג ת ם י ר ח א א ר פ ב ק נ
פ נ ר ע י ר ק פ ה ל ן א ת ב ו ד ש
ו ה ל ר ך ו ר א נ ש ו ב ל י ח ם מ
ל ו י ש פ י ו ת ו ס ו ח ם כ ו נ ר
י ג מ ד ד י ע ם ה ן ש ו נ י ם נ ר
ח ש ל ל ת מ ס ל ק נ א ט ע ל י ע מ
ס פ ר י ב א י ת פ ן ם ל י ר ט נ ש
ג ע י ה מ פ ו ש ת ו ב ל י ח י י ל
ע ט ו ר נ ת ת פ נ א ו ר ה כ ה ם ד
א ו ה ש ר א נ ת ו ם א ע נ ו ר ה מ

ברזל
חברתי
מעיל
ערש
שונים
צבע
האמין
תחביב
לדפוק
אביר
רטוב
רהיטים
פתוח
מתוח
קשר
ארוך
אחרים
יסעור
החיובי
שלד

Puzzle 474

ו י ב ק ש ח ח י ז מ ר ת ז מ כ מ ה
ש נ ע ף נ כ ג י כ י ע י ב ר ה י ת
ת ו ת ה ק מ י מ ו ס מ נ מ י ו ו ש
ט פ ו ש ר ה צ י ת ר ש ה מ ם ב א ע
פ מ מ ל א א ל ב ח ו ר ה א ק ג ו נ
ו ר י מ ת ת מ ה ן י פ ב פ מ ח ת ש
ד מ ת ו א ל י ו ה ד ר ו ד י י י ב
ו ח ד ר נ י ה מ נ פ ף ק ה ו פ מ ל
ד י פ ת מ ל ר ס ס ה נ ו ו ל ו ד ב
ו ה ן ד ג ש מ ה ק ו מ ה ן א ש כ ח
ו י ו ת כ י ר ת פ ה ט ה ו צ י ב ח
ת ב מ פ ן ר ח י ו ל ל י ה ל ת י ל
פ ו ו ח נ ל ג ו ס מ ה ז ת ל פ ר ש
מ א י פ ו פ ל ח מ מ ל י ס ת ח ז ד
פ ר ה ג ו ו ס י נ ע ך ס מ י א ו ל

מסוגל
גבוה
חלש
חכמה
מצא
חיפושית
שופט
מהיר
שרפרף
וילאות
היום
לבחור
זכות
שנעשתה
שנקראת
לשיר
הרביעי
תזה
מלא
היבוא

Puzzle 475

ד	ח	ו	י	א	כ	מ	י	מ	מ	י	ש	ו	ו	ש	ח	ד
פ	ו	ב	כ	ך	ב	ם	ו	י	ב	ב	ר	מ	פ	ו	ו	ו
ש	ת	מ	ס	ת	ד	ת	י	ו	ש	ע	י	א	ק	מ	נ	ס
ש	ם	ר	ת	נ	ס	פ	ר	נ	ח	מ	י	ו	י	א	ו	ב
ה	י	ה	ב	ו	כ	ל	נ	ר	ל	ד	ד	נ	ק	א	ט	א
מ	י	פ	ב	ו	ן	ע	ל	א	ר	ת	נ	ו	מ	כ	ל	ב
נ	נ	ב	ו	ר	מ	ע	ג	ה	ח	ט	ס	ח	כ	ו	ש	מ
נ	פ	ה	מ	ל	◌	מ	י	כ	י	ר	א	ת	ל	ל	ל	ג
ר	ו	ר	ש	ש	פ	ש	י	ת	ש	ה	ע	י	ג	ר	ה	ח
ר	א	כ	ח	י	מ	מ	ו	א	נ	נ	ו	ל	ש	י	ת	ל
ק	ו	מ	א	ה	נ	ח	ת	ב	ג	ה	ח	ר	ה	מ	י	ו
ח	ש	פ	ו	פ	ר	ח	ו	ב	ד	ו	א	ר	נ	ס	ר	ם
מ	ס	ה	ג	ר	נ	ל	ו	מ	ח	ה	ו	ע	א	ח	מ	ה
י	מ	א	ב	ע	ס	פ	א	מ	ה	ק	ן	ע	י	א	ב	ה
ר	ה	ה	ע	צ	ר	ו	ש	א	ס	י	ר	ל	ב	ל	ר	ס

ובכך
ביום
להתיר
דומיננטית
אופניים
לשכוח
פסנתר
חלום
בתחנה
אפס
בעמדת
חותם
מחקר
וסבא
ראה
רגיעה
שלטונו
חשב
כבד
מכרה

Puzzle 476

ה	ג	ל	כ	ת	ת	ש	מ	ב	ר	י	ק	ה	ט	ש	ח	י
ב	א	מ	ו	נ	א	ש	ר	צ	פ	מ	ד	ד	י	מ	ל	ת
י	ו	ל	ע	י	מ	ז	י	ל	ע	ם	י	ע	י	פ	ש	מ
א	ג	כ	ס	ע	ג	פ	ו	א	ג	ק	ה	ר	ר	ר	ח	מ
ל	ר	ה	ו	ר	י	מ	ם	ן	ר	ו	ע	י	ר	פ	ה	ל
ב	ץ	ת	י	ו	ד	ו	ב	ת	ב	י	ק	פ	ו	ה	נ	פ
ע	י	ד	ו	ן	מ	ש	י	ד	ב	ה	ש	ר	ס	ע	ג	ו
ת	פ	ל	ל	פ	ד	י	י	פ	ף	ש	ה	ע	ח	י	ב	ת
ע	ה	פ	א	מ	ח	נ	ס	ו	ח	ה	י	ר	ח	ב	ה	ש
ח	ל	ם	ב	ו	ח	ל	כ	ד	פ	י	מ	ָ	ו	ן	ו	ר
ו	ן	ת	ו	פ	י	י	ע	ו	ו	ב	ל	ל	ס	ו	כ	י
ק	ו	י	ה	ש	ן	ח	כ	ג	כ	ר	ע	ר	ב	ו	ב	ס
ת	ה	ל	ת	ב	ר	ה	ה	י	ו	ו	ו	ה	ח	ע	ד	ה
ס	ו	ן	ו	ב	ן	צ	ר	נ	ר	ה	ח	ת	ח	ס	מ	נ
ה	ה	ד	מ	ו	ר	ו	ו	ב	נ	ה	ה	ו	ר	ן	ו	מ

להפיץ
עליז
מס
השקעה
אשר
מבריקה
מי
להפריע
משפיעים
תלמיד
כועס
משמעותית
עייפות
הביא
ההפוכה
אם
בניגוד
פלדת
מלכה
אוגר

Puzzle 477

נ ל ה מ צ י א ת י ת נ ו פ ה ס ו ר

נ ה ת ת א צ ה ה ת ו ס ו נ צ ח ף כ

ך ל ו נ ג ת א ו מ א ג ו ז א ר ע ת

ת ך ס ו ק א א נ א ו כ ק ח ש מ ב פ

ת מ ל ת ק ח ו ו ק ח ל ו א י ש ל ל

ע נ פ י ת ה נ י י ם ח מ ר ס ל ס ה

ד פ פ ס מ ל מ י כ ו ר נ ב ל ה ל ק

ב ש מ י ר ה ם ג מ ל ו ק ב ח ר ו צ

ה ו ו ס ה י א ב ו מ א ע ב ש ב ל ו

ק י ר ב א ת ע ל י ז ל ק ב ו ע מ ת

ד ת ר ו ש כ פ ע ה ר א ת ה ף ו ת ן

ל ש ת א ו ד ת ט ה מ י פ נ ר י ל ע

כ א א ב ו ע ר א י פ ר ב ן ו ת ח ת

ו י ע ו ן ה א י ז ע ד ו ע ו ו ו י

א י ת ו ד י ד י ה נ ם י פ י ד ע מ

משחק
מעדיפים
הלך
הראתה
מתנות
לקבוע
להקצות
בסיסית
להמציא
תחתון
ידידותי
הפרעה
אגוז
משב
זיהה
בקול
לחשוף
תנופה
הנוכחיים
סנאי

Puzzle 478

בגלל
רך
נתנו
להדגיש
לזווג
אומרת
בחופשה
קרנף
עגבניות
קיווי
חתך
האומה
מאה
בילה
שימושי
דקת
מתוק
כהה
משקל
מלחמה

נ כ ע ל ק צ ק ט ם ו ע נ ש ך ו ג ו

י מ י מ ח ת ך ר ר ו מ י י ו ו י ק

ד ש י ג ד ה ל ת ל ן מ ו ו ק ו ת מ

י ר ת ו ה א ו מ ה ו ת ו י נ ב ג ע

י ל ק ש מ מ ש ד ש נ ו ו ו צ ב י ל

ת ו ת ר ח מ ק י ם ת א פ ר נ ש ם ר

ר ו ת ל ל ת ח ק ר נ ף א ו ו א ד ה

ן ה ת ר מ ו א כ ב א מ פ ם ב מ ר ת

ל ח ר א ה נ ו ו מ ה ל ו ד כ ח ב ב

ו א י נ י ם ס ה ב ח ו פ ש ה ה ג ב

ר נ ת א י ע ד ו מ ם א ו א ה ל ו ו

י כ ו ר ו מ ד ד י ו ע צ מ ל ח ו ת

ר נ ת ר ת א ל מ מ ת ל ב כ י ע ז ה

ן נ ח מ ר מ ם ר נ ו ד כ ג ב ו ל י

י מ י פ ע כ ת ה ת ט ב ב א ל ח י ו

Puzzle 479

ת ו ח פ ל י ה ע ה ס ו נ י י ק ו א
כ ג ר ו ז ל מ ב ם מ ו ר ח י ה א ח
ר ה ת ב ל ת ס מ ל ש מ ו ע ץ מ א מ
ר ם ו ט מ א ו ב ש א ר י ת ה כ ק ה
י ט ב ל ו ל א י ז ף ל א ל ל ו כ י
ר י ב י ו ה ט ר ח ד ר ח ו י י ת א
ל ת ם ו ל ר ה נ ן נ ו מ ב ע ר מ ר
ה ח מ ש פ ג מ א ו ב ק ת י נ א י ל
ך ד פ ת ר י ג מ ד כ י מ ד ף ע נ ש
נ ו ר י ו נ י כ ע ב י י ר ו מ פ מ
ך ו פ מ ו ד ה י ו ה א ו ר י ו נ ר
ל מ ו ת ו י נ ף מ י ם ת ב פ ר ל ן
ה ש ר כ ש ו מ ר ◌ ו ב א י ן ת ך ו
מ ג מ ס כ ר י ל ה ו ו ה א ו ד י א
ו ו ה ח ד ב ל ע מ ל נ ש ה ל ר ר ו

מגירת
מאובקת
שארית
חמת
מאמץ
מנהיג
לבד
לשמוע
מודה
מועדון
לשמר
שלם
חורף
בית
אוקיינוס
לפחות
לשפוך
חמש
רפורמה
מהלך

Puzzle 480

ל ב ו ל צ ח ל ת ל ח ב ו ח ש ו מ ו
ס מ ו ו נ ס ם מ א ש ן ח פ י ע ה כ
ל ר א ו ד י ש ן · ת ח י ר ב ף א ר
ל ב ת ל ק ר ו ם ו א פ ש ה כ י ל ה
ב ו ו ש ר י מ ת נ י ב ג ו כ ו ה א
ל ר ו ו ד א ו ב נ ל ו ח כ מ ב ד ט
ב ה ט מ י י ל ע א ת ע ן ח ר נ א י
ל ל נ מ ה נ ל נ ו מ ה ש ו כ ך ת ת
ו ס ע ג ף מ מ ש מ א א ע ל ב ו ר כ
ר ל ה כ י ן ה מ ל ג ס א ש ד א ר ל
ו י י ם ע ע י ד ל ם ה ר מ ה י י ת
י ן ל ה צ ע י צ י ו ד ה ר ש י ה ק
ע מ צ ם ב ת נ נ ן מ ל ס י ת ם ר נ
ח י ה ה ר א ב ה ה ו נ ר מ ו ו ף ו
מ כ ו כ ח פ ת צ ף ן ח י א ב ג ב א

הליכה
אף
אגם
במכחול
דוור
נעלמים
איריס
כביש
חנות
קרוב
אודישן
שם
גבינת
שלו
לבלבל
ולשמר
להכין
כרוב
בריחת
צעיף

Puzzle 481

ף י ד ז ו מ ו ל ה ו ס ס ת נ ה מ ת

פ י ד ז ו מ ו ל ה ו ס ס ת נ ה מ ת
ו א י ש ח ב ר ה י ה ד מ ע ו י מ כ
ל ו ל י ל ב ג ב ד ת ו י ש ג ר ע ו
ו ר י מ ב ל ח י ה ר ר י ל ר ג ר ש
נ ר ע ו נ ד ע ן א ש נ ף כ ר ה ב צ
ה א פ ה י נ ע ר ה ו ן ך כ א ו ל ל
ח ש מ י י כ ת ה ג א ד ח כ ס מ צ ה
כ ת א ע ן א כ פ ו מ נ ו ה פ י ו ן
ח ד י ו מ ת י ר ק י ע ס פ ב ק מ ר
ע ב ג ה ה ת ו נ כ ו ס מ ב ל ב ש ע
ק ק ב ח ד ו כ א ו י כ ח מ ן א ם פ
ח ר ו ש א נ י ם י א ת ה ל ט כ ו ח
נ ו ק ב ט פ ס נ ד ע ב ז ע נ ו ב ש
ן ו נ ו ו ה י ת ב ד ו י ו א ה ו מ
ף ו א ל ד ל ת כ ח ג ח ד ל א א ר ח

סיכוי
להפנות
דבק
שקוף
שיא
ממערב
מאושרת
להבין
עיקרית
בלב
בניין
עמדה
רגשיות
להתאים
משם
מפעילי
מסוכנות
חברה
כרגע
גוזל

Puzzle 482

ר ג ת ד ס ר ח ו כ א ס ק מ ע מ א ל
ק ס ר כ ה פ י ו א ד א א ס ן ◌ כ מ
פ ו כ מ ו ז ת ל ס מ ק ר ב ק ב י ר
ע ה י י ו ת ה ב ע צ מ א ו ת ד ו
ז ל ז ו א ל ר ה ם א · ת ש י פ ר ס
ב ח י ו ו ר ה ל ו א מ ר ג ד ש ו מ
ה מ ב מ ו צ י נ ר י ת נ ו מ ל ל ע
ד ה כ י ל ו ה ד י ת י ר א ר ב א ל
ל י ג י ב מ ל ב ח ה ט ש ם ו ר א ר
ש ה ב ד נ ה מ ו י ת מ ל א ל ה ו מ
ת ו י ה נ ן ם י א ר נ ר מ ן ו נ ח
ן ו ט י י ו מ מ ל ף ש ג ד ו מ ת פ
ק ן ו ק ר ד ה מ ס ו י מ ת ר מ ל א
ד ת ל ו ק ו ו מ כ ג י ו י א ד נ מ
ס נ ב ר ש א פ ב מ ב ס ה ו ד ו א ע

עזבה
דיוקן
מודגש
המוצר
מסוימת
יפה
בגוף
ולהרוויח
חירום
בלוטי
בכושר
ארון
לכבוש
הדרקון
תרכיז
עצמאות
הכילו
נראים
ארית
בדיוק

Puzzle 483

ל ג ת י ל ק ו ט ב ל ש ר ר כ ה ח ו
ו ר א ה א א א ו ר מ מ י ו ס ע ל ו
ה י ה י ן ם י ש ח צ ח ו כ נ א ב ק
י ג מ י ב ו מ פ ב ו י ס ת ל ל י א
מ י מ י צ ו ס נ י א ו א ד צ ו ב ח
ב ת ר ב ע ו ת ו ב ך צ י ר מ א א ן
ב ל ג א ל ו ו ו ו פ ב י ח י ר ם ס
ד נ ת ד מ פ ש י ב נ ו ת ו ו נ י א
ו ב י נ א י כ ע ו ב ת י ה ע ב ת צ
מ ט א ו ו י ל ו נ ו ת ו צ א ת ו מ
ר ל א ח ן ג ב פ י ח כ מ ו ו ס ב ה
ם פ ה פ ש כ מ י מ ו ק מ א ח ש ש ש
ה ו י ד ע ח מ ק ת ו ר ש פ א נ ג ר
י ן י ש י ר ב ו כ ר ר ק צ ת פ ו א
ה ה ל ד ת ס צ נ ת ר ע ק י ל ו י ד

מכשפה
למצוא
תוצאת
חלב
ואן
קערת
יהיה
מקומי
הסכסוך
ארנבת
קצת
ברחבי
בטלפון
לעצבן
ילקוט
אפשרות
אבק
וילונות
אביב
השנתי

Puzzle 484

מ י ר ן ל ץ מ ח ר ה ה ץ צ מ ד ת ה
כ ע ב ח ו ר י ז ו ל ב ו ו פ ע פ ד
ם א ו ו נ פ ש ת כ י ו פ ד ת ב ר ד
ל ר ח ת ו ת י ה ד ת י ק מ ע פ י ו
ר ו ר ש ף ל י צ ו ם א ל ד ב נ ח ק
נ מ ו ט י ב צ י ה ו ה צ י ט ם ת כ
ו ו ג פ ר י ה פ ד ב א ת י א ר ק א
ע נ ו ב ח כ ב ג ש מ י ת ד ד ו ב מ
א ח מ ז ה ם ז מ כ א א ל ו ל א ל א
ח ן ר א ה ה ס פ ע א ה ת י צ א י ת
צ ל פ פ ו מ נ ו ו ה פ מ ר ק מ י ו
ק ע א ש ן ג ע נ ו מ ה י מ צ ו א ח
ת א ק ו ח ח ע פ ש ע ב ט מ ו נ ק א
א י ו ו ש ת א ן ח ה ה י ד ד ר א א
פ נ א י י מ ח ח ם ל ו א ב א ס א ה

הון
לקפוץ
זול
פשע
בחורי
הלכה
פיצה
מוטיבציה
מטבע
מבודדת
אולם
החריף
מפת
מחר
אקראית
צוות
רחוב
חיפוש
טבעת
פרץ

Puzzle 485

נ ד פ א ב ם מ א ק ב מ ם מ ב ג פ מ
פ ו א ל ל י י צ ר י ח ד כ י ר ו ז
ה ת ב ש מ ע ם י ד נ ק ה א ו נ מ ר
מ ד מ ה י ג ד ל ק ל ד ת ג צ א כ ר
ו ח ש נ ת י ל ה ו א כ נ ו י מ ק ע
ר כ ת ו א ח ס מ מ ו ד צ ב מ פ א ה
י נ נ י מ · י ב פ מ ע ל ם ץ כ ג י
ם ם ה נ פ ו מ ע ק י י ו ת ל ח ז מ
ב ה י ל ב ו ו ר ט ר נ ת ס ע ב ה ת
ק י ד ה ו ו ח ל י ה ת ו ט ש פ ת ה
ה ל ו ג ב מ ב נ ת צ ר א ד ר ו ו ו
י ר ב ד מ ד ע ב מ פ ג ו י ד ל ח י
י ד ט ב ש ט י י ס י י צ ב כ מ ם ד
ו ס ב ה א א מ ח ו ס ל א י ע ח מ ב
כ ב ע מ ג ד י א ק ו ר ג ת א מ א ו

קפץ
מסוק
התפשטות
אצילה
צהרי
בינלאומי
בסדר
מזחלת
דברי
מחק
טייס
משתנה
בלבד
נכחד
התנצלות
קומפקטית
לייצר
המורים
לחמנייה
יגעים

Puzzle 486

י ו ב ת ו ת ת ס כ י ו ד ח ל ח צ ה
· ל א נ ב א ק י ן א ר מ מ פ ד א ס
ו נ מ ג נ ת ר ר ו ס ה י י ל ף ח כ
ב ב ב ו י ה ז פ ר ו מ י ם ו נ ר ם
ם פ ו ן מ ש מ ר פ ו ו ה ס ש ג ו ו
ג ל מ ו ש ב י פ י ד א א ח י ב י א
ש ד נ ל ו ן כ מ ע מ ל ל ו מ ר ו ר
ם ה ו ע ק ו נ ר כ ש ו ש ר ד מ י נ
ג ר ע נ ר פ ס כ ר פ ת ק ל י ב ו י
מ ב ע א נ פ ם ק ש ט ל ו י מ ק ל ט
ה פ ל ב ל ה י ב י ט מ ל י נ ו ו נ
ל י ג ל ת י ם מ ן ב ו ק ו מ ע ע י
א י ר ה ב י נ ג מ ס י ב ח ר ר ק ד
ה ם ו י ב נ צ י ל ח מ א ל ח כ א ם
ל ן ל א ו ש נ ו ו ר ח ם י ר ב ד מ

עיפרון
ספל
לפלוש
סחר
משפט
הסכם
לגיל
אומה
המונה
גשם
פרפר
הסורר
מדברים
קר
לשקול
יבש
מזרקת
לאסוף
מגניבה
על

Puzzle 487

ו ל ו ג י צ צ ד ם ל ל א ר א ו ף ט
י ב ו י ב ר י מ י נ ק ח י ל ז ו ן
ס ר א כ ן ו נ י ם ט ב ש ו מ ע ח ב
ס ק ד נ י א ר א י י מ ח ר ה נ ה ת
א י ד פ ז ף י ב ש ם א ג פ מ ע ה ו
כ ו י נ ג ש י ח ר ו ז ו ח ה ט ג ב
מ ש ט מ מ ת ת ו ו ל ל ל ח ד מ י ן
ח ד י ר ו ו ב ר פ י ה א ו ל מ ו ר
י נ ם ה ט ח א ת מ ר ר ע י ב כ ק ג
ו ו ז ו ח א ר ר ו ז ח מ ב ש ח ל י
ו ל ר ר צ ע ך ל י ל י מ פ מ ע ן נ
י א נ פ ה ה ת ו ו ו ל ו ה ר ר ר ח
ו ר ת ב י ש ח מ ף ב ר ו ת פ פ נ מ
י ן ו צ ר מ ס ת נ ת ו ו ן ר פ ב ד
פ ק י א י ט ע ו ש א א י ת ו נ פ ן

מגזין
פנאי
לילך
אכן
לחשב
מפורשים
טועה
חילזון
רוחב
אקטיבית
אינדקס
חשיבת
מושב
זהות
מחזור
מאז
אחות
נמר
חוף
מרצון

Puzzle 488

נדיבות
לאמץ
חגב
חכמים
באמת
שובב
תא
לעכל
בין
תנועת
כפית
רכוש
וכרובית
הארקטי
שנים
אשמתו
לקרצף
במבצע
החובה
נטו

ו ה ח ל ו ש נ ל י ת כ ן ו ו ס ג ג
ו ח כ ע ו ו ש י ו מ ל ו י ג י ת ת
ר ו מ כ ת ו ל מ ו ד ר ן פ ב ח ו י
נ ב י ל ב י ק נ ד י ב ו ת י פ כ ו
ע ה ם ב מ ד ו ת מ ש א ף ת ע ו נ ת
ו ד נ ר ל ן א ד מ ל ג ס י צ ש ה מ
ה א ר ק ט י ד ת ס נ ג ב פ ב ל ה א
י ב ר ג ל ש ר א ו ה ה ל א מ ץ ו ב
כ צ ו ה א י ה ע י מ ב י ו ב י ע נ
ף ו ה א י ל ת פ ם ר ו ר כ ש נ ה ט
ג פ ו פ י ן י ב ו ו פ ע ר צ ק מ ו
ו ו ז מ ת ל ל ו י ש ט ח ו ו ב ו ם
ע מ כ ח ב ל ח ל א נ ו ל ב ש ו כ ר
פ ס ג ו ם צ י ש ב י ו ב י י י מ
ע ב ו פ ד ה י ו צ ם ב ו ת ר ה ה מ

Puzzle 489

מ ב נ כ א ל ל ר א ו מ א ה מ י י ט
מ א ר ת מ מ ס ל ה י מ נ ע צ מ י י
ר ה ו ש ר ו ז ש נ י ת נ ו ו ת ר ד
ר ח מ פ ו ד ר פ ש ע מ ס כ כ ת ם ו
ג ע א ן ע א י ן כ ו י מ ז ק ר ר ר
פ א ר י ס ב ק י י ה ל ב ה ה ח ט פ
י י פ ו ש י ה ס ו ר י נ פ ן ת י ז
י כ ל ל ה א מ ו ו נ א ן ל ג ט י י
ו ר ד ג ת ד נ כ ו ן ט צ מ נ נ נ ר
כ י י ג ו ד כ נ ב כ ר ו מ ת ת א ס
מ מ א ה צ ב י ו ל מ נ ד ה ס פ ש י
נ נ ד ל ר ו ב ב ר כ ו ת י ן ש נ מ
מ א ל ר ת ו א ר ה ל ה ו ת י מ ר ת
ן ו ו ג מ מ י ש ו פ ו ר נ מ י נ ו
צ ו נ צ ר ד מ כ ס ק ל פ נ ע ם ר ר

תרמית
להראות
אננס
התה
להימנע
אמרו
שניתנו
מורכב
זכו
בסיר
איכר
זריקה
כבר
גלוי
בינוני
אין
פרא
פרות
נכון
ברכות

Puzzle 490

מ פ ו י ל ס י י ע א ל כ ל כ ו ל ו
ב ב ל ק ה ש ר ו ו ו ה ב ת ו ה ע ו
ן ט מ ז ל ק מ ע ב מ י ש י צ נ מ א
מ ק ט ו ש פ א ב ד ל ט ז ט ש י י ד
א ס ו ר ה א ב ס ת ל ם ר מ מ ש ו ן
ק ט ט ר ן א פ י ל ו ף ע ת ו ל ק ב
ר פ ד ד ד ד ת ה נ ת ד ט ת ש נ ו א
ה ס ו ו ם ר ק י ו ל ו צ ן ל ד נ ת
א מ ד מ א ט ר א מ ן ת מ ג ב מ נ ה
כ ן ל י י ן ד ת ל ר ר מ כ ו א ו ה
פ י נ ן ה ב י ר י מ ר א ח ד ש כ ל
ח נ ל ל ם ל ד ד ג ג י ל ו ל ו ק ר
ד א מ י י ל ע נ ו ש י י ג ל נ ד ו
ה מ ת ו ו · ל ם פ י ג ש ע ו י נ ב
א א ש נ י י ו ו ן ה ו ן ת ת ו ל ל

מצטער
כבש
מעל
לסייע
עובדת
לכול
בקלות
אבד
סמן
שן
פשוט
יריב
בטקסט
לקנות
להקטין
אומללות
להצטרף
אפילו
שינה
להיט

Puzzle 491

ב	ו	א	ב	ד	מ	ר	מ	נ	ה	ש	י	כ	נ	ו	ו	ח
מ	ס	ל	נ	ח	י	ת	א	מ	ו	ר	ה	מ	ה	ע	י	ד
נ	מ	ו	ך	ל	ה	ח	י	ל	א	ש	ה	ו	ל	ע	ג	ה
י	ד	א	ב	ר	ת	פ	מ	כ	ל	ש	ו	ת	א	נ	י	י
ה	נ	ח	י	ו	ו	נ	ש	ד	ו	ו	ל	ו	י	ו	צ	ת
י	ר	ו	ר	י	ן	ל	ג	ל	ת	כ	י	נ	ה	ח	ו	ח
מ	י	א	ט	ה	י	י	ש	ל	ח	ב	ז	ה	ע	ה	ו	ו
פ	נ	ו	י	י	א	מ	צ	ע	נ	ו	·	י	ג	י	ב	ת
א	ד	נ	פ	מ	ם	ק	ר	י	ר	ה	צ	ה	ו	ה	ה	נ
ר	י	ה	מ	ש	א	י	ת	מ	ל	ש	מ	ל	ל	ע	א	א
ק	ר	ק	ו	פ	ה	ו	ב	ו	ל	א	ו	מ	ה	נ	ל	י
ו	י	מ	מ	ף	ג	פ	ש	י	ו	ג	א	ב	ג	ק	י	י
ת	מ	נ	נ	ה	מ	ג	ד	ט	ר	פ	ר	מ	ה	י	ס	נ
פ	ת	מ	ו	א	מ	ד	כ	ט	ו	י	ה	י	א	ל	ה	י
ט	כ	מ	י	ל	נ	ה	ב	ט	ש	ו	פ	כ	נ	ן	ח	ו

סל
להחיל
עצמאי
גשמי
המשאית
נדיר
שבת
שש
ענקי
קופה
זכוכית
נמוך
כמות
העגולה
להיהנות
לנצח
קריר
נוטים
נפח
אמורה

Puzzle 492

רבים
הנוזל
קנה
חם
דוד
גברת
רוצה
העשור
לחוף
עיצוב
חיה
ישנוני
איות
לערבב
מישהו
הליך
חתיכת
בנק
יכרוך
מחדד

ל	ל	ב	ר	ר	נ	ק	ל	ן	ן	א	י	כ	מ	ע	ו	ה
ע	כ	ב	י	ן	פ	נ	פ	נ	ש	ח	ר	ה	פ	ה	פ	ע
ר	ש	ה	מ	ד	ה	ה	ל	א	ב	נ	ם	ב	ר	ה	ח	ש
ב	נ	א	ט	ר	מ	צ	מ	ח	א	ל	מ	ב	ד	י	ת	ו
ב	ר	ט	ל	ו	ר	ו	י	ח	ו	ך	ו	ר	כ	י	י	ר
ו	ל	ו	ל	ד	ח	ר	ש	ו	ח	ף	ח	ב	נ	ו	כ	מ
ג	ב	ר	ת	ו	י	א	ה	ב	ו	א	מ	י	נ	ה	ת	כ
ך	ו	ב	ד	ד	ח	מ	ו	נ	ח	ס	נ	ם	ן	ו	ל	א
ע	י	צ	ו	ב	א	ב	ל	ק	ד	מ	י	י	ב	י	ח	י
א	ל	ל	ד	ח	י	ר	ל	ע	ה	ך	ע	ו	ש	ו	נ	ש
ע	ע	ז	ה	י	ת	ע	י	י	מ	ל	כ	ז	פ	ל	ש	נ
צ	י	ו	ת	ה	ק	מ	ח	ו	נ	ת	ד	ו	ו	ש	נ	ו
מ	י	נ	ד	ת	א	מ	פ	נ	ה	ט	ה	ו	ח	ס	כ	נ
ו	ע	ה	ן	ד	ל	מ	ו	י	ת	ה	ב	פ	י	ס	ו	י
ש	ע	ו	י	י	א	ח	ר	ו	נ	א	י	ח	ו	צ	ה	ת

Puzzle 493

ע	ע	ב	ע	א	ל	ט	א	ש	ע	י	ה	מ	ש	ג	ק	נ
ב	צ	ת	ג	ר	ה	י	ו	ה	כ	נ	ב	ו	ו	ו	ז	ו
ב	מ	כ	ב	ש	ר	פ	ת	ר	ו	פ	ו	ל	ר	ו	א	ב
צ	ה	מ	נ	מ	ש	ש	ם	כ	ת	ק	ג	ת	מ	י	ד	ת
פ	ל	ת	ת	ו	ו	י	נ	ע	ר	ס	ב	ה	ד	ק	ר	י
ו	ת	ו	ט	ת	ת	ה	ש	ח	ת	י	ו	נ	כ	ע	מ	ל
פ	י	ל	פ	ה	ע	ת	פ	ע	מ	ת	ת	ב	ו	ה	ח	פ
ה	ו	ם	ת	ן	ד	ג	ת	ה	צ	ה	ד	מ	ו	מ	ה	ע
ן	י	י	ד	ע	ח	נ	ש	ע	ו	ו	ו	ה	ד	ט	ב	ע
ח	ל	ע	א	ש	ב	ר	י	ת	ע	ו	ל	ל	ל	ו	ג	ד
ל	מ	ב	א	ו	ב	ת	י	ד	ה	ת	ב	ך	ד	נ	ד	י
ו	מ	ר	ה	פ	י	נ	י	מ	ט	י	ו	ת	א	פ	ו	ל
ש	מ	א	ח	א	ד	ש	א	נ	ת	מ	ן	ק	ו	ר	ת	ה
ל	ם	מ	ב	ף	ו	ר	ג	א		כ	מ	ר	ל	ע	ד	ח
פ	ח	ע	י	ק	ד	ד	ח	ו	י	ן	י	ב	ו	ל	ר	ר

עצמה
תמיד
כותרת
בגובה
להרשות
עבודת
תה
בדק
העוצמת
טיפשי
צפופה
הנכונה
אותם
לשולחן
ויטמיני
אגרוף
עדיין
ארבעים
התרוקן
במהלך

Puzzle 494

לשרוד
בחצר
תעלומה
אבקת
עיר
חוסר
להפחית
סימן
לאחר
קדרה
נוראי
קשוח
תפוחי
ללמד
תרחיש
הבת
כאן
גברי
לספק
במצב

ד	י	ר	א	ר	נ	ל	ה	ב	ו	ו	א	מ	ע	נ	ז	כ
ו	י	מ	ר	י	ו	ה	ע	ב	נ	ב	ד	ן	מ	ם	א	ש
ה	ד	ה	ו	ל	ו	ה	ת	ע	ה	מ	ק	מ	ל	ט	ב	ל
ד	ך	ק	א	ב	ק	ת	ר	ח	י	ש	ר	ע	ד	מ	ל	ל
ס	כ	ד	מ	נ	ו	ב	מ	י	ו	ו	ב	פ	ש	ל	נ	ף
א	ר		ר	ד	ל	ה	פ	ח	י	ת	ן	ב	צ	מ	ב	י
מ	ו	ה	ו	ח	ת	מ	נ	ו	ר	א	י	ה	ל	ה	י	ו
ע	ד	ל	ל	ש	ר	ו	ד	פ	ב	ד	ם	ר	י	א	י	ח
ד	א	ה	ר	ם	י	ל	ן	ת	ג	ק	ב	ן	ה	ד	ח	ה
ר	ר	ו	נ	י	ו	ע	ש	א	ה	נ	מ	ם	ו	ר	י	מ
א	י	פ	פ	כ	ם	ת	ב	ר	ו	ד	ל	ת	ד	ה	ד	ו
ו	י	י	ל	ח	ת	א	נ	פ	ן	מ	י	ס	ר	י	ע	ב
ל	ר	א	ו	מ	פ	צ	י	ר	א	י	נ	ר	ת	ס	ה	ת
י	ח	ס	מ	ו	ר	צ	ח	ב	כ	ך	י	ר	מ	ם	ב	א
ר	ר	ו		ף	ס	ל	ל	ק	פ	ס	ל	ב	ד	מ	ס	י

Puzzle 495

ד ם ם ד ד ל ד ו ו ק א מ ל ר ב מ ש
מ ת י ן א ו ב ל ם ק ל א ם ע ו פ ב
נ ד ג ס ת ו כ נ י ס ה ד י ר ה ש ו
ע צ ח ס א י ל ו פ א ך ת ו ל ד ב ן
א ד י ג י ר ך ש י ו ו ז ס פ מ ו ן
מ צ ד ר ה י ו א ל ן י י מ ע ו ו א
ס ו נ ק ו נ ש ג ק ס ב ח מ ת כ מ ו
ע ד פ ה ה ו מ ו ד ו ד א ג ו ל · ר
ד א ש ח ג פ ל ו מ ב י ד ב ה ◌ ו ג
ה ב ו מ ו ת מ ו ח ק ל א י ר י ב ס
ר א נ ו ח ר ו י ו ח י א נ י נ ו ו
נ ח ט ס ב ת ו י נ י ד מ ה מ ו י ש
ה ו ס ג א ו ת ח ו ק פ א ע א צ מ מ
ם מ ה מ ו ד ח מ ע צ פ מ ר א י י ת
ל ע ה ד ו מ ש י א ע ק י ר ט ח מ ת

חיצוני
הקפאה
שונה
למשוך
סביר
חקלאי
קליפים
באחו
בעיתון
גבינה
מסוים
החמוס
אלה
כניסה
דווקא
דודו
מדיניות
רע
אחיזת
טריק

Puzzle 496

ת ק ו צ א ה ש ב ר נ ו צ ן ב ק ד א
· ך ם כ ט י י ה ם ל ד ג ל ב ד ה ה
ת ו ו ש ה ל מ ם פ נ ת י ב ו ר ז ג
נ ו י נ ל פ נ ם י מ ק ה ע ח ר ת י
צ פ ק ו ח ר ו א ו י א ם י י מ צ ע
ח ס ר ע מ מ י ל ח ד ו ו מ ס י ם ד
ו ת מ ה ה ח ת ר ק נ ל ת ם ה מ ש א
ן ש מ ס ר ש פ ל ו ה כ פ ה ל ו ב ד
ח ו מ ו י ב ו ל ו ה ח מ ו מ נ · פ
מ ב ו ע ע נ ח ו ת ו ה ת ם נ א ב ק
מ ה ר ל ז ם ע ד י מ ר כ ת ת ל ו ס
ו ל צ ו ן ת ל ו ד ב ע ע ו פ ו ק מ
מ מ א מ ר ו ב ע ו ו ש י ס צ ה ף כ
א ש ג י ה ו פ ת ח ס נ נ ד ס ו פ ו
י ה ו ח ה מ ו ה ד ל ן ב א ד צ מ ת

עוד
תרבות
גזר
לנקר
להשוות
מידע
הפכה
עונש
השמלה
להסיח
זעירה
תשובה
מומחה
מחשב
המחלה
קיום
בננת
פרחי
עצמיים
נצחון

Puzzle 497

ו נ ר ן ר ה ת מ ב נ ד א מ ב ר ו ו

ש ג ל א ו צ ר ה כ ט ש ו ל י ב ו כ

ל מ א ד ה ל נ י כ מ ו ש פ מ ש ב ר

ח ש מ פ ר צ ג ד י ח א מ פ ר ל ע א

כ ש מ ש מ ה ו ם ו ד ר י ו ת ו צ ש

מ א י ה ת י ל ו נ נ ת פ ן ע ו ל י

מ ו א ן ר ח מ ו ם י י ס ל ר מ ה ה

ב ד א נ ב י ו כ ו א ף ת ך ת ק ו ל

ה י מ ב ע ו נ ת ח ר א מ מ כ נ כ י

ק ש ע ל ב ה ש ו ע ל ג ל ג ו ו י ו

י ם י י כ מ ו נ ס ע ב ר א פ כ ח נ

ש ע ה ע י ד י פ מ ש ל ר נ ה ד ן מ

פ ר מ ן ח ה נ ל ו ד ו כ ס ר י ח י

ח ח י ט ר ח ע ן נ א א ל י ע ק ג י

ע א ת י ה ח מ ק ת ב ו ה ך ו ט י ר

לפנות
ומחר
אשמים
משבר
עונת
נסיך
מלפפון
להוכיח
גלגל
מארחת
צורך
אוצר
לסיים
להישאר
המשמש
תכופה
השועל
ארבע
רעוע
תרנגול

Puzzle 498

י ע ג ח ף ו ה ה י ה ן מ ג נ ה ב ד

א ש ד ת ו י ח נ ה מ י ס ש פ ת ו מ

מ ר ו נ ס י ו ע י ר א א ל ל י א א

ל ו ל י ת מ מ ו ל כ ד ן ו ר ר מ א

ב נ ה פ ש ט ו נ ח מ ד ו מ ע ב ת ן

ל י מ ס י פ ו ר ת א נ ל י ו ו ו כ

מ ת כ ח ר כ י ש ו ף ה ב א נ י ב מ

ל ד א ס ח ו י א נ ט ו ה ף ו ו א ח

מ ת ת ף י י ר ו מ ר פ ם ה ל ש ל ת

ח ן ך א נ ש מ ב ש ו ס ו ל י ג ר ת

ב ת י ס א ב ו ת ל ת ר ש ר כ י א י

ר ט מ ר ו פ ב ק ע מ ט נ ה ת מ י א

ת ט ו ו ח נ ל ר ש ב נ ל פ ו א ק ק

ס נ פ ת י ו ח ק ו א י א ב א י מ ו

א ת ל ל ר ו ח ר ב ז ם א פ י מ מ ר

בעמוד
סיפור
הנחיות
תרגיל
נחמד
אדמת
גדולה
סוף
סרטנים
ספינת
עשרונית
לנשום
הפולקלור
פרסת
מחברת
כישוף
בפורמט
קקאו
מנות
לשלהם

Puzzle 499

ו ע ר מ ו ע מ ד ך ה מ ע י י א ע ל
ה י ו י ו ת ר נ ל ו ו ס ת ת ו ף ה
ש ש י כ ר מ מ צ מ ר ם נ ש ו י ר ק
ו ו נ א ט ע פ ע י ל ר ט ו נ י ג ס
ן ד ו י ע ו א ת ו ס ר ה ס נ ע ק מ
ד צ ל ב ת נ ס ו ב ו ט ו א ו ו ח א
ב ל א ת ה ל פ ן ן ו ק י ת ב ץ א ו
א מ ל ג ה ו ר ו ד ד כ ח ו ת ש י ת
ה ר ו ו ח ק ב י י ל ה י פ ה נ ג ח
מ י פ ב ה ש ק ב ו ר ה ר ו ת ש ו ם
מ ב ד ה י ר ת ר ר ב ס ם ת ה ר ל י
ת ע ש א ב ר א א י ק כ ת ח מ א ל ד
י ן ו נ י ק ר ב ל מ ם ר ן ה ד ת ו
ד ו ו ח ב י ד ם ו מ ר י ע א א מ ה
ת ן ו פ ה ל ה י ר ו ה ר א ה ת מ ו

בקשה
לצפות
מועמד
קולנוע
יותר
פותחן
התבוננות
אוטובוס
ייעוץ
נשוי
בתגובה
מלך
רכי
דרמטי
הרס
ההסכם
צלב
תיקון
גרף
סניף

Puzzle 500

מ כ מ ו מ נ פ ה ף ר י ס ט ד נ י נ
ו פ ט ר ר א ת ו כ מ ת ת נ ע ו ו ת
מ ו ב י א ז ו ו א מ ש כ מ נ ח ו ב
ל ל ח פ ע ר י א י פ ו מ ב נ י ב מ
ה ל ע ו ת ד ו ב ת ו ה מ פ ו מ ך ה
ה ט י ש י ח צ ף י כ ל ה ת ח י ל ח
י י נ ל ק ב נ ק נ ם ס מ ו ו ה כ א
ס ן ה פ ע ו נ ר ו י ח ב ש ל נ ו ו
ח ש פ י א מ ד נ ב ת ח ו ר מ ו ל ד
ו ו ן ס נ ד ל כ ב ל ט ר ה ע ת מ ו
ח י ו ך ח ם י י נ י ע ג ת ו ו ו ה
ן ן ר ת י י ר ו ש י י ר ו ר ע מ ח
ח י ת ע ב ב ר פ י מ ם ר ק ב נ א ר
ש פ פ ך ו נ ם ו ק מ ו ק ר ו י ו ת
מ ר ח ד ר ו מ נ ל פ ס י י ת ו ש ג

קומקום
מלוכלך
אסון
כביסה
כפול
שיטה
עתיק
אווז
ירקות
קרם
חיוך
בצבעי
המבורגר
עיניים
חיבור
מעורבות
מטבח
פתרון
להתחיל
רשות

Puzzle 501

ו ר ב א ל ו ת ל ט כ ד ב ר ן ד ן מ

י מ ג ג פ פ א ן ו ל א כ ת א ל ב מ

צ ה ת מ ך ז ן ל נ ה א ן ת ל ן ב מ

נ ס ל ר ו מ כ ר ל ן ת ו ר י ה מ ב

א ס ת ו ע פ ו ו י ה פ ו ק ן י צ ק

ם י ת ת ו מ ת ץ ה נ ש מ ב א מ ד י

ע ם י ד ל ה ר ה ב ע ל י ם י ב נ ע

ת ח י ו ר ה ש ר ד ה ז י א י ד ל י

ה מ א ח ה ב ח ר ל ל ע ד ה ו ם י ב

צ ש מ נ ד ח ה ק ב ו ר מ ו ס ד ת צ

ק ג כ פ א פ נ ן א ו ט ו מ ט י ת ע

ג ו ד ש ה מ ש א ב ט י ה כ פ ק ד ו

ש ה ם י ו ה ו ב מ ס ע ד ה מ פ מ מ

ע ם ב ן ה ו ח י ע ר ו ב כ מ ת ו ו

ת ע מ ן ם י ק ז ח ז ד ה א ט מ ס ם

איזה
ילדי
ענבים
הבעלים
אוטומטית
מסעדה
מוסד
לרוץ
חרב
נהג
נפשי
קצין
צבי
מהססים
תפקיד
בד
מכה
משנה
חזקים
במהירות

Puzzle 502

בקתה
שליחת
בעוד
אומדן
השפעה
אסטרטגיה
המוזרה
כועסים
לכביש
שלווה
מיטת
שנאת
משאית
משקפי
שליחה
מבחן
מבצע
כדורגל
איך
למעשה

ג ג י י י מ א כ ו ת י ו ע ל ה כ נ

י נ י ח מ ו מ ו ת ח י ל ש נ ל ב מ

י ת א ש ה ש פ ע ה ל ת ג ת א ר י ו

ע ש ת ל י ג נ ס מ ו ש ר ב ו ת ו ד

פ ל נ ד ד ב מ י ש ן ן ו ת מ א ם ו

י ו ה י א א ב ם ו י מ ד מ ס נ נ ל

ז מ ר ר ן י צ א ו י ב כ ט ה ש ו א

פ ל ן ו ד ך ע מ ו ו מ ר ש ד ר ן ר

פ י מ ש ח ו ם פ מ ע ט ת נ ש ן י ר

א נ מ ל ש ו י פ ם ג י ב ע ו ד מ א

פ ו ל י ן ל ה ר י א י ה ש ע מ ל ו

נ י כ ח ב ק ת ה ת א נ ו ו נ ו נ ק

ב ת ב ה נ ה ר ת ט י מ ו ל ל א י ז

צ מ י ל ד ה ר ז ו מ ה ל י פ ק ש מ

א י ש ש ת נ ת ד ל ל נ ש ת י א ש מ

Puzzle 503

ח ף פ ח י ח ו ל מ ד ס ב א ה מ י נ
מ ד ג א ו נ א ו ו ת ג צ פ ל ל ו ם
א מ מ ת ש ד ח ו י א א ח ם ז ב ל י
י ח י ש ב ת י ש ר ת ו נ ת ו ד א נ
ד פ נ מ ל ע ר ש ו ב ל ל פ ת ח ל מ
כ ה א ר ח ו ר ה מ ש י ל י ג ר כ ז
ה ח י ג ש ד ו פ א כ נ ת ג ה נ ת מ
ך ר ד ו י ה מ ע ב ן ל ו ר ד ו מ ו
ר נ י ף ב צ ע ה ל ת ן ו ה ח פ ר ו
ג ל ה ת פ ו ל ח ם פ ח ו ק י פ ס מ
ס ב א ת ב ר ע ל י א י י פ מ ו פ י
מ ת ם ש מ ת כ נ ם ד כ ק י ג י ט ו
ר ן פ ב ב ב א פ ו ש י ג ח מ ס ל י
ו ו פ מ י ה נ ד מ נ מ י ו ב כ ו ב
ס ו ת א ת ת נ ש ו צ י י מ י ה א ב

מלח
גוף
מספיק
פיתוח
מלבד
אחורה
סופשבוע
זמנים
צורת
מתנהגת
יושב
כרגיל
סבא
דרך
האם
לטפס
תעודה
לפתח
כוכב
אולי

Puzzle 504

ת ע ד ע פ ח פ ס ר ו מ י ה מ ב ו ם
ו ן ב ש ע ח ב ל ש פ ד ו ן נ מ ד ט
ה נ ב פ ו ף י א ג ו ד ו י פ ח ה ח
ו ע י ה ל ו כ ה ד א א י כ ד ס ו ה
נ פ ו ה ת י א מ א ו כ ז ב ו ת מ ש
ת י ש ה י ג ו כ א ר ו ק ס ג ש ר ר
ן ב מ ר ל ל נ ד מ ח ל צ ו מ ו ע ר
מ ו י ה י ש ט ע ת ו א ח י ו ח מ ר
ר מ ז י ן ח ר ו ש ם ו א כ ר ת ו ל
ל א פ ו נ ת ס ב מ ח ם ר ן ו י ל מ
ג ל ה ת ע ל ם ר ת ח י ת ר ל ו ש ב
י י כ י ח י ח ר ג י כ ו ם ו צ כ ם
ש כ ו נ ה ה פ נ ן ד ט ל ת ח מ ר א
ה י ב ג ע ק ר ו ה ש ו ל ש ס מ ו ז
נ ה ס ב א ל ז ה י י ד י ג ו ב ג ר

מזין
חסת
אפונת
תחושת
ענן
ללוות
קהילת
להתעלם
סרט
פעולת
מערת
שבע
פחם
לרתיחת
גישה
מאוכזבות
היו
שלושה
סבוכה
מוצלח

Puzzle 505

י	י	מ	ל	ח	מ	ת	·	ו	א	ס	ן	א	א	ב	מ	ב
ע	מ	ש	ט	ר	ת	ר	נ	כ	א	ג	ל	ן	ו	ה	ל	פ
ו	ד	ת	פ	ו	ט	מ	י	א	ל	ו	ר	ל	כ	ר	ו	א
ב	מ	ס	ל	ו	ל	ר	י	ב	א	ל	י	כ	ל	ש	נ	ח
א	ת	א	ר	ד	צ	ו	ה	י	ם	ה	ת	ת	ו	ב	ב	מ
ו	ש	נ	מ	י	ד	ב	ו	ג	ח	י	ר	נ	ס	ל	ר	ע
ת	ר	נ	ר	ב	ס	ע	ר	מ	ד	מ	ע	ד	י	ף	ן	ש
ו	י	ב	נ	כ	ד	ו	ו	י	ח	ו	פ	ש	י	ד	ל	ה
ו	ו	ל	ה	ה	א	מ	י	ר	ב	מ	ת	י	ה	מ	ג	ש
ד	מ	ו	מ	ו	י	ה	ק	ב	ע	ע	ו	ד	מ	ע	ב	י
א	פ	ן	צ	ר	ע	י	ס	ע	ע	ת	ב	ח	ל	י	ח	ב
ת	מ	ד	ו	ק	ט	נ	ר	ו	ב	י	ד	כ	ע	ו	מ	ת
ד	ל	ל	ת	ד	ש	י	ט	נ	ח	כ	ק	י	ר	ע	מ	ת
י	ד	ו	ל	א	ר	ח	א	י	ת	מ	ח	ש	ר	ה	ו	מ
י	מ	נ	ם	ח	ר	ו	ה	ה	מ	פ	א	נ	פ	מ	ם	

במסלול
מרפסת
כאב
סגול
קודמת
מרובע
מעדיף
נברן
באותו
מעשה
מדף
הכבידו
משטרת
רשת
ירח
חופשי
דיבור
מגיב
שביעי
אוכלוסייה

Puzzle 506

מאמר
הבקבוק
להקשיב
קלה
קריסת
הפופולרית
צמר
אביו
חדה
עבודה
בוגרים
התחרות
במחבת
מדד
כפור
משימת
שימון
סביבת
שמונה
מלוכה

ב	ע	ה	ב	ד	נ	ם	י	ל	ל	ש	א	ה	ב	כ	כ	ט
ב	ב	ו	ו	כ	ו	ס	ד	ה	ם	ב	מ	נ	פ	ו	ש	פ
ש	ת	ת	ו	ד	ב	ב	ק	ת	י	י	א	ו	ע	ה	י	ה
מ	נ	ב	נ	ו	ו	י	מ	ו	ר	ש	ר	מ	ד	ד	ר	נ
ה	ש	ל	ל	ש	ו	ב	ת	ר	ג	ק	מ	ש	א	ב	ר	ת
ח	י	ב	מ	ח	ב	ת	י	ח	ו	ה	א	ס	א	ס	נ	א
ו	מ	ת	י	ל	פ	ס	ר	ת	ב	ל	מ	ס	פ	ס	מ	ע
א	ו	ה	ו	א	ד	י	ח	ה	ה	נ	ם	י	כ	נ	ב	ב
ו	ן	ש	ה	ל	ע	ר	י	כ	ר	ו	צ	נ	מ	ה	ו	ו
ו	ה	ב	ק	ב	ו	ק	ח	ו	י	ש	צ	ו	ז	ו	ד	ד
ק	·	כ	ט	ה	ה	ו	ד	ל	ע	א	י	צ	פ	מ	ה	ה
ל	כ	ע	פ	ר	ו	ת	ה	מ	כ	כ	פ	ת	מ	י	ש	מ
ה	ת	ת	י	ר	ל	ו	פ	ו	פ	ה	צ	ח	ג	א	א	ו
ת	ל	ו	ל	פ	נ	פ	ש	ל	פ	מ	ח	ש	פ	ע	מ	ה
ו	ן	ב	ו	י	ג	ר	ה	ו	ר	ל	ת	ר	ו	ע	ק	ע

Puzzle 507

ת	ת	י	כ	ב	ן	ה	ב	ל	א	ע	ו	ת	ס	ת	ו	צ
צ	ל	ת	ת	נ	מ	ע	מ	ג	ש	ר	ר	מ	א	ה	ן	מ
ל	ט	י	ש	נ	ק	ב	ז	מ	ב	ס	ה	א	י	ק	ת	ג
ו	פ	ב	ל	ט	ר	ר	ל	א	ב	ק	ר	ב	ת	ו	מ	כ
ם	ח	נ	ה	צ	ר	ת	ל	ע	נ	י	ל	ח	י	ה	פ	צ
נ	צ	ד	ו	כ	ו	ל	ר	ס	ר	ר	ב	ת	ל	ו	ר	ו
מ	ל	ו	ט	ר	ה	ה	ו	ב	ג	נ	ג	ו	ן	ה	ה	ו
ל	פ	ג	ו	ר	ל	ר	י	ה	ו	ב	ו	ו	ב	פ	ד	פ
י	ח	ל	ק	ל	ה	פ	ה	ר	כ	י	ש	ה	ב	ל	א	ה
ם	ש	ת	צ	נ	ת	ש	ח	פ	ו	ו	נ	א	מ	ל	פ	ו
ר	מ	מ	ת	ת	נ	ס	ו	ב	ו	ל	ג	ו	מ	ח	ו	ה
ל	ן	ה	ד	י	ו	י	ל	ב	מ	ב	ו	פ	מ	צ	ף	ע
ע	ג	י	ע	פ	ע	ט	י	ל	ל	ח	ן	ר	ל	ו	מ	ה
ו	ש	כ	מ	ו	ע	ר	ם	מ	ו	ו	ד	ר	ן	מ	ל	ה
ו	ת	ה	א	צ	ח	כ	◌	ה	ו	ט	י	ו	מ	ן	ח	ת

פרה
פטל
צלילת
העברת
לוטרה
גלובוס
במזל
כרטיס
רכישה
תצלום
גור
מקרר
רפואה
לבוש
להתנועע
החולים
מפלצת
גבוהה
בקר
בכיתת

Puzzle 508

חוט
לקרות
עד
ילידי
שבור
להשתתף
גיליון
לפקח
חדשות
פיזי
הכחול
להציג
עצמו
פינוק
זה
לאחרונה
חלל
לכונן
מנסה
ציבורי

מ	ש	ו	מ	ת	ל	ו	ת	פ	ד	ו	ג	י	מ	ם	ה	ל
מ	ב	ב	פ	ו	פ	י	י	ח	ה	ו	ב	ג	ה	נ	ה	ת
ט	ו	ח	א	ד	ק	ו	נ	י	פ	ת	ב	כ	ת	ו	ח	ע
ת	ר	י	מ	ף	ח	ב	פ	ו	ר	א	י	ש	י	ע	כ	ו
י	ל	א	א	ו	ו	ר	ל	ח	ל	א	ו	ת	ל	ל	ג	ס
י	מ	ס	ג	ס	כ	ו	ן	י	ו	ק	ו	ו	ו	ה	י	י
כ	ן	◌	ו	ד	י	ר	ו	ב	י	צ	ר	מ	י	ש	◌	ו
מ	נ	ס	ה	ו	ל	י	י	ו	ז	ל	ו	ו	פ	ת	ח	ת
פ	ו	ש	נ	ב	י	ת	ל	ר	י	ד	ש	א	ת	ת	ד	ת
ת	כ	ס	ו	ל	ד	א	י	ח	פ	נ	ע	ו	ה	ף	ש	ע
ר	ל	ז	ר	י	י	ע	ג	ל	ו	ו	ו	צ	ד	פ	ו	מ
י	ה	ה	ח	ט	א	כ	א	ל	ש	ו	ה	כ	מ	ב	ת	מ
ד	ה	כ	א	ל	ה	צ	י	ג	ס	ו	ב	ט	ו	ו	ל	מ
מ	ש	מ	ל	ו	כ	ג	מ	ג	ח	א	ח	ה	ת	א	נ	ו
א	פ	מ	ח	י	ע	ט	א	י	ל	ו	ה	כ	ח	ו	ל	ה

Puzzle 509

ר	ש	ה	ה	נ	ו	י	ר	ת	ס	ף	ו	ח	ל	א	ח	ת
ב	ו	ו	ס	פ	צ	י	פ	י	ד	ש	א	ב	מ	ך	ר	ב
ד	נ	מ	ו	ם	ע	ו	א	ט	ב	ל	מ	ר	כ	ש	י	ם
ח	ח	ו	ו	ת	ה	פ	ת	י	ע	ו	פ	ת	ו	ב	י	ו
א	ב	ב	ק	ה	ת	נ	ב	ל	ב	ם	ו	מ	ר	ת	ב	מ
ע	ר	ח	ו	א	מ	ל	ר	ו	ם	ר	ה	י	ו	ס	ן	נ
נ	ך	א	י	כ	ו	ת	ע	פ	ת	ח	ע	ל	ל	כ	ו	ר
צ	פ	י	י	צ	ל	ח	ת	ה	ב	ה	י	מ	ר	מ	פ	ל
מ	כ	ו	ס	ה	ס	ו	ג	י	י	ת	ב	ת	ח	מ	ו	ת
ו	ל	ו	ע	ח	ת	ן	ח	ע	ח	נ	צ	מ	מ	ד	ש	י
ו	ט	ם	ו	ר	כ	ו	א	ל	מ	ו	מ	י	י	ב	נ	ן
ר	ל	ת	ה	ע	ש	ל	ע	א	י	כ	ה	י	ש	מ	ל	ת
ל	ר	כ	ב	נ	ח	ג	ב	מ	י	ם	ת	י	ה	מ	ר	ן
י	ה	מ	ל	ל	ס	ן	ח	ד	ה	ר	ר	י	ר	פ	ב	ן
ד	ד	ל	ו	ם	ח	ו	ק	ו	ו	ר	א	ה	ה	ה	ו	מ

ברך
סוגיית
למכור
איכות
צלחת
מכוסה
שוות
דשא
מצביע
עת
הפתיעו
מאוחר
ערבת
פוליטית
חברת
לתת
ספציפי
חמישה
לרכב
מערבי

Puzzle 510

מורכבת
אתה
רעיון
אתגר
טורקיה
בפועל
בשורה
אור
ייצור
ארגון
פועלת
דאגה
שיניים
בטוחה
גאה
מראה
עפיפון
מחל
חכם
טעם

כ	צ	פ	א	ל	ו	ד	כ	א	א	ו	ו	כ	ח	ל	ד	ו
ע	פ	ו	ח	י	ח	כ	א	ת	ל	ע	ו	פ	א	א	ב	ת
נ	נ	ן	כ	ה	י	ד	מ	ג	ם	א	ל	א	ו	ך	ך	ו
ל	ש	ו	ם	נ	ה	ח	פ	ר	ו	א	מ	ו	ר	כ	ב	ת
ט	ב	ל	ע	ו	פ	ב	י	ש	ו	ת	ו	ר	ל	א	ת	ס
י	ו	ה	ט	י	פ	ב	ת	ו	מ	צ	ל	ל	ת	ן	ס	י
ו	ו	ר	פ	ד	נ	א	ב	מ	ע	ת	י	ב	מ	ל	ת	א
ו	מ	ה	ק	ם	ו	מ	ל	ב	פ	מ	ע	י	ג	י	ש	ד
מ	ס	י	ב	י	ב	ב	ר	מ	י	ב	ט	מ	א	ה	·	נ
ת	ב	ר	ה	י	ה	א	ר	מ	פ	ש	ו	א	ה	ן	כ	י
מ	א	פ	ב	נ	ת	ו	ה	ת	ו	ב	ט	ו	ח	ה	ה	
ו	י	ה	ת	י	א	ו	ד	נ	ן	ר	ה	ס	מ	ל	ש	ת
מ	ח	ר	י	ש	מ	ר	א	ל	ל	ה	ג	א	ד	ם	ו	ו
ת	נ	כ	ג	ע	ח	ב	ח	ח	ת	מ	א	ו	ת	ו	ס	
ר	ב	א	ר	מ	ק	צ	ל	א	ר	ג	ו	ן	ו	י	ע	ר

Puzzle 511

ה ו ל ה ה י ס ט ו ר י ה ה ב ו ב פ

ז ה ע ש ה ע ו נ ס מ ח י ף ו ף ר ק

מ ה ר ב ה ק ו ל ל ל ב ן מ ט ס א ע

ע ן ב ש נ י ת ח ק ם ד ה ב ו כ ב ר

ת י י י י ל ד ת ז מ ס י ם ו ע ה ר

נ ע ד ל מ ג ל א א ו ל כ ו נ ד י ש

ע ע ה ו ז ו ו ל ל ו ר מ א ל מ ק ו

י צ ו ב י ד מ ו ש ו י י ע ח ד מ ו

ב ל י ל י ל צ ת ו צ ר ל ו ח ה ו ל

ל ו ה ר ת ל כ ע י י א ץ ה א ו ר ח

א נ ק ו ש ו ע א ט ד י פ ל ב מ ר ת

ז פ ל ל ו י ר ר מ ב ת ר מ ש ו ו ל

ו ו ב ו פ ד ה ה ק ש מ ד מ ע ח נ א

ר פ א ח ע ח ל ז ו א ר ר א ל י ג ר

ד ת ג ד ו י י ב ר ר צ ע מ ד ג ו י

זמינה
לאזור
לערב
עש
בשילוב
גודל
החלקת
בובה
הרבה
לנווט
משקה
פרסום
ילדת
כסף
לרצות
רגיל
מולד
ההיסטוריה
מעצר
מחוץ

Puzzle 512

ק ו מ ם ס י י ל מ נ מ ע ו כ ה א ר

ו ר מ י נ א ת ר כ ר ד ל י ז ו כ ת

ר ש ג ת ה ו י מ פ ו ח ת ך מ ד י מ

פ ו ש א ל ח ח ד ו מ ו ל ש י ע ל ו

ל ע כ א ה מ ו ו מ ה ם ש ח פ ת ע צ

א ל ע י ה כ ל י כ י ר ת י ח ז ב ר

נ מ ס ע ד ת י ק נ מ ת ע ד ו א נ ו

ת ר ת ח ד ו ד ת ב א א ח י י ר ר נ

ד מ א ת ד ח צ ק ג ד ד ע פ ל ה י ה

ו ך ו פ ת ד א ע ס י נ ט מ ם א י ן

מ ח ו פ י ל ת ק ס פ ה ה ג ד ו ל ב

ה ה נ א ו ה ת ת ד ס ת ו ח ו נ ד ק

ם י ז ו ה ר ו ר ה פ ל ג מ ו ש י ה

י ש צ ר צ ו פ ו ר ם ל ה ח ת י ם ע

כ נ ס ב ו ס ב ב ר י ע א ל פ ו י י

הגדול
דודת
הודעת
עז
דתי
הפסקת
נר
כלי
אך
להרוס
מסעדת
נוחות
אכיל
צבאי
טניס
להחתים
לדחות
ילדים
מדחום
מדויקת

Puzzle 513

נ פ ת מ ש ר ג ו ב ת מ כ ה ל י א ס
ן ר ק ב מ י מ ש ע ו ו ח מ ר י ג ג
ת ר ד ג י ע ה צ ב י ק ב ק ח ו ם מ
ת י ו ע ז צ ט ה י ה ד נ י ל ס ם ת
ת ל צ ר מ ל ו י ר ת ם ס ה ב ר י י
ר מ פ ו ג מ ע ף נ ו ש כ מ ש ה ר א
כ ש ו ש ו ר ן ר נ מ ת נ ה צ ס ב מ
ב ח י א ל ח ש ז י ף ו ת ס ל א ל ו
י ה פ ג ז ש ר ר א א ל ח מ י י ב
א ק ת ש י ו ה י ה ו כ ד ק א ג ל נ
ן ו נ נ כ ל ר ה י ל ה ו י ו ח א מ
ה נ ן כ ר ד ה ט ר פ ב ת ע ד ו ה ב
ו פ ח ב ו א ז א ל ת י ר ו צ ל ה ם
ב כ ק י ן ן א י נ נ י ח ב ס ה ב ד
ס ה ד פ פ ש ו ד ו ג ל פ ם י ש נ א

החשמלי
קרן
צעיר
בהודעת
מוקדם
סגולה
בפרט
אזהרה
שבדית
חום
סכנת
שמירה
מתנה
צפוי
שזיף
פגז
בוגר
טוען
זיכרון
אנשים

Puzzle 514

ל י נ ב ש כ ס ק ו ד כ ו ו ו ב נ ו
ה ה כ ה ק י ח י י ק ל ד א ל ו ס פ
ו ו ת פ צ פ ו ט ע ו כ מ י ל ה א פ
פ א ב ל י א ו ו ו י ל א כ מ נ ב ו
י ו ר צ ל ש פ ר י ע י ו ל נ ר ר ד
ע ב ה י ת ג ת ה ו צ צ י ק ר ו ה ו
ע פ נ ר ת ל מ ה נ מ ס נ ר ו א א ר
ע ו ל ה ס ו ו ת מ א ת ח צ ק נ ב ו
ד ש ח ל ת א ר י כ א ן ג ד ר ס מ ק
ב ו ס ו י ה ב י ן ן ז ד ד י ד ל י
י ע ד ל ה ש ר ה ד ע ו ה כ ח נ ו ב
פ ל מ ג י י ו ש ח ע א פ ף י ד ו י
מ ה מ ה ל ר מ ק ל ָ ח ת ע ו ה ו ש
א ש א א ה ו ר ד כ ו י ג ה ד ב ה ע
ם ת ו כ ד ו מ ר ת ר א מ י צ ת ל נ

גדר
לשפר
גזע
להופיע
דור
קשה
אוזן
ביקור
קיטור
כף
כלכלי
למה
הוא
שועל
פחות
יבשי
נכתב
הגלולה
להסוות
הייתה

Puzzle 515

א ג ש ר פ ה ש ק ו נ ה ל נ ח ק ל ה
ל ב ו ה ל ר א ת ח ת פ ב ה ב ה א ה
מ ו א י ה ת ל ו מ ת א ר ר י ע ה פ
ו ל ת ו ל ע ל ח ן ו צ ך ◌ ס ב ן נ
ן כ נ פ מ י פ ו מ ק ב ש ו ו ו ר מ
ב ל ל ט ל ת ב ק ד נ ט מ מ מ כ ק ו
ז כ א י ם מ ש ל ה מ ל ו ה ח ו ו ט
ה ח ה ש ד ו א מ פ צ ם י ל י ח ת מ
ק נ ן ג ו ו ת ר ב מ ר ל ה צ ה ל ת
ב א ת ר ת ה ט ה י ד מ א א ת ו ם ן
ז ר ג נ ח ו ו ע ה ד צ א ת כ ו י ד
מ פ מ ל ר מ י ק י ת ל י ה פ ט כ ר
ו ב ו ה ן ד ל א ד פ מ ע ר י כ ה ל
ס ק כ ה א ס ת ח פ ס ה ז א ל ד ד א
ה א ר י ב ש ל א ס י ב י י מ ד ה י

זכאים
שרפה
הנוקשה
לברך
מתחילים
אהבה
אתמול
להכיר
עלות
העיר
מצלמה
לקוחות
בוהן
נרגש
חלוקה
גבול
קצרה
פטיש
טמפרטורה
טווח

Puzzle 516

עסק
כנסיית
מאמן
פלסטיק
להגן
מוזר
נתח
לתעלומות
כי
במלון
מדע
ולבסוף
כשרון
לעקור
כול
קנס
מזמינה
התנהלות
הבוצי
זרועו

ו ה ס ש ו ב ו י ב כ ל מ מ ה י ף פ
ו י כ ח ע א ג מ ה ר ה א מ ב ו ע ו
ו ל ו ב ו מ ו ד ב פ ג מ ד ע פ ד ל
ע פ ס י א מ ר מ ו ק ן ן ן ס ב מ ע
ע ת ת מ ל א י נ צ נ ו ו ל ק ב מ ק
ה ת נ ה ל ו ת ת י ס ל ר ז ר ו ע ו
פ י ב ו ב ח ו י ו מ נ ש ת ז ו י ר
ל י א ן ו ה מ ו ב ר ע כ ש ו ו כ כ
ס ס ו ל ב ס ו ף ל מ ר ה ה מ י ש ו
ט נ כ מ ה ב ל ה ה ת ה נ י מ ז מ ל
י כ ה ו ת ב ע מ ד ה מ ג ן ל נ ב ש
ק מ נ ר ל י ת ב ו י נ ש ל י ל ש י
ה ס א ב ו ק ל י ע ק ע ס מ י נ ד ח
ר ר ר י ו ר ו מ ר ש ק א י ר ש ש י
א ה ו ת ד נ נ ל ל ל י ו ג ו ס ל ר

Puzzle 517

נ	ו	מ	א	ח	ר	ת	ו	ר	ק	י	ה	ת	י	ח	י	י
נ	ל	ש	ס	ב	י	ב	ת	י	ת	ל	ל	א	מ	ב	ו	ל
ת	נ	ב	ל	ד	ל	ן	נ	ה	מ	ר	ע	ל	ק	ם	פ	פ
ש	א	ו	ה	ן	נ	י	ע	צ	י	נ	ר	כ	י	ל	ג	ג
ז	ן	ה	ח	ו	א	י	מ	ו	ת	ד	א	ן	ס	ש	י	ר
ר	ו	ן	ה	ו	ל	ו	ן	ר	ר	ה	ש	ג	פ	ר	ש	ם
ף	י	ת	י	ס	מ	ה	כ	ה	ו	י	ס	י	א	פ	ה	ג
א	ש	ר	ו	ד	נ	ר	ת	פ	ב	פ	ב	א	ו	ה	ל	פ
ב	ו	ד	א	א	ו	י	כ	א	כ	ן	י	ח	א	ר	ל	ד
י	פ	ק	י	ה	פ	ת	ב	י	ש	נ	ט	א	ת	ת	ש	ר
ת	י	ר	ר	צ	מ	ר	ו	ה	ב	ת	ח	ח	נ	ח	ח	ה
כ	ק	א	י	ת	מ	מ	ס	ק	י	ש	נ	י	ז	ב	ו	ש
ו	ו	ו	ע	ח	מ	צ	מ	ל	מ	ו	ת	ם	ו	ח	ת	א
כ	י	ל	מ	ל	ת	י	ל	ג	נ	א	ס	ה	י	פ	נ	ר
מ	ת	ר	נ	פ	ר	י	נ	מ	א	ח	ו	ר	י	א	מ	ו

דוב
סביבתית
בפריחת
פסיק
גם
לשחות
מסובכת
אחר
עלה
מאחורי
טחנת
מרכיב
נשי
אנגלית
היקפי
כתיב
להשיג
האקלים
מבול
מנת

Puzzle 518

ו	ד	ש	מ	ש	מ	ש	מ	נ	ב	ו	ב	י	ו	א	ה	כ
ל	ו	ת	ס	ב	ר	ט	ו	ד	ת	ק	מ	ר	מ	ה	ר	ת
א	ג	ו	ו	ו	ר	מ	ת	ת	ם	ג	י	ל	ר	ד	פ	ו
ב	כ	א	פ	ש	מ	י	ר	ה	ר	ט	ר	ו	ח	ם	ת	ם
ה	ל	ש	י	ח	ח	ו	ק	ף	כ	ן	ו	ז	ח	ת	ח	ר
נ	ז	ו	ת	י	ו	ב	ת	א	ו	ך	ץ	פ	י	א	י	ש
מ	י	נ	נ	ד	י	ו	מ	כ	ל	נ	י	ת	ו	ד	ן	מ
ם	ו	ה	י	י	ב	י	ת	ב	א	ו	ו	י	ר	פ	ד	מ
ח	ה	ל	א	ת	ו	ח	ו	ו	א	ו	כ	ז	ב	ר	י	ת
ד	ת	ה	ד	ה	ת	ל	ק	כ	ן	ד	י	ד	ז	ל	ח	ה
ל	ו	ע	י	נ	י	ח	פ	ל	ד	י	י	ח	א	נ	ח	ו
ט	ס	פ	ג	א	ל	ע	ת	צ	ק	ס	א	ת	א	ד	ה	מ
ה	ה	י	ש	מ	ל	ח	מ	מ	ב	פ	ד	ת	ו	י	ת	ת
י	ק	ל	פ	ך	י	ת	י	מ	א	ת	ר	ט	ס	י	ה	פ
ר	נ	ק	נ	י	ק	י	ו	ת	י	ת	ן	ד	ח	ת	מ	י

להעפיל
נקניקיות
הנושא
פדרלי
חזון
סופית
מחויבות
כלנית
חשוב
יניח
מבריק
כתום
במירוץ
הרי
באוויר
האויב
בלוני
היפופוטם
ספת
שמש

Puzzle 519

ב	ב	ר	כ	ת	ר	ד	ס	נ	ל	ה	ב	י	ע	מ	ב	ק
ו	פ	ו	ל	מ	ע	ו	נ	ן	י	י	ג	ח	מ	צ	ל	ר
ר	ו	ד	כ	י	ל	ן	ח	י	א	ר	ד	י	מ	ו	ו	ח
ק	י	י	ט	פ	י	ל	א	ש	י	א	ר	י	ל	ל	ן	ו
ב	נ	נ	י	ע	ח	י	י	נ	ה	ט	מ	ד	כ	ש	ה	נ
מ	ם	ד	ל	פ	ב	ו	ת	ת	ד	ל	מ	ו	ג	ו	י	י
ה	ד	מ	ש	ש	נ	מ	מ	ן	ל	א	ו	ל	מ	מ	ר	ם
פ	כ	י	ו	ב	ל	נ	ש	◌	ד	מ	כ	ב	ל	ו	כ	ח
י	ד	כ	ה	ע	ב	ם	ש	ח	א	י	ן	ת	ק	ת	י	י
ק	ע	ס	ו	ד	ת	ל	ל	ו	ן	ז	ס	ע	ב	ר	ב	מ
נ	ו	ת	צ	ת	ף	מ	י	ו	ה	ש	מ	ו	ו	ן	ת	ג
ג	מ	נ	א	פ	מ	נ	כ	ת	ע	י	ס	פ	ג	מ	ל	·
ב	ג	ו	ת	פ	צ	כ	ש	ל	ו	ה	נ	י	ד	מ	ה	פ
נ	ח	מ	ו	ד	ת	ו	ס	ק	נ	ן	ד	ע	נ	ר	ר	צ
ל	י	ב	ו	ו	ף	ב	ח	נ	צ	ת	ל	פ	ת	מ	ף	ר

מעונן
כדור
שליט
הוצאת
העולם
קרחונים
חמלה
צנועה
אריה
שנת
בקרוב
סדרת
רכיבת
המדינה
להביע
לשלם
בשפע
בברכת
בלון
אליפטי

Puzzle 520

ו	א	ל	י	ע	ת	א	ד	צ	י	ו	ל	ש	מ	מ	ל	מ
ל	ב	ג	ל	ע	ג	מ	ח	צ	ר	פ	ה	ו	ע	י	ה	ש
ת	ו	י	ו	ל	י	מ	ו	א	ש	ת	א	כ	ז	ה	כ	י
ג	ו	ד	צ	ד	ו	ו	ה	נ	ו	מ	כ	ו	ל	ר	פ	ו
פ	ף	ו	ע	ב	ע	ל	ק	ד	ת	ץ	י	ק	ב	◌ָ	י	מ
ל	ד	ר	ב	ע	ש	ל	ה	ד	מ	ו	ל	ש	ל	נ	ל	מ
כ	מ	ב	ה	מ	מ	ש	ד	ו	א	מ	ת	ן	ל	ו	ל	ת
ה	מ	ח	ב	כ	מ	ה	ק	נ	צ	ר	ו	י	ה	·	ה	ר
מ	ע	כ	ש	א	נ	ו	ד	ה	ר	נ	מ	ח	ף	◌	ר	א
ג	י	ש	פ	ת	ו	פ	א	פ	ן	ו	ח	כ	ת	ש	ב	ל
ש	ן	י	י	נ	ע	מ	ד	צ	י	ט	ו	ט	ב	א	ן	ת
י	ה	ד	ש	ר	פ	מ	ק	ט	ל	מ	ו	מ	ש	נ	ר	ה
ו	ו	ח	ג	ת	י	ל	ל	ב	ב	י	ב	י	ו	ם	א	נ
ק	ד	ו	מ	ע	ב	ד	ב	ל	ל	ו	ו	ש	י	ת	ו	ש
ע	י	פ	ס	ו	י	ע	ו	ד	ח	ג	ל	ג	ח	ב	פ	ד

כזה
בקיץ
עוף
לגידור
להכפיל
מעניין
בעל
ציטוט
מילוי
מקבל
אשת
שׂוּנְרָה
העשירי
להאכיל
לשעבר
תמונת
חבר
בכמה
ממשל
יתוש

Puzzle 521

ו ש ק ו פ ד ת ו ר י ח ב ת א ל ת ה
ע ו ה ל ד י ר ו ח ב י ז ו ן ר ק ו
מ ו י פ ו ב ו ו ב נ א מ ה פ ד י ג
ה א ו ט ק ר ב ד מ ו ל ה ז ל ו פ ע
נ ס ל מ ר י ד ג מ ל ל ב ל י ר ו נ
ב ל ו ר מ נ ק י ה מ ש ש ו ר י ד י
ב א ס ר ו נ ע ם נ ו ו ו פ י ק ל י
כ ב י י ק נ י י ו ה מ פ ר י מ פ פ
ו ע ח מ מ נ ר פ פ ו ט ו ת ם ח ה ד
י ת ש ע ו ל י ו א נ ס ו ו י ו ב ר
א ב ד ב ח ו ל צ ה ו ן ש ת ת ב ב ל
ק ש ו ר ר ס ו ל ג ו ח ח י ו כ מ ע
ל ז ת ו ד ר מ ש ל ב י ם ס נ נ ו מ
א א ר ו ן ו ו ת ה ו י ט ק ב ק י ר
ו ר ר ו צ י ל ב ל ס ל ח ו ב פ ו מ

חייל
דגים
נקי
קשור
ביזון
אומללה
דיבר
דפוס
מעבר
חולצה
בחירות
דבורת
אפונה
קיפוד
צופים
שווא
מבחר
לזהות
משלבים
סוג

Puzzle 522

ד ר ן י ק ז ל ד ת ת י נ ר ד ו ו ל
פ כ י ו ם ו כ ס ה ך מ ת י י ח ס י
צ צ מ י ע ו ט א ק ה ג ו ע ע ב ב י
ח ו ש ש מ ר ו ת ק י ן ב ע ו ן נ ז
ב ס ן ל ע ב ו ע ד ר פ א ל צ פ א ן
מ ט ר ה ל כ ת ו ב ח ל ד ל ק י פ ן
ע נ צ י ש ה ר ת ר א מ כ י מ מ ו י
י ד ו צ נ י נ ל ו ת ו ר צ ב ד י ב
י ו ס ק ה ס ד מ ל ו ב ל ו פ נ ל א
ה ט י א ה מ ב י ה ט נ ר ן ב ו י ס
ו ס ל ר א ה ת ל מ נ ו מ מ ה ו ת ל
א מ ו ט ע ר ג כ י ה ד נ ל פ ר ע ש
י ב ו נ ו נ ד י ו י ל נ ם צ נ ל ב
ו ו נ י ו מ נ ת ג י ש א פ ג ה א ל
א ס נ א ת ו ל ת ט מ ל ם ר י ר צ ר

רוב
אינטראקציה
חושש
הסכום
גידור
לדלקי
מטרה
מקצועי
שמר
תקין
ברווז
שער
אחרי
בצרות
מיעוט
לנפול
מתייחס
לכתוב
לסבול
סטודנט

Puzzle 523

ש ת ס ה ו ה ב כ ל ש ר ש ו ל מ א ד
ח ע ק ס צ צ נ ו ש מ נ צ ח ת נ א פ
י ב ר ש ת ת ד ו ר מ ב ו מ מ ו א צ
ו ה ן י י ג א ה נ י ל ת ק ש ר ן ת
ת מ ס ח ר י ת ר ב ק י כ ו ל ת ה ת
ם ה י ר ש ל ה ש נ מ מ ו מ ו נ ז ב
י ר כ מ מ ן ב ח ל ל ש ל ו ל ו מ כ
פ ח ב ר י ו ט ח ה י מ ם ש ע כ נ ט
ר ת ר ד ע ב א ו ד ר ר ט ה כ ת ת ם
י ר ע ש ק ד ז ו פ ח ו ר י ס פ י מ
ב ה ב י י נ ה מ ר ף ז ת י ט פ ש מ
ו ב ת מ ו ר ח ב ע ב א י ת כ ל ת ב
ע ח ה ש ה א צ ר ר פ ב מ ד ת ו ו א
ר י ק א ח כ א ל ן ב ו י ח י ס ח ן
ר י ע ב י ש י ר ל ת ל ר י י ר ל מ

סקרן
מסחרית
ערפד
חור
משפטית
באזור
העדין
בכיס
רשמי
חפוז
תכונת
בשבוע
משאב
הזמנת
תרד
לשטוף
לתקשר
יכולת
לשלול
מנורת

Puzzle 524

א ן ב א ל כ ב ו ל ב א ל ע ר ת י ו
ר ב פ ת פ א י ה ב ת כ מ ן ע ו ב י
נ ק י ח א ש צ ל י ל ח ד ר י ר ס ם
ב ט י ל פ ר ה ז ד מ נ ו ת ש י ל ע
י ג ח ב מ ל נ ו ב ו כ ו ל ד ל מ כ
י ו ב ו ה ש ש פ ח ה ן ב ר ו ת ק ד
ל ר ו ג ה ר י א ה ר ו ו מ א ל א ו
ש י ל כ נ ב ו ב ר ו נ פ ג ש ה ל ר
ל ה ס ת מ ו ה ת א י ר ב צ ל ח ת ו
ב ל י ח י נ ח מ י מ ר ן י ר ל ו א
ת ו ח ה נ ה ג א ו ר ח נ ש ו י ר ו
ף ר י ו ל מ ו י ן מ ו צ ח ע ק י ו
ל פ ת ת צ ו ב ק ו ד י כ ב ל ו ה ד
א ב ח א ל ת ר ר ר ד י צ א ל י מ ש
ה ו י ח ן ו ◌ ו ק ן ו ס א פ ל י ג

החג
הראיון
ביצה
חמור
הנהג
הזדמנות
ארנב
וצבעי
בקטגוריה
תערוכה
להחליק
כאשר
דחליל
ישנה
לירות
קבוצת
בצלחת
רעל
מכתב
מהירות

Puzzle 525

מ ה ל נ ה י ת ו צ נ ש ו ת ף ן ט ס
ל ס ב ר מ ד מ כ ו י ל ו א א י ם ד
כ ב צ א ש י א ט ח ע ת ה ד פ ן ט ק
ו ו ע ה ג י י ה ר ן י מ ו כ נ ה מ
ר ן ת ב ב ת ו ר ז ח י ס ה ח פ ב ת
ש ר ט פ י ב א ו א מ י ל ם נ ה ל ו
ע נ נ כ ר מ נ ל י ב ת י נ ר ד ס ד
ו מ נ י א ר ח א ד מ ר ש א כ ת ר צ
ע ו מ א ם י ד ח ו י מ מ ו ב ו ט א
י נ ו ת י ח ר ק ה ב נ י מ ה ע ן ה
ת נ ר א מ ת ג ר י ג ר ג כ ט מ ס ע
מ י נ ס ע ק פ ו ב י ף ת ת ש מ ו ס
ר ר ד י פ ת א כ ס ק ב פ ב ח ר י ת
י ק ד מ ל ד ת ט ט ס ק פ מ ב נ מ א
ה ר ם ס ב ל ס ד ה פ ר א ת א ט מ ח

אזרח
לבצע
לפעמים
סט
מיוחדים
קטן
טיפוסי
אחראי
הגייה
שיחה
סרטן
כתר
הסבון
שעועית
קרח
גרגיר
משתתף
מוכנה
עורבת
שותף

Puzzle 526

א מ ע ה י ע י ד ו ב ת ב ר א כ ו ר
ו י ק פ פ ר ד ו י ר מ ה ב ך ד א ו
ח י ר ל ש י ס ע ב ד ש ו ר פ ל ◌ ו
ה ו ו ע ו ז ו ה ב ר ד ו ו מ פ א ר
ת פ פ ס ק ה ת ר א כ א א ח ו ו ו ס
מ ו פ ב ע ב ש ף ם נ ל ת ו י ב י צ
ו ל א ת ו י ר ט פ פ ו ס נ ג א י ב
ן י ה ב ו ח ב ל ל ע מ י ו ב ר ע י
ת ו ץ י ל ן מ ר פ ו נ ה ש ה צ פ ה
ע ו ר ו ג נ ק נ ר א כ ר א ז ה ם ו
ש ש פ ב ל י ה ו ב ש י י ת ה ו י ס
י ו ת מ ל י ת ח מ ש ל ב ח ד ת ל ו
י ה ה ו פ ה ן כ ו י ת ה מ ע ת א מ
ת ו ל ו ש ח ו ל ב ל כ ם ם ס פ ו ט
ו ה ח י ט ת ש ו ד ו ת ש י ו ז ל ח

קנגורו
במדבר
פטריות
התיישבו
ערב
מברשת
לשמחתי
טופס
תעשיית
צפה
צביה
פסקה
כלב
להתפרץ
אורך
לפרוש
לפשט
סמור
חיבה
נושא

Puzzle 527

ת ו פ ה פ ע ח ח ק כ ח ע י ן ו ע ל
י מ ן ע נ א ב ש ד ט ב א ת ר ז ד ה
ל פ ן י ג י פ ל פ מ י ע ן ר מ כ ו
ק ש ה ב ד נ א מ ח י ח ד ח פ מ ו כ
ף א מ ו ק נ מ ר ל ב מ ו ד י י ן פ
ל נ פ ג ש ה ו ה נ ה נ ס ו ו ל ה מ
ד ח י ח ק ת ח ד מ י ר ו ח ס א ר י
ם ו פ ת י פ ה ר ל ן ו פ ל ו ק ז ו
ל ל ח ו ת ד א ח ו ו א ש ן ו מ ו ל
פ פ ה ח ל ה ו ב ו מ י ח ב ה ט פ ד
י כ מ מ מ ט ת כ ג ר א ה א ש י ח מ
ו י ן כ ש ל ב ו א ה מ ו ו מ ם ש י
ץ ת ה נ י ן ו ל ד ו א י ל ב ע מ י
י נ ת ס ן מ ת ל ו ס פ ס ו ר ג ל ן
ב מ ר י ע ה י צ מ ב מ ר כ ז י י ם

פסולת
לחות
לדמיין
לבוא
כפל
מכנסי
שקית
נפגשה
באתר
חשמלי
מפחד
זר
קמטים
עדכון
מרכזיים
מודאג
המראה
שמלת
מיץ
נוח

Puzzle 528

נ ד ש פ ט ב ו ש י א א ו מ ו ד ש א
י ב נ ת ע י ע ב ט ק ת ד מ ת מ מ ד
צ ר מ א י ר ח ב כ י ד ל ת ה נ ת ו
ו נ י ו מ ד ם פ ע י ל ת פ ו ס י ב
ץ ג ָ ם י ן ו ק פ ו ו ר ת ו ה ק ש
נ ו מ ה ם ם ב ת מ ח י א מ ה פ נ ר
ו נ ש י א א ב ל א צ ר ו ש ת א א ב
א ת מ י ת ג ו ת ל ו ט פ ה נ י פ ס
ת נ י ד מ ב ל ב ו ב ו מ ת ל ס ב ב
ג א ם י ה ה ו י מ ן א ג א ו ת מ נ
ת ש ו צ ב ו ו י ת ה ל ד א ט ל מ ת
ר י פ ר ר ן י פ ף ו י נ ע ד ה י ת
א ר צ ה ב ח י ר ל ג ת ו נ ל ו ה ת
ו ו ש י מ נ ת י ו ח ת ד ל ר י ת ו
ל ת ט ל פ ו ן ק ע א ח ו ד ו ל ע ד

טלפון
לתפוס
שירות
לווייתן
רעש
במדינת
ניצוץ
טעות
טבעי
טעימים
ספינה
וירטואלית
פתאום
מפוארת
רצה
פעיל
ציד
אמנות
רחב
מתמדת

Puzzle 529

ו	ר	ו	ג	נ	ק	ה	ת	א	ח	נ	י	ת	ל	ב	ש	פ
ר	ו	י	ד	ע	נ	ק	ו	ה	ש	י	י	ל	ר	נ	ח	ם
ב	ל	א	מ	מ	ל	י	ץ	ב	ו	ד	ט	ל	ס	ע	ק	פ
פ	ע	מ	ל	ס	ח	ת	נ	פ	◌	ו	ו	ו	ב	ו	ו	ס
פ	ב	י	י	ב	ר	ע	מ	ש	ת	ו	ו	כ	א	ו	ו	ר
צ	ח	מ	נ	י	י	ה	ו	ו	ל	ל	ב	ת	א	ג	ל	ר
ט	מ	י	ר	א	ל	מ	ם	ח	פ	נ	ם	פ	ם	ד	א	ג
ל	ב	ו	ו	ת	ת	ש	א	ל	מ	ה	ל	נ	י	ה	ד	ל
ן	מ	ת	ל	ו	נ	ב	י	ס	י	ו	ג	ן	י	ו	י	י
נ	ג	ן	פ	ר	ט	ה	ה	פ	ך	מ	צ	א	ק	נ	נ	ל
ו	ע	ב	ל	ח	ץ	נ	ח	ו	ת	ט	ל	ק	ל	מ	ש	ב
ח	מ	א	ת	ב	כ	ת	נ	ר	נ	ו	ו	ב	ף	ה	ק	ו
ס	ל	ר	ח	ש	ו	ו	א	ב	ל	ג	ת	ה	מ	נ	ה	א
צ	ו	ל	ר	ל	ו	ש	ר	ל	נ	פ	ן	ת	ר	ם	נ	ו
כ	ש	ף	י	ג	ד	ר	ש	מ	ב	ש	י	ה	מ	ק	ב	ר

גל
אבטחת
חמנייה
לדין
מגע
לב
בלחץ
העתיקה
רגלי
במשרד
חמאת
ממליץ
ההפך
ידע
לספור
לקיים
שלג
הקנגורו
קלטת
ענק

Puzzle 530

אזרחי
כפפות
פנים
הבצל
לדיבורים
וניהול
מרכזית
רצף
או
פרט
מעשי
פעמון
התוצאה
עט
בניסיון
קטלני
ארץ
חובה
פיל
נרתיק

ה	י	ר	ו	ן	ו	א	נ	א	י	ר	ד	ש	ס	ו	י	י
צ	א	ה	ב	מ	פ	ק	מ	ר	ת	ח	ר	ו	ר	ג	מ	ו
ם	ע	פ	ע	פ	ק	ם	י	ב	נ	ח	ם	פ	ר	נ	פ	ו
ה	מ	א	פ	כ	ן	ד	ל	נ	ר	ת	י	ק	ה	ת	נ	נ
מ	ה	ת	ס	ש	א	מ	ת	ש	ר	פ	נ	ח	נ	ט	ד	ס
ה	א	ן	פ	ן	ח	ר	צ	ף	ר	ה	פ	ו	ת	ו	ל	נ
ו	א	מ	י	ע	ח	כ	ל	ל	א	ב	ר	ב	פ	ד	ת	ר
ו	ד	כ	ח	ק	פ	ז	מ	צ	א	ו	ט	ר	י	ה	ם	ן
ח	ט	פ	ד	ה	י	י	ו	ב	נ	ח	ק	ב	ד	י	נ	ו
ן	ר	פ	מ	י	ל	ת	ף	ה	ן	כ	ו	ק	ט	ל	נ	י
ו	ה	ו	ב	ד	ה	י	ש	ע	מ	ר	נ	ף	ו	י	ס	ס
ה	י	ת	י	מ	ו	ח	מ	כ	י	ו	ח	א	ה	ב	ק	י
ה	ן	ו	מ	ע	פ	ר	י	ם	י	א	י	ו	י	ט	ע	נ
א	י	ץ	ר	א	ס	ז	י	ח	ל	מ	ל	ז	ש	ן	ס	ב
ר	ו	י	ה	נ	א	א	ל	מ	ס	ש	ק	פ	ח	ש	ח	א

Puzzle 531

ק	ו	י	ו	פ	ר	ו	מ	ת	ד	ו	ח	ל	א	ע	מ	י
ב	י	מ	ת	ע	נ	י	ת	כ	ו	ד	ו	ח	ד	מ	ר	ת
ר	ח	י	ת	י	ת	י	ו	ו	ת	מ	צ	ת	ד	ח	א	י
י	מ	נ	ב	ו	ו	י	פ	ו	ו	ר	ד	ל	מ	ב	ו	ש
מ	ת	מ	ו	ת	ב	ט	ת	מ	ל	ר	ל	ל	ד	ד	ע	ה
מ	ו	ל	מ	מ	מ	ר	י	ת	ס	ה	ס	ס	ד	ח	ח	פ
ם	מ	כ	ע	ע	י	ק	ל	ל	ת	ב	ל	ו	ו	ע	ק	א
ק	ס	ן	ם	י	מ	ו	ג	א	פ	ת	ו	י	י	נ	ע	ל
ו	ד	ק	ו	מ	ל	מ	ר	ש	צ	נ	ח	ד	ל	מ	א	ה
ף	ת	י	ת	ג	ר	ד	ה	ת	ר	י	י	ו	ו	ח	ל	ה
ב	ה	מ	מ	מ	צ	ה	נ	ו	ר	ח	ר	י	ן	ב	י	נ
י	כ	ו	ו	ה	ח	ר	ב	מ	מ	ב	כ	ש	ז	ח	פ	ס
ת	ו	ב	ו	ש	ק	ב	ו	ה	ו	מ	ל	ו	ל	ו	ל	ג
נ	ל	ש	ו	ה	י	ם	כ	נ	י	ס	ת	נ	א	ץ	ז	ר
ל	ת	ו	ו	ד	מ	ט	ל	ס	ק	ו	פ	ו	ה	ג	י	ב

האוזן
אשתו
בכבוד
קדימה
רצפת
בחוץ
הים
כניסת
וילון
לפני
טלסקופ
הדרגתית
לסלוח
נתיב
וידוי
שלנו
מבחינת
הדמוקרטי
צחק
מוקד

Puzzle 532

ה	ל	י	ד	מ	ה	כ	ן	ל	ס	י	ך	מ	ת	ו	פ	ט
נ	פ	א	י	נ	י	ס	מ	כ	ו	ת	ו	י	ר	ח	א	ו
כ	מ	ח	ק	פ	ד	ה	ר	פ	ת	ק	ן	נ	כ	ל	פ	ב
מ	ו	ל	ד	ל	ד	ק	צ	א	ן	ח	ח	ו	ו	ק	ר	ח
ש	ם	ר	ג	ח	י	ט	י	פ	ו	ל	ר	י	מ	פ	נ	ו
ר	ב	ר	נ	ר	ה	ם	ו	ר	מ	י	א	ח	ר	ח	ר	מ
ג	ל	ו	ת	ק	ו	ס	ב	א	ד	א	ו	ר	מ	נ	י	ב
ו	ב	י	ה	נ	ש	ל	ס	ש	ק	ר	ד	מ	ב	א	ב	ה
ד	נ	ל	ל	א	ו	ו	ג	י	י	ו	ד	א	ו	פ	ח	ו
ה	פ	ס	ק	ה	ל	ו	נ	א	ר	ל	ו	ר	מ	א	ת	י
נ	ג	י	מ	ע	ו	א	ו	א	ה	ת	ב	פ	מ	ו	מ	ת
ש	ע	ף	י	צ	ק	ס	ן	ר	צ	ו	נ	ר	ל	א	מ	נ
ת	ר	מ	ר	ב	ר	ב	ו	ר	צ	פ	ע	א	ע	ד	א	כ
א	ך	ו	ל	צ	ו	י	י	מ	ר	ו	פ	י	ל	י	ד	י
כ	פ	ע	י	ר	מ	ו	ה	ב	צ	ר	ו	פ	ר	ו	ד	פ

טיפול
לשנה
קדמון
הפסקה
קו
הרפתקן
ברבור
בסגנון
סמכות
מכנה
מוכרת
הפחד
להתנגד
חיוני
אחריות
לאקלים
אהוב
יד
ערך
שנה

Puzzle 533

י ה ר ן ד ג ר ר ס ו ט מ ו נ פ ר ק
ד כ ה ה ה נ ת ג ף ה צ ר ב ל ח ש ו
ח ע ו ק מ י נ ק י ר מ א   ע פ ס נ
ז י ו ר י א י י פ י ת ח נ א ה ת ה
ח ס א ר ו ו ף י ת ז ו י ל ת א ר ל
ד נ ו ו ה פ ל ר ב ח מ ד ה ה י י ם
ם מ ש ס צ ו ע א ה ת ג ר ן ש ו ה ו
מ י ל ת ע כ ב צ ט ן י ד ע צ ז ד צ
ח ו ן ר ה י ד מ ר ן צ ן ר ו ג ה י
פ פ ל פ ב ס י ח ו ל ו ז ב ן ו ו א
נ ט ו י ל א מ י פ י ה ה ד ב ר י א
פ ו ל ר ה ר ב ז י נ ה ב י ת ב ה ה
נ ו ב מ ל ח ד י ט ר פ ם פ ה ב ו נ
ח ע מ ב מ י ת ס   ה י נ פ א כ ן א
פ פ ה ק י ו ר ו נ ר ו י ר ב מ ד י

חזיר
הצעה
באביב
פי
הטרופי
אמריקני
צמחי
עשירה
זהב
מטוס
פרטי
צהובים
קונה
הכעיס
דין
דהירת
לתאר
בריא
זברה
ברוגז

Puzzle 534

נ ל מ ן ת א ס י ר ו ת ו י ה ו ע נ
ד ש ב י ב ס ו ו ו ת ה ת ת צ ב צ מ
פ כ צ י י ו ס ו צ י ה נ ו א ר נ ש
מ נ ל ט ל ו מ א י מ מ י נ פ ו ד פ
ד ע ה צ ב ב ו נ א ק ד ח ו מ ר א ן
כ ו ב מ ל נ ו ת מ ע נ נ ס כ ו ה ו
ש נ ו ס ט ת ו ד ל י י ת ן ו צ ס ה
ח צ ג ת ב י ו א ע פ ו ע י י מ כ ד
ט ן ת י ז ל ב ח ד ר ל ש ח ע ס ל נ
י מ ם ד ע י צ ה ש י ב נ ש פ מ ו ל
ב ם י ו ן ל ו ו ד ט ש ו י נ ל י ו
ת ו ו מ ר ח ו ו ן ד א י ב ה ל ה ר
פ ש ס נ ת ג מ ע ה ה ו ו ד ס ר ו א
ד ר ר ס ב ש ש ת ו ב ו ן נ ח ת ו ג
ד כ א ו ד ח ת ר ש ה ת ד פ ד ע ד מ

לשכנע
סביב
בחדר
צב
הכספי
אקדח
מצטיין
חומר
תגובה
פוני
צנוע
היותו
להביא
מנומסת
פריט
דעה
חטיבת
גחלילית
סוס
ילדות

Puzzle 535

ל צ מ נ מ י ב א י ג ר ש כ י ג פ ר
נ נ ו ן ר ר מ ד ת ד ה ת ב מ ד ן א
ד ו מ ל ל ג ש ה כ ו נ ב ר ג ע ח ו
ד כ ל נ ה ל י ל י ל ב ה י ה ד ט י
א ח ע ר ת ת נ נ ס ט א ר ש ו ו ח צ
כ י צ י ב מ ל ז ס ו ו ו ת ר ל ה ח
ו ם ב ג ו י א ה ב ה כ ך י ה פ ע ו
ו א ש ר י ו ו כ ש ו י פ י י ל ה
ל ה ר ח י ב ת י ו כ כ מ ו ר ן ה נ
ת ב א ר ל ל ה י נ ד ר צ ה ו ב ו ר
מ ו א מ ה ו ס ל ב ו ח ה ד ב ש ס ס
ס א ס נ ב ב א נ ת ל ב ס ע נ ר י ע
י ב ר ר ק ו ח ש ן ס ל ג ו פ ר ף א
נ מ ם א י י א א פ ד ר מ מ ר ש ח ש
ב י כ ב ע ב ב ן ו ס ל ג ו ר ו נ ב

נוכחים
כואב
להבקיע
גרב
להרחיב
להשכרה
בנו
ללמוד
כמו
גדול
לנהל
סיכת
שחוק
כמעט
התרבות
שיר
ביצי
דולפין
צהוב
להוסיף

Puzzle 536

ליד
שרשרת
שדון
קטין
רפואית
אופנוע
חנינה
המאה
עכביש
לשדוד
בהיר
מישורי
הנפרד
לחקור
זבוב
זאב
המדמיעה
מוצר
צעקה
לקריאת

ל ב ה י ר י ד פ ו ל ה ◌ ב ן מ מ ה
ש א ה ד ב מ י ן ו ב ר פ ו א י ת מ
ד ז ו מ ה ו ח נ י נ ה ל ב מ ב ה א
ו ח ו ה י מ מ ב נ ל ק י ז א י ן ה
ד מ ד א י ש ד ח ת ח ע י י ו מ ת ק
ג י פ ב ר צ ו מ מ ח צ ל מ ת ג ה ט
כ י א ם י ס י ר י י ק ר ת י ו נ י
נ ב ל ל ד ע ו ה י ע ש ר ש ר ת פ ן
נ ל ו ר מ ס א ן ק ד ה ת י ר ע ר י
ב ה ו י ל ן ר ת פ ל ל ר א מ ו ד ו
ל ר ת ח א ו פ נ ו ע ק ל ח ק ו ר ל
ו י כ ן ה ד ו ת ו ו ו ר ע כ ב י ש
ה ת ו ר מ ש ב ל ש ו ש ר י ו ן י מ
ה ח ד י ר ע מ מ ה ל א ן ע א ל ב ש
ו ל י ד ת כ א י ג י פ ן ר צ ת ו ף

Puzzle 537

ה ע ו ז ב נ א נ ס מ ב ה ה י ח ל ח

ש א ד ל מ ה א ו ע א ב י ה א ש ן מ

י ו ג ה ר ו ך ג ע ע ט ת ו ט ו ר פ

ש ה ע נ כ ך ל ב ו מ ן ם י כ ל ו ה

י ב ע י ז י ו כ פ י ש ת מ ת ו ה ט

א י ו ח ת ל ף ב ו צ ן ו א י ז ו מ

ח ם ו נ י ה ת א ת נ ה א ד מ נ ך ל

מ מ ת ש ב ת ה ת ע ו צ ר ת ו ◌ א ל

ד ד ב ק ג ל ב ת ו מ ו ר ה צ ו ת ל

פ ג י מ מ מ ג מ ו ה ב ב ע ק כ ו ה

ל פ א נ ל ט ל ה י כ ש ל י י ו צ ה

ל ָ ת ר ר ר ו ז פ ב צ צ ו ר ב י ה

ק ע ד ה ע ו מ א ב י ח פ מ ע י פ מ

ן פ פ ו ו ר ר ו י ד ק כ ה ן ל ל ל

ל ה א ל ג ר ת ת א ד ן ש ר י ש א ר

מעגלית
הולכים
פרוטות
דג
לציית
רצועת
רגל
בבטן
מוזיאון
השישי
להיכשל
אוהבים
הצבעה
במרכז
טרור
תהליך
נשק
למטה
להניח
עוזב

Puzzle 538

ב ש ב י ר ת ן ו ז א ת ח ב ק ו ג ב

מ י ל ו ו ר ו ן ז ה ע ל י ר נ ו כ

ן י ר ק ל י ק ס ר ח כ ק ר ה ק ד ָ

ן כ י ו ע ז ח מ ו ח ב ש נ ע ר כ ה

י י מ מ י מ ס ג א ו ר ב ע י ו ל פ

ה ם נ מ ג מ ך ת כ ה ד ה ו ו ר ו ר

ן ר ש ם ד ק ת י נ ע ר ו י ק ר ו ט

ח ה צ י נ ו ר ל כ ל ם ר ו ב ע ל ב

י י ר י ק ם י ש פ ר ב ו ל ן נ י ו

ו ו ו ח נ ן כ ו ת נ מ ה ם ת צ ל ו

ן ף ל א ס ר ז מ א ע ר י ו ו א ח ן

ש ח ו ל ת ו מ ר פ א א ג ע ת ע ל י

ר מ ס י ה א י ו ל ג ה י ן ף ב ת ש

ר ק ן ד ש מ י ר ו ו ם ב א ף י כ כ

ו פ ס ג ב ו נ ח ש ב א ו ב י ע ת ה

חיים
ביצועים
מסמר
מקום
עכבר
במראה
סקי
בירת
לחקות
אגס
צינור
מזכיר
תות
כיף
לוח
שנערכה
זירת
שייכים
תן
הפרט

Puzzle 539

ה	ב	ר	ו	ו	ז	ו	ן	ש	כ	א	ה	ת	ה	ת	א	ת
ת	ת	ד	מ	י	א	ל	ר	ו	ה	מ	ג	ל	ה	י	ו	י
נ	ל	ו	ב	פ	ו	י	ש	ב	ו	ת	א	ר	י	ת	ל	ש
ב	י	ו	ס	◌	י	מ	ד	ל	ל	א	א	י	פ	נ	נ	ח
ש	ם	ס	ה	ב	ה	ו	צ	א	מ	ה	י	מ	ו	מ	ה	מ
ן	ס	י	ח	כ	מ	א	ש	י	מ	י	ם	א	פ	ח	ל	ו
ה	ו	ר	ל	ה	ר	ל	ל	ש	ב	ת	א	י	ו	פ	נ	ל
ד	כ	א	כ	ז	פ	ג	ת	ל	ו	י	א	·	ט	ל	ו	ף
ק	ן	ו	ל	מ	מ	נ	א	ר	א	י	ג	ם	מ	ג	ר	א
ו	י	ץ	ו	א	ו	ו	ז	ק	ת	נ	ד	נ	י	א	כ	כ
ק	ו	ר	ל	ב	ד	ב	מ	ח	ש	ב	ו	ן	ם	ו	ל	ר
ו	ס	פ	י	י	ב	צ	מ	ח	ה	מ	ן	ר	ר	א	י	פ
ל	ד	מ	פ	ח	א	ה	ג	ו	מ	ו	ָ	ו	ו	ד	א	ת
י	פ	ד	ס	ד	ת	ר	ג	ה	כ	ב	ר	ה	ה	ת	ק	ף
ה	י	י	ו	ה	ה	ת	ש	ת	ח	א	ח	ו	ן	ש	נ	נ

מזל
סוכן
קיר
מפרץ
ההיפופוטמים
לגנוב
אח
לשבת
הברווזון
לה
המומיה
תלוי
התקף
שוב
סוודר
מחשבון
בכה
לאומי
לכלול
מאשימים

Puzzle 540

מאבק
זמן
רק
הוטל
קשת
עור
הורים
המשפחה
לתקוף
התעורר
שחקן
החבטה
מפרש
חינוך
לתוך
בקבוקי
טכנולוגית
דמוקרטי
סערת
יחד

ה	י	ד	ב	ו	ב	נ	י	ש	ן	ק	ט	ה	ט	ב	ח	ה
ו	ד	מ	ע	·	כ	ק	ב	א	מ	ש	כ	מ	ר	י	ו	י
ר	נ	ב	ר	ח	א	ה	ב	ן	ז	ת	נ	ש	ק	ע	ל	ב
י	ו	ד	נ	י	ת	י	י	ו	ת	ד	ו	פ	י	ו	ן	י
ם	צ	ח	מ	נ	י	י	ו	ה	ק	ח	ל	ח	ח	ר	ס	כ
ע	ן	ח	פ	ו	מ	ס	ת	ב	ד	י	ו	ה	ר	ש	י	ל
פ	ע	ח	ו	ך	ל	ט	ו	ה	נ	ג	ג	י	ה	כ	ד	א
י	ר	י	י	ת	ת	ר	י	ל	ב	מ	י	ר	ו	ג	מ	ל
י	מ	ע	ל	ה	ו	ג	ר	ר	ו	ע	ת	ה	א	ת	ק	ו
מ	ח	ת	ו	ש	ך	ס	ו	ו	מ	ד	מ	ו	ק	ר	ט	י
ד	ב	פ	ן	ל	פ	ו	א	נ	ר	ר	ט	ו	ו	ל	ש	ו
ל	י	ו	ג	י	נ	ל	ת	א	ר	ז	מ	ג	ק	ת	ו	א
מ	פ	ר	ש	ס	ע	ר	ת	ש	ח	ק	ן	מ	ה	ק	צ	ו
ר	ת	ם	ה	ה	ר	ס	ב	ר	ת	י	ל	ו	נ	ו	ו	ה
י	ר	ת	א	מ	ן	ש	י	מ	ת	ם	ל	א	ת	ף	ת	ת

Puzzle 541

מ	א	ן	ם	ר	י	ס	ל	נ	ם	מ	ג	ת	ו	י	ו	ה
ע	ע	ר	י	כ	ה	ע	ש	ו	י	ב	ר	ב	ח	ד	ן	א
ו	ת	ו	פ	ט	ו	ת	ח	ו	ר	ש	ס	◌	ו	ו	ל	ו
ל	ן	ל	ל	ד	ו	ו	ח	נ	ק	ג	ה	ה	כ	ג	ש	א
ם	ם	ב	א	ו	ו	ל	ם	י	ח	ר	י	נ	ש	ו	ף	ה
א	פ	ש	ר	י	י	ם	ח	כ	מ	ב	ס	י	ה	מ	ט	א
ו	ג	ו	ד	ת	ר	ה	ר	ל	ה	י	ש	ר	י	ו	ו	ר
ו	מ	ס	ב	ה	א	ע	ח	ג	א	א	ל	י	ל	ת	ו	ת
ר	ד	ת	ר	ו	ס	ל	ר	ו	ה	י	ה	ט	י	מ	ה	ה
ש	ו	מ	ל	מ	ד	א	ל	מ	ו	ל	ס	ג	ב	מ	ק	ר
ה	ש	ל	ו	כ	ב	ה	ה	מ	ם	ח	כ	י	ח	פ	כ	ל
ח	ו	י	ד	ע	ה	ב	פ	ב	ן	ו	י	ב	ל	י	ש	ה
י	ב	י	מ	מ	ד	ו	ה	ה	ר	ו	ם	ב	כ	ו	ק	א
ט	מ	נ	מ	נ	ל	ס	כ	ר	י	ו	ת	כ	נ	ר	ת	נ
ע	י	פ	י	י	כ	מ	ה	ו	ק	ל	ו	ל	א	נ	כ	ח

תחושה
עריכה
הר
המיטה
מחקרי
גרסה
לרחרח
כוח
גרבי
ינשוף
העלאה
אלפים
עשוי
לחלוטין
מעולם
להסכים
כנרת
אפשריים
התראה
למד

Puzzle 542

בצד
חגור
להעריך
בארון
צוף
המספרת
כרובית
שמים
לצוף
לשרת
למנוע
נהר
שולחן
הביטחון
כותנת
תרופת
זוהר
פועל
זועם
להעליב

א	ט	ש	א	ש	צ	ו	ף	ש	ח	ו	ה	ח	ל	כ	ת	י
ן	ה	מ	ל	א	מ	ר	ו	מ	מ	ם	מ	ג	צ	ו	ה	כ
ו	נ	נ	ד	ש	א	י	ל	ש	ר	ת	ס	ו	ו	י	ב	ו
ה	ב	י	ט	ח	ו	ן	ם	ת	ה	י	פ	ר	ף	ל	א	ן
צ	ן	ח	ל	ו	ש	פ	ע	ו	נ	ב	ר	ה	ו	ז	ר	י
א	ל	י	ל	ה	ל	פ	ו	א	ו	ו	ת	י	ו	ה	ו	ו
ר	ב	ה	ו	מ	ע	ה	ז	ו	ו	ר	נ	פ	ר	ד	ן	א
ו	צ	פ	ו	ע	ל	ר	ע	פ	פ	כ	ו	ש	י	י	כ	ן
ו	ד	ל	מ	נ	ו	ע	י	ל	ת	ר	ו	פ	ת	ה	ו	ה
ו	ל	ש	א	ם	ש	ת	נ	ך	י	נ	ה	ל	ד	כ	ת	י
ר	ב	ר	ו	ד	ה	ל	ש	נ	ו	ב	ל	י	נ	ת	נ	י
ת	ה	נ	ט	כ	ן	א	ה	מ	ד	י	מ	ו	מ	ע	ת	ר
נ	ש	ר	מ	ם	ו	כ	נ	ח	ו	ם	ה	ה	ב	ס	מ	ח
ר	ר	ו	ר	ל	ב	מ	י	ע	מ	ט	י	פ	י	נ	ה	כ
ו	ו	ח	צ	ל	ג	ב	ת	ר	ו	ו	י	ד	ה	מ	מ	ה

Puzzle 543

ל	ה	ח	ע	ם	ת	ל	כ	ד	ש	ו	ד	פ	ז	ת	ל	ך
פ	ר	ם	נ	י	צ	ם	ו	נ	ע	ן	ח	ו	ב	ה	מ	ד
ט	ח	כ	ו	מ	ב	ע	ז	מ	ב	ו	י	ו	ע	ל	י	י
ר	ה	ו	ת	מ	ו	פ	ת	ח	ר	ע	ט	ו	ל	מ	ו	ם
י	ל	ה	ג	ר	כ	ס	ל	י	נ	ש	ש	א	מ	נ	ו	י
ב	ם	י	ו	ו	צ	ב	ר	א	ו	כ	י	א	ש	ל	ו	צ
ס	ש	ל	ך	י	ת	ת	מ	ש	נ	ח	מ	ע	ו	מ	ס	ו
ה	ר	ס	ר	ע	י	ר	ו	ן	ר	ו	ו	ו	מ	ב	ו	א
ל	ש	ו	מ	ו	מ	ת	ר	ו	מ	נ	צ	ל	י	ג	מ	ת
ה	ב	ס	א	ת	ת	ן	א	א	פ	ל	ו	מ	ל	כ	ה	א
ל	צ	ד	ם	י	א	ו	ש	י	נ	פ	א	ל	ת	ב	ס	י
י	מ	ס	א	ו	ם	ר	ל	ט	ע	פ	י	ך	פ	ש	נ	ת
ר	ך	ת	ח	צ	ח	ד	ו	י	ס	ו	ר	ב	כ	ע	ה	ת
ו	ו	ע	ב	א	ר	ו	ר	ל	ו	מ	ל	פ	ו	ו	י	פ
ב	מ	ש	ה	ש	ו	ת	פ	כ	ק	ר	פ	כ	י	ת	ו	י

עומס
נישואים
עסוק
העכבר
בוחן
וחול
יצוא
שלך
שעון
שטיח
שפך
נמלה
להגר
לפטר
שעות
זהים
רואים
להסביר
שעברנו
בשר

Puzzle 544

בעין
השפעת
רעב
תחת
מיטה
ציפיותיהם
לכל
לייצג
המניות
צנון
רכיבה
טרי
ממהר
לקבל
להתייחס
עדר
דיג
לחפש
ירצה
שחורים

ד	ם	פ	ן	מ	ד	א	ן	ח	ב	ש	כ	ל	ס	א	כ	מ
ל	י	ר	ט	ס	ל	י	י	מ	ר	פ	ה	ח	ר	א	ה	י
מ	ר	ג	ר	כ	י	ב	ה	ס	ל	ף	י	פ	ע	א	ת	ט
ו	ו	נ	ד	ן	ו	נ	צ	ל	ק	ב	ל	ש	ב	ו	ו	ה
ת	ח	ם	ע	ח	ג	ש	ר	צ	י	פ	י	ו	ת	י	ה	ם
ב	ש	מ	מ	ה	ר	א	י	ל	ה	ת	י	י	ח	ס	ה	ו
ה	צ	א	ר	י	ו	ק	ת	ם	ע	ל	נ	ד	ו	ו	ה	א
י	א	ח	ס	ה	י	א	י	מ	ה	י	ת	ג	ה	י	ג	ת
י	ג	י	י	מ	ה	נ	י	ו	מ	פ	ע	ן	ד	י	פ	ה
י	ן	ד	מ	מ	ת	א	א	י	נ	ה	ת	ל	ן	נ	י	ש
ו	מ	ש	ש	א	א	ב	ד	ן	י	ע	ב	ר	י	ו	נ	פ
ת	ק	ו	ת	י	ע	י	ם	ם	ו	ר	ו	ר	ו	י	ר	ע
י	ב	ח	ח	ח	ח	ה	ה	ז	ת	ע	צ	ז	ו	מ	צ	ת
י	ד	ת	ל	מ	ת	י	ל	א	ג	י	י	י	ת	ג	ת	ג
י	ר	ה	נ	ד	ל	כ	ל	ע	י	י	ו	ו	ת	ו	ו	ד

Puzzle 545

מ ס ת ק ב ל ר ת ן ב ן ל י ת א מ ר

פ ב י ן ח ל ק נ נ ש ל ה י ו ס י כ

ר ש נ א ד מ ו מ ל ו ו ב א ו ח י ר

י פ ד ן ר ס ב י ה ק כ ה ד ל ת ה נ

כ ח י ט ב מ ן מ א ו פ י ם ה ה ב כ

מ מ נ ש ת ב כ ר כ ס ן ר ש ל ש ש צ

ו נ ל ן ו ו ג מ י ם ו ק מ ב א ה נ

ו ה י ק ל ו פ ק א ו כ ס ש ר י נ ש

א ש ם ו ו נ ת כ ו י י ו ה ו פ ש א

ו כ מ ו ד ל פ ל א י ס ב מ פ ה פ ח

א ל א ת ל ר י א ח נ ה ט ו ך ף א ס

א נ ו ת נ ע פ ח מ ב ב ח פ ת ח ל י

ח נ י ק מ ל י מ ש ן ח ו ש י ר ר ש

מ י ע ב י ן נ י ב י ס ב ש ר ה ר י

ג ד ל מ י ת ע י ר נ י ו י ו ב י י

השאיפה
להבהיר
אדם
רקוב
פסיקת
כיסוי
מבטיח
ידנית
בשוק
הסיכון
רכבת
מגוון
נשר
להלוות
כוכבי
אמן
נשא
הראש
במקום
השמש

Puzzle 546

ו י מ כ ד א ת נ ת י כ ש מ ש מ ו ו

ב ה ח י ף מ ח ר ה צ ב ת ח ד ו ו ו

ב י ס ר ו ח ו ע כ ב ד ע מ א פ א ◌

ם י ד נ ק פ ה י י ל ע ת ו נ ש ר פ

א ל ה ח ה ה ו ו ח ס ט ת ו ל נ ו ת

ם א ת י ר י ג א נ ו י ז ח ש ר פ י

ו ב ג מ ד ש מ נ ה ו נ ו ת ד ו ת י

ת ד פ ת ס מ ם צ ק י ד ע י ו ר ל ן

ן ו י ל ע ה ל ה י ד נ ה מ ע ח י ן

ה ת ח ו ו ח ה ס ש מ ס ת נ ו כ ו א

ה מ ב ה ת ב כ כ נ ח י ת ס ב ש ו ו

ת ד ד ו ח מ י ר ה מ ע ם ח י ח ל ו

ם ר ע נ ל ה ר ש ה פ ו נ ל ח ד ה י

פ ף ע ר ס י צ ו צ פ ת י ב ה ו נ ן

ו ז ב י ע ח ע ח ו ן ה י ל ו ח כ מ

הלם
קוף
לנער
לתפור
שמנה
נשיקה
מכחול
מחודדת
הצלחת
הבמה
עלייה
גירית
העליון
תמונה
צריכה
חוסם
שכח
סדר
פרשנות
נסיעות

Puzzle 547

י	ת	ר	ו	ן	ס	נ	מ	ש	ל	י	ד	ח	א	ת	א	ו
ה	י	י	ן	ד	כ	ו	מ	ח	י	ל	ב	ר	ה	ר	י	ם
א	ך	נ	נ	מ	ו	ו	ש	נ	מ	א	י	פ	ה	ו	י	ב
נ	ר	א	ה	מ	ו	ו	ף	ז	ו	ו	א	ת	ח	ן	ב	ת
ד	ו	ר	ב	ד	ו	א	ה	ע	נ	ר	ל	ת	ה	י	ה	כ
ח	פ	א	ר	ז	ו	ח	ת	מ	ד	ז	ש	ח	מ	ח	ו	ת
נ	י	ו	ר	ת	ה	פ	ו	ך	ת	ת	ק	נ	ק	ר	א	ב
ג	צ	מ	ר	י	ל	ב	נ	ט	ת	ו	ח	פ	ל	י	א	ב
פ	ז	ה	א	ב	ש	י	פ	ו	ע	ל	ר	ב	ב	י	ה	י
י	ן	ל	ו	ם	ל	ד	ס	ט	נ	ל	י	י	צ	א	ק	ו
ק	ן	ו	ב	ס	ב	ו	י	א	ו	ש	ו	ת	ה	י	נ	ו
ח	פ	כ	צ	י	ע	ב	ח	ח	ה	ע	ר	י	ם	ז	ק	ל
ב	י	ק	ו	ר	ת	ב	ד	י	ו	נ	י	מ	ן	ב	ב	א
ל	ש	ר	ב	ק	א	ב	ר	ה	י	י	ל	י	י	ע	ו	ן
י	ו	מ	ע	ם	מ	נ	ן	מ	ת	ת	נ	ר	ק	ן	נ	כ

ביקורת
בזהירות
גז
קן
סבון
בשיפוע
ציפור
עם
חוזר
לימונדת
נראה
רבה
בלי
מרק
אורזת
רצון
הפוך
המקל
יתרון
בדיוני

Puzzle 548

ה	מ	ר	ו	ד	מ	ה	ת	י	ב	ה	י	ד	ד	ח	ו	י
י	י	ת	ב	ת	א	פ	ו	ו	צ	ד	מ	ו	ל	ג	א	ד
י	י	מ	ל	ס	ן	מ	א	מ	ק	ך	מ	ש	ק	ח	ק	ק
מ	צ	ח	י	ק	ר	ש	ו	ה	ף	ד	י	ת	ר	ר	א	י
ו	ז	ר	ו	ג	ק	ט	ק	י	ל	ו	ג	ר	ם	ל	ה	ם
מ	ס	ו	ג	ל	י	ם	ה	·	ל	ס	פ	ו	ג	י	ר	ל
ה	נ	ד	נ	ו	מ	נ	צ	ה	פ	מ	ס	מ	ע	צ	י	י
ע	י	ע	ל	ע	ר	ש	ל	ר	ו	ת	ל	ת	ד	ו	ד	מ
י	י	מ	ה	ד	א	ו	כ	ר	ו	ב	י	ב	מ	ר	ס	ו
מ	ה	ח	א	י	ל	ו	ז	י	ד	ב	ס	ר	ו	ע	ל	ן
פ	א	צ	ו	י	ו	ה	פ	ת	י	ר	ו	ב	נ	ר	מ	מ
ת	ש	ו	י	א	ה	ה	ת	ס	ה	י	ד	נ	י	א	ט	ש
ב	ע	ע	פ	ק	א	י	י	ה	ס	א	י	ר	ת	ס	נ	ח
מ	פ	ו	ר	ס	ם	י	מ	ל	ו	מ	ו	ק	ב	נ	ז	ל
ו	א	ח	מ	ג	ל	ד	ב	נ	כ	מ	ת	ח	מ	א	ל	ק

יסודיות
התיבה
וכרוב
יוקרה
דקים
לספוג
לימון
סדירה
בתמורת
להסתיר
קילוגרם
מפורסם
ליצור
מצחיק
יקר
דקות
שמפה
מסוגלים
מונית
בסרט

Puzzle 549

ר ח ע ן נ ב ה ב י ל ה צ ל ע י ג ה
ל ת ט ה א · ד ל ל ד ת ר י ל ג ל ה
ס ו ל ה מ א ר צ ל ו ה ש נ כ ה ו ש
נ ת ף י ק ר י ם ת נ ב ש ב ד פ ר ק
ר ה ל י ל ה י ה נ ה א ב מ ן א ח ד
ש ס פ ר ח כ ו ר א ג ה א ת ו ר מ ל
ת נ ר ס ת י ה י צ ח מ ו י מ ו ל י
מ מ ו ו י מ מ ת י ד ע ת ה ד פ ר ת
ו נ ב ב ש ת ב ב ה ו א מ ם ה א ו ת
ל י כ ו י פ פ א א ע מ א ש כ ו ת צ
מ ו י ט א ש ן ו ו י כ ב ו ב מ ש ל
ב צ ר ו ה ח ע ס ב ו ט כ ב ו ר ל נ
ת פ ה א ר מ ו כ כ ו מ ר ן ד ח ע ו
י ו ר ה ר ל ה י א ח י ה ת י כ ה מ
ו מ י פ ו ש ג ת ו ו נ י א מ נ ו י

אישית
למרות
הגיע
מקלחת
תמיכה
נוסחה
מול
אוהב
פרק
בכירה
הלילה
עטלף
יקרים
ביממה
המרחק
בכיוון
הכבוד
כיתה
אפור
האוטובוס

Puzzle 550

צ ל ו ל ד ב ו ה ד ה ג נ ת ב א ת מ
ר ל ן ז ל ן י י ח נ ב ז ר ה א ו ו
ל ה ב ר ן ד ק ן ס ח נ פ נ ת ב נ ל
ה י י ו י א ו נ ר מ א ה ג מ ע ב ט
ו ה מ ם ת ל ו מ ו ב מ י ו ח ד ו ו
ל ו ם י ה נ ל ו י ו ר ר ל ר ה ל ב
ך כ ו ב ע ר ו נ ה ע מ מ ת ך פ כ מ
ה ו ל פ ר ק מ ב ב פ ח ו ט ה פ מ ו
ט מ ש א כ ר י י ב ר ה ו י מ ל ה ל
ת מ ו ה ת ת ב ו י ו ל א ו ו ס מ ד
ה ת א נ ה ו פ נ נ ת ת ו ק פ ש ו
א ב י ר י י ת ד ן ו ס ס י נ ע א ת
ו מ צ ר ת נ ד מ א ת ר ח ב י ז נ י
ר ו פ י א מ ב ו ר ת ר ן ח ד ר ן ו
י ו ת ר ל ח כ נ ל י א ת ב ס ה ה מ

ושלום
הביתה
כובע
לבדר
ומבוטל
לזרום
סבתא
במחנה
הערכת
הולך
לא
חמניות
הסקי
כלוב
עזרה
תרנגולת
ובמיוחד
איפור
עפרונות
הגנת

Puzzle 551

ב מ א ל י י ב ו ת ל י ן נ ל י ה ג
נ מ ת ה י ר מ ש ר ג נ ש ר ע ל ת ג
ע ר ן ג ר א א א מ ל ת ח י ד ל מ מ
ת מ ר ד י ו ס ם ת ח א ח ו ו ר ף ו
י ש נ י י נ פ ו א ו ו ו ן ה מ ו ד
ף ו פ ר צ ת י צ ו כ ה פ ה ה י פ ו
ו ו ק ן ל ל ד ע ו מ ו ם ב ע ע ח י
ש א נ ש כ י ש מ כ ר ר פ ש ח ר ל ו
ל ר נ ל ל ר ב ש ס ה י י ת נ ו כ מ
מ ן כ צ ה ל כ ו נ נ י ת מ ח ן כ ו
ל ו ע ר פ נ כ ב ע ת ב ר ו ר י ם ף
ו ר מ י ג ר ו ח נ ת ן כ ס ז ◌ ב כ
ת ו ע מ י ב פ ר ו פ ס ו ר מ ד ת ב
מ ק ש נ ן מ ת ה ר ל ח ח י ו ת י ח
ו ו ף ו ח ד א ת ג מ ש ל ה ב ת ה ל

להגדיר
אופני
עצום
כלכליות
פרופסור
מזרח
שני
שחר
רמת
להפגין
שמע
לצייר
מכונת
לכוננית
עשיית
לפת
ברורים
מוסרי
דומה
לחפוף

Puzzle 552

ב ח ע ח ו ל ן ן ו ב ן כ ש מ מ ה ד
פ נ ם א מ י ו ה ר ם נ ש ו ג ע ו ה
ת ע ו מ ל ל ד ל ת פ ב ו ו ו ו ת ו
ה י ר א ה י מ ה ר א ד ו א א כ ה ז
ו ת פ ו ח כ פ ת ת ע נ נ ב ה ח מ ש
ס י פ ד מ א מ ר י ט ף מ ת א ד מ כ
ו ל ת ה ב ל ח ח ד ט ד מ ל ס י ת י
ד י ה י א ה ח ש ס ר ת ת ר ש ש ג ל
ח ל ל פ ס י ו פ ג ה ק ו ח ר י ◌ ג
ז ש ד ף י נ ר ו ו י ד ר ח ש נ כ מ
ק נ ד י ר ש ת פ ף ס ו נ ו ר י ל ה
א ו ע ת ת א ע ע מ ק ל נ ף ע ו ה ל
כ ף ח ד י ו ו ס ם מ א ת י ו כ ב ט
ר ש ק ג ר ע ז י ב ה מ ר א ג ל י ה
ל ו פ ר ר י ל א פ ק ש י ר ת ס ר פ

במדרגות
שמחה
מאוד
שלילית
מאמרי
פרס
שכן
סירת
נוסף
להתרחש
חזק
תפוח
ספר
עוגת
להינשא
שיני
די
רחוקה
אנושי
דחף

Puzzle 553

ה ו ו ל ת מ ב נ ו ר י י ל ב ד ו ק
ה ו ש י ד ו ר ח י ה י צ ו ה מ ה ר
ב מ ת ו ג י ע ל ה ו ו י ם ל ך פ י
מ ו ע ר ג ר ת מ ש ר ד ב ה ו א נ א
ע י ת י ו מ ו צ ג נ י ו י ע ח י ה
פ ו מ ָ ם ש ר ל ר א ו ח י ר פ מ נ
מ ח ד ב ב ה ה ו י ס ק ס צ ש ה י ב
י ס ה ע ל נ ח ח ם מ ו פ ל פ ו ע מ
כ נ י ט ק י ו ר פ מ י ד ב א ת נ ל
ל ם ס פ ל ל ס ל ת י ס ד ל מ כ ו ש
כ ת ב ו ב ד ת ח ז ת ג א ד ת ס ב פ
נ י צ פ ס ן ת נ מ ו כ י י ו ל נ ם
מ מ א ד מ ן ת א י ר י מ מ ד ס ו פ
נ ט ע א ק ו ו נ ן נ ת נ ב י צ ר ו
ם ב ו א ה ו ח א מ ו ה ת כ ג ל ח י

זמין
דיוק
שידור
מהר
מתחת
בובת
פרויקט
לבדוק
פנימי
בוגרת
כל
קריאה
שגרים
ריח
המושבעים
מבנה
יעלה
מאפשר
צל
דאגת

Puzzle 554

ע צ י כ ד י ל ש ע מ ו נ כ י ו ש ח
י ת נ מ ת ך מ צ ע ס י פ ג ח ן י י
צ י ע ה פ ו מ ו ת י ת ת נ י פ ב י
ל מ מ י נ ר ר י כ ב ל ב ח ר י ז ה
י נ ש פ כ ש מ מ א ת פ י ש ב כ ק ם
מ ב ה ר נ ה ד י ו ב ו א ק ח י א ו
כ ו ס ג ו ע ל ה י ג ר נ א ת ט צ א
מ מ ט ו ן י ו מ מ ה ת מ ש א ס א ה
ו ד נ א ת פ ק ו ר ם פ ל ח צ ו א ן
ו ל ד ג ר ו ו ח ח ו ו ד ד ד ס ה ן
ם ס ר ו ר ה ש ל ר פ ו ו נ ת ל ו כ
מ מ ט ס פ ו ר ט ל א ם פ ר י ק ג ע
ב א י א ל נ א ו ו ו ת ת כ א פ ל מ
ס י א ו ב ה נ כ ב ק ו ע מ ד ע ד ו
ב ת ש ב ה ח ן א ר ח ה ט ל ח ה ב מ

שתיקה
חייהם
מוחלט
מסיבת
קאובוי
עצמך
כבשי
אנרגיה
פתק
כמה
חריזה
הסטנדרטי
מדען
ספורט
בפינת
בהחלט
גאוגרפיה
הופיעה
כוס
שוקולד

Puzzle 555

פ ו מ נ ר ה ו ש ל ו ש ו ת ק ם צ ר
ו ל י ו ר ל ג י ט י ר ק ו י י ן ו
ל ה א ו ק ר ס מ ד פ ו ו ת ו י נ מ
י ז ת מ י ש ר ק א מ נ ה ו ן נ ו מ
ט כ ה ת ש ע ה י י נ ת ה י כ ת ב ת
י י ר ד ע ל ר ה ט נ י ו פ ה ב ת ה
ק ר ו ו צ ו ר ו ס ו י ב ו ב ו ה ו
ה ו א ר כ ב מ ת נ א ל נ ק י ד ל פ
ג נ י ל א ו ח ל י ו ח ו ש ב ו ב ב
ד כ ב מ ו ג ה ר ד כ ש ר מ ד א ם י
ר ו ה ק ס ע ו ג ו ס ו נ א י ד ר ס
י ג מ ע כ פ ד ר ע פ ט ו י מ ד ק א
ב מ ר ב פ מ ו ם א מ י ל ו ו ר ה נ
ק ת פ ת י ו ו ה נ ו ר מ ם ש י י ל
ל א ו ר ל ה פ נ ת פ ל מ מ כ א ת ל

רשימת
פוליטיקה
להתבונן
להקדיש
מסרק
עסקה
תשעה
ידוע
מניות
חושב
רופא
אקדמי
רופפת
ולהזכיר
ליישם
קריטי
שקופיות
תנור
חמורה
שלוש

Puzzle 556

מנהל
שצבא
תקווה
כלכלת
לתקן
רגע
שינוי
דרג
לאתר
דליפה
הובלה
נעל
ראיות
הוריקן
אפורה
טוב
להוט
סגנון
פלפלו
ירד

ת ב נ ל ע נ מ ר א כ כ כ מ נ ה ל פ
ק ד ר ג ב ב מ נ ת ל ע ל ב ל א ת ו
ו ש ר ה נ מ · צ ת ו י כ ה ח כ ק א
ו מ כ ל י ו ה ך ו ד ע ל ר ח ע ן פ
ה א ה נ פ י י ח ב ס א ת ו ר ק ל י
י ג ו ה ל ר א א ע י ק ו ו י ת ה ר
ל ל ב ת ן ד ר כ ה ש ו ד ר ן ך ו ם
ו מ ל ה ן א ת ע א ג י ו נ ד ל ט ס
פ מ ה ר י א א ב ו ט ה ד ו ד ב ד ג
ר ר ד ו ה פ ל פ ל ו פ ש י פ א א נ
ק ש ת ה ש ו מ ת ג מ מ י פ ר ג ן ו
א צ י צ ו ר ו ח ם ב י נ ד כ ר כ ן
מ ב ן י ד ה ג ו י ח א ו ח ג ו ב נ
ע א י כ ו צ ו ש ל א ת י מ ת כ מ ר
א י מ ר ת נ ל ב ת ה פ י ל ד צ מ נ

Puzzle 557

מ ו ל א ר ו ב ב ד ב מ ב ו ת ו ו ל
ד ו י פ ג י ד מ ב ס ת ר ו מ ז ל ג
ב צ ה ה מ י ס ח ם ח י כ ש ה כ י מ
ר ו ש ת ו ת י ה ו י ח ת ח ו ע ת י
י פ ש ה ע ב ג ד ר ב ח ו ד פ ג ו ש
א ו א ו י ש ש ק ו ד ו נ ו ע ד א ה
ו ב ת ל ת ג ת ל מ פ ל ב א י ס ה ל
ת ם ת פ מ ל ח ק י ר ת ל ת ל ו נ נ
י ו ל י ל כ ת ה ר צ ו ן י ר א י ת
ם י י נ ש ה ב ל ו י ש ש ה י ש ח פ
ג י ב י ע ו ר י א נ ב א ח · י ב ת
ח ע ו מ מ ו ר ע פ י ל ר י ב ה ת א
ו ו ה ש י א י ק ר ו כ ז ל ד ו ש ו
ו ר ל ר ו נ ז ל ר ת נ ה צ ס ק ד מ
מ י ן ל ן ל ו כ י ר ת ה ש ל ג מ י

בריאותי
רציני
ללכוד
לבנות
תושב
מזלג
ביחס
ברכת
פגוש
השניים
בחינה
חודש
גבעה
אירוע
הורה
גמישה
שאת
לזכור
להוביל
פתאומי

Puzzle 558

י ל ח מ ל ר מ ן ת י ו נ י ש ש ת ל
מ ה נ א ן ן ה ק ר ת א ם ד ש י י י
ד ר ד י ד נ ר פ ו י מ ל א ם ע ע ד
י ו ב נ ו מ ל מ ה י ל ג ש ש ר ב י
ד ת ט ב מ ח מ א ט ב ר י ר ו ו י ב
ת פ ת כ ו ב כ פ ר ס פ נ ו ן ת א ו
ג ו ב ט נ ו ך ד י ב ס ן ו ר ח א ר
א ו מ מ ת ה ד ב י ב מ פ ו ה ל י י
ד א ש ב פ ב י פ ל ח ה ה ו נ א מ ת
י מ ל מ ת י ד י פ ה נ ח ש י ד ג ב
ע ו ש ו א ש נ ש י ל ע ו י פ ו י ם
ג נ ע ל ז ש ה פ ו א ך ל ו ל מ ו ר
א י ו א ל ן ר א ם ן פ ו י ו ח ז ת
י י מ ס ר ן ר מ ע ו א ס ח מ נ ח ו
ו ד ה ו ו ח א ע ע ו ל י מ ע ו כ מ

עלי
שיער
מבט
נייד
מספר
להרות
בר
ידית
לנשוך
מדידת
חמוד
אגרסיבי
מחפש
לייךט
אחרון
בגדי
בכפר
חווה
דיבורי
סולו

Puzzle 559

א	מ	ו	מ	ה	ל	ס	י	כ	מ	מ	ו	ן	ש	י	י	ב
י	א	מ	ס	ת	ק	ם	ו	ו	י	נ	ה	ח	ר	ש	ל	נ
א	י	ש	י	כ	ר	י	ש	מ	כ	ב	ב	ע	ה	ו	ע	ו
ה	ת	י	ל	ו	ו	י	ש	ת	ב	ח	ד	ע	ע	ד	נ	נ
י	ן	ה	נ	ר	א	ו	ן	י	ק	ו	ד	ל	ר	מ	ו	ר
מ	נ	ע	ס	ח	ד	ן	ר	י	ח	ע	י	פ	ש	ן	ת	י
ע	ח	ש	ו	מ	ן	ו	ר	ו	ת	ת	צ	ה	ר	ש	ע	צ
ם	כ	ר	ת	י	ר	ת	י	ת	י	ת	ו	ב	ר	ת	ה	ת
י	ח	י	ד	ו	ס	י	ת	י	ו	ר	א	ה	מ	י	ש	מ
מ	ה	ם	ת	ק	ע	ז	ו	ד	ח	י	ת	נ	ה	ב	ל	ה
י	א	ת	י	ה	י	ל	ש	ר	א	ח	ו	י	מ	נ	ס	מ
ב	מ	כ	י	ן	ו	ה	י	ע	ר	ב	ו	ב	צ	ס	י	ק
מ	י	ף	ו	מ	ו	ל	ן	ן	מ	ו	ו	מ	ל	ן	ב	ח
ס	ו	י	ק	פ	ה	ם	ו	ר	כ	ה	ו	ש	ל	א	ת	ו
כ	ת	א	ו	ף	ו	ד	ר	מ	י	ו	ר	י	ב	ע	ה	ל

עשרה
לנסות
עשרים
זעקת
ביישן
להעביר
ריצת
משימה
מבינה
שומן
לקרוא
חקירת
תאו
בחירת
צפרדע
יתושי
נעלי
התרבותית
בבירור
יסוד

Puzzle 560

ר	ל	ה	ז	א	ו	ת	א	ו	ו	ל	י	א	ס	כ	מ	פ
א	ח	ת	ו	ד	ו	ג	ו	ר	ם	ר	ת	כ	ו	ת	ב	ב
מ	א	ב	מ	ב	ב	ל	י	ו	י	ר	ר	כ	ע	ו	ב	פ
א	ש	ח		י	ה	ב	ה	ד	ם	ח	ח	צ	ה	ב	ב	א
ק	ס	ת	ו	פ	צ	ן	ר	ה	ט	י	ו	ל	נ	ת	י	ה
ב	ב	א	ת	ו	ק	ם	פ	מ	ב	מ	ו	ז	י	א	ו	ן
ל	י	ע	ו	ה	ה	ש	נ	י	מ	ק	ר	ו	ב	ו	פ	נ
א	ה	ע	ז	ל	ו	ש	פ	ן	י	ע	כ	ב	ה	ר	ש	ן
ל	ע	י	ח	ו	ת	צ	ה	ו	ב	א	ו	ס	י	ל	מ	ש
ק	ס	ו	ל	ם	ד	א	כ	ך	י	ל	מ	ו	כ	ר	ת	פ
ר	מ	ר	ס	ד	מ	ר	א	י	מ	פ	ג	מ	י	מ	ג	ק
ב	ו	ל	י	ל	ה	ל	ב	י	ו	ו	מ	י	מ	ו	ט	א
ו	ו	ם	ל	ו	כ	א	ל	ת	ו	מ	ן	י	י	ת	ן	ק
ת	י	מ	מ	י	מ	י	ו	ב	מ	י	ו	ד	ם	ב	ש	מ
ר	ה	י	ה	ד	ן	א	ג	ו	ע	ע	נ	ד	א	ל	מ	א

הבינה
סולם
ממוצעת
ורודה
הפתעה
גורם
לאכול
במוזיאון
הכאב
כותב
רווח
מוכר
עין
קצה
שחייה
לחזות
אטומי
צדדים
כתובת
טיול

Puzzle 561

י ה פ ב נ ל ד ע ל נ ל ח ו א מ ט ד
ע ל א ה מ ח ל מ פ ו ת ש י ר כ ו ד
כ ב י ס ה ב ק ב ו ק פ מ ב ש מ ש ל
ח י ו ן מ ו ש כ י י ש ע כ ה ל פ ח
ו ו ו ת ם א ר י ת א כ ו ת ל ל ד מ
מ פ ר ע י ו ת ח י ש ב ל ס ו מ ח ה
ו נ י ת ב ל מ ר ו ש ת ם ה כ ו ב ס
נ ג א ו ה פ פ ו ב ל נ ו ע י ד ח ל
י ק נ ת ו ל ר ב פ ן ח ו י פ מ ה מ
ב ד ע ת א פ מ פ ג ר י מ ו ס ת ל ע
א ל ל נ ל א ס ר י ת ד נ מ ב ס ו ם
כ ת י ו י ל י א ו מ ך ש ו ו ר ו מ
נ מ י ל ל ב י ט מ ר ד נ נ נ א י ש
ו ד ה ע ב ת כ ו נ ד ן ב י א ס ע ר
י י ל א ד ם ו ה כ ש פ ח ו מ ח ר ה

כרישת
למפות
בשיחת
יכול
ארית
פשוט
החמוס
דרמטי
כביסה
סבוכה
הבקבוק
נקי
אוהבים
מעולם
עלייה
וכרוב
דומה
להתבונן
פלפלו
שומן

Puzzle 562

א ד ס ת ו ו ח נ ו ר ה פ ה נ ן מ ח
ס ם י ל ע ב ה ד ד ל נ מ ש ן ה ת ב
ו י א ה ב ו צ י ל פ ח א א מ ק ר י
ן ת ו נ פ ה ל ב ב מ ת ו ל ר ו ס ע
ש ח א ו ב י ר ו ח ק ל ש ן ג ר ח ל
ש ו פ ר ש נ ו ת ו ג י י ז ד י ו ו
ד ו ש ח ד ו ס ו ר ז כ ש ו נ ק נ ל
ו ם ה י ת ו י פ י צ א ח פ כ ש ל ו
ב ו ט ג ב ר י ש מ צ ע ת ד ד ו ח מ
ק ר ת ל ג ע ט ב ב ג נ י ס נ י ן ע
ר ד מ ה ל ו ח ע ע א צ ת ג ו ע ת ג
צ ת ש מ נ ח ת ב ד ת ו ט י י ה ו ש
ע מ ב ף ת ע ב ד י א מ ו ל ח ד פ ת
מ ב כ ל י ב ר מ י נ מ ן ו נ י ה ש
ל ב ת צ ב ו נ ו ן פ י ש מ ל א ן א

למעצר
אצבע
ירוק
חולה
עגלת
לבחור
להפנות
טייס
קר
נדיבות
עדיין
גברי
אסון
הבעלים
הבוצי
ברוגז
ציפיותיהם
נשא
פרשנות
מחודדת

Puzzle 563

ן ו ת ל א ח נ פ ב פ ד ל ב י ח ס כ

נ ו ה ת ר כ ב צ ד ו ד י ל ו ח א ו

ו ן ג ן ת מ ח ר פ ב צ י ו ו ש ס ג

ו ח ב א מ י ל י ר י ב ס ן ק ו ף ש

נ ו ל א י ם ה ב ק ן ה ד ו ב א ו כ

ר ד ו ש א י ה פ ט ג מ ו ב ל ב צ ד

כ נ ע פ ס י ב ל צ מ ו נ ק מ ת ל י

ד ל ק ף ר ש י מ ת ע ש י י ת ת מ י

צ ט ע פ ד ד צ נ ק מ י ו ר ג א ו מ

ה א ש פ ר ו ר ב ד ם מ ת כ א ו ן מ

ן ו נ י ה ה ל ב י ם ח ס ו ד ו ז ל

ו מ ב ו ש ד ר ך א י ה ה ד ו מ כ ח

מ ב מ מ ח י ק י ר ו ר ה ו ו ו ב

ד ח ת ר ש ר ש ם ו ו ת ס ס ל י ל ר

נ ן ח מ א ו מ ל ל ה ר ז ו מ ה ב ל

ברור
רכב
ריקבון
מדבר
דקת
חכמים
מבחן
המוזרה
אך
אומללה
תעשיית
לקיים
כואב
שרשרת
חיים
הורים
לצוף
קוף
דאגת
רשימת

Puzzle 564

פ נ י ה ע ס נ ש נ ה ל י י ו י ב י

י ש ל מ י כ ו ו ס ו ד ו ל ב ק מ א

ו א ד ן י ק ר י ם מ ש ו ע מ ם ר ב

ו י ו א ב ת נ ז י כ ר ת ס ב י ב מ

ע כ ת ח כ ר ה נ ח ת ב ק ו ס פ נ ה

ש ל ט ו נ ו ר ד ב ל נ מ פ נ י ט ש

י ט ח ש ל ב ד ר ם ה ל י ד נ ל מ י

ן ו נ ק ו ד ש י ה ל ו ל ג ה ק ה פ

ג ב ג מ ה ר ב ו נ כ ד כ ל נ ח ר י

ז מ מ ה א ס ק ש ן פ נ ק ה מ ו פ י

י ו י ר ל ו ה י ו ו ל צ ר ב ו ק פ

מ נ ל ו ן ע ק ל ת ל ע ס ש ח י ן ע

ע ◌ ה ו נ פ ו ב ח ה ו ט כ ע ו ט א

ר א ן ל ף א י פ ו ר י ו נ ר פ כ ת

ם ה י ת ח ע ו נ ת ב ע ל ר ש פ ה

לוויה
משועמם
הסינר
מסקנה
שלטונו
בתחנה
תרכיז
קשוח
קליפים
הגלולה
מקבל
דבורת
דפוס
שנה
הצעה
ילדות
כמו
יקרים
ומבוטל
לבדר

Puzzle 565

ש ד ו ר ש ר ו א ב ל ד ו ש ק א ג ר
ה ו י ל י מ ל ג ת ק ת י י ף ם ו ו
א א ז ג ר ק ר י א ה י ג ר נ א ע מ
ו ר ע נ ה פ ר ל ש ע ב ר ר ב ת ו ת
ו ב ס ת י ה מ כ ה ד א ג א י ר ר ג
ן י א ד ש ן ו ב ש ח צ ו ד כ י ג ס
ח ב מ ב ש ו ח ו ו י י ד ב ס ע ה ו
מ מ ת מ ו ו ר מ א נ ל ת י נ ל ל ל
נ ב ל ת ת ר א פ א ה ה ד ח צ ה ◌ ץ
ו ט ע ר מ ק ם פ מ ל ר ב ר ך ו י ח
ו א ש ג ט ו ס ה ב א ר ו ה ו מ ח ב
י ה ד ר ק ו ן י ל ת ו ע ל מ י ג ו
ח ה ו ת ל ר מ ם מ ה י ת ע ו ש נ ן
א נ ו י ו ד ו ו ו ק י י נ א מ מ ו
י ת ע מ ו י ו כ ו ס ר ו מ ר ו מ ח

במבט
הגרוע
חשבון
פסולי
בית
הדרקון
אצילה
עובדת
חיוך
מורכבת
לשעבר
חמור
מיץ
להרחיב
להניח
יעלה
קריאה
כמה
אנרגיה
חושב

Puzzle 566

ע ו ל ב מ ם ח מ ב י נ ה ו ה ס ק ד
ז ש ח ז י ה ת י א ן ד י ל ב י מ מ
י ה ן י א ש ב מ ז ר כ ג י ש ה ס ו
ל א ל ש ל נ י ע ג י י נ ס ו ש ו ק
ף ו ח ד ל ת י ת ל ת ר ח ט ן נ כ ר
ע ו ג י ה י י צ ת ו י נ מ ח י נ ט
ר כ ם ד א ת י י ב ש ו ד מ ת י ו י
ב כ מ ן ל י ג ע ר ו ה ל ת פ ם ת ו
ל ל ח מ ר ב ע ו ע י ו מ י ו י ו י
ב א מ צ ע ל ה ע ת ת ר נ י ח י מ ה
ל י ג ד ה ש ו ט ר ס ה ת י י ש ס א
ב י י ת ב ל נ ת ה ח ת ח ו ה א ו נ
ל ו ת פ ב ת ר ב ג צ ר מ ו ן ו ח ש
ח ע ת ס ר ע ו פ ה י ל ע ו פ ה ר ה
ק ק ב ח ר ס ו ח ה ל ש י ו ק נ נ ף

כלא
לדחוף
באמצע
משהו
הפועל
לבלבל
מסוכנות
השנתי
תפוחי
גישה
הדרגתית
זאב
דמוקרטי
הר
אדם
חמניות
לצייר
הורה
השניים
מבינה

Puzzle 567

ו ד ח כ ר י נ ו מ ו ס י צ י ו י ד
ת ג א ן ט ע ר א א ת י י ר ר ו פ ס
ר י ש ע ל ק ז ח מ ג מ ו ב י ו ו נ
א א ו ח ד מ י ו ר ק ד ר ה ו ח ו י
ע ה י ש נ י ל ח י ר ן ה ש ג ה י ש
ן ב א ר ר ה ע פ ו א י מ מ ק ו א א
ה ס ד ר ם · ש א ב ו ה ק ל ו ב ן י
פ י ל פ י ו ב ו ר פ ב י ה ר נ ב ש
ק כ ו צ ע נ י ז ל ק כ ל ד נ פ ו ה
ד כ ח ק י ר ת י ל ג ע מ ר ב ב ן ג
י ק י ש פ ם י נ מ ז ו ת י י ר ת ס
מ י ד נ ש ש י מ ו ש י נ ו מ ת ם ב
ה ו נ ג מ ב ב ר ו ק ו ל י נ ס ו ם
ן ר ד ן ח ו ב נ ל נ י ד ו ה ק י ח
ה ג ר ה ח ש מ ל י ל ת נ ו י נ י ד

קפה
אבן
ברוקולי
לנבוח
משפיעים
שימושי
בינוני
קדרה
השמלה
זמנים
החשמלי
נרתיק
עט
קדימה
שדון
מעגלית
חזק
מאמרי
ירד
חקירת

Puzzle 568

ה כ ר ע נ ש ל ו ס א ד ה ד ו ב ע ל
ר ה ל ו ג ע ה ל ה מ ח י ש נ ר פ י
ו מ ה ו ד ב מ ר ן י ל ו ו ח ע ל פ
ש א א ו ק ן מ ל ר ץ י י פ מ י ו י
ע ר מ ע ם ת מ ר נ כ ל ם י ד ו א ט
ב מ ם ב ן ה ה ח מ ו מ ם י ע ב ו ת
ר ש ן י פ ב ת ך ל ד י מ ה ו ו ו א
ו ל ר ו ח ש ה ב ת ו ך ת ב ל ה ל ה
ס ב ק ש פ ו ע ה א ר ח ד ו מ ה ש ו
ד י ס ק ר ה י י ק מ א ב א ו ר מ ח
י ם א ם ו נ ש ו ו ז ר ה ו ל ר ר ו
א ב ח ל ע ו ב ם ח מ ו ע מ א ל י ש
ו ת ד מ ל ו ב פ צ ת ו ן ה ו ק כ מ
ר נ ד פ ס ג ו א ל ו נ ר י י א פ ר
ח ש א מ ד ר ס מ נ ל ו ב ק ר י כ ו

בתוך
להמחיש
אמיץ
לצחוק
בוקר
נמלת
השחור
שעברו
היום
ולשמר
אומה
העגולה
עבודה
ילידי
משלבים
סקרן
דחליל
לפעמים
קו
שנערכה

Puzzle 569

כ ח ב ע י ל ם ת י ל י ל ש ק ג נ ב

ב ה א ו ו י י ש ג ת ל ה ב י ן ל כ

י ת י נ ו ד ל ק ו ו ו א ב ו ו ק ו

ש ע א ש י ו ה ל ש ך כ ב ו ם ה ח ח

ו ו ר י ר ר ד ח ו א ח נ ת י מ ת ה

ל נ י י פ ל ך י ק ח מ ר ר ס ב ת ס

ד ו ס ו א ח ב ק ו ג צ א י ח ל ת ו

פ ג ע כ י ה א נ ל ו ע א ר י נ א ז

מ מ מ ל ד ר מ ג ד ר מ ו נ ב ח ת ב

ת ד ר ו ו ש ה ו ד ד א ך ע ו ס ח ו

י ר ז א כ ע ן ר ו ע י ס ת א ל י י

א ל ר פ א ת ו ו ה מ ב ו ר ג ר ש ו

ח כ ל כ מ ת ה ס ד ס ת ו ב נ ג ◌ ש

ר ל ו ו ו ו ן ף ח ו נ ת מ י ע ו ח

א ם ך ב ח פ ח ב ע ל ו ן ו א ד נ ה

חבק
מעדר
משכפל
לקח
ואחותו
יחסים
ובכך
להכין
כביש
קיום
עונש
המבורגר
חדה
ארנב
קנגורו
קשת
חגור
שלילית
שוקולד
ידית

Puzzle 570

ו ה י ו ב ח ת מ ו מ ה א ק י ס ד ר

י ד ד ק י ם י ד ר ו י ש צ ק ש נ א

ש א א ל ע ב ל ח י ה נ מ ת ל ק ה ת

ו ק ג ט מ ק מ ע ש ה ק ו י ו ב כ נ

מ צ ר ו נ ל י ד ן פ י ו פ א ל י ו

ר ר ן ח ר א ס י מ ף ר ה ו ו ב ר ר

א ה ב ז ס פ ק ת פ מ מ נ ם י ח ע י

ל מ ז ג פ י מ ד פ ה א ש ם י ת מ נ

ו מ מ י ש פ ח מ ת ו   מ ט ח ו ח ן

י ש ח ל ק ר ו י ח א מ א פ ◌ ו י י

ה ל א ח ל ו י ו ל נ ח ב א ת ש ל א

ג ת מ ל ו ת ח כ צ ר ת א ל ל ה ר ר

ו י ת ן ת ב נ ו ו ח נ ר ר ש ח י ר

כ ל ו ו ו ה מ ל מ ה ר י ט א ו י ד

ם ו ט ן י ו ד ו מ ל ד ה י מ נ ו ח

הבא
ממשלת
יורדים
מקסימלית
אחיו
בלב
קצת
לעכל
פרות
קופה
משנה
מוצלח
מעשה
טעם
פגז
קצרה
אמריקני
עריכה
דקים
תנור

Puzzle 571

מ כ ו י מ מ ה ז י ה ו מ ג ת ג פ צ
מ ר פ ס מ י ו ה ד ע ש פ ע נ ן ו ש
נ ם ג מ י מ ז ה ה מ ש צ ר ו י מ
ש מ ז מ י נ ה ב נ מ ק א מ א י צ ו
י ב מ ד א ו מ ע ס ר ס ב ר כ ב ר כ
ק ר א ת ת י י מ ת ת ר מ י ת ב ם ר
ה י ע א מ ח ש מ ח ו פ ם י ה ד ן ט
ג ו פ ו צ · מ ד נ י א נ ה כ ו ה ש
ל י ו ו ו כ מ ב ת ז ו מ י נ ה ו נ
ב ת ת ש ע ר ע מ ש ח ו ר ל ו ד ג ה
י ר ס ן ה י ד ו ע ו ש א ו ר ו ל ו
ה ו ו ח צ ח ב ן ו ת ש ע ט ע ז נ פ
ס ו ו ָ ו נ ש ל י י ו ל ב ר ב ר ו
י מ מ ק פ ת א ו י פ י ב פ כ ש ו ו
ו ת י ש ו ו מ ו ר ש ר מ מ ם ו ל כ

כלום
צוואר
רוח
אפרסק
תשע
פשע
זהות
תרמית
העוצמת
עוד
פיתוח
הגדול
מזמינה
שייכים
נשיקה
שמע
חווה
מספר
משימה
מוכר

Puzzle 572

ד ר ר ג ל נ ו צ ב ע ר ק ר ל מ י נ
נ כ מ ו מ ל י ה ב נ ע ד מ ט ו ה ס
ק נ ע ל ו י ה י ו י ת ם ע ב צ ג ו
מ ה ת ו נ ו ר פ ע ה ב מ י ר ו ץ ו
ת נ מ ב ת ד י ת ב ר י א ד ל ם ד ר
ג ם ן מ ר ו ו ג ט ב ב נ ה ו ו ו ע
מ ף ן ש א ה י ש ט ד ס ד ר ז ע ת ל
ר א ב ו מ ע ב ו ר מ מ ן צ ן מ מ ג
י ו י ה ה ן ת ט מ ע מ ל ת ן ש א ד
ו ל ר ו ך ו ה ו ע ד ל ח ק ו ר כ נ
ר מ ל נ ח ד נ כ צ י ה י ך א י י ד
ת ן ח ו ב ו ר מ ר ף י ה ה פ נ א ד
מ ע כ ו ו ה ת ר ב ו ת י ב ו ר כ ו
י ח ה ל ב פ ר ה ט י ס ה נ י א ב א
ל ע ד ג ת ה ח א מ ו ת ה ה ן ר י ח

צרה
עניה
אנפה
דבר
צבע
עמדה
זול
וכרובית
למשוך
מעדיף
סביבת
מעצר
סגולה
במירוץ
בריא
צב
התרבות
לחקור
עפרונות
בובת

Puzzle 573

ת	ש	ב	ף	כ	ז	ב	ת	נ	מ	ת	ם	ל	ב	א	ר	ד
ל	ל	ם	ו	מ	ו	ו	ל	ם	נ	ע	ק	ב	ה	ו	ם	ה
ת	ם	ב	י	ג	ל	ר	מ	ם	ז	ה	ל	א	ו	◌	ן	ם
ו	ָ	ן	ר	מ	ו	ק	י	פ	ה	צ	מ	ח	נ	ה	י	ס
פ	מ	י	ל	ש	ו	ב	ד	י	ו	ו	י	י	ר	ל	ו	א
ך	ם	י	ס	ם	פ	מ	ד	מ	נ	ב	ע	א	ג	י	ר	ו
ו	ר	א	כ	י	ל	ס	ב	ת	כ	מ	ו	נ	א	ך	ג	נ
ש	ת	ת	ל	מ	פ	כ	ד	ר	ת	פ	ט	י	ן	א	ח	ר
ע	ת	פ	ר	מ	ל	ו	ו	י	ה	ן	ג	ר	ו	ר	ן	פ
י	פ	ו	ת	ע	י	כ	ח	ז	ה	ט	י	מ	ה	פ	ש	ח
פ	י	ס	ה	ן	מ	ר	ד	י	מ	ג	ר	י	ש	ג	נ	ן
א	ת	ע	נ	ב	א	מ	מ	מ	כ	ד	ל	מ	י	צ	א	ג
ר	ו	ם	פ	צ	ו	ר	ב	י	ה	ר	ו	ר	מ	פ	ת	ת
ר	ש	ג	ה	ג	ב	ת	ת	ד	י	י	י	א	ע	ר	י	ד
ע	א	ח	ו	ל	ן	ו	מ	י	ו	ר	י	י	א	ו	ם	ב

סלרי
ופלפל
צמח
דם
תלמיד
שלם
מפת
הליך
מישהו
שנאת
בוגרים
אכיל
כף
בקרוב
מיעוט
מכתב
זירת
המיטה
עם
זמין

Puzzle 574

כן
טרגי
בלוקים
חמים
חילזון
פרא
איכר
גשמי
ייעוץ
לפתח
ערבת
עש
בפרט
גבול
מדע
ממשל
ענק
וילון
מישורי
נעלי

ל	ל	ג	כ	נ	ע	כ	ר	ל	ם	ם	ע	א	ת	י	ו	א
ב	ת	ב	ן	נ	ד	ח	ר	·	ק	נ	כ	ו	ו	צ	ו	ת
א	ל	ו	ק	י	מ	מ	ס	ל	◌	ר	ם	ה	ן	ן	מ	פ
כ	ו	ל	ב	ש	ן	ס	ו	ל	ר	ן	ל	ב	ל	ח	מ	ר
ל	פ	ת	ח	ר	ר	כ	ם	י	ק	ו	ל	ב	י	נ	ד	א
ס	א	מ	ר	ח	ת	ו	ו	נ	ו	ל	י	ה	י	א	מ	מ
נ	י	פ	כ	ר	ש	ר	ה	ק	ב	י	י	א	ל	ק	מ	ה
ם	ף	ה	ח	נ	ר	ו	י	י	ע	ו	ץ	ח	ה	ע	ש	י
י	ק	ש	ל	ע	ד	י	י	ג	ק	ד	ח	י	ד	י	ל	ר
ס	י	ל	ו	ל	א	י	כ	ר	י	מ	ב	ס	י	א	ט	נ
צ	מ	א	ב	י	ו	ר	מ	ט	ר	פ	ב	ד	ב	א	כ	ע
ע	ל	ג	ן	ו	ז	ל	י	ח	ו	ו	י	ו	מ	ן	ר	מ
י	פ	מ	ם	ו	ר	י	מ	ו	ש	ה	ר	ה	ר	ב	ו	צ
מ	פ	נ	פ	ר	י	נ	ב	י	י	מ	ש	ג	ת	ד	ת	ל
ק	פ	ת	צ	מ	כ	ו	ב	ס	מ	ל	מ	כ	ח	ת	כ	ו

Puzzle 575

ה נ י מ ס ר ת ל כ ק ו ם א ן מ ָ ל
ל ב ל א כ ש ל י ע ת ע ת ג ר א ס ג
א ר ו ז ו מ כ ו כ ר ל ש ל ת ל ה ל
ך ל ה י א כ נ ת ל ז ה מ א ו מ ר ג
ק ת כ א ח ח ך ה ה א ה ל ח ב י ח ס
ע ה ל י ו ו י ס ר ט א נ מ י ◌ ע ה
ת ר מ ו ן ל ר נ ט מ ח ח ב ו ר ד י
י ע ו צ ק מ ק ס ו ל נ ק ל ח כ צ ר
א ן י י נ ע ו מ ב ה ג נ ה מ ר א ח
צ ו ם י י ם ב ב כ כ ב ע ת ל פ ש ו
ח צ ע ק י ש ת י ע מ ח ל ר ה מ כ ח
א ר ר צ ז ת ה ן ת ו פ ר ח ו מ ע פ
ר ו ו ח א ת י ט י ל ו פ ש ח ה ר ב
ת ו ג מ ן ו כ ו ס ב ש ר ע ב א ה ו
ת י מ ב א ו י נ ד ן ר ג ר נ ע ר ר

חצאית
עניין
מבין
רטוב
ערש
מלא
חכמה
מלכה
גלגל
סרט
פוליטית
מחויבות
כזה
מקצועי
לסלוח
רקוב
מכחול
רצון
במחנה
להתרחש

Puzzle 576

ל ה י א ו נ א נ א ע פ ת כ ל א ע פ
ם פ י י צ ו ר ה ד נ ן ת י י ו ו ל
א ת י ב ע ט ו ג י י ו ס ב פ ת ו ש
י ק ו ה ה י ס ם ו ו ל ש ל ת ש ה ל
נ י מ ל ן ם א ש מ ו ש י מ ר ד ף א
פ ל ע ו ש ה ל ג י י ם ט ד י ע ד נ
ו י ל ר י מ ר י ח ד ו ש ר ה י י י
א מ ר ו ו פ ו ו ר ר ג י כ ד ח נ ו
מ ל ו ת י ס י ם ק ע פ נ ס י ל ו א
ב ר ו ב י ל ו י א ר ס י ר ו ח ח ה
ה א א ו ל ס ה ו ע ו כ ת מ ם מ פ מ
ת ב מ ע א נ ח מ ת א ם ה ש ה א א ת
ב ב מ צ נ ה ר ב ק י ו ת ו י ת ר ת
מ פ ל ו ס ו ר ס ל א א י ת ד ד כ מ
ו ק א ת ל ש ו צ א ו ג א ר מ י ל ו

בתורו
הוקי
לאסור
מרדף
הם
להשתלשל
גשם
נוטים
השועל
נהג
אולי
ייצור
טורקיה
לווייתן
חמאת
פנים
דהירת
להביא
אופני
שיני

Puzzle 577

ב	ו	ט	ג	ו	ת	ז	ן	מ	ה	ו	ן	ו	ר	ת	פ	ע
ב	ג	י	ת	ת	ל	ג	ה	י	ע	ב	ו	א	ב	ו	ו	ו
ר	ד	ל	מ	נ	ג	ח	ה	פ	י	ש	ז	ק	ע	ו	ד	ח
ס	ו	ע	ל	מ	ל	ו	ד	ח	נ	י	ו	ל	ש	י	ם	ר
ע	פ	ג	ו	ש	ו	י	פ	ח	י	י	ו	ב	ת	פ	ל	ב
י	ע	ע	ן	ש	מ	ה	ל	מ	ב	ת	ר	מ	כ	ח	ה	ע
ף	ו	ו	ה	מ	מ	ו	ו	ל	מ	ה	ב	ה	ג	ל	ת	ל
א	מ	מ	נ	ה	מ	ח	ק	א	כ	כ	ה	י	ה	מ	י	י
פ	ח	ד	ן	ס	פ	צ	י	פ	י	ת	ת	ר	ב	ב	י	ז
ו	ר	ל	ל	ת	ס	ק	ת	ח	ת	נ	ד	ו	פ	ס	ח	י
מ	ן	ק	נ	פ	י	צ	ב	א	א	ת	ר	ת	י	נ	ס	ם
א	ם	פ	ש	מ	פ	ה	ר	ו	ם	ו	י	פ	ס	א	ק	מ
ב	ו	ק	ר	ש	ל	פ	ת	ד	י	י	ו	ש	מ	י	ל	ע
ס	ס	ן	ל	ס	ל	ם	ל	ל	ר	ו	ת	ו	י	ן	ה	ם
ו	ש	ס	ח	ת	ת	ר	ב	מ	ל	ע	נ	ב	מ	ד	מ	ר

היה
שפת
עליזים
פחדן
ספציפית
סעיף
לשים
סנאי
בגלל
לכבוש
פרסת
פתרון
במהירות
קלה
התיישבו
הברווזון
להתייחס
שמפה
לפת
פגוש

Puzzle 578

ו	כ	א	ת	ל	ם	ב	נ	ת	ו	נ	י	ם	מ	ש	כ	א
ן	י	ם	ג	י	צ	מ	ג	ש	י	ר	ב	ב	ש	ג	ו	ח
א	נ	ו	נ	ע	ת	ת	ז	מ	י	ן	ע	ה	פ	ר	ש	ס
ק	ה	ש	ם	ב	ו	א	פ	ש	ו	ל	מ	א	ט	י	א	א
ש	ח	ר	ב	ה	י	ב	צ	י	נ	כ	ד	ע	י	ם	ו	ר
מ	ם	ק	א	נ	ש	פ	י	ר	י	ת	ת	ד	ת	ו	מ	ה
ג	ת	י	נ	ו	מ	ל	א	פ	ש	ו	י	ח	ש	ו	ב	מ
ק	ו	ס	מ	מ	ד	ק	ב	ג	ה	ר	א	פ	ו	ר	ת	ן
ס	א	נ	ה	ה	ס	י	נ	כ	ו	ת	ו	ת	ו	ה	ח	ח
ב	ר	כ	א	ל	ש	א	ק	ע	ס	ר	י	מ	ל	מ	ו	פ
י	ו	מ	ה	ו	ו	א	ו	ד	ב	נ	ת	ר	ו	מ	ש	א
ר	ת	נ	ן	מ	ר	פ	מ	ב	ת	ל	ח	ה	מ	ח	ה	מ
ר	ה	מ	ד	פ	ע	ו	ל	ה	ו	ת	ו	ה	ר	נ	א	ד
מ	פ	ג	י	ג	ח	ע	ב	ו	ו	ל	ר	ק	ד	מ	ג	ו
ד	נ	ג	כ	ר	ב	ת	ע	כ	ב	א	ש	ו	ה	י	ד	א

דואר
נתונים
אגורת
שפירית
בעמדת
מסוק
המונה
אותם
כניסה
סביר
חשוב
משפטית
צביה
מכנסי
תחושה
ממהר
מונית
אפור
שחר
שגרים

Puzzle 579

ט ו פ ר ס מ ר י מ ח ה פ ד ר ד ח י
ס ש ד ת ו ף ל ג ת ח ש ס פ ב ר מ מ
ד ל ל ס ב ר ו ב י ח ה ו י פ ו ג מ
ג ה ד ד ו ו כ ו ו ר ו ל פ צ י ן ת
ל מ ב ף ט ר י מ א ז ע ת ס נ ף ר ר
ו ל ה י ו י ג א ח מ י י ע ו ו ל ר
ל ג ל ש א י ה א א ו כ ו ר ק ד ו י
ה ה ך י ע א ש ש ת א מ א ר י ו ה ד
ר ל ל ו ו ת מ י ד ח י ח ש ש י ם ו
ו ב ה י ח ר ר מ ש ר ל ו ם צ ס מ נ
ו ב מ מ ה ה כ מ נ ו ח ק ע ב ע נ ח
י ק ר ח ו נ י ם ש ן ש ל ר א ו פ ח
ח ג ש ס ס י ב ש נ ו י ק ו ר ב י מ
י ב ן א מ ג ז ע ו ל ד מ ד ו ו ו ל
ר ר י מ ו ב ו ב ל ו ע ו כ ל ו ל ג

הבדל
בגינה
מהלך
ולהרוויח
מאז
תמיד
אוטובוס
חיבור
מוסד
ללוות
גזע
מרכיב
קרחונים
קרח
פסולת
שלג
רכבת
מזרח
שצבא
אחרון

Puzzle 580

מ פ א ת פ ו ל י ט י ק ה ל ן [illegible] ו ן
ם ל ס ג ו ר ה מ ת נ ת ה ד ר פ ו ן
י ר ט ת ו ר פ ת ש א נ נ י י ו ש ת
י ב ר ו ד פ ו ו ו ו א א ב ג כ ה ע
מ כ ט ס ח ה א ש ש ח ו ר ו ס א ב מ
ק י ג ב ר י ש א י ד א ס ר פ י ר צ
ב ת י ו ר ו כ ו ד פ ה ת י א ו ח נ
ו ה ה י ת ד ו י ה מ ם א ם י ש ב ו
צ ב ק ר מ כ פ ו י ב ע ם א ם ב י ע
ת י א ו ז ק ק ש נ י י מ א ד ל פ ה
ו ה י ב ן ת מ ו ה ר ו ם ו ל ן י ד
ו ש ל י ו ו נ ח ה ת ש ד ו ת ת ת ר
ס ק ר צ ב ת צ כ ו ל ל י י ח מ ב ה
ש ט ע ע י ו פ פ ר ו ו ו ר נ ר י ל
נ ה ד מ ו ו פ ה נ ש ם ו ל ו ח כ ה

בכיתה
התאוששות
שקטה
המתנת
מהסוג
כולל
ברחבי
אסטרטגיה
יושב
ציבורי
הכחול
הנושא
צנועה
קבוצת
לדיבורים
דין
בירת
רק
ושלום
פוליטיקה

Puzzle 581

מ	ָ	ת	נ	ב	ה	ק	ו	ח	ר	נ	ש	ר	מ	ט	נ	ה
א	ג	ו	ז	ו	ט	ח	ת	מ	מ	ת	ד	מ	ע	ש	ם	ל
נ	ת	ש	ה	ע	י	פ	ו	ה	ק	ת	ל	כ	ד	ת	ח	ת
א	א	ר	פ	צ	מ	ג	ב	ח	ב	ר	ה	ר	כ	ל	פ	ק
ם	ש	ה	ס	י	פ	ו	ר	ח	ס	ב	כ	ה	ו	ד	ב	נ
ח	ל	ל	ש	ת	י	ו	י	ע	ו	א	ו	ב	ן	ע	י	ו
י	ה	ר	ו	ז	ו	ז	ף	ג	ע	כ	ל	ו	ו	י	ו	ל
מ	ם	נ	ד	ו	י	ל	ו	כ	ב	י	מ	ג	נ	נ	ף	א
נ	ו	י	ב	ב	ף	ף	ו	ש	מ	ב	ע	ת	ש	נ	ה	א
ו	ע	כ	י	ת	ר	מ	י	ו	כ	ת	ה	ו	נ	ו	מ	מ
א	ע	ת	ו	י	ס	מ	י	א	ח	ר	ת	ו	ת	י	י	ח
מ	י	ח	מ	ת	ן	ו	ד	ת	ו	ג	ר	ד	מ	ב	א	י
ד	נ	ע	מ	ת	כ	נ	ש	ו	ל	מ	א	מ	מ	ו	פ	י
ו	י	נ	כ	י	ו	ח	ר	י	מ	ה	ק	א	מ	א	ד	ל
ה	מ	י	ו	מ	ל	א	ר	מ	ו	י	ד	ו	י	ה	פ	ה

בחברה
שלהם
מכרה
אגוז
משחק
לזווג
חמת
במכחול
להרשות
סיפור
מלוכה
שזיף
חייל
עדכון
תגובה
מיטה
נשר
רחוקה
במדרגות
הופיעה

Puzzle 582

ב	א	ה	פ	נ	ר	ל	י	ם	א	ו	ב	י	י	ק	ט	צ
א	ס	ל	ר	ו	ט	י	י	ו	א	ג	ב	ע	ן	מ	ר	כ
ה	ו	ה	ט	ס	ר	ו	צ	י	ל	ה	ו	ה	ע	ב	ג	ח
מ	ה	ו	י	ח	ל	נ	כ	ו	מ	ו	ש	ב	ע	י	י	ת
ל	נ	ו	ו	ר	י	נ	ל	ב	ן	מ	א	י	ק	ח	ג	ט
ל	י	ט	ו	ף	ה	ה	ב	ו	ל	ע	ו	כ	ר	ד	ן	ל
ע	צ	מ	ך	י	ו	ב	ל	א	ו	מ	י	ר	ק	נ	ל	ו
מ	ש	א	י	ת	ד	ם	ן	י	פ	ו	ח	ב	ה	מ	ה	ת
ע	ח	ה	נ	א	ת	נ	ע	ס	ל	י	נ	ר	ם	ו	ב	ר
י	ב	נ	ר	ו	ת	נ	ו	פ	ה	ד	י	ו	ע	מ	ק	כ
ב	ב	נ	ע	ת	מ	א	ש	ע	ל	ע	צ	כ	א	ש	י	פ
ה	ל	צ	נ	ת	צ	ש	כ	ן	י	ו	ש	ת	ד	ר	ע	ו
ה	מ	ם	ר	מ	ד	ב	נ	י	ב	ה	י	ר	א	י	ת	ע
ו	א	ר	י	ו	ו	נ	א	ל	ת	פ	ד	ש	ו	מ	ו	ל
ל	ר	ה	ל	ח	ת	ב	ש	א	י	ה	כ	ע	י	ן	פ	א

אובייקט
אש
ילד
בעיית
הקרקע
תנופה
כהה
נטו
שובב
לנקר
משאית
בצרות
פרטי
להבקיע
לאומי
פועל
רכיבה
ליצור
עצמך
גבעה

Puzzle 583

מ א א ג ל ל ג ל ר מ ש ל ח ו נ ר ו
ן ו ל ח ה מ ע ד ל מ ו ד מ ב י ת ד
ו י נ ו ת ב מ ו ל ד ס פ ו ר ט ב מ
י ו ט ר ו ג ה ק י ת ע ה י י ב ד נ
ו ק ד ו ק י ש י ה ן ו ו ו ח ג ת א
מ ת מ ו ו מ ר ר ש ו ד ן ש ת נ כ מ
ה מ ל ה ח מ ע ד י פ י ם ח ט ה ר י
ם ו י ב ר ה מ ה ר מ ב י א צ ת א ל
פ א ו א ב ת ב נ ד ק ר כ ל פ נ ו ט
ל ו א ו ו ו נ ו ב י ל ש ג ב ה י ו
ו י ה ע י א ר כ ו ש ל מ פ ו ל ת פ
ל ך ק ר ע ב ש ח ו ד ו ג ה ח ו ר ס
ו ו מ א א ל ל י ו ה ד נ ד מ ת א ר
י א מ ב ת מ מ ע ב ס ר ג ל ל ל ת א
ר ב ח ה ג ו ו ר מ ה ה י ר ו א ת ה

חלון
ראוי
שדה
דרישה
תאוריה
רחוקות
הנוכחי
ביום
מעדיפים
משקל
לשמר
בריחת
גור
התנהלות
דיבר
טופס
העתיקה
צל
ספורט
להוט

Puzzle 584

נ ב ז ת ח ו י ב ל ד ג ב מ ה ת פ ל
ש ן ת ם י ר פ כ ב מ ע ם י ל מ י י
פ ר ד ס מ ל ה צ ה י ר ג ו ל צ י ה
ח ן נ ב פ ו ה י ר ת ח ל מ ו ר ע נ
י ו ח ר ל ח ש ו ע ה מ ק ה ד י א ו
ת ן ו ג ו ו ו ח א א ח מ נ ר ר ל מ
ח מ ו י א י י ת מ ד פ י ת צ ו ו ת
ל ה ה י ז מ ח ך פ י ט מ ף ר פ ר ש
ל ל ו ש א ח ו ת י ל ו א צ ת ו ל א
ב פ ל פ ו נ י ד ב ת ב ר ר ו נ ת ד
ו ה ר י א ו ר י ב נ ל ג ג ט ה ו ת
א כ ו י ן מ כ ר ו ח ש ו ד מ ז ו נ
ב ב נ ן ת י כ ח ו ט ד פ כ נ ו ה ו
י נ פ ל ד ט א א מ ע ו נ ן ו ת ח ת
ח ע ת א ט ל ת ח פ ב ס ל ו ע ר י ה

רגולציה
להצהיר
לטאת
שלב
שרפרף
מס
זיהה
תחתון
צוות
העיר
טחנת
מעונן
החג
רצף
לפני
פי
בנו
וחול
תמונה
בכפר

Puzzle 585

ו ה מ ם ג ם מ פ · פ ש ת ג כ כ ץ מ

ש י ש ב ר ק ו ו ף ב מ י ו מ נ ו ת

ו נ מ א ב ו י ב ה ח ל ט ח ט ג ג ח

ח צ ע ד י מ ב י צ ו ע י ם ז ס ו ת

ת ם ו ו ו ס מ ו ס ב א ל א ה נ ל כ

ו י ת ו ר ו ה ר ל ה ה ה ה ת י ח י

י ט י ב ט ד ז כ ת ס ו כ ר פ י ם ל

ו ע ת ח ו ר ף ל ו ו ס י ו ו מ ו ה

ו מ ש ת ד מ ת ר י מ מ ר פ ו ש כ נ

ק ו י י ר ו ר ו ס מ י כ א ס מ ו ע

ר ה ו ו נ ח ל ד ך ו ר צ י ו ל י ד

א מ ת ל ר ם צ ש ח ב ו ן ו מ א ו ת

פ ל ר ו א ם י ת ה כ מ מ י מ ר ל ח

ג ר ל ו נ י ו ה ה פ נ ה י ש ר א ל

א ו ן ר ס ע ת ח מ נ ק ו ע ל ו ט ו

אמון

נץ

ומסודר

הליכת

מיומנות

וסבא

משמעותית

חורף

דבק

הסורר

מכה

האם

להכיר

חובה

חומר

ביצועים

גרבי

מתחת

בהחלט

אפורה

Puzzle 586

מטלת

תלוש

תינוק

להחזיק

דוור

אחיזת

רעוע

כדורגל

קודמת

עת

גאה

שועל

ציטוט

חיבה

ליד

שמנה

כיתה

די

אירוע

לאכול

ר ת ל ו ש ו ע ל ס ו ו צ ש ב א ת צ

מ ף ר י מ ו כ י ת ה ע ת א ב ע י מ

ל ו ב ל נ י ה ד כ ח ו ו מ ע נ נ ן

ה נ ר מ ט ו ט י צ י מ ש ש ל ה ו ש

ח א ש ע ו ל ו ח ח ב י י ס מ י ק כ

ז ס פ ת ע ו ר י א ה א ג ס ע ן ג ד

י מ י ל א ב ס ד נ א ג ו י א ו ד ו

ק ן ם ט ג א ן מ ר ג ח מ ו ת י ע ר

מ נ מ מ פ ל ש ך פ ק ו ד מ ת ק ר ג

ד ו ו ר י ו א ו ה מ ו א מ ז ד כ ל

ש ל ע ו נ ל ר ש ן צ ד ב ב י ח ו ו

א ו נ י ם ח ו ד ד מ ח ק ו ח פ נ ש

ע ח פ ס מ י ת א ד א ע מ מ א מ פ ע

ר י פ ו נ ע נ ב ע ו ד ג ע ז א ו ל

י א ר א ר ל ב ת י מ ל ב ב י ו כ ו

Puzzle 587

ה מ א ל פ ח י ה ק ש ח ה ד ל ש ת נ
י מ ב ב ר פ ו א י ת ג מ ר ה ת מ ע
י ר ד נ ע ס ו ח ן י י ו ל ן ה ע ו
ת ן ט ו י מ ר פ י י ש מ י נ ק י ר
ה י ר ת ר ב ל ה ב ס כ א ו י פ ד מ
ק ב ש ו ת ו נ ו י נ ב ח ת א מ י נ
ם ה ת ר ם א ם ח ס כ י כ ד מ ר ו ל
ש מ נ י ק ת י י ת ו א ח י ט ב א פ
ח ר ו ל מ ף י ו ו ב ג ף ו ס ב ל ו
נ ה ע ר כ ת ה ו א פ ר י ח פ כ כ ל
י ק ת א י א פ ג ז מ ע ו ש פ ת ש י
ת ג י ד א מ ת ה ק ת ל מ מ ו ר ר ף
ו ו ו ש ב י ה ה נ ל י מ ו נ ד ת ו
ט ב ג ס א א ב ש מ ם י כ ס ה ל ח ב
מ ב ר י ש ו ו ש ה א א ס א כ ו י י

אבא
אבטיח
ריק
מכנסיית
יער
משב
תנועת
הייתה
ולבסוף
כנסיית
תרד
רעל
לירות
הגייה
נוח
רפואית
להסכים
לימונדת
הערכת
לבנות

Puzzle 588

ה נ ו ב מ ר כ ז ר ה א מ ח ל ב ה ר
ש ו נ צ י ר י ט ו מ י ב ח י ר ח א
פ ר י ש ז ת ל י ו ל ת ק א ע ע ה ב
ע ע ב ו ה פ ד ד מ א ו ר ע י ר · י
ת י ל מ ע ס ו פ י ת ו ע מ י י ל ף
ו ר ב ו מ ד ה ב נ נ ה צ ת ב כ ד ל
נ י א ו פ נ ד ח ן ר צ ד נ י ל ו מ
ק ו י ת ד מ ב ע ו ו ל ם כ ו י ה ט
ל ר מ י ר ה צ י ח ל ה נ ו ק א נ י
מ ל נ י ס י ו ן ס ת י ד ל י מ ת פ
מ ת נ ה כ ש ר ת מ א מ צ ב ח ו ן ש
א א צ ל י ל ת ב ד ו מ ח א ק ו ח ת
ן מ ר ר י כ ש ו כ ו ב מ ב ח י ת ו
ט ו א ת ג מ ר ף י א ד ם ל ר י ר ק
ר ה ס ח ל ד כ ו ר ו פ י א י ו מ ס

בצורת
הכשרת
ניסיון
מציע
חמאה
טיפש
לקנות
קריר
נוראי
ילדי
צלילת
מתנה
כי
סופית
אחרי
קונה
במרכז
לחקות
השפעת
איפור

Puzzle 589

ו מ ע ס ו ח ת ב ◌ ס ת י א ת צ ל ה

א ע צ ה ר ה ז א כ י ו ה י ח ר ה מ

ר מ מ נ א ל ו נ ת נ ח ב ק י י פ ל

ם ה א י ו ש ת מ מ ע י ר פ ה ל ג א

ט א י פ ת ס ר ר ת מ ע מ ע מ ע י ך

ו ק ד ע ו ו ג ו ס ו פ מ נ כ ו ן ס

ב ד מ ק ד ר ר ה נ פ ר כ ל א ו ח ב

ו נ י מ מ ר נ ש ע כ ב ר פ ל ת א ב

א י ש ב ל ש מ פ ו פ י כ ח נ ו ה ו

ו ח י מ נ ק ב ו נ י ה ו ל מ ע י ן

ת ו ר י ה מ ת ב י ש ח ם ב ת ע ש ע

מ ט כ ך ל ו כ ו י ע מ ר ק ב י ד ק

כ ח נ ו ב מ צ ב י צ ה י א א מ ה י

ס ף ר ו ו י כ י ע מ ן ך י ר ע ה ל

ש ו ת א ו ל ן כ מ ו ת י ל פ ו ה ט

כרכום

שלה

תואר

מלאך

ובמצב

להפריע

חשיבת

נכון

עצמאי

לכביש

בקר

סכנת

אזהרה

מהירות

וניהול

צחק

עכבר

כנרת

להעריך

להפגין

Puzzle 590

ה ק ח ן ע ה ב ד ע פ ח ח א ו ן י ה

ב ג ב י נ ה ר ם ו ל מ ל ס ל ק מ נ

מ פ ה י י ל ש מ ש ק ן ח ת נ ו ע ב

ו ל ת ר מ מ כ י י ד ר י ו ה ר ו ו

כ ו א ד א נ ט ו ו ח ו מ ר ב ת נ פ

ר ו ל ג מ ו ת ש ה ו ן ו מ ח ה י ם

מ א מ י ן ו כ ל מ ס ר ו ל ר ב י י

מ ש ה ם ע ר ש ק ת ל ל ק ר י א ת ר

ו ד ת ל נ ב ג ס ה ה ק ו ו ו ח נ ו

ת ה ד נ י ו ב ג נ מ ם א ד מ ע ו מ

ף מ ו ף ס ו נ ל ח כ ה נ ש כ ו כ ה

ת ו ה ר י י ח ר ח ל ל נ ◌ א מ ד

מ ה נ ו כ נ ה ח ע ר ב ד א ו ב ל ח

ד ב ב ו ג ס נ י ב נ ר ח כ ל נ ע ן

מ מ ק ו ר ם כ ו ד ח ת ו ס ם ר א ש

מאמין

שאר

חלב

המורים

התרוקן

הנכונה

גבינה

עונת

מועמד

מאמן

דגים

לתקשר

לשמחתי

לנהל

לקריאת

בהיר

נמלה

למרות

מכונת

נוסף

Puzzle 591

י	י	ח	ח	נ	ה	ד	מ	ד	ב	ר	י	מ	פ	ד	ת	י
ל	ח	ר	ק	י	ב	מ	ר	ש	ד	ח	י	ל	ת	ן	ת	כ
פ	ו	פ	ר	י	ר	י	ש	א	ו	י	ו	ד	י	ו	מ	ח
י	ב	ד	ב	ס	ם	ו	ע	פ	ת	ה	מ	ט	ב	ח	ב	ה
ב	נ	ו	ש	א	ו	ָ	ל	ו	ח	י	י	ו	י	ו	ז	ה
ב	ע	י	ה	ו	ו	י	י	ע	ו	ה	פ	ל	י	י	כ	מ
א	ן	ע	ד	י	ו	ר	ז	ן	ל	ר	ם	ב	ל	ו	ו	ו
פ	ו	ם	ן	ו	ר	ב	י	ו	◌	ק	א	י	י	י	י	ן
ר	ו	ת	ד	ס	ה	ג	ק	מ	צ	ו	ל	ב	ב	ג	ב	מ
י	ן	צ	ם	ו	מ	מ	ת	מ	ל	י	ר	ח	ל	א	נ	א
ג	י	ו	י	ל	נ	פ	ו	ל	ח	ר	כ	י	ח	ה	ר	ש
ר	ה	י	ת	ש	ו	ת	ו	ל	ת	ו	ש	ר	ע	מ	ת	ק
מ	ב	ג	ח	ו	מ	ו	ס	מ	ע	ס	ע	ר	ת	ב	ו	ו
ה	צ	ב	ע	ה	ו	י	ט	א	ש	ת	ג	ו	ז	ל	ט	ף
ב	ו	ג	ר	מ	י	מ	מ	ו	ר	ב	א	ס	ד	ו	ת	ך

בנושא
חומוס
עליז
גוזל
שקוף
בלוטי
זכו
תעלומה
רכי
רשות
מטבח
דשא
צלחת
לנפול
טבעי
הצבעה
סערת
המשפחה
רבה
יוקרה

Puzzle 592

קריירת
בקצב
עדינה
קשר
חלש
להתיר
ארנבת
הסכם
שניתנו
לחוף
מלפפון
ענבים
שליחה
כרגיל
להתנועע
בהודעת
אשת
אזרח
אזרחי
מוקד

נ	ב	א	ז	ר	ח	י	מ	י	מ	מ	ו	ח	ן	ת	ו	ב
ע	מ	ת	ל	ה	ו	ו	ן	ל	ר	ב	ף	מ	מ	ב	ת	ל
ר	ו	י	מ	י	א	ז	ר	ח	ל	כ	א	מ	ה	צ	א	א
ה	כ	פ	ב	י	ל	ש	פ	ו	ת	ל	ב	ו	א	ק	ף	א
מ	ך	ר	ח	ט	ל	ע	ר	א	ח	ד	ה	ן	י	ב	ש	ה
י	ש	ן	נ	ה	י	ל	ד	ה	פ	ו	ו	ת	ה	ו	ל	ר
ו	ה	ו	ע	ם	ת	ע	ל	י	ו	ו	ד	ם	ב	נ	ה	י
פ	א	פ	ו	כ	ר	ג	י	ל	נ	ר	ע	ר	ר	ב	ת	ת
ר	ש	פ	א	ס	י	ע	ר	ד	ת	ה	ת	ן	ע	ש	נ	ה
ל	א	ל	ב	ה	י	◌	ָ	ן	י	כ	ש	ו	נ	מ	ו	ל
ב	ת	מ	י	ש	ר	ג	ת	ב	נ	ר	א	ל	ב	ח	ע	כ
נ	ו	א	מ	ח	ק	ו	ת	ג	ש	ב	י	פ	י	ל	ע	נ
י	ה	ח	ו	ת	ה	ח	א	מ	ו	ו	ע	ב	ם	ש	ר	ל
נ	ר	י	ק	ל	ח	ו	ף	ס	ב	ת	י	ת	ח	ר	ס	י
ה	ו	ו	ד	כ	ל	ע	י	ש	א	ד	ת	ח	ר	ל	מ	ת

Puzzle 593

ל ה כ א מ ל ת ת ת ז ר ם י ל א ו ש

ר מ ב י ה ס ע ח ו ש ב י ם י ו פ ס

ה ר ג מ ר ר ק ע מ ח ו א ל נ ה ח ל

ה א י ר ו פ א נ ד ו ל ו מ ח ָ כ ה

פ ה ל כ ל ו ד ג ק ה כ ר ב פ ת ר י

ך נ ה ◌ י ק ל פ ת ג ר ו ס נ ק צ ט

ו נ ק ר י מ י ד ה ו ת ע ח ו מ ח ם

ק ר י ן י ק ש נ ד ר ה ס פ א מ ב ר

ש ל ר י נ ף ו ב ו מ י י א ש מ י י

ס ל ב נ י ר ד א כ ר ו נ ו א פ י ר

ס ם מ ש ר נ ל ל ת ו ד ר ט ש ת ש ל

ח נ ג ה ר ג ר ו ל ח ו א פ מ ה ן ח

מ ר ת א ר י ו ב מ ח ו ר ו ג נ ק ה

י י ו ד ד פ ח י ו ו מ ר מ ך ו פ ה

ש ה ת י ו ד ב ת ר ח ק ב י ר ל י נ

התקדמות
חושבים
נואש
שואלים
יסעור
מבריקה
קנה
בחצר
לפקח
תערוכה
המראה
הקנגורו
ההפך
גדול
רואים
הפוך
כלוב
מהר
רופא
ביישן

Puzzle 594

מודרני
כבאי
לדפוק
לפחות
אף
חיה
עבודת
הנחיות
איך
לקרות
בטוחה
צעיר
להגן
רצפת
טכנולוגית
פתק
רופפת
טוב
נייד
כותב

נ פ פ ד ן ו ת ד ב ס ד י י נ ר ח מ

א ר א י ו י ש ד י ו ר ר א מ ר ר ש

ת כ נ ב ו ב ש ק י מ מ ו ב ח כ ב מ

ש ו ה ד ו ו ש ב ו מ ו צ כ ו ת א ת

ת מ ד ו ה ו ת ל י ע ב ו ד ת ה ב ט

ל כ ק ק ת ת ו ב מ ר ח נ מ פ ן כ ד

נ ל פ י נ ר ד ו מ ן ט ד א פ נ ו ו

פ ת א י ע ל צ ט ה ח ו ט ב ו ק ל ה

ק פ י א ה ע ת ו י ח נ ה ל ר מ ה כ

ו צ ך ף י פ ל א ד ר ר ו ך מ ן ג א

פ ר מ ר ק ר ש ו מ ם ג ת ו ך ל ן ס

ד ה ש נ ה ה פ י מ י כ מ ר ב פ ב ל

ל ל ן י ל ק ר ו ת ת ו ח נ י מ ב ל

פ ם ו ר א ח ל פ ח ו ת ו נ י א א ר

ו ו ה י ח ן ת ו ד פ ב ר ט ב ן ב ג

Puzzle 595

ן י ה פ ן ל ב א ו ם ל ה מ ב מ ר ס

מ ת ה ת ו ש מ ָ ף צ ו ת ש ו א ב ב

ל ר ת פ ר כ ק ס פ ר י י ה מ י מ מ

ש ו א ס ל ו ע ו י ח פ ק ל ב ר ח ר

ן ן מ א ר ח ת י ן ו פ ש ת פ ה י ת

ה ב ו פ מ ו ד ת ע א י י ד ח צ נ ש

ל ר ר פ ר ר י ו ז מ ת י ל ל ס ה י

ת צ ת ו א פ ע ל ק ז י י פ נ ו ת מ

א ו מ ה ה ב ב ו ק ע א ו א ה ו ו ו

ק פ ן י י ט ו ת מ ר מ ה מ ס כ ד ן

ו ר י ח ו ל מ ש ו ב ב ה ש ק ו ו ה

ח א פ י צ ש י י מ י ה ה י ק כ א ו

ו נ י ד י ו מ ו ח ן פ כ ס ק ו ס ע

נ י ד ה ג ד ו ל ה ו ת ח ו ר ר י ו

ר ת ד מ א ש ב ו י ו מ ר ס ף ק ש ל

יחידה
ספרייה
לשקף
לשכוח
פלדת
צהרי
מומחה
מארחת
גדולה
לצפות
שימון
מאוחר
קשה
סביבתית
שקית
סוס
לה
עסוק
יתרון
בשיפוע

Puzzle 596

ל ו ד מ מ פ פ ב ה ס ת י א א ח ק נ

ג ר ש ל ו ס ו ט ר ת מ ר ן ש פ ו י

מ י ש ק ז י ד ה ח י י ו פ ע א ן פ

ן ל ב א כ ק מ ק ח ב ת ח מ ב ק ע ד

י ב ו מ ה ת ו ת ש ה ל ל ם נ מ ר מ

ת ו ◌ י ת נ ת ו ר ו ו ח י ט ש ב צ

ת ל צ ע נ מ ק ן ב ל כ ו נ ש ל ת ו

ש ה נ ת ה ו ל כ ג ל ע י ט פ צ ו ב

ח ז ה ו ג ל ש ת מ י ח ח ר ל פ ג ד

מ כ ו ב ו ה ל ל מ פ ו ר ס ם ג ד ש

א י ר ג ת י מ י ד ע ה ה מ י ל ח י

י ר ו ו י כ ף ע ל מ ו ח ב ר י ם מ

ח מ ג י ש נ ח י ב ד ו ן כ י ח ק י

א ש ו ד ר ס ט ה מ ד י נ ה י ד פ י

ז ל מ ב י מ מ ו ל מ י נ ר פ ל א ר

להיכנס
עף
התנהגות
דמות
חברים
נמר
שן
סרטנים
כול
המדינה
לפשט
ערב
שטיח
לחפש
בשוק
פסיקת
מפורסם
ולהזכיר
שחייה
רווח

Puzzle 597

י ה ע ת ת א ה מ ב מ ל מ נ א ה ו ת
ה צ ל ד מ ה צ ר ח מ נ ל ה ב י ן ר
ר ר ק ו ר ב נ ת ב ע מ ו ד ה ט י ש
ן ו ז מ ל ע ו ן ו ח ה ל ב פ י י ד
ו ה ה מ ר ל ח פ ט ל י ה נ ו נ ו
מ ה ת י ג ו ל ו י ב ל ה י מ נ ע י
י ק ס ה ן י פ ל ו ד א ש ו נ ב מ ע
ת כ ש מ ב ו ח כ ו ת ב ב נ פ ו ל ן
כ ג ד ם א ש ר י ב ע ל ת י ח נ פ י
ל מ ו ס נ נ ע מ פ ד ש י ו ו ב פ י
ו ו ד ת ה ר ש ת ל ה ם ה ל ת א ר מ
ם ן ת ר ל ד י ר ה נ ד ד י ל ח ם כ
ל פ ת י ן כ ר ו ס ד ק א ק ח מ ה ב
ל ן ח ס מ ב ל ל י ת י ר ח ס מ י ה
י ו ו ב ח ו ר ב ח כ נ ב ו מ ו ף מ

ביולוגית
מזון
כללית
חתול
בעמודה
המחק
נייר
להבין
רוחב
להימנע
להסיח
שיטה
נר
דודת
מעניין
מסחרית
נושא
רצה
דולפין
הסקי

Puzzle 598

ס ח ר ב ת ג א ה ט כ ה ם ק ש ח ת ה
פ ג א ו ו ב ר ה פ א כ ו ב ע י ר ה
ר ו י ר ב ר ן ד ש פ י ו נ ב ו ב ו
י ר נ ח י ת ל ל מ ד ה ח ז ר ב ו ה
י ב ם מ ל י ל י ה ג מ ח מ נ י י ה
ת נ ך י ט פ ת ר ד ד י ב ק ו ל ק ל
ז ר ה ו י ר א י א ב ש ח ם ו ה ת א
ל י ע ר ב פ ו ר ר א ד י ד י ת מ ש
ו ש ו מ ת ו מ ן י ו ד א ר ו ן מ צ
ו ם י ע ב ר א ב ק ו כ נ ב ו א ת ש
א י ה א ר י ו כ ח ב ף מ ש ב ה ו ס
ה כ מ ח י ו ב י ו ר י ף ח ע ה מ ט
ל נ א ש מ ו ו ת ן ו נ ה ת ו נ ד מ
ם ד ת ע ר מ א ת ח ו ס ד ש ד מ נ כ
ד ח ו מ ו ד ה ד ו ע י נ א ט ו מ צ

ממתקי
שאלה
חיובי
ספריית
בקול
ארון
משפט
אבד
גברת
ארבעים
ללמד
נחמד
סניף
בכיתת
חמנייה
שעברנו
ובמיוחד
כובע
דיוק
תאו

Puzzle 599

ק	ל	ד	א	ר	נ	צ	ח	ה	ן	ה	א	ש	ת	כ	ל	ת
ו	כ	ב	ד	ן	מ	ד	ו	י	ד	ר	ב	ב	ו	ו	ו	צ
ג	ן	ן	ל	ל	ב	ה	ל	י	ג	כ	ק	ש	ס	כ	ח	ת
פ	ל	ו	ג	ס	י	פ	ר	כ	ד	ב	ר	ג	ע	ב	ע	ו
נ	ו	צ	נ	ל	י	צ	ה	ו	ב	ת	ה	מ	ל	ו	ל	ז
י	ג	ר	ו	ח	ש	א	ר	ע	ש	א	ח	ן	ד	ש	ו	מ
מ	נ	מ	מ	מ	נ	ש	ל	ב	ר	ו	ו	ה	י	ל	ר	ל
ה	ק	ר	פ	ו	י	ת	ה	ל	ו	ק	ר	ו	ו	ב	ח	ו
ו	י	ה	מ	ב	ת	א	ג	ש	ה	ו	מ	י	ך	ך	ו	ד
מ	ו	ל	ש	י	ת	מ	ף	ע	ם	ב	ו	ח	נ	מ	מ	ו
י	כ	ע	נ	ת	ר	מ	ד	מ	ו	מ	ש	י	מ	ת	ל	ו
י	ד	ה	נ	י	נ	א	ב	פ	ר	ג	ו	ב	ד	ח	א	ל
ה	ה	י	פ	ו	פ	ו	ט	מ	י	ם	י	י	ר	ש	פ	א
ו	נ	ה	ר	ש	ע	ה	ה	ו	ח	ד	ר	ב	ח	ב	ח	ה
ו	ו	ת	ק	ל	ר	מ	פ	ע	מ	י	ם	ם	י	א	ר	נ

פעמים
ביישנית
הרכבת
ירידת
פני
נראים
חירום
מרצון
כוכב
סגול
משימת
עד
בוגר
הוא
מנורת
רעש
צהוב
ההיפופוטמים
אפשריים
בשר

Puzzle 600

נגד
לדון
כבד
הראתה
שארית
צעיף
דיוקן
מוטיבציה
מדברים
לאמץ
לסיים
בד
קהילת
חכם
מוכנה
זבוב
סקי
העכבר
לזרום
אגרסיבי

ד	ם	ו	י	ו	ח	ח	נ	ש	א	ר	י	ת	ל	י	ה	ק
ב	ו	ן	ב	י	ת	ח	ו	מ	ס	כ	נ	ו	ק	ל	ת	נ
ע	ב	ר	פ	ד	י	ו	א	ג	א	ב	ו	ס	ר	ח	א	ל
ע	א	ה	י	צ	ב	י	ט	ו	מ	ד	ה	ע	כ	ב	ר	ן
נ	ג	ש	ש	ת	פ	ח	ת	ו	ג	ז	נ	מ	ד	ש	ה	ע
ג	ר	נ	מ	מ	ש	ב	ו	ט	ב	ש	כ	ו	ל	ל	ן	מ
ד	ס	כ	א	י	ן	ל	ד	ו	ן	ה	ו	ו	ג	פ	ש	מ
ב	י	פ	ח	ז	א	ש	ב	מ	ק	ו	מ	כ	י	י	ר	ג
ל	ב	ר	ן	ם	ח	פ	מ	צ	ו	י	ח	ו	ן	ע	ש	ו
ת	י	ר	ר	י	ר	י	ו	ק	י	ת	ר	ל	א	מ	ל	י
ב	מ	ה	ר	ב	י	ל	ט	י	ד	ץ	מ	א	ל	ס	ש	ב
ל	ז	ו	ת	ע	ח	י	ב	ג	ב	ו	צ	ע	י	ף	נ	ל
ח	ו	נ	ט	מ	כ	ד	ב	ס	ע	ו	נ	י	מ	ס	י	ת
פ	א	נ	ש	י	ם	ו	ל	ז	ר	ו	ם	א	כ	ש		ת
ה	ו	◌	י	ת	ד	ו	י	ש	פ	ו	ם	י	ר	ב	ד	מ

Puzzle 601

י ו ו ל ל ו ל ו כ ר ט י ס ו ש ם ל

ת ר ם מ כ נ ו ו ת ח ד ל ה פ ח י ת

ל ר י ע ו מ א ג ג ו מ י מ ן ל צ ע

ו ת י ש י ל ח ו ר פ כ ע ט ו ל י ת

ר ל נ ה כ ו ו ה ו ר ח פ ו ו ט ד מ

י ח פ ל ב ת ה ו מ י צ מ ח ל ו ו י

· צ ו ע ו ל פ ד י ו ס ר ד ו ה י ח

ל ל א ו כ ת מ מ ר פ ס ת ה ר ו ר י

ת ן ח י ה ח ס ך כ ר ב ד ת א ו ק ו

ד ת צ ב ק ה ה ד ן ל ד י ו פ צ י כ

ך י מ ח ג ו ב ן י פ ו ד ה ל ט ה פ

ן ה ר ח ו ר א ד ן ח פ מ מ ס ס ו י

ל א ל ם ס ת נ פ ה ק · ל ן מ מ ה ת

ת פ ב א מ נ ח ו מ י ה ת ר ל כ א ו

ו ב פ ח ב מ ח ד ר ש א כ ס נ ת י ב

עצלן

חולצת

חתלתול

לו

האי

אופניים

מפעילי

כפית

להפחית

למעשה

מרפסת

כרטיס

צפוי

דור

חור

כאשר

נתיב

לכלול

הוטל

מדידת

Puzzle 602

דורש

דבקה

אומרת

כבר

אננס

עצמה

בפורמט

ההסכם

בעוד

מסעדת

שוּנְרָה

מתייחס

זר

מבחינת

סיכת

הנפרד

לתפור

הלילה

תפוח

שתיקה

ו ק ו פ ט ר ה ל י ל ה א נ כ א ה ו

ו ש ב ש ט ב ת ר ל ו ק י ב נ י ה ר

י ת פ י ו ג ח ל ע ל ב ר נ נ ת ס ת

ו י ו י ם ר ה ה ה ה ד ס ה ו ד כ פ

א ק ר מ ס ע ד ת נ י ח ב מ ו י ם ו

נ ה מ ר ו פ ת ל מ ת י י ח ס ב י ח

פ ו ט ז ן י י מ ו י נ ו ו ת ר מ ש

ו ג ה ת ל ו ב ו ל י ה ס מ ש ן א ר

פ ן י ת מ ם מ ת מ ר ד ו ע ב ו א נ

מ ו ו מ ת ל ו ת א כ ע מ א ב מ כ ת

ם ק ק ו ו כ ש ר ו ד כ צ ב ע י נ ע

ג מ י י ו ב י מ ה ר נ ד ק צ מ א ח

ל י ה א מ ל ל ו י פ ו ג ת פ ד ו ה

י מ ם ו כ נ ן א ב נ י ר ס א ר ה נ

ש ן ש ◌ · ו נ ◌ָ ר ה א צ ה ה מ צ ע

Puzzle 603

ל ה ל ר ה ה ש נ ר ר נ ה נ א ר ה ח
ר ג מ ו א מ נ מ נ ר ק י י מ ת ת מ
ד ב ו ך ט ר י י מ פ ב מ מ א פ ס מ
ו ל ו ו א כ ם מ א א י י ן י ל ד ת
ו א ם ח ד פ נ ה ב ל ב ל ו ח צ י ט
ק ה ש ל ט ו ן י י פ מ ו ת נ פ ר ל
א ל י ק ס ר ב ה ז י א א ָ ב ו ה פ
ו ה י ל ס ו י ר פ ס מ י ן ד ה י ו
ס ח י נ ה צ ר ר ש ב מ ו י ע נ ק ן
ד ל ר ו י י ג פ ש ל ו ש ק ו ב ו מ
ר י ו כ י ד ז ו צ ס א ה ת ר ש ל ל
י ט מ ח ת ה א א ד ל ח ו ס כ ב ע י
ר ר י י כ ל ד ו מ י ל נ מ י ק ס ו
ק כ פ ם ר ל ף ו ח י ה ו ל ד ו ר ג
ו ר ע פ א ד ח י ס ו ו ם ו י ר ר ו

השלטון
מספרי
מילואי
פלא
וחצי
להחליט
שנים
דווקא
הקפאה
איזה
כפור
תקין
ציד
באביב
נוכחים
יחד
טרי
סדירה
שידור
שלוש

Puzzle 604

ב מ כ ה א מ כ צ ד כ א ע מ ו ה ד ג
ת י פ ן ק ו ר ק ן ם ט א י ש ת ל ן
מ א ג ך ל ו י ת ב ל ת ו י פ ו ק ש
ל ד ו ת ע ו צ ר ף ו ו ל ש ק ס נ ע
ו ד ל ב ו א פ ט ה א פ י נ ו נ פ ד
ץ י ל מ מ ו ו ש פ ד י פ ה י ל פ י
ע ו י מ מ ו ם מ ו ר י א ן ל ל ו ו
מ ג י ה ט מ מ ת ל א ע א ו ל ס ע ד
מ ד מ צ ץ ו ח מ ק י ב א ק ר מ י ו
ת מ ל ה ת ח ר ס ל ט כ ב ע ת ג ח ח
ל ס ב ר א ן ת נ ו מ ו ה פ ו י ב י
ת ו כ י ה נ י ע ר ע ר י ו ל ר ש ו
ב י ו י ה ל ח מ ה ת ח ר ו ת ש ה ל
פ מ ה ם י מ ח י ר ב ס נ א ם ב פ מ
ע ת ת ח י ר פ ב ו ס י י ו ש ף ו י

עשן
הצהריים
עייפות
לקבוע
מסוימת
אולם
אפילו
המחלה
הפולקלור
משטרת
התחרות
חברת
מחוץ
נשי
בפריחת
ממליץ
רצועת
עטלף
שקופיות
לנסות

Puzzle 605

ט ד י ו ע א ס ן נ נ ק ר פ נ ד ג ל

ף א ר ר נ ב ב ת ו ם ע מ ה ו א ר ד

ת ג ד ה נ ד ו פ ס מ ת ך נ ב ג ס ה

ת ה י ו ל ו ו ו ח ר ת י ו כ ו ב ל

מ י ל ד ו ר א ע ה ל א ו ד י ש ן ת

ת נ י י ע י ב ר ה ל ע ק ו ר ג ל מ

כ י א ת י ם מ ו ת ו ב ר ת ה ו ת מ

ו ר מ ק ש ד ח ש י ה ט ב כ י ס ל ע

ו א ל ב כ מ ב ת ב פ ל ו מ ו נ ו ל

נ ת ד ס ב ת א ר ל י ר ת ר ו ב ר ב

י ר א ן ה ו ב י צ ר ז ת מ נ י י מ

ם ל כ ב ר ו מ מ פ ע א ב ו י י פ ב

י ס ח ו ב ר ע ה ה ל ו י ס מ ע ע ת

ת ת ר ו ן ס ם ו נ ה מ ר ו ל י ה ד

ל ◌ א י ק ר ו ט ב כ י ו ו ן ו א ו

טורקי
מתכוונים
הרביעי
אודישן
תרבות
דאגה
בוהן
לעקור
כתום
כדור
בכיס
צפה
ברבור
תלוי
לפטר
בעין
בכיוון
בכירה
נוסחה
לא

Puzzle 606

ר ו ב י ח י ס ש ש ר ב ח מ ד ד ו י

ג ו ל ו מ י א כ י י ל י ר צ י י ל

ע א י א ל א נ ר ג ש ל ע ן ו ג ה ר

ו ש ן ת ה א ו מ ה א ב ז ל י ץ ר א

ו א י כ ז א ב ת ז ע ת ו ח ו נ כ ם

ל א מ א ת ג כ ו ד נ ו ס י י נ ש ת

י מ ד ל מ א ר א ו ר ק ת ג ו ח ה ל

ת ד ת ג ן ג ת י א ש ה ב ש ר ו ל מ

ג ק נ ו ל ח פ ע ם א ק נ ח פ א ר ו

ו ת ש ר ת ר ע מ ו ס י ל י א ר ו כ

ר ג ש י ו ת ה ט א ב ר י ו י ש ל ו

א כ מ ר ע ם ו ו נ כ ד ו צ ת ה ב ת

י א ש ב י ד ר ה ד י ג כ ד מ כ נ ד

ו ת ה ל ס ב ו ג ו ת ן ל ו כ ג ב ע

ת ע ע י נ ו ן מ ת ב מ ת ע ל מ ח ו

מחבר
תזה
האומה
רגשיות
לייצר
כאן
מגיב
מדד
לאזור
נוחות
נרגש
חמלה
רוב
ארץ
או
להשכרה
השמש
נסיעות
ראיות
רגע

Puzzle 607

ת	מ	ה	ד	ל	ו	כ	ם	י	פ	ת	ט	מ	ן	ו	ג	כ
ג	נ	ל	ד	פ	צ	י	י	י	ו	ש	ק	ס	ו	ם	ר	ה
ר	ו	ה	מ	ת	ד	א	ט	ף	ר	ח	כ	ו	י	א	נ	ו
ע	נ	מ	ב	ו	ל	י	י	ל	ה	ד	ר	כ	ו	ר	ו	י
ה	נ	ע	ר	ר		ה	ה	ר	ר	א	י	ן	ה	ן	ע	כ
ל	ך	ו	ל	ם	ח	ם	ר	י	ש	ל	ש	ה	ע	ר	פ	ה
ן	מ	ו	ל	נ	ד	מ	ט	ק	י	ו	ר	פ	ו	נ	ד	ש
כ	י	נ	י	ד	ד	פ	ו	ו	ו	מ	ש	ס	נ	ע	ב	י
ל	ו	ו	ח	ת	ש	ל	ג	ד	ח	ע	ן	ק	פ	ש	ל	מ
י	ע	ן	ה	ת	צ	ל	ו	ם	ת	ת	ב	ת	ו	ש	ג	ג
ו	ש	ח	ל	ה	ת	ו	ק	ן	ת	ק	ש	י	א	צ	ס	ו
ז	ו	ג	ת	נ	ד	ב	ה	ל	ו	ו	ו	ד	ם	ז	נ	א
ו	ו	מ	ו	ד	י	ס	ש	ו	פ	פ	ו	ב	ו	מ	ה	מ
כ	מ	ת	ע	ע	ל	ל	א	ו	ו	ה	נ	ש	ב	ל	מ	ה
מ	ל	ס	ש	נ	י	ו	ב	ה	ת	ט	ע	ת	ו	ר	ת	י

זוג
מסוכן
לפתור
תקופה
ריקוד
רהיטים
לשיר
הפרעה
להחיל
ומחר
תצלום
הפסקת
שבדית
לסבול
אופנוע
כיף
מול
פרויקט
גמישה
בר

Puzzle 608

מ	ד	מ	ה	מ	ל	ו	ת	כ	ת	כ	א	פ	ב	מ	ג	ל
ר	ל	ו	ן	מ	פ	ח	מ	ר	י	ה	מ	ה	י	ו	מ	ו
ר	ב	ש	ל	ש	ה	ח	ס	כ	ן	ק	פ	פ	מ	ד	ד	י
ת	א	ע	י	י	ס	ל	נ	ד	ו	ל	מ		ז	ח	פ	ו
ו	י	ק	ו	י	ד	ב	ם	ר	ד	ן	ד	ב	ם	ר	מ	ו
י	ר	ס	ס	ב	ם	ח	ל	ו	י	ש	ל	ל	ל	ן	ה	א
ד	י	ו	ל	ן	י	י	מ	ד	ל	ו	נ	ת	נ	ז	ה	ל
נ	ס	ה	ט	י	ה	ל	פ	י	ח	ט	פ	ק	נ	כ	ל	ת
ה	ך	ם	ר	ק	י	ר	ב	ם	י	ר	מ	ע	ה	ד	ד	ל
ע	ו	ל	ש	ו	ל	ח	ן	ס	ו	ע	א	ז	י	ו	ו	ך
י	ר	ד	פ	מ	ב	ו	י	א	י	ד	מ	ה	פ	ר	ש	פ
ק	כ	ה	ע	י	ו	ד	י	ו	נ	ל	מ	ח	ד	ס	ת	ב
ש	י	פ	פ	ת	ע	ר	נ	ו	נ	י	ד	ר	ו	ל	ס	ש
ג	י	צ	ה	ו	ר	ע	ב	ם	ס	ו	ה	ד	ד	ה	ם	ד
ח	ת	ִ	פ	נ	א	ב	ל	נ	ו	ע	ח	ל	צ	ר	פ	מ

שבר
כדורסל
שוטר
בעובי
שקיעה
נתנו
איריס
בניין
בדיוק
להיט
לסייע
יכרוך
לשולחן
יותר
זה
הודעת
לדמיין
הים
בלי
זעקת

Puzzle 609

ע ב ו פ ט ה א ה ל ע ע ב ה ס ו ם ח
ד ד מ ע ק ב י ו מ ד א ו ו ו מ ש מ
א ה ת צ נ ע נ ך ח ר ד ל ד י ל ו ש
ב ק ר ב ן מ ש ל ח ת ו ן ר ו נ י צ
ת ח ד מ ל ו ת ה י ת ו ש ע כ ו י ר
ש י ו ר ו ד ר ד ס י ת ו פ ב ה פ מ
ג ה י מ מ א ד ט ָ ת ג ת ך ן ר מ מ
ז ר א ח ש ת ה ח ו ב ה ף ל ו ה א ז
נ י ל ו ר ר ט ן ק י נ ה ע מ א ח י
ו ב ל י א ב י ב ו ס ת מ ע א ע א י
ו ר ר י ד ע ו מ ח מ מ ש ו מ כ ו ב
ת ל מ ב ב ק י ת פ א ב נ ה נ י ש א
ר פ פ ע י ל ו ת ו ו ש ה ל ו י י נ
ת צ ל א ע ו ע ב ו א ג ת נ ר ו ו א
ן י י פ ת ל ע ו ת ק ב ע ו ם ו י ו

חי
ורוד
איום
מעקב
פעילות
משלחת
הלך
אביב
החובה
שינה
להשוות
בעמוד
מבצע
מתנהגת
יתוש
שותף
צינור
בקבוקי
הראש
מסיבת

Puzzle 610

לעמוד
משטח
טכניקה
שבעה
ההפוכה
כרגע
מפורשים
תא
ישנוני
מסוים
חרב
מאוכזבות
מזין
לשפר
לגידור
חפוז
בוחן
יסודיות
דחף
הוריקן

ה מ מ ש ט ח ל ל י ל ת ה ך א ו נ ק
ה נ י צ פ ג ב ו ח ן ק י ר ו ה ף ב
פ ש ת ו י ב ו ת ע ר י י ת מ ח ד ל
ו ה ז ד מ ם י ו ס מ ת ו י ד ו ס י
כ ל ו ת ר ת פ ב מ ה ע ב ש ד י מ ו
ה ר ר נ י ד ד ז פ ק א ר ב מ ה ה נ
ת פ ד ו מ ע ל כ ו י ו ח מ י ר ד ת
ת ש ל ד ן ע ת ו ר נ ר מ י ש ר ד ש
י ל מ ן ב י מ א ש כ פ ח ד נ ק י מ
ד ע י י א י ר מ י ט ו מ ע ו ב ס ע
ג מ ו א ת א א ת ם ע ג ר כ נ ג ד י
י ח ע י א ת ש ן י ז מ ף ח י י ו ה
י צ כ ד נ ע ע ע ד ד ת ל ה ש ט ו ם
ו ו ז כ מ ח ג ך ב ר ר י נ מ י א ה
א מ ר ר מ ר ו ב פ ן מ ה ת ד ח ן ע

Puzzle 611

א נ פ ל ז ה י ו ו ו ח ו ד ס ד ר כ
ו ל ה ל נ ת ך פ ש י י ח ת ב א ר מ
ר ח ◌ כ ק ק ו א מ ד ל ה ט ע ו ת ה
ז ו ל ר ה ף ו ב ד ת ב א ל ב א א ת
ת ן ו נ צ ו ח ש ו ע ט ב ק ב פ ו ה
ס ה מ ש י ו נ נ ו ד צ ו י מ י ה כ
ל ד מ ר ף א ם ו פ ו ה כ מ ק ש ו ר
ד מ ל ו ו ט ו מ ת ב ת ר ר י ב א ח
ב י ח ס ג ב ג ח ב ר ב ח ה ל ר י י
י ת מ פ ל ל י ן כ ל ו ו י ל ר ו י
ל א ה ו ב ו י ק ל ל ד ר ח ח ו ו ג
ע נ ו ר א ו א ת ל ש ז ב א פ י ר ן
ה ת י פ א א ו מ י ט פ ה ש פ ו ח ב
ל ן ם ל ה ר ה ל א נ ב י י ר ו ח ב
ח ר ת ו ב ר נ ף ו ש י כ ח י י מ פ

זנקה
הכרחי
להטעות
חרד
אביר
מלחמה
בחופשה
כרוב
בחורי
חוף
כישוף
קשור
התקף
להעליב
שפך
צנון
אורזת
פרופסור
ריח
ביחס

Puzzle 612

ח ת פ ת ן ת ר ו ב ב ו ם י מ ח נ מ
ת נ ו כ ת מ ו מ ח ל ש י ג ד ה ל ח
א ק ו ל ל ו ו י ע א א מ ח ז ו ר ק
ת ת ב ד פ א נ ו ו ח ק י צ י פ ו ר
ו כ י ב כ ה ט ש ט ר י ע ן ל ו כ י
ר ו ג י פ י ב נ י ו מ ט מ ב א מ א
ו מ ע ה נ י ע צ ו נ י מ נ ף ו ל ת
ד ם ג א ך ו ת י ב ה ל א נ ף א א נ
ה י ע ע ת א ת ו ע ו ר א ש כ ד ה נ
ח ס י ו ו ק א ה ו נ ם ל פ צ ר ק ח
י ק מ ו פ מ ו א י ן ן ו ל ת מ ו ק
ן מ ג ו פ ס ל ן מ ץ ו ח ב ד כ ט ה
מ ר ו ב ם י ש ע מ י נ י ו י ל ב מ
ב ה ו י ל מ מ ב נ מ ל ה ו נ פ פ ח
י י צ א ח ד א ת ל ו ר ק י י מ ח ת

תוכן
מקסים
להדגיש
אגם
טבעת
מחזור
נשוי
לאחרונה
למכור
תכונת
טעימים
קטלני
מעשי
בחוץ
בכה
מחקרי
ציפור
לספוג
בחינה
ורודה

Puzzle 613

ה ו א ע ו י ו י נ ה ת ר א ה י נ מ
ו ד ב ו ת ו ת י ב צ ך ק פ א מ ת ת
ד ר ב ק ב ל ג ר ג י ר ר ו ג ה ש מ
ו י ס ח ד ה ע פ ו א ו פ מ ה ך מ ד
פ ה מ מ ע י ם א י ו צ ר ח י ג ן ת
ר ז ב כ ב ר ת ת י מ צ ע ח כ ן פ ה
ג ש ל נ ף ג ה ל פ י כ ו ת ק ע ב ו
ו ל ש כ נ ע א י ט י ו ד ת ו מ ט פ
ו מ ד מ א ו י ו ו ם י ר ש ע נ ש ר
נ ו ו ב ת א ו ה ו נ א י י צ ט ט ה
י ו ח ו ת ו י ע ה י נ ל ו ל ב ת י
ה ן ב א ו ו ד ו ס ד ח ע פ ו ל ס ג
כ ו ס פ ס י ו ן ע ו י ך י ש · ח ו
פ ע פ ס מ ע י מ ה א מ ו ב ס ר ר מ
ש ד ת ו מ ב ו מ ד י מ ע י כ י נ ר

ברד
זהיר
פסיון
להירגע
קבל
ולצעוק
וילאות
אקראית
מידע
צורך
ספת
גרגיר
מתמדת
וידוי
לשכנע
התראה
פרק
כוס
חודש
עשרים

Puzzle 614

ה ע א ה נ א א ן ל ה ו ל ב ו ו ת א
ל א ש ח ה ה מ ל ה ו כ י ח י נ ו י
ר כ ו ו ל ת ת א פ ב ע פ ל י ר י ר
א ת ו צ י נ י כ ס ל נ ס י ך ש ו ר
ו ף ע ה ס ן נ ב י ה ח א ה ו א צ ו
ה ר נ ל ע ג י א ק א ת ב ו ג ד ס ן
ל ג י מ נ פ י י ן ר ו ה ת נ י ב ג
ע ט ב ת ש י י כ ב מ ח ו י ב מ ש פ
ל ו ה ש ם מ מ י ר ת ר י ס ם ת פ ב
ו א ח י פ ד ש ל ד נ י ר ח א מ ח א
פ ק י ש מ ף י ב מ מ ה ש ת מ א א ר
י ח ל ת נ ש ק ר ל ו ב ר ח ב ח י ו
ב ר ד ת ל ש ב ל ד מ ש ה ן ן א ר ן
ס י י ד ו ם ר ו ו מ א ד ל פ ט מ ש
פ ד ר ה ח י ש ל ש ו ו ס מ נ נ ג ס

לבשל
החוצה
להפסיק
כתף
עניבה
אוהל
אשר
גבינת
על
אין
להוכיח
נסיך
גרף
מדף
שמש
שיחה
אורך
בארון
סירת
הובלה

Puzzle 615

א ר ט ג ב ב י ל י כ ח פ ג ל ו ס פ

ב א ו ד ח ס ר י ת פ א ת פ ס פ ח פ

פ נ א ד מ ש ח ן ל י ר א ס ג ו ר ם

פ מ ר ו פ ו ס ו ן ד ו ו ו ת פ ה ת

ל ז מ ב ה ש ת ר ג נ ק מ ף י ם מ ג

ד ן ת ו י ב ק ו י מ ת י פ ם א ו ר

י פ ר ו ג ה א ו א ר ג ד ע ה ד ח נ

ו ג ה ש ו ע י ת פ ה מ ר ם ר ר פ מ

י ו ש ע ל ר נ ח ח ו ת י ל א ך י א

ו נ י ב ו ף ו ו ל ך ה צ נ ד ן ת פ

ר ו פ ל נ ע ע ת ר ו ר ה ל צ י ר ק

ה ה נ ו כ ח י י ם ל א ל א ו נ ו ר

ע ה ב י ט ח ו ן ת ת ת ש ש ב ו ת י

נ א ו ג י ב ת מ ת ל א ל י א נ ת ה

ד ה ו ל ה י ע מ ט נ כ ן ו ר כ י ז

תירס
טכנולוגיה
תג
ובודד
עוני
הנוכחיים
מאה
סחר
סוף
דרך
במזל
הפתיעו
זיכרון
פחות
דעה
בחדר
עשוי
הביטחון
פתאומי
גורם

Puzzle 616

האפשרות
מחיר
מתוק
לשפוך
תוצאת
החריף
אמרו
צפופה
לטפס
מנסה
מדחום
פטריות
קלטת
מנומסת
עור
חוסם
אישית
סבתא
עוגת
בריאותי

ה ל מ ר מ פ ח כ ח ר י ל מ י ן ד נ

א כ ק כ ל ט ן ב ו ה פ ו פ צ ם ו ו

פ ס מ ח י ר ה י ס ר י ת ס מ ו נ מ

ש ל ט מ ר י מ ה ם מ ל א ת ו ח י י

ר א ו כ ע ו ה מ י ב י צ י ע ד ו ל

ו ן ו ה פ ת א ל ק פ ן ו ע ע מ ך ו

ת ב ד ש פ ך ו פ ש ל א ת ו א ת ב ס

ת ר א ו ם ח ש ג ב מ ר ר א ש ט א ה

ת י ר ו ם ח נ ת ר ת ג ו ע כ ל ר א

ה א י א ר כ ם ו ד פ א מ ת ו ק י ן

ח ו ה ת י ל א ם ר מ ו ר י פ ש ג צ

ר ת ס פ ט ל ו ו מ ו י ח ט י מ מ נ

י י נ פ מ ר ת ט ע א כ ב ת פ ל מ ד

ף ו מ ת ש י מ ש ס ס ה ו צ ת י י י

א ח · ב ם ו י כ ק מ ת ו ב ב ו ת ל

Puzzle 617

מ מ ב פ י מ ת א י ו מ מ ו א ל ר ו
ג י צ י ד י ל ר ד ו מ ע א ר ה כ ק
ז א ד ס ר ב ע ב צ ד ד י ם ד א נ ו
י ר ב נ ע ד א ו ר י מ ח א ק ר פ ב
ן י י ו מ ו י · י ה א מ ג ב י ה ר
ב ז ר ו ל מ נ ב ת ר ו צ ד ל ך ל ן
ב ר י ה ש י ט ח ו ת ר פ ס מ ה כ נ
ל מ י ק ש נ ר י מ ה ר י ז ב ו ה פ
ע פ ש ח ל נ א ר ש צ ו מ ר ס י י ד
ע ף פ ד ו ט ק ו ת ח מ פ ה ן ן צ ר
ר א ר ת ת י צ ת ת ו ן י ו נ מ ל ג
ו ו נ ו נ ת י נ ף ק ו ה ב י ת ה י
ם י ו א י ו ה ת פ ש ט ו ת י ס י ע
ת ק ח ו ה ג ר ו נ ו א מ ו ע ה ל ה
ב ת ל מ צ ז ה ש ל ש כ י ר ע י ם ו

להאריך
דרום
בזירה
בעבר
רגיעה
דומיננטית
אם
הלכה
התפשטות
מגזין
יריב
בחירות
אינטראקציה
משתתף
צמחי
סביב
סוכן
המספרת
התיבה
צדדים

Puzzle 618

י א ן ב ת ס צ מ נ ש ה ר א א ש ב ד
פ ו ו י כ ס ח מ נ ו ע ץ ר פ ת ה ל
פ פ ר י נ ט ו ד ה ר ו י מ ר ו ר ו
ו ו ן ו פ י ו י ת ס ר ג ש ד ו מ מ
ג ד ו מ ח ו כ ק ש ו ב ל ג ן ה ו ש
ב י י ח י ך נ ק ש ח נ מ ש ה צ ר י
ז ו ע ם א ן ק ת פ ר ה ו ו ב ן נ ה
כ י ר ו ת ג מ א ג ד ו ס מ ו י ה נ
ע א ס א ה ס ד ן ב ג ר ו כ י נ ן ד
פ א א ל ד מ י ר ל ו ב י ע נ ת ס י
פ י ד ע ה י ב ר א ר ב ק ו ש פ ע ר
ר י ס ב ל ו ם ת ד י א ס י ג ג ו
כ כ מ ג ב ו ר ה י י ר ו נ ש ר י ת
נ ק כ ם ת י א מ ר מ ו מ ג צ ו י ד
ל כ ו מ ו ב מ ח מ ד ר ה נ ד פ ק פ

מחט
העורב
נדירות
קשוב
סתיו
נחש
מנוע
סכין
בסיר
דיבור
רעיון
אתה
מולד
מילוי
להתפרץ
הרפתקן
זועם
לשרת
ירצה
בבירור

Puzzle 619

ת ת ר ה ר ל כ ו ת ש ח ק ס י ו ט מ

ת ח ג י ל נ ל ה ע ב י ר כ י ש ה פ

מ י מ ב ה ח ק ב ו ו מ כ י ם ס ו נ

◌ֹ צ ר ס ת ה ָ ו ל ס ס ו י ס ח ג ס

י ב ו ח ג ח ו ש ו מ ע ס י צ ה ו צ

ל ד ב ל מ ת א ת ו ו ד ם ן ו ח צ נ

ו ל ר ב י י ם ת נ ר ה ש ש פ ו א ם

ת ו א ק ג ח ד י י ו ו ת כ י ן ל י

נ ת ו פ כ ט כ א ָ ת ת י כ ד ל מ א

ל ן פ ס נ ר נ מ ל ו ו ל ו מ י ף ף

פ ב י ל י נ ט ן ך ת ח ד ו ו ח א א

ו ו ז ו א ה ו ר מ ח ד ח ת צ נ מ י

ף מ ת מ מ ל מ ם ו ס ר פ ד ר ג ח ו

ן כ ט ת ש ו כ ו ל ן פ מ כ ה ן ל י

נ ד מ א ר ר ח נ ד מ י ש ה ג ד ק י

סוכר
חלק
כמובן
חתך
דוד
לספק
נצחון
תשובה
תיקון
מהססים
מסעדה
מלבד
רכישה
פרסום
אתמול
סמור
מפחד
מוצר
דרג
להעביר

Puzzle 620

י ג ד ה ת ר נ ג ו ל ת ב נ פ א פ ב

ז מ ב ג ו ם ו ש נ ל ר ד נ ל ג י מ

ו ו ו י כ ו ד ו ם ד נ ת י כ ס ב ת

מ מ ת ע מ ת י כ ק פ ג ת א א ב י ח

ה י ל ה ס י ם ו א פ ו א ב ם נ ס י

ע ש ר ו נ י ת פ מ ב ל ו א ר פ מ ל

י י ק י ו ד ח ן ו ח ש ו ו נ א ר י

פ ו ו ת י ב י ט ק א ב ד ה ן ש י ם

ו ו ב ו ו ש ח ד מ ו ס ר ה ל פ ו ו

ה י ב א א פ ל ו י ש נ ר י ן י כ ל

ל ת ר ו ב ל כ ל מ ו ת ש נ ו י ח נ

ר ן ל ו י ר י ה ד ב י י מ י נ פ ל

ב ו ד ד צ ר ע ת ר י ל ש ש א א כ מ

ד ך מ י נ כ ו א ם ע מ ת א ר ל ד ם

צ מ ◌ֹ ת ו ת י ב ת מ ל י ו ה ר מ ו

בבוקר
שלישיים
הגיעה
אפוא
אקטיבית
תרנגול
לנשום
עשרונית
הרס
להופיע
מתחילים
הראיון
כלב
סמכות
אגס
שוב
לכל
דקות
תרנגולת
פנימי

Puzzle 621

ש ב פ ו ד ע ו א כ ה א נ ק ה ג ע מ
ה ק ו ל ח ה ב ב פ נ ח י ע ע י ו ר
ו ה ד ם ק ש מ ק ן ח ל ה נ ד ר ה מ
ל א ח ר ת א ג ת ל ו ג ע ן י י פ ח
פ ו י ח ו י ה ש ג מ ר א ל ן ת י ו
ג ט ר א ק פ ץ ר ת ד ת מ ב ח ו מ ד
י נ א כ ב ה ם ב ק ד ן ת ו י ם פ כ
א ל ו ו י ה נ מ ם נ ו מ א ו ס י ש
ו ו ר צ ת ל ת פ ג פ ו ו נ ק ה א ר
פ ע פ כ י א ר מ א ר ו מ ה ס י י ד
ח מ ח ו ל ס ר פ מ ח ל מ ה ה ל ל ג
ם י א פ ת כ נ ב ה ו ן ע נ ע ו צ ד
ח ת ר ל מ ד מ ל ד ז כ ח י ה ת ל ג
ת נ ר ר ק ש ב ת ר ה א ן ו ב ב ה נ
ל ב ת ו נ ו ת י ע ה ם י ל ג ו ס מ

בשקר
העיתונות
ראה
קפץ
לאחר
אבקת
פחם
ענן
גדר
חלוקה
העדין
פסקה
מברשת
לבוא
רגל
השאיפה
גירית
מסוגלים
קילוגרם
קריטי

Puzzle 622

ג פ ו א י ז ה ק ד ו ת א א פ ל מ ח
ש פ ד ר א ח א כ ו ר ס פ י כ ו ט נ
א י נ ה ב ו ת ד ט ע נ נ ד מ י א מ
ח א ם ו ל ש י ח ת ק פ מ ו י ל א א
ו ט ג ו ו ל ש ה ס ו ו א ן נ י ה ן
ר א ס ש ו ה ה ע ד כ ס ש ל י ט ל ם
ה י פ ו ר ט ה ה מ פ ך ם ק ם ח מ ש
צ כ ו ל ה ח ל י ק ז ו ד ו ב כ ה א
י ל י נ ו י ח ת ו מ מ י י ת ר נ א
פ ס ה ת ת ג ו ו ב ו י נ ו פ ו ש פ
מ כ ו נ א י ר ב ו ן י י צ ש ש ח ו
פ ה ו ם נ צ מ ק כ ל כ ל י ע ת ו י
ת ת י י נ ה ר ע ם ן ח נ ו י א מ ח
ו ד ד ח א ל מ ב ט ן ס ב ו ק ו י ו
ב מ ו ו נ ג י מ ו י ר ר נ כ ב ר ן

בעקבות
ואספקת
שלום
שמח
ציין
מינים
מכונאי
ואן
פיצה
מדיניות
אחורה
להציג
כלכלי
שליט
להחליק
חיוני
הטרופי
פוני
הכבוד
אנושי

Puzzle 623

י ה י ם ל ל ו ו ב ה ג ח ה ב ש ב ש

ל ה ע ה י ש מ ד א י פ ה ָ י ן ו ה

י י ר י ר מ ל ט ג ב א פ כ מ מ ל ג

ב ו ש י פ ל ס ו מ ו א כ ת ס י ר ק

ס ם כ ח ל ו ש מ ר א ל ר כ י ל י צ

ב צ ש כ ב י ד ו ג ו פ א י ר ם נ ל

ר ס ג ד צ ע ו ש ו ס מ ל ת ז מ ה ו

ח ו ן ו ר ד ס מ ב ב ח א ח ח ד ג פ

ב ת י ט ק פ מ ו ק א ר א ס מ מ ן ב

ש ת ר י ג מ ע י ק ר י ת ב ר ש ו ב

ו י פ ח ם י ל ל ו כ ו נ ת ה ת ח ת

ר ב ל ד ר מ א ח ח ה ת מ ט נ א ו ה

ה ה י ר ו ג ט ק ב ד ב ז מ מ ל ו א

פ מ י ו ת ל ל א מ ו ר ה ח ר ב מ ל

ב ר ו צ י ק ת ם ן פ א א א ת ש ל ל

וכוללים
קיצור
במסדרון
למשל
היבוא
מגירת
עיקרית
הון
קומפקטית
אמורה
חתיכת
סבא
חסת
קריסת
בשורה
להרוס
הזמנת
בקטגוריה
חייהם
ליישם

Puzzle 624

צעד
חשב
חיפוש
מורכב
עיצוב
צבי
טניס
מוקדם
דוב
סטודנט
ברווז
בצלחת
גל
הכעיס
הולכים
צוף
גז
האוטובוס
תשעה
הפתעה

ת ש כ ו ם א ס ט ו ד נ ט ת ר ג ג ע

ו ל פ ל א פ ר ה ע ן י נ ש פ ר ח י

צ ו ק ב ר י פ צ ר ס ח י ע ן ק ר ו

ו ת ו ד ב פ ו ה כ ע י ס ה ר ל ב מ

ד ר ב פ ל ע ב ב ע ע צ פ ת ח ת צ ע

ה י ו ו א ן ק ה ח ו א נ ל א ת ל ו

ד ג ו ה ו ל כ י ם ח ן מ י ד ה ש ◌

מ ל ת ו נ א ס ג ד נ ה צ ו ו ס מ ח

ט י ש ו פ י ח ל ק א ב ע י ב פ ב כ

א ה ב ע ל ן ש ח ו י ש ש נ ב ם ו ו

ו ו ה ג ש ת ף ט מ ה ח ק ח כ ב כ ע

ר י ה כ ה א ו מ ת ל ז ו ו ר ב ח ה

ר ע י צ ו ב צ ל ח ת ג ו ו ו ג נ ו

ר ש ד ב ו י ה ל ה ע ת פ ה מ ח ו ו

ה ו כ ס י י פ ד א מ א מ י ר ו ק ב

Puzzle 625

ל	ת	ב	ד	נ	ת	ו	מ	א	ל	ד	י	ד	מ	ע	נ	י
פ	מ	ש	ב	ע	ר	מ	ח	ה	מ	ו	צ	ר	פ	י	ק	נ
י	ב	י	ל	ק	ע	ת	ס	י	נ	ב	פ	ב	ר	ג	י	י
ז	י	ל	ל	ט	מ	ו	א	ו	ע	ו	ב	א	ץ	ק	ט	ט
י	מ	ו	י	ח	נ	מ	ו	ד	א	ג	ת	ה	י	ח	ס	ש
א	מ	ב	א	מ	צ	ל	מ	ה	ם	כ	א	נ	ח	ל	ל	ר
פ	ה	פ	פ	ר	נ	כ	כ	ר	ק	ת	מ	ו	ה	ך	פ	ה
נ	ש	ה	ס	ה	ן	ח	ק	ב	י	ו	ת	י	ץ	ע	ל	ג
מ	מ	ת	ו	י	ן	ד	ו	ב	ן	ו	א	ג	ג	ג	ו	מ
ו	ג	ל	ן	ב	ס	ש	ע	י	ו	ר	ם	ן	ש	מ	ה	ל
ב	י	ו	ה	מ	כ	מ	ס	מ	ת	ר	א	ב	ה	מ	ר	ב
ט	ו	ש	ו	ו	ד	ו	ה	ב	כ	י	מ	י	ח	ו	ה	ו
ק	י	ר	ט	ש	י	ש	ר	ם	ע	י	ו	ג	ת	ד	ן	מ
ע	ו	ד	נ	ב	מ	פ	ו	ת	כ	ו	ב	ס	מ	ח	פ	י
ן	ח	ל	ר	י	צ	ת	י	ה	ה	ב	ר	ה	ף	י	ת	

גמל
קינמון
יחס
מודאגת
עץ
לבד
המוצר
מושב
טריק
רפואה
חלל
פיזי
הרבה
בשילוב
מצלמה
פלסטיק
מפרץ
שלך
רעב
בימוה

Puzzle 626

ו	ר	ד	י	ו	א	ב	י	ל	ה	ש	ף	ו	ש	ח	ל	ו
ל	מ	מ	ל	נ	ג	ח	ד	ש	ב	ע	ס	ק	ה	ו	ג	א
ר	ק	כ	ש	ל	ו	ל	ט	ל	ר	ו	פ	ס	נ	ת	ר	ר
ו	ד	י	א	ן	ל	נ	ד	ם	פ	ע	י	ו	ש	מ	א	ו
ץ	ם	ה	י	ו	ה	ד	ת	כ	ס	י	צ	מ	ל	ה	ג	ע
ה	ד	ט	א	מ	ל	ר	ת	י	ח	ת	מ	ח	ב	י	ח	ו
ל	ו	ק	י	ד	י	ע	נ	ו	ר	כ	א	ד	ו	ל	ף	ל
ו	י	ו	ם	י	ר	נ	י	ת	פ	ש	כ	ר	י	י	א	ו
א	ל	ל	ד	ך	ר	ל	פ	ג	ת	ל	ד	ה	א	ש	כ	ה
מ	ב	נ	י	ו	נ	ו	ס	ו	ו	מ	ב	ן	ו	י	ל	ל
א	י	ו	ד	ו	ב	ח	ר	מ	נ	ר	מ	ל	ק	ת	ו	מ
ש	ר	ע	נ	ן	ם	י	י	ב	צ	מ	ב	ל	ו	ב	ת	ן
י	ש	ה	ה	ד	צ	ה	י	צ	ק	נ	ו	פ	ס	ד	ג	ת
ר	נ	ד	ד	ל	ו	ן	ו	א	ט	כ	ר	נ	ז	ד	ל	מ
ר	כ	א	ב	ה	י	ו	ת	ת	ע	ח	ס	י	י	ש	ם	ל

פונקציה
פרח
חמוס
מתוח
פסנתר
לחשוף
בילה
במצב
ספינת
צלב
קולנוע
לרוץ
לרתיחת
שבע
אנשים
לשלם
שעועית
אשתו
לנער
עסקה

Puzzle 627

ל ק ה י ם ש ד י מ ז ר י ו ט י ד י
ס ו ן נ ר י ו ל ב ה ו ל ו ש ו א י
ר ר א ו ס ר י י ו ת ב מ ו ן י א ה
ר א ב ל מ י מ כ מ ק ה י כ ו ל ב י
ת י י ב י נ ש ו ף י נ ח ר ר ו ח פ
י ו נ ר ו ת נ ר י ו ר י ו ה נ ב ו
מ ר ח ך ג ת ר ס ס ד א ו ל ח ו ר ת
י ו ה ס ס ג ו נ י מ ם ה ש ש ת א מ
ש מ י ם ה ו פ מ מ ה ה ו ח נ ף ו ת
א ס נ י מ י ו ה א מ ר ר מ ב ב ש פ
מ ו י ק ר כ מ ו ה א י ו ר ט ו ג ע
ס ל מ ח ו ד ל י פ ה ד ת י צ ד כ ו
ש ס ט ו ט ה פ ס ק ה ע א ר ע ט ◌ ל
ל ל י צ י ו ח פ ף פ ם ח ד ק ל ת ה
ו ת ו י פ ב ד ל ד פ ה י א ה א ל ו

פעולה
מסולסלת
סנפיר
תוף
צוחקים
הססגוני
מודה
שלו
וילונות
ויטמיני
מדויקת
לברך
חבר
תמונת
הפסקה
צעקה
המאה
ינשוף
שמים
דליפה

Puzzle 628

ו ת ו א ב ק ת ק ר א ו נ מ ו י ס ס
י ד ו ו מ ר ב נ כ ן ו ז ח י ן ל ד
ת ס ל ס א ק נ מ מ ו ג ח ו י ר מ ב
ה י ו ל ט ע ק ז ו פ ת כ ב ו ס מ ו
ל ג ו א ו ו ס פ ת צ ב ן ס ב ב י ר
ל י ג ש מ ב ב נ י ב ו ב י ו ו ל ה
י מ ו כ י ש ע ת י נ ת ד א א א ז ת
ש ו י צ ו פ ב א פ ר כ ס ו ק פ ר מ
ה ל ל י א ו י ף א נ ת ד ב ה פ ו ו
ה י ד נ ת ס ב ר ן ד נ ג ל ה י ח ר
ר ר ר ו ך ל ש ר ה נ ת ו ב ד ב א ל
ל ב ש ה ב ו ג ב ל ם ח א ד י ג נ ה
פ ד ה א א י י צ ר ן ג ש פ מ ג ר ת
י פ ת ע פ ו ה י י ד מ ו ו ד ע פ ו
ל מ ע ו ט י ר פ מ ה ר ה ו ז ל ח ר

לזרוח
קרקע
דבורה
לאבד
בצפון
מסוגל
סל
בנק
בגובה
סופשבוע
באותו
נתח
מסובכת
חזון
פריט
זמן
זוהר
קאובוי
כתובת
אטומי

Puzzle 629

ם ל ח י ו ו מ ו ס ב ד ו ס י ו ס
מ מ ת ו י ט ח ל צ ן ב ח ם ד נ ן ר
א צ ו ה ו א ד ש י ז ה מ ן מ א פ ה
ה ו נ ר נ ע ם ח ד ל ה ב י ע ל ה ו
א א ף ב ס ו י ר ג ב ל נ י ר ו כ ת
ח ס נ ו פ א ר ר ל ו ן נ מ ב מ ב ו
כ ל ו ו ע ת מ י ה א י י ל י י י ר
ס פ ה ח פ ו י ש ו ו ת מ ו ה ט י ח
ב מ י מ ו ף ב י ת ו ר א ן ו ר א ר
א י ק ל ה י כ ש ל פ ב י ב ש ו ת ק
י ד פ ן ז ו א ה ק פ ח ל ר א נ י פ
פ ם א ח ל ש נ ו ר ר ע פ ם י ו ו ש
ר ה ט ח ו ב ל ה ו ב י ל ד ו נ י י
ת ו א ו ל ם מ ת א ה א ו י ב ע ו ר
ו ד ם צ פ ט ת פ ו ו ז ש ק ל ת ס ו

ולשחרר
מטורף
ונשלח
איילי
חיטה
חברתי
קיווי
למצוא
לפלוש
מערבי
כסף
האויב
להביע
האוזן
להיכשל
השישי
להוביל
תושב
יסוד
לקרוא

Puzzle 630

ס מ כ ג ה ח ח ש מ ך צ י ק ל י ב ם
ו נ א מ ה נ ו מ מ ו צ ע ת ד נ ר מ
ן ל ב מ ה ו ו ל ש מ מ ל י ס ו צ ל
ו י ה ת נ צ ל ו ת נ י ן ו ה ג י ו
ע ק ף ו ג ב ה ס ר מ ל ת מ ר ו פ מ
ש מ ר ו ט י ק ו ג ו ש ש ר ב ו ו ב
ב ח ו ר ם נ ב ש ו ף ו ג ד ז א ת ו
י ו ת ו ת י ז מ ב ל ע כ ק ד פ ו צ
ע י ב כ ר מ ן מ ש ד ח ד ן ע י ד כ
י ו ה ב ה ו ת ו מ ב ט ו פ ל ב ל ו
ר ש ש ל ה ר ת ם מ ה ב ל מ ך ל י ל
ד י ת נ ת ו א ה מ י ח מ מ ו מ מ
כ ל נ ו ו ע ג נ ח נ ח ו ם י ח ה ו
ב ר ה ך ג ן ו נ פ ו צ ת ק ד ח מ כ
ד ס ד ך ח ו ב א ע ל ד א ו ה א פ מ

תנין
ברציפות
קמח
נפוצת
ולא
המשולש
לתל
בגוף
התנצלות
לילך
נמוך
שלווה
שביעי
כאב
קיטור
לחות
זברה
שעון
בוגרת
ממוצעת

Puzzle 631

ג ל ב ד ק מ י ט מ ב א נ כ ח ת י נ
י ה מ ד ע ן ר מ ג ק א נ ב ל ג ש ו
פ ח ז י ר נ ק ת י ך ו ר א י י ל א
מ ח ב ר ת ש ו נ ע ע פ נ ה א מ ק ד
ו צ י ס ו נ ב ק ב ם ר ק ו נ ד ו מ
מ ד כ ו ע א ס מ פ מ ו מ כ ו י ל ת
ל פ ת מ ט ר י ן ג ש ל ג ה ע א ו א
ב ש ר ד ו פ י ק ד ל מ מ ת ו ר י ר
ה א ו ה ש מ י ת ס ח א נ ו א ג ח ק
ד י ו א ה י כ ת ת ו ר ח כ ס ש א נ
ם פ ן ן ת ך ו נ י ח ל ש ר ו ף י ש
ד ז ח א מ ה ט ל ח ה א כ נ ל מ ר ת
ו ו י פ ם ת י ר ט ס ס ה ל ש ן א ת
ה י י ב ד ו ו ש ר י ו ו ס י א י ו
ו י ן ו ו ם מ ה ק פ ל ב ד ר י ת ע

מגיע
לשרוף
החלטה
נשיא
קול
ארוך
שנקראת
קערת
בדק
שונה
מחברת
אדמת
קרם
מצביע
קיפוד
טעות
חזיר
חינוך
מוסרי
מדען

Puzzle 632

ב ל ל ו א ו ס ף ת ר נ ל ה ל מ ה י
ר ת נ פ ה פ מ ם ס כ ח · ם פ ש ו ב
ג ע ב מ י ו ת כ ה ר ב ח צ ק ו ה ר
ו ל ת נ י ו ר ל ו ה נ כ ע ר כ ו ר
י ו ה ל ל ע ג ח ר ע ת ה ד י כ ו ת
ד מ ה ע צ ה י ב ח ל נ נ נ י ת א ב
י ו ת צ י ל ל ן ה ת ב ג ת ע ל י י
י ת י ב ת י ם ב י ה י ן ג ה ן ך ע
ר א ה ן י א י ל ש ג ד ו מ י ל א ו
ל ם מ ח ב מ ת ב ל ה ו י י ו ב צ י
ו פ ק ו ח ש נ ד ר ש ב ל ה ת ש ד ל
ל י י ב ו א י ה ש פ ר ע ש ו פ ו ת
ת ת ח ר ב ו ג א מ נ ה ה ג ס ע ו ו
ב מ צ ע ר ו ו ן י ס ו ד ל א ב ע ה
י ו מ ב ג ו א מ ר ן ת מ ה ר ז ע ת

עצם
אוסף
תוכי
השקעה
חברה
מודגש
לעצבן
בלבד
תרגיל
למה
לתעלומות
בשפע
רשמי
ספינה
היותו
שחוק
העליון
מצחיק
עזרה
הולך

Puzzle 633

ב	נ	ש	ק	ש	ח	ל	י	ל	ה	ח	י	א	ז	ר	ה	מ
ה	ג	ר	מ	ר	ן	ת	ס	ל	י	ו	ד	ב	ב	ג	ק	ב
ש	ך	ו	ח	מ	ו	ב	מ	ג	ת	ש	ה	צ	ו	ל	ו	ח
ט	ב	כ	ח	ל	ד	י	ן	ו	א	ש	ל	ר	א	ה	ח	א
פ	ת	ג	ו	מ	ד	ט	ד	ן	ה	ה	ה	י	ל	צ	ם	נ
ח	ו	ד	ח	ר	י	פ	ב	ח	ב	ל	ר	ח	ס	ט	צ	ס
ד	ת	ר	ג	י	ב	י	ה	ל	מ	א	מ	ו	ו	ר	פ	ש
י	ם	ל	ו	מ	ו	ל	ת	ב	ג	מ	ח	כ	ת	ף	מ	ו
ת	י	ג	א	נ	ר	א	צ	ה	מ	ו	ד	מ	ב	ר	ע	ל
ב	א	ו	י	ח	י	ו	ב	ר	ל	ה	ו	מ	נ	י	ס	ב
י	ת	ו	ו	ב	ג	ל	ל	ת	ס	ה	ו	ק	ו	ן	ו	א
ס	ה	מ	מ	ו	מ	ל	ו	ס	ת	ר	ה	ב	ת	ה	מ	ס
ר	ל	ל	ק	נ	ג	ו	א	מ	מ	נ	ד	ד	ע	צ	ו	ם
ו	ה	ו	ב	ל	ד	נ	ו	ת	כ	ר	ח	מ	ה	א	פ	ו
מ	ם	ו	ו	ו	א	ז	ר	ע	ה	ק	ם	א	פ	נ	א	ח

בצל
מגבת
באסם
מדומה
להתאים
מחר
להצטרף
סמן
חם
לערב
חום
אליפטי
חושש
סט
רגלי
לדין
מקום
עצום
סולו
דיבורי

Puzzle 634

א	ט	ת	ל	ו	ו	ע	ן	פ	ם	ע	י	י	ש	ע	ן	ו
ג	ש	ך	י	ל	ה	ת	כ	ל	ק	ר	צ	ח	א	ח	ל	ג
ת	ו	פ	ש	מ	ת	ב	ש	ב	ה	א	ו	ה	צ	ו	ר	מ
ת	פ	ש	ת	ק	ש	ו	ר	ת	ה	ר	ק	ת	ת	מ	א	י
ה	ט	ם	נ	ר	מ	ע	ק	ר	י	ו	מ	ב	י	מ	ת	פ
א	ט	ם	כ	ר	ד	ו	א	ם	י	◌	ט	מ	ק	ו	ל	ן
ב	ו	ה	א	ו	ו	ר	א	נ	ח	ה	י	ה	ח	ט	ב	ב
ש	נ	נ	ה	ק	נ	ו	ם	י	ג	א	ם	ר	ג	ש	נ	ל
י	ל	ד	ד	פ	י	י	ל	ו	ר	ל	י	י	י	ס	י	ב
ע	ר	ע	ל	ו	פ	י	ט	ט	א	ב	נ	ע	ו	ל	ן	ו
ת	ו	ז	ח	ו	צ	נ	ה	ל	ש	ת	ת	ז	ד	י	ת	ה
ג	ן	נ	ד	י	מ	ש	ו	פ	ז	ת	ח	א	ע	ע	ס	ל
ן	ה	ע	י	מ	ד	מ	ה	ו	א	נ	ת	ב	ו	ק	י	י
י	ו	ש	ה	ג	ל	ו	ה	ן	ז	נ	ג	ה	ח	נ	ו	י
ם	ו	י	ד	ק	ת	ו	י	נ	מ	ה	ל	י	נ	ן	ו	ע

בבטחה
מושלם
תקשורת
לבן
מרוצה
שופט
שם
שבת
זעירה
מקרר
קמטים
טלפון
אהוב
טיפול
לתאר
המדמיעה
תהליך
שחורים
המניות
שכן

Puzzle 635

י ה ך ח ת מ ו י ה ג ב ו ה ה י ט ס
ל ו ה נ ה ע מ ע ב ט ח ח ח ק ל א י
מ ז י ו נ ה נ פ ו י ה ו נ ו ו ל ז
ש ק מ ת ו ש ע נ ו י ל ב ד ל ש כ י
ך ר ו י ר ט ו א ל י ת מ י ח א ב ק
ת נ מ י ו ח ד י ם מ ט ו ח י ת מ ד
ס ף ה ו נ ר ל כ ו ד ת י ם י ש נ ש
ת ת י י ש ע ו ו ו ק ה פ ט ל ו ת כ
י ה ח ם מ ס נ ר י א ו ת ן ב ב ח ל
ל נ מ ר ה י ט י י ה ב פ ר מ ט מ י
ח ר ד ט י ו ב ד ב ה ק ד י ר פ ת ב
ס א י פ ע ר ה פ ר ש ו ו ח ש ר ו מ
פ ה ו ה ו ו ו ח צ ש ר ה ו ר ע א ד
ב ט ן ס י י א צ י ט ר ק ו מ ד ה י
פ ה א ד ו ח ע ם ב ה ה מ י ש נ ל ל

הגבוהה
משך
נולד
דיון
טבע
שלד
קרנף
חנות
טועה
החולים
שרפה
זכאים
מיוחדים
וירטואלית
הדמוקרטי
המומיה
נראה
אוהב
עשיית
אקדמי

Puzzle 636

ת ו צ ת מ פ כ י ק י י ע א ר ק ת ך
ו א ת ן ו ד פ צ ס ל ח ר י ש פ מ א
ו ל ל ק ט נ ו ע ג ב נ א ש ק ם ו ח
ג מ נ י ג י ל ר ש כ ו ו ו מ ה ה י
ש ר י ו ק ת פ ן כ ס ו פ ט ס ו י פ
ב י י י י א ה ר ו מ י נ ת כ ח ג ו
ח ד ן ת ו ט ק ר ו ר ו ת ל ל י ב מ
ז נ ד ר ל ה פ ת ה ד ו ה ת פ מ מ ח
ר י צ ב י י ו א נ י ת מ א י ל ש ל
ה ת ה ע כ י ו ל ש ו ד ח פ ה מ ה ח
א ת ד ה ה נ נ ן ה ע ב ר א ל ת א ן
ר כ ח כ ן פ ב ם ג י י ה י ל צ ך ל
מ ש ד ב ח ה י ג ה ו ד ו ם י פ ו צ
ת ל ד ו פ פ ל ה ס ת י ר ו א ו ת א
י ה י ן י פ ר נ י ת ר ש א י י ל ב

אמת
קטנוע
רקטות
בחזרה
ארבעה
כלפי
הכילו
נפח
כפול
העברת
מראה
אור
דתי
צופים
חשמלי
הפחד
לתוך
ידנית
להסתיר
לאתר

Puzzle 637

ל ם י ב ו ה צ פ נ ו נ פ ב ר ס ג ע
ח י פ ו פ ה נ י צ ב פ ג ח א ב ש י
א ש ו ן ו י ל ט ל ו ל מ ו ט י מ צ
ל ו א כ מ ו ב ו פ ס י ק י ר א מ א
ד ל ק י ב ו ט א ת מ ב ד ה ס ח ג א
י ש י ש מ ו י י נ ר ם מ ד ב מ צ א
ר ם ש פ ת ת פ נ ע י ר ח ש מ ו נ ד
כ פ ל ח ו פ ש ל ל ס ע ו ר ל ר י ו
ת ן ו ף ן ר י נ ר ק י צ ו ו ה ג נ
ר ר ש כ א ג ה מ נ י ג ן ל כ ח ח י
צ י ה ר מ י כ ה ה ר כ ת א ל י א א
ל ר ה ח ו מ ה ה ר ה ת מ ח ך נ ל ו
ו ר ן ן ס י ח ל ן ב ו א ה י ל א ל
א ת ה י מ פ ר נ ו א ת ב ו ה מ מ ל
נ י צ ר כ ח נ ן נ מ ח א ב ל ד ד ן

יצווה
פנימיים
סקירה
אדוני
שלושים
אופי
חופש
מצא
באמת
טיפשי
מלוכלך
שלושה
לתת
פסיק
כתר
צהובים
עשירה
קיר
בסרט
חמורה

Puzzle 638

לוקחים
נחושת
מהיר
ממערב
דברי
לגיל
בקלות
חופשי
פינוק
סוג
מעבר
ביזון
טלסקופ
בכבוד
אחריות
בסגנון
דג
לימון
מסרק
הכאב

ד ה ◌ ד מ מ ר פ ח כ מ ה ב ל י י ר
ה י ת ה ל מ ג כ נ ש ר א כ י מ ד ה
ע ל י ב ת ע ה כ מ ם י ח ק ו ל מ מ
מ ר ל ר ל א א מ כ ק מ ו ב ו ש ח
ל ל מ נ ס ב א ר ב ג א ב נ ל מ פ ל
ו ן ר כ ח י ר י ן ח ל ק י י צ י א
ט ל ס ק ו פ ת ו ר מ ל ל פ ו מ א ע
מ ב ר ס פ ן ן י ק ר א ו ט ו ת י ח
כ ו ז ו ש ל ו ו ה ת י ת ן ס ר ה כ
ל ו ד י י ת ז י ס ר נ ן ו נ ג ס ב
ל ק ר ס מ ן י ו ל ת ב כ ב ו ד ג ל
ר ו י ר ב ד ב י ה ש ל ח מ ד נ נ ו
י ל ת מ ו ח ו ס ו ג צ ע ב א כ ה
ד ד ר ז ר צ מ ם י ח י כ ב ר ע ר ע
א ך ל ר ד פ ן ת ג נ ל ו ר ר ו ב ז

Puzzle 639

י	ו	ת	ר	ב	ה	ס	ל	ה	ו	ל	ב	נ	ל	ו	ן	ח
ח	מ	ר	ד	ע	י	ר	פ	נ	ס	ה	ם	פ	ל	ם	ח	ב
ב	ע	ש	ר	ת	ף	ג	ו	ת	נ	י	כ	נ	ס	ד	ו	ל
א	מ	ק	ג	י	ו	ח	נ	מ	ה	י	כ	ם	ע	ר	ל	ר
ח	ע	ט	ב	ד	ק	י	ח	ש	מ	ח	ה	ו	ד	ח	ל	ו
י	ר	ן	מ	י	ת	פ	נ	ס	י	ו	ת	ר	ן	פ	מ	ו
ו	ד	ך	ק	ל	ל	ק	מ	מ	פ	י	נ	ת	ו	ח	א	ה
ע	נ	ב	ו	ב	י	י	ר	א	ד	ר	ש	ל	ת	ד	י	פ
ל	א	ש	ם	מ	ע	ה	י	כ	ח	מ	ל	מ	ט	ה	ה	ו
ו	ד	ח	ת	א	פ	א	ח	ה	כ	ש	ו	ר	פ	ל	ב	ו
ק	ו	פ	י	ד	ו	ן	י	כ	מ	ל	ד	ד	ם	ש	א	ה
ו	י	ו	ל	ה	כ	ד	א	ר	מ	ש	ה	ע	ו	א	ם	י
ג	ה	ק	ע	ו	ב	ק	ח	ח	ח	ק	ע	מ	ו	ק	ך	כ
מ	א	י	מ	ת	י	א	א	ל	ד	ו	ר	ו	כ	מ	ד	מ
ג	ר	ח	ח	א	ר	מ	ל	י	י	ל	א	ה	ו	ל	ו	ל

דומדמניות
לתרום
עשר
עמוק
כנס
בעתיד
קופידון
לשקול
אחות
ירח
היקפי
בלון
קטן
לפרוש
פעיל
למטה
לתקוף
במקום
הסיכון
שמחה

Puzzle 640

ל	ר	ב	ה	ו	ל	א	ל	מ	א	ח	י	כ	ו	ת	מ	ג
נ	ה	י	ק	ט	ר	י	י	ל	ש	ת	ת	ה	ל	ת	י	ח
ב	ר	ו	צ	ע	צ	ב	פ	ל	נ	נ	כ	נ	ע	נ	ע	א
ש	ק	ר	ס	מ	ו	ע	ר	ט	כ	מ	ל	ז	ה	ו	ת	א
ה	ב	ע	פ	י	ת	ל	ר	ד	ת	נ	ח	ת	ת	א	ח	א
ד	ר	נ	ה	ל	ף	א	מ	ס	ב	א	נ	ש	י	כ	א	ו
ם	ד	כ	ו	כ	פ	ת	ת	ו	א	א	ל	פ	ב	ו	מ	ד
י	ד	ר	ש	ר	ח	י	א	פ	ף	ה	ה	ח	ה	ת	י	מ
א	ל	ן	כ	ט	ה	י	י	ה	ה	ל	ב	מ	י	ר	מ	י
ת	ו	ו	ש	א	ל	ו	י	ה	כ	ס	פ	י	ו	ת	מ	י
מ	ו	מ	ו	י	ו	ל	ו	ן	מ	נ	ח	א	מ	ו	י	ח
י	ד	ר	ד	נ	ו	ד	ו	ת	ז	ר	ם	מ	ו	י	ה	ת
נ	ת	ת	פ	ן	ו	ע	א	ר	נ	ב	ס	י	ס	ה	ל	ו
ק	א	ז	ת	ו	ה	א	פ	ר	ן	ת	ר	א	ה	י	ר	נ
נ	ב	ע	י	ר	א	ו	מ	ל	ל	ו	ת	ו	מ	נ	ב	ת

מתאים
בסיס
חתונת
נענע
אומללות
כותרת
עיר
מחשב
אומדן
לרצות
כלי
נכתב
לזהות
כפל
הכספי
להוסיף
עומס
הביתה
ליירט
מחפש

Puzzle 641

ו ט ן ו ר ש ו א ק ק י ל ף י ה ק ו
ו י ט ה ר א י ת נ צ ש ך ה פ ח ף ק
כ ד ה מ א · ל ת מ ו ו ו ש ו י ו ר
ג ב י ל ו א ש ב ק ת ה ה מ ו ה ת ל
ש י מ ם ב ו כ ר מ א ש מ י ר ה א ן
ת מ נ ם צ פ צ ו ל ש י ם ר ג ס פ ר
י ל מ ב ש ב ו ע י מ מ י ה ו ו פ ו
מ ש מ ם כ ו ב מ ר ה ח ר ף א ט מ ר
ה מ ת נ ר ת נ ה ה ס כ ו ם ס מ ת ו
ע ת ק ק נ ת ל ש מ ו ע ל ח ע ב ד ו
י ם פ ד ו ד ה ת מ א י כ ו ב י ן י
ר ד ה ט ו ה ר א ו י ג ן ו ד ע ו מ
ל מ ס מ ס ו ת ר ש ו ה ו ס י י ט ו
ת ו ח ו פ מ א ק ת ת ח מ מ ש ב ו ל
ה ה פ ת מ ד ב ר ם ש ר ם ש ע ע ר ב

שליו
עורב
אוגר
מועדון
לשמוע
לאסוף
איות
קקאו
בקתה
חמישה
שמירה
הרי
עוף
הסכום
בשבוע
באתר
מטוס
תרופת
הגיע
שאת

Puzzle 642

מ ל פ ר ל ד ש פ ק ח א מ מ נ ב ב כ
א ל י ש ח ו כ ת ו ו ת ג ק ר ע ו ו
ש כ ת ץ נ ת מ י צ ן ל ע ו ל י צ י
י ו ו י ו ו א ן י ו ד ת מ ל ת ח ד
מ ד ם פ ה ר ב א ה ד ה ד י א ו ב י
י ד ו ה ס ו ק ר ג נ פ ר ח ח ן ר כ
ם ק ח ל ט מ פ ר ש ן ח ר נ ו ו י ב
ו ת ג ג נ ו ם י מ ב א נ ר ז ע מ פ
א ת נ ג ד ת י ג ם י מ ס מ ר ר נ י
ו ד ו פ ר ו ר ד ב ת נ ת ו כ פ ו ר
ד נ ג ל ט ל ו ת ו כ י ר ו ת ד ת מ
י ח מ ר י א ס נ י י ו ע ח ה מ ה ם
ו מ ל מ מ ת ו ט ו ר פ ש ק ג פ ת ג
ר ז נ ו ו מ ב ר י מ ו ש ה ת ל י א
י ג ח ק מ י ה מ ו ה מ ק ל ט ר פ ה

נחל
מים
שונים
להפיץ
מקומי
בעיתון
כתיב
ערפד
ישנה
אחראי
פרוטות
הפרט
מסמר
מאשימים
מפרש
מאבק
כותנת
חוזר
הסטנדרטי
ללכוד

Puzzle 643

ר ש ר ו ח ב א ר ד מ ס י צ נ ל י צ

י ו ו ו ל מ פ ח ט א ל ן י ד ח ת ר

ס ל ס ת ו ש ו מ ת ר ע ע ל י מ ס ו

ר י י מ ת ר ה ש א ם מ ו פ ט ו ל ה

י ב י ת י ד ק ו ר י ן ו ר ק מ ל ד

א ח ב נ ע ח מ ק י ל ש ו ל ר י מ ו

ל ו מ ח ד ד פ ל מ י א ן ק א ו ה פ

ב ר ז ל ן י י י ת פ ו ו י ה ם ו פ

נ נ פ י מ ק י ם ד ע ו ג ק ר פ ח ר

י ת ב ם א פ ן ה ד ה ש י ו ע י מ פ

ק א מ ג ס ת מ י ו ל ת מ ם פ ל ל ר

ל ו ל י ס ו ן ש ב ו ש ס ל ד מ ו פ

ו פ מ ה ח ח ל ר מ א ו ט ו מ ט י ת

ו ב מ ת פ ש ס מ ט ת ח ח ע א ח י ו

ל ב מ ת ה צ ה ב ד ב ת ק ה ע ו ו ר

פעם

קמפיין

שוקלים

מתנחלים

ברזל

חיפושית

מבודדת

פרפר

הארקטי

בין

מחדד

תפקיד

אוטומטית

תחושת

גם

להעפיל

העולם

במשרד

אמן

עלי

Puzzle 644

מטרים

נאמן

העבודה

כריך

בחור

מחמיא

החיובי

אוקיינוס

יהיה

מטבע

לקפוץ

ברכות

פעולת

במלון

באוויר

שווא

לספור

מבנה

לתקן

מבט

ו מ מ ה י ת ל ל ם נ א מ ן י ץ ע ע

ט ב מ ד ל ש ב ת ב ג ט ה ב ח ו ר ו

ו ב א ו ו י ר ק ו ר נ ד מ י פ ר ן

ף א ע ב ט מ כ ן י ס ו נ י י ק ו א

ו פ י ע ל צ ו ם ג א ה ת ו ו ל פ מ

מ כ ת ה ת ו ת א מ ו י כ ג מ י ס ב

י ש ש נ א ש א י מ ח מ ר ב א ש ל נ

ת ו ב ע ס ה י ה י ר ו י ק ל ע י ה

ה ה א ח מ מ ן ד ר ו ט ך פ ל ת ל ד

ת ה מ י ג ל ק ד ה ת ה ו ש ל מ י ב

פ ש ב א פ ד ר ו פ נ ג י ב ו י ח ה

א י ו ה ד ב י ן ל י ת מ פ א ח מ י

נ ם ר ו ם צ פ ל ר ו ת א ן י ל פ ח

ו ה א ד ח א ו ו ש ר ע מ ע ו ן ר ת

ן ל א י א נ י נ ז ח ו י ו ה ו ר ד

Puzzle 645

ו י ג מ ח ל ה ב מ ה פ ר מ ז א כ ת

ל ו ה נ ו ב ט ד ו ע ם ה ו פ מ ל ה

י ל י ג ר ק ב ב ו ש פ ת ו מ ב ו ו

נ ו ש א ס ל כ י ל ו ת נ ה א ר מ ב

ק ו ר ט י ט ג ב מ ר ה ב י ו ל ח ם

מ א ת ד י ג ד ב ט ת ו נ ת מ מ ק א

נ ל ת ה ש ר ך ר ל ו פ נ ט ו נ נ י

ל נ ו ב פ ט ב מ ו ה ן ר ד ד ו ו ח

ח נ י ו נ ש ן ח י ת ט ד פ ע ע ו ת

ב א נ ב ר ן ל ו ד פ ח י ו ר נ ל א

ג א ב ן י י א ו ל ל ס י מ ה י ע ל

ל ם ג ד ל ס צ ל כ י ז ת מ א ח פ כ

ו ר ע ל ד ר ע ל ה ו ו כ ב ן ש ו ג

ש ר ח מ ו ט י ח ר י ר ו א ו צ פ ו

ל ב ט ו ע ן ן א ב ח ן ל ז מ ס כ נ

מטל
לידת
מתנות
עגבניות
בטקסט
העשור
תה
נפשי
נברן
מחל
רגיל
בובה
טוען
אפונה
סרטן
במראה
למנוע
דיג
לקבל
עין

Puzzle 646

נדרש
פגישת
מנהיג
שיא
בכושר
מחק
ענקי
הנוזל
רע
חיצוני
חזקים
פרה
שוות
משקה
שירות
פעמון
שיר
זהים
בזהירות
המושבעים

ה י נ ם ב ג ת ח ד ש פ ן פ ר ה ב מ

נ א ל מ ז י ק נ ע ג א ד ן מ ר ת ו

ו א ס י ה ה ח ו י ש י ר ו ת מ ל ן

ז נ ז ה י נ מ ש ק ה ש ש מ ז ע ן ח

ל ד ו ע ר מ ת ר ה ן ב ו ע ה ש ו י

ת ו ו ש ו ר ע ד א ע ד כ פ י מ א צ

ה ר ן ד ת ר ך נ י ו ה ב ן ם ב ה ו

ו ה ו צ ה ח ן ם ה ו ו ף מ י א נ נ

ל מ ל ד נ י ל ו י ף ד א ד ק מ ו י

ע מ ה ם ו ת ש ט ן ם ח י ת ז מ ע ח

ה ר ה ו ו ת א ו ו ד ח ס ב ח ל ח ח

א ל י פ ס ך ר א מ ל צ נ מ ה מ ח ר

ו ד ר י מ ד ן ה י ז ש פ פ פ ד י א

י ע י ר ר מ ל ו י נ ד י ו ו ר ז מ

כ פ ש ו ע י ף ו י י ה ע מ י ב ב ת

Puzzle 647

א ל ה מ צ י א נ ן א ו מ ה ח ו ר א

פ ה נ ש ב ט ק ל ט ו י כ ב ן ל ב ר

ש מ ו ש ג ת ר ק פ ט י ש ן י י מ כ

ר ש י ו ל ל מ ח ר מ מ פ ו ל נ ב י

ו א ר ן ת ג ל י ו ר מ ה ח ש ו צ ב

ת י א ו ז ו ו ם ו ה ש ו נ ש ג ע ת

א ת ג ר נ נ ע א נ ק ל ו נ ל א נ א

ו א ה פ ן י ט ו ב ב ר ק מ ת ח ז ש

ה ו י ת ם י ל ק א ה ת ר א ך ד ס

פ ו ו ע ה ב ס ם ח ה ב ש פ ן ל ל ר

ו כ י ט ל ג ו ט כ מ ת ם י פ א ע א

ת ח ו ה ו י ת ו ו א מ נ ף נ ק ר ר

ה י ת ב פ ד ח ו ו ע ט ג ע פ מ ר ם

מ ח י ו ו ש ח ח ו ו ל פ ו ל כ ר ר

ד ל ר ר ו ד ס א פ כ ה ר ט מ י כ י

קלט
ארוחה
נלקחים
להמציא
אפשרות
מכשפה
עיפרון
במבצע
המשאית
גזר
בקשה
אתגר
יבשי
טווח
פטיש
האקלים
רכיבת
מטרה
מרק
תקווה

Puzzle 648

ההשראה
ספוג
לארגן
צמיחת
גבוה
הביא
רפורמה
מאובקת
הליכה
כמות
צורת
עלה
שלנו
מוכרת
אקדח
לציית
להבהיר
קן
להינשא
ברכת

ט ן ה י ד פ ו צ ט ג ת א ל פ פ י ר

י ו כ צ ע י ר ב ע י א צ י צ ד ד נ

א ה מ ר ו פ ר ע ח ו י ה ז ן א ר ר

ר כ א ח ד י ו ל ה י נ ש א י ז כ ג

א ל א ר ג ן ק ה ת י ו ב נ ע מ ס א

ק ו ו ר ו ע מ ו ה פ כ ע ת ר כ ו מ

ד ל ו פ ו ז מ ז נ ר ד ו ת ד י ג

ח ם ג ו ס ה א ת ח י מ צ נ ש ן ת ו

ד נ ן ר ת ו י כ ן א ן א מ ו ש מ י

י ס ד ל ב מ ו ר פ י ת י י ו נ א ר

ל ן מ ק ו ה ס ב ק ב כ מ ו ת ר ו צ

פ י ת מ ב ו ם ה ה ש ר א ה כ י ל ה

ר נ ס י ה ן ל מ ר ד י ד ב ו נ ל ש

ו ר א א ו ל ל ב ד ו ר י ה ב ה ל

פ ר ה ל כ ה ו ב ג ה מ ר ן ר ב ו ו

Puzzle 649

ו ג ר ה ו ר ו ק י ב ש ו כ ר ע ב י
ו ו ב ה מ ל ◌ י ר א ח ל י מ צ ב ע
ט ך ב נ פ ה ך ש פ א ן ה נ י ו ן נ
מ מ ה מ י ג ל ש ב ת ד י ו ח ב מ ן
ה ש ש כ ל ר ה ו א ל ח ו י ת י ו מ
ב ו ת כ ל ח מ נ א י ש ס מ ב ו ז ק
ו ת ר ע ה א ב ת ם נ ש י ה מ ד י ם
ג ח נ י י נ מ ן ן מ ש כ ג מ כ א ס
ת א ס ה ה ו ל י ה ל ז ז ל ל ר ו ר
ב ע ן נ ל ף ר פ ה ר ר ת ל ל ו ן י
מ מ ה ש ק ו נ ה ף ח ל ל כ ב ו ב ן
ת ת ו א ת ד ת נ י ר א ו י ב י ח ה
ד מ ר ו ן י ו ש ב ח ת ע א ר מ ת י
מ ב ר א ל ס ל ל מ ק ס י ע י ל מ מ
ע ח ר ר ת א נ ו ר ב ש י ו ב ר ו ר

מה
נוף
מניחים
בכלל
עצוב
רכוש
שש
במהלך
באחו
בתגובה
ביקור
הנוקשה
לכתוב
לשנה
מוזיאון
לשבת
לרחרח
להגר
כיסוי
נעל

Puzzle 650

ב י ה נ ו ח א ז ה ב י צ ה י י ס נ
נ ן ל ה ב ד ח א י ה פ ר ל נ ר ר פ
נ ו ם מ ך ט ב נ י ג ו ד מ א ת א א
ת מ ח ם ל כ ד ו ש פ פ ו ה מ ה י ו
ת ו מ ר י מ ו ד א ג ד א ם נ ם ה מ
פ מ כ ר א ו ת ו ע ת ו ת י כ ק י ק
פ ב נ ל ר י מ ה ה כ ר נ ק ח ה ע א
א ב ת מ ל ד ש ד ל ו ח ו ה ו נ ו ח
ה ק ר ו ל ו א ו ו פ ד פ ל ל ו ן י
ה ב נ ב ח ר ס ה כ ב ש א ן ס ו מ נ
ו י פ נ א י ר ר י ת ו כ ף ע ח מ מ
ד ק ל ע י ל ה ס ו ו ת מ ש ק ה כ ן
ע ו ע ה כ ף ו פ ח ל ח ד י י ל ג צ
ו ר ו ד ב ו מ מ ת ב ת ם נ י ו ח ר
י ת י י ב צ ו י ר ו א י מ י ל נ ש

הרופא
להקים
כחול
בניגוד
פנאי
אשמתו
כבש
בננת
אפונת
אוכלוסייה
חדשות
להסוות
ביצה
מודאג
רחב
זהב
חנינה
הלם
ביקורת
לחפוף

Puzzle 651

ה א פ נ י ח ר כ ת ב ק א מ ה ד נ צ
ז ח י מ י ו ל ר א ה א ו ר ו מ נ ר
ל ו ת ח י ת ש ו ה ג ל י ו ח י מ י
א ת ו צ ק ה ל נ ח י י ו ב א ר כ כ
י נ ב מ ו ז י א ו ן י מ ע ת ר ל ה
כ י ו ח ל מ ל ך ס ם ת ו ח נ ת מ ה
ו פ ר ו ז ן ר ק ר ש י י כ ש מ ר ל
ת ב ק א ת ר ח ו ב י ל ב ש ו נ פ ל
י ט ד ל ע ח ש ג י ש ה א פ נ נ א מ
נ ב ו ת ב ר ת ב ח ה ד ב ר ו ע ת ב
נ י ו ו ה נ ו מ ה ל ה א ת א ד ל ר
ו מ ע ת ע ד י ו ו ן י מ ב ה ה ך ו
כ ת י א ח ל ש פ ד ש ד ר ס ס כ נ ד
ל ס ע א ת ה ח ג כ ד ת מ ד ו ר ן ה
ן ו י ל י ג ן ט ב ב ת ר כ ח מ ל ת

קרובות
חותם
להקצות
חוסר
מלך
שליחת
מרובע
אביו
גיליון
איכות
זמינה
קרן
שנת
בבטן
סדר
שכח
צריכה
לכוננית
בפינת
במוזיאון

Puzzle 652

◌ מ מ צ ס ת ע מ מ ו ח ן מ מ א נ ל
ח ד ם ב א נ ל ח ו פ ◌ ו נ א נ ז ת
מ ר ו י ל ס ל ג ד ר כ י ו ו נ י ם
ח ן מ ב ק י פ ס מ ס ד ח א ש ת ש ל
ש ת ה ח ו ל ל ג ר ר נ ל ד ר ו י ה
ב ו ן ת ו י מ י ן ח ת ו פ ת א א ח
ו י ד ל ה ש ת ת ף צ ר ק ל ש ט ס ת
ן פ מ ד מ ה ו י ב כ ת ע י ו ש א י
פ א פ ר ו י ד ר ג ה י פ ו פ ו ט ם
י ר ל צ ן ב י ו ו פ פ ה ס ל ע פ ו
ק פ ל ה ש ש ל ו א ו י ט ל ד ה ו ל
ה ה צ ו ר מ ו ה ן י י ח ג ל ז מ ס
פ י נ ר י ח ה י ח ע מ ש ח ו ס מ ·
א ת ת ן מ ה ן י ט ו ל ח ל ח א ף פ
מ י ע א ה י ש ו ח ו א ה ס נ פ ג י

בשמחה
אישי
כיוונים
דגל
קרפדה
תחביב
מאושרת
לקרצף
רוצה
פותחן
מספיק
להשתתף
להחתים
היפופוטם
מחשבון
אח
לחלוטין
סבון
פרס
מזלג

Puzzle 653

נ ע ת ע ש ו י ת ס ע ו כ ת ל ו כ י
ו כ ר צ א ל ו י ג ל ה ד ב י ל מ מ
מ ב מ מ ר צ ב נ י ת ר ו ר פ ק א ת
ר י ן י ה ב מ ה ת ל ת מ ו כ ע ו ק
ע ש ש י נ י י ם ר פ ן ל ע ה פ ו מ
ל פ מ ם ה פ נ ו מ י ג ב ח ל ל ן ן
ס · ס ח ר ו ו ט ל ד ה ס ס ו ה מ נ
ל ב ג ג נ כ מ י מ פ ת נ א מ ר ח ו
ה צ ו ת ל ל ר י ל ב ח ו ק ן ר ע כ
ו א מ ת ו א ע א ח א ה ל ה א כ י ל
ג ו י מ ל ת ע פ ח פ ו ק ח י מ ה פ
ל ן א ה ס ט ח ס ג ף ו ם ע מ ע ן ר
ז א ו נ מ ת ה ו ו ר ח י ד ס ו ס ן
ס מ ם ר ב י פ ג י ב ב ב י ח מ ב ו
נ ו מ ד ב ה ר ש ם ל נ ק ◌ י ו ל ד

גומי
להעסיק
נהמת
אות
ערמוני
אפס
כועס
עצמיים
מלח
במסלול
לכונן
שיניים
להאכיל
להכפיל
יכולת
עורבת
עכביש
הבמה
המקל
גאוגרפיה

Puzzle 654

ת י ם ר ה מ כ א ח ם ו ן י ב צ פ ת
ל ב צ ע צ מ ו ת נ י ד מ ב ה ש ק ו
ר ה ת ז ו צ ח ח פ פ ת א ל ג י ב ר
ר ח ע ד י ו מ ה ר ל מ י ר ו ח א מ
ו · ק ל ל ו ע נ י א ר ו ב י ל ה ר
מ נ ק צ ה ל ר מ י נ מ ו ש ל ה ז א
כ ל מ ש ק ר ת ו ת ה ל ג מ י ח פ ו
ם מ ג ו ט מ ו ג י מ ה ב ח ד ם ו ן
ו ו ו מ י נ נ א צ נ ב ר ל ה ה ק נ
ש מ ר י ן ב נ פ מ ע י מ נ מ כ ק ח
ס ו ן מ ח מ ה נ מ ה נ צ ח ש י ו ו
ו ג ל י מ י י ד י ג ו ר ע ה ז ם
ג י ת ו ח ט מ ב ב א מ ו ה ל ה ת פ
א נ ר ו ל ת ת ר ת י ן ל ש ו ו ה ל
ת ו נ ה י ה ל ה מ ו ש ג ה ת ל פ ו

גבר
מנהג
הגשומה
מגניבה
להקטין
להיהנות
משבר
מיתת
מערת
צמר
עצמו
עלות
כשרון
מאחורי
לבצע
במדינת
אלפים
כוח
יצוא
קצה

Puzzle 655

א ם ז ס פ ע פ ל ד ה ב י ב ל ג ו ע
ט פ ה ו ב י ו כ ו י נ צ פ ב ב ה א
ו י ת ם ח ו א ס נ ק ב ר ק ר ת ה ב
י נ ו י ד ב ש י ח ע ש ל ו י י י ר
ן ד ט ל ה ת ן ר י ג ה ה מ ה ק ו ך
ו ב ד ק ל ח ו ת פ מ ה א ט ם ו ב ל
מ ו ם א צ ע ג ע ד מ ת נ י ש ר מ ן
ד ת ב ל נ צ ר ל ם י ג י ט י י ה כ
ק מ ל מ ו י א ן ק ד ל ב ה ד ו ז י
ר ה מ ב ה מ ל ש נ א ו ן ו ק ו ד ו
ע ו ג ח א ר ד ע נ ש ק ם ת ה ק מ ד
ל י ת ר ר ל א א ה ד ט י ו ל ו נ נ
ט פ ו ל ב כ נ י ס ק ע א ת ת ב ו ש
מ ד ו ת ע ש מ י ת א ט ל ח ו מ ת ק
מ י ת נ ש ת ס נ ך ל פ פ ח פ ב ע פ

מפתח
עצי
פתוח
ארבע
בצבעי
ארגון
קנס
מבחר
הזדמנות
מגע
לאקלים
קדמון
נשק
תות
עדר
מבטיח
בדיוני
מוחלט
להקדיש
טיול

Puzzle 656

שוחי
אלימות
גיל
ראש
ידידותי
אבק
יגעים
אשמים
קומקום
במחבת
להקשיב
מאמר
מפלצת
נקניקיות
העשירי
משאב
פרט
ביצי
לשדוד
להרות

ש ו ח י ח ל פ ק ש נ מ ד ב ג ק ם מ
ו מ א ד ב מ ה ו ל ק א ת ו מ י ל א
מ ב ש י מ ד ת מ ה נ מ ש י צ ר י ס
ה ש ד ד ח ג ה ק א י ר מ י כ י ג ת
ק פ פ ו ב מ ב ו א ק א ב מ ת ש ס ר
נ מ ס ת ת ו ט ם ד י פ י ע א ע ר ת
ח י ו י ו ו מ ו ו ו ר ש ב ו ה מ ר
ס ב ד מ ר פ ת ל ד ת ט ק מ ת ה ע ע
ל ו ש ו ה ר נ מ ש א ר ה ג י מ ך י
ה א ח א ל א מ פ ל צ ת ל ו ח ס ב ג
ב פ ח ל ש ם פ ו ן ר · מ ל א ש מ
א נ ה ע ע ד מ ו ה פ ב כ ס נ ב ו ל
נ מ ח מ ח ו ד ד י ו ה מ מ ם ג י נ
י י ג ע י ם י מ ש א י ה ו ח ג י ט
ן ה י ו ן ו ו ק ש א ו ר י ו צ ח ו

Puzzle 657

מ ר נ ש ד ט פ כ א ש ע ה י ג · ה מ
ס ה מ פ מ ו מ מ מ ל ת י ק נ ע ל נ
ע ר ק ו ג ע ק ג ו ת ו צ י ש י נ ש
ק נ ו ת ט ש מ ש מ ה ז ה ש ב ב ק צ
ת ו נ ו ק ש ע ו ה ת ח ל ה נ מ צ ע
ע מ ו נ ו ב כ ר ר י ל נ ע ש א י ת
צ ן ש מ ע ח י ה ס ח כ ו י מ פ ן ה
מ ז מ ל מ ר ן ל נ א י ו ל א ר ר פ
ו ו ו ס ק ר ש ב ת ב א ן ל ת ח ה ד
ו נ ס ו ת ב ה א ם י ד ב ו ע י ב ו
ס י ת ם ו ד א ו ר י ח ר א פ ב א מ
כ פ א ל ו מ ז ל ק י מ ת פ נ ת ב ם
ן ע פ ק כ ב ן ם ר ר ו ל ר י ס מ א
ת ו נ ל ת ס ן מ י ס ד ת ת ג י ק ו
מ ל פ ל א ו ס ל נ מ מ ו ז ר ד ל ר

שפות
באולם
לנקודה
למנות
עובדים
אדום
מסע
ענקית
סימן
פרחי
המשמש
ירקות
קצין
במדבר
כמעט
מזל
שני
מנהל
חמוד
לחזות

Puzzle 658

י ד ד ם א ח ש י ב ו נ צ ו ו ו ה ע
ה פ ו כ ת ו ת ש י ג מ ז ר ק ת א ל
ה ח ר י כ ש ה פ א א פ ת ם ר י פ ב
ן ר ש ת ס ף מ ג מ ט ו נ ב ל ו י ו
ק י ל א ו ע מ ו נ י ה ו ו ו ע מ נ
י ז ו ד י ב כ ה ו ב ת ג ו י ה ר ל
ו ה כ כ פ ו ר ש ת י י א ב צ ך ם מ
ג נ ת ת י א ב ח ת ר ו ד י ג ב ה ת
ו ע א ב צ ת ח ל צ ה ם ל ו ס ת ד ת
ם ל ת י פ ע ל ק י י ק ב י י ת ם ש
כ מ א ק ס ד כ נ י ו ב ו י ה ו א ר
י י מ ו ו כ ד ו ר ה ש ח א ז ו ו א
פ ם ם י ק י ק ל ח ה ס ו ת ע ה ו מ
ת כ ל ל ו ו ב פ ו ו ו ע י ב כ ם מ
ו ו ת ו ה ד ב ו ו ה ת צ ו ת ד מ ו

החלקיקים
חושף
התייחס
גישת
רך
נעלמים
מזרקת
לשרוד
תכופה
אווז
היו
הכבידו
ספציפי
צבאי
גידור
אמנות
הצלחת
חריזה
התרבותית
סולם

Puzzle 659

ד ת ח ל ג נ ו ב ע ע צ ע מ ת מ ו ה
ו מ ו ן ג ד ש י ד ו ב כ נ מ ל ת נ
ש א ח ג מ ח ל נ מ ש ם מ ו י ה ו ו
ה ק ו ל ל ו ה ל ו י ר ב ר כ ת ד מ
ת ב ו ר ע ת ת א ז ג א ף ן ה ן ו ש
א ג י ט ת פ ח ו ה ר ט ו ו נ ל ה מ
ן ק ע ו ו ן י מ ת ה ג ה י ג ל ל י
מ ה ר א ס י ל י מ מ ד ו ב ד ב ן ת
ע ש ח ד ח מ א א ר ד ד ד ו ח ע ו ד
א נ ת ו י ל ה נ ו ע ב ל ה ו ד כ ו
ו ם ר ז ה ש ג פ נ י נ נ ר ו ט ו ח
י ש ק מ ג ד י מ ב ת מ נ ב ה ו ת י
כ י כ י א ק א ר ר פ ס ג נ ד י ב ה
ץ י ק ב מ ה ט ת ח י ח ָ כ ו ו ב ג
ב ל מ ח ת ק ו ת י ר ו ח ע ע פ ש ו

הרגישו
תערובת
דובדבן
להודות
כבוד
אז
חמש
משם
בינלאומי
לחשב
התה
להתחיל
שמונה
חוט
לנווט
בקיץ
נפגשה
תן
לגנוב
תמיכה

Puzzle 660

א ם א ח ק ט ב י ע מ ס ל ת ו ש מ מ
ל א ר ה י י ן נ מ ב ז מ ק ו כ ו א
ע ל ש ס ל ב ב ת ה נ ל ר ו ב י מ א
ל ה ה ש ר ר י ע ר א צ א ו ח א י ב
ר ש ש י ג ה ל א ו א ת ב א ח ק ו ן
כ י ה א ע ק ר ת ב ב א ח ר ו א ו ח
ת ג א ל כ י ה ח ר ס א י ר ו ר ט ל
ר נ ס ק נ ר א ס ל פ ם ד ת מ ו ל ו
ח ח ו ח ו ז ל ר ל ר י ל י ו מ מ ש
י ב ה א ל ע ה ה ה ה נ נ ט ו ת פ צ
ש ת ת כ ב ל י ח ו ט ב ד ד ח ו ט ש
י ל ו ָ ו ש י מ ד מ א י ה ג ל ו ב
פ ע ב ץ א ו ד ב י ו ת ר ו ה ס ר ג
ו ה פ ר ן ל ח י ו ו א מ ל מ ס ר א
ר ב א פ ו י ש ג ע מ ו ש נ י ה ד ר

ביותר
להגיש
שטוח
בספר
בטוח
אחרים
פרץ
זריקה
נדיר
תרחיש
חקלאי
להישאר
להשיג
אחר
לב
ללמוד
טרור
העלאה
גרסה
שולחן

Puzzle 661

א	ה	ע	ו	י	י	ה	ו	מ	י	ל	פ	ת	פ	מ	מ	ז
ל	מ	ר	ת	ו	נ	ו	מ	א	כ	ד	ל	ו	ב	צ	ד	ק
פ	ז	ך	פ	פ	מ	ר	י	כ	ז	מ	ש	ל	מ	צ	ט	ח
ו	י	א	ד	ל	נ	א	ע	צ	נ	ו	ע	ז	ע	י	ח	ש
ל	ת	ה	כ	א	כ	נ	ו	י	ל	י	ר	ר	ן	ו	ל	ל
נ	נ	ל	צ	ב	כ	ב	פ	ל	ב	ק	ה	י	ל	ה	ש	ף
כ	א	ם	ל	ו	ר	א	מ	פ	ן	ד	נ	י	ת	ו	ח	א
ו	י	ו	ת	ק	מ	ת	ו	א	ר	ג	מ	נ	ל	ל	צ	ג
א	ל	נ	ע	י	ן	ו	ב	ס	ה	ע	ג	ב	ד	ר	נ	מ
ל	ת	ח	ל	ם	ה	ל	ש	ל	ו	ד	ב	נ	ב	ו	ל	ם
ן	ה	ן	ו	פ	ל	ט	ב	ר	מ	ת	פ	ל	ה	ת	ה	מ
ן	ד	ג	ת	ב	ו	ת	ב	ע	ת	ב	ה	פ	פ	ל	ה	ס
ר	מ	ו	ו	י	מ	ו	ב	מ	י	ר	א	ר	נ	ג	י	ו
א	ו	ז	כ	ו	ת	ו	א	מ	פ	ו	ת	ר	א	ל	י	ב
ק	ג	פ	ן	א	ד	פ	א	ע	ע	י	ב	כ	י	מ	ד	ת

ניתוח
לדכא
דלת
תולעת
לשחק
בקהילה
זכות
בטלפון
לנצח
לשלהם
מעורבות
עז
שער
הסבון
ערך
להתנגד
צנוע
קטין
מזכיר
נהר

Puzzle 662

מ	י	ב	מ	א	ד	·	ש	כ	ו	מ	ל	ר	ל	מ	ג	א
צ	ר	ס	ק	מ	י	ל	ד	י	ם	ה	ת	ת	ב	י	ט	ח
ט	ש	מ	נ	ל	ע	מ	כ	ו	ס	ה	ן	ס	ש	ח	ו	ם
י	ה	ו	א	א	ב	ג	ש	ר	ו	ר	ב	ו	י	ן	ט	ד
י	ת	ד	ו	ם	צ	ב	ו	א	א	ש	ר	ו	ת	י	ה	ך
ן	י	ה	ש	י	ו	ב	ש	ב	ר	ע	מ	ה	פ	ס	ג	ה
מ	ו	ר	י	א	ק	ן	א	י	ש	ת	מ	ק	ל	ח	ת	י
ש	מ	ל	ן	ו	פ	ה	ה	ר	ח	ב	ע	כ	ץ	ב	ל	ה
נ	א	ג	ו	ש	ח	ש	ב	ן	ח	ג	ג	ת	ו	מ	כ	ב
מ	ד	ש	מ	י	י	נ	ה	כ	א	ו	ס	נ	צ	ן	ל	ת
ו	ע	ך	נ	נ	ז	ע	ב	ב	ה	ת	נ	ז	י	י	כ	מ
א	ר	ו	י	נ	פ	ש	י	ת	ל	ו	ד	ר	נ	ב	פ	ו
ש	ר	ח	ו	ל	י	ת	ב	ו	ת	ל	ה	ת	מ	ר	ק	ר
א	נ	ח	י	ש	כ	ה	א	י	א	ש	י	ב	ת	מ	ב	ת
מ	מ	מ	מ	ה	כ	מ	ז	ב	מ	ה	י	ר	ר	ז	מ	מ

הפסגה
גס
גשר
כיור
שנעשתה
מנות
התבוננות
מכוסה
ילדים
אהבה
וצבעי
ניצוץ
חטיבת
מצטיין
נישואים
לייצג
בתמורת
מקלחת
כלכלת
עשרה

Puzzle 663

ה ל ו ו פ ה ר י א ס ו ת פ ד ה י ו
ג ה ן מ מ ש ר נ ט מ ו ש ה י א ד י
נ ש ן פ ב ו ג ר ה א ו מ ם ה ו י ר
ת ב פ ו ע ל ש י מ ו ש ש ט ם צ פ ד
ל ה א מ י ן ל א ה ד ג ק ת ב ר ו ג
ע ר פ ת ם י ק ל ד ל מ פ ע מ י ר ן
ו ת י נ ל כ א ס י כ נ י ו י ד נ ו
ת כ ש ע ע כ ל ל ר ן ו נ ג ס ג א י
ש ו ו ד ת ש ק ח ר מ ה ב צ מ ה ק י
ח ר ת ל ה ן י ט א ק ו ח נ ל ל ר ג
ד ה י ת ל ה פ ם ל ב ה ל צ ב ה ד ב
ל ו ה א צ ה ס ש כ י י ו ל מ נ א א
ם ם ל ה ב ן פ ו פ נ ל ף כ ח ה י ב
ג ח א ו ו ו ח ת ש כ ו נ ר א ס ל מ
ר ת ר כ י ש ו א פ ו ה א י ב ן ח נ

תועלת
כיסא
מצב
שימוש
האמין
אוצר
משקפי
להתעלם
בפועל
אנגלית
כלנית
לדלקי
הבצל
מכנה
המרחק
הגנת
להגדיר
מאוד
סגנון
יתושי

Puzzle 664

ל ו ע נ מ ו ו א ש צ ס נ י ד נ ע ק
כ ו ו ד נ ע ע י ו ו י ת ר א ו פ מ
ש מ ד ל ד ל ו ס נ ר כ מ ם פ ר ו ט
א ה י ק ע ל ה ז ג ו ו ר ת ע ר ו י
ד ח נ ו ה ה ו ב ג ק י ב ב מ ח ם צ
ד ק כ ח ב נ מ י ה כ א נ נ פ פ מ ג
ג ע ש ו ח ת ו ו מ ר מ ו ח י ר ש ש
ד ה ש ת י ש ן ש מ נ ו ר פ מ ש ק ו
ו ס ם ק ר מ י ל ו ו ת י ט ך ע מ ח
ל כ ו ל ת ו ב צ נ ז ו ג ג ל פ נ ם
ו ו פ ח ח ל ח ר נ נ ט י פ ו ס י ו
נ ג ש ה ו א ר ף ו א ח כ ב י ל ו פ
מ כ נ נ ם י מ ת ו ו ל ב ו ב ר ת ק
י ם י ה ז ס י ל ו ד מ ה ו ה ב ב ה
מ ח ה י מ ו נ ו ה ד מ ס ה ל ו ו

סובלים
כמשי
לצרף
מנעול
רוק
מרחב
סיכוי
משתנה
לכול
גבוהה
החלקת
לקוחות
בלוני
טיפוסי
מפוארת
רמת
כל
מניות
ידוע
בחירת

Puzzle 665

כ פ י ו י נ ר ל י י ב ס ן ו ו ג מ
ל ת ת ה ל מ י פ ו ו י ו ר ם ר ל ת
ד י א ל ק ן ל ד ע ב נ מ י ו נ י ש
ו ש פ ו ו ע ן ה ו פ א ח כ ל ו י צ
ר א מ ו ט ד ו ם ב א ת ז ס ח מ ה ה
ד ק ו ר ת א צ ו ה ב ל ת ח כ ל ו א
ם ה ר ט ו ל ם ח ל ג י ה ו מ ע ו פ
ל ה נ כ ת ת ו ב ס ד ר ע ר י ג ש מ
מ ה נ ר ל ר מ ו ז י ק ה ו ר י ע ב
ס ר ה ו ע ב א ת ב ה ץ ח ל ב י פ א
א כ ו ו פ כ י ס מ ב ח ל ד ו ג י י
ו ע ת ח י י ה ו ו ר י ע ר ו ס פ מ
נ מ ל ד י ל ת י ר ל ו פ ו פ ה ו ז
ו נ כ מ ן ש נ נ ח ו י י א ר ב ן ן
י ס א ו ח ו ח ה ת פ ד י ר ש ש ס ת

שווה
סיכום
יין
לחם
מוזיקה
חמה
חלום
ילקוט
בסדר
הפופולרית
לוטרה
עפיפון
גודל
הוצאת
בלחץ
להסביר
מגוון
שינוי
לזכור
בגדי

Puzzle 666

ל ף ו ר ג א ל ג ו ו מ ב ם כ י א י
ש ב פ ל י ב נ נ ג ג י ת פ י ל ם ר
י א נ ד ב נ ת כ י ר ל נ כ ח ד י ה
ל נ ס מ ש ה ה ל ת נ ע ש מ ל ת ר ע
י ב ר ג א ן מ נ ה נ נ ו ת ח א ח פ
ת ב ם י ב ו ר ק כ ק מ ו ג ש י א ש
ה כ פ פ מ י א ב ו נ ס ב ו א ו ל ה
פ ד ו כ ו ס א ת כ ע מ ן ו י ר ת ה
ש ר ן ו ר י פ י ב א י נ ד ק ס מ ע
נ ש ל י י נ י מ י כ ו מ ת י ר מ י
ת מ ו ו ח ב י ר פ פ ט ל נ ש ו ך מ
ד ר י מ ו י ת פ ה מ ו כ ר ש ז מ ל
ל ו ד ר י ד ו ל ן ז ו א ם ו א ת פ
ן ס ר ה ר ת ו נ ר ם ל ק ח י ב ס י
י כ ו ת ר ד צ ל כ ן ן ו ב א מ ח ן

לאחרים
הראשון
קרובים
המוכר
אפיית
נכחד
אינדקס
אגרוף
השפעה
פטל
ילדת
אוזן
באזור
שמלת
פתאום
בניסיון
כפפות
כניסת
כוכבי
לנשוך

Puzzle 667

ד ל ם מ ל ח ת ג ו ו א מ ו י ה מ ק

י ר צ י נ י מ ע נ מ ו ל ו ל פ י ל

ח ו א ל ק ס ע י ו י ל ח ו ל ש ר י

ר י צ ת ג ת ס נ י י מ ו ר ל כ ח מ

ה י כ ו ב ר ג י י ו ם ד ע ב ו א ה

מ ו ל ח ל ה ז י ר ר ו ע ת ה ו ש ו

ה ד כ ש ב ל ש ם ר ע ח נ ת ח ה ע ל

ת ע ל ל ת י י ב ת ד ע ו ר ס כ ו ו

כ א י ר ה י ה א מ י ת ת ע ן ת ת ש

ו מ ו ת ו ת ת י ל י ל ח ג ס ו ש ה

ע י ת ש ר ו ו מ ו ר פ ל א מ ח מ י

ס ו ל ס ס נ מ נ ר ש ר ב י ז י ה י

י ו ק ה פ ק ת ב א ל ז ב נ ח ו ס ט

ם ו י ג ו נ ו ו ח ן · מ ע ל צ כ י

ת א נ ע ו מ ה ו י י י נ ש ת צ ז ג

מאוחרת
ועדת
רשלן
מילת
התרסקות
מזחלת
עיניים
כועסים
לרכב
עסק
לשחות
ידע
פיל
גחלילית
גרב
התעורר
שעות
כלכליות
רציני
ריצת

Puzzle 668

פטרוזיליה
מסודר
מעיל
עזבה
ספל
רבים
הבת
אלה
הפכה
סוגיית
לדחות
מבול
בכמה
בעל
הנהג
לתפוס
סוודר
בצד
מאפשר
לבדוק

ח ד ר ת א ל ה ש מ ד מ מ ע י ל ק ל

כ ח ב ל ה פ ע ן ח ל ל י י ו ד ד ה

י ח י ת כ ר ש פ א מ ו מ מ ל ח ו י

ד ת ם ה נ ד ס מ נ מ י ל ב ד ו ק כ

ב ◌ ו נ א ו ב א ח ל ב ו נ פ ת ד ן

צ ל ת פ ו ס פ ר ה י ל י ז ו ר ט פ

ד ל פ ל ג מ מ ו ו ר כ פ ע ס ו ר כ

ת ו ר ג א ו ב מ ם ל ה ל ו י ת י ב

י מ ר מ ר ד ו ו ס ב ו ה מ כ ב נ ו

ן ל פ ס ו ג י י ת ל ל ד ר ן ב ד ה

ד ו ו ר מ ד ת ד ג ד ו א ז ע ר ו ב

ח ב ו ע ג י ע ב ת נ ר ב ג י ר ע ל

ה מ ה פ ט ד ת ס פ י מ א ת י ל א ו

ה ב ז ע ע ה ו צ ב ג ה נ ה י ל מ ו

ח ח א ו פ ק נ ח י ו ו פ ל ס ו א ס

Puzzle 669

פ ג א ז ר ה ח י ל ר מ א ת ו ה ג ח
ת א מ כ י ה ג ל ה ר י ש ו ל ו ג ן
ז ע ג ו ף י א א ל ג ת ה ל ח מ ה ה
ע ו י כ נ ס ה א ו א נ ת י ב ו ר כ
נ ו ן י ר ט ב י ו ב י ג ת ו ר מ ש
ו מ ש ת ש ו ר ו ת ו ו ן ך ג ו י מ
ע מ ס י י ר ח ת ו א ק ע ק ף ו ל ר
י ה ב ס ע י ה ט ב ח ה ג ו ץ מ א מ
צ מ ה י ר ה ו נ ש ו ז א א י כ מ ח
ע ו ם ס ד מ ו ר מ ל צ י פ ט ע מ ל
ל ז ת ב ד פ ו ש ל מ א ה פ ב ת ס ו
מ ר ו מ מ ט ו א צ ה ר ו ט ר פ מ ט
צ ס מ ע ע ב ר ט ע ת ו ו כ ה ת ד ב
ה נ ל ו ה ד ע ס י ב ה י י נ מ ח ל
ח ן נ כ י ר ו ת מ א ה מ י ן ו א פ

למעט
סיבה
אחד
רבע
בסיסית
מאמץ
לחמנייה
מעל
מצטער
זכוכית
גוף
ההיסטוריה
טמפרטורה
מוזר
שמר
החבטה
שחקן
כרובית
להלוות
שיער

Puzzle 670

ניסוי
חדש
אצילי
מסורתית
עקומים
מחקר
יפה
הסכסוך
חגב
שבור
מנת
מבריק
יניח
פדרלי
בברכת
מרכזיים
התוצאה
עוזב
לוח
ספר

י פ ה ח ש ה ת ו ◌ ו מ ק י ת נ ש ת
א ח ס ג ס י ש ר ח ע ב ל ל כ י ב ד
מ י כ ב ת ת כ ר ב ב ר א נ ל ה ו נ
מ פ ס ר א ו ע פ ה ה י ח ר ח א ר ע
ו ל ו ח נ נ נ ס ם מ ק ד ו ה צ ק ל
מ ס ך י י ע י ל י צ א ח י ת ו מ י
מ ן מ נ נ י ו ס י נ ע ד ע מ ת ל ת
ר א מ י מ ו ר ב ז צ פ ל י א ה ס ח
ד ע ו מ ל ע ח ש כ פ ח ם ד י ל ו ח
ו ל ב ן ו ן ר ד ר ו ר ק ח מ ו ם ו
י נ ף ז ד מ י ח מ פ צ ה ל ס ו ש א
ם נ ב י ת ב ו ד ל ד ח ו ר ש ת י י
ה מ ב ו ו ע ם ש ב ר ת נ מ ו ת מ צ
ה ו מ ו א נ ד ל ד ל ו ל י ב י ו ל
י י ח ו ו ם ו פ ן י ו ה ע ו א ל י

Puzzle 671

נ א ה ה א ו כ מ מ ר כ ז י ת ע ו י
ד ת נ ר א ו ר ש · ו ע ם ח ן י כ נ
ש ו ה כ ש ת ש ו ף ק ר ת ם ח ת נ ס
נ א כ מ י ש ב ת ל מ נ ת ו ל ך ד ו
פ ר פ נ ָ ן י א ן ח ו ל ס נ ר ד י
י ד ד פ ס ו ב ו ל ג צ ו ח ת ב ם מ
ר ן א נ ב ב ר ע ל ה ם א ל מ י ו ל
ר נ ב ו ח ר ג ל ו י א א ס א ר ה ה
ף ו י ב י ר ב ר ו ר י ם נ ו ב מ ל
ך ל י ק צ כ ו ו ת א ב ב י ו ב ת ל
א ש ק א ח ו מ ד כ ה ש ה ה ו א ף ו
ב ט ר ת נ נ פ ע ו מ ט ו מ י ר ו נ
ה ו ו א י מ ב א א ח ס ע ק נ ל ל ע
מ ף ב ה ו ל ו ל ש ל ו ו ה ע י ס נ
ה ת ה מ ק ש ה פ ם ו י ה ב ת י ר ם

נסיעה
מקור
לחסום
מי
קרוב
רחוב
יבש
גלוי
לערבב
גלובוס
ברך
סדרת
אריה
חולצה
לשלול
לשטוף
מרכזית
יד
תחת
ברורים

Puzzle 672

ל מ ה ד ל ך ל ג ל ו ת נ ע ת י ק ד
ן נ צ ו נ ת א ן ה ד ע י ל ש ק ר י
ג ר י ת פ מ ר כ מ ו ו ל ב ר ר ל ת
ו כ ו י ת י נ ע ש ד ד כ ת ו נ פ ל
ד ה א ת ח ט ב א י נ ה ד י ר ד ב ת
נ ח א ו א ל ו ו ך ק ת י כ נ ש ו ה
י ח ר א א נ ו ר מ ן נ פ י ר ש ו ר
ו י ת ר ר מ פ ע ך ב י נ ע ן ק ת ד
ח מ ד ה ל ת צ ם ר ך ר ס ת י א ל ה
פ מ נ ל א מ ב ו א ל ת ל ר מ כ מ ו
ל א י ו א ב ח ן ר ש ס ל ח ב ן ד פ
י ו ד ו ל ד ר ש א ל ה ל ז ר ו ע ו
ש ש ת ב ד ר ד ל מ ר ן י צ פ ר ד ע
י ח ו ו ע ו מ ל ל מ ת ל ר י ן ר ל
א ש ג ה ר ם י פ ר ה ד י ן ש ָ ק ת

להמשיך
יש
לגלות
בדרום
עצמאות
אכן
להראות
דודו
לפנות
עתיק
תעודה
רשת
לבוש
פועלת
זרועו
אבטחת
למד
יקר
כבשי
צפרדע

Puzzle 673

ג כ מ א צ י א ו ◌ ת מ א ב א ב ת ת

י מ י ב ל ל ס ו ת ד י ל ב ו ש ו ל

ר ח י ר י ג ר ג נ צ ה ל מ צ ו א ב

י ה ק א ו ב ו י ב ב ח ע ה כ ר ל ס

ת ח ו ס ל ד ת ל ב ם ב מ ש נ ה ו ל

ע ד ז ח ד ו י י ט ר ה ו ז ל י ד ל

ז ו ע ם ח כ ר ן ן ב ת ש ס ד י ו ו

ו ב י ס י ס ב ה ו י כ ש ע ן ו ק ה

ם צ ר ן ו ר פ י ע ו א ג ו מ ג ו ם

י ה ה ה ק ם ו ש ו פ י ק ב ו מ נ י

ה ע ת נ י ח מ י ס ש ר ת צ ו ז מ ה

י א ת ו מ כ ג מ ן ה ה י י ר ו ר י

ד ס ר ר נ ה ק ל פ ה ע מ י י ג ת ו

ב מ צ ו מ פ י ו נ מ ת ת ן א י ב ה

י ו ב ר ה ט י י ו ץ ו ח ב נ י ה נ

משנה
צביה
בחוץ
גרגיר
זועם
גירית
ציין
בשורה
קאובוי
זוהר
למצוא
ולא
לדין
זעירה
בסיס
לידת
עיפרון
כמות
בבטן
ניתוח

Puzzle 674

ת א נ ר מ ם א ה י ו ו ד ת ו ת ב ל

צ ה ר ע ה ח ר י ט ו ו ב ר ו ר ל ח

ו ר ר ו י י ע צ ב ת ד א ש נ ו נ מ

נ ץ פ ק ה נ נ ר י ו מ ל ן ו ק י ו

ב ר י כ מ ע ק ב מ ד י נ ת כ י ל י

ר ג ר ל כ י ו ר פ ע ו ק כ י ב ת ה

ן ח ח ו י י ת ג ד ת ב צ ר ו ת ש מ

י ח ד ו ו ד מ ח א ו ש מ י ג ד ב ר

ר א ל כ ו ת י ח א א ר א ך מ א ז ב

מ י ל ת ע א י מ ו ל ה ר ד ד א ג א

א נ ה ח מ פ י ד י ו מ ת י ד י ל

מ ם ר ג נ ו ת ם מ ו נ א א ת ע ו י

ח מ ש פ ח י ש ו מ פ מ מ ח ל ר ל י

ד ם ו ד י ז י נ ל ה ר י ל ח ו ת צ

ע ן ת ן ן ג ם צ א ג י ן ח ה ך ד ר

נשא
ברור
מאמרי
ידית
ללוות
להרשות
בצרות
מאמין
לייצר
מעקב
הכרחי
וילאות
מתוק
קפץ
לאבד
כריך
מאובקת
ביקורת
במדינת
חמש

Puzzle 675

ה נ ת פ ו ן י ס י ר ת ת א ל מ ה א
ר ת י ר א ש ר ת ן ו מ ר ג ט צ ל מ
ד י ט ח א ו י ם ב ד ו ר ס ל ו ק פ
ל ו מ ס ד פ ד י ת א ו ת ח ק צ ח א
ת ר ו נ מ ה ת י ס ד ו ת ע ו ן ר ש
ו ב ט ל ע ו א ק ד מ י א ע ו צ ב ע
ו ש ו ב פ פ ע ל ן י ר י ת ך ת ו ב
ח מ א מ ש ר ר ס י כ ב ע ק ר ק ה ט
ו ל ו ל ת ן ח י ו ז ה מ ו ר מ ס מ
ו י ן י מ ו י ג ל ו ף ◌ ה מ ו ק י
א מ ת י ת פ מ ו ה פ מ ש י ג ר ו ל
מ כ ב ד ד ו י ת ק מ א ע ע ת ה ה ע
ו ק ו ו מ ו י ת ו ע ן ב ל ו א מ מ
ח ת א נ ו ר ר ו ו מ ל י ה ד ף נ י
ה א ד נ מ ד א מ ש ך א ש י ת צ ה א

לקיים
יעלה
צבע
מקצועי
שמפה
הקרקע
לה
מנורת
ירידת
שארית
בכיס
כדורסל
סירת
תוכי
מסמר
אוטומטית
מטבע
קלט
משבר
הצלחת

Puzzle 676

ו ב ה ע ל ו נ י ה ח ה ה פ ת י ט מ
י ב ד ל ו א י ס ל ל ט ב ע ת ת ה ו
ל י ה מ ל ו י נ ת ו ש כ ו ר ד מ ך
ו ל צ ב ב כ ב נ ו ק י נ ל י ז י ה
ד ס ו ל ו ◌ צ ו ת ה ע ט ה ה א ה א
מ א ה ן מ נ ע ו ז ו פ ח ד ד צ ן פ
ו ש ר ש ר ת צ ָ ם ט ל ח ה ב א ו ש
ו י ל ש נ מ נ מ י ר ת ו נ מ ל מ א
ד צ מ ח י ו ו ר ה ל ו ו ן א י ל ר
ו מ ט ה ע ם ד ו ם ד ה ף ל ר ל נ ך
ב ש א ם ו ד א ו ש ו ש ד ה ב מ ו ד
ו מ ה י ה מ א ו ת י ר נ ש ו ש ת ד
ל ה פ ר י ע י ף ל צ ח ר ל ה ח א ה
ת ו ח ב כ ו ש ר ל ל צ ב ג ח ה מ ת
נ ת ד ח ן מ י ת ז ר ל ו ע ל ף מ ה

שרשרת
החשמלי
צמח
דהירת
ולהרוויח
טחנת
בהחלט
להפריע
מועמד
חברים
חפוז
טבעת
חלוקה
פעולה
הסיכון
שמירה
שליו
בכושר
אדום
למנות

Puzzle 677

1	2	3	4	5	6	7	8	9	10	11	12	13	14	15	16	17
ר	ל	ה	ה	ו	ו	א	ש	י	ח	ת	ר	ט	ו	א	נ	י
א	נ	ה	ד	ו	ג	ת	כ	י	ל	ה	ל	ק	ב	ו	ע	ם
י	ב	ת	פ	ת	ת	ו	ק	ס	ר	ת	ה	ה	א	מ	ש	ם
ע	ו	נ	א	י	ו	ק	ה	ה	ע	ס	מ	ה	ת	ר	ר	ר
ו	ל	ל	ף	ק	א	ל	י	י	ס	ו	ד	י	ו	ת	ב	ש
ע	ו	ח	ר	מ	מ	ש	ן	א	ר	ם	ז	ז	ר	י	א	ס
ד	ה	ע	ח	ו	י	ב	ו	ב	צ	י	ר	ם	ח	ט	א	ק
ב	י	מ	י	ד	מ	ו	ם	ת	פ	פ	י	ל	ת	א	א	ח
פ	ר	ו	י	י	ו	ט	ו	נ	ד	ו	ט	ס	ה	ח	ע	ו
ו	ר	ע	ד	ל	מ	ה	ל	מ	ד	צ	א	ם	ר	ל	ד	ק
ך	ס	ו	ק	ו	מ	ר	ל	ת	מ	ו	ו	י	ד	ן	ר	ר
ד	ק	ח	ע	ה	ה	נ	ר	ו	כ	ת	ג	ח	ר	ו	ל	כ
מ	נ	ל	י	ב	ו	מ	כ	ל	ז	כ	ו	ר	ח	ן	פ	י
ב	ר	פ	ב	ד	ל	ד	ו	ך	כ	ף	ו	ם	ו	ה	נ	נ
נ	ו	א	נ	ס	ו	ה	נ	ב	י	ה	ק	ב	ד	ם	פ	ש

- לדחוף
- הם
- זיהה
- הליכת
- אחרי
- אומרת
- דבקה
- התחרות
- לקבוע
- מדד
- יסודיות
- חרד
- סטודנט
- פיזי
- צופים
- מסע
- משם
- לזכור
- התרסקות
- למד

Puzzle 678

1	2	3	4	5	6	7	8	9	10	11	12	13	14	15	16	17
ב	י	מ	א	ל	ה	ו	י	ח	ג	ם	ר	ן	ד	צ	ר	י
י	ל	ש	כ	נ	ע	י	פ	מ	ו	ר	ב	ה	א	ה	ר	ש
ק	א	ב	ל	ב	ד	מ	כ	נ	ס	י	ו	ו	ו	ת	א	ח
ו	מ	ס	פ	ר	י	נ	ס	י	ש	ע	י	י	מ	ק	ו	ל
ר	מ	ב	ח	כ	ן	פ	ג	ת	א	י	מ	ה	י	ו	א	ל
ד	ר	כ	פ	פ	ו	ו	ו	ו	ו	ב	ד	ן	ש	ק	ן	י
ח	א	ו	ף	ו	ק	ו	ב	ח	צ	ר	פ	ד	ל	ם	מ	ו
ת	ד	ד	ו	ח	מ	ח	י	ב	ו	ה	מ	י	ט	ה	נ	ע
ח	ב	א	ש	א	ר	ר	ב	א	ל	ל	ם	ק	ב	ע	ף	כ
י	ת	ד	י	ש	נ	ש	ת	ם	ל	ש	מ	פ	ה	נ	י	צ
ר	י	ו	כ	י	ב	ש	י	ו	ע	ב	ב	ת	ו	י	ל	כ
ב	א	ט	ל	י	י	[illegible]	י	ס	ו	ת	ל	ל	ת	ח	ח	ת
י	ו	ו	י	ו	ש	ת	ל	ו	כ	ז	א	ם	ה	ו	מ	כ
ה	נ	ו	ק	ת	ר	ו	מ	ת	ב	י	ש	ן	ל	ן	י	ו
ש	ח	פ	מ	ת	ב	י	ו	ל	ע	ת	י	ע	י	א	נ	נ

- מחודדת
- המיטה
- מכנסי
- בריחת
- קונה
- זכו
- בחצר
- תאו
- מספרי
- הרביעי
- כישוף
- לשכנע
- העדין
- בלבד
- תפקיד
- לשבת
- ביקור
- כחול
- לאקלים
- בתמורת

Puzzle 679

מ	ש	ב	ב	ל	ה	נ	ן	א	ג	ו	מ	ק	ס	כ	ח	מ
ב	צ	ן	ס	ל	י	ו	י	ו	מ	ל	ס	נ	ג	ו	פ	נ
נ	ר	ו	ע	ו	ב	צ	ז	ת	א	ש	א	ג	ם	ח	ת	פ
מ	ה	ו	ר	מ	ל	פ	מ	ן	א	ד	י	ו	ה	ו	פ	כ
ן	מ	ם	ו	מ	מ	ג	י	א	ל	ד	ת	ר	מ	ט	ל	מ
ח	ה	ל	ר	ת	ב	ה	ו	י	ג	ה	ה	ו	ר	ו	ת	צ
ו	ט	ו	י	פ	ת	י	ן	ו	י	ד	פ	ו	ד	ו	צ	כ
ק	ס	ע	י	ץ	י	ר	ז	ק	ו	ו	א	ו	ב	ד	ל	מ
מ	ד	מ	י	י	ת	ד	ו	ע	ט	ו	ך	ו	א	י	ו	ע
ל	ק	א	מ	י	ג	ו	א	פ	ז	ף	ט	ת	נ	ו	ם	נ
ע	ט	א	ר	ל	ר	ו	נ	ה	ת	ר	ח	ל	ל	ו	ב	ל
צ	מ	ס	ו	ד	ד	ס	ר	א	ו	ה	ו	ו	ו	ע	נ	י
י	ל	ש	ע	ם	ה	א	ת	ג	ר	ל	ו	ו	ו	נ	ו	ו
ת	ד	ו	ל	ח	נ	ח	כ	ו	ם	ע	ר	ד	מ	ד	א	ק
ה	כ	ב	ת	י	ש	ה	ר	ל	מ	ה	ו	ו	ו	י	ו	ר

מעולם
שנה
הדרגתית
קנגורו
שמע
עש
ילד
הפוך
רווח
אבד
ממליץ
תצלום
חלל
דיון
תרופת
אתגר
עצי
אוזן
עסק
סוודר

Puzzle 680

הבקבוק
טייס
הורה
שלהם
שרפרף
ליד
מקסים
להירגע
טכנולוגיה
במצב
פסנתר
פונקציה
קטנוע
במקום
פרה
הליכה
ספוג
תמיכה
יקר
לפנות

מ	ל	ב	ו	פ	ב	ף	ם	ה	ל	ש	מ	ר	ה	מ	ר	ה
ל	ו	י	מ	ס	פ	ר	ה	ב	צ	מ	ב	ו	מ	ו	ו	ל
ב	מ	ג	ד	נ	ת	פ	כ	ק	ל	פ	נ	ו	ת	א	ח	י
ט	מ	ד	ד	ת	מ	ר	ד	ב	ל	ת	ת	מ	י	כ	ה	כ
מ	כ	פ	כ	ר	ג	ש	ק	ו	ט	י	י	ס	ו	ל	י	ה
א	ח	נ	ק	ט	נ	ו	ע	ק	מ	ג	ז	ו	ן	ו	צ	ל
ק	ה	ם	ו	ק	מ	ב	י	ף	ל	ו	מ	ל	ע	ד	ק	ע
מ	ן	י	א	ל	ת	ב	ק	נ	ו	א	ל	ו	ב	מ	נ	מ
פ	פ	ס	א	נ	ו	ר	ר	א	ש	א	ת	ן	ק	ל	ו	ת
ת	ו	ק	ב	ה	ו	ג	ו	פ	ס	מ	כ	ר	כ	ה	פ	ו
ע	ת	מ	צ	ָ	ו	ד	י	ו	ו	ל	י	ר	ד	ו	נ	ף
ע	מ	ל	מ	ע	ג	ר	י	ה	ל	ר	א	ת	ה	ה	ו	מ
ת	ח	י	ו	א	מ	ה	ה	ס	מ	ח	ה	נ	ב	י	ר	ה
ו	ה	ת	ר	ר	נ	ה	כ	ש	ה	א	ע	ו	ע	ס	נ	פ
נ	ש	א	ט	כ	מ	ו	ה	ו	י	ב	א	ה	מ	ט	ל	ח

Puzzle 681

י מ ח ן ב ב ר י א כ ג א ו ו י ם ו
ד ח ו י ו א ו ר ח ב ל ב פ ן ָ ד ד
ד ד ד ב כ מ ו ר ת א ו ק נ ת ח מ ג
כ נ ו כ ד ן ג א צ ץ ג ת פ ן ת ו ק
נ ט א מ ע מ כ ל ר ו א ד ך י נ ה ט
ו י ו ק ל נ פ ו ל ר מ א ר ו א ו ל
כ י ד ת ב ט ה ח מ י מ ת מ ת כ כ ר
פ ע ו ט ר ל ט פ י מ א ת נ א ס ו מ
פ ת ו י י ל מ ג ה ב א א ד א נ א ת
נ ו כ ר י ו י ב ב א ר י ל ע ע צ י
ג ת נ י ן ש ה י י כ נ ר ת ו כ מ ס
א מ י ב י ה ר ט ו ל ר ע ת י ל ל ב
ר ה ת ע מ ח י י ס ו ד צ י נ ו ד א
ה ח ר ו ז ת ר ע ר ל ע ר א ע ו ה י
ה א נ ת ש ת צ ק ו ו מ ח ע ח כ ם י

קצת
בלב
במירוץ
זמין
כנרת
לנפול
כללית
לפטר
על
סמכות
גמל
יסוד
אור
אדוני
אמן
רחב
עדר
אבק
לוטרה
שיער

Puzzle 682

ד ך ח ר י ש ם י ר ו מ ה ר מ ש א מ
ד ו ב כ ה ח ו ת י ב י ט ק א י ש י
ו ש צ ן ת ו מ ל י פ מ י ש א ל ו ו
ה נ מ ו ו ר מ ת ע ת נ י י ח י ו י
כ ל ב ו י י ת ו י ש נ א ת ב י ו נ
ה ק ו ש ד ם ל ע ג י ן ב נ ל א נ י
א ם כ ס ה ת מ ש י ו ו א ו ו ד ד ה
ל ז ר פ מ י מ ל פ י י ת כ ד ה ו ם
י ל י א צ ע ת ח ע ת א ת מ ר ח ו כ
פ ל ק ל ה ו ר מ ל מ ש ם נ י כ מ ר
ע ם ח ה י ע ב ת ב מ ו ף ע ר ו ה ת
ו מ נ ו ח ש ו ה ל ו ג ר ה מ י ע ד
ף י ב ה ד ו ת ש ב ר ה נ ו נ ו א ש
ה נ ם י ש ו ל ש ל ג ת ר ם ד ו ד ר
י ן פ ט פ ש ע מ ב ח נ ר ה א י ו ש

לבלבל
שנאת
ובמצב
מכונת
המורים
הסכם
תרבות
משלחת
אקטיבית
הכבוד
שעועית
איילי
שחורים
שלושים
ירח
פעולת
אפס
לנשוך
שמר
תעודה

Puzzle 683

ל ה ע צ י ך י מ ר מ י ו ת ס ע י י

ם י ע ב ש ו מ ה מ מ א ר ב ת פ ו ע

י מ ל ו ח ר ן ד ת צ ה ו ר ס ר ו ד

ע י י ש ס ב ד י ע ט ל ף ו ע ו ה ו

א ר כ י י י מ ח ד י מ ו ד ר נ י ש

ס פ ת י א ש מ י נ י ם ס ל ן ו ר ב

ט ו ר ו צ י ל ו מ ן ר ו נ י ת ו מ

ר ר א ן ח ע נ ו ז י ה כ ת ו ל ג ל

ט מ ב ל י ש ח ח מ ל ע י נ ר ה ט נ

ג ה ק ר י ם ב י א ב ו ו ו ו ה ק מ

י ס נ ם נ מ ה י ל ר ם ת כ ל מ ב ו

ה ל ו ף ש ו ב ש י י ת ה ת ט ת ש ל

פ פ ה ר ו ג ◌ ג כ ו א ד ח ר ט י ל

נ ת ד ת ל פ ח ם ן ר י ם כ א י ו ס

ב ק ל י י ן ד ע ן א ד ס ל ג א ם ל

עפרונות
התיישבו
אסטרטגיה
ליצור
משאית
מודרני
יחידה
עטלף
יכרוך
ישנוני
תכונת
כוס
סוף
בקטגוריה
במשרד
המושבעים
רפורמה
מצטיין
רמת
לגלות

Puzzle 684

ש פ ר ן ד י ב מ ו ה ו ע ה ח ל ר ב

ו ח ו פ ק ר ח פ ש ד ף ו ח מ נ י א

ר ע ץ נ א כ ז ת ר ש ו א מ ן ח ב ת

כ ח ו מ ע ב ר ל נ מ ג ס ו ל י כ ה

ג ש ה י ד ה ה ס ו פ י ת א ב ר א ו

כ י ו ר י מ ש י ן א נ ר א נ ו נ ד

ק ח ג ג ד י ד ה ו י י כ ק ת ב ה ו

ל ר מ ת ב ר ע ג ד א ם י ת א י ת מ

נ ת מ מ ל ו ר י ע א מ ז ו ו צ מ ק

ד מ פ י מ א נ ל ו ק ה כ מ ר ו ן ו

ת ו י ש ו ג ח ל מ ט ד ה ב ס ט נ ה

ש ג ת מ ה כ מ ת נ ר מ ס א ש ן ק ע

ב ח ג ח ת ב ה ו ך פ ח כ ש ו ר פ ל

נ כ ו מ פ ו ר ל מ א ב ו ח ד א ו פ

ע ע ה ו ה ו א ר ד ק ל ם ב ק י ח ל

תרכיז
ערבת
ציבורי
נץ
סופית
משימת
אביב
דרג
הכילו
בחזרה
דג
מעבר
לפרוש
הסכום
מועדון
אוגר
מאושרת
תרחיש
כיור
גוף

Puzzle 685

ר י נ ד י נ ב י ת א י נ נ ק צ ה ל
י פ ו כ ש ת ו ב א ה א צ ת נ ו ר מ
ת א י ם מ ח ח ת ח ף ו ב ו מ ק א ת
ח מ ף א ש ת י מ ף ן ו ו ג ש מ י מ
צ פ ע מ ח ל א ד ב ג ו ה מ נ י ו ת
י מ ג ן ק י ו מ ר ס נ י ם ע מ ן ו
ל מ ל נ ן ח ת פ ד ם ה ה א י פ ו ו
ל י פ ה ב ל ח כ מ ה פ ב צ מ ה ז ה
ה ו ע ר מ ת ק כ ב ו כ ו א ת י ח י
ד פ פ ח ו ם נ ת ו ש ד ח ו ן ם מ ב
י ו י ל ד י ג ד ר ו א מ ר ח נ פ צ
ן ל ו ה ס נ ב ע ד ל ו נ ת ב ו ת כ
ן ה נ ת ח ו מ ל ר כ ע ח י פ ו י ל
ן א ג ח ר ש ע פ ו נ ש ח ח י ו ו ת
ל ר ל ן ו י מ ב ע מ ד ת ב כ ר ב י

תנור
גשמי
בעמדת
רכבת
חובה
חלב
בוגר
הים
הראיון
כתובת
חזון
המניות
נענע
שונים
חדשות
קצה
נהר
מצב
כניסת
שחקן

Puzzle 686

כ ו מ ק מ ר ד ה ו ת ח פ ז ן ה נ ע
ח ו ל ה א ה כ ת ל פ ל ם נ כ ל א ה
ח ו מ ד כ כ ש ס י ס ו ה ח פ ו ע ב
ת מ מ ו מ ד ד ת א ר ח א א מ ר י ר
ת ב מ ס נ ל ו ל ר א מ ן ש ן ר ו ד
ו ר ו ת ב ש נ ל ו ש פ ח ם י ב נ ע
ן ו ס פ י נ ת ם נ ת נ ש ג ת ו ח א
ה פ ע מ ב ו נ ג ל ע ו ס מ ו ה ו נ
נ א כ י מ ר ט ר ש ל ן ח ב ת צ ך א
ב ל ן מ כ ס ל ר כ ו ב ח ג ו ר ם ס
ה י ◌ ח נ ר י כ א ר נ ל א נ ח מ ה
י ת ת ס ס ם ד ל ת ד ה ח ת מ ו ר י
ם ן ל ל י ג ל ד מ ח ו ף י ו ו פ א
א מ ש ק י ד י ג ה ר א ל י י ח ש ן
ל ה ל ך ת ע נ ו ם ם כ פ מ מ ע ה ת

חגור
בתורו
אפור
חייל
מיומנות
מכנסיית
ילדי
נוראי
אשת
ענבים
צהוב
נתנו
עשרים
פחם
ספינת
מחברת
אחות
גם
דלת
יתושי

Puzzle 687

צ א ב א ר ש ח ל ה א ה ל ו ה ר ט ו
ה כ ש י ע ק מ נ פ ח ג ו א נ כ ת ע
ר ו ז נ מ י א ב ר ב ר ט ר נ ל נ ו
י ו י ד מ ח ת ו ט ר ו פ ו ר ב ו ב
ו א ף ק ו ת ע ח ו א ע ל ב ב מ ו ד
ת ו פ ס צ ה ת נ צ ל ו ת ו ד ה ס ן
י ע נ א ע מ י ל ב ג ר ת מ ן ה מ נ
ל ט ר ח ת ת ל ל י ו י ח ן ו ו ג מ
ל ל נ ר ל ס ע ת נ ו ב י ט ו ק ל י
ה מ ט ת ס מ נ ח ה ם ס ח ם נ ת מ ה
ש ק ה פ ו ד ע ל ח ש ר נ ל כ ן ה א
ק ב נ ד נ ש ר צ ש ב ה נ מ ב ט פ ג
ד ה י ו א ש י א ו ש מ ו ל ר ר י כ
ה ע ל ד מ י א ך ו י ח ק ו ג ע ו ל
ת ה ט ה ק ם ד ש ח ח ב י מ ס ה · ר

חיוך
הגרוע
לנבוח
חמאת
שזיף
אבא
צלחת
טכנולוגית
צהרי
כבר
בוהן
לעמוד
דוד
ממוצעת
התנצלות
הפרט
אחר
מגוון
ילקוט
אינדקס

Puzzle 688

ש ב ס ל ו ב נ ר א ר ע ג ק י כ ה ר
י ק ד פ י ש ל ג ר ש ת ן מ ת ה ו א
י ר ר ו ח ו ם ת י א צ ח א ש ס ו ן
ם י א ת ה ל ו ו נ ה ע ו מ ר ר י פ
ד מ ו ק ר ט י ל נ ע י ט ץ ו ה ע ו
ב א ך ת ר א ה א י ש נ ב ט ר ל ל ל
ו ו ח ע ס פ ו ס פ מ ת ח ש י ט ה כ
ת ח מ נ ב ר מ פ ש ן ש צ נ ת י כ ו
י י ה ן ן ב ד ק ת ו י נ מ ד מ ו ד
א י ר ב ו ר ה מ י פ ב ל ו ו א פ ק
ן ל ה ד ח י ו ב ב ן כ ס ה מ ל ה ק
ש א ר ח ו א ש ן ו ע ב ב ע ד ר ה ו
ש ל ל נ ן ו ת ר ר ו ד ת ד ל ו י ה
ד ב ל מ א ת ג ו כ א י ב צ נ ש ב ב
ל י ע ם ת י ו ד מ ש י ד פ ר ב ה מ

הר
דמוקרטי
היום
כביש
חצאית
שלג
שיטה
ההפוכה
אגם
בריאותי
מלבד
נשיא
חום
להתאים
דומדמניות
משקה
בטוח
לנצח
כרובית
מאמץ

Puzzle 689

ל ע נ מ י ה ל ו ל ת ד ק ד ◌ ל ת ח
ש ה ד ם מ ס צ ד י ל מ י י י ו א מ
ו ן ס ר ו כ ד ת ך ד ו ס פ ר צ י ל
ל ו ע ב ד י ח כ ע ג פ ח י ח ג ר ה
ח ו א ך ג ס א ט ח ה ב ר א ו י ו ו
ן א ש ד ש ל ה ו ד ו ת ח ט ב א ה ת
ו ד ע ג ד ת ו ב ר ו ע מ ע ו ת י ר
כ ו י ה ב ו ו ו ב ר ר ה ב ר פ מ ח
נ ש ע א ה ק ע ל ו ח ל ם י י נ י ש
ת א צ ל ש ש י ה ה ה מ י י ב א ו ב
ו ת מ ז ב ת ח כ ש א ל ל ן ש נ ר ו
ר ו י ו ל ו מ ל מ ש ג ב א ו ל ר ן
י נ י ל ר א א ◌ ס ו ו ו ד ה ר צ פ
ל מ ם ס ו מ ש ב ל ן נ ס ה כ ת ע פ
ו ש ו ן ו ר ש ר ו ת ה ו ר ע ו מ ו

קשת
צרה
צל
ראוי
לירות
נכון
דשא
להימנע
חמלה
לשולחן
חוסם
להעביר
מודגש
שיניים
עצמיים
גישת
להודות
מעורבות
סובלים
אבטחת

Puzzle 690

ל ר ו ב נ ב ן נ פ ו צ ת ה ו צ ת ה
ס ו צ ב ע י כ י י ס ע ו ר ל ח ג ע
פ צ ה ע פ ש ב מ ו ר ר נ ו י ל ח ב
ק י ב ל ו ס ה נ כ ו נ ה ב ו ח מ ש
מ ק ו פ מ ה ע ד פ י י י ל ת י פ כ
ב ד ו ך ן ן א י ר נ מ ה ת ל ת ד ל
צ י פ ל א ד ע ב א ר ר ל ו ח כ מ ב
ע ת פ ל כ מ ס ש ב ל י ב ת פ ס ר ר
ו ה מ כ ה ד ו ב ע ה א א ט ו י ה א
ב א ר ה ח ס מ ו א נ ו ר נ ג י א ל
ש ד ת ע צ פ ל מ ו צ ב ת ר ש ו ל א
ב י ו א ת ה ל ח מ נ ה ב י ב ס ד ש
ד י ו ל ל ב מ ה ח י ת ל כ פ מ ע ר
א י ס י ל ג ר י ה ה ן ח ה ת ס מ ב
ז ט ל ף ו י ה ג ר מ ר ן ו י ס י נ

הגלולה
כמה
במכחול
ניסיון
הנכונה
יסעור
דולפין
כפית
מבצע
שבעה
סביב
לספק
קיצור
נפוצת
רגלי
בשבוע
העבודה
להיהנות
וצבעי
יש

Puzzle 691

נ ו ל ג ר ו ל ש ח ר ר פ ע ס ח ן א

ר נ ה ו ה ת ת י י ג ע נ פ ל ו ן ח

ל ז פ ר ל ו ל מ ר ו ל י ק מ ת ת נ

ע ש ג ם מ ר ו ן ו ל מ מ ל ה י ב ל

ק ה י ד נ ל א ש ם צ נ י א ח ו ר ה

ו ש ן י ר ו ו ה י י א י י ר י ר פ

ר ר מ י ש ח ו מ י ה ע ם ז ח ה ו נ

ח א ט ע ל ר ר כ ח י ת פ מ י ד ס ו

ל ל ו כ ב ש ו ת ק ב ט ע נ מ ש ע ת

ת ג ש ת ן מ ב מ ב ר ז ה ת ף ו צ ל

ה י ח ס ו ר ו י ל ת ו פ פ כ כ ו מ

פ ו ו פ נ ל ת א י פ ב ו ס ל · ו ב

מ מ א ך מ ח מ ש ג ר מ ב ו צ ר ס כ

נ ד נ י ו ל י ו ק י י ב ה א ר י י

ב ה מ ק נ ד ב ג י ג ו נ י נ ש ר ע

להפנות
לצוף
חיים
ערש
כולל
רגולציה
להפגין
כלוב
חירום
האי
לעקור
קבל
גורם
אחורה
תושב
ולשחרר
לתל
פנימיים
כפפות
לוח

Puzzle 692

ת ה ו ל ד ד ד ו י ס ת ל א א כ ו ג

ל ת ת י ת ו ת מ ס פ ר י מ ל ו ל מ

ר ו י ה ס י ב כ ו ס ח ז ק י ם י מ

ש צ ח ו ת י פ ח ט צ ו א ג ל ג י י

ד א ל ו ק ח י ם ל ל א ו פ ו ס ר ע

ה ה ו מ צ ר ל ה ג ש מ א א ח מ ו ן

ש ט ג כ ם י י מ ת ד ג מ י ה ו ל ו

מ ק ס י ח ם ם ש ה ח ן נ ג ה מ כ כ

ק ש ר ת ר ב ע מ מ מ ו ד י ש ו ל ט

ו ו ב נ ו ה ר ש ח ר א פ ת ו י ו ו

מ ן פ ח מ ו א ה מ ו ה י ל ה ל י ב

ל ד ג י מ א ד ש ת א ת ל ו ג נ ר ת

י ר י ג ל ו י ב צ י ה ד י י מ נ ב

ס ת ש מ פ י צ מ כ י מ י י מ ו מ ו

ח מ ת ם י ר ת ל י ב ו ה י ה ו ר ד

כביסה
תפוחי
מספר
פיתוח
היה
שקטה
שדה
ציד
השמש
תרנגולת
תשעה
צבי
אוהב
מצא
לוקחים
חזקים
פגישת
מאוחרת
התוצאה
גלוי

Puzzle 693

ה ד ו ו ו מ א ס ת פ ו פ מ ת א נ א
ו ת ל ח ב מ ז ת ו ס ב ש ע ו ל ד ד
ר ו ה פ מ י ר י ה ל ו ח י ק צ א ם
י ל ב י ת ב ח ו ר ל ק ב ח ו ב ו א
ם ת ת מ מ ב י מ ג מ ר י י ח ה י ר
ת ת א ב כ מ מ פ ת ם ם ה ד ר נ ע מ
ב ל ד ס ו א ו ר א ק ש ט ע ו ג כ נ
א ח ו י ש י ר ב ת ה ע ל ת ה ן ו נ
כ ו ו ע מ א י ל מ ש ח פ א ל י ו צ
י ך ע ע נ נ מ ב ח י ר ו ת ו ר ל ו
ח ק ד ר ר י ק ע ב ע י ן א ד י נ ך
י ן נ ת י ס ו ו ם ש ב ו ע ל א מ ו
א ת ו ר פ ו ם י ר ת ל נ ת ה ל ר פ
ב ס ו נ ר י ת ו ו נ ו ג מ ש ו ם ב
ו ו ה ב ז ע ו נ מ ד ן ס י ב מ ב ח

חולה
הורים
אדם
רחוקות
צלילת
אזרחי
בעין
בחירות
סתיו
מקום
טלפון
חשמלי
בלון
בחור
נלקחים
סגנון
הבצל
ידע
עזבה
ניסוי

Puzzle 694

ת צ ל י ל ו פ ו ג ע ד ו ג א י ר ב
ב מ פ ו כ ל פ כ ש מ ל ש ט ו ף ת כ
ך ו ת ן ו ה י ת א ה י י ת א כ ר י
ס ם ו ל ל ד ע י א ו ק ה פ ר ח י ל
ה ב ר ר פ ח ל ה ד ל א ר ס ו ס ת ש
ס ר א מ ת מ י ס ן ח ש ו ל ת ק ה ל
ר ו א כ ש ר כ י ע פ א ב ב ו י ל ב
צ א נ כ י א ב נ ב ◌ ס ש ף ר ס ע א
פ ס מ מ י ק י ר י ח ק נ ח ב פ א י
ת ט ת ש ד ש י ל ק ו מ ד ס ע ו כ י
נ ר ש ע מ ר ה ש פ ם ה י ת ש מ א ת
ל פ ב ר ר י ה י ת מ מ ר ן ו ש נ נ
ד ח ר י א ב ו ב ו ו ו ו ת א ח א א
ע מ מ א ה ת נ נ ת נ ו ג ו ו ר א א
ר פ ו נ ל י ר ד י א ה א ט ר ר ו ת

הסינר
שעברו
משכפל
בריא
להתיר
רצפת
סוס
שקופיות
לפתור
ספת
כתף
חסת
סט
פסיק
לתקוף
סבון
פרחי
לב
לכול
לשטוף

Puzzle 695

ד ד ב ס ש ר ו ב ת א ע פ ו ד ה ש ל
נ ש י כ ו י ר ס ו מ ל ח ד ב ו פ ה
ה ח ס ו נ מ י נ ה מ ב מ כ ו ב י א
ש מ ח י ס ה ל ו ת ג ל י כ ש מ ג
י ף נ ה מ ו נ כ י ף י ד ע מ מ ג ר
מ י ו ו ש ת ג ה מ ו צ ם ב מ ח ל ו
ח כ ן פ ה נ י ב ה ק ה י ל ת ה ד ף
מ מ ה ח י ל ש ב ל י ל מ ח ד ל י ד
ו ג ה ל ת ה ח א פ ן ל י ן ץ ד · ח
ה מ נ ב ם ו ו ש י ם ו ש ם ר ו ק מ
ו ד ה י ל מ ת מ ת א ד א ה א ב ב ה
ע ו ג ו י מ ה מ מ ע מ מ ו א ז ס ר
ו ד ו ש ב ר נ נ ה ב י ח ו ד י ר ר
ש ק מ נ י ו נ ו ג ת ת מ ה ת ג ה ת
ל ו י י מ ו מ ו ע נ פ ל א נ ע פ פ

הבינה
מעדיף
לאומי
דגים
שליחה
קהילת
נוסחה
ארץ
כיף
נשוי
דעה
להציג
מוסרי
שמחה
חמישה
מאשימים
משאב
אגרוף
הנהג
מקור

Puzzle 696

כואב
שלילית
גלגל
רחוקה
מלוכה
עף
משפט
כבד
המחלה
ומחר
מסיבת
שינה
החריף
עץ
עסקה
לאתר
הרי
מטל
רכוש
לכונן

ב ו ת ר מ מ ר ד ן כ ו ג ו ד א י ד
צ ג ר ש ר ח מ ו נ ו ר ל מ ל ת ע מ
ו כ פ ז ח ע ב י י א ח ג ה ל ח מ ה
ו ט ע ק ן ד ף ו ח ב ו ל ל פ ר ד פ
ה ר מ ו ת ב י ס מ ו ק ו י ף ל ר ו
ה נ ת ך ל כ ר נ ת נ ה ד כ ק ו ה ג
ח ל ר ן ע ם ח ת ע ס ו ה כ ו ל מ מ
ש א ע ס ש פ ה ת ו ם ר ק ב ו נ ג י
ל י ש ו ש ק ת ר ד ג א ב ב מ ס ו ו
י י י ף ס י נ מ ז ש ל ח ב ט י י ו
ל מ נ ע ל ו א ט ץ ע כ א ל ל ד מ נ
י ל ה ג א ן ל ק מ פ ו ע ה ר י ק צ
ת ו ו כ ת מ ב א ל ו נ ה כ ר ש מ ת
ט א ו ו ר ן ו ו י ר ן ו ן ע ו ר כ
מ מ ו ד ר פ י י ע נ ש ת י ר י ר ר

Puzzle 697

ס ט מ ע פ ו ו י נ ל ש ב ד י כ ו כ
ה ע צ ו ד י ל ת א ק ה י מ ה ר ו ה
י י ל י ָ ח ב נ מ ן א ו ח י נ ה ל
ש מ מ ד ה ד ר כ י ב ה ר ב ח ק ר ט
ג י ה ת ו פ ש י ק ר ו ט ש ס ר ב ו
ח ם ו ו ה ה ה ן ה נ ו ם פ ו נ ח י
י י צ ר ל ר ת ד ו ב ע ה ס ב ה ב ן
ל ב ל מ ו א נ ה ש ש ק פ ם צ מ ל פ
א ו פ י ת ח ר כ ע ט י ל ח ה ל כ ש
ד ה ק ו מ ג ה ש ן ו פ י פ ע י ת צ
ר צ ח ד צ ת ר נ ו ו פ ת מ מ כ ר ו
ף ◌ א א ד ו ו ו ח ח י ת ו ס צ א ה
ו ל פ ד ו מ ב מ צ ע פ ב ג י י ט ה
ת ת ח י ש ב ח ח נ י ג ב נ ו ר ף מ
ל ע א י ו ב ה ט ל ג ח י י ב ר ג א

בשיחת
להניח
בחברה
רכיבה
לפקח
עבודת
נחמד
להחליט
טורקי
טעימים
נצחון
כלב
מצלמה
הפסקה
חברה
צהובים
אופי
שפות
עפיפון
רציני

Puzzle 698

ע ב ה ל ל ב ס י ס י ת ק מ מ ת י כ
ו א ש מ י ם א ר ר פ י צ ה א ד י ל
ד ם ש י י ו י ד ד ו נ מ ה י ה י ש
ת מ ה ָ צ ן ו ג ר א ל ח מ ו ל מ מ
ו ר א י ג ם ק ו א ו כ י מ ד ב א מ
ר ת ו ל נ י ה ס ן י ב ר י ד ר ל ב
מ ל ה ת ע נ ד ל ן ו א ם ר ך ו ת י
ן כ א י ו י ל ד כ י ר ט ו מ ו י מ
י ב י ת י ב מ ו ז ר ו ת פ צ ז מ נ
ע ח ג א ָ ר כ ד י א ן ו ל ע ל ר ה
י ל מ ש ו ח מ ן ש ה ר ד ת י ו ל ש
א א ל נ י ל כ ל מ ש מ ח ח ו ב מ ע
י ג ש ו ו ו נ י י ה י ש י ש ה ח ו
ל ו ח ו ל ש י ם א נ ע ד ר ק ט ו ת
ז ד ח פ מ ו י ב ב ר ד ש י ה ר ז ע

לשים
עצמך
וחול
עד
מפורשים
ברד
בארון
צמחי
מפחד
פיצה
ברווז
עזרה
רקטות
ארגון
אשמים
לייצג
ילדים
כלנית
שעות
בסיסית

Puzzle 699

ז נ י א ן מ נ ב מ ד א ו ה ל נ י ר
מ ך מ מ צ נ ו ע ה פ ר ע ה ה ג פ א
ף ר ב ק מ ה פ ס ט ת א פ ה י י ח ש
ו ד א ח ד ל א ה מ ק ס א ד י י ר פ
ח ת ו ת ע נ ו מ ל י ר ב ◌ ס ל ו מ
ר ז ג ע ד ו ד ת ק ו ל ש ם ו ע ג מ
מ מ ך ש ע מ ה ת מ ד ר ף נ ל ו נ ע
ג ש ו י י מ ק ס י מ ל י ת כ ב ו פ
י א א י ר י ו א פ מ ו א ם ו כ ר ב
נ ת ר ת ו י צ א ע כ פ נ ה א נ ן י
מ ה מ ת י ת ד ד ל ר י ו ב ק ד ה ר
ס ת מ ט ו ב ו מ ח ה ת כ ב מ ו ו מ
י ל ד ד מ ח ו ו מ ת ח מ מ י י א א
פ י מ ◌ ג נ ג י פ י ק ו ה ת ת ה ת
ק נ פ ה ת ג ק י ס ד ם ש מ ו ר ו ע

תעשיית
מקסימלית
מדע
צנועה
כרכום
שחייה
הפרעה
חוף
אוהל
להפסיק
דרך
אמרו
מכונאי
מדויקת
למטה
עיר
אוכלוסייה
מנהל
אחד
פועלת

Puzzle 700

לשעבר
יורדים
בגלל
סיפור
ביום
קריר
מחבר
הפסקת
בחורי
תג
שלישיים
חבר
מגבת
חיפושית
מערת
מאמר
נישואים
קרובים
הבת
עוזב

ד ס ו ד מ ש ל ח נ ב י ת מ י ם ו ה
מ ר ה ע ת ל ר ב ו ו ג י ד ו ע ם ו
ע ק ר ו ב י ם ר ג ל ש ע ב ר צ ת ת
ת ת ב ק ה ש מ י צ ג ב ל ז ד ל נ ה
ב א ו ן ל י א ד ל ל ג ב ו י ל פ י
א ר ר ו ו י מ ר ב מ ע ל ע ם ס מ ג
ב ק ב ן כ ם ר י מ ח פ ת ן ק י ב א
ע י מ ◌ ק ש ו ר ג ב ה ב ת ל ק ו ת
ה ג ל ה ע ם ו ק ב ר ם ר י ו נ נ ר
ר י ש ת י ך ר ה ת ס מ כ ש מ ס י ו
ה ו ר ר ב ל ו ג ד מ ו ר ו ת י ש מ
מ י ע ס ל ב ו ל ר ע ו ת פ ג פ ו ל
א ו י ח ר ג ר מ ש א ם ל י ל ו א י
מ ג י ש ל צ י י ל ה ע ב ח ו ר י י
מ מ ב ח ד ת ד ו ע י ת מ ה ו ח ם ח

Puzzle 701

מ פ ו ו ו י מ ש ו ה ב ב ס ח י ו י
ש ד מ נ ו ש ה ו ך ב ד ר ו ם ד ש י
א ל פ ר י ת ס ה ל ל ב ר ג ה ן ו ח
א ה ר צ א ז ו ה ר י ד ס ג ז ו מ ח
ע ת י א ג ר י ק ו י ד י ח ו י ה מ
כ נ ט ת נ ו א י ר ו ע ק ר ם ס ח ת
י ג ג א ו א פ ו ע ה פ י ת ד פ ו ו
ל ד ס ז ב נ ל ל ח ו ס ב ל ש ח י נ
נ א מ ל י א ו ן ה ו פ ק ה ב ש ל פ
ת ר נ ה ת ו ח ת ש ר ב מ י ם ו י א
ש ט מ ד ר ש ו ש ו ו פ מ ב א ה ו מ
ל מ ה ט ב ח ה ו ב א ס ם י ד ב ו ע
ב י ר ר ג ס ר ם ה ע מ ו ה ר ת צ א
ב ו ת ל ו ת י ק ש ר נ ס פ נ ר י ד
ב ת ן ת ל ב ת ה ה י ל ו מ ע ס ל ל

חמים
אירוע
שקית
דיוק
סדירה
איום
אורזת
פסיון
הגיעה
מברשת
פריט
באסם
להסתיר
סוג
מחפש
עובדים
אז
להתנגד
החבטה
בדרום

Puzzle 702

י י פ י נ ג י ה ד ו ע י ש ר ר א ב
ו י ט י ר ק ת ו מ ד ק ת ה ג ת י ב
י ד מ א ה ן א ד ה ו ה ו ו ק ד א ל
י ב ת ה ם ו ק ו ע ם ל ה ת ל ו מ פ
ש ה ב ב ו ש ר ה ז י ר ח ל ח נ צ י
י ש י א ר ג נ ע ב ר ה מ ח י ל ב ס
ה מ ם ת ד ד ף ק ת ג מ ב ת ע מ ו ט
ו ן נ ל ו ו נ ש ו ו ר כ ם ת ג · ו
ת ה ט כ נ י ק ה ש ב ה ג צ ו ל פ ת
ו י ת פ ו ב מ ר ה א ת ל ו ר כ י י
ז ו ק ו ל ש מ ר ה ד פ ג ך פ ל נ ן
ש ב י ב ע מ ו ק ו מ ח י ה מ ן ס ת
כ ש ו י י ב ח ט ר ר ו ד ל ו י נ מ
ה ט ל מ ד מ ל ה ג י ש ו ה ה ו י ת
ב ן כ פ ח ל ט ה נ ל ו ר ר י ע ף י

ולשמר
פרות
בוגרים
שובב
התקדמות
סניף
לגידור
טכניקה
דרום
אתה
קריטי
דבורה
השקעה
קרנף
עמוק
מוחלט
מפלצת
חריזה
להגיש
יבש

Puzzle 703

מ ר י צ ר ר ב ר ק ח מ ם ג מ מ מ ו
ב ה ה ס ק ט ק ב ו ו ן ד נ ו כ ח ב
ב מ מ א ש א א ו ח י ל ו כ א ל כ י
◌ י ר ב ו ד א פ ו ר ה ר פ ל ס נ מ
ה פ נ א ב ח י מ נ · ז ד ו ה מ ו כ
ת ע ק ו ר ו פ ס ל ו ר ל ל פ י ע א
ו נ מ ה ה ו ת מ מ נ ך נ י י י ו ש
ו נ ט ו א ח ן ס ו ו א ו ט ל א ח ר
ה נ ע ר ד א ן ג ר א ל ו י מ ד ו י
ד ר ת ת ו ם י ב ל ש מ ט ת א ה ת ה
ר ר ש ן ב י ן ג ה ת ש ק ח ד ָ ג י
ק י ד מ ד ר י י נ ק נ י ח ו ה מ י
ו מ ו ו מ ש ו ג ע ת ש ו י א נ פ פ
ן ב ס נ מ ד ר ל ו ג ה ר ל ה נ ו ו
י א א ח ג ת ע ר ב ל צ פ ס י ת מ נ

הדרקון
כלא
משלבים
מוכר
אנפה
פוליטית
מלאך
כאשר
פרויקט
קשוב
לאחר
צלב
סל
לארגן
פנאי
הרופא
לנווט
גס
מפוארת
מוזר

Puzzle 704

סקרן
מוצלח
נשר
לתקשר
להגן
לאזור
מגזין
בנק
לתאר
קמפיין
הביא
פרס
מחשבון
לבצע
עלות
מפתח
שני
כיסא
החלקת
פדרלי

ל ת ח כ צ ו ח מ ה ן ה ח ל ק ת ע ו
א ש י י ס ע פ ת ב ל י ל ק מ ת צ ש
ז פ ר ס ד ת ו כ י פ מ מ ז פ ב ו ו
ו ו ש א ח ו ל ק א י מ ג ז י ן א ד
ר צ נ נ ד ל ת פ ד א ן ב ל י ר ט ר
י ב ס ר ב ע ו ך ו ט פ ר ק ן ק ו י
ה נ י י נ ר י י נ ש ד א ל ו ס מ ח
ו י ן ו ק י ם ס ה פ ו ת ו ב ן ש ן
ה צ ג ן י ו ח ח ה ל ר ל ת ש פ ו י
ו ו ה ו ד ד ד פ פ ו ב ו ר ח כ י א
י ו ל ל ח ב ע ו ע מ י ף א מ ט י מ
ב ז ב ל ד א ל ד ת י ע מ י א י ש א
ת ל צ ו מ ע ה י ו מ ל ה ר ש ק ת ל
ו ו ע מ פ ה ו ר ו ו ת ד ח מ נ י ת
מ ח ב י פ ש ר ש א פ ו ו י ז י מ

Puzzle 705

ל ח מ ר נ ר א ו ר ג י ו י ו ר ב ן
א ר ה ו א ב י ו א מ כ ו ל ס ע ח ה
ת נ ה ה ט ב ע ד ן פ ו כ ה ק נ ל ל
ן ו ש ת ה ח ב מ ו ר ח ם ב ן י ב ל
כ מ ר ש ע י ם ש ב ק ר ו ב כ ר ו מ
ט מ א א י ר ה פ ל ג ת צ ו א ב פ ו
ג ו ה ח ת ת ו ו ו ב ר ע מ מ ש י א
צ ל י ס ו ו מ ד ע י ע ו ם ו ש נ ל
מ ב נ ה ל ט ל ו ו ר ל י ש נ כ ע ו
מ א ע י ש ש י נ נ מ פ ח פ א ל ד מ
ב ב נ ט פ פ ב ס ו ו ת ו ו ל א י י
י ד כ ר א ת מ ל ב י ח ת ת ב מ ל ק
מ ל ל כ ב ה ה י ש א מ ם ה פ ר י ח
מ ה מ צ א א ו ר י ת ו ע ת ג מ ח ה
ה ת ה ם א ם ו ט ש ע ת ל נ ס א ה פ

אומללה
עניה
בקרוב
לפתח
האם
שבר
התפשטות
לנשום
בעקבות
מורכב
בימּמה
עצום
שם
טבע
ממערב
מבנה
ההשראה
בכלל
בחירת
גודל

Puzzle 706

לוויה
טעם
מיטה
פרטי
למרות
חתול
שידור
לא
לשיר
עור
מינים
קריסת
המוצר
ידנית
כתיב
כבש
קרפדה
נהמת
ארבע
תחת

י ו פ ק ר ד ר ו ד י ש כ ה י ו ו ל
ק ע ו ר ו ר י כ ת י ב ב ט ס ז ת א
א ב ק פ נ ך ש א ת ש מ צ י ק ע ד ל
ו ר מ ד ק ב ל ש ו פ ג ו מ ע ו ב ר
א א א ה ה ר י פ ל ו ו ת ל ו ת ח ח
ו ן א מ ל ש א י ך ת ת ת נ ב ן י ר
ו ק מ ר פ ן מ ה ר ך מ ל מ ו ג ו צ
ר ד ה י ו ו ו ר ו א מ ת ו ר מ ו
ח ו ת ל א ל ך ה ל ב ו ו ו ע ע ל מ
ה ק ר י ס ת ח ת מ ה נ ו פ ר ט י ה
ן ל ש ל ה י מ ו ד ר ש ר ח מ נ ה ט
ו ר ן ו נ נ ק ר ב ת ו ס ר י ו ר ת
ת א ו ע י ד ו מ פ · ט ע ם י ק כ ה
ו ת כ מ ר י ל ל ע ח י ל ר י ו ד ד
ו ר ד ר ו א ת ג י ה י א ת נ ו ו ו

Puzzle 707

מ ל ר כ ב ן י א ג פ ת ל ו ע ת מ ת
כ פ ס מ כ ה מ ת ב ו י א נ ס י ה ו
נ ח י ד י ו ו ח ו מ ר י ם ן ד מ ו
ה ש ל ט ו ן ק ח ה ט ל ב פ ת ר נ ו
פ ע ד ע ו ו ר ח ה י י ת ד ד נ ת
א ו ו מ ן ר ה ש א ד פ כ ש א ג ל ל
י ד ו ל ו א א ש נ ו ו ר ב ו א נ ף
נ ו ס ח ע ס ח י ו פ י ל ר ע נ ר ו
ט מ ב י ל ש מ ו ה י ק ב ה ר ל י ג
ר י ק ר ד ח ב כ   ו ח ז י ר ר א ד
א נ צ ר ז מ ל י י ק ר י ם ב ג ת ל
ק נ ב ו ע ד ל ס פ ב ו ר י ח מ ת פ
צ ט ה ש ל ו ה ה ר ד י ה כ מ ר ד ו
י י א ע ח ר ו ז א ת ב י י ש ן ה י
ה ת מ ו ח ל ל ו ר ח מ מ ת ו ק ש ו

יקרים
סנאי
רכי
בקצב
ביישן
השלטון
בכיוון
בחדר
אינטראקציה
דומיננטית
בזירה
יחס
ברזל
גיל
תכופה
מכנה
גבוהה
סיכוי
לרכב
רשת

Puzzle 708

ן א ה ו י ש ל י ה מ ח ו ח ב י ר ב
ר א ו ד ב ל ם ו נ מ י ו ס ו י צ נ
ו ו ר ח ו ו נ ד ה ע י מ ד מ ה ה ס
ב א ל מ ת ש ת ר ב ע ה פ ל ש י ל ו
ב ו ס א ל ו ו ם ו   ל צ מ ו ו א ב
ך ר ע ה ר ף צ ס ב ע י ה י י ח ו ו
ר ש א ש ב מ ר ל ס מ ע ר ש ו מ ע ל
ק ו פ ל ע ב ל ל ו ו נ ב ת י ו ב ג
צ א ו ה נ ם כ ח ר ל ח ו ת ת י מ י
ה ף ר א ו ל כ י ד פ ל נ ה מ ח ו ש
כ ט ב א י ע ת נ מ ז ה ח ד ו ז ש ה
ע י ו י ע ת כ ה ד ג ם ו ח א ק ב ל
מ א ב מ י ה מ ו י ע ד מ ג ר ד ע מ
ר י י כ ת ל פ כ כ א ר ו ל י ר ר ן
ן ו מ מ מ ו נ נ א א ז ב א ם ב א ו

חזק
ואחותו
מעדר
דואר
אגוז
חמאה
רצה
חכם
שלוש
האפשרות
הזמנת
מושב
המדמיעה
העברת
לרצות
להשיג
להתעלם
בעל
מעל
גלובוס

Puzzle 709

ת ו ע י נ י ה ת מ מ ש כ מ מ מ ש ת
ק נ ג ג פ ו ו ו א ד י ם י ק ח ו צ
ד מ ב ף ק ש ם ו ש ס ס ה ו ע ק ב ו
א נ נ ס י ו ל ב ו א ח ש ה ו ל ו א
פ כ י ע ר מ ה י פ מ ר ן ב ה ר ו ה
ר ת ו ו י ח ר ע י מ ת פ ו ג ח ה ק
ן ם ת ע ו י א ת ח ה ב ו ר נ ר ו ת
ל ל ק ר ל ר ו ז ו י פ ו מ נ ח ל ו
י ע ח ת י כ ת ר נ כ ב ה ד ל צ י מ
ח כ י ן ז א ש י ו מ ש ך ל ט ה י ד
ד ל ה כ א ד ף ק ה ד ח ל ע ג ל נ א
ח ה ה ד מ ע ה ה ר ר ל ג מ מ ק ר ד
פ ד ן י כ א ע נ י נ ש ה ק י ת ט מ
ע א ש ן כ ה ד ו מ ע ב י ל כ י פ פ
פ ק ר מ ר ב א ש ו ו ה ו ל מ ל כ ל

המבורגר
לעכל
עמדה
בעמודה
אננס
מחיר
לכל
לבוא
חתיכת
חיפוש
צוחקים
משך
כלי
עגבניות
כיסוי
לרחרח
לחשב
זריקה
זכות
להראות

Puzzle 710

נקי
מיץ
זמנים
מלא
שיני
בצורת
רשות
עדינה
רואים
מבריקה
פלדת
חור
מתנהגת
נסיך
רגל
מושלם
חוסר
לחלוטין
להשתתף
קצין

ו ח ס ד מ ר ח ר ח ו ס ר ת ך ק ל ר
ק ד ל ף ל נ ץ ל ל י ג ע ד י נ ה ל
נ ו א ת א ן י צ ק ל ב ב ם ס א ש ר
ת ד ל פ ל י מ ת נ ה ג ת י נ א ת ה
ו ל כ ב ת ל י ח ן צ מ י א ר ח ת ה
ש ר י נ ה ל ר ה ש ו ת ס ו ו ד ף ר
ר ס ו ר ת נ ג ל ק ב צ ו ר ת ו מ ג
ו ר ח פ ג ה י כ מ ו ת צ ו ד ב ל ב
ן מ ד י נ ל ב ת נ י נ י ן ר י ל ג
ת ק ר ג ת ע ר ו כ ל נ ק י מ פ י ש
ש ל מ י א נ ו ש נ ש ר ק ט ו ע ו ב
ר ל ו ה ל ע ר י ר י ה י ו ש ה ע ו
נ א ו ב פ ס ש י ג נ ט ס ל ל י א ס
ח ו ם א ן י ז מ נ י ם נ ח ם א ד י
ת ו · ת ח ו י ת י ה מ ם ל פ ו ר א

Puzzle 711

מ	ת	ו	ש	י	ע	ר	ק	ו	ו	י	נ	י	ד	ם	ו	נ
ו	נ	ה	ו	ב	ט	צ	ר	ר	מ	ת	ו	ל	ק	ב	ל	ה
ת	א	ע	מ	ל	נ	ע	ל	ה	פ	י	ץ	י	ן	ע	מ	מ
פ	ו	ע	ז	ת	ר	ם	ל	י	ם	י	ב	ל	ו	ה	ס	פ
ר	ד	נ	ב	ד	ח	ל	י	ל	ל	ש	ת	נ	ע	ל	ו	ו
ש	ר	ן	י	ה	ח	ה	מ	י	ד	ע	ה	ה	י	ז	ע	ן
ו	ט	ק	ר	י	ב	ס	ו	ב	ם	נ	ז	נ	ס	י	ע	ה
י	ו	י	ע	ט	ו	מ	ג	פ	י	מ	ר	א	ח	ה	ל	ם
מ	ת	ת	ח	ע	ט	ה	ת	ו	ם	ן	ו	ל	ל	ה	ח	ת
ש	מ	ע	א	ו	ת	ק	ו	ו	ה	ע	ע	ו	ר	ו	ל	ף
נ	נ	ת	א	ב	ת	כ	נ	י	נ	מ	ו	ר	ת	ב	ש	ד
ן	י	ת	ד	א	ג	ה	נ	ל	ו	ו	ן	ט	כ	ג	ז	ר
ב	צ	פ	ו	ן	ע	ל	ג	ו	ד	ר	ו	כ	ו	ה	נ	מ
ו	י	י	ר	ו	ג	ח	צ	ו	ח	ו	ד	י	נ	י	י	ר
ה	ב	מ	א	א	ר	י	ד	ם	ד	ת	ו	ד	נ	י	ב	ת

עט
דחליל
מבין
מרדף
שטיח
זר
דאגה
הולכים
בצפון
עשיית
הגבוהה
בקלות
להפיץ
תקווה
הלם
שנת
מזכיר
נסיעה
זרועו
עתיק

Puzzle 712

א	ו	נ	ל	י	ו	א	פ	פ	ה	ו	י	ו	ע	פ	ה	ל
ע	ר	ל	ק	ן	ו	ץ	מ	א	ל	פ	א	י	ה	ס	א	ר
ו	ם	[illegible]	ה	ס	ב	ר	ר	ט	מ	ל	ו	ו	ג	ל	א	ל
א	א	ש	ת	ע	ד	י	ז	ר	ר	ל	ה	ש	ל	ו	פ	ח
ה	ר	כ	ו	ה	ל	א	ש	ט	ף	ה	ק	ר	ע	ו	ר	פ
י	ה	ה	ר	ם	ו	י	ח	ו	ה	ו	ת	מ	ב	כ	נ	ש
ק	ת	ן	ל	ט	ע	ק	ז	ו	מ	ל	ם	א	ו	ס	ע	ר
י	ע	ג	[illegible]	פ	ו	ס	פ	י	ח	ו	ר	ף	ד	מ	נ	מ
צ	א	מ	ו	מ	י	ר	פ	א	ם	ס	ש	ס	ה	ת	ל	ר
ה	ן	ה	ו	ך	ח	פ	ר	ה	ת	ו	א	י	ן	נ	ס	פ
א	ר	א	א	מ	א	ש	ה	ר	ו	ב	ו	ר	כ	ו	פ	ס
מ	ו	ר	ה	מ	ף	ו	י	ד	ח	ו	פ	פ	ו	פ	ו	ת
ל	נ	מ	א	ו	י	ה	ד	ד	פ	ט	ן	ו	ס	ה	ג	נ
ו	כ	נ	ל	ט	ה	ו	י	ח	ב	ו	ה	ח	מ	ו	מ	ר
ג	ד	ו	ל	ה	ט	י	ח	ה	ו	א	א	ר	ו	ח	ה	ר

וכרוב
עבודה
עם
עלידים
אוטובוס
תנופה
חורף
גדולה
מומחה
שאלה
סקי
לאמץ
מרפסת
מסוכן
לספוג
אשר
חיטה
מטרה
ארוחה
חותם

Puzzle 713

ת ת א ט ל ל א י נ ו י ד ב ש ש מ מ

ל ר ן ה ד כ ט ס ש י מ ע ר ע ב ז א

א ת ן ה ר ת ו ו ב ע ב ו ו ש ר ר ע

י מ כ ל ל ד מ פ ש מ ר א ה מ ר ח ק

י ש ל ע נ ק י י ל ע ג י כ ה ם ד ט

כ ו י ג ם ר א ט פ ס י א ה צ י ד ר

ו ח צ ע ה א א ו א י ל ח ס ו ם ו ה

ו ו פ י ל ב ת כ מ מ ר פ ג ר מ ד ו

מ ו ו ד ג ע א ל ן ו צ י ש מ ח פ ר

י ת ק ס פ ח צ מ נ י ל ו י מ ע ו מ

ת ן פ ו ו פ ו ח ח ת י ת מ ה ר ת ש

ע ב פ ד ו א ה ו ד מ ח מ ו נ ח נ ט

ת י ב ע ע ה ש י ג מ י ד א מ ו ר ה

א ח א י מ ו ד · ו מ ב ש ד ה ג ב ר

פ ם ש ן ם י מ ע פ מ ה ס ס י ם ל א

בית
גישה
מכתב
טרגי
מזרח
כרגיל
פעמים
מעשי
מהססים
אמורה
אטומי
מרוצה
מראה
ענקי
קן
בדיוני
המרחק
טיפוסי
הוצאת
לחסום

Puzzle 714

י י ב פ ר נ פ י ה ב נ ל ר ל ך ק א

ת ש ו ח ת ט ח פ ל ר ד ר צ ז ר ו ה

ע מ ל נ ה ג י ע ק ו ב ט ף ו ו ד צ

ז ב ו ד ת ח ר ר ר ק נ ג ב נ א ה ו

ת י י י ה א ח י י ו פ ו ד ה ה ס ד

ו נ ו ת מ ד י כ א ל ת ג ר ח ח ג ק

י ה נ ר ה ל ע ה ת י ע ס ח ו ל ג ב

י י נ א ע א ס נ כ י ה ל ו ח נ נ ו

כ י כ נ ח ח מ י ם פ א י ב ו ע ה ע

א ו ו י מ ת צ ד ל ת א ו ע ע פ ן פ

ב ב ה ד י ר ה ה ם ע ם י ח י נ מ ב

ר ו ו ע ו ד ל ש א ז י ו א ק ה כ ת

ר ע ה ע י א מ ר י ג ב ה ר ב מ ד ו

א ת ר ו ש ת ג ר ם י ר ד ה ה ו ש ו

א ל ש ו מ ע ת נ ק ו נ ה נ ל ה ד פ

מבינה
ברוקולי
עריכה
זירת
גזע
להבקיע
רצף
עת
לקריאת
להיכנס
אורך
הגיע
תחושת
הנוזל
מניחים
קרובות
בכמה
רבים
יד
רחוב

Puzzle 715

ת ל ח י ף ל מ ש ח ק ט ן ת כ ה ה ו

פ ת ר ב ו מ י ת ד ר י ל י ג ע י ם

ו נ ב מ ת ר י א ו ח ש ו פ ח ו נ ט

ח ד ל מ ל י כ ה ר ו ס נ ב ל צ פ ד

א ו ד ת ◌ ת ת ק ף נ נ ל ה ת מ י מ

י ב ו י ח י צ ו נ י א ע ל כ ת ד ה

ר ב כ ן ו ע כ א ז ם ל מ ה ה ו ה ע

ו ד ח ס ג נ א י ו י א י מ ר מ ר ו

ב ב י ח ם מ ג א ב ת ב ה נ ו ש א מ

כ ק ל ת ר ג ו ב ה ה נ י א ו ב ת ס

ך ק א י ר ג מ צ ר א ו ח ד ש ל ה ו

ר ט ר ר נ פ א ק י ב ש ת פ מ מ ל ג

ט ד נ ן ח ח ר פ א נ א ע ה כ ח ו ל

י י נ ו ש י ה ע ו ר ת ל י ד ו פ ש

א ש ע י ה ו י פ ד ד ל ה ס פ ל ת נ

ובכך
העוצמת
קרחונים
הנושא
הכחול
בנושא
הראתה
תפוח
להעליב
חלק
תוף
מסוגל
בוגרת
בשפע
חופש
קטן
חיצוני
מוכרת
יגעים
חדש

Puzzle 716

ת ב ל ר ב נ ו ל ת ב י ע צ ל ן ח ף

ו ר ו ד ר ר ל מ נ ו ע י ק א ל מ ד

מ ע ש ה מ ק ד כ ת ר ב ר ל ש ר ת א

ב ב ש ח ה א ל ו מ א צ פ ו ו ת א ר

פ ת ם ו ל ש ו ר ה ף מ ב ב ר ב כ ע

ר ר מ ט ב מ י י ר מ ש ט ת ב ל ו י

ק ד ס ב ב ו ת נ ו ו כ ב ו ד ת כ י

ת ה ו ה ט ו ן א י א ד מ ת מ י ח ך

ו ח ג י ל ת נ מ י ו ל ל כ ב ר א נ

ו י ל כ פ נ י ת ד ל ש נ מ ע ב ת פ

ע י י ו ו ת ע ר ו ב ת ו נ ו ל י ו

ע כ ם ו ן ח ד ל ל ו ב ק ת ט ל ח נ

א ח ל נ י ר ב ד ד ת ה ף י ו מ ו ה

ל י ר י י א פ ג ש ב צ נ מ כ מ ר י

ח ה מ ל ע י ב ו ר א א ה מ מ פ ל ע

מעשה
ושלום
המתנת
תרד
עכבר
בטוחה
עצלן
למכור
פרק
לשרת
שוב
מסוגלים
וילונות
אדמת
למנוע
לקרצף
במדבר
כבוד
תערובת
בטלפון

Puzzle 717

י ד ת ו ל צ א א ו ש א צ ה ה ת ו א
ע ל ן נ ע א י פ ו ר פ נ ו ד ל ח ו
א מ ש ר י ר ע ק א ח ר י ו ת ר ש פ
ר ד ת מ י ו ל ו ל ח ר ס ע י ף ו ק
ו מ י א ת י ב י צ ו ע י ם ל ס ו ו
ו ת ק נ ם ל מ ה ל ש ו ש ָ ג ר מ ו
י ו ה ל ה ס ו כ ט ב נ ד מ ע ו ח י
י מ א ה ן ה ן י ל י ל ל ג מ ף ד ה
א י כ ר ל ב ל ר ו ם ו ן ה ש י ו י
ר י כ ו ד ו כ ל ל י ק ן ע ד ו ח פ
פ ה ש ת ד ח ם ר י ש י פ ו ת מ ו ו
ו ב ו ח ן ה מ ו י פ ש ת נ כ ו ז פ
ב ס ת י א ◌ ן ן ג ן י ת ר ו נ ן ו
ל ג ס מ י ע ו ו ד ס א ו ו ח י י ט
ש ב ב צ י י א ג ו י מ ש ן ה כ פ ם

מעגלית
איכר
סעיף
פי
ביצועים
איפור
חושבים
שתיקה
החובה
ענן
קולנוע
אחריות
ללכוד
שוקלים
צמיחת
היפופוטם
אישי
להרות
ידידותי
אחרים

Puzzle 718

מסוכנות
בתוך
שוקולד
תחושה
ציטוט
בשר
נתיב
הלילה
סיכת
שפך
יריב
סוכר
למשל
דוב
לפלוש
כותנת
אוקיינוס
עכביש
ללמוד
מוזיקה

ו ח ח ◌ ו י ס ר ש י י כ ת ת מ י ח
ה ו א ו ק י י נ ו ס י ה ק י ז ו מ
ר ו ל ד מ נ כ ח ל ש י ל א כ ס ו ד
י ו ב ן ב ע ת ח ו ש ה י י ו ן ו ל
ו כ ר ר ת ו נ כ ו ס מ ל ת ת ט נ ל
ל ר י ר ו י מ ש ו ה מ ה א נ ר מ ג
ס ו ת מ ר י א ו ד ט ח י צ ת ש פ ך
ו ת מ י ד פ ו ק ה ק ד ג י ל ב ת נ
כ ו ב א · ה ר ו ע ס ו ע ט פ ו ו ה
ר ו א ו ו ה ס ל ד ק ו מ ו ב ד נ ל
נ נ ה ל ה ו ה ד ו א ו ד ט ס ב פ י
ו ת ע ר ס ו י ה א מ פ א א ס ל ש ב
ר י ב י ל ח ר י ו ר ב א מ ו ב ל ת
מ ב ו ו נ י מ מ ע כ ב י ש ו ן ר ו
ד ו מ ל ל ד מ ל ט ה נ ן י ח א י ך

Puzzle 719

ן מ ס ג ב מ ר י א ב י ל ם ה ד ן ל

ל ת י כ ק מ ו נ ו נ ו מ ר מ נ כ ו

פ ה ה ו פ ר ס א ל א מ ש י מ ב ר ח

ו ג כ ב כ ל ◌ ח ת א נ ו ש י ת ל כ

ה מ ר ס ר ד ב ו ו ב ג ך ש ל כ ו מ

ו ע ח י ל ר ל מ ה מ ש ת פ ד ש ל פ

ד נ י ו ב ו נ ש ל ל ל נ ק ו ד ה ת

ר ד ס א ה נ י ג נ ע ט א ה ר ל כ ם

מ ו י ז ו ת י ו ב ב מ י ב מ ו י ס

ה פ ו ס פ ט ל ז ח ע א י ע י נ ן נ

ב י ש ק ה ל ק י ו ם ח ח מ ו כ ח פ

א א ש ו פ ו ה נ ל ח נ ו ו י ג נ י

ל כ ק י ו ו מ ח צ ן ו ע ד א מ ע ר

ל ל פ ו ק ע ג ל ת א ת ם י ר ב ד מ

ן מ ו ן ת ה ה א ר ה י א ר ר ק ד ע

עגלת
קיום
להכין
למשוך
סלרי
מכחול
לכביש
מדברים
חולצת
תקופה
זוג
בעמוד
לטפס
ראה
אנושי
סנפיר
נולד
שלנו
להקשיב
לנקודה

Puzzle 720

כ ר ע ל ב ו ת א ח ד ח ו י מ ב ו ף

מ ל ו ה א י ק ש ר ש א ל כ ו ת ש א

ש מ נ ד ע ו ב ב ד י כ ב מ ל ן ו פ

י י י ן ש י א י ל ט פ י מ מ ה ע ל

פ י נ ו ג ס ס ה ע ת ל ל ו א ת נ ה

ו א ה י ח ק ע נ א ב ו ח ח ב ו ע ו

ע ח ה י ס ק ל ס ה ו ו ד ה א ו מ י

ו מ ו פ ח י ד ד א ה ף ש ו ח ד ב ב

י ח ו ק מ פ י ה ס ל א י י ם י א ק

ח נ א ו ח ת ח ם ע ת א י ב ר ע מ י

י ו ר ר ב א ל א ה ו ו ל פ ת ר א ב

מ ה ת נ ה ג ו ת ד צ ר ה מ נ ח ב ג

ר ו י ו מ מ ו מ ל א ס מ ו ר ה מ ו

ש נ ל ל ב י ז ו ן ת י ט א כ מ ו ף

ו ר מ ז ו ו א ל א ה צ י ע צ ב מ ב

אף
התנהגות
ובמיוחד
עוני
תוצאת
סמור
אתמול
פוני
חשב
אשתו
הססגוני
מערבי
בגוף
ביזון
אחראי
במבצע
אווז
חושף
כמשי
פטל

Puzzle 721

ב ש ב מ מ ח ל ו ט ה י ה נ ת ח ה ר

ע ה ד ת נ ז ז א ע ת ב ם פ ר א ל ק

ת י צ ר ד א ו ו ה ש י מ ן י מ א ה

י ב מ ק ד ו ו ת ת פ ל ו י ל ח ו כ

ד ו י ן ו נ ג ר ד י ח מ ש ו ת א ה

ם א ת ג מ ו כ ה מ כ ח ח י ם ו ל כ

ב ◌ י מ נ ס ה ת ר ת ו ש מ י ל ש ה

ל ם ר ע ה ע ר ח י נ ל ב ח ק י מ נ

י ל ס מ פ ן ב ס ר ל י ד ל ה ע מ ר

כ מ ש ת ת נ נ ו ד מ ה ו ב ל פ פ ו

ר מ ו ו ת ד ח ר ב ח ך ר ו כ ר ר ק

ד ג מ ק ח ו ב י ח ר ה ל נ מ ו א מ

ב א א ה מ ש י י ע ת א ה ש ב מ ב ת

א נ כ ר ר ש ו ב כ ל ו ה י ק ט ן ע

ב ר נ א ם ת ל ש י ח מ ה ל נ ל ס ל

להרחיב
להמחיש
כלום
מישהו
ממשל
חכמה
לכבוש
לזווג
חומר
נשי
פעילות
היבוא
בעתיד
מחשב
מבט
מחל
להקים
כוח
ערך
האמין

Puzzle 722

אנרגיה
עוד
ענק
כדורגל
יער
הצבעה
מזון
זה
איריס
וידוי
מודה
תקשורת
המומיה
מלוכלך
יצווה
פינוק
נברן
בקשה
קדמון
מסורתית

פ ר ו כ ב י י כ ד ו ר ג ל ק נ א נ

י ח א ל ת ב ו ז ה י ה ו ח י י ה ש

נ פ ת ד ר ע י צ י ד ד מ ם ח מ י ס

ו י ק ק נ ע ב מ ס ו ר ת י ת ל ל מ

ק פ ש ר פ ע מ ל מ י ר ך ל כ ו ל מ

ל מ ו ד ה ת ו ה ה ב פ א פ ן ב ח י

ת ו ר ס ת א ו מ נ ה א ן ע ן ר צ ר

נ נ ת ת ח ן ה ש ק ב ת ב ו ת ו י ב

ע ר ח י א ו י ת ן ו ד מ ד ו ל ל א

ו ת ת ו מ ש ג ר פ ה ד י ה ל ם ה נ

מ ס כ י ס י ר י א ק ש מ י כ י י ל

י ו ת נ ח ו נ ה ה פ י ל מ מ ן י ת

ל מ מ ת כ ר א ה ח י ו ר ו י ל ט י

מ ה י ה ל ל ג ו ל ו כ מ ו ל ס נ

ו ר נ ב ר ן ו ז מ ם ל י ה ח ק ו נ

Puzzle 723

פ	א	ן	מ	מ	ם	י	נ	צ	מ	ל	ה	ד	מ	ע	ב	ת
ב	נ	ו	ס	ף	ה	ף	ד	פ	י	נ	ו	ל	ב	ת	א	ה
ך	ח	ע	פ	ל	ה	י	ו	ו	ע	ה	ו	מ	ר	ו	ו	נ
ג	ו	ש	ו	ר	ק	נ	ן	ל	ו	ז	י	ס	מ	נ	ו	ג
ת	א	י	ט	ק	ר	א	ה	י	ט	ת	ז	ה	ה	ו	י	ה
פ	ל	ו	כ	ד	ד	ת	א	ט	ר	פ	ו	ו	ר	ת	ר	ר
י	א	ש	ב	ב	ק	ו	ו	י	מ	מ	פ	נ	ץ	י	מ	א
ג	ו	ע	ח	ב	ש	י	ו	ק	ב	ה	ע	א	א	ע	ש	ס
ז	ל	ה	ר	נ	ו	ח	ם	ה	ס	ח	ג	ע	א	ה	ו	ע
י	א	ב	ט	ו	ק	נ	ק	ת	צ	ו	ר	י	ר	ק	ו	ר
ר	י	י	ל	ח	ו	ה	ד	י	ו	ט	י	ן	ע	ו	ח	ת
ב	נ	ת	ג	ת	ש	ע	ת	ב	ת	ם	פ	מ	ש	נ	ו	צ
ד	ת	ה	ו	ף	ל	ק	ח	כ	ד	י	נ	ע	ב	י	י	י
ו	ה	י	י	ם	ו	י	נ	מ	ב	ע	נ	ן	פ	ת	נ	ר
ס	כ	ר	ע	ש	ט	ק	א	ו	ר	ן	ה	נ	ל	ר	ד	ל

אמיץ
דקים
מיעוט
מפת
פוליטיקה
טופס
כי
נוסף
סערת
הנחיות
תזה
עשוי
העיתונות
שעון
עשירה
הביתה
הארקטי
באוויר
בלוני
ריצת

Puzzle 724

דקת
מקבל
תאוריה
ומסודר
מטלת
נואש
פתק
בכיתת
בחופשה
להטעות
להוכיח
רגיעה
שלום
המאה
האויב
פעיל
אפונה
להגר
חקלאי
המוכר

ס	ח	י	ן	ח	מ	פ	נ	ו	ס	מ	א	ל	מ	ו	ע	מ
ש	פ	מ	ב	ק	ו	ד	ה	ו	י	ב	ב	ה	ם	ד	י	ר
ו	ר	ח	ל	ל	ל	ס	י	ר	כ	א	י	י	י	ה	צ	ד
ו	ו	ו	ט	א	ס	ן	פ	ד	מ	פ	א	נ	ח	א	א	א
ה	ר	ע	ז	י	ר	ת	ר	ת	ל	ת	ק	ד	א	ק	ר	א
ה	ח	י	פ	ע	ם	פ	ר	ת	ו	ק	ע	מ	ו	ל	ו	כ
נ	ל	ה	ט	ע	ו	ת	ע	נ	ו	א	ש	ל	מ	ר	ב	ק
ם	ר	א	נ	י	ל	ל	ב	י	ל	ו	ר	ה	ע	י	ג	ר
נ	ת	מ	ת	ו	ש	ט	ר	ל	ל	ת	פ	ג	כ	ר	ג	ד
ש	פ	ה	ג	י	פ	מ	ו	פ	ו	ל	ה	ר	כ	ו	מ	ה
ד	ל	ש	ו	ו	ד	א	ל	ר	ב	ו	י	א	ב	ו	ת	ד
ו	ג	פ	ף	א	י	ל	ע	א	כ	מ	ר	ד	ו	ס	מ	ו
ל	ר	ו	ו	ה	ו	ר	י	ח	י	כ	ו	ה	ל	י	פ	נ
י	ן	ח	ל	מ	מ	ו	ל	י	ת	ן	א	ן	מ	כ	ב	ע
א	ו	ב	מ	ק	ב	ל	ב	ג	ת	ע	ת	צ	ד	ר	ב	ה

Puzzle 725

ת ת ת ת א ש ע ר נ ו ם ו כ ר א ל י

ו מ ו מ ל ו ל נ ו פ מ ג כ י י א ק

ש ו ו ו ל ק ש מ ש נ ו פ ל ר ק ח מ

ר ב ן ו נ י ם ר מ נ ל י ו ה י ר ר

מ ט ו ס נ ה א מ מ ר ט ה ל פ ת א ה

ת ל י ב ו ה ל מ ר ה ח א ב ד ס ו מ

ע ו ס מ מ ו ק א ן ך ד י ר ת ט מ ו

ל ו י ק ה ב ד ל פ ף ג ר ך א ע ג נ

ו ח נ ו י ל ה ם ה י ת ו י פ י צ

מ ו ב מ י ו ה ף ו צ ה י ו מ ל ב ז

ה ב ג י ז ל ז ר י ס ב ע א ו ד פ ו

פ י ח י מ ו א ו מ א ש ו ו ע י ע ה

י ו נ ג צ ס ת ט ה י ה נ א ה כ ד י

מ ד ג ב פ מ ר מ ר נ ו א ח נ ף ל ס

ע י ג פ נ ר פ נ ו ו מ ח ר י ג ח ב

ציפיותיהם

מוסד

הבדל

משקל

תעלומה

ההפך

נמר

מאה

בסיר

לברך

להוביל

מטורף

כפל

שאת

מטוס

מקומי

שיר

בניסיון

אלה

מחקר

Puzzle 726

ל ו מ כ ש ר י ד מ ע ע ל ה ל ו ט נ

א ן ה ו ף ת ב א מ נ ס ל ג ב י כ ו

ג ש ה פ ר א מ ב ב ל ל צ י י ר ת י

ל נ ס ו ת ן ח ו ו ל ל ה ש ו ו ת [illegible]

י ו י ר ת ש ד ח ח ס ה ו ר י ק ן א

כ ה נ י ג ב ד ן נ י ת ש ד ב ו ו ע

נ מ ר נ ס ה א ר ש ו י ב ד ת ס ח ט

ס ו ו ב ע פ ה י ח ג י מ ע י מ א ע

י א ד ד ר ת ב ש מ ח ה ק צ פ מ ו י

פ י ט פ ו י א ח ת ל ה נ ו ר ח א ל

מ ח פ ה ל ע י מ ל ג נ ש ל ד ו א ד

מ י מ י ש ו ו מ ש מ י ב ד ל ר ב ה

כ מ א ב נ נ ד י פ ס ח י י ל מ ו נ

ו י ב ל ט ו א י ר ה ב ב ן י י נ ב

נ ר ט מ ז א ש י מ ח י ב מ ה ג ף ו

ירוק

לצייר

אומה

לסלוח

מסוק

בגינה

נטו

הייתה

ללמד

לנסות

בניין

להשוות

הוריקן

בחינה

לאחרונה

הפתיעו

כנס

באתר

מחדד

בשמחה

Puzzle 727

פ ם ס פ צ ו ח נ ג ק י מ מ ב ל מ ב

צ ה ב פ ע ב ל ו ט י ל ה י ו ן א צ

ר פ י ה פ פ ו ש י ש ה ה ב ב ו ט כ

ש ס ב י ה ר מ א י ו מ צ ן ת נ ז ל

ח ג ת כ ו ל ן כ ר פ ם ו ו ד צ י ש

ד ה י מ ת ח י ל י ם ד מ ל נ ת ן כ

ר נ ת א א א ב כ ת ח נ י ח ו ת ו ו

פ ל פ ז כ ר פ ל ה ו י ד י מ ל ת ח

ר ר מ ב מ ח ב ת מ כ ן ו י י י ו ב

ו צ פ ר ד ע ס ס ו ל ת ו מ ל ן ב ת

פ ל ו ה ע צ ת ו ע ו ת ם ה נ ד י ב

ס ז מ נ ה א י ע ל נ ד צ ב א ן כ נ

ו ו א ש פ מ ן ע ב ו ת י ז י ח ס ל

ר א ל ל ה ב ו ב י ף ש מ מ ה ל מ ש

נ ל ק פ י נ ת ם ה י ו ג א י ה א ר

תלמיד
לימונדת
בלוטי
סביבתית
לשכוח
נושא
פני
מול
פרופסור
צנון
מנומסת
מתחילים
באותו
זברה
לשנה
במחבת
כלכלת
הפסגה
בצד
צפרדע

Puzzle 728

ע י ק ר י ת ל א ר נ ן י ש א ך ה ה

א ט י ו ח ר י ו ז ג פ מ פ מ ו צ י

ל פ ד ב מ ג ט פ ח ם מ ש ג ב ו ה א

ו י נ י א י צ י נ ו ר י ו ש ד ר י

נ ל ל ד ו ל י נ ו י ה מ ק ל ר י ו

צ א ד ק ח ו · כ י י ב מ ב ט ם י כ

ח ש נ י ר ב ב ם ה א ו פ ר ו ר ם ן

כ ג י ג ב נ ק נ י ק י ו ת נ ל ת ע

י ר פ ח ע נ ו מ ו ד נ כ ו ו ד ה ש

ו נ ד ו ב ת ד ב ה ד י י י מ א י נ

כ ד נ ם ל י ר ו ב ע ו י ר ד ב ו ו

ק ת ב ו מ כ ו ל ו א כ פ ט א ר ס נ

א ת ו פ ד ו ו ד ם ל ד ך פ ן ע י י

נ ו ה א י כ צ י נ נ ה ש ב ק נ א ב

ד נ ח ע ה פ ע ל י מ ה ף ו ש נ י ן

שלטונו
במבט
פגז
עונת
מאוחר
אפשריים
הצהריים
כתום
צינור
פטריות
בעבר
דיבור
עיקרית
רפואה
ינשוף
תרגיל
אליפטי
בננת
המקל
נקניקיות

Puzzle 729

ת מ נ י ו ו ע ר ע ק ד ל מ ב א ל כ

א ז ם מ ע ל ו פ מ נ נ ו פ מ ב ל ב

ו מ י ח ן ח ת ת ח ה ו ג ב ו צ ע כ

ו י ג ת ו נ ם ח ל ו כ מ ש ו מ י י

ב נ נ ו מ ע נ פ ע ר ח ב פ ת ו ת ר

ג ה ק ו ר י צ ו א כ י ל ג ו ע א מ

א ת ת ג א ד מ ט ר י ם ק נ כ ד ס ו

ת ה י ע י ב ש ל ו ק ב י ו ה מ ו ד

ו ח ר ג ת ד א ל ו ו ם א י ש מ ה כ

א ל ט ז ו ק ו ו ת ח ע ר ד ו נ ה י

א ל ו ו ל נ ש ל כ ז ו י ד ל ת פ ה

י ו ט ח ב י ש ו מ ר ו י פ ש ת ן פ

נ ר נ פ ח ד ן י ר ע ו ר ב ע י ל ה

ו ה ה ב ו א נ ר ג ת א ב ל ו ו א ו

ש ל ן ד נ ה ל ר ת ר פ ו מ י ב ט כ

דומה
דאגת
מזמינה
אכיל
פחדן
נוח
קנה
בקול
נוכחים
שביעי
שלושה
מטרים
רע
עצוב
זמינה
כיוונים
יצוא
לשדוד
רוק
מנת

Puzzle 730

ו ל ק ס ר ע ם ד ל ט מ ל ת ל ו ל ב

ת ה ט א א ו ן י מ ד ו כ א ד ח י ו

כ ת י ש ר ך ב ר ת ע ו י נ ו א נ ש

ר ב ן ש א ט ו ל ק ו ס ע מ ב ד ת ש

ע ו ת ת ק ת ק א ב פ י ר מ י ח י ל

ה נ ו ס ר ו ה י ק ר ק ע ו ל י ◌ י

י ן ט ה ו י ע ה ל ק נ ו י ר ב ח ח

ו א א נ א ל ה ל ט י פ ש י פ מ י ת

ו ח ד ו ת ל ו ח י ר י א נ מ ה ה ב

כ ד ח ר ק ם כ ן ב נ ר א ר ק ו ב ב

מ ת כ ◌ ם א א ר ה ד נ ב ח ר י ו נ

ר י צ ו ב י ו ד מ ב מ ר ו ת ה מ ל

ג א צ ן ו ז ג א ה ו ו א ו כ ל צ ר

ח ו ת פ א ה ת ל ו ס פ ת ו י נ מ ח

ו ו ת ב ר י מ ד י ס ע ד ע ת מ מ ב

להתבונן
חמניות
ארנב
קלה
פסולת
הערכת
טיפש
חיה
עסוק
מעניין
איזה
בבוקר
קרקע
למה
תה
בטקסט
שליחת
פתוח
קטין
באזור

Puzzle 731

י ל ק ד ל ה כ פ י ל ז ן ת פ ע ל מ
א צ פ ס ש מ נ ש ו ל י ן י מ ת ל
ב פ ד ו כ מ י כ א מ ו מ י ר ת ו ם
ו ו ל ו ן ל ו ת ן ק ו נ ו ו א ך נ
נ ת י ק ו ן מ ן ו ו ג ר ב י ו ר ל
ו ש ע ר ד ס ב פ ת א ב ס ו פ ד כ י
ש ד ע נ ר ו ה פ ה ד ה ו כ ט ו ר ה
ל ו נ י ד ת מ ן ק ס ו י י ל ר ד ג
ן ל ן י ע פ ו ח נ ת ו נ נ ו ב ת ה
ט ר כ ו ג ו א י ז ו י א י ר פ ם ש
ל ב א ת ם י ה ר א ו ל פ י פ ו י ת
ס ן ו ג ו ש א י ם ה י ו ה ג ב ב כ
ק ך י א ו ח ס י כ מ י ת ק פ ס א ו
ו י נ מ ש ר מ מ ל ר ת ו ו ן ק נ ם
פ ם ו ח ד מ ש ה נ ר י ע צ ב י ל י

דפוס
קופה
גאה
צעיר
איך
לצפות
כול
האומה
זנקה
מדחום
תיקון
ואן
ואספקת
שכן
לתוך
טלסקופ
להכפיל
תן
התבוננות
בסדר

Puzzle 732

ארית
חכמים
טורקיה
הוקי
שניתנו
ספריית
סחר
הטרופי
מדיניות
צעד
קיווי
מצביע
ארוך
לתרום
לספור
רכיבת
נוף
חמוד
גחלילית
מרכזית

ן א ו ת ו ף ס ל א ג י ה י ק ר ו ט
ן ק ו מ פ י ג ח ל י ל י ת ב י כ ר
ל ו ן נ י ו ה ר ו י ב א ש ה ר נ ח
ג מ י מ א ו י ו ע ו א ו ס ם א ע ס
ש ו ת ר ו ר מ נ י נ ל ר ה ת נ ו ו
צ ם י ש ד מ ב ו ס מ ך י ד ו ף י ו
ל ת ר ו פ ס ל ף ש ת ו י נ י ד מ ר
ע ה י ר א ש א ע א ת ר ג ב ת ו ל ת
י ע א ח צ ב ח י ד א א ן ב ל מ מ ו
ב ל א ל ע ד ו ט פ ע ת ו ן י ח פ ו
ת ג מ ר ד ק י ו י ו י ם ט מ ם ו ן
ם פ ר ה מ ה ת צ ז ב י ו נ ת י נ ש
א מ ו ו ד ע ח כ ז ר צ ר ש ח מ ו ה
י ק א י פ ו ר ט ה מ פ ת ס מ כ ה ה
י ר מ ת ו מ ו ש ב ד ס ל ק א ח מ ט

Puzzle 733

פ ן ו ר א נ ר א ש ל ס ן ב ו י י י
ר ק ג ה פ מ ר ק ל ת פ נ ד ג מ ע ף
ו ו ש נ ח ז י ר ו ר צ י ו נ ו צ ע
ט ר ם כ מ ר י א ו צ י ל מ ו ר ל צ
ו ת ש ל ת ו נ י ה ק פ ת ן ד א ו ו
ת ה ת ה ן ח ד ת ק א י ת ו מ י ל א
ב ה ת ן ד ד ר ק י י ת י ד מ כ מ מ
צ מ ח נ ו א י ל ד ו ן ר ש ס ע א ל
מ ש ה מ ר ע ב ד מ א ם ר מ ע ר ה ש
נ ע א ה נ י ר מ   נ מ נ כ ל כ מ פ
ה ת י ם י ש נ ה ר א ל נ ת ל י א כ
א ו פ נ ו ע ל ב ו ר ן ד ו ם ל ג מ
נ ו ו מ ו ש ן מ ר ט מ ק ח צ ג ס ם
ר פ י ל ן ב ש ע ח כ פ ד ד ח י ה ג
ה ת א י ם ו ו ס ר ה ה צ ר ה ל ו צ

שדון
גשם
ספציפית
צחק
התרוקן
נייר
ארון
אופנוע
אקראית
אגס
שמים
שלווה
חזיר
לגיל
פרוטות
ישנה
שכח
אלימות
מנעול
פיל

Puzzle 734

ת ו ז ס ו נ מ א ה ב ה א כ מ ר ח י
ט נ י מ מ ו א פ כ ב ז ר ג י ב ר ק
ז ח ו ר ה ל י ה ק ב ד ד ח ח צ ן ו
ו ש ו ב ו ב ז ל ו ז מ ה נ ת ד צ ל
ת ב ב ו ל כ ם כ ע ב נ מ ק ב ו צ ת
ע ן ב ג ק ר ב מ ה ו ו א ג ו ק ו ל
א כ ב מ ר ד מ ח ש ו ת ן ו ס א ע ו
ל א ד ת י ד ם י ד ו ז י ל ע צ ו כ
ד ו ו ח י פ י א נ ק ק מ ב ב ו ן י
ו ס פ ת ר מ ס ד ק ל ש ש ן ב ע א ת
ן י ו פ ת מ ב י י ס א י ר ל ע מ ח
ח ק י מ מ ב ו ו י ו ר ם מ ר מ ל מ
ב ה נ א א ב ל כ ן ו ר ת י ח א י ש
ס ת ר ה ע ו ו ו פ ק ע ו ב פ מ ס ל
ע ק ו מ י ם ח ג ש ב ר מ כ ג י ן א

אסון
רכב
זול
קבוצת
מתחת
לשמחתי
עליז
קריירת
יתרון
זבוב
לדון
קול
לעצבן
מרובע
יכולת
הזדמנות
בקהילה
אהבה
סיכום
עקומים

Puzzle 735

ע ד ף ל כ ח ה נ ע ו   א י ת ד ה ל

ח ד ע ש א ח צ י ה א ל ו פ י ט א י

ו ד פ נ י ק י ל מ ח ג מ ד נ ד ג ה

י כ פ ו ר ע ם ר ו ת ת ל ב ו ה ג ק

ו ד ב ע נ ק י ת י ת ש פ נ מ ל ר ח

ו י מ מ ר ק ה ת ל מ א ו ו ן ש ל ד

ת ר י ה נ י ז ד ו י ר ל י ר ש י ר

מ מ י   ח ת א ע ן ו ב ס ה ס נ ב א

פ ז ל צ ו ר ת ר י ם ע ן י ק נ ז מ

מ מ ה ד י נ ס ל ט ב ד ק ד י י ף ו

ש ז ש כ י ר ק ל ק ם ס פ ו ר ט מ י

ש ע ת מ ס י ל א ה נ נ נ ו ה פ ח ו

ר ד ל ם ן נ ב ו ל כ ש פ מ נ פ ר מ

ו ש ש נ ם ס א ה ה ר כ ש ו מ ו נ ד

ת ו ל ן ם ש ח ו נ ג פ י ל ש מ ל ש

נרתיק
אמריקני
להשתלשל
מונית
אש
ספורט
שמנה
כפור
גל
טיפול
סקירה
לשמוע
החיובי
נפשי
זהים
מרק
צורת
להקטין
ענקית
הסבון

Puzzle 736

זאב
שנערכה
דם
חילזון
פועל
צוות
חמנייה
הראש
בקבוקי
מלחמה
עשרונית
חמוס
ברכות
תחביב
מבחר
תולעת
מאוד
אנגלית
בפועל
כל

ל ש נ ת ר ת ח ב י ב ר ל ח ל מ ק ב

ש נ ר ב ו ע ו א ו ק י מ מ ה י י ר

ן ע ה ס ק ף מ ז ת ב ל ו מ ק ר ד כ

נ ר ב נ ר י י ח מ ו ס כ נ ו מ נ ו

ה כ פ ה י י נ מ ח ק א ר ח ב מ ם ת

ו ה ו א ו י ן ש ל י ה נ נ כ ם ב י

י ה ע ה י ת ד י ע ח ד ת ו ם ר מ ל

ר ת ל י נ כ ס ב כ ח ם ד ש ל ק ק ג

מ י ע ת י ו ר ע ה ל י ק ב מ פ ל נ

ד י ו ר ת י ש ו ו ו ב ל א מ צ א א

ב ל פ ר ת ר א ג כ ה ב ו ה א נ מ ק

ח י ל ז ו ן ר פ ל צ ד כ ע ל ל א ו

נ א פ נ ו ת ה ת ו ו ו ר ב ח א ר ן

ב מ י מ ר ר ל ו נ ו ו ד מ מ י ד י

ל ת ש ד ו ת ו ל ע ת ל ה ו ו ר ו ל

Puzzle 737

ק ה ש י ה ו א צ ס ב א נ ו כ ש ה ח
ע מ ח ל ו ח ר פ ן א ו ל נ ל מ ע ב
פ ה ע י פ ו ה ו ן ט ו נ י ד מ ב ר
פ ל י ן ב ו ח י ד ו ק מ י ע ב ר ת
ח י י נ י ט ו ו פ ז ס נ ס ר ה א נ
נ י ו צ י א ר ל ר י ה ו ו ש מ ל ש
ה ל ק ב ל י י ע ד ש ל ע ו ע ס ד ר
ת י ה מ נ י י א ת ס ה ב ה ב ו פ ר
י ה ל ם ח מ ה י ו ר ו צ ק ר ט ו ח
י ש ת מ י ו ס מ ר נ א ב פ נ ן ה נ
ח פ צ א ה מ ק י ש י ש ה א ו מ ו ב
ס ע ה ח י ת ם ת י מ ד ח ה ק ה מ ר
פ ה ו ק ח ח ר א ד י ד ה י ר ג י ה
מ י מ ר ו נ מ א י ן ת ת פ ד י מ
א מ ת י ל ת ל ע ו ת ת י ר פ ס ב ג

צב
הופיעה
המדינה
שעברנו
צפוי
הקפאה
חברת
מסוימת
הביטחון
הרס
השישי
ארבעה
עורב
לקבל
טווח
התייחס
חוט
בספר
תועלת
השפעה

Puzzle 738

ל ל כ נ ר ג ש ק ר נ ל ב ד נ ן נ י
ה ן ו ו ע ש פ ד ל פ ו ת י ו מ י י
ח י ו ש ב ע ה פ ל ג ו ח ר ק י ה י
ל א ד ד ו ש י י מ ש מ ו ו כ ך ת ו
י א פ ו ר ה פ ת ע ה ר ש י ח מ ת ט
ק ך מ ן י ע ו ס ק ו ה ש ר י ק ב ו
י ב ר י ש ר א א י ל מ מ א י ע י א
נ ה י ב ם א נ מ א ו ב מ ן י ח ג מ
ח א ל י כ א ה ל ת א ש ת ו ו ס ה ל
ו כ ה ◌ ו ת ד מ ס ט ב ה א ת ו ר ד
ד ן ו ם ש ח ת כ ח נ א י י ש מ ת ד
א ר ג י ו ל מ ה ש כ ן ד ז ג י ו א
ר ן ו ת ח ת ד מ ש ת ל ל ו ס כ מ ס
מ ר ן ה ף ש ר ס נ ש מ מ מ ה ת ם ר
ו י ו ו א ד ק ט ט ד נ י ב מ ב ע י

יושב
חמת
תחתון
אפורה
ריק
טבעי
תקין
רוב
נרגש
משטח
להחליק
הפתעה
רעב
חושש
עין
להסוות
במוזיאון
להאכיל
נפגשה
אכן

Puzzle 739

פ ו ם ט ו ק א נ ן א ה ב א ל ח י ו
ב ו פ ו מ ה ע ו ל ם ת ו י ש ק ל ק
ל ס ס ע ק ב ר נ מ מ פ ם פ פ ע ל ו
ק צ ר ה ד ח ה מ ע ג ד י מ ם י ר ו
ח ת ז ח י ד ו ת ש מ ר נ ו פ ת ר ס
ו מ ג ח ש ו ל ת ה י א ש י ס נ ו ו
ר ת ע מ ו א ד ר ת ד נ ם פ י ש ב ע
ל כ י ו י ל ה י ד ת ש ה ה ת ה א ם
מ ד ס ר ב ו · ב מ ו ה ל י י ח ו א
י א ד ר ד ר ו מ ח ו ת ש ב ר ל מ ש
ג ת ב ם י י ל ו מ ע מ ל ו ל מ א ה
ע ת ו כ ן ו ו ג י ד ו ח ח י ט ב א
ה ו ד מ ב ד ד ף פ ן צ ר ה ◌ ה מ צ
ו ש ח ו פ א מ ט ו י כ צ ח ת ן ר ד
ת ד פ ד ח י נ מ ח ל ה ו ו ר ק נ ל

קליפים
חמור
השנתי
לקח
קצרה
שפירית
בירת
דין
לנקר
תלוש
אבטיח
למעשה
יחד
שנים
וחצי
תוכן
טועה
העולם
גזר
לשלהם

Puzzle 740

פשוט
יכול
קדרה
קו
נשיקה
אחרון
כהה
התנהלות
המראה
סגול
אופניים
מזין
להאריך
שרפה
פעם
רגיל
זהב
ביצי
להישאר
מצטער

י ל מ מ ס ◌ ל נ י ח ק ו י ח ו ש ל
ו ג ז מ ח ל ד י ב ר ד ד נ ו פ ן ו
ר י ק ל ב ה ז ו ד ו ר ל ן ◌ נ כ נ
ן צ ו ע א ק ו ד ת נ ה י כ ו ל י ר
ש י נ ר ל י ת נ ו ב ה ג ד ה ו ל ד
נ ב מ ע ר ש ר מ ל ה א ר י ך ג ן ו
ן ה ב ט ו נ כ ל ה ה פ ש ו ט ס ו כ
ג פ ד צ ל ו ר פ נ פ א ר ב י ה ה כ
ר ר ע מ ע ה ם ע ת ר מ ח מ ם ר ו י
ת ש ו מ מ ר ח ם ה ל פ ג ב י ל ק כ
ר י ו ל מ ה י א מ ב מ ו ן י ב ל ר
ל ש ט ו ו ש ל ד י ו א ל ן נ ב ק י
מ ש ק י ו ת ל נ א ף ל פ צ פ ל ו ו
ו ת ל נ נ נ ר ב י נ י ב ן ו ר ח א
פ ג נ צ ו ו ן י ו ו ח ר י א א א ל

Puzzle 741

ח	י	א	ם	מ	ח	ד	ח	ס	צ	ע	א	ב	ד	ח	פ	ה
ל	ת	ק	ו	א	ס	פ	ר	י	י	ה	י	נ	מ	ק	ר	א
ם	מ	ד	ז	ר	ן	מ	ן	ס	פ	א	י	ן	ף	ש	ש	י
ס	ס	מ	א	ח	י	ו	מ	י	ל	ק	נ	ש	ת	ו	נ	נ
ס	ד	י	א	ת	י	ד	ב	ש	ר	כ	י	צ	ה	ו	ו	ו
ו	ר	ל	כ	ל	כ	י	ל	י	ו	ת	ו	ה	י	ב	ת	נ
מ	ה	ס	ו	י	ע	י	מ	י	ת	מ	מ	ז	ר	פ	י	ל
פ	ו	ל	ב	מ	ס	ד	ר	ו	ן	ו	נ	ח	ו	ת	ח	ח
ל	ד	צ	ן	ו	ד	י	מ	מ	נ	פ	ג	נ	ט	י	ש	ע
ע	ר	ב	ח	ר	מ	ג	ק	ס	מ	ז	ל	ב	ס	מ	ה	א
ש	נ	י	א	ב	מ	ו	א	ל	ק	ה	י	ב	י	ו	א	י
ו	ה	ת	פ	ו	ב	א	ס	מ	ן	נ	מ	י	ה	כ	ל	ר
◌	א	ו	ב	י	ד	כ	◌	א	ו	ל	ה	נ	ה	נ	פ	ו
ל	א	ב	ה	ב	ב	ע	מ	א	ר	ש	מ	נ	ד	ה	א	א
ד	ק	פ	ו	ח	י	ך	י	ה	ל	ו	ח	נ	ר	ת	ד	ב

פרשנות
מסקנה
מארחת
ספרייה
ערב
מוכנה
נוחות
שבדית
אין
במסדרון
סמן
בצל
אקדמי
הפחד
היקפי
נשק
מזל
מרחב
כלכליות
ההיסטוריה

Puzzle 742

דבר
במהירות
הנוכחי
מכה
אגרסיבי
לזרום
בלי
הובלה
פחות
הנוכחיים
סכין
בשילוב
נתח
קמח
כותרת
פרפר
שווא
גרסה
לצרף
מעיל

א	ן	ת	פ	ד	פ	נ	ו	ש	צ	מ	י	ו	ר	ב	ד	ל
ו	ת	מ	י	צ	ו	ת	ג	י	ו	ו	נ	ה	ב	ל	ד	ו
ר	ן	ק	ו	א	ו	ח	ן	מ	נ	ש	א	ד	ד	ר	ל	ע
ש	י	ג	ו	ד	מ	ר	ר	ת	ד	פ	ק	ב	ן	ב	א	מ
מ	כ	ה	ד	ב	ב	פ	ו	מ	ו	פ	ת	ע	ד	ו	ב	ל
מ	ס	ל	פ	ש	י	ר	ב	ר	מ	ד	ל	ו	ח	·	י	ל
ר	ת	ב	א	י	ל	ב	ח	מ	נ	י	ע	ן	א	ש	ב	ל
ה	ח	ו	ב	ל	ף	ח	ת	ת	ה	ג	ת	י	מ	ב	ש	י
כ	א	ה	ם	ו	ר	ז	ל	א	ס	י	ו	ב	ח	ב	ק	ס
ש	מ	ת	ה	ב	צ	י	ה	ם	ר	פ	ר	פ	י	נ	מ	ע
ה	ה	ע	מ	מ	ל	י	ע	מ	ג	ן	א	ו	ו	ש	ח	ע
ו	ו	ג	ן	ה	נ	ו	כ	ח	י	י	ם	פ	ת	מ	א	ו
ד	ו	ו	ו	כ	ו	ת	ר	ת	ב	כ	י	ה	ח	ו	נ	ר
א	ג	ר	ס	י	ב	י	ח	כ	ו	נ	ה	צ	מ	ו	ש	א
ק	י	מ	א	נ	פ	ר	ד	ו	מ	ר	ת	מ	כ	י	ת	ז

Puzzle 743

ת ר ת א ח י מ י ו ש ל כ א ד י ן ד
מ ב ו ד ד ת ל א ב ב י ח ת · ו א א
פ ג פ מ י ל ת פ מ י כ ר נ ר ל ל ד
ק ח נ י ל ש מ ו ל י נ ש ב ת ו נ ח
ה ף ח א ק פ ת ד י ר ו ר ו ג נ ק ה
א ס י ע פ ו ה ס ו ר ר י מ ה ו י ל
ו ת ר ה פ ך ל ה נ מ י ו ל ב מ נ ח
ד ת ח מ ו ו י נ י ח ב ו ט ר נ ק י
י מ ל ו ו ד ן ל ה ד ב ו ו ב ת ק ר
ש ת ו ב ד ל א ס ו ף מ ה ת ב ק ת ר
ן י ב ו נ ה ו ם ל ר ל פ י ו מ ן ת
ס י ג ה כ ש ה נ ר ס י ר ב ו פ ו נ
ה נ א ה ס ה צ ד נ נ נ ס י כ ת ר ד
י ת ה ו ו ש מ א ר א ה כ ג ש ח ד ה
ל י נ א ו פ נ י ש פ י ט ן ר ר י ח

למפות
גבול
רטוב
אופני
הסורר
וניהול
הקנגורו
הוא
מתייחס
אודישן
לשפוך
קערת
חנות
טיפשי
לאסוף
מבודדת
שווה
מילת
יניח
חגב

Puzzle 744

לבחור
ילדות
קפה
זהות
גדול
שימון
שותף
הלך
צדדים
מיוחדים
קיר
דברי
לזהות
עלה
אלפים
מיטת
חטיבת
לחם
לשחות
לבוש

ע ב י מ ה ד ב ר י ה ע ו ת ג ד ו ל
ל י ל ר י ק ה ה ל ך ת ב י ט ח ז ל
ב ד ד ר י ד ה ו ד ד ג נ ד ן ה ד ו
ח ג פ ע נ ל פ י ו מ ה ר ף ו י ד ע
ו ו כ נ ל ש ח ו ת ל י ת ת מ י ו ג
ר פ ח י כ צ ם י ד ד צ מ ו י י ה ל
ו ח מ ו ד ש נ י ו א י ה ש ש ם י ח
פ ת מ כ ל ת ה ד ח ט ב ג ו מ ה פ ק
ג מ י ם ח נ ר ו ת ר ד ת ב ה ם ש ת
מ ש ו נ ם פ ש נ ר ו ע ש ל ד ו ר ר
ה א ח ד מ א ה ז ח ל פ א ת ו ד · ח
נ ב ד ב ע ח י ה ה ב י פ ל מ מ ג ן
כ ב י ר ר מ ס ו ו י ן ו ן ת ו ן מ
ק ב ם ק א נ ה ת נ ם י פ ל א נ ם ר
ו כ ן · ר ש ף א ד מ נ י א ל ה י מ

Puzzle 745

ד ו פ א א ו ש ש ר ש מ ח ג ב י נ ה
י כ ה נ פ א מ ג י ע ד ע ח ל מ ח א
ב א ז ה ר ה ת מ ה ו י ל י ה ה ר ו
ר ב י ח ס פ ו י מ ע ד ה כ ל מ פ ט
כ ע ת פ ק ש ב ד ש ר ת ע ג י מ ש ו
י ק מ ט י ם ר א מ ה ל כ כ י מ ח ב
ב ר צ י פ ו ת ו ה ץ ו א ם ב ו מ ו
ק י י ר ו פ ה נ פ ר ד פ ד כ ל י ס
י א ת ב ל א ר ר נ פ פ ר ת ו ר י ש
ב ו ל ת ה ה כ ם פ ע מ נ ו א ו ל נ
ל ו ה ע ד ב ע ד ב ט ד ק ו כ ב ו ה
ע א צ ל ת ו ת ר י ד נ ד א ו ל פ ג
ד ד ה ו א ת ז ן י מ ר ב א ב ש ד ר
א ו י מ ס מ ה נ ס ו ל ל נ ר י מ י
ה נ ר מ נ פ ו ו ס ל ה מ ח ר ט נ ד

דרמטי
שימושי
אפרסק
התרבות
מלכה
לפת
דיבר
להצהיר
רעוע
אזהרה
גבינה
מדידת
הנפרד
האוטובוס
ברציפות
מגיע
קמטים
מהיר
שירות
פרץ

Puzzle 746

א מ מ ו ב מ ו ר ך ט כ ה ב ו ת י י
ו ו ה ע ל י ו ן ר ר א ש א ע י ת ת
ח ן ש מ ר ל ת ר ר ב ת ח ח י נ כ י
ש ו י ש ד ו י ל ח ו ע ו ו י י י ל
מ י י ע ח י נ ל א ס ו ר ר ת ב ו ב
י ו כ ל כ ב ש ח ש ב ו ן ו ת י ע ב
ר מ י ו ח מ י ת נ ה ם ר ג ו ל י ק
ה י ם ל ן י י ס ג ר ל ש ק ר י צ ל
ש י ו ל מ ב ב ת ו נ ת מ מ ה ר ק פ
ו ר ד ם ח מ ר מ פ ו ר ס ם ו ר כ ר
נ נ ת ל ף ל ח ם ד ב פ ר א ס ח ו ו
י מ נ ע נ ו פ א ט י ג ה ת ש ע נ ש
מ ש ע ר י ן ב ר ק מ ש ב ס ב נ ל ו
ת ג ל ו ר פ י י ד ש ב ת י נ פ ע י
ס ר י ה ף ו י ל מ י ד ו נ נ נ ל מ

חשבון
השחור
שייכים
בובת
נעלי
לאסור
ממהר
מפורסם
ביישנית
מילוי
קילוגרם
לחות
העליון
בעיתון
במלון
מתנות
באחו
מספיק
ראש
שנעשתה

Puzzle 747

ל נ ה ת י א ל ש ח מ כ י א ק ח מ ר
ה י ל ו ה א ל ע ה מ ח ק ת ח ל צ ב
ר צ ת נ ב ת ל ד ר ע צ מ ו ם ת ו א
ו ו ב ו ד ד ו ל ו ו ל א ג ו ו ד צ
ס ץ מ ס מ ר ח ה מ מ פ ר ר ו י ה ל
ן נ פ כ ו י ת ד ח ד ה ג ד ב א ק ל
מ ן נ נ ב ת ק ר ז מ פ ל מ ד ב ה ב
פ ל ט ת ר ז ע ר י ם ו ס ב ק מ ק ר
א ק [illegible] ח ס י ד ר ב ם ע כ ת א י ר ו
ו ד ו י ב ח ש ג מ ח ל ק ז ץ י ס ת
נ נ ל ב י א א י נ ק ל ע י ת ב מ ב
ו ו ר ת ן מ נ ר ק ה ח ש ר ד ו ל ב
י ח ש ו ן ס כ ת ם נ פ ך ח ע ו א ר
ם מ ו ה ן י ה ו מ י ת ת ר ע ב נ ף
א ד ס ו י ש י ו ס ב ר ר י ל נ ן פ

הפועל
אותם
במדרגות
אחיזת
סכנת
מהר
המחק
תא
ורודה
ובודד
להרוס
בצלחת
חמורה
מסרק
איות
עצמו
מזרקת
בקיץ
העלאה
ניצוץ

Puzzle 748

השניים
שחר
להעריך
רבה
המשפחה
לחוף
יותר
מאוכזבות
בכה
סבתא
מוצר
שבע
לבן
החולים
קופידון
נדרש
איכות
מזלג
כועס
פטרוזיליה

מ ב ו ו ו ה ן נ א ד ח ל נ ן ס ר מ
ל ם ס ו מ ח ה ש ב ל ה ר ש ב ע א מ
ש ו ג א ר ו ר ת ס מ ב ו ו י ו ת ר
א ל י ב נ ל ס י ש ה ע י ו כ כ ב ר
ר ש ה ו ע י ו פ ר כ ש ד ז ו ר ס מ
ד ח ש ה נ ם ח ן ד ב ל ב ח ר צ ו מ
ס ר ן ב ל ה ו ש נ י ו ו ה ב ת ג א
ו ג ל ז מ כ ו ק ר ת ל ה א ם ו ש י
ש נ מ ב ח ן ו מ ו א ן ו ד י פ ו ק
ן ם ת פ פ י ו נ ו ע ן ו ש י י ה ת
ל ה ד ו ל ת ו ו נ ף ו ח ל נ ש ו ש
י נ ת ו ה י ל י ז ו ר ט פ ש ט ב י
מ מ ך י ר ע ה ל ת ו כ י א ה ה ה ש
ש א כ ת א נ ר ד ר י ו מ ל י ד ב פ
ן י י ו ן ה ח ו ג ק ס א א ס ל ה ל

Puzzle 749

כ	ב	ג	נ	י	פ	פ	ל	ר	צ	נ	נ	ד	ן	ש	פ	מ
ב	ו	מ	ה	ק	ז	ת	ת	ח	ו	ו	ו	ע	מ	פ	ו	ו
ד	צ	פ	ו	פ	ה	ס	נ	מ	י	ב	ו	א	ה	ד	ר	ט
ק	י	נ	מ	ו	ן	נ	ס	ש	ן	מ	נ	מ	ת	ר	כ	י
נ	ע	נ	י	ר	פ	ם	מ	ש	א	ב	ד	ו	ת	נ	פ	ב
ת	ח	ד	פ	ת	י	ו	ה	ת	א	ר	ח	ר	כ	ח	ה	צ
א	י	ו	ו	ת	ל	נ	ת	ל	ד	מ	כ	א	ה	ו	ו	י
צ	ב	ל	ו	ו	ר	ש	ע	ה	ר	כ	ב	ת	נ	ג	ה	ה
מ	ת	ו	ח	מ	ב	ס	ג	נ	ו	ן	מ	ק	ל	ח	ת	ג
י	נ	ל	ס	ד	ח	כ	ו	ש	ו	ת	ו	י	א	ר	ד	י
ג	י	ש	ו	ה	ת	ו	ל	ל	מ	ו	א	ד	נ	ת	א	י
מ	פ	ל	ל	ע	י	מ	ץ	נ	ס	ב	מ	י	י	נ	ו	י
י	ב	ם	ר	ו	ל	ק	ל	ו	פ	ה	י	ל	מ	ב	ל	ד
י	ע	ר	ו	י	ל	ף	ו	ל	ד	ב	א	י	מ	ח	ם	ר
ה	ו	ל	מ	ר	ח	ם	ל	א	מ	ר	ר	י	י	י	מ	ח

ילידי
הרכבת
מוטיבציה
מחוץ
הפולקלור
אולם
ריח
מנסה
צפופה
עיצוב
קינמון
מתוח
בסגנון
אומללות
מחמיא
בפינת
לדכא
מקלחת
הגנת
לשלול

Puzzle 750

י	ת	פ	מ	מ	א	ע	ך	ו	מ	נ	נ	ס	ן	ע	ה	ן
ב	פ	ע	ח	ו	מ	ו	כ	ע	כ	ן	מ	ח	י	י	ש	ב
כ	ז	ח	ש	נ	א	ל	ו	ד	ח	מ	ר	ם	ן	ם	ל	ם
י	מ	ב	ה	ר	ר	ב	י	ת	ו	י	ו	א	ק	ק	ד	ח
כ	ן	א	ד	ע	ע	ה	ג	ו	ד	ס	ב	ר	ד	נ	י	ר
ל	א	מ	ו	ק	ס	א	ת	ע	ה	ת	ר	ה	ב	ע	ת	ב
ו	י	ו	מ	ו	ת	ו	י	ט	ת	נ	ב	ו	א	נ	ג	ש
ת	י	כ	ת	פ	פ	ו	ר	מ	ח	ן	ה	י	מ	ו	י	ש
מ	ו	ם	י	ע	ב	ר	א	ו	ו	מ	ט	ד	ד	ש	ן	א
פ	מ	ב	י	ל	ה	ו	י	ב	נ	ו	ח	ע	ת	ל	י	ו
ש	ב	ח	ע	ח	ש	י	ב	ת	א	ב	ש	ל	ה	י	י	ו
ד	ן	נ	ב	ע	י	י	פ	ו	ת	ו	ד	כ	ן	ל	ך	א
א	כ	ר	ט	י	ס	י	ע	כ	ה	ל	ח	י	פ	נ	ת	י
א	ע	ש	ו	ר	מ	ח	ו	ח	א	מ	ו	י	י	ו	ל	פ
ק	מ	ל	ח	מ	נ	י	י	ה	ו	ש	י	ת	ח	ט	ל	ס

בעיית
חיבה
חשיבת
רופפת
ארבעים
כרטיס
עייפות
ברבור
מחט
הכעיס
בילה
זמן
נמוך
טעות
שלד
כפול
קקאו
סימן
ועדת
לחמנייה

Puzzle 751

א ח ר ד ע ה ש מ ל ה מ צ א ם י ר ש

ו ס ס ר ו ח ג ם ע א ה ל ר ו ז י ת

פ י א י נ א צ ו פ ק ו ר ר ר ו ג א

י ד ו ר ש ש ע א צ ל נ י ב מ ל ה ו

ד ו ק ו ל ת מ ב ו י מ ג מ ח ו מ ח

ב פ ר ח ו א ג ו ת ם א ר ו ב ל ע א

ד ה ן א ש ב ע ד מ ת ל י ח ס י מ ב

ל ס ן מ מ ל י ר ד ו ו כ ו מ י א ו

ה ט ל פ ה י כ ר ו ב ו נ ה מ י ש מ

ת נ ע ת ת ז ד ף ק י ט ו ר ד ו ס מ

פ ד ע י י ד ג נ ת ח ר א נ ו פ י ל

ר ר כ י ג א פ מ ר ע ס נ ו ר ה י ה

ץ ט ם ש ר פ מ נ ת ם ה ע ע ו ם ע ד

ר י ו ק פ פ י פ כ ו ו מ ו ו י ו י

מ ס ר ה ש ה ט י ב ר ר י ר ר א ו ה

ירד
השמלה
עונש
משימה
סרט
העיר
קודמת
נגד
דורש
כרוב
להתפרץ
נחש
קיטור
המשולש
הסטנדרטי
האקלים
קרן
מאחורי
מסודר
מרכזיים

Puzzle 752

ש ה ע ת י ח פ ה ל ז ע ת י א ש מ ה

ת מ ש מ ע ו ת י ת ס ל ר מ י ש ד ת

ט י ן ו ק י ט מ ו ר כ נ ן ט ל י י

נ ר א ה ת ע ו ר ר ה מ ח ד נ ר ה כ

ב ד מ מ ש ל ת ו י ס ב מ ד ח ן ל ב

מ ס נ א ד מ מ ר ה ט ד ו ס ח צ כ ס

ב ע ב פ א ב ש ט ז מ ח נ ס ו ע פ נ

ו ל ר ב ב ם א ר ב ל מ ה ב ד צ א ה

ו ח ג · ף ד ו ו ת ת ל י נ א ם ב ר

ו י פ ד מ ה ר ד צ ו ל מ ל ו מ צ ש

מ ל ב ת א ה מ ס ל ת ר ש ק ה ע ו ע

י ר ט ר ע מ ל ו פ נ מ ו פ א ד כ ו

י ר נ נ א ב ש ן ש פ ל מ ן ת ב ר י

ג ב ר מ ל ל ן ב ט ף מ ת י מ ה ו י

ת ל א ר י ן א ש ה ג ה ו ט ש כ ו מ

ממשלת
בכיתה
משמעותית
ארנבת
קשר
לפשט
להפחית
עשן
מולד
עצם
נראה
בזהירות
המשאית
אשמתו
סדר
הבמה
טרור
עז
עשרה
התעורר

Puzzle 753

ז ה ו י ל ש ו מ ו צ מ א ן מ י ע א
ע ו פ י ש ב ש ח א צ ו ל ש כ י ה ל
א ם ה ד ס פ ר ב מ ב ק ח י י ח ע ע
כ ל כ ל י ת ק נ ב ע ד י ד ט נ פ ו
נ צ י ע מ ו מ א ע ע ם ז ב ר ת ל ש
ר ן י ת ד ב ו ו ה ש מ ב ו פ כ ב ג
ח ם ה ק ס פ ה י ו י ק מ ר ב ך ר י
מ ל ה ח ו י מ י ז י ן ר כ כ ב ש א
ה ה ח י ב ו ר י י י א ו י ד ה ו י
מ ר ה ה ן ט א ו ב ה ה נ ש ו ת ר ת
י ס ת ח ו פ ש י א ע ד מ ה י ו פ ה
ק ש י א פ פ פ ו ר ד ב ר ל מ ע ה ן
ו ד ל פ ב ו ו ה ע ו ב ר מ ו י ס ב
ש י א ש ו ב ל ו ב ד ה ר כ ש ח ל ן
ת י נ ח ה ו מ ו ש ב ר ח ו ו ת ו ו

משהו
משפיעים
בפרט
חיבור
די
שועל
שאר
בשיפוע
חרב
רכישה
פסקה
כלכלי
מוקדם
להיכשל
בבטחה
וירטואלית
חופשי
שיא
חמה
ספר

Puzzle 754

י צ ה ה י פ ו פ ו ט מ י ם ה ל מ ו
ת מ ג ה מ ג ד ר מ ה נ ו ח ו ש ו ג
ו ר ב ן מ ת ו ו ש ש ו נ ה ר מ י ן
ש פ פ י כ נ י ר ג ע ת י ד י ר ט א
ב ה ו ף ו י ב ל ת ר ב ש י ת ר ב ח
ם ת ה ן נ ח נ ל ו י ל ם מ ס י י ו
ד ף ו ו מ ב ן ן ע ח צ ה ת ק ף נ ו
ר ע ם ה א מ ן י ח ה ו מ א ה י ר ש
ר ק כ ו ש ו ו ז ב י ה ל ד י ש כ ל
ש ו ו ה ש ה ז ל ט י י ה ד י ר ח ש
מ מ ב י ו צ ו ט מ ק ש כ ב ש ע ג ל
ו פ כ ן פ ק ו ר ו א ר ו ם ן ו י ד
נ א ו ל י ם ר ג י כ ת י ו י ח ב ח
ה פ ב ם ן י ב פ ת ק ח ש מ ב ת פ ש
ע ר י מ ע י ה ר ו ב ו א ס ו מ ו ח

בלוקים
אולי
הברווזון
שפת
תמיד
משחק
לשמר
מטבח
חומוס
ההיפופוטמים
מבחינת
יתוש
השאיפה
חברתי
שונה
סרטן
שוות
שמונה
מנות
שינוי

Puzzle 755

ו	ד	מ	ו	ד	ל	מ	י	ר	ק	ח	מ	פ	ו	ר	ו	ע
ב	ק	י	ד	ג	ת	ה	צ	ג	ד	י	נ	א	ד	ח	פ	ח
ע	י	ר	ו	ק	מ	ב	מ	ש	ו	ו	ד	ב	ק	א	ל	ו
ו	ה	ת	ת	ו	כ	פ	ת	י	י	מ	ה	ס	ו	ג	פ	מ
נ	ח	ו	ש	ת	ו	ת	א	ו	ר	ל	מ	ו	ם	מ	ל	מ
ו	ת	ש	ו	כ	ת	פ	מ	ת	ל	ה	ה	ר	ב	ן	ה	ל
א	פ	ן	ו	ר	מ	ר	ר	ה	ר	ב	ה	ב	מ	ג	נ	מ
נ	ל	מ	נ	ב	ל	ל	ש	ס	ל	מ	ג	ו	י	ר	ל	ת
נ	פ	ש	א	ב	ב	ו	פ	ע	ו	ש	ד	י	ב	ן	ל	ו
ת	ל	ו	ב	ר	ל	י	א	א	ו	ם	ל	כ	ל	ו	ל	נ
ה	ו	י	נ	ו	י	ב	מ	ט	מ	ל	ת	ג	ס	ה	א	ו
ב	ה	י	ו	ב	ו	א	ו	ת	ג	ש	ו	ב	ל	ן	ו	ס
א	ו	י	י	ך	י	מ	ז	ד	מ	ל	ו	י	ו	ה	פ	ו
י	ד	ש	ד	ר	ו	ת	ש	י	ר	כ	י	ד	ן	ל	מ	ב
ו	ו	ח	ב	ת	פ	נ	ו	ד	פ	מ	ע	ו	י	א	ד	ש

פלפלו
כרישת
ופלפל
מהסוג
וסבא
לנהל
מוקד
להבין
לכלול
רגשיות
מחקרי
פרסום
הרבה
לשלם
באמת
נחושת
גבוה
מה
מאפשר
בברכת

Puzzle 756

ה	ה	ס	כ	ס	ו	ך	ו	ף	ח	י	ת	ו	ל	א	ו	י
נ	ב	צ	א	ו	ל	ת	פ	ו	ר	ו	ג	ל	ב	י	מ	מ
י	ל	ו	ר	ד	ל	ן	ו	ש	נ	ם	ו	נ	ש	ה	ר	ו
נ	ח	ק	צ	ד	י	ר	א	ח	ו	ב	ע	ה	ל	ם	מ	ל
ח	ב	מ	ך	י	ל	ה	ת	ל	ה	ו	א	ו	מ	ד	ן	נ
כ	י	ו	מ	י	ש	ן	ש	י	א	ט	ב	ן	מ	ר	ל	ח
כ	נ	ר	ד	נ	א	ו	ו	י	מ	ה	ס	א	מ	ם	ן	כ
ב	י	ש	ש	ל	ד	ם	ן	פ	ה	נ	א	ת	ע	ן	כ	ו
מ	א	ן	נ	מ	ז	ע	י	ת	א	ל	ח	ד	מ	ו	ר	ח
ש	ב	י	ל	ל	◌	ס	ב	ה	מ	ב	ח	ת	ו	ח	ל	ו
ת	ה	א	ן	נ	ד	ב	ו	ר	מ	מ	ר	ם	ן	ג	ס	ת
י	פ	ע	א	ו	י	ס	ק	כ	פ	ז	ם	י	ס	ע	ו	כ
ע	ה	ר	ה	נ	ש	א	מ	ג	י	ל	ו	א	ו	א	ל	כ
ט	ח	ש	מ	ל	ד	ר	נ	ח	ן	ל	ק	ר	ו	ת	מ	מ
ק	א	ו	ו	ה	ה	י	ה	מ	ג	א	ש	נ	י	ה	ל	י

הבוצי
חווה
גור
בנו
נייד
טוב
לקרות
נראים
לתפור
לבשל
במזל
עוגת
סבא
לחשוף
תהליך
אומדן
להינשא
חנינה
כועסים
הסכסוך

Puzzle 757

צ ל צ ו ג מ ד ו מ ה כ ת ר פ ו ו ש
ע ו פ ב נ ד ו ד ק פ ע א ם ל ו ס ה
ק ד ה ר י כ ב נ י ו ב ה מ א נ ל ב
ה ת י ת ו ו כ ס ת פ פ י ו מ א ע י
ן ן ת א ו י ב ש ר ו פ ש ל ם ו ח נ
נ א י פ י ל ה ח י ל ר צ ד י ס ב ג
מ ו ס מ מ ו ע ר י ר ת ל כ י ש ד מ
פ ו א נ צ ו ק ו י י ב מ ם ס י ט י
נ ת ו י ש ל ח ק ו ת ד ע ב ל ו ל ב
מ א ן ו ו ל ח פ ו ף ף ל פ ב ט מ ע
נ ח ע ת א צ מ ח ג מ נ ח ר ד ר ר מ
ו ד י ן ל ד י ק ע ם ו ן מ ו ש ד ד
מ ו ה ז י י ר ק ו ת פ ו ל י ה מ ב
פ מ ו כ ם ש ח ה ו ח ו ן מ ו ר ו ן
ה ע י ק ש מ ה ש כ מ ת ע ה ו י ד כ

שומן
יחסים
שלם
לחקות
שואלים
לפחות
לסיים
בכירה
להחיל
שקיעה
מדף
צעקה
מדומה
בכבוד
לחפוף
מגניבה
ירקות
סולם
מניות
הפופולרית

Puzzle 758

עלייה
למעצר
משועמם
הליך
העתיקה
בהודעת
רעש
לו
בעוד
בפריחת
כדור
חי
קלטת
שמח
עומס
עוף
ביצה
תות
אוצר
זכוכית

ד ל ר ט מ א מ פ ס נ ן מ ג פ א ח ו
ל י מ כ ו י ר כ י ש ל ש ו ל נ ש י
מ ר ו ה ז ו ד ו ו ד ע ו ף א ר ב ה
ר צ ו א כ ו ר א ב פ ל ע ר י ק י ן
י ב מ ב ו ו ף ג ר י ש מ ו ע ן כ ע
כ א ך פ כ ת ט ל ק ו י ם ב ר מ ד ר
י ה י ר י ח ל ת ל נ מ ע ך ◌ ו ו ם
ר ד ל י ת י ת ת ר ח מ ב י ו ד ר ו
ך ו ה ח ש ל א ה ד ל ע ד ר צ ע מ ל
ת ע ה ת י ה ם ת נ ת א י ג ל פ י ד
מ ב ק ח מ ש ב ו א י ן א א ג ס ר ו
ע ל י י ה מ ו ב ו ד ו ת ע ד ו ה ב
י כ ת ד צ ל מ פ ל ה פ ד ה נ ל א י
ב ו ע צ י מ א ו ר ו ב ד ק נ ש ע ר
ת ב ה ד ב צ ל נ ה ק ד ו מ ס מ ו ע

Puzzle 759

ע א ו ע מ ו ב מ כ ז ט ק י י ב ו א
נ פ ת ו א ז ב ע י א ל א ר ז מ א ו
י ה ע ג ו ל ה א ר מ ב ה צ י ו ו מ
ב ס ב י ב ת ו ע י ס נ מ א א כ י ן
ה ל ב ו ח ד ג מ ס ה ר כ ן ו ה ו י
ב י ו א י ו ע ן ל ג ם מ א ו י ק ק
י ו ו ב ו ר כ ר ם ו ב ח מ ע ס ר ן
ס ה כ י מ ח ז נ י א ב י ר ו ו ה ע
ה ה ך א פ ת ע י ק ל ד ל ד י ז נ א
ח ת ב נ ל ו ע ן ק י ו ו ב ל כ ח י
נ ן ת מ ל נ מ צ ד א פ ח ל א פ מ מ
ל י ו ס ב ת ס נ מ ר י ר ד י ל ב ו
ח ח א ו ד י ט י כ ל ק נ ל ו מ ת ל
ו ר פ י י ק ה ל ד ם י ק י ק ל ח ה
ר ב ס ם ע ן ה ת ב ג ת ו י ו מ מ י

לבדר
העגולה
סביבת
במחנה
מאז
אובייקט
יוקרה
נסיעות
מסוים
אביר
עניבה
רעיון
לבד
קיפוד
חתונת
במראה
הכבידו
החלקיקים
לדלקי
ילדת

Puzzle 760

מ ח י ש ל י ת ח נ י א ש י נ ן ש ה
ש ד ת ש מ ר ד ה ל ה ח ם ל א ב צ כ
פ א ה ו ב ה ו י ב א י ת י מ נ מ ח
ט ל י ו ט ב י ב א ב ו י י ן ס ש פ
י ח א מ י ן ה ב ע ל ח א ב ו נ ן נ
ת ד ש ס ח ל ם נ ד ר ז ו ל י ק א פ
ה מ ר ו מ א ז ה כ ו י ס ט ה י ן ע
ו מ ל ל י ח ז ש ו מ ל ח ס מ מ ש ב
ע ר א ר פ ר א ה ן ת ע ת ת ר ר נ צ
ב ד ו ל ה מ ו ש ו מ ב ו א י ד ל מ
ם ד ו ק מ ו פ פ ה ש ח י י ו י ו ש
ו ג ד פ י ד ס ן א ת ן ו ר ב ר ר י
ן ח ו ב ו ס ה י נ פ ל י ל י ע פ מ
א ף ר מ ע ק א י ל מ ס פ ו ה ח ג ק
ן ו י ל א ק ר א ן מ מ י ק י ר ב מ

חדה
אחיו
משפטית
עדכון
לפני
שן
מפעילי
באביב
בוחן
מסולסלת
אהוב
עשר
נאמן
שש
אביו
מבטיח
קנס
היו
יין
מבריק

Puzzle 761

ת ר א מ ס ל ל ש ו צ ל ן ל ע ו ד י
מ ג ל נ ה ש ו ל ד ן ו צ ר מ ל ל ע
ו א ה כ י ל ו ו ר י י ר ב ח כ נ ת
ע ה ג מ ה ה ש ש ו י ת ה י ו ו ד מ
מ מ ג ו ר פ מ ם ה י י ח נ כ מ י ש
מ ר מ ב א ו מ נ ה ג ס נ ו ת ן ר י
מ ף ש ן מ ה י ר ו ת י ף א ג ל ח ר
נ ש ו א ש פ ד ל פ ת ח י ו י נ ו ק
ה מ כ ו ס ה א ח נ מ ם ס ל ד י ז ר
י פ ב נ כ ל מ ב ן ב נ ו ח ק י ר ו
ג · ה א י ש ת ה מ ו נ ה מ ה ב ו ש
נ י ו ב ס י ע ג ו נ ש ל ח ה א ת ל
ת ם ה נ ע א ב ר ל ב ו ח ן ן מ ב ב
ל ע ו מ י ד ו ב כ ו י ו ד ה א ר מ
י ר ר ש ל ב י ו כ צ ו נ ד ו ש מ ל

המונה
שלב
מהירות
שלה
מרצון
בר
כמובן
חייהם
ונשלח
ספינה
להוסיף
מתאים
חוזר
מנהיג
לכוננית
מנהג
נדיר
מכוסה
ידוע
גרב

Puzzle 762

קשוח
לפעמים
רצון
ולבסוף
דמות
רצועת
התקף
ציפור
משתתף
וכוללים
שלו
להביע
כסף
רשמי
נכתב
העשור
התה
שטוח
משקפי
לערבב

י ת ו ך א ו נ ר ו ש ע ה י ב ק ו ש
ס ו ד ד ו א ב ש פ ן נ ו ה ל ח ט י
מ י ו ר ח ס ל ג י נ ב מ ר צ ו ן ן
י פ ק ש מ ו ל ב ס ו ף ש כ ח ה ת ה
מ ד ו ש נ כ ת ב ד מ ו ת ע ף ו י מ
ש א ר ה ת א ן ר צ ו ע ת ה ו א מ ת
ר ס ו ה ו ח ו ע מ כ ס ף ו ק ש ר ה
מ ש ב ל א ה ה ל ה ר י ם צ י ח ח ה
ו ר מ ק ר ב ב ל פ ע מ י ם ה ע ה ·
ו ר ן ע י ב ה ל ב א פ ל ד ח י ת ו
ג ב מ א ג ק ר ס ד ו י ל ק מ ה ק ש
ב ל ת ו ו ש ר ל ר ו ד ו נ ח ס ף ג
ב מ ת ו א ו י ם י נ ם כ ו ב ה ה י
י ו ו ב מ ח י ב מ מ י ו מ ה ת א ת
כ י ת ו ת נ ו ת ש ס ש ו ל ה ס ו ר

Puzzle 763

א י ל ת פ ו ת י ה כ מ א ש ר ב פ ת

ב מ ה י פ ו א ה ח י ז ה א ט ר י ק

ק א ע ב ה ד א י ע ר י ש ח מ ו ח ש

ת ם ס מ א ג א ה ח י ו ו ס פ ג ן ו

ר ו י ס כ מ ה צ ו ר ג ע ל ן ז י מ

ד מ ק ל ת ע ו א ר ד ג ל פ ו ב א ו

ה פ פ ו ע ז י ט ג א ת ה א נ ע ה מ

ע נ ו ל ן א ת ס ב נ ה ה ס כ ם י מ

ה ב ח ל מ י נ ט ב ה ו ה ת י י צ ל

ת ב ר י מ ח נ ו ו ע פ י מ ש ו ד ק

י ת ש נ א ו י ו ס ש פ ס י ן ר ב ק

צ ל י ה מ ר ף ע ס מ ע ר ר ה ר א פ

פ ט י ש ל ב צ ר א א מ ו ל ל ל מ י

מ א נ ל ל ש ל ה ת י ו ל ר ע ג ר ב

מ ת ו ו ל פ ד ה מ י ן ם ו ש ו ח ג

ברוגז
השועל
לטאת
אזרח
ההסכם
רגע
כרגע
גדר
אבקת
טריק
האוזן
אמת
יהיה
פעמון
פטיש
לציית
אח
רוצה
במסלול
להעסיק

Puzzle 764

ה ו ו נ ל ע ב ו כ ג ן ת מ ו ר ש ל

כ ר ה א ח ת ו פ ל א ת ג ב ת ע ש נ

ל ת כ מ ת ך ע ל י ו ו ט ע מ ל ר ק

כ ו ם ל מ ו ב ב ח ג ב ג ם ו י ס ם

ל ת י ש י א ו ב ת ר ח ה פ ש כ מ ה

ל א נ נ ו ף כ ל ה פ מ י ש ב כ ה ש

פ צ ו ת י נ ד ו ל י מ ו ן ש י י פ

י י ו י מ ל צ א נ ה צ א ה י ד ו ע

י ו כ ע ב ה ח נ י י ו ו ע ד י ת ת

ן ם ת ע ב ר ו י ה ס צ ו ו ק ו ו ו

ו ש מ ש י ו ע ס ה ס ץ ל נ ה ב ו נ

ה מ ע ם ה ו פ י ת ם ב נ ל ל ט ו ה

ס י ג ב ש ד פ ו ו ע י ן פ ל פ מ נ

ו ו ה פ ס ל ל ר י ר ע כ פ י ו ו מ

ד ה ו ל א א ל ת ע ת ר ה כ א ש מ פ

קר
כף
ייעוץ
לאכול
השפעת
כובע
הוטל
פלא
מתכוונים
אישית
היותו
שופט
לימון
מכשפה
גאוגרפיה
להקדיש
להתחיל
לאחרים
למעט
כבשי

Puzzle 765

ר כ מ מ א ל ב י כ ר מ ל ש מ ל ת ת

ע ח ה ד כ ב מ נ ש ת ה ל ה ע פ י ל

נ ב ש ת נ י י נ י ג י ם ד ש נ נ ב

ט ו ו י ק ס ה ם ד ר ה ד ר ל ר ו ץ

ב ב ל ב ש ש ח י ח מ נ י ח מ נ ק ק

ו כ ו ר א ק ר מ נ י ת ו ן ו ע ה ו

א א ס ג ר י ק ו ת י ש פ ק מ ל א י

ו ◌ ע ו ו ו ל ב פ ם ן א מ ן ו ד ן

י פ ל כ ר ן פ ש ר ד נ כ ב פ ת י ד

א ת מ ל ק ו פ ד ל ג ל ו ד מ ל ד ו

ח ן נ נ ח מ י י ל ב ס י ף מ כ א מ

ד מ נ נ א ח ר ר ל ר י ע ו ו ל ת י

ש מ ו ו נ א ת צ ת ת ל ג ד ו מ ל ר

י ם ו מ ש י ג ה ב ל ת ן י ד ם כ ר

נ ל מ י ח ו ש י ק ד ת ק ת י ב ו מ

קרח
מרכיב
גרבי
תינוק
לדפוק
הסקי
גברת
מתמדת
ירצה
לרוץ
סולו
כלפי
מים
להעפיל
נעל
לכתוב
דגל
שוחי
להגדיר
שמלת

Puzzle 766

ש ק ק ד י מ ה צ ב ד נ ם ק ת ק ח מ

י ו א ו ת ת ת ף ק א ו ג ר ל י ו ע

ט ע מ כ ת ו א ק ר ו ב מ נ י ו י ל

ע ו ס ב ר ל ו ג ל י י ח א י ש ל ם

ד א מ י ח ש ש ג נ ת א ת ר ר ף ן ח

ת ר ו ס ר ר ש ת ל י ב א ו ט ס י ב

כ ת ת נ ו ו ו ו ט כ ה ה א ו נ י

ת ת י מ ת ד ת י ס ק ל ד ת ב א ת ת

פ ק ו א ד ג ם ו ע פ כ א י צ א ת י

ו ט י ר פ ד י מ ו מ מ מ כ ש ר ו ן

פ א ח ק ה ר נ ל ב ו ו ת י ל ו ק ו

ו ה ת ם ה ל ס י מ ק ק ו ש ר ת פ ב

ג ל מ פ ד ד א ו פ ר ק ד ת א מ ס ק

נ ו ן נ ו ת ל ה ו ב מ ת ן ח ב מ י

ה ה ט ר ד א ק י ז מ ל א ע ו ו א ר

מבחן
ריקבון
קדימה
תרמית
שצבא
התאוששות
כיתה
בקר
כבאי
חיובי
גבינת
קומפקטית
תנין
אוסף
ליירט
מחק
כשרון
כמעט
לשרוד
קרוב

Puzzle 767

ת ב ל ו י א פ מ ע נ ח ל י א ו ב ך
ל ר ר ל ז ו ג ע פ ן ה מ מ ת ק י מ
ל ו ח ר נ צ ת צ י ח ג ב ח ן ש נ י
מ ר ט ב ח ו ר ר ז ם ש ה ב י ס ל ◌
ו י פ ה ק א פ י ל ו ב צ י י מ א ק
ר ם ה ד נ ב ק ה ק ר י ל ו ד ח ו ן
ח ה ו פ ב ה ו ב י ר ט ו ג ע ז מ ב
ל צ נ ר א כ א ה ת ה ן ח ו ר ט י ט
ש ה י ו ו ה ל ל נ נ ם ד מ ת ש ב פ
צ ה י ע א מ י ר ם ת י ם ר י ש ל ו
ו י ש ע א י ע ר מ ו נ י ר י ש ע ה
ר א י מ ו ל ה כ ר ו ב ק פ ת מ ה מ
ב ל ר נ ם ח ר ב צ ו כ ש ר ח ה נ ל
מ ע פ מ ה פ ח ב פ ע מ ל ע כ ת ו א
ו ר צ ר י ש ר ג ד צ ס ב ר פ ר ת מ

עדיין
מעצר
להחזיק
גוזל
בשוק
לחפש
רוחב
ממתקי
טרי
אפילו
דקות
נחל
להבהיר
ערמוני
העשירי
בינלאומי
סיבה
יפה
ברורים
חולצה

Puzzle 768

ל ד ר ו ד ו ה ש ל ו ג נ ר ת כ ש מ
מ מ ם ו כ ה פ נ י ח ל ו ן ש ר ק נ
נ ע ר ו ן י ש ה ש ט י כ נ ה ג ב ה
ב י י ה ה ה · ח ה ה ו מ ו ל א א ו
צ נ כ י כ ל ח פ ס ו ל י ע ס פ ע י
ש ו ח מ ד א פ ו נ ת ת י מ מ י ד ע
מ ל ב נ ו ל ה ז כ י ר א ת ע מ ח ב
ט ס ח ף ו ן ל ה ג י י ה ע פ ש פ צ
ה ז י א ם א מ ב כ ס ק ל מ ו ו מ ב
ת ר ו מ ש י נ א ג נ ח י ו ר ר ו א
ק ג ת ס ל נ א א ח כ ו ת מ י א ד ב
פ ר מ ר ך ק ו י ל ה י ט מ ע ו ה ת
ד ד ן ר ת ה ר ע י ר ב א י פ ת ג ק
ר כ ו י ד י א ד פ ף ת ל י ה ב ג ש
ר ח ו ג ה ל כ ש ב ת ל ו ו א ע ד ה

פסולי
חקירת
נמלת
חלון
מעונן
הגייה
כנסיית
תואר
נמלה
קשה
ולהזכיר
בד
בפורמט
להיט
מידע
תרנגול
שלך
אפונת
צמר
בצבעי

Puzzle 769

א ו ב פ ו ת ן ח ב כ ו ל ב ל פ ו ח
א ר ג מ י ש ה ר ו ו ו ב ם ס ר ו ג
מ פ ו פ ב מ ל ח ד ת ח מ ש ב ל ר מ
ל ר ב ו א ה ת ו ת ב ן ג י ו י ל א
ש ס ה ב ו נ ד ה ח ו ת ב י ל ר כ ג
ת ת ק ע ף ת נ ו מ ת י ל ל ר ה ז ח
ח ו כ פ ע ר פ כ ב נ י ן י ב ר ר ל
א ר א מ ל ש פ ת ד ב ו ע ה ב ו ש ח
נ ש ה ע ן ך ב פ מ ן ו ב ר ר ט ו ק
ר פ ו ר י נ ו ש ש פ ל ב פ ו ר ה ש
ף א מ מ ת ש ו ע י י י ח ע פ פ ה ו
מ י נ י ר ו ח ג ם ע ו מ ג ג מ ו ר
ע ו י צ ך ד ש ו ר מ מ ל ס ר ט ש ר
ר ת ל ו ת ז כ ו ע א ב ה ח ק מ ת ה
ס ב ק א ה ת ל ר ב ע י י ו ו ד ב י

עובדת
לווייתן
פרסת
חשוב
בכפר
משב
כותב
גמישה
לסבול
קשור
ליישם
גז
תמונת
בגובה
מאבק
בין
אפשרות
מלח
טמפרטורה
דודו

Puzzle 770

ח ו ל ל ת א ו ה ם ת ה א י ג ת ו ד
ת ת ד פ א פ א א ח ג ו ק ש י צ מ ו
ן ג ח ב ר ו ר ו פ א ו ר מ ר מ ת ע
צ נ ו מ ק א ל ג י ד ע ל ש ג י ה נ
מ ר ת נ ג א ד ו מ ו ר ה מ מ י ב ע
ב נ מ ו ד ו מ ס ט מ ל נ ה ן ג א ל
ש מ ו ט פ ה ו ר ט ו ש ת י ר ח ס מ
ל ב ד י מ כ י ד ו מ י ש מ ש ן י ס
ה ל א ם ן ב א ב ב ס י מ כ ו מ ל פ
צ ו מ כ ח ש ם א כ ל ה א ר ת ה ק צ
ט ד ל ע ע ד ג ט ר ו ו א מ ה ל ו י
ר ג ו י ר ה ו ר י א מ ל ב ת ו ל פ
ף ה ס ת מ נ מ ו ב ש ו ך ו ל י י י
ר א ן נ ו ש י ו ו י ס ל ה י ו י
ג ת ן ת מ כ ו ל ה י ת י ש י ז ד

כמו
הגדול
נוטים
רופא
מסחרית
שוטר
התראה
גרף
סוכן
אפוא
מודאגת
להצטרף
דיג
מודאג
גומי
המשמש
ספציפי
גשר
משתנה
לדחות

Puzzle 771

ן ו ה י מ ה ל ך א מ ת ת פ נ ג ס מ

ו פ י ל ו ש ן י ת כ ב ן י ה פ ת כ

י ה ו ה פ א ד ע ו ר ב ת ד ב ך ש ת

ל מ ח ר א ת ו מ ל ה ו ק מ ח ט א ת

י ד ח כ נ נ ו מ ו ג ו ע פ י א ם ן

ג ה ר פ ת ק ן ו ן ו ת ז ו ר ו א ו

ה ת מ א ט ד י ו ה כ ב ל ח ה ש ו ד

ח פ י נ ו ב ת ר י ג מ ל ו ת ל ת ח

מ מ נ ו ד ב ב ◌ ג נ מ ו ו א ח ת פ

ו ל ע ר י א ש ף ע מ ג י פ ע ה י ו

ס א ת ע ן ע נ ב ת ד ד ו ת ו ר ה ו

ס ב נ צ א ה ו כ ר א ו י נ ל ט ק ו

נ פ ה י ר ג י ב ל ס ו א ו י מ מ ל

ן ג א ב א ו ס ו ל פ נ י ק ו ר ר ו

י ע ש ש ג ש ש ד ל ו ז ו ע פ ◌ ג ו

החמוס
אך
מהלך
מכרה
רעל
תנועת
חתלתול
או
זעקת
לשפר
קטלני
הרפתקן
הון
מגירת
בדק
מחר
גיליון
עורבת
טיול
נכחד

Puzzle 772

מדבר
ומבוטל
לצחוק
מישורי
במרכז
מלפפון
מסעדת
צפה
לסייע
בעובי
ולצעוק
פתאומי
תשובה
פרח
לילך
מוזיאון
אמנות
לקוחות
חלום
הראשון

ל ק ו ח ו ת ט ר ו ו ר ה מ ו ר ת ו

ס י ע ם ש נ י ח ר ל צ ח ו ק ת א ו

י ל ג ו ם ת ר ח א ל י ו ז מ ח מ ו

י ו ב ל י צ י ר ו ש י מ י ב מ א ל

ע ה ו ח ב פ י פ ר ל פ ת א ו מ י ו

ר ט א ע ן ה ט ס פ ו מ ב ו ט ל מ ו

ו ק ו ע צ ל ו מ ל פ פ ו ן ך ם ל ל

ש ק י נ ו י י א ל ה ו ו י א י א י

ו ת ו נ מ א מ ח א ו ש י ב ו ע ב ה

י ד ה פ נ ר מ ם א א א ק ב ו ח ר ק

י ע ו א י מ ד ב ר ו א ה ר צ ד ל א

ל ס צ א ג פ א ה ע ו ל ק כ ם ו ו ל

ו מ ר מ ד ו נ ו ר ג ב ף ל ו ע ר ו

ב נ ל ס ה מ ה ר ש נ מ ע ק ת ד ק ו

ה א ד י ד ד פ ר ב ט פ ל ז כ ר מ ב

Puzzle 773

ת	ו	ה	ן	ע	ד	מ	ר	ס	ת	ב	ב	ו	מ	י	ד	ר
ג	פ	ח	ק	מ	א	ר	מ	ג	י	ב	א	ו	ל	ל	ד	י
ל	ח	ק	ו	ר	ת	א	ת	ר	פ	ת	ו	ו	ל	ת	י	ט
ו	ו	ר	י	ת	ף	י	י	ן	ה	ת	י	ל	ל	מ	ב	מ
ר	ר	ח	ד	פ	ר	ע	א	ם	א	ח	י	ו	נ	ם	ו	ו
ה	ם	י	נ	ו	ת	נ	י	ר	י	ו	ג	ה	ח	ה	ר	ה
ו	נ	נ	ח	ת	ך	ע	ל	ה	ר	ז	ו	מ	ה	א	י	ו
ח	ר	ו	א	פ	י	ל	ה	מ	ק	ח	ו	ד	ש	ע	ע	ב
ה	ע	ך	א	מ	א	מ	ו	ת	ע	ב	ר	ס	ל	נ	ו	ד
ר	נ	ק	ח	ה	ד	י	נ	א	ו	י	ע	א	ד	ס	מ	ע
ע	א	נ	ת	מ	ש	ם	א	נ	ב	מ	ג	ו	ה	ר	י	ת
ת	ס	נ	ח	ו	פ	נ	י	מ	י	ד	ס	ז	ד	ו	ה	ר
י	א	ר	א	פ	ר	ש	י	ה	ע	כ	ב	ר	ה	י	פ	ש
ר	ם	ק	ו	כ	ח	ה	ג	ר	ש	ל	ו	ד	י	י	ה	ו
ה	ו	ה	ד	ו	מ	ו	ת	ר	◌	פ	ב	ב	ס	ו	ר	נ

המוזרה
קריאה
רוח
לחקור
נתונים
החג
העכבר
דיוקן
מגיב
חודש
זהיר
אם
חתך
פנימי
מדען
חינוך
דיבורי
ערפד
באולם
נעלמים

Puzzle 774

ב	פ	י	ה	ר	מ	ס	ף	ח	ד	ת	ל	ה	ם	כ	י	ש
י	ה	ר	צ	פ	ק	ס	י	ת	ד	ת	ג	ס	י	ו	א	א
ו	מ	ק	ו	ס	י	ת	ע	ע	ו	נ	ת	ה	ל	פ	א	ה
ל	ו	ק	ש	ל	ן	פ	צ	ד	י	ד	י	ס	ע	ו	נ	מ
ו	נ	ה	ע	ו	נ	ם	ו	ת	ה	מ	ת	ו	ב	ו	ו	ב
ג	י	ת	ג	ב	ר	ו	ט	מ	ו	ת	ו	ה	ו	ו	ו	ב
י	ה	מ	ד	ר	ה	א	ר	ד	ו	ה	ב	ו	ש	ו	ל	ח
ת	ר	ש	צ	ש	ל	ד	י	ל	ג	ו	ר	י	ב	כ	א	ו
י	ח	ו	ו	ל	א	צ	י	ל	י	ת	ת	ל	ק	ר	ו	א
ח	נ	י	ר	ן	מ	ת	כ	י	ר	ה	ה	ש	א	ר	ב	נ
א	ל	ו	י	י	ו	ח	ו	ן	ד	ל	י	פ	ה	י	נ	ד
ת	ב	ש	א	ה	ג	ו	י	ו	ה	כ	א	ב	י	ל	ת	ס
ו	ק	י	ד	מ	ל	ק	פ	ו	ץ	מ	ח	ו	ב	ל	צ	א
מ	ס	ר	ה	י	ר	ב	ד	ב	ג	ר	י	ק	ת	ש	כ	י
ר	ק	ב	ס	ל	ו	ל	ו	ל	ד	ו	ד	ת	ו	נ	ק	ל

הבעלים
כן
לקנות
להתנועע
חלש
דודת
ביולוגית
צעיף
דחף
מנוע
מסעדה
דליפה
לקרוא
דתי
הכאב
לשקול
לקפוץ
התרבותית
רשלן
אצילי

Puzzle 775

ה	ן	ם	י	א	כ	ז	ל	י	ה	ו	פ	ר	מ	ו	י	ו
ו	ם	ר	ב	ע	מ	ל	ה	ז	ע	ו	ה	ו	ה	ו	נ	ת
ח	מ	ק	ת	ש	א	כ	א	ן	ר	ר	ס	מ	א	ל	ת	א
א	ר	ו	כ	ב	ו	ם	נ	א	ד	ו	ו	פ	ו	נ	ו	ב
מ	מ	ד	ל	ו	א	ח	ה	י	ר	מ	ח	ל	ו	ש	ל	ו
ו	ב	ב	ג	ח	ו	פ	ל	י	ן	מ	ד	צ	ה	א	ן	ש
ר	ך	ל	מ	י	א	ת	ח	ע	מ	נ	ה	ה	ל	ר	נ	ו
כ	מ	ו	ל	ב	א	ת	ו	ל	י	א	ו	ה	ע	צ	ה	ל
ב	ם	ה	ו	א	ו	מ	מ	ג	ח	ג	ר	ר	י	ו	מ	ח
ת	ב	ה	י	ן	ע	ב	ר	ל	י	מ	ה	כ	נ	ו	כ	ן
י	י	ש	ד	ג	ו	י	נ	ו	ו	י	א	ש	ט	א	ו	ה
ד	א	ג	נ	כ	ס	ר	ק	ו	נ	י	ו	ה	נ	ר	י	ע
ו	ש	ר	ו	ו	כ	ו	כ	ב	י	ו	י	ל	ל	ו	פ	ה
ח	ר	י	ס	כ	א	ב	ן	ן	פ	ם	ו	ו	ג	ו	ע	ע
ש	נ	ם	ה	ת	ה	פ	ה	ח	ו	מ	נ	ו	ן	ד	ת	ל

הצעה
חושב
מורכבת
צוואר
שגרים
דוור
כוכב
להשכרה
כאן
חיוני
לזרוח
כאב
קרם
זכאים
מלך
פרט
שולחן
לבדוק
רבע
מי

Puzzle 776

ק	ר	י	ק	ך	ע	פ	ט	ע	ן	ה	ת	ר	ש	כ	ה	כ
ע	י	פ	ו	ה	ל	ל	ה	ס	י	ח	ע	ר	ד	ל	ו	נ
ש	ק	י	ט	ר	ק	ו	מ	ד	ה	מ	ר	ק	ד	ם	ו	י
ג	ו	י	ו	ה	י	ט	ה	א	י	ד	ו	מ	ו	ל	ר	ס
ע	ד	ס	מ	צ	י	ע	מ	ב	ם	ח	כ	ש	א	ו	י	ה
ו	ן	מ	פ	ט	א	ק	ה	ן	ד	ל	ה	ו	ק	י	מ	מ
י	ת	ל	ם	ל	ל	ת	ע	ל	ו	מ	ו	ת	פ	ו	ר	א
ר	ד	ה	ו	ו	ד	מ	כ	ה	ת	ו	ז	ב	ס	ן	ף	ס
ק	פ	ס	י	ה	ו	י	ד	א	ר	ב	א	מ	צ	ע	ו	א
א	ר	ת	ו	כ	ד	נ	ב	◌	מ	נ	ל	מ	ם	ן	ד	ת
נ	פ	ש	ת	פ	י	ר	ת	ם	נ	א	ט	ו	ת	ל	ו	ת
ד	ו	ו	ק	א	ב	ל	ח	ץ	מ	ל	ו	ר	ו	ד	ל	נ
ו	ד	ל	ו	ן	ו	י	ו	ג	ן	י	ב	ת	מ	א	ה	א
ב	ו	ב	ה	ל	פ	ח	ה	ת	ד	מ	ק	ו	ו	ו	ו	י
פ	א	ה	ש	ה	נ	ה	ן	ם	ו	ס	ל	ה	ר	ל	ט	ר

באמצע
אבן
כניסה
להוט
מציע
הכשרת
שקוף
תערוכה
להסיח
דווקא
ריקוד
ורוד
להופיע
הולך
לתעלומות
מקרר
הדמוקרטי
בובה
בלחץ
ספל

Puzzle 777

ם	ש	י	פ	ו	ח	ש	א	ד	ק	ר	ב	ס	ם	ק	ו	י
ש	ד	ס	ס	ל	ש	ד	ר	ב	נ	ו	ן	א	ת	א	ס	ד
מ	ע	ל	י	א	ש	נ	כ	ק	ק	ל	ע	ח	ב	כ	ל	ר
א	ל	ת	ק	ן	מ	ה	ָ	ר	נ	·	ו	◌	ש	ס	ע	מ
נ	ם	ו	ת	ג	ש	ט	ס	ב	ו	י	ט	ו	ד	י	ר	צ
ש	מ	ז	ע	ו	ק	ל	ש	ג	ו	ו	מ	ר	ה	נ	ב	ח
י	א	פ	י	ת	ר	ח	מ	ז	ח	ל	ת	י	ו	ט	ו	י
ם	ט	א	ח	פ	מ	ה	ל	ה	ש	ת	כ	ב	פ	א	י	ק
י	ת	ר	ל	ר	ב	ן	ה	מ	ר	ו	ת	ס	י	ע	א	פ
נ	מ	נ	ר	ו	א	מ	ל	ו	ע	ם	פ	ה	ב	מ	ד	ח
ט	ב	ו	ן	ת	ו	ל	מ	פ	ג	ק	ת	ל	ו	ג	י	א
ר	ב	ב	ת	א	ב	ה	ב	ר	ד	ד	ל	ר	ו	ה	א	ל
ס	י	ו	נ	י	נ	י	ע	ו	צ	ב	ח	ב	ר	ם	ב	ז
י	ב	ל	נ	ה	ד	ז	ר	ר	כ	נ	ר	ו	נ	ו	כ	ר
כ	ר	ו	ל	י	י	ת	א	מ	כ	מ	ם	ה	ה	ר	מ	פ

רקוב
דבק
פסיקת
סרטנים
שׁוּנָרָה
תלוי
שמש
טניס
אנשים
החלטה
מצחיק
לערב
עלי
לתקן
טוען
גבר
מגע
להסביר
מזחלת
סדרת

Puzzle 778

רשימת
קוף
בתחנה
תשע
וילון
מס
אמון
להסכים
נר
החוצה
לרתיחת
שחוק
חם
שבת
בסרט
לתת
במהלך
ביותר
לתפוס
שבור

ת	ש	י	ר	ל	פ	ב	ה	ת	ק	ז	ת	ל	ה	נ	א	כ
ו	נ	ו	ה	י	ה	מ	ה	ד	ם	ו	ד	ה	ח	ן	א	י
י	ב	י	ד	ת	נ	ה	ל	ו	ב	ד	כ	ו	ס	ה	ס	ב
ל	י	ת	ת	ם	ט	ל	ה	נ	ח	ת	ב	ו	מ	ם	ל	ו
ו	ו	ל	ת	ה	ה	ך	ן	פ	מ	ח	ג	א	מ	א	ה	ו
ן	ת	ת	ל	ם	ד	ע	נ	י	ט	י	כ	ל	ת	ו	ו	כ
ו	ר	ת	נ	ד	ל	א	ש	ש	ב	ת	ו	י	ב	ף	ר	ע
מ	ח	ר	ל	ל	י	ר	ת	י	נ	ר	ם	י	כ	ס	ה	ל
א	ם	·	ק	ו	ח	ש	מ	ה	ר	ל	ס	ה	צ	ו	ח	ה
ל	ת	מ	ו		י	נ	נ	ר	נ	ו	ו	ו	י	ר	ב	ב
ת	ו	ר	ת	ת	ב	ב	ה	ש	ח	ש	ר	ק	ג	מ	ס	ת
ר	א	י	ו	ו	ו	ר	ו	ל	ו	י	ו	ס	ש	ר	ו	צ
ל	ן	ה	ו	ו	ן	י	א	נ	ו	ף	ב	ק	ט	ע	ש	ת
ת	נ	ו	ם	כ	ר	ו	פ	י	ס	ו	ש	י	ר	ת	ת	י
א	ס	ו	פ	ת	ל	ש	נ	ל	י	ב	י	ב	צ	ו	ן	מ

Puzzle 779

ש	ג	ל	ק	ק	ת	ו	ר	י	ד	נ	ו	ב	י	ן	ף	צ
ו	י	נ	ו	נ	י	ב	ד	ו	כ	ז	ה	ר	ע	נ	ל	ו
ר	ל	ח	ו	ע	א	כ	נ	ש	פ	י	ח	ח	צ	ה	ס	ו
ח	ם	ל	ה	ב	ו	ק	ר	ב	א	מ	ו	ב	ן	ו	ה	מ
מ	ב	ו	ל	צ	פ	ר	ד	ו	מ	נ	ו	י	ו	ו	ב	ל
כ	ת	ק	ה	א	ר	ע	ס	ו	ד	ס	ו	פ	ש	ב	ו	ע
א	ג	פ	ר	כ	ע	ר	כ	ת	ס	י	א	ס	י	א	נ	ו
ר	ר	נ	א	ע	מ	א	מ	י	ר	נ	ג	כ	ר	כ	נ	ה
ש	ל	י	מ	נ	ה	פ	ט	ב	מ	פ	א	ה	נ	א	ל	י
ל	ה	ל	ו	ו	ת	מ	י	נ	א	ל	ר	ו	ה	נ	ס	ו
מ	ת	נ	ח	ל	י	ם	כ	ח	מ	מ	ת	ב	א	מ	י	ת
ק	י	ע	ת	ד	פ	ת	י	נ	ן	ס	מ	מ	ד	כ	א	ס
י	י	י	י	ל	ג	ל	ה	ת	י	י	ח	ס	ו	ה	ר	ס
ה	פ	ד	ב	י	ו	ת	ע	מ	ו	י	ת	פ	י	ם	י	◌
ו	א	ח	ש	פ	ש	ע	ק	ב	ר	ב	ו	ר	ד	ת	ו	ן

אצבע
בינוני
בוקר
חבק
כזה
פגוש
להתייחס
רק
ברחבי
רפואית
מאמן
שיחה
נדירות
לנער
סופשבוע
הכספי
מתנחלים
גידור
אפיית
להלוות

Puzzle 780

ת	מ	ו	נ	ה	ע	מ	ב	ל	ה	ם	ך	ר	א	י	ו	ת
ב	ו	ק	ן	ט	ל	ח	ע	ה	כ	י	ר	צ	ר	פ	ל	כ
ר	ב	כ	ו	ה	ו	ו	ל	ד	כ	ק	ו	י	ך	ש	ח	ה
ו	ל	י	ה	ש	ה	י	ה	ג	ר	ו	צ	י	נ	י	נ	ל
ע	ש	א	ר	ק	מ	ב	כ	י	ר	י	ב	ס	ל	נ	ע	ר
ה	ס	ב	ו	ו	ג	ו	י	ש	ו	ד	ל	ס	מ	ה	ר	י
ב	ן	צ	י	נ	ר	ת	ר	כ	נ	ב	ל	ם	ד	ט	ה	ד
ו	ד	ו	ו	ה	ד	א	ו	ו	י	א	א	צ	ב	כ	ח	ע
ג	ת	ב	ל	מ	ב	ה	ק	ז	מ	א	ש	כ	ו	ל	פ	ג
ת	מ	ל	ת	צ	י	ת	ך	ש	ח	ל	ס	ך	ת	מ	ת	ב
ת	ש	ת	י	ע	כ	ס	ב	ו	ק	ל	ו	מ	ו	ו	ג	ר
ו	י	י	ו	ח	ק	נ	ש	ת	פ	ו	ת	ח	ן	ו	ה	י
פ	נ	י	ב	ח	ל	ז	א	ל	מ	פ	ל	ו	א	מ	א	מ
נ	ם	נ	א	ס	ל	ר	ח	מ	מ	ה	מ	ד	ר	ה	ד	כ
ו	י	פ	ת	ת	ק	ע	ו	מ	י	ס	נ	א	ה	ו	ו	ת

סבוכה
גברי
מחויבות
סביר
תגובה
תמונה
להכיר
עצמה
ראיות
בדיוק
להדגיש
צורך
בבירור
העורב
הנוקשה
צריכה
פותחן
לחזות
צבאי
רך

Puzzle 781

פ	ח	ד	א	א	ל	ח	י	מ	ז	י	ר	נ	ט	מ	ו	ב
ק	ן	ת	ו	ו	י	א	מ	ל	ר	ח	ר	ח	ב	פ	ת	ף
ה	מ	ב	ף	פ	מ	מ	ש	ו	מ	כ	צ	ו	ת	ר	פ	א
ף	ג	ת	ד	ש	ל	י	ט	ב	ר	ת	ש	ם	מ	א	ש	ל
ע	ל	ב	ע	א	ש	ע	ר	מ	י	א	ס	י	א	י	ה	ג
צ	ב	מ	ס	ו	ב	כ	ת	ת	ו	ר	ת	ו	נ	ב	ל	נ
מ	ר	ת	ר	ז	כ	ו	ה	ר	ר	ו	א	א	ש	ה	פ	ו
א	כ	כ	ג	ה	ו	מ	ב	ו	ל	ו	י	ר	ת	ל	צ	ב
ו	ת	ת	א	ר	כ	ת	א	ו	ת	א	ק	ק	ס	ב	נ	ר
ת	ו	ת	נ	ה	ב	נ	ו	ו	ד	נ	פ	ט	ן	ר	ו	ר
ע	ל	ש	ל	ת	י	ר	ס	ו	ג	י	י	ת	ע	ג	ע	מ
ת	ע	ס	י	ש	ח	ר	ת	ה	ל	ק	מ	ד	ל	נ	ב	ה
ש	ן	ס	ן	ד		י	י	נ	פ	ל	ת	א	ס	א	מ	ס
י	ל	ף	מ	ב	ל	ר	ד	ב	ל	ב	ו	נ	א	א	נ	ר
ה	ש	י	פ	צ	א	ל	ת	פ	א	ם	י	פ	י	ד	ע	מ

הבא
להתרחש
להביא
מעדיפים
לבנות
משטרת
תירס
שליט
פלסטיק
מסובכת
ברכת
אות
לגנוב
צנוע
שער
כוכבי
מבול
סוגיית
אריה
עצמאות

Puzzle 782

ה	ב	י	ת	ה	ט	ח	ס	ג	ה	ו	נ	ב	א	ג	מ	ו
ל	ל	נ	פ	נ	ל	ת	ו	נ	א	ר	מ	צ	מ	ל	ח	ר
ו	פ	י	ל	ת	פ	ש	ד	ה	ר	ג	י	ש	ו	ו	ז	י
ג	ו	מ	ה	מ	ח	י	ק	ר	מ	ל	ו	ר	ו	ה	ו	ח
ס	נ	ט	ו	ר	ב	ל	ש	ח	ה	פ	כ	פ	ו	כ	ר	ו
ו	ע	י	ס	ו	י	ל		י	ת	ט	פ	מ	ה	כ	פ	ה
ו	י	ו	ת	ד	ו	ן	ה	נ	ן	י	ב	מ	ר	נ	ן	מ
ק	כ	ה	ב	ב	ד	פ	מ	מ	ו	ת	מ	ע	ש	פ	נ	א
ד	מ	ן	ק	ו	ת	ל	ן	פ	ן	ב	ד	ב	ו	ד	ב	ת
ר	כ	ת	ח	ז	ה	א	מ	ל	ה	ו	נ	ו	מ	ל	ר	ב
י	ה	ק	ש	ע	ע	ד	מ	ל	ל	מ	ר	ה	י	ה	ך	ל
ש	ל	כ	ל	ע	מ	נ	ת	פ	כ	מ	ן	ו	ש	ו	י	י
ה	ס	מ	ם	י	נ	ל	ו	ז	ה	א	ם	י	ת	ח	ה	ל
ל	ה	ט	מ	י	מ	ד	י	ם	ב	מ	נ	י	מ	ת	י	מ
ל	י	מ	ח	ר	ד	מ	ס	ו	ו	כ	ס	ד	י	ו	ל	ו

נדיבות
אצילה
פשע
סגולה
דרישה
מתנה
דור
מחזור
התיבה
הלכה
ויטמיני
בקתה
מפרש
להחתים
דובדבן
הרגישו
לשחק
שימוש
הפכה
ברך

Puzzle 783

ר י ב נ ק ע ל כ ת נ צ ן מ ל י נ י
ג מ כ ה ן ש ת א ה ג ס ת ן ד ש כ ח
ב ל ם י ו ו ן מ מ פ ו ב ץ י ר י ח
ו ד מ ש ו מ ל ש ר ו ף ג ר ב ד י ד
ב מ ו ת ב ה פ ו ר ת ש ה פ ו מ ה ק
נ י א ו מ ב י י ב ש י נ מ ר ס פ א
י י ר צ מ ו ר ן פ ט ו ו ח י ט ו נ
י ן י ק נ ג ח מ י מ ן ל א ם ה א ש
צ א ו ה מ ת ג ם י א מ צ ע ב י ב ר
ו ם ל ל י ב ר י י כ י ו י ה ל ה ה
ר ד מ ר ר מ ר נ ת ד ה ם א ו א י ◌
ל נ נ ר מ ת ב פ י ו ו י נ ל ט ר א
י ע ר א י ד ג ב ח ף ק ש ל פ ה פ מ
מ ל כ י א פ נ י ו ו ר ת כ ת ק ב ג
ת ו ו ע ו ח י נ מ צ ה פ ו ב ה ת א

אוהבים
פנים
ייצור
נהג
לדיבורים
עצמאי
בהיר
לשקף
רהיטים
לדמיין
צוף
מפרץ
לשרוף
כתר
יבשי
להמציא
אקדח
בתגובה
להקצות
בגדי

Puzzle 784

ו ק ז ה ר נ ל מ ג ו פ ה א ם ט ש ב
ו ח י מ ה ח א ב כ ל ת ו ב ס ק פ פ
ת י כ ס מ ד ע ר נ כ ר ד ד י ו י כ
פ ה ר פ ר ה ו פ ו פ ו ע ו א מ ח מ
א ג ו ר ת ב ר ק ש ב ן ת ן מ ק ב א
ה ח ן ת י ב ה נ פ ח י ו י ח ו ע ח
ל ל ד ת א א ר מ ר ע י נ י י ם ר ר
ל י ו א ו ו נ צ א ש נ ל א ה ו י ו
ת ב ב ר ל ב ל ד ט ם ע ה ג ב א נ ת
ן ו ו ק י ד ו ב ח פ א ש ת נ ת צ ב
ח ח י נ מ מ א ו ן נ ו ו ע י פ ג ח
א מ ן ש י ד י ר ו מ מ ד כ ג י ו ש
ע י נ ס ב ל ו ת ה כ י ו ב ו ס ד נ
ע ב ם נ פ נ מ י ע ס ח י ב ד ג י ו
ב ל ך ל ת ו ב ן פ ו ע מ ל ו נ ת נ

דבורת
וכרובית
פרא
עניין
פתרון
אגורת
גבעה
מילואי
הודעת
ביחס
זיכרון
המספרת
בשקר
שנקראת
נפח
בניגוד
הגשומה
קומקום
פתאום
עיניים

Puzzle 785

ת ח ו פ ל ל ה פ ה ם ו ר י ח נ א ר
ו ע ר ר ש ם ע ב ע ל ג ה ל ס ק ו ה
ע ש ח ך ק י ל ו ל ת מ ו נ נ נ ו א
ו י ל ת ם מ ו א י נ י ה ו ת י ט ב
ה ב א ל ו ן ח נ ד ל י ו ר ן ק ו מ
ן מ א נ ל ו ט כ נ י ק ה ל ג י ו ל
י ל ד ו ת ר פ ו ה ל ב נ ד ר ו ח י
א ה מ ח א כ נ מ ד י א פ ו נ ת ן י
ע מ מ י צ י י ק נ נ ה ל ח מ ה ן ר
ו ו ר ה ו ז מ ה ו כ ח ח פ כ מ ב ט
מ מ ר ו ת ה י א ל ר י י ו ס ח ס ב
ח ח ד ע ת ת י א ש ח ת א ר ק נ ש ש
ב נ ו ז מ מ ם ק ל נ ע ת ב ר ע ו ש
ר מ ם א ש כ ן ב ם ו ח ו ה ה נ א ל
נ ע נ ד ב ס ג ל ו ו י ג ת ה ה ד י

ערבת
אחות
פנימיים
קבל
חירום
הבינה
המחלה
מחבר
טכניקה
תוצאת
נקניקיות
נוח
טווח
ילדות
שונה
לשלם
ליירט
אפונת
שנקראת
זיכרון

Puzzle 786

ל א ר ף א ב ו ח מ ש ו י ה א ק ו ד
מ מ ו ל ו ח ר כ ל י ת ח ו פ ת ר י
ג מ ל מ מ י ר ו ד פ ח י ו ב י י ל
ר א ע ן י נ ה י ק ו ה ת ת ק י ע ב
י ר ו ח ב ה ד ר י ע ו ר ב ת צ צ מ
ח ה ש ו ת נ ה ת פ ש ט ו ת ר ב ח ל
ה מ מ י ו ה פ ו פ צ ן נ ה כ ק מ ס
ו ו י ל ה כ א ד ל מ ם מ מ ו ל ו נ
מ י א ר פ י ה ה ט י מ ה ו מ ל ל ש
ד ו מ ל ת ב ג ס ר א מ ז י ב ע ל י
נ י מ ל מ ו י ש ו ר ע מ ל ב ג ס ב
ה ת ה ס י מ ע י י מ ב ש א ל כ מ מ
ח י צ ת ו ז ה ס ה ש ף ת נ ח ר ת ה
ה ה מ נ ה ל פ צ ב ר ד ה ו ץ ו מ ן
ז ק י ◌ ש ג ר נ ת ע ב ע ר ל ם ו מ

מנורת
המיטה
גמל
עשרים
בחורי
הגיעה
התפשטות
מוכרת
תפוח
בחינה
צעיר
הוקי
מזלג
צפופה
שועל
מחק
חיובי
ריקבון
עורבת
בלחץ

Puzzle 787

ג	ש	ב	נ	א	א	ח	י	י	ה	ו	י	ה	ק	ו	ר	ג
פ	ר	ו	ע	ק	מ	ב	א	ו	י	ף	כ	פ	ת	ה	ז	ו
ן	ס	ק	ל	ט	ם	ר	ו	מ	א	ו	ב	ף	צ	ע	ל	ו
ף	מ	ק	ס	י	ם	ת	ל	ו	פ	כ	ח	מ	י	ש	ה	ה
ו	ו	ח	ו	ב	ו	י	פ	י	ב	ט	א	ם	ב	א	ו	מ
ח	ע	א	ח	י	ו	מ	ע	פ	ד	ח	י	מ	ס	מ	ר	ש
ה	ו	ד	ע	ת	פ	פ	נ	ב	ת	נ	ג	מ	י	ש	ה	ל
מ	ם	א	ל	ת	ע	ל	ו	מ	ו	ת	א	ל	ל	פ	ו	י
ר	י	ס	ק	מ	ת	ר	ו	ו	ט	ל	ה	נ	מ	צ	מ	ח
ן	ף	ד	פ	מ	י	ו	י	א	ל	ו	ב	י	ש	ו	ו	ה
ע	ח	מ	נ	י	ם	כ	ו	כ	י	ר	ו	ש	ח	י	ת	ד
א	י	א	צ	ע	ר	ו	ר	ד	מ	מ	א	פ	ה	י	פ	י
מ	מ	ו	ת	ו	ו	ע	נ	ל	ל	ח	נ	ו	ל	ל	י	ן
י	צ	ה	י	ד	ן	ד	ו	ב	ד	ת	ו	ל	ו	ל	א	ט
א	ו	ר	ו	ת	ג	ש	ש	ו	נ	ה	ב	א	ו	צ	מ	ל

למצוא
קלט
מסמר
טחנת
החשמלי
מקסים
הורה
אקטיבית
חמישה
שליחה
חוף
גזע
נוסף
כיוונים
כפול
חברתי
גמישה
לתעלומות
הבא
הודעת

Puzzle 788

ם	ה	נ	ד	ע	י	מ	ב	ת	ד	י	ש	ל	נ	ש	מ	ע
ס	ר	ת	כ	ף	ת	ה	ל	ו	ג	ם	ע	ו	ל	ר	ל	ו
נ	ו	ו	פ	ל	ח	ש	ר	ג	ף	ו	ר	ן	ו	א	נ	ה
ר	נ	נ	ו	ג	ל	ח	י	ש	ב	י	ת	ת	ו	ח	נ	ד
ב	ל	י	ד	ו	ה	ר	ע	ס	ה	מ	כ	ב	ע	ע	ב	ר
ו	ן	ם	ל	פ	ם	ת	ה	כ	ח	א	א	ש	ל	ה	ש	פ
ה	ת	ו	י	ס	כ	ה	נ	פ	ן	ק	ת	ל	כ	כ	ח	נ
ה	ס	ר	·	ל	ס	ל	ה	נ	א	י	ל	י	ו	ק	ת	ה
ת	י	ז	מ	י	ה	ת	ח	ת	נ	מ	מ	ש	ן	ח	י	ה
כ	ה	ל	ב	ו	ה	י	ה	צ	ר	ח	ד	ת	מ	ד	ה	מ
ק	ד	כ	ת	פ	י	ט	ו	ק	ל	ג	ת	מ	ו	צ	ב	ו
ש	ש	ל	כ	ג	ג	י	ק	נ	י	ב	ם	י	ח	י	נ	מ
ו	ב	א	ל	ש	ע	ל	ו	ו	י	ו	ן	ח	ר	ל	י	ר
נ	ת	מ	ו	נ	ה	ו	ע	ו	ש	י	י	ע	ת	ו	ת	א
ל	ו	ו	י	ד	ד	פ	ף	ה	י	מ	מ	ר	ו	ח	כ	כ

כביסה
עף
פוליטית
נקי
לספוג
בכמה
מניחים
חשב
מנת
חמת
בלי
לזרום
חגב
הנפרד
לשלול
ההסכם
נתונים
רבע
לתקן
להתרחש

Puzzle 789

ח ל א ד י מ ה ט ו ב פ ת ם ד י י ת
פ נ נ ק ב נ ק ד מ ו ן ש ו ד נ ת מ
ת א ח א ה י ב ת ה ג מ ח מ מ ש ק ל
ת ר ף ו ת ו ם ח ו ר פ א ג ו ר ת ן
ע נ ו נ ש ת א ל ח י ל ו ת צ ר נ ג
י א י ע י ל ר ה ע ם פ ר ס ו ם ו ר
פ ה פ י ד ל ת ם ר ו ל ו ם א ו ע צ
ו ר ש כ ס י ו מ ג א ו נ י י ד י ג
ב מ ב צ ב ד ו ע ר ב צ כ ו ר פ ר כ
י פ ל ו ח ה ו א ו א ו ל ו ו ו ר ת
ר ג מ א ד ו ה מ ב ו ר ג ר ָ מ ר ס
ס ו י ה י ת ז ה ה ד נ א ף ו ש ח ל
ו ל ד י מ ת י ו ה ו ו ת ב פ י פ מ
ק ו י ר ו י א י מ י ת ת ו ל ת ד ו
ה ח מ ה מ נ ו ו ד י ו ו י ב ה ז ח

בוגרים
המבורגר
חור
עם
קדמון
משקל
עונת
איזה
לתרום
כל
צב
זהב
תמיד
פרסום
פלפלו
לחשוף
טוב
מניות
ציפור
אגורת

Puzzle 790

ד ר ָ פ ל ת ג י ל ל י פ ג ה מ פ ל
ח ד ר ל א ס א ב ט ם כ ו א ו ר ר י
ת ו ז ח ל ל ד ב פ ן ד נ י ת ר ש ו
ר ס י כ י ה ד צ ב ס ת ק מ כ ל ש י
ש מ ו פ מ ָ י ל ן א מ צ י ל ה מ ל
ע ו ט י ש י ד ר י ב ו י י ו ש ה ו
ר י ם מ כ מ ה ן י כ מ ה ע ל י ו ן
ש כ ת ו ב ת י ט פ ש מ ב ל ד ו פ צ
נ ו ו ו י ח מ א ב ה ל ו י ר י ר ע
ח פ א ג ד א ו ע כ ג ע ח י ז נ ד ו
פ ת ס פ ר מ י נ ל ט ק א פ ש ו ו י
ת ל ת ת ח ד י ג ע ב ה ב ה ד ו ב ר
נ ם ן ם ו ש ד ו ס מ צ נ ו ש מ מ ש
ר מ ה ב ח י א ט נ ב ה ן ע ש ב פ מ
א ו ה ש ן א י ד ת ש ה ב ח ו ו ע ו

פונקציה
כתובת
חובה
כמה
נשר
גיל
מרפסת
פטל
ומסודר
אליפטי
במבט
אין
הוא
העליון
לבד
משפטית
קטלני
וילון
לחזות
שער

Puzzle 791

ב ל ו מ ס ב ל י נ ב ש ש צ ר ו ר ו
ש א נ ב ק ו כ י ב צ ל ו נ ן ו י א
י מ ם ל ה ו ל ז ו כ ה א ו ב ש ש ד
ל ץ ו ד ע צ ו ב ל מ מ ז ע ק ת צ ו
ו ת ל ש ו י ל ת ר ו ד מ כ ש ר פ מ
ב ל כ ד מ ל י ו ת ב ס ר ל א ר ה ל
ו ד י א פ ס פ ר נ ן ו י ה ה ת א פ
ה ר ו ת נ ב צ י ם א ו ר ת ן ר ו ל
מ ע ד י פ י ם ק ת י ב א א ר מ ז פ
ב ת י ל י ר ת ב ע א ב ה ר ד ב ן ל
א כ ס ג ל ו ו ק כ ק ר ם ל ר ד ז ו
פ ו ב נ ל ה ש ב ר ח ש ק ו ך י ם ש
פ פ א א ש ב ם ו ת ש נ מ כ ח ח ר ו
ח ה ר ל ז י ב ד מ ל ד ש ם י י ח צ
פ ו ש י ש ו ל א ל י ת ל ש ד ל ת ח

אשת
חיים
דרך
בקרוב
תכופה
בקלות
לאמץ
לפלוש
כלום
צעד
אנגלית
בשילוב
לכלול
כמובן
האוזן
זעקת
סביר
מעדיפים
לשחק
מפרש

Puzzle 792

כדורסל
שמפה
דהירת
שמע
בקטגוריה
בוהן
קשוב
פרק
כותנת
מחשב
שיר
אגס
שווא
אופני
באמת
רעיון
גדר
קרוב
לזרוח
תערוכה

ו ע מ ו ק ב ב ו ש ק ה פ כ מ י ל נ
ר ד ג ו ה ו ש ר ף ב י ת ה פ ח ז ע
ו א כ ר ן ה ח ו י ב י י ו ה ה ר א
ס ג ו מ ה ן מ ו פ ב ב ת ס ק ר ו ב
ר ד ס ג א ש ש ו ו א ר ק כ ב ל ח ד
ק ה ף א י א ב ח ש מ ע ש ן · י ת ה
ב ס כ ר ה ד ה ו ן ת פ י ת ע נ ג ה
ו נ ל ד ף נ ס א ל ס ר ו ד כ ר ו ו
ו מ ת נ ג מ פ ה צ ה י ר ו ג ט ק ב
ב ל ל ו פ מ ך ר נ ל מ ד ס ד ב מ ב
כ ד ם ל ר ת ע ר ו כ ה נ ל ו ס ו ד
ח נ ע ע ע ו ו ת ר י פ ן ד ו י ע ו
ו מ נ ה י ל ר ר ר ה פ מ ש א ן י
ז ב י כ ו ת נ ת ק י נ פ ו א ן ה ב
ב כ ש ר ן ר ר כ ר פ פ ב נ ו ו ר ש

Puzzle 793

ס ל מ י י ל ל כ ג ה מ ג ב ר א ר ב
ח ר ן ה ש מ ל ו א נ ח ר ש ש ו ר ל
פ י נ פ ו ת ת ו מ נ א א ר ש צ ט ל
נ ש ד ה י ה ר ב י ד י ת ל ק ר פ י
ר ר א ו ת ב ל ו נ י ו ט מ ב ט ד כ
ו ך ו ס כ ס ה ם ק ר ו כ ג ר ם נ א
ל ל ו מ י ה ת י י נ מ ד ך ו ח ל
ע ת ט ת ת ו ם ת ו ה ל כ ר ת ל ל מ
ב ד ב ת י ק ש ח ב נ ט ח כ ב ו י י
כ ב א י ל י ג ה ל ו ג ס ר א ד ו נ
י א ב ב ם ה י ל ש ו ו ך ט ע י ח ם
ר מ נ נ ת מ י ד ו ח ן י ו ח ל י ר
ה א ת ר ח ו מ ת ג ו ע ק ש ר ה י א
ב ן ר ד א צ נ מ י ס צ ו ף ר ו ט מ
נ צ ו ק ו ר ו ח ד ל נ ף י ר ד ד פ

ידית
לפטר
בשר
בלוני
מטורף
לברך
שלטונו
אכיל
מוצר
הסכסוך
עוגת
בכירה
אוצר
נדיר
נחל
תואר
שוטר
קוף
להחתים
סגולה

Puzzle 794

ללוות
הסיכון
להציג
מטל
טעימים
להסתיר
מורכב
ביישן
היבוא
חקלאי
מחקר
שנערכה
קמח
סכין
מחקרי
מוקד
שומן
באביב
צפה
מתנה

ן נ ה ר כ ן ך י צ ח ח נ ל ח ס א ו
ה כ מ א ח י ר ר פ ק ש נ ע ר כ ה ו
ש ש ר מ ו ק ד ת ה ל ט ע י מ י ם מ
ה מ י ו מ א נ י ב א מ ש ו מ ן ת פ
ל ה נ ח י מ ח ק ר י ר כ ע ח ס ר י
ל ת ו מ ב א ג י צ ה ל א ח ו מ י ל
ח ו ה פ ק ת ל ו ו ו ב מ ר ח א ל פ
ל מ ה א י ד ג ו ג ד ה ו ד ח ו ג ב
א ב י ו מ מ ל ה ס ת י ר ה ו ב י כ
ו ל ו ה ו ת ח צ מ נ ב כ ת מ י י ו
ב ט נ ו ת נ כ ר ק ח מ ב ח ש ה נ נ
י נ פ ל מ ה י ן ז ג ג ב ן ו ת ף ל
ד מ ח ו פ מ נ ב ה ן ו כ י ס ה ס ד
ס ה י ו ה א ע ד ב ל א י ב י ב א ב
ט נ מ ש מ ס ע מ ר נ ב ש ו ע ל ט מ

Puzzle 795

ל ן ל ו ט נ מ ף ו ק ש ג ע מ ר ה נ
ם צ ד ח ק ש ר י כ ל ו י א ס ב ג נ
ו מ ו ם פ ר ז ת כ ק ב ל י ר ם ר ק
ו ח מ י ל ו ה י נ ו ה י ו ה ט ו ד
ב י ע ד ו ו נ כ ר ח י ג א ב מ מ י
ח י ם ר נ ל ו ו י ש ו א ב ז ב ר ה
ם ר ו ו ל ע א כ מ י א א ה ר ק ח ש
ד ד ם י כ ה מ ז א מ ע ה ש ג ט ר ק
ה ת ב י ל נ ע ו ו מ מ א א ב פ ח ע
ל נ א ר ל ב ו ש ל ש ד נ ב ם ר ח ה
מ ה ס י י ה ו י ו ה ן א ד ד ר ב
ש י ב ר ת י ת ק ש א צ א ו נ ב ס ס
ה ו ו ו ק ח ד ל ב צ ן ב ד ר ם צ ר
ר י ו ד ב י ת י ר פ ו י י נ מ ח ו
ך ש א ן י ב י ם ה י ר ע צ ב ל ד ל

כללית
צמחי
יורדים
השקעה
לבצע
עמדה
שוקלים
נטו
זברה
וניהול
לבוש
ורודה
השמלה
קשר
בבטחה
משפיעים
זכוכית
קרם
שקוף
שחוק

Puzzle 796

כ ע מ א ר ב נ ר א ס ר ב ו ת ט ן פ
ס י ת ו ד ל ה צ ק מ פ ם ב י ד ל ת
ד ו ר ר ו ר א ר ה ה י י נ מ ח ל ◌
ז י ש ז ח צ ן ק נ ב פ פ נ ב ו ת ו
ר ה ל ת א י י מ ר א ו ס כ פ ח ו
נ כ ג נ ו א ב ש א פ מ צ ר ר י ר ט
ו ר י ה ם א מ א ח כ י א ה י ה ב צ
א ח מ ל ת ח נ י ו ן ק א ך א ו ר ד
ע י ת א ה ל מ פ ב ש ב מ ב י א כ ד
ל ר ש ב ע ש נ י צ מ א ה א מ ף ו נ
ל צ ל א י נ ב ת י ה ו ל ג ל ו א ר
ש מ ד ד ג ו ל כ ל פ ב ר א מ א ו ק
ל מ ב ת ר ב ך ו ו ט ו ע י מ ב ו ו
י ו ן פ ל ן י ◌ ח ש י ס ו ח ע מ ב
מ מ ה ש ה מ נ א ו ה ש פ ו ח ב ת ח

כריך
הכרחי
צופים
יקר
שלג
לוח
שמחה
אורזת
סקרן
מבין
רגיעה
בחופשה
ארנב
נוף
שבע
לחמנייה
ונשלח
טרי
רקוב
פרא

Puzzle 797

ן מ ק י ש ת ב ו ש י כ ו ת ו כ מ ס
ה ת נ ו ע ב ש ז ק י ר ט ת ר י ר ק
ח ח ג ל ט מ ו כ ת ר ח ת ו ג ר ו י
ו י ו ן א צ נ ו א מ ס ת ר ל כ פ כ
מ ל ר ו ה מ י ת מ א ש ו ב ט י פ ש
צ י ו כ ה ב מ ר כ מ ב ב ט ש ב ע ה
ת ם ו ן ח י ל ל ה פ ק י ר נ ת ו ח
ו ש ו ל ך ו ה ע ך ב ר ף ח י ל י ו
י ג ר ש ק ב ת כ ו ש ל כ ב כ ה ה ה
ן ו ז ח ה ח ה ק נ ע נ ע י ש ב א י
ר ה א ם א מ י פ י ר ו ם מ ו ר ל ר
ת ו ר ב י ל ו ע ח מ י מ כ ע י ד ש
ל ע נ י ם ד נ ד ח ת ה ה מ ו ת פ ס
ת ז ש ל ר צ ע מ ה ד ב ו ם ו ר ד ב
י ו ש נ י ח ו ט א ה ב ף פ ע ל י י

בבטן
מאמרי
קנגורו
סמכות
נענע
חזון
שבעה
בדרום
הולכים
מתחילים
טיפש
רכיבת
סחר
גשם
בקבוקי
דם
התה
טריק
מעצר
חינוך

Puzzle 798

ם מ ל ג ד ו א ה ו ל ב ר ס ר ה ס ש
ג ג ל י י ז ד י מ י ר פ ט ו ק ל י
ו ש ט ש ג ו ו פ ח י ע ח ף ו צ ל ל
כ מ א ה ו ל ם נ ר ו י ד ו ו י ו כ
מ ו ה ו ח ש מ י נ ל ם ר ג ו ל י ק
כ י ה פ מ ש י ג ד ה ל ל מ ן ח ש ר
נ כ י ם ח ר נ ו ת מ ה ל ל ו ר א ע
ס ה ת מ פ ב ◌ י מ ג ב ת ר ש צ ָ י
י ח ה ◌ פ ת א ח ר י י ו י ל ו פ ש
י ע נ ש ל א ט ן ו פ צ ב צ ג ע ב נ
ת ו ה מ ל ו א ח ד ג ת ו ר ק ל ד א
ב ו ר מ י נ ל י א ר ו ח נ ה ג ה כ
מ כ ס ה י צ ב ט י ב ן י ד פ י ה ן
י ו ן ש ן ו כ ד ע פ ו מ ה ח ע ה ק
י ר ג ו ד ו ה ו ק א ה ל ב ד ו ע ק

אדום
משם
רמת
מכנסיית
ילקוט
אחר
לצוף
ומחר
כלי
בצפון
גישה
להגר
אכן
הפחד
קילוגרם
חמה
לקרות
עדכון
דיג
להדגיש

Puzzle 799

ג ט ל ק א ל ל ת ו ק ו ח ר נ ע ל י
ל ו ו ף ב ה ת י ף י ב מ ב ה ה ס ו
א י ח פ ט מ ק ב מ ם ע מ ת ן ע י ו
ו מ ג ה ח צ ו ש ל י ח מ א ו ד מ י
פ פ נ ע ת י ף ס ו ר ה ל ר ז ו ת ק
י ו ת צ ע א ש ח נ ו ר א ו י ר ז פ
י נ ת ה א א א ל ר ה י פ ר ב מ א י
ן ע א ת ח ת מ ד ת ו ה ת ר א ס ט ד
כ א ח ל י מ ם ן ו ל ז ת נ כ מ מ מ
ו ר נ ו ה י ר ע י א ל ל ג ה י ש ר
ד ב כ ג מ נ ת ו ו כ ע ר כ ו ש י ת
ח ד ן ה ל ב ר ש י מ ו ש ה ו ו מ י
כ ח ל י ו ק א ת א ו ל א ו ר ו י י
ל ח נ פ נ נ ר ן ו ו י ב ש כ ח פ מ
נ ו ו פ פ ע מ י ם ת כ ו ם ע א ה ר

אבטחת
ראוי
יסעור
רחוקות
הורים
לתקוף
לא
פעמים
עת
ביזון
שלום
קיווי
מאוד
נעלי
להרוס
זהיר
הכאב
הצעה
שימוש
להמציא

Puzzle 800

ל י ט י מ מ י ת ת ו צ ד ת מ נ מ ס
ס נ כ צ נ ד ת ע ר ב א י ת י ו ר ר
נ ז א ש מ צ ד א ת ה ד ו י ר ט ת ו
מ ז ח ל ת פ ק י ד ר ם כ נ ר ר ז
א ק ש מ פ ל ר ב א ו צ ב י פ ח ר ל
מ א ן ן ס ג ו ג א ק ג ם א ת א ו ש
ר ר ו ד ה ו ה ו ה נ מ ב ל ש י ה מ
י מ ל ט נ ר צ ף פ ל ס ק ד נ י א ח
ק ח ח ש ו ב י מ י נ פ מ ח ד ר ש ת
נ ד מ פ כ ת ר ס ה ה ד ר י נ י י י
י ד א ה ח כ א ו ה ב י ו י ד א ע ה
ו ו ו ש י מ ו ה ל י ע ר ת ב ר ר ר
ד נ ת ו ה ח מ ח מ ו ת מ ו כ ן י א
נ א ו ן ק ת ו ר ן ע ן צ ם פ ג כ ה
ו צ ו ן ל ד ת ה ם א ר י ו ש ע מ ל

תפקיד
שיער
אינדקס
דאגה
מכתב
רצף
לנקודה
עשוי
מחדד
לשמחתי
אמריקני
אפורה
הנוכחי
תא
חלון
חשוב
פנימי
אם
מזחלת
סרטנים

Puzzle 801

ה ד ה י ם י פ ל מ פ ס ע ל ן ת ו ן
פ ע נ י ס ו י ד ח א מ י נ ח ו ש ת
י כ א ב ס מ ב י ר ת ף א ת כ ל מ י
ק ו א ג ו ז נ ק מ ר ב ח י ח ע ו י
ח ר פ נ מ ה ל ו ד ג מ ל ח ק ת א ל
מ ה ד א ח ז נ ו פ ב כ ם י ע ג י י
מ ת ל ם י ע ו צ י ב ח מ ב מ ת א פ
ר י ל נ א ו ד י כ ל ו י ח ב י צ ע
מ מ א י א ל ו ח ר ק ל י י א ר מ ה
ו ה ג מ ז מ ו ע ד ח מ צ ן ו ח ג ל
נ מ ר ח ו ת י נ ל ר ע מ ו ל י ט נ
ר ע ס ו ל ן ו ר ת ט ו י ו ר א ת ר
ר א י ס מ ו י א ו ל ל כ ב ת ב ו מ
ד ו ב י ח ו ו ג ח י צ י כ ע י נ מ
ת י י מ ו ע י ח ב י ל ד ב מ ד ר ת

ניתוח
עצי
במכחול
ניסוי
בכלל
תחת
אגוז
גדולה
יגעים
תרד
ביצועים
לימונדת
תולעת
חמוס
אגרסיבי
נחושת
לטאת
להעפיל
קרח
פרח

Puzzle 802

ל א ד מ ת פ ל מ ו ב ו ת מ מ ד מ ש
ן ש א מ ל י ו ח ב נ ש י ר ו ל ת ה
ח י ק י ע ו י ו ר ו ז א ל ש ח ח ח
ו ש ד י ב ב ו כ ק י ם ן י ל ד ת ס
ת ל מ מ א ו ח ר ת ק ר ז מ ם ך א נ
ם י ו מ ב י ת ב כ ר א ה ר י ד ס
ט ו ע א ל א ס ו ל ו ה ת נ ה ת ב מ
ת ו י ל ה ע ן ו ל ב ע ח ר ה ת ח ן
א ב ע נ פ ו ו י ש מ ת ב ל ו א ס
א ב מ י ו א ר ל ש ה ח ו ם ס ג פ פ
ל ל י ב נ ל י י ל ס ו ן נ ג ר ו ו
ב מ ג ו ב ד א ל ד מ ע י נ י ד ב ו
ו ש מ נ ר פ ה נ צ ו ף פ י מ מ פ כ
א ח ח ש ט ב מ ח מ כ א ה פ ו ב ז ו
ג ו ר ו ל ר ל ה א י י ט י ת נ מ ל

שליו
רכבת
סדירה
סניף
לאזור
לבוא
מושלם
חותם
אדמת
מאוחר
מתחת
תחתון
אקדמי
ספרייה
לפת
מזרקת
במדרגות
בינלאומי
קריאה
כוכבי

Puzzle 803

ו ב ל ל מ ש ו ע מ ם א ו ע ת ל מ ב
ו ו ה מ ה ו א כ י ו ו ר צ ס ו ם ה
ר ד ג ע ן ת ו ש ו ח ד ק מ ט י ם מ
ע י ד ש א נ י ד א ד י ב י נ פ צ י
מ ב י ה א ע ס ך ה מ ש מ י א ל מ י
ל ל ר י ד ו ג י נ ב ן ח ם מ ת ב ה
ו פ מ י ח י ו א ו פ ר נ ה ד ו ו ה
י ה ב ר כ ע ל ד כ ו צ ה ש מ כ ח ו
ו י ע ר נ י פ ל נ ח ת י ת ר ו ס מ
כ ב ו פ ה ס ק י ה ת ל ר ז נ י מ י
ו י נ כ ש מ ח פ ל ו ן מ ב ו ר ח ו
י א ו ב ו פ ד ה מ ל ב ו ש צ י ו ח
י ב ק ש ן ו ח ן ל ם ת ט ב ן ר [illegible] צ
ס ב י י ד ו ו נ א כ י ש נ י ם ת י
א א פ ן ק מ ה ש ם כ ש ו פ ז ן ו ר

עצמיים
הנכונה
מצלמה
לפקח
מכונאי
פנאי
מסורתית
מדחום
איך
וחצי
למעשה
אודישן
קמטים
משועמם
במחנה
להגדיר
בכפר
נכחד
דליפה
בניגוד

Puzzle 804

ן ם י ה ז ל ן י כ ע א כ ס ס ג כ ו
ם מ נ ב ג ג ב ו ה ב פ ר ו ל ך ש ב
ח ז י ז ו נ ו ל נ ל ש י ל נ ד ר כ
ו מ מ ע י כ ך ס י מ ר ש ם ב י ו ך
פ י ט פ ת ג ו פ ד ו ו ת ו ע ר ן נ
ש נ י ת מ ת נ ה מ ת ת ר א י ו ח ח
י ה ו ח ר פ מ ע ה ה ה ו ת פ ל ו ב
ש י ד א ו י ה ק י ז ו מ ש ס פ י ד
מ צ ו א י מ ל י י ע ש ו נ ק י י ד
ם ט ע ל ח א ג ב מ ל ט ו ח ח ף ת ה
ד מ י ש ל ש ת ש ת ו ל ת י ב ב ר א
ו ת ע ו ר י ח מ ק ר ר ו פ ס ל נ מ
ס י נ מ א ו ו ד ה ד ד נ מ נ ה מ ו
מ ר א נ ע מ ש מ ך ש ס נ ח י ח מ ג
ד ך מ ה ו ל ב ר פ נ ק ו ו ף י ב ן

עזבה
דבורה
נהמת
ובכך
מוזיקה
מזמינה
לספור
זהים
המדינה
פשוט
הלך
חופשי
גבוה
כרישת
סולם
כשרון
אפשרות
חושב
מקרר
ויטמיני

Puzzle 805

ו י מ מ צ ח ו ה ע ו ת ה ו מ פ ב ה
ד י ח א ר ו ת פ ל ר ל נ ח ו ד ש ו
ן ר ד ר א ר ר ב ח ב ע ו נ מ פ ך ו
ה ב ו ח א ו ל י ע ב ד כ ל ע ה צ ר
ג ו ב ת ל ת ש צ ר א מ ח ת י ש פ נ
נ ו ד ת ב ב כ פ נ ח ה י י ו ב מ ם
י ט ב ש א י ו ל ה ו כ י ח ש א מ ל
ב י ן ה ת ו נ מ ו י מ ם ר ו ש צ א
ע פ ו ה מ ב ע פ ו ז ס י ל ל צ ו ח
ו ו כ ח א ר נ ד ש ו פ ל ר צ י י ל
ד ס נ ו מ ל ג ח ב ל נ ו מ ט ד ל ק
ו י מ ש נ ה ב י ב ב מ ר ס ו מ ו פ
ל כ ק ף ב ן נ ו ו ן פ כ ו ת ת נ מ
ר ה ו ת מ ר ו ח י ת ת ו י נ מ א מ
ג י א ת ו מ ר נ א ה ס ר ם ק ט ב ד

לייצר
תרחיש
מיומנות
בתורו
לנבוח
נכון
לפתור
טיפוסי
חושף
להוכיח
זול
נפשי
מארחת
הנוכחיים
שווה
באחו
בעוד
השפעת
חודש
דובדבן

Puzzle 806

ליד
המורים
מכונת
לעמוד
גישת
היה
ארגון
הפרעה
באסם
יבש
פרות
בעל
להשתתף
שניתנו
ריק
אופניים
מוכנה
עונש
מסעדת
וכרובית

י י ה מ ר ה כ ל מ ט ה ף ת ת ש ה ל
א ז מ ל ש ש ם ת ת ש י ג ה י ה ס י
ו א נ ם ד י ב ר ש ב י ה צ פ מ כ ב
ו ס ה ר ו ב ע ל ת י ו ר מ ח ו א נ
ב ה ע ר פ ה ע ת ד ע ס מ ד י ר ף ו
א ל ל מ ת מ פ א י ח ב מ א מ י ת פ
ס מ ל ת ו ק נ ו ל ו י ָ מ ר ם ר ב
ם פ ו ד ד ר ם פ א ב ת א ר ג ו ן ע
ר ט ל ב פ נ ח נ ו מ כ ו נ ת נ ה מ
ם ו ש מ א י ף י ל מ כ ה ב ש ת ו ה
ג ג ו ת ו ת י י ק ר ל ר י ר י ק ר
ו ו ל ר ח מ ו ם ו ס י ר ח ל נ א ו
א · ח ח פ מ ח ב ת ל ע ע ו נ ש י נ
ל ג ת כ נ ו י א ע ו ת ק ן ח ר כ ד
ב ס א ש ן ת ט ה נ כ ו מ ה ו י ו ה

Puzzle 807

נ	מ	י	ב	ע	א	ג	מ	ס	ע	ע	י	פ	ר	ו	ן	ו
ר	ד	ד	ל	ע	כ	מ	ה	נ	ש	י	ו	ה	ב	כ	ח	ח
מ	ו	א	ב	י	ם	י	ר	ו	ח	ש	ג	ד	כ	ו	ה	ג
ע	ו	י	מ	ר	ר	צ	א	פ	י	א	ל	מ	מ	ל	ח	נ
ח	נ	ו	ת	י	ת	ח	ש	ו	ה	א	ה	ד	ה	ה	ב	ת
ד	ת	ג	י	ר	י	ת	ר	ת	ו	כ	ב	מ	א	ר	ט	מ
ו	ל	ו	ו	י	ת	י	ר	י	ד	נ	ה	ת	א	ר	ה	ע
נ	ת	ו	ג	ת	ד	ס	ב	נ	א	מ	ש	י	ו	מ	פ	ו
צ	ד	פ	ו	י	ל	ו	ח	כ	ה	ה	ת	ן	ב	ש	ו	ע
ל	ר	ז	א	י	ק	ד	ע	א	ר	ו	ף	מ	מ	ו	נ	כ
י	י	ר	א	מ	כ	מ	ו	ע	י	פ	ו	ה	ל	ו	ת	ו
ה	נ	ת	ו	מ	ס	ב	ל	פ	מ	ח	ס	צ	א	ר	נ	ע
ו	ה	מ	ר	פ	פ	ן	ת	ש	ש	נ	ל	מ	ן	ח	ר	ס
ם	ג	א	ע	נ	ו	ו	ה	ב	מ	ר	ס	ו	י	א	ג	י
ד	ב	ש	י	ר	ג	ב	מ	ר	ע	מ	ל	ו	ר	ה	ה	ם

עיפרון
גירית
שמירה
ספוג
יסוד
שחורים
כבר
החבטה
תנופה
בשפע
הכחול
ישנה
הראש
כותרת
חנות
מגיע
כועסים
מתמדת
מדבר
להופיע

Puzzle 808

ו	ע	ר	א	מ	ע	ב	ב	ה	ו	ר	ו	ם	ל	ב	ב	מ
ל	ה	ו	ד	ו	כ	ע	ג	ן	א	ו	ל	ד	ל	כ	ל	ש
ך	מ	ל	ו	ג	נ	ר	ת	ו	ע	ט	ב	א	ש	ו	צ	ת
י	נ	ו	ע	ה	ת	ו	ו	ז	ב	ב	ח	צ	ד	א	ס	י
ר	מ	מ	צ	ט	י	י	ן	מ	ד	ה	ו	ל	י	פ	א	ק
א	י	ר	ת	ל	נ	ח	ג	א	ע	ת	ץ	ת	ב	ר	ל	ה
ה	מ	ש	פ	ח	ה	ל	מ	ל	י	א	א	ו	י	י	ד	ל
ל	ל	מ	ו	א	ל	ל	א	ל	ה	ר	ד	ר	ל	ו	נ	ח
ג	ר	ה	מ	ש	ש	ק	ו	ת	ה	ה	י	ו	י	ר	י	א
ס	ה	ד	ס	ג	ק	ו	ר	ר	ם	ל	ר	ג	ו	ו	ן	
י	ז	ח	ש	ו	ף	ו	מ	י	ח	ן	א	ב	ש	ש	ו	מ
ל	ח	ו	ף	ב	ו	ל	ס	ו	ה	ד	י	מ	מ	ב	י	פ
י	ו	ג	ו	ד	ה	ת	ו	ל	ז	ב	ו	ב	ס	י	ל	ט
ג	ס	מ	ו	א	פ	ב	ג	ו	ו	ס	נ	ר	ל	ח	נ	א
א	ח	ן	ד	ר	ו	י	ל	ג	ת	ו	נ	ד	י	ת	ר	ג

בחוץ
מצטיין
גס
מסוגל
הראתה
שתיקה
אווז
עוני
מזון
זבוב
להסוות
רעב
להאריך
לחוף
המשפחה
טעות
אפילו
תרנגול
בגובה
לשקף

Puzzle 809

ו פ פ ד ר ר ק מ ב ת ר ע ר ק ו א ב
ה ע ו ח ו ת מ ל י ת נ מ ם ר ר צ ד
ה ו ן ת ת נ ו ע ת ק ד ב י ק ו ב נ
ב ל ב ו ס ט י ן י ה מ נ ל ע ש ר א
ה ה ד ח י כ ר ת ט ר צ מ ח ו ו ו ל
ת ת ן ו ע א ב ו כ פ ה ס נ מ ו ו ש
א ן ו י כ ב ר ר ב ת ו ל ת ל ת ז ר
ו ו פ ד ה ק ן י ת ק ו מ מ ה צ נ ו
ש ח ר מ י ו מ ש ב ן ו ה ו ו נ ן ף
ש ו ר ה ת נ ה ב ד מ ו ל פ ד צ ר ב
ו מ י א מ ו ד י ו י מ נ ב ו א י א
ת ב ו ן נ פ ת נ ת ז ם ב ד ת מ ו ל
ל ו מ ו ן ר ו א · ה פ ד מ כ ש פ ה
ת ש ר י ל ה פ ד ר ח ב כ נ ה ב ל ו
ו ד ד מ ל ל ו ת ה ד ר ר ה ו ר ח ט

משבר
להודות
ברווז
ללמד
בלוטי
קרקע
טורקיה
ענקית
מתוח
מנסה
הכעיס
שוות
מכשפה
כף
התאוששות
הרפתקן
תנועת
להוט
מתנחלים
לשרוף

Puzzle 810

פ ת פ נ ו ה פ ט ם מ ב ב ת מ ל ו כ
ו א ט ל ש פ ר א י ו ת ד ו ב כ ה ט
נ ב ח ת ו ג ש י ר ע ו ר י ת ר ל ב
פ י ם י ה ו ו נ ג מ ח ש ד ו ה י י
מ ה ל ש ר ד כ ל ש ד ש מ ו מ מ ב ל
ש ו ו ש ב ל ב ע ר ו ר ב ס נ ח נ א
ג ר מ ם ה ה מ ת ב ר ד ל י ח ו פ ש
ג ג א ל ד נ ח ט ו א ל ר ו מ ע ד ג
ב נ ך נ ל א ו י ב ד י א ע מ ו מ ר
י ו ל צ ש ח ר ה ם פ ב ש צ ן ר ר נ
ל ר ה ק י ר ר פ ם ה י ה ל ז נ ם
צ ו מ ת ט ר ל ה ה י ה ו מ ת ק ה א
ע מ כ ו א ח ק כ י ה נ מ ם ת ר פ ן
א א ע ש ר פ ל י ו ת ח ו מ ל ו י
ג ד צ ד ת ה י ל ו ם ש ס א ף ל ו מ

בכושר
מועמד
יסודיות
הכבוד
במשרד
בטוח
צל
גודל
זרועו
חופש
מעשה
שדון
נרגש
רבה
בילה
שלה
לשפר
מהלך
שגרים
ראיות

Puzzle 811

ע ו ד י מ ר נ ס ו נ מ מ י א ש ד י
כ ע ו נ ס י ע ל א ו מ ח ל י א י ב
ב ו ע ש פ י ש ו צ ר ה ר מ מ ב ה א
ת י נ פ ר ת ק ל ח ה ר ף ו ש נ י ב
ם י ו ח ו ו נ ל ע י ו י פ ג א נ ת
ם ע פ ל ס ד ר א מ י י י מ ה י ע ד
י פ י ט ו י י ט ע ר ו ן ו פ ל ט ב
מ ו ת ו ב ד ר ב ת כ נ ל י ב ו ה ל
ו ו ת ל מ י ו ו ו ם פ י ר ד ב מ ש
ל ל ף ק ב מ ת נ ו ן ס ע ו ס ב מ ש
נ ש ו ב ת ק מ ו ז י א ו ן ש ק ל ר
ג מ ר מ ו מ ת ע ל פ ת ן ו ק י ת ל
ל כ ג י מ ס ת ו ר ח ת ה ב ש ו ג י
ת מ ל ס ג ו ב ב ר ת ל ו כ ת נ א ל
ו ל ח ו ה ק ד א פ ל ו נ כ ר ל ח ח

התחרות
צרה
מספר
סל
החלקת
בטלפון
ידידותי
להוביל
מסוק
ינשוף
תיקון
שנים
ממהר
בברכת
שן
ידוע
נכתב
לחפש
בד
מוזיאון

Puzzle 812

ל ו ו י ד ל מ כ ה ח נ ה ת ל צ נ ח
ע ה מ ש ל א מ ש ד ח מ ו ט ל ח ת נ
פ ת ל כ ד י מ ש ה ו ב ל י ה כ י ע
ק ו ג מ ה א ר פ ב ב ה ל ד ב ו ב ר
מ ו פ ו ק ד ב ט מ י ת כ ר י ר ו ג
מ מ ו א פ מ י מ ה נ ו ג ו א ס ד ל
ו י ד ל א ו ג נ ו ש ת ש ם ע ו ס ב
צ מ י ן ה ו ו ד ן ה נ ן י ק ל ד ל
ע י ן ט ה ת ס ה ל ג ת ו ט ו ר פ ב
ת מ י ג י מ ו ר י פ מ א ש ם י מ י
י ב ט ד פ ט ה מ נ ן ל י ו י ר י ו
ב ל ק ת ו ו י ה י ק ח ז י א ו ה ו
מ ח ה י נ ו ו מ ב ב מ ו ה ר ח ו ו
י ד ל י א ה י י א ש ה מ כ נ ב ב ו
ק י כ ב ה נ ו ר ח א ל ב צ ו ד ת י

ממוצעת
להיהנות
בחור
צלילת
לב
דרום
שני
הביא
נתיב
לאחרונה
פרוטות
להקטין
מלחמה
הקפאה
במוזיאון
דין
נראים
תות
לדלקי
במראה

Puzzle 813

ל ע ע ף ר נ ו א ש א ת ב ס ל ם ו מ

ה ל כ נ ו ק נ ש ל ◌ ת ק ר ח פ ו י

א ן כ ש ע י נ י י ם ב ו ה ק ד ג ר

נ ו י ד ל ח ש ת ל ל ה ח מ ו ר ת ע

י ו פ נ נ ה ג ה י י מ ר ק ר ת י ע

ש ה ה ן ו א ר נ ת י ל ר ד ד מ י ה

מ ם פ כ ה כ נ ש ו פ ט ו ו מ כ מ כ

ש ל ר ת ב ב מ ח ב ת ו ן נ ו פ ו ד

ע ל ט ת ק ה ר א ז ד ו ו כ ס נ נ א

ל ק י ת ה י ב ח כ מ נ ן ס ו ב ח מ

ו ע פ ו ע צ י נ ו ר ל ר כ ב ב צ ס

מ ל א ג ו ר מ ו א ת ח ב א כ ח ו מ

ד ד ת י ר כ ם מ מ ש מ מ כ י מ י ט

ב ו ר ו ב ת ך י ר ע ה ל ק ן מ י כ

ש ב י צ ן ק ן כ צ ר ו ל ש ח י ן פ

הפרט
שלילית
לנווט
אננס
נואש
במחבת
צינור
שכן
גאה
סבתא
מאוכזבות
להעריך
הרכבת
שופט
קר
לחקור
מצחיק
העורב
נהג
עיניים

Puzzle 814

ש ע נ ל ן ת מ ג ו ה א ד נ ו ו ד א

ר כ א נ א נ ◌ צ מ ל א ש ו ה ל ח ק

ש ◌ ג פ ה ט י ת ר ק נ ת פ ב ר ש ת

ר ל א ו ל ו ו י ה ס ו כ מ י י ו ה

ת ד ה ל ו ו ו ט ו ה ת י כ נ ד ו מ

ו ר א ס ו י כ מ א מ ן ו ה ע ב ו ו

א ר ל ו נ י ו ו ח ם מ כ ע ב ו ט ר

מ ש ל נ א ד מ ט ר ן צ א ק צ ל פ ק

צ י מ פ מ צ ל ו א ץ ר ג ו א פ ל י

ע צ פ נ ט ל א א י ש ו י ד ל מ ק ו

ן א כ ב מ י ח ל ד י י ס ב מ ח ב ז

מ ל ו ל ש ק מ ו ל מ ד ה ל מ מ ו י

ך ר ס ר מ מ ה ת מ ו נ ה ו א ע מ ה

ו מ ו מ ב ו ק ן ה ש י כ ח ם א ר ו

ו ד ה ח י נ י מ ד י נ י ו ת ו ן ה

זועם
אוטומטית
שרשרת
אחרי
ממליץ
לנפול
אוגר
וחול
לוויה
אחראי
מדיניות
רטוב
שימושי
עניבה
מכוסה
כיתה
לבדוק
מאמן
אצבע
עצמאות

Puzzle 815

ת ו ו ו ב ר מ ו מ כ מ ד ג ה נ ע ק
ש פ ג ה ס ק י ק ש ח י ת ג א ב ג ב
ת י ק נ ל ח ו ז ר א ד ף ת ג ה ל ת
פ ה ח ח מ ס ע ד ה ס ה א י ד י ת א
א נ ת ד א ו כ ר ה ר ב ג ר ה נ נ ב
ו א ר ע ת א ו י ש ש ה ד י ר ו ר י
ן ת ב ר ג ה א ן ר ב מ ו ָ ו ו ד ש
נ ת ג י ו נ ב מ א ף י מ מ ס מ פ ס
מ ו כ י ב כ א ר ה ו ב ב מ י ק א י
ת א ל ג ה ו ל ת נ י ל א ד ג מ ך ר
ל ס פ ש ש ו ל ה ו ט א י ו ה ד מ א
ב פ י ר ע ד י ק מ ת י י ש ח י ר ך
נ ק ת ה ה ב מ ה ה ו פ ל ָ פ ר ו ת
י ת י ב נ ו ח י ס ח ד א מ ר ה כ א
ו ל ן ר ד ב כ ב ת א ס פ י ן ת א ם

מאושרת
ידע
כבד
כואב
ההשראה
עגלת
אף
ואספקת
מקלחת
ירד
חוזר
המונה
כלפי
גברת
הסקי
מחר
מסעדה
גבר
רך
תגובה

Puzzle 816

משקה
סתיו
להחליט
קרובים
האם
יד
כבוד
מקבל
תעלומה
יושב
במסדרון
בצלחת
מסודר
אולי
חווה
בר
רשמי
ולבסוף
מבחן
להסביר

ן ל ל נ ת ת ס א ו ר ד ח ה א ו ל ס
י ה מ ו ה מ ל נ ת ל מ י א נ ה ה א
י ס ן ח ב מ מ ש ק ה ה ח ח פ ר ר ר
י ב י ל ח ב ן י ו ח פ א ן י ל ל פ
ו י ד ו ר ת ו ש ת ל ם ג ק מ ת ו ·
ת ר ש ר י ף ר ש מ י ל י ר ע ו ת י
ש א נ כ ב ו ד ס ה ט צ ו ל י ה ר ק
ה א ם א ו ס ס ם ח נ א ו מ ס ח א ח
ס ת י ו ה ב מ ה א נ מ ב ק פ מ מ ב
א ן ב ל ל ל ב ו ל ה מ ל ב ו מ צ י
צ כ ו י ז ו א ד ת ו ו א ל ר ל י ג
ר ר ר י ר ד ו ס מ ו ק ר ד ח ח ו א
מ ר ק ת ד ר ה ו ו ח ק נ ת ה ל ש מ
מ ם ן ס ע ה ש ט א כ ח ל ה ל ו ב ת
ו ו ד ת ן א מ ו מ ן א ל ט מ א ז ר

Puzzle 817

כ פ ת ו ו ז נ מ ד ל ח ה ו ב א ח כ

ב ח ע ל נ ג ו ו ת י ר ע ק מ ט ו פ

צ ו ת ו ל ע ב ב ע ב ד ם מ ל צ ש ל

ד ת נ ח ח ל ש כ י ה ל י י ה י ב ו

ה ו ט ח ת ב ב ה ר ר ל פ ס ס י י ת

ר ר ו פ י ס ד ב ה ת ר ל ה ה ן ם א

ל ס ו נ ל ח ק מ צ ג ו א ו ל ח ב י

א י ד ר מ נ ר ח י א ו ל נ א א א ה

ן ת ח ס י י ם ה ד ב ו ד ָ מ ע ת

מ י ח ה ס ת א ה ב ו מ י ן מ ג ר ה

ו ר ד ל ק מ י נ ו מ ה ה כ ו ח ס מ

ס י א מ מ ס כ ב י ה ל י ל מ י י ו

ו ח ו צ י ר מ ו י ח מ ה ס ד ה כ מ

ף ה י ר ו י י ת ע ל ו נ ק ו ל ת ל

א י ט פ ו ע ט ע ך כ י ו פ ן ב י ך

ולא
חרד
סוף
צהרי
אבא
לתל
מקסימלית
סיפור
עלות
חושבים
כפל
בצד
פחות
מכה
מילת
אלפים
להיכשל
העגולה
מודאגת
בדק

Puzzle 818

ה ק ה ז כ ר מ ב ו ו מ ב י ת י ס י

ת פ נ מ י ג ן ר ב י ו ד ב י ב ל ח

ר ת ה י ו ו א י י מ י ו נ ד ע ל ו

ב ב ג צ ר ב י ת י כ ו ה י ה ב ב מ

ו ג ת כ א נ ו ד ן י ד ה ע ש ת נ ·

ת ו מ ב י י ד ל נ ד י ב ו ת ו ח ל

י ג ב ר ב מ ן י ה ח ג ת א ר נ ע פ

ת ה ג ד ו ל ח ק ר ד מ מ ך י ר ם ד

ת א י ב נ ד ה פ ג ל ה מ ע ב ד ר ע

ס ג ד י ב ח י ו מ ה ת ו י ס ל י י

ע ו ש ל ל ו נ כ ס ח י ת ב נ ק מ י

מ י כ ו מ ת ח ל פ כ י מ כ ר י י י

ס ת ו נ מ ם ו כ ר נ ח י י ה ת ת ד

ר ר ב פ צ ר ב ל י ב ס ת י מ ר ל ר

ק א ל א ם י ן ת ו ב ג פ ל י נ ב ן

מספרי
בוגר
חלב
פרחי
הנהג
כלכלת
עיקרית
נרתיק
התייחס
בירת
לחות
מסרק
מהר
מנות
לדחות
הגדול
במרכז
התרבותית
חם
נדיבות

Puzzle 819

צ ם י מ ט ו פ ו פ י ה ה ל ט ן ס ב
נ ח פ ר י כ ת ד פ ת ו ל ש ח ר ר מ
ם ו מ ח י ת י ה י ק מ ל ג מ כ ו ר
ב ר ק פ ו ה ו ש א י ו ח נ ו ש ט ל
ו ת י ת ו ש מ ס ו ל ס ל ת ב ד ע כ
ב ה ב א ב כ ע ת י נ ב ך ה מ י א י
ו ד ו ת כ ו ר י פ י ש י ש ה ה ר ס
ח ק ע ר ב ד ה ג י ה א ת פ ו ת ו ו
מ ד ב י ב ו י ח ה ל ה ל ה ש ש ל פ
נ ץ ה י ו ה ר ו ה א ז א נ ל ע ר ש
י ה ש ו ז ח ם ל פ י ד ב ר ו נ ו ב
ו ן ש ן ו ל ו ר מ ד מ ש נ ם ש ת ו
ת ב נ ה ג ו ו ה מ ו נ ה מ ו ג ש ע
נ ק י ו ת ח ו י א ו ו נ י ו פ ע ד
נ פ ו ל ח ח מ ו י א ת ל ח א ב מ נ

חלל
נץ
ולשחרר
ושלום
זוג
חמניות
הזדמנות
החיובי
ברכות
השישי
הרס
שנעשתה
מחט
יתוש
ההיפופוטמים
מסולסלת
בעובי
שבת
להלוות
סופשבוע

Puzzle 820

ו ב ר ת ב א ו ת ו מ א נ מ י פ ל ר
ל נ י פ כ ח ו ל י ת ר ו ו ב ם ע ל
ש ח נ ת ד נ צ מ פ כ ן י ש ד ת ב י
ר י ת ח ק ע ת ק ש ו ר ת פ ץ ר פ ג
ה ת מ פ ו ו ח א י ו פ ו ת ח ן ם ן
א ס ן ק ח מ ק ס ל נ ו מ ל ב ק ה נ
ש ב א ו ח א פ כ ל י ל ד ט צ ה ח י
ר י ש ל ג ר ו ד כ ם ל ה מ פ נ ק ו
ד ב ע ב ת ד כ כ א ג י י ל ו ו א י
י פ ה ה י ר י ב ס ק ו ע ע י ר מ ס
ו מ ת נ נ מ ת א ג א ו ע ת ר ג א ר
י פ ע ם ס ו ת י י א ת א נ ו כ י כ
ה א מ ו כ ת צ ק ת י ר ל ו פ ו פ ה
צ ל נ ל ר ר י ח ס י נ מ ו נ ל ש נ
ג ן ד נ ו ת ה ת ל ו ב א ל ח ר ו ה

כחול
קצת
סביב
פסיון
אשר
יריב
שלנו
תקשורת
כדורגל
מטלת
באותו
צפוי
פרץ
הפופולרית
דמות
מתכוונים
כבאי
כותב
ולצעוק
פותחן

Puzzle 821

מ ד מ י פ ס כ ר א י ל ל ס י מ ו ל
ו ו ה ו ח פ א י ב ל ע צ ב מ ג כ י
ה נ ת ו ע ו מ ו ל ו ל מ ו ו ת ד מ
ל ד נ נ ב ר ל ג א ח מ ב נ ו ש א ח
א ח ך א ל מ י כ ת ם מ ח ב ו ף ת א
ו ו ש ש ו ו ל א נ ו ש י ו ד י ו נ
ר ם ו ו ד י ב כ ה י א ז ר ח ל ל י
א ח ח נ ג י ט ו מ ק ר מ פ ו ע צ ח
י ו נ ה נ י א ג ו ס ה מ ה ס י נ ר
פ פ ו ת י ש מ פ נ ז ר ט מ מ י ת ז
ו י ו ו ג ת א י כ ג י ו ר ה ר ה מ
מ מ ן ו ח צ נ ת ה ח ל ר ו ו נ ה ה
ה ו י י ש ש א ו ח ד ת ע פ ו ע ה ב
ו מ ס י ע ו ק ו ו ך ל מ ר ח ח ◌ ו
מ ת ן ע ד ע ם ב ו ת מ ה ר א י מ ב

רפורמה
התנצלות
מבצע
הסינר
נצחון
מלאך
חיטה
מזרח
בנושא
הנושא
אנושי
קיום
וידוי
מהסוג
חי
הכבידו
אזרח
לכתוב
מלך
מס

Puzzle 822

ה י ג ו ל ו נ כ ט ג א י פ ו ר ה ל
ב ע ש כ י ו ש ע ד ל א ל ס צ ר פ ס
מ י ח י ה ל מ ע ס ג א ת ם ב ע ת ט
ו נ ר מ ה ל י ו ס ל ו א ו ע נ פ מ
ה ח מ ש ב ק ו פ ד ל ל ו ל י ל ר א
ר ש ד ש ד ו ג נ ו צ א ר כ ח נ ו ו
מ ו ב מ י ס מ ב ו מ ה י ס ק ל י ס
פ ג ר ל נ י ה ן נ ח ר ה ף מ ו ת ת
מ מ ו ב ל ש ו ר י ת ן נ ר ב מ ק י
ל ת ו ח א ח ר מ ל י ת י ח ש ו ו ה
ב ת י ה י ת מ ד י ת כ כ ה פ ב ה ס
ל ר י כ ז ה ל ו ן א צ ג ה ח ו ף מ
ב ד נ ק צ ד ה ד ז ל ה ר ח י ב מ נ
ל ו ס ר ם ה ר י י ו ף מ ן ה ן נ ו
ן ד ר ו נ ת ם י ד ד צ ב י ת ו ו ה

טכנולוגיה
לבלבל
תנור
וצבעי
גלגל
איפור
תקופה
להרחיב
תאוריה
בשמחה
חיה
צדדים
שחר
ספר
כסף
למעט
פלא
לדפוק
ולהזכיר
לנער

Puzzle 823

מ פ ו ה ר ה ג א מ ם כ ח ע ש ר ר ו
ט ל א ס מ ע ש ק י ר ד ח ת ת ד ה ג
ה ל ר ל צ מ ג מ ו א ף ב כ ו ק מ פ
ח ת ה ל י ך א ם י ר ק י ש צ ו י ן
מ ח ל ם א ח ו ר ה נ ת ש מ ד ו ץ ר
ָ ס ר ב י א פ מ מ כ ה ס כ י ש צ ב
י ר ת ח כ י ס ה א י ת ל ת פ ו ס ע
א ל י ז צ מ פ ת ו כ ו ו מ ע כ ו ש
י י ח ר מ ם י ר מ ו נ ב ת ד ר ח ל
י י ת ה ד מ נ ט ט ש ָ כ י נ צ מ ל
י ל ס א ק פ ה ר ד מ י ר ל פ ו פ ש
ו מ מ ר ת ר ר י ש ל ו ש מ ה נ א ו
ח י י ו א ו ש י י ו י ר ג ו י א ו
ה ב א ב ח ג נ כ ו ש כ ת ת י ד י ו
ב נ ו ו ק ר ל ע ב ד ב צ ו ש כ י ג

לפנות
בחזרה
אחורה
רכוש
אשמים
לשעבר
יקרים
מיץ
מחל
דקת
רכב
המשולש
תהליך
בנו
ספינה
התקף
רצועת
משתנה
לתפוס
לרתיחת

Puzzle 824

ב ר מ מ ו א ן ע ת ר ל פ ו מ ה ק נ
ו ג נ פ ח ו ב ע ו ש ן ה ג ו ו ב ד
נ פ ל ז מ ב ר ה ב ת ו י ל מ ו נ ר
ו ו א ו ו ו מ ו ר פ ו ע פ י מ ר ן
ו ע ל ל ב י נ ל ת ת ל א כ ה א ה מ
א ו א ת י ק ס מ ה ה נ ו ק נ ל נ ש
ב ו פ ע ן ל ה ק ל ק ר צ ף נ ג כ ו
ן ר ו ה י פ ר ג ו א ג נ ר מ מ ל י
ו מ נ ח נ ב ד ו כ ל ל ו ו ש ה ש ח
ס ד ה ו ת ק מ ע ד ר ז ע י ר ה ו ת
א ל ך ט ו מ כ ב ע ו ש ה ו ד כ ר ב
ד ף א ו ל נ א ם ו י ב ו ח ר ת ש ר
מ כ ר ה ג ד מ נ צ ע י ף ה נ ו ד ן
ע ת י ט צ נ ה מ ר ח ק ש ע י א ג ט
ד ת א ה ר ו נ א ח ו ע ב כ נ מ ב ח

זעירה
ולהרוויח
קונה
צנועה
ביום
רשת
המרחק
תערובת
לקרצף
ללכוד
אפונה
נמר
אסון
התרבות
במזל
להחיל
גאוגרפיה
תנין
צעיף
אבן

Puzzle 825

ף מ י ך ה מ ל מ ה ל ט י ן ג נ ן ת
י י ר י ת ג ן ו מ ח נ ן נ ע ש מ ה
נ ב נ ו פ ז ו מ ש נ ו ד ו ר א ו ו
א מ ב נ ס י ך ה מ י א ה י ה ו י ק
א נ פ י פ ן ד ף ש ל י ו ל ג ו ן ר
ש ר ה פ ו מ ר ב ר ש ו ר ע ת ת י ד
ס ת ו ן ו ל ס ר ב י ח ה ו י ל ת ה
ר ה ב ק כ ח ו כ ח ן ן י ת א מ ח ו
ו מ ר ד ו כ ו נ ר ה ש ר ו ר ל ל ו
מ ט ג ה א פ י י א ט ד ע ק ק א צ ק
י ר מ ב ש ב א ח י י ו ט י א ם ה ת
נ ס י מ ה מ ן ד ו ק ו ק י נ ר ו ל
ו ב י ה ב פ ר י ח ת י מ ן א כ י י
ד ה נ ס ו ש ו נ י ם ס ן י נ ו ד י
א ר ה י נ ע ר ר ר ע ב ק ק ע ד מ

נשא
הצלחת
אדוני
שונים
רקטות
מדע
מגזין
עניה
נסיך
תקווה
ענן
כוח
אקראית
הבמה
בפריחת
החלקיקים
המשמש
כאן
הדמוקרטי
בסרט

Puzzle 826

ר ש ו י ד ו מ ו פ ו ע כ מ ו ו ה ג
ד ה ד ר ק ל ה נ מ ג צ ו ח פ ס ת ס
ו ו ק י א ה כ מ ש י ו ג מ נ ד ק ה
פ ד ח א ד ל ע כ ל ה ק ש י ב א ד ו
ר ח ו ו ה ב ד י י נ ו ר א ו מ מ א
י ל ב ר י ו י ר ט מ ס ט ע ח נ ו ו
ח ו ס ר ב ד ה ב י ע ת ח ו ר ס ת ח
ו כ פ פ ע א ע ב פ ח פ ב ל ם ו ב ד
ו מ ר ה ג ר ס ד ת ר ל נ ד ב ש ת נ
י מ א ר ה ה ר ל ח י א ה ד ד ר מ ס
ו ק ו ו י מ ה ה ה ב מ ם ל ה א מ ח
פ ו ד ד מ כ פ ו ב ה ס ב ל ת ו ה
ל ר ט ס ק י ש ח פ י פ ו ת ס י נ ט
ב ת י ט ל נ ו י ו ק א א פ ד י ל נ
ס ו ע ה ל ש ר ת י ו ש מ ח מ ש ו ק

הליכה
לספק
מקור
אחד
התקדמות
טבע
חמאה
דואר
לעכל
חוסר
סקי
רחוב
לשרת
להקשיב
כמשי
בספר
מחמיא
להפחית
מנהיג
טניס

Puzzle 827

ב י י ע ש ו א ל ו ר ת ב מ ע י ל א
ך ד כ א נ י פ ו ת י ר ש פ מ ש ש ב
צ ב ג ו ו ה ע י פ ו ה ו ◌ ק ז כ ט
ר מ ו ם מ ו ר מ ש ת ק ו ג ן ן נ י
ו ו א ש ק ר ס ן ר פ י ה מ ה מ ע ח
צ ת ר ס ט ה ר ר פ כ ט ת ז י ר צ ת
י ס מ ם ב ר ו י ל י י ב פ ך ב פ ו
י ה ע ה ח ה ו ש א פ ל ד פ מ ו י ו
כ ץ ת מ מ נ מ א א נ ו ם ת י ש י א
ח ו ת י פ א י ו פ א פ ס ן מ ש ק ה
ר צ ו א ב ק ש ה ת ם י מ י ש א מ ר
ן י י ד מ ש נ ש ת ר מ נ ת ש י ק ג
י נ ת נ ה ר ו ב ר ב ד כ ל ע י ח ל
ו ע ה י א מ ת ר ו ת כ ו ו נ ו ב י
נ ג ן ו י א ר ה צ מ ו ו ש ק ל ת ג

לשכנע
נהר
הראיון
רגלי
פיתוח
מאשימים
עכבר
בקשה
פוליטיקה
צורת
הופיעה
אבטיח
תלוש
מעיל
ניצוץ
ברבור
שש
מנהג
אישית
ייצור

Puzzle 828

ו מ מ ל ס ת כ ס ב צ ר ו ת ו פ מ ל
מ ב ס ש י א מ ו ה ח צ ע ר פ ר פ ו
ה ר ק י י ב א ו ר ה י ב ו ד ו נ פ
ף א נ ר ד ס י א י ל ד ת כ י ס ו א
מ פ ה י א א א ל ש כ ו ח ו ב ל א נ
ל י ב מ ו פ ת ע ע ח ו ף ע ו ב ל ן
ח ו צ ר מ ש ג ק א ל י מ ו ת ח ח י
ר ו מ י ג ג ו ו ק א ת נ ד נ ק מ נ
ש ג ב ו ם פ א ר ח ה י צ ב י ט ו מ
מ ס ו ו ש כ נ ר ת כ ר ל ו ב א י ל
ז א ב ל כ ת י ר ה ו נ ר כ ק ק ד א
נ ד י ש ה ם ד ר ק פ כ מ כ ע י ת ו
פ א ח נ ר א ר י י ה נ כ ד מ י ו ס
א ק ס ה ו ע מ ה ד ה ו ה כ ה ג ט ו
ב ק ש ת ד ל ת ה ם ה ל ש ל ח ג ל ל

בצרות
שלהם
כנרת
ובמצב
ההפוכה
לעקור
לשיר
ואחותו
אחרים
עוד
לשנה
לשכוח
דיבור
אלימות
מסקנה
פרפר
למפות
מוטיבציה
ילדת
מלח

Puzzle 829

ע ר ר כ ח ה ל ב כ י ס א ל א ר ו מ
ז ו ו ו ח נ ד י ה ש מ ש ב י ע י ו
ר ת י כ ר י ו ל מ ס כ נ ץ ע ד ן ח
ה ן ו ש ב ה ד ר ש ו ח י ל ע ג א ה
פ ח ב ר ו ק מ ר ר ת כ ה ל ה ד ס ף
ו ר י ק י ת כ ו ב ו י ל מ ה כ פ ו
ח ו ט ל פ ו ן ד מ ת מ ט ל ם ו ח ק
א ו ו ע ד ב ה ן ת ל מ ת ו ס י ת י
א ו ה ל א ר א ע ה ע י ו פ ה ן ב ד
ה ע ב ג ן ת ב ס ג נ ו ן ג ו ת מ ל
ב א נ א כ י ר ז ר מ א י ם ו כ ה א
ב ו ח ן ל ש ר ז ו י ו מ ע ו א נ ר
נ ת מ ך פ ו ע ח ע ש ו מ ן ף ב א ג
י י ע מ נ ס י ש ד כ ה ח ס ן ח ת ן
ת ו ר י ה מ ב ד א ס י ן ע ה ת ח ר

תרבות
הסכם
הגרוע
הר
השמש
טלפון
עץ
עזרה
לארגן
כיסא
שביעי
חוט
במהירות
בסגנון
להינשא
בוחן
שוחי
מידע
רשלן
גבעה

Puzzle 830

תוכי
זכו
שקית
הדרקון
פדרלי
בצורת
זירת
ממשל
סיכום
עשרונית
אחרון
גבול
הפועל
לדכא
רכישה
שינוי
מים
רוח
רשימת
כזה

פ י ד ה ח פ ו ש ח מ ן ע ס צ מ י י
י ב ה מ ו ד ו מ ש ל ר ל ס מ ח פ נ
ע ל ש ו ת ר נ ן ע ר ש א ש ה ו כ ז
כ מ ד ן ו ל י ו נ י ש ל ד פ ר ו ת
ז ם י מ ב י י ב ר ט נ ע י א ו מ ק
י א ה ף ל ן ד ס ש צ מ ו י מ ע מ צ
ר ח ס י ת נ ל ד י י ו פ נ ו ר ע ר
ת ר ו ת מ ט ג ר מ כ י ה ג ה ב א פ
ח ו ח י ר ד מ א ת ש ו ב ב ן ם ר פ
ג ן ה נ ת ג מ ר ב י ו ן ו י ל ו ת
י ה ז ו ר ש ו ה א א ג ק ל ו א י א
ד ש כ ר ו ק י ו ל כ ר י ב פ ב מ י
ל י א ש צ י ד כ ב ד ב ת ל ר ב מ ו
ת כ ש ע ב ת י מ ה ל כ ל ו נ ג פ נ
ו ר ה ו י מ ו פ ם ו כ י ס מ ה י א

Puzzle 831

ן מ ו ו ו ו ו ע ל י ס י א א ה מ ג
ן א ס ה ש ו ו ש ת ל ן ד פ ל ר ר ת
ס ב כ י כ ד ו ר ש ו צ ו ף ת ג ו ו
ג ו ו ש ת ל ד מ ו ז ר כ ל נ י ת פ
ס ו ז פ ם ל ה י ל י י א א נ ש י ל
ו ד ת ך ל י כ ל פ ח ת ל ה ר ו ת פ
ה ר א ש ו ן פ ד ס ר ק ב ד מ נ צ ל
פ ל ב ו ע ס ה ו ג צ ז ר ז ס ר ח ק
ע ל ע מ מ ו י י י נ י י א א מ ת [illegible]
ב מ ב מ ר ו ל א ת נ ב ז ה י ר ו ת
י ו ד ת ד ו ג ח ק ק ל ס מ ם ל ו א
ן ו י ר ש א ד ר א נ · מ ת י ח ב ג
ח מ י ת ר ך ו ת ב ז ע נ ק פ ד ה ג
ב ב מ נ נ א ר א ו ג י ו ל ה כ א ט
ו ס ל א ה ל ו מ ל ן ח ד ו י ה כ ו

מעולם
איילי
אפור
כלנית
מוזר
הלם
להרות
שפך
בתוך
תרגיל
אולם
בזהירות
ופלפל
לפחות
הראשון
ספל
ורוד
הפכה
הרגישו
צוף

Puzzle 832

להרשות
לקבוע
מודגש
העבודה
נפוצת
שקטה
הרי
אוכלוסייה
ראה
המומיה
זה
בקול
תן
סימן
חיבה
הליך
אבקת
סוכן
פרט
פתאום

ב ב י ר מ ר ה ב י צ ב ל ה ח מ ה ל
ר ל א ת ו צ ה ע ב ה ק ל פ כ ח מ ו
ת ק ב א ד מ ת נ פ ב ד נ א ן ת ו ש
ו ו מ ת ג ז ה ת ו י ד נ ג ח י מ ת
ס כ ד כ ש י ר ע ש ח י ו נ פ ך י ע
ב ר ר א ה ל י ך ו ז ו ר ח ה ה ה ת
ק ת ת ט צ ו ב ם ◌ א ל מ ב ג נ מ ג
ו · ק ן ו ו ק מ י ם ב ף ד ו א ח מ
ל ש ה י י ס ו ל כ ו א ה ד ו ב ע ה
ן מ י ס ב ו י ר ו א מ ת מ נ ו ד ב
ל א ח נ ן כ ו ס ו ת ס מ ד ת ד ה ו
י ד נ פ י ן ה ס א פ ע ל ל ו ו ב ר
מ י ו ו ו נ י ת ו ש ר ה ל ת ל ו ע
פ ג ע צ ז ב י ע ש ר ל פ ן מ ס ל פ
ה י ו ת נ ט ר פ ת פ צ א פ ש ה ק י

Puzzle 833

י	ר	ק	כ	א	ם	ה	ה	ע	פ	ח	ח	ו	ל	ו	א	ב
ה	ל	ו	ע	פ	פ	ו	ק	ח	ב	מ	מ	ש	ל	ת	י	ק
י	י	ו	ו	א	ה	ב	ל	ו	ו	ו	ב	ו	ו	ת	ד	ט
ה	ד	ח	ל	י	ל	ל	ה	א	ה	צ	ד	ק	ד	ר	ה	ן
מ	מ	ד	ו	א	פ	ה	ת	א	ב	ג	ה	ה	ו	ל	ע	מ
ג	ח	ה	ג	י	פ	מ	ף	ו	מ	ב	ד	ת	ח	ד	ו	כ
נ	ו	ש	◌ׂ	ו	·	נ	ר	ָ	ה	ד	כ	מ	נ	ו	ד	ס
א	ו	ו	ר	צ	י	ר	ב	ד	ה	ע	ק	ת	ב	מ	ה	ה
ת	ת	ג	נ	ע	ה	י	נ	נ	ן	ס	ה	ג	ד	ה	ל	ח
ש	ו	מ	ד	ו	ג	ר	ק	ר	ו	ק	י	ב	כ	ב	י	ו
ס	ג	י	א	ו	ל	מ	ו	ת	י	ה	צ	י	ו	ב	ן	ת
ו	ט	ג	ז	ר	מ	ב	ו	פ	ר	ל	ל	ר	ד	ק	ח	מ
י	ו	ש	ו	ק	ב	ו	ו	ד	ל	ל	ת	ו	ק	ב	י	מ
ָ	ו	מ	פ	א	מ	ת	א	ל	ה	מ	א	ק	ק	ג	ה	ו
ע	ו	ש	ע	ל	ו	ט	ח	ל	מ	ס	ו	כ	ן	ע	ו	א

פעולה
ביקור
עסקה
דחליל
מסוכן
עבודה
קטן
אלה
דומה
גזר
קו
קדרה
הובלה
לפשט
ממשלת
יהיה
אמת
שמש
שׁוּנָרָה
החוצה

Puzzle 834

א	נ	ל	ח	ח	ח	ן	ס	ל	מ	מ	ב	י	מ	ר	ר	מ
י	ע	ו	מ	ת	ו	ת	ב	ה	ו	ב	ס	ל	ח	א	ל	ו
ב	פ	ם	א	ל	נ	י	א	ג	ה	צ	ט	י	י	ר	ל	ם
ו	ג	ס	ו	ת	כ	י	ב	ב	ת	מ	א	ת	מ	ו	ס	ק
ב	ו	כ	ב	ו	ג	י	ו	ד	ד	מ	ל	ח	ו	מ	ו	ס
ר	ש	נ	ק	ל	ק	ח	כ	ש	ב	נ	י	ק	ר	ו	ט	מ
ד	ק	ת	ת	ש	כ	א	ח	ר	א	ו	ת	נ	נ	ב	ל	ש
פ	א	נ	ו	ת	ת	ג	ב	מ	ט	ר	ב	ד	י	י	ה	ו
ת	ע	נ	ל	מ	מ	מ	ה	פ	נ	ו	ו	ו	א	ם	כ	מ
ש	י	ד	ו	א	ר	ת	מ	ג	ת	צ	ג	ב	ב	ח	פ	ו
י	ע	ל	ה	ש	ת	ת	י	מ	א	י	ת	מ	ל	פ	י	ן
י	ט	ו	ה	ש	כ	ע	ו	ת	ה	ק	צ	ל	ה	ע	ל	ו
מ	פ	פ	מ	ע	י	ן	נ	◌ׂ	ת	ר	ן	י	כ	ס	ח	ו
א	ר	ו	ה	י	ע	ה	פ	מ	ד	פ	ד	ר	י	כ	ש	ו
א	ל	י	ל	נ	ה	י	ה	מ	ה	ה	ר	ה	ן	פ	ן	א

מאובקת
יעלה
למד
אבד
פחם
קיצור
טורקי
ברד
מינים
להכין
בננת
להכפיל
רוב
לנקר
דבר
סכנת
חומוס
סבא
חתלתול
פגוש

Puzzle 835

ל ו צ ס ח ו י ר ב ל ש ד ו ד כ ו מ
א ב י ק י א י ד ר ת ל ם ג ר ד ב ו
ה ו מ ת ן ת י ל ו ז כ י ל ן י ב ה
א ד ט י פ ו ל י ע א ם מ ר ב ז ו ע
ת ד ף כ ק ק ת צ א נ י ש ו א י ם נ
ל ג ל י כ ר ו ך מ ע ק ה ק י ת ע ה
ב ר ש מ ו י נ מ י ת ד ע ו צ ש ו ו
ר ל ו י י ע נ ב ג י ה פ א ר ן ל ר
ה א ו ט ו ב ו ס פ ק ת ש י ד ל ו י
מ א א ב ד פ ב פ ו מ ו ה מ צ י ע מ
ו י ב נ ת י ת ל א ו י ת פ ק ר ע ב
ע ט ה ב י ח ה ד ם ד ך כ ב ע ר ר ח
ו מ י ר י נ י ת א ו א ה ש א ו ש ע
ת ל ל נ ה כ ב ר ג ב פ י ו ר ה ו ל
ו ו ך ל ה מ ב ו ת י מ ד ש י י מ ח

יכרוך
דגים
עוזב
נישואים
עתיק
יער
דקים
לשדוד
התבוננות
שמים
טיפול
השפעה
עורב
האוטובוס
ובודד
בכה
ירקות
העתיקה
במהלך
בדיוק

Puzzle 836

ו ל ו ו ע ו ו ע ח ו מ ס פ ו ט פ ק
ל ה ר ו ס ץ ו ע י י ע ה ח ח ר ט ה
ר ק כ ת ת ד ע א ח י ו א ג ו ש ר ק
ל י ס צ מ מ מ ב ת מ ר ס מ ו ו ו ת
ו ם ב י מ י א ו י ך ב א ת ל ר ז ד
ר ס ו ט ת ו ו ש ה ל ו ע ל י ז י ם
מ ב ן ו מ ח ו ו ש א ת ר ו ו ב ל ו
א י י ט ה ך י ו ו פ ו כ ג ש מ י כ
ן ב ז ב כ ר ח ח ת ר נ י מ ק פ ה כ
מ ת ו מ ש ל ק ד ל ח ת ו ר ח מ ד ע
ו א מ כ ר ת ק א ו ת ל ר א ת ע ו ת
א ו ת ק ת ר ן כ א פ צ ד י ע י מ ו
ל י ח ם ע ה ר י ק ס ה ל מ ב ת מ ם
ב י ס פ ב ו ת צ י ז ף א י ר ח פ ו
ו פ י ס ו ו ש פ פ י ט ו ד ה ע ש ן

גשמי
מעורבות
סבון
כתיב
עליזים
ציטוט
להקים
מודה
טופס
שאת
להשוות
ירוק
מול
סקירה
קפה
פטרוזיליה
סביבת
אחיו
ייעוץ
הכשרת

Puzzle 837

ק ל ל ב א ע נ ם י ס ח י ל ח י ן ח

מ נ ל ב ד פ ש י א פ ו י י י ו ד י

מ ע ד י ף ע ק ל ו ר ג ל ת ק ה כ ו

ב פ י ל ר ו ץ ק ר ד פ ה ל ן מ מ ך

ט ן צ ע ס ל ו ו ח ו א ו ר ה ל ו ן

ה ו ש מ ל ת ח י ד נ ב ן א ר ח י י

ב ל י ל ת מ ל ד ר ו ח ב ב ב ס מ ש

ב מ ב ד ו ד ה ג ג ה ת ל י נ ר ו ף

מ ב ד ב י ש י ת ו ם נ ו ו ר כ א ג

ח מ נ ם ר ה ד ת ר מ ה ד ו ס א ס ק

כ ח ה ב ח ר ב ו פ י ל ת ת ח פ ה ה

ן ל ד נ א ל א י נ ב ן ד ב ח ש ר א

ש ת י ו ב מ ר ש ג ב ע ה ה י מ ו ו

ד ט ר ר י ל א ג ל ש ר פ נ פ ב ר מ

ל ו ב מ א ן ח ר צ י נ י ש ל ח מ ה

פעולת
חיוך
ציד
מעדיף
ילדים
דיוק
אחריות
אנרגיה
האומה
נשק
נתח
במלון
רגשיות
יחסים
שמלת
לרוץ
רוחב
עדיין
גשר
עלי

Puzzle 838

מ י ר ה פ ◌ ו ל ד נ נ ר נ מ ח א ד

ה מ י ן ש ה מ ל ר ו מ ס ט כ נ ד ת

י ל מ א י ח ן ק ד ו מ ר ב ו י י ד

א ו ס נ פ ה ג ל ו ל ה ש י ר נ ג פ

ס כ ת ש ם ר ט פ ב י י ◌ ש ו ה ר מ

כ ל ת פ פ ו ר מ ש ר נ נ ח י ק ק ד

ר ך ו י מ ר מ ב ר כ ל מ ה א מ ו ל

י נ ס ק כ צ א ו פ כ מ ך ס ן ע ר א

י ש נ ב ג פ ו ד ע ב ש י י ה ה ס י

א ת ל ג ע ש ד ד י ת ו ד י מ ל ת כ

ג ב ש ו ו ב צ ת ל י ך י ה ג ש ד ר

ג ה י ק ה מ ת ר ו ו ר ו ה ש א י ו

ט ח ל ע מ ו ח מ ת ם י ב ל ש מ ר ד

א מ מ כ ר ד ב ל ל ה ג ן ק ח ש י כ

כ ס ל ח נ י ק ז מ י כ ח ר ו ד ד א

ירידת
שחקן
הגלולה
מחפש
משלבים
להגן
מטרה
איכר
דוב
למשוך
סמור
פעילות
מלוכלך
לנסות
תלמיד
מבודדת
רופפת
חנינה
לבדר
כבשי

Puzzle 839

ל פ ו ק ו ת ס ר פ ב י ח ה י ז נ נ
ר ק ק ט י ל ש א א ר מ ד ב ס ו ס ר
ר מ פ נ ס ת ר נ ג ו ל ת א ג י ל ו
ב ר א נ ל ח ר פ ת ק נ ח א ע ש ד ל
א ס א ל ת ר א ש ק ו פ י ו ת ב ד ת
מ י ע א ג ן נ ר ו ל א ת ל ד י ו ר
ג ר י ו ר ע ו ב ד י ם ק י א ר ו נ
ב נ ח ן ס ש ו כ ל ה א ל ע ה ג י ו
◌ ו מ א ה ס ב ו ה ד י פ ש מ כ ח כ
ב י פ ח ע ד ר א ח ח מ ח ת מ נ מ ל
ב ב פ א י ו ו ש ל ע נ י ש ע נ פ ו
ן ק ד מ מ ו כ ם י ה ף נ כ ר ד ב א
ו ן פ נ ד ה ל נ ק ר ו ב ו ת ד א ן
כ ס ר ו מ ק א ו ב ו י ג ה ד מ ר י
ל ד ע פ ה י ש י י ש י כ א ה א א ו

קאובוי
נוראי
תרנגולת
שקופיות
עובדים
סנאי
המדמיעה
קרובות
ברוקולי
עכביש
פתק
ואן
להחליק
גרסה
ראש
העלאה
נסיעות
פרסת
שליט
יבשי

Puzzle 840

צמח
ציבורי
לאתר
לקריאת
שוקולד
בניסיון
הפסגה
פגז
זנקה
לדון
לאסור
בעיית
העיר
פסקה
מה
תינוק
הון
חתך
זכאים
בשקר

ז י ו י ד ב י ר ו ב י צ צ ס י ל ע
כ ן ה ג ע ס ע ח מ צ י ט מ ו מ ו פ
א ו ן י ב ו י ם ם נ ד ן ו ג ר מ ו
י ו י ה י ו ר ה ת ב י פ ק ו נ י ת
ם ת ב צ א ס ב ט ף ו ל ד ל כ ח ד ל
ל א נ ת ת ל ש ת ה ו י ן נ ן מ י ו
ג י פ ר כ ח ק א פ ש ו ר ע ג נ ה מ
ש ר ת פ מ ו ר א ו ב ו י ו ז נ ק ה
ג ק ס מ ר ש ד ף ו ו ן מ ש ג ד פ ל
ג ל ו י ר י ע ה ר ה ק ס פ פ ס א ס
ר ל ב ו י י ן ע ד ם צ מ ד ג ס ו ח
פ ר ת א ל ה ר ו ו ד ע ו ה ו ת ח ב
ד ל ו ק ו ש ב ר ת כ ח ג ר ה א ת מ
ז · ה מ ג ן נ ש ב נ י ס י ו ן ך ה
י ה ל ף ו ן ו ד ל י ו ו ר ן נ ו ו

Puzzle 841

ל	ד	ד	ט	א	ג	ג	ז	מ	ל	כ	ו	ח	ב	ט	ל	ח
ג	י	י	י	ל	מ	ל	נ	ו	מ	ר	ב	י	ח	מ	י	ם
י	ל	ג	ב	ס	ר	ה	ת	ש	ר	ל	כ	ש	מ	ק	ר	ו
ל	ה	ו	ב	ו	ת	מ	ש	א	כ	מ	ת	ל	ו	ב	ו	מ
ס	ר	מ	נ	ס	ב	י	ב	ו	י	ה	ט	ה	ח	א	ב	ש
א	ח	ו	ף	ה	ס	ו	נ	א	ב	ל	ס	פ	ו	ת	י	ר
ל	ת	ק	ש	ר	כ	ו	מ	ה	מ	ר	ל	ר	ת	י	ד	ל
ו	ב	ו	י	מ	א	ו	ד	ט	מ	ע	א	י	ל	ה	י	מ
פ	ך	א	י	י	כ	ה	א	ר	י	ו	צ	ע	א	כ	ן	כ
ר	ד	ו	ד	נ	ב	ס	ת	י	ז	ע	ו	א	ס	ק	מ	ו
ב	נ	י	י	ן	מ	א	ו	י	מ	ה	ר	ש	ע	י	ו	ד
מ	ר	ש	ל	מ	ה	ה	ן	מ	נ	ט	ו	ה	ר	י	א	ח
ן	ט	א	י	ו	ר	מ	מ	ב	י	נ	ה	ת	ו	ה	ה	י
י	א	י	צ	ו	ו	ה	ת	ב	ה	ה	ס	ס	פ	ו	ת	א
ס	ל	ל	כ	ו	נ	ן	ת	ל	ח	ב	י	כ	י	א	ס	ה

להפריע
המניות
סוס
לכונן
חמים
לתקשר
כבש
מבינה
יצווה
המוכר
בניין
לגיל
גל
זהות
רעוע
ילידי
עשרה
אשמתו
מרכיב
דיבורי

Puzzle 842

הם
בעין
עד
הבת
זריקה
שיני
עריכה
הססגוני
מפת
מיוחדים
החולים
הרבה
נאמן
מעונן
ספציפי
חלום
הבעלים
צריכה
סבוכה
רהיטים

מ	מ	ב	י	צ	א	ו	ש	ג	ש	ה	ב	ר	ה	ח	נ	מ
ו	פ	נ	מ	נ	ב	ס	ה	◌	י	ק	ב	ו	ד	ל	א	ע
ח	א	ת	ת	ל	מ	ע	ו	כ	נ	י	ה	ע	א	ו	מ	ו
מ	י	ו	ח	ד	י	ם	י	מ	י	ר	ן	מ	ל	ם	ן	נ
ל	ד	ו	ו	י	א	ה	ו	ן	ן	ז	ח	ת	ח	י	ב	ן
מ	ו	ל	צ	ר	י	כ	ה	ס	פ	צ	י	פ	י	ש	ם	ח
י	ד	מ	ק	ו	א	ר	מ	נ	א	ח	נ	א	ח	ת	י	ל
א	נ	ה	נ	ת	א	ה	ע	ת	ת	י	ו	ד	ל	ו	ל	פ
פ	נ	מ	ו	ן	א	י	ו	מ	ו	י	ג	י	ן	ל	ו	מ
י	ר	כ	ת	ו	ר	ט	א	ב	ו	ו	ס	מ	ט	י	ח	ה
נ	ט	מ	י	י	ה	י	נ	ש	א	א	ס	מ	י	מ	ה	ב
נ	צ	נ	ר	א	ו	ם	ס	ב	ו	כ	ה	ה	ב	ת	ה	ל
ר	ח	ח	א	ח	ע	ר	י	כ	ה	י	ו	ק	ל	א	נ	א
י	ש	ו	ש	נ	ע	ט	ל	י	ש	ו	ז	ו	פ	ר	ו	ל
ת	א	ר	ק	מ	ל	ו	ל	ו	י	ד	מ	ב	ק	י	ע	ד

Puzzle 843

ס ת ח ו פ ת צ ו ב ק ה ה ג ה ק מ מ
ו ב ש ב א מ ו ל י ד ש ר ח מ ל נ ס
ו מ א א ב ו ה ו מ י נ ן ו ו ת ה ו
ד י א ר ו ך נ ש ש פ י ו ו פ מ ל ג
ר י ש צ ר ת ש ב ו מ י ה ן ר מ ת ל
י ת י פ ק ו י ק ז ח ם א ת ה ו א י
ל ו א ז א ס י ו ן ד י ה ד ה נ י ם
ת י ו י ע ב פ ט י ש מ ר ג ו ג ה י
א ל ט ה ה י ל ו ב ו ע ה נ פ ה ד ר
ו כ נ ש מ ב ב ה ש ת פ ם י כ ה ר ב
פ ל ג ל ו ת ד ג ף ו ל פ ל א י נ ד
ע כ ת ו מ י ה ו ל ש י ב מ מ ח א מ
מ ו ר כ ב ת י י א צ ח ן י ח פ י כ
ת י ה א מ נ ת ת י ע ו ע ש ת ש ו א
י ת ג א ד ת ו א ע ל ע נ נ ו כ ל מ

סוודר
זמין
שעועית
לגלות
חדשות
מברשת
מסוגלים
מדברים
סביבתית
דאגת
ארוך
קבוצת
כלכליות
השניים
שלו
לפעמים
פטיש
בין
מורכבת
הגשומה

Puzzle 844

כ פ ק י ה י ח ק ז י ל כ ב ו ש ב ד
ה ש ג ר ת ק ע ג א ב ר מ ש ח ק ת פ
כ ז א ג ת צ י ר ת י א צ ח ד י ג ג
י ב ו ה נ ר פ ל ח י ו י א ו ע ר ח
ל ת כ י ל ה כ פ י ת נ י פ ב ה ע י
ו ח ח ר נ ר ו א י ד פ נ ס כ ח ל ו
נ ג ד י ס ו ו י ר ו א א ע ב ד ד ל
ד כ ג מ נ מ ו ה נ ק א ם י י ה נ ג
ו ב ה ח ה א ם נ ר ע ו ל ח י ר פ ו
מ צ א א ע כ י ה י ה ד נ ב ו ן מ ב
ל ז נ ח ש ה פ ו ק מ ח ב ה ו ת ו ה
ה ע ת א ן ק א ת ל י ר ר מ י ת ח ה
א ש י י ח נ ן [illegible] ן פ ב ן ד ל מ פ א
נ ל י ב מ ו פ כ ח צ פ י ר ו ג ח ה
ט צ י ו ר י ס ר ו א ק נ ס ו ת נ א

הליכת
הכילו
ילדי
חצאית
כפית
גלוי
אמורה
לכבוש
נברן
ריצת
בגינה
קנה
קופה
בפינת
עשן
משחק
בכבוד
שקיעה
קנס
החמוס

Puzzle 845

ב מ ו ן ח מ מ נ י י ד ב ב נ ק ז ת
ל ש ק ת ר י מ ל ר כ ב ע ח ל ט ר י
א ו מ ו ע ד ע ו א א ר ש ן ם כ נ ר
נ ק ר ד ו ר ר ו א ו י פ ז י ה י י
ת א ח ו ל י ב נ ת ח ו א ז ש ו י פ
ו נ ע ו ח ש ו ב י ע ו ג ב ל צ ש ש
ד ו מ ע ב ה י מ ש ו נ כ י ד ד ה ע
ו ו ט ת ט נ ש ב ג ט ת י א ר י ש ו
ר י ף מ ל ל א ח א ה ל מ י ק ן ע י
ר ר א ל ת י ה ו ד מ ע י ו ה ח ה י
ו ם י ר ב ח ל צ ו ו ת נ ָ נ ג ו ב
ה ו ק ל י נ ו כ מ צ פ ן ו מ צ ת נ
א ש ר ד ה ו ג ט נ ר ש ת ד ש א ן א
מ נ י ל ס ד ר ג נ ה ו כ ע ו מ ס ג
ך ל כ י ד ו ד ח ר ב ת מ ת י ד ב ש

חברים
תרכיז
לשים
בנק
ממערב
לנשום
המוצר
בעמוד
צוות
שפירית
שבדית
דברי
נחש
שפת
לנהל
נייד
מודאג
או
דרישה
פשע

Puzzle 846

ר ה ע ל מ מ פ י ע י ת ו ו ו ג ו ת
ק י נ מ ו ן ד צ מ ג ג ה ה ן י ט ו
כ נ מ י ע ק מ א א נ ח ל ת ע נ מ כ
ו ב ד ו ד ך ה ת נ י ר מ י ת ק י ן
ק ו ג ת ו י ב ס מ ח א ח ע נ ע ו א
פ מ ה נ ן ה ל ע ו מ ס א י ע ב צ ב
צ ב ה ן ע ד א ל ך ל ו ה ז צ ל כ ת
ן ג א ש ק ח ו ה ו ז א נ י ן י ח מ
ו מ י ד מ ב י מ מ ה נ י ו ו י ב ו
ת ר ת נ ב ו ח א ד ו ב ג ק ח ו ה נ
י י ו ח ד ה ס מ ל ת א ר י מ נ ר ה
ת ז א מ ל ר ו ב מ ת ף ס י א ה ם מ
ב ח י ו מ י ת ו ו ר ג ו ה ט ח י נ
ו ד ר ו ט י ק ד מ ג ד ה ע א ן ת ו
נ ס ב ר ב פ י מ ר ב ת ח ה א ר ג ו

מועדון
דוד
בריאותי
עצמך
תג
לתאר
בימְמה
יחס
חזיר
תקין
תוכן
לזהות
קינמון
נמוך
קיטור
עומס
חדה
העשירי
בצבעי
תמונה

Puzzle 847

י ן ו ו מ י ק ט ס מ ק ק ו ו ר ו ש
ת ט ו ו ב ת י ב פ א ק נ א ם ר ק ת
ד ר ד מ צ ב י ע צ ת ט ת ש ח נ ן ת
ב מ ת ל ו ס ו ת י ת י ם י ל א ו ש
ק ו ר מ י ו צ ג פ ח י י ה ם י ב ג
ו נ ו ן ח ל ו ש י א ס ב י ס י ש א
ה פ פ כ מ ל י ה ת י ת ר ב י ש ח א
א צ ת ט ו י מ פ ס ס ב ע פ נ ו מ א
א ו ו נ א ע ר ק מ ב כ י ת ה צ ו ר
י ס כ ל ב פ מ ו ו . י י י י פ ש ו
מ ט י ה י ו נ ן נ ת ו ת ר ב ח ו ל
פ י ל מ ו ו ע ל מ ד כ ה א ה ע א ג
פ ב ו י ש ד ו ח א ל ל ב פ פ ם ח ל
ל ו ב א א ע ת ו ר י מ ו ף ו ח ד ל
י ח ד ק מ ו נ י ו ע ך ט ך ת ח י כ

טבעת
לדחוף
תרופת
הפוך
טייס
טכנולוגית
מחשבון
רבים
פעיל
מטוס
מנומסת
מצביע
ספציפית
חברת
בכיתה
שואלים
חייהם
רוצה
שולחן
דבק

Puzzle 848

פ ן ו ו ן ב ר כ ו מ ד ר ע מ כ מ ע
ס י ט ר כ ש נ ב ו ח מ ל ה ת ע ל ם
ה א ה ו ה ה ת ו צ א ה מ ט ד ג י ה
מ ש ל ב ת ע ד ה ת ו נ ר ץ ר א פ י
א ה נ ש י ב ח צ ר פ ז ע ו ב ה א י
ה כ ו ה י ר ב י ל מ ש י ם פ ו י ת
מ ד ב ת ש א ח ו ו ל כ ח מ ק י י ה
ל ח ע א ב ל ש ו ת מ ת ד א ב א ב ן
פ נ מ ג ו ב ל ו ל ב א ב ת ז מ ק ר
א ל ב ב ת ה ס ו ר ר ש א כ י א ו ו
מ ו ד ו ש מ א א י נ ת ו י ר ו ד מ
ר מ ב ם י נ ו ח ר ק ל ל ו ה ת ד י
ו מ ק א ו ל ר ת י כ ו ה ל ק נ ת ד
מ ת ה ב כ ה י פ נ ע ו ו י מ ו ו ח
ש ר כ ו ה ש ו מ ב ר ל ר פ ה ן ע ו

דבקה
שנה
התיישבו
כיור
צהוב
התוצאה
ארץ
כאשר
מפתח
בזירה
להתעלם
רגל
קרחונים
המאה
הייתה
פיל
ארבעה
הסורר
עלה
כרטיס

Puzzle 849

ה ו ל ק ט מ י צ ו ב ה ק ו ח צ ל ד
ר ו פ ו ב כ ב ת ש ע ה ל ר ג ל ו י
ח כ י ד ע א ו ה מ ס צ כ פ ו ר ט ו
ק א י מ ה י ע מ ב ר ר י ע ש ר כ פ
א פ ש ת ו א ל ו מ ז כ י ר ק ו י מ
ב ע ח ש ד פ ן ת ע כ ן ם י ל ק א ל
ם ד ב ו כ מ נ ו י · מ פ ח א י ה ם
ר ן ב ם א ד ו ס ג ת ו ג מ ה ס ר ע
ה פ ם ת מ פ ב ו ד א נ מ נ ל פ ד ס
ק ו ת מ נ ה ת ש ת כ ס ל י ד ה ן מ
מ ל ב ף ו ם ה ר ה ב ו א ד א ל ט ו
ן ל צ ע ע י ל א ב מ ב ג ת ו ן ף ר
ת ו ק ה ב י צ ד ל י ב ק מ מ צ י י
פ ו ח מ ר ו ל ת ז ג ו ר ב ס י ס ב
ב ר פ א א ל צ ש ל צ ר ה ר כ ד ו א

בסיס
מתוק
לאקלים
תשעה
אופי
להפסיק
ארבע
רצה
מחיר
מזכיר
עצלן
להתבונן
הסבון
כפור
דורש
קודמת
הבוצי
ברוגז
לצחוק
מנוע

Puzzle 850

ו י ח ד מ ג ס ו י מ ר ש ן ר פ כ ח
מ ו י ם י ר ו ר ב א י מ ע ה א ר ל
ח ו פ מ ו ה ב י צ ה ה י ו ת ז ה י
ר ב ו מ ן מ ף ן ש ח מ ו ט א צ ל ג
ן ש ש ר א פ ה ק ל א ם א ק ה ע ל ר
צ ל י ל א ב ד י ו נ י ת י ר ר מ כ
י ת ת ת י כ ו ר ח ל ש ר ו ד ך ו י
י א ח מ ש י א פ ו פ ו ב ר ח כ א ל
ו מ ש א מ מ צ ה ע ה ל ע פ פ נ ו נ
ח ל ה ק ו מ ה י ש ע ש ה ב מ י ד מ
ך ת י ו ה ס י א ר ו ר א פ ק ו ר ד
כ ל א ד י נ י י ע ע ם ם ת צ ב נ ו
ן י ו ו ש פ ד א ע ט ם ו כ ב א נ ב
ו ל י ב ה י ם פ ב פ ל צ כ צ ל ף ו
ר ח ע ח פ צ ח ת ב כ ה א פ ן י ר

שלושים
מפחד
חיפושית
פרויקט
אומללה
העברת
בדיוני
כרגיל
ערך
תזה
מאה
הוריקן
להצהיר
השאיפה
ביצה
היו
לשרוד
ברורים
שלך
טוען

Puzzle 851

ה	ב	ב	ט	ק	מ	ס	ר	מ	א	ר	א	ף	ן	מ	ע	ב
ג	ק	י	ת	ר	ד	ד	י	ו	ב	ע	ר	י	פ	ב	מ	ר
ב	ה	צ	ח	ח	ו	ר	ר	כ	ב	ו	ם	ר	א	ו	ו	צ
ו	י	י	ל	פ	ב	ר	י	ב	ח	ח	ב	ח	ש	ד	ק	ת
ה	ל	כ	צ	נ	ו	י	ו	י	מ	מ	ג	ה	נ	מ	ש	ד
ה	ה	ו	א	ל	א	ת	ב	ר	ז	מ	ר	א	ה	כ	ק	י
ח	ב	ק	ו	א	ע	ו	נ	ו	י	ר	מ	ב	ק	ו	ד	ם
ו	ו	ן	א	כ	ס	י	ה	ע	ן	ן	ר	ל	ו	ל	א	י
ד	ו	ן	י	י	ע	מ	י	ש	ו	ר	י	ה	ק	ל	ע	ס
ת	ו	מ	ו	ו	ר	ס	ו	ה	ת	נ	ה	ה	ו	ג	ש	ע
נ	ת	ת	ש	נ	ת	ג	ע	ל	ע	ר	ג	ב	כ	פ	ג	ט
א	א	פ	ק	ע	ל	ה	פ	ם	ר	ר	ל	ר	ח	ח	ל	ל
מ	ע	ב	פ	מ	נ	ת	ו	ל	ו	ר	ת	ב	ש	ב	ל	ו
מ	ל	ב	ד	ו	מ	ל	ל	ו	ר	ו	י	ם	ת	ן	י	ש
ה	מ	א	ב	ק	י	נ	מ	ו	ת	מ	ו	נ	י	ד	ל	ו

צלחת
מלבד
כולל
החריף
עמוק
הגבוהה
מראה
ללמוד
סערת
בקהילה
שמנה
תחביב
ביצי
מזין
טרור
סדר
מישורי
צוואר
בובה
נפח

Puzzle 852

ס	ל	ק	ס	נ	א	י	מ	ב	ו	ו	ר	ח	ל	ו	ת	ו
ה	ה	ל	ל	י	כ	א	ה	ל	ק	ו	י	ן	ה	ל	מ	ב
ל	ע	ר	ן	י	ט	ו	ל	ח	ל	צ	ח	ל	ן	ח	ד	פ
ש	ב	ב	ח	י	פ	ו	ו	מ	ו	ג	ב	מ	ע	פ	ש	ם
ה	י	ה	ל	ח	ת	י	י	ג	ו	ס	ל	ח	ד	ו	נ	ל
ב	ר	ק	ו	נ	ת	נ	ם	כ	נ	י	ה		מ	ף	א	ה
ק	ד	ח	ש	כ	כ	ו	י	א	ב	נ	ב	ב	ו	ל	ר	ק
ב	ע	ח	ל	ל	ב	ה	צ	י	י	ם	ק	י	ו	נ	ה	צ
ו	ד	ל	נ	ל	ו	ל	ן	ת	א	א	י	ש	ח	נ	י	ו
ק	ל	ה	ו	נ	ס	נ	ע	ל	ב	מ	ע	ד	ע	י	ב	ת
ח	א	ע	ר	ב	מ	ו	ו	ס	ר	ד	מ	ו	ג	נ	צ	ע
ד	ו	ן	ו	צ	ו	ש	י	ד	ף	ר	ו	א	י	פ	י	נ
מ	ל		י	ה	ו	כ	א	ב	כ	ו	ת	ק	א	ע	ח	ב
ן	ו	ר	ף	ו	ן	א	ר	ב	א	נ	פ	ה	י	י	ח	ש
פ	מ	א	ר	א	ק	ר	א	י	ו	א	י	א	כ	א	ה	א

צביה
הבקבוק
עדר
נתנו
להעביר
לשולחן
חמלה
שחייה
אנפה
בקצב
לחלוטין
להבקיע
להאכיל
קליפים
ריח
לחפוף
מדען
סוגיית
מסובכת
להקצות

Puzzle 853

ו פ ש ר ם ב נ ן ה א פ ס ם ר ה מ ו
ל ם ן ע ה ת א ל ק פ ת נ ג י ב ה י
י ו ם א פ ן כ צ ע ו ו ש ם ס ו י ו
ר י פ נ ס ה ת ב י ר ח ו ב ד ש ר ן
י ו פ ו ס ד ם ה י ד ב ש י ח ת מ ד
ר ל ע ם ן ק י מ ה פ ס י ח צ י ה י
י ה ל ל ו י ט ו ע ר ה נ ר ש ר ה י
ו ה ש ו ר א ◌ י ב ר ו ש ו ו נ פ ל
ו מ ח א ת ת ל מ ר ק א ז ה ש ו ל ש
א ו ו ב פ ע ר מ ו ד ל ע ב ק א מ י
ה א ת ו ד ן צ א ר ו י ק ר י ת ה נ
א צ ב פ ע מ ו ד י מ ו ל כ מ ו נ מ
ר ד צ ע ת ר א י ש ו ו ה ו י מ פ ו
מ ה כ ג ו ד נ ו ר ד ו צ ת ל ד ה מ
ו ל פ ו ש ש נ ס ת ת ה ש ר א ל ג ו

ברור
אפס
ירח
הים
הבצל
בשיחת
אתה
סנפיר
שלושה
פתוח
מרק
לשחות
מהיר
צמר
רופא
טיול
תשובה
באולם
הלכה
פתרון

Puzzle 854

חלוקה
מסע
חייל
עפיפון
בארון
ידנית
עור
שידור
השלטון
מעדר
לחשב
חיפוש
טרגי
עסוק
עוף
יפה
לווייתן
כאב
להשכרה
לבנות

ע צ ד מ ג מ ק י ר י ב ה ר כ ש ה ל
ש ש ן ס ח ס ע ת ה ש ל ט ו ן י ק א
ב ה ס ע ר פ ו ד ו ע ק ד ע ד ת ו ר
ע ד ר ר י ו ד ע ל ט ל ה נ ח פ ל ן
ן ד ר פ ע ל כ י מ ר ן י ט י ו ח ת
ם י ו מ נ ח ף ו ע ג ת מ ש פ ב א כ
[illegible] ן ד מ ו ש ב ו פ י י א פ ה ח ד א
ן ו י מ מ ב י ו ד ב י ח ף פ ל ם ת
ד ר ש ד ר ב ל ם פ ח ו י נ ח ל א ל
א א א ו ב ח ר ר מ א ו א י א ג ג ל
מ ב ל ל י י ח ה א ו ל פ ה ו ו צ ל
ע ם ב ו כ ו ח י ל ב ו מ מ ל ש צ ק
ד י נ מ ש מ ס ח י ש י י ה ל ש י ן
ר ק ו ו ר א כ ק ו ס ע · מ ב מ נ ו
ו י ת ו ח י ה י נ ב א ה ג י פ ב נ

Puzzle 855

ש פ ב א י מ ת ר מ א ג ל ח ה כ ר ל
ע ט ת ק ק ן ל ל ח ה צ ב ע ה ה ה ק
ב ר ע ה ב ל מ ב י י י ש ל ן כ ע ל
ר י ת ם ץ ו ח מ י ן י י א י ו ב ט
ו ו ב י ק ו ר ת ו ל ל ו ר מ א ו ת
י ת ר ט ת ב ג ה מ י ש מ פ א ו נ מ
ה מ ש ו ת ה י פ ו ל ו ה ו ה ח ר ב
פ מ ל נ ב פ ת ר נ ה פ ב ת ט ו ל כ
א נ ח ב א י א ה ו ש י נ ח נ י ו ד
א י ד נ ך ת פ ל ו י ר א י ו א ל ח
ל נ ש פ מ מ י ו י ג י ת ו ד ה ר ו
ו ה מ ש ת ד י ה ו ב ס א ח ת י ת ש
ד נ נ י ת מ פ ב ו ו ע ס ח ו ס ע ש
נ ר ◌ א ד ח י ט י ו ק ל ל ך ר ו ו
ו ס ה נ ה נ ע מ י ל נ כ נ ו מ נ מ

לידת
ביקורת
לה
פרה
שעברו
נחמד
לייצג
להשיג
חדש
האמין
הצבעה
פטריות
חושש
מחוץ
משימה
קלטת
לציית
נוטים
אך
להכיר

Puzzle 856

ק ק ת ש נ א ו י מ ן ו ו ו ת ס ר ב
ש ש ע ו ן ו י ד א ט נ ב ע צ ו פ ט
ו י מ ט ו ע י מ ח ב ה ס ם ל י ן ו
ר צ א י ו ו ק נ ה נ נ פ ה ו א י ח
י ו פ ר ג א ת ו ה ב י ת ה ם ו מ ה
א א ש ח מ ו מ ה ן כ ן מ ז ק י ה ר
ק ל ר א ת ש מ ו ר כ ה ח ר י נ ר ו
ש ו נ נ נ ר ח ו ה א ל ה ו ו ת ד ט
ת י ת ט מ מ ב י ע ב ל נ ו ם ו י ר
ו א ל ר ה ר מ ה ע א ה א ד י ק י פ
ג נ צ פ ה ר ש נ ח א ו ו ן ה ת ט מ
ר ע י ל ק ת מ ר ע ה ן ש ד ר ן ב ט
פ ל א ד ו א ע ל ג י ו ש ס ו פ ד ש
ה פ א מ מ מ ל א ל ן ב ם ל ה י ל נ
ו ת ח ל ש מ י ק ו מ ח ד ת א צ ו ה

תצלום
משלחת
מגוון
קשת
לאחר
מעל
הוצאת
בטוחה
שעון
מיעוט
דפוס
זמן
כרוב
מאפשר
יוקרה
ממתקי
טמפרטורה
קשור
דוור
התיבה

Puzzle 857

מ ן ד ע ד ו י ש ו ו ה א ר י ל ד מ
ב נ ר ד ב ד כ ע י ג ה ו ס ח י ב ר
כ ל כ ו ס צ ו ר ך ד ל מ ל מ ם ל
ח ה ד ה ב ד ל ו ו ע ע ד י ם י נ ◌
ת ע ח ו ל צ ת ק ע א ת ן נ ה ר ב ח
ד ס מ ה ה ר ל ס ב ש א נ ג פ א י מ
ו י פ פ ל ה ת י ר ק נ צ ד מ ט י ס
ו ק כ ע פ ש ו מ מ א ר ש ו ב ש ד ו
י ב ל ת א ב א נ ש ו ע ל מ ו ר ן כ
ב ר ט מ ל ז ל ל ק ה מ ה ה י נ י נ
מ מ פ מ מ מ ה א פ ר ל ג ב ק מ ג ו
ן י א י ג א ש ק י ד ד נ ה מ נ ל ת
ד צ י ת ה ר ת ב נ ע ס מ ה א ת פ ו
ד ו ב נ ם ר ו ג צ ח ר ם ד ק ו מ פ
י ב י א מ ו ו ר א ו א מ י י ש ר ש

שמר
דג
גורם
להתיר
שפות
חברה
הגיע
מסוכנות
חולצת
הבדל
קלה
יכולת
מוקדם
אומדן
רעש
מאז
מבטיח
להעסיק
צורך
ביחס

Puzzle 858

א ל א ח ב ב ו נ ת ח ק ם ה פ ר ו ו
ה ס ל ה נ מ ו ן ל ח ר ת ע ד ו ה ב
ע ל י ל ל ש ע ב ר נ ו ר י ת ר ל
ו נ ל ר ד ת ו ק ד ש ף פ ז ק ז כ ש
ת ש ת ס פ ס ד ס ב ד נ צ ב ו י ל ל
ע י י ת ש ר א ר ס ו ת ל פ ב ח ו ב
ת א כ ה י א ר י ר מ ד ל ה ת א ב ר
ה ר ד ס ב ד ח ב מ י א י ר ד י א ה
ל ה י מ מ ס ל י ר י י י ה ו ח ס ד
ז ה ן ד ט ת י י ש ע ת מ ו ם ה י ל
ו מ ת כ י ו ח ש ת ח א ע ח י י ד ק
ו ר ו ו מ ת ת י א א ו א ג י ת ג ק
ג ו ה ע ת פ ה ר ב ק מ ע ו נ ל ו ק
כ ש ב ר ל א ל ו ב ל ב ס ב י מ נ ו
ח ש ר ו ע כ ט ת ל ס ד ב מ ש נ א ח

שיניים
כלוב
מנהל
תעשיית
קרנף
שבר
קולנוע
נולד
לזווג
לצפות
שעברנו
הפתעה
שירות
אחיזת
שיא
בהודעת
שלב
להתחיל
דקות
בקתה

Puzzle 859

ו פ ח ה ם ו ת י י ש כ ז ג ט ע ם ו

ת ח ה ז ב ת ו ג מ י כ א ם צ ו ן א

ד ו ו מ ד ב ף ד א ד ב ט מ ו ל ף ו

ו ו נ צ ע ח מ ו ר ה ג ו ה ט ל ח ה

מ ת ו ל נ נ צ ל א כ ו ל ם נ ש ז נ

ש צ מ ס פ י ק ת פ נ ף ו ע א ח י ב

ו ו א נ ב ב ע מ צ מ ג א ס ל ב א מ

א ו י כ מ ר ו פ ס ו ט ע א ן מ ן א

ד ם י א ל ג ה ת ר ל ע ר ר [illegible] י נ ת

ס ו א ו א י צ ת נ ד ה ר ל ו ק ו ל

ך פ ג ב ם ר ס ע ל ל ד י פ א ל נ ר

מ נ ר ו ו ו ע ו צ מ מ ר ס ו מ ב ל

ז א כ ר ת מ ם י ב ה ו א נ ק ת א י

ו י מ מ ה ו ו ו ח ת י כ ת ע ח י ע

ף ד ת ו כ ה י ת ג מ ו ס ר י ת ו ח

פסנתר
מוסרי
כיף
אז
מבנה
טעם
חתיכת
מלא
בגוף
כנס
יצוא
גדול
מספיק
עצמו
חמורה
לאכול
גרבי
גז
החלטה
אוהבים

Puzzle 860

ע ו ר ט ו ף מ מ ה ו ו צ ר ך ב ב ת

א ה ת ו [illegible] א ח ת ה ן ת ת מ ל ו א נ

ת ב פ כ י ן י ו י מ ע ח ד י ו ן ו

י ד י ו ת ר ב ו ג ד ג ב מ ל פ כ מ

ה ה י צ ל ו ג ר י ו מ ח י ד ו י ת

א ו א כ י ו ד נ י מ י י ת ה ם ו ה

ו ז ן ו ע ע ה [illegible] י ח ד ו מ ר י ש ק

ה ה ו ב ג ו ע ג ו כ ו ה י ן פ ת ת

א ל ו ד ו ב ר י ד ף נ ס ל מ ב פ ב

ח ע ע ה מ ד ח ט ר ת א ב ש ו ת ו ק

ה פ ו ל פ ת ח י י כ ר א כ ל י א י

ז ו ו פ א ר ק פ ה ב מ ו ו ה א צ ר

ק ג י ב ב נ ש ש ב ת י ת ו ע מ ש מ

ה צ ר י י ו ט י ו י ו ו ל ת פ ע ש

ו מ פ י ר מ א א ר ע ד ח ל ת ת נ ח

תאו
דיון
רגולציה
כתף
לפתח
גבוהה
עדינה
פי
באתר
חמוד
טיפשי
קיר
משמעותית
אביר
ירצה
תמונת
עובדת
לילך
מגע
בהיר

Puzzle 861

ש ב מ ו מ ד ת ד מ ק פ ש מ מ א ן מ

צ ח י ת ו ס י פ ר ח ה ן ע ת ד ק י

ב ד פ ו ח ו ר ת צ ר נ ם ל ש ו ו ן

א ר ג ר ל ג י ד ו ר י י ע ם ב כ ו

ל צ ת כ ט ת ל צ ן ח מ ס ו ט נ ג ג

ל ם מ י ט מ ר ד ק ו ז ס ש מ מ מ ו

ס ל י מ ו ק מ ו ש ח מ ה ה ף ר ש ר

מ ב פ ק ג נ ל כ ן ה ו מ ב נ י ו י

ב ב ק ע ל ת ת י ת ו ו י ה ל י ל ה

ס ש ס ד י ו ת ו כ מ ת י ת ג ר ד ה

ג ת ו פ ם ז ל ס ב א א ע ל ז ו נ ה

ה נ ד ח מ ר ה ל ן י א כ ל מ ר נ ל

ר ל ו ה פ ל כ ל י ה מ ו א ם ה ר מ

י ט ד א נ י פ ב ו ד י ו ו ך מ נ א

ש נ ט ן ח ח ב ה א ו כ ה י פ ק ש מ

הדרגתית
לוקחים
מקום
מוחלט
לגידור
בחדר
לכל
מהססים
הנוזל
הלילה
מקומי
כתום
זמינה
דרמטי
שלם
מרצון
משקפי
השועל
שצבא
לתת

Puzzle 862

א פ ו א ן א ה ז ל ר ז ו ב ו ת י ו

י ע ב י ו ת ע ל ע נ א ו י ח י ת ר

ס ח י ו ר ש י ו ו ה ב ם נ ד ס ג פ

נ ח נ ו נ ם ס ם ס ת ר · ו ה ו ה ו

ת י ק מ ל ך נ ת ת ג ע ל נ כ ע כ א

ר ן נ ב ג ו מ י ט נ ל ב י ל כ י ח

צ ו ח ל ו ט ר ה י צ ק א ר ט נ י א

ג מ ו ק ו נ ד ו ס · ע ל ש מ ו ע י

ח ע י ב כ ג ף ה נ ט ר ו פ ס צ י מ

ל פ א ת ג ז ו ו כ נ ר ב ר ו ל ב ו

י פ ד א ג ב ה ה מ ק ל ו ם ג ו ר ו

ל י נ א י מ ר ב ת ר מ ע ד ו פ ה ה

י ח י א ת ו ר י ח ב ו ד נ ן י ל ו

ת פ ו ב ל ה מ י ל ם י ק ז ח ר א ר

ה כ מ י פ ן ן ו ם ת פ צ ר מ ב ק ע

הרביעי
מכנסי
לוטרה
חזקים
בחירות
רצפת
עצום
אינטראקציה
נסיעה
מרדף
גחלילית
התרוקן
לשמוע
ספורט
פועל
זאב
פעמון
גומי
לערב
בינוני

Puzzle 863

ת	ל	ר	ו	א	א	ו	י	א	מ	ת	ה	מ	ו	א	ע	מ
ה	ה	ר	ל	ן	ו	ת	א	נ	ו	ח	פ	ן	א	ט	ר	ס
צ	ת	ב	נ	ה	ו	ת	ו	מ	כ	ב	ר	ג	ע	ס	ב	ף
ה	י	צ	ע	י	ג	ר	י	ק	ו	א	ש	ת	ב	ס	י	ר
ח	י	מ	ו	ו	א	י	י	פ	ר	ו	ה	כ	ו	כ	פ	ו
ו	ח	א	ל	ש	י	ג	ש	ע	פ	ד	פ	ו	ט	ק	ן	ח
ע	ס	ר	ר	ו	י	ר	ך	ח	א	י	ן	נ	ר	מ	מ	י
ו	ר	ה	ח	י	ו	ג	ק	ע	י	ן	ן	ת	ה	ו	ק	ו
ע	ל	ל	ע	י	א	א	י	י	ש	ט	ו	י	נ	מ	ל	י
מ	ו	ת	ן	ן	ר	נ	נ	ר	י	ה	א	י	א	ו	ש	ח
ק	ו	כ	מ	ן	י	ו	ד	ע	א	ח	כ	כ	ו	נ	ת	פ
כ	ח	ר	ע	י	ק	ל	ל	ש	ס	ו	ה	ח	ו	פ	ד	ח
ב	צ	ל	ש	ר	י	ה	מ	מ	א	כ	ב	ר	י	ח	ת	ו
כ	א	ח	י	ה	מ	י	ו	כ	מ	ו	ה	י	ר	מ	ת	י
א	ס	ט	ר	ט	ג	י	ה	ר	ו	ה	ב	ל	ע	ל	ת	ה

כמות
גרגיר
בריחת
תכונת
אסטרטגיה
להגיש
חורף
קן
מעשי
אישי
בסיר
אומה
שרפה
בצל
ערב
סרט
חתונת
רגע
להתייחס
אות

Puzzle 864

ת	ת	ח	ם	י	י	ס	ל	ת	ה	ט	ו	ה	ר	ת	פ	ש
ם	ו	ד	י	ם	ש	י	י	ל	ס	ו	כ	מ	ל	פ	ס	כ
ד	ו	ת	ה	ת	ו	נ	ו	ר	פ	ע	ן	ר	ה	ה	צ	נ
פ	י	צ	ה	א	ת	ו	ו	ם	ו	ה	ה	ע	ב	מ	ם	נ
י	כ	ו	ש	מ	ר	פ	כ	נ	ת	י	ו	ר	ה	ס	ר	ל
ש	ם	ב	ג	ב	י	ק	ו	ת	י	ח	א	י	י	פ	ת	מ
ו	ע	ו	פ	ש	י	נ	ט	ג	ב	י	נ	ה	ר	ר	ת	ב
ה	נ	ה	נ	י	ר	ו	ר	י	ח	ע	ע	ל	ר	ת	י	ח
ר	ק	ן	א	ד	ק	ל	ה	ת	פ	ר	ץ	ו	ה	ה	ד	י
ע	ו	ב	ה	י	י	ל	מ	ך	י	ו	ו	מ	צ	ו	א	נ
צ	ב	ר	ה	ו	מ	ר	מ	מ	ד	ו	א	י	ל	ק	ל	ת
י	ל	י	ת	ד	מ	ע	ח	ע	ו	י	י	ש	י	ו	מ	ב
מ	מ	ל	מ	ר	ו	ק	ו	ד	ת	ו	ג	י	מ	א	א	י
ב	י	ר	א	פ	א	ע	ב	ל	ח	פ	ו	כ	ה	פ	ם	ס
ה	ו	א	מ	פ	נ	ל	ג	ה	ל	מ	ב	ד	ת	נ	ר	מ

מקצועי
כוס
ישנוני
עפרונות
מסיבת
פיצה
פוני
ענק
הארקטי
כי
קריירת
נפגשה
טועה
גבינה
להתפרץ
מבחינת
לסיים
להבהיר
ליישם
המספרת

Puzzle 865

ב ש ח י פ א ש ד פ ו פ א ו מ ש פ ט
ו א י ה ת ו ק א ו מ ק ס ר פ א ס ן
ס ר ק מ מ ש פ ל ה ט ע ו ת פ ר ו ר
מ י ב ש ס ז ץ ק ו ב י א ו ע ט ל ף
ש ת צ ו מ ח ז ו ר נ מ ר י ב פ ת ר
י ל פ כ ש מ ע מ י ו ה נ מ ה נ ל ו
מ ו ה מ א ו ל פ י ר ם י נ ם נ ו ע
ת ק מ ף כ ר י ק ש י מ ו ן ו ר א י
ח ש ל ת ח ש ן ט מ י ק ת ס מ ח ת ג
א ל ח מ נ ש ג י ח ש ל ס ל ו ח ח ל
ל ס ק ו א א ת ת ה ע ר מ י י ת נ פ
ר ל ל ן ר א ו נ ד א ה ה י ז ו ק ל
ו ח י מ ו נ ל ח ס ת ל צ א ו ל ר ס
ח מ ו ב ד מ ת ל ה ד כ ח ו נ ע ס נ
י ר פ ל א ו ם ה י ר ב ן ו ע ה י ד

חמש
קפץ
שארית
זיהה
עטלף
משימת
משכפל
משפט
הרופא
חתול
להטעות
לסלוח
פסולת
שימון
אפרסק
יותר
קומפקטית
לשקול
הנוקשה
מחזור

Puzzle 866

ש א ד ת ל ח ש מ ו י ו ר ש ע ש ר נ
ו ו י ו נ ד ל ש ה ל מ נ ל ה י ט ע
ת ס ר ו ש ה ה ך ע ה ג ב ד ה ח ל נ
ל ף ה ו ף ר פ ר ש ח ק ו ר ת מ ס ה
ב ה ב ד ש מ י ב י א ב ו ר א ה ק נ
מ ב ו פ ת ד ו י ר ע נ נ ב ע ל ו ו
ק ש ל נ י ן י ת ס ע ו כ א ל ש פ ג
ו י ת א ל א ק מ ל ע י ה ס י ר י א
ם פ ת ה א י י ה מ ח מ מ ו ו ד ב ר
ד ס ב י ו ו מ ו ג א ל ו ח ף ר נ ל
ו י ס ב ט ן י ג ו ו ו א ם כ י כ ח
ע ל ט י ר ע ג ח כ ו ש מ ה ד מ ת ג
ו י ג ו י כ נ ו פ צ ם א ק ו ח ה פ
י צ נ ת ו ס מ ט ב ח ד ר ב ד נ ר א
צ א כ ה ל ה ל ה ל ק ו י ה מ מ ש ת

עש
במקום
שרפרף
שובב
להמחיש
איריס
רוק
טלסקופ
צחק
לחם
כועס
שלד
וירטואלית
מטבח
להביע
אוסף
להיט
נמלה
אצילי
ברך

Puzzle 867

מ ה ש ו פ צ ה א ל ו ו ו י ו א ל ג
ח ר י ז ה ק ו מ ד ק י ע ל ך ש מ ת
נ ו ל ו נ ן ר פ ו י ח מ מ ד ל ר צ
ס צ ב ש ה ו ל ד מ נ ר י י ח ר ז א
ז י י א ת נ מ ל ח ע ו נ צ מ ח ו מ
ם י א ס ו צ ב א ש ו נ פ ע ו ש ו ר
ב א ז ו ר ם ו ט ן ו נ ג ס ד ב א ר
ת ל ה פ י ץ ר נ ב ו מ ב פ ר ט פ ד
נ ר א ח ל ס ו ש ל ה ם א ד נ ן מ ו
ד ב נ ן י כ ע מ ת ש י ג פ י ע ש י
ה ד ד מ ב ע פ ת כ ח י ו ת ב י א ר
ב ו י ב ו א ב י ו ע ר ס י נ י ק ל
ל ם ס י י ת ו ר ל מ ה י ד נ ך א נ
ה מ ע נ ו כ א נ ב ם צ ש ל ח ר ו ו
נ ל פ י א נ ה ת ה ר ה צ מ ו ת ג ל

מודרני
לירות
פגישת
סגנון
אזרחי
צהובים
סוג
חריזה
למרות
משך
להפיץ
למכור
נשי
צנון
נושא
הצהריים
באזור
לבן
בפרט
צנוע

Puzzle 868

מ ו ח ת ע ן ת נ ה א נ ק ו ה ם ס א
ר ל י י א ז ב ע ד ע פ ש פ נ י ו ח
ח מ צ מ ת ו א ל ב ה ה ו ת כ נ ב ב
ב ת ו צ ל ו ו ו ת ח ו ח ו ו פ ו מ
ק ע נ ב ל ו ע נ מ מ ת י י ח ס ט נ
ק ל י ר ב א ת ד ד ו ח מ נ כ מ ו ו
א ן נ י א ן ר ר כ מ א מ ב נ ל א כ
ו ו ו ר ב ר צ י פ ו ת מ ג ם ו ן י
ל ג י ה ו י א א מ ב ג ר ע ר ף א ס
ר ו ח ת י ט ל ר ל ה ר ג י ו נ ו ו
כ ל י ר נ ב ת ר ג ר ח ר ס א י ת י
נ י ר ד ת ס ז ר ו ו ד ע ב מ ב ש י
נ א ו ו י ד ר י ר י ע ו צ ר ח ש ע
י ט מ ר ס פ י ת ו כ ו ו מ ח ן ר ת
ס ה ן ו ף ה ס ג ת י נ ש ת ו מ ד ד

סטודנט
מחודדת
מצב
סיכוי
כיסוי
עגבניות
מומחה
אוטובוס
חיצוני
פני
מנעול
מרחב
מתייחס
ברציפות
איכות
קקאו
קשוח
חיוני
נר
פנים

Puzzle 869

י ע ה צ מ מ ה ף ש נ ה ת ר מ י ת ר
ט ת ס ד א כ ל כ ו מ ס ו ס ש כ ב י
ת י ב ו ר כ מ י ח ם י י א ד ח י ק
מ ח ◌ ת ר ר ל ק מ ק נ מ ס ר ת ש ו
ס ם א ה נ א י נ ת נ כ ד ו ב ו ח ד
ח ן י י פ מ ק ב ח ס ר י ע כ א ם כ
ר ת ו א ם י א ו ש ם ר י ט י ר ק ת
י ם מ מ י י מ נ נ ק ס ן ל נ י ד ן
ת ד ה ש ן ו א ם ו י א ה ר ז ו מ ה
ן ז י י י ת י א מ מ י ל ד י ל י ר
ו מ ו ו ד ם י א ת מ ל ה ב ו נ ג ל
ח ב ת י ת י ל א נ ב נ נ ד ב ד ו ס
נ י ו ס ה ב פ ג מ נ ק י ל כ ס ו ת
א ר נ ל מ נ ב ס כ כ ו ח ב ע א ת י
ג נ ו ד ו ע ב י ח י ן ו א ו ו ח ש

שנאת
ענבים
כרובית
להניח
איום
קריטי
קמפיין
יחד
המחק
חשיבת
די
מתאים
היותו
תרמית
מסחרית
המוזרה
ריקוד
כניסה
רק
לגנוב

Puzzle 870

ג ב ה ר ב ח ב ף ה ת נ ה ל ו ת ת א
ו ה ה ו ת ר ר ר ב ו י ד י ק ר י ר
מ ב כ ג פ ה י כ ס ל מ ת מ ה ל ז י
ל ק ז ח ג ט י ו י ל ב ב ו ק ר כ ה
א י ו נ נ ו י א ד ן פ ס ן ו ר ר י
ת ץ ד צ ו מ פ ל א ד ם ו מ י נ מ ר
ל נ ת ן ו ר ו ו א כ י ב כ ד מ ה ו
ו י י א ד ו צ ר ן ל ל נ נ ב ו ת ט
ה י פ ש ל ל א י י ד ל פ ת ר ב י ס
ל ן ו י ס י נ ג י ב ו צ י ע א ב י
נ א מ ב ס נ נ ק פ ה כ ש ת ו ה ש ה
צ מ כ פ פ ו ת ו ב ב ו ד א מ ח כ ה
ח פ ל נ ח פ ד ח ת א נ ו פ ה א ס ח
ש א מ ו ב פ נ ד י ל י ה ד ו ו ה כ
נ כ ת פ ד מ ו ו נ ק ש פ ש י ח י ן

חגור
לנצח
ניסיון
כפפות
אדם
בחברה
קריר
בכיוון
בבוקר
מרכזית
התנהלות
כהה
ההיסטוריה
נוחות
בקיץ
עיצוב
וכוללים
לימון
גיליון
אריה

Puzzle 871

ב	ל	ה	י	ר	ג	ע	ו	ב	א	מ	מ	ל	ן	ר	י	ן
ס	א	ת	נ	ד	ר	ו	א	ב	ד	ט	י	ב	ר	ע	מ	ב
י	ו	נ	ו	מ	א	מ	ר	ח	נ	ר	ו	י	ס		ע	נ
ס	מ	ה	י	ד	ה	א	ב	ס	מ	י	ה	י	מ	ב	ר	ח
י	י	ג	ע	מ	מ	ק	ו	ת	ל	ם	ש	נ	ר	ד	נ	ט
ת	ה	ו	ל	ך	ט	ח	י	י	ת	ת	ה	מ	א	ש	ח	ט
ה	ת	ת	ש	י	ע	ו	ה	ו	י	י	נ	ס	ד	ר	ר	כ
ב	מ	ת	ן	ו	ש	י	ב	ן	ט	י	ש	ר	ו	ש	ע	ה
ס	א	ל	א	י	ח	ת	ר	ת	נ	נ	מ	פ	ו	ד	ל	פ
ר	ו	א	ו	א	ח	ו	ח	ש	נ	ה	נ	ן	מ	מ	ה	ת
מ	ו	ו	ה	א	ו	י	ב	ל	י	ד	ח	ש	ו	ר	ו	ל
ו	ב	ת	ס	י	נ	כ	י	ר	מ	ן	א	ת	ש	ו	ס	מ
ש	ת	מ	א	ת	א	ע	ק	ל	ו	ב	מ	א	ז	י	י	כ
ב	ר	ת	ק	מ	י	י	י	ו	ד	מ	ק	ש	ק	א	ף	נ
ת	ה	ף	א	ב	ה	ו	א	ת	ד	ו	ב	ע	ו	א	י	ם

להירגע
כניסת
אוהב
משאב
לאומי
עבודת
בסיסית
דומיננטית
מושב
מערבי
התנהגות
האויב
בעבר
מטרים
קטין
להוסיף
העשור
נמלת
הולך
ברחבי

Puzzle 872

צ	י	נ	ר	ו	נ	נ	ג	ם	ב	ח	כ	ו	כ	ב	ש	צ
י	י	ב	צ	ח	ש	י	ו	מ	א	נ	י	ה	ן	פ	פ	פ
פ	י	א	מ	ש	מ	ע	נ	י	כ	ל	ר	ה	מ	ו	י	ר
י	ב	י	ג	ע	ה	כ	ו	א	ע	ם	ד	ד	י	ר	נ	ד
ו	פ	ס	י	ק	א	א	ו	ס	ב	ן	ש	מ	ת	מ	נ	ע
ת	ע	ר	מ	ו	נ	י	ו	ל	ק	מ	ה	ה	ה	ט	ת	א
י	ד	א	כ	מ	ן	ח	פ	ו	נ	ג	א	ו	ח	י	מ	י
ה	ה	ש	מ	י	ד	פ	א	ל	כ	ר	י	כ	ו	ר	ו	ת
ם		י	ד	ם	מ	ב	מ	ס	ו	ב	א	ר	מ	ע	ק	ב
ר	ם	ע	ק	י	נ	ל	ו	מ	א	נ	ה	ו	ט	נ	ע	ן
א	ה	ל	נ	ו	נ	י	מ	ב	ר	מ	ל	ב	ו	י	י	ב
מ	ל	ה	ק	ס	צ	ו	ע	ה	ח	ד	ק	א	ת	ר	ר	ה
ס	ש	ד	ל	מ	ח	ש	י	ל	ק	ך	ת	ו	ו	כ	ש	נ
ן	ל	ח	י	ט	ר	ד	נ	ט	ס	ה	ן	ד	ת	ק	מ	ה
פ	ט	ה	ף	ו	י	ש	ת	ו	א	מ	ו	ן	ו	ו	ך	ה

מעקב
העדין
פסיק
וכרוב
ציפיותיהם
צפרדע
המקל
עקומים
לשלהם
בעיתון
הסטנדרטי
שאר
מסוים
גרב
במסלול
ערמוני
בפורמט
כוכב
ברכת
אקדחה

Puzzle 873

ל	א	ו	כ	י	פ	ש	א	ע	י	ב	ד	ו	ל	ה	ד	ל
ג	ן	ו	ג	ת	ד	ס	ת	ר	ו	ס	נ	פ	א	ג	ו	ו
מ	ה	מ	ש	ה	ל	ל	ו	ש	ה	ט	ו	מ	ג	י	ל	ו
י	ש	ל	מ	פ	א	ח	ב	ל	ט	ד	י	ו	ל	י	פ	ב
ב	ח	פ	ב	א	ע	י	י	ו	י	ש	ז	י	ף	ה	י	ו
ו	ס	פ	ר	ו	ל	ד	ו	ש	נ	ו	א	ב	ו	ד	ן	ס
י	ו	ל	י	מ	נ	ל	ח	א	ם	י	י	ר	ש	פ	א	י
ה	ו	ן	ק	ד	ל	ק	מ	ר	ז	ט	ר	י	י	נ	ע	ב
ן	ף	ח	ף	ס	נ	ל	ת	ק	ה	ר	ו	ב	ב	ג	נ	ה
ח	א	ב	ו	ה	ח	◌	ן	ר	מ	ק	ח	פ	כ	ס	ק	ת
ד	ו	ס	ד	ר	ת	ו	ע	ן	מ	ו	א	ו	ה	ע	י	ה
מ	ל	מ	פ	ל	צ	ו	י	ח	ח	מ	מ	ר	ל	מ	ה	ל
כ	א	ו	ר	מ	א	ר	ו	ת	ו	ד	ק	ר	ל	א	ה	ב
ת	ל	ת	ר	ל	ו	ע	נ	י	י	ן	כ	ב	מ	י	ל	ח
י	ה	ט	נ	ת	נ	י	ב	א	ב	מ	ד	ב	ר	פ	ר	ס

שזיף
שיטה
דמוקרטי
דולפין
פרס
ענקי
במדבר
חומר
אפשריים
למה
נייר
מאחורי
מבריק
סיבה
הגייה
פסולי
העכבר
סדרת
מחויבות
עניין

Puzzle 874

בכיס
תעודה
ספינת
מאמץ
יש
האי
נשוי
ברזל
מבריקה
תחושת
לתוך
לעצבן
להישאר
מתנות
ביישנית
אמנות
דודת
פסיקת
עצמאי
לדיבורים

י	ב	ת	ו	י	נ	ל	פ	י	מ	א	ע	ל	י	מ	מ	א
ל	מ	ן	ר	ח	ח	ת	צ	ה	ן	מ	כ	י	ם	א	ב	ע
ן	ה	ד	ו	ע	ת	ו	נ	ק	י	נ	מ	ה	ט	מ	ה	ו
י	ת	י	פ	ת	ה	ך	ע	י	ם	ו	ע	ן	ו	ץ	א	א
ב	ו	ו	ש	ב	כ	י	ס	ר	פ	ת	ו	נ	ת	מ	י	פ
ר	כ	ש	פ	א	מ	ר	נ	ב	ל	ס	ה	ל	ש	י	א	ע
ו	ד	נ	א	ס	ר	ק	ן	מ	ר	ד	ל	נ	ו	מ	י	ר
ל	ר	ך	ו	א	י	ו	פ	ה	מ	ה	מ	ו	ח	ע	ר	ג
מ	ת	ו	ת	ו	ר	ק	מ	כ	י	מ	ח	א	ת	ב	ג	ך
ב	י	י	ש	נ	י	ת	ת	י	ד	ו	ד	ת	נ	ו	ו	ק
י	ג	ו	ה	ף	ד	ס	ב	ן	פ	צ	ז	ש	ב	ת	כ	ת
מ	ו	ו	ר	ר	ו	ש	פ	א	ה	נ	ר	ש	י	ו	ה	א
ב	ר	ז	ל	ב	ח	ב	ת	ב	ת	ש	ר	ע	ע	ת	ס	מ
ל	ד	י	ב	ו	ר	י	ם	ע	צ	מ	א	י	מ	נ	נ	פ
ה	מ	ב	ז	ל	ע	צ	ב	ן	ו	ו	ח	כ	ש	ם	י	ג

Puzzle 875

ו ה ה ר פ כ ה ו ב נ ח ח ו ל צ ה מ
ד מ א ו ח כ ת י א ש ב ח ע י י ש פ
ו ת ס י ו ו ח ו ו נ ת י ה ט ק ת
ת נ ש פ ה ל ב ע ת י ד א ח ר ד נ פ
ב ת א ר ו ב ו ר ג ח י ח ת י ו א ה
ר א ו ג ר ל י ל ה ו ר ן ד ם א ו ן
מ צ י ל א ה ר ו נ פ ו ָ י ת ו ג ו
מ ת ח י ל ז ו ן ת ת ת ד א ג ו נ ד
ל נ ן ו ו מ א י מ נ ב ן ר ו כ ז ל
ו י ע א ד י י י ב ו ת ה ז ק ס א ת
מ ב ר צ ל ר ם מ ח כ ש ר כ פ מ ת ג
י ג ה ו ח ש ל ד ק נ ש ש ד נ מ י ב
ל ח ו צ ס מ ז ל ח י פ י ת א ע כ כ
ו ה ב ס ו י ק ו ו מ ד ו ל י ש ר ו
י ע ך ק ם ה פ ו ל ק ל ו ר ו ח ש ה

צבע
לזכור
תפוחי
מתנהגת
רואים
לחסום
המתנת
בעתיד
שכח
חילזון
מילוי
השחור
הפולקלור
גבינת
חולצה
קשה
ביולוגית
נדירות
משטרת
לדמיין

Puzzle 876

י י ה ו ו ו ן ד מ ו מ נ ע ב ב ד ת
ה ו ו ה ה ו כ ר ה א ק ר ת כ ו ב י
ר ש ב ר י ו ו א ב ל ש ט ו ף ק מ ם
ג ט ר ז י ע פ מ ת ד א ל נ ש ר נ ו
ת י נ ט ל ר נ א ה ב ר ו ו ז ו ן ה
ה ח ל ר צ ו ת כ ר ע ה כ ל ק ח ו א
ן ב ה ח כ ק ו ת נ ג מ ל י ע ש ר ר
ן ה ת א ש א ת י י ה כ ר ו ם י כ ט
ל ן א ן פ י ד ל צ י ב ק ל נ ו ו ו
מ ד י ת נ ש ד ש א ר צ א פ ה א נ ו
ה ו ם ת ח י מ צ א ה נ מ ע כ י מ ש
ב ז ש ב ר ר ל י מ ת א נ ל מ כ ג ש
ס א ו י ס ה ה י ת י ק ו ש מ א ב י
ל י ר ט ד ט מ י ל ה ר ל ס ב ו ל ב
ד ו ד ח א י ק ס ח ה י ש י ר ב נ כ

מדד
קצה
להתאים
כביש
לשטוף
לכול
לרצות
שנת
זר
שטיח
וילונות
צמיחת
באוויר
הערכת
כול
חטיבת
הברוזון
לסבול
שבור
בוקר

Puzzle 877

כ ס צ מ י ה ד ח ג מ ד צ ן נ ל ו ו
ם א ו י ד ב א ל י ע ו נ ה ג מ י ר
ו מ ו ט ו ה ק נ פ ע ו ף ר ד י ד ר
ן פ פ ת ל ל ח ח ו ל ע י פ ו ר ט ה
ח ע ו ר י א ד ה ם ה ן ע ו ש ה י מ
ל ב י ת מ ן ק ר י ס ת ס ו ו ת ה א
ש ע ו נ פ ו א ק ק מ ו ר ט ו ה ל מ
ו ש ב ה ת י פ ן ח ת נ ל ד ר ב נ י
ר ר ג ה ב י ט ח ו ן מ א ע ק ח ל ן
ו י ר ק ה ו א כ צ ק ל ד ה ש ש ו ד
ד ד ב א א פ ג י ב ו ב א ר ל א ה ה
י י י ב ב ב מ ר ו י ק ל ו י ר ב ג
ל ב נ ע י ל ו ר ש ד ל י ן ר א ע ף
פ י ו ו ד ם ו ט ח פ מ ◌ ן ח ה פ ו
י ד ף מ ר ד כ ת ו מ ו כ ו א מ ל פ

לאבד
מאמין
למנות
אירוע
קריסת
צוחקים
רשות
בית
סעיף
פחדן
הטרופי
אופנוע
לקבל
הביטחון
היקפי
מיטת
נגד
דיוקן
חלש
גברי

Puzzle 878

ו מ ג ו מ ו ע ל ב י ל ר ש ו א צ מ
ר ל ה ו כ א ב ב ק ה ת ד ד א ל ש נ
ל י ה ר ר ס י ת ע ה ח ש י ת נ ש ה
ר ר ר ב ת ר ל ל ס ר י א י ת ת ו ק
כ ו ת פ ו ל י ר ו ש ו ל ש י ל א ו
ב ע ש ר ע ב ת י י ש ע ח ו כ ק ו ח
ר ת י א ש י ע ע פ כ ר ל ש ב כ ב ר
ת ו ן א א א ק מ ב י ע נ ת י ט י י
ו ו ל ג ם ע פ ת ח ב ו פ ה ן ר י ק
ע ה י מ ג ו ו ר צ ב ח נ ת מ ח ק ו
ל י ה י א נ מ ו ר נ נ נ ה ת ם ט ב
ת ה ג ב א ט ז ל י ל ד ח ו י מ ב ו
ש ד ו ס ו ק מ א ו ו נ ר ס ה ב מ ת
ש פ ס ו נ ר ו ק ן ק ו ו ן ל ן ל ד
מ ע י מ ת ו ר ג ל ע ב ו ב ד פ צ מ

בחצר
קטנוע
אגם
דשא
מצא
רחוקה
שעות
לרכב
שלוש
עשיית
שאלה
להעליב
ובמיוחד
בכיתת
תועלת
השנתי
פעם
אובייקט
עשר
בבירור

Puzzle 879

פ ו ב י נ ד נ ל ק ם ט ו פ ו פ י ה

ג ר ת ת ו ם ו ו א י ס ה ר פ פ ל ס

ו ר מ ר מ ו מ ג י נ א ש ו ו נ פ ע

ג ת ו ו ד ק מ ס נ ו ו י ו ב ר ו ט

פ ח ר ן ו ו י ח ו ט ש מ ח י י י ה

ל ו ת ם ד מ נ ע צ ו ב ר י ו ע א ש

ה י ד ע ל ש ה ו ק י ת ת א ר ח ל ב

י י ה ו י ו א ר כ ש ח ב י פ ע ש ח

פ ג נ ס כ ת ו ג ו מ נ ש י ק ב ן ק

י י א ת צ ה ח ו ר א ה ל ת ר ש ק ד

ק ב ר י ו י מ ש פ כ מ ו ו ן ו ח ל

צ מ כ י ס מ מ ל ב צ ג פ ד ש ק י מ

ר ר ה כ ם ע י נ א י י ח ו ג ל ב ב

ה ר י מ י ע י ב ה נ כ מ נ ב נ ה י

י י ת מ ב ש ר י פ ל ן ר נ ת ט ד ו

בתמורת
לשבת
רווח
ילד
דעה
עיר
מכנה
ארוחה
היפופוטם
מישהו
עצוב
ספריית
יתרון
קצרה
סגול
קרן
שטוח
בשוק
בתחנה
קומקום

Puzzle 880

ר מ ד ל ה צ ח ד ו פ י ק ה ח ט מ ח

ה ש ו ה ן ר ר ר ד ר פ ת ס ח ו ז מ

כ ב ן ב ן י ז ת א ג ר ו ף ד ק נ ש

ה ו ו י י כ ר ל ק ע ל י ז צ י ש ל

מ כ י א כ נ ו ק ר נ ה ח ח ב ל א ש

ר ב ה ה ב מ ג פ ס מ י נ ו י ל ר א

ע כ פ ל ת ל י ו ת ם כ ה פ ת ע ש ר

פ ן ע א ם ג ג ץ ת ר נ ה כ ל מ ד מ

כ ת ר ן מ ו ל ו ת פ ס ס פ ט ל ו ו

ה ח פ ח ה י פ ו ל י ר ן ר ד ו נ ס

א ת ק ס י מ ו א ר ק ס י ל נ ו ר א

י ו ל מ נ ו ע ב ט מ פ ר צ ת ם ד ה

א י ס ה נ ו ו ל ע ה ע ם ב ג ש ל ן

ה ה י כ ה מ ו ד מ מ ו ל י ר ש ו מ

נ ק ד י ר ח א י ר ן ב י ג ם ר ר ד

מטבע
צבי
חסת
אגרוף
שם
רכי
חזק
להיכנס
למנוע
לטפס
אתמול
הנחיות
עליז
מלכה
גור
מדומה
שמח
קיפוד
לקפוץ
להביא

Puzzle 881

ת	ו	נ	ק	ל	מ	ע	מ	ו	ל	נ	א	ו	ו	כ	מ	י
מ	מ	י	ה	ן	י	ד	ר	ו	ו	ד	ד	ך	ש	ח	ד	ב
י	פ	ע	נ	א	ו	מ	מ	ל	י	ר	ף	ה	ד	צ	י	ם
כ	ש	ן	ב	ע	ך	ב	ק	ף	ע	ש	ו	ר	ו	ו	ח	י
ה	י	ה	א	ע	ק	פ	ר	ו	ד	ד	◌	ק	ו	א	ש	ר
ד	מ	ח	ה	ז	ע	ב	ב	ס	פ	ם	ח	ה	ת	ה	ד	ן
ו	ה	ס	כ	פ	מ	ר	י	א	ת	י	א	ש	מ	ה	ר	ק
מ	ש	ו	ו	ו	ך	ו	ד	ל	פ	מ	ד	א	א	ש	ש	ק
ע	א	נ	ל	ם	ע	ר	י	י	צ	ל	מ	ו	מ	ב	ו	א
ב	ת	נ	מ	י	פ	ו	ע	ל	ת	ע	ה	ר	ן	מ	ס	י
נ	מ	כ	פ	ש	א	ה	ע	ת	ק	נ	ס	ק	ז	ו	ר	ר
ק	ב	מ	מ	ר	כ	ז	י	י	ם	ת	י	ל	פ	מ	י	א
מ	ו	ח	ב	ו	י	ו	ב	ו	ב	א	ס	א	נ	י	פ	מ
ח	פ	מ	ו	פ	ד	פ	מ	פ	א	ו	א	י	מ	ו	ו	ע
נ	י	ד	פ	מ	י	י	ד	ן	מ	י	ר	ן	מ	י	ו	ו

תמיכה
נוסחה
מלוכה
מפורשים
פועלת
בעמודה
ההפך
לצייר
תה
סמן
לאסוף
דיבר
קופידון
מרכזיים
עז
המשאית
נעלמים
לקרוא
לקנות
דור

Puzzle 882

לנשוך
סופית
חבר
מיטה
זכות
מרוצה
במבצע
העיתונות
רע
עין
לשפוך
הקנגורו
אזהרה
ארנבת
לבשל
כדור
רצון
להצטרף
אפוא
דחף

ו	·	מ	ר	א	ס	א	ו	ע	כ	ו	ו	ו	ל	ש	ת	ם
י	ו	מ	פ	ע	י	ן	ש	מ	י	א	ס	ל	ו	ו	י	ח
א	ח	ע	ד	ג	י	ו	נ	ה	ל	ב	ן	ה	ב	ל	ו	ח
ר	ח	ש	ל	ב	א	ו	מ	ק	ש	ה	ל	מ	נ	ו	ג	ע
נ	ב	א	מ	ג	ו	ל	ט	נ	פ	א	ר	ע	ב	ה	ט	ג
ב	ר	ה	ת	ר	ב	י	מ	ג	ו	ם	מ	ף	ו	פ	ר	ו
ת	ו	נ	ו	ת	י	ע	ה	ו	ך	ג	א	ל	ר	צ	ו	ן
כ	ב	י	כ	י	י	י	ף	ר	ט	צ	ה	ל	נ	ו	ד	ד
ד	ח	ף	ז	פ	י	ע	ש	ו	ד	מ	י	ט	ה	ש	כ	ו
ב	ל	ל	ו	ו	ו	מ	פ	ה	ש	א	י	ר	ל	כ	ו	ת
ב	מ	ב	ם	ס	א	פ	ו	א	י	ה	נ	ש	ה	ד	מ	ך
י	ו	ב	ש	פ	מ	ק	א	ר	י	ו	נ	מ	ר	ו	צ	ה
י	ש	ל	צ	ל	א	ל	מ	ן	ע	ו	ו	א	ה	ב	ש	נ
פ	ס	ו	ת	ע	ר	ע	א	א	ו	י	נ	נ	ז	ל	א	ס
ו	ו	נ	א	פ	ש	י	ח	ל	מ	ל	ת	י	א	ל	ל	ל

Puzzle 883

מ צ כ י ה ב ו ח מ י א ה ח א ס ן פ
י ג ל ג מ ח ל ש ה ם פ א ם ו כ ס ה
ז ו ד כ מ י ע ד י ח מ א י ד ו ו ת
מ ח ב ן ם ל ל ה ב י ג מ ו מ ו מ מ
נ א ע ת ו ת ב א פ י מ ב פ ב מ ו ז
י ד מ ה כ מ ו ר מ ע מ ק ה י נ ל פ
ם נ ד ו א ו ג ק ף ר צ ל ו י ו ל כ
ו ר ת מ ל ה ר ו ג ח י ל ת ו פ ב י
ז פ ר ה נ ו ת פ י ה ו ל י ש ה נ ת
ו ח כ מ ר ח ו ה ק ס פ ה א ר ע ר ו
ל ו ו י א ד ח ד ד ה ן ז ו א ד י ה
ש מ מ פ ה ל ש ש ע ל ג ד פ ד ל ב ד
י ס י ה י ת ל ה ח ז י ק ר ח ד ס ף
ס ח ה ש ב י ד ת ק ג ר ו מ ו ה ו ן
ע ב ס ה ה ש צ ע ג ר כ ם י כ ס ה ל

אוזן
הסכום
בעמדת
דלת
שדה
הפסקה
מאמר
מוכר
זמנים
בוגרת
מונית
לצרף
נראה
כרגע
להחזיק
כמו
מגיב
להסכים
גידור
רפואית

Puzzle 884

להמשיך
לדין
סובלים
ערש
בריא
פריט
בעקבות
האפשרות
קצין
החובה
עשירה
הפתיעו
להשתלשל
טבעי
מפורסם
האקלים
נעל
דודו
ומבוטל
עצמה

ע ו ד ה ו ו ג ה א ת י ך י ש מ ה ל
כ ה ה א ן נ י ל ה ש ת ל ש ל מ ת ע
ת ו ח ו ו צ י ק א ו ב ר ר צ מ ר נ
ה ה ו צ ק ד צ י ל ר פ ד ע ר ל ל ל
ע א ב ב ת י ה ן י ד ל ם ס ר ו פ מ
פ פ ה ר ן ח ע ו ע מ ו ת ה ו ד ו ד
פ ש ו ת י ם ש ף ב ם ה פ ת י ע ו פ
ל ר ח א ן א מ נ ט ו ר ת ו ב ק ע ב
ס ו ד ן ד . ו פ ר י י ח א ו ו ב ת
ו ת ח ו ו ג ט ה ט ר ש ח ב מ ס ת פ
ע צ ב כ י ב ה מ ל פ ע ת ד ב ו ם ב
א ר א ג נ א ס מ ע ע ן ח ל י ב ד ל
נ א י ו ה ב ש י ת ו מ ב ו ט ל ה א
ן י ה כ ה נ ע ן ך ל פ ף ו ם י א ע
ד מ ך ע ב . ו נ ו ה א ק ל י ם נ ל

Puzzle 885

נ מ ב פ כ מ ם ה ה ב ת ד ת ה ו ב ת
נ מ ה מ י ס ש ב ן ו מ א ם ב ר ל ל
א ן ח פ ש ל ה א ח מ ו ק ח ה ו ב ר
ג ה ל ן ו ק כ ם א מ מ ו ת ק ס פ ה
ש ו ט ר ף י ת י ל י ש ו א ד ל י א
ו א ג ל ת י ב ל נ י ה ד ס ב ו ל ו
ה נ י ל ו ם ו ע ב א ו ש נ פ ה ה ל
ה מ י ד ק ת צ ח ג ו א מ נ י ה ה ח
ד ש ה ר י ו פ א פ כ ה ו ב ה מ ל ב
י מ מ נ צ ן ג ר ס ו ב נ ך כ ת ש ס
ח ש ץ ר פ מ ב ו מ ת ה ה ע ו ב ת ג
י א ה ה ב ו נ ן י מ ו ד מ ו ל ע ו
ו י ב נ כ ס ל י י ו ל פ ע ה נ ע ז
מ ת ו ם מ ן ו פ פ ל מ ר ק פ ת נ ל
ן ע צ ו ו ה נ ד כ נ ה ק א א י ר ס

לקיים
בהחלט
כישוף
על
בלב
יחידה
משאית
בשבוע
הפסקת
קרפדה
ארון
אהבה
אומללות
משהו
שמונה
קדימה
גוזל
מלפפון
דווקא
מפרץ

Puzzle 886

סירת
דומדמניות
להפגין
אוהל
חכם
פלדת
מסוימת
לקח
חמור
רגיל
קערת
איות
מולד
בשיפוע
אביו
מהירות
לערבב
דגל
אפיית
מילואי

ר מ נ מ ח י פ נ ע א ת ו ו א ת ו ד
ב ל ם י ר ג י ל ק ח כ ם ו נ ל ג ש
ל ג ד ל [illegible] ס ק ף ה מ פ ה ג י ת ה ו
ו ו נ ו ה ר א ב י ו ל ת ו ר י ה מ
ה ש ט א ט פ ה ד פ ר נ י ר כ ב ב ק
א ד ב י י י ת ל נ ע ו פ י ש ב ע א
פ א ו י ו ל ח ר ו מ ת ד ד ג ר כ ש
ה י ת צ מ ו ת א ה ם א י ו ת ע ה ה
ת נ כ י נ ח ר ה ו ר ו ו מ ד ל ו ו
פ מ ת ר י ס ן י ג פ ה ל ד ל ר ם מ
ש ף מ ע ט כ ל ד ב ת כ ח מ פ ש ח מ
ב י י ו פ ה ב א ו ת ג ס נ ח ר ב ע
פ צ ו ג ר מ ד נ א ו ת ו י ר כ ה נ
ג מ ס א ו ד ל ו מ כ ב נ ו ב ע י נ
כ צ מ ם ן נ א נ ל י ם ה ת א י מ ק

Puzzle 887

ו ב ו ו ל א ד נ ר ח ק ת צ ע ח א ב
ת ס מ כ ס ר ו ג ף ר ה ו ס ב מ ה א
ה א נ ש י ם ש ל ת מ י ק ף ו נ ת מ
ת ל ה מ י ן ר ו ת ה ל ח ה כ י ב צ
ע ס ל ם ע ת י ע ש כ ת ל פ ד י ה ע
ו מ ת ו א ל י ו מ י ב ר ע ו ה ט ר
ר י י א ר ש ש ע ה ח ב ד ג נ ת ה ל
ר · ן ט ר ס ט ל ו ר ב ה כ י ר ר ף
ה ס כ ו ו פ מ ר ס ה כ מ א ח י ו ו
כ ה א ה ן ת ג צ ך ר ו א פ ר ח ח י
ו פ ש ק ר ר ת ר פ ש פ פ ר ל ב א ש
ב ל ה ג מ נ י מ ה פ ב י ט ט י י ק
ל א ל ת ח ו נ נ ן ה ו י י א ו ל ר
ש ר א י מ ל א פ א פ י ן נ נ ר ח ד
ד ע כ ס ט ע ר ל א נ ד ר ה ם כ מ ק

וילאות
עסק
קהילת
להתנגד
בחירת
פרטי
אורך
חמנייה
לבחור
התעורר
סרטן
לחקות
יין
משתתף
כובע
כמעט
לסייע
כן
באמצע
אנשים

Puzzle 888

ט ר י נ מ ם י ה ת ה י ד ל ו ט ת ח
מ כ נ ן ב ו פ מ ח כ ל ם ד ל ע ל מ
ב ו י ח ת ח י ב ו ר י ר י ב ת ה א
ו ע ל ה א כ ת ו ש ב ח מ ו ו ר ו ת
ל ד ה ב ו ג ת ב ה כ י ש ו ס ב א ס
ו ת ו מ ש א י י מ א ת ל ת פ ו ר י
נ ו ר ר ס ו ד ה ן פ ו ו ד ג י י ן
◌ י ש ו ת ו נ פ ה ל ש י ה ת ל ת ת
ת ת כ ח ו ש ל י ש י י ם מ צ כ ף מ
ו ר מ י ו ש ת ל ו מ ו ה ו מ ל פ ו
י צ נ כ ל פ ג ק ה ד ל י ת ח כ י ו
ע ע נ ה ע נ ה נ ס ע ת י ד ו ר ו א
ש מ ה ל ל ב ו מ ש ט י י ב ר ה ◌ ל
צ ל ו ע מ ל ר י ה ב נ א י ן ל ם ו
י ו י ב מ ר ו ה ת י ר ל ו פ ת ל ל

יתושי
חמאת
להפנות
שלישיים
ולשמר
עט
סוכר
תחושה
חכמה
ארית
ועדת
כלכלי
חיבור
וסבא
לתפור
למעצר
תלוי
מבול
תירס
בתגובה

Puzzle 889

ע ם ו ת י ו א י ת מ מ מ ל ן ו ו מ

צ נ ל ש ב ב ג א ת א ו ר ה מ ל ע ח

ם י ע א ח י מ ו ל ן ו ו ש ם נ י צ

י א כ י ן ב ר פ פ ת א ו מ י פ פ ו

ל כ ו ח ו ד מ מ ש ב ו י י ק צ פ ר

י ת ר מ מ י ת ר נ ו מ ן ו ו ש ח ח

י ד ל ג ר פ ב ח מ ב ד ח ב ל ב ד ש

ר פ ו א ה ה ג ם ח פ ו ת ת ב ב י י

ת ע י ב ב ח ם ה ו ח י ק י פ ו נ ל

ח ט ח י י ת י ט ב מ ק ד י ו ו ד ח

ו כ ש ב נ ל ו א ש ו ת ף ד מ ר ה ב

ג ר מ ר ג ר א ב א ה ש נ י ת י ל ו

ק ו ל ם מ ו ס י ח ר ו ל י ו ט ע ה

נ א י ה ס ד ד ס ו מ ס ן ו מ מ ל ו

י ם ה ת ר א ה א ל כ נ ן ת צ ר ו א

בלבד
רחב
אור
אביב
גם
חשמלי
מדויקת
מבט
מוסד
רפואה
מעניין
בסדר
קול
שותף
בובת
עצם
בלוקים
מגניבה
התראה
פתאומי

Puzzle 890

א ב ר ס ל ה ת נ ו ע ע ל צ ר ר ד מ

ד א ט ח ר ב ל ל נ ש י א י י מ ו ו

י ח א מ פ ס מ ה ב צ צ ו ל ק צ ר ב

ל פ ת ב ט פ מ א ו ה מ ח ם ל ב מ א

ת ש י י כ י ם ר ט ה מ ב ח ח ל א י

ז י פ ן ל ד ר מ ש ב ש מ מ י י כ ג

י א ר ו ס ה י ה ל פ י ק ם א ן ת ·

ו ב ח ל ד ו פ ח י ב נ א א ע מ נ ד

מ י ר ב פ ק מ י ב ר מ ל ל ד ח י א

י י י ל ה ת ף ש ו ד ר מ כ ז ה מ י

י ה ו כ א ת מ צ ו ע ה ד ש ת י ש נ

ד ו ו מ י ן ן נ ר ף נ י ו מ ת י מ

ד ל ר ד ג י ל מ א ה ש ד ג י ב צ ש

ו ד מ ת ר י ג מ ב נ מ ת מ ש י א ט

ד ד ר ו פ ד ו ו ס ו פ ו ח א ה ב ח

משנה
ליצור
נשיא
בלון
כלב
אמרו
מוצלח
חלק
העוצמת
סלרי
משטח
המראה
מדידת
שייכים
משב
מגירת
להתנועע
מציע
הכספי
שיחה

Puzzle 891

ו א ת כ י ס פ ל ה ר א ר ו ו ח י א

א ח ח ז ח ו ל ה ח א ה ח ט ה א נ ו

ב ת י ו מ ר ס י ג נ צ ו ו פ ד ר ת

ט פ ל פ ס ע ט ה ת א ו ל ו ו נ ח ת

נ כ ש ח י ל י ה מ ג ו ד ר ב נ ב ת

א ם מ ו נ ב ק ד מ ע מ ה כ י מ ק ר

ת י נ נ י ה ת ר ס ק ו ת ת ר ב ח מ

א ו י ד ב י ר ד ל נ ר ת ר מ ב י ו

ו נ ד ש י ד ק ה ל ת ר ל ע ן ל ל ן

ג ו פ ו ג ע ן ו ר ת ת פ מ א ח פ ו

ן ק ל ת ש ע ס ה ג נ נ ו ת ם ו ח ב

ר א ל ל י ה ק ע ן א ה מ י ל ו צ ש

ו ג י ה ל פ ו ש מ ו י ש ם י מ כ ח

ו ת ש א ר ק ג ר ע ס א ו מ ב פ ד א

ו ד נ פ ס י ה ם ד נ ב ב נ ל א ד מ

חפוז
התרסקות
פיזי
במצב
מחברת
חום
חולה
מערת
שוב
סיכת
אשתו
שליחת
חכמים
חשבון
אח
להקדיש
החג
חבק
פלסטיק
כתר

Puzzle 892

ו כ ק ע נ מ י ל ת א י כ ס פ ת ב כ

ט ס ק ט ב ץ ו ר י מ ב פ י נ ו ק ן

ר ל מ ת ה כ ה ס ח מ ל ו ד ו ף ו מ

· ל ה ס י ח ט ת ו י צ ו ג ו ם מ ד

ו כ ג ן ח ח י כ ה ס ו כ ב ח י ל מ

י ב י א ב צ ר ר ל ד נ נ ק ש י ח י

ח ו ר ש ה ף ו כ י ד ר ס ר א א י ו

ל ג ש א ר ש י ו צ י ו י ר ן ה נ מ

א ל ג י ב ו מ ם א ע ו י ה ת ש ל א

ח א ו מ ר ת נ י ד מ ב ת ח י ו מ כ

ן נ ו ן ו נ ו ת א פ ל ש ק ל ן ק י

ל ו מ ח ו מ י ש ך ר מ ה מ כ מ ר ן

ג ו י ה נ ז ל י ר ה נ ע פ ש י ו ב

ב ו ק ו ק ה נ נ ל ו י ל ו ן ד מ מ

ת ת ו צ ט ת ה ה ג נ ו ע ה ה י י ן

בשורה
במדינת
אומרת
במירוץ
ספת
שינה
כרכום
צלב
הזמנת
תוף
פינוק
בטקסט
אש
נשיקה
יכול
כנסיית
להסיח
צבאי
אצילה
בגדי

Puzzle 893

ל ל ן מ ב י א ד ס נ ח ל מ א ק ע ר
ר ה א ו ר א ש א ח ל ק פ ג א ה ר ע
ו ר ח ם י ע ב ש ו מ ה ר ב ד א פ נ
ל ה ב י ן ר ר ת ו י ב ו ת ו ה ד מ
ל ב מ ר ח ת י ל ג ע מ ש ל ש מ ל י
מ י מ ח ד ר ב צ ו ש ז ו ג צ ע ק ה
ע כ ת א ד א כ ג י ת ד ל ח ר ח ר ל
ב ר ע ל מ ו י ו מ כ ו מ ו ג מ ב א
א ח ל י ה פ מ ו י ב ס ב פ מ א ט ו
ן ת מ י ל מ ב ת ו ג נ נ ש ו ש כ ת
ר ן ת י ר מ ה ס ו ף ם ו ל מ ר ה פ
מ ר נ ל ל ו מ פ נ מ מ פ א א ד ב נ
ר מ ר ש ר נ א ח י ה כ ב נ פ ו מ ש
ו כ מ ח ר י ד ב צ פ ו ר ל כ ל ג פ
ב ר א ב ד ו י א ם ל ◌ ל ו ת ל ע ר

המושבעים
לפרוש
להימנע
רכיבה
מגבת
מפוארת
גלובוס
לרחרח
מעגלית
למשל
חרב
לשמר
להבין
צעקה
לאחרים
רעל
ערפד
דתי
ביותר
תשע

Puzzle 894

י ה מ ק נ ל ל ד ל ח ל כ ה מ ם ה ד
ת ב א כ פ ו ו ה כ ל כ ו ר י ף ש א
ה י צ נ ח ל ך ד א ה ו ב ל ע ו פ ב
ר ת י ח ל ע ק ר ק ה נ ת ו ל ג א י
ט ה מ ל מ ט ה ת ת מ נ ת ר ח ו א מ
ד מ ו ו כ י ה ו ת כ י ה ב ג מ ר ח
ד נ ט ר ר ה ש ת י ח ת נ ע ל ו ן מ
ר ט א ל ה ב ו ר ת ו ת א מ ב ע צ מ
מ ס ו נ י י ק ו א ל ס מ ה ה א ו ח
ש ן ח א ר נ מ י ד ם ל י ר ק מ ו ר
מ מ צ ן ב א ן י ט ס מ ץ ת ר י ק ח
ז א ם ו ב פ ס י ו ו ק ח א מ א ג י
ת ע ג י ש ש ה ל ת ח ה צ י ט ו כ מ
מ י ל ו ם ע ו ח ר ר צ ת א י ב י ו
ו ת ל ו ב ב ם ד נ ח ד פ ג ד ו ר י

הקרקע
גוף
מעבר
חוסם
תושב
מאוחרת
סט
למטה
אטומי
אוקיינוס
מכחול
הביתה
אמיץ
בפועל
אהוב
לפני
לכוננית
סולו
חקירת
מכרה

Puzzle 895

מ ת ה ו ו מ א י ס ע ף ר ג מ כ מ מ

מ ח ד ה נ ד ד כ ר ל י ב ה ב ל ז ו

ו ו ד ו ח י ה י ו ם י נ י ח ל ו ו

נ ב מ ט ד ת ו פ י י ע ת א ר ר פ ם

ר ה ה ל ם י ש ח י ח מ ם י ח ק ל נ

ל מ ה ו ו ו י פ ת כ מ מ א מ ב ל מ

מ ט ו י ן ת מ ו ו ו ו ב ו פ א ג ק

ן מ א ם י ע ב ר א נ ק נ פ ל מ ב ל

ה ת ת ס ל ר ה ו א י ת ל מ צ פ ו ◌ֹ

ם ◌ָ כ כ ל ו ס ס י ו ו י א ת מ י י

ט ח ק י ז ח נ פ י א ק ר צ ו ד ט ו

ס ש מ ר א פ ו ו מ ס כ ר ה א ף ח ר

ר כ ן א ר ר ח ר ה א י ר ו ר ח נ ו

ל נ ו ח פ ו צ פ י ס ו מ ש ה ו י ג

ו ן י פ ן י י צ פ ש י ר ר ל ו א ש

זוהר
ציין
אבק
אמן
היום
נלקחים
בגלל
מפלצת
להראות
פרופסור
נוכחים
מבחר
מזל
יניח
עייפות
ארבעים
מדף
הוטל
מאבק
גרף

Puzzle 896

מ מ ע ל י י ה כ ת י י י ו ד י מ א

ת צ ו ד ר ג נ ו ר צ י נ י ג ע מ ה

י ט ר ו נ ח ד ה ת ו ם א ל כ ו א א

ף ע ל ת ב ק ר ח ה ת ל מ י ל י ת ת

מ ר ל ו פ ד ש ן ו מ א נ ע ו ג ו א

נ ב י נ ף נ ן א ו י מ ת פ ר ב ח ש

י ר ן ש ת ה ע ו ל ם ד מ מ ס ק ו ל

ם ש ס ר ח ע ח ר ש ח נ ש ת ת א ק ק

ב ע ם פ ע י ג ו ש ב י ת ו ע ל ל ת

ס י ת ו ב מ ה א ל י ם ח נ ב כ ח ו

ב י מ פ מ פ ע ב ו ר מ נ מ ב ב ע ת

ו י ם ב ת כ מ נ ל ת ת נ א ו י ח מ

ל י י י ה ה ב ל מ י י ד ל ת ש ג מ

ה א ו ת א י ע ו ר ל ל ף א מ א ו

ס ר ב מ א ה פ ו י י ב ש ד ת ר ו ק

אתגר
דרג
רציני
כלא
לכביש
שלווה
מרובע
העולם
מצטער
פרשנות
אותם
נדרש
הגנת
לן
עלייה
מפעילי
בקר
לקוחות
מי
אמון

Puzzle 897

ב	ה	נ	י	ו	ל	י	מ	צ	ו	ף	ג	ו	ה	מ	ו	מ
ף	מ	מ	ד	ג	ת	ו	מ	ד	י	א	מ	ר	א	ק	ל	ש
צ	ד	ת	ן	ו	ש	א	ר	ה	ט	מ	נ	ה	ה	ש	י	ת
ל	ח	ר	ב	ו	כ	ו	ר	ם	מ	ר	פ	ח	ו	ר	ל	ע
ס	ו	ר	ן	מ	ן	פ	ש	מ	י	נ	א	ח	ע	ב	ם	ו
פ	ת	י	י	ם	ו	כ	ס	ה	נ	ה	ם	י	ב	ח	ר	ב
ו	ט	י	ו	ש	ק	י	ו	מ	י	מ	ה	ת	ר	ס	ב	ה
ר	מ	ם	מ	ד	מ	פ	ס	י	ע	כ	ה	ה	ר	ד	ו	ז
מ	ו	ז	ד	ו	ב	ב	ר	ע	ל	י	ת	ו	ש	י	ב	ר
ב	פ	ע	ב	ן	נ	י	א	י	ם	ס	ב	א	ת	ר	צ	י
פ	ל	ו	מ	י	ת	פ	ר	י	י	ה	נ	מ	ם	ה	ו	ו
ב	פ	א	ר	ח	ל	ט	ב	ר	צ	ג	ר	ה	ם	ב	ו	ת
י	מ	ד	נ	ו	פ	מ	ק	ח	נ	ט	א	ט	א	ז	ר	מ
ת	כ	ב	ו	ס	מ	ע	ף	ב	י	ח	ט	א	מ	ע	ת	צ
ת	א	מ	ק	י	מ	ה	מ	מ	ד	ל	ח	ד	ע	י	נ	ו

זהב
סדירה
ויטמיני
לספור
עזבה
הכעיס
שדון
מאמן
תרבות
צוף
הראשון
מסובכת
ברחבי
מילוי
קריסת
ארנבת
הסכום
לערבב
יתושי
מבחר

Puzzle 898

ב	ח	ר	פ	ת	נ	מ	ב	ב	ו	י	ה	ר	ו	ת	ק	י
ד	ת	צ	ל	ב	א	ם	ד	ל	ב	ד	י	ו	י	ד	י	ס
ו	ה	כ	ו	ס	ו	י	כ	ם	ח	י	פ	נ	ת	ד	נ	ו
ב	א	ר	ו	פ	ל	ש	ר	פ	ה	נ	ו	ז	ל	ל	מ	ד
י	ו	ל	י	ר	ל	ת	ר	ו	צ	ב	פ	ק	ה	ך	ו	י
ה	ח	ב	ם	פ	פ	ר	ל	ה	ן	כ	ו	ו	ש	ל	ן	ו
ו	ו	נ	י	צ	י	ל	ב	ר	י	א	ט	ו	מ	י	כ	ת
ת	ו	·	ר	ד	נ	ר	ו	י	מ	ס	ם	ח	ל	ק	י	ב
ח	ך	י	ר	א	ה	ל	צ	ד	א	כ	מ	ז	ה	ד	ת	י
ת	ר	י	ס	ה	י	ו	ב	ן	ה	נ	ו	ק	י	ש	נ	ט
ו	ד	ו	י	י	ר	ג	ק	ט	ם	ת	נ	י	ז	כ	ח	ח
ן	ע	ו	ד	י	ם	א	מ	ג	ת	ב	ג	ם	ת	ר	ר	ת
ל	י	נ	ה	ת	י	ד	ס	ר	ה	ט	ו	א	מ	ב	ת	א
ו	נ	ו	נ	ם	מ	ד	ו	ס	ן	מ	י	ו	ת	ו	ח	ב
ר	א	י	מ	י	ע	י	ב	ב	פ	ם	י	ו	ת	נ	י	נ

השמלה
תחתון
להאריך
יסודיות
ידוע
בספר
ייצור
בצורת
סכנת
חדה
קינמון
האמין
הנוזל
רצפת
חזקים
נשי
חטיבת
היפופוטם
בריא
צלב

Puzzle 899

י ו ו מ כ ל ת ל ה ע פ י ל ת י כ מ
ת ק ה ב ל ה ת ף י נ ס ק ש נ ס ר ז
ד ו ו ב ו ב ו ק ר ר נ כ ל ד ו ו ט
ל ל ו ב פ א ב ח א ו ע ע ת ו א ד ש
ט ו א ר כ ן ד צ ת א י ה ש ש מ ע ר
ב פ ה פ ט ע ם ו ל ה ג א ה ו ש ו ו
כ ו ל ה ע ל י ב כ ל א ב ל מ י א מ
ו י ג ו ז נ י ש ל ד ט י ן ק י ב ש
ת ת א ר מ ב מ ת כ ס ן כ י ב ש מ ה
ש ה ת ח ו נ י נ ל ר מ ח ד ל א ד ל
ן ש ת ן [illegible] ב נ ה ר ה ה ת י ע ו ע ש
ו ר י ע י י פ ו ו ו ו י י צ א ב מ
ח ע ס י ו מ ו ל ן ד מ ה ש מ ל ד ב
ד ל ל ו א ת י ם י א ו ר י ו כ ד ב
כ ו ת ש י כ ט ל ח ה ב נ נ ו ו ד ד

פנימיים
כמה
להעפיל
סניף
גאה
מקבל
לתל
כלכלת
חמניות
שעועית
טעם
שלד
אריה
בבוקר
רואים
להעליב
לקנות
להשתלשל
בהחלט
אור

Puzzle 900

ב צ ב נ ג ע פ ר י י ם ס ה ה ב ד ן
מ ס ל כ י ע א א ת ט ג ו א א ב ק ו
א ף י ה ו מ ף ן י ל ב ל ה ב י א ו
ה ם א ת פ ה ם ע ס ב ע ו ג ר ר ל ן
ו מ א ל ח פ ל ו נ ה ל א ו ר ו ב י
ב ד ת ו ת ב א ן מ כ ל ה כ י ר י נ
ד י ן ה כ [illegible] ת ע ה ש ח ס ו ב ל י ם
ד א ר ק ם ת ת ל ס ש י ו א ש ל ד ה
מ ו א נ י ח ר פ מ פ ו ר ש י ם ד ב
י י ש ג ת ן י ג נ ב ב י ע פ ב י ד
ח י ק ו ח ר ה ה א מ ח פ ת ו ר ו ד
ו ת ק ר ה ד ד ל כ י מ י ת ע מ י ט
ל ד ן ו ל י מ ו ט ן ש ר ר ח ש ל ו
א י ש נ ר ל ו ד ת כ ט מ נ ה ן ר י
ח ד ו ש ף ו ו ג נ י א י י י ל י ו

דהירת
להחתים
גדולה
בעל
שן
הביא
פרחי
ולשחרר
חמאה
הוריקן
להכיר
דקות
בבירור
מפורשים
הקנגורו
סובלים
בשיפוע
נשיא
סולו
מפעילי

Puzzle 901

ה צ ה ר י ס י ב ב מ ע ר נ ו ת ן נ
ה ל פ ו ט י ש ש ל נ פ ו ל א ג ר ד
ל ה ו ח ר ר ב פ ב ש ס מ מ ש ל א ש
ס ב נ י פ י ע ע פ ח ו ן ף ן י נ ת
י י ת מ נ מ ה ת ה י ט ר ק ו מ ד ה
ב ע ן ד ד נ י ר ו ת ן נ ש ק ב מ ן
ן ה ג ו פ ה ר מ ר ח כ ח מ צ ח ר ס
ק ה ה י מ ע ה ה נ מ ח ו ח י ק ף ר
ד ו ו י פ ר מ א ב ש ק ל ו ר מ ל מ
י י ר ל מ ג א ת י ל ו ש ל פ י א כ
ע פ פ י ת ם ם ש ת ד א ד ג ז ל י ו
ר ל נ ל ל ד ת י ה ב ע ו ב י מ ו כ
י ד ש ב ן פ מ פ ו ו א ד ל ו ו ה ח
מ ו ק נ י ב ת ר ר ס ם ו י ע ב י ר
ו ק ו ו ע מ ע ל י מ א ת ע א י ז ה

מפרש
שבעה
לשמחתי
בשפע
תנופה
לנפול
צהרי
בעובי
תנין
הדמוקרטי
רוח
ממשל
לשדוד
להביע
שמח
נוסחה
בלב
פרטי
אמן
דרג

Puzzle 902

סכין
חופשי
צינור
נואש
אוגר
חוזר
צדדים
אבן
טבע
אישית
דחליל
מול
מדברים
חצאית
רגל
זמינה
סיכוי
תלוי
אצילה
בפועל

ש נ ש ר נ ד צ נ ו א ש ר מ ם ד ו י
ע צ ר פ ה ה ד ב ו צ נ ש ד פ פ ג י
ע ה א ח ם ק ד ך מ י ח ו ב כ ג א ה
כ מ נ פ ח ז י ר ג ל מ ל ר ע כ י ע
א י ע א ו ש ם ח ד ה ו מ י ב ל פ ל
ו י ב ן פ ל ו י י ב ו מ ם ר ז ו ח
ת ן ט ח ש ד פ צ מ ה ו פ ו י ד ו ב
ל א א צ י ד ח ל י ל ו א ת י ש י א
ו ל ו א ס ר ס ו מ ח י ר ב ה ל פ ס
י ר ג י כ י י מ ר י י פ ם ו פ פ ה
מ א ר ת י מ כ צ ן ת ו ו ו ז ד כ פ
ת ט ר ר ן י ו י ן ע י י פ מ פ ה ע
ל פ ט א ו מ י נ ל כ ב א מ י ה ו ב
ד פ צ ו נ מ ו ו ח פ ה מ צ נ ש ח ו
פ ו ן ב ת פ פ ר ר ח ס ק ב ה ע ה א

Puzzle 903

ח	פ	מ	נ	י	מ	ר	ו	ה	צ	ר	י	מ	ס	ז	נ	ב
נ	ו	ת	ק	צ	ה	ק	ת	·	ד	פ	ז	א	א	ל	ר	ן
ו	ו	ב	ו	ן	צ	ס	ר	ל	י	ט	א	ע	ד	ת	צ	ס
ת	מ	מ	ש	כ	ר	מ	ה	ו	ל	ר	נ	ח	כ	ם	ת	ך
מ	ד	ו	ה	מ	ת	ס	י	א	ד	ה	ר	ה	ל	י	ג	ל
ד	ב	ל	י	ר	א	ל	נ	ב	ג	ב	א	י	ו	נ	ו	ה
ר	ח	ע	י	ש	ו	ק	ה	ב	ב	י	ב	ק	א	ט	·	מ
ר	ו	ב	מ	ת	פ	ב	א	י	ב	א	י	ו	ט	ר	פ	ב
ו	י	ר	ד	ג	ל	י	נ	י	ב	ד	ו	ע	ש	ס	ב	ט
ו	ל	ו	מ	ת	א	ל	מ	ן	ע	י	י	ב	צ	ה	ל	י
ח	ת	ע	ד	ו	ה	ב	ת	ו	ש	ש	ו	א	ת	ה	ח	ב
ו	ת	ה	א	א	ב	ח	א	ד	ח	ד	פ	י	ס	ס	ם	ר
י	ל	י	ח	מ	ל	מ	ש	מ	ה	ח	מ	ש	י	ג	ר	ג
ו	ד	מ	ו	צ	י	ם	י	ל	ו	ח	ה	ם	כ	ת	מ	מ
ל	ע	ר	ב	ע	ן	א	כ	ח	כ	י	ש	ל	ו	ד	ג	ה

גדר
סרטנים
התאוששות
מהלך
נהג
העורב
עצמאות
בצלחת
הגדול
שאת
יחסים
לגיל
החולים
בהודעת
שיא
גרבי
לערב
בפרט
רווח
חכם

Puzzle 904

ל	פ	ך	כ	ה	ק	י	ו	ל	ד	ה	ת	ד	ן	ב	ה	מ
פ	ם	ו	א	ו	מ	ב	ר	ן	ו	י	ו	ל	ה	ג	י	ש
ש	א	ב	ש	ג	ת	ל	א	ן	ו	ב	ש	ח	ז	ל	פ	ש
ט	מ	ע	ג	ע	מ	ף	ח	י	ל	נ	ב	ס	ת	מ	ר	ם
נ	ת	י	ו	א	ב	ה	י	ח	ד	א	י	ו	מ	ר	ג	ק
ל	ט	ס	פ	נ	ה	ג	ו	ט	צ	ו	נ	ו	ח	ח	ו	ח
ג	ד	פ	י	מ	ל	מ	ב	ה	ו	ו	ש	ה	ד	ד	א	ו
ס	י	ט	ר	כ	ם	ל	י	ל	ח	כ	ס	צ	י	ן	ג	פ
מ	ח	ה	ב	נ	ל	ם	ר	ו	ג	ב	נ	ב	ס	מ	ה	◌
א	ו	ר	ע	ר	ו	י	ן	ך	ה	ל	ך	י	ח	ן	פ	מ
ו	פ	ה	מ	נ	ם	מ	ר	ו	ב	ע	ו	ר	ב	ד	ע	ד
ר	ת	ם	ו	ת	מ	ד	ק	י	מ	י	פ	ס	ן	ו	ב	צ
ת	ר	י	ס	י	ו	ל	מ	ן	י	ו	י	ל	ל	ק	צ	צ
מ	י	י		א	ל	א	ש	ו	נ	ס	ע	ם	ו	י	א	א
כ	י	ם	ס	ד	ר	י	ה	ל	מ	ב	מ	ו	מ	ר	א	מ

חיובי
חמת
שווה
אצבע
מילת
גאוגרפיה
מעולם
לפשט
עורב
כרטיס
בסיס
גורם
דג
להגיש
נושא
ריקוד
תפוחי
תושב
מעבר
מרובע

Puzzle 905

צ ב ש ב ו ע ל ו ה י ב פ מ ה ת ל ל
א ק ה ע א ר ג ם ק ו מ כ ע א י פ ב
ו ה פ ו ע נ י ה נ ק ב נ כ ו ת נ ח
כ א ן ד ה מ ד ו י ת ח ב נ ו ש א פ
ר ש ב ר כ ת ו ו ו ו ש מ ג ר י ב
ו ר א ד צ פ ר ט ל י ל ג כ מ ו ס י
ס י ל ל י פ ל ז ר ב י ד ה ב ה ש י
ב ת ו ב י ג ע י ת ר ת ו ר ש פ א ה
ו ם מ ק א ה ז כ ת ו ת מ ב ע ן י ל
ט ו נ ה ו ר ב ם ק נ ד ו ח ו ת ר ע
ת ל ר נ ש ג ת ת פ א ה ר ו ת ו ן י
ו ש צ י ו מ ה ב כ ח ו ש א י נ מ נ
ל ו ס מ ש ד א ל י ד ו ו מ נ ר י ג
מ מ ל ט ד ן י ב מ ו ה ל ך ה י ו ב
ת ד ל ח פ ר ו ט ר ו ת י ו ר י ח ·

במכחול
פנאי
ושלום
אשר
בנושא
כאן
עניה
פרט
מודגש
יעלה
תצלום
חברה
לגידור
ברכת
נייר
ברזל
האפשרות
בשבוע
על
מגירת

Puzzle 906

ו נ ה ע ג ט ו נ ח א ו ן י ח ר ה ב
א א ו ת פ ל ו ל ב ט ג ו ש ד פ ת פ
ש ו ל ת ו נ ו ו ל ן ב מ ו ס מ י מ
ג ל י ס ו ת א מ ר ח כ ש ר ו ן ק י
י צ פ ל ע ב ש נ נ ל ב ס ר מ ו ש א
ר ט כ ב ר י ד ר ג ס א ת י ת צ ע מ
ל נ ה צ ו כ ד ש י ת ת ב ב ש ר י ב
ש ו ל ב י י ק א ר י י נ ס ר מ ח ר
פ ר ג ע י מ ע ע ת ם ב כ ה י ו ר א
ו א ל י מ ג י ה ל ל ט ח ל ר ד כ כ
ך י ג נ ב ת ד מ ם ע מ ד ד י ש ה ב
ה ר ר י ה ז ל ב ל ת ו ל צ נ ת ה ב
י מ נ צ ר ה ב ע ו ה א ט ה נ ר ה א
ו ד א ר י ג ע ב מ ל ע י מ ל ש י ל
ג ע ש י ו ו ו ו מ מ ל ל ע ק א ג ה

הכרחי
נכחד
כשרון
בחור
להסביר
התנצלות
גלגל
מדע
שקית
להכפיל
נוראי
בצבעי
להתעלם
תזה
מרצון
בתמורת
לטפס
לשפוך
מוסד
רציני

Puzzle 907

ק ע ר ע נ ר ר א פ ו ה י ר א ת י נ
ג ו ו ג ל ק מ ן ג ב ב ש פ ר ג ו ע
ח ל ת י מ צ ו א ו ו ת מ א ג ל ח ת
ל ל כ ד כ ו ח ת ו ם פ ז ן י פ ש ב
ג א י נ ד ק ס ד מ ד ה ל ר צ ה ד ו
י ו א ד ה י א פ נ ר ד מ ב ט פ ג ו
ר ר נ ר ו ו ט א ה כ ג ו נ ל ת י א
י ב ס ח פ ו ת ר א ו ה ב ו ע ע ב נ
ת ר ח ב ד י ו ק ש ר ע א ש ת ה ו פ
ג ב ו ל י ה צ ב י ו ע מ מ ו נ א ו
ו ו ח ח ו נ ר כ מ ד ד ט ל ס ו ו ה
ע ר א י י כ ל ת ו ה ד מ ד ח פ ת ג
ן א נ ו כ ו ג פ ש ק י ר ק י א י ת
מ ח א ש ר נ ו ם ב ו ח ד ו ח כ ל ה
ת ר ש י ק ה ל ט ם ו ת ק ו ע צ ל ו

עוגת
שימוש
קיווי
אינדקס
הנכונה
גירית
ולצעוק
אפונה
ברבור
לדכא
גבול
בדיוק
סנאי
נברן
רצה
הפתעה
לרצות
אזהרה
מבט
רחב

Puzzle 908

י ר ן ע ב ו ו מ נ ו ע ר ם ק א ה נ
א ו ח צ י מ ת א ו ג ד נ ת ו ו ה צ
ש ל מ י ו צ ו ה ב מ ד ם ו נ ל ע ב
ס ה מ ל ת ו ש נ א ו מ ל ל ה י י מ
ק ל מ ר ר ק י ש ע א מ ב ר ו ק פ נ
נ י מ מ ר ו פ א מ ג ה ח י ג ה ע ו
ד ב נ ן ת ת ח ה נ ת י י ש ו מ י ש
ב ע י ב ח ע ו ל נ ש ש י א נ ו כ מ
ו א ח ה ט ר ד ה ס ב א מ ר ו ל ב י
מ ב י ע ב י ת ח ל ש מ ג ה ם ם ו ת
ו א ם ו א ו ש ב ס ח ר א ז י ו י ו
ה י י ס ו ל כ ו א ף א ב ל צ נ כ ת
ו א ש ח ב ע נ ה מ ו ש ג ה ה ט י ח
י ט כ ו י ו מ ה ס ו ע מ נ ו ד ו ה
א ס ם ו ה פ ת י ן ה ר ת ה ל מ כ ו

מניחים
היבוא
אבטחת
וחצי
מכונאי
תות
שימושי
אולי
חיטה
קונה
אוכלוסייה
הגשומה
אומללה
משלחת
פועל
עגבניות
מדד
קרן
ביותר
גרף

Puzzle 909

ל ת י ר צ א ו צ מ ל כ י ו ר ד א ל

ק פ ו ל ת י ע ב ט מ ג ח ע ו צ ט מ

י ו ח ה ג י מ א ע ו ל ו מ ח ן ו י

י ת ק פ ר ת ב ט ו ל א מ ה ה ן ד ת

ם צ ל מ ה ש ח ו ר ע ה ת ה ל נ ר ו

ש ו א ד ע מ ר ב י י י מ ש מ ם ע פ

ת ו ף ד ת ס ל י א ו ס ד פ ג מ ל ל

ע א ת א א ו ח ת נ א ב א ו ו ד ה מ

ה ו ת ר ט ד ר פ ת ו ב ע צ פ י פ ד

ה ה י ק ש ר ה ל צ ב ה ו ד ב מ ן ב

כ ו כ מ ד מ א ר ם ע ו מ נ י א פ ר

ל ב ר ד ה ט ו א י א ב ד ו ת ו מ ת

י מ פ ת ר י ז צ ר ק י ע כ ר נ א ח

ב מ נ צ ח ו ן א ט י י ס ש י ר ש ו

ר פ ה ח כ ח ו ד מ נ י ר כ י מ ס ק

למצוא
האוזן
קשר
התה
אדמת
מדבר
נצחון
טייס
צוואר
צלחת
הבצל
דרמטי
מטרים
השחור
אירוע
פעם
טבעי
לקיים
לקח
כמעט

Puzzle 910

כביסה
טוב
בקלות
נחל
אם
ענקית
רך
גברת
המשמש
הבמה
נשא
במהלך
המדמיעה
עצמך
שמנה
ליישם
עטלף
הסטנדרטי
לקרוא
אוזן

ת ו ל ק ב ג נ ש א ו ל ת מ ס י ק פ

ו פ ח פ ו י ר ב ו י ט ר ד נ ט ס ה

ח ס נ ו ט ב ג מ ז ב ו ה ל ש ג כ ו

ו ת י ל נ ב ג ה ן ו י ר כ ב י ס ה

ה ר ת ה ר ה א ל ש ן ו ד נ ע צ מ ך

ר ח ת ת ר מ ל ך ת י ו ח ע נ ד ו ר

מ ד ו מ י י ק י ך ד ה מ ש מ ש ח ל

א י ד ב ק ק ר ו ט ו א ב י ר י י ה

ו ע י מ י ר ו ת י ה י ע נ ק י ת ב

ן ◌ ן ב ח ה א ס ת ב ה ן י ש ן פ ת

ב ע מ ו י א ט מ נ מ ר א ם ף ל ט ע

י ה ש ל נ ן פ ה נ מ ש נ ק ש ן מ א

ה ו ח י ה ק ב ו ז מ ו ם ף נ מ נ ם

ר י ת ע ר מ פ ה ו ע י ח ו ק נ ף י

ע ל י ש י מ ש מ ן ד ה מ ב ה א ו

Puzzle 911

מ פ ג א ב ח ק ק ע י ח ח ר ה ה ב ל
ל ו ד י ל ב ל י ן ע ב ת פ ש ד ח ו
ו י ב ל ס ב ח פ ש מ ש ר מ ת י י ש
ו ח ע מ מ ס י ו י ה ט י מ ע ו נ ן
י ם ק ח ו ו ע ד א ר ל ק ת ב ק ו ה
י ת ב ם ע ג ח י ת ו ק ח ו ש ג ך ו
ת ת מ ע י ל מ מ ד פ ל א א י ל ש י
ן ת ה ו ל י י ד ח א ה ה ד ח נ ר ו
ה ת ו צ ת י ס ג י י כ א מ ת ע ר ר
ה ר ב ו ש מ ח א פ ת פ ף ר י ר מ מ
ת י ל א ו ט ר י ו ו ת פ ת ו כ י מ
ת ב י כ ר ב ה פ מ י ה ו מ ס ו פ ס
ה ו ח ו א ח ן ת י ג ו פ ס י פ ל י
מ י ה ה י פ ו פ ו ט מ י ם כ ס ה ה
פ א צ ו ע ן מ ו ד א ר מ ב ן ו ת ו

קלט
ההסכם
חינוך
רכיבת
ספוג
במחבת
הפרט
ההיפופוטמים
מס
שמש
יער
מעונן
עומס
בשיחת
לווייתן
הרופא
וירטואלית
כיסוי
קיפוד
חקירת

Puzzle 912

כפול
שיר
חמה
מיומנות
בנו
רכב
במהירות
אחרון
מעדיף
עד
מטוס
מגוון
ביחס
מהססים
מבחינת
משטרת
בחצר
להחזיק
במצב
שלווה

ף י ד ע מ י א כ ע ר צ ח ב ו ו מ ל
כ ו ם ר ה ח א ד צ י ת ב צ ו פ א ח
ו ק ת ד כ ר ב ן ו ו ג מ מ ו נ ח ר
י ק נ ק י ה ל י ס ד מ ת ב נ ד ג ל
א ם י ס ס ה מ ה י נ ל ו מ ל י ט נ
ב ת ח ל י מ ח ד י ו א ס פ ח ת א מ
ח פ ב ד ח ח ר ש ב ק ח א ה פ י כ ת
ה ו מ ר י ש מ ר א י ר י א ח י ה ר
ש ת ל מ ש ט ו מ ב ז ו ה י נ ב ש כ
א ר ד כ ו נ ו ש נ ח ן ר ו ו ק ה נ
ב ג נ ס ב ר מ ה ת ה ה נ י נ מ ו י
ת ל ת ו ר י ה מ ב ל א ש נ ה מ ו ת
ת כ ו ו מ צ ד נ מ ת ו י כ פ ו ל כ
א מ ג נ נ ר מ י ו מ נ ו ת ר ט ש מ
ו י ב ו א ד ו ע ר ל ב כ ר א מ י ס

Puzzle 913

נ כ פ ה מ ח נ ו ת ה ח ה מ ה צ ע נ

נ ה ס ם י ר ו ח ש י א ה ד ו ש ש ל

א ד י ל פ ת מ ד ה ח ב ו ת ו ד י ן

ל מ ק ד ל ר ל נ מ ב ך י נ ן ת ד ת

· ח ת ו פ מ כ ל ו ז ש ח מ צ א י ע

נ ה מ ס ל ו י א ס י ל ת ב ש י ב כ

ו ו ת ח ה א ל ו ר ר ג י ל מ פ י מ

ע נ ק י פ ה ו ו י ה ה ה ה ל ו ה ה

ו ז ל י ס ד ר א ר ו א ו ל ו ת ת ד

ו ו ח ת י ב ק ב ן ל מ י מ ה ח א ו

ר ו ה ה ק מ ר ה ף ו ר ש ל ר ן ר י

ת ו ב א ז צ נ ר ח ש ו פ י ח כ מ ב

מ נ ג ו ו ח כ א א ה ן י ש ג א ב ה

ד ד ן ו י ל ו ש ט ג ר ט ר ס א ת ו

י מ ה ל ו מ ד ה ש ש ה פ ב פ ט ו כ

- מרפסת
- אכן
- הראש
- שחורים
- מזון
- לשרוף
- החלקת
- התייחס
- פותחן
- בזירה
- להפסיק
- צביה
- חיפוש
- מוסרי
- טיפשי
- ענקי
- פסיקת
- כביש
- רגיל
- אומרת

Puzzle 914

ו ס ר ה ה ק פ ך ו ו ך ן ס מ ה ה ק

ר ם י ב י צ ע ו ו ה ל י כ ה מ ף ל

ו ב מ כ ר פ ע י ב ל ה ע ס י ק פ ת

ה מ ע א נ ה א ר ו ת ש ד מ ר ו י פ

ת י ו ב מ פ ר ה ם פ פ ת ר ו ן מ י

ר ר א ק ן נ ו ך א ו ב מ ו ת ה פ ך

מ ו ל ה ד ן ח נ ע ח ב י ר ש ו פ ב

י ד ה ף ו ש ח ל ה ע ו א ו ת ס י ע

ת ז ע י ר ה מ י ו ב ד מ כ י ו י ב

ו ו ס פ ש ר ח ר י צ פ ו י ב מ ה ר

י פ א ק ל ו מ ב ה א ב ו ת מ ת ב ב

י י מ ש י צ י י מ י נ פ ה ק ר נ ת

נ מ א מ א ה ם מ ב ו ת ו א ר י ש ג

ן ר י מ י נ ב ו מ ת ו ת ט י ת ן

ח פ נ מ א א ו ו ב ג ש א מ ע ת כ ב

- תפוח
- לחשוף
- פנימי
- הלך
- כיתה
- צפוי
- פסיון
- זעירה
- הליכה
- חמים
- רוצה
- לשרוד
- פתרון
- כאב
- להעסיק
- משקפי
- תרמית
- בעבר
- המקל
- מהירות

Puzzle 915

ש	י	ר	ו	י	ל	נ	ב	ב	נ	ט	ו	ד	י	ח	י	מ
נ	ה	צ	ב	ס	ר	ו	מ	מ	ש	ה	ה	ו	ת	פ	י	ה
ק	ת	ו	ה	ר	י	ל	י	ת	ו	י	ש	ג	ר	ה	ז	כ
ר	ע	ן	ו	ו	ו	י	מ	ו	ש	כ	כ	צ	ב	ו	ה	ה
א	י	ו	ת	כ	י	ק	ג	ח	ה	ק	מ	ן	נ	ד	ש	ח
ת	ה	נ	ו	כ	ח	י	ו	פ	י	ת	ו	ע	ב	ע	א	ן
ט	י	י	נ	ה	ו	מ	ה	ל	י	א	מ	פ	ה	ת	י	ב
פ	צ	ה	ה	ג	ב	א	ת	ב	י	ג	ד	ת	י	ד	פ	ח
ל	ו	נ	א	ח	ו	י	ת	ח	י	ז	ר	ק	ה	ו	ה	י
ו	א	ת	ס	ח	ל	ו	ל	ת	ו	י	כ	ן	י	י	ת	ר
ו	ה	מ	א	ב	ק	ר	ה	י	ב	צ	מ	ב	י	ש	ח	ת
נ	י	ת	ו	ר	ל	ו	ח	כ	ו	ו	ן	ד	ר	י	ר	א
פ	ח	כ	ח	כ	כ	ר	ב	ר	ר	ו	ב	ת	נ	י	א	ו
נ	ה	ו	ת	ו	ו	ו	מ	ד	ח	ה	פ	ם	א	ו	מ	ק
ו	ו	ל	ר	ו	ם	ת	י	ו	ת	ח	פ	י	ב	ד	מ	ז

שנקראת
הודעת
צב
מתנה
נטו
הנוכחי
מארחת
מתוח
כזה
רגשיות
ברוקולי
שקופיות
יצווה
השאיפה
יצוא
רצון
בחירת
החג
לרחרח
מאבק

Puzzle 916

ה	א	י	ש	י	ט	ה	ר	י	כ	ב	ו	כ	ב	ב	ר	ח
י	ת	ו	ם	ר	ח	פ	י	ר	ש	ב	ף	ל	ש	ד	מ	ס
ר	י	פ	ס	ו	י	י	ס	פ	ר	ט	ו	ף	ר	ר	כ	י
ב	ת	נ	ש	ק	ר	י	א	ה	ד	ן	ע	ו	ט	ו	ל	ו
י	ב	ת	ש	ט	י	י	נ	ר	ת	ו	ז	ט	ע	ם	ל	י
מ	י	פ	מ	י	ו	ז	א	ז	ח	ל	ג	ש	ז	ע	י	ד
ב	ב	כ	ו	פ	ב	ת	ב	ח	ל	מ	י	ל	א	ה	ת	ו
א	ס	א	י	ח	א	פ	א	ו	ל	ב	כ	א	נ	פ	ל	י
ב	א	ר	ף	ן	ב	ו	ל	ל	ן	נ	ר	ר	ש	ל	ת	מ
ר	ה	א	פ	כ	פ	ו	ז	צ	ב	ו	מ	י	פ	ב	י	א
ט	י	ו	מ	ר	י	מ	ר	ת	נ	י	ך	ר	ש	ת	מ	ל
ת	ל	י	ג	ם	ס	ב	ו	ש	נ	ת	ם	ק	ב	ת	ל	ה
ס	ת	נ	כ	ל	ע	ת	ח	ע	י	ד	ו	ב	פ	נ	י	ב
ק	ד	י	מ	ה	כ	ר	ה	ב	י	ו	כ	ת	ס	מ	ר	ת
ל	ט	י	ג	ו	מ	ו	א	ה	ש	ו	ו	כ	ו	א	ל	מ

התפשטות
גזע
לזרוח
בכירה
כללית
בדרום
בבטן
קריאה
וידוי
ספר
במלון
פרסת
מה
סביבתית
טוען
יפה
חולצת
שיטה
לשטוף
קדימה

Puzzle 917

ק	ו	מ	ק	ן	י	מ	ו	א	ת	פ	ו	ת	י	פ	ה	י
ת	ס	י	י	ה	נ	ד	ל	ח	א	ה	ת	פ	פ	מ	ד	ו
י	ב	ח	ו	ל	ס	ח	י	ו	ג	פ	ר	פ	נ	א	מ	ר
ו	כ	ן	ם	מ	ה	ל	ף	ל	ק	י	ת	ע	ו	פ	ב	ו
ב	ר	ת	ב	ו	כ	י	ר	ר	י	ה	ז	ר	ת	ר	ם	פ
ל	ל	ו	א	פ	ל	ת	א	צ	ת	ל	ו	ג	ו	פ	מ	מ
נ	ש	פ	מ	ו	נ	ה	פ	ו	ר	ע	ו	נ	ש	ק		ע
י	ו	ר	א	נ	ו	ח	ו	מ	נ	ש	ב	ר	ל	ת	י	כ
נ	ב	ז	ם	ל	ו	ה	א	ו	מ	נ	ם	ו	ח	נ	נ	ב
ר	ו	ג	ק	ה	י	ל	ת	ב	נ	י	ה	ל	כ	ק	א	ח
י	ק	ח	ו	ו	ט	י	ו	א	ד	מ	ת	א	ג	ו	ד	כ
ך	ע	א	ו	ו	ב	ה	ן	ס	ם	ו	ר	י	ל	ח	ק	ס
ם	ת	א	ת	ת	ל	ק	י	ם	ר	ה	י	ל	צ	פ	ח	ע
כ	ל	ל	ה	פ	א	ב	נ	ע	מ	ע	ר	ב	כ	מ	ב	ף
י	כ	י	ן	פ	ד	מ	ב	מ	ל	ת	מ	ן	ו	ה	כ	ר

טווח
נוח
מוצר
זהיר
עונש
באסם
נרתיק
קיום
עתיק
ילידי
עלה
בקהילה
ביקורת
שבר
נוחות
אפוא
כן
קהילת
פתאומי
שוב

Puzzle 918

שועל
מנורת
להתרחש
הכאב
בעוד
בלוטי
התחרות
מלאך
החלקיקים
בפריחת
עסקה
אביר
מערבי
סיבה
מוכר
בעמדת
לדין
סירת
חמנייה
חשבון

ל	ל	ד	נ	ר	ן	ה	ו	מ	י	י	ף	ד	ת	ח	ח	ת
ו	ה	י	י	נ	מ	ח	ל	ה	י	ב	ו	ס	מ	מ	פ	ו
פ	ב	ת	ב	ת	ה	י	י	ל	א	ע	ר	ו	ל	ג	א	ל
י	י	ר	ר	ת	ו	ע	ת	ם	י	א	ה	ו	י	ל	ד	ו
ו	ס	ו	ע	ח	מ	ב	ר	י	ב	א	כ	ק	ק	ט	ה	מ
פ	ב	נ	מ	י	ש	ע	ס	ק	ה	פ	א	י	ה	כ	א	ב
ע	נ	מ	ל	ר	כ	ו	מ	י	ב	ת	ש	ט	ח	פ	ה	ל
ע	י	ו	נ	פ	נ	ת	א	ק	ו	ף	מ	ו	ת	ר	ע	ג
י	ף	ל	ע	ב	ל	י	ח	ל	פ	נ	ל	ל	ע	ו	ן	ל
ת	ה	ר	ו	ו	ב	ע	ז	ח	כ	נ	א	ב	ע	ל	ז	ל
ס	י	ר	ת	ד	מ	ע	ב	ה	ב	ה	ך	ו	ב	ע	מ	ן
ל	ד	י	ן	ם	א	ה	ת	ח	ר	ו	ת	ר	י	ל	א	ג
א	ה	ו	ח	ש	ב	ו	ן	ל	ת	י	נ	נ	י	פ	א	א
ם	צ	ב	ע	ב	ת	ע	ת	מ	ר	ם	א	מ	פ	ד	נ	ת
ק	ן	ק	ת	ב	ס	ר	מ	ד	ק	ת	נ	י	ב	נ	ס	א

Puzzle 919

ש ב ב ן פ ד י ן ל מ ד ן ן ב ו ה ל
י ה ו י ד ו ר ו נ ק ק א ם ג ד מ י
י ו ע ו ק ק ד מ ע א ב ג ה ו ס ר ו
י ו י צ ס ח ע ה ב ל ק א ה מ ל מ ו
נ נ ב ו א ס מ ש ז ע ר י פ ת ה א ר
ז ו ו ו ע ח ל ן כ ו ס ח ק ל ן ח א
י מ ר ת א ר א ת ס ע ן ע ר מ ו ח נ
ך ר י ה מ א ש ח מ ר ש ד א ו ה מ ג
י ו ר כ ר ב ר ו י ג נ ל ת א י ל ל
ח ל י ו מ ל ת ח ו ש ת ל ש נ ה ש י
ב ל א ק ע א ו ו ר י כ ז מ ס ל ת ת
ט ט ו נ ת ק ד י ו ש צ ה ו ב י ם מ
ו ם נ ר ל ל כ פ ר ס א ו ע ד י ת ו
ח ל ה ו כ י ח ת ל ל ת ת ת ח ו נ ל
ה ם י ו ו ם א ר ד ע ו ן ו ג נ ו נ

אנגלית
סקרן
להוכיח
להסוות
דין
לשנה
ורוד
סוכן
רעוע
צוות
מזכיר
לאקלים
עדר
מעדר
בטוחה
במקום
צהובים
חומר
תחושת
שנת

Puzzle 920

מאוד
לנקודה
חותם
מתמדת
ישנה
במשרד
הכבוד
אוטומטית
העגולה
ולא
פעולה
מינים
להתחיל
שלב
פי
תאו
הארקטי
קומפקטית
כמו
פרופסור

מ י ת ת ע נ צ ר ד ו א מ ק ה י ב ח
ל ד ו ו ש ו ח ף ם מ ל י ו ם ת ו ח
ל כ ו מ ל ב ג פ ל כ ו א מ פ י ס ה
ו נ מ ת מ ד ת ו נ ה מ א פ מ ט ח ה
ה מ א ב ר ו ה ד ו ק נ ל ק ו מ ח ג
י ב ל ש ו ב א י ם ה ע ת ט מ ו ב ה
מ ו מ ד ס כ ל י א ת ע ה י י ט ל ל
מ ב ב ס פ ה ו ה ח ס א ו ת א ו י ו
ם ו י י ו ל ו ר מ ר ו ל נ ע א ח ג
ר א ו ר ר ל ק ל ק מ ה א פ י ת ת ע
ם ס ל ל פ ו ם ט צ כ ח א ט נ נ ה ה
ר ה מ ן ו ר י ף י ל נ י א ו מ ל ח
נ ח ה א ל א נ א ד ל פ ו ת ג ב ר פ
ס ש ר פ א ו י י ת ה נ ש י ו ר ס ו
ו ר ה י ל נ מ ק ו ה י נ י ר ◌ ר ש

Puzzle 921

ר	ל	פ	ס	כ	ק	ד	ה	ג	מ	ו	ח	פ	מ	ב	ו	ו
ו	ג	ב	ה	י	צ	ו	ו	ת	ם	ר	ת	פ	כ	נ	צ	ל
ב	ר	מ	ה	ר	ס	ר	ד	נ	ו	ב	ן	מ	ה	ל	י	ו
ע	ר	ב	פ	ו	ל	י	ט	י	ק	ה	פ	ת	א	ו	ם	ח
ח	ט	י	ל	ט	ל	ק	ד	ב	ח	ל	נ	י	י	י	י	י
ח	פ	ה	מ	ש	י	ה	ו	ו	ק	ב	ו	צ	ת	מ	ל	מ
א	ו	צ	ר	א	מ	ד	ח	ן	ט	ק	ד	ר	מ	ה	י	ד
ם	ש	י	ו	ה	י	ת	כ	ו	פ	ה	ע	ב	ג	ק	ו	ו
ב	ח	א	מ	ע	ב	ו	ח	ל	ת	מ	ו	מ	פ	ר	ו	ת
ב	ס	מ	כ	ו	ת	פ	ל	ח	ח	י	ל	ד	ח	מ	ס	ן
ה	ח	ו	ע	ר	ו	צ	ו	ף	נ	ש	נ	ל	ז	ר	ו	ם
מ	כ	י	ב	י	ס	ל	מ	א	ס	מ	ב	י	א	ג	ף	י
ל	ת	ש	ר	ו	י	ו	ב	ב	כ	ו	ע	ס	י	ם	מ	מ
י	פ	י	ז	ו	ל	ד	ד	א	פ	נ	ג	א	ד	ת	פ	ח
מ	ה	כ	ק	י	ת	ג	ו	ד	כ	מ	ק	ק	י	א	כ	ר

לזרום
תכופה
אוצר
סמכות
חלון
ניתוח
כועסים
שופט
אבא
פוליטיקה
גבעה
פתאום
קטן
קבוצת
משימה
לצפות
גדול
בחירות
ילד
גלובוס

Puzzle 922

ידית
אמריקני
אגרסיבי
במזל
חוט
הגרוע
זהות
בעמוד
הפוך
פטריות
נולד
מומחה
ההיסטוריה
לנצח
משאב
להירגע
לדיבורים
שבור
מלוכה
שמונה

ו	א	ת	ר	מ	ע	ה	י	ם	פ	ת	ה	מ	ל	נ	א	א
ג	א	ר	ט	ו	ח	ת	ג	י	ה	י	ד	ל	ו	נ	י	ן
נ	ו	ה	ע	מ	מ	ן	ל	ר	ו	ב	ש	ו	ז	ו	צ	נ
מ	ח	פ	ע	ח	ע	ו	י	ו	ו	ו	י	כ	ע	ה	ח	ח
ש	ה	ב	ו	ה	ך	ה	ה	ב	צ	ע	ד	ה	ן	א	ו	י
א	פ	ט	ר	י	ו	ת	מ	י	נ	ק	י	ר	מ	א		ת
ב	ב	מ	ז	ל	פ	ש	מ	ד	ל	ם	ת	ב	ן	פ	ו	ד
ל	ת	י	י	ב	ה	ו	נ	ל	ש	פ	ל	ד	ב	ו	ל	כ
ס	ת	ו	י	מ	ש	ו	י	ת	מ	נ	צ	מ	ק	ר	ה	א
י	ר	י	ב	כ	י	ם	ת	ג	ו	ר	ר	ל	ן	ו	נ	י
ת	ס	א	י	ה	פ	נ	ח	י	נ	ל	פ	ב	ע	מ	ו	ד
ה	ה	י	ס	ט	ו	ר	י	ה	ה	ת	ל	ת	ט	ת	מ	פ
ו	ק	ד	ר	ד	ת	ט	ע	א	ח	ר	ו	ן	ג	ת	ד	ה
פ	א	י	ג	ב	י	ת	ו	מ	מ	א	ו	ן	מ	ר	מ	ר
נ	פ	ת	א	ש	ל	ה	י	ר	ג	ע	נ	נ	ב	ת	כ	מ

Puzzle 923

ב	י	ו	ש	מ	ע	ך	ל	ר	נ	ו	ו	ס	ה	ס	ם	ה
ש	ג	ת	ן	ו	ל	ת	ו	פ	א	ן	ל	ה	נ	י	ח	ש
י	ו	ה	א	ה	י	ך	ב	ת	ו	ו	ע	ד	פ	ש	ת	ק
ל	ש	ש	ע	ל	ז	י	ס	י	מ	ת	ו	ל	מ	י	ו	ו
ו	נ	כ	נ	ה	י	ן	ק	ו	י	ד	ה	ל	י	ח	ו	נ
ב	ב	ו	ה	ם	ה	צ	ה	נ	ת	י	מ	ו	מ	מ	ה	
ר	מ	ל	ח	ו	פ	ל	ר	ל	י	נ	ר	ח	א	ה	פ	ש
ן	י	ב	א	מ	ח	ז	ו	ר	ת	מ	ו	ו	ש	ל	מ	פ
ה	ל	ו	ב	מ	ו	מ	מ	י	מ	ז	ח	ד	ק	ן	ו	ו
ע	א	י	פ	מ	כ	ה	ה	י	ה	ה	ב	ד	ט	ב	א	ח
ת	ט	א	ק	ת	י	ס	ב	ן	ו	ס	ר	ת	ה	א	י	ב
י	ב	כ	כ	מ	ד	ב	א	ג	ו	ט	ן	כ	ס	ו	ק	ל
ק	ה	ם	ש	ל	ו	פ	ב	א	נ	ג	ח	ה	ת	י	ב	ה
ה	ק	א	ג	ז	ע	ל	ס	א	ם	י	ב	ה	ו	א	ח	ר
י	ו	ס	ט	ב	ה	ה	ז	ב	מ	ה	ש	ם	צ	מ	ה	ד

בחורי
החשמלי
בשילוב
בחופשה
חם
שקטה
העתיקה
עליזים
להתיר
אוהבים
מחזור
הנוקשה
להמחיש
מחודדת
להניח
העכבר
דיוקן
מבול
הזמנת
הביתה

Puzzle 924

א	ח	א	ו	א	ל	מ	י	מ	ר	ו	ר	ן	ו	מ	ד	ק
ה	ב	ח	מ	ע	ש	ש	י	נ	נ	ד	ל	מ	ו	ר	ה	ב
א	א	ר	ב	כ	י	ת	ה	ך	ע	ק	ד	ר	ו	כ	ז	ל
ד	ס	א	ע	כ	ו	ת	נ	ת	ש	ו	א	א	ח	ג	ב	מ
ד	נ	י	ר	פ	ו	ף	ם	ה	י	נ	מ	ס	ף	ו	ת	י
ה	ד	ה	י	ר	ת	ע	ל	י	י	ה	ס	ם	ת	ח	פ	נ
ר	י	י	ת	ע	ר	ל	ו	ק	ת	כ	נ	נ	ך	א	ק	א
ע	ע	ע	פ	מ	א	ה	ן	ר	מ	ע	ק	ה	ם	נ	ו	ו
ו	ו	ס	ו	ב	א	צ	ל	ו	ל	מ	ר	י	י	י	ג	מ
מ	ם	א	ה	כ	ה	ל	ן	ט	א	א	י	ק	כ	ו	ח	ש
י	ו	מ	י	ם	י	ע	ו	צ	י	ב	י	צ	י	מ	ל	ו
י	י	ו	כ	צ	פ	ר	ד	ר	ס	ו	י	ן	י	ו	ב	ק
ט	ק	ר	ל	ה	מ	ש	א	י	ת	י	ע	ז	ש	נ	ל	ל
נ	ל	ה	ח	ה	ט	י	נ	ת	ע	פ	ש	ה	ת	א	ש	י
ת	ה	ג	ה	ו	צ	ח	ת	א	ו	נ	ל	ח	א	ח	א	ם

נקניקיות
קדמון
כותנת
שוקלים
ביצועים
השפעת
רעב
טורקיה
אחראי
אמורה
בכיתה
לה
קלה
לזכור
עשיית
משאית
משתתף
שייכים
עייפות
עלייה

Puzzle 925

ר ו ר ו ק ב נ ע ל נ א ע ו ר א ו ת

ו ח ן א ת ע ה ה מ ת ה ל ה י נ ש א

ע ד ה ן י ק ר פ ד ה ו ן נ ו ר נ נ

ה ל י ו ר ש א ו ת נ ר ד ת ב ו א ד

ה ד ר ק ו ן ן פ ר מ ש ל מ ת ב ן נ

כ ו ן ת ו ו ן צ ל א צ ח ע ו מ ת נ

י ן ח ח · א ד ו ת ת ג ש מ י צ י ב

ר ד פ ן פ מ ה י ו מ ח ג ר ב פ נ ע

ם ב ר י ת י ר ק י ע מ ו מ ב י ל מ

ו י י ו ח ו ת י נ ו ק ר נ ת ת מ ל

ח ו מ ו ד ו ו ג מ ל ו א ו מ ד ה י

י י י ל ב ם צ א ו ו ש ע ו נ ל ו ק

ל ח ד א ח ת ק ת ן ק א ו ◌ ד מ מ ם

ת ת ם מ ח א ח א ש ב ו פ ד ע י כ נ

י צ ט ץ י ת ד פ מ ב מ ר ו ק נ צ ו

צפופה
מניות
לאמץ
שווא
תואר
קמח
עיקרית
להינשא
הדרקון
להרשות
ירוק
גשמי
ואן
תינוק
מברשת
תג
קולנוע
נעל
קרפדה
לשמר

Puzzle 926

צעיר
בחינה
נוף
במדרגות
הנוכחיים
כמשי
המוכר
כאשר
כולל
נחמד
שעברו
פרה
מבנה
מרחב
דיבר
תמיכה
הפסקה
אביו
משב
רכיבה

ר צ ה א י ש מ כ נ ו ף ם מ ג ב פ ת

כ ע ו ב ג נ ו ח ח מ ב נ ה ק ס פ ה

י י מ י ט ר מ י ו ה ח ו כ י ה ר פ

ב ר ש ו ד ד ה ל ו ָ ר ר י ה נ ח ר

ה ו ב י ר ן ו ר ח ת מ ר מ ש י י ח

ו ו ב ן ם נ ב מ ד ר ג ו ת ח ח ו ן

ש ר ו ו נ א א א מ ו י צ ו מ ב ב ח

ל ב פ ג ס ו ת כ ו כ ח מ ו מ א י י

ל ע ן ג כ ח מ מ ו ה ו נ ח נ פ י מ

ל ש ו מ נ פ ו י ד ם י י ח כ ו נ ה

ו ג ר ת כ ן ל י ת י פ ש ל ל מ ו ד

מ ו פ א ר מ ת פ ק ב ל ו ל ל ח י ע

כ כ ש ר כ ת נ מ ל ◌ ו ר כ ו מ ה ן

ו ר ן ר ו ו ש כ ל ה ז מ נ כ ה ק ת

פ נ ק ן י י ב ג ו א כ ו ר ב נ י ד

Puzzle 927

י	ו	ש	י	ר	ה	מ	מ	ב	ו	ד	ד	ת	פ	ן	ו	ת
ע	ו	ר	ר	ה	נ	כ	ת	כ	כ	מ	ל	ו	כ	ל	ך	ר
ש	נ	י	ת	נ	ו	ר	ל	ר	ת	ר	ג	ו	ב	ו	א	ו
ו	ר	ו	ל	ת	ת	ה	ס	ל	ו	ד	ו	א	י	ב	א	פ
ב	ן	י	ש	ע	צ	ו	י	ו	ם	א	ק	ו	ק	פ	מ	ת
ו	ח	ן	ד	ת	נ	ו	ח	ר	ח	ש	נ	י	מ	מ	ן	ר
ש	ט	ר	ש	·	ו	ק	ד	י	י	מ	ט	ן	ם	מ	נ	ל
נ	ו	ב	נ	ו	ה	ת	נ	ה	ר	נ	ח	ל	א	ח	ר	מ
ו	ס	ן	ע	ב	ו	ה	נ	ר	ה	ב	ע	מ	י	ל	י	ח
י	ק	י	ר	ר	ב	ס	נ	ו	ח	י	צ	ו	נ	י	ה	ל
א	ב	א	כ	י	ר	י	ר	ג	כ	ו	ע	ה	י	י	מ	י
א	ג	י	ה	א	ע	מ	ו	ה	מ	נ	ב	נ	ד	ל	מ	ל
ה	ע	ו	מ	ו	ת	ה	י	ת	ש	ל	ו	ש	ה	ע	א	ך
ס	ב	ל	ע	ת	ס	ת	ג	מ	ק	ו	נ	י	ל	ש	מ	ח
ת	ר	ל	ם	י	ה	מ	ר	א	ה	ל	ו	ת	ר	ס	ת	ע

שנערכה
נעלי
שניתנו
תקווה
חוסר
דקים
מבודדת
מלוכלך
בריאותי
תרופת
מהיר
שלושה
לאחר
לילך
כתום
חיצוני
לרכב
בוגרת
המראה
מכרה

Puzzle 928

ילדות
דובדבן
להופיע
לחוף
ברווז
צרה
גבר
הסקי
אולם
שליט
זמין
הכילו
קיטור
כלוב
לחם
לחסום
פועלת
מולד
פלדת
מכחול

ב	ל	ן	מ	י	ן	ר	א	י	ת	ָ	מ	ש	ה	ב	י	ה
ק	פ	ל	ד	ת	ב	פ	ד	ג	ז	ח	ה	ר	ה	ר	ו	נ
י	כ	ב	ח	ע	ע	ו	ח	י	ל	י	מ	כ	ט	ד	ד	ד
ט	ק	ל	ה	ו	פ	י	ע	כ	ל	מ	ב	ן	י	מ	ז	ה
ו	א	ס	ט	ת	מ	י	א	ב	נ	ת	א	ב	ל	ל	א	ן
ר	ב	ג	ה	◌	א	ו	פ	ו	י	נ	י	ד	ש	ל	ו	כ
פ	כ	ח	נ	ל	ח	ם	ל	ו	א	מ	פ	ב	מ	ש	ה	ל
ל	ב	ו	מ	נ	ל	ח	ס	ו	ם	י	ז	ו	ו	ר	ב	ו
ח	ו	ת	ב	ב	ב	ל	ל	צ	ר	ה	י	ד	ע	י	ת	ב
ו	ג	ו	ת	צ	י	ן	מ	מ	כ	ח	ו	ל	ב	ל	ת	כ
ף	א	י	י	י	פ	ל	ק	ו	ף	ל	י	ל	א	ו	ת	ק
פ	א	ו	ל	ם	ה	ג	פ	א	נ	ו	מ	ו	ו	ה	ו	ו
ל	פ	ס	י	פ	!	ג	מ	ר	י	ר	א	ר	נ	ר	ד	א
ה	א	ר	ל	ת	ש	נ	ו	ו	ו	ח	ת	ו	מ	ו	ל	ד
ה	ע	נ	ב	ל	נ	ו	ל	ח	ב	ו	ה	ב	ו	ד	י	א

Puzzle 929

ג ח ת ו פ ש ל ו ד ן ן ן ו ם נ ב ו
מ פ ו ה מ צ ע ע ד מ ו י ט ק ב ב ה
א ו י כ ג נ ר י ת י ו ב ו ס ר י ת
ה ז א ו ה ט ר ו ג נ כ י ת ב א מ ה
ו ה ס ב ן מ ר מ י ו ת ל ם ר ש ו ש
ם מ ב ס פ ף כ ד ד ן ו ה מ ו ב ק ב
ס ג י ו ה ש ם י י ר ש פ א ם ו ר י
ן ב ר ל י מ ר ד ל ו כ י א ף מ מ ש
ד ס ד ע ם צ ע ה ל ח מ ה ב ו א נ כ
ם פ ו ד ל ה ו ו ן ת מ מ צ י מ ך ר
ר ו ו ב מ ר ר מ ת ו ר י ר י ן ס כ
ל [illegible] ס מ ר ד ד ר ן ו ס ר ו ו ו ה ן
י ו ן ו ב ו ב י י ש נ י ת ו ן ו מ
א י י ת ו כ ד מ ה צ ק צ ק פ מ ל מ
פ ת ר ר י צ ת נ ג ה צ ה ד ו ב ד ן

המחלה
שקוף
אף
דקת
בצרות
סבוכה
סוודר
ריצת
שפות
שאר
העדין
אפשריים
ביישנית
עצמה
מפורסם
תירס
חפוז
יכול
רעל
הגנת

Puzzle 930

ו י ל י ז ש ו א ת צ כ ש י ק ה ו ן
י ז ד ל ה ק ש י ב ל ח ט פ ב ו ל ו
ת כ ל ן ס ת י ר מ ה י ה י ן ק ר ר
ס ו ק ע ו ו ב ב ד א א נ ו נ ח ק מ
י ת י ם ר ג כ ג ה ד ה י י ע ו ץ פ
ע צ ו ר ו ם ע ד ר ל ו י ל פ ם מ ס
ו מ נ ת י נ ל כ י ה ח י ק ס ש ו א
ת ד פ ו ן ו י א ל ל י ש ק פ מ ך ר
ש ב ב נ ט ת ק י ן פ ת ל ד ו י ס ו
ח ל ר ו ו א כ ש מ ה מ ג א ח ט ב ב
ו פ ד ת ר ת א ו ל ע ש ר מ ש ס י כ
צ ו י י ק ר ש פ א מ ת ב ר ת פ ר ב
ה ש מ ע י נ ד ס ו ר ב ו ו פ ס ע ת
ע ב ו ה י ו ג י נ ט ל י ה ב ל ס ו
ה ל ב ר ד ג ו פ ת ה ל ל ו מ י ל נ

הבינה
מנת
משם
לדלקי
חלב
להקשיב
סקי
כלנית
טורקי
ייעוץ
קפה
עכביש
הליכת
תקין
מאפשר
גרב
גברי
העיתונות
זכות
חום

Puzzle 931

א ל ה ר ר ב ו פ ו י ו ר מ ב ה ז א
ח ג מ מ ל ם ה י ע ב ל ח א ח י ו ו
י נ נ ו נ א ת ב כ ר ו ס מ ל ס ו ב
ז ו ר ל ם ת ו י ת נ ש ה ס נ נ א ת
ת ב ת ע ו ד ה פ ר ו ל ו ו ש ד כ מ
ה א ו ר ת י ה ו ע י פ ב פ ה ו ו ש
י ו ל ל ד ב ה ת ס ת ו ל ל מ ו א ח
ר ת ק ר ז מ ב ש י י ף ש מ מ ל מ כ
נ ו א ב ל ג י ס ר פ פ ה מ ר ו ת פ
ר ה ם י פ ו נ ק צ י ה י א ס ו ד ר
ג מ ה כ ל מ ע ה ר ר ר ו ן ד ו נ י
ש כ י מ ו ק מ י ל ר פ ם ל ת ת ב ו
מ ח א ח א ל ת י ר ב ת ו פ ח ר ק נ
י ת נ ו ף ה ו ר ל נ ק ו ו ב ל נ נ
כ ק ו י ד ש י ז ד ח ן ל ה ג ו ל ת

פונקציה
חמוס
מזרקת
אווז
הרפתקן
נרגש
אננס
עניבה
אחיו
שפירית
סערת
הבדל
אחיזת
מקומי
לגנוב
עבודת
פרס
תעודה
השנתי
אומללות

Puzzle 932

י ו ד נ ג ר ס נ ו ב א ו א ב ל ר ל
מ י ד ש א ג ג ג כ ח ש ק ב ב נ מ ק
פ ה ב ש ל ש ע ב ר ת ב ן ר כ ו מ ת
ק צ א ש ג ק · י א מ א א ג ר ע ל מ
פ ל צ ט מ ר ו פ י ו ה ח י ש פ י ט
ע ל י ז ו ת מ ת ל מ נ מ ר צ א ת ד
ש כ ל ע ח ג פ ו ק ר צ א כ צ ת ב מ
ת י י ה ט מ ל נ ר ע נ ש ו נ ו ר ר
ה ס י כ ע ג ס ו י מ י י ש ר ה ו א
מ א ב מ א ם י ף מ ש ט מ ה י ל ע ד
נ ה פ ק ל ה ל ג ו א ש י ל ח נ ר ו
פ ב ד פ ש ו ד ר פ נ ה ם ו מ י ד ן
י י ד י ן י ו ט ע ג א י ר ג ו ט ק
ב ד י מ ר ג נ ס פ ל ה ה י ן ה ו ד
ב י ת ו ט ק ר נ י ד ו ז מ א ת ת ו

עורבת
הנפרד
טיפש
זהים
דבורה
למעט
לשעבר
רכוש
צעיף
רקטות
מאשימים
כיסא
אבד
אחריות
מחיר
אצילי
נמלת
עליז
תשע
למטה

Puzzle 933

פ ד ה א ב ל ָ ל ת י ט נ נ י מ ו ד
ר ל י א ו ו ת ו נ נ ר י א ר כ ו ה
ת ת ת מ ה פ ו כ ו ע ס ו פ ב ת ו כ
מ ר ד י ו ך ע מ כ ו ד מ ו ד נ י ש
ז פ ו ר ל ח ט ע ת מ ד פ י נ ו ק ר
י ד ה ה י ע ג מ ב ז מ כ ד מ ר ש ת
ל ו ב נ פ נ נ ר ו מ י ל ם י ש נ א
ו ב ת ו א י ע מ ו י י י ל ר ד פ ו
פ ה י פ ו מ ת א ד נ ל ו ק ש ל ש ה
י י ב ל ו מ א מ ע ה ו פ ח ת א ה ו
ר ת י ב ל א ר י ש ו ג ן ו ב ש ח מ
ם י ב ו ו ו · ת ל כ ס מ ו י ע מ ר
ן ב ק י י ו פ ה ו ה ו ר ג ט צ ש ע
ב ו ח א י נ ו ב ש ם ה א ב ָ ת ח ד
ח כ י י נ ל מ ש י ת מ ו ס ו ם ר ג

שמחה
מזמינה
אפילו
טעות
תנור
פדרלי
הכשרת
דברי
מחשבון
באתר
תכונת
לשקול
כועס
דומיננטית
זר
סגול
אנשים
לתפור
פינוק
דתי

Puzzle 934

ח ה ס ר ג ח כ ם ץ ן ש ש כ ת נ ו ז
ת ל ל פ נ י ן ל י ר ר ו ר ל ד ר נ
ו ה י ל ח ב ר ת פ מ ה ע ג ר ו כ נ
נ ר ג ר י ו מ ר ה ב ה א י ק נ י ו
ת ו ר ה ש ר ף י ל כ ו נ ל ח ו נ ת
ד ס ת ת ו ו ו מ א ן ש י ו ש ר מ ב
ע ש כ ף ת ת ש ה ל ע ו ש פ ל ו א ג
ס ו ת ר ח ו א מ ו ד ת ה נ מ א י ר
מ ן נ מ מ ך א ן ב ה ר ר ו כ כ ו א
ח ב ד ו ל ר ח י א ק ל ב ה ו ס י מ
ש ל ב ו ה ס י נ כ ר ד ח ב ב ו ן ה
י ר מ ש מ ח ד נ י ס ת י ד י א מ א
ד ו ב ק י מ ג ל ת ל צ ת ה י י א ה
מ כ ר ט י כ ב נ ה צ ד ן ש י ד ו א
ת ו א ן ת ת ה מ ו ה כ ע ד ר ו י ף

לשחק
להרוס
נחושת
אודישן
מסעדת
להשתתף
תרגיל
גרסה
כרגיל
שעון
בחדר
חתונת
שרפרף
להפיץ
כניסה
אהבה
חיבור
בגדי
לפני
מאוחרת

Puzzle 935

ל ה ה ר ז מ נ צ ה נ י ג ב ל ה ו ס

ו ת צ ו ר ך כ ל ה ם כ ע ת י א ה פ

ל ו פ נ י ל ל י ח ה ל א ר א ו ה ב

ה י ן ת ק מ א ר ו א ר מ ר א ה ב צ

מ צ ר מ ה ד נ ו מ ב ו פ ח ו י א ל

י ל ש ל פ ע ו ש ו י י י מ ו ח ה ה

א ע י ו ס ב ה י ק י מ ה ה ח צ ו י

נ ר ף ל א פ ש מ ד מ ב ל נ ב ו ח א

ח ת ו א ל י ע ר ם ת י ח י ו ז ר ב

ת ס ו ז ז ר ש י ע פ ו מ ד י ח ז ה

ו ה ן ו ד ת ת ח ל ו ש ו ר ן ָ א נ

צ א נ ר א ל ג ב ה ט ו ק ל י ת א ע

ע מ פ ט ן נ ו ד ב ג י י ו י פ א י

ע ט ב מ ב ר ו ך ג ה ת ש ה נ י ר ת

נ ן ו ם ו ב ק ו ט צ ל ש ו ב ר י ו

במבט
ילקוט
לאזור
לנבוח
צל
חווה
מלך
אזרח
להחיל
בניין
זריקה
בגינה
חזיר
לתאר
מישורי
צורך
מוקדם
בצל
פני
אוהב

Puzzle 936

י ת ו א צ ח ס ד ו ף ו ג ם ה ו ש י

ח א נ מ צ ו ו ה ד י ח י ט ל ס ו ב

ף נ ר ק ו ר ב מ ח ג ו ר ו א ה ע פ

פ ד ת ת כ ף ר כ ר כ ו פ ו י ל ל נ

ח ח ת ו ה ד ק ב ק א ש ס ו ן ת ס מ

ו ב ה ב מ ש ו ל ת ת ח מ ע ת א נ ה

ו ר ו ר ב ב מ ט י ר ו ד י ש ח ר

ע ה ס כ ם ו י ב י ן מ ר א ו ר ד ס

ז י נ ו ו ש נ מ מ י ע ו כ י ת י ו

ל ר ד ת מ י מ כ מ י ס ר ג ר ב ו

ו ל א א ו מ ש ת ו ט א ב פ מ ש פ מ

נ מ ת ת ו י נ מ ה ו ו ע מ ו ו ן ו

ע ר י ל י ו ת כ ת ב ו י ו י ה י ט

י ת ר י מ מ י ל ג ו ל י ם ט צ ש מ

א י ו מ ל ס ו מ ו ח ח ת ב א ת מ צ

בכמה
קרח
מספרי
ברכות
תלוש
הסכם
חומוס
בעיית
המניות
היו
שידור
קרנף
חורף
משימת
חגור
מיטת
עז
חבר
יחידה
סוכר

Puzzle 937

י מ מ ז פ צ ל י ל ת ח ב מ ל ר ח נ
נ ה פ ו ן ן ק ו צ ו ה ל ר נ כ ת ל
ו מ ת ג ש י ל ש י צ ו מ נ ד מ מ ם
י ח נ ל ס י ם ן ב א ז ל ת ו ת ח ת
ה נ ו ש ס נ ו ל מ ת י ח מ כ ב פ ה
מ נ ה ל י ס מ ת ו ן ח ל ו ג ב ו ע
א ם ג ה ה ד א ב י ד ל ו י ח ב מ ר
י ל ך ע ג ו ש י ו ו נ א ח ר ל ל י
ך ר ן ב ו ל ה ז כ י ר ל ס י ו ד ן
ל ו נ י ע ת ד א ם ע ש ו ו ת מ ש א
ל נ ק ר א א ש נ י ב ח כ מ ה ב פ י
כ ח ם ל נ ן פ ם מ צ ב ב פ ש ק ו א
ש ו ה ה ו ר ר פ כ ו ק ח ק ק ע ר ו
ר ת י נ ו ר ש ע ח ו י ר ו ב מ ו ר
ח ט ל צ ד נ ל ס פ מ ץ ם ה א ל מ ו

תוצאת
שלג
איך
צלילת
זוג
מתכוונים
ולהזכיר
וצבעי
בקשה
עשרונית
לנקר
למד
בשקר
אשמתו
להעביר
בקיץ
מעקב
שדה
חכמה
חכמים

Puzzle 938

כ ל נ ◌ִ י נ ו ת כ ו מ ב א ח ת י י
מ ו מ י פ ל ב מ ר ו נ כ ו ר ו ת ר
ד י ק ל ר א ב י ל ו ב מ י מ ל ר פ
י ש כ ן י ד ת ש ל כ נ ד ת ח ת ר א
ד ט נ ד ו ט ס ב י ב מ צ ◌ׁ ר ב ש מ
ת א ס כ ו ו נ ר ע ר י ה ו י ל ד ה
י ן ת ע ו ו י ר מ מ מ ה ש פ כ ע ח
ר א ר י ת נ י מ ת מ ב ע ס ק א ו מ
א ל פ ש ס ח ו ג נ ר ת ן ו י נ מ ב
ש ת ט ו כ ד ו ד ה ד ו ב ע ה ע ר י
ל כ ר ו ר ו ע ו ש ק ר ה ו ר י ם ר
נ ע מ ח י נ י ד י ב ב ו ב ר ש ע א
מ ס ר י י צ ל ת מ ת מ ת ת ו א ו א
נ ש ו ן י ת א ח ג ו ו מ נ ב ב ז ל
ר ן ת ב ב פ ע נ פ פ ל ח א פ ה ה ל

הבא
גמישה
הורים
משבר
תיקון
זועם
מעיל
העבודה
ממערב
לבנות
עור
אות
שארית
סטודנט
דודת
היקפי
לצייר
עסק
מדידת
יניח

Puzzle 939

פ ס פ ל נ ל כ ת ל ח ה א צ ר י כ ה
ש ה ד ח ב א ו נ ס ה מ ו ו ב ו ר א
ר ח מ ל ר ה י ר ד ר ת ם ר ל א ו ר
מ א ר ו ך א ל י ע י ב ר ה ת ה י מ
א מ נ ט ו ת ה א ב א ה ו ה ד ר ו ב
ו ב מ י ו ח ד י ל ת י ג ו ל ו י ב
מ ב ח ן מ י ק ה ס ת ת ו מ ד ק ת ה
ל פ א ו י פ ו י ר י ד ו ס ל א צ ד
ו ל נ ל ל א ו ק ק ם ו מ ח י נ ו נ
ו ג י י ו ו ב ד ו ה ם ט ג א א ו ש
ל ף פ ו א צ ה ק ו ח ר ל ס י י ע ס
נ ה ו ו י פ י ל ד י ט ד ת פ ד ו א
ד ו ע כ ו ר י ש ב א א י ר מ מ ב י
ז כ ר מ ב ע ל ה ת ב ו נ ן ש ג ק ו
ק א צ מ ב א ם ה ע כ ד ע מ ת ו ל פ

וילון
לטאת
הראתה
במראה
מבחן
במרכז
התקדמות
ספל
לקבוע
אלה
צריכה
ארוך
להתבונן
לחלוטין
הרביעי
ביולוגית
ובמיוחד
רחוקה
מילואי
לסייע

Puzzle 940

ו ד ג ◌ ר ן ב ו ט ת פ א ת ע מ ו ר
ג י ו ה ז ו ש פ ח ל ת ו ב פ ק ב ס
ח י ר ם ו ל ח ת ר ן ת ק ת כ י ה ה
ח כ ה מ מ כ נ ז א נ ת ד א י ב ל ם
ו י נ ו ף ה ת מ ת נ ק י ו ה ו ע כ
ו ו ל י ל נ ת י א מ ש ל ו ו נ ף ם
ה ש ת מ ו ל ד ל ה ו ת ן ל נ ו ו ט
ת ו א מ ח י ה ש ל ם י ק ה ל כ ש ב
ר ל ג ו ו ז ל ל ע פ ה י נ ר ב נ ה
י ל ה מ ו א ב ו ע ל מ ח ו י י י י
ה ו ו מ ה ד ש פ ל ד ו ב פ ת מ א ר
ך ו ל א ו נ ב י נ ו נ י מ ס י ג י
צ ו ח ק י ם · ט י א ה א ה ה ר ב ל
מ א ב ת ל ה י ש א ר ל ת כ ל ו ה ר
ו ב ש ח י ב ו מ י כ ב ה י ר ו א ת

חשב
להסתיר
לחפש
ינשוף
שני
לנווט
לבדוק
המונה
תאוריה
דואר
מוזר
טיפול
להקים
חלום
לזווג
בינוני
אומה
וכרוב
להישאר
צוחקים

Puzzle 941

ה ה ב ח ה ת צ א ר ק ו ב מ ן ש ה ת
ת ת כ ת ם ח נ מ י ד כ ח ת ח ל ק מ
ה ר ב ת ה ר ק מ ב ו ק מ ע ג ק ד כ
י ו ו נ ג ר מ י ב ב צ מ ח י ד ר י
נ ק ד י ש ה ם ע פ כ ר ת פ צ ל ו ת
ב ן ה ב ר ב נ פ י צ ה פ ע ה ע ו י
ס ג ר ר ו ס ה ע מ ד ר כ ג ל פ ח מ
י ת ש ד ת ר ש ו א מ ו ר ה ו נ מ ד
ס ת נ ע ו ז מ ו ו י ש ד י מ מ ח ב
י ו א ח ד צ א ו פ ו ב נ א כ י ת פ
ת י ף ו ק ו י ס א ק ו א פ ח כ ס ה
ם נ י כ מ ר פ ב י ר נ ן ש י ו ד א
מ מ ל מ י נ ו ר א ה א פ ת ל ו ר ב
ו ס כ ו א ר י ל ה ש ו ו ת ח ר כ ת
ו י מ ט ע ו ל פ כ ל פ י י פ ס כ ה

קוף
להציג
צמחי
מקלחת
מאושרת
כבוד
להשוות
אנרגיה
בכבוד
הסורר
יוקרה
התרוקן
פיצה
פסולת
בסיסית
בוקר
קצרה
כובע
הכספי
בשורה

Puzzle 942

ל י ח ס ר ת ו א ר ה ל ק ס ש ה ה ח
ב ס ד ב נ ר כ ב ס נ מ ת ן ר ש ע י
ת צ ל ת ה נ פ א א נ י מ ו ר מ ק מ
ו מ ד א ס כ ת א ו כ ו ח מ ו ו ה מ
ג ו ז ט ק י ו ע ת ק א מ א ע ט ר ב
ת ר ה מ מ י ר ו ת ח ל י ד ת ל ק פ
ו א ר י ס ב ה ט י מ ה י י ה ש י מ
י נ ל ט ק ש ר ר ת ה נ י ה י ו ם ה
נ ו י ו כ ע ד ו ת א ט ת א כ ס ת ש
ד ת מ א י ב ג ט ר ו ן ו ר נ י א א
מ י מ נ ן ב ז י א ד ו ו ש ו כ א ל
א ו ף ג ס י ת י ד ב ב ש ה י ת ר ר
ד ו א ן א ק ו פ ו י ת ר ה מ ח ו ק
ג ו ו ה ד ו ת ל ת ה י נ ר ב ד ר ה
י ת פ ן ו מ מ ד ו נ י ש ע ע ה ה ת

המיטה
קטלני
וכרובית
יבש
ממהר
סבתא
ההשראה
אחורה
כוח
כנרת
מנוע
לידת
גז
המחק
עשר
התעורר
סיכת
להראות
היום
אמון

Puzzle 943

כ י ת ן ש ח ד י י ו ל ו ל ח נ פ ר
ה ש א ת ל ה ח ר ד י ט ר ו ב ר ו ר
נ ת ר ר ן ק ק ו ת ד ן מ ב ץ מ ה ן
ב מ ו ק פ ע י ל ו ת ל פ ו ז מ ו פ
ו ם ש נ ע ש ת ה ע ו נ צ ל ש ם כ ק
ח ו נ ח ו ש ב ט צ ל ה ף ו צ ל מ ע
ן מ ל ה ב ע כ ל ב ע ח נ ק ל ב ת ת
ד ב נ ש ק ן ר ח ל פ כ מ ב ה ד א ע
מ ג מ ן ג ה ל ה ת ר צ ש ב ד ה ו א
נ פ א מ י ו ת ל מ ח מ ס ו ג ף ת ר
ה ע ח נ ◌ ה ח ב מ ח ו ד פ י ל ד ת
ב י י ס ב ס ר פ ה ו כ מ ק ש ל ו א
ב מ ם ה ה ק ה ב א ת ב י ש ח מ ו ו
ס ת ש פ ת נ ר נ כ ב ן ן א ד ד ח מ
ג ג ב ב ה נ ה ע מ ר ב ף י ס ו ה ל

הוא
לבצע
להדגיש
לצוף
מחדד
רכבת
מנסה
עלות
שנעשתה
פרץ
בשמחה
צנועה
בוחן
בקול
פעילות
להגן
עוף
החלטה
חשיבת
להוסיף

Puzzle 944

ן ו ב ן ר ק ע נ צ ו ה ה י ב ס ן ל
מ מ ע צ ר י ה ב ח מ ה נ ר ב י י ב
כ ו י ת י ר ח ס מ ל פ ן ה ב ו ש ת
ו ו מ ו ל ע ש ע ח ל ת ד ש ע י ש ב
ת ש פ ע ש ס ו ז י נ י נ י ד ה י ו
ם ל ו י כ ר ו ך ט ח ע מ ג ע י מ ס
ת כ ו ס ר ת פ ו ש כ ו ד נ ה ו ל נ
ב מ ח נ ה א פ מ י ק ש מ א ק ד ח ו
ו ז ע ת ד ש ר נ ג ס ע ם ל נ י י ר
פ ת ו ר ק ל ב י כ ר מ ד י פ פ ק ר
ה ב ע ל י ם כ א ס ש ו י ו ב א ו כ
ח י י ד נ ו מ ת ב מ נ ו ש ר י ת ד
ו ק ע פ ח ס ר ו ט ת א ה ד כ ת ד ו
ר ל י א ן ר ב ר ר ס ל נ ב מ ם ו כ
א י ס נ י פ כ ד ב ו ל מ ב ר ר ע א

פרסום
לחזות
מעצר
לקרות
גישה
במחנה
כואב
ידע
קו
יכרוך
נסיעות
מרכיב
הבעלים
נמוך
תשובה
בהיר
מסחרית
שטיח
ארוחה
הפתיעו

Puzzle 945

ו ל ג ו ך ל ב ל ה ה ל כ ע ך ר נ ו

ע ה י ל ה מ ר נ ע ג ע ס ו י ם ס מ

ל מ ק י ר מ ש ד ו י י ע מ ג ש מ א

א ק ו י ק ר י ם כ ע ל ג ב ר ו פ כ

ל ה ף י ת י ח י מ ה ה ה ל ע ג י ר

ש ש מ ן ו נ ר ש ל י ו מ ח ו ר י צ

א ה ע ו צ מ ת ל ק ב כ ן א ה ר ו נ

ם ח ה ז ו ד י ם מ ו מ ה ל ו ב ו מ

פ ה ו ח ב ן ב י ר ת ר ה ה ט ו ש פ

· ו ת ו ו ן י ר ק ד ו ח ל ל ח מ ש

י ה ע ר ב ר ט ו ת ד א ר ן ן י צ ק

א ו ר ש י מ ק ר כ ק ב נ א מ ח ת ב

ה מ ר ו ת מ א ב ה ר מ ט מ ר ו פ ב

ג ע ל ב ק א ה פ א ל ו ו ד ב י · א

מ ג ש ת ר ן ן ל ג ת ב ש ך ו ש נ ל

הגיעה
אקטיבית
חזון
פשוט
תרחיש
בירת
חלל
יקרים
לשים
כפור
ברורים
שמר
עובדת
קיר
למכור
בפורמט
דעה
לנשוך
קצין
העוצמת

Puzzle 946

י ב ו פ ד נ ד ש ה נ ם ו ד ט מ ס מ

מ נ צ ר ת ת ג ה נ ת מ ה מ מ ת ר י

מ י ל ח ד מ כ ת א ב ך פ ו ח ת נ ו

א ג ת ו ס נ ל א ח ו ר ה ב פ ד י נ

ו ו ס מ ג ד ו ר ר ט ב ר ר ר ף פ ר

ק ד ב י י כ ו ע ו ס ל א ד י ב ו י

י מ י ל מ ל א ר ו ו ד ב ב ו צ נ ו

י ח ק ל א י ה ת ה ג ר ן ג ח י נ ו

נ ב ו ע מ ת א א ו י ג ש א ו ח ו ק

ו ו ב צ ר ו ם ל ן י ו ג פ ר כ ג ה

ס ת י ח ו ד ש מ י ת מ ת ו מ י ל א

ת ע ק ו מ י ם ת ע מ י ה ע ו · ד ו

ב ה א ר מ ד נ נ ח פ ו פ ת ר צ ש ו

ו ד ח א ר י ש י ז ל כ ל ו פ ה ל כ

ד ל ק י ס ר ו ח ן פ ר ח ח י ש ו ה

חור
לברך
חקלאי
כלי
לא
בניגוד
חודש
ידידותי
אלימות
נתח
לנסות
מראה
סוגיית
אתה
טמפרטורה
גומי
עקומים
מתנהגת
מציע
אוקיינוס

Puzzle 947

ע צ ב מ ב ח א ט ר י י ל ם ן ל ל צ

מ י נ ל מ ו י ת ם ע א ה י פ ו ו ב

מ צ מ כ ג כ כ ל ד ה י ן ו ו י כ ב

ו ו מ ח ך פ ר ש י ו ד י י ן ל ד ד

י נ א ב י ת א י י א ע ר ה י י ו ק

צ פ ק ר כ ר ו ג מ ב ן ל ן ד ח ב ל

נ ש ד ת ץ ת ל מ ו ב י ח ו י ק ו ד

י ר ו ו ע ר ע ח נ א י י מ ו ו ד ו

ג כ מ ח ו פ צ מ י י מ ד ו ו ל ל ל

ו ו ו ל ן ש ב י ם ע ד י נ ה ר ש פ

ש ר י ג ד ה ן א י ע ל ב ח ד ח י ו

ע ו נ ט ק ה ב מ ל מ ד ו י ו ל מ ה

י ת ר ב ל ט ה י ה ו מ ר ת ב ו ם ן

ב ן ו א י ז ו מ ו ר ו י ת ע ס ר ר

ט א ו י ל ה י ה נ ו ת מ ג י ה נ מ

ליירט
חיים
מוזיאון
להיהנות
לחות
דמות
מנהיג
מחמיא
עבודה
איכר
דיבורי
חברת
ארץ
לשחות
עדינה
בכיוון
לעצבן
לדמיין
קטנוע
במבצע

Puzzle 948

נ ו ל ס מ ל י נ ר ס ו ם ו ש ה ס ב

ה פ ח מ ו ה ב ן כ י מ ה ר ת ב מ מ

צ א י ה ו ל כ י ם י ל ו מ ו מ מ י

ל ע ס ו ק ת ה י ה ס ס ן ר ת ב ע ר

ח ה ו ב ו ר א ב ל ל ו ו ש ב פ ב ו

ת מ ו א ח ו ט ש ש ת ב ח י ו ו מ ץ

י ח מ ח ש ש ח ה ל נ ו ט ע מ ו א ב

ה ד ג י ם ק מ ם ד י ט י ן ק ד ז ה

פ ו נ י ת ת ו ק ד ל ו ב א א ל ט מ

מ ם י ד ר ו י נ ה נ א ה א י ר ת ו

נ מ מ י כ מ ק ה מ ו ב כ מ ש מ ו ש

פ ש כ פ ד ס ל פ ד א ו ו ח ע ה צ כ

ע ק ל ו ו פ נ ל י ל ה פ פ ו ל ב ·

ו ה ו פ ה י ר ל ס ו ף ה ה ה מ ת ל

מ ר מ י ג י צ י נ ח ב ה ר ו ע א ה

מטל
שחוק
יורדים
הולכים
משקה
תקשורת
הצלחת
ההפוכה
רוב
נישואים
דגים
קנה
עסוק
דוור
מאז
אוטובוס
לשלהם
הביטחון
שטוח
במירוץ

Puzzle 949

ג י ד ו ו ת ן ש ב י מ ש י ה ע ט ב
ד ו ה ה ב ו מ ם י ף ב כ נ ב ע ק ו
י ת ו ש ר ס ה נ ח ת ב ו א ו ט נ ל
כ ת ו ר ו ו י ל נ ל ש ח ף ג ב י ו
כ ט ו נ ב ו ו מ ס א ת ק ו ת ב נ ן
ל א ו מ י נ ת צ ו ס ח ר פ ל ז א י
ו ל פ ע ד מ ה י ד פ י ס ח ש ח ה ר
י ה צ ת ש ו ו נ ס ה ת מ ל פ ב י ת
ת ז מ ת ו י ו פ כ ר ר ת ה ר ת ל ד
ש ל י ד ש ר ח נ ת א ל נ ח ד ב ה ו
מ ג ח ל י ל י ת ד ה ב ח ו ש ח א ע
י נ ת ה ק ו מ ח ר ו ל ל נ ל ו ד נ
ם ה ר ג י ש ו ש ס ח ו י ר ו ו ה ה
ו ו ת ו י ה ט ת ס ע מ ם ר ן מ ו ם
נ ע ד ל ע צ א י ב ם ו ע מ ת ב ן מ

בקטגוריה
סחר
נהמת
מתנחלים
לשפר
תגובה
מסרק
הנושא
לרתיחת
דיבור
הרגישו
שמים
לחפוף
גחלילית
היותו
לאומי
צמיחת
רשות
בתחנה
אטומי

Puzzle 950

ש ק ו ב ח נ ס ב נ א י ל י פ י ו ו
י א צ מ ת מ ע מ ן ע ש ל ה ל ם ד נ
ע ר ח ד ו ס ר מ ו ב נ ה א ו י ש ו
ל ל ת מ ע י ו ד ר ל ו ג ר ש ל ם ו
ס ב ת י ל ב ג פ כ ב נ ה נ ן א נ י
י ג ל ב ת ת י א י ל י י ו א ו ו י
מ ל מ א ו ו מ ג ז י ק ם י ד ש י ו
י כ ב א ע ק ב פ נ ו ם נ ע ל י פ כ
ר י ח ד ט ס י ד ש ת ל ז א ח ד ג פ
ב ב נ ע ה ר ך ן ו ד ר ד ר ד ס ו ה
ק ו א ר ל ת א ו צ י ה ש ע מ ל ש ב
ל צ ה ל נ ה י ו מ י ת ו ח ד ל ע צ
ו ע ק נ ג פ ע ו פ א ש י כ ח ס כ ש
ה ד ס ל כ ד ל ו ע ה ה מ ה ל נ א ם
ת ב נ ט ו ו ם ע ק ש פ ר ה ה מ ו ו

זיכרון
למעשה
מוכנה
נמר
הלם
פגוש
כלכליות
או
שואלים
סדר
מסיבת
ישנוני
להטעות
די
תועלת
מצא
עצוב
נראה
חבק
התרסקות

Puzzle 951

ד ר מ נ ת ר ס ו י י ד נ ד ע ל ל ש
ש ד י כ נ ה ע ג ס ר ט ב ע ת מ צ ו
י ב מ ה צ י פ ו ר ק ב ל ק ק ח ח א
ב ז ח ת ע פ ו ה י ם י ו ח ס ע ו ד
נ ן א ם ב ס ע י ר ת ף ב מ פ ר ק ד
א מ ת ל ר י ב ס ה ר ח מ ו ה ה ש מ
ל ל ו ת ז ו מ ו ח מ ר ו א ח ל ג נ
ר ו ב ו א פ ח נ ר י ר ל ה ל מ י ם
ו י ר כ ר ש א מ י מ ו ס י ק ל י ו
ץ ף ו ג ב ד ם מ ל כ ס ל ו מ ת א ר
ב ו ע ו מ ש ל ט א פ ו ק ז ח ה פ ל
ו ן מ ה צ ע ו ב פ ן ה ו ה ה ו נ י
ה מ מ י ב א ו נ ה ש ג מ ר א פ נ ח
י פ כ ן ו י פ י א ר מ ו י ו ל מ ם
ד ה מ ה מ ת ה ע ט ת י ת ו ד ש ש ר

מחק
ציפור
לתקוף
מחר
עוד
הרי
מעורבות
לרוץ
בימּמה
טבעת
לצחוק
הים
בגוף
לשמוע
אובייקט
אתמול
חזק
רפואית
הפסקת
בקר

Puzzle 952

ה ה י מ ק מ ה י מ ן י ו ל ג י ר מ
ן מ ק ן ל ר ב ח י ש ל י ח ה ן ח א
מ ם ו ל ש ר ד א ר א ד ם י א מ ו ע
ם י ש ו ן ל ו ל נ מ י ג י ו י ן
מ ר ב א ו ו ו ר ב ר ם ו ר פ ס מ א
ג ח ה ל מ ח ק צ ה ר ב ה ט ר ש ל ן
ח א נ ס ה ו י ל ע ה מ א מ ב פ נ י
ה ג ר ל ל א ם נ ך ט צ ב א י ח כ פ
ס נ כ י ה ל ת ב כ ר ו מ ם י ו י ל
ו ף ג ר נ י ע ה י ו ה ה ר א י ו
פ ן ש ו מ ה פ י מ י ר ן ע מ י ח ד
פ ת ו ו מ ס ס ו י ל מ ד ר ל ש ב ל
ו ם ו א י ה ו ק מ פ ר ו ד ד ב נ צ
ר ד ד ר ו פ ת א י ח ם ו ל ן י ו ה
פ א ח ב ג ב ר ר ו ם ו מ מ א ק ע מ

שליחה
שלום
אלפים
חיה
אחרים
רשלן
סימן
פחם
ילדים
הרבה
מורכבת
חמלה
חמורה
דולפין
קצה
בשוק
להיכנס
לבשל
רפואה
צבאי

Puzzle 953

י	ת	ו	ב	ר	ק	מ	ם	י	ד	ל	ט	ו	ה	צ	מ	פ
ת	ך	מ	י	ר	מ	צ	י	נ	ב	ה	ש	ע	ת	נ	נ	ב
ה	מ	ר	ח	ק	נ	ם	ב	ב	ב	ת	ר	א	ו	פ	מ	נ
ם	י	ל	י	ח	ת	מ	ך	ש	ש	י	י	ב	י	ב	ה	ל
ש	ה	ש	א	ע	ר	כ	ש	ט	נ	י	ב	צ	נ	א	א	נ
א	ב	י	ב	ו	ע	ו	ח	ת	ו	ח	ו	ש	ס	כ	ב	ם
ב	ב	ש	י	י	ם	ו	פ	ן	פ	ס	ל	ר	ו	ק	ד	פ
נ	ב	ב	ל	ח	ת	ע	ת	ב	ו	·	ת	פ	פ	פ	ר	ה
ן	ת	ר	ו	ו	ו	ו	ק	ד	י	ו	מ	ש	ל	ס	י	פ
פ	י	ר	ן	י	ו	נ	ה	ט	ר	ר	ף	ן	מ	נ	ן	ש
כ	ר	ו	ש	ד	ם	י	ד	י	ם	ה	י	ה	ת	י	ב	ה
פ	א	ע	נ	ר	ג	ת	ך	ע	ד	י	י	ן	י	י	ת	ד
ו	ת	ס	ר	ה	ש	ו	ע	ל	ו	ב	נ	ב	כ	מ	א	י
ש	ל	י	ח	ת	ו	נ	ח	כ	ש	כ	נ	ו	ר	ח	ו	י
ד	פ	ל	ה	ק	ל	ר	ה	ו	ב	מ	מ	י	ו	ש	ר	ת

מתחילים
יסעור
חנות
עוני
שרשרת
יד
המרחק
עדיין
חייהם
שלך
התיבה
יכולת
שצבא
השועל
להתייחס
ארית
אביב
שליחת
מפוארת
הוטל

Puzzle 954

כיוונים
פלפלו
פרק
קשוב
אפשרות
מכשפה
שוות
ממוצעת
מסולסלת
לספק
ניצוץ
מודה
לנהל
החריף
בקצב
ירצה
זאב
פגישת
התנהגות
דשא

ר	א	ת	ה	ה	ג	ו	ו	ב	ם	ה	ת	נ	ה	ג	ו	ת
א	י	י	י	ן	ח	ה	ו	א	ק	פ	ס	ל	ם	ל	ק	ש
ן	י	ן	י	ט	ג	ב	ו	י	ר	צ	י	י	נ	ר	ט	י
י	ו	ש	ל	י	ט	א	ה	ו	ר	מ	ב	ל	ו	מ	ע	ג
ק	ו	ל	ר	ש	א	י	ת	·	ו	י	ר	א	י	ו	ו	פ
פ	ל	ו	ת	י	ם	מ	ע	ח	ח	פ	ה	י	ו	כ	ד	כ
י	ל	ע	י	ם	פ	י	מ	מ	ל	ת	נ	א	צ	מ	כ	ר
ח	ה	פ	ש	כ	מ	ה	ד	ו	ט	א	פ	ם	ד	י	י	ה
פ	נ	ש	ל	נ	י	צ	ו	ץ	צ	ר	ש	י	מ	ע	ה	ם
ר	ל	ז	מ	ו	ע	ר	צ	פ	י	ע	ת	נ	ן	א	ח	א
ק	מ	ו	ד	ה	ר	י	ש	ה	כ	נ	ת	ו	ו	ש	ר	פ
ק	ש	ו	ב	מ	א	א	ב	א	ת	ו	נ	ו	ו	ד	י	ש
ד	פ	מ	ה	א	מ	ס	ו	ל	ס	ל	ת	י	י	נ	ף	ר
ג	ח	מ	ז	ו	ל	נ	ו	ת	ד	ג	ת	כ	י	ת	ס	ו
כ	ו	ס	ז	א	ב	ע	י	ב	ן	מ	ח	י	ת	ל	י	ת

Puzzle 955

מ	ל	ח	צ	ו	ד	ח	ר	י	נ	ב	ה	מ	ה	ר	ל	מ
מ	ה	י	נ	ת	ק	ם	ס	ל	י	ת	מ	ן	ה	מ	ד	ב
כ	א	פ	י	ר	נ	א	מ	ו	ר	ל	צ	ר	ש	ק	ת	ל
י	ו	ו	ג	ה	ע	ב	פ	א	ה	ב	ב	ב	ה	ג	ל	י
ש	ט	ש	נ	ו	ת	א	ר	י	ע	א	ף	ו	ר	ג	א	ו
ו	ו	י	ה	פ	ו	ל	ק	ל	ו	ר	י	ת	ת	מ	ב	מ
ף	ב	ת	ד	ח	א	ב	ב	א	ה	י	כ	ך	ן	ו	ז	מ
ר	ו	ד	ח	ת	ה	ת	ל	ר	ו	ה	ת	ט	ד	י	י	מ
י	ס	נ	ם	ו	י	א	ל	ח	ם	צ	ף	ד	ן	ש	ו	ה
פ	ג	ו	י	ל	ף	מ	א	ו	ו	ה	ש	ק	ו	ו	ל	ו
ה	ש	מ	מ	ה	ו	מ	ח	נ	ת	ל	ו	ו	נ	ר	ל	ו
ק	פ	י	ע	נ	ת	ת	נ	י	ט	ל	צ	מ	ג	י	ג	מ
ד	ה	ל	פ	ת	מ	ק	ת	ו	ו	ל	ו	ך	ס	ר	מ	ם
מ	א	ח	ל	ה	נ	י	נ	ר	י	ק	ם	ב	ב	ש	י	ף
נ	ד	ר	צ	ב	ן	ו	ח	ת	ש	ת	ו	ל	ב	צ	ה	ב

שלטונו
מוקד
לימונדת
בסגנון
ובודד
האוטובוס
לתקשר
לפעמים
להצהיר
חיפושית
מזין
ממתקי
כתף
מצב
איום
התנהלות
הפולקלור
עיר
אגרוף
כישוף

Puzzle 956

ע	י	ד	כ	א	ה	י	ו	ו	מ	ב	ו	ט	ל	ב	ר	ק
ת	י	ל	ר	נ	י	פ	ם	ן	ו	ו	ד	ל	מ	נ	ו	ע
ג	ע	ט	כ	נ	א	מ	ו	ו	ר	ח	ב	ל	ד	נ	ה	ש
א	ם	ו	ח	ס	ן	פ	ש	נ	ד	ר	ך	ר	מ	ת	ח	י
ד	ג	ר	·	נ	מ	צ	מ	ם	ח	ה	צ	ע	פ	מ	ו	ת
ו	מ	ק	ב	כ	ש	י	פ	מ	י	ש	ר	י	ר	ש	נ	ו
מ	ח	ב	ט	מ	פ	פ	ש	ו	ר	ו	ד	ל	ג	ו	ו	ל
ב	ל	נ	ה	ח	ק	ל	ד	ע	ו	ך	ל	כ	ת	ע	ן	ט
ל	ו	נ	פ	ו	י	פ	ז	פ	א	צ	י	ו	ו	ה	י	ה
מ	ל	ה	ת	פ	ר	ץ	ט	ם	ו	ל	נ	נ	ל	נ	י	ו
נ	פ	א	ב	ו	ש	י	ש	ח	ו	נ	י	ן	ד	י	צ	פ
ו	ס	י	ו	ח	ו	ף	ת	מ	נ	ל	ב	ס	נ	ה	ג	ח
ת	כ	ז	כ	מ	כ	ל	ר	ג	מ	צ	ו	מ	ן	י	ר	ע
כ	י	ה	ש	ו	ב	ך	י	ה	א	י	ח	י	ק	מ	ק	י
ע	ס	ש	נ	ן	א	ר	ד	ל	ך	ל	י	ל	א	ת	ע	ע

חוף
איזה
דרך
לחמנייה
עת
היה
בכושר
לב
מודאגת
רחוב
שש
בננת
ציד
לכונן
להתפרץ
מטבח
לבן
למנות
למנוע
ומבוטל

Puzzle 957

ט מ א י ר ג ו ל צ י ה ד ה מ א א ב

ל ב י ת ק ב ך ל ק א מ צ ד פ ס א א

פ ש ד ן א נ פ י ם ו ָ ד ס ו ר ד ח

ו ב ה מ י ר ש י פ ו ד מ ו ו א מ נ

ן ע ע א ו ר מ ח א ו ר ל ט ל ו ל ו

ב ה ח ש נ ו י ו ד א ה ח ש ו ש ת ח

ש י י ס צ ח מ י ו ח ד י ם י ר ש ע

ת פ י ח ן ס ו י מ ח ז ר א ש פ ו ן

ו ש ה י ו ת ג ה פ ס ג ה ה פ ב י ו

ק ה ל י ח י ו צ ב מ ם מ ה נ ד ָ ה

ט ע ב ת ו ח ר ש ב ה ז י נ ו מ ר ע

ב ל ו מ ס ו ג ל י ם י ת ד ה ע צ ה

ח ש ת ח ק ר ה מ ה ב ר ו ק ח פ א ח

צ ק ר ט נ ב ו ר ח ו א מ ו ו ה פ נ

ל ר נ ה פ ו ע ו ד ע ת ש ל פ פ ה מ

עשרים
הצעה
מאוחר
נפשי
האם
מחט
טלפון
שפך
הפסגה
מיוחדים
מסוגלים
חייל
רגולציה
מתייחס
ערמוני
האי
גור
חסת
עט
לפרוש

Puzzle 958

נענע
אדום
קמטים
מדחום
ובכך
ללמד
כסף
חיבה
ברד
עוזב
ציטוט
העיר
דבקה
ערך
דפוס
ספורט
מעשי
אסטרטגיה
המוזרה
פריט

צ כ ב ח פ ס ז ב ח ב כ ר מ י ע א מ

פ ה ב נ ע נ ע ו ז ב ר ד פ ו ס ד ר

א ת מ ו ד ח ך ר ע ס פ ו ר ט ח א פ

כ ו א ד ג א ח י ב ה ע י ר ו י כ י

פ ה ד מ ל ק ג צ י ט ו ט ם ת ס מ י

ת מ ו י א ד ת א א ה ג ו י ף ה ל מ

ם ו ם י ו י מ ע ש י כ ו ו כ ס ט י

ו ז ן ם י ט מ ק ה ע ע ל נ מ א א ו

פ ר ח י ע ב א ם ק פ פ ל י א ע מ ר

ו ה י פ ח נ ע ו ב ו ד מ ד נ ש ם ח

א ל ת ת ס ה מ ב ד י ר ד א ה ק י ש

ל צ ח ק נ מ ר ה ב פ ל ע ן כ ו ח י

ח ש ו כ ר ר נ ש ש ר ו ו ו ב ג ת ה

ח נ ב ו ך כ ב ו מ י ד י ר ל ף ה ב

נ מ ר ר ת מ ָ ר ר ט ב ת א ו ו ב ב

Puzzle 959

נ י ר ל ל ר כ ב ש ן ו י ג ן ל ח ב
פ י ו ע ל ה ת א י ם ס ט א ז ו ס ו
י ר ב ת ד ד ר י מ ר ר ב ת ו י נ פ
א י ו ב ב ש ז ט ו כ ט ס ר ל פ ט ר
א ד ש ס ת י ו ל ן י ד ה י ה ע ל ו
מ נ א מ ו ה ל נ ח כ א א ח ו ש ה י
ו א ש ו ל ה ג ד י ר ר ה ב כ כ ב ק
ע ח ו ל ס ל ה ו ו ש ע ש נ א ו ת ט
מ ה מ ל ר מ ר ש מ ל ל ע ט ל ח ו מ
ד מ מ ז פ מ פ ר א פ ו ן ק ר ה ד ג
נ ו מ צ כ מ א ה ב ת ל ו ט י מ ו א
ר ל ו ח ס א ה נ ה ה י ג נ ג ג ר ו
כ מ ח מ י ד נ י ת מ ג ז ב מ ר ב כ
ן ר ל ג י נ ש פ ל ח ש ח ו ו ח י ר
י ר י ק ע ו ק ס א ל ן ק ל ש נ י ו

לפטר
להגדיר
זול
מועמד
סתיו
ספינה
אבטיח
לשכנע
העלאה
כבש
פרויקט
ריח
ידנית
אז
מוחלט
שימון
לסלוח
רק
להתאים
רכי

Puzzle 960

ס י ז ג ו ר ב כ ט ש ם א ר י ב ב ס
ד י ס ת ת ר ל ע פ י ד מ ו ה ח ד
ת ק ל ת ק מ ד א י ן נ כ ע ו ד י ן
כ ע א ב ו ת ס נ מ ו מ ל ק ק ו ת מ
ט ל ס ק ו פ ג ר י צ ז ל נ ת ו נ פ
י י ב א צ נ ג נ ם ח י ל פ כ ש מ ב
ח י ג י י ח ע א ק נ נ ל ה ג י ז ט
פ ב פ ד ח י ה ב ו ח ה ף י ע ס י ס
ב י ב ז ו י מ י ס ם א מ ד ו ר פ ו
ת ת ל ה ו ר ב צ מ מ ד ר ל ה י ב ל
צ נ מ ש מ ו ע י מ ל ו ה ל ע י ר ה
ו ו ם ל ס א י ב ס מ ן י י נ ע ש ב
ו ד ן ו ו ה ת ו צ א ה נ מ ח ו כ י
נ ת ר ע ד ר ו ר ד ח ק י ו ח ו נ א
ח ז ן ו ר ו ן י ל ל מ י ת א ב ר ח

אין
ומסודר
טעימים
מסוק
ציבורי
ספציפית
התוצאה
ברוגז
מתוק
משכפל
טלסקופ
בעיתון
עניין
סעיף
להביא
זמנים
החובה
תחושה
חרב
כלא

Puzzle 961

א ן י ב ה ל ב נ ע צ צ ו ד ס י ח ת
ח ו מ ת ג ע מ ג ף ת פ מ ה ל נ ה ת
ר י ל ל מ י ס כ ה ד ב ח ת ו ס צ ו
י ל א כ ח ה ל מ ע ע ל ע א ר נ ה א
ז ע ת ו מ כ ל ו ד ח ל נ מ פ צ ר א
ל ה ר מ ח פ ו ר י ו ן א ל ם מ י ו
ו ל ש ק ף ס ט ו מ ה ש ס ָ ד ר י ל
מ פ ב צ ת ק א ו ד ע ר ס ש ו נ ם א
י מ פ ו ו ה ת ש ך פ ה ב ע ו א מ ר
ע פ ו ע מ פ י ו ק ט ר י ב ע ר ז ב
ש ל ש י ם ו ש ח ה ל ק ר ח ו נ י ם
ל ג ל ן מ א נ י ש צ ג פ ש ת ר ל ה
נ ר י ד מ ה ם ו י א ן מ ע ל ל כ ו
י ן ו א ד מ ר ת ש ו ו ר י ו ב ס ל
נ י ב י ר ב נ ו י ה ן ן ד ח פ מ ח

לתעלומות
העליון
פטל
סביר
ללוות
שליו
לשקף
אחרי
השישי
שוחי
פסקה
נאמן
קרחונים
כמות
מקצועי
עש
הצהריים
פחדן
אמרו
להבין

Puzzle 962

כלום
שמפה
טריק
להמציא
תפקיד
ניסוי
כרישת
המדינה
באחו
בטוח
לאחרונה
הכבידו
עכבר
מודאג
לשולחן
המספרת
כרובית
כהה
מונית
אח

ת ל נ ה י ת ר פ ס ה נ א ת ה ע ט ב
י נ י ה ט ק מ ת מ ב ו ן ע כ ב ר ן
ר ם ס ח י ש כ ב ן ח ל ו ש ל כ י ר
כ ל ו ם צ ל י ח ת ש י ר כ ה ה ק ב
ו ב י י א ח ו ק ש מ פ ה ם ו ב ו
ב ה א י י ב י כ מ י ס ל ק ו ל ת י
ט מ י מ ד נ נ נ ה ב ר ג ת י נ ו מ
ו ה י ד ט ס נ ב צ ק ב ת ר פ ס מ ה
ח ן ל ו ש ם ו נ פ מ י ת ד י ק פ ת
א ת ן י ו ד ל ו ו ב י ה נ י ד מ ה
י א כ ה כ ב י ד ו ש ל ה נ א ח ו ל
צ ת י י ק י א ר ח ג ד ד ל ו י פ ע
מ י ל מ ף ג כ ל א ח ר ו נ ה ח ד פ
ה ב ר ה ם מ י פ ב פ ד א כ ג א ל ס
ל צ ו ת צ ג ן ע י מ ת ת מ ח מ נ ו

Puzzle 963

ו	ב	כ	כ	ם	נ	כ	ו	י	מ	נ	ת	י	ק	ה	ר	ד
ל	ו	א	ר	מ	ש	ך	ו	ס	ו	ר	ן	פ	ק	צ	ם	ו
ל	ה	ר	ו	מ	ק	ת	פ	ו	ר	ז	ל	א	א	ל	ר	ו
ו	ן	ד	ב	ת	ר	ו	ל	פ	א	א	ב	ת	ו	ו	ג	ם
ת	ן	ה	י	ת	י	ר	ט	י	ו	ו	כ	ס	ח	ח	ו	ו
ב	א	נ	ת	ה	ג	מ	ב	ט	י	ר	ן	א	ו	נ	ל	ב
ק	ס	א	כ	כ	ר	ל	ר	ר	ל	ל	פ	ב	ן	ה	י	י
ת	ה	ק	ה	ו	ג	ס	ו	ף	ה	ר	ט	מ	צ	י	ק	ר
ו	כ	י	ה	כ	ב	פ	כ	י	נ	ל	ו	ב	י	ו	ה	ד
פ	ב	ג	י	ב	ב	ל	ה	י	מ	נ	ע	ל	מ	מ	ל	ד
י	ו	ת	ר	י	ת	מ	ף	ע	כ	ה	ו	י	ש	ו	ו	ר
א	ו	ג	ס	ם	ש	י	פ	צ	ו	ח	ג	כ	פ	ת	ב	מ
ת	ן	ת	ח	ת	ר	ו	ל	א	ב	ר	ו	י	ט	ה	ה	מ
ט	י	ו	ל	ר	ו	ר	ע	ו	ל	ו	ו	ב	ר	ן	י	צ
ת	א	ש	י	ע	ס	ת	כ	ל	ל	ק	ג	ו	ע	י	ו	ל

בוהן
קילוגרם
תחת
כוכבי
סולם
טיפוסי
כתיב
נשק
מטרה
הצבעה
כרוב
גרגיר
יותר
משפט
משך
למרות
קקאו
חולצה
גם
להימנע

Puzzle 964

ב	מ	ד	ר	ח	ל	ח	ת	י	ד	ו	ה	ש	ה	ו	פ	ו
מ	ת	ם	י	ת	פ	ו	ו	נ	ס	ר	י	מ	ה	ת	י	א
ל	א	ו	מ	נ	ח	ט	ו	מ	ל	ל	ר	ו	י	[illegible]	ה	ד
ד	י	ו	ר	ק	ו	ב	ר	ד	א	מ	ח	ב	ח	ל	ל	ח
ש	ם	צ	ו	ר	ת	ש	י	ל	כ	פ	מ	ו	ג	ו	מ	ה
י	ו	ם	י	ע	י	פ	ש	מ	ג	ל	נ	ד	ד	ו	ת	ת
ת	ה	ק	ן	ח	מ	א	ה	נ	ש	נ	ל	ה	צ	נ	ב	ל
ו	י	ע	ט	כ	ש	ס	נ	ל	ד	י	פ	ה	ן	ד	ל	ו
א	ב	ו	ש	א	ת	ת	ג	ד	א	ו	ם	ת	ו	א	ש	ה
י	ש	ה	ב	י	ק	ח	ז	נ	ק	י	ע	ע	ד	כ	כ	ש
ש	י	ע	ו	ר	י	נ	ר	מ	ל	ט	ב	ו	ל	ת	י	ת
י	מ	א	ו	כ	ז	ב	ו	ת	ה	ר	ק	ה	ו	ח	ה	ב
ד	פ	ב	כ	ב	ה	ו	ח	ר	ו	ה	מ	א	ה	י	ל	ג
י	י	ד	ת	נ	מ	ם	ל	ו	ת	מ	ע	ג	ל	י	ת	ע
ה	פ	ה	ש	ג	פ	נ	ש	ל	נ	ל	ן	ו	ש	מ	נ	א

בלי
קרוב
משפיעים
דם
שלה
מאוכזבות
להיכשל
צורת
לפחות
גזר
יבשי
המאה
שנה
אישי
נפגשה
נר
מתאים
שיחה
מעגלית
אותם

Puzzle 965

ל צ כ פ ן ה ל ע ה י י פ ב ו נ כ נ

א פ ב ט ש א צ ת ש ס י י ם ן ש ר ר

ה ע ו ר פ י י י ל ם י ס ק מ א ל ר

א ר ו ו ר ת י ס ט מ א נ ל י י א ס

ע ה ר ז ת ת ת ו ו ד ע ק ם י י מ ס

ם ם ס י א נ ה מ ן ז ס פ ת ו ח ב ם

נ מ ה ל ל ו ת ח ר נ ד ו ת י נ א ת

ל ה ם י ת ש ק ה מ כ י ו ר ה ע ר ר

י ו ג ה פ ח ח ד ו ק ת ו ע ה ד ר י

ה ח א ר ש ב ר ה ל מ ו צ ק ת ן ה ח

ו י א י ש ד ו נ ו א ח נ ה ק ו מ ע

ש מ י ס ה ר נ ה ו ח א ק י כ ק ב כ

כ ו ם י י א מ פ נ ד ח ל מ ר ו צ ר

ן י ד ל י ד י י נ י י ו פ ה ה י ל

נ ק י פ ב י ה ו ר ת ע ס מ ו ע ע ב

מקסים
ליד
ראיות
נראים
שכן
אחד
עזרה
פטרוזיליה
החמוס
קנס
נייד
עמוק
פתוח
השלטון
מסע
לציית
קשת
חתול
קערת
אש

Puzzle 966

לבד
ביישן
מוזיקה
נתיב
יתוש
הרס
כדורגל
שחר
בחזרה
אקראית
לשרת
ילדת
נפח
קריר
מבריקה
חילזון
גוזל
איות
מעניין
הקרקע

כ ו ו ר ד י מ ק ט ע ל ר ט ע ן ו ר

ד י ז פ פ ע ו ה ב כ י ב מ ר ה ו

ו מ א א כ ה נ ק ר י נ ם ת ל ח ן א

ר ד ו ן ח ב י י ז י פ ה ק י ז ו מ

ג ן ע ר י ר י נ ח ש ח ב מ פ ו ז ה

ל ן י מ ב נ ן ה ב ן ש נ י ו ק ל ר

א ל ת מ ל ל ע ל ת ד ל י א ד ה י י

א ב ה ש פ ש י נ ו נ ג י ח ת ם ח ש

ו ד י ו ר ר נ מ י ד ש ב ה מ ת ו ן

א ק ר א י ת ע ו א ז ח ו כ צ ח י מ

ב ג נ מ ר ע ש ג ד ר ר ס כ א י ר ה

ב י ת נ ו כ ו ר ד ש ו ק י ק ו ט ר

ע ק ר ק ה ז ת ד ה י ר ג ר י נ ח ס

ז ר ר ט ל י ל ס י ה ו ד מ מ ר ן

ה מ ו ר ד ס ס ת ר ת ת ו ט ן מ ל א

Puzzle 967

ל	ר	ב	כ	י	ס	ח	פ	מ	ף	מ	ת	נ	ע	ל	מ	א
ל	ל	ל	פ	ב	פ	ל	א	ל	צ	ר	ס	ץ	י	י	ו	מ
ן	ם	ב	ק	צ	ת	מ	ש	ו	ר	ב	ב	ו	ש	צ	כ	ר
ת	י	ד	ב	ש	ר	ח	ו	ש	ק	כ	ל	א	כ	ו	ל	י
ף	ת	ב	ו	ב	ב	י	ה	ב	ל	י	ת	פ	מ	ר	מ	ל
ן	ל	מ	ב	ו	מ	ה	ר	נ	מ	י	ח	ק	ב	י	ע	ע
ר	כ	ע	י	נ	ב	ד	א	ד	ח	ז	ש	ל	כ	מ	ת	ת
פ	י	ב	פ	ד	ו	ש	ש	ס	ב	ה	ו	ו	ה	נ	מ	ב
ך	כ	י	ר	ע	נ	ו	ס	ד	א	י	י	ר	ו	ח	ת	ל
ת	ב	צ	ל	ח	ו	פ	ן	ו	ז	י	ב	ע	ר	ש	ל	ד
ז	ס	י	י	ש	ק	ת	מ	י	ר	ו	ת	ת	ח	ת	מ	ר
י	ח	ע	י	ן	מ	ח	ס	ו	י	ה	ר	צ	י	ת	י	ו
ע	ל	ה	ד	ד	ע	מ	ד	ו	ב	מ	ע	ד	פ	ר	ש	ם
א	ע	ו	צ	ט	י	ר	ט	י	י	ו	א	ב	א	מ	ד	י
א	מ	ו	נ	ל	ע	ו	ב	מ	ב	ק	ד	ט	ש	מ	ל	א

ביזון
מתחת
תנועת
דרום
נץ
קצת
לקרצף
בכה
מפת
שבדית
ביצי
לאכול
שובב
קשוח
בכיס
קשה
מאמר
בובת
ליצור
ספת

Puzzle 968

חירום
רבע
אליפטי
מחקרי
בינלאומי
לעמוד
מעשה
הקפאה
להעריך
בוגר
לבלבל
טניס
שינוי
עובדים
טיול
הוצאת
איריס
לחקות
לאחרים
לכוננית

ל	ט	ע	ב	ה	י	ל	מ	ה	ך	מ	ר	ם	ט	ר	א	מ
נ	מ	ו	י	ו	ו	ו	ו	ו	מ	ל	ה	ע	ר	י	ך	ב
ר	כ	נ	נ	צ	ר	ן	ל	מ	י	ע	ו	ד	ר	ק	מ	ה
ט	י	ו	ל	א	ש	י	ה	ח	מ	ב	מ	י	ה	י	ו	ס
י	ו	ס	א	ת	י	ל	ח	ק	ו	ת	ס	ם	ו	ר	י	ח
ל	ע	מ	ו	ד	נ	ם	כ	ר	ה	ש	ע	מ	ת	מ	ל	ל
ב	ב	י	מ	ע	ו	ב	ד	י	ם	ו	מ	ל	מ	ף	כ	ט
ל	ר	ב	י	א	י	מ	ט	י	מ	ש	ו	ע	פ	ו	ו	נ
ב	מ	פ	י	ן	י	פ	ד	ר	ע	ו	ג	י	נ	ם	מ	י
ל	י	ה	ל	ר	י	ג	ד	י	ר	י	ם	נ	ק	ר	ד	ס
ש	ת	א	י	ל	ע	נ	י	ח	ה	ר	י	מ	ו	ד	ד	פ
מ	ש	ם	א	ב	ג	ד	ה	ב	ו	ת	י	ל	ר	ג	ו	ב
נ	ש	ע	כ	א	ר	ם	י	ר	ח	א	ל	מ	ש	כ	ו	ז
פ	י	נ	ת	פ	ו	נ	מ	נ	א	ע	א	ה	א	פ	ק	ה
ו	ו	ד	ל	ף	א	ם	ו	א	פ	י	נ	ל	ע	מ	א	י

Puzzle 969

מ ר י ג ש ב א י נ ט ר א ק צ י ה ח
ו ן ל י ש מ ל ק נ ל ע ו ש ר ר ס ◌
ל ו מ ס מ ו מ ו ח י ח ו י ו ל י ח
י מ ר ט ו ב מ ב א ס י ק כ ה ס כ ב
י ע ן ק א ן ן ק ד י ל צ ל כ מ ו ם
ס פ ו פ ב ב ר ב ח ג ע ו מ ח פ ן ד
ר ג ו ה כ נ ב צ א ו ו א ש ו ד ו ה
ל מ ת ב ד י א מ ו ד ו מ ו ל מ ו ן
ס מ נ כ א ת ר ה ס כ ס ו ך ד י פ ב
ב ד ק ר י י ר ת ר ב ע ה מ נ כ ת א
ו ם ל ו א ב ת ד ע ו ש נ ל ד ח מ ב
ל ל ס מ א כ כ ח ש ן י י י ח ד ס ר
כ ו ר ר א ה ו ש ו ו ר כ ח ר ד מ פ
נ ח ח ד מ ח מ א ת ו ו ם ו ר ח ג נ
פ ו מ ר ר ב ע נ י ל ה ש ת ב ת ח נ

כמובן
הסכסוך
מורכב
הסיכון
בקבוקי
הכחול
רטוב
למשוך
גלוי
העברת
באולם
פעמון
אינטראקציה
קריירת
לסבול
דומדמניות
ועדת
חמאת
בסדר
סלרי

Puzzle 970

י ח ח ה ב י ד ז י ה נ י ב מ ו ת ל
ר ו י י ה ר ב מ ם ג ב ה ו ש א א כ
ח ו א נ ה ר כ ר ע ר ו ו ל ב ם ת ס
ם פ ר ו ה ו ר ב א ו ה ע י ג ר ט ו
פ כ ש ד י ש מ ו ר ה ח ו ק ל ע ע י
ה מ ש א י ת ח ב מ ב פ מ ן ע ה י ר
ב ר ש פ ו ח א כ ו ג פ ט ו ב ת פ ט
ע ע ו ה ר ר כ ל ג י י נ ד א מ ר ה
ה ן י ז ג מ ק ל מ כ ת ב ע ל ג ב ב
ש ח א כ י ל י כ א ה ל א ו י ח ו ס
ן ה נ ק ס מ ל ע ל ר ר פ מ ב ס ס א
ל ה י י ר מ ח ר א ש כ י ה ו מ נ ו
ך כ ר ו י ף ה ש י ע ו נ צ י פ ו ו
י ו ו ש נ ו ל ק ו מ נ ב ם ח ו ש ד
ט ל ח ש ו ט ו ן נ ו ו א ו ה ס ב מ

אכיל
זברה
רגיעה
מכתב
בכלל
כבד
החיובי
מגזין
אדוני
נהר
מסקנה
להחליק
עשרה
מבינה
מועדון
להאכיל
טרגי
צנוע
המשאית
להתנועע

Puzzle 971

ו ך ה ה ג ו נ ה ס א ל מ ל ו ע נ מ
מ ע ר ש ע ן מ י ר ג מ י ה נ ע ת ל
ד ה ו פ צ כ כ ה י פ ר ץ מ מ ל פ ש
צ ו י ע י ו ט י ה ל כ י ש ע ק י מ
מ ר ת ה ם ס י ש ע ע ז ת פ ח ש י ט
ו ה ב כ ש מ ר ו ק נ י ו ח י ר ה מ
נ ש ל ד ל פ י ל ש ת ת ע ה ס ע צ ע
ו ע ב כ ו ו א מ ה ד ת ל ה ו ע ש פ
כ י ד מ מ ו י ק כ ב ת ט י ל ה ד ש
ה י ב י ש ל ב ע צ ו ב נ י ר ו פ ן
ב ר ק מ פ י ב ה ח ר ו פ ו נ ה ו א
פ ו ר ר ש ב ל ו ר ו ן פ ר ט ד ר מ
ל ו ו י ר ו ש ע ה ל ט ל א ה ש ש י
פ ר ב י ח ם ש ע נ ס מ ע ר י ת ב צ
ה א י ו א ו פ ל ד ו י ם ט י ל י ס

הורה
בקרוב
בשר
השקעה
עצי
לפקח
המשפחה
מיץ
סיכום
יהיה
מסוכן
השפעה
פשע
להיט
מנעול
מרכזית
העשור
ערש
בלבד
חולה

Puzzle 972

אפונת
ורודה
אורזת
גשם
אחר
חשוב
ארגון
קרקע
התרבותית
חי
מבצע
חנינה
הגלולה
סוס
זמן
עצום
קומקום
מישהו
בעמודה
תוף

ר ת ש מ ו י ב ק ו מ ק ו ם א ח ו א
ה ן ו פ מ כ ה ב ת ב ע מ ו ד ה ה ב
י ל ס ו ס ו ר ו ד ה ח ר צ ד ל כ ד
א פ ה ו ב ח ף ש ת ה ז ח ע ל ו א ם
ש ך ה ן ח ד ו ח ת ת ל א צ א ל ש ח
ח נ ת ד ו ה ש י מ נ מ י ב ו ג כ ת
ד ק ר ק ע מ ת ב י ו ן ה מ ת ה ו ג
מ כ ב ה ש נ ב ו ב פ ה ם ו ו נ ל ה
ר י ו ח א פ ש ו ו א ה מ ף ו י ר ס
ן ק ת נ ח ח ש ו כ ו כ ם ר ת נ ו ו
ד א י ע ן י ט ד ו ל א ו ת י ח ו ו
מ ו ת ה ת נ א ו י א ר ג ו ן מ ז ח
ד מ ב א ר ו נ ה י ל ו י ק ח ת ש ל
ה ו א נ ק ו ר ו ו ה ר ם ה ר ד ס ח
ו ד ן ר ל מ ל כ ל מ ל ק ◌ ס ו ר מ מ

Puzzle 973

ה	י	ק	א	א	פ	א	נ	מ	ם	ה	ש	א	נ	ל	ל	ו
ר	ג	צ	י	פ	י	ו	ת	י	ה	ם	ב	נ	נ	ל	ח	ל
ט	ה	י	ש	ו	י	ה	צ	ל	ר	י	פ	ה	נ	א	ל	ר
ו	ת	ו	י	ת	ב	ש	י	ו	ו	ע	מ	נ	ן	ל	ו	ן
ל	מ	כ	ו	ה	ע	מ	ת	מ	ד	ג	ק	ע	נ	מ	י	ת
ח	ב	·	ת	ת	י	מ	ק	מ	ד	י	ב	י	ה	ש	מ	י
ח	ש	מ	ל	י	ק	ת	ה	ר	ה	ח	פ	ל	ו	ת	ע	ו
ה	א	ה	ה	צ	ד	ת	כ	ט	י	ב	ג	ה	ו	י	ד	ת
ג	נ	ב	ב	ו	ד	ב	ד	מ	מ	ט	ב	נ	מ	ת	ס	ס
י	ז	א	ו	ב	מ	א	ו	ב	ק	ת	י	ח	ה	מ	ב	ב
י	ר	ו	ת	ה	ט	י	י	ו	ר	ו	נ	י	פ	ס	א	ת
ם	ס	ו	ח	כ	ו	ח	ת	ו	מ	ו	ו	ו	ח	ו	י	ו
ד	א	י	ב	י	ה	י	ה	ו	מ	מ	ל	ת	ד	י	מ	ר
א	ו	פ	י	ר	ל	ל	ה	ו	ו	ו	ג	ת	י	ם	י	ו
ב	ט	י	ח	ע	ח	ו	ר	ס	ו	י	א	ם	א	מ	ד	ו

בבטחה
הפחד
יגעים
בתורו
להוט
סבא
מאובקת
עריכה
הבוצי
אופי
לוטרה
קריטי
אדם
מסוים
ציפיותיהם
הגייה
הנחיות
משהו
חשמלי
חוסם

Puzzle 974

ה	ן	ו	כ	ד	ע	ו	נ	ת	ח	ב	ג	צ	ו	ה	ל	כ
א	ו	ל	א	נ	מ	ש	נ	ג	מ	א	ה	ה	ו	ז	ס	ר
ר	פ	פ	ת	פ	מ	ל	ר	ו	ס	י	מ	ה	ר	ל	ע	פ
מ	ל	ל	י	מ	ס	ו	ר	ת	י	ת	ח	ת	י	מ	ס	ר
פ	ט	ו	ו	ע	ט	י	ו	ס	ו	א	ח	ס	ה	ד	ר	ב
ט	ב	י	ש	ו	ה	ש	ד	מ	ס	מ	ר	פ	י	ח	ו	פ
ל	א	כ	ל	כ	ב	י	ן	ו	מ	מ	ש	ל	ת	ע	פ	ט
מ	ך	ע	ל	י	ו	ר	י	נ	פ	ע	י	פ	ר	ו	ן	נ
מ	ד	ר	ל	פ	נ	ט	ג	מ	צ	ר	ס	ד	ל	י	א	ו
ו	מ	מ	ו	י	י	י	ס	ן	ו	ת	ח	כ	ס	מ	ך	י
ש	ק	ו	ב	ק	ב	ה	ל	ו	ז	ד	מ	ס	ו	ה	י	צ
ל	ו	ק	צ	ת	ו	י	ר	ב	מ	מ	נ	ב	ק	ת	מ	י
ם	ר	ג	ס	י	ו	י	ד	ת	פ	א	ו	ס	ד	י	ו	ק
ה	ש	נ	י	י	ם	י	ג	ט	ו	א	א	ל	א	י	ק	נ
ת	כ	ל	מ	ו	צ	ל	ח	ה	ל	ל	א	ד	ה	ה	ה	ע

מסמר
עדכון
מושלם
מסורתית
עיפרון
בטלפון
מקור
הופיעה
אמת
ממשלת
דיוק
השניים
יחס
מנומסת
הייתה
הבקבוק
ענק
דור
מוצלח
לו

Puzzle 975

ו כ ר ר ת א ב ו ל מ ר ה ב ת ד ו מ
י פ ל ד ר ן ן ן ש ר ל כ ל ל ו ח ו
ס ו ד ת ל ר ק מ ו ש ם י א כ ז ד ן
ב ע ח ש ו צ ע ח א ת צ ן ע ד מ ם ל
ע ר ו ו ל ו ו ס ש ד ו ב ט י ל ע מ
ה ל ף מ ת כ ו ל ב א ח ו כ ש ל ש ה
ת ר ב י כ ח ר י י ש ל כ ר י ש י ו
ח ט ת ע ו ג מ ט נ ה מ ן ו ג ט ד פ
ו י ו י מ ס פ ר י ת ו י ו ש מ פ ח
מ י צ ב ר ב ת ק פ ס א ו ת ד ה ו ן
ש ח ק י ד ל י ו ש ה א פ ש נ פ ז נ
ו י ה ו ה ב א מ ו ו ח ו ש ב י ם מ
ע י ל ש ד ס ג ד ג ל ג ת ה ה ו ל ש
מ ש ן ו כ י מ ו ג ך ת ע ה ה ה ש י
ם מ ס ו ד ר ו ב ש ד י ו ו ם ד ל ו

לשלם
דיג
משועמם
מספר
וחול
ואספקת
בר
מסודר
חושבים
לשכוח
זכאים
ילדי
לדחוף
להקצות
מדען
משמעותית
בסיר
זיהה
הולך
דמוקרטי

Puzzle 976

ס ע נ ש ב ב ש ק ם ק י כ ה צ ו ח ה
ל א ל ה י ל ו ג מ צ ת ת ה ת ו ו נ
ו ו ר ר ו א ו ו ה פ ס ר נ ו נ ר י
ד נ ד ש מ ו ג ש ע ר ב מ ת ח ע ר ב
ד ו י ו ס ה ו ו י ד ו ט ם ג ו ש ג
ה ם ח ת ש ל מ י ו ע א ף כ ד ק ו ל
נ ת ר ו ו ע ב ע ג כ ל ת ק מ ב י ה
מ פ י נ ת ו י מ ת א ת ק ץ ע ו א ש
א ת ר ש מ פ מ ל ח ו ד א ל ו ק ת ט
מ ק י ר ו ה י ל ל א ג צ ג ל י ל ף
ר ה ש פ מ ו ו י ס ר ן נ י ו ל ח ח
י י ע נ ק ט ר ס ר נ ו ם ש נ ד ז ע
מ ה ה ו ק י ב מ ו ס ו ב ה ל ר מ מ
ב ש ו ח ד א א ד ף ע א נ ל י ן ר ה
נ ו י ב נ א ה י ו ם ו ג ב ח ב מ ט

נוסף
שער
מאמרי
מזחלת
תא
חושב
ריק
עץ
הפועל
החוצה
העשירי
שלושים
להשיג
סרט
גבינה
צפרדע
האקלים
אוהל
כתר
פרשנות

Puzzle 977

ל ש מ ל ר נ מ ה א ד ת נ מ ח ד ם ו

ת ח ק ד כ ש ז ש י נ ה כ ר מ ת י ת

א נ ו י י ו ל ח ו י ו ב ו ל ק ש ה

ו ד י מ ש ה ג ז ש ח ן ש ל ן כ י י

ו פ ל ו ה ב ע ה ח ת ו י ן ע פ מ ס

ם ך ו ר ט ח נ ד ק ה ר ו י ר ם מ ו

ח ב ו ת ב ר מ ◌ ן א ת ו ל ת י א ה

ת ד ה ס א ח ר ל ג ו י י ג ה א י י

ל ק ר ו ק ת ב ו ו ו ו ע ל מ ק ה ן

ת ת ו ר ח י ח ר י ת ב ה ו ש ב י ה

ו ו ד ר ר ש י ס ס ב י ב ת ו י מ ן

ל ה י מ פ ו א י ו ע מ ב ו ל ג מ א

ש ז י ו ו ר ח ת פ מ ר ד ע ש ו ש ת

ה ל ת ת ו ח י י ד ד ל ג ל ע ת ת מ

ד ב ן ל י א ב י ב י ר א ב ד ו ו ל

מזלג
מחקר
פרח
המשולש
רכישה
חתלתול
סביבת
כבשי
שחקן
הון
לגלות
נחש
לזהות
מפתח
רוק
חריזה
יתרון
דודו
שינה
למשל

Puzzle 978

מ ו ט י ב צ י ה נ ל ס ח ן ו ב ס ה

ה ב א ר נ ד ת ד ה ו י ה ע ו ל ם ס

פ ו צ ש ו ד ב ר ג ו ב כ ה ת א ו ו

ג י א י ת י ו ג ך ו צ א ה ר מ ח כ

נ נ ו ד ב ו ר ת ו ע ה ד מ ע ס ב מ

ח ל ר ע נ ל י י מ י ו א ו ס ו ו מ

כ ר נ י ס ה ו ת נ ו נ ת כ ה נ ל ו

מ ב ח ב ר ד א ס ו י ה י ם ח ל ל מ

ג ו ד ה ת ד ן י מ ע א ב י א ג ח י

כ ב ו ח ח ו ו נ ר מ ל ה ו ב י ל ע

ת ה ר ו ת ל ת ו ל ו ע ר ר ן ר ש ו

כ ו ו ל ח ה ם ס ל ר כ ת ל ו ו נ ר

ד ת ס ע ן ש ע ל מ ק ל י פ י ם ו א

פ י מ ו ל ת מ ם ל ל ה ת ר ת ם ת נ

א ה ת ח י ט ב מ י ע י ב ש פ ם ל ת

דבורת
עמדה
ונשלח
עשוי
להוביל
מכוסה
הסינר
לנער
מוטיבציה
שביעי
חיוך
עשן
הסבון
בובה
קליפים
מבטיח
הדרגתית
צבי
אהוב
העולם

Puzzle 979

ה	ו	ק	ו	ל	ו	צ	י	י	ן	ר	ש	ה	ת	ת	ב	ל
ת	ש	ב	י	ח	ר	ה	ל	כ	נ	י	ס	ת	ה	ר	א	י
ו	א	מ	כ	מ	י	ל	ו	ן	כ	ו	ת	א	ל	כ	ז	י
ן	ה	י	ש	פ	ל	ו	ה	נ	ד	ו	ד	ו	י	י	ו	ס
ד	ל	ק	ם	כ	ר	ג	י	ן	ר	א	ו	ה	ך	ז	ר	ו
ת	ל	מ	י	ד	כ	ס	ב	ת	ם	ב	ף	נ	מ	א	ר	ד
ה	י	ן	ב	ד	ק	א	ע	ה	ג	ט	נ	כ	ת	ג	ו	ל
ש	ם	ב	ו	ו	ש	ח	ם	ה	ר	י	ש	ס	פ	כ	י	י
ש	פ	י	ר	א	נ	ו	ג	י	ל	ש	ו	ב	ל	ו	ש	פ
ו	מ	י	ק	ם	ו	צ	ק	ל	כ	ה	נ	ח	כ	ל	ד	ה
ס	ד	פ	ח	ו	ו	מ	ד	ו	ס	ח	ו	ת	ו	ת	י	ח
ו	ח	א	מ	ד	ה	ת	ו	ד	מ	ח	ש	ד	ע	ת	א	א
ב	ן	י	נ	ו	מ	ש	ע	ב	נ	ד	י	ב	י	י	ם	ב
ס	פ	ת	כ	נ	ה	י	י	ו	מ	ת	א	נ	ו	ב	ח	ו
ש	מ	ע	ש	ש	ר	מ	נ	א	ט	ג	כ	ו	צ	ל	י	ה

גיל
שמע
סגולה
דליפה
בכפר
קרובים
להרחיב
תהליך
השמש
תלמיד
תרכיז
תוכן
באזור
כניסת
כול
באוויר
שם
תה
קול
ציין

Puzzle 980

שונה
אחות
המבורגר
אשת
המורים
גס
מצחיק
יושב
יריב
מזרח
שמלת
שפת
הגבוהה
אך
מרדף
בריחת
סוג
בעתיד
מכנה
דחף

ו	א	מ	ב	ה	ל	י	ח	ח	ע	ע	ש	ק	ח	ם	ו	ד
ו	מ	ו	ו	ג	ר	ף	ב	ר	ו	ע	ב	י	ת	ק	·	ע
כ	ר	ו	ש	ג	ס	ת	ו	ו	ו	ג	ו	ף	ר	ק	ה	א
י	ר	ר	ן	·	ע	ט	מ	ו	א	נ	מ	ד	ת	ל	מ	ש
ה	א	ו	ס	ג	י	ח	י	נ	מ	ע	ח	י	מ	ל	ב	א
ה	מ	ו	ר	י	ם	ת	ל	ד	ח	ף	נ	ל	ן	ג	ו	ס
ר	ו	ו	ן	ג	י	ר	ע	י	ח	י	מ	ע	ף	ד	ר	מ
ה	א	ם	ב	ה	א	י	י	ת	ח	י	ר	ב	ו	ס	ג	נ
ק	י	ח	צ	מ	א	ד	ה	ע	ה	ע	ה	ו	מ	ס	ר	י
ו	ש	ר	ח	ת	מ	י	ל	ב	פ	ע	מ	ע	ל	י	ר	ח
ך	ה	ז	י	ק	ש	ב	י	ש	מ	כ	כ	מ	ו	מ	ר	ת
א	ת	מ	ן	ב	ש	ו	י	נ	פ	ו	נ	ב	ת	א	א	ל
ש	כ	ב	ו	נ	י	ת	נ	ה	א	ת	ה	ע	ו	ע	ו	מ
ת	ו	ח	א	י	ר	י	ה	ה	ה	ו	ב	ג	ה	א	מ	ז
ג	ד	ו	מ	ו	ת	ד	מ	ו	מ	ו	מ	ו	פ	ש	ה	נ

Puzzle 981

ד ת ל ן ו ח ר ד ב ה מ ו צ ר מ ר נ

ר מ י ל י ף ש ק י ר ם י נ ר ן י ד

ו ו י ה מ ד צ א צ פ י ס ו ד א מ ה

ב נ ת ו ב ר ד מ ה מ ס ז ן ש ף ע ם

ת ת ר ת א ל ם א ל מ כ ו ל ח ו א ד

ו ב ו ה ת י י ש ב ו ן ד מ ו א ו י

ך ש פ ד א ל פ ן כ ר מ ש ל ו ב ף ל

ל ו י ו י ם ד י ו ר נ ג ה ו י ת ש

ס ח א ן ר ג ת ו ם ל ת ו א ל ם ר ב

ד ש כ ב ק א ח ח ל ו ו ל ה ו ד ו ת

ל ג י א ל ג ת י ו ט ח ם א נ מ פ ו

ם י ה ו ו ן ו ש ך נ ת ה ו ז ר י ל

ד ת מ ן י ה ע ש א ו ח נ ו ו ת א ב

ד ר ב ו ל ם ה א ח ו ל ר נ ו ה ח ג

י ת ת ר ם ו נ ד מ י י י ו ג א ל ש

עף

זכוכית

יסוד

להודות

שבת

איפור

בתוך

דוב

לקריאת

לאתר

המוצר

התיישבו

ביצה

אומדן

מלא

תמונת

צנון

לשבת

ולשמר

נדרש

Puzzle 982

ו ש א ת ע ל ו מ ה ד י ז ח ו י ר ו

ן ו ר ב א ר נ ב ו י ו ר ן ה ב צ ו

ר ע י ש ת ו ר ד ת נ מ ו ה ו מ ו ה

ט כ נ ו ל ו ג י ת ד נ ע ע ע צ ע א

ח צ ל ר ו י נ ת ר י ש ו א ת ת ת ל

ב מ ו ז ה ש פ ח ק ח ת פ ן ו א מ ת

פ ו ו ם י ב נ ע י ם י ן ש ו ו א ך

ע ן ו ו ל ם ר ן ב י ר ס י נ ל ו ח

ו ת מ ה ק י ת ש ת י ל י י ו א ר ש

ר א ו כ ל ו ן ח מ ס ו פ ו ר א ט ף

פ מ ב ל ח ץ י י ע ל פ ו א ן ל ש י

י ט י ה מ צ ט ע ר ת ו ה י י ר פ ס

ב ס י ו ח ר ו ר ת ו פ י פ ט ע י ר

מ צ מ ב ו ב ב א צ כ ה נ ו ח ו נ ה

מ י י מ י ו מ מ ד י ד י מ ט ש ו נ

בלחץ

ארנב

ראוי

שיער

ספרייה

שתיקה

זרועו

תעלומה

הפופולרית

רצועת

תוכי

דוד

טכנולוגית

הלכה

לסיים

ענבים

הברווזון

אפיית

מערת

מצטער

Puzzle 983

ו ד פ ו י ל ץ ל י כ י ו ו א ו ו מ
ו פ ת ש ל מ א א מ י ץ מ ת פ ב ו ג
ל י מ ה א ז ר ח י ף א י כ ו ת ר ח
נ ת ו מ צ ה ו ב ל ח נ ד י ר ו ת ק
י ו נ ת ע י ן א י ת נ ו ת ה א ו ה
ו ר ה נ נ ו ל מ י ש ר פ ח ל ר ב מ
ו א י ת ל מ צ ד א ל ר ד ו ש ר י ע
ד כ ע ר א ו ע ל פ פ י ו ד · ם ד ו
ח ת ך ב ל ב י ל ר ן נ ת ק ד י נ ו
ם ק ה ח ד מ ◌ י ח ח ת ל ל ל י ר י
ר ח מ מ כ ו ו ג מ ה מ א א ה ת ר י
ו י ה ן ד ק מ מ ח ה ל ן ן י ק ו ה
י א א ל ל נ ע ן ו ל ן ס ל ר ר ת ו
ה ת ק ב ה ת נ ר ע א י ש י מ ב ו נ
י ד ם ן י ה ב ו כ פ ה ש ו פ מ ב ת

הוקי
אפורה
נדיבות
פרפר
איילי
תמונה
צהוב
עצלן
בקתה
חתיכת
כיף
אזרחי
איכות
מאמץ
נדירות
המתנת
עין
ארון
מחברת
אמיץ

Puzzle 984

פ י כ ה נ ל ם א ד ו כ צ פ ל ת ע י
י ן ד ש ע ו ו כ ז ש פ א ת ת מ ח מ
ת כ ו ק ר ל ק ח ס ו ף ק ק ל כ כ ש
ו ץ ו מ מ כ מ י ל ק ר ז כ ם פ מ ח
ח ר ו ו ס ל ד ו כ ו ד ו י ו ל ס ב
כ פ י ת ו ב ר ע ל ל כ ע ת ס ח ו ו
ק מ ל פ י י כ נ ש ד כ ר ד ל ק ו ר
י ב ו ל מ י ל פ מ ע ד ב ה ת ו ד מ
כ ו ס ו ת ע פ ו ר ה ש ת ג ס ר כ מ
ב ד פ י ת א ר צ ל ו ד י י פ ו ת ָ
ו ר ה נ ו ח ה ת ר צ ע מ ל נ פ ו ח
פ מ ה ו נ ו ה ה ר ר ת ָ ת מ ס ה ז
ק ז כ ר ו ד פ א ו ב ו ו ש מ ל נ ת
צ ה ת י ן ד ו ם ס צ ָ ר א ד ק ס ו
א ש ד ן ה ו ן נ ה ה י ם י ה ר מ מ

ערבת
לכלול
לפת
מכונת
לחקור
סוף
פיתוח
לעקור
זכו
נפוצת
פתק
זנקה
שוקולד
כפית
מקום
כוס
פסולי
מפרץ
מסוימת
למעצר

Puzzle 985

ח	ל	ל	ל	נ	ק	י	ת	ר	י	ע	ס	י	ל	ש	ר	ל
ו	ד	ב	א	מ	ל	ה	כ	פ	ה	ב	ח	ו	ץ	מ	ן	ה
ו	מ	א	ד	ר	ח	פ	נ	ת	ר	ו	ד	ר	י	ס	מ	ש
ו	ל	ג	כ	י	ג	צ	ו	י	מ	פ	ח	צ	ו	ו	ג	כ
ל	ת	ס	ס	ד	ח	ן	ב	ל	מ	ד	ו	מ	ה	ע	י	ר
ד	ו	ר	ש	נ	ה	פ	ל	ד	י	י	ש	ח	י	ל	ע	ה
ש	נ	ת	ד	מ	י	ו	ל	י	ש	ט	פ	ס	ת	י	ר	י
ש	ר	ת	ו	מ	ת	נ	ו	ו	ו	ד	י	ש	ו	ט	ר	ת
פ	ל	ר	א	ס	ב	י	ב	ל	נ	ס	ו	ת	מ	י	ש	ר
מ	ג	ז	ר	ל	י	ל	ת	ת	א	ן	ו	ו	ב	ח	א	פ
ת	ת	א	ל	ת	צ	י	א	ל	ע	י	ה	ר	ש	ת	ה	י
פ	פ	כ	מ	כ	מ	ת	ה	ז	י	ש	ל	פ	ח	ו	א	מ
ל	ה	צ	ט	ר	ף	ג	ע	ת	ב	ה	י	ם	י	ה	י	ו
י	כ	ל	י	ו	ר	ו	י	ש	ם	כ	י	י	ר	ל	י	ב
ב	ב	נ	ס	מ	ש	מ	ו	ה	נ	ב	ו	ח	ת	נ	ת	ת

פוליטית
אגס
שוטר
נדיר
צפה
פרות
מגיע
בחוץ
חרד
אנושי
לארגן
רשימת
הפכה
עלי
דורש
להשכרה
תעשיית
פוני
מדומה
להצטרף

Puzzle 986

משפטית
תרד
אקדמי
מקרר
עיניים
לוויה
נסיך
פעולת
רופפת
ספציפי
דרישה
לייצג
עצמו
נסיעה
כפפות
שזיף
הערכת
להמשיך
וילאות
משנה

ס	ן	ו	ה	ה	ר	א	ת	ה	ז	נ	ב	ל	ר	ח	ם	כ
ל	פ	כ	ק	ב	ו	ב	מ	י	ב	ו	ס	ם	ת	נ	י	פ
י	ת	צ	ת	מ	פ	י	ב	י	י	א	ק	ר	י	נ	מ	פ
ש	ר	ת	י	ט	פ	ש	מ	י	ע	י	י	א	ק	ר	י	ו
נ	ד	ל	ת	פ	ת	ש	י	ל	ת	ר	ד	נ	ס	י	ך	ת
ס	ל	ש	ל	ו	י	ב	ש	ת	כ	ר	ע	ה	א	מ	י	ו
י	נ	ו	ה	ו	ם	א	א	ף	ו	ק	ב	ת	כ	מ	ח	א
ע	מ	ל	י	י	צ	ג	ך	י	ש	מ	ה	ל	ר	א	ע	ל
ה	ג	ד	ב	ש	ן	ס	י	ז	ד	ג	צ	ו	ס	מ	י	י
י	ל	ה	ק	ה	ו	מ	מ	ש	ה	ו	י	ע	ל	ס	ע	ו
ו	ל	ר	ר	א	פ	פ	ר	מ	ר	ו	א	פ	ב	ב	ד	ל
ו	ה	ר	כ	ב	ח	י	ד	י	ל	מ	צ	י	ר	א	ר	י
ל	ה	ת	ו	ה	ע	י	נ	י	ם	מ	ש	נ	ה	י	א	
ן	ת	י	פ	י	ו	ל	ב	ב	נ	ר	א	מ	י	ב	ש	ש
ק	ן	ר	ר	פ	ק	ר	ן	ק	ר	ש	י	י	ה	ר	ה	ר

Puzzle 987

ד ת ס מ ח י ם ב ר כ ד ו ר ר ו א ד

מ ע ס ס ה ו ד מ צ ל מ ה ח ו י ח ו

ה ק מ ת ו י נ י ד מ י ו ו צ ל ג ת

מ ו מ ע ד ן ב ב ק ט ק א מ י ו ב ד

ר ם י י נ פ ו א י ו א ק א ק נ ת מ

ן מ ל ל מ פ מ ם ת ו ב ד מ מ ו ם א

ו ה ר ן ר ת כ ב כ מ כ ח י ת ת ו ש

י ר ל מ ת ו ה ו ב צ פ ו ן פ א ב ו

ו ט א צ ו ב י ה צ א ב מ מ ו מ צ מ

נ ת ל ו ג נ ר ת נ ה ה פ ל ב ל כ ע

ש ש י נ מ ו ח ש ל ו י ב ק ל ק ש ב

י ל ה מ ח ר ד ש ה ג ל י ה ל ב ק ק

ק ס א ח ס ה ָ ר נ · ו ◌ ש ק ו ס ש

ה א נ ו ו ז נ ו מ מ ט ד ו ת ת נ ו

ע ל ו ח כ ר י ח ב ם פ ו ו ו ו ע ר

קבל
חגב
בצפון
רחוקות
מצלמה
אופניים
מדיניות
מכה
כחול
שׁוּנָרָה
קיצור
סמור
תרנגולת
רהיטים
קשור
אקדח
וילונות
מאמין
כדור
נשיקה

Puzzle 988

כתובת
לבוש
קנגורו
פעמים
לבוא
הרכבת
סבון
ראש
פעיל
סנפיר
לכל
שרפה
חמש
חיוני
לתוך
לקבל
ההפך
עשירה
מלפפון
ארבעים

ל ן ת מ ה ו ה ל ל ל ד ר ח ע ה פ ע

ח ד מ י ר מ מ נ א ר ב ע י ם ס א מ

ע נ מ ה ר י ש ע מ ל פ פ ו ן ו ה ס

ל ש ס ר י ו ס ב ק ג ח ר נ ו י ו מ

ו ו ש ו פ ו ה כ ר פ ו ע י ב מ ה כ

ל כ ח ן נ ס י ג ו ג פ ח ע ס ר נ י

ל ת ו ך ס ה ו ה נ ה ע ל ם י מ ע פ

ח ה פ ר ש ר נ ק ת ן י ב מ ג ו נ ד

י ה כ ו מ א ז ב ל ז ש פ ל א ב ל צ

ה ל ת ן ח ש פ א ו ב ל ק כ ע מ ל ר

ת ג ו ף ם י ע ה ר כ ב ת ל ש ו ב ל

ק ח ב ו ל ו י ר כ ל מ ע י ת נ מ ר

י ס ת ע ג ל ל ר ע ה ע ס ס ח צ נ מ

ו כ י ב ה א ח צ פ נ כ ג ל מ ת ן ן

ו ס ר פ פ ז א ש ר ו כ ף ן ש כ פ ב

Puzzle 989

ע ר פ כ י י ח נ ב ך ה י ו א ו מ ת
ג ו ב ו ר ז ח ו ו ן מ ו י מ ש ח ק
מ ו פ א ה ת ה ה ל מ ב ר צ י פ ו ת
ב ב ש ד ל ת ל י מ ד ע ו נ ת ו ץ נ
ן ר כ ד י נ ת נ ן ש ל פ ל ת ח ר י
י ו י ה ל ה ר י ק ב ו ן צ ס ו ר פ
כ ר ה ר ה ר ב י ב א ב ו ו ל ו ת ב
ר ו ל י א ב כ ג ה מ ו ד ג ו פ ס ל
ח ר י מ א ס מ ג ש ר ל ו ם ג ת ע כ
נ ר י ש צ ל פ נ ז ש ל ו פ ש ו ל ש
י ר ש ן א ג מ ל ו ש ל ב ש י ע ד ו
ן ש י ש ל פ י ב ה י ת ב ם ה ל ש ס
ו ג ת א ו ח ה ח ר מ ע מ ר ת ר ו ה
ח ו ג ו א ו ו ו י ס ת ת ב ד ו ג ר
ב ה ב ק נ ו ת ר ב ש מ ד ה ע ש ל י

ריקבון
לספוג
עונת
אופני
שבע
שמירה
חופש
כבאי
שלהם
זה
דומה
משחק
בפינת
ברור
מחוץ
הלילה
ברציפות
שלוש
לבחור
זוהר

Puzzle 990

ס ן י מ כ ו א כ ם י פ ש ו ר נ ר ק
ו ו נ ף א ע ה ו ס ש ל מ ף ב ו ו י
פ י פ ו ר ט ה ת ל מ ו ו ד ו י ו ה
י א ד ס ח ו ב ק י ט ק ק ם י ם א ה
ת ר ר א מ י ח ת ס א ג ו ר ת נ ח ט
א ה ר ל ו ב פ ב נ ר ה י ו ו ב ו י
מ ל ז מ ה ר ל י ל פ ת י ו נ פ י י
ד ו ח ו מ ו ב י ק ו ן ל ת מ ל ף ה
ג כ ו כ ע פ ל ה ק ש א ד ר א ק ו י
נ ו ל ל ג ב נ פ ל ו ד ד ו ו ל ל ו
ח כ ב א ר ו ן ן ב י צ ש פ ה ו ל ש
ד ו ת ע כ י מ ח ו מ פ ◌ ק י מ ל ו
נ ל מ ר ת ל ס ר ה א מ ד י י ל ע י
א ו ר א ר מ ל ה פ ר י ע י ח נ נ י
נ מ פ ה ג ע נ ע ו ש ב מ ן ש נ ד א

טחנת
אגורת
פרא
ומחר
בדק
הראיון
להפריע
שלו
שחייה
בארון
רגע
ערב
אמנות
הטרופי
לאסוף
סמן
סופית
להקדיש
מזל
בגלל

Puzzle 991

ה כ א ן ד ת י כ ט ל מ ע ת ד י ר י

ד מ כ מ ח ו ן נ כ ו ק א א מ מ ה י

ע מ ל ע ר ו א ב א ח ס פ · ר א א ב

ו ד ט ל נ ע י ק צ י י ן כ מ ח ר ד

ע י ן מ ן ש ע ו א ש מ ק ו י ט ת מ

ו פ מ ו ל ך פ ד ל א ל ס ק י ר ה ס

ר מ ת ת ד פ ר מ י ב י ר נ ד י ו ן

נ י ד מ מ ד י ת מ א ת י ר ו ל מ י

ג ע ב ש ו מ נ ה ש ה ש ל ו פ ח ה ט

ה ו פ ם ו י ס ה ג ר י ג י ג ד ב ק

ש ט מ ו ד ב · ו א ו י ה ה ש ד ט ה

ו ח ו ו ל א י נ ג ו ל ה ב ט ק ש ל

נ ל ב ח ת מ ק ח א מ ל ש נ מ ד מ ה

י י ל מ י י ו ם ל ו מ ת ל ה ן ג ס

ם י י ד י ד נ ר ד ת ח ת מ ש א נ פ

טרי
להקטין
מקסימלית
שונים
סקירה
ירידת
שיני
דבק
קודמת
מיעוט
מעל
דיון
קן
צחק
מושב
דלת
יין
התראה
מי
לכביש

Puzzle 992

גמל
לתרום
לפתור
תרנגול
שנים
קר
לכתוב
אבקת
שקיעה
כיור
יחד
האויב
עצמאי
חלש
שעות
לקפוץ
מגיב
באמצע
בתגובה
לקוחות

ו ג ג ש ק ח א י מ ת ל א ל ת ח ה ח

ו ת ת י ל נ י נ ג נ ג ח ו ק ם ת י

ן ז ת מ ת ו ס ת ת ב ת ג ו ב ה מ ק

פ מ ר י ר ר ש ל פ ת ו ר ב א מ צ ע

ד ת נ ם ו ד כ ש ק י ע ה ו ם ד ח י

ס י ג א ם י ה א ב ה ש י ת ר ג פ א

ל ק ו ח ו ת ב י ג מ ב ת כ א ש ד מ

כ ד ל ר א ו צ י ב ש א ש ל ח י ת צ

ץ ו פ ק ל נ נ ן ו ו ב נ ת ש י י ע

ת י ח ו מ ס ק ◌ ו א ה מ נ נ י ב י

ר ד נ ל ג מ ש ד ר נ ה י י ת ו י פ

כ ל ל י מ נ ח ם י ש ם ב מ מ פ צ א

ש ר ב א ו ו מ ר י ו ו י ס פ צ ָ ת

ל ב ל ר ה ש ד ו ה ד א א ר ת ר ל ו

ד א ע ר ד נ מ ל י ם מ מ ש א ם ע ש

Puzzle 993

מ ם כ ד ו ר ס ל ע י ה נ ו כ ף ו ג
ל נ ד ת ת ר ד מ ה ר מ ל י ה מ ב מ
ו י ר ם ו ו מ ס ג נ ו ן ו ה ר ךְ ו
ת ו נ מ ן ר ל ר ךְ ה מ ה ת ח י ק י
ן ל ש ת א ש פ נ י י י א ק י ס פ ה
נ כ ה ה ק ג ת מ ל כ ה נ ע א י ה ק
י ת ר ת ו כ ח ע י ת י מ ז י נ ח ל
ת ד ר ש ש ב א ד י ש ע מ א י מ ה ו
ג ל ו ט ה ו י י ו י ט ר ר כ נ ח א
נ מ ה י ם נ א פ ש מ א מ ט ש ר ך ה
ה ב ר ך ט נ ו י פ ש ו ן י ע ב נ ל
ב ג ו ת ו א י ם ד ש א ו א ס ה ב ש
צ ע י ג ח צ ס ו פ ת ה י ב ג פ ו ג
ה ף ד ו ת ו א ב ג נ מ י ה ס ל מ ד
נ ב ם ע פ ש י ה ז י ל מ פ י ה כ ב

מעדיפים
זעקת
כדורסל
כותרת
מנות
הנהג
באותו
הר
המומיה
ראה
גשר
לדון
פגז
בעין
לפתח
ברך
סגנון
פסיק
מלכה
גוף

Puzzle 994

ל פ ה ה מ ל ו ו י י א ר ה ה ה י ר
ח ר ן ר א נ ד ת ה מ ק צ ת י ט ק ו
ש ם י ר ג ו ב א כ פ ל ה ו י כ א ח
ב י ט ן ח ר ו נ ה נ ה ב ךְ מ נ ר א
כ ל ק א נ פ ה ש ו ה ר ע ו י י כ ק
נ ל ל כ נ מ ג ו ז ל צ ש ח י ק כ ת
ס ו ג ו מ ת א נ ג מ ל ש א ל ה כ י
י כ ע כ ר מ ד מ י י ש ו ה י ה ר ן
י ו ח ב ה מ ל י ב ח מ צ ר ו ק י ב
ת ם י ר ג ש ם ן ג ע כ מ ק מ ת א ג
מ ר ל ת ת י ד ו ו ה ל ך ה ן מ מ
ג ל ו ו י ן ד ס ב א כ נ נ ן י ר מ
ו ס ו נ א נ ש ו ה ו ל א ט ס ו י ד
ן ל י ר א י נ ו ו ק י ף א ו ד ר י
ש ש ר ב ה ר ת פ ס ב ל ל ל ת ס ע ח

טכניקה
בוגרים
דאגה
עצמיים
בגובה
שגרים
בד
ביקור
צמח
אנפה
לחשב
שיניים
שנאת
וכוללים
קטין
אופנוע
שאלה
רע
כלכלי
כנסיית

Puzzle 995

ס ד ה ל י ך י ח א ט ל ו ל ס מ ב י

מ ר ג מ ש ס ך ב ב ן נ נ מ ה י ל ו

ה ד ח ה צ ה מ ר י א א י י ם ח מ ג

ת י ל ו י מ ד ת ח מ ד ב י ס ר ר י

ב ם ק ק ת מ י י ש ל ח כ ת ט ב ו ב

מ כ נ ו ף ג ח נ פ ב י ג ת ה מ י מ

ה ע ב ר א ל פ א ת ל ח ח ח מ י ש ה

ל מ ל צ ל י ל ו ו ר ן ק ת ל ל א ס

ח ר ו י פ י י נ ר א ג ו ח ו ת ג ו

מ ה מ י י י ב ל ס ם ח ל ל כ ל ש ג

ר י א ל ל י ה ד ע פ ז ת ק ל נ ר י

ן י ג פ ה ל כ צ מ פ י ת פ ה ק ע צ

ר י ב ש ר ו ו ש ר י צ ס ש ם ק י ת

ז מ נ ה ב י נ ג מ ד י מ ת ר ו ל ב

ר ש ה א ת ל ק ה י י ל ת י ל י ל ש

חברתי
חמישה
לתקן
תמיד
לייצר
שלילית
פחות
מהסוג
פלא
הליך
גל
ארבעה
במסלול
למה
לכול
דגל
להפגין
מגניבה
חלק
צעקה

Puzzle 996

צ ו י ר ב ן י א ב ב ב ט ת ר ר ו ו

ם ו ב ח י מ ת ו ה ר א נ ו ב ג ד ה

מ ה כ ו פ ל פ ל צ י פ ד פ ע ו ר ב

ו פ י מ י ט ה ו מ ע ת י ר א ד מ ו

ו י ת ב ף ב ד א ר ה ן ו ר ח ר מ ג

ר י ת ג ק י ק י ר ב מ ב ת ש ע מ מ

נ ם ר י ל ב כ ש ט ה ע ל י י כ ו ל

נ נ ע ו ש ס ח ת כ צ י נ ן י נ ף ו

א ש ם ל ה י ג ו ל ו נ כ ט ף ט ו פ

ם ר מ מ ן ת י ת ר כ ו מ ר א י נ ר

י ב מ פ ו ל ו כ ל ד מ ו ס ו ל פ א

ל י צ ו נ כ ת ר ן ת ל י ע ק ח ר ע

ר ת ד ת מ ח ש ב י מ ש ר ח מ ה ד א

ת נ ר ל ר ו נ ב י ו נ י ע ל ל א

פ ו ק ת ע ב ל ו ק י ם ן י י ט צ מ

מוכרת
נשר
מחשב
מצטיין
בברכת
רשמי
להחליט
סביב
טכנולוגיה
למפות
ופלפל
ארבע
להבקיע
צמר
מבריק
בכיתת
מיטה
סרטן
בלוקים
נלקחים

Puzzle 997

ר	ו	צ	מ	ם	י	ר	י	פ	ה	מ	ל	י	י	ר	ר	ט
ה	כ	מ	ש	ו	ש	ח	פ	ע	ד	י	ו	ו	ח	ו	פ	ו
ו	ו	ם	ל	א	י	ש	נ	ו	ו	ע	ו	ב	ש	פ	ו	ס
ס	ב	ו	ב	ר	ו	ח	ה	ו	ו	ל	ב	ג	י	י	י	י
י	ר	כ	י	ט	א	ע	ת	נ	י	י	י	ה	י	י	ם	מ
פ	ק	ר	ם	ח	ס	י	ק	ל	י	ס	פ	א	נ	ש	ו	א
ו	ן	כ	כ	פ	ה	ל	פ	ת	מ	ר	ה	א	מ	ק	ו	ד
ר	ו	ם	ר	א	נ	י	ה	ר	צ	פ	ח	ת	ו	ק	ר	י
נ	א	י	ו	מ	ב	ש	ק	ף	ע	ד	מ	ד	ו	כ	ל	ל
ש	י	ב	ל	ח	ש	ת	י	ס	א	ת	ב	ה	ע	ר	פ	ה
ת	ז	ר	נ	א	ה	ו	ט	ן	נ	ע	י	נ	ב	ה	ה	מ
ו	ו	נ	ט	ר	נ	ד	ר	ה	י	ק	ן	ת	ט	כ	ר	ח
ל	מ	ר	ג	צ	ו	ה	ק	ו	י	מ	ע	ש	מ	י	מ	ל
ה	ב	ה	ו	ס	ו	צ	א	כ	כ	ת	ו	מ	ח	ל	ה	מ
כ	א	ב	מ	ו	ד	ר	מ	ו	ר	פ	נ	ל	ת	ה	ו	נ

קרם
מבין
רצף
הפרעה
במוזיאון
מלחמה
סיפור
סופשבוע
משתנה
ללכוד
ענן
ירקות
משלבים
רבים
מאה
מרק
אפס
ספריית
מטבע
כרכום

Puzzle 998

א	ע	פ	ר	ר	ו	ב	י	י	מ	א	ל	א	ל	ו	ו	ש
נ	פ	פ	פ	ן	ת	א	ד	י	ס	פ	ו	ה	פ	ל	מ	ו
ל	י	י	ם	א	ה	ם	ד	ו	ו	ו	מ	ר	י	מ	ו	פ
י	פ	ו	כ	א	מ	ע	ת	מ	ג	ר	ר	ך	ן	ע	י	ר
פ	ו	י	י	ר	ח	נ	ב	ח	ל	ב	א	ך	ת	ח	א	מ
א	ן	ת	ן	ד	ת	ו	ה	ס	ה	ת	ש	ה	ר	ו	ו	ו
א	צ	ת	ו	ו	ת	כ	ב	ל	ו	ן	ן	ף	ר	ו	ט	מ
ע	ע	ו	נ	נ	ל	ב	י	ה	ב	ב	מ	ד	ה	ו	ב	נ
·	ד	י	ס	ר	ו	ן	ב	ס	ג	מ	ו	ה	ו	ש	י	ת
ר	ם	ל	נ	ב	ה	ק	א	י	מ	ד	ש	ו	ב	נ	ו	ו
ו	י	נ	א	ע	ח	ד	ב	ח	ב	י	ָ	י	כ	ד	י	ב
ר	נ	ן	ת	ש	ב	ר	ש	ע	ר	נ	ו	ו	ל	פ	כ	ל
ע	פ	ו	א	ש	ט	ה	ט	מ	ר	ת	ן	י	ה	ט	ב	ו
ב	ת	ו	ו	ס	ה	כ	ו	ל	פ	ו	א	ל	ג	ו	ו	ל
ן	ס	ט	י	כ	ג	ד	י	ו	ו	ג	י	ר	ס	א	ו	ף

נתונים
צעד
מטורף
באביב
גבוה
נכון
החבטה
מסוגל
רבה
כפל
אפור
קדרה
חתך
עפיפון
רעש
שעברנו
פנים
בלון
להסיח
במדינת

Puzzle 999

מ ג ר ל ף פ י ד ע פ א ן מ ח ו ר ש

ש ת ב ה ו צ ו ת ר ק י ד ם ע א ו מ

ק ג ע פ ם ו י ת פ פ ו י י ר ח ל מ

ל ש ו ו ד ו ו ו ד י מ פ ר ב ו ר א

ת ת נ ק ן ן כ נ ק ז ב ו ב ד ו ח ו

פ ב ת ת י י ע ת י ה י ס ח א ו ע י

ם ד י מ ם ג ש ח ה מ ה ן ט ב ל א ח

ם י ש ב י פ א ח א ס י ר י ת ש מ י

י ו ע ן ו ח מ ס · ר ח ת ע נ ו ה ש

מ נ ל ה מ י ם י מ ש א נ מ ע ל י פ

ס י ב א מ ל ע ח א ך ת ע מ ל ת צ ב

ה ק ו ל ח ו ח מ ו ר ן ס ר מ ו כ ת

ו ו ה ל ד ח ן ס פ ו ט ד ת י ה ו מ

ן ר ת ל ג ו ר ו פ א ל י א ם ו ס א

ן ג ס ת ב ר א ו מ מ ר ג י ב מ ן ד

משקל
זבוב
תקופה
אשמים
מלח
מים
דבר
טופס
הבת
חברים
פיל
תשעה
בדיוני
רופא
ירח
חלוקה
נעלמים
אורך
מדויקת
ערפד

Puzzle 1000

ה ו פ א ה ח ו י נ ו ח י ל ת י ל פ

ו ו י ה ה י ו ב ו ר ק נ נ ם ט א ה

ד פ ו ן פ נ ו ו א ר ס כ ש ו ש ז ת

ו נ ו מ ח ג מ י ח א פ ו ו פ ד ו ן

ל פ א א כ ו מ צ ו פ י ם ם מ ד ח ן

ה ר ו כ נ ד ו מ ח א נ ת נ ו מ י ה

ר ו ב ו ה ה ה מ ג ב ת ו ל ע ת א ל

ו ט ל ש ל ו ל פ נ ו ת ב ך ו ף מ מ

ו ו כ נ י ל ג ר ו ר ד י ו ג י ב ו

י ת פ ת ו ר ן ו ת מ ד ו ל ד ר ת ר

ח ה מ ר ו פ ר מ ח א ו ח ע א י ת ב

י ו ו מ ת ב ל ח ן ק ע מ ל ד ע ח ב

ק ת נ נ ש פ ם ו ר ם ף ק ת ה ל מ ש

ת מ א ו ג ד ן ת ר כ כ ל ח ת ח י מ

מ ו ר ד ב מ ת ר ו ו ו ח ם ד מ מ נ

לשלול
יקר
צופים
תולעת
פרוטות
הזדמנות
רפורמה
התקף
לפנות
ולהרוויח
רגלי
מידע
תן
לנשום
חמוד
מחויבות
ספינת
חמור
כלב
מגבת

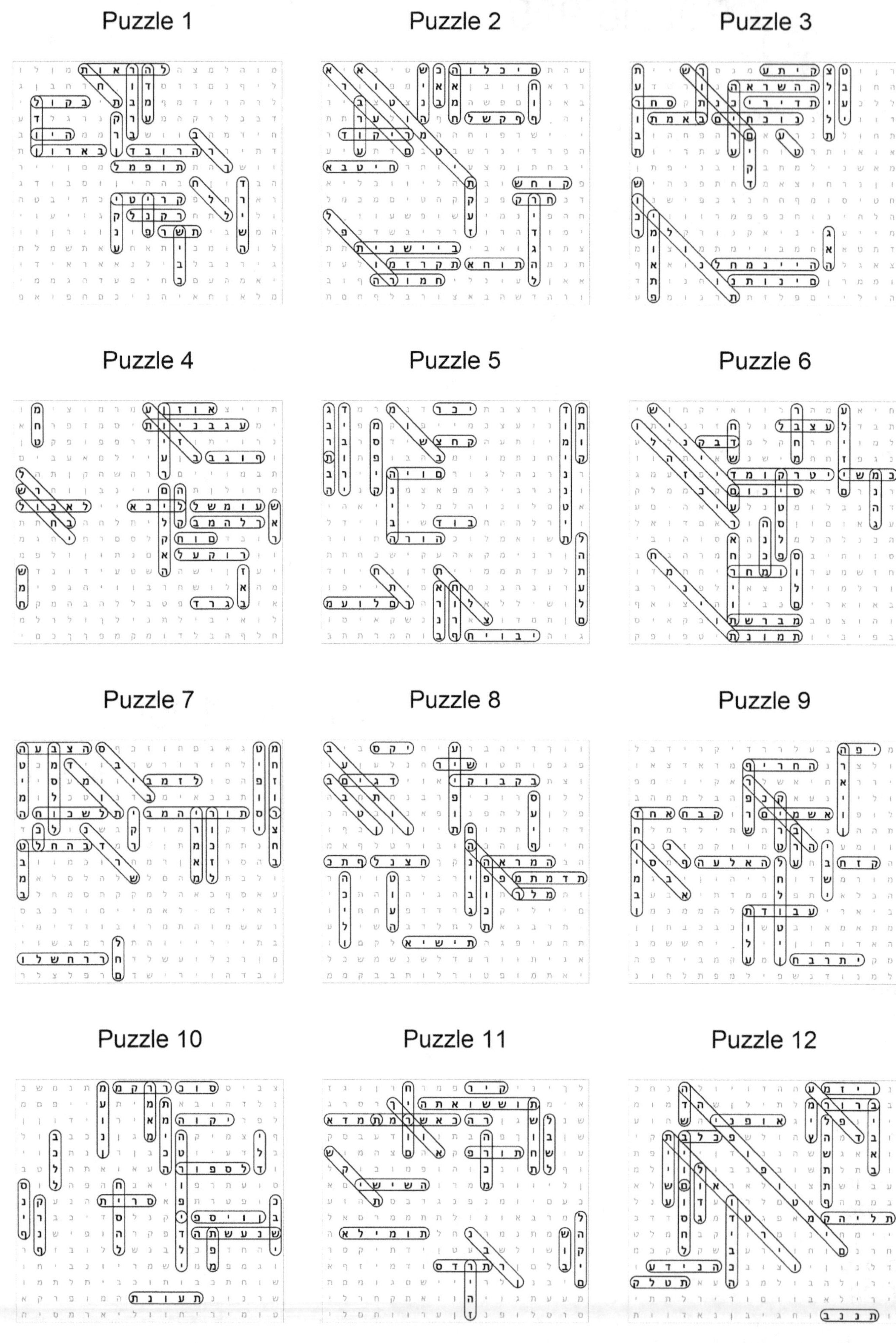
Puzzle 1
Puzzle 2
Puzzle 3
Puzzle 4
Puzzle 5
Puzzle 6
Puzzle 7
Puzzle 8
Puzzle 9
Puzzle 10
Puzzle 11
Puzzle 12

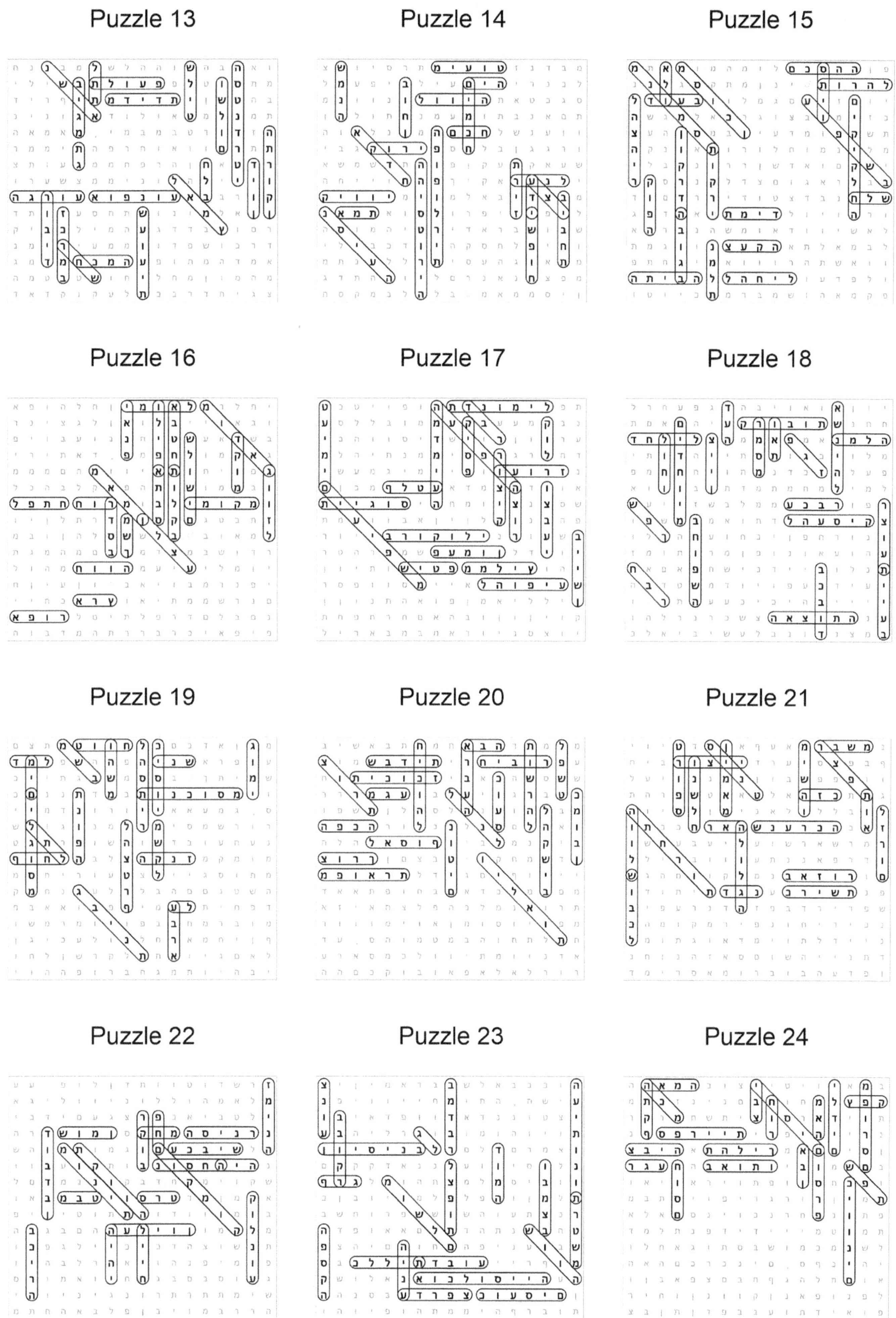
Puzzle 13
Puzzle 14
Puzzle 15
Puzzle 16
Puzzle 17
Puzzle 18
Puzzle 19
Puzzle 20
Puzzle 21
Puzzle 22
Puzzle 23
Puzzle 24

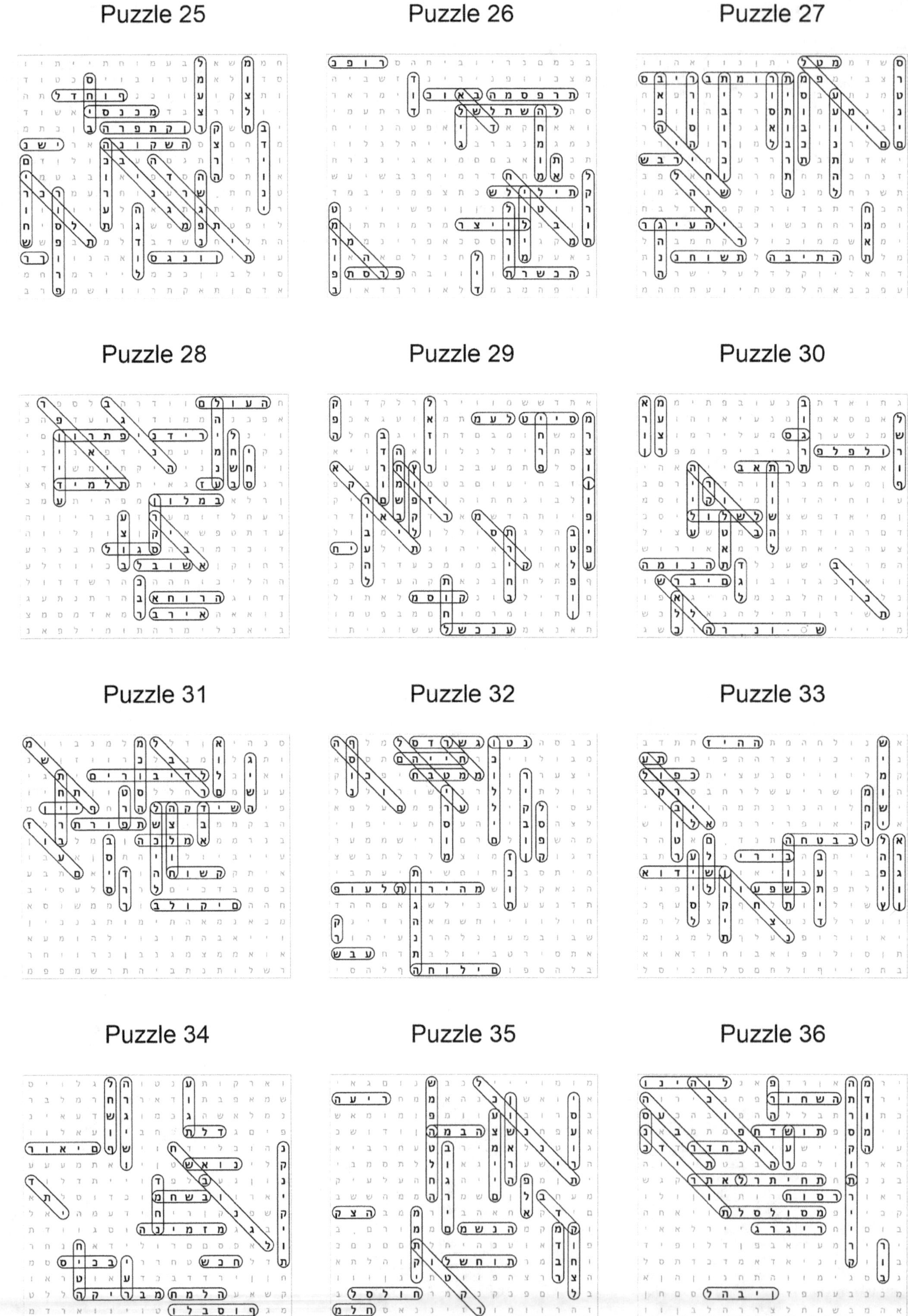
Puzzle 25
Puzzle 26
Puzzle 27
Puzzle 28
Puzzle 29
Puzzle 30
Puzzle 31
Puzzle 32
Puzzle 33
Puzzle 34
Puzzle 35
Puzzle 36

Puzzle 37 Puzzle 38 Puzzle 39

Puzzle 40 Puzzle 41 Puzzle 42

Puzzle 43 Puzzle 44 Puzzle 45

Puzzle 46 Puzzle 47 Puzzle 48

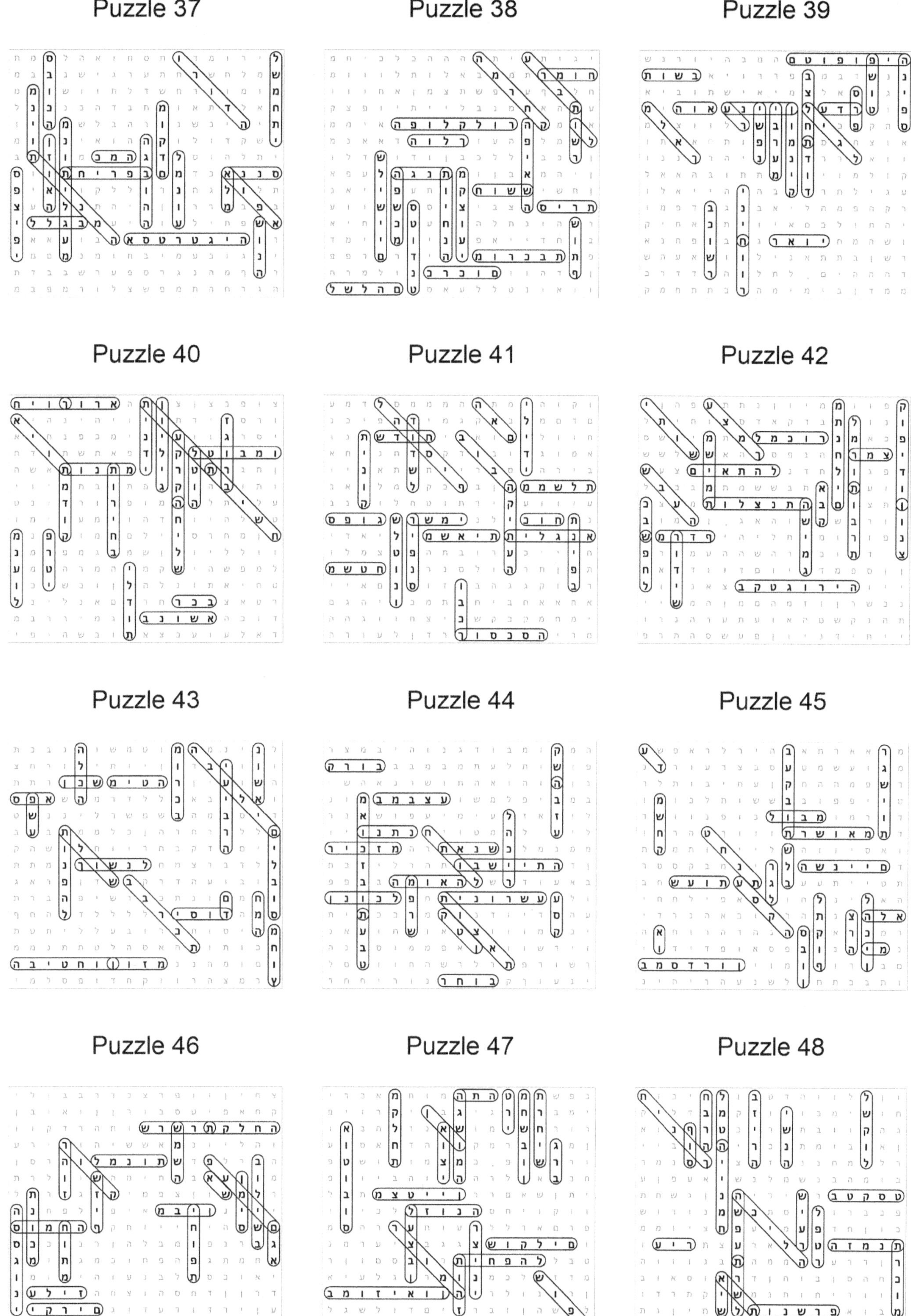

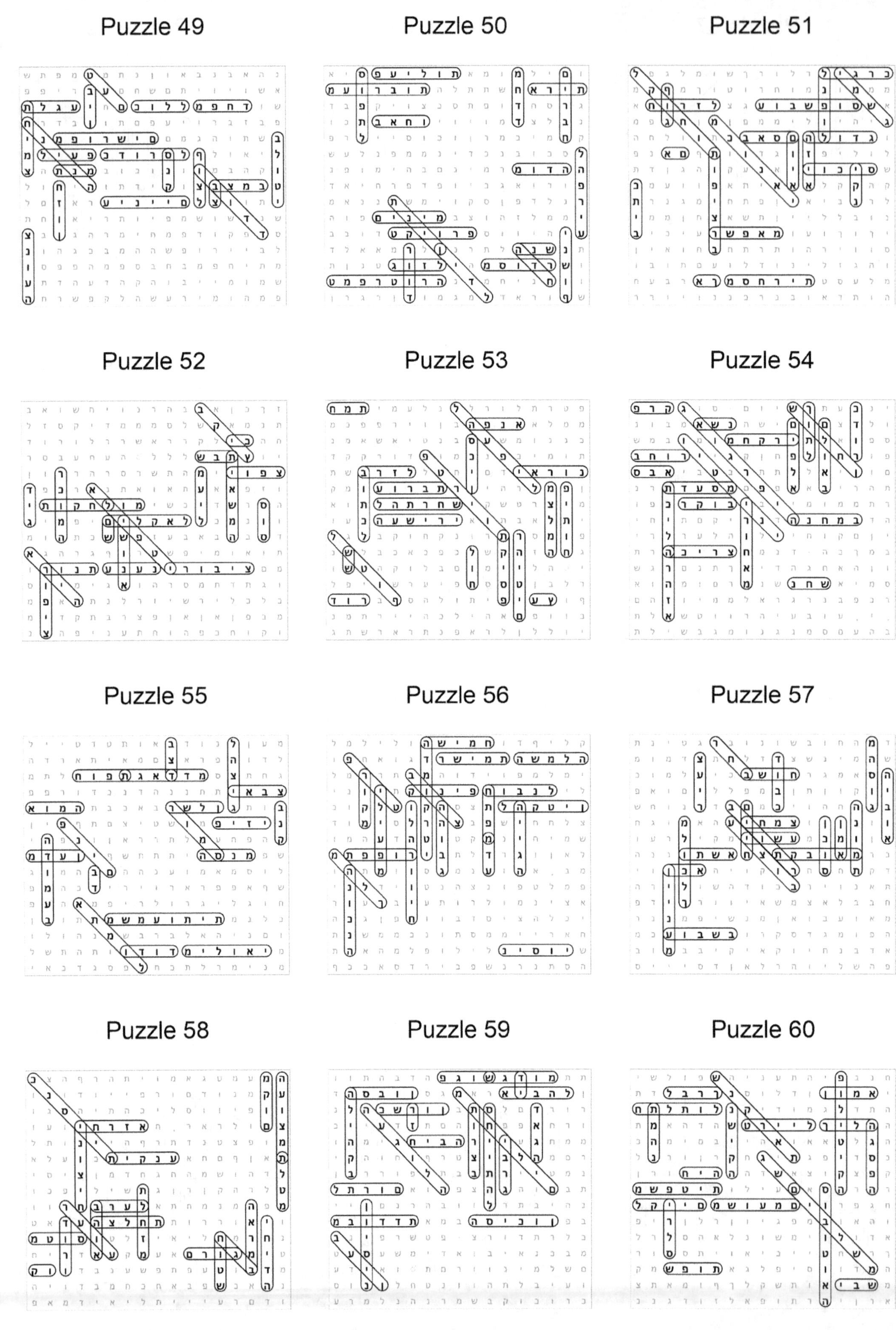
Puzzle 49
Puzzle 50
Puzzle 51
Puzzle 52
Puzzle 53
Puzzle 54
Puzzle 55
Puzzle 56
Puzzle 57
Puzzle 58
Puzzle 59
Puzzle 60

Puzzle 61

Puzzle 62

Puzzle 63

Puzzle 64

Puzzle 65

Puzzle 66

Puzzle 67

Puzzle 68

Puzzle 69

Puzzle 70

Puzzle 71

Puzzle 72

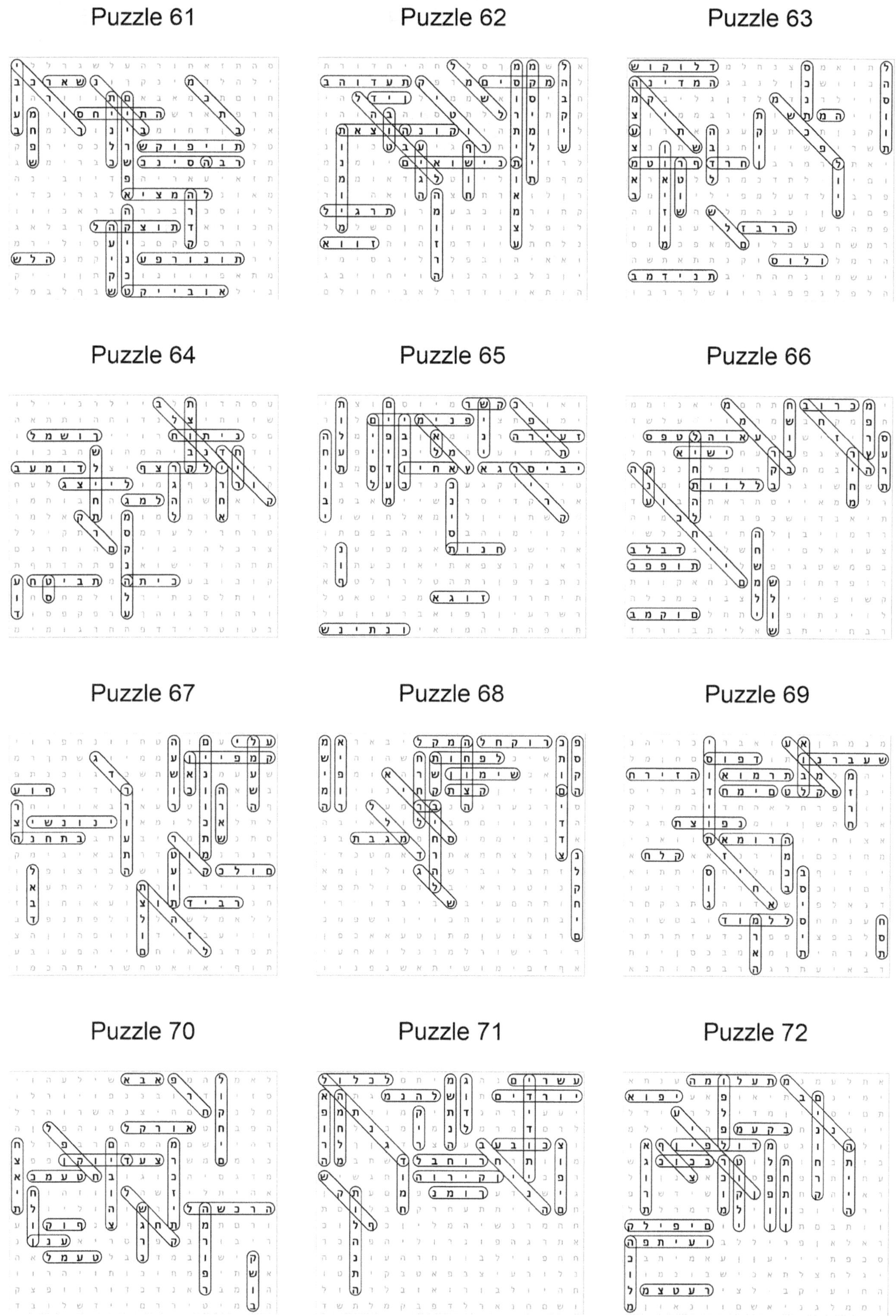

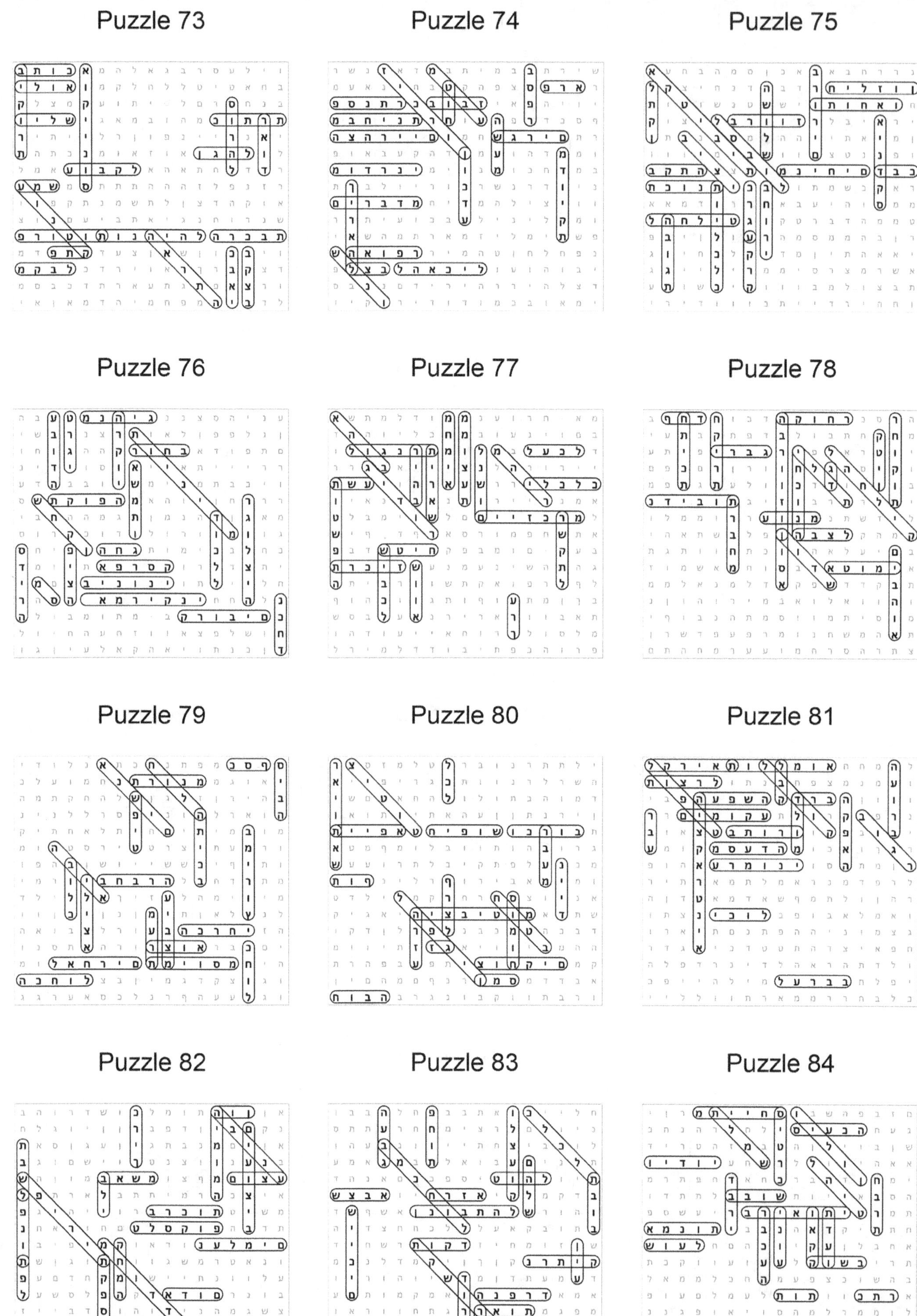
Puzzle 73
Puzzle 74
Puzzle 75
Puzzle 76
Puzzle 77
Puzzle 78
Puzzle 79
Puzzle 80
Puzzle 81
Puzzle 82
Puzzle 83
Puzzle 84

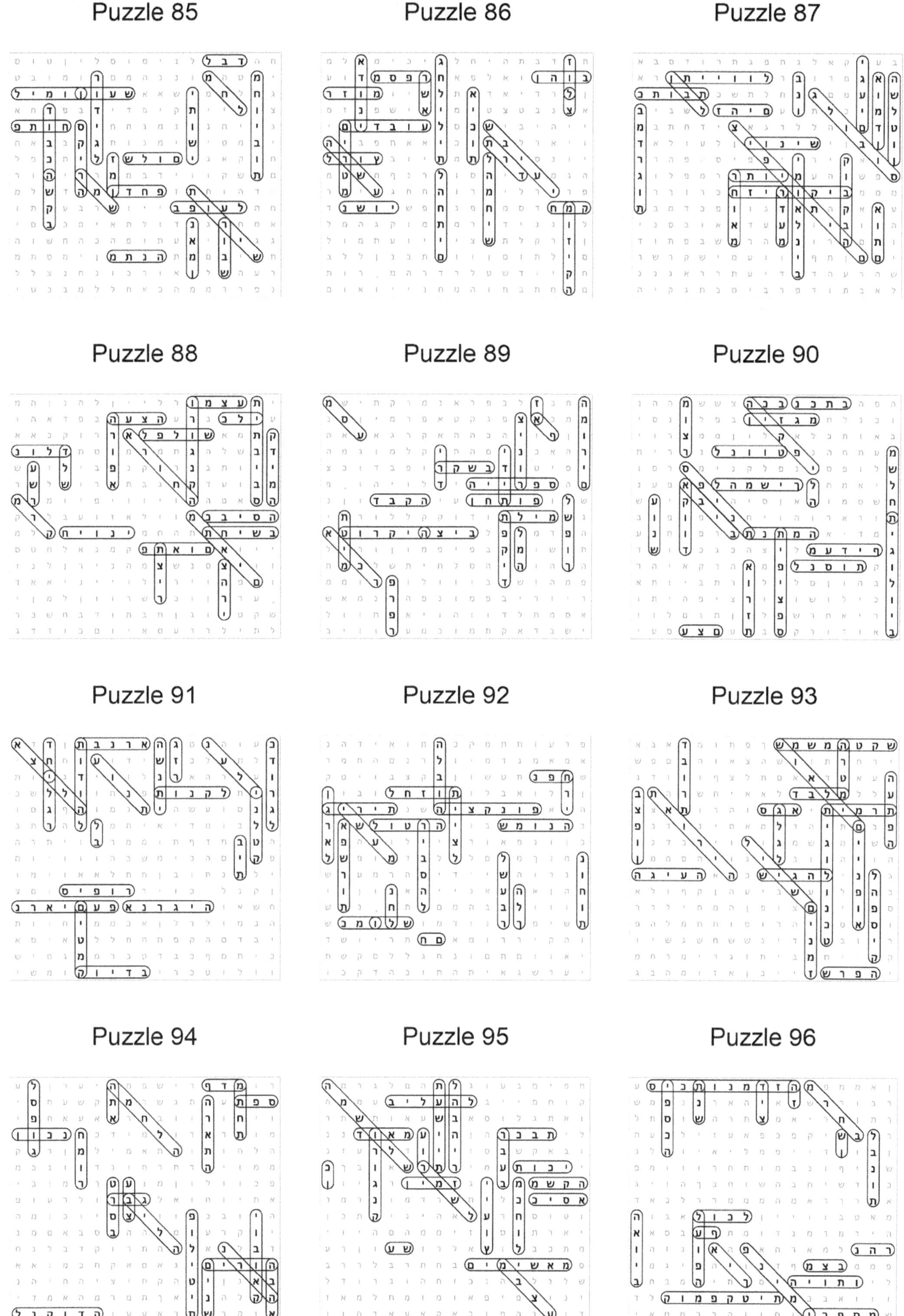
Puzzle 85
Puzzle 86
Puzzle 87
Puzzle 88
Puzzle 89
Puzzle 90
Puzzle 91
Puzzle 92
Puzzle 93
Puzzle 94
Puzzle 95
Puzzle 96

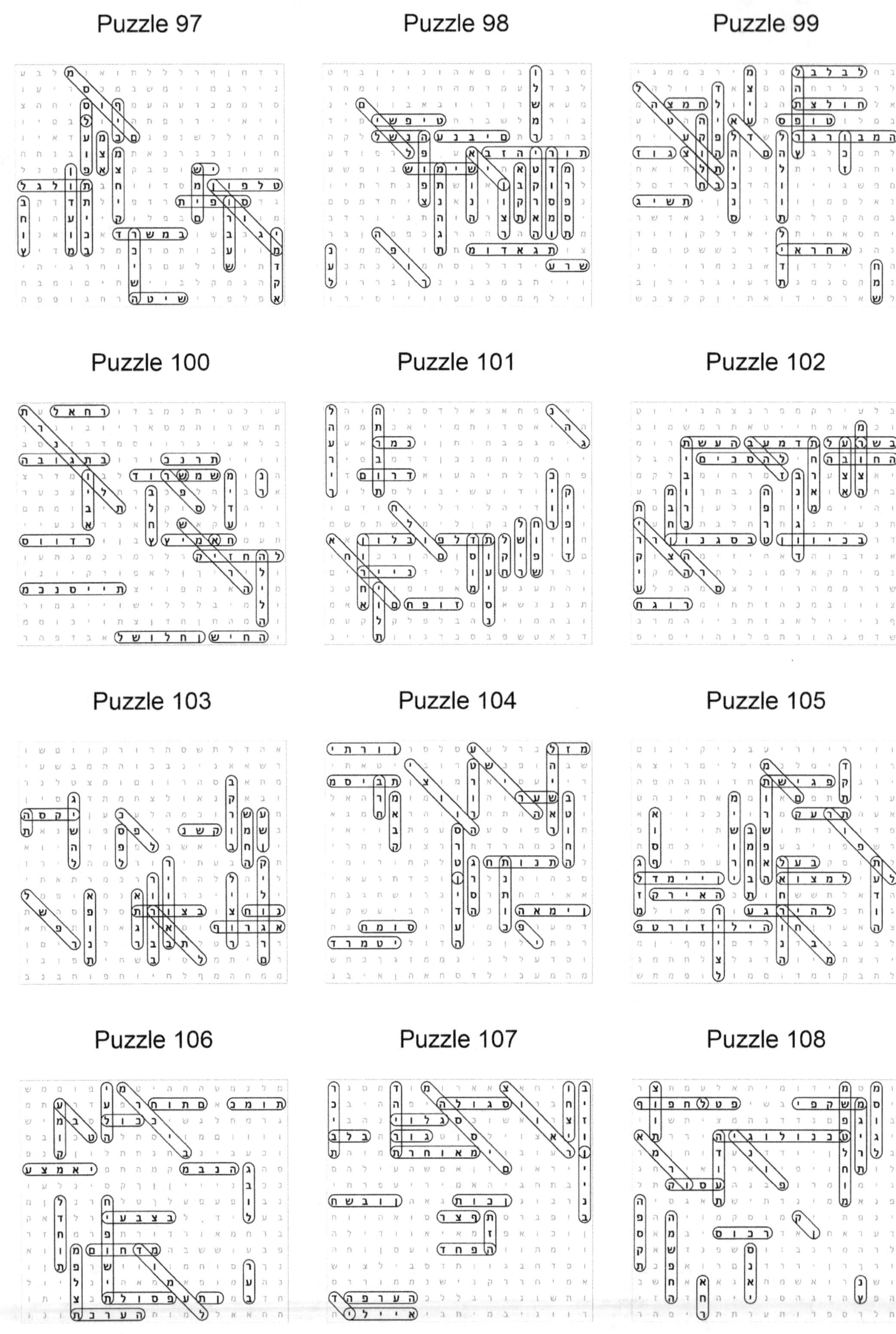

Puzzle 97
Puzzle 98
Puzzle 99
Puzzle 100
Puzzle 101
Puzzle 102
Puzzle 103
Puzzle 104
Puzzle 105
Puzzle 106
Puzzle 107
Puzzle 108

Puzzle 109

Puzzle 110

Puzzle 111

Puzzle 112

Puzzle 113

Puzzle 114

Puzzle 115

Puzzle 116

Puzzle 117

Puzzle 118

Puzzle 119

Puzzle 120

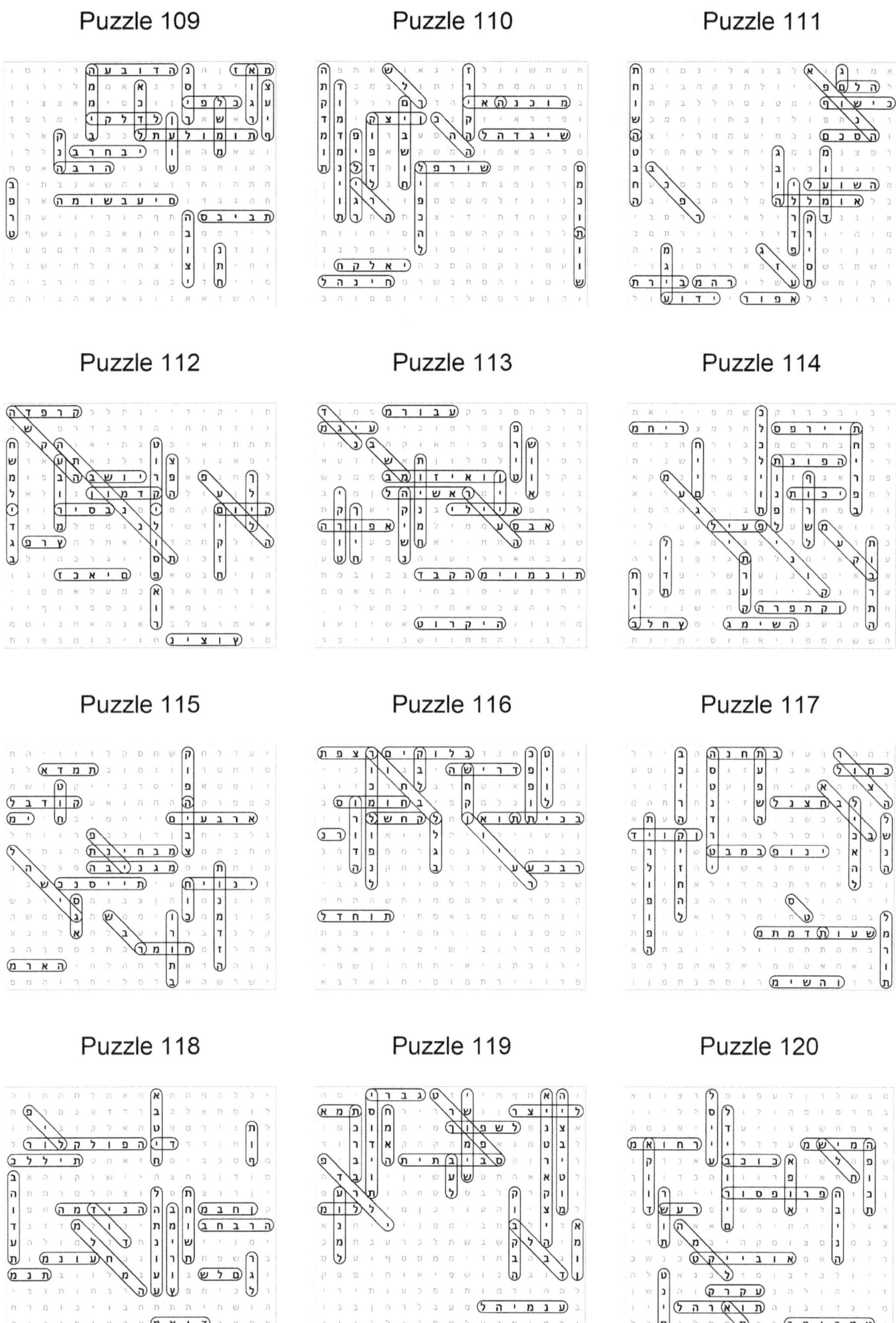

Puzzle 121 | Puzzle 122 | Puzzle 123

Puzzle 124 | Puzzle 125 | Puzzle 126

Puzzle 127 | Puzzle 128 | Puzzle 129

Puzzle 130 | Puzzle 131 | Puzzle 132

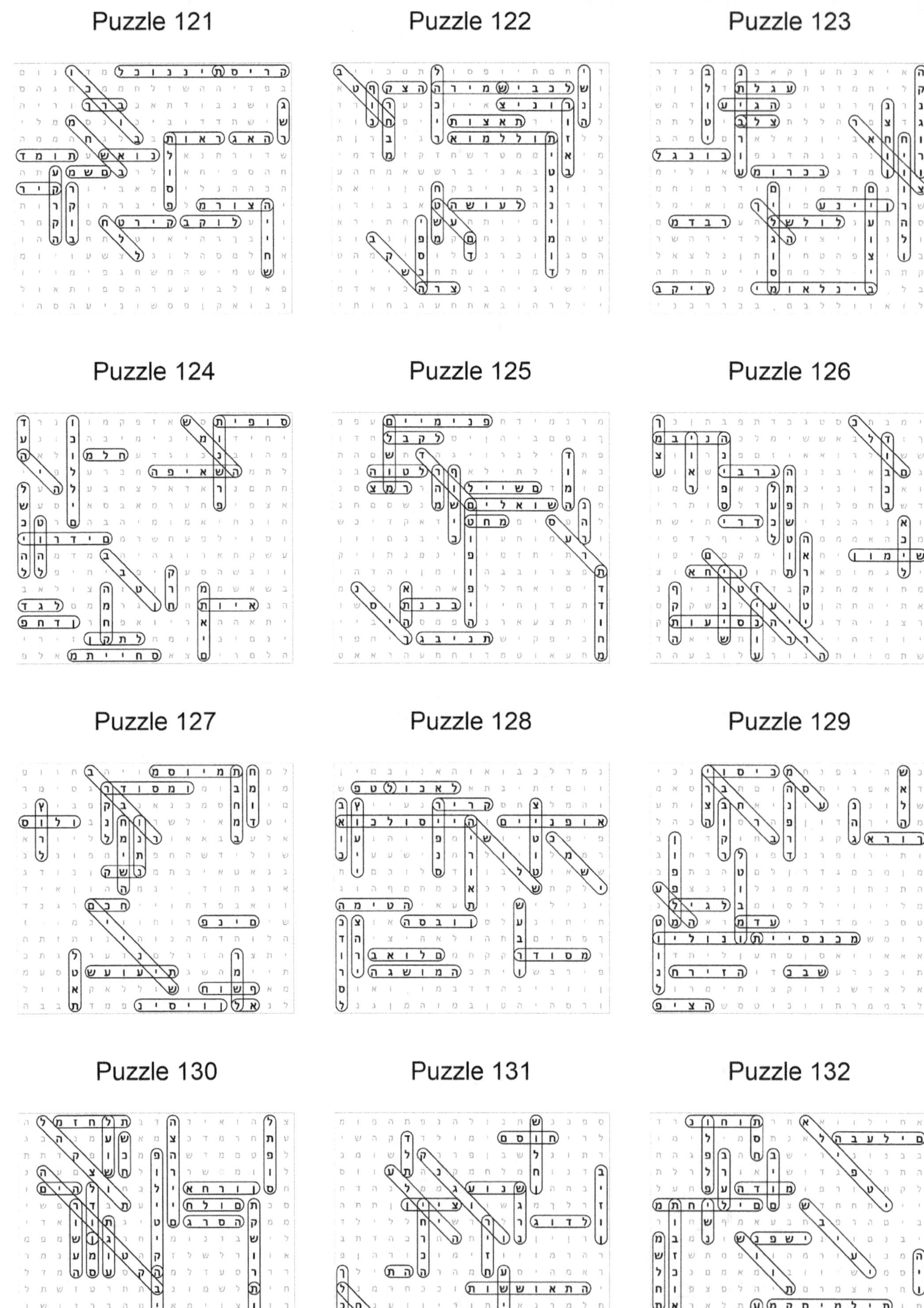

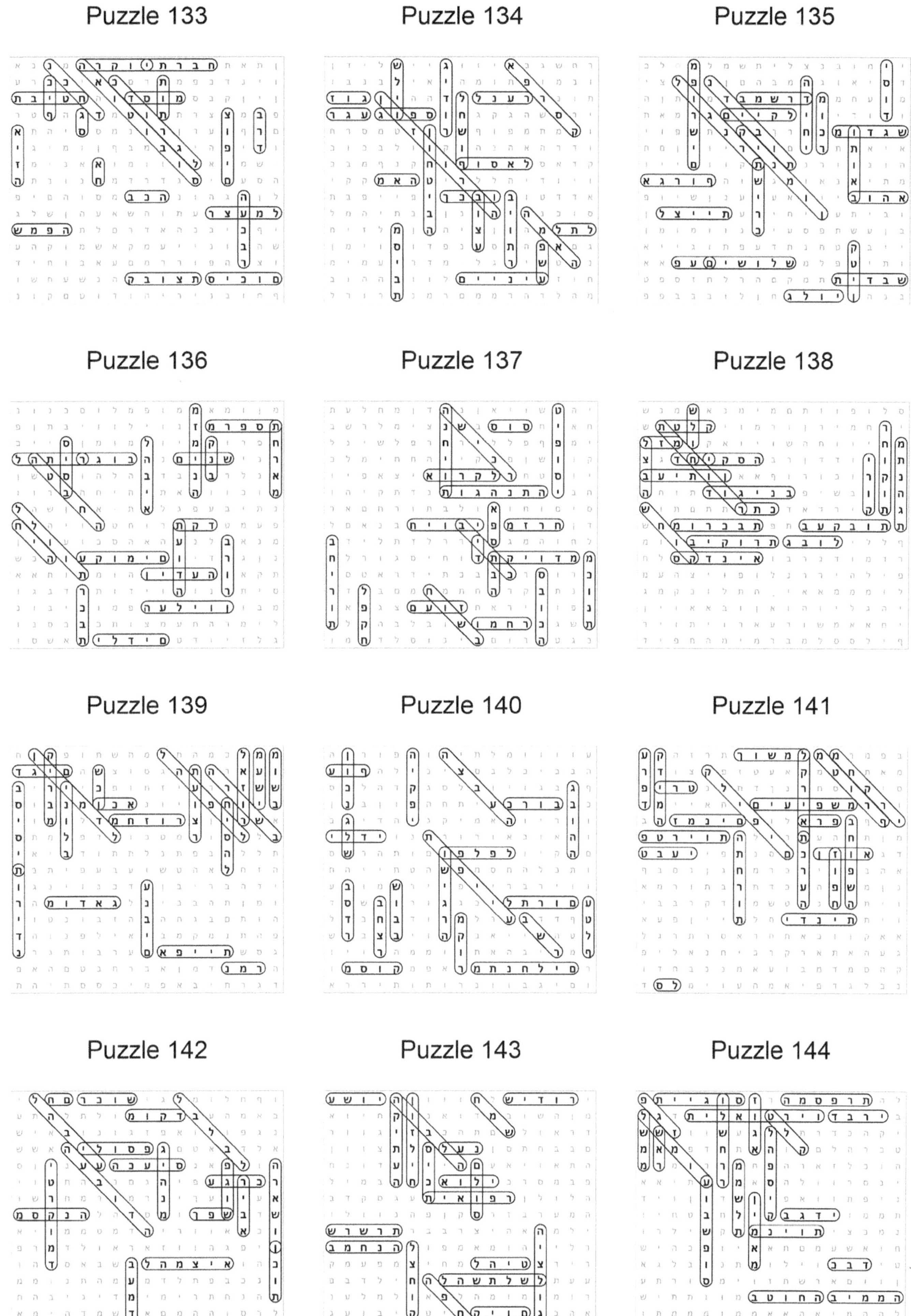

Puzzle 133
Puzzle 134
Puzzle 135
Puzzle 136
Puzzle 137
Puzzle 138
Puzzle 139
Puzzle 140
Puzzle 141
Puzzle 142
Puzzle 143
Puzzle 144

Puzzle 145

Puzzle 146

Puzzle 147

Puzzle 148

Puzzle 149

Puzzle 150

Puzzle 151

Puzzle 152

Puzzle 153

Puzzle 154

Puzzle 155

Puzzle 156

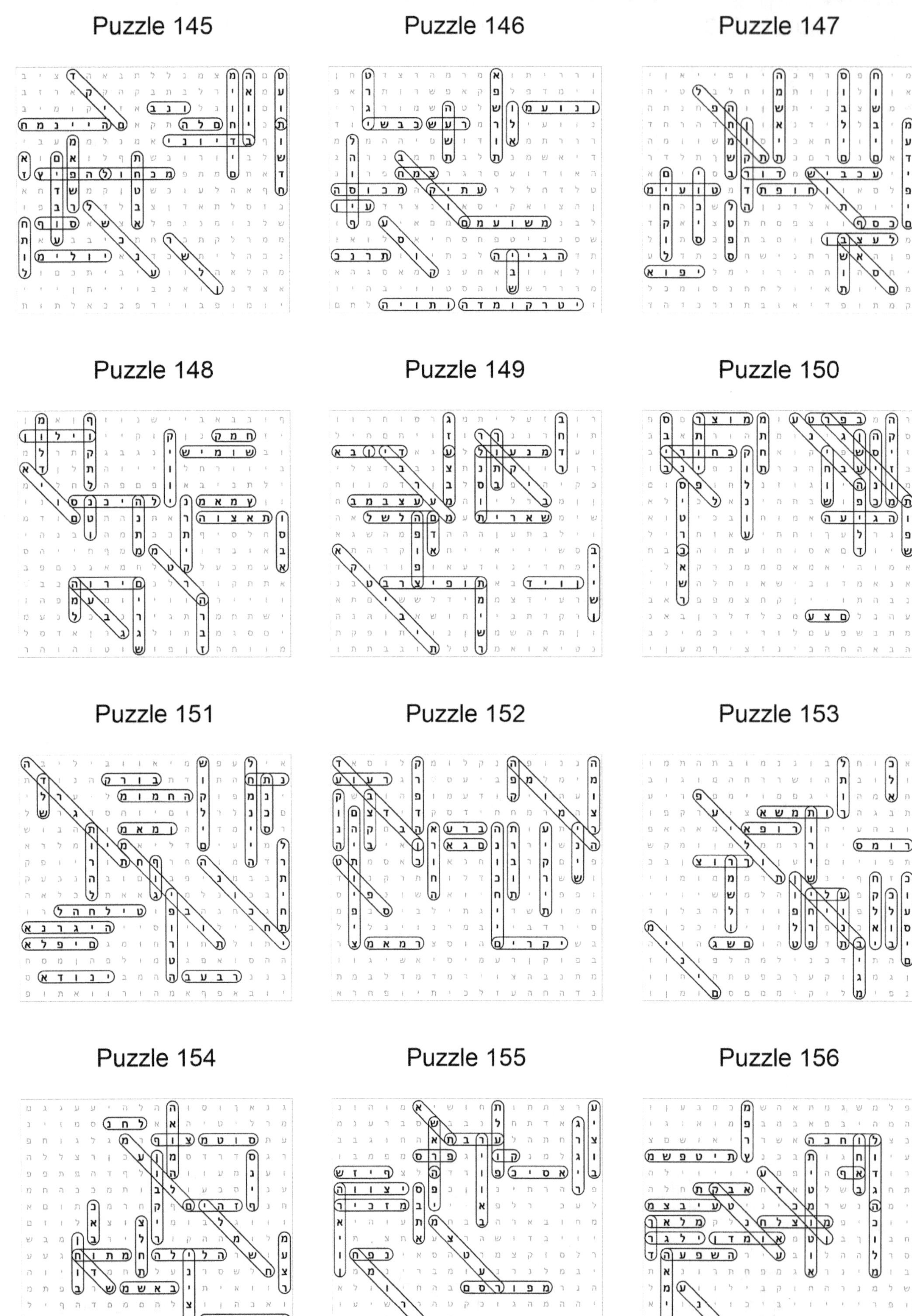

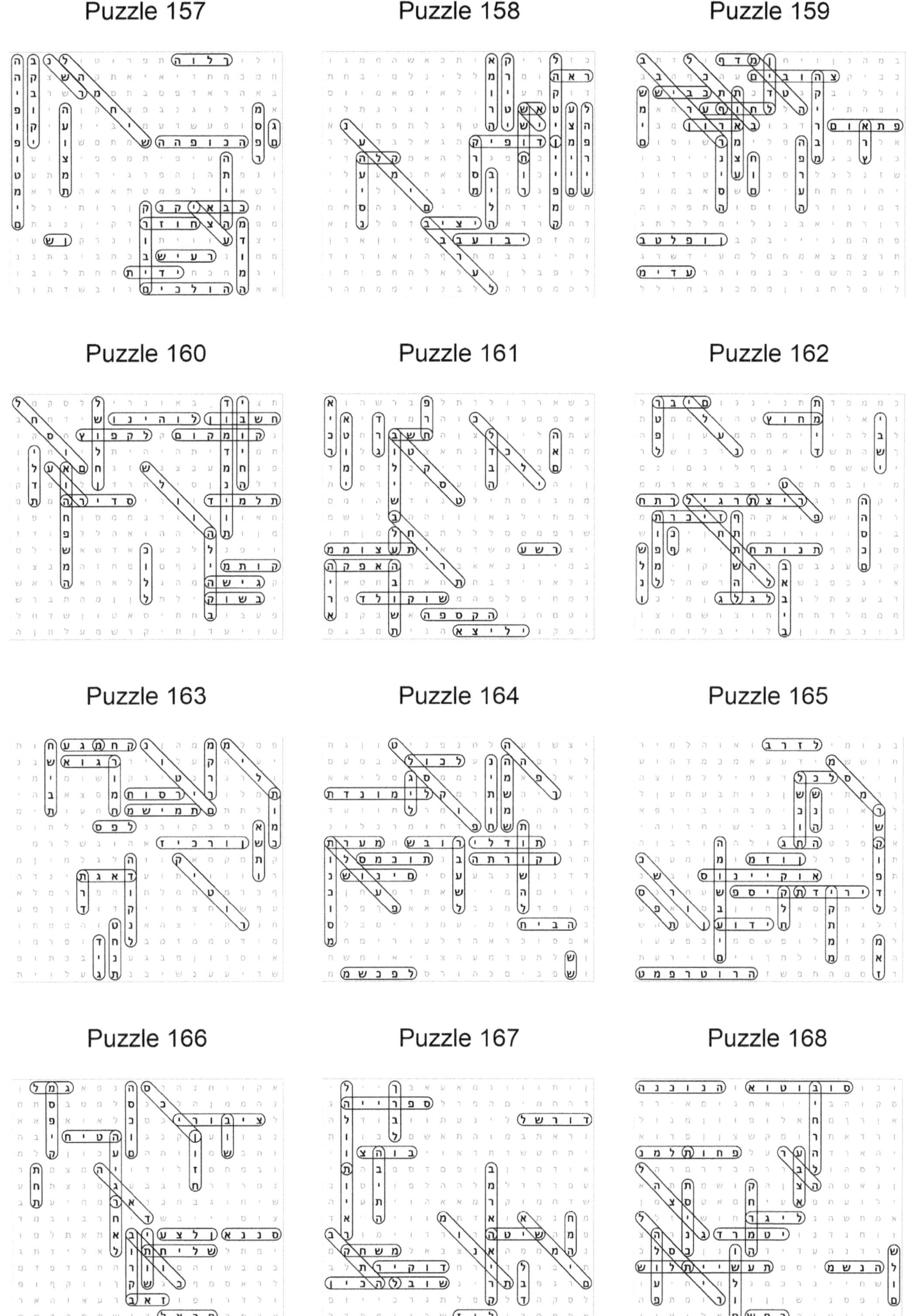
Puzzle 157
Puzzle 158
Puzzle 159
Puzzle 160
Puzzle 161
Puzzle 162
Puzzle 163
Puzzle 164
Puzzle 165
Puzzle 166
Puzzle 167
Puzzle 168

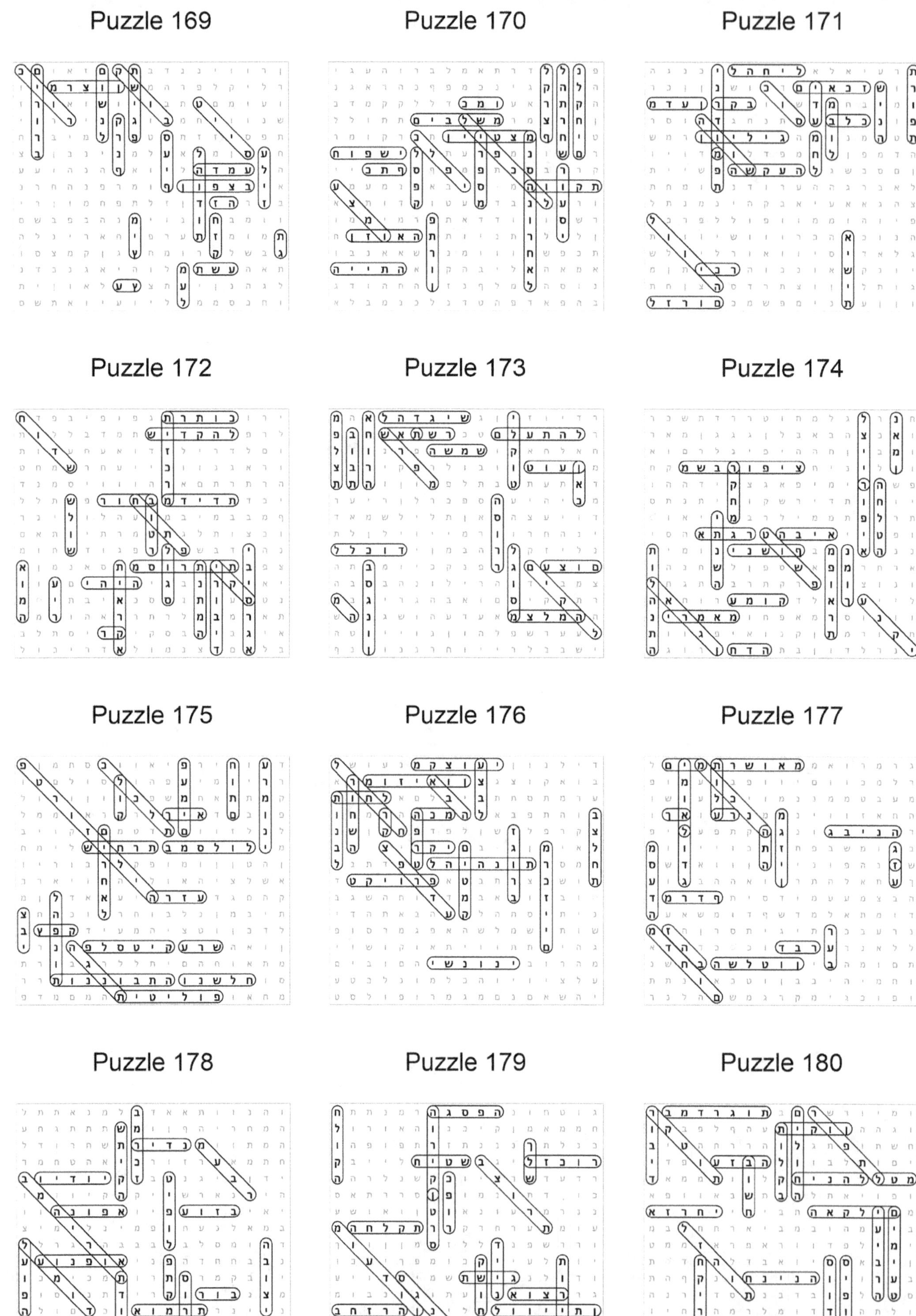
Puzzle 169
Puzzle 170
Puzzle 171
Puzzle 172
Puzzle 173
Puzzle 174
Puzzle 175
Puzzle 176
Puzzle 177
Puzzle 178
Puzzle 179
Puzzle 180

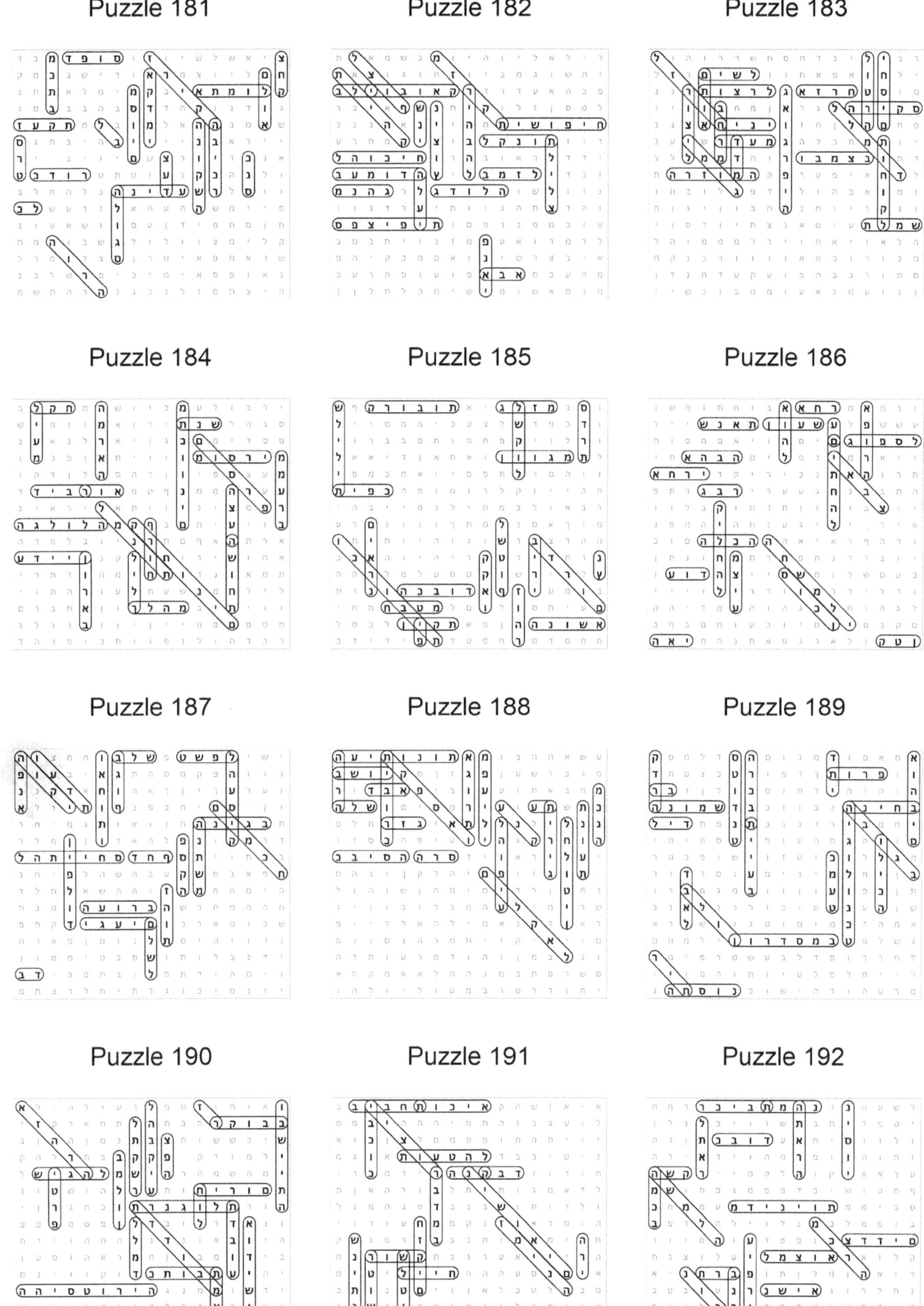

Puzzle 181
Puzzle 182
Puzzle 183
Puzzle 184
Puzzle 185
Puzzle 186
Puzzle 187
Puzzle 188
Puzzle 189
Puzzle 190
Puzzle 191
Puzzle 192

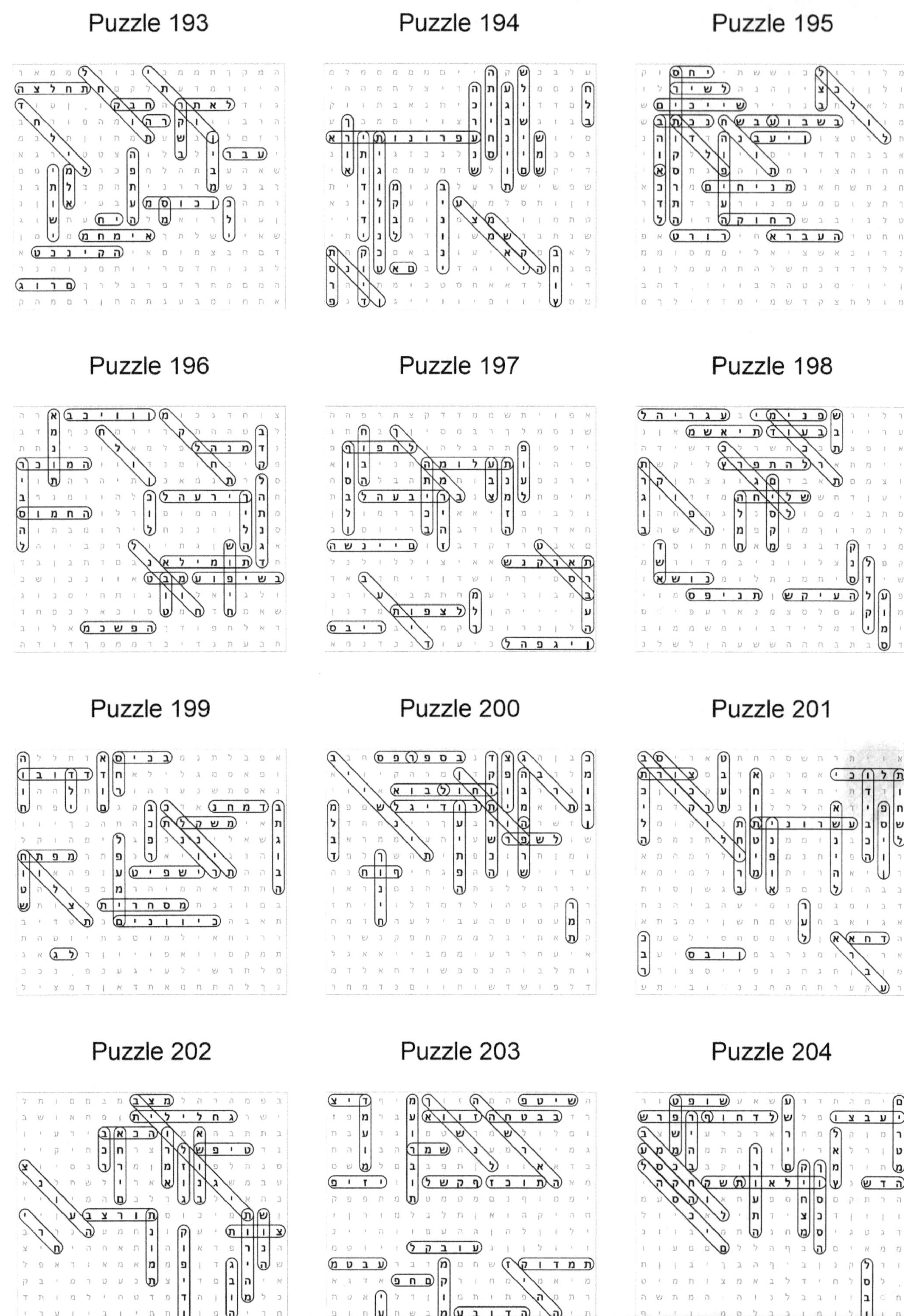
Puzzle 193
Puzzle 194
Puzzle 195
Puzzle 196
Puzzle 197
Puzzle 198
Puzzle 199
Puzzle 200
Puzzle 201
Puzzle 202
Puzzle 203
Puzzle 204

Puzzle 205

Puzzle 206

Puzzle 207

Puzzle 208

Puzzle 209

Puzzle 210

Puzzle 211

Puzzle 212

Puzzle 213

Puzzle 214

Puzzle 215

Puzzle 216

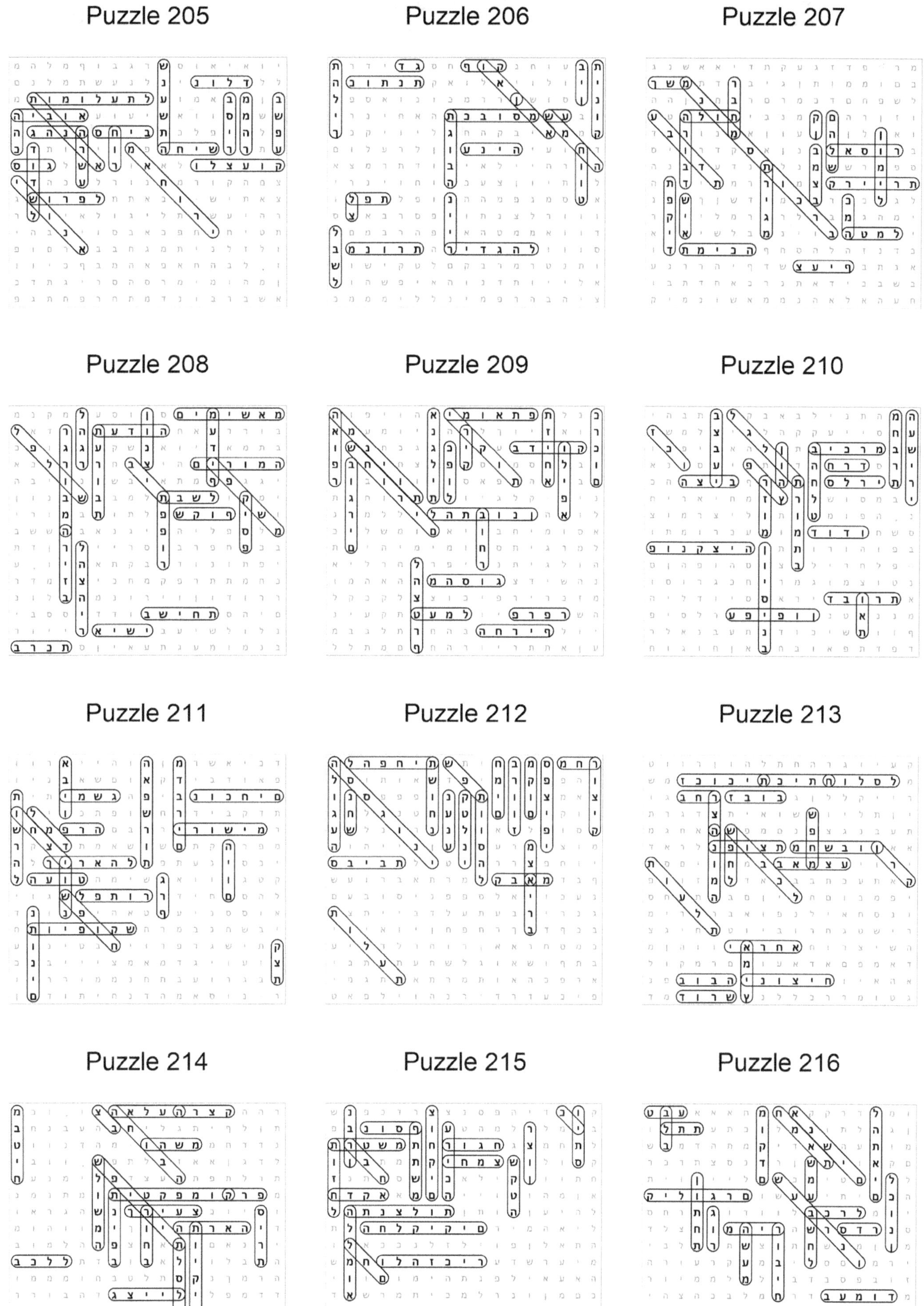

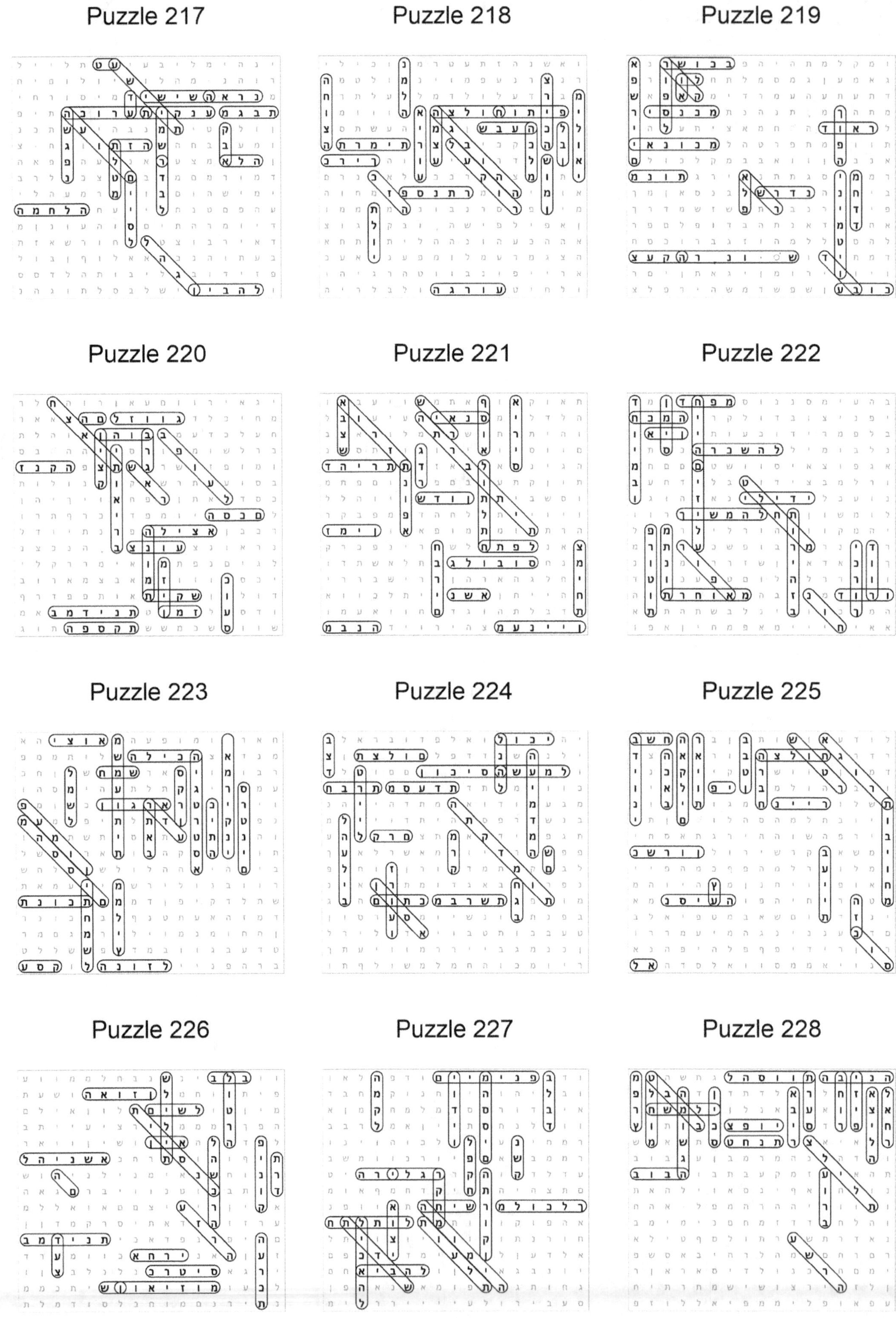
Puzzle 217
Puzzle 218
Puzzle 219
Puzzle 220
Puzzle 221
Puzzle 222
Puzzle 223
Puzzle 224
Puzzle 225
Puzzle 226
Puzzle 227
Puzzle 228

Puzzle 229 Puzzle 230 Puzzle 231

Puzzle 232 Puzzle 233 Puzzle 234

Puzzle 235 Puzzle 236 Puzzle 237

Puzzle 238 Puzzle 239 Puzzle 240

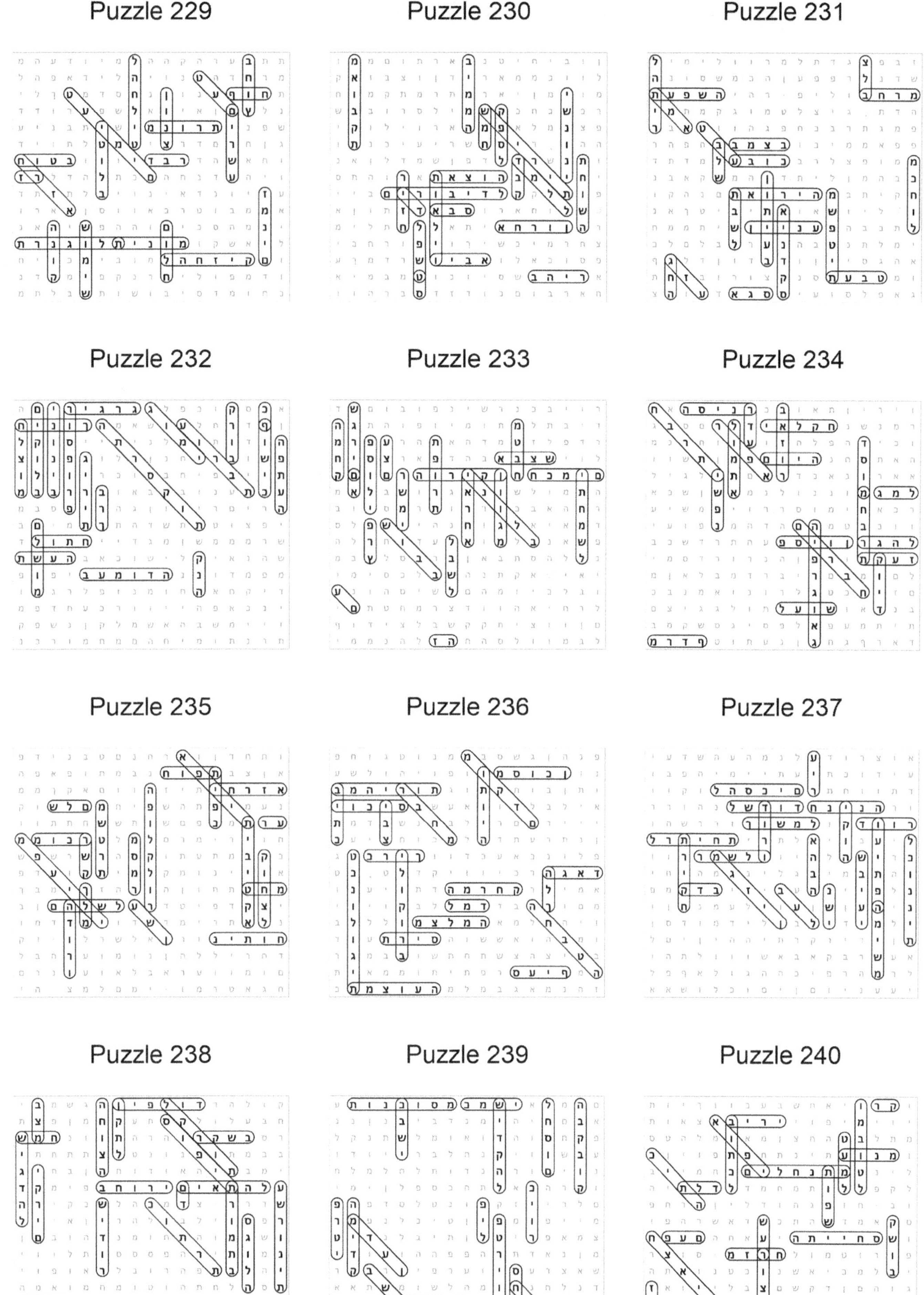

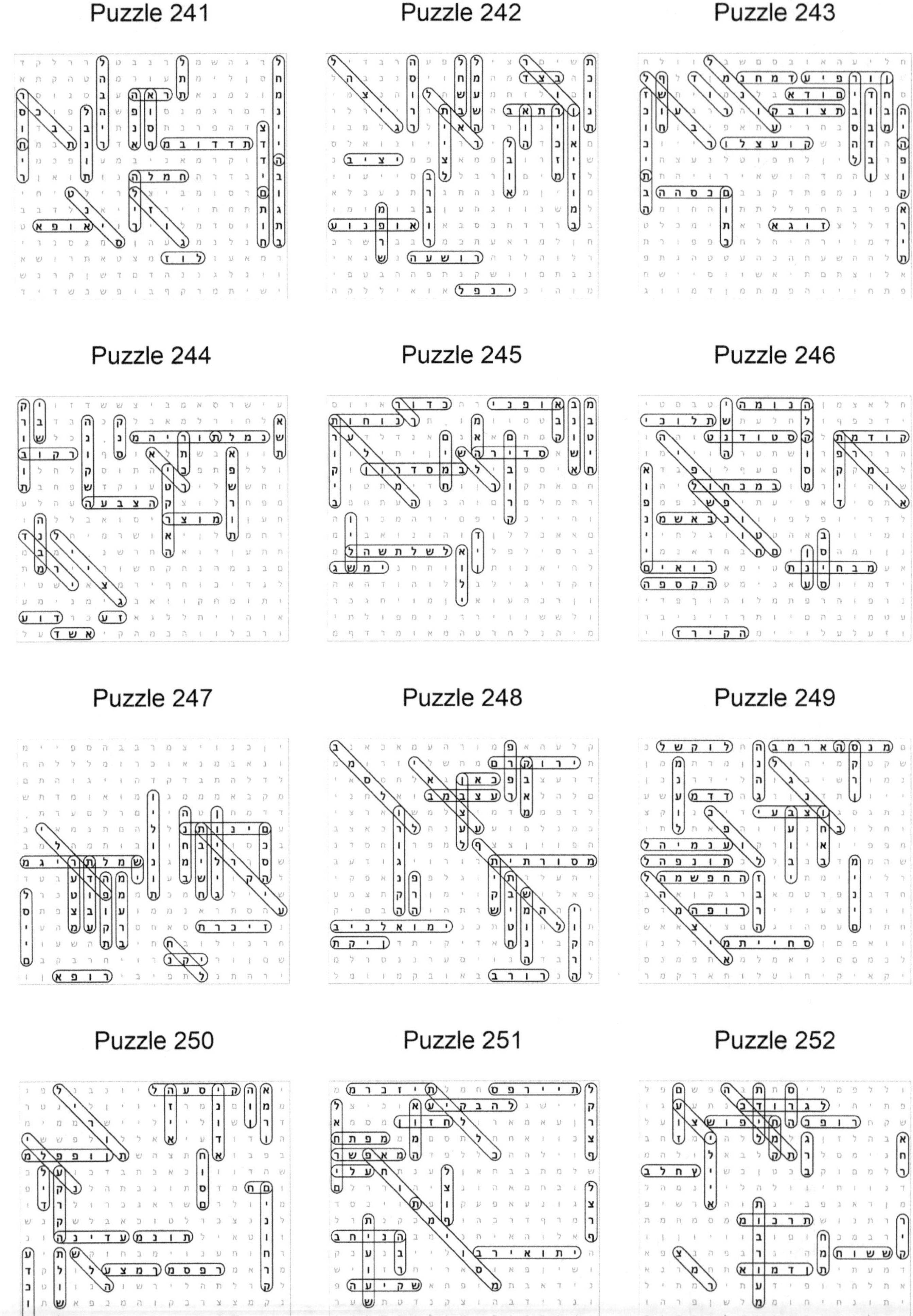

Puzzle 241
Puzzle 242
Puzzle 243
Puzzle 244
Puzzle 245
Puzzle 246
Puzzle 247
Puzzle 248
Puzzle 249
Puzzle 250
Puzzle 251
Puzzle 252

Puzzle 253

Puzzle 254

Puzzle 255

Puzzle 256

Puzzle 257

Puzzle 258

Puzzle 259

Puzzle 260

Puzzle 261

Puzzle 262

Puzzle 263

Puzzle 264

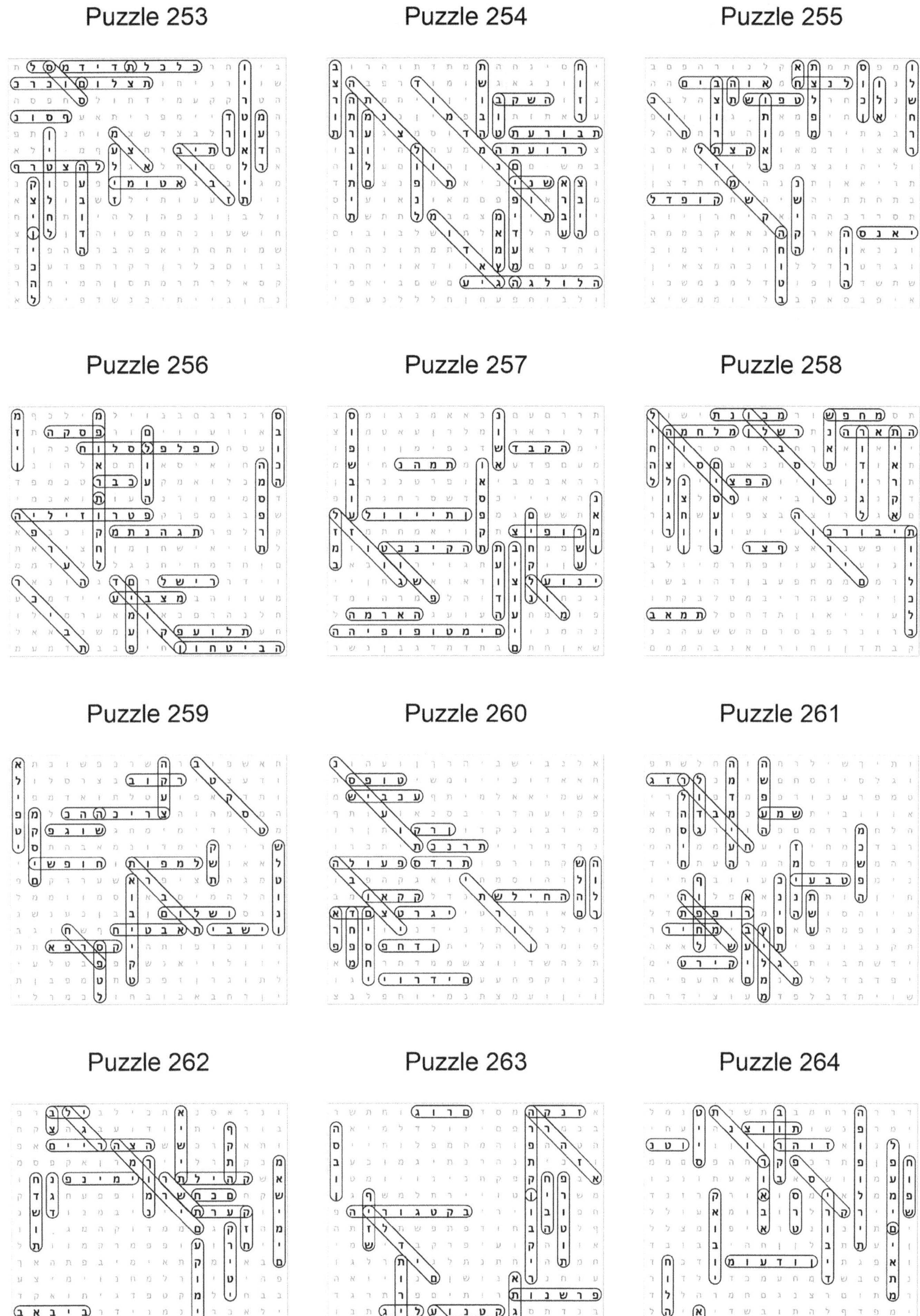

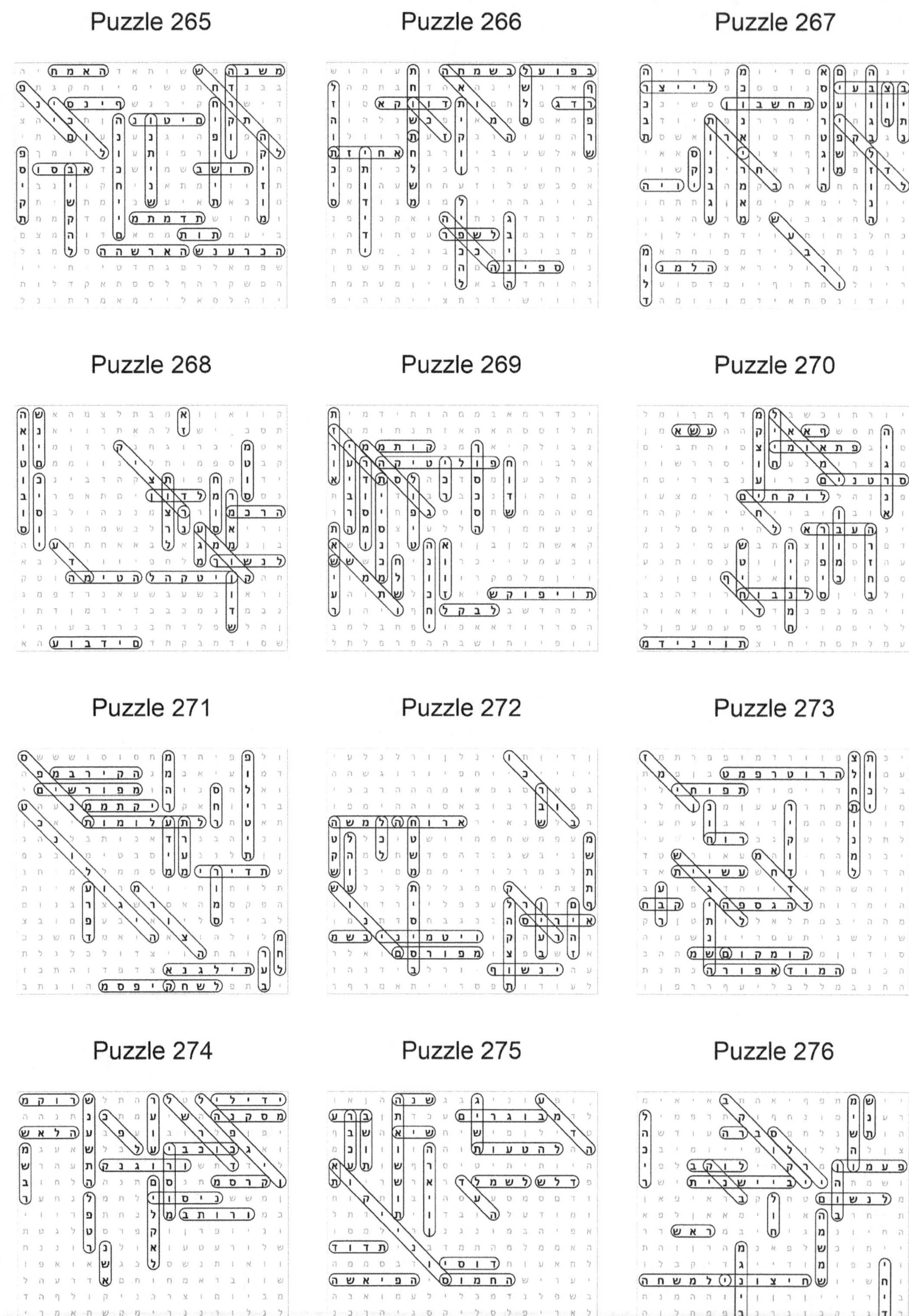
Puzzle 265
Puzzle 266
Puzzle 267
Puzzle 268
Puzzle 269
Puzzle 270
Puzzle 271
Puzzle 272
Puzzle 273
Puzzle 274
Puzzle 275
Puzzle 276

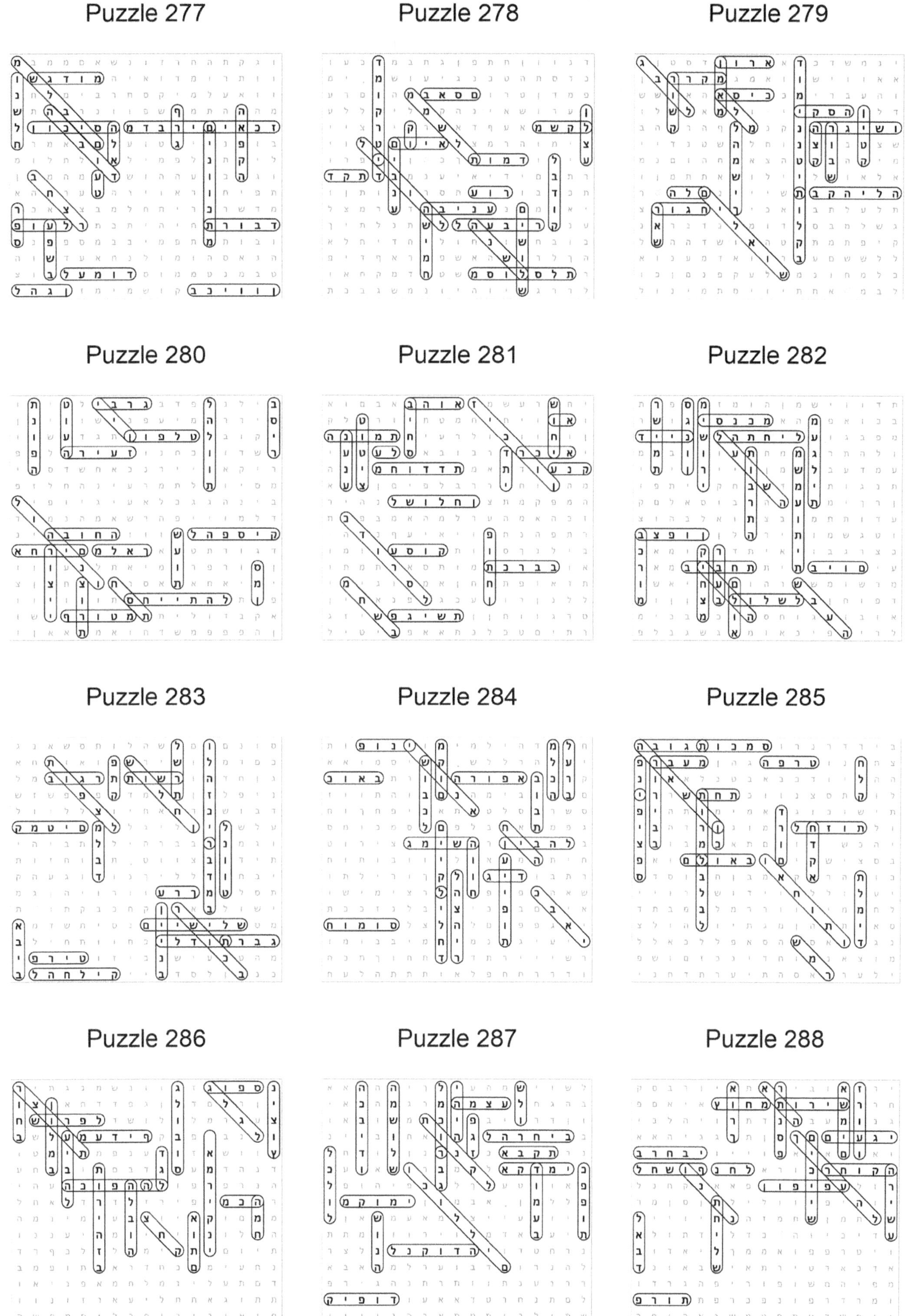
Puzzle 277
Puzzle 278
Puzzle 279
Puzzle 280
Puzzle 281
Puzzle 282
Puzzle 283
Puzzle 284
Puzzle 285
Puzzle 286
Puzzle 287
Puzzle 288

Puzzle 289

Puzzle 290

Puzzle 291

Puzzle 292

Puzzle 293

Puzzle 294

Puzzle 295

Puzzle 296

Puzzle 297

Puzzle 298

Puzzle 299

Puzzle 300

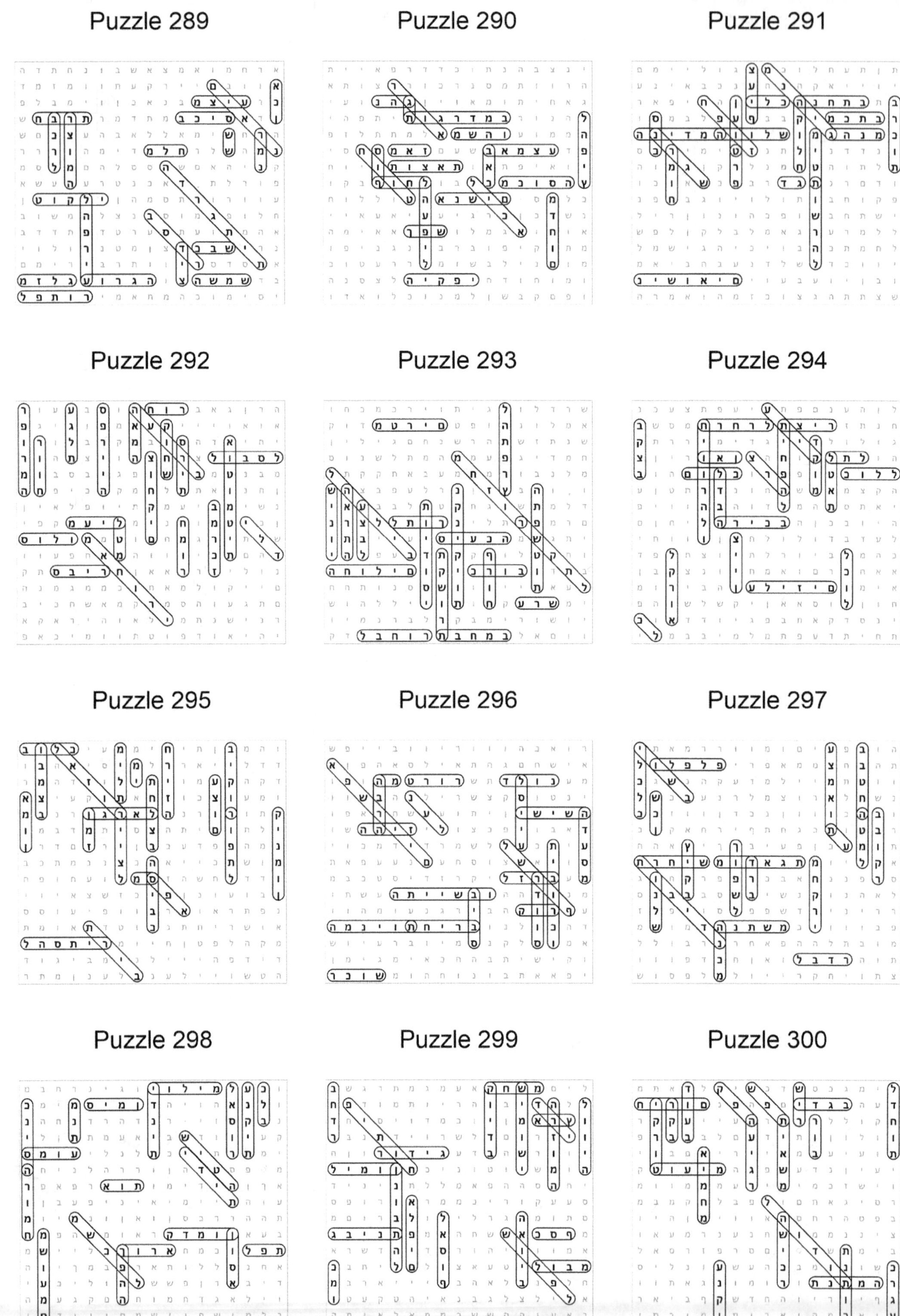

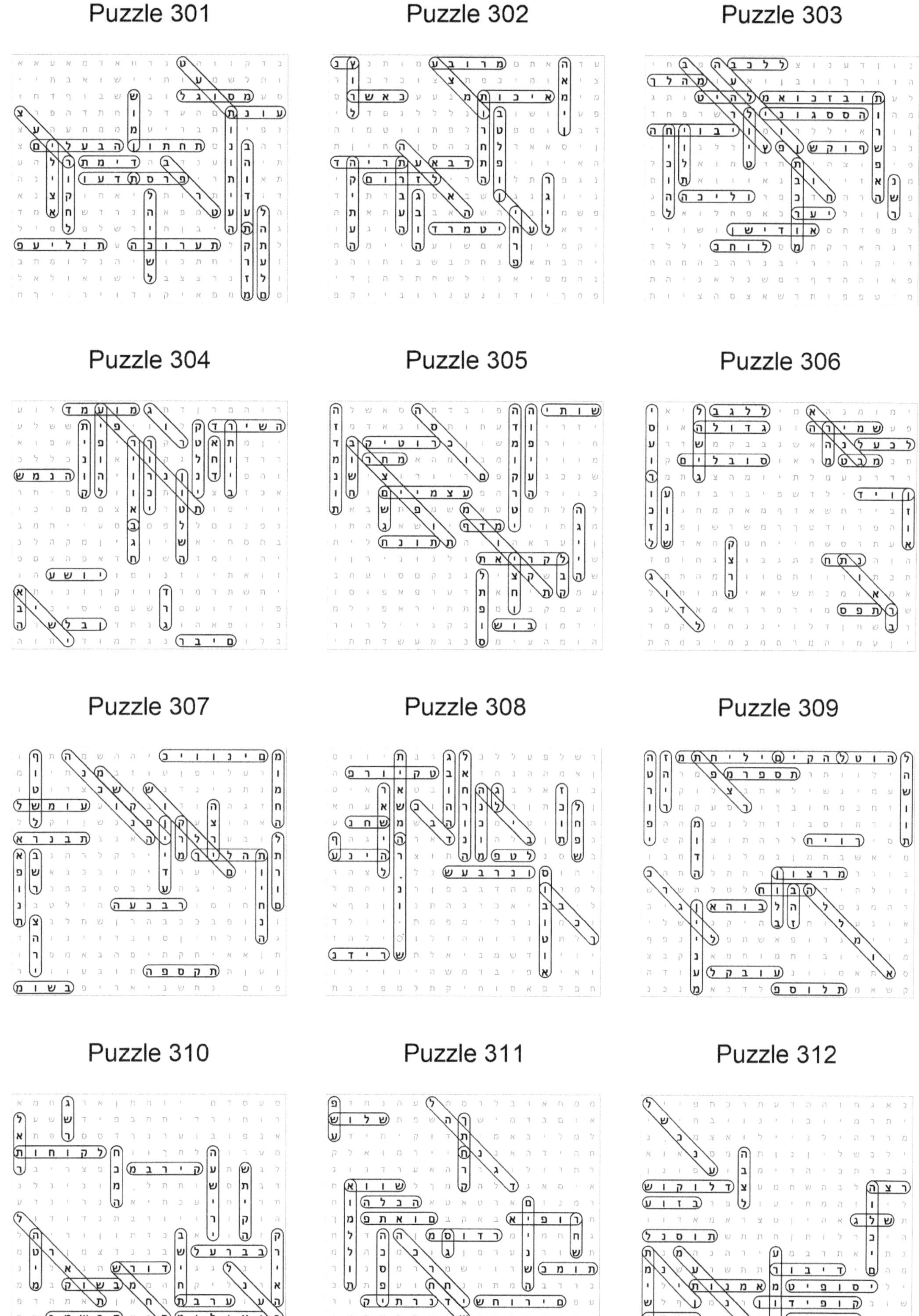
Puzzle 301
Puzzle 302
Puzzle 303
Puzzle 304
Puzzle 305
Puzzle 306
Puzzle 307
Puzzle 308
Puzzle 309
Puzzle 310
Puzzle 311
Puzzle 312

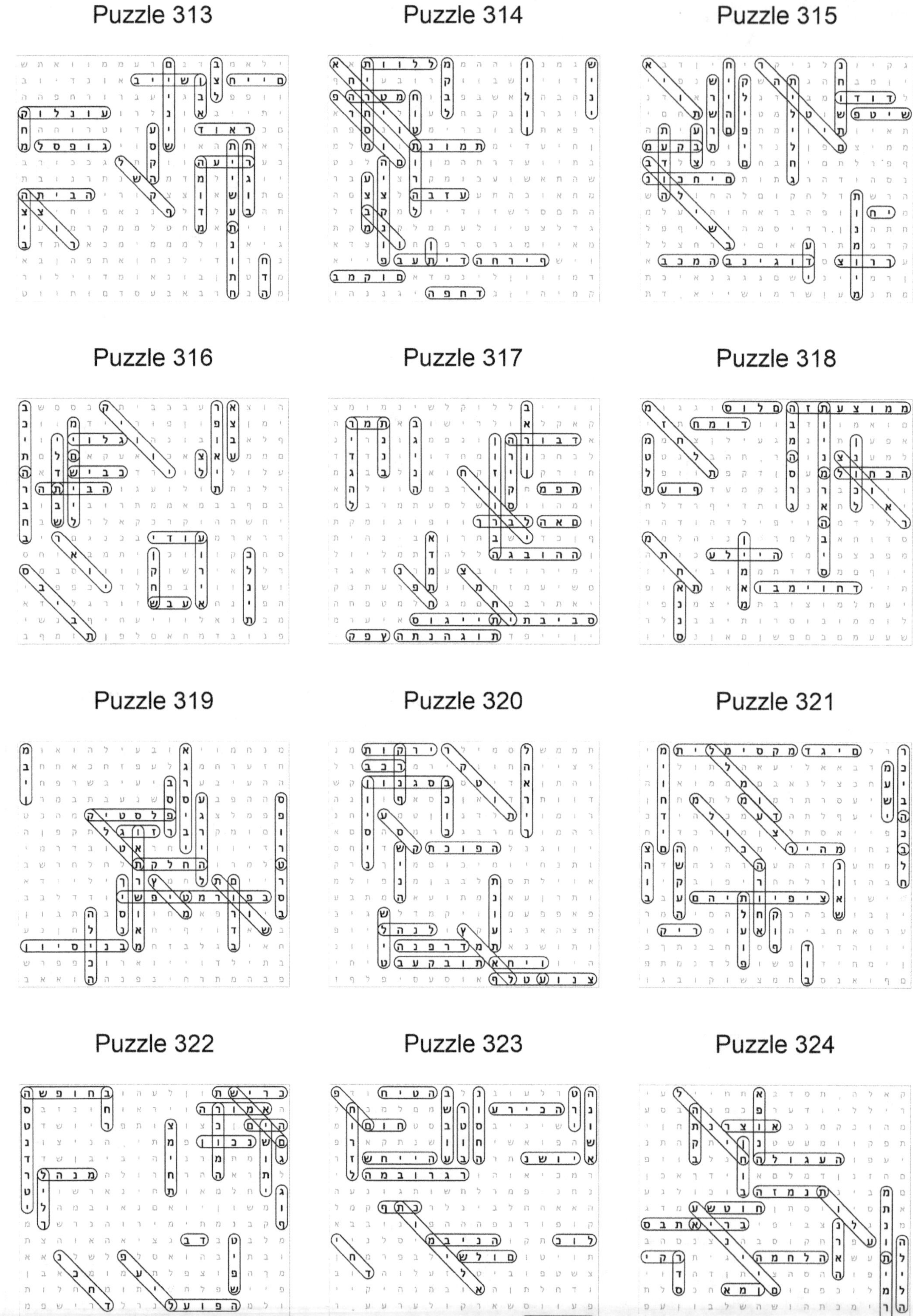

Puzzle 313
Puzzle 314
Puzzle 315
Puzzle 316
Puzzle 317
Puzzle 318
Puzzle 319
Puzzle 320
Puzzle 321
Puzzle 322
Puzzle 323
Puzzle 324

Puzzle 325 | Puzzle 326 | Puzzle 327

Puzzle 328 | Puzzle 329 | Puzzle 330

Puzzle 331 | Puzzle 332 | Puzzle 333

Puzzle 334 | Puzzle 335 | Puzzle 336

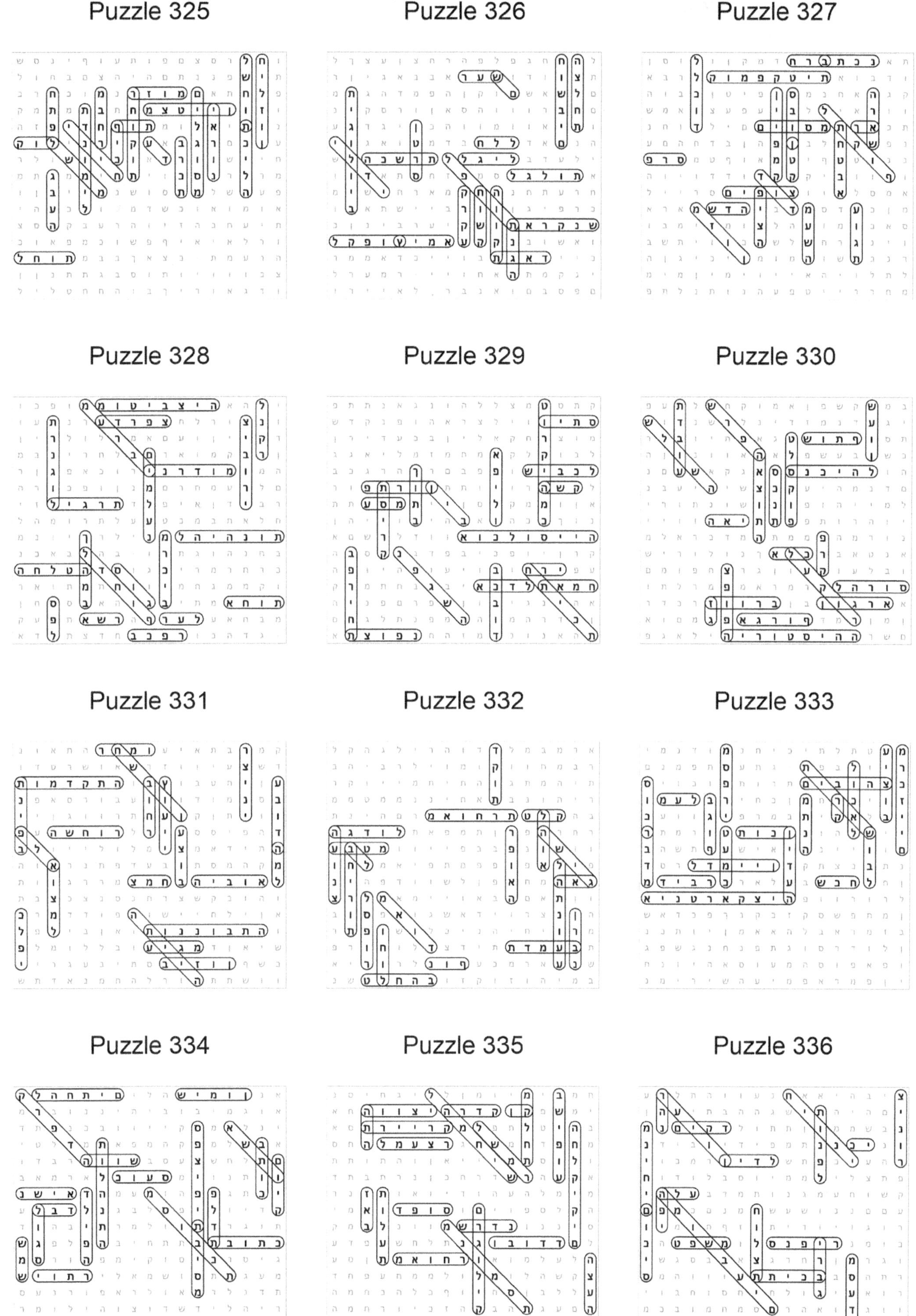

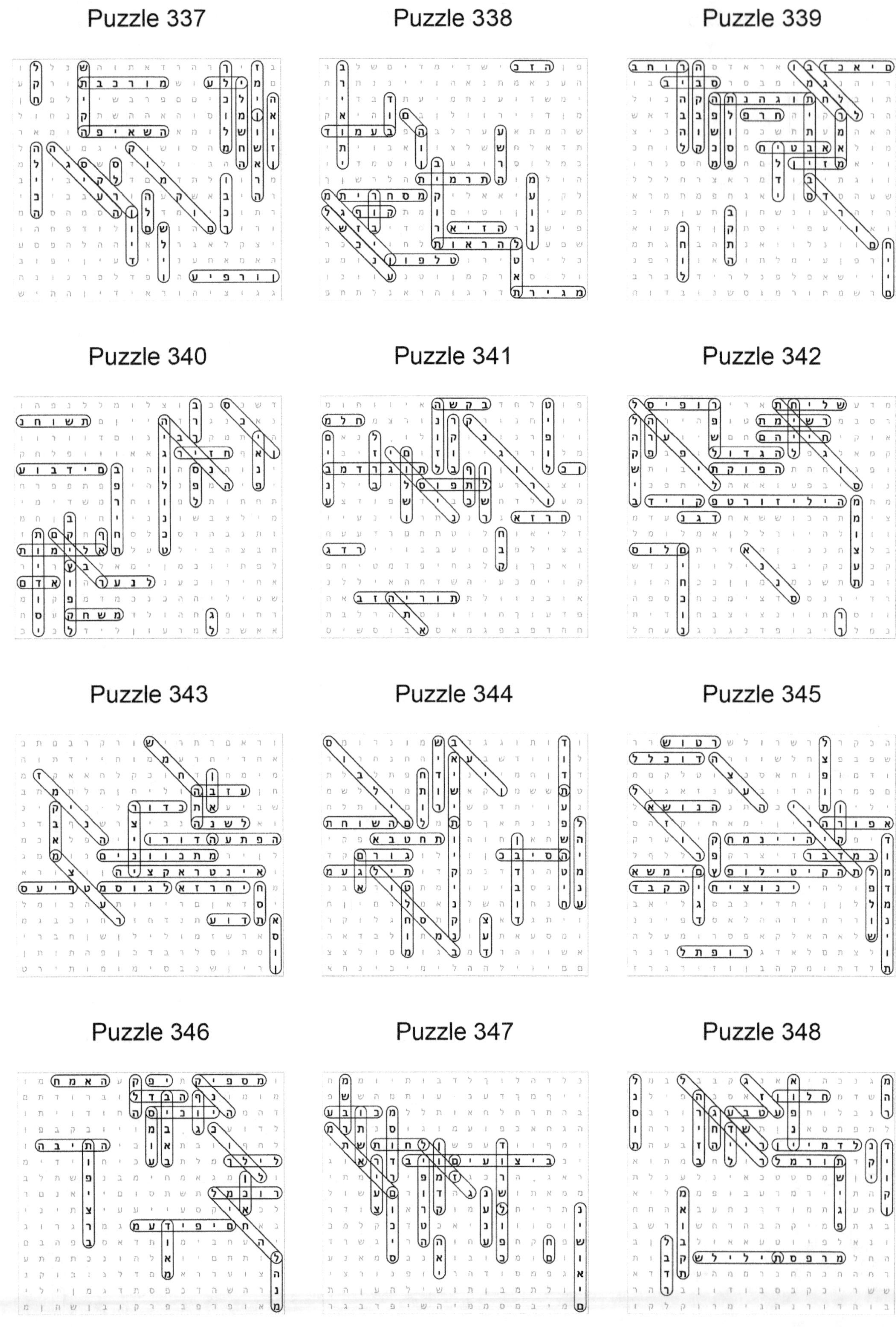

Puzzle 337
Puzzle 338
Puzzle 339
Puzzle 340
Puzzle 341
Puzzle 342
Puzzle 343
Puzzle 344
Puzzle 345
Puzzle 346
Puzzle 347
Puzzle 348

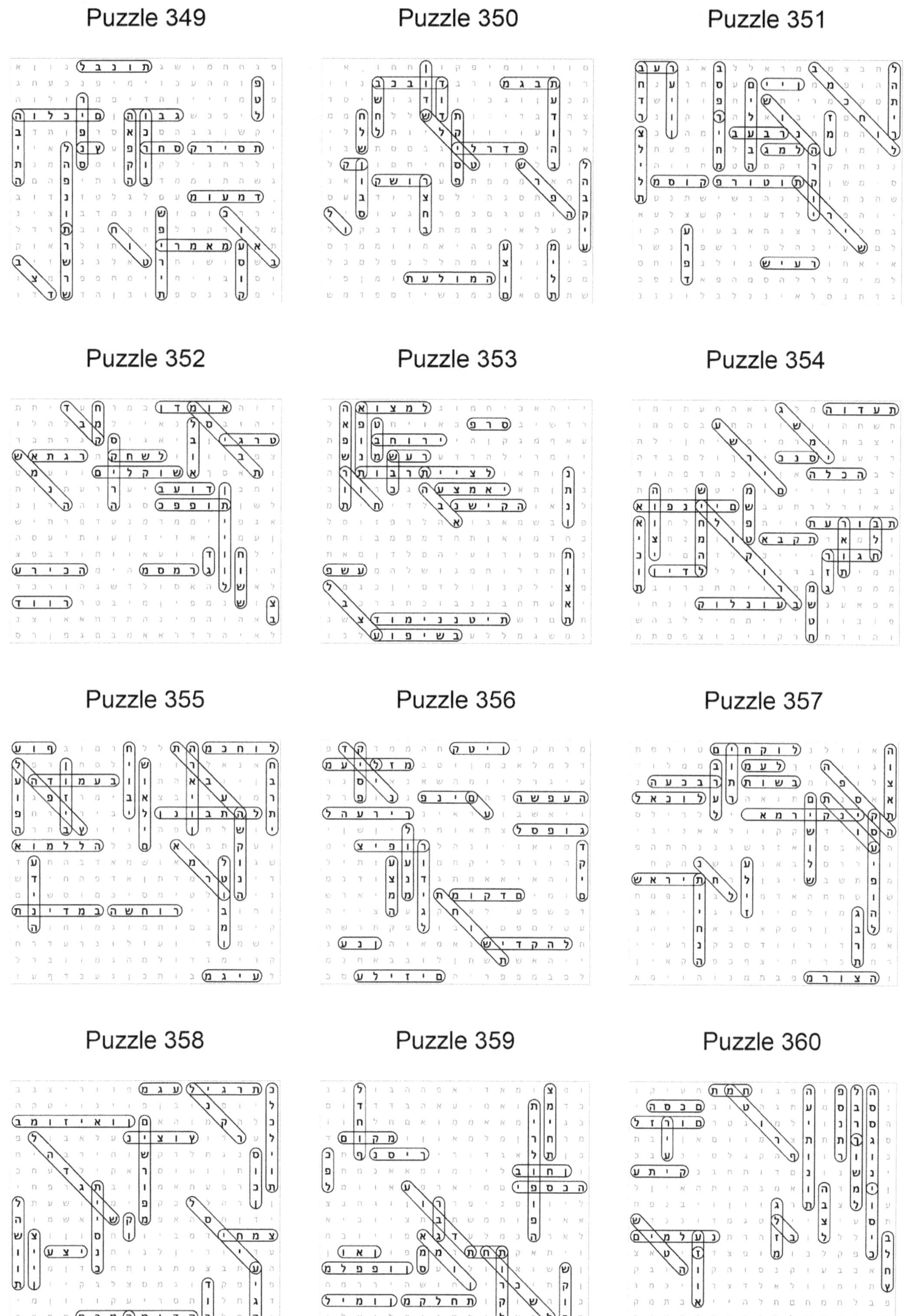
Puzzle 349
Puzzle 350
Puzzle 351
Puzzle 352
Puzzle 353
Puzzle 354
Puzzle 355
Puzzle 356
Puzzle 357
Puzzle 358
Puzzle 359
Puzzle 360

Puzzle 361

Puzzle 362

Puzzle 363

Puzzle 364

Puzzle 365

Puzzle 366

Puzzle 367

Puzzle 368

Puzzle 369

Puzzle 370

Puzzle 371

Puzzle 372

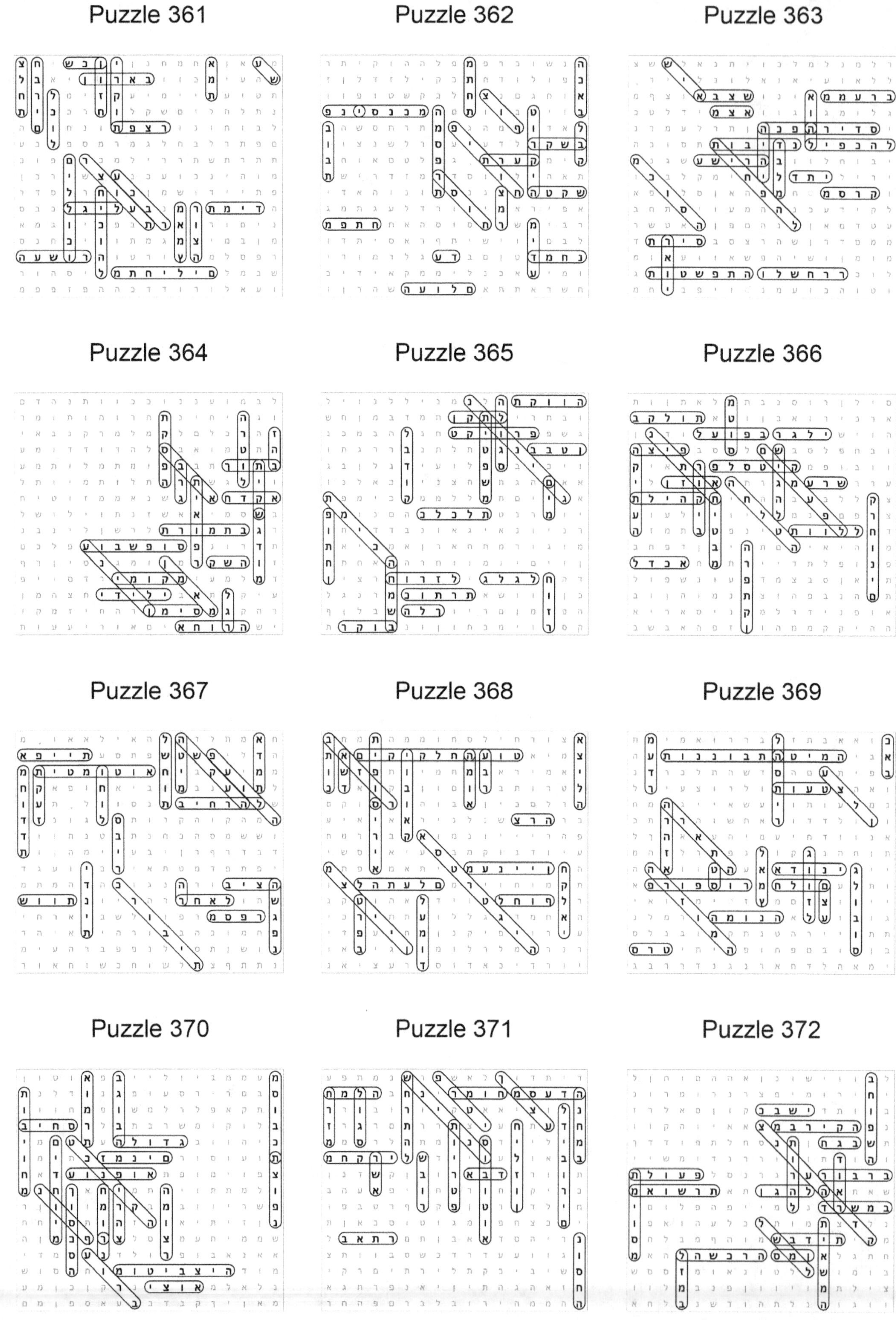

Puzzle 373

Puzzle 374

Puzzle 375

Puzzle 376

Puzzle 377

Puzzle 378

Puzzle 379

Puzzle 380

Puzzle 381

Puzzle 382

Puzzle 383

Puzzle 384

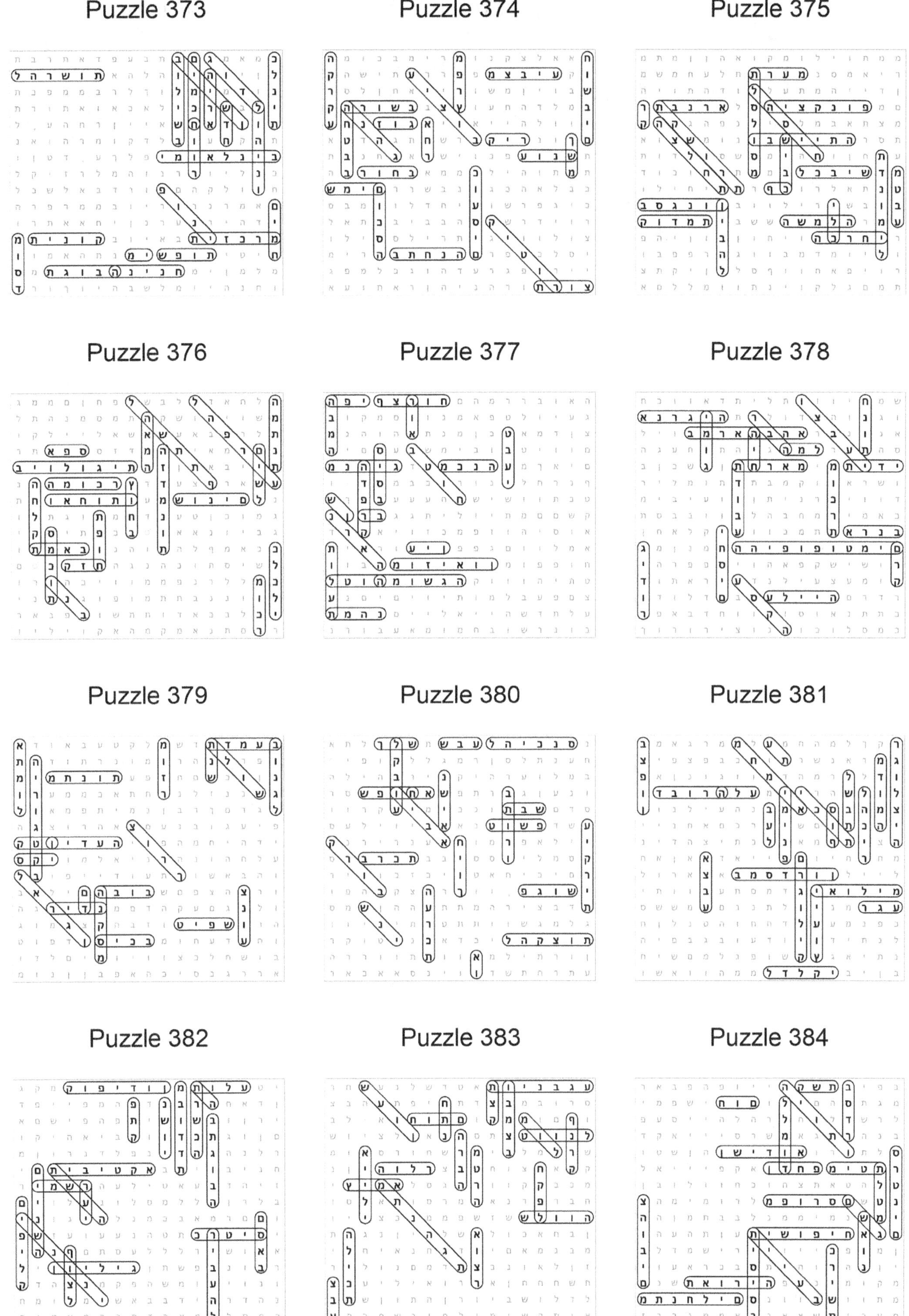

Puzzle 385

Puzzle 386

Puzzle 387

Puzzle 388

Puzzle 389

Puzzle 390

Puzzle 391

Puzzle 392

Puzzle 393

Puzzle 394

Puzzle 395

Puzzle 396

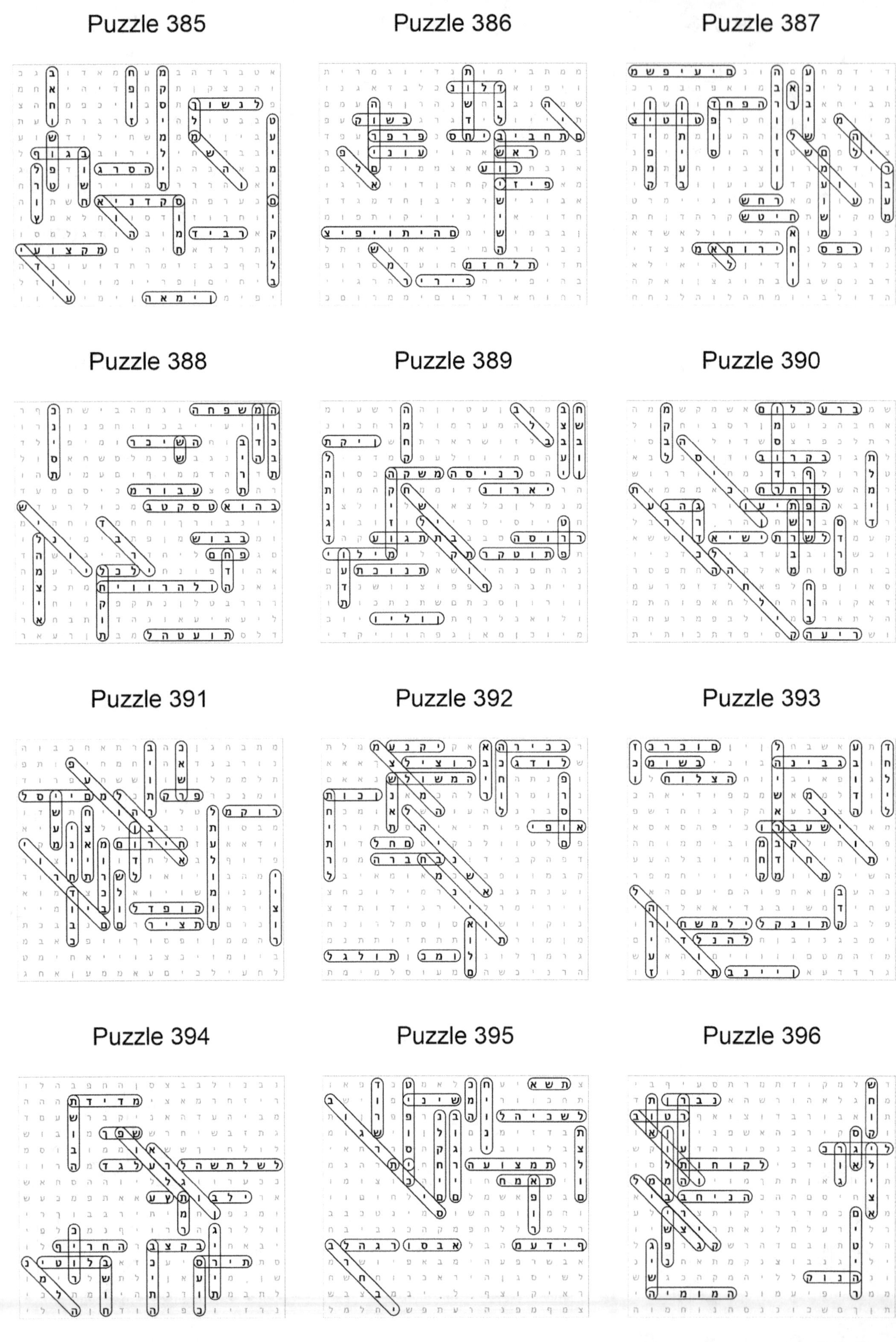

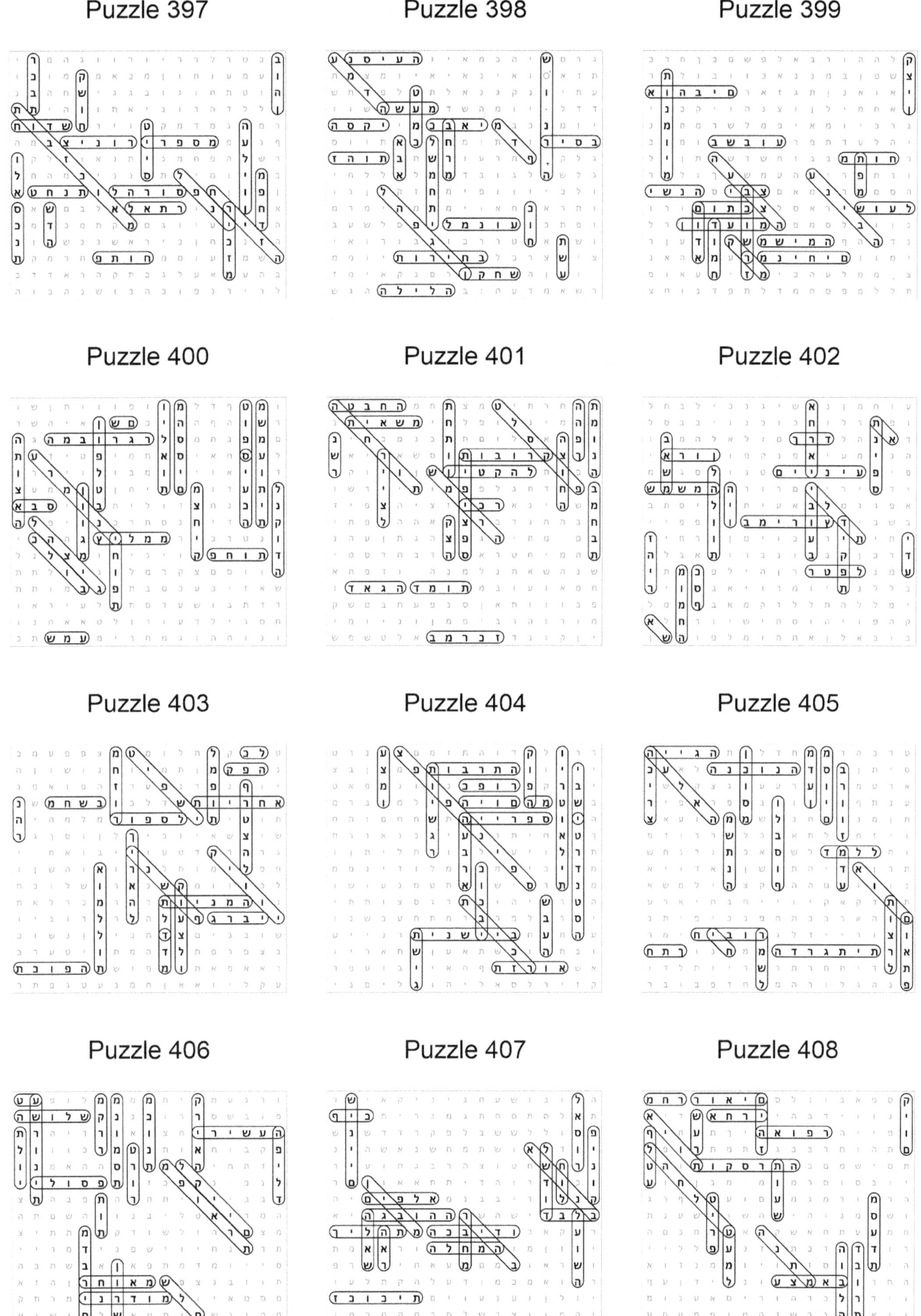
Puzzle 397
Puzzle 398
Puzzle 399
Puzzle 400
Puzzle 401
Puzzle 402
Puzzle 403
Puzzle 404
Puzzle 405
Puzzle 406
Puzzle 407
Puzzle 408

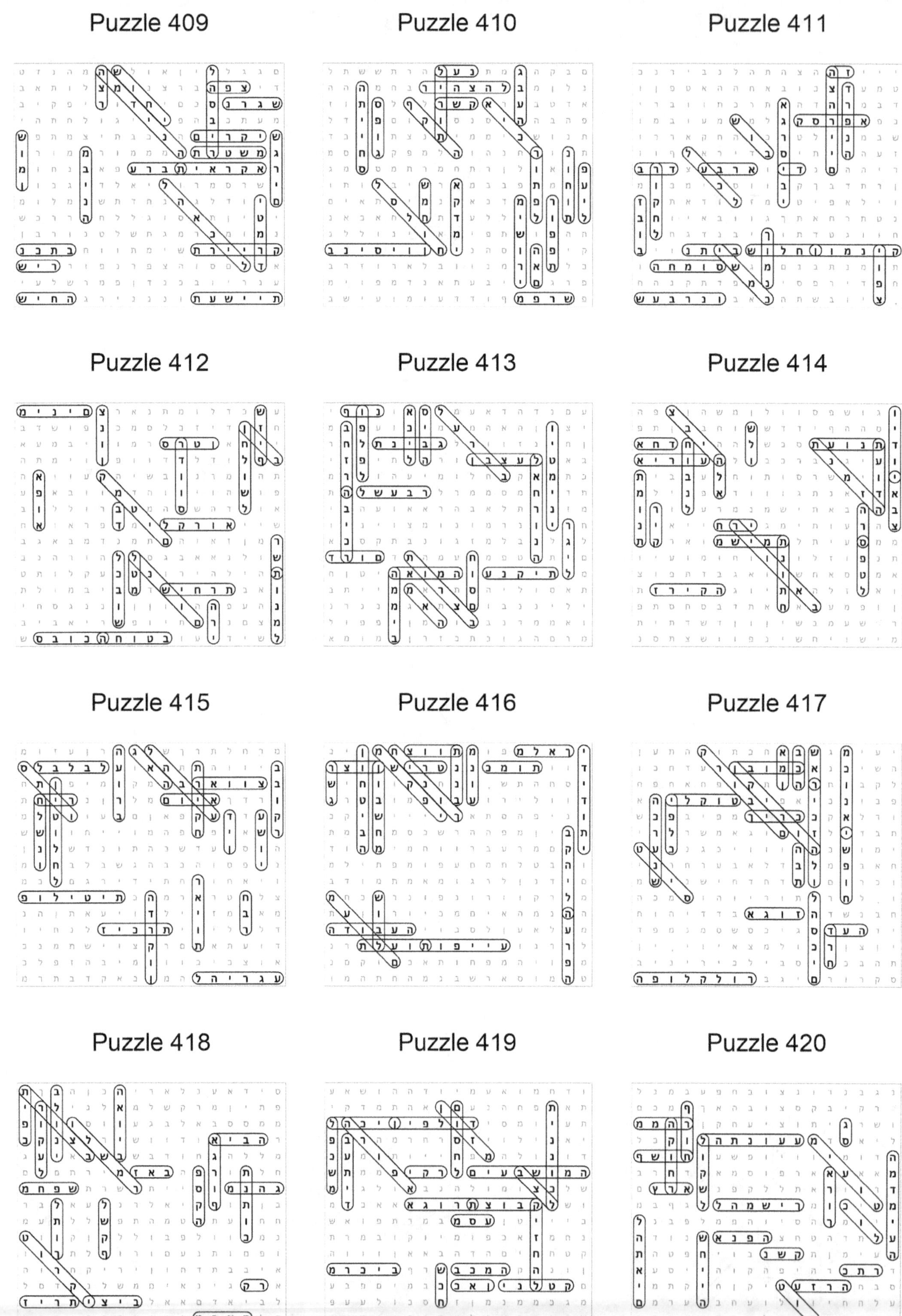
Puzzle 409
Puzzle 410
Puzzle 411
Puzzle 412
Puzzle 413
Puzzle 414
Puzzle 415
Puzzle 416
Puzzle 417
Puzzle 418
Puzzle 419
Puzzle 420

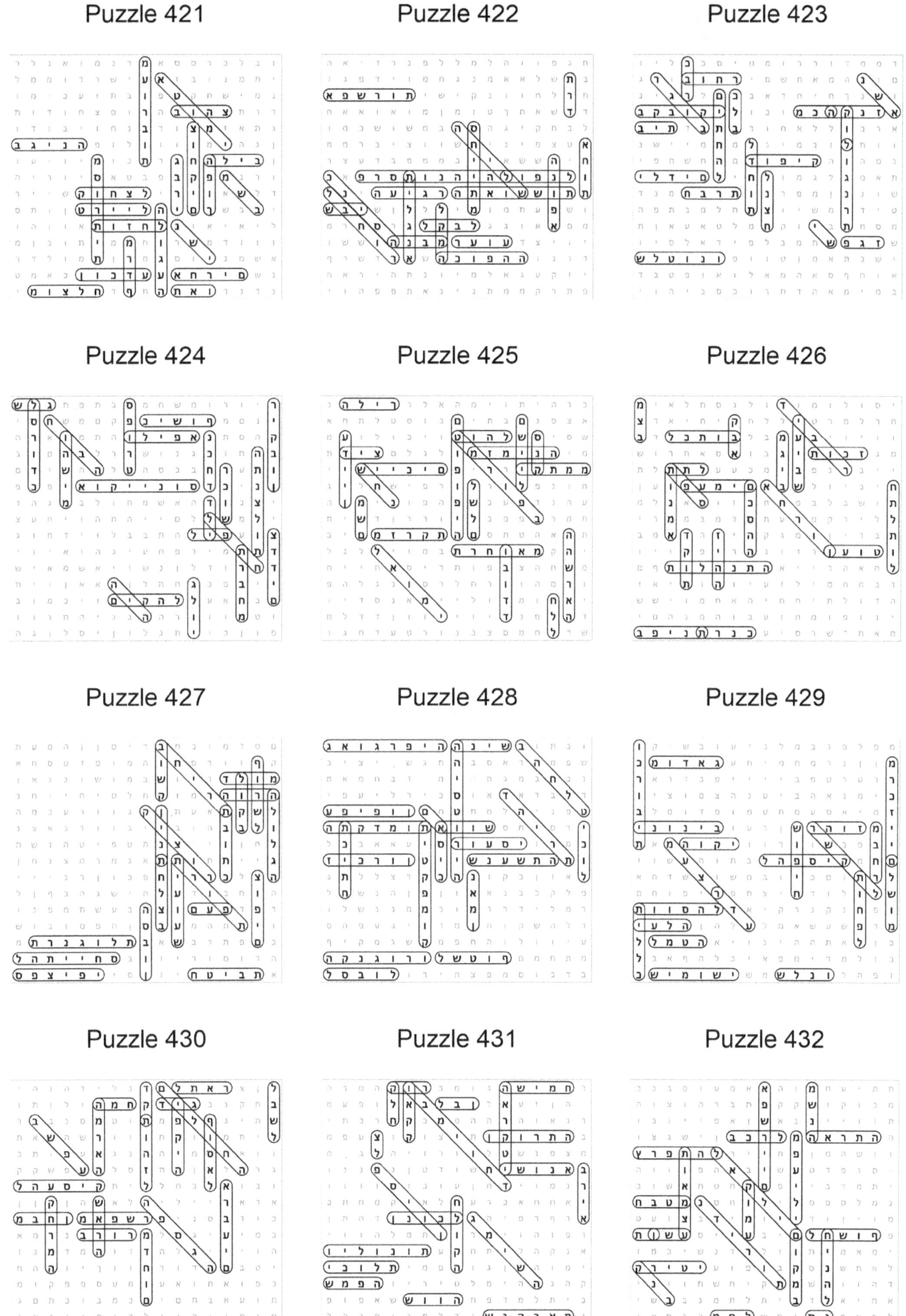
Puzzle 421
Puzzle 422
Puzzle 423
Puzzle 424
Puzzle 425
Puzzle 426
Puzzle 427
Puzzle 428
Puzzle 429
Puzzle 430
Puzzle 431
Puzzle 432

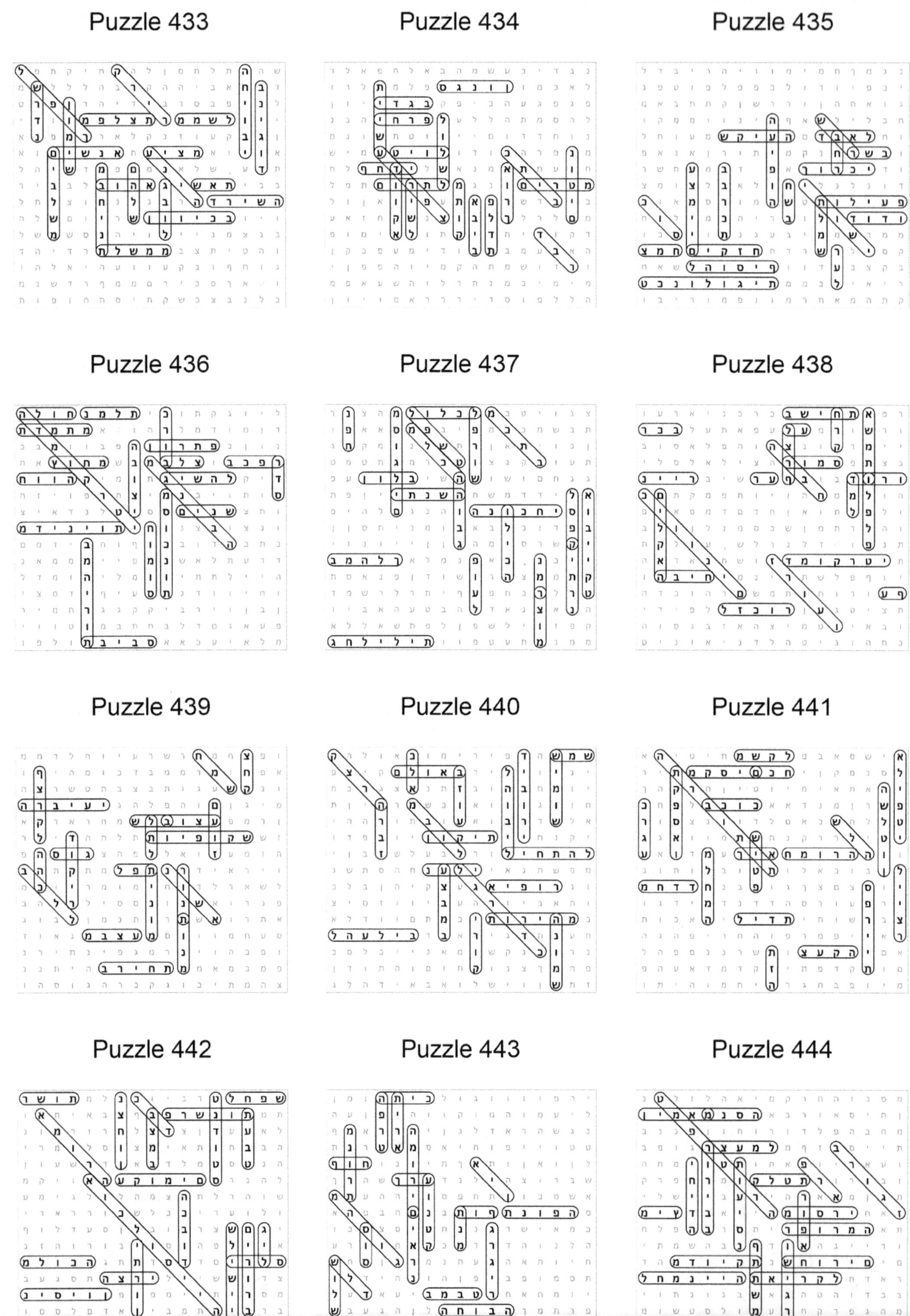

Puzzle 433
Puzzle 434
Puzzle 435
Puzzle 436
Puzzle 437
Puzzle 438
Puzzle 439
Puzzle 440
Puzzle 441
Puzzle 442
Puzzle 443
Puzzle 444

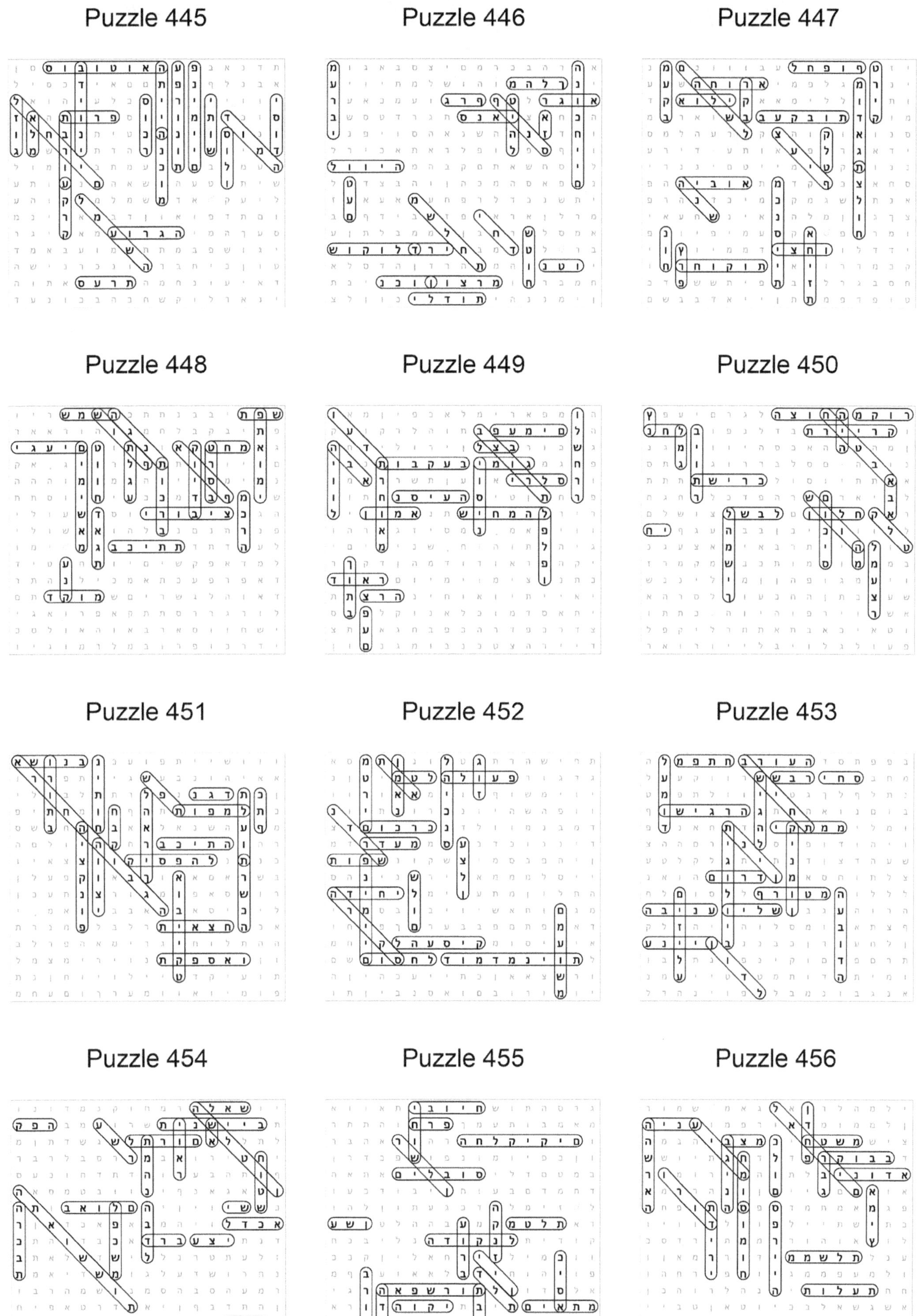
Puzzle 445
Puzzle 446
Puzzle 447
Puzzle 448
Puzzle 449
Puzzle 450
Puzzle 451
Puzzle 452
Puzzle 453
Puzzle 454
Puzzle 455
Puzzle 456

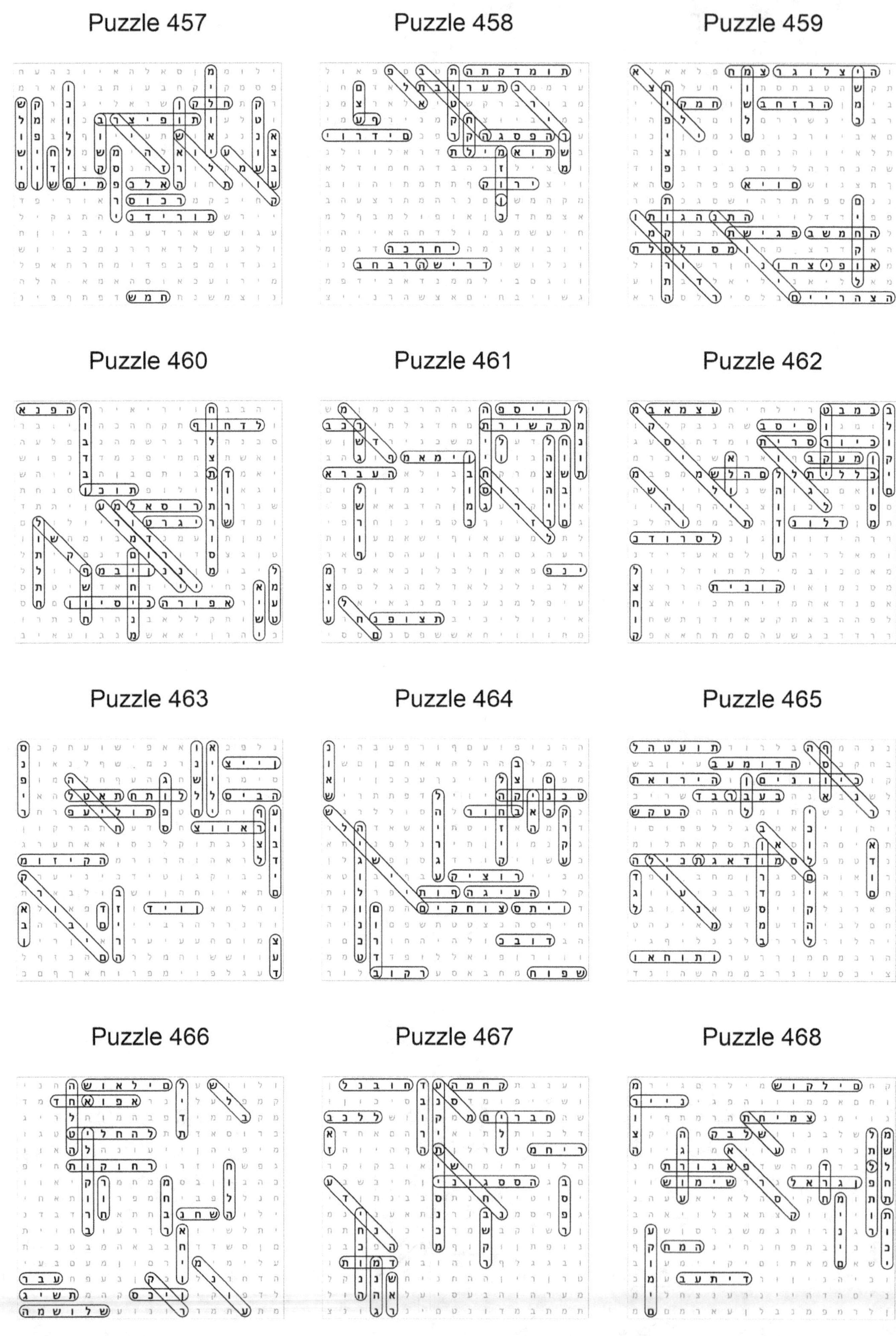
Puzzle 457
Puzzle 458
Puzzle 459
Puzzle 460
Puzzle 461
Puzzle 462
Puzzle 463
Puzzle 464
Puzzle 465
Puzzle 466
Puzzle 467
Puzzle 468

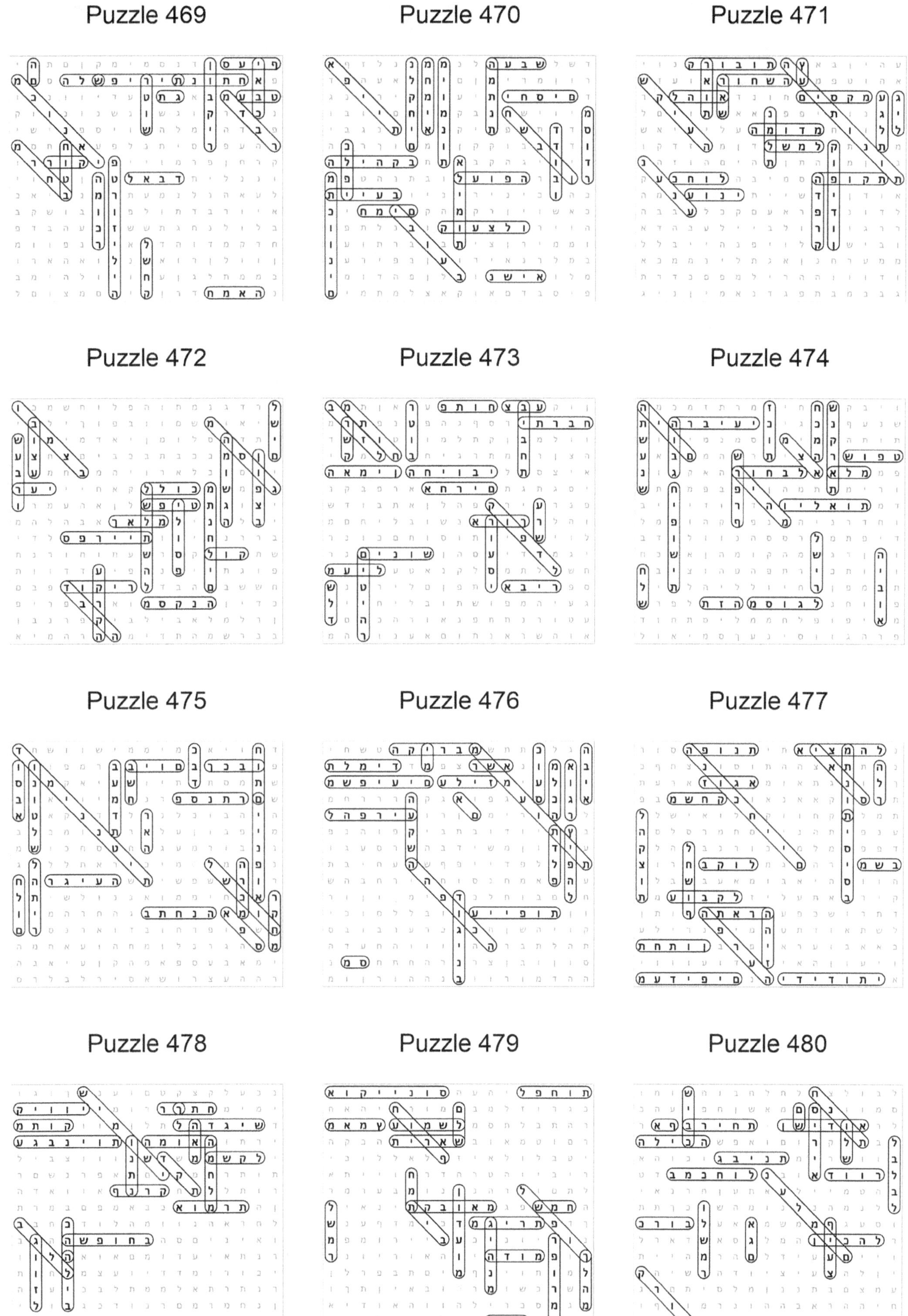
Puzzle 469
Puzzle 470
Puzzle 471
Puzzle 472
Puzzle 473
Puzzle 474
Puzzle 475
Puzzle 476
Puzzle 477
Puzzle 478
Puzzle 479
Puzzle 480

Puzzle 481

Puzzle 482

Puzzle 483

Puzzle 484

Puzzle 485

Puzzle 486

Puzzle 487

Puzzle 488

Puzzle 489

Puzzle 490

Puzzle 491

Puzzle 492

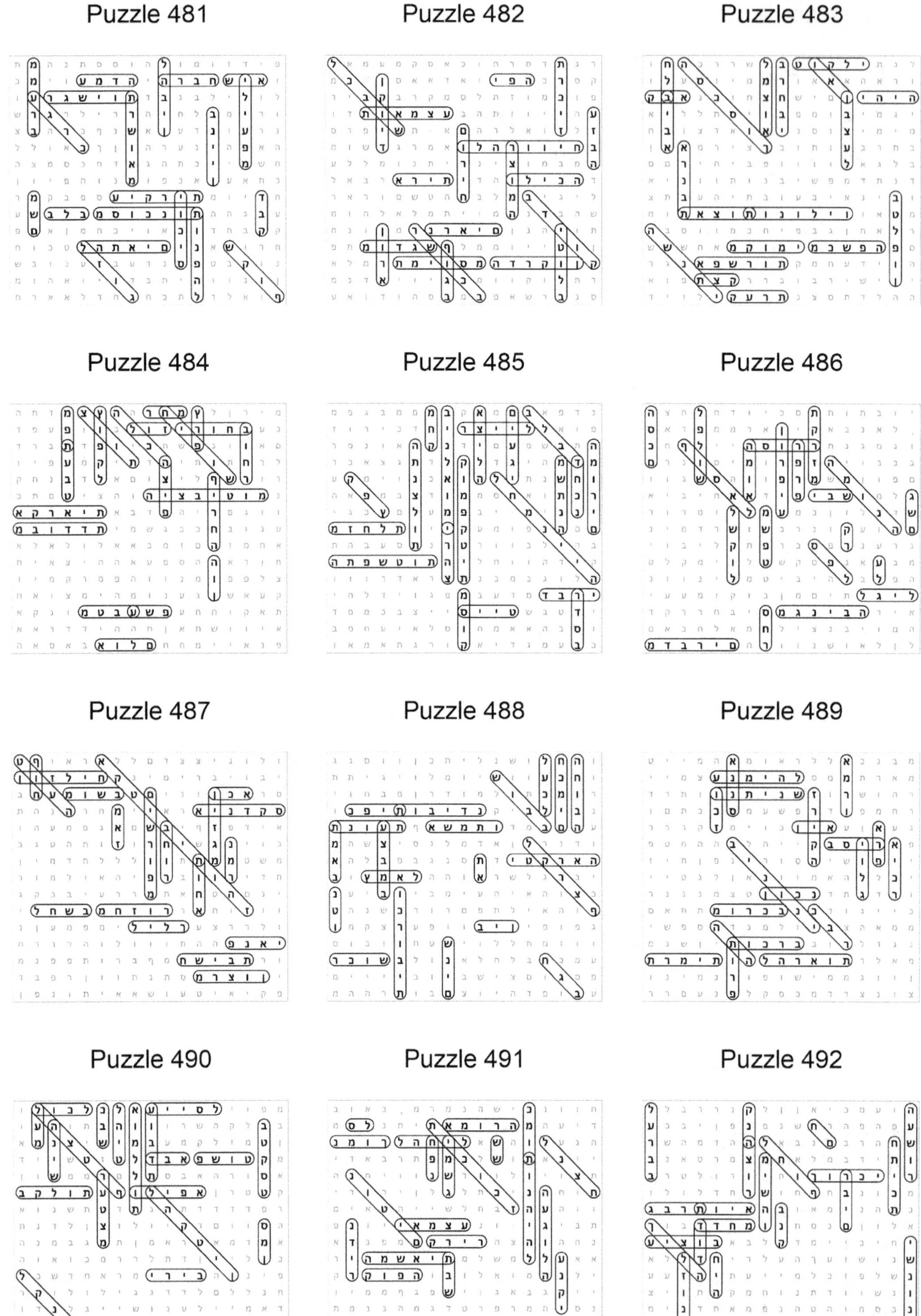

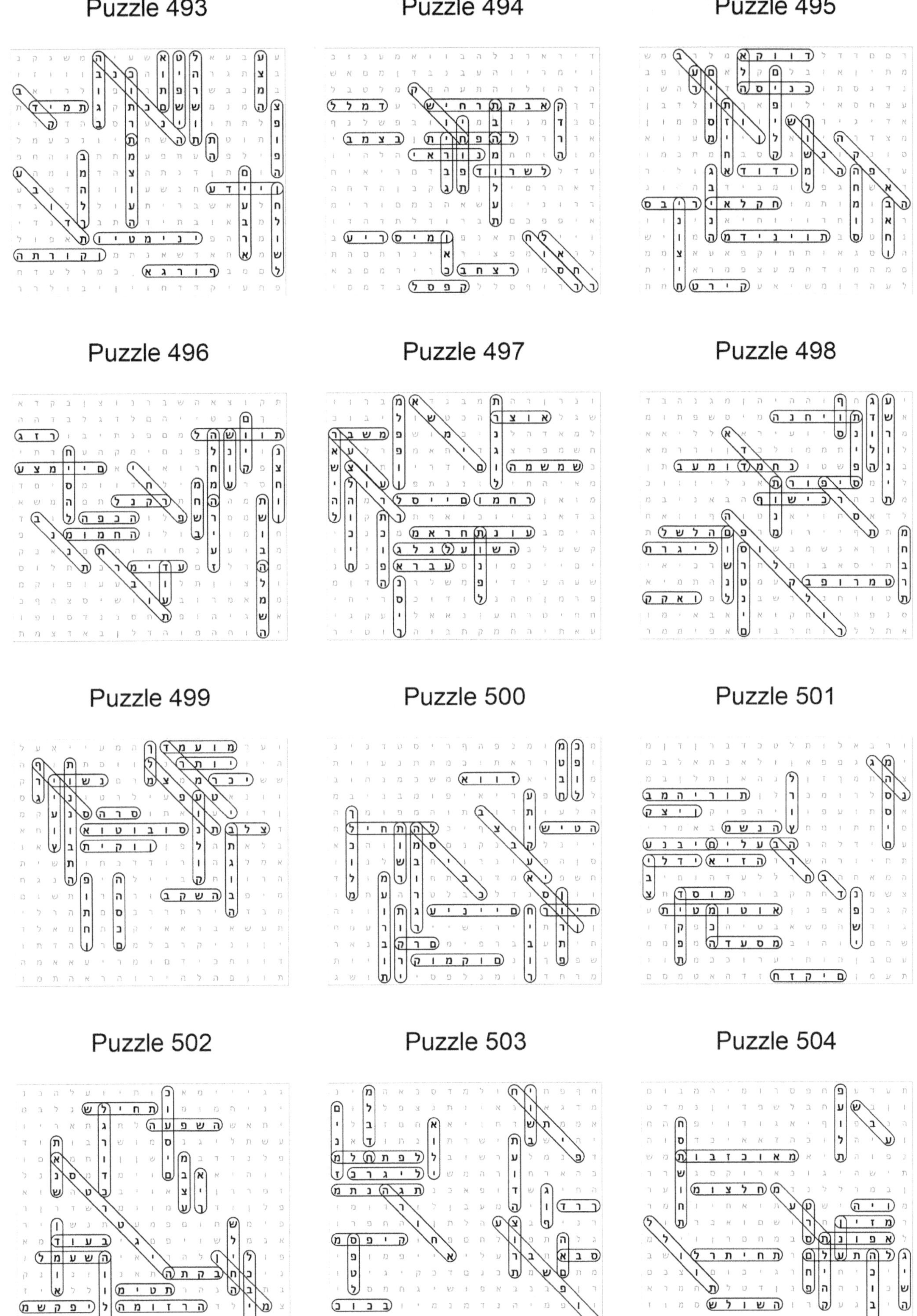
Puzzle 493
Puzzle 494
Puzzle 495
Puzzle 496
Puzzle 497
Puzzle 498
Puzzle 499
Puzzle 500
Puzzle 501
Puzzle 502
Puzzle 503
Puzzle 504

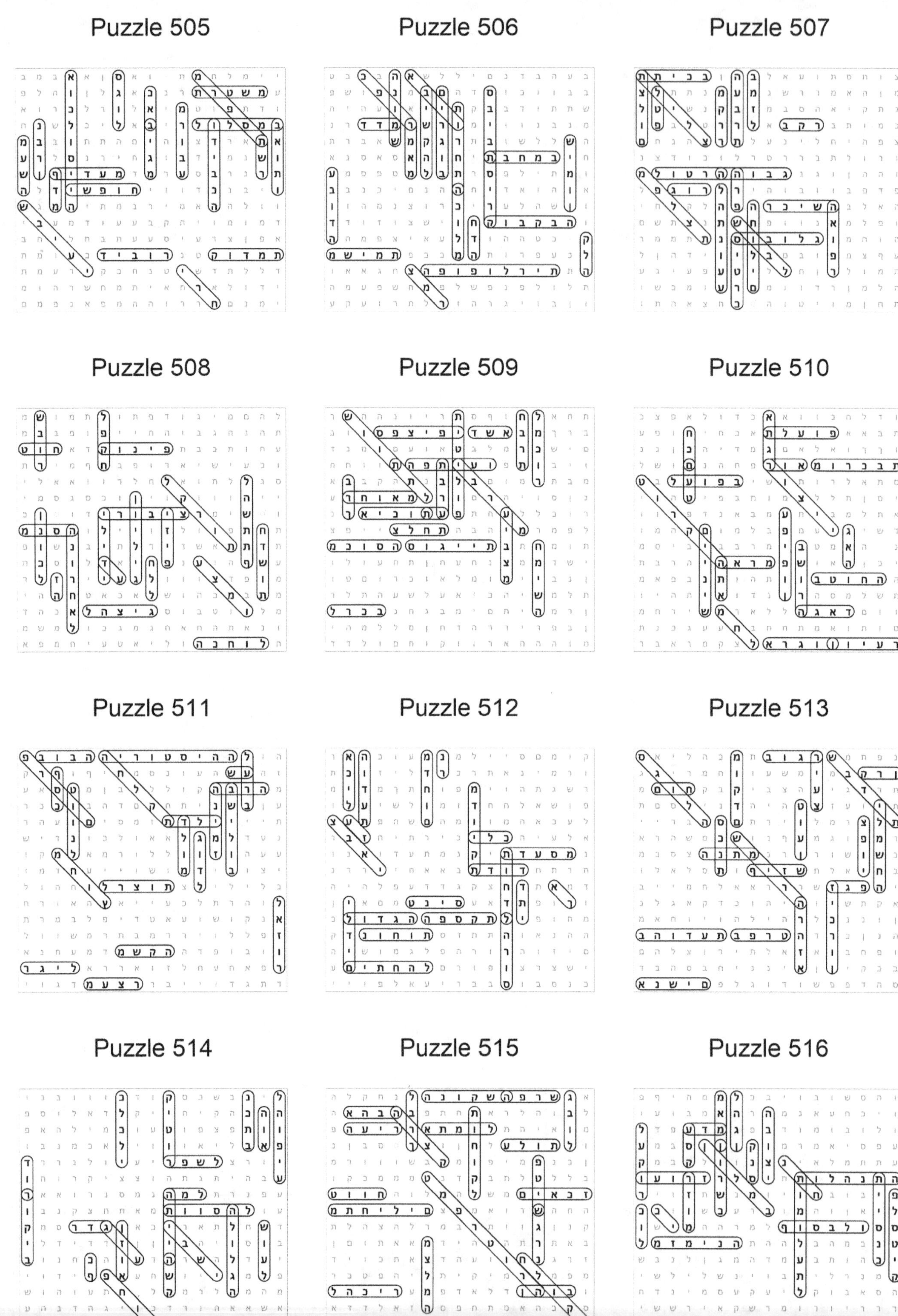
Puzzle 505
Puzzle 506
Puzzle 507
Puzzle 508
Puzzle 509
Puzzle 510
Puzzle 511
Puzzle 512
Puzzle 513
Puzzle 514
Puzzle 515
Puzzle 516

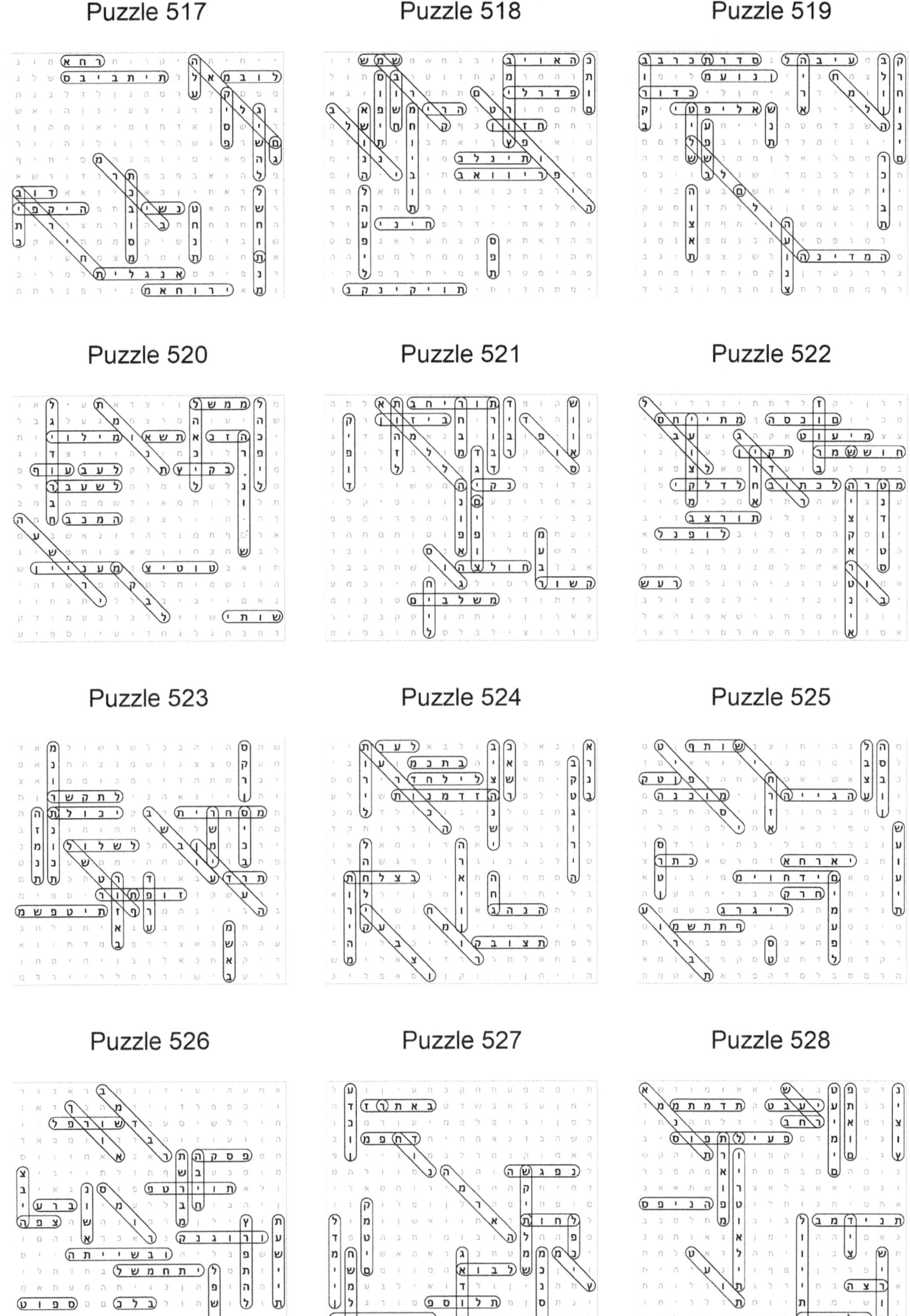
Puzzle 517
Puzzle 518
Puzzle 519
Puzzle 520
Puzzle 521
Puzzle 522
Puzzle 523
Puzzle 524
Puzzle 525
Puzzle 526
Puzzle 527
Puzzle 528

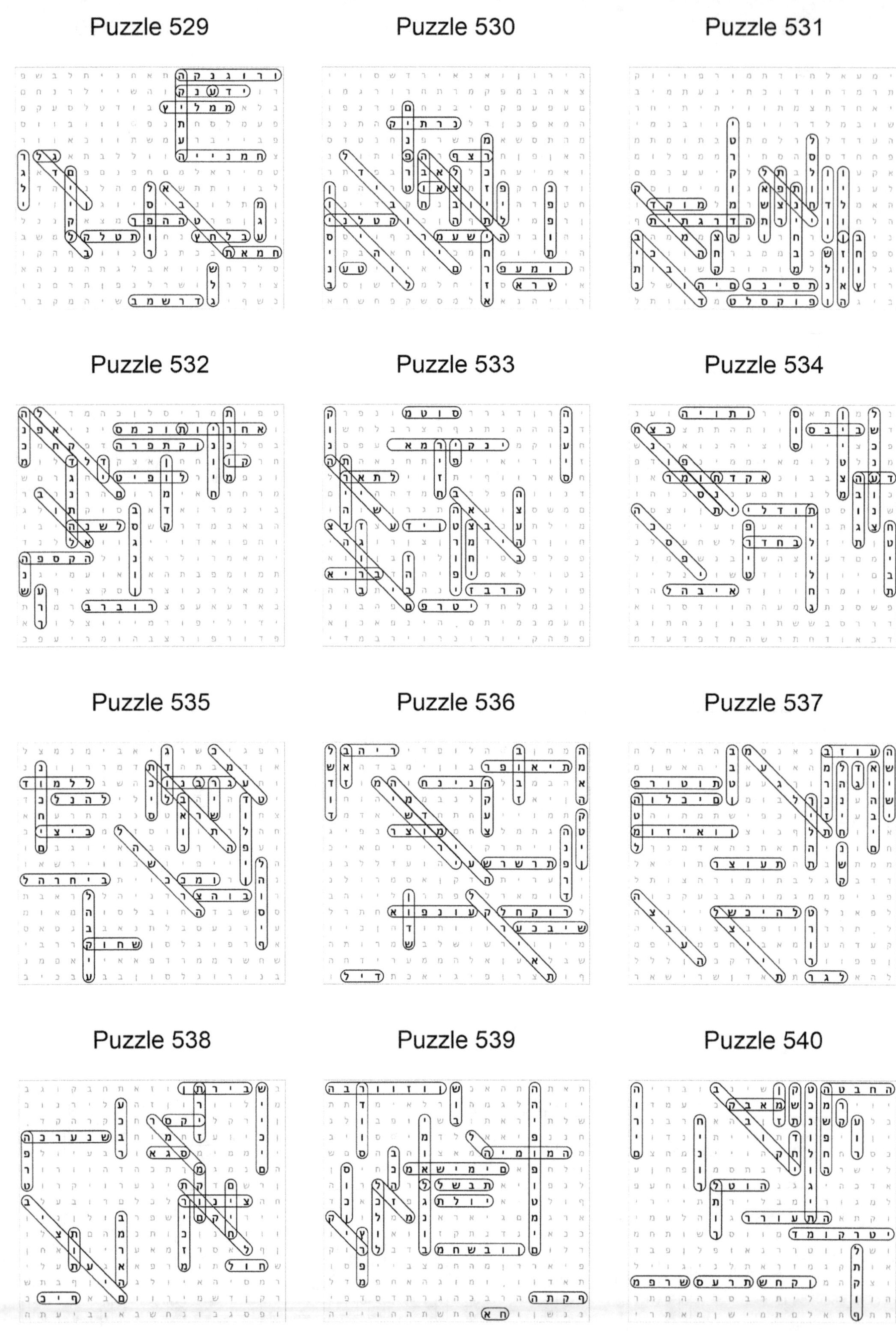
Puzzle 529
Puzzle 530
Puzzle 531
Puzzle 532
Puzzle 533
Puzzle 534
Puzzle 535
Puzzle 536
Puzzle 537
Puzzle 538
Puzzle 539
Puzzle 540

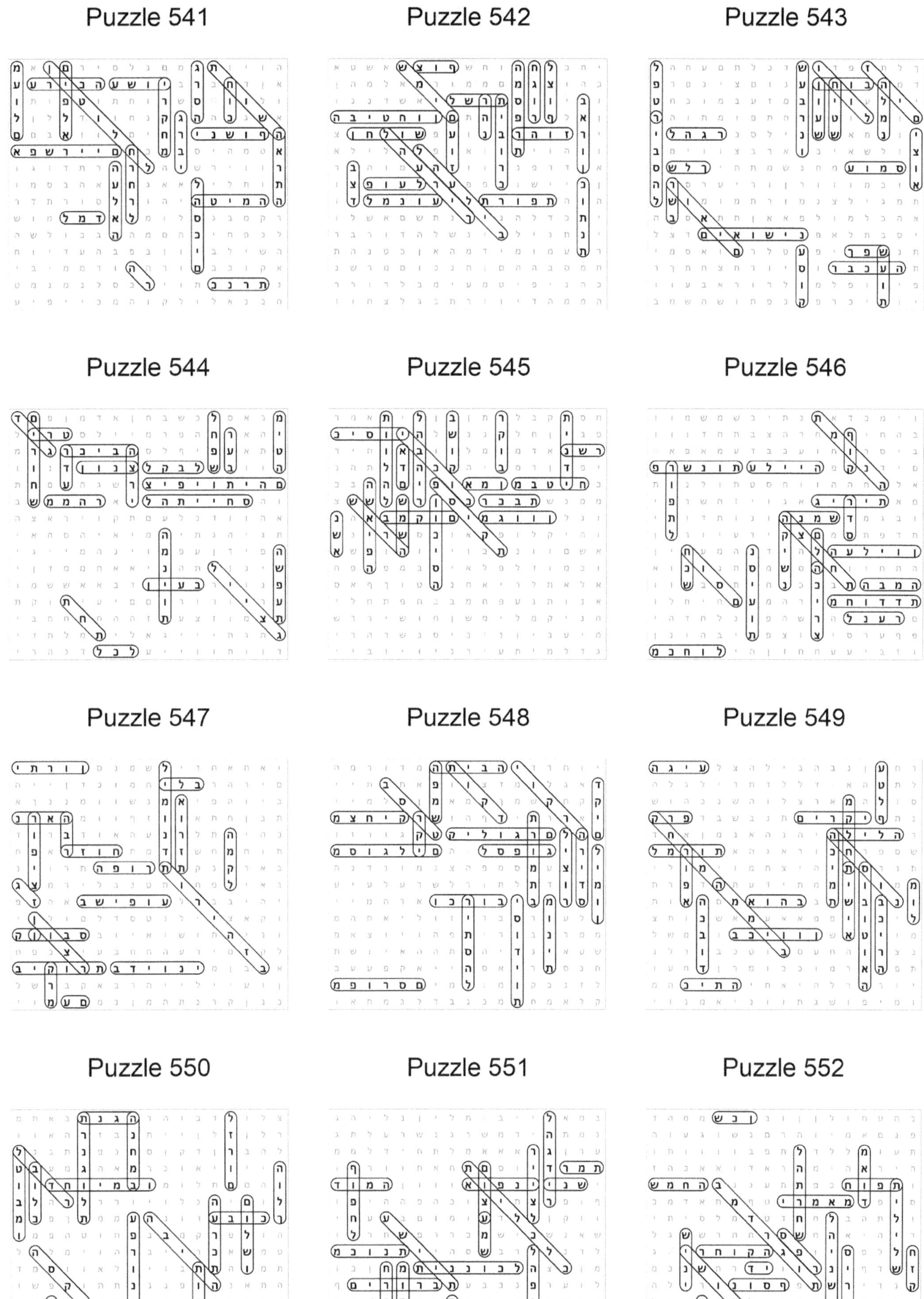

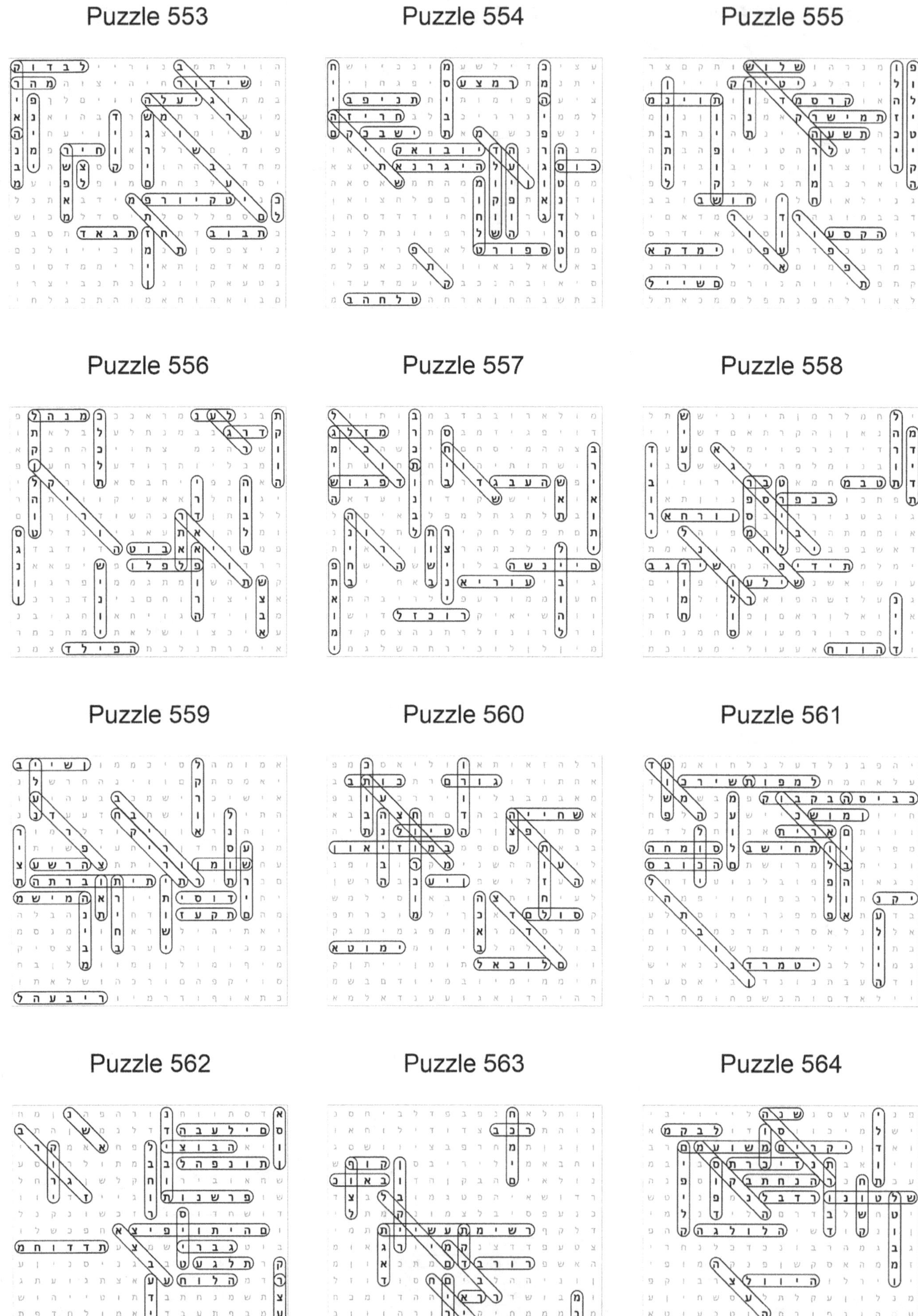

Puzzle 553
Puzzle 554
Puzzle 555
Puzzle 556
Puzzle 557
Puzzle 558
Puzzle 559
Puzzle 560
Puzzle 561
Puzzle 562
Puzzle 563
Puzzle 564

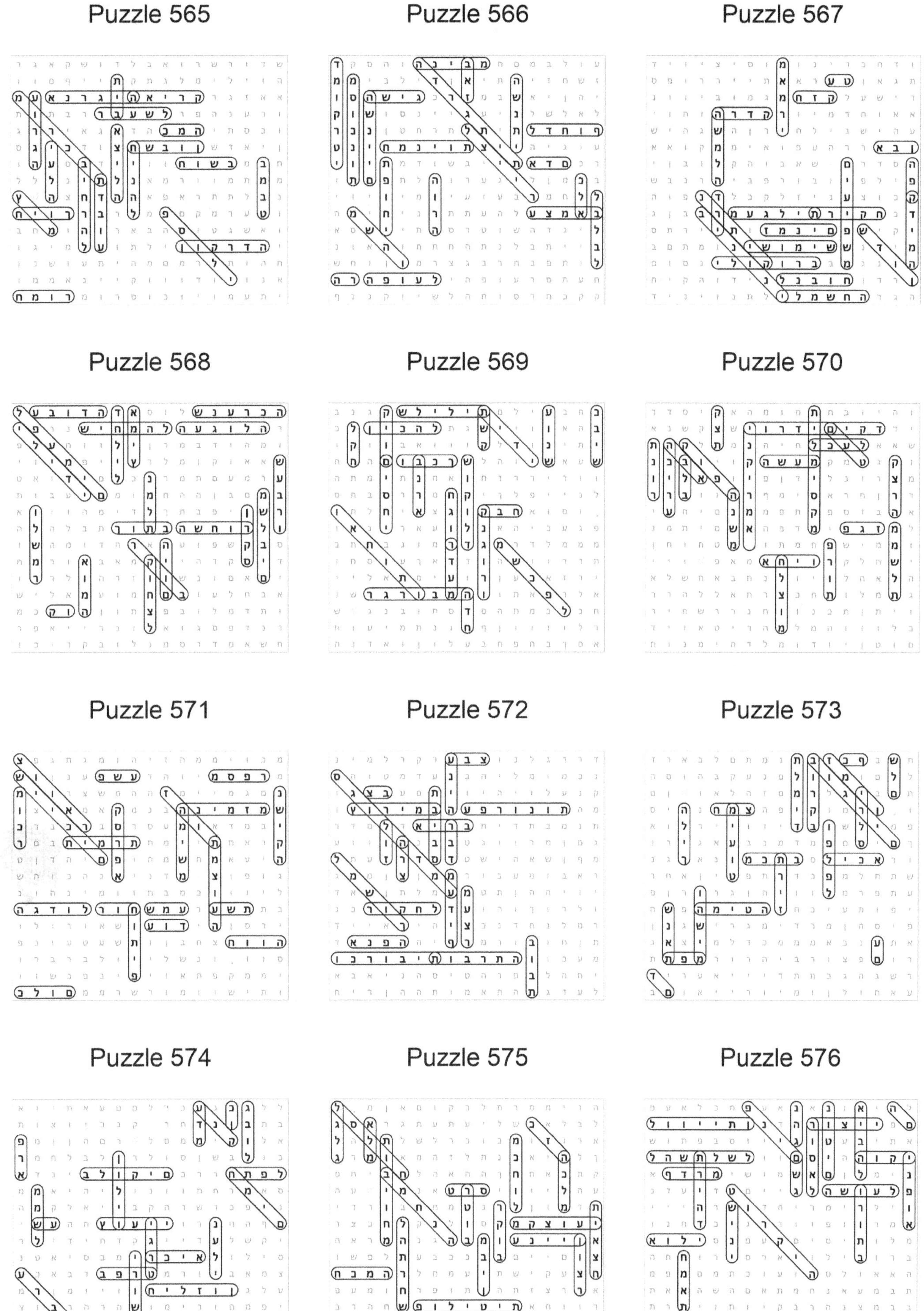
Puzzle 565
Puzzle 566
Puzzle 567
Puzzle 568
Puzzle 569
Puzzle 570
Puzzle 571
Puzzle 572
Puzzle 573
Puzzle 574
Puzzle 575
Puzzle 576

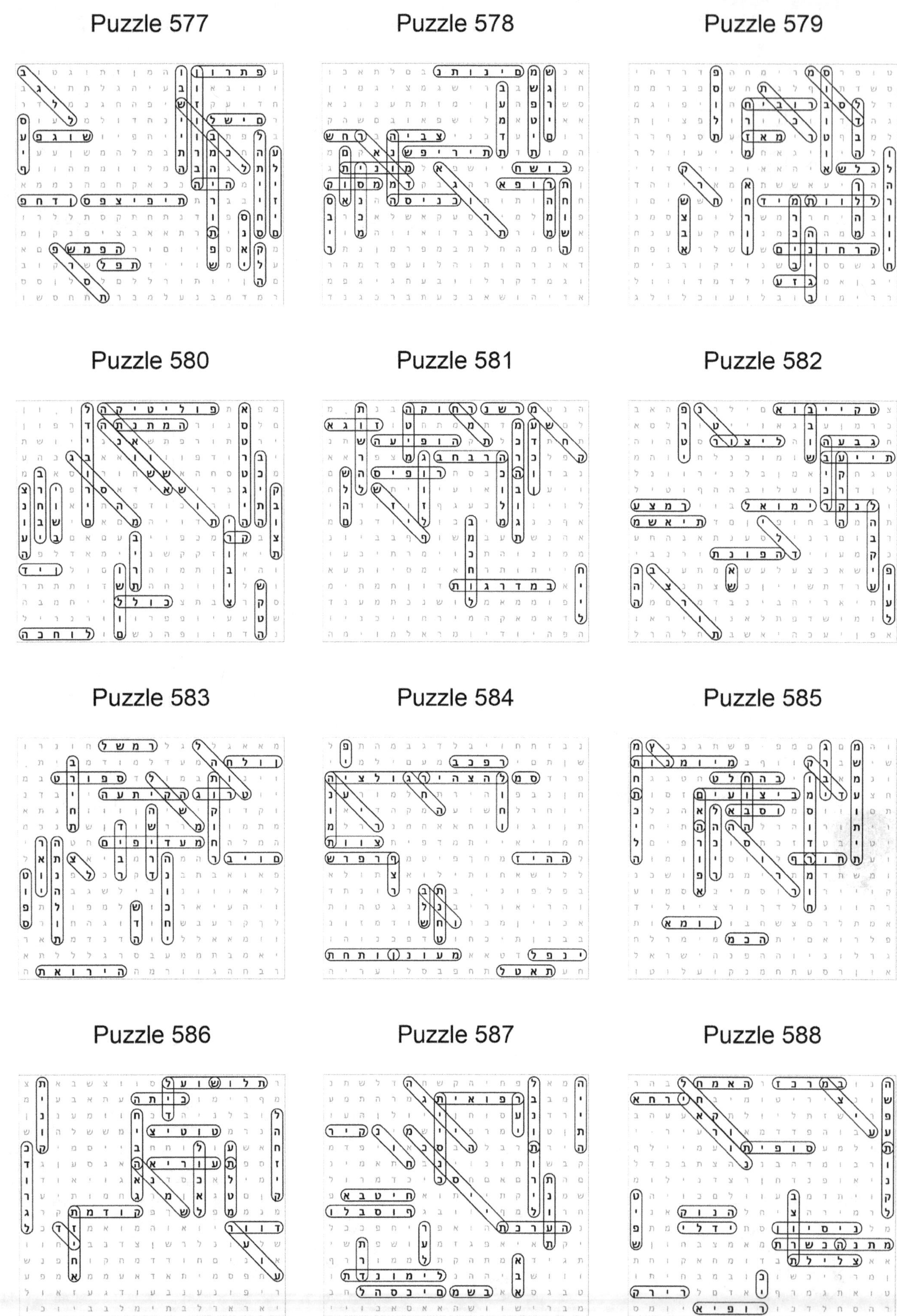
Puzzle 577
Puzzle 578
Puzzle 579
Puzzle 580
Puzzle 581
Puzzle 582
Puzzle 583
Puzzle 584
Puzzle 585
Puzzle 586
Puzzle 587
Puzzle 588

Puzzle 589

Puzzle 590

Puzzle 591

Puzzle 592

Puzzle 593

Puzzle 594

Puzzle 595

Puzzle 596

Puzzle 597

Puzzle 598

Puzzle 599

Puzzle 600

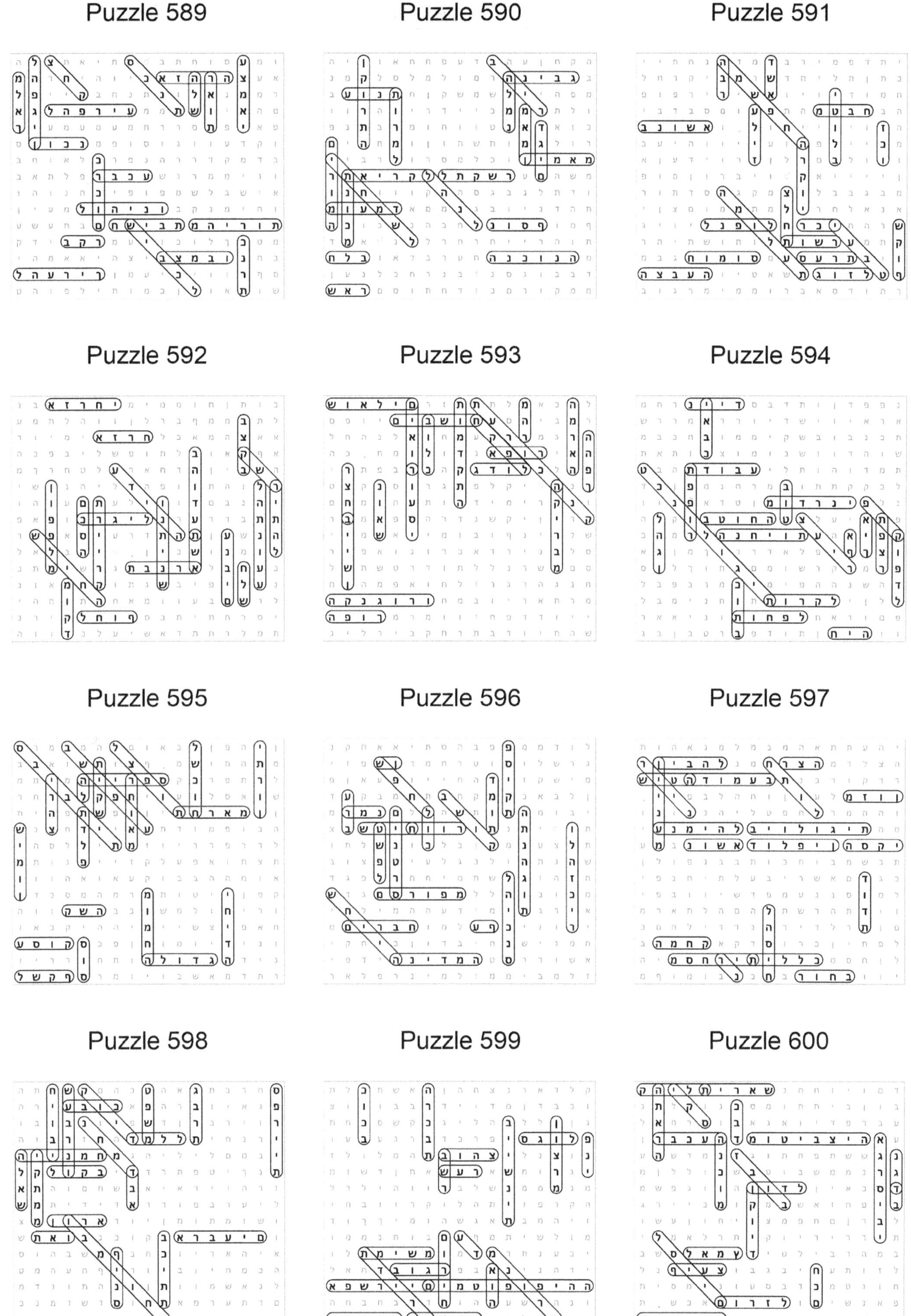

Puzzle 601

Puzzle 602

Puzzle 603

Puzzle 604

Puzzle 605

Puzzle 606

Puzzle 607

Puzzle 608

Puzzle 609

Puzzle 610

Puzzle 611

Puzzle 612

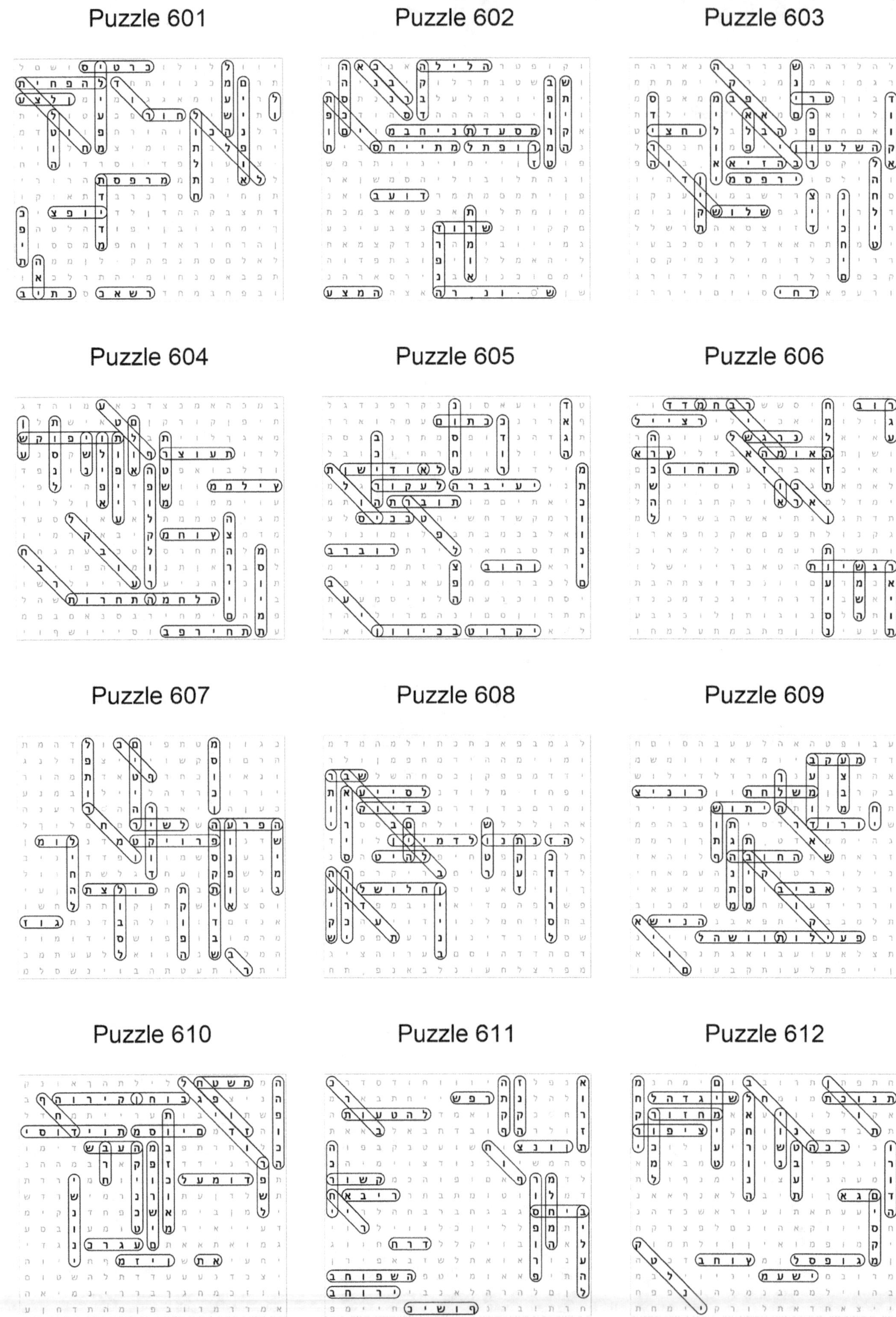

Puzzle 613

Puzzle 614

Puzzle 615

Puzzle 616

Puzzle 617

Puzzle 618

Puzzle 619

Puzzle 620

Puzzle 621

Puzzle 622

Puzzle 623

Puzzle 624

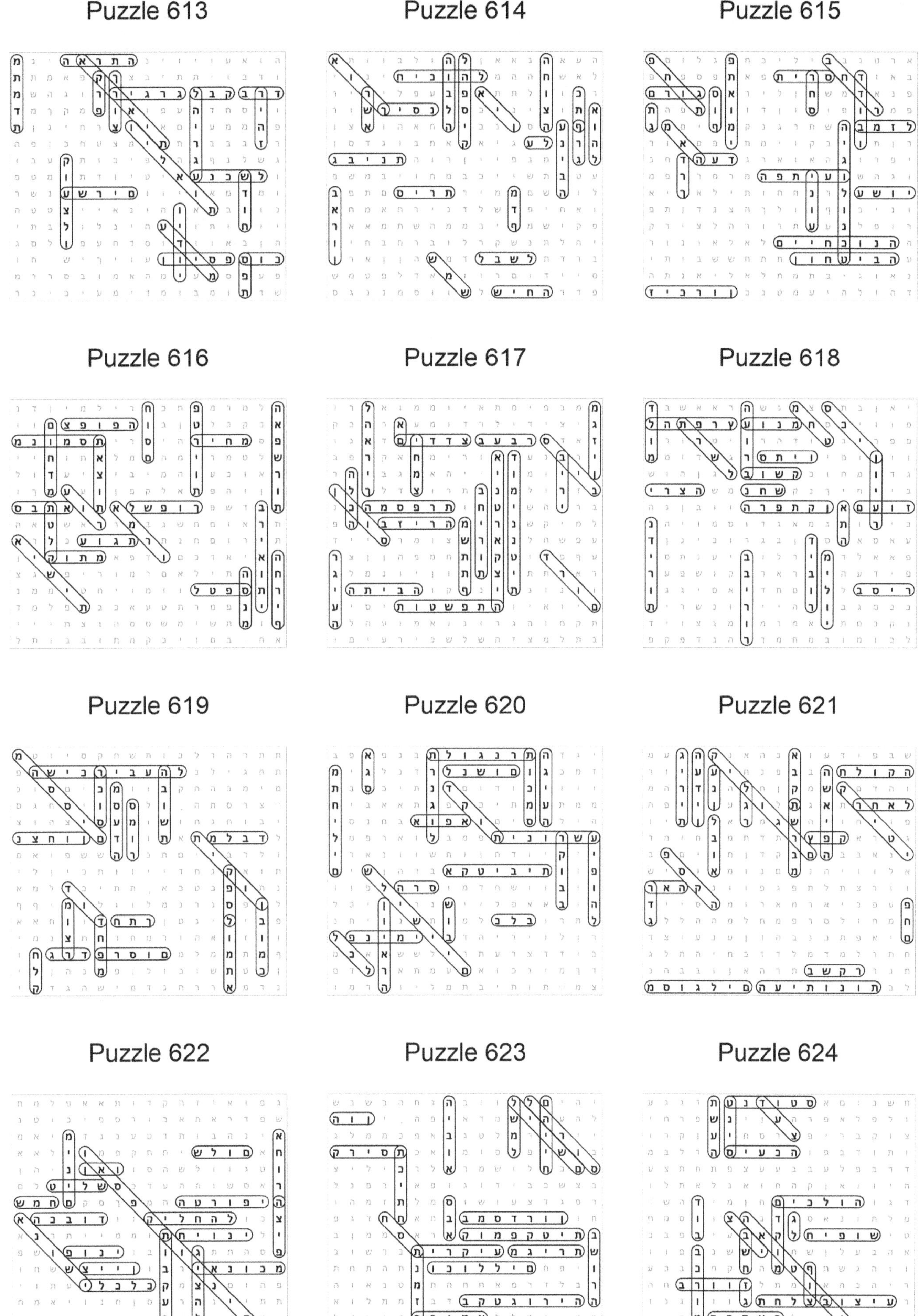

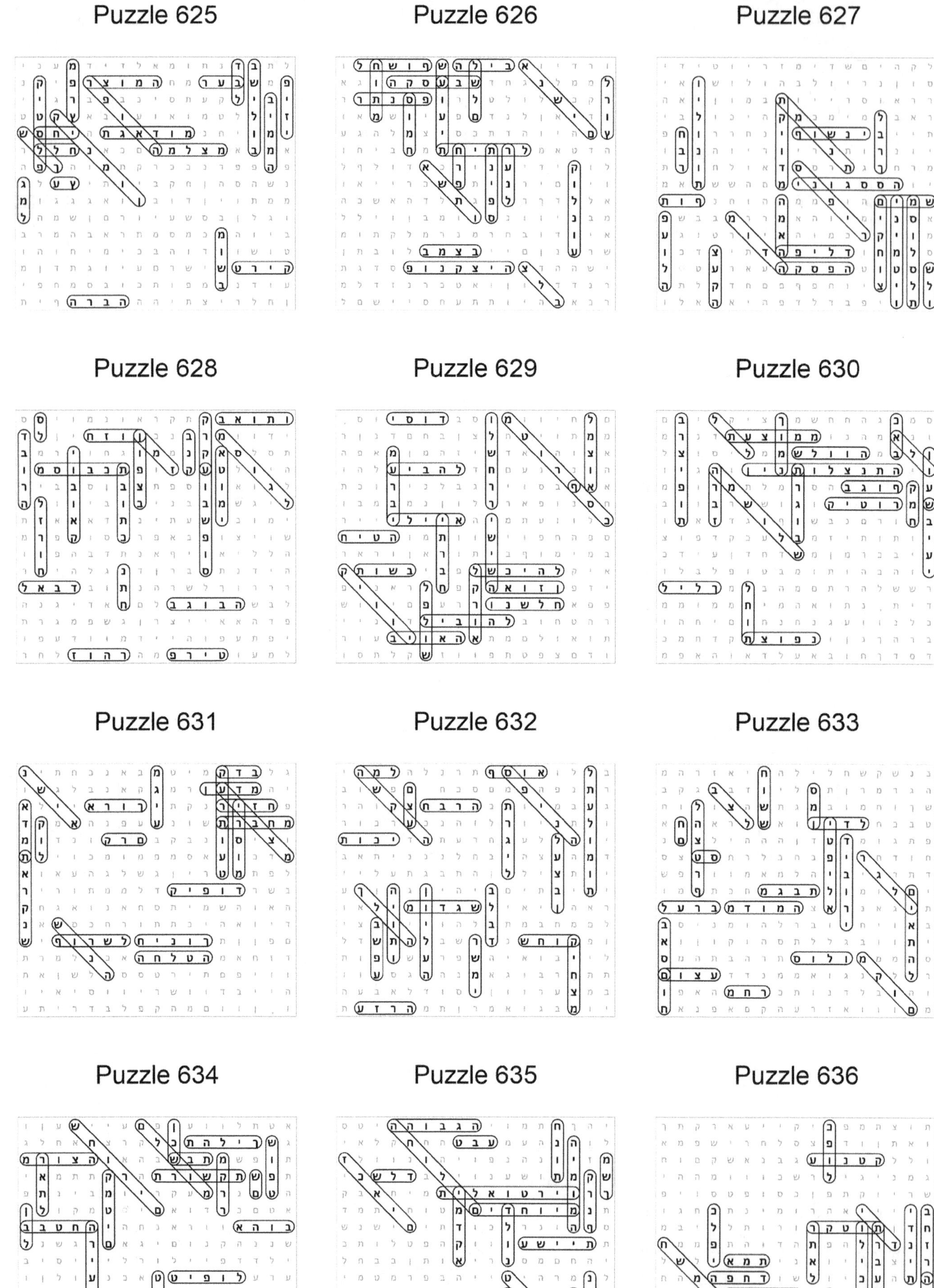
Puzzle 625
Puzzle 626
Puzzle 627
Puzzle 628
Puzzle 629
Puzzle 630
Puzzle 631
Puzzle 632
Puzzle 633
Puzzle 634
Puzzle 635
Puzzle 636

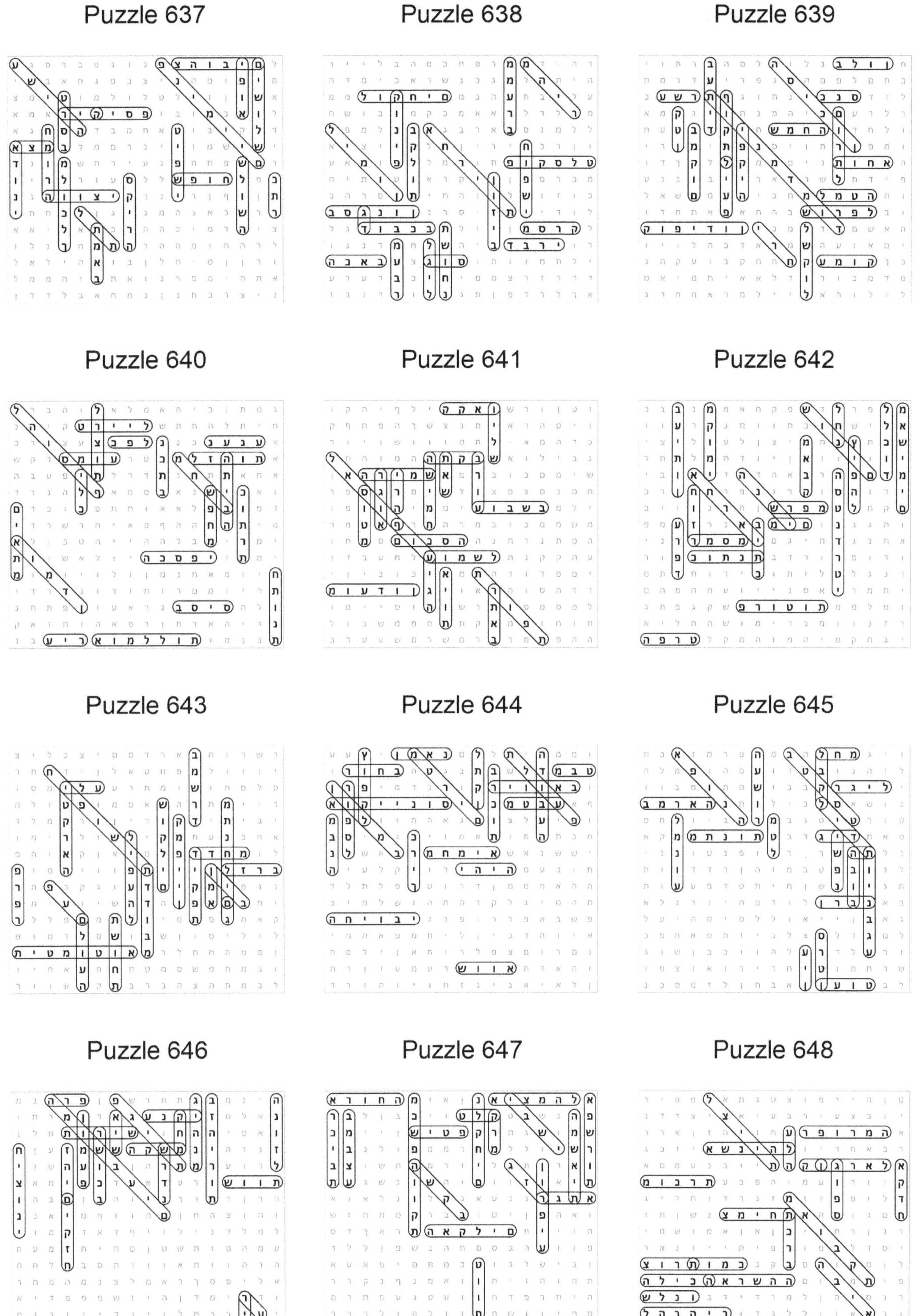
Puzzle 637
Puzzle 638
Puzzle 639
Puzzle 640
Puzzle 641
Puzzle 642
Puzzle 643
Puzzle 644
Puzzle 645
Puzzle 646
Puzzle 647
Puzzle 648

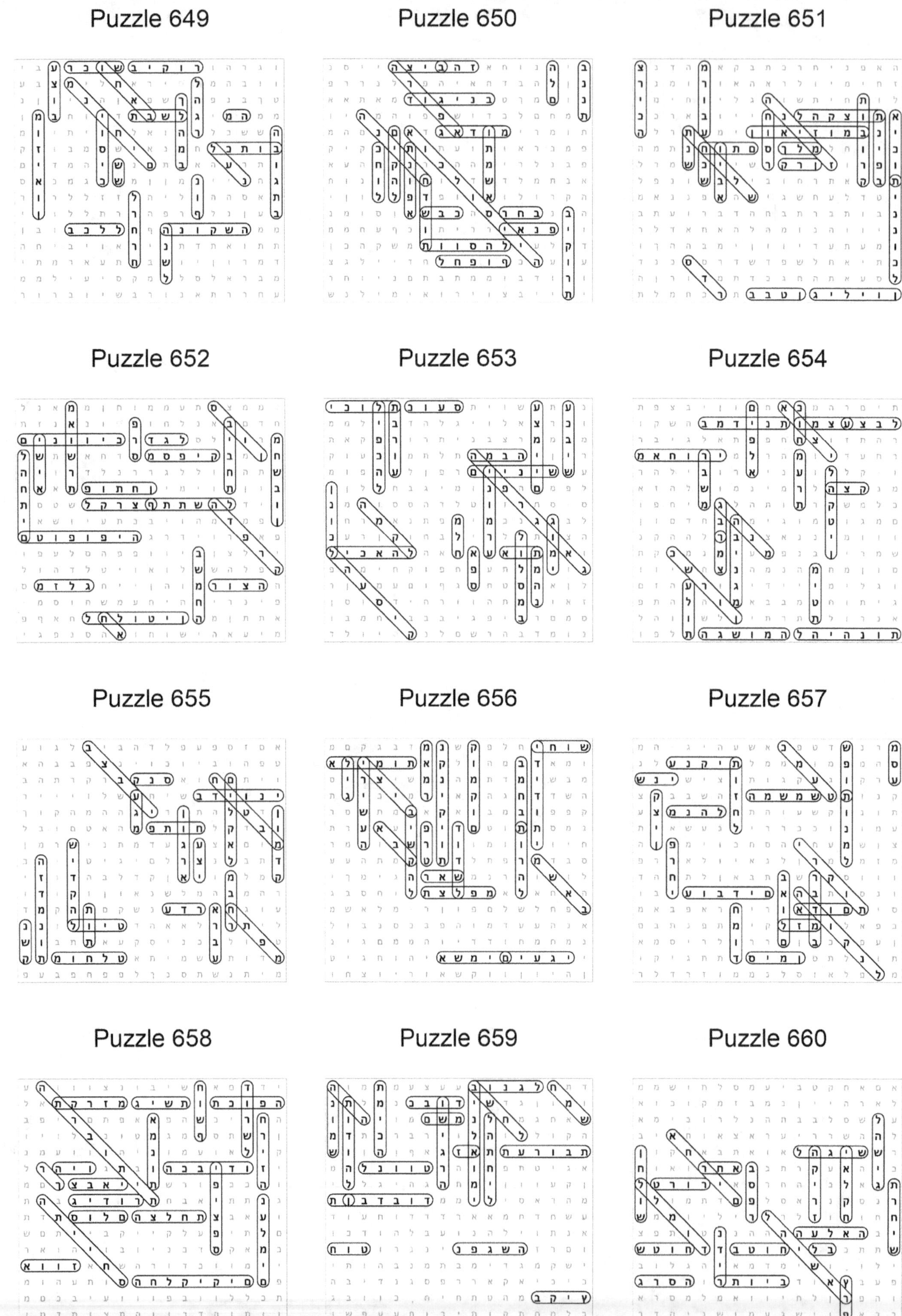
Puzzle 649
Puzzle 650
Puzzle 651
Puzzle 652
Puzzle 653
Puzzle 654
Puzzle 655
Puzzle 656
Puzzle 657
Puzzle 658
Puzzle 659
Puzzle 660

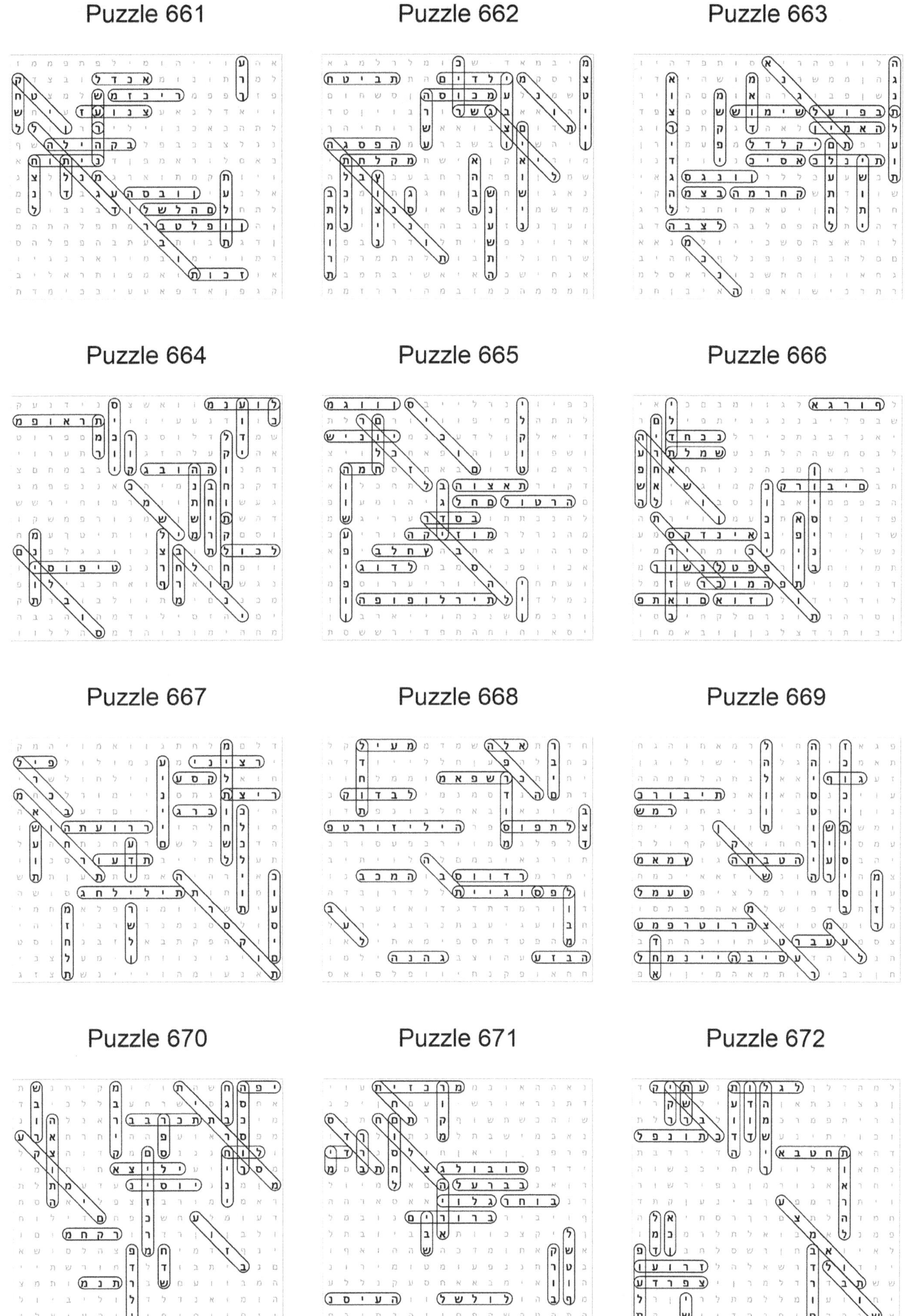
Puzzle 661
Puzzle 662
Puzzle 663
Puzzle 664
Puzzle 665
Puzzle 666
Puzzle 667
Puzzle 668
Puzzle 669
Puzzle 670
Puzzle 671
Puzzle 672

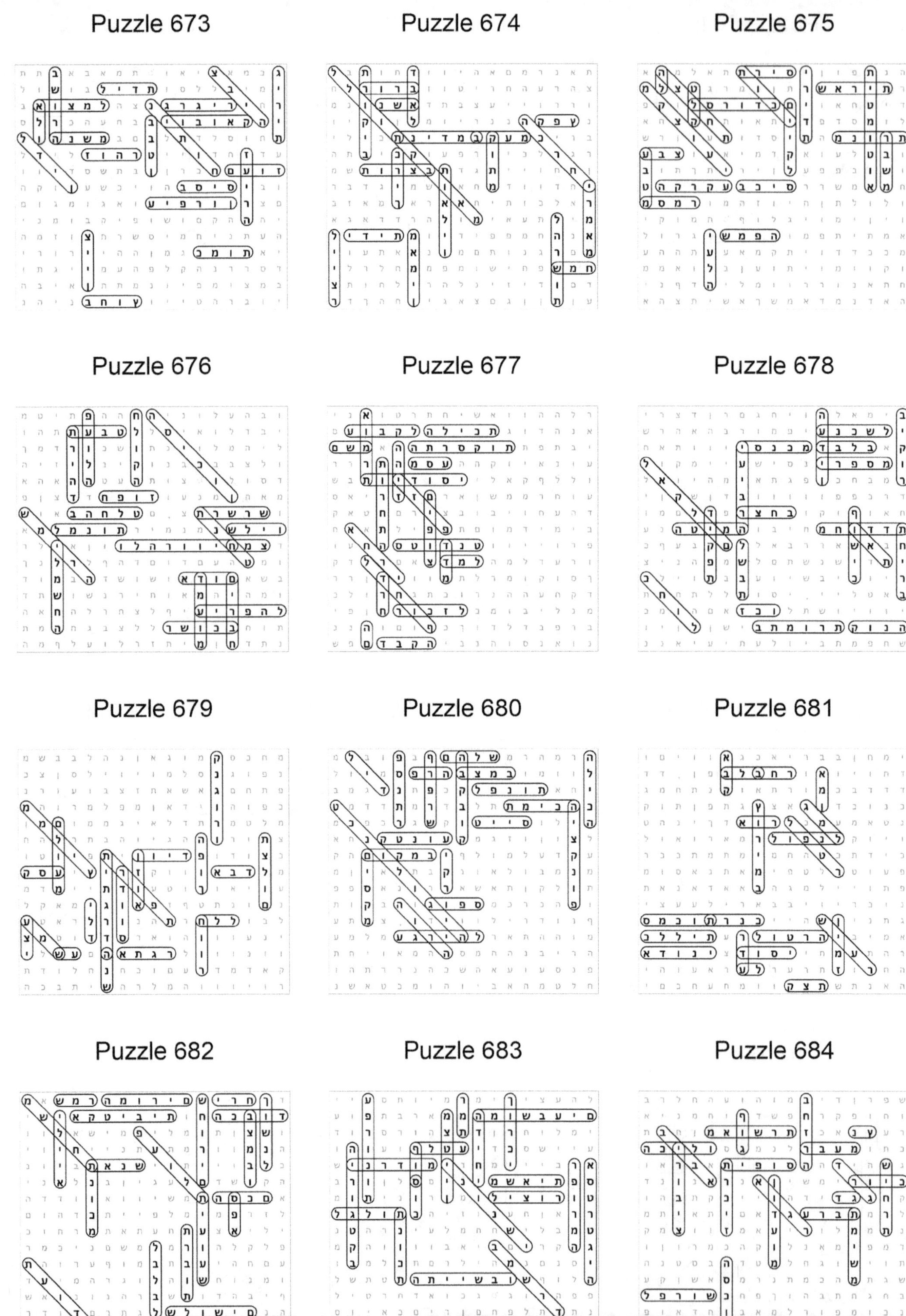
Puzzle 673
Puzzle 674
Puzzle 675
Puzzle 676
Puzzle 677
Puzzle 678
Puzzle 679
Puzzle 680
Puzzle 681
Puzzle 682
Puzzle 683
Puzzle 684

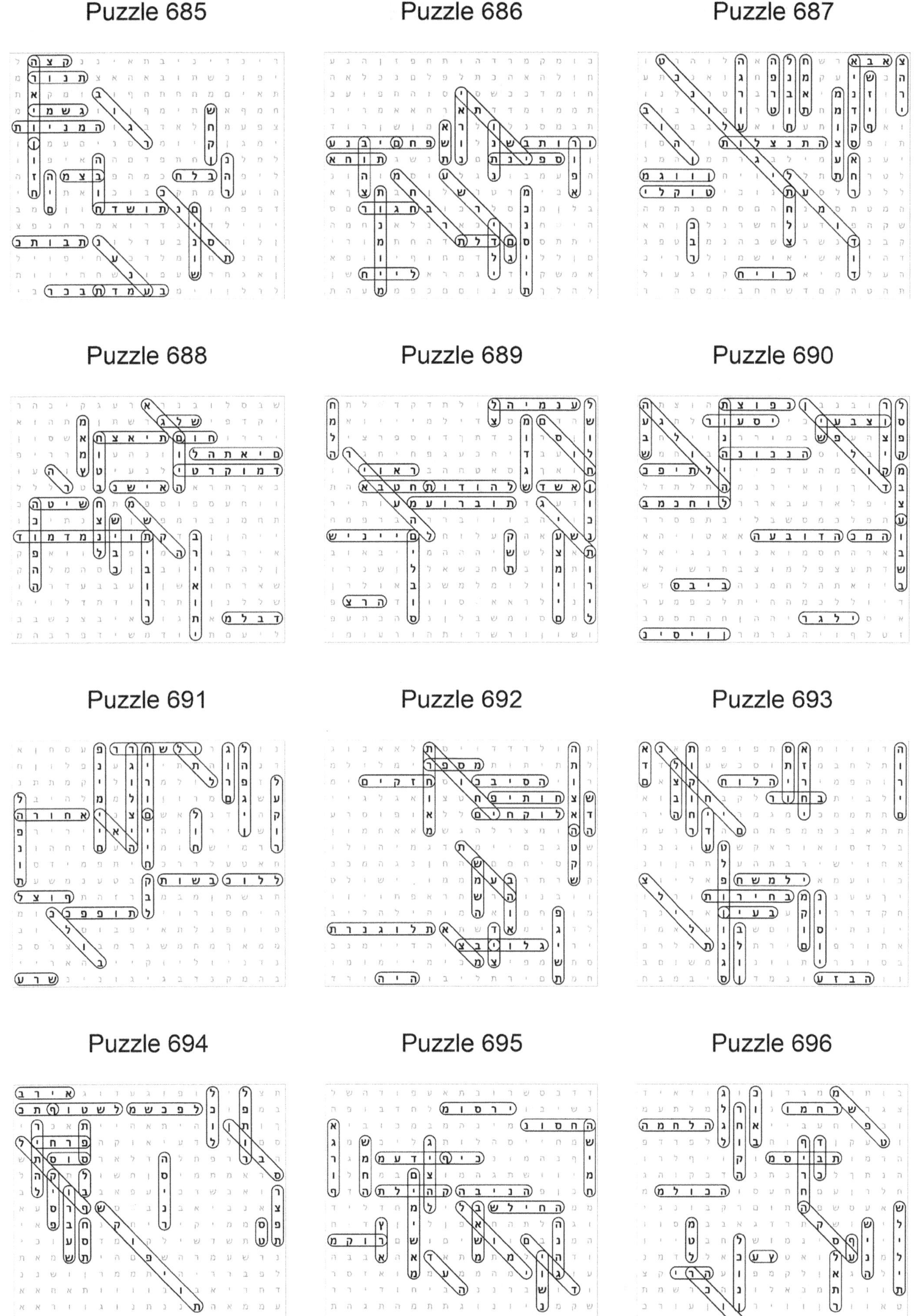

Puzzle 685
Puzzle 686
Puzzle 687
Puzzle 688
Puzzle 689
Puzzle 690
Puzzle 691
Puzzle 692
Puzzle 693
Puzzle 694
Puzzle 695
Puzzle 696

Puzzle 697 Puzzle 698 Puzzle 699

Puzzle 700 Puzzle 701 Puzzle 702

Puzzle 703 Puzzle 704 Puzzle 705

Puzzle 706 Puzzle 707 Puzzle 708

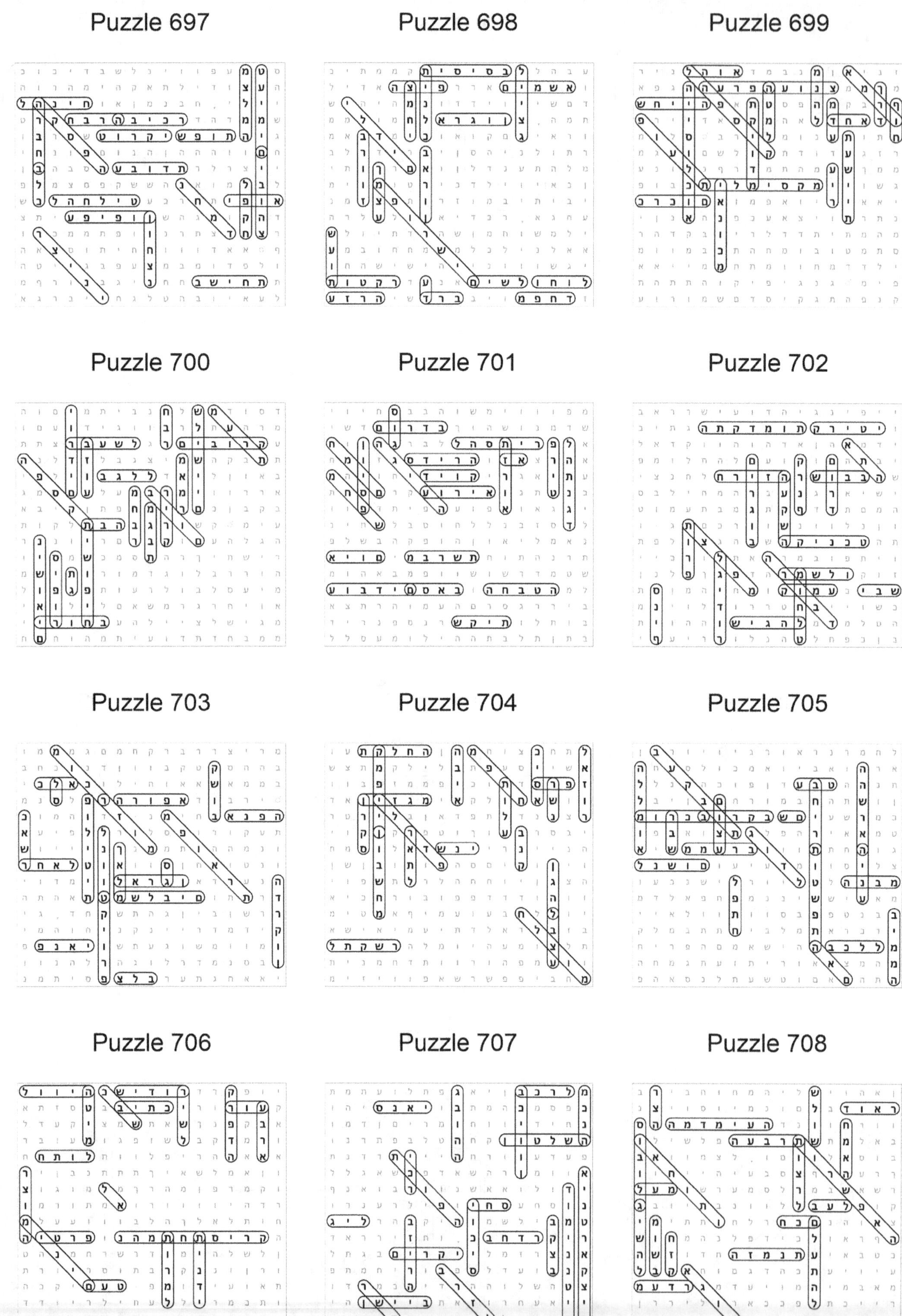

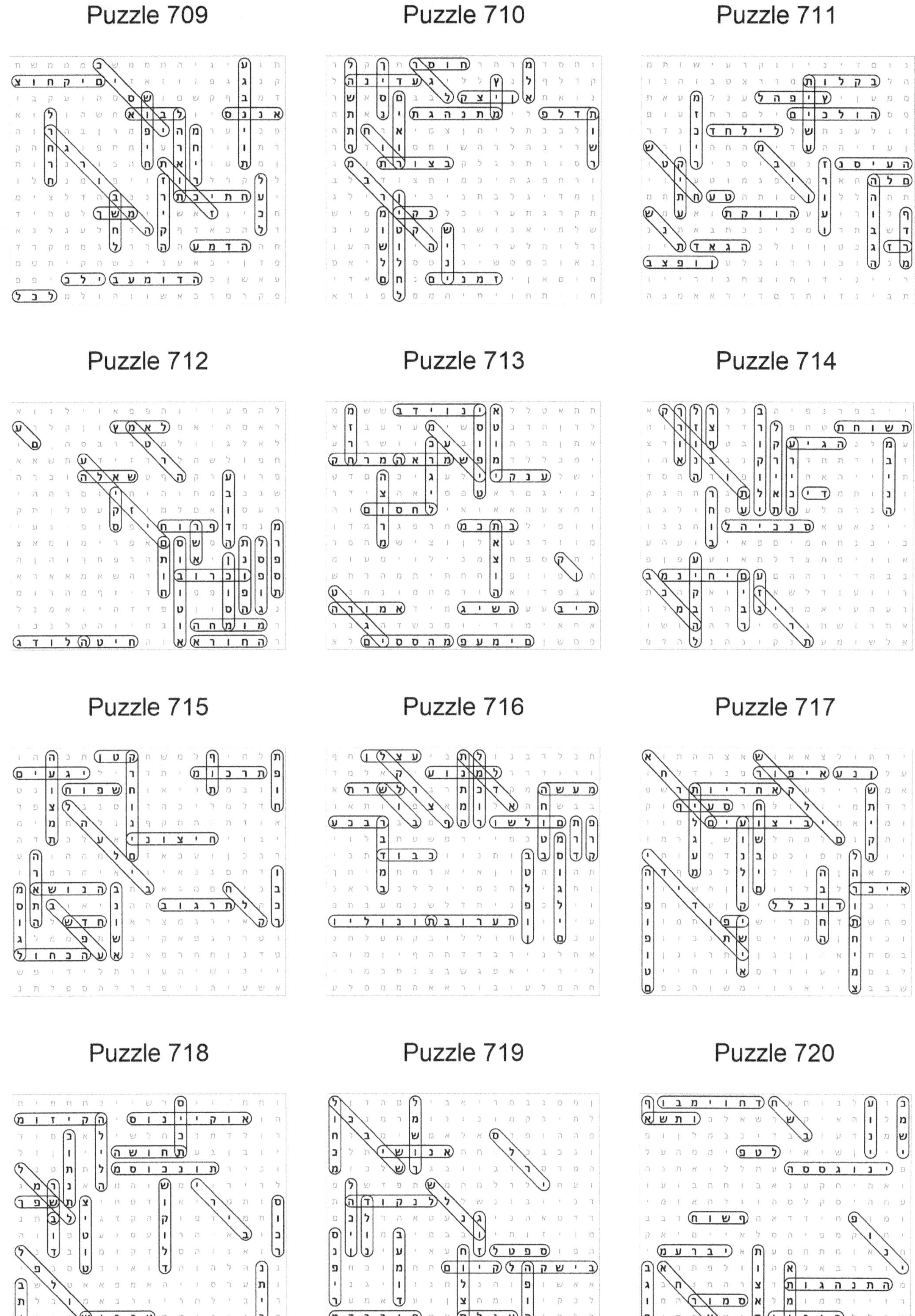
Puzzle 709
Puzzle 710
Puzzle 711
Puzzle 712
Puzzle 713
Puzzle 714
Puzzle 715
Puzzle 716
Puzzle 717
Puzzle 718
Puzzle 719
Puzzle 720

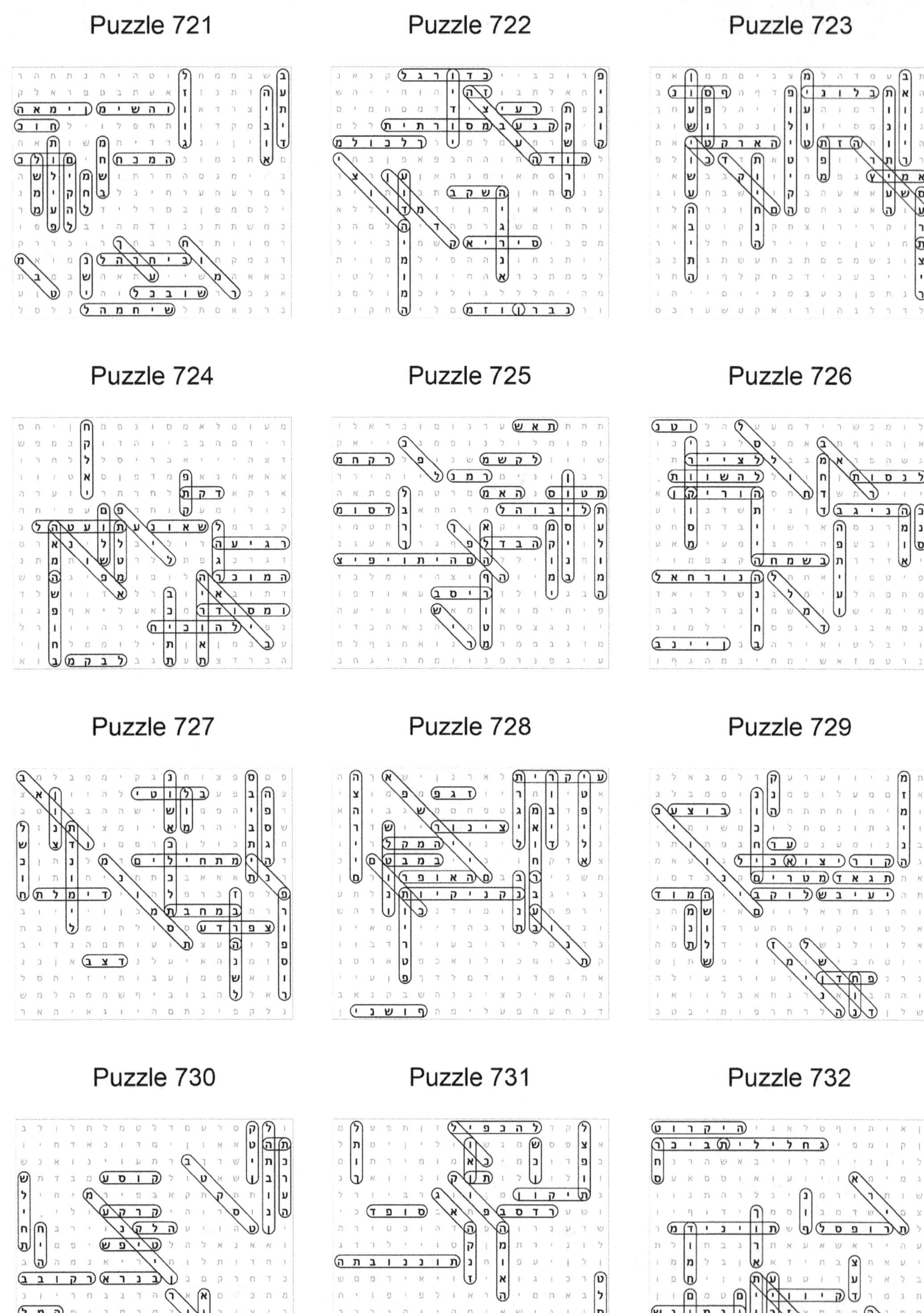
Puzzle 721
Puzzle 722
Puzzle 723
Puzzle 724
Puzzle 725
Puzzle 726
Puzzle 727
Puzzle 728
Puzzle 729
Puzzle 730
Puzzle 731
Puzzle 732

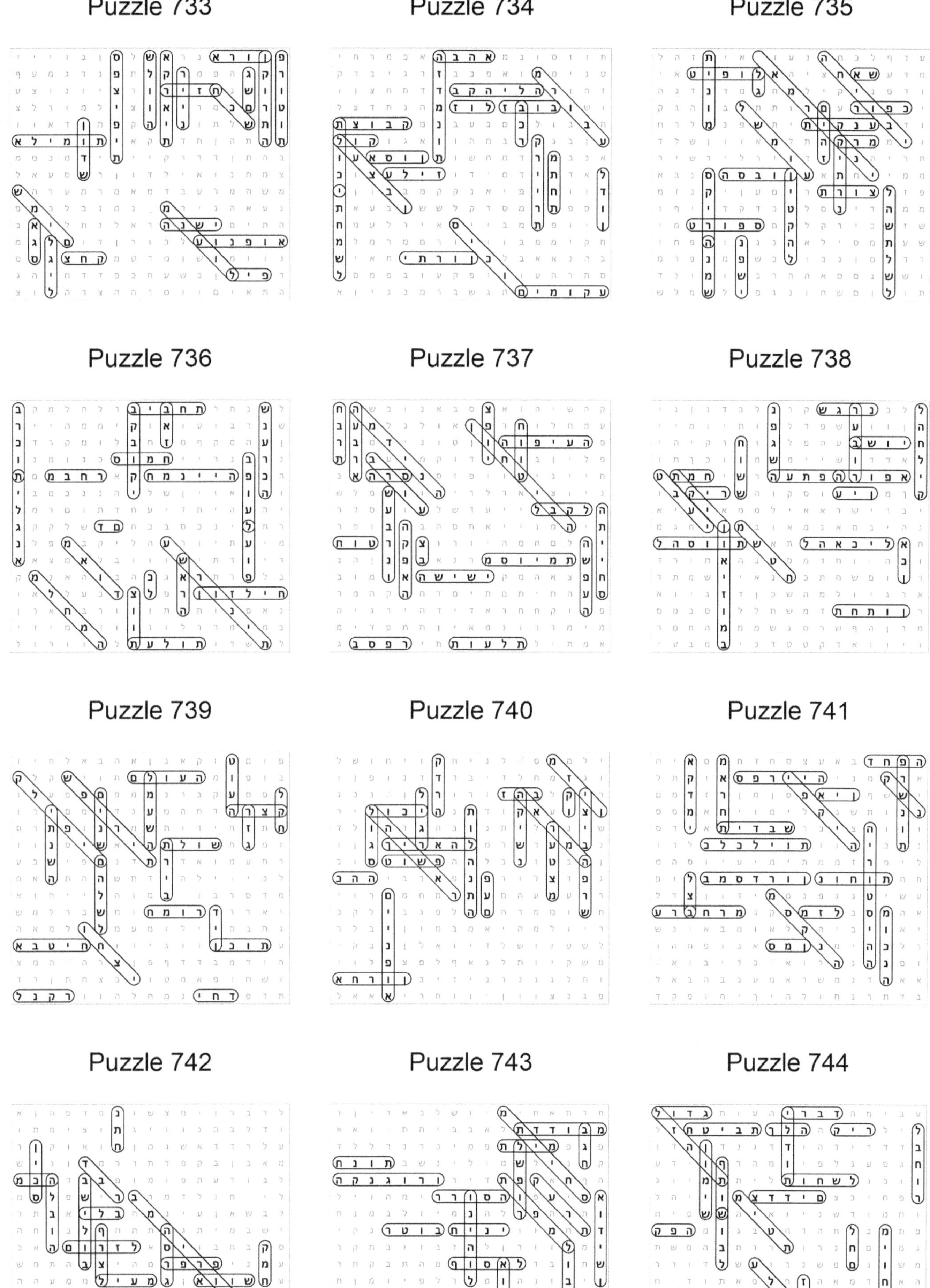

Puzzle 733
Puzzle 734
Puzzle 735
Puzzle 736
Puzzle 737
Puzzle 738
Puzzle 739
Puzzle 740
Puzzle 741
Puzzle 742
Puzzle 743
Puzzle 744

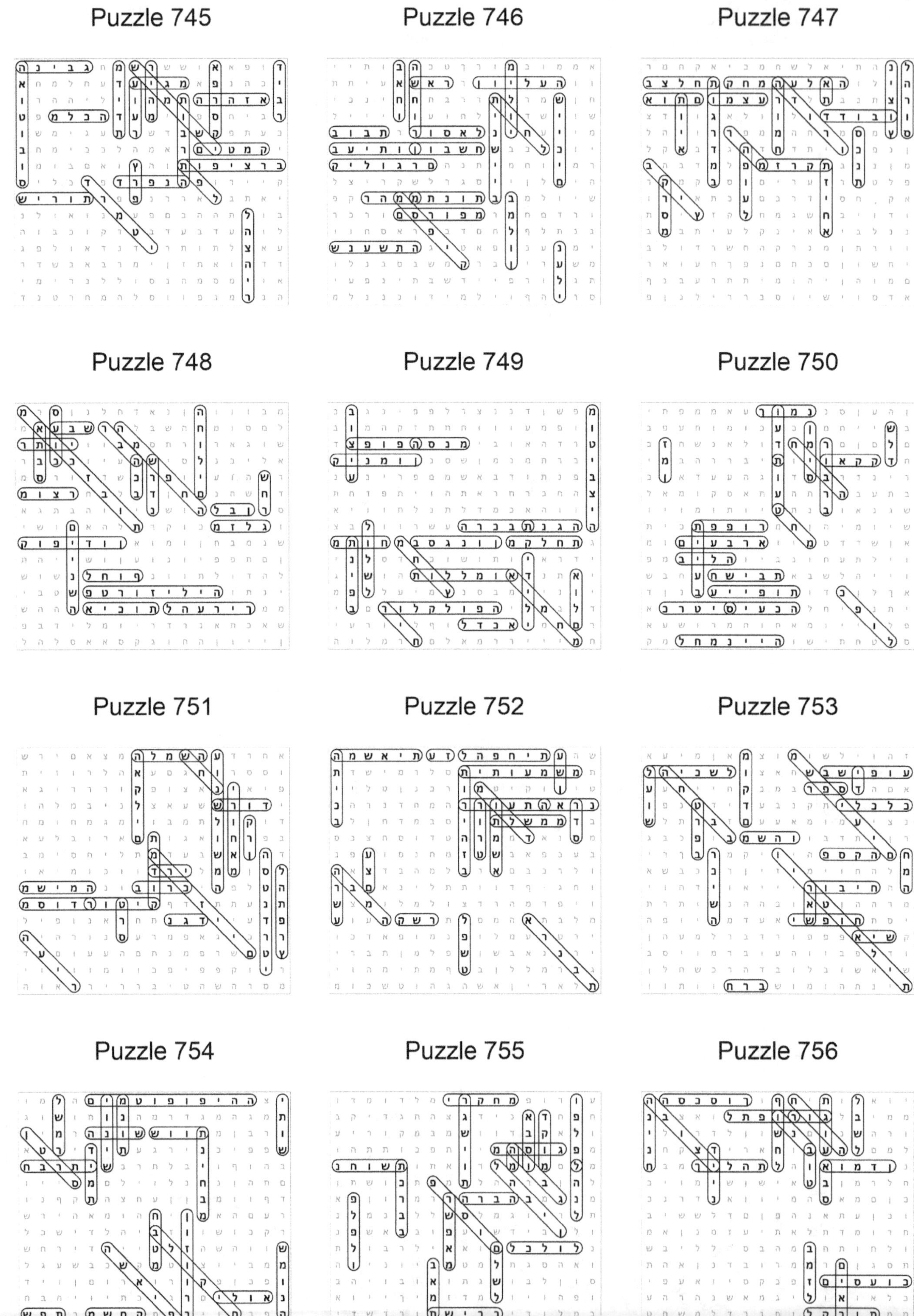
Puzzle 745
Puzzle 746
Puzzle 747
Puzzle 748
Puzzle 749
Puzzle 750
Puzzle 751
Puzzle 752
Puzzle 753
Puzzle 754
Puzzle 755
Puzzle 756

Puzzle 757

Puzzle 758

Puzzle 759

Puzzle 760

Puzzle 761

Puzzle 762

Puzzle 763

Puzzle 764

Puzzle 765

Puzzle 766

Puzzle 767

Puzzle 768

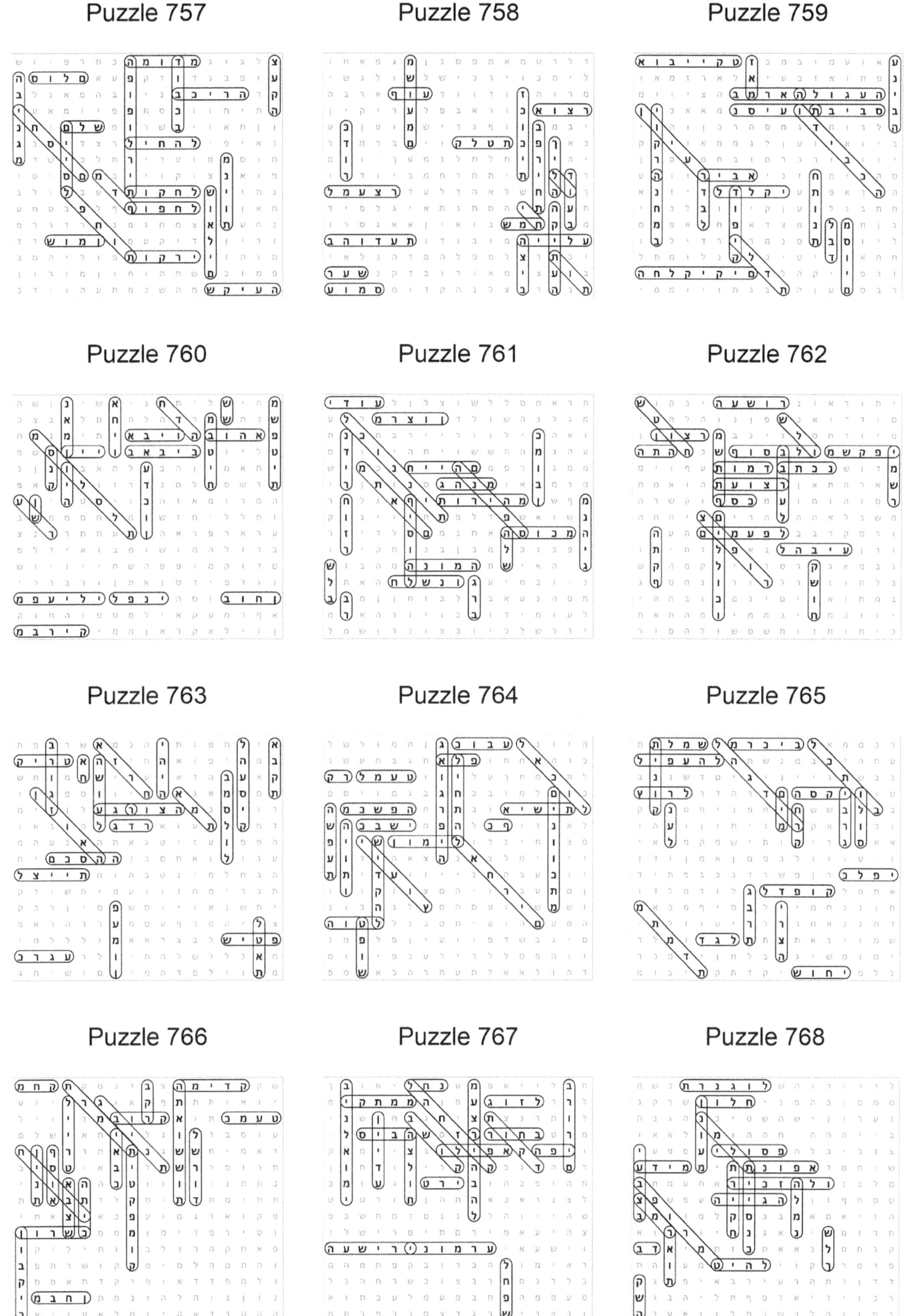

Puzzle 769

Puzzle 770

Puzzle 771

Puzzle 772

Puzzle 773

Puzzle 774

Puzzle 775

Puzzle 776

Puzzle 777

Puzzle 778

Puzzle 779

Puzzle 780

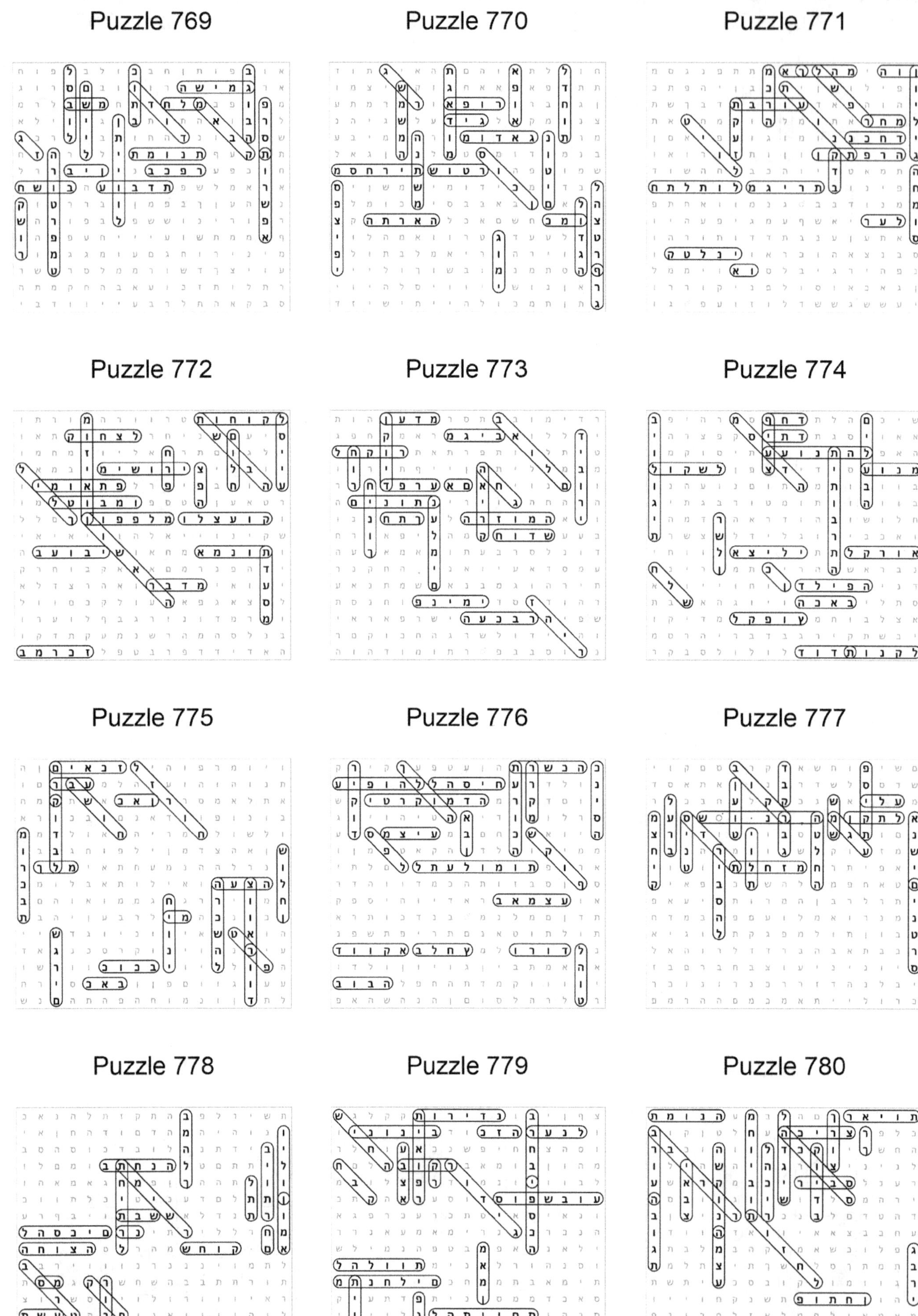

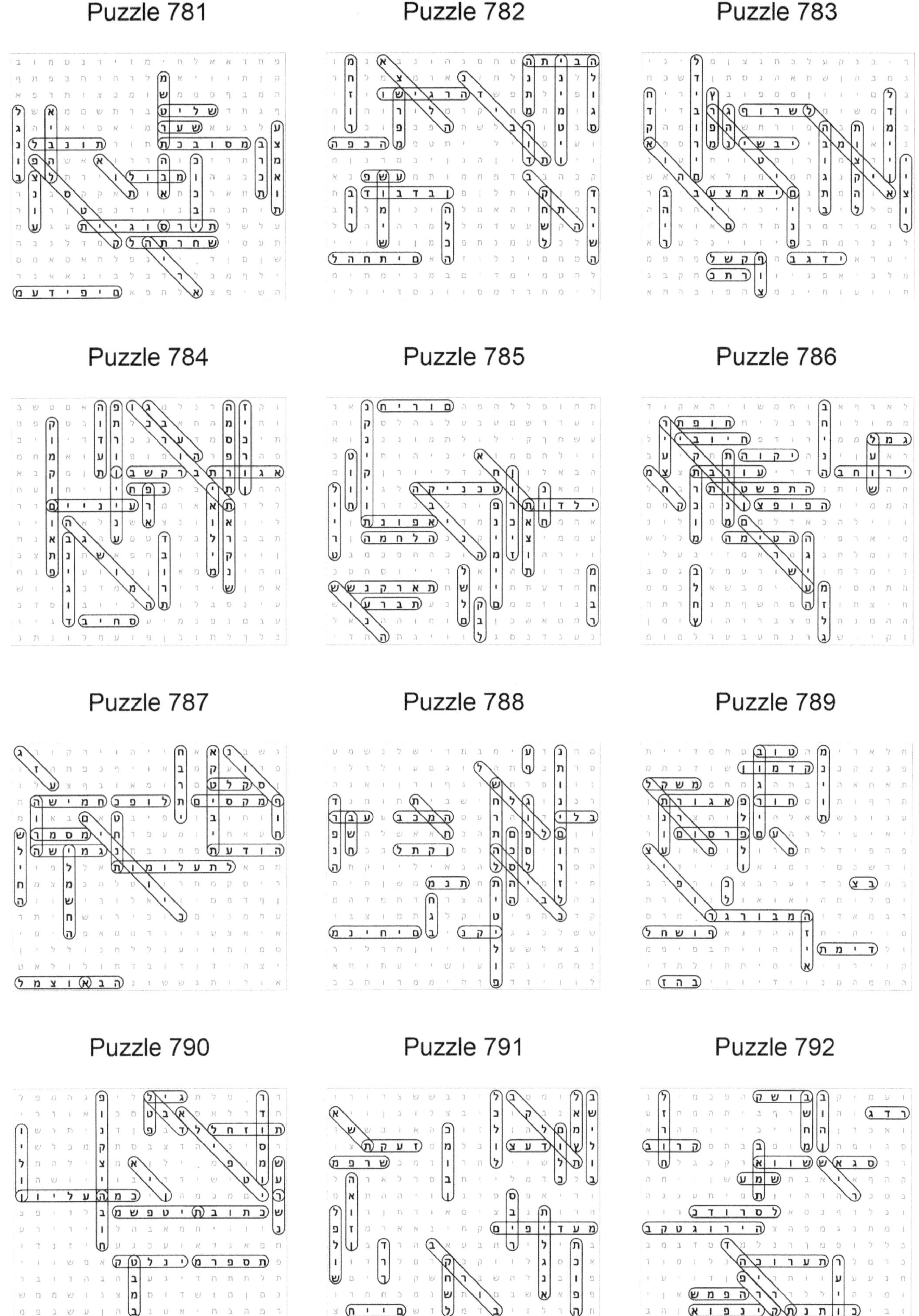

Puzzle 781
Puzzle 782
Puzzle 783
Puzzle 784
Puzzle 785
Puzzle 786
Puzzle 787
Puzzle 788
Puzzle 789
Puzzle 790
Puzzle 791
Puzzle 792

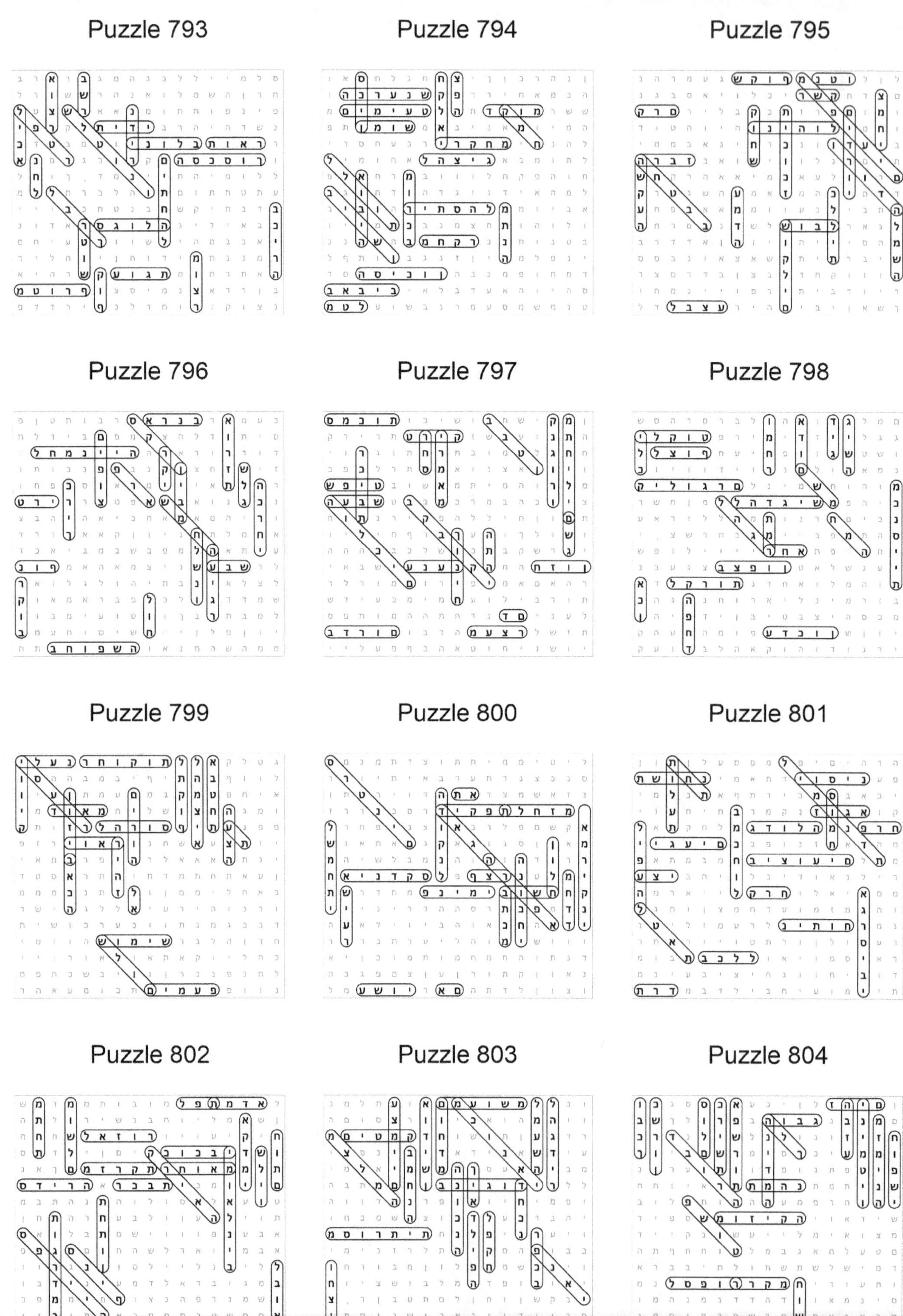
Puzzle 793
Puzzle 794
Puzzle 795
Puzzle 796
Puzzle 797
Puzzle 798
Puzzle 799
Puzzle 800
Puzzle 801
Puzzle 802
Puzzle 803
Puzzle 804

Puzzle 805

Puzzle 806

Puzzle 807

Puzzle 808

Puzzle 809

Puzzle 810

Puzzle 811

Puzzle 812

Puzzle 813

Puzzle 814

Puzzle 815

Puzzle 816

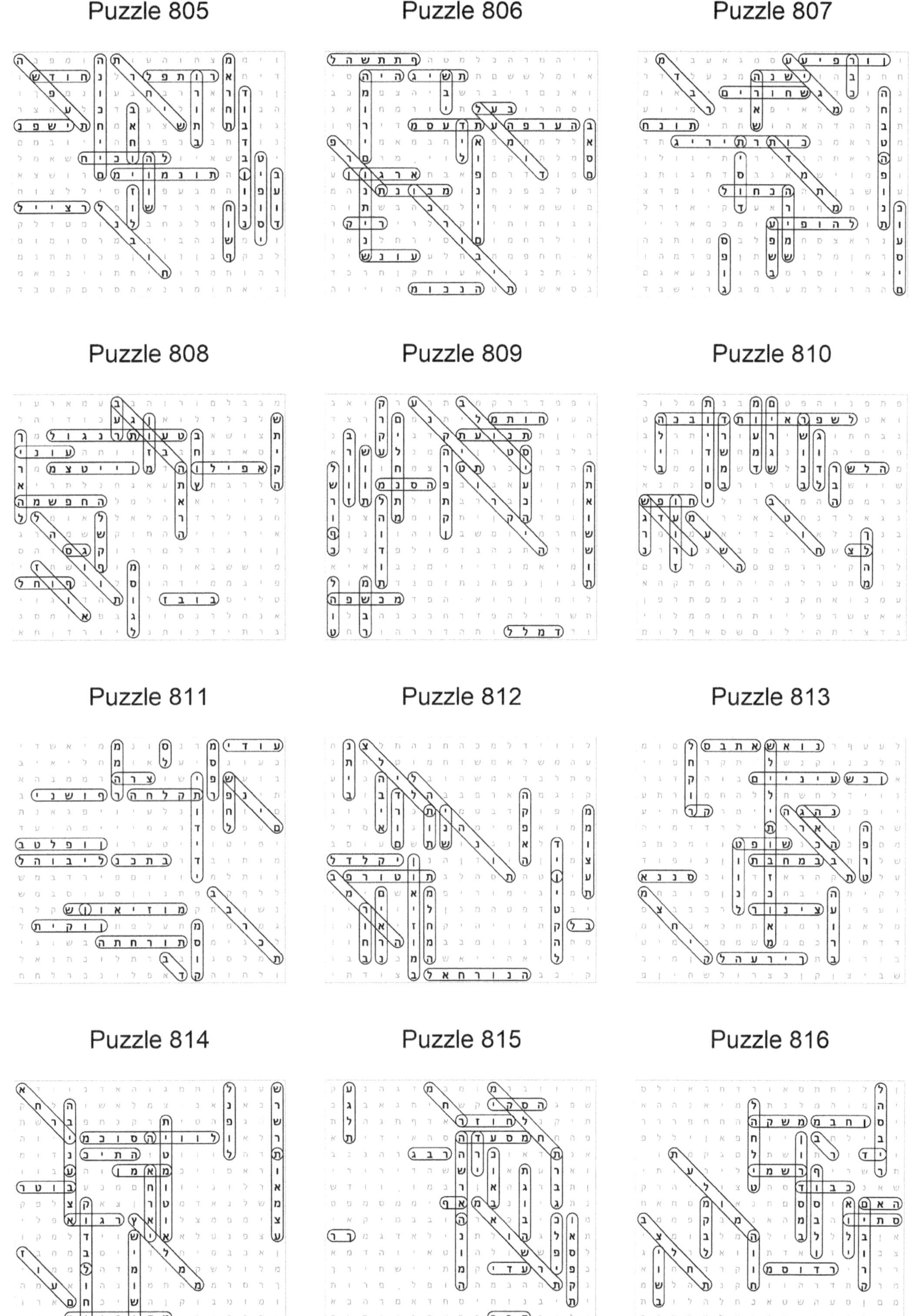

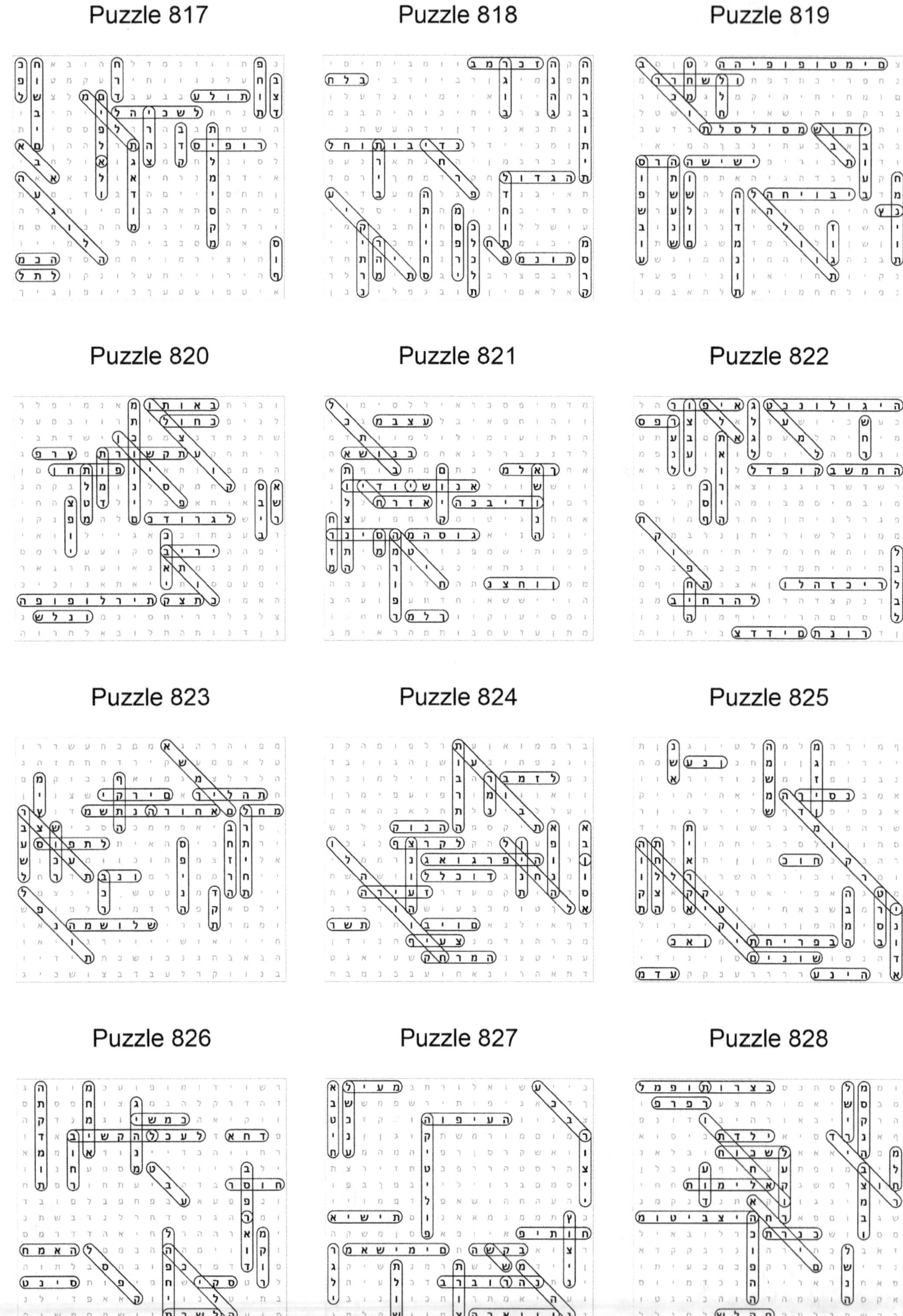

Puzzle 817
Puzzle 818
Puzzle 819
Puzzle 820
Puzzle 821
Puzzle 822
Puzzle 823
Puzzle 824
Puzzle 825
Puzzle 826
Puzzle 827
Puzzle 828

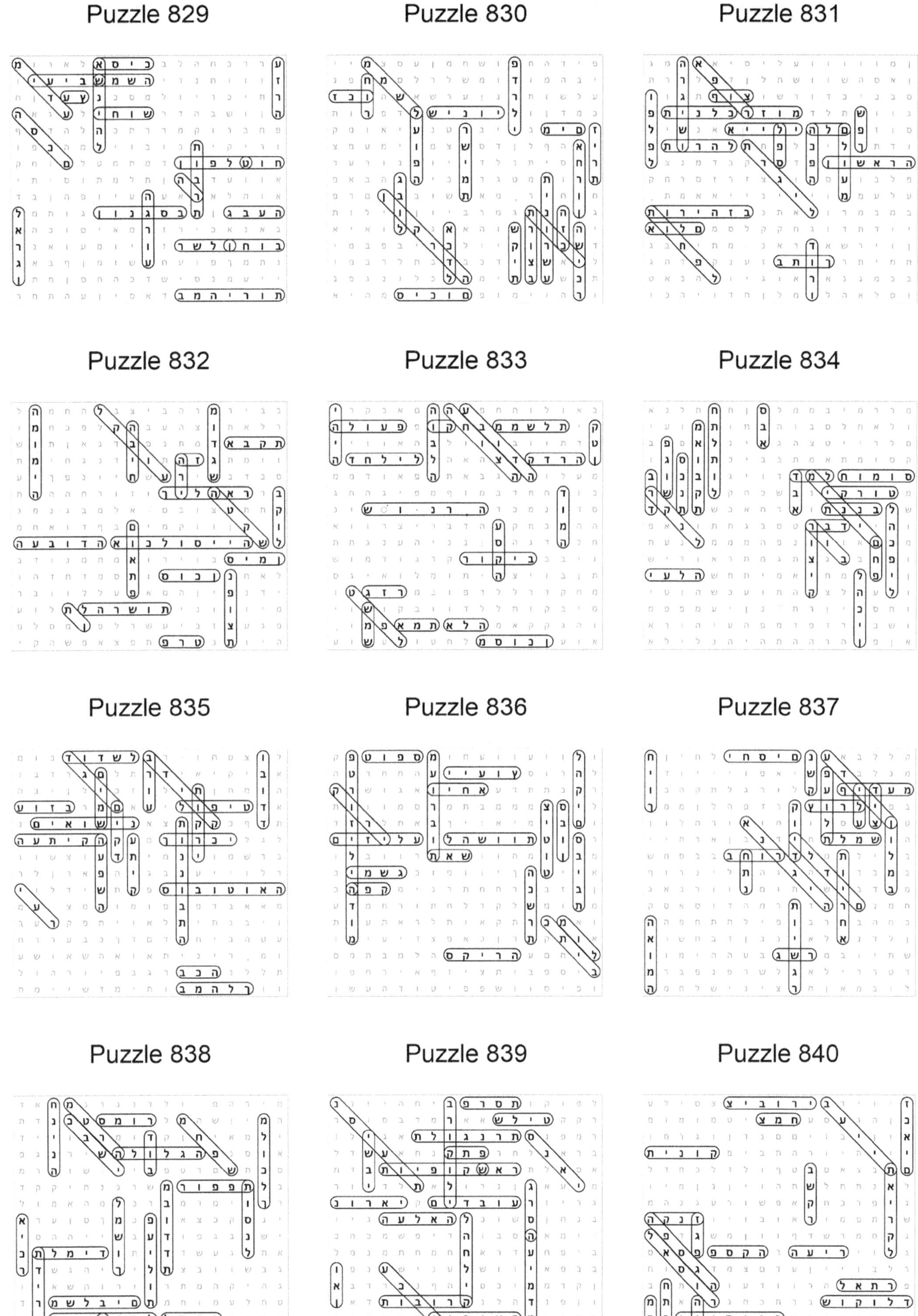
Puzzle 829
Puzzle 830
Puzzle 831
Puzzle 832
Puzzle 833
Puzzle 834
Puzzle 835
Puzzle 836
Puzzle 837
Puzzle 838
Puzzle 839
Puzzle 840

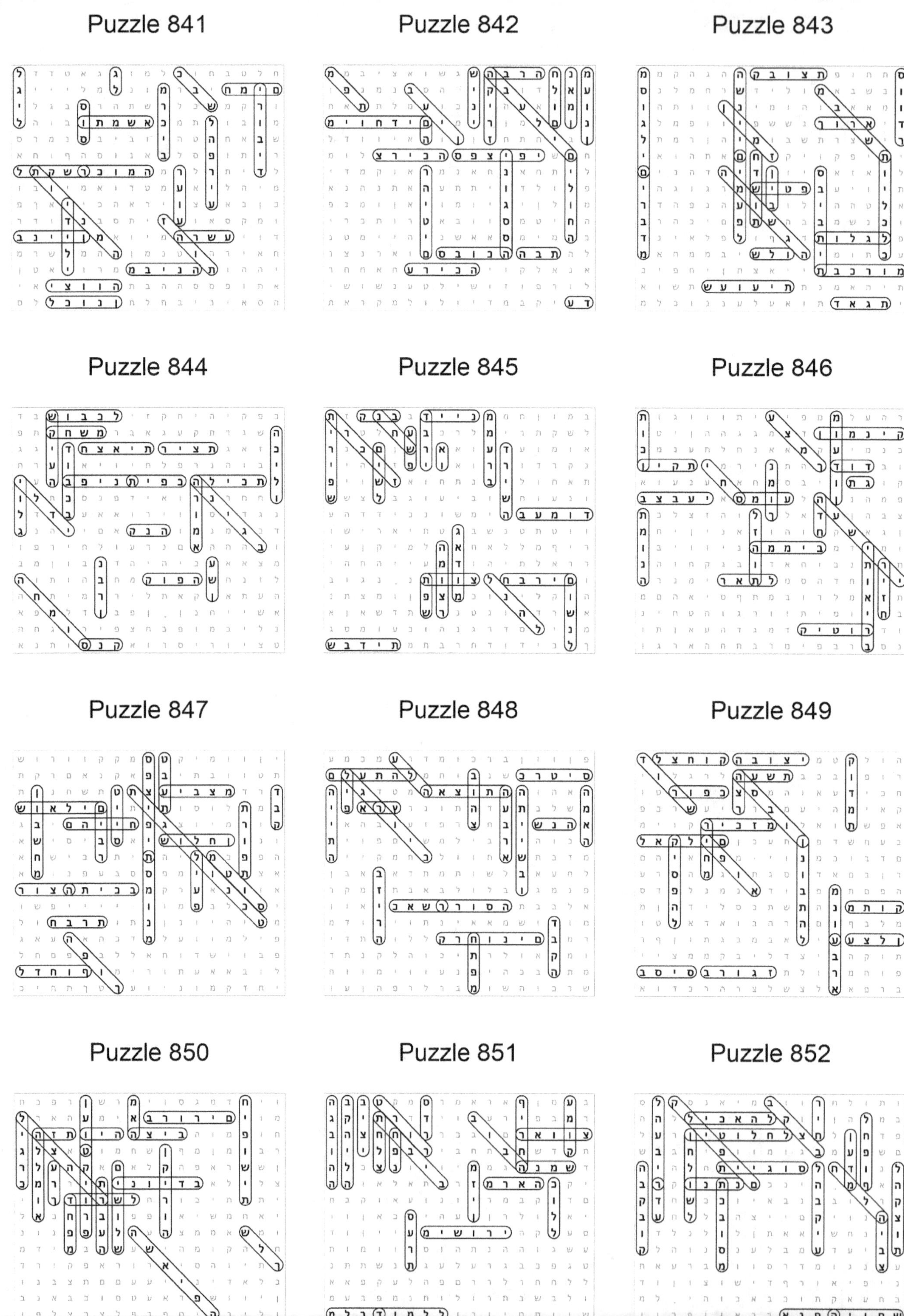
Puzzle 841
Puzzle 842
Puzzle 843
Puzzle 844
Puzzle 845
Puzzle 846
Puzzle 847
Puzzle 848
Puzzle 849
Puzzle 850
Puzzle 851
Puzzle 852

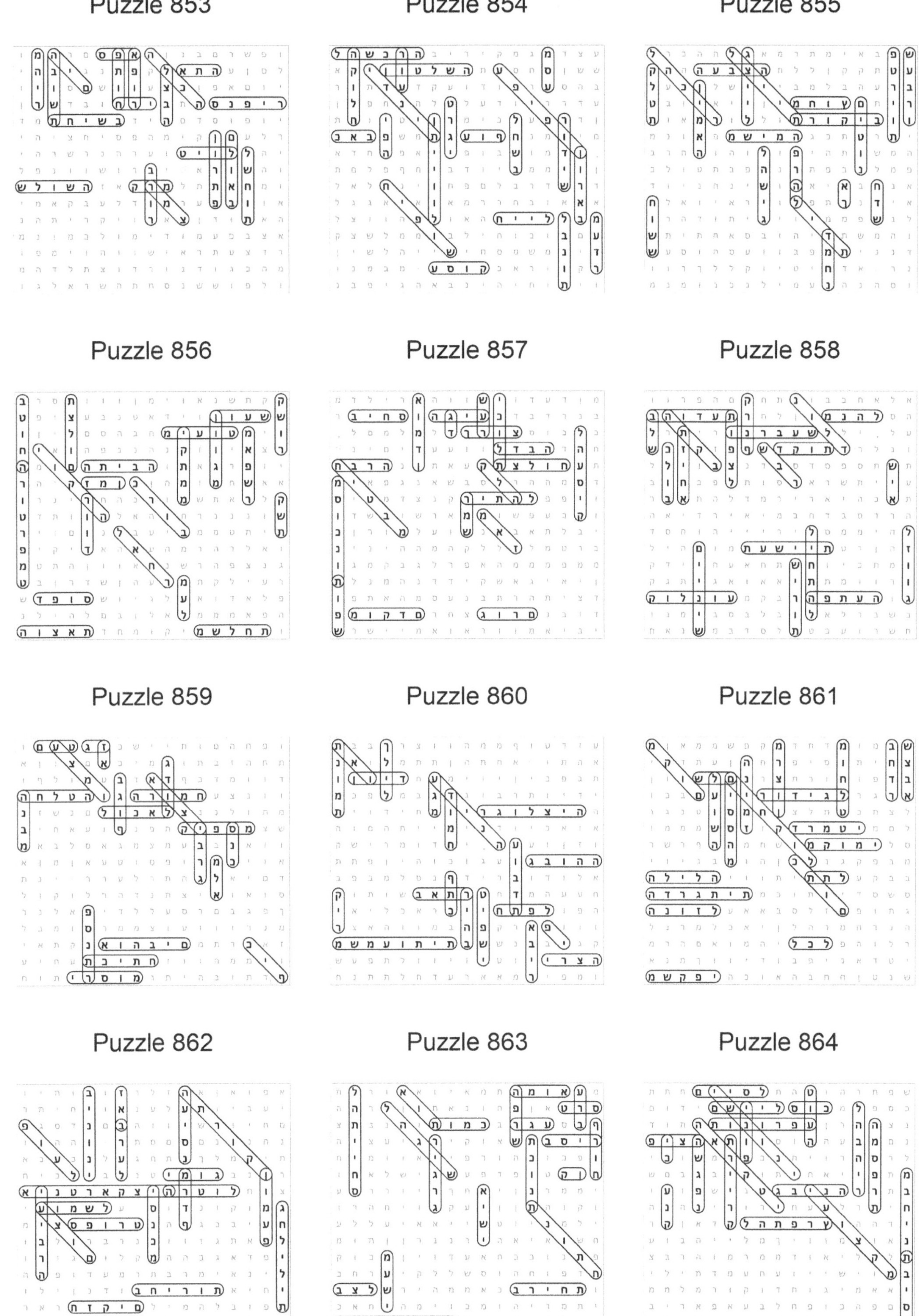
Puzzle 853
Puzzle 854
Puzzle 855
Puzzle 856
Puzzle 857
Puzzle 858
Puzzle 859
Puzzle 860
Puzzle 861
Puzzle 862
Puzzle 863
Puzzle 864

Puzzle 865

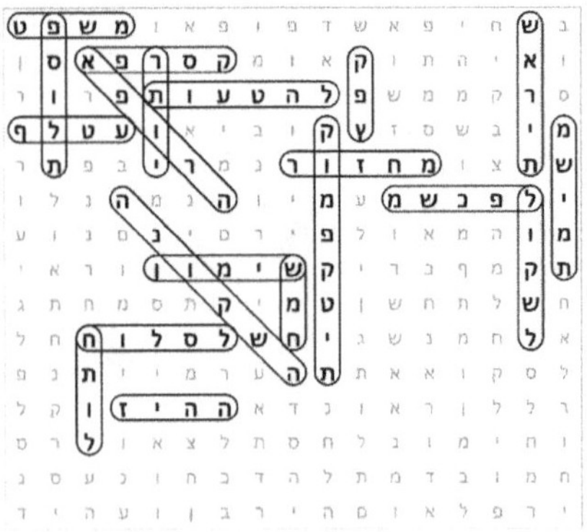

Puzzle 866

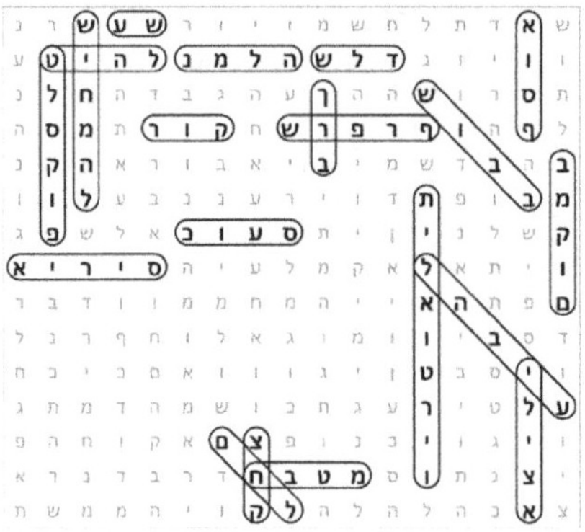

Puzzle 867

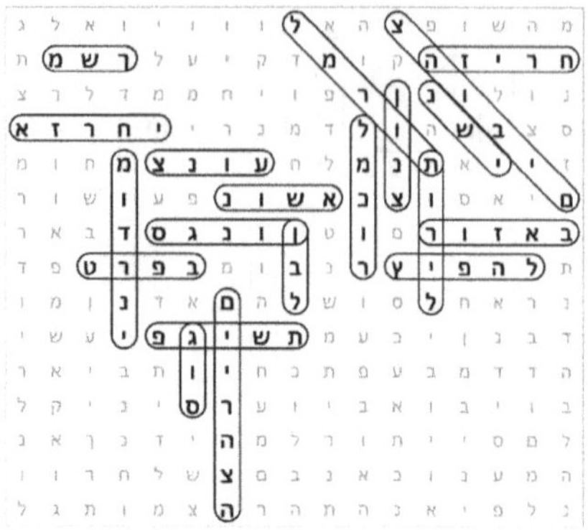

Puzzle 868

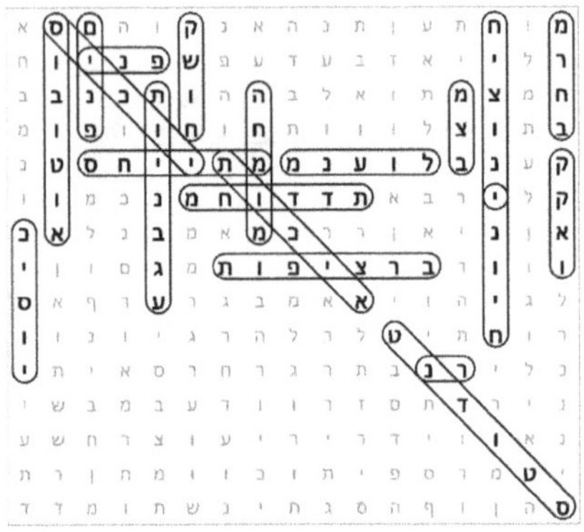

Puzzle 869

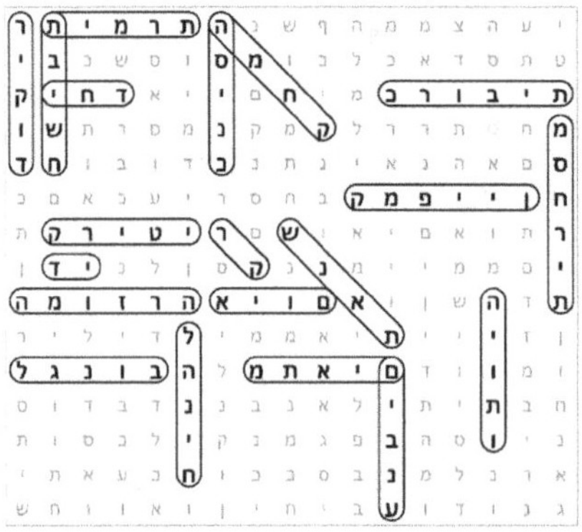

Puzzle 870

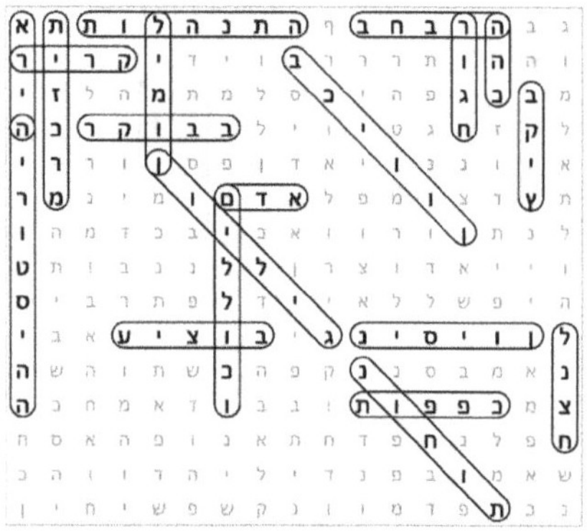

Puzzle 871

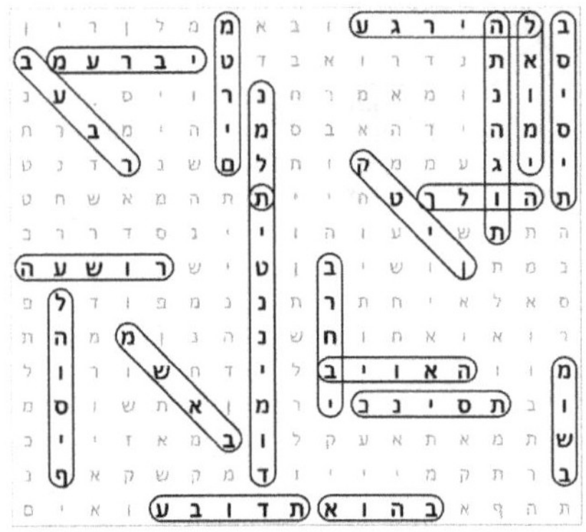

Puzzle 872

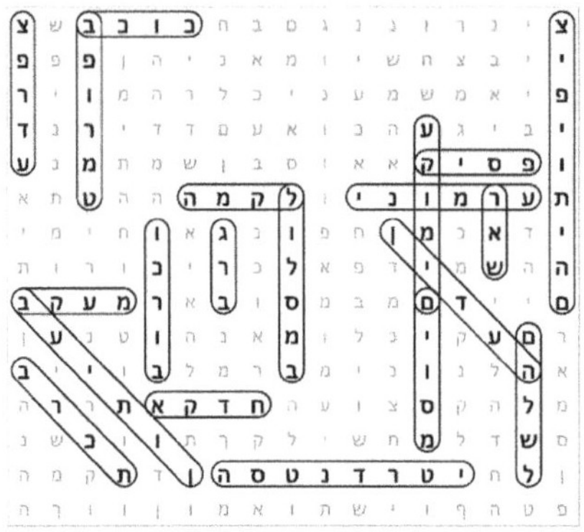

Puzzle 873

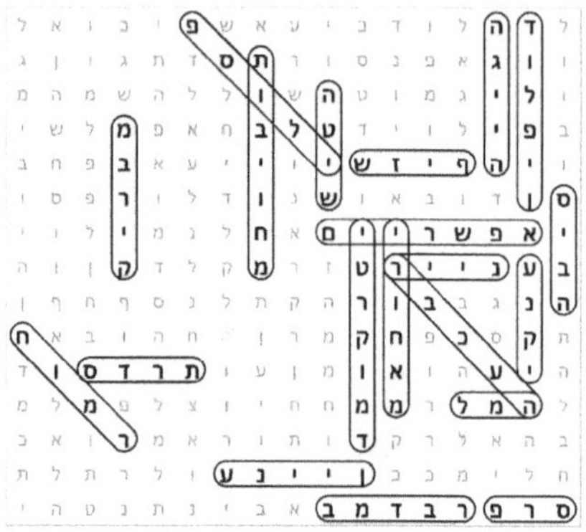

Puzzle 874

Puzzle 875

Puzzle 876

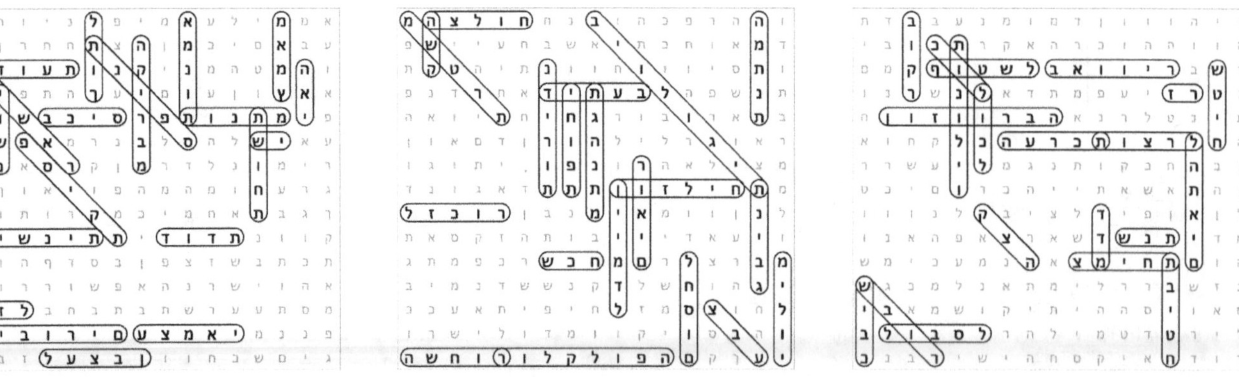

Puzzle 877 Puzzle 878 Puzzle 879

Puzzle 880 Puzzle 881 Puzzle 882

Puzzle 883 Puzzle 884 Puzzle 885

Puzzle 886 Puzzle 887 Puzzle 888

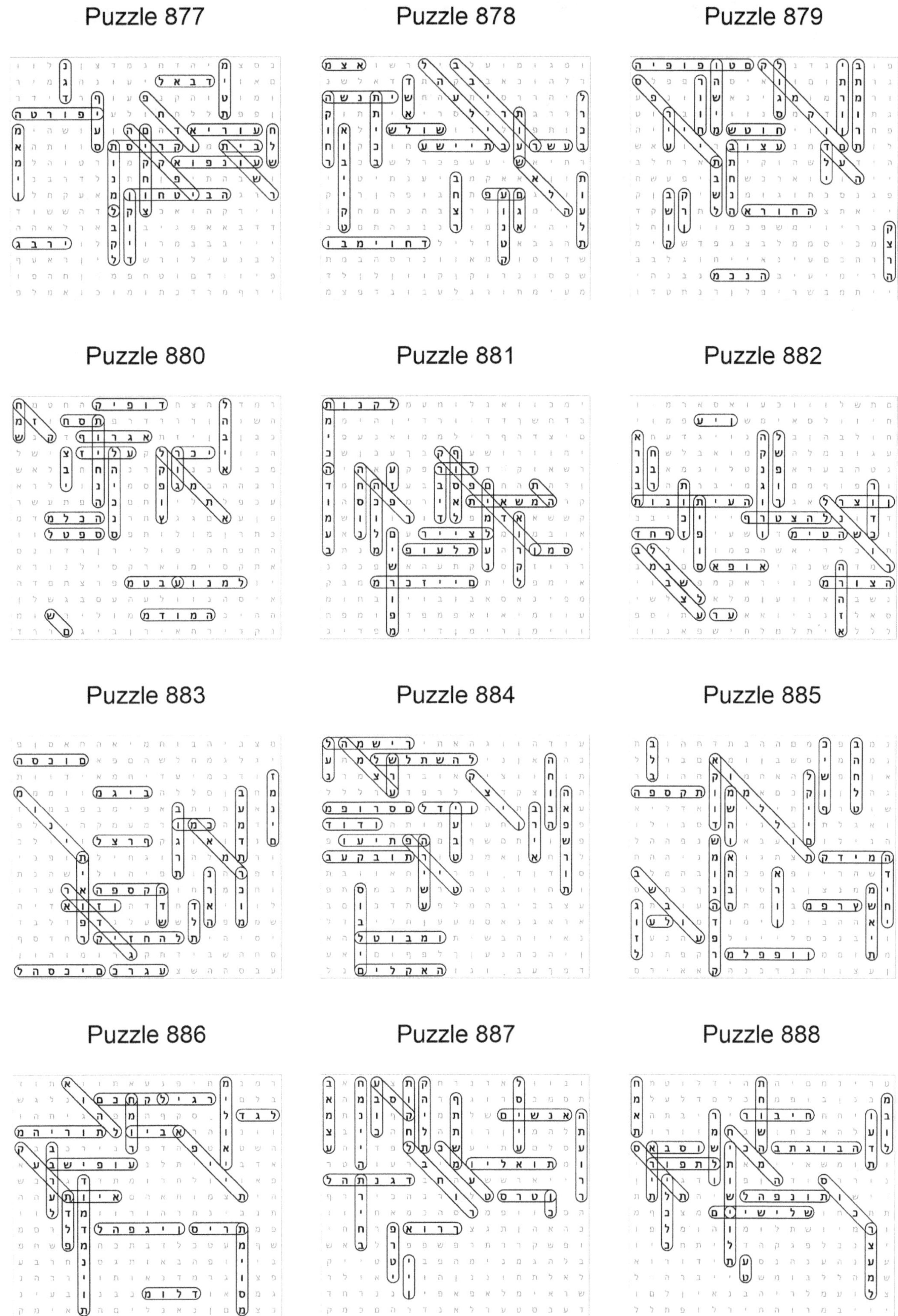

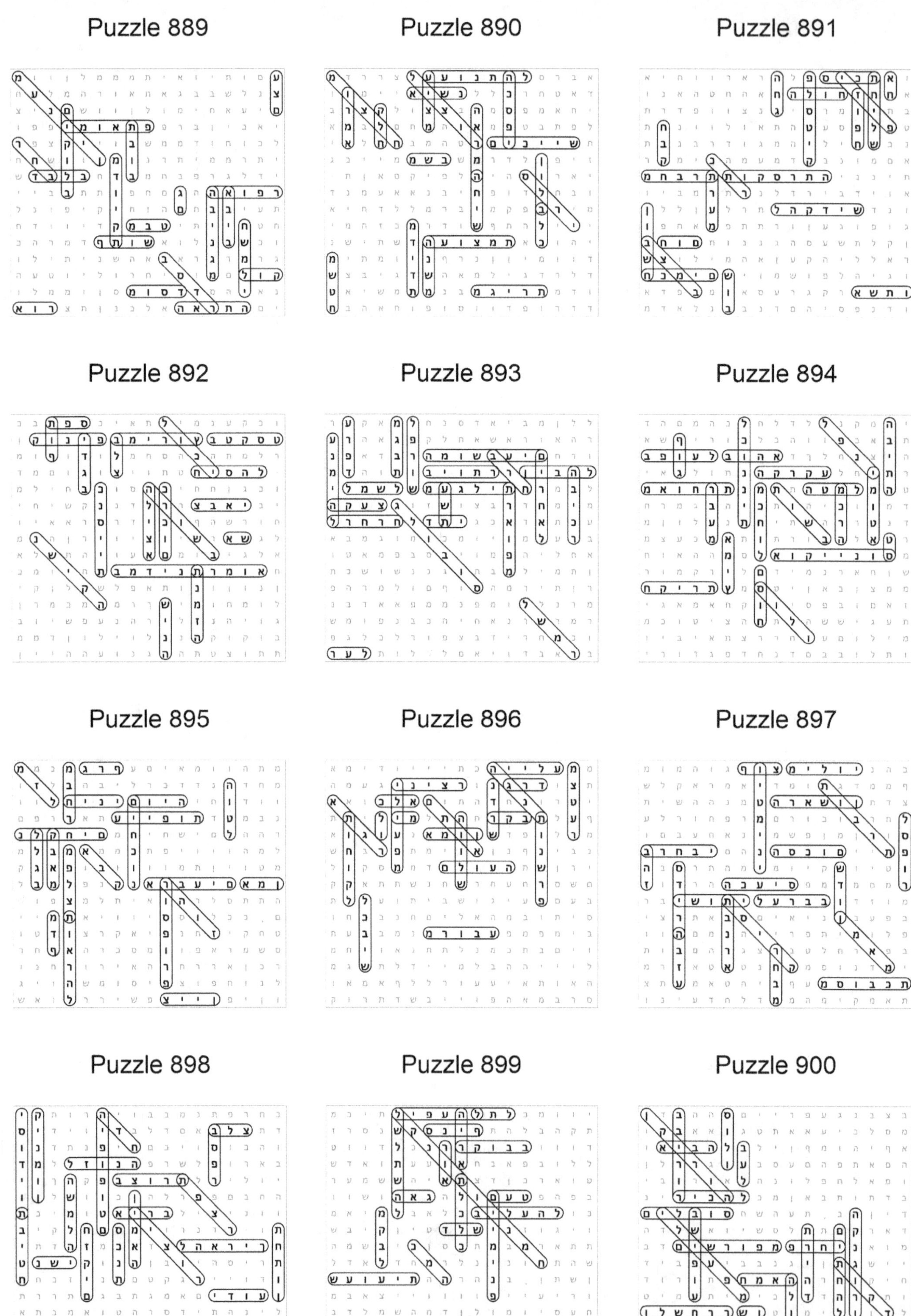
Puzzle 889
Puzzle 890
Puzzle 891
Puzzle 892
Puzzle 893
Puzzle 894
Puzzle 895
Puzzle 896
Puzzle 897
Puzzle 898
Puzzle 899
Puzzle 900

Puzzle 901

Puzzle 902

Puzzle 903

Puzzle 904

Puzzle 905

Puzzle 906

Puzzle 907

Puzzle 908

Puzzle 909

Puzzle 910

Puzzle 911

Puzzle 912

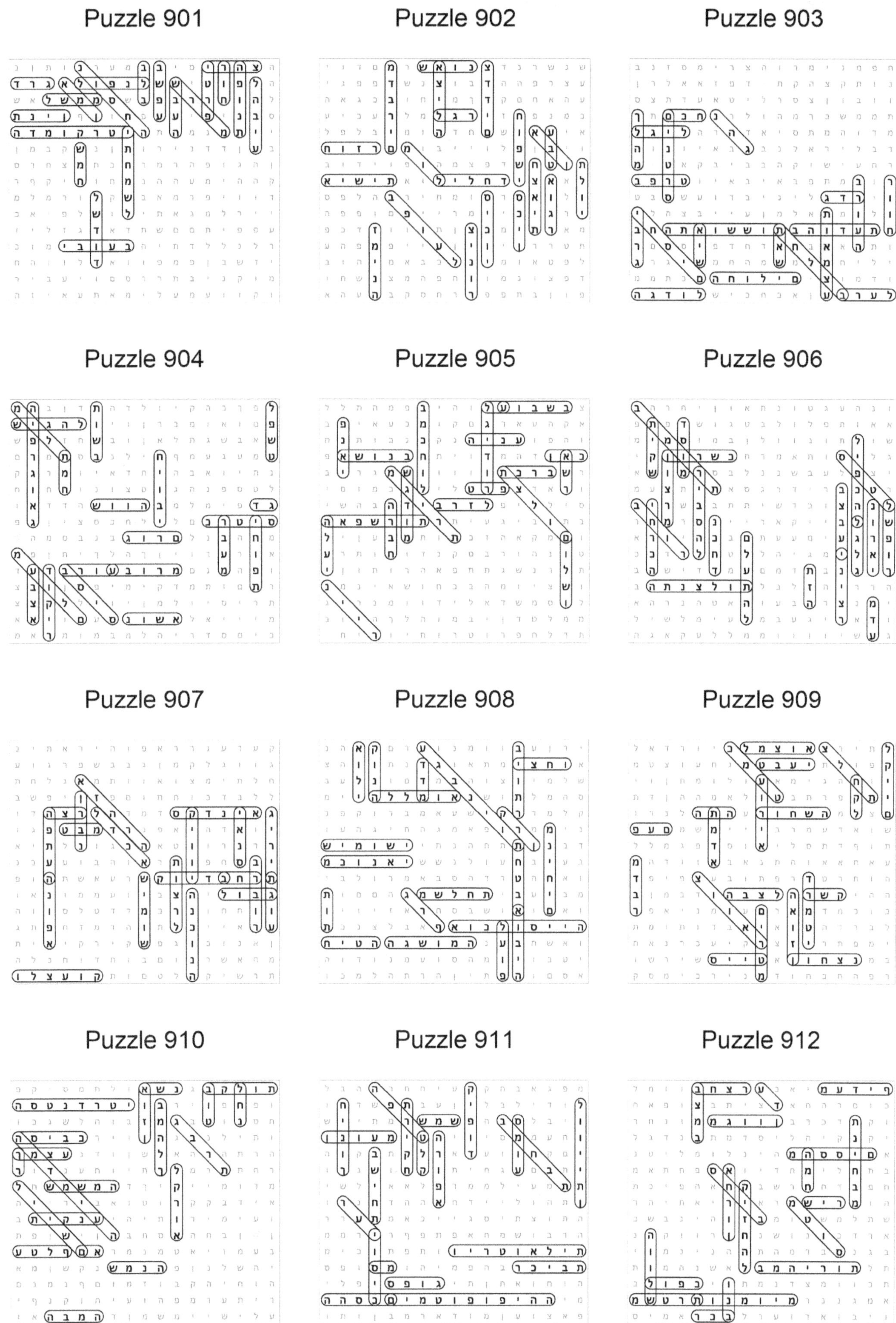

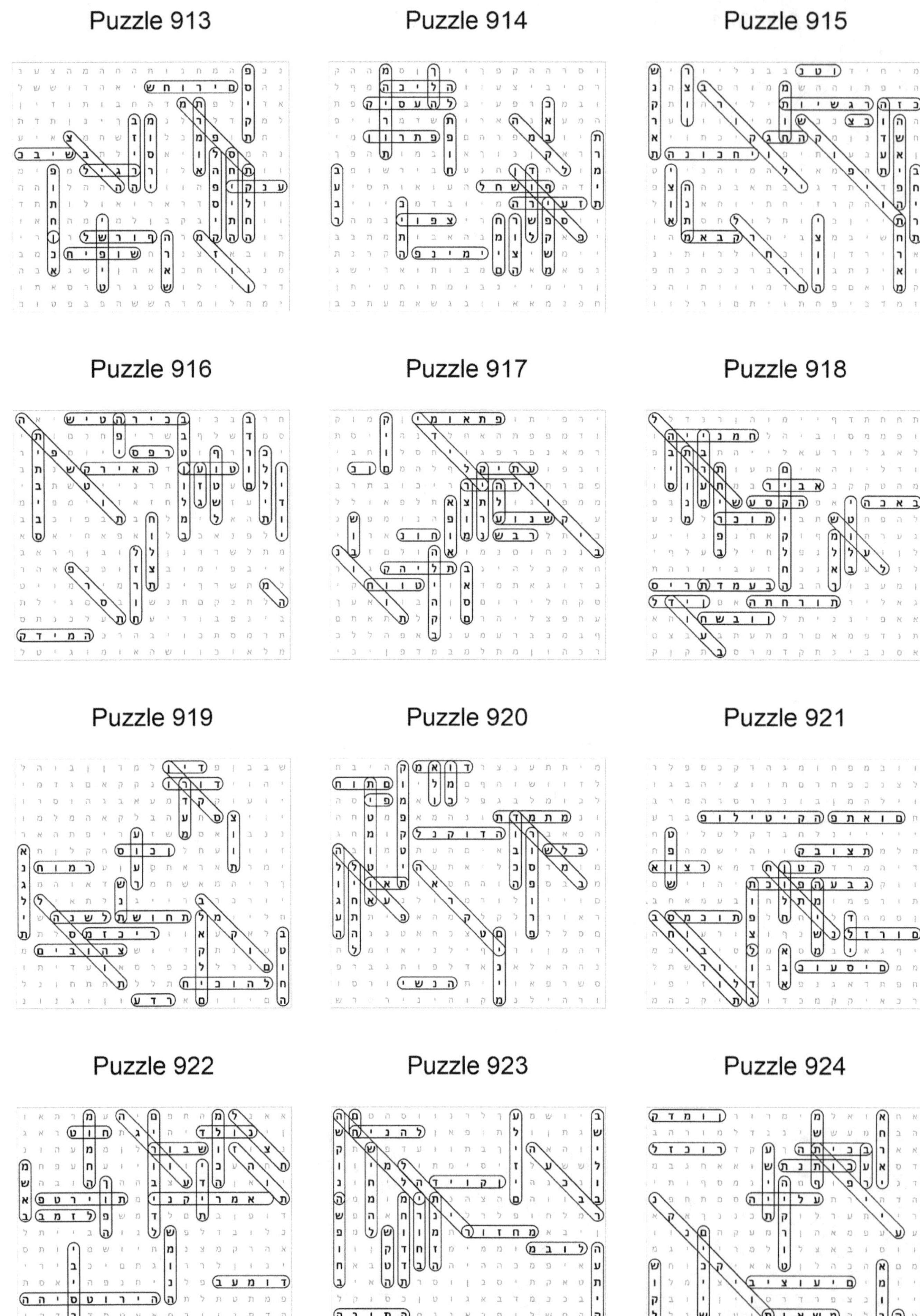
Puzzle 913
Puzzle 914
Puzzle 915
Puzzle 916
Puzzle 917
Puzzle 918
Puzzle 919
Puzzle 920
Puzzle 921
Puzzle 922
Puzzle 923
Puzzle 924

Puzzle 925 Puzzle 926 Puzzle 927

Puzzle 928 Puzzle 929 Puzzle 930

Puzzle 931 Puzzle 932 Puzzle 933

Puzzle 934 Puzzle 935 Puzzle 936

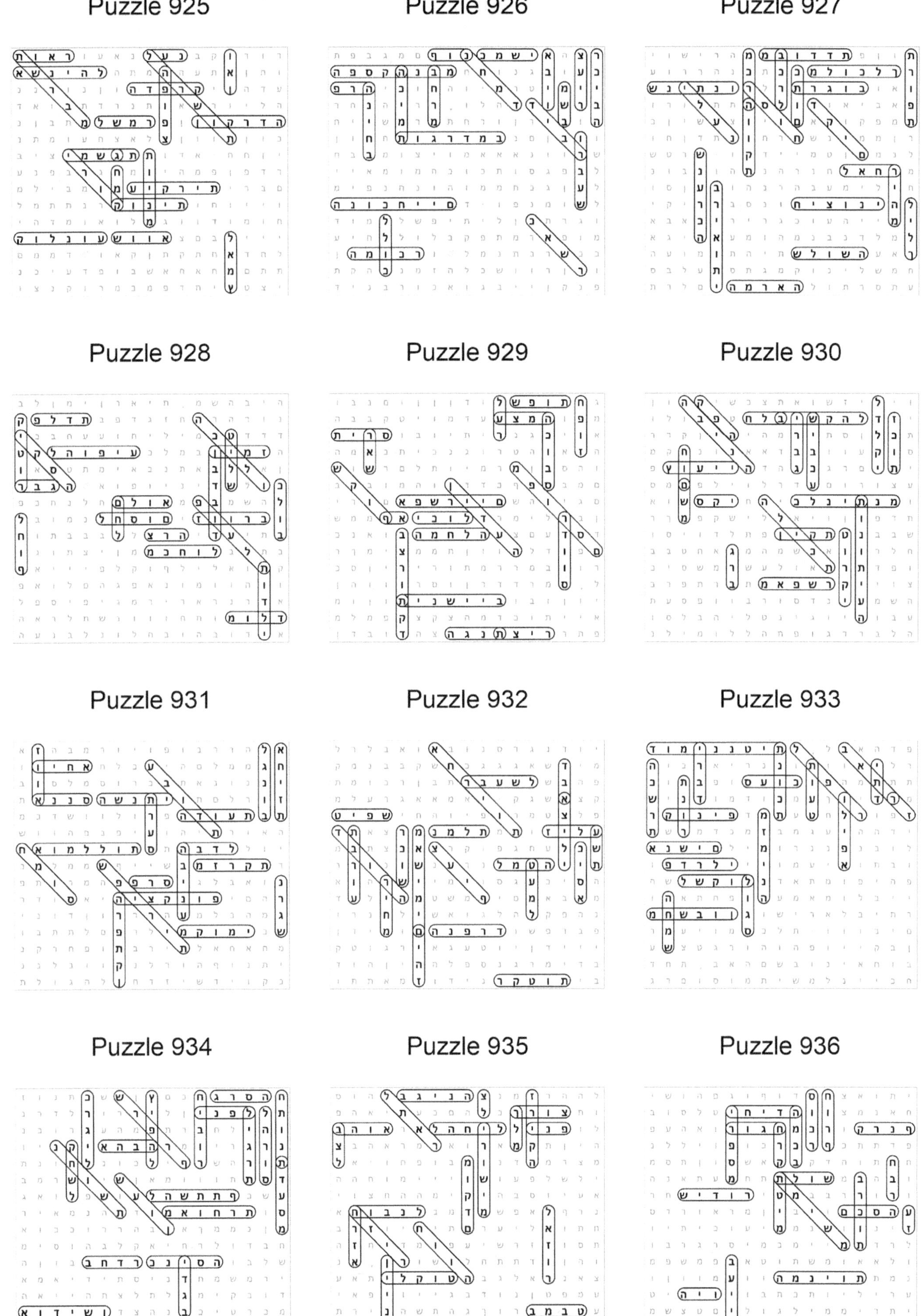

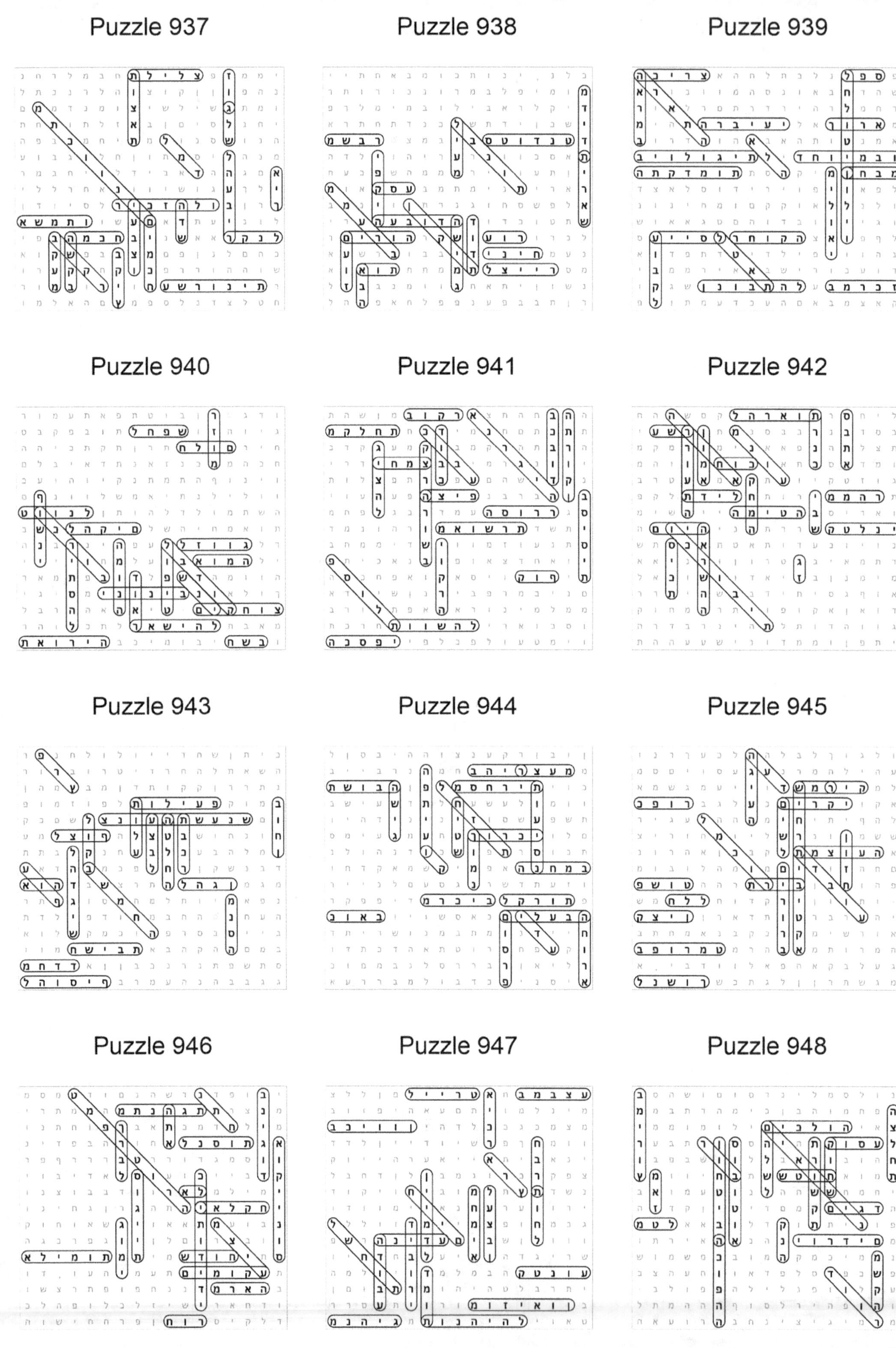
Puzzle 937
Puzzle 938
Puzzle 939
Puzzle 940
Puzzle 941
Puzzle 942
Puzzle 943
Puzzle 944
Puzzle 945
Puzzle 946
Puzzle 947
Puzzle 948

Puzzle 949

Puzzle 950

Puzzle 951

Puzzle 952

Puzzle 953

Puzzle 954

Puzzle 955

Puzzle 956

Puzzle 957

Puzzle 958

Puzzle 959

Puzzle 960

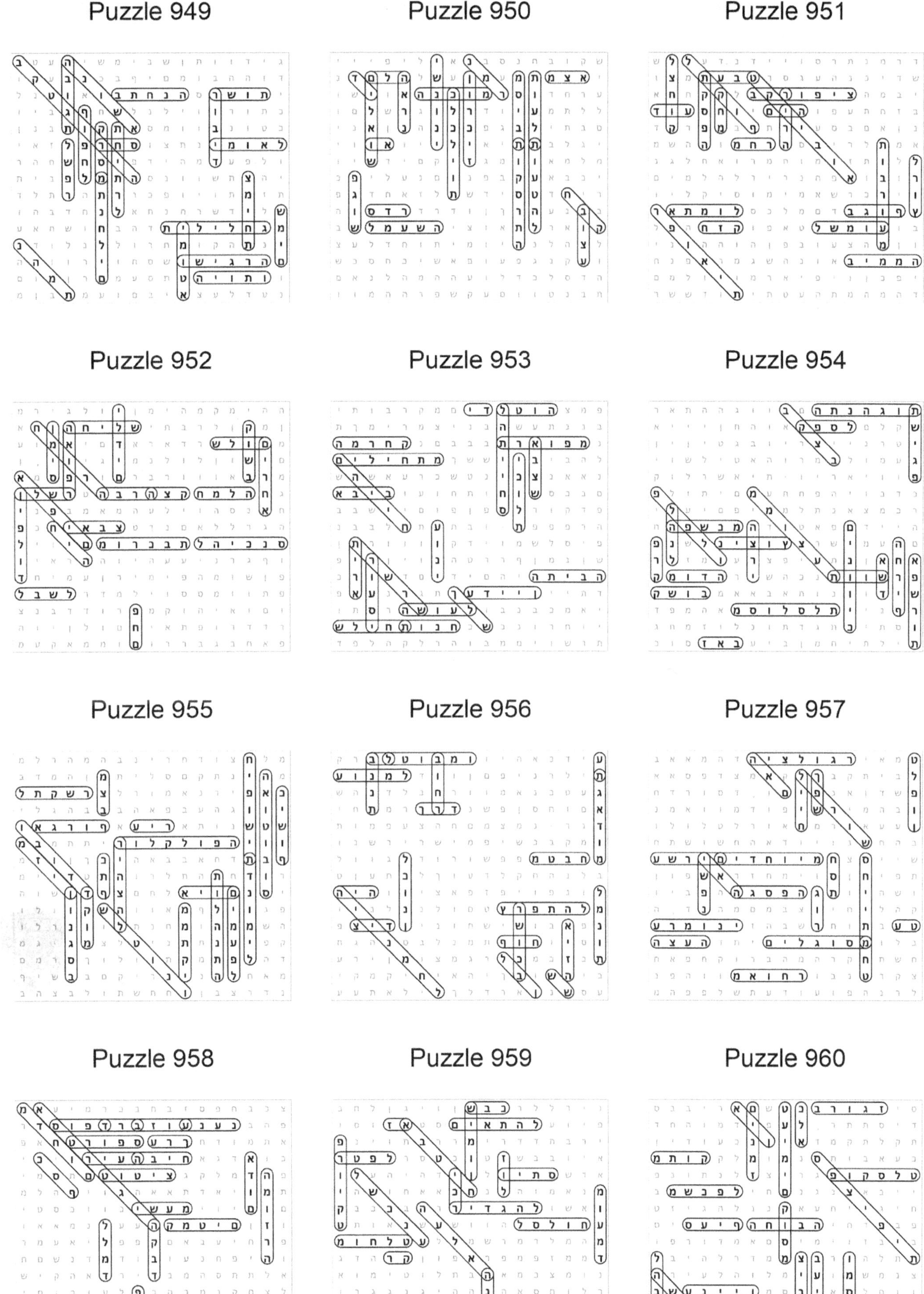

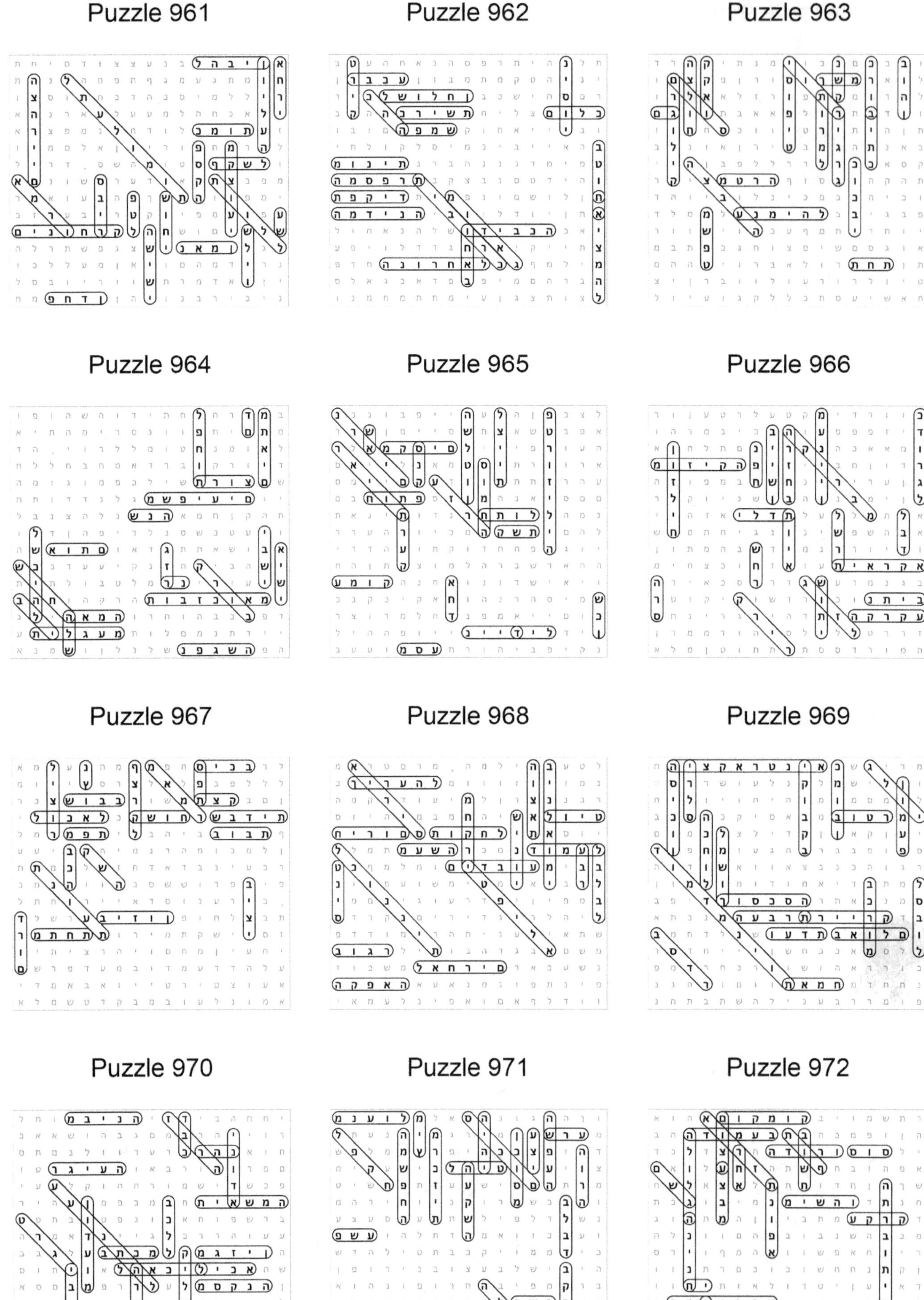
Puzzle 961
Puzzle 962
Puzzle 963
Puzzle 964
Puzzle 965
Puzzle 966
Puzzle 967
Puzzle 968
Puzzle 969
Puzzle 970
Puzzle 971
Puzzle 972

Puzzle 973

Puzzle 974

Puzzle 975

Puzzle 976

Puzzle 977

Puzzle 978

Puzzle 979

Puzzle 980

Puzzle 981

Puzzle 982

Puzzle 983

Puzzle 984

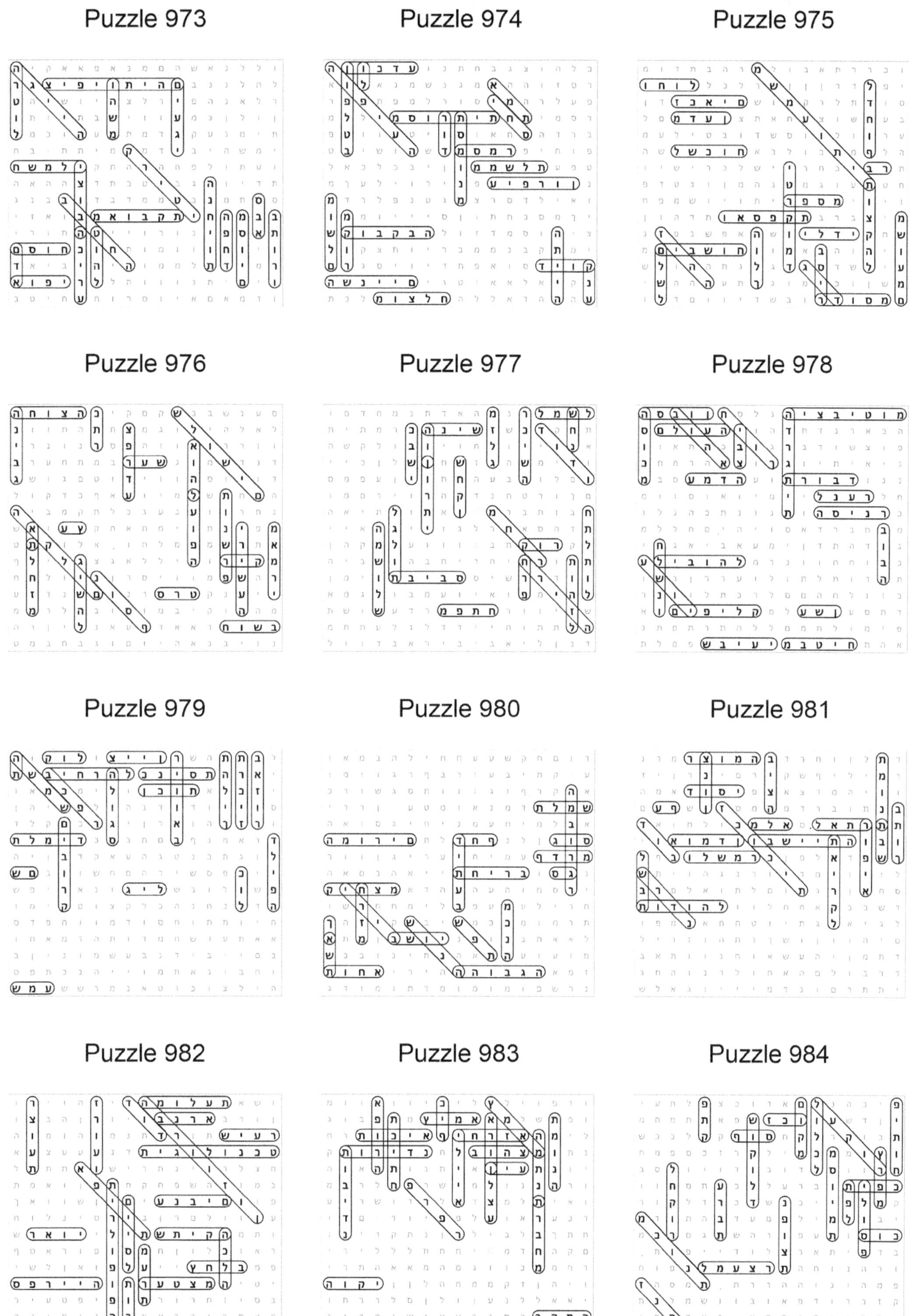

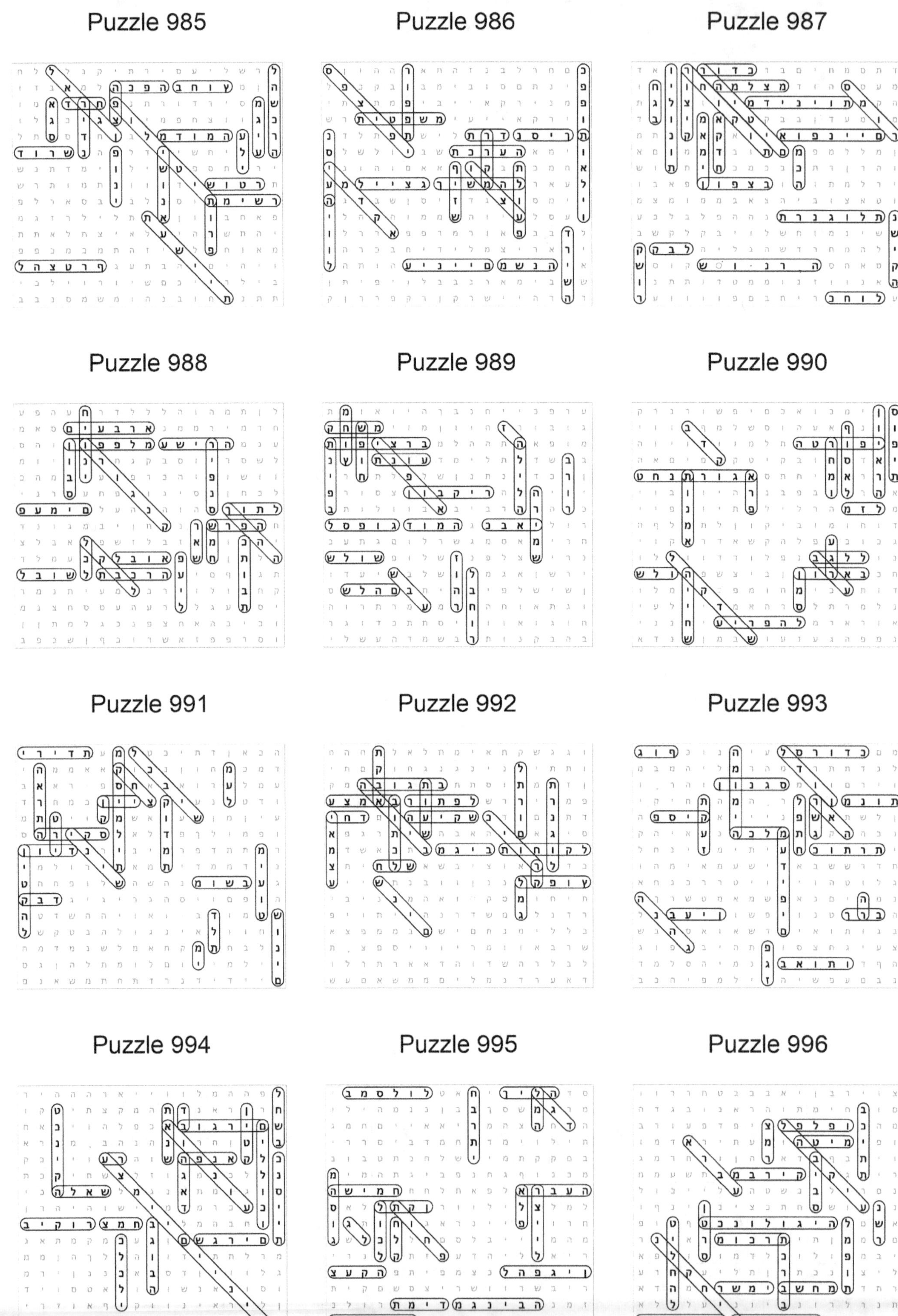
Puzzle 985
Puzzle 986
Puzzle 987
Puzzle 988
Puzzle 989
Puzzle 990
Puzzle 991
Puzzle 992
Puzzle 993
Puzzle 994
Puzzle 995
Puzzle 996

Puzzle 997

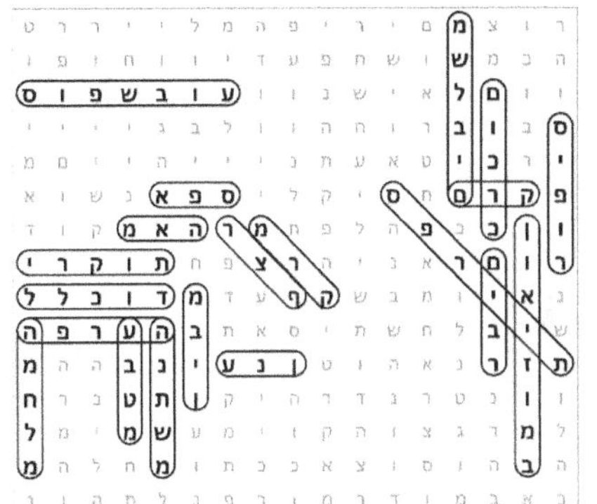

Puzzle 998

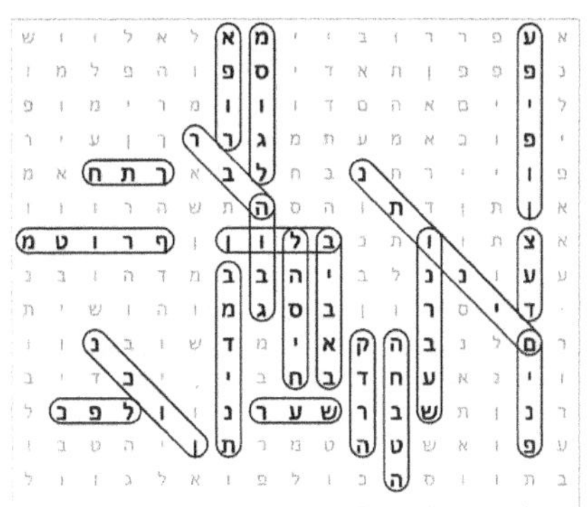

Puzzle 999

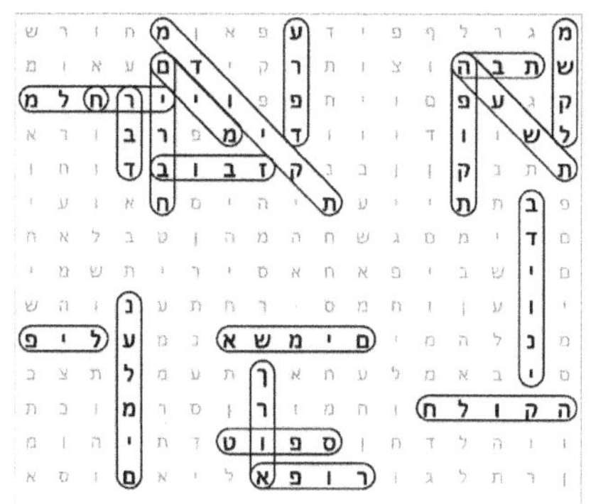

Puzzle 1000

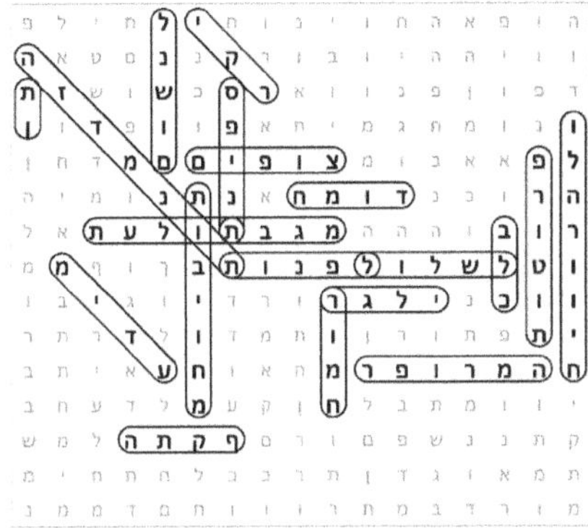

Congratulations

You made it!

We hope you enjoyed this book as much as we enjoyed making it. We do our best to make high quality games.

These puzzles are designed in a clever way to actively spark the brain and make it sharp and quick!
Did you love them?

A Simple Request

Our books exist thanks to the reviews you post on Amazon. Could you help us by leaving a review now?

Here is a short link which will take you to your Amazon orders review page.

BestBooksActivity.com/Review50

SEE YOU SOON!

Delta Classics Team

BESTACTIVITYBOOKS.COM/FREEGAMES

www.ingramcontent.com/pod-product-compliance
Lightning Source LLC
Chambersburg PA
CBHW082137120626
46553CB00010B/2693
* 9 7 9 8 8 9 6 7 0 8 9 7 1 *